GESCHICHTE DER GROSSEN PHILOSOPHEN

Eberhard Orthbandt

GESCHICHTE DER GROSSEN PHILOSOPHEN

und des philosophischen Denkens

Eine Auswahl

VERLAG WERNER DAUSIEN

Verlag Werner Dausien, Hanau

Einbandgestaltung: Günter Müller
ISBN 3-7684-9860-3

INHALTSVERZEICHNIS

NOTWENDIGE VORBEMERKUNG

Dieses Buch ist für eine Generation geschrieben, die sich als kritisch oder „respektlos" einschätzt und nicht nur wissen will, *was* ein mehr oder minder berühmter Philosoph einst gelehrt hat, sondern *warum* er entsprechend seiner Lehre *so* (und nicht anders) gedacht hat. Das „Was" läßt sich auswendig lernen, auch wenn man es nicht begriffen hat; aber das „Warum" verlangt eigenes, folgerichtiges Denken, weitgefächertes Geschichtswissen, Einsicht in übergreifende und durchgängige Zusammenhänge.
Uns interessiert hier beides, das „Was" und das „Warum", jedoch das Warum etwas mehr als das Was. Denn wenn man erst die Voraussetzungen kennt, aus denen heraus ein Systemdenker seine Welterklärung entwickelt hat, dann kann man es im Prinzip leicht verstehen, geistig nachvollziehen, ja, es sogar größtenteils selbst herleiten. Ob man ihm dann auch zustimmen mag und ob heutzutage sich jene früheren Welterklärungssysteme überhaupt noch halten lassen, das freilich sind berechtigte Fragen, um die man schon deshalb nicht herumkommt, weil man anspruchsvoll auch von der Philosophie sagen muß: „Nostra res agitur."
Der Sinn und Zweck dieses Buches erschöpft sich also keineswegs in der analytischen Wiedergabe bestimmter Welterklärungssysteme, deren Urheber wir eben ihrer Systeme und ihrer ungewöhnlich weitreichenden Wirkung wegen „groß" nennen; vielmehr soll der Leser auch *in philosophisches Denken eingeführt und eingeübt* werden, so daß er fortan selbständig zu philosophieren und philosophische Leistungen selbständig zu beurteilen vermag.
Darum ist hier von Anfang an der größte Wert auf die Darstellung *übergreifender und durchgängiger Zusammenhänge* gelegt worden. Ihnen wurden Einzelheiten so eingeordnet, daß sich Chronologie und Systematik vielfach kombinieren ließen. Auch die schwierige Auswahl dessen, was überhaupt zu behandeln oder wenigstens anzutippen sei, wurde meistens im Hinblick auf historische Zusammenhänge getroffen, von denen wir mit unserer geistigen Welt noch heute in beträchtlichem Umfang abhängen.

I

Allerdings ist es wohl zweifelhaft, ob sich die *herkömmliche* Philosophie in Zukunft fortsetzen oder gar erneuern läßt. Vielleicht wird man den vieldeutigen, von seiner Geschichte übermäßig belasteten Ausdruck „Philosophie" eines Tages nur noch auf vergangene Denkarbeit aus den Jahrtausenden anwenden, in denen sich Philosophen und Theologen um den Vorrang stritten.
An dieser alten Streitsituation hängt aus vielen Gründen und in vieler Hinsicht auch die moderne Fachphilosophie. Jedenfalls kann man bis heute nicht gänzlich außerhalb der Philosophiegeschichte philosophieren und nicht unabhängig von früheren Philosophen. Wollte man der Tradition und ihrem geistigen Zwang entgehen, dann müßte man, um eine inhaltlich neue Philosophie auf-

zubauen, seitens der *Fach*philosophie aus anderen Disziplinen und Fakultäten diejenige Grundsatzliteratur an sich ziehen, die — oft nur dank einem hohen Abstraktionsniveau — ebenso allgemeine Aussagen enthält wie eines der anerkannt philosophischen Werke.

Dagegen wäre gar nichts einzuwenden, wenn alle grundlegenden und weiterführenden Theorien regelmäßig und möglichst vollständig gesammelt, verglichen und prinzipiell kombiniert werden könnten, so daß sich aus ihrer Zusammenfassung schließlich das Weltbild jeweiliger Gegenwart ergäbe. Jedoch, eben das geschieht nicht, und es kann nicht geschehen, denn wenn man bedenkt, wie wenige Fachphilosophen es gibt und wie viele Fachpflichten sie haben, dann wird von vornherein niemand ihnen eine solche Riesenaufgabe zumuten wollen.

Nur gelegentlich sind während der letzten fünfzig Jahre hervorragende Gelehrte *anderer* Fachwissenschaften *auch* von der Philosophie beansprucht worden, zum Beispiel die Soziologen Max Weber, Alfred Weber; die Physiker Max Planck, Albert Einstein; die Psychologen Sigmund Freud, Carl Gustav Jung und so noch sehr viele mehr. Aber dadurch wurden die Grenzen der Fachphilosophie nicht etwa ausgeweitet, sondern gesprengt.

Denn ohne Spezialkenntnisse, zum Beispiel in Soziologie, Atomphysik, medizinischer Psychologie, kann man Lebenswerk und Denkleistung der genannten Gelehrten und ihresgleichen weder richtig verstehen noch der Fachphilosophie nutzbar machen; und selbstverständlich wären die Fachphilosophen überfordert, wenn sie Spezialkenntnisse, die ihnen begreiflicherweise fremd sind und stets fernliegen werden, auch nur teilweise systematisch verarbeiten sollten.

Folglich sucht man solche Grundsatzliteratur lieber dort auf, wo sie in dem ihr adäquaten Zusammenhang steht, nämlich in den betreffenden Einzelwissenschaften. Diese Regel wird, wie üblich, durch Ausnahmen bestätigt, zum Beispiel durch Uexkülls Umwelttheorie oder Sprangers Psychologie der Lebensformen. Beide Leistungen darf man *auch* der Fachphilosophie zurechnen, deren Geschichte sie an einer bestimmten Stelle abzuschließen scheinen.

II

Mit der Philosophie*geschichte* haben wir es also zu tun, besser gesagt: mit der *Philosophen*geschichte, da ja „*die* Philosophie" nicht als selbständige Wesenheit existiert (obwohl man auch das behauptet hat), sondern eine Leistung bestimmter Denker ist (und außerdem nicht etwa einheitlich, sondern höchst heterogen).

Trotzdem ist das vorhin gefragte „Warum" nur zum geringeren Teil aus den Voraussetzungen und Bedingungen zu beantworten, welche den Einzeldenker in seinem besonderen Lebenslauf betrafen: aus den politisch-sozialen Verhältnissen seines Jahrhunderts, Staates und Standes; aus seiner Herkunft, Erziehung und Wesensart; aus seinen Anlagen, Fähigkeiten und Erfahrungen; aus seiner Freiheit von Zensur oder seiner vielleicht existenznotwendigen Rücksichtnahme auf Zensurbehörden; aus seiner finanziellen Abhängigkeit oder Selbständigkeit; aus seinen Freundschaften, Feindschaften, Lebenszielen und was dergleichen mehr aufzuzählen wäre.

Zum größeren Teil ist die Antwort auf das „Warum" aus der Kulturgeschichte und Geistesgeschichte heraus zu erteilen, genauer gesagt: aus altem Kulturgut und Geisteserbe jeweils bestimmter Art und in jeweils begrenztem Umfang. Durch Jahrtausende weitergereicht und in jedem Fall nur partiell aufgefaßt,

ist es dabei sprachlich verändert, inhaltlich umgeformt, vermehrt, verengt, umstritten worden; und im Abendland war es die längste Zeit dogmatisch gebunden. Aber in allen seinen Metamorphosen haben die ursprünglichen Leitgedanken fortgewirkt.
Lebensfremd wäre die Meinung, irgendein Philosoph hätte gleichsam voraussetzungslos angefangen. Das Gegenteil trifft zu. Jede philosophische Lehre ist mindestens im Ansatz aus vergangener Überlieferung zu verstehen. Insofern wollen wir jetzt das „Warum" ersetzen durch das „*Woher*".

III

Noch um 1900 glaubte man nicht nur in Deutschland gern, die europäische Philosophie sei im alten Hellas erfunden worden. Zuerst wären die Sieben Weisen dagewesen, die freilich nicht viel hergaben, und die sogenannten Vorsokratiker einschließlich Heraklits, aus denen sich schon mehr machen ließ; doch dann seien, als hätte sich ein Wunder ereignet, plötzlich Sokrates, Platon, Aristoteles erschienen, allerdings auch die Sophisten, die man ihrem Gegner Platon zuliebe noch nachträglich gern weggescheucht hätte. Demokrit und Epikur wurden um 1900 eher gering, hingegen Stoa und Neuplatonismus um so höher geschätzt; und schon war man philosophiegeschichtlich bei der Patristik, Scholastik, Mystik angelangt, wonach man (wir wollen uns hier ganz kurz fassen) zu Aufklärungsdenkern kam, vor allem zu Kant, bis man jedenfalls in Deutschland ausgiebig bei Vertretern und Zeitgenossen des Deutschen Idealismus verweilen konnte, deren Spekulation man im großen ganzen meist sehnsuchtsvoll nachtrauerte.
Aus dem Leistungsreservoir dieser auf Europa beschränkten Philosophengeschichte pflegten und pflegen auch gegenwärtige Denker zu schöpfen. Inzwischen hat sich aber herausgestellt, daß jenes um 1900 bevorzugte Philosophieverständnis zu einseitig war, unerachtet gelegentlicher Hereinnahme altindischer und altchinesischer Philosophie.
Man hatte nämlich Philosophie als Wissenschaft am liebsten so getrieben und betrachtet, als wäre sie allein aus sich selbst heraus zu erklären und als hätte sie sich außerhalb alles sonstigen Geschehens gleichsam wie in einem Käfig abgespielt. Diese Auffassung läßt sich kaum noch halten; sie weicht immer mehr derjenigen historisch-kritischen Betrachtungsweise, derzufolge man einsieht, wie einerseits jeder Philosoph ein Kind seiner Zeit gewesen ist und wie andererseits die sogenannte Ideengeschichte größtenteils bedingt war und ist durch äußere Umstände, so zum Beispiel durch weltanschaulich sanktionierte Willkürgebote dieser und jener Obrigkeit. Dank der historisch-kritischen Betrachtungsweise bleibt man auch nicht mehr im alten Hellas stehen, nachdem bekannt und erwiesen wurde, daß es in vieler Hinsicht abhängig vom alten Orient und lange Zeit dessen Kulturprovinz war.
Von altorientalischen Hochkulturen wußte man um 1900 zwar weniger, als wir heute wissen; aber auch dasjenige, was man wußte, wollte man mehrheitlich insofern nicht wahrhaben, als es nicht in althergebrachte Denkschemata paßte. Noch dominierten stereotype Vorstellungen von der Autonomie europäisch-abendländischen Geisteslebens, denen gegenüber jeder Hinweis darauf, daß es bis heute größtenteils bedingt sei durch Traditionen altorientalischer Herkunft, in der hiesigen Öffentlichkeit wie ein Sakrileg wirken konnte.
Sofern man überhaupt eine Dauerwirkung altorientalischen Geistesgutes in Betracht ziehen mußte, ließ man sie in der Regel nur für den Bibeltext gelten, der jedoch eine Sonderstellung einnahm und heilsgeschichtlich interpretiert

wurde. Die historisch-kritische Theologie (z. B. der „Tübinger Schule") und die vergleichende Religionsforschung, die ihn in seinem ursprünglichen Zusammenhang mit altorientalisch-hellenistischer Geschichte untersuchte, hat eben deshalb mehr Ärgernis erregt als Aufklärungsfreude.
Aber nicht zuletzt fachtheologischer Textkritik verdanken wir jene Analysen des biblischen Synkretismus, die für unsere Philosophengeschichte so aufschlußreich sind. So zum Beispiel liegt ein Hauptschlüssel zum Verständnis des Deutschen Idealismus und dessen Spekulation im Logosbegriff des Vierten Evangeliums, wo es einleitend heißt: „Im Anfang war der Logos, und der Logos war bei Gott, und der Logos war Gott ... Alles ward durch ihn [den Logos] ..." Am besten zu übersetzen ist „Logos" hier als „Weltgeist" im Sinne von Gottesweltgeist — womit wir einerseits bei Hegel, andererseits bei Philon im antiken Alexandrien sind, unter dessen Einfluß ja jene Einleitungssätze zustande kamen. Also haben wir im Logosbegriff bereits einen zweitausendjährigen Zusammenhang erfaßt. Von Philon kommen wir aber noch weiter zurück, nämlich unter anderem auf die Stoa und von der Stoa sowohl auf Heraklit und Zarathustra als auch auf die altägyptische Ptach-Lehre.
Spätestens mit dieser Ptach-Lehre hat vor mehr als 6000 Jahren der strenge Monotheismus und die spekulative Philosophie begonnen. Radikalisiert und offiziell in die Weltgeschichte hineingezwungen wurde der Monotheismus jedoch erst durch Echnaton vor immerhin mehr als drei Jahrtausenden. Was wäre unsere Philosophiegeschichte ohne den konsequenten Monotheismus beziehungsweise Monismus! Dagegen ist der Dualismus als Weltprinzip und als ein philosophisches Hauptproblem am wirkungsvollsten und am folgenreichsten von Zarathustra verkündet worden.
Deshalb lassen wir in diesem Buch die Reihe großer Philosophen mit Echnaton beginnen und beziehen in sie auch Zarathustra ausführlich ein. Das ist zwar ungewohnt, wird aber im Haupttext begründet und gerechtfertigt.
Hinsichtlich anderer, späterer Denker, denen hier jeweils ein Kapitel oder Teilkapitel gewidmet ist, braucht man nur selten anzugeben, warum sie bevorzugt worden sind; niemand zweifelt daran, daß zum Beispiel Aristoteles, Platon, Kant, Hegel als „groß" gelten, hingegen ist zum Beispiel Hobbes, dessen Werk man in Großbritannien und Frankreich besser kennt und höher schätzt als in Deutschland, als „groß" erst eigens vorzustellen.
Selbstverständlich ist *Größe* stets relativ, und meistens kann man über den Maßstab streiten — schon deshalb, weil uns infolge der historischen Perspektive bei jedem Rückblick alle Proportionen verzerrt erscheinen, nicht anders, als bei Betrachtung einer Landschaft das ferne Hochgebirge „klein", hingegen der nahe Hügel „groß" anmutet. Vom Standpunkt des Hier und Heute aus sind wir geneigt, manche Philosophen für groß zu halten, nur weil wir sie in Gegenwartsnähe sehen, und andere für klein, nur weil sie für uns zur Vergangenheitsferne gehören. Folglich muß man sich um eine Korrektur solcher perspektivischen Verzerrung bemühen, wenn man zum Maßstab greift. Dessen Hauptkriterien liegen historiologisch in jenen Zusammenhängen, die auch Vergleiche ermöglichen oder geradezu herausfordern. Freilich, die Entscheidung darüber, *welche* der vielen Zusammenhänge man aufgreift, ist in diesem Buch grundsätzlich vom Hier und Heute aus zu verstehen. Denn da Geschichte unser Schicksal ist und wir aus ihr heraus auch geistig gleichsam „programmiert" sind, so soll diese Darstellung „großer Philosophen" möglichst zu unserer eigenen Standortbestimmung beitragen. Im übrigen gilt das Motto: „Non multa, sed multum"; je weniger Denker man ausgewählt hat, desto mehr kann man auf ihre Leistung eingehen.

EINFÜHRUNG

Die Philosophie steht leider im Rufe höchsten Schwierigkeitsgrades. Sogar viele Studenten fürchten sie wie ein Schreckgespenst. Das war nicht immer so, und es müßte auch heute nicht so sein. Aber da es nun offenbar so ist, darf man wohl fragen: Warum?

Die erste Schwierigkeit zeigt sich, wenn man den Philosophiebegriff näher bestimmen will. Er ist nachweisbar mindestens 2500 Jahre alt. Aus jener Zeit erzählt Herodot (I,30) vom König Kroisos, daß dieser zum athenischen Gesetzgeber Solon gesagt habe: „Ich habe gehört, daß du ‚philosophierend' [gr. philosophéon] viele Länder durchwandert hast, um der ‚Theorie' willen." Stets also gehörten Philosophie und Theorie ursächlich zusammen.

„philosophieren"

Der Philosoph strengte sich an, unsere Welt geistig zu durchdringen und die ihr innewohnende (lat. immanente) Gesetzlichkeit aufzudecken. Zu diesem Zweck bediente er sich einer zwiefachen Betrachtungsweise. Zunächst einmal schaute er Dinge und Tatsachen so an, wie sie sich unserer Erfahrung darstellen, und dann schaute er in sie hinein, um wie Goethes Faust zu erkennen, was die Welt im Innersten zusammenhält. Eben diese zweite Betrachtungsweise hieß Theorie (von gr. theoría = geistiges Anschauen dessen, was der sinnlichen Wahrnehmung nicht unmittelbar zugänglich ist). Aus der komplexen Aufgabe, Theorien zu entwickeln und zu lehren, ergaben sich dramatische Auseinandersetzungen, Streitigkeiten, Mißverständnisse, von denen unsere Kultur- und Geistesgeschichte widerhallt.

Diese Differenzen, die niemals enden werden, begannen frühzeitig damit, daß jeder Philosoph seine Lehrmeinung für allgemeingültig hielt. Anders freilich läßt sich überhaupt nicht philosophieren. Und die größten Philosophen, welche in ihren Systemen jeweils das Gefüge der ganzen Welt zu erfassen meinten, haben behauptet, jetzt wären die Welträtsel gelöst. Jedoch, was ist hier in Wahrheit unter „Welt" zu verstehen?

Die historische Erfahrung lehrt uns, daß niemand die gesamte Welt in sein Bewußtsein einbringen kann, sondern immer nur einen kleinen Teil von ihr. „Ach, die Welt ist so geräumig, und der Kopf ist so beschränkt!" (Wilhelm Busch.) Stets hat man ferner die Erfahrung gemacht: Auch wenn zwei selbständige Denker dieselbe Terminologie benutzen, argumentieren sie doch aneinander vorbei, weil jeder seine Teilansicht von der Welt für allgemeingültig hält, obwohl diese Ansicht bei jedem Denker mitbedingt ist durch dessen Zeitumstände, Lebensverhältnisse, Herkunft, Erziehung, Bildungsgang, Wesensart, Charakter, geistige Fähigkeiten und dergleichen mehr.

Relatives Weltbild

Wer nun seine solchermaßen relative Weltansicht verabsolutiert, sie also für identisch ausgibt mit dem Weltganzen, der gerät in Gefahr, daß es ihm ebenso ergeht wie jenen „fünf Erbsen in einer Erbsenschote", von denen Andersen (1853) erzählt: „Sie waren grün, und die Schote war grün, und so glaubten sie, die ganze Welt wäre grün ... Wochen vergingen; die Erbsen wurden gelb, und die Schote wurde gelb. ‚Die ganze Welt wird gelb!' sagten sie."

Man sollte deshalb keinem noch so berühmten Denker blindlings vertrauen, sondern ihn und sein Lebenswerk historisch-kritisch aus den Voraussetzungen heraus verstehen, die für ihn gültig waren. Um so besser für uns, wenn sich herausstellt, daß Aussagen, die er „pars pro toto" (der Teil steht fürs Ganze) über die Welt machte, sich als zeitlos erweisen. Derartige Aussagen sind aber in der Geschichte unserer Fachphilosophie eher Ausnahme als Regel.

Philosophische Polemik

Es ist deshalb verständlich, daß seit alters Theorien aufeinanderprallten, und zwar um so heftiger, je mehr sie denselben Sachverhalt oder Tatbestand betrafen. Denn Philosophengeschichte ist zugleich Geschichte von Weltanschauungen.

So hat der auch ärztlich geschulte Aristoteles seinen langjährigen Lehrer Platon später als Psychopathen diagnostiziert. Nominalisten und Realisten gingen gelegentlich im Hader um ihre philosophischen Standpunkte mit Degen aufeinander los. Scholastiker und Humanisten befehdeten einander mit äußerster Leidenschaft. Kant mokierte sich über Leibniz; Schopenhauer schmähte Hegel; Schelling wurde von Hegelianern verlacht, und Hegels grandioses System der Welterklärung brach unter dem Druck der Kritik großenteils zusammen wie ein Kartenhaus.

Umstrittener Philosophen-Begriff

Auf eine solche Kontroverse sei jetzt kurz eingegangen, weil sie grundsätzliche Bedeutung hat. Sie spielte im alten Athen. Ihre Zentralfigur, und zugleich wohl der Angreifer, war Platon. Um seine Beweggründe und diejenigen seiner Gegner richtig zu verstehen, müssen wir zurückgehen bis nach Altägypten. Denn Leistungen der altorientalischen Hochkulturen wurden von unserer europäischen Philosophie vorausgesetzt, insbesondere: Schriftsprache, Grammatik (Logik!), Wissenschaften, Staatswesen, Städtebau.

In Altägypten hatte man sich offenbar schon vor mehr als 6000 Jahren über die Erfahrung besonnen, daß der Mensch imstande ist, mitten in die Natur hinein seine künstliche Eigenwelt zu bauen. Wie ging etwa ein Baumeister zu

Plan und Gesetzlichkeit

Werke? Zunächst brachte er aus seinem schöpferischen Vermögen einen Entwurf hervor, mit dem er in Gedanken spielte und den er in seinem Bewußtsein objektivierte. War dann der Plan ausgereift und graphisch fixiert, wurde er in der Außenwelt realisiert. So entstanden Großstädte und Einzelbauten, die sich dem optischen Sinnesorgan ebenso darboten wie ringsum die von uns Menschen „fertig" vorgefundene Natur.

Nachdem man des schöpferischen Vorgangs und seiner Regeln innegeworden war, konnte man fortan „wissen, was man tat", wenn man Kunstwerke schuf, wobei man noch nicht wie wir zwischen „künstlich" und „künstlerisch" unterschied. Theoretisch durchdachte und praktisch brauchbare Verfahren faßte man im Griechischen unter dem Oberbegriff „téchne" zusammen. Auf allen Gebieten handwerklicher und geistiger Tätigkeit entstanden unzählige Techniken, so auch für Wissenschaft und Forschung. Kurz, in der Besinnung über geistige Vorgänge, mochten sie schöpferisch und nachschöpferisch sein, lag ein Anfang alles Philosophierens.

Was soeben am Beispiel des Baumeisters als „Plan" bezeichnet wurde, läßt sich mehr oder weniger aus jeder fertigen Leistung als deren Gesetzlichkeit oder Ordnungsprinzip herausfolgern. Indem man fragte, nach welcher Eigengesetzlichkeit jeweils etwas Fertiges wohl *entstanden* sei, kam man zu *entwicklungsgeschichtlichen* Theorien. So erschloß man aus gegebenen Sachverhalten oder Tatbeständen deren Werdegang und bemühte sich, ihn methodisch bis zum Ursprung zurückzuverfolgen. Relativ leicht war es, Leistungen menschlicher

Hochkultur zu ergründen. Als unvergleichlich schwieriger erwies es sich aber, gleicherweise in die Natur einzudringen und aus ihr die Naturgesetze herauszuholen.

Wissenschaftsdenker

Bei den Hellenen wirkten als Theoretiker ersten Ranges speziell in Athen zeitweilig die sogenannten *Sophisten.* Heutigem Sprachgebrauch folgend übersetzen wir diese Bezeichnung am besten mit „Wissenschafter". Denn das griechische Wort „sophistai" heißt etwa „Weisheitskundige" und bedeutet sowohl auf Sachkunde und Wissen beruhende Tüchtigkeit als auch tiefere Einsicht in den Zusammenhang der Dinge und in die Aufgaben des Lebens. Aristoteles war den hervorragendsten Sophisten geistesverwandt.

Diese Gelehrten setzten mit ihren Überlegungen beim gegebenen Sachverhalt oder Tatbestand ein, also beim Erfahrungsgut, das sie aus der Realität isolierten und untersuchten, etwa nach dem Motto: Aus der Praxis zur Theorie, und aus der Theorie wieder zur Praxis.

Dabei stellte sich heraus, daß sich allein aus der Erfahrung ein *einheitliches* Weltbild *nicht* gewinnen ließ. Vielmehr verteilten sich die Theorien auf immer mehr Fachgebiete und innerhalb der Fachgebiete auf immer mehr Spezialitäten.

Nicht anders hatte man Wissenschaft längst in Altägypten betrieben. Jedoch hatte sich dort frühzeitig auch eine dem streng wissenschaftlichen Denken gleichsam entgegengesetzte Weltanschauung entwickelt, die aus der Theorie heraus zur Praxis und dann zurück zur Theorie führte. Über sie informiert uns das vielleicht älteste Schriftstück der Menschheit, eine religionsphilosophische Dichtung, eine Kosmologie, die das Weltganze entwicklungsgeschichtlich aus einem Zentrum herleitet. Vergleichbar einem großen Baumeister, hat *ein Gott* (Ptach) das Weltganze aus sich selbst herausgebildet, indem er es sich in seinem Bewußtsein vorstellte und daraufhin Wirklichkeit werden ließ durch das schöpfungsmächtige, lebensträchtige *Wort.* Das Bindeglied zwischen Gott und Gotteswelt war der ihr zugrunde gedachte *Gottesplan.*

Jeder, der dieser Lehre anhing, glaubte, alle Welträtsel könnten auf einmal gelöst und die Weltgesetze aus einem Zentrum hergeleitet werden, wenn man den göttlichen Weltplan und dessen Hauptprinzipien kenne. Das Vorrecht, die Gottesgedanken zu wissen, beanspruchte die Priesterschaft, und als besonders gut unterrichtet galten noch während des klassischen Altertums ägyptische Priester, Gottesgelehrte und Mystagogen. In ihre Vorstellung vom göttlichen Weltgeheimnis (gr. mystérion) weihten sie zuweilen auch Fremde ein. Einer der von ihnen Erleuchteten war lt. einer wohl glaubwürdigen Überlieferung Platon. Aber auch, wenn diese antike Nachricht frei erfunden wäre, träfe sie insofern den Kern seiner Welttheorie, als er sich gewissermaßen im Besitz des Schöpfungsplans glaubte. Sein Standpunkt war schließlich demjenigen der Sophisten genau entgegengesetzt, denn unter „sophia" verstand er die *göttliche* Weisheit, der er sich mit seiner ihm zur Gewißheit gewordenen Glaubenslehre verpflichtet hatte, und seine „theoria" erreichte ihren Höhepunkt mit dem geistigen Anschauen Gottes. In Vollkommenheit freilich sei die Weltweisheit allein Gott vorbehalten, dem Allwissenden. Sich selber und seine Schüler bezeichnete er deshalb nur als *Freunde* eben *dieser* Weisheit, wodurch der alte Begriff „Philosoph" (= „Freund der Weisheit" resp. „Freund des Wissens") eine polemisch gegen die „Sophisten" gerichtete Bedeutung erhielt, denen er vorwarf, daß sie seine Glaubenswahrheit nicht teilten, sondern mit bloßem Scheinwissen prunkten, das von religiös gebundener Weltanschauung wegführe.

Glaubensdenker

Darin stimmten im damaligen Athen die Staatspriester mit ihm überein, vor deren Ketzergesetz die größten hellenischen Wissenschafter jener Zeit flüchten mußten. Dessenungeachtet bezeichnen wir auch die Sophisten und ihresgleichen als Philosophen. Aber seit Platon bis zur Gegenwart hat der Philosophenbegriff einen jeweils gegensätzlichen Inhalt, und zwar entsprechend dem Standpunkt, von dem aus man philosophiert. Wie Platon haben sich manche Philosophen, insbesondere die spekulativen (von lat. speculum = Spiegel; daher spätlateinisch speculatio = gr. theoria), als Gottesdenker verstanden.

Magisch-mythisches Denken

Spekulative Philosophen konnten sich zu Rivalen der Priesterschaft entwickeln, und manche von ihnen haben ihre Gotteslehre, sofern sie von der Staatsreligion allzusehr abwich oder ihr widersprach, mit Verfolgung, Kerkerhaft, Tod gebüßt. Anderseits bestand zwischen ihnen und dem Klerus doch eine Geistesgemeinschaft. Begriff und Beruf, in welchem sich die Gegensätze vereinigten, war derjenige des „Theologen". Im christlichen Europa, wo bis ins vorige Jahrhundert die offizielle Philosophie dem Kirchenregiment nahestand, waren die meisten großen Denker spekulativ philosophierende Theologen. Ein paar seien erwähnt: Augustin, Thomas von Aquino, Leibniz, Herder, Fichte, Schelling, Hegel.

Wir nennen sie deshalb „groß", weil sie geschlossene, aus dem Gottesbegriff hergeleitete Welterklärungssysteme geliefert haben, die in sich folgerichtig sind, sobald als unerläßliche Bedingung ihr jeweiliger Glaubensgrundsatz akzeptiert wird. Obwohl sich die Systeme beträchtlich unterscheiden, liegt ihnen allen seit alters ein bestimmtes Schema zugrunde. Es sei hier kurz angedeutet:

Gottesvorstellung

Angenommen, Gottesgedanken spiegeln sich direkt oder indirekt in meinem Bewußtsein, dann muß ich mir diesen Gott irgendwie vorstellen können; andernfalls wäre „Gott" nur ein leeres Wort. Nun weiß ich, laut Voraussetzung, über ihn: Er ist tätig, denn dafür liefern Inhalte und Vorgänge meines Bewußtseins den Beweis. Da mich Erfahrung gelehrt hat, daß Tätigkeit allein einem lebendigen Wesen zukommt, so muß ich mir Gott als lebendiges, tätiges Wesen vorstellen; und da meine Gedanken laut Voraussetzung in Wahrheit nicht die meinigen, sondern vielmehr die seinigen sind, so weiß ich auch: Er denkt dasselbe wie ich. Vorläufiges Ergebnis: Gott ist ein lebendiges, tätiges Wesen, über dessen Gedanken ich unterrichtet bin, weil ich an ihnen teilhabe. Dieses Resultat darf man als *Ansatz* zu einem *philosophischen Mythos* bezeichnen, und die Abhängigkeit, in die ich mein Bewußtsein zu jenem vorgestellten Gott setze, als mythisches Denken. Denn gleichgültig, ob zu Recht oder Unrecht, wird kraft dieses Denkens mein Realitätsbewußtsein von der praktischen Erfahrung abgehoben und als Offenbarung aus dem Jenseits, als Leistung einer transzendenten Wesenheit aufgefaßt (Metaphysik!). Hegel sieht den Zusammenhang so, daß uns seine Formulierung zugleich eine Methode spekulativer Dialektik erkennen läßt (Philos. d. Rel. III, 2): „Daß der Mensch von Gott weiß, ist nach der wesentlichen Gemeinschaft ein gemeinschaftliches Wissen, d. i. der Mensch weiß nur von Gott, insofern Gott im Menschen von sich selbst weiß; dieses Wissen ist Selbstbewußtsein Gottes, aber ebenso ein Wissen desselben vom Menschen, und dies Wissen Gottes vom Menschen ist Wissen des Menschen von Gott. Der Geist des Menschen, von Gott zu wissen, ist nur der Geist Gottes selbst."

Wir wollen aber einstweilen noch beim mythischen Denken bleiben. Es wird notwendig ergänzt durch das *magische Denken.* Was ist darunter zu verstehen? An Stelle einer Definition geben wir eine leicht faßliche Beschreibung, so daß jeder den zugrunde liegenden Denkvorgang mitvollziehen kann.

Wir beginnen mit einer Urerfahrung. Wenn ich einen Mitmenschen bei Namen rufe, dann hört er mich und wendet sich mir zu, weil er *mit seinem Namen identifiziert* wird. Uns interessiert hier das Identitätsprinzip. Nun die nächste Erfahrung: Wenn ich einen Eigennamen (eine Individualbezeichnung) denke, dann „erscheint" die betreffende Gestalt vor meinen inneren Augen. Sie erscheint freilich nicht leibhaftig, sondern ich habe ein *Abbild* von ihr im Bewußtsein. Dieses Abbild eines *Vorbilds* lieferte mir, sobald ich den Namen dachte, mein Gedächtnis, oder ich habe es mir dank sogenannter Phantasie „eingebildet", „imaginiert". Sinngemäß dasselbe gilt aber auch für jedes Wort, von dessen Begriff ich mir eine geistige Vorstellung bilde. Sie ist in meinem Bewußtsein dann *der begrifflich geforderte Gegenstand.*

Zitation

Sobald ich ihn im Bewußtsein habe, vermag ich ihn näher zu untersuchen, mit anderen Gegenständen in Beziehung zu setzen; ich kann ihn mit Hilfe der „Phantasie" auch beliebig verändern, bewegen, beleben, zu bestimmtem Verhalten veranlassen. Aber das gehört bereits zu einer Form der Magie insofern, als ich mittels der Worte und kraft meines Willens gewisse Gegenstände *herbeirufe, zitiere, beschwöre* und auf solche Weise *die Inhalte und Vorgänge meines Bewußtseins eigenmächtig bewirke.*

Spekulative Magie

Daraus versteht man nun leicht das Grundverfahren aller spekulativen Magie: Indem ich einen Begriff habe, erscheint dessen Gegenstand in meinem Bewußtsein, wo ich ihn mit meinen inneren oder mit meinen geistigen Augen anschauen kann. Lasse ich ihn dort als selbständig gelten, so, als hätte er sich unabhängig von mir vor mich hingestellt, dann kann ich ihn, der vorher das *Objekt meines Denkens* war, nunmehr *als ein mir gegenüberstehendes Subjekt auffassen, dessen Objekt ich selber bin.*

Handelt es sich dabei um eine Gottesvorstellung, dann liegt eine *derartige* Subjekt-Objekt-Beziehung jeder Religion zugrunde. Kehrt man das Verhältnis abermals um, und zwar mittels spekulativer Dialektik, wie es z. B. neuplatonische Mystiker taten, dann wird folgerichtig Gott wieder zum Objekt und der ihn anschauende Mensch zum Subjekt, weshalb „Gott ohne mich nicht ein Nu kann leben" (Angelus Silesius). Eine Schlußfolgerung enthält das vorhin angeführte Hegel-Zitat: Subjekt und Objekt werden kraft magischer Dialektik identisch.

Innenwelt — Außenwelt

Nun lehrt eine weitere Urerfahrung, daß mindestens die konkreten Bewußtseinsinhalte ihre Entsprechung in der Außenwelt haben. *Insofern sind für uns Innenwelt und Außenwelt identisch.* Daher seit alters die naiv-praktische Magie: Indem man zu bestimmten Zwecken die Innenwelt veränderte, die wir im Allgemeinbewußtsein haben, wollte man demgemäß die Außenwelt verändern. Allein, der bloße Bewußtseinsvorgang genügte noch nicht. Vielmehr kombinierte man, um den beabsichtigten Erfolg herbeizuführen, *Magie und Mythos.* Diese Kombination wird verständlich aus folgender Überlegung. Die Außenwelt wird sich nur dann nach einem menschlichen Wunschbild richten, wenn man den ihm und ihr übergeordneten Gott für sich gewonnen hat und dessen Bevollmächtigter ist. Deshalb muß man mit Gott in Verbindung treten, indem man ihn beim Namen ruft: Dann erscheint er in der Gestalt, unter der man ihn imaginiert, im Bewußtsein, und man beeinflußt ihn durch Gebete (Beschwörungsformeln), dasjenige zu tun, was man wünscht.

Wenn trotzdem der Erfolg ausblieb, so konnte man eine Erklärung darin finden, daß man sich Gott nicht als Gegenüber vorstellen dürfe, sondern sich rechtzeitig ihm zugesellen, sich ihm vereinigen und grundsätzlich nicht mit eigenen, sondern eben mit Gottes Gedanken denken müsse.

Eine derartige Schlußfolgerung darf als frühester, bereits altägyptischer Ansatz *jener* spekulativen Philosophie gelten, die keineswegs die Welt nur göttlich

erklären, sondern auch göttlich *gestalten* wollte. Das heißt: Spekulative Denker verstanden sich auch als Vollzugsorgane des Urschöpfers. Uns interessiert hier die magisch-mythische Komponente des Denkprozesses, der mit einer Zitation Gottes oder mit der Setzung des Gottesbegriffs beginnt („Gott" als Inbegriff des Weltganzen und dessen Gesetzlichkeit).
Damit nämlich ist der Gott in mein Bewußtsein hineinbeschworen, von dem ich glaube, daß er das Weltganze aus sich herausgebildet hat mittels seiner Worte, worunter sprachlich formulierte Begriffsträger zu verstehen sind. Begriffen ist laut Voraussetzung eigentümlich, daß sie von Gott her jeweils identisch sind mit ihrer Realität. Also muß schon im Gottesbegriff sich das *Selbstdenken Gottes* kundtun oder offenbaren. Solche *Einheit von Begriff und seiner Wirklichkeit* wird seit Platon als „Idee" bezeichnet (von gr. eidos = Bild, Urbild).

Idealität — Realität

Ist nun, wie Platon lehrte, das Gottesdenken ein Denken derartiger Ideen, dann wird uns mit den Begriffen zugleich deren geistige Realität *von Gott her* im Bewußtsein *verwirklicht*, also *direkt* eingespiegelt. Deshalb hielten radikal-„realistische" Scholastiker die Worte als Begriffsträger, lat. universalia, für *metaphysische Wesenheiten*, deren Selbstdarstellung eben die Realität ist: „Universalia sunt realia." Äußerste Konsequenz, wie besonders interessant Leibniz sie zog: Die gesamte Realität ist nichts als *gottgesandte Spiegelwirklichkeit*, die ausschließlich *in unserem Bewußtsein existiert;* es gibt für uns nur Innenwelt, die wir gleichsam auf die sogenannte Außenwelt projizieren; die Außenwelt ist nur eine Art Projektion der Innenwelt und insofern bloß „scheinbar".
Wo bleibt in einem solchem Weltbild die Materie? Diese Frage hat spekulativen Denkern enorme Schwierigkeiten bereitet und zu den merkwürdigsten Erklärungsversuchen geführt. Platon meinte, Gott habe seine Ideen sozusagen der Materie auferlegt, an der sie individuell abgewandelt werden; darüber belustigte sich Aristoteles (in seiner sog. Ältesten Metaphysik): „In die größte Verlegenheit kommt man bei der Frage, was denn die Ideen zur Existenz der sinnlich wahrnehmbaren Dinge beitragen ... Wenn man sagt, die Dinge hätten an ihnen Vorbilder, und sie hätten teil an ihnen, so sind das nur leere Worte und poetische Bilder." Aber Platon nahm eben den Standpunkt ein, daß die wahre, nämlich göttliche Wirklichkeit sich nicht materialisiere, sondern geistig sei und bleibe und sich deshalb adäquat nur im menschlichen Bewußtsein darstelle.
Wie aber ist es, wenn ein spekulativer Denker *die Außenwelt gelten läßt?* Nun, dadurch ändert sich nichts an der Grundkonzeption. Denn ob innen oder außen: Die Gotteswirklichkeit ist dieselbe; und wenn sie außerhalb von uns in Erscheinung tritt, dann erhalten wir sie eben auf dem Umweg über die Sinnesorgane, also *indirekt*, ins Bewußtsein gespiegelt, so daß wir es mit ihr doch wieder als Innenwelt zu tun haben.

Logosdenken und Empirismus

Zu etwas anderen Ergebnissen gelangt man, wenn man zwar am Gottesbegriff festhält, jedoch auf das magisch-mythische Denken und somit auf jede imaginäre *Gottesvorstellung* verzichtet. Um zu zeigen, mit welcher Art Philosophie (insbesondere der Logosdenker und Rationalisten) wir es nunmehr zu tun haben, erinnern wir daran, daß Gott von Platon auch als *Weltbaumeister*, als „demiurgos" bezeichnet wurde. An dieser Bezeichnung fällt einiges auf, was kurz erörtert sei:

1. Wörtlich verstanden, besagt sie nichts über Gott selbst, wie er „an und für sich sei", sondern sie bezieht sich lediglich auf eine bestimmte Tätigkeit, dergleichen von Menschen beruflich ausgeübt wird, oder auf eine bestimmte Art und Weise produktiven Verhaltens.
2. Insofern stellt sie eine Schlußfolgerung dar; denn sie ist aus dem Ergebnis jener Tätigkeit, also aus einer fertigen Leistung, und nach Maßgabe ihrer Eigenart erschlossen.
3. Es handelt sich um einen Analogieschluß. Er setzt Erfahrungen voraus, die man mit der menschlichen Hochkultur gemacht hatte. Zu solchem Erfahrungsgut gehört die seit alters wissenschaftlich verarbeitete Feststellung, daß die gesamte organische und anorganische Natur *planmäßig* aufgebaut sei: die Welt als Kunstwerk.

Weltkunstwerk

4. Aus dem Weltkunstwerk, in dessen Gesetzlichkeit man allmählich eindrang, schloß man auf einen göttlichen Urheber, über den man nicht mehr wissen konnte, als was man aus seiner Leistung herausforschte und folgerte. Er selbst blieb verborgen hinter seinem Werk. Der geistige Weg zu ihm hin mußte also durch sein Werk hindurchführen, wobei es offenblieb, ob man jemals ans Ziel kommen werde.
5. Ob man diesen *unbekannten Gott* einem Baumeister vergleicht oder einem anderen Künstler, oder ob man, wie Aristoteles, ihn als „ersten Beweger" kennzeichnet, oder wie man den Gottesbegriff im gegebenen Zusammenhang *definiert,* das sei dahingestellt, jedenfalls ist „Gott" hier nicht mehr als Person mit wechselnden Schicksalen aufgefaßt, sondern als Oberbegriff sämtlicher Funktionen, in denen sich uns die Weltgesetzlichkeit bemerkbar macht. Folglich kann es sich bei der Bezeichnung „Baumeister" nur um ein *Gleichnis* handeln, das sich auf jene Funktionalität bezieht und auf das wir jetzt verzichten.
6. Lassen wir die Weltgesetzlichkeit gelten als diejenige Leistung Gottes, in welcher sich sein *Geist* darstellt, dann können wir sie im ganzen auffassen als: Geist Gottes, Logos, Nous, Ratio, Weltgeist, göttliche Weltvernunft.
Jedoch, ohne Verbindung mit dem Gottesbegriff bleibt die Vernunft für sich allein, deren Eigenart wir mittels unserer Denkgesetze kritisch zu ergründen vermögen. Das Stichwort „Vernunftdenken" führt uns hinüber zu der dritten Hauptgruppe großer Denker und zu ihrem begründeten Widerspruch gegen die spekulative Philosophie.

Vernunftdenken

Wir setzen ein bei dem, was wir vorhin anläßlich der Sophisten sagten; denn wir haben es mit Wissenschaftlichkeit im heute üblichen Sinn zu tun, genauer gesagt: mit ihrem philosophischen Ausgangspunkt.
Als grundlegende Bedingung möge gelten, daß die Außenwelt unabhängig von uns besteht, daß wir Ausschnitte von ihr im Bewußtsein erfassen und daß zwischen ihr und ihm die Sinnesorgane vermitteln. Da unsere Philosophie erst im Anschluß an eine Hochkultur begann, setzt für sie die Außenwelt sich zusammen aus anorganischer und organischer Natur sowie aus einesteils fertigen, andernteils fortgeführten Kulturproduktionen. Folglich macht sich ihr der Mensch in der Außenwelt zwiefach bemerkbar: einmal als Naturwesen, das andere Mal als Urheber, Inhaber und Ausgestalter seiner künstlich geschaffenen Eigenwelt.
Im Hinblick auf den Menschen wird demnach die sinnliche Wahrnehmung unablässig ergänzt durch diejenige Erfahrung, welche der Mensch an und in sich selber macht. Auch die Resultate unserer Selbsterfahrung werden dem Bewußtsein eingelagert oder stehen auf Anforderung des Erkenntniswillens in unserem Gedächtnis zur Verfügung. Insofern werden *alle* Inhalte unseres Bewußtseins zunächst von der *empirischen Realität* geliefert.

Aufgabe des sachkundigen Philosophen wäre es also, diese *Erfahrungstatsachen* theoretisch zu untersuchen. Um ihn vom spekulativen Denker zu unterscheiden, wollen wir ihn hier hilfsweise als *wissenschaftlichen Philosophen* bezeichnen. Er hat, wenn er seine Aufgaben erfüllen will, zuerst seine Bewußtseinsinhalte sorgfältig zu ordnen. Unerläßlich ist es für jeden Arbeitsvorgang, daß der Wissenschafter sich genau an einen empirischen Sachverhalt oder Tatbestand hält, den jeder andere Fachmann, möglichst überhaupt jedermann, auf Grund der gleichen oder derselben Erfahrung nachprüfen kann.

Wissenschaftliche Philosophie

Ferner müssen wissenschaftliche Philosophen notwendig ihre Subjektivität so weit als möglich zurückdrängen, desgleichen ihre sich vielleicht einmischende Phantasie. Denn ihr Arbeitsgebiet ist die Objektivität, die ihr Existenzgesetz in sich selber hat, während spekulative Philosophen kein Objekt sich selbst kraft seiner Eigengesetzlichkeit erklären lassen, sondern es nach Maßgabe ihrer Glaubensgewißheit *deuten*. Infolgedessen trifft zwar innerhalb des jeweils geschlossenen Welterklärungssystems jene Deutung zu, außerhalb des Systems braucht sie aber nicht zu gelten.

Hat der wissenschaftliche Philosoph seine Beobachtungen sachgerecht gegliedert, dann steht er vor der Hauptaufgabe: der Theorie. Er soll geistig so ins innere Gefüge seines Gegenstandes eindringen, daß er dort dessen Eigengesetzlichkeit erkennt. Damit nicht genug, muß er sie adäquat in Worte fassen. Zu diesem Zweck wendet er ein Grundverfahren an, das wir hier als *logisch-abstrakt* kennzeichnen und folgendermaßen beschreiben:

Abstraktion

Von konkreten Gegenständen werden Begriffe „abstrahiert" (spätlat. Ausdruck für abziehen, ablösen), die in sich das Allgemeine, Wesentliche, Notwendige zusammenfassen im Unterschied zum Besonderen, Unwesentlichen, Zufälligen. Nur mittels solcher Begriffe vermögen wir die unübersehbare Mannigfaltigkeit der Gegenstände, die uns in der Anschauung, in der Vorstellung und auch im Denken entgegentreten, systematisch zu ordnen. Entscheidend ist aber gegenüber allem spekulativen Denken, daß den Begriffen *stets praktische Erfahrung zugrunde liegt* und daß die Gegenstände unseres Denkens, die Bewußtseinsinhalte, *nicht* magisch-mythisch *mit den Worten identifiziert,* sondern von ihnen nur *bezeichnet* werden.

Hier sind auch die Universalien nicht metaphysische Wesenheiten, sondern nur „nomina rerum", nur „Namen der Dinge", nur Denkeinheiten; und nicht sie bedingen die Realität, sondern die Realität geht ihnen voraus und besteht unabhängig von ihnen.

Projektion als Gegenbeispiel

(Ein historisches, besonders drastisches Beispiel möge genügen, um den Unterschied zu erläutern. Gehe ich davon aus, daß erst Ideen die Weltwirklichkeit machen, dann muß es auch den Satan oder den Teufel und seine Gefolgsleute, nämlich die Hexenmeister und Hexen, als Realität geben, denn von ihnen habe ich ja die Begriffe. Um sie aber in der Außenwelt anzutreffen, muß ich sie vorher *aus meinem Bewußtsein heraus auf die Außenwelt projizieren.* Dann sehe ich die Außenwelt nicht so, wie sie tatsächlich ist, sondern ich lasse sie lediglich als Hintergrund für meine *auf sie gespiegelte Innenwelt* gelten. So kommt es, daß ich beispielsweise ein Unwetter, das die Ernte verdirbt, nicht als Naturvorgang zu verstehen versuche, sondern als Satanswerk deute, und Männer, Frauen, ja Kinder als Werkzeuge des Satans erkläre.)

Tatsachendenken

Wissenschaftliche Philosophen hingegen untersuchen und vergleichen Begriffe nur nach Maßgabe überprüfbarer Tatsachen. Jede Theorie ist an der Praxis zu kontrollieren. Die Regeln, nach denen sich das Denken zu richten hat, sind im wesentlichen jene der (ursprünglich grammatischen) Logik oder, wie Aristoteles sagte, der Analytik. Dinge und Sachverhalte, Tatbestände und Verhaltensweisen werden so analysiert, daß jedes untersuchte Denkobjekt nach seiner Zergliederung die Gegenprobe aushalten kann, nämlich die Zusammenfügung, mittels deren man den ursprünglichen Zustand zurückerhält. In dieser Sicht besagt „Philosophieren": Logisch-abstraktes Denken nach bestimmten Methoden, deren Kenntnis und Beherrschung erlernbar ist, wobei der Zweck dieses Denkens darin besteht, auf bestimmten Fachgebieten (Naturwissenschaften, Kulturwissenschaften) zu empiristisch gerechtfertigten Theorien zu gelangen.

Fachphilosophie als Spezialwissenschaft

In der abendländischen Geistesgeschichte mußte dieses Denken einen langen Leidensweg gehen. Denn während des Mittelalters und der folgenden Jahrhunderte wurde es durch die Gebote und Verbote doktrinärer Zensurbehörden nachhaltig behindert. Zum Durchbruch und binnen weniger Jahrzehnte zur Vorherrschaft gelangte es erst in der zweiten Hälfte des 19. Jahrhunderts.
Sobald es sich frei bewegen durfte und zum Gegenangriff auf die spekulativen Systeme überging, vollzog es seine Selbstentfaltung mittels der Fachwissenschaften zuerst innerhalb der philosophischen Fakultät.
So kam es, daß sich die philosophische Fakultät, die möglichst alle Spezialgebiete ihren Prinzipien unterworfen hatte, jetzt in erstaunlich kurzer Zeit in immer mehr Einzelwissenschaften aufgliederte und dabei unaufhörlich wuchs. Auch die ihr einst übergeordnete theologische Fakultät wurde, falls evangelisch, von der stürmischen Entwicklung mitgerissen und wandte die historisch-kritische Methode auf ihre eigene Überlieferung an. Schließlich erhoben sich aus der wissenschaftlichen Philosophie zwei neue Fakultäten zur Selbständigkeit: die mathematisch-naturwissenschaftliche und die wirtschaftswissenschaftliche Fakultät.
Wenn heutzutage jemand den *philosophischen* Doktorgrad erwirbt, dann heißt das in der Regel, daß er ihn von der philosophischen Fakultät erhält. Aber sein Hauptfach und meistens die sog. Nebenfächer sind beispielsweise: Indogermanistik, Germanistik, Romanistik, Anglistik, Amerikanistik, Altphilologie, Geschichte, Orientalistik mit Spezialfächern wie Ägyptologie, Sumerologie, Indologie, Sinologie, Arabistik, oder Kunstgeschichte, Archäologie, vergleichende Religionswissenschaft, Psychologie, Pädagogik, Soziologie, Völkerkunde, Geographie usw. Nur in seltenen Fällen wählt ein Doktorand sich die Fachphilosophie zum Hauptfach.
Ja, auch sie, die *Fachphilosophie*, gibt es selbstverständlich noch innerhalb der überaus vielseitigen Fakultät; fast ist man versucht, zu sagen: Hier fristet sie ihr Dasein im Schatten ihrer großen Vergangenheit. Keine Rede davon, daß sie ebenso blühe, wachse und gedeihe wie ihre Nachbardisziplinen!
Nun wird man fragen: Was können uns heutzutage die Fachphilosophie und die Kenntnis ihrer Geschichte bieten? Eine Antwort lautet:

Nutzen der Fachphilosophie

Wer sich kritisch mit dem Lebenswerk großer Philosophen befaßt und es aus ihren Voraussetzungen, den Zeitverhältnissen, Lebensumständen heraus begreift, der gewinnt ein tieferes Verständnis nicht nur für die Vergangenheit überhaupt, sondern auch für sich selbst. Kritisch philosophieren heißt, zunächst einmal im eigenen Bewußtsein Ordnung schaffen und sich dabei Rechenschaft ablegen über das, was man tut. Selbstbesinnung!
Wir alle sind ja nicht nur Kinder unserer Zeit, sondern auch Erben der Vergangenheit und in viel höherem Maße durch sie bestimmt, als wir zumeist wissen oder uns eingestehen. Wir sind sozusagen *aus der Geschichte heraus*

geistig „programmiert", und es lohnt die Mühe, sich über mindestens einige dieser Programmpunkte und deren Herkunft klarzuwerden.
Dazu eine weitere Überlegung! Eduard Spranger sagte einmal (in seinem Vortrag „Goethe über die menschlichen Lebensalter", 1940): „Wir alle werden im Laufe unseres Daseins ohne unser Zutun in eine Folge von Käfigen gesetzt. Jeder dieser Behälter schreibt einen bestimmten Rahmen von Verhaltensweisen vor; jeder gewährt eine bestimmte und höchst eigenartige Ansicht von der Welt." Dieses „grob-sinnliche Bild" benutzte er im Hinblick auf den natürlichen Gestaltwandel der Lebensalter. Wir können es aber auch auf die scharf abgegrenzten Bezirke innerhalb unserer Geisteswelt anwenden, die wir im Bewußtsein haben.
Wer den Ursprung solcher „Abteilungen" kennt, vermag sich über ihre Grenzen zu erheben und wird innerlich frei von ihren Vorschriften. Seine Freiheit erweist sich darin, daß er dann zwischen den Käfigen wählen und von einem in den andern überwechseln kann, wobei er die Welt bald aus dieser, bald aus jener Perspektive betrachtet. Geistesfreiheit!

ECHNATON

Überblickt man die historische Folge großer Philosophen bis zurück zum alten Orient, von dessen Errungenschaften wir in vieler Hinsicht noch heute abhängen, dann stellt man schließlich fest, daß am Anfang dieser Reihe für uns anscheinend wohl Echnaton steht, der geistige Revolutionär auf dem altägyptischen Thron. Denn er hat jenen radikalen Monotheismus gelehrt und in die Weltgeschichte hineingezwungen, ohne den es unsere Philosophie größtenteils gar nicht gäbe.
Echnaton regierte vor etwa 3300 Jahren zu einer Zeit, da die Pharaonen die höchsten Würdenträger der Kulturmenschheit waren. Ihm wurde diese Würde um 1370 v. Chr. zuteil, als er kaum vierzehn Jahre alt war, und er trug sie vermutlich neunzehn Jahre lang. Um zu verstehen, worauf seine Bedeutung beruht, müssen wir uns in die damalige Kulturwelt hineinversetzen.

Altägyptisches Weltbild

Der altägyptische Großstaat bestand aus zwei Königreichen, die durch Personalunion verbunden waren. Unterägypten mit der Hauptstadt On (gr. Heliopolis) umfaßte das dichtbesiedelte Nildelta, und Oberägypten mit dem „hunderttorigen" Theben erstreckte sich zur Zeit Echnatons im Niltal stromaufwärts bis fast zum fünften Katarakt.
Beide Reiche waren vor etwa 6000 Jahren vereinigt worden durch vermutlich unterägyptische Herrscher, und beiden alten Hauptstädten übergeordnet hatte man vor ungefähr 5500 Jahren das planmäßig zum Regierungszentrum ausgebaute Men-nofrē (= Memphis), das dort lag, wo Südreich und Nordreich ineinander übergingen. War Ägypten jahrtausendelang der größte Kulturstaat der Welt, so erst Memphis, dann (seit etwa 1550 v. Chr.) Theben ihre größte Stadt, vergleichbar späteren Welthauptstädten wie Babylon, Rom, Konstantinopel.
Der Werdegang dieses ersten Weltstaats unserer Geschichte vollzog sich innenpolitisch unter Vorherrschaft bald des Südreichs, bald des Nordreichs. Die mannigfachen Gegensätze wurden aufgefangen und überbrückt mit Hilfe der Staatsreligion.
Denn schon die altägyptische Staatsreligion war synkretisch. Indem sie Götter aus beiden Königreichen verschmolz oder einander gleichsetzte, förderte sie nachdrücklich die innenpolitische Einheit des Staatsvolks. Dafür ein Beispiel: Der unterägyptische Sonnengott Rē aus Heliopolis, ikonographisch dargestellt als Sonnenscheibe, wurde identifiziert mit dem oberägyptischen Hor (Horus) aus Edfū, den man als Sonnenfalken vorführte, und so entstand das neue heilige Ideogramm des Rē-Horus, in welchem beide Hieroglyphen kombiniert waren. *Synkretismus*
Allerdings dürfte auch in Altägypten der Synkretismus kaum geglückt sein ohne Begünstigung oder Gewaltanwendung durch die Zentralregierung. Denn jede Priesterschaft vertrat jeweils *ihren* Gott und legte deshalb Wert darauf,

daß er von andern Göttern unterschieden bleibe. Im Namen ihres Gottes pflegten Priesterschaften aktiven oder passiven Widerstand gegen den Synkretismus vor allem dann zu leisten, wenn er der Staatsgott war, von dem man erwartete oder verlangte, daß er *sein* Staatswesen erhalte und *sein* Staatsvolk schütze. Um diese Funktionen zu erfüllen, mußte er jeweils zum Herrn der Weltgeschichte proklamiert worden sein und somit zum höchsten Gott überhaupt, zum Weltbeherrscher im Himmel wie auf Erden.

Staatsreligion

Der höchste Gott im unterägyptischen Heliopolis war Rē, im oberägyptischen Theben jedoch Amūn. So vereinigte man Rē nicht nur mit Horus, sondern auch mit Amūn zum gesamtägyptischen Staatsgott Amūn-Rē(-Horus), womit sich die reiche und mächtige Amūn-Priesterschaft in Theben widerwillig abfinden mußte. Bei dieser Kombination nämlich handelte es sich nicht nur um Synkretismus, sondern in noch höherem Maße um einen Akt totaler Macht des Staats und des Herrschens über das Staatsvolk. Denn Rē galt, von Heliopolis aus, als himmlischer Vater des irdischen Königs, und jeder Pharao deshalb als „der Sohn des Rē". Mit dieser himmlisch-irdischen Zusammenschau setzte diejenige Staatsreligion ein, auf die es uns jetzt ankommt und die wir in großen Zügen aus der vielfältigen Überlieferung herauspräparieren. Christlich geschult, vermögen wir ihr magisch-mythisches Vorstellungsgut leicht zu verstehen.

Sonne als Weltgott

Naturbeobachtung hatte erwiesen, daß auf Erden kein Leben möglich ist ohne Sonnenkraft. Folglich verdankte man es allein ihr. Aber nicht bloßes Lebendigsein war gemeint, sondern diejenige Kraft, die nach bestimmten, ihr innewohnenden Lebensgesetzen alles erzeugt, gestaltet und sich entwickeln läßt. Als Resultat einer dem Menschen eigentümlichen Lebensgesetzlichkeit faßte man auch dessen Kulturleistung auf, zu der vor allem das Staatswesen gehörte. Denn außerhalb des Staates herrschten Unordnung, Kampf ums Dasein, Faustrecht und die Willkür des Stärkeren; dort konnte kein Leben gedeihen, das zur Selbstentfaltung drängte. Für Altägypten wie ähnlich auch für Altmesopotamien gilt überdies, daß sich rings um die Gebiete der Hochkultur tödliche Wüste, mindestens unfruchtbares Land erstreckte; jenseits der Staatsoasen war der Kulturmensch verloren. Aber noch *mehr* wurde der Sonne verdankt: das Jahr mit seinen Jahreszeiten und Ernten, der regelmäßige Wechsel von Tag und Nacht, kurz, die Naturgesetzlichkeit überhaupt.

Gott auf Erden

Was nun den altägyptischen Herrscher betrifft, so hatte er dafür zu sorgen, daß Natur-, Lebens- und Staatsgesetze stets übereinstimmten. Insofern konnte man ihn, wie es tatsächlich geschah, für Gott auf Erden halten, für eine Inkarnation des himmlischen Lichtgottes. Deshalb hieß er offiziell „der lebendige Gott" und seine Mutter „die Gottesmutter", obschon er gezeugt war von seinem anscheinend natürlichen Vater; dieser stand ja auch im Geschlechtsregister. Aber das göttliche Wesen jedes Thronerben war schon bei der natürlichen Zeugung gleichsam vom Himmel herab der Gottesmutter eingeflößt worden. Insofern war der heilige Monarch eben nicht geschaffen, sondern Gott selbst in besonderer Gestalt. Mittels der Glaubensvorstellung vom Gottvater-Gottessohn-Verhältnis konnte man einleuchtend darlegen, wieso sich Gott *gleichzeitig* droben im ewigen Licht und drunten in vergänglicher Erscheinungsform als Mensch offenbart.

Dreiteiliges Weltbild

Nun wurde diese Vorstellung ergänzt durch das bekannte altägyptische Weltbild. Zugrunde liegt die damals noch mangelhafte geographische Erfahrung. Man war überzeugt, die Erde sei eine dicke, vom Weltmeer umringte Scheibe. Unterhalb der Erdoberfläche, in der Erdscheibe drinnen, glaubte man die Unterwelt mit Totengericht und Hölle. Es gab aber keinen Tod, vielmehr war das Sterben nur der Übergang zu einem Zwischendasein, in welchem der Mensch als „unsterbliche Seele" (so lautet der altägyptische Begriff) weiterlebte und auf das

Gericht wartete, vor dem er selbstverantwortlich Rechenschaft ablegen mußte über alle seine früheren Gedanken und Taten. Oberhalb der Erdoberfläche war der Himmelsraum göttlichen Wesenheiten vorbehalten. Zwischen Himmel und Unterwelt lag die Erdoberfläche mit der jeweils gegenwärtigen Kulturwelt genau in der Mitte. Hier entschieden die Einzelmenschen durch ihr Verhalten selbst darüber, ob sie dereinst zu läuterndem Fegefeuer oder gar zu Höllenstrafen verurteilt würden oder ob sie die ewige Seligkeit erlangten. Wir haben es also mit einem *dreiteiligen Weltbild* zu tun.

Dreieiniger Gott

In jeder Etage dieses dreiteiligen Weltganzen gebietet derselbe Gott, auch in der Unterwelt. Dorthin kommt er, der auf Erden in Menschengestalt herrscht und deshalb alle menschlichen Nöte aus eigener Erfahrung kennt, indem er als Mensch auch den Tod erleidet. Allerdings ist er als Gottmensch ohne Sünde, wird also nicht vor das Gottesgericht gestellt, vielmehr ist er in der Unterwelt selbst der Herr des Gerichts. So vollbringt er drunten die letzte Aufgabe seiner Weltregierung, und zwar in abermals verwandelter Erscheinungsform.

Geistesgeschichtlich vorangegangen war dieser Glaubenslehre offenbar folgende Überlegung: Wenn wir, auf der Erdscheibe stehend, die Sonne beobachten, dann sehen wir sie aufgehen im „östlichen Lichtpunkt", wie man altägyptisch sagte, und untergehen im „westlichen Lichtpunkt" (oder: „Licht-Horizont"). Auf ihrem Weg durch den Himmelsraum wandert sie von Osten nach Westen. Was aber tut sie während der Nacht? Zweifellos, so muß man folgern, durchquert sie von Westen nach Osten die Unterwelt, sonst könnte sie am nächsten Morgen ja nicht wieder im östlichen Lichtpunkt emporsteigen. Auf ihrem Gang durch die Unterwelt scheint sie den unsterblichen Seelen, die dort bald vor Gericht stehen werden, als Licht in der Finsternis, und zwar auch in übertragenem Sinne.

Denn drunten ist sie gleichzeitig ja der Gerichtsherr. Nicht anders, als *auf Erden* der jeweils regierende „lebendige Gott" identisch ist mit der Lebenssonne, so ist *drunten* derselbe Herrscher, verwandelt zum Herrn des Weltgerichts, ebenfalls identisch mit der Lebenssonne, also mit dem himmlischen Weltgott selbst.

Daraus ergibt sich die außerordentlich wichtige Folgerung: Wie die Sonne sich täglich der Unterwelt entringt und aus diesem Zustand ihrer materiellen Selbstentfremdung wieder im Himmelsraum zu sich selbst kommt als reines Lebenslicht, so *aufersteht* der ihr identische Weltregent, der Gottessohn, aus der Unterwelt in den Himmel; und mit ihm auferstehen alle „unsterblichen Seelen", die vom Totengericht freigesprochen wurden, zur ewigen Seligkeit (die man sich ganz realistisch ausmalte). So schließt sich der Kreis: Der Lichtgott wird auf Erden zum Gottkönig, in der Unterwelt zum Gerichtsgott und aus der Unterwelt heraus zum Auferstehungsgott und zugleich zum Erlösungsgott. Folglich wird das dreiteilige Weltganze regiert vom dreieinigen Gott. Im Himmel heißt er Rē oder Amūn-Rē, auf Erden heißt er Horus, und als Herr des Weltgerichts heißt er Osiris.

Auferstehung

So wird es verständlich, welche unermeßliche Bedeutung der altägyptische Gottkönig für sein Gottesvolk hatte. Er herrschte zunächst als „lebendiger Horus, lebend in Ewigkeit", wie es in seinem „großen Namen" heißt; dann verwandelte er sich bei seinem scheinbaren Tod in Osiris; und schließlich trat er die Himmelfahrt an. In Wahrheit freilich war er, wie soeben dargelegt, nur ein einziger Gott, nämlich derselbe Gott des Lichtes und des Lebens, der sich jeweils anders verkörperte und dabei nur so aussah, als ob er ein natürlicher Mensch wäre.

Folglich wurde in den künstlerisch großartigen Königsdarstellungen — den Statuen, Reliefs, Wandgemälden — jahrtausendelang die natürliche Individualität jedes Einzelmonarchen nach bestimmten heiligen Regeln unterdrückt und ein gleichbleibender Typus festgehalten, auf den die sakrale Kunst unter priesterlicher Aufsicht streng verpflichtet war. Im übrigen sorgten die heiligen Insignien einschließlich der Kronen und Gewänder, des Throns und des Hofzeremoniells sowie die hierarchische Gliederung der Gesellschaft für die stilisierte und ewige Majestät, Autorität, Erhabenheit dieses Gottesmonarchen.

Gottesstaat

So hatte die Staatsreligion allmählich den Staat umgeformt zum irdischen *Gottesstaat.* Sinnen und Trachten des Gottesvolkes war über den Alltag hinaus auf das Jenseits, das Endgericht, die selige Unsterblichkeit gerichtet. Vor dem Totengericht konnte nur bestehen, wer seinem Gewissen gefolgt war und wer einen ethisch-sozial untadeligen Lebenswandel geführt hatte; das *Gewissen* ist der Sache nach ein altägyptischer Begriff. Geprüft wurde mit dem Charakter zugleich die Gesinnung. Ihr Zentrum sah man im Herzen. Die alttestamentliche Glaubensüberzeugung, wonach Gott das Herz prüft, das Herz erforscht, das Herz ansieht, kommt direkt aus Altägypten. Höllenstrafen wurden schrecklich geschildert mit Einzelheiten, wie wir sie aus der neutestamentlichen Eschatologie kennen. Es gab aber auch schon Ablaßbriefe, die man bei Priestern kaufen konnte, Seelenmessen und dergleichen. Indem die Priesterschaft das Gotteskönigtum proklamierte, steigerte sie gleichermaßen ihre eigene Macht nicht nur im Diesseits, sondern auch im Hinblick auf das Jenseits.
Da bestieg Amenhotep IV., der sich bald Echnaton (genau: Achen-aten) nannte, als ein solcher Gottkönig den Thron und *verurteilte das alles als Wahngebilde,* Blendwerk und Lüge!

Die Ptach-Lehre

Zweifellos war Echnaton tief beeindruckt worden von jener ganz andersartigen Welterklärung, die man in der alten Staatshauptstadt Memphis lehrte. Hier wurde zwar seit alters der Lichtgott in Menschengestalt dargestellt, und sein Name lautete „Ptach"; aber längst — schon in vorgeschichtlicher Zeit! — hatte man sich auch von solcher anthropomorphen („menschenartigen") Gottesansicht abgewandt.

Ptach-Lehre

Eines der ältesten Schriftwerke der Menschheit stammt aus Memphis und handelt von Ptach. Breasted, der es zuerst entziffert hat, datiert den Text ins vierte vorchristliche Jahrtausend (um 3400 v. Chr.). Da heißt es: „Er schuf die Götter, er gründete die Städte, . . . er machte Bildwerke von den Göttern . . . So gingen die Götter ein in ihre Körper aus jeglicher Art Holz, aus jeglicher Art Stein, aus jeglicher Art Lehm . . . Er ist [als Denkvermögen, als schöpferische Vernunft] in jeder Brust [weil man das geistige Lebenszentrum im Herzen glaubte] und [als Sprache] in jedem Munde, sei es der Götter, der Menschen, der Rinder, der Reptile, [kurz, sämtlicher] Lebewesen, während er [Ptach] denkt und während er alles befiehlt, was er will . . . Das Herz ist es, das bewirkt, daß ein jeglicher Beschluß hervortritt; es ist die Zunge [Sprache], die den Gedanken des Herzens verkündet . . . So geschieht ein jedes Werk und eine jede Arbeit, das Tun der Arme, das Gehen der Beine, die Bewegung eines jeden Gliedes gemäß diesem Befehl, den das Herz denkt, den die Zunge verkündet hat und der allen Dingen ihren Wert gibt . . . [Hinsichtlich] dessen, der tut, was geliebt wird, und dessen, der tut, was gehaßt wird, wird Leben gegeben dem Friedfertigen und Tod gegeben dem Übeltäter."
Geistesgeschichtlich ist die Bedeutung dieses Textes überhaupt nicht abzuschätzen. Noch aufregender wirkt er dadurch, daß er so alt ist. Auf den ersten Blick erkennt man in ihm nicht nur den Urtext alttestamentlicher Gottesverkündung, wie sie hauptsächlich im gleichsinnigen Geistesgut vieler Psalmen

hervortritt, sondern man stellt auch fest, daß er das früheste Zeugnis unseres Pantheismus und Panentheismus darstellt. Pantheistisch ist jene Lehre, wonach Gott in allen Dingen lebt, ja das Leben des Weltalls selbst ist, identisch mit der lebendigen, schöpferischen Natur; pantheistisch hat Gott sich also in unzählige Dinge oder Erscheinungsformen zerteilt. Hingegen beim Panentheismus ist zwar auch Gott in allem, aber anderseits auch alles in Gott, so daß er nicht in seiner Leistung aufgeht, sondern sich als schöpferisches Zentrum von ihr unterscheiden und aus ihr herausfolgern läßt.

Pantheismus und Panentheismus

Eine philosophische — oder religiöse — Konsequenz ist der Determinismus, demzufolge alles, was geschieht, von Gott vorausgeplant ist. Ohne unmittelbaren Bezug auf Gott sprechen wir deterministisch vom durchgängigen Kausalzusammenhang aller Vorgänge in der Welt einschließlich seelischer Erlebnisse und Willenshandlungen. Es gibt dann keine Willensfreiheit, folglich auch keine Selbstverantwortlichkeit des Menschen. (Erinnert sei in diesem Zusammenhang an die paulinisch-christliche Prädestinationslehre und an den islamischen Fatalismus). Solchen radikalen, religiös motivierten Determinismus lehrt schon der zitierte Ptach-Text.

Determinismus

Außerdem bietet der Text einen Ansatz zum Indeterminismus, nämlich zur Willensfreiheit sowie ihrem hintergründigen Hauptproblem, das bisher noch niemals befriedigend gelöst worden ist und in unserer Geistesgeschichte von jeher Unruhe stiftet. Denn der Text bringt zuletzt noch einen Hinweis darauf, daß der Mensch sich als Übeltäter aufführen kann und deshalb mit dem Tod bestraft werde. (Wie man die Todesstrafe sich vorzustellen hat, ob als Hinrichtung oder als ewigen Tod im Sinne sowohl altägyptischer Jenseitigkeitsreligion als auch des Neuen Testamentes, nämlich als dauernde Gottesferne, verbunden mit unablässiger Höllenqual, das bleibt im Ptach-Text offen.)

Indeterminismus

Es ergibt sich nun folgende Problemreihe. 1. Wie ist es überhaupt möglich, daß in einer pantheistisch absolut determinierten Welt irgend jemand etwas zu tun vermag, was nicht von Gott bestimmt, nicht planmäßig korrekt und *insofern nicht gut* ist? 2. Die Antwort lautet: Offenbar ist der Mensch imstande, sich unplanmäßig, also indeterminiert, zu verhalten: Er macht seine Willensfreiheit geltend gegenüber dem Gotteswillen. 3. Jedoch, woher bezieht der Mensch solchen Eigenwillen? Im Rahmen der Glaubensvorstellungen, in dem wir uns hier bewegen, hat man darauf zwei Antworten erteilt: a) Auch das sogenannte Böse ist von Gott vorgesehen und in dessen Weltplan eingeordnet (weshalb im Alten Testament der Satan als Verkörperung alles Bösen ein „Gottessohn" ist und auf Gottesgeheiß hin handelt). Folglich ist Gott wenigstens als Herr der Weltgeschichte gut und böse zugleich. Anders läßt sich im radikalen Monotheismus das sogenannte Böse schlechterdings nicht erklären. b) Der Mensch ist von Gott abgefallen, und zwar unter Einfluß einer gottfeindlichen Macht, deren Ursprung ins Jenseits verlegt wird und rätselhaft bleibt. Daraus resultiert, jedenfalls im Hinblick auf das Weltgeschehen, an Stelle des Monismus ein Dualismus, wie ihn maßgeblich aber erst Zarathustra gelehrt hat.

Monismus und Dualismus

Im Zusammenhang speziell mit dem Panentheismus steht die Weltgeisttheorie oder Logoslehre. Sie unterscheidet sich insofern vom Pantheismus, als ihr zufolge nicht Gott selbst, sondern nur sein Geist im Weltganzen wirkt. Gott selbst befindet sich dann hinter seiner Schöpfung verborgen im Jenseits. Da aber sein Geist von ihm ausgeht, kann man sich, indem man sich im Geiste empordenkt, schließlich in Gott hineindenken und geistig in ihm aufgehen. Folglich ist zwischen Gott und Mensch, oder umgekehrt zwischen Mensch und Gott, der Gottesgeist als Mittler eingeschaltet. Auch zu dieser Weltanschauung enthält der Ptach-Text einen Ansatz, und Breasted fragt deshalb: „Haben wir hier wohl den vorgeschichtlichen Hintergrund der Logoslehre ...?"

Weltgeisttheorie

Mit anderen Worten besagt nämlich jener Text folgendes: Gott hat die Welt aus seinem schöpferischen Vermögen heraus gebildet, indem er (1.) sie zuerst in Gedanken entwarf und sie dann aus seinem Bewußtsein dadurch allgemeine Wirklichkeit werden ließ, daß er seine Gedanken in Begriffe faßte und wörtlich formulierte und die Worte in Befehlsform aussprach. Er ist (2.) weiterhin schöpferisch tätig, indem er seine Gedanken jedem Einzelmenschen sowie sämtlichen Lebewesen eingibt, weshalb der Gottesgeist es ist, der in uns denkt, urteilt, motiviert, also in jeder Hinsicht unser Verhalten bestimmt und unsere Kulturleistung vollbringt. Ob es sich dabei monistisch um nur *einen* göttlichen Weltgeist handelt oder ob dualistisch ein zweiter Weltgeist mit ihm rivalisiert, das sei dahingestellt; wir halten uns hier, im Hinblick auf unser Thema, an *einen* Weltgeist oder „Logos".

Ihn können wir uns *personifiziert* so vorstellen, wie er unter direktem Einfluß des altägyptisch-jüdischen Philosophen Philon im Prolog zum Vierten Evangelium beschrieben ist: „Im Anfang war der Logos, und der Logos war bei Gott, und der Logos war Gott ... Alles ward durch ihn, und ohne ihn wurde nichts von dem, was geworden ist. In ihm war Leben, und das Leben war das Licht der Menschen. Und das Licht scheint in der Finsternis ... Und der Logos ward Fleisch und wohnte unter uns ..."

Logos und Logik

Ursprünglich ist allerdings das ins Griechische vielleicht nur übernommene Wort „logos" ein grammatischer Begriff. Er bezeichnet die in Buchstaben darstellbare menschliche Rede, die aus Sätzen, Satzteilen, Wörtern, Silben besteht; außerdem bezeichnet er das in höherem Sinn logische Urteil, den Begriff und dessen Definition, und schließlich, in noch höherem Sinn, die unser Denken beherrschende und leitende Vernunft. Deren logisch-abstraktes Denken — daher die *Logik!* — ist jeder magisch-mythischen Logoslehre entgegengesetzt. Eine allerdings schwierige Vereinigung beider Gegensätze läßt sich so, wie zuletzt ausdrücklich von Fichte und Hegel versucht wurde, dadurch herbeiführen, daß man vom göttlichen Weltgeist aussagt, er selber denke vernünftig.

Was nun den Ptach-Text betrifft, so enthält er Ansätze sowohl zum magisch-mythischen Logosdenken als auch zur empirisch-abstrakten Logik. Man konnte in Verbindung mit Rē und der Staatsreligion aus der Ptach-Lehre einen Gottesgeist herausdeuten und ihn ähnlich wie später Philon als „Gottessohn" personifizieren resp. ihn synkretistisch mit dem „Sohn des Rē", dem „lebendigen Gott", also dem Gottkönig selbst identifizieren. Anderseits konnte man ihn aber als geistige Einheit aller Lebensgesetzlichkeit auffassen, als Gottes geistige Gegenwart in der Welt, ohne ihn eigens zu benennen.

Biophysikalisches Weltbild

Dafür hat Echnaton sich entschieden. Sein Weltbild war insofern, als er es auf Gottes *natürliche* Wirksamkeit einschränkte, biologisch-physikalischer Art und im wesentlichen logisch-abstrakt angelegt. Allein diese Weltanschauung verkündete er als „wahrheitsgemäß"; und er als erster bezeichnete seine Unterweisung als „Lehre". Aber zum geistigen Revolutionär wurde er dadurch, daß er fast jede magisch-mythische Gottesvorstellung, fast jede magisch-mythische Weltwirklichkeit und insofern das magisch-mythische Denken grundsätzlich unterdrücken wollte.

Weltanschauliche Revolution

Er *verwarf* kraft seiner absoluten Regierungsgewalt und um der „Wahrheit" willen die Staatsreligion, der er selber noch als Kronprinz gedient hatte, als er „Erster Priester der Rē-Horus der beiden Lichtorte" war. Er verbot den gesamten, überaus farbig ausgemalten Jenseitigkeitsglauben. Es gab kein Totengericht mehr, keine Hölle, aber auch keine Himmelfahrt. Er verbot sämtliche Götter, deren es vorher so viele gab, den Reliquienkult, die Mysterienspiele und Prozessionen, die Opfergaben und Tempelgebete u. dgl. m.

Niemand durfte mehr die unzähligen alten Gotteshäuser betreten. Die Priesterschaften waren heimatlos, brotlos, nutzlos geworden. Der Schlag traf gleichzeitig die Hersteller und Verkäufer aller Devotionalien: keine geweihten Herzen oder Brote, Amulette, kein Weihwasser, Weihrauch, keine Götterbildnisse durften mehr hergestellt und gehandelt werden. Bildhauer, Bronzegießer, Goldschmiede, Maler mußten sich, sofern sie sich vorher sakraler Kunst gewidmet hatten, anderen Aufgaben zuwenden. Der große, reiche Wallfahrtsort Abydos, wo jährlich Hunderttausende zu den Passionsspielen von „Leben, Tod und Auferstehung des Osiris" und zu Wunderheilungen zusammenkamen, sah sich plötzlich seiner Einnahmequellen beraubt. Das Landvolk mußte auf seine Götterstatuen verzichten, die es überall an Kreuzwegen, Ackerrainen, Erntefeldern, Wohnhäusern und Ställen aufgestellt hatte; es durfte nicht mehr das Quellwasser, auffällige Bäume oder sonstige Einzeldinge der Landschaft als Erscheinungsformen kleiner Naturgötter verehren. *Bildersturm*

Nachdem Echnaton gestorben war, klagte sein Schwiegersohn Tut-anch-amūn: „Als ich den Thron bestieg, lagen die Tempel der Götter und Göttinnen verlassen von Elephantine [am ersten Katarakt in Oberägypten] bis hinab zu den Sümpfen des Deltas ... Auf den verödeten heiligen Stätten wucherten wilde Pflanzen ... Ihre Tempel waren, als wären sie nie gewesen, und durch ihre Wohnungen führten Fußpfade ... Die Götter hatten dieses Land verlassen."

Aton und Maat

Schlüssel zum Verständnis von Echnatons umstürzenden Maßnahmen liefern uns zwei Zentralbegriffe seiner Lehre: *Aton* und *Maat.*

Mit dem Wort „Aton" bezeichnete man bis zur Zeit von Echnatons Vater nur die Sonne als profane Naturerscheinung: als Gestirn, Tageslicht, aber nicht als Gott. Naturalistisch stellte man ihn in der Bildschrift als Sonnenscheibe dar; es handelte sich dabei nur um ein Ideogramm. Ein paar Jahrtausende früher allerdings war Aton ein Sonnengott gewesen, inzwischen aber durch Rē abgelöst worden. Wenn man jetzt den Sonnen*gott* meinte, dann sprach man von Rē (Rē-Harachte, Amūn-Rē), zu dessen Namenszeichen zwar auch die Sonnenscheibe gehörte, jedoch hier als ein heiliges Zeichen mit magisch-mythischer Bedeutung und stets in Verbindung mit anderen, ebenfalls heiligen Figuren. *„Aton"*

Den somit als Naturphänomen angeschauten Aton, Individualbegriff und Funktionskomplex biologischer und physikalischer Lebenswärme, proklamierte nun Echnaton zum *alleinigen* Gott und bezog auf ihn offenbar den größten Teil der alten Ptach-Lehre.

Dazu dürften ihn auch politische Gründe bewogen haben. Nachdem einige seiner Vorfahren ihren Großstaat zum Weltreich erweitert hatten, das im Süden noch den Sudan und im Osten auch Palästina/Syrien umfaßte, war es Aufgabe ihrer Nachfolger, den Besitzstand zu erhalten. Wie üblich, konnte ihnen dabei die synkretistische Staatsreligion nützen, indem sie fremde Götter in sich aufnahm, umformte und zugleich dem höchsten Gott unterstellte, dessen irdische Inkarnation ja der „lebendige Gott" war, nämlich der ägyptische Gottkönig selbst. Anscheinend aber gab es in dieser Hinsicht nunmehr Schwierigkeiten, hervorgerufen vielleicht durch syrische Bevölkerungsteile, die ihre eigene altmesopotamisch-phönikische Kultur besaßen und deren Götter, insbesondere die Staatsgötter, sich nicht ohne weiteres der altägyptischen Hierarchie eingliedern ließen.

Jedenfalls beschloß bereits Echnatons Vater, einen neuen Weltgott als Staatsgott auszurufen, dessen Vorrangstellung niemand bezweifeln konnte und von dessen lebensnotwendiger Wirksamheit jedermann überzeugt war, weil er sie täglich am eigenen Leib verspürte. Es handelte sich um die Sonne mit ihren übernationalen Lebensfunktionen — eben um Aton.

Monotheismus

In dem kolossalen Zentraltempel des Imperiums, den Echnatons Vater im heutigen Karnak, einem ehemaligen Stadtbezirk von Theben, errichten ließ, wurde nunmehr Rē-Amūn-Horus nicht nur als „Vater im Himmel", als „guter Hirte" und „Himmelslotse" gefeiert, sondern auch unter dem nunmehr heiligen Namen „Aton". In einem neuen Hymnus heißt es: „Man hat deine Strahlen vor Augen und weiß es nicht ... Einzigartiger, der die Ewigkeit durchlebt ... Du überquerst den Himmel, alle Menschen schauen dich an, und doch ist dein Gang vor ihnen verborgen ... Alle Augen sehen durch dich ..., aber wenn du aufgehst ..., dann schlafen sie, als wären sie tot ... Preis dir, du Aton des Tages, der alle Wesen erschaffen hat ...! Er [Aton] macht die Jahreszeiten von Monat zu Monat, er gibt Wärme, wann er will, und Kühlung, wann er will; er macht die Glieder schlaff und er umarmt sie. Jedes Land betet ihn an bei seinem täglichen Aufgang ..."

Aber erst Echnaton zog daraus die äußerste Konsequenz. Nicht nur gab er sich selbst seinen neuen Namen (= „Aton will es"), sondern auch seine Frau Nofret-ete (= „Die Schönste ist gekommen") taufte er um in Nefer-nefruaton (= „Der Schönste der Schönsten ist Aton"); seine erste Tochter nannte er Merit-aton (= „Von Aton geliebt").

Hingegen ließ er den Namen „Amun" in sämtlichen Inschriften, Titeln, literarischen Werken tilgen; er verbannte ihn aus dem Schulunterricht, er löschte ihn im Allgemeinbewußtsein und verschonte dabei weder seinen eigenen früheren Namen (denn in „Amenhotep" ist „Amun" enthalten) noch denjenigen seines Vaters. Überall waren nun Steinmetze am Werk, die von den Wänden das einst heilige Bildzeichen für „Amun" wegmeißelten, oder Gelehrte, die es aus den Papyri radierten. Desgleichen verschwand es aus dem öffentlichen Sprachgebrauch und aus der Eidesformel, die man als Zeuge sprechen mußte; an seine Stelle trat jeweils der Name „Aton".

Jedoch, handelte es sich in diesem Falle überhaupt noch um einen Namen und nicht vielmehr um einen Funktionsbegriff, ein Abstraktum? Eine Antwort auf diese Frage erteilte Echnaton indirekt dadurch, daß er für Aton ein dessen

Symboldenken

Wirksamkeit bezeichnendes *Symbol* einsetzte. Kein Gottesbildnis! Denn das Besondere an Echnatons radikalem Monotheismus war, daß Aton der *lebendige Gott* war, dessen Schöpferkraft man nicht in ein Kunstgebilde aus Holz oder Stein bannen konnte. Sinngemäß könnte das alttestamentliche Gebot, wonach man sich vom lebendigen Gott kein Bildwerk machen soll, auf Echnaton zurückgehen.

Was ist hier nun unter einem *Symbol* zu verstehen? Es handelt sich um ein konkretes Gleichnis, mittels dessen ein abstrakter Begriff sinnfällig wird. Es ist nicht mit dem Begriffe identisch, sondern weist nur auf dessen Bedeutung hin, insofern also auf dessen *Definition*.

Für Aton wählte oder entwarf Echnaton als Symbol die Sonnenscheibe mit vielen Armen und offenen Händen, die sämtlich der Erde und ihren Lebewesen entgegengestreckt sind und außerdem das Bildzeichen für „Leben" darreichen. (Demgemäß heißt es noch im alttestamentlichen Deuteronomium 33,27 vom El Jeschuruns wörtlich: „... unter dir sind ewige Arme", womit nicht etwa ausgestreckte Arme eines anthropomorph vorgestellten Himmelspatriarchen gemeint sind).

„Maat"

Noch aufschlußreicher war Echnatons Verhältnis zur „Maat". Das Wort ist mit „Wahrhaftigkeit, Wahrheit" zu übersetzen, aber auch durch „Weltharmonie, geistige Weltordnung, ausgleichende Gerechtigkeit". Magisch-mythisch hatte man bisher die Maat als Gottestochter — „Tochter des Rē" — dargestellt, und zwar in Gestalt eines zarten Mädchens. Echnaton, der solche Personifikation untersagte, hat die Maat zweifellos als Inbegriff bestimmter geistig-seelischer Gottesfunktionen oder als Bezeichnung göttlicher Wesensart aufgefaßt. Wir übersetzen „Maat" am besten mit „Wahrheit". Echnaton verkündete, daß jeder, der in der „Wahrheit" lebe, auch seine „Lehre" verstünde und daß seine Lehre die „Wahrheit" offenbare.

Aus seinen Namen können wir ersehen, wie er sich selbst binnen weniger Jahre zu diesem Standpunkt emporgedacht hat. Anfänglich führte er, als Königserbe, den „großen Namen", der ihn selbst mit dem Lichtgott identifizierte. Dann proklamierte er sich als den von Aton Beauftragten. Schließlich aber gab er sich einen anderen Namen, den er bis zuletzt führte und der in deutscher Übersetzung lautet: „Der von der Wahrheit lebt".

„Wahrheitslehre"

„Die Lehre, ja die Lehre!" so heißt es dankbar zustimmend in den wenigen uns erhaltenen Bekenntnisinschriften aus Echnatons Regierungszeit. „Jeden Morgen hat sich [Echnaton] damit beschäftigt, mich zu unterweisen, weil ich so sehr nach seiner Lehre handelte." — „Ich habe Wahrheit in mein Inneres gesetzt, und Lüge ist mir ein Abscheu, denn ich wußte, daß der König sich über die Wahrheit freut." — „Ich habe Wahrheit dem Könige berichtet, denn ich weiß, daß er in ihr lebt . . . Ich nahm nicht Lohn für Lügen, ich vertrieb nicht die Wahrheit zugunsten der Gewalttätigen."

Die Aton-Verkündigung

Zwar hielt Echnaton eine neu berufene Aton-Reichspriesterschaft für notwendig; aber da es vom allein lebendigen Schöpfergott kein Bildnis geben sollte, sondern nur jenes Symbol, das auf ihn hinwies, so verehrte man ihn danksagend unter offenem Himmel mit emporgerichteten Armen, und zwar auch in der freien Landschaft, auch in der Privatwohnung. Damit begann, unerachtet der offiziellen Priesterschaft, die Geschichte unseres Laienpriestertums. Denn der allgegenwärtige Lebensgott offenbarte sich ja jedermann ohne Ansehen des Standes. Folglich bedingte dieser radikale Monotheismus, daß derselbe Schöpfergott, welcher die Welt schuf und unablässig weiterentwickelt, zugleich der persönliche Gott jedes Einzelmenschen war.

Der allgegenwärtige Lebensgott

Ebenso oder ähnlich huldigten später Zarathustra, hellenische Pythagoreer, jüdische Essener dem Gott des Lichtes und der Wahrheit unter freiem Himmel mit emporgestreckten Armen; und gleichsinnig ist, dieser Tradition folgend, noch Goethes „Ganymed" (um 1774) gemeint: „Sich an mein Herz drängt / Deiner ewigen Wärme / Heilig Gefühl / Unendliche Schöne! / . . . Umfangend umfangen! / Aufwärts an deinem Busen, / Alliebender Vater!" Diese Verse drücken nicht nur aus, was schon Echnaton lehrte, sondern stimmen beinahe wörtlich mit dessen Lobgesang überein, in dem es heißt:

> „Du bist Mutter und Vater allem, das du erschaffen hast.
> . . . Bei deinem Aufgehn am Morgen
> am östlichen Horizont des Himmels
> sind ihre [der Menschen] Arme erhoben in Anbetung zu dir.
> Du machst, daß die Herzen der Menschen von deiner Schönheit leben,
> denn die Menschen leben, wenn du deine Strahlen aussendest.
> . . . All deine Schöpfung tanzt vor dir,
> dein erhabener Sohn frohlockt, sein Herz ist voll Freude,
> o lebender Gott [Aton], am Himmel täglich wiedergeboren.

... Deine Kraft und deine Macht wohnen in meinem Herzen,
das dein eigen ist, o Gott [Aton], ewig Lebender.
... Es ist der Odem des Lebens, deine Strahlen zu sehen.
Alle Blumen leben, und was im Erdreich wächst,
das gedeiht, weil du aufgehst.
Sie sind trunken von deinem Angesicht.
Alle Rinder hüpfen auf ihren Beinen;
die Vögel im Sumpf fliegen vor Freude,
ihre Schwingen, die gefaltet waren, sind offen,
emporgebreitet in Anbetung des lebendigen Gottes [Atons],
du Schöpfer ..."

Echnatons Hymnus

Hierzu stellen wir den großen Hymnus, der vermutlich bei der offiziellen Gottesfeier gesprochen oder gesungen wurde (nach der Übersetzung von Kurt Lange):

„Schön ist dein Erscheinen im Lichtort des Himmels,
du lebendiger Gott [Aton], der von Anbeginn lebte!
Dein leuchtendes Aufgehn im östlichen Lichtort
erfüllt alle Lande mit deiner Schönheit;
du bist gütig und groß, glanzvoll und hoch über allen Landen,
deine Strahlen umfassen die Länder bis zum Rand deiner Schöpfung!
... Gehst du unter im westlichen Lichtort,
[dann] liegt die Erde im Dunkel, als sei sie erstorben.
... Alles Raubzeug schleicht sich aus seiner Höhle,
alles Gewürm hebt zu beißen an.
Die Finsternis lockt es, wie andere eine Feuerstatt.
Die Welt liegt im Schweigen,
denn ihr Schöpfer ging zur Ruh' in seinem Lichtort.
... Wenn du morgens im Horizonte aufsteigst,
als Aton am Tage erglänzend,
so weicht die Finsternis,
sobald du deine Strahlen spendest.
... Alles Vieh ist befriedigt durch seine Weide,
die Bäume und Kräuter ergrünen.
Die Vögel entflattern ihren Nestern,
ihre Flügel erhebend zum Preis deiner Kraft!
... Die Fische im Strom springen in deinem Angesicht;
deine Strahlen dringen bis ins Innere des Meeres!
... Der du den Sohn ernährst im Leibe seiner Mutter
und ihn beruhigst, auf daß er nicht weine,
du Amme im Mutterleib!
Der Atem gibt zur Belebung jedes seiner Geschöpfe:
Verläßt es den Leib, um zu atmen am Tag seiner Geburt,
so öffnest du seinen Mund und spendest, was es benötigt.
... Wie unermeßlich sind deine Werke!
Sie sind den menschlichen Blicken verborgen,
du einziger Gott [Aton], der nicht seinesgleichen hat!
Du hast die Erde geschaffen nach deinem Herzen [= Vernunft],
du einzig und allein,
mit Menschen, Herden und allem andern Getier.

. . . Du setzest jeglichen an seine Stelle,
allen schaffend, wessen sie bedürfen;
es hat ein jeglicher seine Nahrung,
berechnet ist die Zeit seines Lebens.
Die Zungen [= Sprachen] sind geschieden in Sprachen,
Gestalt und [Haut-]Farbe sind unterschiedlich;
du bist es, der die Völker unterscheidet!
. . . Du, ihrer aller Herr, der sich abmüht an ihnen,
du Herr aller Lande, der für sie aufleuchtet,
du Aton des Tages, Allkräftiger!
. . . Du machst die Jahreszeiten, deine Werke zu vollbringen
. . . Du machtest den Himmel fern, um an ihm aufzugehen,
um all das zu schauen, was du allein schufest,
erstrahlend in deiner Gestalt als lebendiger Gott [Aton],
aufdämmernd leuchtend, dich entfernend und wiederkehrend.
Du bildest Millionen Gestalten aus dir allein,
Städte, Weiler und Fluren, Weg und Fluß.
. . . Und wenn alle Augen, denen du Sehkraft gabst,
damit du nicht [allein] dich selbst sähest, schlummern . . .
dann bist du [doch noch] in meinem Herzen.
. . . Die Erde ist in deiner Hand
[und die Menschen], wie du sie geschaffen hast.
Bist du aufgegangen, so leben sie,
sinkst du hinab, so sterben sie:
Du selbst bist die Lebenszeit,
man lebt durch dich.
. . . Seit du die Erde gegründet hast,
hast du sie aufgerichtet für deinen Sohn,
der aus dir selbst hervorging,
den König von Ober- und Unterägypten,
der von der Wahrheit lebt . . .!"

Echnaton als Gottessohn

Merkwürdigerweise hielt Echnaton den Anspruch aufrecht und betonte sogar, daß er Gottes eingeborener Sohn sei. Da er die bisherige Staatsreligion beseitigt hatte, konnte er nicht aus ihr seine Gottessohnschaft herleiten. Es scheint, als habe er sich für den ersten echten Gottessohn gehalten, und zwar kraft der „Wahrheit" und „Lehre". Nun ist aber dieser Lehre zufolge Gott auch der Vater aller Menschen und aller Lebewesen überhaupt. Insofern wäre Echnaton also der Höchstgeborene oder Erstgeborene unzähliger Brüder und Schwestern. Darauf kommen wir noch zurück.

„Vater im Himmel"

Jedenfalls unterscheidet sich seine Ansicht vom „Vater im Himmel" beträchtlich von der früheren, die auf Rē oder Amūn-Rē bezogen war. Für Echnaton bezeichnet offenbar der menschlicher Erfahrung entlehnte Begriff vom Gottvater dessen Wesensart und Gesinnung: Gott ist die Liebe, nämlich diejenige schöpferische Liebe, welche die ganze Welt ins Leben ruft, durchdringt und erhält, und er ist somit der Urgrund aller Dinge.

In diesem Zusammenhang sei darauf hingewiesen, daß Echnatons Lehre und Lobgesang sinngemäß oder wörtlich ins Alte Testament eingegangen sind. „Es wäre sehr interessant zu erfahren, was für eine Stellung dem Hymnus des Echnaton innerhalb derjenigen Einflüsse zukam, welche die Juden allmählich zum Monotheismus führten. Diese Stellung dürfte nicht gering gewesen sein . . .

Die jüdische Auffassung von der Natur als einem Werke, in dem sich die Güte des Schöpfers ausdrückt, geht auf diesen Gesang und auf ähnliche Gesänge Ägyptens zurück ... Die Verbreitung einer Dichtung von so unbegrenztem Weltgefühl und so bedingungslosem Monotheismus über ganz Westasien Jahrhunderte vor den Anfängen prophetischer Literatur bei den Israeliten kann nicht ohne Wirkung auf den Internationalismus geblieben sein, dem sich in der Folge die jüdischen Propheten unter dem Druck der gefährlichen Lage zuwenden mußten, in die ihr Volk als der Spielball der großen Staaten geraten war" (Breasted).

104. Psalm

Es möge genügen, aus dem 104. Psalm einige Verse zu zitieren, die sich eng an jenen Lobgesang anlehnen: „Du, der in Licht sich hüllt wie in ein Gewand ... Du, der die Quellen entsendet in die Täler: zwischen den Bergen fließen sie dahin; sie tränken alle Tiere des Feldes, ... an ihnen wohnen die Vögel des Himmels ... Von der Frucht deiner Werke wird die Erde gesättigt. Du, der das Gras hervorsprossen läßt für das Vieh und Kraut zum Dienste der Menschen: um Brot hervorzubringen aus der Erde ... Du machst Finsternis, und es wird Nacht, in ihr regen sich alle Tiere des Waldes; die jungen Löwen brüllen nach Raub und fordern von Gott [El] ihre Speise. Die Sonne geht auf: da ziehen sie sich zurück und lagern sich in ihre Höhle. Der Mensch geht an sein Werk und an seine Arbeit bis zum Abend ... Sie alle warten auf dich, daß du ihnen ihre Speise gebest zu seiner Zeit. Du gibst ihnen: sie sammeln ein; du tust deine Hand auf: sie werden gesättigt mit Gutem ..."

Praktische Folgen

Revolutionärer Realismus

Praktische Folge der neuen Wertschätzung aller *natürlichen* Weltwirklichkeit war für Echnaton und seine Familie die völlig ungezwungene Lebensart, die sich revolutionär bemerkbar machte und aufgefaßt werden kann als ein Triumph freier Humanität. „Dieser neue, der Schönheit und wohltätigen Ordnung der Natur zugewandte Geist war zugleich tief empfänglich für alles, was die von Konvention und Überlieferung nicht verfälschten Beziehungen der Menschen untereinander betraf. Das entzückend unbefangene und natürliche Familienleben Echnatons wurde jetzt ohne Scheu auf öffentlichen Denkmälern dargestellt. Eine unvollendete, in der Werkstatt eines Bildhauers von Amarna [in den Ruinen des alten Achet-aton] aufgefundene Statuette zeigt den König, wie er seine kleine, auf seinem Knie sitzende Tochter umarmt und herzt. Es läßt sich denken, welche Empörung ein derartiges königliches Bildnis bei den Hütern der Tradition wecken mußte, den vornehmen Hofleuten, die sich den Pharao nicht anders dargestellt denken konnten als in der Auffassung der letzten zweitausend [!] Jahre: in übermenschlicher Majestät thronend, eine göttlich starre, von keiner menschlichen Regung, keinen menschlichen Schwächen berührte Gestalt. Der schöne Sessel aus dem Palast von Achet-aton, der uns im Grab des Tut-anch-amun erhalten blieb, ist mit einer Szene geschmückt, die den König in lässiger Haltung sitzend zeigt, einen Arm über die Lehne gelegt, während die liebliche junge Königin vor ihm ein kleines Gefäß wohlriechenden Öls in der Hand hält und mit graziöser Gebärde einige duftende Tropfen daraus auf das Gewand ihres Gemahls tut. Hier haben wir zum erstenmal in der Kunstgeschichte eine Darstellung des Themas menschlicher Beziehungen. Das menschliche Leben in seiner natürlichen Wirklichkeit wird zum Gegenstand der Kunst gemacht. Dies sind nur zwei von zahlreichen Beispielen, aus denen sich Echnatons starke Persönlichkeit und seine furchtlose Bereitschaft erkennen lassen, die Fesseln der Tradition abzuschütteln, um für ein realistisch unbefangenes Lebensgefühl Raum zu schaffen" (Breasted).

Unzweifelhaft ließ Echnaton sich ganz ungezwungen und rein human darstellen, oft gemeinsam mit seiner Frau und seinen Kindern: ein glücklicher Familienvater, ein zärtlich besorgter und liebevoll umsorgter Ehemann. Offensichtlich gewährte er den Künstlern relativ freien Zugang zu seinen Privatgemächern, wo sie ihn und seine Angehörigen in Szenen nach der Natur skizzieren konnten. Ebenso ließ er sich ohne Beschönigung porträtieren. Er ist der einzige altorientalische Herrscher, den wir heute noch so vor uns erblicken, wie er tatsächlich aussah, mit vorspringendem Kinn, breitem Mund, vollen Lippen, langer Nase, engen, schräggestellten Augen, mit hagerer Figur und flacher Brust. Um Porträts vollkommen naturgetreu anzufertigen, pflegte man jetzt sogar Gipsmasken vom lebendigen Gesicht abzunehmen. Die Wahrhaftigkeit dieser an Empfindung für das Individuelle einer Persönlichkeit geradezu bestürzenden Bildnisse, die realistische und mit unvergleichlichem künstlerischem Ausdrucksvermögen vorgetragene Wiedergabe der Natur kennzeichnen die allem Stereotypen abholde Kunst der Amarna-Periode.

Revolutionäre Gesellschaftspolitik

Stärkste Beachtung verdient eine andere Konsequenz der Lehre, nämlich die *Ehrfurcht vor dem Leben* und die Statuierung der *Gleichheit aller Menschen* vor Gott oder, besser gesagt, *in Gott*. Denn wenn Gott jede Gattung und Art schuf und verborgen in jedem Individuum lebte, dann mußten durch ihn und in ihm sämtliche Menschen gleichsam Brüder und Schwestern sein.

Demzufolge bemühte sich Echnaton, alle Bewohner des Imperiums, auch die unterworfenen und sonst geringgeachteten, demonstrativ nach Maßgabe ihrer Leistung und Fähigkeit gerecht zu behandeln. Dadurch, daß er hervorragend tüchtige Männer, auch niedrigsten Standes in hohe und höchste Regierungsämter berief, leitete er eine dramatische *Sozialreform* ein, an deren Ende, wäre sie nach seinem Tod fortgesetzt worden, möglicherweise die Beseitigung aller starren Klassenunterschiede gestanden hätte. Das bisherige Feudalsystem und Ständewesen geriet ins Wanken; der alte Adel sah seine Privilegien bedroht.

So dankte, laut Inschrift, „ein Vertrauter des Königs", daß dieser ihn „zum Menschen erhoben", „unter die Berühmten und Räte" aufgenommen und „reich gemacht" habe, nachdem er „vorher arm gewesen war". — Ein anderer: „Von Vater und Mutter her bin ich gering gewesen; ich war einer, der nichts hatte", aber jetzt „blicken alle seine Leute zu ihm [dem Emporgestiegenen] auf..." — Ein General bekennt: „Mein Herr hat mich befördert, weil ich seine Lehre ausgeführt habe und sein Wort ohne Unterlaß höre." Einer der höchsten Würdenträger, der sich „den Mund des ganzen Landes" nennen durfte, war Dūdu, von Geburt kein Ägypter, sondern wahrscheinlich ein Semit aus der asiatischen Provinz, also ein Mann, der nach altägyptischer Rangordnung zur untersten Volksklasse gehört und sicherlich kein Staatsamt erhalten hätte. Vieles spricht dafür, daß Dudu ein historisches Vorbild jenes Joseph war, von dem das Alte Testament erzählt.

In der Lehre steckte anscheinend eine antimonarchische Triebkraft, die bei längerer Dauer aller von Echnaton eingeleiteten Neuverteilung der Macht vielleicht eine republikanische oder gar demokratische Staatsform begünstigt hätte. Jedenfalls erscheint sie wie eine Vorahnung der auch von Philosophen vorbereiteten revolutionären Forderung: „Freiheit, Gleichheit, Brüderlichkeit."

Schließlich stimmt mit derselben Lehre auch Echnatons offenkundiger Widerwille gegen die Anwendung von Waffengewalt überein. Denn wenn alle Völker und Einzelmenschen an einem einzigen Gottesleben teilhaben, dürfen sie dann sich noch gegenseitig hassen und töten, und könnte der höchste Würdenträger der Kulturwelt, der dieses allumfassende Leben als Wahrheit verkündet, noch einen Kriegsbefehl ausfertigen?

Echnaton entschied sich für die Überzeugungskraft der Lehre und gegen den Krieg. Erst nach jahrelangem Zögern genehmigte er, als es für ihn schon zu spät war, eine militärische Strafexpedition ins aufrührerische Palästina/Syrien.

Jerusalem Besonders interessant ist, daß *Jerusalem* während dieser schweren Unruhen treu zu Echnaton hielt, als ringsum die anderen festen Plätze längst zum Feind übergegangen waren. Im Namen Echnatons und im Bekenntnis zu seinem Monotheismus wurde Jerusalem hartnäckig verteidigt, und zwar unter einem einheimischen Stadtfürsten, der ursprünglich ein Mann aus dem Volke gewesen und von Echnaton befördert worden war.

Zur Ethik

Ehedem hatte die altägyptische Priesterschaft den Einzelmenschen mittels ihres Jenseitigkeitsglaubens zum ethisch richtigen Verhalten gebracht, indem sie ihn einerseits mit der Todesangst vor ewiger Qual *bedrohte*, anderseits mit der Lebenshoffnung auf ewige Seligkeit *lockte*. *Angst und Hoffnung* sind mächtige Hebel schon fürs irdische Dasein, wieviel mehr für eine zeitlich unbegrenzte Zukunft! Allerdings kann man sich ihrer nur dann erfolgreich bedienen, wenn man die Phantasie zu Hilfe ruft. Eine neue Situation ist aber da, sobald man auf das alles verzichtet.

Jetzt sollte man zugunsten einer allgemein verbindlichen Ethik an die jedem Menschen innewohnende natürliche Vernunft appellieren, so vor allem an die Erkenntnis, daß ohne ethisch-soziale Konventionen die Gesellschaft wieder einem Kampf aller gegen alle verfällt.

Mit seiner radikalen Abkehr vom magisch-mythischen Denken stellte sich Echnaton zwangsläufig die Alternative: Entweder hatte er als Gesetzgeber fortan bei jedem Untertan die ethische Pflichterfüllung zu *erzwingen*, notfalls durch Polizeigewalt, oder er setzte sein Vertrauen auf die Gesinnung, zu der sich jedermann *freiwillig* bekennen sollte. Echnaton meinte, daß die Überzeugungskraft seiner Lehre genügen müsse.

Ethik Tatsächlich paßte die altägyptische Ethik, die uns einprägsam in Bekenntnisformeln überliefert ist, vorzüglich zu Echnatons Wahrheitslehre. Da hieß es: „Ich habe kein Tier gequält, ich habe niemanden zum Weinen gebracht, ich habe niemandem unrecht getan; ich habe nicht gelogen, nicht gezankt, niemanden geschmäht noch verleumdet. Ich bin nicht taub gewesen gegenüber einem wahren Wort. Ich habe keine betrügerischen Geschäfte abgeschlossen, nicht mit dem Ackermaß betrogen, nicht das Feldmaß verringert, nicht die Gewichte der Handwaage vergrößert, nicht dem Richter zugezwinkert. Ich habe nicht gestohlen, bin nicht habgierig gewesen, habe nicht die Milch vom Munde des Säuglings weggenommen. Ich habe Brot gegeben dem Hungernden, Wasser dem Dürstenden, Kleider dem Nackten, eine Fähre dem Schifflosen. Ich habe nicht Ehebruch begangen, nicht Unzucht getrieben. Ich bin bei der Arbeit nicht mürrisch gewesen, habe als Aufseher niemals über das festgesetzte Maß hinaus arbeiten lassen, habe niemanden in Angst versetzt. Ich habe nicht getötet noch zu töten befohlen. Ich habe nichts getan, was der Gott verabscheut. Ich war nicht taub für die Worte der Wahrheit."

In jedem Satz dieser Erklärung vor dem Totengericht wiederholt und bestätigt der Bekennende bestimmte ethische Normen. So setzt beispielsweise seine Bekundung „Ich habe nicht gelogen" ein Gebot — vielmehr: Verbot — voraus, das lautet: Du sollst nicht lügen. Solche negative Umschreibung positiver Forderungen war in altorientalischen Gesetzestexten üblich Wie wurde nun Echnaton mit dem *Problem des Bösen* fertig?

Zu dem von ihm unterdrückten Osiris-Kult hatte die religiöse Vorstellung von einer grundsätzlich bösen Weltmacht gehört, die man „Seth" nannte und mit menschlichem Körper, aber mit dem Haupt eines verachteten Tieres abbildete, beispielsweise mit einem Schweinskopf. (So hat noch Albrecht Dürer auf seinem bekannten Kupferstich „Ritter, Tod und Teufel" den Satan dargestellt, und zwar an Hand eines ihm von seinem Freunde Pirkheimer besorgten Buches, das altägyptische Bildzeichen nebst Erläuterungen enthielt.) Auch Seth galt als ein Gott, als ein hoher Würdenträger des Himmelsherrn.

Problematik des Bösen

Ein sehr alter Mythos erzählte von ihm: Er habe den „ewig guten" Osiris getötet und zerstückelt, diesen königlichen Gottmenschen und ersten Märtyrer, dessen Reliquien man anfänglich nur in Abydos, dem Ort der Osiris-Passionsspiele, später auch an anderen Wallfahrtsorten verehrte, wo sie wundertätig wirkten. Jedoch, Osiris war vom Tode auferstanden und gen Himmel gefahren, so daß dort wie auf Erden und wie in der Unterwelt sein Widersacher überwunden war. Infolgedessen wurde in der altägyptischen Erlösungsreligion Seth zum Inbegriff aller tödlichen, zerstörenden, auch kriegerischen Gewalt.

Jetzt freilich hatte Echnaton zugleich mit dem Osiris-Kult auch Seth vollends beseitigt. Aus seiner Gottesverkündigung war *der Böse,* aus seiner Lehre war *das Böse* verschwunden, und somit hatte man bei ihm die vernunftwidrige Lust am Tode, das Verlangen nach Krieg und Zerstörung geistig nicht mehr zu realisieren. Kurz, Echnaton schaltete theoretisch mittels seiner Lehre den Aggressionstrieb aus. Folgerichtig mußte als *böse* nunmehr derjenige oder dasjenige gelten, der oder das Echnatons Lehre von der Wahrheit und der Liebe widersprach — alles das, was dem Leben schadet.

Gott ist die Liebe

Im Hinblick auf die spätere Geistesgeschichte sei angemerkt, daß Echnaton mit seiner Lehre vom alliebenden Gott bereits viele Jahrhunderte früher als Buddha und Ashoka den Menschheitsfrieden als natürliche Notwendigkeit in Aussicht stellte, wogegen Zarathustra wieder auf den Dualismus zurückgriff und den Weltkampf zwischen Gut und Böse proklamierte, welcher dem Menschen das Schwert in die Hand drückt, sei es auch nur das Schwert des Geistes.

Läßt man das Problem des Bösen außer Betracht, weil es in einer Welt, die allein vom alliebenden Gott bewirkt ist, nicht existiert, dann muß man auch die Frage nach Erlösung und Unsterblichkeit neu stellen.

Die geistig-seelische Konstitution des Menschen, seine Individualität, wurde altägyptisch als die „lebendige Seele" des Menschen bezeichnet. Wenn Gott nun eines und alles ist und wenn er sich im Leben der Welt offenbart, ja das Leben aus ihm unmittelbar hervorgeht, dann ist folgerichtig auch er selbst in jeweils anderer Individuation eben diese lebendige Seele jedes Einzelmenschen; er ist insofern der verborgene Gott in uns. Also bedarf es nicht mehr des Umwegs durch die Unterwelt, um zur Auferstehung zu gelangen, sondern gottgleiche Unsterblichkeit ist der lebendigen Seele schon jetzt und hier gewiß, weil alles Leben ein Leben aus Gott und in Gott ist; denn außerhalb von Gott gibt es, laut Voraussetzung, überhaupt kein Leben. Indem der Mensch seinem Schöpfer dafür dankt, daß dieser ihm Leben gab, dankt er ihm zugleich für die Ewigkeit solchen Lebens.

„Lebendige Seele"

Ist man sich dessen bewußt geworden, dann darf man fragen, wie wohl die Vereinigung — oder, besser gesagt, die Wiedervereinigung — der individuellen Seele mit der göttlichen, allumfassenden Urseele sich vollziehe. Ob darauf bereits Echnatons Lehre eine vollständige Antwort enthielt, wissen wir nicht, da kurz nach seinem Tode fast alle Lehrtexte von der Reaktion vernichtet wurden. Aber es ist kein Zweifel, daß er seinem aufs Jenseits eingestellten Volke eine befriedigende Antwort geboten hat. Sie ergibt sich uns aus den einzigartigen „Gottesstädten", die er anlegen ließ als irdische Heimstätten des himmlischen Lichtgottes, denn Himmel und Erde vereinigen sich in der Allgegenwart Gottes. Außerdem können wir die Antwort mit hoher Wahrscheinlichkeit erschließen aus den uns zufällig erhaltenen Hymnen, vor allem aus den ihnen immanenten Grundzügen des viel älteren, einst auf Ptach bezogenen Monotheismus. Sie fordern zu Schlußfolgerungen heraus, wie sie später hauptsächlich im Neuplatonismus, der im wesentlichen ja altägyptischer Herkunft ist, zutage treten und dann fortgewirkt haben bis heute. Davon seien hier drei erwähnt. Sie betreffen: Weltgeist, Weltseele und Einswerden mit Gott.

Weltgeist — Weltseele

Vom Weltgeist haben wir schon gesprochen. Er ist überall am Werk; was wir als Welt bezeichnen, ist seine Leistung, seine Selbstdarstellung. Mit unseren Sinnen nehmen wir seine Erscheinungsformen wahr. Da aber wir in diese Welt hineingehören und da er es ist, der in uns denkt, so denkt er in uns sich selbst und offenbart uns seine Gesetzlichkeit; und weil sein Denken schöpferisch ist, deshalb bedingen seine begrifflich formulierten Gedanken sofort deren Realität. So erklärt es sich, daß jeder Begriff mit dem Gegenstand identisch ist. Bei dieser ideellen Einheit von Begriff und Gegenstand setzt die spekulative Philosophie ein, die wir bereits in unserer Einführung kurz erörterten. Ihr Ziel ist es, sich kraft des Weltgeistes bis zu dessen Ursprung emporzudenken, zu Gott selbst.

Aber kein Geist ohne Leben, das ihm ursächlich verbunden ist! Wie der Geist im Einzelmenschen zunächst als subjektiver Geist erscheint, sich auf nächsthöherer Stufe überindividuell als objektiver Geist erkennt und schließlich auf der höchsten Stufe wieder seiner selbst als Weltgeist bewußt wird, so erfährt die Lebenskraft im Einzelmenschen ihre Individuation als dessen „lebendige Seele", ist auf höheren Stufen die Seele jeweils einer Lebensgemeinschaft, eines Volkes, der ganzen Menschheit, umfaßt auf der höchsten Stufe das Leben der gesamten Welt als deren Weltseele und mündet in Gott.

Erlösungsphilosophie

Daraus ergibt sich jene Erlösungsphilosophie, die geistesgeschichtlich im Lauf der Jahrtausende unermeßliche Bedeutung gewann. Nach Echnatons Tod und Verdammung zuerst wohl von altägyptischen Mystagogen als Geheimlehre fortentwickelt, wirkte sie dann auf hellenische Philosophen ein, wurde mannigfach abgewandelt in der hellenistischen Gnosis, gereinigt und zusammengefaßt im Neuplatonismus, drang ferner über die arabisch-hellenistische Hochkultur ins Abendland vor, nahm hier neuen Aufschwung durch germanische Mystiker, feierte Triumphe im deutschen Idealismus sowie bei Kierkegaard und erweist sich auch heute als überzeugungskräftig.

Einheitliches Weltbild

Zugrunde liegt ihr noch immer das Weltbild, das Echnaton als wahrheitsgemäß verordnet hatte: Es ist *nicht dreiteilig*, sondern *einheitlich;* es benötigt keine Unterwelt mehr, kein Totengericht, keine Hölle und keine grundsätzliche Trennung von Himmel und Erde. Vielmehr enthält es das Weltganze in der schematischen Form einer Pyramide, über deren Stufen steigend der Mensch sich geistig-seelisch mit Gott vereinigen kann.

Der rein innerlich zurückzulegende Weg, eine geistig-seelische Aufwärtsentwicklung, führt von der Subjektivität und Individuation zum Aufgehen in den Weltgeist und in die Weltseele. Der Schöpfungsprozeß, dessen Ergebnis der Einzelmensch war, wird in umgekehrter Richtung vollzogen. Ursprünglich war der Mensch von Gott isoliert, auf sich selbst konzentriert und so gewissermaßen in die Welt „geworfen". Für ihn bedeutete deshalb seine Individuation die Entfernung von Gott. Indem er sich aber darauf besinnt, daß in ihm der Geist und die lebendige Seele nichts anderes sind als der „verborgene Gott", und indem gleichzeitig seine Sehnsucht nach totaler Wiedervereinigung mit Gott erwacht, beginnt er bereits, sich zu Gott zurückzuentwickeln, sich seiner Individuation zu entledigen, sich göttlich immer mehr auszuweiten.

Eben darin besteht jetzt und hier die Erlösung! *Woraus* der Mensch erlöst werden soll, das ist die Zwangsjacke seiner Individuation, die Beschränktheit aller irdischen Verhältnisse und damit im Zusammenhang auch seiner materiellen Bedingtheit. Sein vergänglicher Körper ist, wie nicht nur Platon meinte, ein „Kerker" der Seele, und während er die verschiedenen Lebensalter durchmacht, wandert seine geistig-seelische Individualität aus einem geistigen Käfig in den andern. Worauf es für ihn wesentlich ankommt, das ist also, nachdem er nun einmal *geworden* ist, sozusagen seine „Entwerdung" (ein Fachwort deutscher Mystik bei Meister Eckart und Seuse); und diese Entwerdung ist, weil Rückverwandlung in Gott hinein, zugleich Entfaltung seines Selbst ins Unendliche, ins Absolute, in den mystischen „Urgrund aller Dinge".

Problematik der Individuation

Ob dabei die Individualität völlig verschwindet oder ob sie in unvorstellbarer Weise erhalten bleibt, darüber kann man geteilter Meinung sein. Buddha hielt die totale Selbstaufgabe der Individualität für unerläßlich und für das höchste Ziel; Goethe vertraute darauf, daß sein Selbstbewußtsein erhalten bleibe: „Weltseele, komm, uns zu durchdringen! / Dann mit dem Weltgeist selbst zu ringen, / Wird unserer Kräfte Hochberuf . . ." („Eins und Alles", 1821).

Der Pantheismus gehört in denselben Zusammenhang, wie immer er modifiziert sein mag. Goethe hat den Ausdruck „Weltfrömmigkeit" geprägt. Eines seiner Gedichte („Vermächtnis", 1829) mutet an wie eine moderne Interpretation von Echnatons Lehre: „Kein Wesen kann zu nichts zerfallen! / Das Ewge regt sich fort in allen, / Am Sein erhalte dich beglückt! / Das Sein ist ewig: denn Gesetze / Bewahren die lebendgen Schätze, / Aus denen sich das All geschmückt. — Das Wahre war schon längst gefunden, / Hat edle Geisterschaft verbunden; / Das alte Wahre, faß es an . . . — Sofort nun wende dich nach innen! / Das Zentrum findest du da drinnen, / Woran kein Edler zweifeln mag. / Wirst keine Regel du vermissen: / Denn das selbständige Gewissen / Ist Sonne deinem Sittentag. — Den Sinnen hast du dann zu trauen; / Kein Falsches lassen sie dich schauen, / Wenn dein Verstand dich wach erhält. / Mit frischem Blick bemerke freudig / Und wandle sicher wie geschmeidig / Durch Auen reichbegabter Welt . . ."

Anfang und Ende der Gottesstadt

Die Gegenwehr der Priesterschaften war während Echnatons Regierungszeit so vergeblich, daß man den Eindruck gewinnt, ihre religiös motivierte Machtposition sei zusammengefallen wie ein Kartenhaus. Aber vielleicht trügt der Schein, der Widerstand mag heimlich fortgedauert und das Volk sich nur langsam umgewöhnt haben; trotzdem bleibt Echnatons durchschlagendes Wirken eine historische Tatsache, die vielleicht nur zum Teil aus seiner Allgewalt zu erklären ist. Anscheinend hat er auch weitgehende Zustimmung gefunden, möglicherweise sogar Begeisterung geweckt, die schon vorher sozusagen in Bereitschaft stand.

Jedenfalls ging seine Reform, eine Revolution von oben nach unten, Hand in Hand mit machtpolitischen Auseinandersetzungen zwischen ihm und dem Hochklerus. Zweifellos hat die Opposition ihn veranlaßt, sein Vorgehen zu beschleunigen und zu verschärfen. Vor allem die Priesterschaft von Theben schaltete er mittels seiner Lehre aus dem Staatsbetrieb aus, ja er entmachtete sie vollkommen, nachdem sie vorher oft einen maßgeblichen Einfluß auf die Thronbesetzung ausgeübt hatte. Denn erst mittels feierlicher Weihe durch die thebanische Priesterschaft, repräsentiert durch den amtierenden Oberpriester, wurde ein Thronanwärter als Gottkönig geheiligt.

Machtpolitische Aspekte

Die infolge jahrtausendelanger Beschenkung und regelmäßiger Einnahmen unermeßlich reichen Religionszentren stellten auch finanziell und wirtschaftlich Machtgebilde ersten Ranges dar und konnten sich in Verbindung mit Gaufürsten und deren Gefolgschaft zu Staaten im Staat entwickeln. Daß sich Echnaton demgegenüber direkt ans Staatsvolk wandte, sich gewissermaßen als Volkskönig kundgab und höchste Regierungsämter mit Leuten aus dem Volke besetzte, das scheint auch auf innenpolitisch untragbare Spannungen zwischen dem Königtum und dem Hochadel hinzudeuten, in denen es auf Biegen oder Brechen ging. Wir dürfen eine gefährliche Fronde, einen oppositionellen Anspruch der Aristokratie und Theokratie vermuten, wie sie später von Theben aus tatsächlich zustande kam. Wohl auch deshalb, um die Thebaner unter Aufsicht zu halten, residierten die Könige bereits lange vor Echnatons Zeit meistens in Theben.

Anfänglich hielt sich hier auch Echnaton auf, dessen Dynastie aus Theben gekommen war. Aber dann warf er den thebanischen Machthabern vor, es seien Dinge geschehen, „schlimmer als alle jene Dinge, welche König Nebmare [sein Vater, der sich als Herrscher diesen Namen gegeben hatte], schlimmer als jene Dinge, welche Menscheperure [sein Großvater] hörte ...“; und er verlegte seine Residenz in die neue, eigens gegründete und eilends aufgebaute Gottesstadt Achet-aton („Lichtort Atons“). Sie lag in Mittelägypten am Nil in der Nähe von Steinbrüchen auf jener Ebene, die heute „el amarna“ heißt.

Die Gottesstadt

Die ungemein prachtvolle „Gottesstadt“ entstand in solcher Eile, daß sie wie vom Himmel herabgekommen erschien: historisches, bald legendäres Vorbild wohl jener himmlisch-irdischen Gottesstadt, von der alttestamentliche Propheten im Hinblick auf das zukünftige Jerusalem sprachen, und daher auch ein Vorbild der „heiligen Stadt, herniederkommend aus dem Himmel, voller Lichtglanz, erleuchtet von der Herrlichkeit Gottes“, wovon die neutestamentliche Apokalypse kündet.

Über einen Besuch, den Echnaton seiner neuen Hauptstadt abstattete, heißt es: „An diesem Tag (im 4. Regierungsjahr) war der König in Achet-aton ... Der Himmel war in Freude, die Erde fröhlich, und alle Herzen waren glücklich ... Seine Majestät sprach: ‚Schauet Achet-aton, von der Aton gewünscht hat, daß ich sie schaffen solle, ihm als Denkmal seines großen Namens ... Denn es war Aton, mein Vater, der mich zu der Stadt des Lichtortes brachte ... Aton, der große und lebende Aton, der Leben verleiht, kraftvoll an Leben ist, der für mich zeugt in Ewigkeit, der sich selbst mit eigenen Händen bildete, den kein Künstler erkannt hat ... Ob er im Himmel oder auf Erden ist, jedes Auge schaut ihn ohne Unterlaß, während er das Land mit seinen Strahlen erfüllt und jedes Wesen belebt. Ihn zu sehen sättigt täglich meine Augen, wenn er ... in der Stadt des Lichtortes erscheint und ihn [nämlich den damals erst geplanten Freilufttempel] durch seine Strahlen *mit sich selbst erfüllt, herrlich an Liebe*, und sie auf mich richtet mit Leben und Kraft immer und ewiglich.‘ “

Gottesstädte derselben Art ließ Echnaton in Syrien und in Nubien errichten.

Restauration nach Echnatons Tod

Sobald er um 1356 v. Chr. gestorben war, formierten sich die von ihm entmachteten Priesterschaften, an ihrer Spitze die Amun-Priesterschaft in Theben, und die von ihm zurückgesetzten Adelsfamilien zur Gegenrevolution. Nach Lage der Dinge konnte ein Umsturz, der den früheren Zustand wiederherstellte, aber nur von oben nach unten erfolgen. Zu diesem Zweck brachten die Verschwörer ihre Vertrauensleute sowohl an die Spitze der Staatsverwaltung als auch an die Spitze der Armee.

Dabei profitierten sie nicht wenig davon, daß Echnatons erster Thronfolger, sein jugendlicher Schwiegersohn Semenchkerē, nur noch drei Jahre am Leben blieb und daß der nächste König, der ebenfalls ein Schwiegersohn Echnatons war und ursprünglich Tut-anch-aton hieß, im Alter von neun oder zehn Jahren auf den Thron kam. Über den Kopf dieses Königsknaben hinweg bemächtigten sich die Verschwörer des Weltreichs. Er mußte seinen Namen ändern in Tut-anch-amūn, sich also wieder zu Amun bekennen anstatt zu Aton.

Bannfluch gegen die Gottesstadt

Vor allem mußte er Achet-aton aufgeben und nach Theben umsiedeln. Die Gottesstadt wurde so überstürzt geräumt, daß man im königlichen Zwinger die Hunde, in manchen Ställen das Vieh vergaß, und niemand durfte zurückkehren, die Tiere zu holen. Achet-aton wurde von den Priestern entweiht, gebannt und dem Untergang preisgegeben. Dem Umstand, daß die Gottesstadt dermaßen überstürzt verlassen und durch Bannfluch zur verbotenen Stadt wurde, verdanken wir dank der Ausgrabungen unsere Echnaton-Kenntnis, weil sich in den Trümmern unter dem Schutt viele Inschriften, Bildwerke und ein Teil von Echnatons Staatsarchiv erhalten haben.

Nachträglich wurde auch Echnaton gebannt und zum Ketzer erklärt. Hingegen rühmte man von Tut-anch-amūn: „Er hat wiederhergestellt, was verfallen war an Denkmälern der Vorzeit", das heißt: In seinem Namen ließen die neuen Machthaber alle Tempel und Götterbildnisse erneuern, das gesamte Priesterwesen nebst Passionsspielen und Reliquienkult wiederherstellen.

Restaurative Gesellschaftspolitik

Schleunigst enthob man die Leute aus dem Volk, die Echnaton begünstigt hatte, ihrer Ämter und Posten und besetzte die frei gewordenen Stellen mit „Söhnen von Leuten mit bekanntem Namen", also mit Angehörigen alter Familien aus dem Geburts- und Beamtenadel. Echnatons Stellvertreter in Oberägypten, Rē-Mose, der in Theben die Reform durchgeführt hatte, wurde vermutlich als erster gestürzt. Die Regierungsgewalt übernahm der General Haremhab, der für den zwar gekrönten, aber hilflos eines Vormunds bedürftigen Königsknaben in Memphis als Reichsverweser wirkte und als Wiederhersteller herkömmlicher Ordnung auftrat.

Immerhin gab es noch eine Gegenpartei, geführt von Marschall Eje, der schon zur Zeit Echnatons dieses hohe Amt innehatte und eng mit der Königsfamilie verbunden war. Auch er beanspruchte Regierungsvollmacht. Nachdem Tut-anch-amūn im Jugendalter gestorben war, konnte Eje für etwa vier Jahre die Königswürde behaupten. Dann aber schritt Haremhab, verbündet mit dem Oberpriester von Theben, zum Staatsstreich. Feierlich wurde er im Namen des Staatsgottes Amūn-Rē zum heiligen Monarchen gekrönt und geweiht.

Sofort verwandelte sich die Restauration in Reaktion. Alle Götterkulte, alle Liegenschaften und laufenden Einkünfte der Priesterschaften, alle magisch-mythischen Glaubensvorstellungen stellte man so wieder her, als wäre inzwischen nichts geschehen. Man tat, als hätte es Echnaton niemals gegeben, und tilgte ihn aus der historischen Überlieferung.

Reaktionäre Zensurmaßnahmen

Alles, was an Echnaton erinnern konnte, wurde beseitigt: Sein Name wurde von den Wänden gemeißelt und aus den Papyri radiert, und bei dieser Gelegenheit auch der Name von Eje. Klerus und Beamtenschaft organisierten einen planvoll gelenkten Sturm der Zerstörung, der gegen sämtliche Baudenkmäler aus Echnatons Zeit gerichtet war: Stein um Stein brach man ab und verwendete das Material für Neubauten. Den Reichstempel in Theben, der Aton geweiht war, ersetzte man durch jenen noch größeren Amūn-Tempel, dessen Säulenhallen, soweit sie später den römisch-christlichen Sturm der Zerstörung überstanden, noch heute zu sehen sind. Der Sonnenlichttempel von Achet-aton wurde gänzlich abgetragen und der Boden, auf dem er stand, mit einer Zementschicht überzogen, so daß man künftig sagen konnte: Diese Stätte ist ewig unfruchtbar, ewig tot, hier wächst kein Gras mehr.

Echnatons Leichnam warf man aus seiner Grabstätte, da er ja ein Ketzer war, und seinen Namen belegte man nicht nur mit dem Bannfluch, sondern man änderte ihn auch um in „Chru-n-achet-aton", was bedeutet: „Frevler von Achet-aton". Seine Regierungsjahre strich man aus dem historischen Kalender, so daß dadurch die altägyptische Chronologie in Unordnung geriet; Haremhab schloß sich unmittelbar Echnatons Vater an.
Diese Maßnahmen (derengleichen wir zur Genüge ja auch aus unserer europäischen Geschichte seit anderthalbtausend Jahren kennen) lassen darauf schließen, daß Echnatons Gottesverkündigung mit ihren revolutionären Begleitumständen und Folgen tatsächlich Wurzel gefaßt hatte im Volke; andernfalls wäre man kaum so gewaltsam gegen sie vorgegangen. Jedoch, aus historischer Erfahrung wissen wir, daß keine Weltanschauungslehre völlig untergeht, nachdem sie einmal so energisch, wie Echnaton es getan, über die Kultuswelt verbreitet worden ist.

Fortwirkung

In Altägypten, wo Echnaton offiziell aus dem Gedächtnis der Nation getilgt war, hütete man wohl doch die Erinnerung an ihn im verborgenen und gab seine „Wahrheit" als Geheimlehre weiter. Jedenfalls läßt sich so am besten die Mysterientradition erklären, die unter dem Siegel strengster Verschwiegenheit sowohl zum Monotheismus hinführte als auch zur diesseitigen Vereinigung mit Gott. Zwar fächerte sich im Lauf des vorchristlichen Jahrtausends diese monotheistische Geheimlehre auf, je mehr Gemeinschaften aus verschiedensten Völkern sich zu ihr bekannten. Sie wurde auch durch kultische Zutaten überladen, von denen man sie dann und wann wieder reinigte; aber wesentlich stimmten die Lehrsätze darin überein, daß Gott sich entgegen jeder offiziellen Staatsreligion und Glaubensvorstellung *dem Wissenden* in Geist und Seele unmittelbar *offenbare*. Das heißt: Diese Lehre führte zum *inneren Gotteserlebnis,* das von Eingeweihten, so auch von Platon, als Lichterlebnis beschrieben wurde.

Monotheismus als Geheimlehre?

Es handelt sich, kurz gesagt, um Formen der *Gnosis,* deren eine uns aus der hellenischen Geistesgeschichte besonders gut bekannt ist unter dem Namen der „Orphik". Zugrunde liegt aller Gnosis (Erkenntnis) die Lehre, daß jede Erlösung abhängt von der Erkenntnis Gottes und seines Heilsplans. (Erst im 18. Jahrhundert wurde der Gnosisbegriff eingeschränkt auf bestimmte Sondergruppen des Urchristentums.)
Jedoch, nicht nur Eingeweihte gaben den Monotheismus weiter, und zwar als Geheimwissen und mystische Offenbarung. Vielmehr übernahm ihn das israelisch-judäische Volk in seine Religion als Glaubenswahrheit, an der es unerschütterlich festhielt; ohne das Bekenntnis zu einem einzigen Gott hätte dieses Volk trotz aller Begabung nicht seine einzigartige Stellung in der Welt errungen und weder die Zerstreuung unter Andersgläubigen noch die jahrtausendelangen Verfolgungen überstanden.
Innerhalb der altorientalischen Literaturen enthält nur das Alte Testament sinngemäß oder fast wörtlich übersetzte Passagen aus Echnatons großem Lobgesang, wie uns überhaupt viele Grundgedanken seiner Lehre in hebräischer Sprache überliefert sind, nunmehr freilich nicht auf Aton bezogen, sondern auf El oder Jahwe. Wir beendigen unser Echnaton-Kapitel mit ein paar hypothetischen Hinweisen auf historische Zusammenhänge, soweit diese sich heutzutage einigermaßen vermuten lassen.
Nicht genug hervorzuheben ist die vorhin erwähnte Tatsache, daß noch zu Lebzeiten Echnatons seine Lehre auf dem Boden Palästinas eifrig verteidigt

wurde vom Stadtstaat Jerusalem. Diese Lehre, die ja besonders den asiatischen Provinzen zugute kam, hatte damals in Jerusalem treue Bekenner, welche für sie auch ihr Leben wagten. Denn Jerusalem wurde gegen die abgefallenen Länder und die „plündernden Chabiru" nicht von ägyptischen Besatzungstruppen gehalten, sondern von seiner eigenen Bevölkerung.

Die „Hebräer"

Das akkadische Wort „Chabiru" ist wurzelverwandt mit dem Wort „Hebräer", in mancher Hinsicht wohl auch gleichsinnig. Denn „Chabiru", altägyptisch „pr" geschrieben und wahrscheinlich „apiru" ausgesprochen, hießen in Ägypten diejenigen meist feindlichen Fremdvölker, die im Steppengürtel und Sandgebiet der Sinaihalbinsel als Nomaden lebten oder als Halbnomaden in das palästinensische Kulturland einsickerten. Stets bedrohten ihre Raubzüge die Verbindung zwischen Ägypten und Syrien. Manche der summarisch Chabiru genannten Völkerschaften waren längst staatlich organisiert; manche Stämme schlossen sich zu Staatsvölkern zusammen, wie die B'ne Jisrael vermutlich im 13. vorchristlichen Jahrhundert.

Sofern Chabiru innerhalb der altägyptischen Staatsgrenzen als geduldete Gäste, Fremdarbeiter oder zur Zwangsarbeit eingesetzte Kriegsgefangene seßhaft wurden, erhielt ihr Name die Bedeutung einer Standesbezeichnung. Sie waren nicht nur eine besondere Volksgruppe, sondern auch eine bestimmte Volksklasse; und in diesem Sinn wollen jetzt wir von ihnen als den „Hebräern" sprechen. Die Hebräer rangierten an der untersten Stelle der Gesellschaftsordnung, also an der Basis der Ständepyramide. Zuweilen erlaubten altägyptische Könige hungernden Chabirugruppen, über die stets fest geschlossene, stark gesicherte, streng bewachte Staatsgrenze hinweg ins Nildelta einzuwandern, wo sie dann eben zum *Stand* oder zur *Klasse* der Hebräer zählten.

Während der Kämpfe in Palästina zur Zeit Echnatons baten außerdem Flüchtlinge um Aufnahme, deren „Länder darben, deren Städte verwüstet sind", weil „sie nicht wußten, wie sie leben sollten", so meldete ein Grenzoffizier dem König.

In den folgenden Jahrzehnten, als nach Echnatons Tod die neuen Machthaber mit der Rückeroberung von Palästina/Syrien begannen, wurden offenbar die von Echnaton wohl als Staatsbürger anerkannten Hebräer wieder hart behandelt. Während Echnaton im Lauf seiner fast zwanzigjährigen Regierung gern Männer aus den asiatischen Provinzen (Palästina/Syrien) in den Staatsdienst gezogen und hoch befördert hatte, bevorzugten die neuen Regenten, allen voran Harembab, ägyptische Landeskinder aus anerkannten Familien.

So lag nahe, daß sich wenige Jahrzehnte nach Echnatons Tod eine Hebräergruppe in dem Entschluß zusammenfand, das altägyptische Staatsgebiet heimlich zu verlassen. Ihre Flucht, den „Exodus", pflegt man heute auf etwa 1290 v. Chr. zu datieren. Über jene Hebräer erfahren wir aus dem Alten Testament, daß sie das Kernvolk der späteren B'ne Jisrael bildeten und daß sie den radikalen Monotheismus mitbrachten, in dem sie unterwegs ihr Führer Mose unterrichtet hatte.

„Mose"

Das altägyptische Wort „Mose" heißt „Sohn" und wurde in Namen (Würdenamen) nur gemeinsam mit einem Gotteszeichen oder Gottesnamen gebraucht. So lautete der Name oder Titel des Reichskanzlers von Oberägypten, wie vorhin erwähnt, „Ré-Mose". Mit „Ré" ist hier der Gottkönig gemeint und mit „Mose", also „Sohn" in übertragenem Sinn, die Tatsache, daß der König ihn zu seinem Stellvertreter gemacht und somit ins höchste Amt eines der beiden Länder eingesetzt hatte. Folglich bedeutet „Re-Mose" soviel wie „Königssohn", wörtlich allerdings „Gottessohn". Aber er besagt nicht, daß der Betreffende vom König abstammte, mit ihm verwandt oder von ihm anders als durch Verleihung jenes Würdenamens adoptiert worden wäre. Wenn also der

alttestamentliche Volksführer solchen Namen trug, dann ist dieser unvollständig überliefert; es *muß* sich um einen Würdenamen, einen Amtstitel, gehandelt haben. (Der Versuch, ihn nachträglich aus dem Hebräischen zu erklären, gehört zur Volksetymologie und gilt als verfehlt.)
Alle alttestamentlich über Mose erzählten Berichte sind als sagenhaft oder legendär erwiesen. Trotzdem braucht man keineswegs zu bezweifeln, daß jedenfalls den ältesten Mose-Erzählungen ein historischer Tatbestand zugrunde liegt, den sie, Jahrhunderte später verfaßt, auf ihre Art und Weise mitteilen. Der wichtige Abschnitt Ex. 2,2—10 enthält sogar ein Stück vom altägyptischen Osiris-Horus-Mythos, angewendet auf Mose.
Vorausgesetzt, Mose sei um 1290 v. Chr. ein Greis gewesen, dessen Alter im Alten Testament mit ungefähr 80 Jahren angegeben ist, dann läßt sich das historisch wohl Mögliche folgendermaßen zusammenfassen: Unter Echnatons Regierung hat der junge Mose als Mann aus dem Volke eine glänzende Karriere gemacht, ähnlich wohl wie der uns besser bekannte Dūdu. Unter Echnaton konnte man nur emporkommen, wenn man ausdrücklich sich zu seiner Lehre bekannte. Nach dem Tod des Königs wurde Mose seines Amtes enthoben und in das Elend des Hebräerdaseins zurückgestoßen. Zu der Zeit, als die gefährliche Flucht vorbereitet wurde und glückte, war Echnatons konsequenter Monotheismus längst verboten. Seine Bekenner wurden als „Ketzer“ verfolgt. Wir dürfen wohl gewiß sein, daß Mose ein solcher „Ketzer“ war.

Monotheismus im AT

Über die heftigen Auseinandersetzungen zwischen Monotheisten und Polytheisten innerhalb des judäischen Volks und seiner Hauptstadt Jerusalem sowie im Verhältnis zu Israel erfahren wir Einzelheiten aus den Büchern des Alten Testaments. Hinsichtlich des Monotheismus gingen die Ansichten oft weit auseinander. Der radikale Monotheismus, der nicht nur jeden anderen Gott, sondern auch jede bildhafte Gottesvorstellung und sogar die Zitation des Gottesnamens verbot, wurde lange Zeit von einer nur kleinen Minderheit judäischer Weisheitslehrer, Propheten und Priester verkündet. Erst um 622 v. Chr., als das Deuteronomium, das sogenannte 5. Buch Mose, größtenteils fertig vorlag, war die fortan maßgebliche Lehre so formuliert, daß man ihr entsprechend auch die ältere Überlieferung redigieren konnte.
In den letzten vorchristlichen Jahrhunderten, als schon in Alexandria mehr Judäer lebten als im judäischen Staat, begann im Judentum die Auseinandersetzung darüber, ob Gott (Jahwe/El) sich weltgeschichtlich auf sein Volk beschränkt habe, insofern also zum Nationalgott geworden sei, oder ob er nicht, noch älterer Tradition gemäß, sich aus dem Judentum heraus wieder als Menschheitsgott offenbaren müsse, und zwar im historischen Zusammenhang mit der Ausbreitung des israelisch-judäischen Volkes über die damalige Kulturwelt.
Aus der Überzeugung, daß Jahwe/El der *Menschheitsgott* sei, erwuchs die jüdische Weltmission, die während der Antike bis zur Zerstörung Jerusalems (70 n. Chr.) bzw. bis zum Freiheitskampf unter Bar-Kochba (132—135 n. Chr.) rings um das Mittelmeer große Erfolge erzielte.

CHINESISCHE DENKER

Kungtse - Mengtse - Me-Ti - Laotse - Tschuangtse

Zwei Jahrtausende später als in Altägypten und Altmesopotamien entwickelte sich in China gemeinsam mit der Schriftsprache eine relativ hohe Kultur. Aber die chinesische Philosophie und Wissenschaft war seit alters auf einer noch früheren Entwicklungsstufe stehengeblieben, als wir sie in Altägypten bereits für die Pyramidenzeit (um 2500 v. Chr.) voraussetzen dürfen.

Die Ursache dieser merkwürdigen Beharrlichkeit ist wohl weniger, als man vielleicht meinen möchte, im chinesischen Nationalcharakter zu suchen, dem man eine besonders innige Bindung an urtümliche Lebensformen nachsagt; vielmehr ist das chinesische Traditionsdenken nur ein Ergebnis jener Ursache, und sie liegt in der eigenartigen Schrift! Es handelt sich um eine *Bildschrift*, deren Zeichen vor allem dann, wenn sie abstrakte Begriffe bedeuten, aus mehreren stilisierten Einzelbildern zusammengesetzt sind. Infolgedessen kommt es jeweils auf die richtige Kombination solcher Einzelbilder an, also auf die Beziehung, die sie innerhalb eines Schriftzeichens miteinander verbindet. In dieser von Fall zu Fall neu hergestellten Beziehung besteht auch heutzutage das „Geheimnis" chinesischer Schriftkunst, Ausdrucksweise, Lektüre. So z. B. wird der abstrakte Begriff „Nächstenliebe" dargestellt durch das stilisierte Abbild eines Menschen und durch das naiv-gegenständliche Zeichen für „zwei", nämlich durch zwei kleine Striche. Daraus ergibt sich, daß jedes Schriftzeichen ein bildhaftes Symbol ist, gleichgültig, ob es sich um primäre oder sekundär-phonetische Ideogramme handelt. Alle Einzelbilder sind aus der sinnlich wahrgenommenen Umwelt hergeleitet. Für jedes Wort ein eigenes Schriftzeichen! Deren Anzahl ist im Lauf der Zeit auf gegenwärtig 50.000 gestiegen. Mit Bilderschriften haben ehedem zwar auch die Altägypter und Altmesopotamier angefangen, jedoch gingen sie frühzeitig zur Silbenschrift, dann zur Buchstabenschrift über, so daß sich schließlich die Phöniker mit ungefähr 30 weder bildhaften noch symbolischen Zeichen, sondern bloßen „Buchstaben" begnügten. Ihnen verdanken wir auf dem Weg über die Hellenen unser Alphabet. „Buchstaben" sind international verwendbar; mittels ihrer Lautzeichen läßt sich jedes Wort jeder Sprache schriftlich fixieren. Deshalb fördern sie, indem sie das Übersetzen erleichtern, den literarischen Kulturaustausch. Hingegen die komplexen symbolischen Wortbilder, die Ideogramme, bleiben ihrer Nationalsprache zugeteilt und verhaftet, sie erschweren die schriftliche Kommunikation über alle Sprachgrenzen hinweg, sie beschränken denjenigen, der sich ihrer bedienen muß, auf seine Nationalliteratur.

Bildschrift

Ideogramme

Damit nicht genug. Zu diesem Unterschied kommt ein zweiter hinzu, der noch tiefer das altorientalisch-hellenische Schriftdenken vom chinesischen trennt: Vermöge der aus Buchstaben gebildeten Schriftworte haben sich unsere Kulturahnen schon vor Jahrtausenden dermaßen von den ursprünglich auch ihnen eigenen Bildzeichen befreit, daß sie Worte ohne beschwerliche Erinnerung an konkrete Sinnesempfindungen als Träger abstrakter Begriffe bilden konnten. Hätten auch sie z. B. den Begriff „Nächstenliebe" noch ähnlich symbolisiert wie die Chinesen, dann wären sie allein schon dadurch kaum von einer dauernden Bezugnahme auf die dingliche Realität losgekommen. Offenbar entfaltete sich bei ihnen das abstrakte Denken in engstem Zusammenhang mit der Entwicklung ihrer schriftlichen Ausdrucksweise.

Als Resultat stellte sich der dritte Unterschied ein: Die altorientalisch-europäische Grammatik ist als geistiges Konstruktionsmittel logisch-abstrakt gegliedert, und unsere lateinisch geprägten Begriffe, wie z. B. „Subjekt, Objekt, Attribut", sind deshalb für uns auch zu philosophischen Grundbegriffen geworden. Vom „Logos" sprachen die Griechen zuerst im Hinblick auf die Schriftsprache, die in Buchstaben darzustellen und in Sätze, Satzteile, Wörter, Silben und Laute folgerichtig zu zergliedern oder aus solchen Bestandteilen kunstgerecht aufzubauen war. Demgegenüber kennt die chinesische Schriftsprache keine logische *Subordination* einzelner Satzteile, sondern nur deren *Koordination:*

Symbole Sie hält sich an *Parallelismen.* Die unveränderlichen Symbole stehen starr nebeneinander, und die logische Verknüpfung muß der Leser, der Schriftkundige durch eigene Gedankenarbeit selber herstellen, wobei oft verschiedene Deutungen möglich sind. Weil solche Deutungsvielfalt im Wesen dieser Schrift liegt, deshalb wird sie von geistreichen Autoren zuweilen geradezu erstrebt und zugleich dirigiert.

Eine besondere Kunst ist es, die Ausdrucksweise absichtlich „unscharf" zu halten, den Sinn mannigfach so zu nuancieren, daß der Schriftdeuter die Feinheiten selbst auslegen kann.

Derartige Feinheiten bringen außerdem die einzelnen Symbole mit, da sie aus wiederum koordinierten Bildelementen zusammengesetzt sind und besondere Assoziationen im Betrachter hervorrufen.

So erklärt es sich auch, daß chinesische Philosophen ihre Lehren meistens „bildhaft" vortrugen, nämlich in Form beispielhafter Erzählungen als Gleichnisse mit Symbolcharakter, aus denen der Hörer oder Leser den tieferen Sinn nachdenkend erschließen muß. Ferner verstehen wir nun, warum eine jenem Schriftdenken adäquate Ausdrucksweise auch in der chinesischen Malerei oder dem Holzschnitt zu finden ist. Wenn Sinologen chinesische Gleichnisreden übersetzen oder philosophisch gemeinte Bildwerke erklären und sich dabei notgedrungen unserer Begriffe bedienen, dann zerstören sie den noch magisch-mythischen Zauber, der über den Originalen schwebt.

Die chinesische Bildschrift war aus einem Weltverständnis entstanden, das mehr oder minder aller fernöstlichen Philosophie zu eigen ist. Wir kennen es auch aus unserer frühen Geistesgeschichte, und zwar unter den unzulänglichen

Mantik Stichwörtern „Mantik" (von gr. mantike téchne = Wahrsagekunst) und „Orakel" (von lat. oraculum = Weissagung). Vorausgesetzt wird zunächst die magisch-mythische Weltwirklichkeit nebst der Glaubensüberzeugung, daß Himmel wie Erde, organische wie anorganische Natur und jede menschliche, tierische, pflanzliche Gemeinschaftsform von denselben Kräften *durchwaltet* und bis in jede Einzelheit von der zahllosen Götterschaft hierarchisch regiert werden. Infolgedessen galt ursprünglich auch jeder Kulturstaat als Gottesstaat, sei es z. B. der altägyptische, der altchinesische oder der christlich-monarchische (in Spätantike und Mittelalter).

Solche Gottesreiche mit ihren Gottkönigen sollten nicht nur in ihrer Struktur, sondern auch in ihren Lebensvorgängen das himmlische Ordnungsprinzip und Götterschicksal spiegeln resp. nachvollziehen.

Also glaubte man fest, jeweils dasselbe Geschehen müsse sich unbedingt „im Himmel wie auf Erden" abspielen, zuerst freilich im Himmel, und dorther von eingeweihten Gotteskundigen, speziell den weissagenden Priestern, deutlich zu erkennen sein: Sei es am Stand oder Lauf der Gestirne, an Sonnenfinsternissen und Mondfinsternissen, sei es an Gewittern mit Blitzen und Donner, den Stürmen und Regenfällen.

Weitere Aussagen über den „Willen der Götter" konnte man der Naturbeobachtung und Lebenspraxis entnehmen, insbesondere den aus Linien gebildeten „Zeichen", und „Umrissen" bestimmter Naturformen oder dem Verhalten besonderer Tiere oder den Naturerscheinungen überhaupt. Frühzeitig legte man lange Listen solcher göttlichen „Geheimzeichen" an. Sie waren in China *ein* Ursprung der Schriftzeichen. Der andere Ursprung lag im künstlerischen Nachformen natürlicher Vorbilder. Bedeutungsvolle Ornamente der Mantik wurden dort mit Abbildern kombiniert und gemeinsam stilisiert: So entstanden die Schriftzeichen. Folglich umfaßte die Schriftkunde auch einen gewissen Bereich mantischer Geheimlehre. Im übrigen begann mit Mantik und Orakelkunst, sofern es sich dabei um Naturbeobachtung und praktische Lebenskenntnis handelte, in jedem Falle die Naturwissenschaft und Philosophie, vor allem die Sozialethik. In China, wo die Schriftzeichen immer ein winziges Stück natürlicher Realität einschlossen, hielt man an dieser urtümlichen Welterklärung auch dann noch fest, als man sich zu einem begrifflich-abstrakten Denken durchgerungen hatte.

Geheimlehre

Durchaus ähnlich lagen die Verhältnisse in unserer frühen Geistesgeschichte. Das menschliche Allgemeinbewußtsein sollte auf das „Weltganze" eingestimmt werden und der Einzelmensch sich dem alles übergreifenden Zusammenhang, dem „Kosmos", bewußt einordnen. Daher hat z. B. der altägyptische Begriff „Maat" nicht nur die Hauptbedeutung „Wahrheit", sondern auch die Nebenbedeutung „Weltharmonie"; in diesem Sinne ist er, griechisch umgeformt, den Hellenen ebenso wichtig geworden wie er es den Altägyptern war. Nichts anderes verkündeten auf ihre Weise die chinesischen Weisheitslehrer, Staatsdenker, Sozialethiker.

Beginn chinesischer Philosophie

Zur ersten chinesischen Hochkultur kam es um 1500 v. Chr. im kleinen, nördlich gelegenen „Gottesstaat" der Shang-Dynastie. Der Name des höchsten Gottes „Ti" war zugleich der Titel des höchsten irdischen Herrschers. Die magisch-mythische Weltwirklichkeit stimmte dermaßen mit der altägyptischen überein, daß man zögert, von bloßem Zufall zu reden: Auferstehung der Gestorbenen, ihnen voran die Gottkönige, die sich mit dem Weltgott vereinigen; Bestattung des Hochadels in unterirdisch angelegten, künstlerisch ausgestalteten Grabbauten; dazu der liebevolle Umgang mit den noch unerlösten, unsichtbar fortlebenden Toten; geistige Vorherrschaft der Priesterschaft und an dessen Spitze der Gottkönig selber. Um 1200 v. Chr. wurden auch im Shang-Staat die Pferdezucht und der Kriegswagen bekannt. Mittels dieser neuen Kriegstechnik dehnte sich das Reich, in dem die Schrift ein wesentliches Band zwischen den Dialekten der verschiedenen Völkerschaften bildete, weiter aus, als ihm zuträglich war, und erlag um 1050 v. Chr. den rebellischen, ihm vorher eingegliederten oder angeschlossenen Tschou.

Indo-europäische Völkerwanderung

Mit Kriegswagen waren Mitte des 2. vorchristlichen Jahrtausends indo-europäische Eroberer aus der Gegend nördlich vom Schwarzen Meer in Kleinasien und dem alten Orient eingebrochen, während Indo-Europäer das asiatische Hochland besetzten und über die eurasische Tiefebene hinweg ostwärts vorstießen. Überall lernte man von ihnen die damals modernste Kriegskunst. Aber möglicherweise haben ebenfalls Indo-Europäer auch altorientalisches Kulturgut bis nach Nordchina vermittelt. Wo sie auftauchten, geriet die ansässige Bevölkerung entweder unter ihre Gewalt oder in Fluchtbewegung. Vor allem fernöstliche Steppenvölker wurden zur Wanderschaft gezwungen, bekämpften sich dabei gegenseitig und hatten schließlich die Tschou ins Shang-Reich hineingedrängt. Nun stürzten die Tschou gemeinsam mit verbündeten Völkerschaften die Shang-Dynastie, schlugen das Heer des letzten Gottkönigs, töteten ihn, gründeten ihre eigene Dynastie, und ihre Staatslenker nannten sich nicht mehr „Ti", sondern „Wang" (= König).

Die neue Hauptstadt Lo-Yang lag im heutigen Honan inmitten des Reiches und galt als Zentrum der Welt. Diese Bedeutung erhielt sie jedoch weniger aus politischer Überheblichkeit der Tschou, sondern vielmehr infolge der neuen Religion und ihrer Weltauffassung, die anscheinend von den Tschou mitgebracht worden war und, wie erwähnt, merkwürdig an Echnatons Lehre erinnert. Der Monotheismus wurde befohlen, der Himmelsgott als Schöpfer allen Lichtes, allen Lebens und der ganzen Weltordnung verehrt. Gleichzeitig wurde die alte Götterwelt unterdrückt, deren Glaubensgut umgeformt und vor allem die Shang-Priesterschaft entmachtet. Ein Opfergesang des zweiten, damals jugendlichen Tschou-Königs lautet (in Übersetzung von Richard Wilhelm): „Ehrt ihn, ehrt ihn, / den offenbaren Gott! / ... Sagt nicht: Er ist so hoch und fern! / Er steigt empor und schwebt herab, / und täglich schaut er unser Tun. / ... Tag für Tag / strebe ich empor nach weisheitsvollem Licht. / ... Zeigt mir des Lebens Offenbarung!" Der neue Würdename des Königs hieß: „Sohn des Himmels."

Vergleich mit Echnatons Revolution und Lehre

Verfeinert wurde demgemäß die religiöse Psychologie. Hinsichtlich des Menschen unterschied man die Seele, worunter man die geistig-seelische Individualität verstand, von der bloß körperlichen, individuell ausgebildeten Konstitution oder Erscheinung, die beim Tode stirbt, indes die Persönlichkeitsseele so lange weiterlebt, wie man sich ihrer entsinnt. Daher der lebenswichtige Ahnenkult! Getilgt wurde der Jenseitigkeitsglaube nebst Auferstehung. Um so mehr betonte man die rechte Gesinnung und das Gewissen: Der Einzelmensch ordnet sich der Weltharmonie ein, indem er die verborgenen Weltgesetze erkennt und sich mit seinem Verhalten gewissenhaft nach ihnen richtet. „Der Himmel" (chin. Kiën) wurde als reale Schöpfungskraft aufgefaßt und das Wort „Kiën" zum Inbegriff *des Schöpferischen schlechthin*, das seine Lebensformen mit sich bringt und seine Ordnungsprinzipien in sich birgt.

Wie in Altägypten zur Zeit Echnatons, die damals erst 300 Jahre zurücklag, so irrten die Priester nun im China der Tschou-Dynastie durch das Land. Ihre Tempel waren geschlossen, ihre vielen Götter verschwanden. Anders als in Altägypten wurden aber in China die früheren Zustände nicht wiederhergestellt, mochte ihnen auch das Volk anfänglich nachtrauern und ihnen heimlich die Treue halten. Folglich suchte die Priesterschaft nach neuen Aufgaben. Da bisher sie allein sich aufs Zeichendeuten, Schreiben und Lesen verstanden hatte, so wandelte sie sich jetzt zum neuen Stand der *Gelehrten*. Die Tschou-Regenten forderten die Weltharmonie und beauftragten die Gelehrten, für den Einklang zwischen Himmel und Erde zu sorgen. *Damit begann die Geschichte chinesischer Philosophie.*

Beginn chinesischer Philosophie

Diesen entscheidend wichtigen Übergang von der Priestermantik zur Gelehrtenphilosophie ersehen wir nachträglich aus dem ältesten chinesischen Schriftwerk, dem „I Ging" (= Buch der Wandlungen). Ursprünglich war es ein Katalog bestimmter Orakelzeichen aus der Zeit noch vor der Shang-Dynastie. Demgemäß berichtet es über sich selber (nach der Übersetzung von Richard Wilhelm): „Die heiligen Weisen vor alters machten das Buch der Wandlungen also: Um in geheimnisvoller Weise den lichten Göttern zu helfen, erfanden sie das Schafgarbenorakel. Sie teilten dem Himmel die Zahl drei zu und der Erde die Zahl zwei und berechneten danach die weiteren Zahlen. Sie betrachteten die Veränderungen im Dunkeln und Lichten und stellten danach die Zeichen fest. Sie erzeugten Bewegungen im Festen und Weichen und ließen so die einzelnen

Linien entstehen." Nun aber ging die Entwicklung weiter: „Sie brachten sich in Übereinstimmung mit *Sinn* (= Tao) und *Leben* und stellten demgemäß das Gebot des Rechten auf. Indem sie die Ordnung der Außenwelt bis zu Ende durchdachten und das Gesetz des eigenen Innern bis zum tiefsten Kern verfolgten, gelangten sie zum Verständnis des Schicksals." Ein noch späterer Zusatz im selben Buche schaltet bereits Mantik und Orakel aus der Entstehungsgeschichte aus und setzt den *Erkenntnisdrang* an die erste Stelle: „Die heiligen Weisen vor alters machten das Buch der Wandlungen also: Sie wollten den Ordnungen des inneren Gesetzes und des Schicksals nachgehen. Darum stellten sie den Sinn des Himmels fest *und nannten ihn:* das Dunkle und das Lichte. Sie stellten den Sinn der Erde fest *und nannten ihn:* das Weiche und das Feste. Sie stellten den Sinn des Menschen fest *und nannten ihn:* die Liebe und die Gerechtigkeit. Diese drei Grundkräfte nahmen sie zusammen und verdoppelten sie. *Darum* bilden im Buch der Wandlung immer sechs Linien ein Zeichen." Schließlich fügte man den Lehrsatz hinzu: „Das Buch der Wandlungen enthält das Maß von Himmel und Erde; darum kann man damit den Sinn von Himmel und Erde umfassen und gliedern ... Indem der Mensch dadurch dem Himmel und der Erde ähnlich wird, kommt er nicht in Widerspruch zu ihnen ... Sein Sinn ordnet die ganze Welt ... Darum ist der Geist an keinen Ort gebunden und das Buch der Wandlungen an keine Gestalt." Eine Schlußfolgerung lautet: „Groß fürwahr ist die Erhabenheit des Schöpferischen, der alle Dinge ihren Anfang verdanken ... Der Weg des Schöpferischen wirkt durch Veränderung und Umgestaltung, daß jedes Ding seine rechte Natur und Bestimmung erhält und in dauernde Übereinstimmung mit der großen Harmonie kommt ... Wie groß ist doch das Schöpferische! Es ist fest und stark, mäßig und recht, rein, unvermischt und geistig!" Daraus ergibt sich für den „großen Mann: Er stimmt in seinem Charakter überein mit Himmel und Erde ...".

Geistesgeschichte im „I Ging"

Jedoch sind diese in sich folgerichtig entwickelten Lehrstücke dermaßen dem alten Bestand an Priesterorakeln und mantischer Geheimkunde hinzugefügt oder aufgepfropft worden, daß sich nunmehr das immer dicker angeschwollene „Buch der Wandlungen" als ein wirres und verwirrendes Werk darstellt. Um so mehr bedurfte es der Auslegung. Alle chinesischen Philosophen haben sich damit befaßt. Am wichtigsten wurde der Begriff *Tao*, den Richard Wilhelm mit „Sinn" übersetzte. Ebensogut kann man ihn mit „Vernunft" oder gar „Weltvernunft" wiedergeben. Alles in allem dürfte er dem vieldeutigen Zentralbegriff hellenischer Philosophen, nämlich dem *Logos*, entsprechen; denn das Tao bedeutet auch „Weltgeist", „schöpferische Weltordnung", „Weltgesetzlichkeit", „wahrheitsgemäß richtiges Denken", „Vernunftdenken", abgesehen von seiner konkreten Bedeutung „Weg", woraus im übertragenen Sinne der „Lebensweg" wird, wie beispielsweise wir ihn aus dem neutestamentlichen Gleichnis vom „breiten und vom schmalen Weg" kennen. Um den Zentralbegriff „Tao" kreiste nun das Denken der chinesischen Philosophen in immer neuen Gleichnisreden. Man könnte sie gewissermaßen bedauern, daß sie niemals vom I Ging loskamen und somit nicht von dessen Widersprüchen zwischen 1. Uralter Mantik, 2. Glaubensgut der Shang-Priesterschaft und 3. philosophischer Gedankenarbeit der Tschou-Gelehrten. Aber das I Ging wurde für „heilig" gehalten.

„Tao"

Leben und Lehre des Kungtse

Ihr Reich hatten die Tschou nach solchen Grundsätzen der Machtpolitik eingerichtet, wie wir sie aus jener Zeit sonst am besten vom alten Orient her kennen: nach Prinzipien des Lehnswesens und des Feudalsystems. Das Land wurde der regierenden Oberschicht zugeteilt, die sich in ihren zunächst mehr als tausend Lehen auf kleine, mit eigenen Kriegern besetzte Garnisonen stützte.

politische Unruhe

Uns erinnern diese Verhältnisse an europäische Geschichte im Mittelalter. Auch in China führte der Lehensadel unaufhörlich Kleinkrieg untereinander, bis wenige Großvasallen übrigblieben, sich selbständig machten und gegenüber dem bereits machtlosen Königtum eine Adelsherrschaft anstrebten. Einige von ihnen verbündeten sich zum Staatsstreich, stürzten und töteten 771 v. Chr. den König, mußten aber dann vor einem ihrer fürstlichen Genossen, dem Herzog von T'si, zurückweichen und ihm einen Teil ihrer Gebiete überlassen. Ein Tschou-Prinz war gerettet worden und residierte als zwar heiliges, sonst aber nur noch repräsentatives Reichsoberhaupt in Loyang, wo sich er und seine Nachfolger mit einem alt-neuen Mythos umgaben, sich als irdische Erscheischeinungsform des Sonnengotts darstellten und als Hochpriester betätigten, um wenigstens auf diese Weise ihrem Königtum wieder Glanz und Würde zu verleihen. Die Fortdauer ihrer Existenz verdankten sie vor allem einer realistischen Schaukelpolitik: Sie verbündeten sich jeweils mit dem mächtigsten Herzog, dem sie dafür, daß er sie schützte, uneingeschränkte Gewalt zusprachen, während sich gegenüber diesen auserwählten Machthabern die anderen Fürsten aus Selbsterhaltungstrieb zusammenschlossen. Außerdem hatte sich im mittleren China, das inzwischen ebenfalls zum Tschou-Reich gehörte, ein Gegenkönig erhoben, der sich selbst den Tschou-Titel „Wang" verlieh. Kurz, das Reich zerbrach in Territorialherrschaften, und die „Zeit der streitenden Reiche" fing an.

In dieser Zeit lebten und lehrten die großen Philosophen, zuerst *Kungtse* (oder Kung-fu-tse = Meister Kung). Ursprünglich hieß er K'ung K'iu. Geboren war

Unfreiwillige Wanderschaft

er 552 oder 551 v. Chr. als Sohn eines Burgvogts in K'ü-fou, einer Ortschaft des nordchinesischen Fürstentums Lu. Den größten Teil seines Lebens verbrachte er auf unfreiwilliger Wanderschaft, wobei ihn wohl, je älter er wurde, eine um so größere Schar von Anhängern umgab. Aber keinesfalls dürfen wir meinen, er sei ein weltfremder Gelehrter gewesen, nur ein hochgebildeter Literat oder ein vom Erkenntnisdrang getriebener Weisheitsredner. Im Gegenteil! Am besten verstehen wir ihn wohl im Hinblick auf seine politischen Ambitionen. Ebenso wie er zogen damals viele Gelehrte durchs Land, an ihrer Seite sorgfältig erzogene Nachkommen alten Geburts- und Beamtenadels, fahrende Ritter und fahrende Sänger. Denn zugleich mit den vielen kleinen Lehensstaaten, an deren Höfen sich einst Würdenträger, Erzieher, Künstler versammelt hatten, waren auch die meisten Herrschaftsfamilien aus dem Leben der Nation und dem Staatsgefüge offiziell verschwunden; und nun boten, während die Bürgerkriege unablässig andauerten, heimatlos gewordene Adelige, Offiziere, politische Ratgeber, Glücksritter, Verwaltungsfachleute, Gelehrte ihre Dienste bald hier, bald dort den großen Machthabern an. Manche haben dabei zweifellos auch Intrigen gesponnen in der Hoffnung, selbst ein Regierungsamt zu erlangen und möglicherweise gar als Minister eines Territorialfürsten an der ersehnten Reichserneuerung teilzunehmen.

Anscheinend hat ein derartiges Ziel auch Kungtse angestrebt. Seinen Aufstieg bereitete er vor, indem er sich sozusagen als heimlichen Prinzen vorstellte, als einen Nachkommen der Shang-Dynastie. Man darf diese Abstammung anzweifeln, war es doch damals üblich geworden, daß Ehrgeizige ihren Anspruch auf Führerschaft mit kunstgerecht gefälschten Ahnentafeln stützten. Anders konnten sie trotz erwiesener Tüchtigkeit kaum oder gar nicht bis zur Hochadelskaste vordringen. „Ich habe meine Berufung vom Himmel!" soll Kungtse geäußert haben; und: „Einer ist es, der mich kennt: der Himmel!" Spätere Erzählungen, wonach er zeitweilig Distriktsgouverneur und Justizminister in Lu gewesen sei und Wunderdinge vollbracht habe, sind wohl der Legende zuzurechnen. In staatspolitische Intrigen war er unglücklich verwickelt. Fest steht, daß er daraufhin meistens in Adelsfamilien als Erzieher und nebenbei auch als Gutsverwalter tätig war. Aus Lu war er verbannt worden, durfte jedoch in vorgeschrittenem Alter dorthin zurückkehren. Nun blieb er in seinem Heimatort, wo er viele Schüler in seiner Lehre unterwies und 479 oder 478 v. Chr. starb.

Kungtses Kommentare

Eigene Werke hat er nicht verfaßt, sondern überlieferte Schriften hintergründig redigiert, so die Annalen des Fürstentums Lu aus rund 250 Jahren bis 481 v. Chr., und altes Schriftgut gesammelt, herausgegeben oder nur kommentiert, wie z. B. das I Ging, wo zwei seiner Kommentare lauten: „Der Gemeine schämt sich nicht der Lieblosigkeit und scheut sich nicht vor Ungerechtigkeit. Wenn er keinen Vorteil winken sieht, dann rührt er sich nicht. Wenn er nicht eingeschüchtert wird, dann bessert er sich nicht. Doch wenn er im Kleinen zurechtgebracht wird, dann nimmt er sich im Großen in acht. Das ist für den geringen Menschen ein Glück." — „Wenn das Gute sich nicht ansammelt, reicht es nicht aus, einen berühmt zu machen. Wenn das Böse sich nicht ansammelt, ist es nicht stark genug, einen zu vernichten. Der Gemeine denkt deshalb, Gutes im Kleinen habe keinen Wert; darum unterläßt er es. Er denkt: Kleine Sünden schaden nichts. Darum gewöhnt er sie sich nicht ab. So sammeln sich seine Sünden an, bis sie sich nicht mehr bedecken lassen, und seine Schuld wird so groß, daß sie sich nicht mehr lösen läßt."

Nicht zufällig enthalten diese Kommentare eine Verachtung des „gemeinen" Menschen. Unser deutsches Wort „gemein" bezog sich früher im Rahmen des Feudalsystems auf den „niedrigen" Stand; der „gemeine Mann" war der Untertan an der Basis der Ständepyramide. Derselben Anschauung und Ausdrucksweise folgte Kungtse: Er war ein Fürsprecher der „Edelleute" in jeder Hinsicht. Bei ihm mußte der edle Mensch unbedingt den oberen Ständen angehören, der gemeine Mensch zwangsläufig dem niederen Volk. Freilich fand damals ein Gelehrter seine Lebensaufgaben, seinen Broterwerb und seine Anerkennung nur in der Oberschicht; die Verhältnisse lagen ähnlich wie in Europa noch vor wenigen Jahrhunderten.

Staatslehre

Für seine Staatslehre ging Kungtse vom Feudalsystem der politischen Vergangenheit aus, als das Reich noch in viele Lehen zerteilt war und eine gewissermaßen patriarchalische Rangfolge vom König zu den Großvasallen, von ihnen zu den kleineren Lehnsträgern und von denen abwärts zum gemeinen Volk führte. Anderseits stellte Kungtse sich die Nation als Riesenfamilie vor, die sich in Sippen und Einzelfamilien gliederte. Noch älterer Herkunft war seine halbwegs wieder magisch-mythische Ansicht vom Königtum; sie reichte bis in die Zeit der Shang-Dynastie zurück: Sein König war identisch mit der Sonne. Zugleich wurde er dadurch dem in Loyang gegebenen Zustand gerecht, der ja dieselbe Shang-Tradition erneuert hatte. Allerdings befürwortete Kungtse keine dynastische Thronfolge, sondern zugunsten des Hochadels ein Herrschertum des jeweils Würdigsten.

Zensur gegen Kungtses Lehre

Hauptsächlich aus politischen Gründen wurden 213 v. Chr. alle konfuzianischen Schriften in China öffentlich verbrannt. Der damalige Herzog von Tsin hatte sich endlich ganz China unterworfen, den alten Gottkönigstitel „Ti" angenommen, eine neue Dynastie gegründet, die Aristokratie zerschlagen und eine absolute Monarchie aufgerichtet, die sich auf Berufsbeamte stützte anstatt auf den Lehnsadel. Ebendeshalb, weil Kungtse das Feudalsystem gerühmt hatte, konnte der neue Monarch diese Lehre durchaus nicht gebrauchen, sondern behandelte sie als politische Gegenpropaganda. Hinzu kam, daß die Wortführer der neuen Staatslehre allen Gelehrten und Philosophen mißtrauisch oder feindlich begegneten. Ihnen war die totale geistige Unterwerfung aller Untertanen unter die Obrigkeit erwünscht und folglich die staatliche Zensur vonnöten. Nur jeweils ein Exemplar der konfuzianischen Schriftwerke wurde der geheimen Staatsbibliothek reserviert, ging jedoch später bei deren Brand gleichfalls zugrunde. Infolgedessen kennen wir die Lehre des Kungtse in ihren Einzelheiten fast nur aus mündlich überlieferten, um 150 n. Chr. aufgezeichneten Erinnerungen seiner Schüler in Form von „Gesprächen", die zum geringsten Teil authentisch sind.

Kungtses Sozialethik

Immerhin bezeugen sie die Richtlinien seiner Lehre. Einen wesentlichen Teil davon kennen wir bereits aus dem vorhin grundsätzlich erörterten Weltbild des I Ging. Jetzt interessiert uns noch: Wie hat Kungtse laut Aussagen seiner Schüler und späteren Anhänger „das Tao" gedeutet und die Weltgesetze erklärt? Er begnügte sich mit einer Sozialethik. Hier ein paar Proben: „Der Meister sprach: Der Edle kennt keinen Streit. Oder ist es beim Bogenschießen vielleicht notwendig zu streiten? Da läßt er mit einer Verbeugung dem andern den Vortritt... Er bleibt auch im Streit ein Edelmann." — „Der Meister sprach: Hervorragende Stellung ohne Großartigkeit, Religionsübung ohne Ehrfurcht, Erledigung der Beerdigungsbräuche ohne Herzenstrauer: Solche Zustände kann ich nicht ertragen." — „Dsi Gung sprach: Was ich nicht mag, daß die Leute mir zufügen, das mag ich auch ihnen nicht tun. Der Meister sprach: Mein Si, diese Stufe hast du noch nicht erreicht." — „Der Meister sagte von Dsi Tschan, daß er vier Eigenschaften eines Edlen gehabt habe: In seinem privaten Leben war er ernsthaft, im Dienst des Fürsten ehrfurchtsvoll, in der Sorge für die Nahrung des Volks zeigte er Gnade, bei der Verwendung des Volkes übte er Gerechtigkeit." — „Der Fürst Ging von Tsi befragte den Meister Kung über die Regierung. Meister Kung sprach: Der Fürst sei Fürst, der Diener sei Diener; der Vater sei Vater, der Sohn sei Sohn." — „Fan Tschi fragte nach der Sittlichkeit. Der Meister sprach: Menschenliebe! Er fragte nach der Weisheit. Der Meister sprach: Menschenkenntnis!" — „Der Meister sprach: Der Edle stellt Anforderungen an sich selbst, der Gemeine stellt Anforderungen an die anderen." — „Glatte Worte und einschmeichelnde Mienen sind selten vereint mit Sittlichkeit." — „Der Edle kennt nur die Gerechtigkeit, der geringe Mensch nur seinen eigenen Vorteil." — „Der Edle ist ohne Trauer und ohne Furcht. Wenn er sich innerlich prüft und kein Übel da ist, warum sollte er dann traurig sein, was sollte er fürchten?"

Gesellschaftspolitische Wandlung

Mit ihrer absoluten Monarchie hatten die Tsin-Regenten eine „Revolution von oben nach unten" eingeleitet: die alte Oberschicht wurde erledigt, eine neue stieg auf, und zwar auf viel breiterer Grundlage als zuvor. Sie paßte während der Han-Dynastie die Konfuzianische Ethik den gewandelten Verhältnissen an. Jetzt bestand und ergänzte sich fortwährend die gebildete Gesellschaft aus Großgrundbesitzern und Bürgertum. Seit dem 2. Jahrhundert v. Chr. sollte jeder ordentliche Bürger freien Zutritt auch zu den höchsten Ämtern haben, sofern er dafür qualifiziert war. Wieder läßt sich die Entwicklung mit Vorgängen unserer eigenen Geschichte aus den letzten paar Jahrhunderten vergleichen: Ein „edler Mensch" war jetzt derjenige, der sich an ethisch-soziale Konventionen hielt, sich geistig-seelisch verfeinerte, gut erzogen und gebildet war, Humanitätsideale verwirklichen wollte; hingegen ein „gemeiner Mensch" gab sich als solcher durch sein „ordinäres" Betragen, durch seine „niedrige Gesinnung" zu erkennen. So kam es, daß die Konfuzianische Ethik in erneuerter Form der chinesischen Gesellschaft bis in die neueste Zeit als Richtschnur gedient hat. Freilich mutet diese Ethik etwas zu konventionell, zu oberflächlich an. Vertieft wurde sie bereits im 4. vorchristlichen Jahrhundert durch *Mengtse* (=Meister Meng) zur „Zeit der streitenden Reiche", als es nur noch wenige Fürstentümer oder Großstaaten gab, deren Herrscher sich schließlich alle den Königstitel zulegten.

Me-Ti und Mengtse

Mengtse mit dem Geburtsnamen Meng K'o stammte aus dem nördlichen Fürstenstaat Tschou, lebte von etwa 372 bis 289 v. Chr. und führte das unruhige Dasein eines freien Gelehrten. Seine philosophische Leistung, die in China während der letzten zwei Jahrtausende offiziell als mustergültig anerkannt war, macht ihn zum *größten chinesischen Vernunftdenker*. Allerdings müssen wir, um ihn richtig zu würdigen, die seinen Lehrschriften immanente Logik erst begrifflich herausarbeiten.

Manches hat er mit *Me-Ti* gemeinsam, der im 5. vorchristlichen Jahrhundert lebte, so vor allem dessen induktive Methode beim Dialog. Wichtiger freilich als die geistige Gemeinsamkeit beider Denker ist der grundsätzliche Unterschied zwischen ihnen. Deshalb wollen wir, um Mengtse besser zu verstehen, zunächst einmal kurz auf Mē-Ti eingehen, der uns außerdem auch seiner selbst wegen zu interessieren vermag.

Me-Ti als Dialektiker

Mē-Ti war derjenige Einzelgänger, der etwa ein Jahrhundert früher als Aschoka (in Indien) die absolute Menschenliebe und den unbedingten Völkerfrieden verkündet hat. Für uns ist besonders aufschlußreich seine dialektische Gedankenbewegung, die ihn, ausgehend von praktischer Erfahrung, zu höherer Erkenntnis emportrug. („Dialektik" von gr. dialektikē téchnē = Unterredungskunst): „Woher wissen wir, daß der Himmel die Menschen auf Erden liebt? Daher, daß er ihnen allen gleichmäßig leuchtet. Und woher wissen wir, daß er ihnen allen gleichmäßig leuchtet? Daher, daß er sie alle besitzt. Wie aber wissen wir, daß er sie alle gleichmäßig besitzt? Daher, daß er sie alle ernährt. Doch woher wissen wir, daß er sie alle ernährt? Alle Völker . . ., die von Körnerfrucht leben, züchten Rinder und Schafe . . . und füllen die reinen Gefäße reichlich mit Hirse, Reis, Wein und Obstsaft, um sie Gott und den Geistern als Opfer darzubringen."

Aus der letzten Antwort ersehen wir, wie das vorher noch relativ logische Kausaldenken des Mē-Ti plötzlich einen Sprung gemacht hat: Sie setzt nämlich eine magisch-mythische Wirklichkeit — den Glauben an göttliche Geister nebst Opferkult — als selbstverständlich voraus und identifiziert diese Wirklichkeit mit der natürlichen Realität. Folglich wird die weitere Beweisführung des Mē-Ti vom magisch-mythischen Denken beherrscht, und er kommt zu einer bloß spekulativen Dialektik, die nur noch *scheinbar* logisch-korrekt ist. Indem Mē-Ti sich auf „den Himmel" berief, stellte er sich ihn als Gott vor, der an der Spitze einer aus göttlichen Geistern gebildeten Hierarchie die Weltwirklichkeit regiert. Diesem Gott und seinen hilfreichen oder strafenden Geistern ist der zur Willensfreiheit bestimmte Einzelmensch verantwortlich. Als höchste Wahrheit offenbart das Tao dem sittlich emporstrebenden Individuum die Erkenntnis von der allumfassenden, überindividuellen Gottesliebe. Folglich besteht die sittliche Autonomie des Einzelmenschen nur darin, daß er sich selbst entscheiden darf entweder für diesen Weltgott oder gegen ihn. Diese Konsequenz kommt bei Mē-Ti weniger in seiner religiösen Theorie zum Ausdruck als vielmehr in seiner Religionspraxis; denn aus seiner Lehre ergab sich folgerichtig eine eigene, streng umgrenzte Glaubensgemeinschaft, die Richard Wilhelm geradezu als „Kirche" bezeichnet hat. Sobald man mit dem „Gott der Liebe" zugleich auch dessen Gegensatz anerkennt, ist man schon bei einem Dualismus angelangt, ähnlich demjenigen des Zoroastrismus zwischen Ohrmuzd und Ahriman. Kurz, Mē-Ti hat uns beispielhaft gezeigt, wie aus einer Philosophie wieder eine Religion werden kann.

Me-Tis Glaubensgemeinschaft

Mengtse

Mengtse hingegen hielt möglichst alle magisch-mythischen Vorstellungen von sich fern, oder er entmythisierte sie. An seiner Lehre „von der Ergründung des

Herzens“ fällt uns schon beim ersten Blick eine Besonderheit auf, die nach Altägypten weist, nämlich das Wort „Herz“. Diesen anatomischen Begriff verwendete Mengtse ebenso wie die Altägypter in übertragenem Sinne als Allgemeinbegriff mit der Bedeutung: Gesinnung, Ethos, Charakter, geistig-seelisches Selbstbewußtsein. „Ohne festen Lebensunterhalt dennoch ein festes Herz zu behalten, das vermag nur der Gebildete. Was das Volk betrifft, so wird es ohne festen Lebensunterhalt keine beständige Gesinnung haben. Wenn ihm die Festigkeit des Herzens fehlt, dann ist es schließlich jeder Art Zuchtlosigkeit, Schlechtigkeit, Gemeinheit, Ausschweifung fähig.“

Ein Körperorgan als Zentrum der Individualität und des Gewissens

Man halte es weder für gleichgültig noch für selbstverständlich, daß hier „das Herz“ eine solche Rolle spielt. Zugrunde liegt offenbar die viel ältere Vorstellung, wonach eben das Herz das organische Zentrum der sittlichen Persönlichkeit sei. Aber dieselbe Bewertung ist dem Herzen keineswegs überall und jederzeit zugesprochen worden, solange man überhaupt an eine derartig urtümliche Psychosomatik glaubte („Psychosomatik“ = ein neuer, seit 1943 eingeführter Begriff für die Wechselwirkung zwischen „Seele“, gr. psyché, und „Körper“, gr. sōma). Vielmehr werden z. B. im Alten Testament neben dem Herzen gleichsinnig die Nieren genannt: „Die gerechte Gottheit [‚Elohim‘] prüft Herz und Nieren“, heißt es im 7. Psalm, und im 16. Psalm lesen wir: „Jahwe werde ich preisen, der mich beraten hat: Sogar des Nachts unterweisen mich meine Nieren.“ Den Ursprung solcher Glaubensüberzeugung entdecken wir in der Mantik; denn zu den wichtigsten Aufgaben frühen Priestertums gehörte es, aus dem Eingeweide bestimmter Opfertiere den Gotteswillen zu deuten, also nicht nur Herz und Nieren auf göttliche Botschaften hin zu prüfen und zu erforschen, sondern auch z. B. die Leber. Dafür ein Musterbeispiel ist die „Bronzeleber von Piacenza“. Sie diente wohl etruskischen Priestern als Idealmodell. Nach ihrem Vorbild konnte man von natürlichen Lebern die Wahrzeichen göttlicher Gedankenarbeit ablesen und deuten. Dazu analog (von gr. análogos = gleichsinnig, übereinstimmend) schloß man auf dieselbe göttliche Wirksamkeit auch an lebenden Körperorganen. Man hielt sie für Wohnsitze oder Instrumente bestimmter Götter oder eines Gottes, der sich so dem Einzelmenschen mitteilte. Im Lauf der weiteren Geistesgeschichte, als sich unser Denken höher entwickelte, abstrahierte man von diesem psychosomatischen Zusammenhang einesteils die innere Stimme Gottes im Menschen, die Stimme des Gewissens, Gott als Gewissen, den verborgenen Gott, den inwendigen Menschen im Sinne seiner göttlichen Bestimmung, und dergleichen mehr; andernteils abstrahierte man davon aber auch die jedem Menschen innewohnende Gesinnung, seinen eigentümlichen Charakter, sein Wesenszentrum. An alten Namen oder Begriffen, die ursprünglich nur Körperorgane bezeichnet hatten, hielt man trotzdem noch fest. So erklärt sich z. B. im Alten Testament, Klagl. 2, 11: „Durch Tränen vergehen meine Augen, ... meine *Leber* hat sich zur Erde ergossen: wegen der Zertrümmerung ... meines Volkes.“ Hier ist mit „Leber“ offenbar die geistig-seelische Individualität des Verfassers gemeint. Es brauchte also durchaus nicht das *Herz* zu sein, woran diejenige Geistesentwicklung anknüpfte, die schließlich zu einer Philosophie hingeführt hat.

„Das Herz“

Allein die Altägypter stellten frühzeitig das *Herz* in den Mittelpunkt und erhoben dessen Bezeichnung zum Zentralbegriff ihrer Lebenslehre und Ethik. Dieses Herz, wofür wir besser auch „Gewissen“ sagen dürfen, vereinigte in sich das Diesseits und Jenseits; vom Herzen aus dirigiert der schöpferisch-lebendige Gottesgeist das sittliche Verhalten der Einzelmenschen so, daß die Weltharmonie gewahrt wurde. Zu dieser Lehre waren die Altägypter früher gelangt als andere Kulturvölker mit vergleichbaren Anschauungen, die ebenfalls feste Formen des Denkens und der ethisch-sozialen Welterklärung zur Folge hatten.

Gerade jene Lehre aber verschaffte den Altägyptern ihren Vorsprung in der Lebenskultur; denn sie ermöglichte ein geschlossenes Weltbild, eine jedenfalls theoretisch vollkommene Einheit von Staatsgemeinschaft und Individuum, von Weltgesetz und Menschenpflicht, von Natur und Geist, von Himmelslicht und innerer Erleuchtung, von Vernunft und Seele. „Schlecht handeln" konnte man nur, wenn man „vom richtigen Weg abirrte" und somit gegen die natürliche Gewissenhaftigkeit verstieß. Im Grunde galt daher der Mensch als gut im Sinne einer ihm vorbestimmten Lebensgesetzlichkeit.

Wenn wir davon das meiste ebenso bei Mengtse wiederfinden, und wenn wir ferner bedenken, daß aus Altägypten die erste echte Weltreligion herkam, die sich allerdings wohl weniger kraft ihres Glaubensgutes, sondern vielmehr als Rechtfertigungslehre der beispielgebenden altägyptischen Staatskonstruktion über Europa und einen großen Teil Asiens ausbreitete, dann werden wir einen Zusammenhang zwischen ihr und Mengtse hinsichtlich seiner Lehre vom „Herzen" mindestens für möglich halten.

Mengtses Lehre vom „Herzen"

Um 322 v. Chr. berief König Hui von Wu durch Rundschreiben auswärtige Gelehrte an seinen Hof in Liang, insbesondere Staatsdenker als Ratgeber, denn er hatte einige Kriege verloren, und das innere Gefüge seines Staates schien gefährdet. Mengtse kam „über tausend Meilen" angereist, um den König „in der Ergründung des Herzens" zu unterrichten: „Einst waren die Wälder auf dem Kuhberg schön. Jedoch, weil in seiner Nähe eine Großstadt lag, wurden sie mit Axt und Beil gefällt. Konnten sie da schön bleiben? ... Ebenso verhält es sich mit den Menschen. Wie kann man sagen, daß sie nicht Liebe und Pflicht in ihrem Herzen haben? Aber wenn einer sein echtes Herz verlorengehen läßt, dann ist es gerade, wie wenn Axt und Beil in den Wald kommen. Wenn er Tag für Tag sein Herz verwüstet, kann es da gut bleiben?"

Entscheidend ist nun, daß der Mensch sich seines Herzens oder Gewissens *bewußt* wird und sozusagen aus seinem unbewußten *Gewissen* ein ethisch-soziales *Wissen* gewinnt. Dieser Prozeß vollzieht sich, so lehrt Mengtse, durch leidvolle Lebenserfahrung. Mengtse verkündet eine Dialektik, die geradezu an „christliche Dialektik" erinnert: „Wem der Himmel ein großes Amt anvertrauen will, dem schafft er erst Bitternis in Herz und Willen, er schafft Mühsal ... und äußerste Not." Denn erst in solcher Schwierigkeit bewährt sich das Herz und erkennt der Mensch sein wahres Wesen. Anders ausgedrückt: Mengtse verlegt gewissermaßen die *Herzensprüfung,* die in Altägypten durch das Totengericht erfolgte, ins Diesseits. Dabei läßt er eine Weltanschauung ahnen, der gemäß das historische Geschehen einschließlich jeder privaten Lebensgeschichte gleichsam einen Gerichtsvorgang mit sich bringt: Wer kein festes Herz bewahrt, der erliegt äußeren Schwierigkeiten und entartet; anstatt gut zu handeln, wie seine natürlichen Anlagen es ihm ermöglichen und vorschreiben, handelt er schlecht, nämlich *asozial!* Jedoch, eben diese *Verirrung* bringt durch ihre üblen Folgen dem Menschen zum Bewußtsein, daß er einen *Irrtum* beging. Insofern hat sie einen erzieherischen, ja sogar einen die höhere Erkenntnis fördernden Wert; sie ist geradezu notwendig: „Stets müssen die Menschen irren, ehe sie klug werden." Also haben wir es hier mit einer Wechselbeziehung zwischen *Irrtum* und *Wahrheit* zu tun. Das ist ein philosophisches Problem sowohl der Ethik als auch der Erkenntnistheorie. „Die Menschen müssen verzweifeln in ihren Herzen und ratlos werden in ihren Gedanken, ehe sie sich erheben zu kraftvoller Tat. Die *Wahrheit muß ihnen entgegentreten in dem, was vor Augen ist;* sie muß ihnen ertönen in dem, was sie hören, *ehe sie sie verstehen können!"*

Auf Grund dieser Einsicht bemühte sich Mengtse, dem König Hui dessen politische Fehlschläge dialektisch als notwendige Irrtümer zu erklären und ihn zu richtigen Urteilen und Schlüssen anzuleiten. Zwar umkleidete er den von ihm in Gang gesetzten Denkprozeß gleichnishaft, aber er hat ihn uns in solchen Dialogen überliefert, wie sie prinzipiell ähnlich sein griechischer Zeitgenosse Platon bevorzugt hat, so daß wir das Verfahren, das Mengtse anwendete, zulänglich erschließen können. Wir wollen es hier folgendermaßen beschreiben: Durch jeden Mißerfolg, den wir in der Realität erleiden, zeigt uns die praktische Erfahrung an, daß wir einen Fehler begangen haben. Sobald wir den Fehler einsehen, ihn also innerhalb unseres Bewußtseins objektiv untersuchen, befinden wir uns ihm gegenüber bereits in einem fehlerfreien Zustand. Denn um einen Fehler überhaupt als solchen analysieren zu können, müssen wir ja einen Maßstab anlegen, der richtig genormt ist. Am Gegensatz zum Fehler oder Irrtum begreifen wir erst, daß wir diesen Maßstab besitzen und uns seiner bedienen! Folglich war der Irrtum nötig, damit wir durch ihn uns auf die Wahrheit besinnen können. — Der nächste Gedankenschritt soll uns noch weiter bringen, nämlich zur Erkenntnis der Wahrheit. Zu diesem Zweck begeben wir uns mit unserer Denkarbeit sozusagen eine Etage höher und objektivieren dorther denjenigen, jetzt unter uns liegenden Standpunkt, von dem aus wir soeben den Fehler als falsch, den Irrtum als wahrheitswidrig einsahen. Ihm ist ja, wie wir jetzt wissen, die normative Wertskala eigentümlich, die ihrerseits mit der Wahrheit harmoniert. Damit nicht genug, steigen wir nochmals ein Stockwerk höher und besinnen uns, abwärts schauend, über den Standpunkt, von dem aus wir soeben die Wahrheit erkannt hatten. Noch höher hinauf geht es bei Mengtse nicht. Abschließend überlegen wir, was wir Schritt für Schritt unternommen haben, und kommen zu dem Resultat: Unsere Gedankenbewegung vollzog sich nach dem *Prinzip der Induktion* (=Hinführung) mittels einer *dialektischen Methode.*

Dialektische Ethik

Beides, Induktion und Dialektik, ist uns geläufig aus der hellenischen Philosophie. Mit ihr kommen wir jetzt Mengtse zu Hilfe, weil ihm ja infolge seiner vertrackten Sprache die Begriffe fehlten, deren Sinngehalt er auf seine Weise umschrieb. Er meinte dasselbe wie in hier genau begrenztem Umfange kein anderer als Sokrates vorgebracht hat. Zunächst aber sei zum Begriff „Dialektik" die eingängige Definition von Goethe nachgetragen: Dialektik ist „die Ausbildung des Widerspruchsgeistes, welcher dem Menschen gegeben, damit er den Unterschied der Dinge erkennen lerne". Darauf beruht die „sokratische Methode" der Gesprächsführung, deren sich, ohne sie zu kennen, auf seine Weise auch Mengtse bediente. Im übrigen sei Aristoteles zitiert: „Sokrates . . . richtete seine Untersuchungen auf die *ethischen* Fähigkeiten . . ." Xenophon bestätigt: „Sokrates führte seine Gespräche immer über die Fragen, was recht und was unrecht, was Besonnenheit und was Leidenschaft, was Tapferkeit und was Feigheit, was ein Staat und ein Staatsmann, was eine Regierung und ein Regent der Menschen sei." Dabei ging er von der sittlichen Grundüberzeugung aus: „Niemand ist mit Absicht schlecht." Das heißt: Von Natur aus ist der Mensch gut; wenn er trotzdem ungut handelt, dann wird er sich selbst untreu und schadet sich selbst. Höchstes Ziel der sokratischen, aber nicht allein dem Sokrates eigenen Ethik ist die Aretē, die natürliche Tüchtigkeit und Tugend im Wollen und Vollbringen. Sie verleiht Glück und Gedeihen, innere und äußere Eintracht, Zufriedenheit und Erfolg. Wenige Jahrzehnte nach dem Tod des Sokrates wurde Mengtse geboren. Alles das, was wir soeben von Sokrates mitgeteilt haben, trifft auf Mengtse zu. Wir beginnen mit einem Lehrgespräch zwischen ihm und König Hui:

Vergleich mit Sokrates

König Hui Liang sprach: „Ich will gelassen Eure Belehrung annehmen."
Mengtse erwiderte: „Ob man Menschen mordet mit einem Knüppel oder mit einem Messer: Ist da ein Unterschied?"

Der König sprach: „Es ist kein Unterschied."
Mengtse: „Ob man sie mordet mit einem Messer oder durch Regierungsmaßnahmen: Ist da ein Unterschied?"
Der König: „Es ist kein Unterschied."
Da hub Mengtse an: „In der Hofküche ist fettes Fleisch, und in den Ställen sind fette Pferde; aber in den Gesichtern der Leute wohnt die Not, auf dem Anger draußen wohnt der Tod: das heißt die Tiere anleiten, Menschen zu fressen [indem die Nahrung, die den Menschen nötig wäre, den Tieren des Königs gereicht wird] . . . Wenn ein Landesvater so die Regierung führt: Worin besteht da seine Landesvaterschaft?"

Mengtses Lehre von der Menschenliebe

Der Fehler, den der König zunächst einmal überhaupt bemerken soll, liegt darin, daß Hui sich offensichtlich selbst schadet, wenn er seine Untertanen hungern und seine Tiere füttern läßt: Die Volkswirtschaft ist falsch gelenkt. Darüber hinaus zielt Mengtse auf die tiefere Ursache dieses Fehlers: Der König ist abgewichen von der natürlichen Ethik, von dem Weltgesetz der aufs allgemeine Wohl bedachten Vernunft; er hat sich widernatürlich gegen die alles durchwaltende Schöpferkraft des Lebens vergangen. Denn das Leben selbst offenbart sich in der ethisch-sozialen Gesinnung des Menschen als der Trieb, es zu fördern, zu erhalten und Gutes zu tun. Mengtse sprach: „Ihrem Triebe folgend, haben die Menschen die Möglichkeit, Gutes zu tun. Das ist es, was ich unter ‚gut' verstehe. Wenn jemand Nichtgutes tut, so ist es nicht die Schuld seiner Anlagen! Das Gefühl des Mitleids und Erbarmens ist allen Menschen eigen, das Gefühl der Achtung und Ehrerbietung ist allen Menschen eigen, das Gefühl der Billigung und Mißbilligung ist allen Menschen eigen. — Das Gefühl des Mitleids und Erbarmens ist: Menschenliebe; das Gefühl der Scham und des Abscheus ist: Gerechtigkeit; das Gefühl der Achtung und Ehrerbietung ist: Anstand; das Gefühl der Billigung und Mißbilligung ist: Weisheit. — Menschenliebe, Gerechtigkeit, Anstand und Weisheit sind nicht von außen her in uns hineingegossen, sie sind vielmehr unser fester Besitz; nur denken wir nicht daran. Darum heißt es: Wer sie sucht, der bekommt sie; wer sie beiseite läßt, der verliert sie."
Folglich gibt derjenige sich selbst auf, der gegen die Stimme seines Gewissens handelt und dem allgemeinen Leben schadet. „Wer sich selbst mißhandelt, dem ist nicht zu raten. Wer sich selbst wegwirft, dem ist nicht zu helfen. In seinen Worten die Ordnung und das Recht mißachten, heißt: sich selbst mißhandeln. Zu sagen: Ich kann nicht in der Güte verharren und der Pflicht folgen, heißt: sich selbst wegwerfen. Die Gütigkeit ist die friedliche Wohnung des Menschen, die Pflicht ist der rechte Weg des Menschen. Wer diese friedliche Wohnung leerstehen läßt, wer diesen rechten Weg verläßt, statt drauf zu wandeln: der ist übel dran." — „Wer aber weilet in dem weiten Haus der Welt [= mit dem ‚Haus der Welt' ist sinnbildlich die Menschenliebe gemeint] und in der Welt am rechten Orte steht und wandelt in der Welt auf geradem Wege; wenn es ihm gelingt, Gemeinschaft mit dem Volke hält; wenn es ihm mißlingt, dann einsam seine Straße zieht; nicht Reichtum oder Ehre kann ihn locken; nicht Armut oder Schande kann ihn schrecken; nicht Macht und Drohung kann ihn beugen: *Das ist ein Mann!*"
In Wu fand Mengtse für seine Lehre wenig Gegenliebe, und auch am Hof des Königs von Ts'i richtete er nichts aus. Hier ein kurzes Gespräch aus Ts'i: Mengtse redete mit dem König Hsü von Ts'i und sprach: „Wenn unter Euren Dienern einer ist, der Weib und Kind seinem Freunde anvertraute und auf Reisen ging in ferne Lande, und wenn er heimkommt, da hat der andere seine Frau und seine Kinder hungern und frieren lassen: Was soll mit jenem Mann [dem Freunde] geschehen?"

Der König: „Er soll verworfen werden."
Mengtse: „Wenn der Kerkermeister nicht imstande ist, in seinem Kerker die Ordnung aufrechtzuerhalten, was soll mit ihm geschehen?"
Der König: „Er soll entlassen werden."
Mengtse: „Wenn Unordnung im ganzen Lande herrscht, was soll da geschehen?"
Der König wandte sich zu seinem Gefolge und redete von anderen Dingen.
Bei Mengtse ebenso wie bei den hellenischen Philosophen sind wir weit weg von jeder altorientalisch-christlichen Vorstellung, wonach der jeweils zum Weltgott ausgerufene Nationalgott „der Herr der Weltgeschichte" ist und nach seinem Ermessen die Völkerkriege befiehlt. Hier vielmehr hören wir, daß der Mensch selbst sie herbeiführt. An diesem Punkt kennzeichnet sich Mengtse einerseits als Staatsdenker seiner „Zeit der streitenden Reiche", anderseits als dialektischer Staatstheoretiker, der — für uns unerwartet! — die Nächstenliebe begrenzt auf die staatlich organisierte Volksgemeinschaft. „Ein Volk, das im Innern keine mächtigen Geschlechter und aufrechten Männer hat und draußen keine feindlichen Nachbarn und äußeren Kämpfe, das wird stets zugrunde gehen. Daran erkennt man, daß das Leben geboren wird in Trauer und Schmerzen und der Tod geboren wird in Wohlsein und Lust." Der erste Satz ist leicht verständlich: Mengtse setzt ähnlich wie bei uns später z. B. Thomas Hobbes voraus und findet es gerechtfertigt, daß die Staaten im gegenseitigen Kampf ums Dasein leben. Am kriegerischen Gegensatz zum Feind wird das Staatsvolk sich seiner Eigenart und Tüchtigkeit bewußt. Der zweite Satz ist schwieriger und erinnert uns an vorsokratische Denker, etwa Heraklit, aber auch an mystische Welterklärungen oder den Ursprung aller Auferstehungsreligionen: Werden und Vergehen hängen in unaufhörlichem Wechsel ursächlich zusammen; wenn das Korn nicht stirbt, bringt es keine Frucht, wenn es keine Frucht bringt, kann es nicht abermals sterben, um sich in der nächsten Frucht zu erneuern. Alles Geschehen, jede Lebensbewegung, jeder Gedankenprozeß geht nur infolge dialektischer Wechselwirkung oder unablässig fortschreitender Gegensätzlichkeit vonstatten. Dasselbe spricht Heraklit aus: „Alles ist in Bewegung, und nichts bleibt stehen. Der Streit ist der Vater von allem ... Man muß wissen, daß er zu Recht besteht und daß alles durch Streit und Notwendigkeit entsteht."

Mengtse als Staatstheoretiker

Vergleich mit Heraklit

Offenbar hielt Mengtse den Krieg für einen Naturvorgang oder sogar eine Naturnotwendigkeit, die nicht im Widerspruch steht zur natürlichen Güte; das unterscheidet ihn z. B. von Me-Ti, seinem philosophischen Kontrahenten. Anders zu begründen ist seine Rechtfertigung des Tyrannenmords: In diesem Fall soll der König aus dem Weg geschafft werden, der seine natürliche Pflicht verrät und dem Volkswohl absichtlich schadet. Dabei entsinnen wir uns des Zitats, womit wir den Bericht über Mengtse eingeleitet haben. Dort war vom „Herzen" nicht nur des Einzelmenschen, sondern auch des Volkes die Rede. Das Staatsvolk, womit hier die niederen Stände gemeint sind, als Persönlichkeit oder als großes Individuum! Deutlicher allerdings wird erst bei europäischen Denkern die Idee, daß die Staatsgemeinschaft „ein großer Mensch" oder das Volk „ein großes Individuum" sei. Immerhin taucht sie andeutungsweise auch bei Mengtse auf. Im übrigen interpretiert Mengtse mit seiner Lehre vom Königtum die Forderung des Kungtse, daß der Würdigste herrschen solle. Woran ermißt man objektiv, ob jemand des höchsten Amtes würdig ist? An seinem ethisch-sozialen Verhalten! (Wir erinnern uns hier der im Lauf unserer eigenen Geschichte entstandenen „Fürstenspiegel", deren Verfasser Kritik am Herrscher übten, indem sie das Idealbild eines Regenten nachzeichneten.) In einem von Mengtse überlieferten Gespräch ist die Rede davon, daß der König Tschou Hsin getötet worden sei:

König Hsüan von Ts'i fragte Mengtse: „Geht das denn an, daß ein Diener seinen Fürsten mordet?"
Mengtse antwortete: „Wer die Liebe raubt, ist ein Räuber; wer das Recht raubt, ist ein Schurke. Ein Schurke und Räuber ist nichts als ein gemeiner Kerl. Das Urteil der Geschichte lautet deshalb, daß der gemeine Kerl namens Tschou Hsin hingerichtet wurde; ihr Urteil lautet nicht, daß ein Fürst ermordet worden sei."

Sozialkritisches Denken

Die Liebe seines Volkes bewahrt sich ein König, und das Recht erhält er aufrecht, wenn er nicht zu seinem eigenen Nutzen regiert. Als Mengtse zum König Hui in Liang gekommen war, fragte ihn dieser: „Wirst du wohl auch imstande sein, meinem Staat Vorteile zu verschaffen?" Mengtse erwiderte: „Warum, o König, mußt du von Vorteil reden? Es gibt doch auch Güte und Rechtlichkeit, die müßten genügen. Wenn du nämlich fragst: Wie bringe ich meinem Staate Vorteil?, dann fragen die Großwürdenträger: Wie bringen wir unseren Häusern Vorteil?, und die niederen Beamten und das Volk fragen: Wie bringen wir unseren Personen Vorteil? Sobald sich aber Obrigkeit und Untertanen gegenseitig um den Vorteil streiten, ist bald der Staat gefährdet. Sage der König doch lieber: Güte und Rechtlichkeit!, damit wäre es gut. Warum muß vom Vorteil die Rede sein?"
Am Ende seines Lebens kehrte Mengtse in seine Heimat zurück und ordnete sein literarisches Vermächtnis. Es entging der großen Bücherverbrennung von 213 v. Chr., bietet uns also wenigstens teilweise den Originaltext dar. Es galt bis in unsere Gegenwart in China als eines der klassischen Bildungswerke, das jeder Beamte studiert haben mußte.

Laotse

Ungefähr gleichzeitig mit Mengtse, jedoch im *südlichen* China, grübelte Laotse. Über sein Leben wissen wir nichts Genaues. Eine späte, um 100 n. Chr. niedergeschriebene Nachricht meldet, er sei Bibliotheksbeamter in der Reichshauptstadt gewesen, des Beamtendaseins aber überdrüssig geworden und habe sich auf sein Landgut zurückgezogen. Der Name Lao-tse (= Alter Meister) scheint ein Pseudonym zu sein, so daß uns dadurch der Verfasser des „Tao-tē-king" vollends entrückt ist. Die Erzählung von seinem Zusammentreffen mit Kungtse gehört zur üppig wuchernden Legende. Als er geboren wurde, war Kungtse längst gestorben. Doch konnte man wenigstens die Entstehungszeit seines Schriftwerkes aus dessen Textgestalt erschließen. Tao-tē-king heißt: „Buch vom Weltgesetz und seiner Kraft", wobei „Weltgesetz" eine Übertragung (von Wolfram Eberhard) des uns nun schon bekannten Zentralbegriffs „Tao" ist. Mehr als jeder andere chinesische Denker verlockt Laotse dazu, *sein Tao* mit dem *Logos* zu vergleichen, und Laotse selbst könnten wir uns vielleicht vorstellen als einen urwüchsigen Denker etwa von der Art Heraklits, der eben mit chinesischen Ideogrammen operiert. Vor allem deshalb fesselt er uns, weil wir noch heute seiner Leistung anspüren, daß ihm das Vernunftdenken als aufwühlendes Erlebnis widerfuhr, obschon er an der Unaussprechlichkeit höchster Weisheit festhielt. Eine andere korrekte Übertragung des Begriffs Tao lautet: „Weltgeist", und zwar vor allem im Hinblick auf Laotse. Aber jede Deutung bleibt ungewiß.

„Tao-te-king"

Ein Grund, warum er sich in eine ungestörte Einsamkeit zurückzog, war sicherlich der gleiche, den wir aus Voltaires „Candide" kennen: Bittere Enttäuschung über den Lauf der Welt und Zuflucht zur erquickenden Natur: „On doit finir par cultiver son jardin." Ein anderer Grund lag zweifellos in seiner

Mühsal, mit dem Weltgeist zu ringen. Was ihn selbst absolut erfüllte, das lehrte er auch: Einswerden mit dem Tao, Gleichgültigkeit gegenüber Staat und Gemeinschaft, uneingeschränkten Individualismus, Genuß der schöpferischen Phantasie, Hingabe an die Offenbarungen des Weltgeistes.

Einen Leitgedanken teilte er mit Mengtse: daß man der unerschöpflich formenden, treibenden Lebenskraft nicht ins Handwerk pfuschen dürfe, sondern sich ihr vertrauensvoll anheimgeben müsse und dabei auf natürliche Weise innerlich reifen solle. Allerdings ging Laotse sehr viel weiter als Mengtse und verzichtete auf jede eigenwillige Aktivität. Er lehrte das „Wu-wei", das „Nicht-aktiv-Handeln", indem er dem Tao als weiteren Zentralbegriff das Tē hinzugesellte, das Wolfram Eberhard mit „Kraft", Richard Wilhelm mit „Leben" wiedergibt. Wir sagen: „Lebenskraft" und denken zugleich an Aristoteles mit seinen Begriffen von Energie und Entelechie, also an die jedem Organismus eigentümliche Formkraft, die ihn von innen her zur Selbstentwicklung und Selbstentfaltung treibt. Unter dem Nichttun „ist nicht Nichtstun zu verstehen, sondern ein Handeln aus der Tao-Verbundenheit, d. h. ein völlig selbstloses und unbewußtes Handeln aus innerem Zwang des Ewigen" (Gustav Mensching).

Lehre vom „Wu-wei"

Das „Tao"

Wie umschreibt Laotse sein Tao? „Das Wesen des Tao ist unfaßlich, unbegreiflich. Unfaßlich, unbegreiflich: In ihm sind alle Bilder! Unfaßlich, unbegreiflich: In ihm sind alle Dinge! Unergründlich und dunkel: In ihm ist der Kern des Seins!" — „Es gibt ein Etwas, das wirkt geheimnisvoll. Bevor der Himmel und die Erde waren, ist es schon da. So still! So einsam! Allein steht es und ändert sich nicht, *im Kreise geht es* und gefährdet sich nicht: Man kann es die Mutter der Welt nennen. Ich weiß nicht seinen Namen. Ich gebe ihm die Bezeichnung: Tao. Mühsam ihm einen Namen gebend, nenne ich es: groß. Groß heißt: immer bewegt. Immer bewegt heißt: unendlich. Unendlich heißt: *in sich zurückkehrend.*"

Selbstbekenntnis des Laotse

Sich selbst schilderte er so: „Alle Menschen strahlen, als feierten sie ein großes Fest. Sie sind wie Menschen, die einen Turm besteigen zur Frühlingszeit. Ich allein liege still wie einer, der noch kein Zeichen empfangen hat, dem Kleinkind gleich, das noch nicht lächeln kann. Verlassen wie einer, der keine Heimat hat. Alle Menschen haben im Überfluß. Ich allein scheine leer. Mein Herz ist ein Narr. Verwirrt bin ich, verwirrt. Die Menge sieht klar, so klar. Ich allein gehe ins Dunkel. Die Menge ist froh, so froh. Ich allein bin traurig. Trostlos wie das Meer. Losgerissen. ... *Ich allein bin anders als alle Menschen.*"

Sein Tao-Erlebnis ist keineswegs ähnlich dem jugendlichen Geniuserlebnis Herders und Goethes. So einfach macht uns der „Alte Meister" weder sein Tao und Tē noch sein Wu-wei: „Wenn das große Tao zugrunde geht, dann gibt es Liebe und Pflicht. Wenn Klugheit und Wissen aufkommen, dann gibt es die großen Lügen. Wenn sich die Verwandten entzweien, dann gibt es Kindespflicht und Zuneigung. Wenn die Reiche in Verwirrung geraten, dann gibt es die treuen Beamten." (Die beiden letzten Sätze sind im Sinn des Mengtse dialektisch aufzufassen: Ohne Familienzwist kein Bewußtsein der Kindesliebe, ohne Bürgerkrieg keine wertende Unterscheidung zwischen untreuen und treuen Beamten.) „Tut ab die Heiligkeit, werft weg das Wissen! Dann wird das Volk hundertfach gewinnen ... Mindert Selbstsucht, seid frei von Sorgen! ... Laßt die Leute den Tod wichtig nehmen und nicht [lebensgierig] in die Ferne schweifen. Habt Schiffe und Wagen, als hättet ihr sie nicht: Niemand fahre in ihnen. Habt Wehr und Waffen, als hättet ihr sie nicht: Niemand bediene sich ihrer. Laßt die Leute wieder [wie in der Urzeit] Knoten aus Stricken knüpfen [d. h. die Knotenschrift benutzen] anstatt der Schrift [mit Pinsel und Tusche] ... Verzichte auf Gelehrsamkeit, und du hast Frieden."

Die nächstliegende und vielleicht richtige Erklärung des Tao-tē-king dürfte wohl darin liegen, daß Laotse mit buddhistischen Lehren früher als seine Landsleute bekannt geworden war. Zwischen Südchina, der Heimat des „Alten Meisters", und Indien gab es Beziehungen. Beim Studium buddhistischer Lehren könnte Laotse eine Erleuchtung empfangen haben. Das würde seinen plötzlichen Entschluß, der Hauptstadt den Rücken zu kehren und sich in Einsamkeit dem Wu-wei hinzugeben, zwanglos verständlich machen. Damit im Zusammenhang würden seine äußeren Lebensumstände, insbesondere der Verzicht auf seine Stellung als Bibliotheksbeamter, auch eine Erklärung dafür liefern, daß er — was sonst gar nicht üblich war — nicht unter seinem echten Namen hervortrat. Als einige Jahrhunderte später der Buddhismus in China öffentlich verkündet und dort zu einer Volksreligion wurde, fiel chinesischen Kennern die Ähnlichkeit zwischen dieser Lehre und der des Laotse dermaßen auf, daß man erzählte, Laotse sei gar nicht gestorben, sondern westwärts verschwunden und habe dorthin seine Lehre gebracht: Der Buddhismus sei nur eine Folge von des „Alten Meisters" indischer Wirksamkeit.

Laotse ein Buddhist?

An Buddha als einen verborgenen Urheber von Laotses Lehre hat man bisher deshalb selten gedacht, weil man bis vor kurzem meinte, beide Männer seien Zeitgenossen gewesen. Jedoch wissen wir heute, daß Laotse zwei Jahrhunderte später gelebt hat als Buddha, dessen Geburtsjahr mit Sicherheit auf ca. 560 festgesetzt wurde. Was den Einfluß buddhistischer Lehren auf Laotse betrifft, so sind wir nicht auf bloße Vermutungen angewiesen. Buddhas entschiedene Abkehr von aller Aktivität, seine Abneigung gegen Gelehrsamkeit und Kultur, die Verneinung aller Begierden einschließlich geistig-seelischer Triebkräfte, die Selbsthingabe an den Urgrund alles Seins, das Erlöschen aller Wünsche — das alles kehrt im Wu-wei des Laotse wieder. Für den „Alten Meister" lautet die Hauptfrage: Wie ist das Tao mit dem buddhistischen Nirvana zu vereinigen? Die Antwort erfahren wir aus dem Tao-tē-king. Insofern, als hier das Tao der Zentralbegriff geblieben ist, stellt dieses Schriftwerk eine spezifisch chinesische Eigenleistung dar. Aber vergleichen wir noch die vorhin zitierte Selbsterklärung des Laotse mit einer des *Buddha:* „Der Allüberwinder, der Allweise bin ich, von allen Erscheinungen unbefleckt, alles aufgebend, durch die Vernichtung der Triebkräfte erlöst, durch mich selber zur Erkenntnis gelangt ... Ich habe keinen Lehrer. *Ein gleicher wie ich wird nicht gefunden ...*"

Selbstbekenntnis des Buddha zum Vergleich

Tschuangtse

Ein Lehrsatz Laotses lautete: „Das große Tao trägt uns durch die Form. Das Tē wandelt sich in Pflanzen und Tiere, je nach den Bedingungen, die es vorfindet. Auch der Mensch erscheint im Laufe dieser Wandlungen und kehrt wieder in diesen Kreislauf zurück." Zu dieser Überlegung, die gleichartig schon vor Buddha von indischen Sankhja-Philosophen angestellt worden war, paßt ein oft zitiertes Gleichnis des *Tschuangtse:* „Einst träumte dem Tschuang Tschou, er wäre ein Schmetterling. Da wachte er plötzlich auf, nun war er wirklich und wahrhaftig wieder der Tschuang Tschou. Jetzt weiß ich nicht, ob der Tschuang Tschou geträumt hat, daß er ein Schmetterling wäre, oder ob der Schmetterling nur träumt, er sei Tschuang Tschou. Und doch ist sicherlich Tschuang Tschou von einem Schmetterling verschieden. Das ist der Wandel aller Dinge."

Das Traumgleichnis

Im Verhältnis zu Laotse dürfen wir den Tschuangtse (= Meister Tschuang), der ursprünglich Tschuang Tschou hieß, wenigstens als dessen „Schüler im

Geiste“ bezeichnen. Vielleicht hat er den von ihm geliebten und verehrten Laotse noch selbst besucht und näher gekannt; denn er lebte und dichtete um

Lebenszeit

300 v. Chr. Er ist der philosophierende Dichter gewesen, der das Gedankengut aus dem Tao-tē-king sinnfällig popularisiert und es in seiner ganzen Lebensweise verwirklicht hat. Allerdings wählte er im Unterschied zu Laotse nicht ein abseits gelegenes Landhaus zum dauernden Aufenthalt, wahrscheinlich schon aus dem Grunde nicht, weil er keines besaß. Statt dessen machte er sich gegenüber der Gesellschaft durch sein Benehmen als Sonderling bemerkbar. Denn indem er die Kulturwelt mit allen ihren Konventionen grundsätzlich verneinte, konnte und wollte er begreiflicherweise in ihr auch keinen anderen Platz als den eines Außenseiters einnehmen.

Als nach dem Tod seiner Frau sein Freund Huitse kam, zu kondolieren, war dieser nicht wenig erstaunt, daß er den Witwer bei einer unerwarteten Tätigkeit antraf. Tschuangtse nämlich saß mit ausgestreckten Beinen auf dem Boden, benutzte eine Schüssel als Trommel und sang dazu. Huitse sprach: „Wenn eine Frau mit einem zusammengelebt und Kinder aufgezogen hat und im Alter stirbt, dann ist es wahrlich schon genug, wenn der Mann nicht um sie klagt. Aber auf einer Schüssel zu trommeln und laut zu singen, geht das nicht zu

Metamorphosen des Daseins

weit?“ Tschuangtse antwortete: „Keineswegs! Als sie eben gestorben war, meinst du, daß mich da der Schmerz nicht auch übermannt hat? Aber als ich mich darüber besann, woher sie gekommen war, da erkannte ich, daß ihr Ursprung jenseits der Geburt liegt, ja, nicht nur jenseits der Geburt, sondern jenseits der Leiblichkeit, ja, nicht nur jenseits der Leiblichkeit, sondern jenseits der Wirkungskraft [des Tē]. Da entstand eine Mischung im Unfaßbaren und Unsichtbaren, und es wandelte sich und hatte Wirkungskraft; die Wirkungskraft verwandelte sich und hatte Leiblichkeit; die Leiblichkeit verwandelte sich und kam zur Geburt. Nun trat abermals eine Verwandlung ein, und es kam zum Tod. Diese Vorgänge folgen einander wie Frühling, Sommer, Herbst und Winter als der Kreislauf der vier Jahreszeiten. Und nun, da sie in der großen Kammer liegt, sollte ich sie mit Seufzen und Klagen beweinen? Das hieße doch, das Schicksal nicht verstehen!“

Sein Verhalten beweist, wie sich aus der Philosophie des Laotse eine kultur- und lebensfeindliche Bekenntnislehre entwickeln läßt, indem man einerseits jegliche Realität des menschlichen Daseins für bloßen Schein erklärt und anderseits „das wahre Sein“ in eine nicht einmal vorstellbare Irrealität hineinverlegt.

Erinnerung an Laotse

Der Angelpunkt liegt im spekulativen Denken. Hören wir nochmals Laotse dazu: „Das große Tao schafft uns Mühe durch das Leben, Lösung durch das Alter, Ruhe durch den Tod. So wird die Kraft, die es gut gemacht hat mit unserem Leben, es auch gut machen mit unserem Sterben. Der Geist kann nicht verlorengehen. Himmel und Erde werden vergehen, zusammen mit uns vergehen. Ob es dann ganz zu Ende ist? Wir wissen es nicht. Wie sollte das Tao des Weltgeschehens enden, da es doch seinem Wesen nach ohne Anfang ist? Alles Lebendige muß enden. Der Geist verläßt die Form, er kehrt zu seinem Ursprung zurück. Rückkehr zur Bestimmung, das ist Ewigkeit. Die Ewigkeit erkennen, das ist Weisheit.“ Diese Glaubensüberzeugung kann schließlich zum

Das Totenschädelgleichnis

radikalen Kulturpessimismus führen. „Zu den großartigsten Szenen des Tschuangtse“, so schreibt Richard Wilhelm in seiner Geschichte der chinesischen Literatur, „gehört jenes Gespräch mit dem Totenschädel, das er einmal auf einer Reise erlebte. Die Schilderung, die er gibt, erinnert an Shakespearesche Größe. Tschuangtse sah einst unterwegs einen leeren Totenschädel, der zwar gebleicht war, aber seine Form noch hatte. Er tippte ihn mit der Reitpeitsche an und begann zu fragen: ‚Bist du in der Gier nach dem Leben von dem Pfade des Tao abgewichen, daß du in diese Lage kamst? Oder hast du ein

Reich zerstört und bist mit Beil und Axt hingerichtet worden, daß du in diese Lage kamst? Oder hast du einen üblen Wandel geführt und Schande gebracht über Vater und Mutter, Weib und Kind, daß du in diese Lage kamst? Oder bist du, nachdem des Lebens Herbst und Winter sich geendet, in diese Lage gekommen?' Als er diese Worte gesprochen, da nahm er den Schädel zum Kissen und schlief. Um Mitternacht erschien ihm der Schädel im Traum und sagte: ,Du hast geredet wie ein Schwätzer. Alles, was du erwähnst, sind nur Sorgen der lebenden Menschen. Im Tode gibt es nichts Derartiges. Möchtest du etwas vom Tode reden hören?' Tschuangtse sprach: ,Ja.' Der Schädel fuhr fort: ,Im Tode gibt es weder Fürsten noch Knechte und nicht den Wechsel der Jahreszeiten. Wir lassen uns treiben, und unser Lenz und Herbst sind die Bewegungen von Himmel und Erde. Selbst das Glück eines Königs auf dem Throne kommt dem unseren nicht gleich.' Tschuangtse glaubte ihm nicht und sprach: ,Wenn ich den Herrn des Schicksals dazu bringen könnte, daß er deinen Leib wieder zum Leben erweckt, daß er dir wieder Fleisch und Bein und Haut und Muskeln gibt, daß er dir Vater, Mutter, Weib und Kind und alle Nachbarn und Bekannten zurückgibt, wärst du damit einverstanden?' Der Schädel starrte mit weiten Augenhöhlen, runzelte die Stirn und sprach: ,Wie könnte ich mein königliches Glück wegwerfen, um wieder die Mühen der Menschen auf mich zu nehmen?' " — Der von Richard Wilhelm angedeutete Vergleich mit Shakespeare zielt auf die Friedhofszene im „Hamlet" (V, 1), wo der sinnierende Prinz an einige Totenschädel zynische Bemerkungen richtet. Hinsichtlich des diesseitigen Lebens ist seine Gesinnung die gleiche wie bei Tschuangtse: „Der Schädel hatte einmal eine Zunge und konnte singen, wie ihn der Schuft [der Totengräber] auf den Boden schleudert, als wär' es der Kinnbacken Kains, der den ersten Mord beging! Dies mochte der Kopf eines Politikers sein, den dieser Esel nun überlistet; eines, der Gott den Herrn hintergehen wollte, nicht wahr? ... Da ist wieder einer: Warum könnte das nicht der Schädel eines Rechtsgelehrten sein? Wo sind nun seine Klauseln, seine Praktiken, seine Fälle und seine Kniffe? Warum leidet er nun, daß dieser grobe Flegel ihn mit einer schmutzigen Schaufel auf den Hirnkasten schlägt, und droht nicht, ihn wegen Tätlichkeiten zu belangen? Dieser Geselle war vielleicht zu seiner Zeit ein großer Käufer von Ländereien, mit seinen Hypotheken, seinen Grundzinsen, seinen Kaufbriefen, seinen Gewährsmännern, seinen gerichtlichen Auflassungen. Werden ihm seine Gewährsmänner nichts mehr von seinen erkauften Gütern gewähren als die Länge und Breite von ein paar Kontrakten? ... Warum sollte die Einbildungskraft nicht den edlen Staub Alexanders [des Großen] verfolgen können, bis sie ihn findet, wo er ein Spundloch verstopft ...?" Dann wird Ophelia begraben, und Laertes sagt: „Legt sie in die Erde, und ihrem schönen, unbefleckten Fleisch mögen Veilchen entsprießen!" Hamlet stellt (III, 1) sogar die Frage, ob man aus der Weltverachtung nicht die Konsequenz der freiwilligen Weltflucht ziehen, also Selbstmord begehen sollte.

Vergleich mit „Hamlet" (V, 1)

Wir greifen hier den Vergleich deshalb auf, weil er uns vom Besonderen zum Allgemeinen führt, von Tschuangtse als historischer Persönlichkeit zu Tschuangtse als Musterbeispiel eines bestimmten Typus. Sobald wir das überzeitliche Modell kennen, können wir daraus Rückschlüsse ziehen sowohl auf Tschuangtse als auch auf den modernen Kulturpessimismus. Warum sollten wir zu diesem Zweck nicht noch ein paar Augenblicke in der Shakespeare-Zeit bleiben, nachdem sie nun bereits ins Spiel gebracht ist? Denn der Melancholikertypus, als dessen Vertreter Hamlet in gewissem Umfang erdichtet ist, entsprach wohl ziemlich genau demjenigen Typus eines Weltverächters, den Tschuangtse verkörpert hat, so daß über fast zwei Jahrtausende hinweg die Übereinstimmung hergestellt wäre.

Der „Melancholiker"

INDISCHE DENKER

Sankhja-Philosophie - Buddha - Ashoka

Die drei ältesten Hochkulturen sind in fruchtbaren Mündungsgebieten mächtiger Ströme emporgewachsen, und zwar beiderseits des 30. Breitengrades: Altägypten am unteren Nil, Sumer/Altmesopotamien am unteren Euphrat und Tigris, Altindien am unteren Indus und in dessen Hinterland, dem Pandschab. Zwischen Sumer und dem nordwestlichen Zipfel von Vorderindien, wo der Indus das Meer erreicht, bestand durch Küstenschiffahrt schon vor mehr als 5000 Jahren ein so reger Kulturaustausch, daß man rückblickend fragt, ob möglicherweise die Sumerer aus dem Indus-Gebiet herkamen oder ob die Indus-Kultur von Sumer abhing (was wahrscheinlicher ist). Auch an der Indus-Küste und im Pandschab hat man Großstädte wie im alten Orient ausgegraben: weitläufig angelegte Wohnviertel mit unterirdischer Kanalisation, Bädern in jedem Hause, Säulengängen, Bildwerken, Mosaiken und kunstvoll gearbeiteten Stempeln (Specksteinsiegeln) mit Flachreliefs und Bildschrift.

Indus-Kultur

Diese Verbindung brach ab, als nach 2000 v. Chr. indo-europäische Kriegervölker, hauptsächlich die „Arier", über den Pandschab herfielen, die Städte zerstörten und die ansässige, ihnen kulturell weit überlegene Bevölkerung zur Dienstleistung zwangen. Dann aber bequemten sich wie üblich die rohen Eroberer der Lebenskultur ihrer Untertanen; und als die Arier ihre Herrschaft über das nördliche Indien bis zum Gangesdelta ausdehnten, haben sie wohl die wahrscheinlich auch dort von ihnen angetroffene Kulturwelt nicht gleichermaßen überwältigt wie einst die Indus-Kultur, sondern sich ihrer zum eigenen Nutzen bedient. Überhaupt nahmen sie mehrmals neues Geistesgut in sich auf, demzufolge sich, so scheint es, auch die Sānkhja-Philosophie ausbildete. An sie wiederum knüpfte Buddha an, und er stammte aus dem Gangesgebiet südlich vom Himalaja.

Einbruch der Arier

Altorientalisches Glaubensgut

Die ersten in den Pandschab eingedrungenen Indo-Arier hatten einige altorientalische Glaubensvorstellungen mitgebracht, die ihnen unterwegs zugekommen waren. Davon erfahren wir aus den ältesten Teilen des lange Zeit mündlich überlieferten, erst kurz vor der Zeitenwende aufgezeichneten Veda (= das Wissen). Hier schaltet und waltet ganz unübersichtlich das magisch-mythische Denken mit vielen hohen und niedrigen Göttern sowie dem Himmelsgott noch oberhalb der Gestirnsgötter. Undeutlich schimmert das altorientalisch-dreiteilige Weltbild hindurch, deutlicher die altägyptische Auferstehungslehre, aber nur insofern, als man eine ewige Fortdauer in Gemeinschaft himmlischer Götter erhoffte, und noch deutlicher der Ahnenkult, der hier allerdings eigenwüchsig sein könnte und jedenfalls auch machtpolitisch-sozial bedingt war. Am meisten könnte uns die urtümliche Verehrung des Rausches, des „Soma", interessieren, worunter man nicht eine bloß alkoholisch verursachte Trunkenheit verstehen darf (Weinbau und Bier-

Dreiteiliges Weltbild

brauerei sind altorientalischer Herkunft), sondern vielmehr den Genuß natürlicher Rauschgifte, die den Menschen in „Verzückung" (Sanskrit: Samādhi) versetzen.

Aus jüngeren Teilen des Veda geht hervor, daß im Lauf der Zeit auch die Arier wohl nach altorientalischem Vorbild zu einer Kosmogonie gelangten, also zu einem Weltschöpfungsmythos, und damit zu einer Hierarchie der Gottesmächte. Den Weltschöpfer nannten sie Prajapati. Ferner übernahmen sie die Vorstellungen von „Himmel" und „Hölle" sowie „guten und bösen Geistern" ebenfalls altorientalischen Ursprungs, ähnlich unsern Engeln und Teufeln. Zu Teufeln sanken nunmehr die meisten ihrer alten niedrigen Naturgötter herab. Solche Wandlungen lassen auf das siegreiche Vordringen einer fremden Welterklärungslehre schließen, wobei hier nur altorientalisches Glaubensgut in Betracht kommt, das den Ariern als verheißungsvoller Fortschritt erscheinen mußte.

Kosmogonie

Wie überall, so auch in dem nunmehr arisch beherrschten Nordindien, verdankte der magisch-mythischen Weltwirklichkeit vor allem die Priesterschaft ihre Macht, und zwar in noch größerem Umfang als in Altmesopotamien oder Altägypten. Innerhalb des strengstens in erbliche „Kasten" unterteilten Ständesystems verschafften sich die Priester den unbedingten Vorrang. Sie hießen „Brahmanen". Ursprünglich bezeichnete das Sanskrit-Wort „brahman" (sprich: bráchman) den „Zauberspruch", wurde aber dann auf den Priester übertragen, der offiziell von Amts wegen ein Orakel enträtselte, die Götter durch Gebete beschwor oder das historische Geschehen als Willensoffenbarung einer Gottheit erklärte. Schließlich ersetzte das Wort „Brahman" sogar den Namen des Schöpfergotts Prajapati, wobei es den Charakter eines Allgemeinbegriffs erhielt und „Urgrund aller Dinge" bedeutete. Als Gotteskundige, die im Besitz höchster Weisheit sowohl das Staatswesen als auch das Schicksal jedes Einzelmenschen maßgeblich überwachten, haben die Brahmanen sich gewissermaßen als „Götter auf Erden" verstanden. Dabei vertraten sie gegenüber dem „unwissenden", zu dauernder Knechtschaft verurteilten Volk, aber auch gegenüber den privilegierten Kasten stets die Interessen ihres Standes.

Brahmanen-Kaste

Die Upanishaden

Nun geschah es, daß in die magisch-mythische Vorstellungswelt abermals eine fremde Lehre eindrang, die anfänglich wohl von der Priesterschaft als Geheimnis gehütet wurde. Wir erfahren über diese Lehre manches aus den „Upanishaden" (= Vertraulichen Belehrungen), die zum Veda als ein besonderer Anhang gehörten. Vielleicht war diese Lehre nur ein in Nordindien eigentümlich ausgeformtes Resultat altägyptischer Glaubenskunde und Geheimwissenschaft. Vielleicht jedoch drückte in ihr sich eine Gesinnung der inzwischen ebenfalls von den Ariern bezwungenen Bevölkerung am oberen und unteren Ganges aus. Vielleicht allerdings war sie von Brahmanen eigens herbeigeholt worden. Jedenfalls verkündete sie vor allem: Auch die Götter sind insofern sterblich, als sie unter bestimmten Umständen ihren hohen Rang aufgeben und sozusagen Knechtsgestalt annehmen müssen.

Geheimlehre von der Götter Sterblichkeit

Dabei bedenken wir einerseits, daß die Brahmanen sich ja selbst für Götter auf Erden ausgaben und daß die unterdrückte Volksschicht, wenn tatsächlich jene Lehrmeinung von ihr hergekommen wäre, mit solchem Abstieg oder Sturz der Götter in Wahrheit auf die verhaßte Herrenkaste gezielt hätte. Derartige Zusammenhänge zwischen Mythos und Machtpolitik, folglich auch zwischen Entmythisierung und revolutionärem Geist, kennen wir z. B. aus dem alten

Griechenland zu der Zeit, als dort während der sog. mykenischen Kultur indoeuropäische Eroberer das einheimische Volk unterjocht hielten. Anderseits ist zu erwägen: Sollten es Brahmanen gewesen sein, die speziell diesen Auftakt zur neuen Lehre gewählt haben, dann sicherlich darum, weil er ihnen noch mehr Macht verlieh.

Ursprünge altindischer Seelenwanderungslehre

Denn die Schlußfolgerung lautet: Sobald die Götter, insbesondere die Himmelsgötter, zu einem niedrigen Dasein gezwungen sind — was geschieht dann mit den Menschenseelen, die zu ihnen auferstanden waren und sich bisher der ewigen Glückseligkeit erfreuten? Alle diese vom Tod Erlösten werden droben nunmehr ja heimatlos!

Darüber äußerte sich die Priesterschaft, indem sie zur Volksbelehrung überging: Die ewige Seligkeit hängt ab von guten Werken, die jeder Gott und erst recht jeder Mensch verrichtet hat. Ist der Vorrat an guten Werken aufgezehrt, dann kann man aufs neue nur emporsteigen durch die nächste Serie guter Taten. Was speziell den Menschen betrifft, so genügt keineswegs ein ethisch-sozial „guter“ Lebenswandel. Vielmehr muß er rechtzeitig auch der Priesterschaft seine Abgaben entrichten, Opfer darbringen, zahlreiche rituelle Vorschriften beachten, Kulthandlungen beiwohnen und sie bezahlen und dergleichen mehr leisten. Im Jenseits erwartet den Menschen (womit hier immer dessen Seele, also — wie später Paulus schrieb — der „inwendige Mensch“ gemeint ist) vor allem eine lange Wanderschaft entweder durch qualvolle Verwandlungen hindurch, mittels deren er allmählich geläutert wird, oder jedoch ein langsamer Aufstieg durch immer freudigere Zustandsformen, bis er den Himmel erreicht hat.

Jenseitigkeitsglaube

Von diesem Vorstellungsgut entstammt das meiste zweifellos der altägyptischen Jenseitsverkündigung, die im Lauf der Zeit immer reichhaltiger ausgestaltet worden war. Denn allein sie enthielt beispielgebend derartige, sehr farbig geschilderte Vorgänge, gleichzeitig aber auch das Angebot, daß der geängstigte Mensch sich vor seinem Tod bei der Priesterschaft von Jenseitigkeitsstrafen loskaufen könne, sei es durch Ablaßbriefe, Seelenmessen, Weihegeschenke, Amulette, Wallfahrten, Prozessionen, Gottesbilder, Opfer oder Gebete, ganz zu schweigen vom kostspieligen Aufwand bei dem priesterlich geleiteten Trauerzug nebst Einsegnung des Toten. Außerdem vermochte nunmehr der ins Jenseits entlassene Mensch sich dort kraft eines vorher erworbenen *Wissens* göttlicher Fähigkeiten zu bedienen und „sich in alles zu verwandeln, was man will“, wie es im altägyptischen „Totenbuch“ heißt. Hingegen erschreckte ihn die priesterlich angedrohte Gefahr, daß er auch im Jenseits „von neuem sterben“ müsse, woran, nebenbei bemerkt, heutzutage noch uns der altorientalisch-christliche Glaubenssatz von der Möglichkeit eines „zweiten Todes“ erinnert.

Die Kraft des „Wissens“

Manche altägyptischen Geheimlehren, die man später bis hin zur Gnosis immer mehr vergeistigt hat, befaßten sich mit dem *Wissen*, das den Menschen zum Meister seines Jenseitigkeitsschicksals machen sollte. Ungefähr ähnlich behandelten Brahmanen solches *Wissen* in den Upanishaden. Der Angelpunkt liegt nun darin, daß man die altägyptische Glaubenstatsache, wonach der Gestorbene im Jenseits sogleich weiterlebt, seitens der Brahmanen als dessen *Wiedergeburt* aufgefaßt und auch so bezeichnet hat. Der „wiedergeborene“ Mensch war, wie wir mit uns geläufigen Formeln sagen würden, zwar „aus dem Tod auferstanden“, aber noch nicht „gen Himmel gefahren“, wobei übrigens unser Begriff „Fahrt“ zu der Zeit, als Luther die Bibel übersetzte, noch „Wanderschaft“ bedeutete.

Ohne weiteres leuchtet uns die altägyptisch-indische Lehre ein, daß der *wiedergeborene* Mensch drüben besonderer Erscheinungsformen bedarf. Denn *wiedergeboren* wird nicht sein Körper, der vielmehr zurückbleibt, sondern seine Seele oder seine individuell ausgeprägte geistig-seelische Lebenskraft, und zwar deshalb, weil sie überhaupt unsterblich ist. Anders ausgedrückt: Diese Seele ist keineswegs nur auf den menschlichen Leib angewiesen, den man eher für eine ihr gleichsam zufällig umgeworfene Schutzhülle halten kann. Zwischen „Geist-Seele" und „Materie" besteht folglich ein loses, leicht und schmerzlos aufzulösendes Verhältnis. Herodot erzählte im 5. vorchristlichen Jahrhundert: „Die Ägypter haben als erste behauptet, daß die menschliche Seele unsterblich sei und nach dem Tode des Körpers in die Gestalten anderer Lebewesen schlüpfe ... Zu all diesen Wanderungen braucht sie 3000 Jahre." Hier liegt also eine griechische Nachricht von der *Seelenwanderungslehre* vor! Diese Lehre benutzten Brahmanen zur Vollendung ihrer Priestermacht, und indische Denker legten sie ihrer Erlösungsphilosophie zugrunde.

Hinweis auf Altägypten

Bei den Altägyptern sind jedoch zu unterscheiden 1. Verwandlungen im Jenseits anschließend an das Totengericht und 2. wechselnde Erscheinungsformen noch im Diesseits, bevor das Totengericht stattgefunden hat. Das ist so zu erklären: Der noch nicht vor das Totengericht entbotene, sondern zwar bestattete, aber sogleich seelisch weiterlebende Gestorbene konnte während dieser Wartezeit kurze oder lange Ausflüge aus dem Grab unternehmen, auch seine Angehörigen besuchen, und zwar üblicherweise in Gestalt von Tieren, etwa in Gestalt einer Hausschwalbe. Um den Sachverhalt ganz deutlich zu machen, wiederholen wir, daß nach unseren Begriffen der Gestorbene schon aus dem Tode auferstanden war, jedoch noch nicht seine Himmelfahrt oder — jeweils dem Spruch des Totengerichts folgend — seine Höllenfahrt mit deren anders geartetem Gestaltwandel angetreten hatte.

Brahmanische Lehre der Wiedergeburt

Die Brahmanen erklärten die Seelenwanderung sehr vereinfacht so: Im Augenblick des leiblichen Todes ist bereits entschieden, ob der Mensch sich selber zu Himmelsfreuden emporgedient oder zu Höllenstrafen verurteilt hat. Deshalb wird seiner Seele sofort die angemessene Erscheinungsform zugeordnet. In dieser neuen Gestalt setzt die Seele ihren Weg fort. Der Lohn besteht in einer Rangerhöhung der Seele, die Strafe in einer Rangerniedrigung, wobei die Rangfolge durch die gesamte natürliche Realität und durch die Kulturwelt hindurchreicht und Jenseits und Diesseits als ungeschiedene Einheit aufgefaßt wird. Infolgedessen konnte niemand mehr z. B. einem Regenwurm anmerken, ob dieser in Wahrheit nicht ein Mensch sei, der jetzt nur so aussah wie ein Regenwurm, lebte wie ein Regenwurm, litt wie ein Regenwurm und auf diese Art und Weise für seine früheren Verfehlungen büßte, oder ob es sich doch nur um einen gewöhnlichen Regenwurm handelte. Daraus erklärt sich wohl die ursprüngliche Bedeutung der nachträglich philosophisch ausgedeuteten Glaubensformel aus den Upanischaden, die lautet: „tat twam asi = das bist du"! Im Hinblick auf alle anderen Lebewesen besagte sie zunächst lediglich, daß jedes von ihnen die Erscheinungsform *eines Menschen wie du und ich* sein könnte. Später wurde sie geistig verfeinert und auf das Brahman bezogen, das alle Geschöpfe mit derselben Lebenskraft erfüllt, so daß man diesem Brahman dient, wenn man *Ehrfurcht vor dem Leben* walten läßt.

Problematik der Seelenwanderung

Zwangsläufig ergaben sich aus der Seelenwanderungslehre alsbald neue, schwierige Probleme. Die wichtigsten sind:

1. Gesetzt den Fall, man wäre im Laufe eines langen Daseins und auf dem Weg über die verschiedensten Erscheinungsformen bis in den Himmel gelangt, wie auch immer man ihn sich vorstellen mag — welchen Sinn und Zweck

hätte dann diese Anstrengung gehabt? Man könnte ja nicht ewig in diesem himmlischen Zustand der Glückseligkeit bleiben! Vielmehr wäre eines Tages der Vorrat an guten Werken verbraucht, der einem solche Glückseligkeit ermöglicht hatte, und nun müßte man wieder absteigen und schlimmstenfalls die Wanderschaft von vorne beginnen. Tatsächlich haben Brahmanen frühzeitig diese Schlußfolgerung gezogen und aus ihr die Lehre vom *„Kreislauf der Wiedergeburten“* entwickelt, deren Symbol das „Rad des Lebens“ ist. Gelöst wurde die Frage allerdings damit nicht.

Kreislauf der Wiedergeburten

2. Da alle Menschenseelen, deren Anzahl jährlich wächst und zuletzt unendlich groß sein wird, von einem Körper in den nächsten wandern, so muß man schließlich für *alle* Lebewesen voraussetzen, daß in ihnen *Leib und Seele grundsätzlich getrennt* sind. Ein derartig radikaler Unterschied, allerdings ohne Seelenwanderung und nur hinsichtlich des Menschen, ist uns ja auch bekannt aus dem neutestamentlich-christlichen Glaubensgut, wo insbesondere Paulus dem äußeren, fleischlichen, natürlichen Menschen nachdrücklich den inneren, geistig-seelisch wiedergeborenen Menschen gegenüberstellt. Bei den Körpern haben wir es mit einer Materie zu tun, die nach bestimmten Naturgesetzen zweckdienlich organisiert worden ist. Daran, daß es sich um handgreifliche Realität handelt, zweifeln wir nicht. Wir nehmen sie mittels unserer Sinnesorgane wahr, es handelt sich also um die natürliche Realität; wir sammeln praktische Erfahrung in ihr, und insofern ist sie die empirische Realität. Hier hat jedes Lebewesen seine physische Existenz zu erhalten und zu behaupten; hier spielt sich der Kampf ums Dasein nach Regeln ab, die ihn fördern oder mildern. Alle Existenzbedingungen, Verhaltensweisen, Ordnungsprinzipien dieser physischen Realität bilden untereinander einen großen Zusammenhang. Ihn leitete in Indien jetzt die Sānkhja-Philosophie aus der *„Prakriti“* her, aus der „Grundwesenheit“. Gemeint ist die Urmaterie, die sich in unzählige Einzelkörper, Gegenstände, Erscheinungsformen zerlegt. Von ihr unabhängig, aber trotzdem auf sie angewiesen, bewegt sich im Kreislauf des Lebens durch sie hindurch die Gesamtheit der unsterblichen Seelen, der *„Púrúsha“*. Folglich gibt es *zwei* Welten, die merkwürdig unbefriedigend ineinandergeschoben sind.

Geist und Materie

„Prakriti“ und „Púrúsha“

3. Wesentlich ist allein die geistig-seelische Individualität, nicht deren gewissermaßen nur zufällige Körperlichkeit. Jeglicher Prakriti steht der Púrúsha unfreundlich oder feindselig entgegen. Darum hat man sich in Indien *niemals ernstlich um die Erforschung irgendwelcher Naturgesetze bemüht,* folglich *auf Naturwissenschaften* grundsätzlich verzichtet. Um so mehr Aufmerksamkeit schenkte man der geistig-seelischen Welt. Von diesem Standpunkt aus konnte man in gewisser Hinsicht die *natürliche Realität auch als bloße Scheinwelt* auffassen. In solcher Einschätzung der Prakriti fand man sich dadurch bestärkt, daß man sich die Außenwelt willkürlich vorzustellen vermag, indem man sie vor die „inneren Augen“ ruft. Dann befindet sie sich lediglich in unserem Bewußtsein, wo wir alle Naturvorgänge und alles historische Geschehen wiederholen und, beschleunigt oder verlangsamt, vorwärts oder rückwärts vorführen können wie heutzutage einen Film. Insofern vermögen wir uns selbst scheinbar zu Herren der natürlichen Realität zu machen und mit ihr nach unserem Gutdünken zu verfahren. Zeigte sich hiermit der geistig-seelischen Individualität ein Fluchtweg aus der Körperwelt? Jedenfalls gehörten bald solche an Sinneseindrücken orientierte Vorstellungsreihen zu bestimmten Meditationen indischer Philosophien.

Realität als Scheinwelt

4. Die unseren Sinnesorganen dargebotene Realität erscheint innerhalb unseres Bewußtseins zunächst mit ihrer bildhaften Oberfläche. Durch diese hindurch soll man die dahinter oder darunter befindlichen *Lebensformen* erkennen. Zu

deren Anschauung freilich bedarf man sozusagen der „Augen des Geistes", die nicht wie die bisher als verlässig angesehenen „inneren Augen" bildhaften Vorstellungen verhaftet sind, sondern auf Begriffe und Gedanken sich stützen. Kurz, man schaltet den Geist, die Vernunft, die Erkenntniskritik ein, das logisch-abstrakte Denken. Um gänzlich in die sonst verborgene Lebenswelt einzudringen, hat man alle Erscheinungsformen von ihr hinwegzudenken. Dann treten, befreit von jeder Körperlichkeit, lauter Einzelseelen in unser Bewußtsein. Ihre Lebensformen wiederholen sich gruppenweise so, daß wir von überindividuellen Idealtypen reden könnten. Folglich haben wir es bereits nicht mehr mit Einzelseelen zu tun, sondern mit Kollektivseelen. Läßt man jetzt außer Betracht, worin sie sich unterscheiden, und richtet statt dessen die Aufmerksamkeit auf das Gemeinsame, so kommt man zu dem Ergebnis: Ihnen allen übereinstimmend eigentümlich ist nur noch die Lebenskraft selbst, der Urgrund aller Seelen, das Brahman, das nun auch als „atman" bezeichnet wurde, nämlich als „das Ich", womit aber nicht mehr ein privates Ich des Einzelmenschen gemeint war, sondern das allumfassende Ich oder Ur-Ich, wie es nach weiteren zweieinhalb Jahrtausenden bei uns wieder Fichte in seiner Wissenschaftslehre vorgetragen hat. Aber auch mit dem platonischen Begriff von der Weltseele dürfen wir den Atman vergleichen und demgemäß mit dem „Seelengrund" unseres deutsch-mittelalterlichen Meisters Eckhart.

Einzelseelen und Kollektivseelen

5. Endlich bot sich eine dauerhafte Lösung des Hauptproblems brahmanischer Seelenwanderungslehre an. Dieses Problem lautete ja: Wie kommt der Einzelmensch zur ewigen Ruhe? Darauf vermochte man nunmehr zu antworten: Durch das logisch-abstrakte Denken mittels derjenigen Erkenntnis, deren Gegenstand die Lebenskraft selbst ist. Freilich vermochte man so einfach diesen Lehrsatz damals noch nicht zu formulieren; den Denkern fehlten die inzwischen uns beliebig verfügbaren Begriffe. Immerhin meinten sie dasselbe. Die Vorarbeit wurde von der *Sankhja-Philosophie* geleistet. Als deren Urheber gilt der legendäre Kapila, der vermutlich im 8. vorchristlichen Jahrhundert gelebt hat. Wenn wir mehr von ihm wüßten, dann könnten wir wohl auch ihn unter die großen Philosophen einreihen.

Das Endziel

Das Sanskrit-Wort „sānkhja" bezeichnete ursprünglich nur „die Zahl". Übertragen auf ein bestimmtes Denkverfahren bedeutet es aber diejenige Methode, die Punkt für Punkt „aufzählt" und dabei folgerichtig von einem Resultat zum nächsten voranschreitet, und zwar sinngemäß so, wie wir eben von Punkt 1 zu Punkt 4 gelangt sind. Davon unabhängig würden wir heutzutage anstatt „Sānkhja"-Philosophie ganz allgemein von „Reflexions"-Philosophie reden. Unter Reflexion (von lat. reflexum = zurückgebeugt) verstehen wir das Nachdenken, die Überlegung und seit Kant den „Zustand des Gemüts, in welchem wir uns zuerst dazu anschicken, um die subjektiven Bedingungen ausfindig zu machen, unter denen wir zu Begriffen gelangen können. Sie ist das Bewußtsein des Verhältnisses gegebener Vorstellungen zu unseren verschiedenen Erkenntnisquellen, durch welches allein ihr Verhältnis untereinander richtig bestimmt werden kann." Zu den Reflexionsbegriffen zählte Kant: Einerleiheit und Verschiedenheit, Einstimmung und Widerstreit, das Innere und das Äußere, das Bestimmbare und die Bestimmung. Als Reflexionsmoral bezeichnen wir den ethischen Standpunkt, wonach das sittliche Handeln auf vernünftiger Einsicht beruht anstatt auf schwankender Gesinnung oder ungewissem Charakter. Die Reflexionsphilosophie arbeitet also ausschließlich mit logisch-abstrakter Beweisführung und Schlußfolgerung. Das alles trifft auf das Sānkhja-System zu, auch wenn sich dessen Wortführer einer schwerfälligen, dunklen Ausdrucksweise bedienen mußten.

Sānkhja-Lehre

Reflexionsbegriffe

6. Zusätzlich lassen wir jetzt den Leser an einem Denkprozeß teilnehmen, der

Gedankenweg zum Atman

uns tatsächlich zum Atman emporführt: Wenn ich in der vorhin (Punkt 4) angegebenen Art und Weise über das Leben reflektiere, dann schalte ich nacheinander aus meinem Bewußtsein alles aus, was mich davon ablenken könnte. Meine gesamte geistige Kraft und Aufmerksamkeit ist dermaßen auf den Atman als Inbegriff alles Lebens konzentriert, daß ich sogar mich selbst aus dem Bewußtsein verliere. Das heißt: Ich „vergesse", daß ich es bin, der über das Leben nachdenkt. In diesem Augenblick habe ich erreicht, daß in mir *das Leben sich selbst denkt!* Dabei geht es nun nicht mehr um irgendwelche Lebensformen, die ich einzeln anschauen könnte, sondern um das „reine" Leben, wie es „an und für sich" sämtlichen Lebensformen „vorweg" ist, nämlich als in sich ruhende Kraft, die jede Form „potentiell", als „künftige Möglichkeit" in sich enthält, aber noch keine aus sich hervorgebracht hat. Solange ich noch meiner selbst bewußt war, stand mein Ich als erkennendes Subjekt jener Kraft gegenüber: Sie war sein Objekt. Nachdem ich jedoch mein Ich ausgeschaltet hatte, war auch der Widerstand *erloschen,* den es ihr geleistet hatte. Zurückblieb dort, wo soeben noch mein Ich gewesen war, nur die vorher gewonnene Erkenntnis der Lebenskraft gleichsam als deren Eindruck oder Selbstansicht. Das ursprüngliche Verhältnis hat sich also umgekehrt: Die Lebenskraft ist zum Subjekt geworden und innerhalb meines Bewußtseins sich selbst zum Objekt. Da sie logischerweise mit sich selbst identisch ist, so vereinigen sich nun „in mir" Subjekt und Objekt, und an die Stelle meines Ich ist die Lebenskraft selbst eingezogen. Zwar ist mein privates Ich vernichtet, gleichzeitig aber in dem Über-Ich aufgegangen und somit unendlich erweitert worden. Nichts und Alles sind in dieser Hinsicht nun dasselbe. Den neuen Zustand, in welchem mein Selbstbewußtsein ausgelöscht und die absolute Ruhe erreicht ist, haben christliche Mystiker als „Ruhe in Gott" bezeichnet und Sānkhja-Philosophen sowie Buddha „das Nirvāna". Das Sanskrit-Wort „nirvāna" (Pali: nibbana) enthält das Verbum va = wehen, verwehen, auslöschen. Es bedeutet also in übertragenem Sinne „das Auslöschen meines Ich, meines Selbstbewußtseins, und das geistige Aufgehen im All-Einen".

Nirvāna als Erlösung

Ungefähr das gleiche Ergebnis erzielte Hegel in seiner „Phänomenologie des Geistes", wo er auf dem Höhepunkt folgerichtiger Gedankenbewegung beschreibt, wie der Weltgeist aus seiner „Selbstentfremdung", nämlich aus seinen Erscheinungsformen, Lebensformen, Begriffen heraustritt und im denkenden Menschen zu sich selbst kommt. Ebenso meinte Meister Eckhart mit seiner Lehre von der „Entwerdung" nichts anderes als das „Einwohnen" des „Seelenfünkleins" im All-Einen, nämlich in Gott, und aus solcher Gewißheit heraus wagte er zu bekennen: „Ich beneide Christus nicht, weil er Gott geworden ist; denn auch ich kann, *wenn ich will,* . . . dasselbe werden!" Gleiche Gedanken hatten schon Stoiker, Neuplatoniker, Gnostiker im Hinblick auf die Weltseele ausgesprochen.

Kritik am beschriebenen Denkprozeß

Allerdings wird dabei stillschweigend vorausgesetzt, daß man zugleich mit dem Begriff auch die Sache hat. Insofern läßt man eine besondere Art von Magie walten, denn es ist keineswegs selbstverständlich, daß „das Leben selbst" dadurch gegenwärtig geworden ist. Bestenfalls projiziert man die eigene Lebenskraft in das Privatbewußtsein, und das ist eine Angelegenheit weniger der Logik als vielmehr der Psychologie, möglicherweise der Psychotherapie oder Psychopathologie. Auch darf man nicht meinen, man hätte sich an Hand etwa von Hegels Phänomenologie sozusagen zum „Weltgeist persönlich" emporgedacht. In Wahrheit hat man nur das Bewußtsein methodisch so weit geleert, daß lediglich der Weltgeistbegriff übrigblieb, und man darf bezweifeln, ob man mit diesem Begriff gleichsam wie mit einem Beschwörungswort den ohnehin bloß hypothetischen Weltführer wahrhaftig erfassen kann. Erinnert sei an die von Goethe mythisch ausgestaltete Beschwörungsszene im „Urfaust" und den Ausruf des Erdgeistes (Weltgeistes): „Du gleichst dem Geist, den du begreifst, nicht mir!" Kurz, wir bewegen uns wie schon öfter im Grenzbereich von Spekulation und Selbsttäuschung.

Der Leib als Seelenkerker

7. Aus der Seelenwanderungslehre folgerten schon die Sānkhja-Philosophen, daß die Seele jede Erscheinungsform als eine schwere Last ansieht. Gleichsinnig verglich später Platon den menschlichen Körper mit einem „Gefängnis der Seele". Wie viel mehr Ursache zu solchem Werturteil hatten die Inder, denen für eine unbegrenzte Zeit nach dem Tod die Wanderschaft nicht allein durch menschliche Körper nebst üblen Folgen bevorstand. Denn der läuternde Effekt dieser Verwandlungen sollte sich ja daraus ergeben, daß der oftmals wiedergeborene Mensch schmerzhaften Bedingungen der „Prakriti" unterworfen wurde, also Leid erdulden mußte. War er z. B. zum Esel geworden, dann wurde er geschlagen, hatte unmäßig schwere Lasten zu tragen, hungerte, dürstete, jammerte. Nachdem dieselbe Lehre auch am östlichen Mittelmeer verkündet worden war, und zwar hier wohl in Verbindung mit ihrer Ursprungslehre, der altägyptischen Jenseitigkeitserklärung, da machte sich der lateinische Dichter Apulejus, den man einen „platonischen Philosophen" genannt hat, im 2. Jhdt. n. Chr. über sie lustig in seinem Roman „Metamorphosen" („Verwandlungen" oder „Der goldene Esel").

„Leiden an der Welt"

Aber den alten indischen Denkern war nicht nach Lachen zumute. Vielmehr nahmen sie die Seelenwanderung bitterernst, und sie legten dar, wie alles Leid, das dem Menschen widerfährt, allein von der Bindung seiner Seele an die Körperwelt herrührt. *Um die Seele vom „Leiden an der Welt" zu befreien, mußte man sie von der Körperwelt erlösen.* An diesem Punkte setzten die großen Philosophen mit ihrer Lehre der *„Erlösung vom Leiden"* ein, insbesondere *Mahavira* („Großer Held") und *Buddha* („Der Erwachte, Erleuchtete", und zwar vom Licht der Vernunft — „boddhi" — Erleuchtete). Beide lebten gleichzeitig im nordöstlichsten Indien; sie waren Adelsgenossen und Landsleute. Mit Recht dürfen wir beide Denker als Philanthropen (Menschenfreunde) bezeichnen. Uns möge hier Buddha genügen.

Indien zur Zeit Buddhas

Oberhalb des dienenden Volkes hatten sich die Indoarier in vier Kasten gegliedert: 1. Priesterschaft, 2. Ritterschaft oder Schwertadel, 3. Bürgerschaft, womit hier Grundbesitzer und das gehobene, meistens wohlhabende Bürgertum gemeint ist, 4. Mischlinge und Unterworfene.

Die Kriegerkaste

Mahāvira und Buddha entstammten der Kriegerkaste, gehörten also zum zweiten Stand. Um 560, als sie beide geboren wurden, war ihre Heimat nicht anders als ganz Indien in monarchisch oder aristokratisch regierte Staaten zerteilt. Am Fuße des Himalaja lag das kleine Königreich Kosala. Dessen Regent wurde formell auch von den Shākja als Oberhaupt anerkannt. Im übrigen aber verwaltete das Adelsgeschlecht der Shākja sein Territorium selbständig. Eine Shākja-Familie trug den altvedischen Beinamen Gótama (Sanskrit: Gautama). Deren Oberhaupt, der Fürst Suddhodana Gótama, war damals vom Adelsparlament der Shākja zum Präsidenten mit dem Ehrentitel „Raja" (König) gewählt worden. Sein Sohn Siddhartha war der spätere Buddha.

Siddhartha

Unterstützt von einer mächtigen Verwandtschaft, stand dem jungen, reichen, verwöhnten Siddhartha eine glänzende Zukunft bevor. Im Alter von etwa 30 Jahren verzichtete er jedoch darauf, verließ Weib und Kind und den Luxus seines Palastes, zog sich als Sāmana (Asket) in die ländliche Abgeschiedenheit zurück, erhielt hier Yogaunterricht, der ihn auf die Dauer nicht befriedigte, und erfuhr nach ungefähr sieben Jahren geistiger wie körperlicher Mühsal jene Erleuchtung, von der seine Lehre ausging. Diese Lehre verkündete er etwa 45 Jahre lang als wandernder Weisheitslehrer im nordöstlichsten Indien, wobei er seine Hörer und Schüler darin unterwies, wie sie *schon zu Lebzeiten dem Kreislauf der Wiedergeburten entrinnen und kraft geistiger Anstrengung sich selbst vom Weltleid erlösen könnten.* Das gleiche könnte man mit merkwürdig geringem Unterschied über Mahāvira sagen. Der Unterschied besteht vor allem darin, daß Buddha der konsequentere Denker war und insofern Mahāvira übertraf. Mahāvira, der ursprünglich Wardhamana hieß, wurde in der Stadt Kundagrama (im heutigen Provinzstaat Bihar) geboren, begnügte sich seit etwa seinem 30. Lebensjahr mit dem Asketendasein, gelangte zu höherer Erkenntnis, führte ungefähr 42 Jahre lang ein Dasein als wandernder Weisheitslehrer und starb wahrscheinlich um 477. Buddhas Heimatstadt war Kapilavastu (im heutigen Nepal). Er starb um 480 v. Chr. Nun fragen wir: Handelt es sich bei dieser auffälligen Übereinstimmung beider Philosophen um eine zufällige Duplizität, wie sie öfter zu beobachten ist, oder können wir aus äußerst spärlichen Informationen doch einen gewissen Zusammenhang erschließen, der auf allgemeingültigen Tatsachen beruht? Wir wollen es versuchen, um wenigstens Buddha besser zu verstehen.

Buddha und Mahavira

Sānkhja als Geheimwissenschaft

Wir gehen aus von der Sānkhjaphilosophie. Wem war sie bekannt? Den Priestern, und zwar nur einer bestimmten, fortschrittlich gesinnten Gruppe von Brahmanen; denn sie hatten mit dieser Lehre sozusagen eine Tür geöffnet, aus der sie selbst dem „Kreislauf der Wiedergeburten“ entfliehen konnten. Daran, daß auch Mitgliedern anderer Kasten dieser Fluchtweg geöffnet wurde, lag den Brahmanen sicherlich nichts. Deshalb gehörten Hinweise auf diese Möglichkeit zum geheimsten Teil ihres Wissens. Hätten sie es öffentlich bekanntgegeben, dann wäre die Folge ein Zusammenbruch ihrer finanziellen und politischen Machtposition gewesen; niemand hätte sich noch vor der Seelenwanderung und den Priestern gefürchtet. Jedoch, auserwählten Herren des regierenden Adels durften sie auch ihr Geheimwissen nicht vorenthalten, sobald sich die Betreffenden dem dritten Lebensjahrzehnt und somit dem festgesetzten Mannesalter näherten. Für Mahāvira wie Buddha dürfen wir wohl eine solche Einweihung annehmen, die vorschriftsmäßig „im Walde“, also in ländlicher Einsamkeit, erfolgen sollte.

Schwertadel vor Priesteradel

Was nun das nordöstlichste Indien betrifft, so übten dort noch nicht Brahmanen die Oberherrschaft aus. Vielmehr sprach hier, in diesen relativ spät eroberten Gebieten, noch der Schwertadel das Machtwort. Überhaupt hatte sich die Kriegerkaste auch dort, wo sie sich den Priestern unterwarf, höchst ungern dieser Rangordnung gefügt. Insofern lagen die Verhältnisse im damaligen Indien ähnlich wie während des christlichen Mittelalters. Daraus erklärt sich der geradezu überwältigende Erfolg, den Mahāvira und noch mehr Buddha in ihren Heimatlanden fast mühelos erzielten, sobald sie jenes von ihnen freilich neu systematisierte Geheimwissen überall laut verkündeten. Dabei kam Buddha die Abstammung aus einem Fürstenhaus, Mahāvira die adelige Herkunft zugute. Alle Aristokraten des östlichen Gangesgebiets wußten: Diese beiden Männer sind unseresgleichen, und ihre Lehre nützt auf jeden Fall unserem Stand. Bald hatte Buddha die Könige von Kosala und von Magadha zu Anhängern gewonnen, somit auch deren Hofgesellschaft, ganz zu schweigen von seinen eigenen Verwandten, den Shākja, und den sonstigen Standesgenossen.

Sānkhja als öffentliche Lehre

Dieselbe Begeisterung weckten er und Mahāvira aber auch beim dritten Stand. Nicht nur aus dem Schwertadel, sondern hauptsächlich aus dem gebildeten

Bürgertum der großen, reichen Städte und Handelsplätze sammelten sie ihre Gemeinde. Das ist nur aus besonderen Umständen zu erklären. Beide Weisheitslehrer, die nicht zur Priesterkaste gehörten, also „Laien" waren, offenbarten überall, daß jedermann sich selbst erlösen könne, und zwar allein durch folgerichtiges Denken. Zwangsläufig mußten sie mit dieser Lehre sich an ein geistig bewegliches, einigermaßen aufgeklärtes Publikum wenden, das nicht mehr unbedingt den Priestern hörig war. Buddhas stolzen Adelsgenossen mochte die Tatsache genügen, daß er als religiöser Reformator ihnen die gefährlichen Brahmanen vom Leibe hielt und daß er ihnen manche seitens der Priester sonst unerbittlich geforderte Abgaben ersparte. Solche nüchternen Gründe leuchteten sicherlich auch den Bürgern ein. Darüber hinaus gewann vor allem Buddha seine unzähligen Jünger, indem er sie von seiner Gedankenführung überzeugte. Das halten wir für so entscheidend wichtig, daß wir darauf näher eingehen müssen.

Wirkung auf das Bürgertum

Einerseits setzte Buddha (wie auch Mahāvira) für seine Philosophie voraus, daß die Hörer ein hochentwickeltes Denkvermögen schon mitbrachten. Anderseits hat man dasselbe Denkvermögen aber bereits für seine Lehre vorauszusetzen! Das logisch-abstrakte Denken und die Geistesbildung überhaupt scheinen damals im dritten Stand weit verbreitet gewesen zu sein, ähnlich wie bei uns seit der Renaissance. Woher war es gekommen? Wodurch hatte es sich entfalten können? Wir meinen, die Ursache könnte in der *Schriftsprache* liegen, deren Kenntnis die Priesterkaste verschmähte und deren Gebrauch die Kriegerkaste sehr wahrscheinlich ebenso verachtete wie bei uns die Ritterschaft noch zur Zeit der Renaissance. Das gebildete Bürgertum hingegen, insbesondere die wohlhabenden Handelsherren und viele Gewerbetreibende, bedurfte der Schrift. Deshalb ist anzunehmen, daß viele Jünger Buddhas und Mahāviras auch lesen und schreiben konnten, zum Unterschied von ihren beiden großen Lehrmeistern. Wenn Buddha ein Schriftstück verfaßt hätte, dann würde man es nach seinem Tod wie eine Reliquie verehrt und wortgetreu überliefert haben. Jedoch der Kastengeist machte grundsätzlich noch unmöglich, daß eine Tätigkeit des dritten Standes auch vom zweiten Stand ausgeübt wurde.

Folgerichtiges Denken und Schriftsprache

Als Buddha lebte, war in Nordindien die Schrift erst wenige Jahrhunderte bekannt. Diesen Rückstand hatten die indoeuropäischen Eroberer verschuldet, die einst über die Induskultur hereingebrochen waren und deren Bilderschrift beseitigt hatten. Infolgedessen blieb in Nordindien die anderweitig frei fortgesetzte Entwicklung von Ideogrammen zu Buchstaben für etwa ein Jahrtausend unterbrochen. Die hier nach ihrem Gutdünken kommandierenden Barbaren kamen aus ohne Schrift, und da sie selbst weder zu lesen noch zu schreiben vermochten, so duldeten sie diese Kunstfertigkeit offenbar bei ihren Untertanen nicht. Erst um 800 v. Chr., als wieder Handelsbeziehungen mit dem Vorderen Orient hergestellt waren, kamen dort wenigstens Kaufleute in Berührung mit dem Buchstabensystem und der zugleich damit verbundenen Grammatik nebst der ihr eigenen Logik. Man lernte eine verfeinerte Denkweise kennen und aufs neue altorientalisches Glaubensgut. Denn anscheinend sind um 800 v. Chr. altägyptische Grundlagen der Seelenwanderungslehre nach Nordindien gelangt. Davon abgesehen, gab es genug neues Wissen aus jenen Hochkulturen zu verarbeiten, das sich vielleicht nur langsam und zuerst in den Großstädten bemerkbar machte, dem man sich auf die Dauer jedoch nirgendwo ganz entziehen konnte. Vermutlich ist im achten Jahrhundert ja auch die Sāṅkhjaphilosophie eingeleitet worden. Trotzdem entstand noch keine philosophische oder schöngeistige Literatur.

Verbindungen zum alten Orient

Denn die Brahmanen, die in Nordindien offiziel allein zuständig waren für alles, was den Geist betraf, besaßen und duldeten kein Schrifttum, wie schon

Rückständigkeit der Brahmanen

erwähnt, an dem sich irgend jemand hätte unterrichten und bilden können. Der Veda samt allen Zusätzen wurde von den Brahmanen eifersüchtig als ihr geistiges Eigentum gehütet und nur mündlich weitergegeben. Er enthielt die priesterliche Geheimwissenschaft, und sicherlich hatte zur Vormachtstellung der Brahmanen der Umstand beigetragen, daß der Veda eben nicht schriftlich fixiert, sondern von jeher nur dem Gedächtnis der Eingeweihten anvertraut worden war. Man hatte seinen streng konservierten Wortlaut innerhalb der Priesterfamilien vererbt, allenfalls auf Priesterseminaren mitgeteilt. Wir brauchen uns über diese Gedächtniskraft, die eigens geschult wurde, nicht zu wundern, war sie es doch, der alle Brahmanen ihre Pfründe und ihre politische Macht verdankten. Allerdings erweiterte sich unvermeidlicherweise während so langer Zeit in jeweils jüngeren Abschnitten und Anhängen des Veda auch der Wortschatz. Neue Namen tauchten auf, altüberlieferte Worte erhielten neue Bedeutung. Trotzdem blieb der Veda schwerfällig hinter der Geistesentwicklung im gebildeten Laientum zurück. Wir müssen daher wohl annehmen, *daß jedes von Buddha und Mahavira bei ihren Zuhörern vorausgesetzte logische Denkvermögen unabhängig vom Veda ausgebildet* worden war, unabhängig insbesondere von dessen einigermaßen philosophischen Lehrstücken, die unbedingt geheim blieben, unabhängig also auch von der Sānkhjaphilosophie.

Neues Denken

Infolgedessen war die Unterweisung, die Buddha und Mahāvira ihren Landsleuten erteilten, diesen zwar überraschend neu, weil plötzlich die Priesterschaft nicht länger benötigt wurde. Aber die Fähigkeit, mitzudenken und selbst zu philosophieren, dürfte zahlreichen Hörern nicht fremd gewesen sein. Jedermann konnte nunmehr selbst für das Heil seiner Seele sorgen und verantwortlich werden. Der Zulauf zur neuen Lehre und ihren von Buddha durch ganz Indien sowie ins Ausland entsandten Missionaren wuchs in kurzer Zeit wie eine Lawine zur Volksbewegung an.

Das Leiden an der Welt

Schriftliche Überlieferung

Die frühesten zuverlässigen Daten aus der indischen Geschichte betreffen Buddha, nämlich die Jahreszahlen seiner Geburt und seines Todes. Und mehr als anderes indisches Geistesgut sind Kernsätze seiner Philosophie aufgezeichnet worden. Zu beantworten bleibt die Frage, ob die erste Niederschrift noch zu seinen Lebzeiten erfolgt ist, und ferner, ob seine Predigten von diesem oder jenem Schüler, der zu schreiben verstand, auch völlig wortgetreu wiedergegeben wurden. Davon abgesehen, haben wir es beim sogenannten Pālikanon, der offenbar die älteste Überlieferung enthält, nicht mit einem klar und deutlich gegliederten Lehrsystem zu tun, sondern mit Einzelteilen, die wir erst ordnen müssen. Das Pāli ist eine literarische Kunstsprache auf der Grundlage des in Buddhas Heimatgegend üblichen Dialekts und unterscheidet sich etwas vom Sanskrit, z. B. „nibbāna“ anstatt „nirvana“. Es gibt allerdings auch einen unvollständigen Sanskritkanon, dessen Inhalt im wesentlichen mit dem Pālikanon übereinstimmt.

Obwohl Buddha philosophische Erkenntnis lehrte, *setzte er doch unbedingt eine Glaubensvorstellung voraus: die Seelenwanderung.* Wer diese Tatsache mißachtet, der versteht ihn nicht. So hoch auch immer wir Buddhas Leistung bewerten mögen: Den wahren Nutzen zieht man aus ihr dann, wenn man zunächst einmal ebenfalls an die Seelenwanderung glaubt. Sonst könnte man Buddhas Gedankenarbeit für abwegig halten oder nur für geistesgeschichtlich interessant oder für unerläßlich nur zum Verständnis der ungefähr 500 Millionen Buddhisten, obwohl zu berücksichtigen ist, daß der Buddhismus sich frühzeitig in mindestens ebenso viele Konfessionen und Sondergruppen zerspalten hat wie das niemals einheitliche Christentum. Andererseits hat Buddha eben diese Seelenwanderungslehre entkräftet, insofern also das Glaubensgut, von dem er ausging, rückwirkend überwunden, so daß schließlich auch wir seine Lehre um ihrer selbst willen anerkennen. Nur dürfen wir eben nicht das philosophische Endergebnis mit der Glaubensgrundlage verwechseln, sonst verlieren wir die Übersicht.

Vorrang des Diesseits

Zwei Grundsätze, beide Buddha zugeschrieben, stellen wir an den Anfang. Der erste enthält ein zweifelndes *Sowohl-Als-auch:* „Wenn es eine andere Welt gibt und einen Zustand, in dem Frucht und Vergeltung der guten und schlechten Werke sich einstellen, dann werde ich nach dem Tod im Himmelreich wieder erscheinen; gibt es aber keine andere Welt und keine Frucht und Vergeltung der guten und bösen Taten, so halte ich mich eben hier in dieser Welt frei von Haß und Übelwollen, schuldlos und glücklich."

Der zweite fordert die Frage heraus: Ist es so, oder ist es nicht so? „Geburt, Altern, Krankheit, Tod sind leidvoll. Kummer, Jammer, Schmerz, Gram, Verzweiflung sind leidvoll. Mit Unerfreulichem verbunden sein, von Erfreulichem getrennt sein, das ist Leiden. Nicht erlangen, was man wünscht, ist Leiden." Wir könnten, mit Hilfe einiger unserer Begriffe, es auch so ausdrücken: Soweit Zeit, Raum und Kausalität reichen, also im ganzen Bereich der Erfahrung oder der empirischen Erkenntnis, ist alles Leiden oder leidbringend. „Wenn der Buddha aufzählt: Geburt, Altern, Krankheit und Tod mit ihren Begleiterscheinungen, so gibt er damit die zeitlichen Abschnitte an, in denen unser Leben verläuft, und zwar vom ersten bis zum letzten Augenblick des irdischen Daseins. Wir dürfen also dafür sagen: Alles Leben, unter der Anschauungsform der Zeit betrachtet. Der Raum als subjektive Bedingung der äußeren Anschauung kommt uns am unmittelbarsten dadurch zum Bewußtsein, daß wir die Nähe des uns Unangenehmen, Unwillkommenen und die Trennung von dem Angenehmen, Begehrten als Unlust empfinden. Daher kann uns die Formel ‚mit Unerfreulichem verbunden, von Erfreulichem getrennt sein' als die Veranschaulichung des Raumes gelten. Ebenso ist ‚nicht erlangen, was man wünscht' der einfachste und unmittelbarste Ausdruck dafür, daß wir uns einer von unserem Willen unabhängigen und unseren Willen durchkreuzenden Ordnung des Geschehens bewußt werden, die wir als das Gesetz von Ursache und Wirkung oder als Kausalität bezeichnen" (Kurt Schmidt).

Psychologie

Im übrigen weist dasselbe Buddha-Zitat auf eine bemerkenswerte Psychologie hin. Buddha lehrte, kurz gesagt, folgendes: (1) Unser *Körper* ist aus Grundstoffen aufgebaut und mit *Sinnesorganen* ausgestattet. Sobald (2) diese Sinnesorgane mit den ihnen entsprechenden Dingen der Außenwelt in Berührung kommen, entsteht eine *Empfindung* und (3) als deren Folge eine *Wahrnehmung*. Sie wiederum ruft (4) eine *Regung des Wollens und Denkens* hervor, die *unterhalb unserer Bewußtseinsschwelle* verläuft, uns aber (5) *ihr Resultat ins Bewußtsein* hebt. Weiter als Buddha war noch im vorigen Jahrhundert auch unsere philosophisch-naturwissenschaftliche Psychologie kaum gediehen. Hinzu kommt bei ihm der triebhafte *Wille zum Dasein,* der unsere physische Existenz, unsere Körperlichkeit mit unserer geistig-seelischen Konstitution zusammenspannt, weshalb Buddha in dieser Hinsicht von „anhaften" spricht.

Das positive Ziel, das Buddha anstrebte, war das *Glück*. Freilich kann man nicht in sich selbst die Lebenskraft vernichten, ohne sich selbst zu töten, also Selbstmord zu begehen, den Buddha entschieden ablehnte. Ein anderes, aus der Geschichte der Christen reichlich bekanntes Verfahren würde darin bestehen, den Körper zwar dafür zu strafen, daß er da ist, ihn aber nicht auf einen

Schlag, sondern allmählich, und nicht gänzlich, sondern nur halbwegs „abzutöten", also — wie Paulus meinte — das Fleisch zu züchtigen, kurz, ein radikales Asketendasein zu führen und den Leib bis aufs Blut zu quälen und zu geißeln, ferner oftmals zu fasten, zu hungern, um den Leib zu schwächen, und sich wie Säulenheilige niemals zu waschen. Aber derartige Abtötungsmethoden hat Buddha, der einige von ihnen erprobte, nach seiner Erleuchtung verworfen.

Freilich steckt in jedem religiösen Asketendasein, nicht nur im christlichen, ein psychologisch zu erklärender Glaubenszweck. Wer nämlich seinen Körper kasteit, der erteilt sich selbst handgreiflichen Nachhilfeunterricht darin, daß alles irdisch-reale Dasein nur „Leiden" ist. Deshalb gibt es auch heutzutage bei manchen unserer streng bibelgläubigen Christen, die sich zugunsten ihres Jenseitigkeitsstandpunktes jedes Vergnügen versagen, und bestünde es nur in einem Polstersessel, da sie sonst vielleicht doch „die Welt liebgewinnen" könnten (wie der Fachausdruck lautet), und gleich Paulus „kreuzigen sie das Fleisch mit seinen Lüsten".

Das Leid der Vergänglichkeit

Buddha hingegen erklärte: Das irdische Dasein sei vor allem aus dem Grunde leidvoll, weil es in jeder Hinsicht *vergänglich* ist. Daß uns viele glückliche Stunden beschert sind, das leugnete er keineswegs. Allein, das Glück endet, und darunter leiden wir. Folglich besteht, aufs Ganze gesehen, das irdische Leben überhaupt aus Leid. Dazu ein Lehrgespräch zwischen Buddha und einigen Jüngern: „Was meint ihr wohl: Ist die körperliche Gestalt ewig oder vergänglich?" Antwort: „Vergänglich." Frage: „Was aber vergänglich ist, ist das Leid oder Glück?" Antwort: „Leid." Frage: „Ist die Empfindung, die Wahrnehmung, sind die geistigen Prozesse, die sich unbewußt abspielen, und ist das Bewußtsein ewig oder vergänglich?" Antwort: „Vergänglich." Frage: „Was aber vergänglich ist, ist das Leid oder Glück?" Antwort: „Leid."

Nachdrücklich hervorgehoben sei, daß Buddha der Lehre vom Leid eine Wendung gegeben und sie neu hergeleitet hat. Er verkündet das „Weldleid" nicht mehr als Glaubenspostulat, sondern als eine Erkenntnis, die jedermann aus alltäglicher Lebenserfahrung selbst gewinnen kann. Nicht um ein subjektives Werturteil handelt es sich dabei, und noch weniger um eine Folge „böser Taten", sondern um eine objektive Tatsache: *Das Leid ist der Eindruck, den in uns die natürlich bedingte Vergänglichkeit hinterläßt!* Jedoch braucht man nicht bis ins hohe Alter zu warten, um genügend praktische Erfahrung zu sammeln. Vielmehr kann man sie mit enormer Beschleunigung jederzeit gewinnen, indem man alle Vorgänge natürlicher Realität vor den inneren Augen ablaufen läßt. Magisch-mythische Glaubensvorstellungen herkömmlicher Art haben dann keinen Platz mehr im persönlichen, von Buddha aufgeklärten oder erleuchteten Bewußtsein. Grundlage seiner *Philosophie* ist allein die empirische Realität. Darin unterscheidet sich seine bildhafte Meditation z. B. von magisch-mythischen Vorstellungsreihen, wie sie bei uns in und nach dem Mittelalter die romanischen Mystiker pflegten.

Meditative Exerzitien

Hier ein Beispiel für die von Buddha empfohlenen Exerzitien: Man besinnt sich über den Werdegang eines Menschen und stellt sich dann dessen Anatomie vor: „Man betrachtet [mit ‚inneren Augen'] diesen Körper gründlich von der Fußsohle aufwärts und vom Scheitel abwärts, ihn, der durch die Haut begrenzt . . . ist, indem man sich sagt: An und in diesem Körper sind vorhanden Haupthaare, Körperhaare, Nägel, Zähne, Haut, Fleisch, Sehnen, Knochen, Mark, Nieren, Herz, Leber, Rippenfell, Milz, Lunge, Eingeweide, Weichteile, Magen, Kot, Galle, Schleim, Eiter, Blut, Schweiß, Lymphe, Tränen, Serum, Speichel, Rotz, Gelenköl und Harn." Das ist eine für die damalige Zeit recht gute Bestandsaufnahme. Daß irgendein Organ, etwa Herz oder Nieren, der

Wohnsitz eines persönlichen Gottes oder der geistig-seelischen Individualität eines Menschen wäre, davon ist bei Buddha ebensowenig wie schon in der Sānkhjaphilosophie oder bei Mahavira die Rede. „Nun betrachtet man diesen Körper, wie er geht und steht, gründlich nach seiner Zusammensetzung aus Materie in ihren vier Zuständen, indem man sich sagt: In diesem Körper ist Materie in festem, in flüssigem, in strahlendem, in luftförmigem Zustande enthalten." Dieses Zitat mutet uns bekannt an. Wer die europäische Philosophiegeschichte kennt, der weiß bereits, daß sie angeblich zur Zeit der sog. Sieben Weisen aus dem alten Hellas begann und daß es damals ein Problem war, ob die Erde, das Wasser, das Feuer (das Licht), die Luft oder alle vier „Elemente" zusammen diejenige Urmaterie darstellten, von welcher die natürliche Realität, sofern sie aus Materie besteht, ihren Anfang genommen habe.

Imaginative Wirklichkeit

Die Meditation geht weiter: „Nun stellt man sich einen Leichnam vor, der auf dem Begräbnisplatz liegt, einen Tag oder zwei oder drei Tage nach dem Tode: aufgedunsen, dunkelblau gefärbt, in Fäulnis übergegangen. Daraus zieht man die Anwendung auf den eigenen Körper, indem man sich sagt: Auch dieser Körper ist so beschaffen, er bildet keine Ausnahme. Dann stellt man sich einen Leichnam vor, der auf dem Bestattungsplatz liegt, ein Knochengerippe mit blutigen Fleischfetzen" [weil die Toten in der Regel kein Erdbegräbnis erhielten, sondern den Tieren überlassen wurden; handelte es sich doch, zufolge der Seelenwanderungslehre, nur um jetzt bedeutungslose physische Escheinungsformen, vergleichbar irgendwelchen abgelegten, dem natürlichen Untergang zugeführten Bekleidungsstücken]. Die Zerstörung des Körpers malt Buddha deutlich in allen Einzelheiten aus, bis man imaginiert, wie das Gerippe in seine Knochen zerteilt und diese von „Krähen, Adlern, Geiern, Hunden, Schakalen" verschleppt worden sind. (Buddha selbst freilich wurde ebenso wie die hohen Würdenträger nach seinem Tod eingeäschert und ein Teil seiner Asche in einem sogenannten Stūpa, einem Reliquienhügel, beigesetzt.)

Reflexionsprozesse

Alle diese Vorstellungen dienen zugleich der *Einübung ins folgerichtige Denken.* Denn jetzt schaltet man die Augen des Geistes ein: Man geht von bildhaften Vorstellungen über zur Anschauung psychologischer Kausalitätsreihen und dann zur kritischen Untersuchung des eigenen Denkens. „Bei jedem Gefühl, das man erlebt, legt man sich Rechenschaft darüber ab, welcher Art es ist: ein Lustgefühl oder ein Unlustgefühl oder ein gleichgültiges Gefühl, ob fleischlicher oder nichtfleischlicher Herkunft ... Bei jedem Gedanken, der in einem aufsteigt, legt man sich Rechenschaft darüber ab, welcher Art dieser Gedanke ist: ein begehrlicher oder ein begierdefreier, ein haßerfüllter oder ein haßfreier, ein aus Verblendung entsprungener oder ein von Verblendung freier, ein aufmerksamer oder ein abschweifender, ein ausgereifter oder ein unausgereifter, ein auf Höheres gerichteter oder ein nicht auf Höheres gerichteter, ein auf Konzentration oder nicht auf Konzentration gerichteter, ein auf Erlösung oder nicht auf Erlösung gerichteter Gedanke". Damit ist genau der Prozeß angegeben, in dessen Verlauf man sich von Stufe zu Stufe innerhalb des eigenen Bewußtseins logisch bis zum höchsten Punkt empordenkt, wo die Spekulation oder das Nirvāna beginnt.

Das Ich und seine Überwindung

Zu diesem Prozeß gehört, wie wir vorhin anläßlich der Sānkhyaphilosophie ausgeführt haben, die allmähliche Auslöschung des privaten Ich. Buddha fragt: „Was vergänglich, leidvoll, veränderlich ist, kann man davon sagen: dies gehört mir, dies bin ich, dies ist mein Ich?“ Die Antwort: „Nein.“ Demgemäß lautet ein Lehrsatz: „Alles, was es an Materie in festem, flüssigem, strahlendem, luftförmigem Zustande gibt, sei es in unserem eigenen Körper oder in der uns umgebenden Natur, alles dies ist gleichermaßen Materie, und man sollte es, der Wahrheit gemäß, in rechter Weisheit also betrachten: dies ist nicht mein, dies bin nicht ich, dies ist nicht mein Ich.“ Ebensowenig ist das Ich von geistiger Beschaffenheit. „Beim materiellen Körper ist das Wachsen und das Vergehen offenkundig, und man sieht leicht ein, wie es kommt und geht. Dagegen ist ein unwissender Weltmensch nicht imstande, sich von seiner Anhänglichkeit an dasjenige freizumachen, was man Denken oder Geist oder Bewußtsein nennt. Denn seit langer Zeit hat er die Ansicht gehegt und gepflegt, daß dies sein Ich sei. Es wäre aber besser, er betrachtete den materiellen Körper als sein Ich, als daß er seinen Geist als sein Ich betrachtet. Denn der materielle Körper besteht offenkundig immerhin eine Reihe von Jahren, unter Umständen sogar hundert Jahre und länger; aber das, was man Denken oder Geist oder Bewußtsein nennt, entsteht Tag und Nacht bald so, bald anders, und es vergeht als ein abermals anderes.“

Wie ist das Ich beschaffen?

Die Selbsterfahrung, daß unser Ich unbeständig ist, muß Buddha tief beeindruckt haben. „Ob Vollendete in der Welt erstehen oder nicht: Eines steht fest als notwendige Bedingung des Daseins, nämlich, daß alle Gebilde vergänglich, leidbringend und nicht das Ich sind. Dies erkennt und durchschaut ein Vollendeter.“ Aber was denn nun das wahre Ich sei, darauf hat Buddha nicht eindeutig geantwortet. Einmal fragte ihn ein Jünger geradeheraus: „Verehrter Gautama, gibt es *ein Ich?*“ Buddha schwieg. Die nächste Frage: „Gibt es *kein Ich?*“ Buddha schwieg, und der Jünger ging weg. Danach sagte Buddha zu einem Begleiter: „Hätte ich auf die Frage, ob es ein Ich gebe, mit Ja geantwortet, so wäre damit jenen Sāmanen [Asketen] und Brahmanen beigepflichtet worden, welche die Unsterblichkeit der Seele lehren; hätte ich aber auf die Frage, ob es kein Ich gebe, mit Ja geantwortet, so wäre damit jenen Sāmanen und Brahmanen beigepflichtet worden, welche die Unsterblichkeit leugnen.“ Diese Erklärung ist für uns sehr aufschlußreich. Zunächst erfahren wir von verschiedenen, einander entgegengesetzten Lehrmeinungen innerhalb der Priesterkaste, ein Beweis dafür, daß damals die geistige Welt der Arier in Bewegung geraten war. Weiterhin wird deutlich, daß Buddha zwischen beiden Lehrmeinungen hindurchsteuerte und weder als Parteigänger der einen noch der anderen Gruppe gelten wollte. Außerdem zeigt Buddhas Erwiderung, daß er dieses schwierige Problem aus seiner Lehre ausgeklammert hatte.

Gibt es das Ich überhaupt?

Es ist, nebenbei bemerkt, auch für uns heutzutage eine verzwickte Angelegenheit, über das Ich zu reflektieren. Kant nannte das Ich eine „an Inhalt gänzlich leere Vorstellung, von der man nicht einmal sagen kann, daß sie ein Begriff sei, sondern ein bloßes Bewußtsein, das alle Begriffe begleitet. Durch dieses Ich oder Er oder Es, welches denkt, wird uns nichts weiter als ein transzendentales Subjekt der Gedanken vorgestellt = x, welches nur durch die Gedanken, die seine Produkte sind, erkannt wird und wovon wir, abgesondert, niemals den mindesten Begriff haben können.“ Anders ausgedrückt: Daraus, daß ich die verschiedensten Dinge in meinem Privatbewußtsein habe, sowie daraus, daß ich über sie nachdenke, ziehe ich den Schluß, daß in mir ein wahrnehmendes, denkendes, erkennendes Zentrum tätig sei, und dieses Zentrum nenne ich „Ich“.

Das Ich als Bezugspunkt

Man könnte auch psychologisch argumentieren: Um meine physische Existenz zu erhalten und zu behaupten, muß in mir ein Willenszentrum die Maßnahmen auswählen und ins Werk setzen, die für diese meine Existenz nötig sind im Kampf ums Dasein. Das wäre das von Buddha sogenannte „materielle Ich“, gewissermaßen eine dem Körper notwendig zugeordnete Schaltzentrale, die mit dem Körper entsteht und mit ihm verschwindet. Das zuerst erörterte „höhere Ich“ wäre unter solcher Voraussetzung auch nur jene Schaltzentrale, aber auf einer bereits übergeordneten Stufe, die es nicht etwa selbständig errungen hat, sondern auf die es infolge äußerer Umstände, fortgeschrittener Kultur, wachsender Beanspruchung emporgehoben, verfeinert, „sublimiert“ wurde. Man könnte sagen: Dieses sog. Ich als Bezugspunkt ist eine Gehirnfunktion, die aus ihrer eigenen Leistung erkennt, daß sie vorhanden ist und daß sie tätig ist. So hat später Descartes bekanntlich sein „Sum cogitando“ erfolgert. Eine andere, ebenfalls moderne und für die Lebenspraxis sehr brauchbare Psychologie arbeitet mit „vielen Ichen“ innerhalb des Einzelmenschen und setzt als deren Inbegriff „das Selbst“ ein. Hier wäre also „das Selbst“ an die Stelle des urtümlichen „Ich“ getreten, und das urtümliche Ich ist differenziert worden in die besonderen Iche; denn z. B. dasjenige Ich, das sich mit Philosophie befaßt, ist sicherlich nicht identisch mit demjenigen Ich, das sich auf dem Fußballplatz für eine bestimmte Mannschaft entscheidet. Kurz, die Sache ist so kompliziert, daß wir Buddha nicht tadeln dürfen, weil er an ihrer Aufklärung scheiterte. Immerhin hat er einen Ausweg gefunden. Was wir „das biologische Ich“ oder vielleicht „das naiv-existentielle Ich“ nennen würden, das hat er als denjenigen „Durst oder Drang“ bezeichnet, „der Wiedergeburt hervorruft, der von Wohlgefallen und Lust begleitet ist und sich hier und dort ergötzt, nämlich der Drang nach sinnlicher Lust, der Drang nach Leben und der Drang nach Selbstabtötung“. Das heißt: Dieser Drang ist begleitet von lauter Dummheit. Zuerst tritt er auf als Begierde, dann betätigt er sich im Kampf ums Dasein, verstrickt dabei den Menschen in Schuld mannigfacher Art, bekommt es daraufhin mit der Angst zu tun und richtet sich in seiner Verblendung plötzlich gegen sich selbst, mindestens gegen den Körper, dem er dient oder der ihm dient. Also ist er eine Quelle des Leidens, des naiven Fanatismus, der Engstirnigkeit, womit Buddha beiläufig auch die zeitgenössische Priesterkaste abfertigte.

Ich-Psychologie

Triebhaftigkeit

Anderseits war, wie gesagt, auch Buddha selbst davon überzeugt, daß die Seele im Jenseits von ihren guten und schlechten Taten erwartet werde. „Nicht in der Luft, nicht in des Weltmeers Tiefen, nicht in den Höhlen der Berge findet sich ein Ort, wo man der eigenen bösen Tat entrinnen könnte“, jedoch „empfangen denjenigen, der recht gehandelt hat, die eigenen guten Taten wie Freunde einen lieben Freund bei der Heimkehr, sobald der Betreffende von dieser Welt in die andere gelangt.“ Aber „Gut“ und „Böse“ sind relativ. „In einem Fall bringt einen Menschen eine kleine Verfehlung in die Hölle, in einem andern Fall ist die gleiche Verfehlung schon bei Lebzeiten abzubüßen, und sie erscheint dabei nicht einmal klein, sondern groß. Der erste Fall tritt ein, wenn ein Mensch ... sein Denken nicht entfaltet, keine Weisheit erlangt hat, beschränkt und kleinmütig geblieben ist ...; der zweite Fall liegt vor, wenn ein Mensch ... sein Denken entfaltet, Weisheit erlangt hat, nicht beschränkt, sondern großmütig ist und die Welt mit unerschütterlicher Erkenntniskraft zu durchdringen pflegt.“ Auch Buddha glaubte an die Wiedergeburten und an fünf Reiche: Hölle, Tierreich, Gespensterwelt, Menschenreich, Götterreich. In der Hölle ist „nichts als Qual“, im Tierreich „Qual“, wenn auch etwas weniger als in der Hölle, im Gespensterreich noch weniger, unter den Menschen bereits „viel Glück“, bei den Göttern im Himmelreich „nichts als Glück“.

Gut und Böse

Ehrfurcht vor dem Leben

Den Leidenskreislauf der Wiedergeburten vermeidet man nach Buddhas Lehre allein durch das Wissen. Andernfalls kommt man aus ihm nicht heraus; denn wo „Nichtwissen ist, dort gibt es die Lebensvorgänge", die wir vorhin beschrieben haben. Hingegen „das Ende des Leidens und Dranges" ist erreicht, wenn „dieser Drang völlig aufgegeben, vernichtet, verworfen, abgelegt, vertrieben" ist. Mit seinem Verschwinden ist seine Ursachenkette für immer unterbrochen. Wie entsagt man ihm? Nicht etwa dadurch, daß man sich Hals über Kopf in die Einsamkeit flüchtet und als Eremit, Einsiedler, Säulenheiliger lebt und die Welt verachtet — das wäre ja der falsche Weg —, sondern indem man den Willen verneint, der uns zum Kampf ums Dasein treibt, also den *blinden* Lebensdrang überwindet, der uns zu Egoisten macht, und indem man unbedingte Ehrfurcht vor dem Leben walten läßt.

Ethische Grundsätze

Buddha fügt nun eine ethisch-soziale Gebrauchsanweisung hinzu, die uns an die altägyptische Ethik erinnert, aber wohl nicht ursächlich mit ihr zusammenhängt. Er fordert unbedingte Wahrhaftigkeit, objektives Kausaldenken anstatt privater Meinungen; er verwirft jede rohe Redensart, alles leere Geschwätz; er verlangt, daß man von erhebenden Gegenständen, von edler Gesinnung sprechen, auf Fragen ohne Umschweife antworten und selbst stets präzise fragen solle; er verabscheut jede unerfreuliche Gemütsregung, jede Leidenschaftlichkeit, insbesondere Ärger, Zorn, Mißtrauen, Ungeduld, Arroganz. Im einzelnen lehnt er ab: Machtpolitik jeder Art, Waffenhandel, Rauschgifte und Alkoholika, das Interesse für alles, was nur dem Körper dient, nutzlose Grübeleien, ferner bestimmte Berufe, z. B. denjenigen des Metzgers, Vogelfängers, Wildstellers, Jägers, Fischers, Räubers, Henkers, Kerkermeisters und dergleichen mehr. „Man zerstört kein Leben, man hat Stock und Schwert beiseite gelegt und lebt zartfühlend, erbarmungsreich, freundlich und gütig gegenüber allen lebenden Wesen." Außerdem übt man gegenüber jedem Andersgläubigen unbedingte Toleranz. „Nicht die Vergehungen der anderen, was sie getan, was sie versäumt, soll man betrachten; vielmehr das, was man selbst tut und unterläßt. Nicht wer im Kampfe viele Tausende besiegt hat, ist der größte, sondern nur, wer sich selbst bezwang. Bezwinge den Zorn durch Nichtzürnen, vergilt Böses mit Gutem. Den Lügner überwinde durch Wahrheit!" Die höchste Tugend ist die Güte. „Wer vollbewußt unermeßliche Güte pflegt, eingedenk der Hinfälligkeit alles Sterblichen, dem lösen sich die irdischen Fesseln. Wer klaren Sinnes auch nur für ein lebendes Wesen Güte hegt, der ist schon dadurch ein Gerechter. Der Edle, der sich aller Wesen erbarmt, ist reich an Verdienst."

Befreiender Denkprozeß

Um so weit zu gelangen, muß man sich selbst durch folgerichtiges Denken erziehen. „Wenn der Buddhist mit einem Sinnesorgan ein Objekt wahrnimmt oder mit seinem Denkorgan eine Vorstellung aufnimmt, so achtet er darauf, daß er in keiner Weise an dem Objekt oder an der Vorstellung haftet, das heißt, zu dem Objekt oder der Vorstellung innerlich in irgendeine Beziehung tritt, sei es Zuneigung oder Abneigung. So wacht er ständig über seine Sinneswahrnehmungen und seine Gedanken. Das ist der *Kampf der Vermeidung.*

Vierfacher Kampf

Beobachtet er, daß trotzdem Gedanken der Begierde, des Übelwollens oder der Grausamkeit in ihm aufgestiegen sind, so läßt er sie nicht Fuß fassen, sondern überwindet sie und bringt sie zum Schwinden. Das ist der *Kampf der Überwindung* ... Das Überwinden und Austilgen der schlechten Gedanken und Vorstellungen geschieht dadurch, daß man sie analysiert und sich ihre Häßlichkeit und Schädlichkeit vollständig klarmacht. Die dabei zu befolgende Methode ist im Grunde dieselbe wie die der Psychoanalyse ... Der dritte Kampf, der *Kampf zur Erweckung*, besteht darin, daß sich der Buddhist bemüht, günstige Gemütszustände in sich zu erwecken, die Buddha die Sieben Mittel zur Erleuchtung nennt: Besonnenheit, Ergründung der Lehre, Tatkraft, Begeisterung, Ruhe, Konzentration, Gleichmut, die alle darauf gerichtet sind, Begierdelosigkeit und damit das Ende des Leidens zu erreichen" (Kurt Schmidt). Schließlich ist nur noch der *Kampf zur Erhaltung* dieser inneren Harmonie zu führen.

Erleuchtung

Manchem kann die Erleuchtung so plötzlich und mit so starker Wirkung widerfahren, daß er innerlich völlig umgewandelt wird. Dann hat er das erlebt, was etwa 500 Jahre später in der neutestamentlich-christlichen Urgemeinde als „Bekehrung" bezeichnet wurde. Dadurch ist er geheiligt und in einen Zustand der Vollkommenheit versetzt, also zum geistigen Höhenflug befähigt worden. Hingegen die geistige Fußmannschaft muß sich diese Vollkommenheit erst mühsam erringen, und zwar auf dem Wege, den wir vorhin anläßlich der Sānkhjaphilosophie bereits ausführlich beschrieben haben. Wir brauchen den Denkprozeß, der uns bis ins Nirvāna emporbringt, hier also nicht nochmals vorzuführen. Über das Nirvāna hat Buddha geäußert: „Es gibt ein Reich, wo weder Erde noch Wasser, weder Feuer noch Luft ist, weder das Gebiet der räumlichen noch dasjenige der wahrgenommenen Unendlichkeit, weder des Nichtseins noch der Grenze zwischen Wahrnehmung und Nichtwahrnehmung, weder diese Welt noch eine andere Welt, weder Sonne noch Mond. Dies nenne ich weder Kommen noch Gehen noch Bleiben ... Es ist ohne Stütze, ohne Entwicklung, ohne Sinnesobjekte: Dies ist das Ende des Leidens." — „Es gibt ein Nichtgeborenes, ein Nichtgewordenes, Nichtgeschaffenes, Nichtaufgebautes. Gäbe es dies nicht, so könnte auch kein Ausweg aus dem Geborenen, Gewordenen, Geschaffenen, Aufgebauten erkannt werden." — „Wer an etwas hängt, hat Unruhe; wer an nichts hängt, hat keine Unruhe; wo keine Unruhe ist, da ist Ruhe; wo Ruhe ist, da ist keine sinnliche Lust; wo keine sinnliche Lust ist, da gibt es kein Werden und Vergehen; wo es kein Werden und Vergehen gibt, da ist weder diese noch jene Welt noch irgendeine Zwischenwelt. Dies ist das Ende des Leidens."

Nirvana

Ashoka

Ein Welteroberer, der bis ins nordwestliche Indien vordrang, war Alexander der Große. Ungefähr ein halbes Jahrhundert nach seinem Tod herrschte König *Ashoka* (=„der Sorgenfreie") über nahezu den gesamten Subkontinent. Sein Großvater hatte die militärische Einigung von Vorderindien begonnen, sein Vater sie fortgesetzt, und er sie vollendet. Seine uns in verhältnismäßig großer Anzahl auf Säulen und Felswänden erhaltenen Inschriften sind die ältesten, ziemlich genau datierbaren Schriftdenkmäler der indoarischen Geschichte; seine Regierungszeit dürfte von etwa 273 bis um 233 v. Chr. gedauert haben.

Schuldbewußtsein

Aus solchen Inschriften wissen wir, daß er mit seinen Truppen den Großstaat Kalinga niederwarf und seinem Reich eingliederte. Außerdem jedoch teilte er seinen Untertanen und der Nachwelt mit, daß er „Reue fühlte über die Eroberung von Kalinga, weil die Eroberung eines Landes mit Bluttat, Tötung und Gefangennahme verbunden ist; dies bereut und beklagt der König tief"; denn es wurden „150.000 Menschen in Gefangenschaft geschleppt, 100.000 getötet, und das Vielfache dieser Zahl ging zugrunde". Nunmehr sei es sein Ziel, „für das allgemeine Heil und Wohl zu arbeiten". — „Ich will meine Schuld an die Kreaturen abtragen; ich will sie in dieser Welt glücklich machen, und im Jenseits sollen sie die ewige Seligkeit erlangen." — „Alle Menschen sind meine Kinder." Derartige Selbstbekenntnisse, Selbstvorwürfe und Wiedergutmachungsgelübde eines siegreichen Königs-Feldherrn sind selten in der Weltgeschichte (erinnert sei aber an Friedrich d. Gr. und dessen Selbstanklagen). Ashoka hatte offenbar eine echte „Bekehrung" erlebt. Seine geistig-seelische Richtschnur war die Lehre des Buddha.

Buddhistische Regierungsmaximen

Für einige Zeit zog Ashoka sich in ländliche Stille und „Heimatlosigkeit" zurück, um seine Erkenntnisse innerlich zu verarbeiten. Die große Schwierigkeit bestand für ihn darin, daß er aus Buddhas Lehre seine neuen Regierungsmaximen herleiten wollte. Dieses Vorhaben glückte ihm. Im elften Jahr seiner Herrschaft (um 254) kam ihm die Erleuchtung. Fortan stellte er seine und des Staatsvolkes Tätigkeit unter das Leitwort „dharma" (= Lebensgesetz, selbstloses Verhalten), das in Indien wohl zeitweilig eine ebenso bedeutende Rolle gespielt haben könnte wie in Altägypten der Zentralbegriff „maat".

Ashoka widmete sich nunmehr mit größtem Eifer der Volkserziehung. Überall ließ er Schrifttafeln mit Lehrsätzen und Gesinnungsgeboten aufstellen. Trotzdem vermochte er die altüberlieferten Glaubensvorstellungen so schnell nicht zu erschüttern, obwohl er die Untertanen wissen ließ, daß die Götter „nur Menschen waren, die mit Unrecht als Götter betrachtet worden sind". Seine Tatkraft führte den Buddhismus auf den Höhepunkt, während später Buddhas Lehre in Indien fast völlig ausgetilgt wurde. Zweifellos erleichterte Ashoka das Los aller seiner Untertanen, so gut er es vermochte, also auch die Lebensbedingungen der dienenden Kasten. Nicht nur für Menschen, sondern sogar für Tiere ließ er Krankenhäuser errichten, wie er sich überhaupt, um das Leben zu fördern, in besonderer Weise der Arzneikunde zuwandte, die medizinische Wissenschaft begünstigte, Heilkräuter züchten, verteilen und ins Ausland übersenden ließ. Er befahl, die Straßenränder mit Bäumen zu bepflanzen und in den Trockengebieten nach Wasser zu graben.

Ein Philosoph auf dem Thron

Derartige Einzelheiten, von denen wir gern mehr wüßten, interessieren uns hier, weil Ashoka eben der *Philosoph auf dem Throne* war, der Buddhas theoretische Unterweisung in die Praxis umsetzte. „Was immer ich als richtig erkannt habe, das wünsche ich durch Taten auszuführen und auf verschiedene Weise zu erreichen. Und dies ist mein Hauptzweck: Euch Belehrung zu erteilen ... Wie ich wünsche, daß meinen Kindern alles Glück und Heil zuteil werde in der Welt, so wünsche ich dasselbe für alle Menschen. Es könnte sein, daß meine noch unbesiegten Grenznachbarn denken: Was hat der König mit uns für Absichten? Da möge nur dieser mein Wunsch in bezug auf die Grenznachbarn zu ihnen gelangen: Der König wünscht, daß sie vor ihm keine Furcht haben. Sie sollen Vertrauen zu mir haben, Freude sollen sie von mir erlangen, nicht Leiden. Die Kunde möge zu ihnen gelangen, daß ihnen der König vergeben werde, was nur vergeben werden kann; und daß sie durch mich zum ‚dharma' gelangen. Sowohl in dieser als auch in der jenseitigen Welt mögen sie befriedigt sein!" — „Im Hinblick auf den ‚dharma' ließ der gottgeliebte, freundlich blickende Herrscher schreiben: Kein Opfer soll hier mit irgendeinem Lebendigen, das geschlachtet wurde, dargebracht werden, keine Festversammlung mit solchen Geschlachteten abgehalten werden ... Früher wurden in des Herrschers Küche viele hunderttausend Tiere täglich für das Mischgericht geschlachtet ... In Zukunft sollen auch diese ... Tiere nicht geschlachtet werden."

Gleichzeitig entsandte Ashoka, der auf Konzilien die reine Lehre abklären ließ, zahlreiche Missionare in nahe und ferne Länder rings um Indien. Damals wurde auch Ceylon dem Buddhismus gewonnen, woher der eingangs erwähnte, wahrscheinlich auf die von Ashoka dorthin übersandten Schriften zurückzuführende Pālikanon stammt. Mit dieser Missionsarbeit war aber, im Gegensatz zur christlichen, nicht Feindschaft gegen Andersgläubige verbunden, sondern vielmehr die grundsätzliche *Toleranz*. „Der König ehrt alle Glaubensgemeinschaften ... Er ehrt sie mit Gaben und mit Ehrenbezeigungen ... Aber nicht darauf legt er so viel Gewicht wie auf die Erwartung, daß bei allen Glaubensgruppen ein *Wachstum des Wesentlichen* stattfinde. Das Wachsen des Wesentlichen ist mannigfacher Art, dessen Wurzel aber die Behutsamkeit beim Reden, nämlich, daß weder ein Lobpreis der eigenen Glaubensansicht noch ein Tadel der anderen bei unpassender Gelegenheit stattfinde ... Andere Glaubensgruppen sollen bei jeder Gelegenheit geehrt werden ... Denn wer immer seine eigene Glaubensgruppe preist oder die andere tadelt, der schädigt doch, wenn er so handelt, nur seine eigene Glaubensgemeinschaft um so mehr. Darum ist allein gut die Eintracht: Man höre eines des anderen ‚dharma' und verhalte sich demgemäß." *Toleranz*

Wohl etwa 70 Jahre lang verkündeten solche Sendboten die Lehre Buddhas auch am östlichen Mittelmeer und im alten Orient. Hier war inzwischen Alexanders Weltreich unter seine Diadochen und deren Nachfolger aufgeteilt worden, ein Vorgang, der für Jahrhunderte einen Krieg nach dem anderen zur Folge hatte. Mit wenigstens dreien dieser Diadochenkönige stand Ashoka in Verbindung: mit Antiochos II. von Syrien (250—247), mit Ptolemaios Philadelphos von Ägypten (285—247) und mit Antigonos Gonatas von Makedonien (278—242). Aus derselben Zeit finden wir in dem uns spärlich erhaltenen Schrifttum hellenistischer Antike bei Clemens Alexandrinus (der um 220 v. Chr. starb) die erste Erwähnung Buddhas. Wie dessen Lehre sich hier im einzelnen ausgewirkt hat, ist nicht mehr festzustellen. Jedenfalls sind ihre Spuren bei Gnostikern und Neuplatonikern zu finden. Für uns am wichtigsten ist ihre Übereinstimmung mit einzelnen Stellen des Neuen Testaments, besonders mit Grundsätzen derjenigen Botschaft Jesu, die unbedingte Menschenliebe, Feindesliebe, Kriegsgegnerschaft fordern. *Missionstätigkeit*

FRÜHHELLENISCHE DENKER

Orphiker - Pythagoras - Anaxagoras - Empedokles - Demokrit

Bis um 1000 v. Chr. waren indoeuropäische Wanderscharen aus dem heutigen Südrußland auch ans nordöstliche Mittelmeer und ins heutige Griechenland vorgedrungen: zuerst die Ionier und Achaier/Aioler, zuletzt die Dorer. Sie bildeten dann die Nation der Hellenen. Deren Gemeinschaft hing in sich locker zusammen durch die Sprache, durch die Olympischen Spiele (seit 776 v. Chr.) und durch das Heiligtum von Delphi. Politisch aber war sie zersplittert, und was die Geistesgeschichte betrifft, so haben die Dorer (Sparta! Syrakus!) den Vorsprung der Ionier (Milet! Athen!) und Achaier (Samos!) niemals eingeholt.

Die Ionier

Diesen Vorsprung verdankten die Ionier ihrer frühen Ankunft im Mittelmeerraum und ihrer Mischung mit einheimischen Bewohnern, von denen sie vieles lernten. Jedoch in noch höherem Maße kamen ihnen zugute ihre Ausbreitung über alle Randgebiete des längst altorientalisch kultivierten Kleinasiens sowie ihre lange Zeit sehr enge freundschaftliche Verbindung mit Altägypten. Ionische Söldner hatten nämlich im siebenten Jahrhundert die Ägypter von assyrischer Fremdherrschaft befreit und sich im Nildelta angesiedelt, wo ihre Stadt Naukratis, zugleich ein Handelszentrum, dicht bei der nunmehrigen ägyptischen Reichshauptstadt Saïs lag.
Die Wanderschaft vor allem der Ionier hatte keineswegs im relativ winzigen Attika, ihrer griechischen Endstation, für immer aufgehört. Vielmehr sahen sie sich ebenso wie die Achaier in Thessalien von unablässig nachrückenden Indoeuropäern dermaßen gegen die Meeresufer gedrängt, daß sie ihrem steigenden Bevölkerungsüberschuß neue Wohngebiete an anderen Küsten erschließen mußten. Von solchem Druck am wenigsten betroffen waren die Hellenen auf der Peloponnes, da sich die schmale Landbrücke zum übrigen Festland leicht sperren ließ. Das dort dominierende Sparta, das sich nach außen hin abgeriegelt hielt, hat sich deshalb als Landmacht entwickelt, bedurfte aber, um seine freiwillige Isolierung aufrechtzuerhalten, stets einer gewissen Geburtenkontrolle. Jedenfalls ist Sparta für die hellenische Geistesgeschichte nur mittelbar und negativ interessant. Die positive Leistung wurde hauptsächlich von Ioniern vollbracht, vor allem infolge ihrer engen Berührung mit altorientalischer Hochkultur. Von dieser übernahmen sie Staats- und Wirtschaftsformen, Städtebau, Welthandel, Bankwesen, Münzgeld, Architektur, bildende Kunst, Malerei, Musik, Wissenschaften einschließlich der Mathematik, Schiffahrt, Sport, Militärordnungen, Industrie und Handwerk, Metallkunde, magisch-mythische Glaubensvorstellungen, Mysterienkulte, Theater und literarische Gattungen. Aber die Hellenen, insbesondere die Ionier, haben sich schließlich von ihren Lehrherren gelöst und deren Kultur selbständig umgebildet und weiterentwickelt.
Insbesondere erhielten sie aus dem alten Orient die Buchstabenschrift, und zwar durch semitische Phöniker. Jenseits des östlichen Mittelmeers befanden sich die Phöniker in ähnlicher Lage wie diesseits die Griechen. Sie konnten sich nur noch über See ausbreiten, weil ihr Hinterland bereits dicht besiedelt und in festen Händen war. Von etwa 1000 bis um 500 v. Chr. haben Phöniker und Hellenen

kreuz und quer über das Mittelmeer hinweg den alten Orient mit dem jungen Europa kulturell verwoben, wobei sich die Phöniker allmählich auf das westliche, die Hellenen, vor allem die Ionier, auf das östliche Mittelmeer und das Schwarze Meer konzentrierten. Ihrer beider Lebensräume überschnitten sich auf Sizilien, und sie berührten sich an der westlich-südlichen Küste von Kleinasien. Infolgedessen entfaltete sich die hellenische Philosophie zuerst in diesen Grenzgebieten. Denn zugleich mit der Schrift lernten die Hellenen, deren kulturell fortschrittlichste Städte damals eben nicht in Griechenland, sondern in Kleinasien und in Unteritalien/Sizilien lagen, die altorientalische Literatur kennen, ganz zu schweigen von dem ihnen mündlich übermittelten Geistesgut. Viele griechische Wörter sind phönikischer Herkunft. Der protestantische Theologe Hermann Raschke hält es für erwiesen, daß sogar Denker wie Pythagoras und dessen Lehrer Pherekydes in Wahrheit semitischen Ursprungs sind: „Pythagoras" sei lediglich die griechische Form des phönikischen „potheachras" („Offenbarer, Eröffner des Geheimnisses") und „Pherekydes" nichts anderes als „pharakodes" („Fürst des Heiligtums").

Phöniker und Hellenen

Jedenfalls sind die frühesten hellenischen Denker weit weg von Griechenland in Städten an der kleinasiatischen oder Süditaliens Küste aufgewachsen. Aus Milet in Westkleinasien, der damals größten und mächtigsten Stadt des Hellenentums überhaupt, stammten: Thales (624?—545?), Anaximandros (610? bis 547?), Anaximenes (585?—525?); auf der Insel Samos soll der sagenhafte Pythagoras (580?—500?) geboren sein; aus Kolophon (in Lydien an der kleinasiatischen Südküste) kam Xenophanes (565?—500?), der nach Elea in Unteritalien auswanderte; aus Ephesos nördlich von Milet: Heraklit (535?—475?); von Samos auch Melissos (5. Jhdt.); aus Klazomenai bei Smyrna: Anaxagoras (500?—428?), der in Athen die Philosophie einführte. Aus Elea in Unteritalien kamen Parmenides (5. Jhdt.) und Zenon (490?—430?), aus Agrigent: Empedokles (490?—430?). Schon die endgültige Fassung der Homerischen Epen war in ionischer Mundart erfolgt. Diese Epen enthalten eine Fülle altorientalischen Geistesgutes, womit die sagenhaften Elemente vor allem der Ilias weltanschaulich überhöht sind. Aus Kleinasien war auch der Vater des Dichters Hesiod nach Boiotien ausgewandert.

Hellenische Denker

Philosophische Aufklärung

Herodot sagte von Homer und Hesiod, daß sie beide den Hellenen deren Göttermythen *gemacht* hätten. Aber weder der legendäre Homer noch der historisch greifbare Hesiod waren Religionsstifter. Vielmehr faßten sie lediglich in Auswahl und eigener Darstellung zusammen, was vorher schon über die Götter erzählt worden war. Eben darum erhielten sie seitens der Hellenen, die sich fortan auf sie beriefen, Charakter und Bedeutung von Religionsstiftern zugesprochen. Infolgedessen richtete sich dann die Kritik an der menschlichen Götterwelt zugleich gegen deren Urheber. Bereits Hesiod erklärte, Homer habe „Lügen" verkündet, weshalb jetzt er die Wahrheit berichten wolle, nämlich andersgeordnete und in ein System gebrachte Mythen; und als Philosophen wie Xenophanes und Heraklit das mythische Denken überhaupt bekämpften und damit die überlieferten Gottesvorstellungen, verurteilten sie sowohl Homer als auch Hesiod. „Alles haben Homer und Hesiod", lehrte Xenophanes, „auf die Götter geschoben, was bei den Menschen als Schimpf und Schande betrachtet wird: Diebstahl und Ehebruch und gegenseitige Täuschung." Heraklit sprach dem Hesiod, freilich auch dem Pythagoras und dem Xenophanes, rundweg den Verstand ab.

Gegen Homer und Hesiod

So begann die philosophische Aufklärung im Hellenentum. Sie setzte ein mit dem Angriff auf jene religiösen Mythen, welche die Priesterschaften hüteten und verteidigten. Ihr Vorgehen wurde den hellenischen Denkern dadurch erleichtert, daß „jedermann sich an Homer gebildet" hatte, wie Xenophanes feststellte, und folglich niemand zu glauben brauchte, die Schriften Homers und Hesiods seien irgendeines Gottes eigenes, der Menschheit geoffenbartes Wort. Hinzu kam die tägliche Erfahrung eines seefahrenden Volkes im Umgang mit fremden Religionen, aus denen sie andauernd weiteres Glaubensgut bezogen, da weder Homer noch Hesiod ihnen irgendwelchen Haß gegenüber Andersgläubigen beigebracht hatten. Solcher Erfahrung gemäß und eingedenk dessen, daß die hellenische Götterlehre von Homer und Hesiod „gemacht" worden war, konnte Xenophanes urteilen: „Die Sterblichen glauben, die Götter würden geboren wie sie, und die Götter hätten Gestalt und Tracht und Sprache gleich ihnen! Schwarz, stumpfnasig, so stellt sich der Äthiopier die Götter vor; aber blond und blauäugig malt sich der Thraker die seinen. Hätten Rinder, Rosse, Löwen ebenfalls Hände wie Menschen, und könnten sie ebenso malen und Kunstwerke schaffen — dann würden sie je nach ihrem eigenen Aussehen auch die Götterbilder und die leibliche Form ihrer Götter gestalten."

Entmythisierung

Folglich „lebte niemals ein Mensch, noch wird ein solcher je leben, der von den Göttern", sagte Xenophanes, wahrhaftig „Gewisses wüßte. Sogar wenn jemand darüber das Vollkommenste spräche, . . . wäre alles nur rätselndes Vermuten und bloße Meinung". Denn jeder bleibt, laut Xenophanes, in seinen ihm geläufigen Vorstellungen befangen; er hat durch Rasse, Stand, Erziehung ein Vorverständnis mitgebracht, das er unwillkürlich auf seine Religionstheorie überträgt. Wenn man Mythen richtig verstehen will, dann sollte man sie *psychologisch* deuten. So taten es auch Demokrit, Prodikos und, ihnen folgend, Kritias (455?—403). Von alters befanden sich die Menschen, erklärte Kritias, in jenem Urzustand, der nichts anderes kennt als den Kampf ums Dasein, den Kampf aller gegen alle. „Die Stärke herrschte, und weder wurde der Gute belohnt noch der Übeltäter bestraft." Dann regte sich der Verstand, und um dem Menschen eine Existenzsicherheit zu verschaffen, erließ man die Strafgesetze. Freilich, wie konnte man erzwingen, daß jedermann sich nach ihnen richtete und seine Verbrechen jetzt nicht heimlich beging? „Da hat ein schlauer, kluger Mann den Sterblichen die Gottesfurcht erfunden." Sie sollte den Bösen von heimlicher Missetat abschrecken, indem jedermann nun an ein ewig lebendes Wesen glaubte, „dessen Geist jedes Wort hört, das die Menschen reden, und vor dessen Augen keine Tat verborgen bleibt. Auch wenn du nur geheim auf Böses sinnst: die Götter merken es." Jener Erfinder solcher Götterlehre habe „die Wahrheit mit trügerischen Worten verhüllt", sagte Kritias — dessen soeben kurz beschriebene Theorie vom Urzustand und seiner Überwindung uns auch deshalb interessieren kann, weil sie die eine grundlegende Konstruktion von Thomas Hobbes um zwei Jahrtausende vorweggenommen hat. Im Hinblick auf jeden derartigen, stets wieder möglichen „Kampf aller gegen alle" entwarf nämlich Hobbes seine Lehre vom totalen Staat, ausgehend gleich Kritias vom allgemeinen Verlangen nach geordneten Verhältnissen. Die psychologische Lücke sämtlicher Gesetzeswerke, die schon Kritias, aber keineswegs als erster, deutlich erkannt und bezeichnet hatte, nämlich den heimlichen Gesinnungswiderstand gegen die Verfassung, wurde ebenso von Hobbes als Problem behandelt. Der mit Platon verwandte Kritias, der zeitweilig ein regierender Staatsmann war, suchte diese Lücke durch Terrormaßnahmen zu schließen.

Orphik und Pythagoras

Der philosophische Widerspruch gegen die Mythen Homers und Hesiods hatte noch andere Ursachen. Sie lagen *unmittelbar* in der Geistigkeit des alten Orients. Hier hatten zunächst Einzeldenker, dann ihre Gefolgsleute mehr oder minder einen Fortschritt dadurch erzielt, daß sie die magisch-mythische Weltwirklichkeit durch Entmythisierung überwinden wollten. Was nun alle hellenischen Denker kennzeichnet, soweit sie orientalischen Religionsdenkern verpflichtet waren, das ist die Tatsache, daß sie sich weniger mit Priesterschaften auseinandersetzten, sondern mit Homer und Hesiod, auch wenn sie deren Namen nicht erwähnten. Sie trugen — mit anderen Worten — ihre Meinungsverschiedenheit von vornherein als persönliche Sache aus. Dabei befolgten sie etwa folgendes Motto: Wenn einst Homer und Hesiod eine falsche Götterlehre *erfunden haben*, dann bin jetzt ich, indem ich sie entlarve und widerlege, ihnen prinzipiell gleichberechtigt; und indem ich die zwingendere Wahrheit verkündige, bin ich ihnen sogar überlegen. Freilich brachten zunächst fast alle Denker jeweils andere Wahrheitslehren vor. Infolgedessen entbrannte auch zwischen Zeitgenossen oft ein heftiger Streit. Diese früheste Form wissenschaftlich-philosophischer Polemik war offenbar eine Eigenleistung der Hellenen. Gegenseitige Kritik, die man im Sinne Hegels als dialektische Gedankenbewegung des objektiven Geistes auffassen könnte, hat in erstaunlich kurzer Zeit zum Höhepunkt aller bisherigen Philosophie im alten Athen geführt.

Streit um die Weltanschauung

Der Unterschied zwischen manchen Lehren läßt sich leicht aus dem alten Orient und dessen Geistesgeschichte erklären. Beispielsweise hatte Homer seine Jenseitsvorstellung nach *altmesopotamischem* Vorbild dargelegt, wovon wir noch etwas aus dem Alten Testament kennen: Der gestorbene Mensch lebt schattenhaft fort im Jenseits ohne Hoffnung auf Wiederkehr und kann allenfalls von Zauberern für kurze Zeit heraufbeschworen werden. Dagegen protestierten nun unter *altägyptischem* Einfluß die sog. Orphiker. Aber zu deren Zeit (im 7.—6. Jahrhundert) war offenbar bereits die *indische* Seelenwanderungslehre mit ihrem ägyptischen Ursprung im östlichen alten Orient wiedervereinigt worden, und so hatten sie die Orphiker übernommen. Hinzu kam bei der *Orphik*, die zunächst von östlichen Hellenen begeistert begrüßt worden war, vielleicht auf einem Umweg über Kleinasien/Thrakien der altägyptische Osiriskult mit seinen Auferstehungsmysterien. Nur hatte man hier Osiris einerseits in „Dionysos" umgewandelt, anderseits zu „Orpheus" vergeistigt. Alle diese Zusammenhänge sind deutlich in der orphischen Lehre festzustellen, die als „heilige Lehre", als „hierós lógos" galt.

Die Orphiker

Im wesentlichen lehrten die Orphiker: Die menschlichen Seelen waren einst im Götterhimmel daheim, wurden aber infolge einer Schuld, die sie auf sich geladen, zum irdischen Dasein verurteilt, wo zwischen Körper und Seele des Individuums ein tiefer Zwiespalt besteht. Kennzeichnend war das orphische Wortspiel „soma-sema": Das Fleisch, der Leib (soma) ist das Gefängnis (sema) der Seele! Nach dem Tod wird die Seele vor das Totengericht gestellt und, damit sie sich läutere, zum „Kreislauf der Wiedergeburten" mit Zwischenstationen im Hades (der Unterwelt, Hölle, oder dem Fegfeuer) bestimmt, bis sie auf der Wanderung durch tierische und menschliche Körper so weit gelangt ist, daß sie „das Kleid des Fleisches" ablegen und „unsterblich, nicht mehr sterblich" ins frühere Götterdasein zurückkehren darf.

Vgl. Zarathustra!

Den „Pfad des Heils" weist ihr „Orpheus, der Gebieter". Das alles geschieht gemäß der Vorsehung, dem „nómos" oder „(Welt-)Gesetz", dem analog manche Orphiker wie einst Echnaton verkündeten: „*Ein* Gott wohnt in allen", auch in allen Göttern. Sinngemäß gleich, jedoch mehr an die altägyptischen

Nómos

Mysterienspiele von Abydos erinnernd, war der Dionysoskult gemeint, zu dem sich die attischen Tragödiendichter Aischylos und Euripides bekannten.
In orphischen wie dionysischen Glaubensgemeinschaften herrschte die Ansicht vor, daß nur im himmlischen Jenseits das wahre Leben zu suchen sei, während das irdische Diesseits als ein Jammertal, ein Strafaufenthalt betrachtet wurde. Allerdings vereinigte man sich, dank des Weines, während der Dionysosmysterien *rauschhaft* mit dem Erlösergott ohne Umweg über Seelenwanderung und Askese, wozu die Orphiker aufforderten, indem sie an höhere Einsicht appellierten. Der Dionysoskult ging später auf im Mithraskult und dieser z. T. im christlichen Abendmahl.

Seelenwanderungslehre

Jedoch, die Seelenwanderungslehre gedieh im alten Hellas auch unabhängig von Orpheus. *Pythagoras,* von dem die Legende berichtet, er sei von Samos nach Kroton in Unteritalien gelangt, gründete hier eine Bruderschaft, an deren Existenz nicht zu zweifeln ist. Ihre Mitglieder prüften sich Tag für Tag nach dem Motto: Was tat ich heute? Worin habe ich gefehlt?, und verkündeten zugleich mit der Vergeltung nach dem Tode und der Seelenwanderschaft folgerichtig die Verwandtschaft zwischen Mensch und Tier. Sie versagten sich deshalb auch jeglichen Fleischgenuß. Denn wie kann ich wissen — so lehrte *Empedokles,* einer der Ihrigen —, ob nicht in diesem Tier mein Vater, in jenem meine Mutter wiedergeboren ist? Wer ein Tier ißt, läuft Gefahr, unwissentlich den eigenen Vater, die Mutter, den Sohn, die Tochter zu verzehren. Von sich selber behauptete Empedokles, er sei bereits ein Mädchen, ein Vogel, ein Fisch und sogar ein Strauch gewesen. Xenophanes verspottete ihn: „Als er vorbeigehend sah, wie ein Hündchen wurde mißhandelt, / sprach er, von Mitleid erfaßt, so ein begütigend Wort: / Laß und schlag ihn nicht mehr; denn eines befreundeten Mannes / Seele erkannt' ich am Klang, als ich die Stimme vernahm."

Zahlenmystik und Elementarteilchen

Angeblich war es derselbe Pythagoras, der ins Hellenentum die altmesopotamische *Zahlenmystik* einführte, von der wir eine spätjüdische Sonderform als „Kabbala" kennen. Vielleicht schrieb man ihm deshalb auch den „pythagoreischen Lehrsatz" zu, der tatsächlich aber, wie die Grundlegung unserer mathematischen Wissenschaft, aus Altmesopotamien herrührt. Einen Beitrag zu ihr haben freilich auch die Altägypter mit dem Dezimalsystem und den Formeln zur Berechnung des Kreisumfangs und der Kegelschnitte geleistet.
Abseits der strengen Mathematik hatte sich schon im alten Orient, vor allem in Altmesopotamien, nun die Zahlenmystik entwickelt. Sie beruhte auf der Erfahrung, daß man längst die Kreisbahnen der Gestirne, die Konjunktionen, Oppositionen, Sonnenfinsternisse, das langsame Vorrücken des sog. Frühlingspunktes, kurz, die Ephemeriden und den Kalender ebenso berechnen und in Zahlen ausdrücken konnte wie jede Leistung der Architektur, die Mischungsverhältnisse bestimmter Metallegierungen, chemische Verbindungen u. dgl. mehr. Man hat derartige Kenntnisse gern als Geheimnis der Wissenschaft und Fabrikation gehütet. Darüber hinaus kennzeichnete man alle Worte und Eigennamen, deren Buchstaben man Zahlenwerte zulegte, durch Ziffern und suchte mittels ihrer die Weltzusammenhänge rechnerisch zu erklären. Solche Zahlenmystik ist uns reichlich aus dem alten Orient überliefert, wo sie einesteils spielerisch, andernteils im Kreise der Eingeweihten mit tiefstem Ernst betrieben wurde.
Das alles war den Hellenen zunächst noch neu. Manche Denker, wie z. B. Thales, erlernten altorientalische Mathematik als Wissenschaft; denn sie befähigte ihn,

selbständig astronomische Berechnungen anzustellen. Andere wurden mehr von der Zahlenmystik gefesselt oder von der besonders in Altägypten hoch entwickelten Kunstfertigkeit, für zahlreiche Verbindungen genau das schwierige Mischungsverhältnis zu bestimmen. Zu diesen Denkern gehörte *Pythagoras*. Infolgedessen verkündete er zusätzlich zur Seelenwanderungslehre eine Zahlentheorie. Sie enthielt andeutungsweise die vier Dimensionen: 1 = Punkt, 2 = = Linie, 3 = Fläche, 4 = körperliche Ausdehnungen; aber schon die 5 symbolisierte bei ihm die „Beschaffenheit", und die Seele deutete er als eine Zahlen-*Harmonie*. Wichtig wurde der Grundgedanke, daß in Natur und Kultur, also in *unserer* gesamten Welt, eine vernünftige Ordnung, Zusammenstimmung waltet und daß diese Gesetzmäßigkeit in Maß und Zahl dargestellt werden kann. Auch *Platon* huldigte der Zahlenmystik. Die 1 bedeutete ihm sowohl den Punkt als auch die *Einheit* des Denkens, nämlich den „nous", also die „Vernunft". Die 2 setzte er ein nicht nur für die Linie, sondern auch für das Wissen schlechthin, die 3 für die Fläche und die Vorstellung, die 4 für die Körperwelt und für die Erkenntnis in der sinnlichen Wahrnehmung. Von der Geometrie erwartete er „die Erkenntnis des beständig Seienden", welche die Seele zur Wahrheit emporziehe, während die Mathematik uns das innere Wesen, das Gesetz, den Zusammenhang alles Wissens überhaupt offenbare.

Pythagoras

Platon

Unvergleichlich zukunftsreicher als die Zahlenmystik erwies sich die Verwunderung, welche einzelne Hellenen angesichts der altorientalischen *Chemie* ergriff. Als Musterbeispiel chemischer Kunstfertigkeit sei ein Rezept aus Altmesopotamien/Babylonien angeführt: Um sogenanntes Bleikupferglas herzustellen, nahm man 60 Teile gewöhnlichen Glases, 10 Teile Blei, 15 Teile Kupfer, 1/2 Teil Salpeter, 1/2 Teil gebrannten Kalk. Dieselben Ingredienzien mischte man aber auch im Verhältnis 60 : 10 : 14 : 1 : 2, wodurch man das sogenannte Akkadische Kupfer erhielt. Derartige Rezepte gab es unzählige; noch unsere moderne Chemie hat auf dem Weg über die arabisch-hellenistische Alchimie ihren Ursprung im alten Orient, vor allem in Altägypten.

Chemische Formeln

Solche Kenntnisse von der Zusammensetzung komplizierter Materie aus kleinsten Einzelteilen mußten auf hellenische Denker wie eine Offenbarung wirken, so stark, daß weder Hellenen noch Römer das altorientalische Chemiemonopol ernstlich erschüttert haben. Da die römisch-christliche Staatskirche im vierten und fünften Jahrhundert die antike Literatur verbrennen ließ, haben wir nur zufällig erhaltene Fragmente aus jener Zeit in Händen, und zwar größtenteils dank der toleranten, wißbegierigen Muslime, die Papyri aus verschonten Winkeln aufstöberten und sorgfältig sammelten.

Wir können daher vorsichtig sagen: Soweit wir aus den wenigen Bruchstücken ersehen können, hat unter den Frühhellenen anscheinend *Anaxagoras* mit dieser sozusagen chemischen Philosophie angefangen, die zunächst eine Art Mystik war und wohl auch bald mit Zahlenmystik kombiniert wurde. Er allerdings lehrte sie als eine der Realität angemessene Wahrheit, verbunden mit einer Kosmologie. „Zu Unrecht glauben die Hellenen an ein Werden und Vergehen [aller Dinge], denn kein Ding wird, noch vergeht es, sondern aus vorhandenen Dingen wird es gemischt und entmischt." Wer bewirkt dieses Mischen und Entmischen? Bei Anaxagoras ist es der als Weltgeist aufzufassende „nous". „Alle Dinge waren beisammen, unendlich an Menge und Kleinheit, da kam der Nous hinzu und ordnete sie. Diese Dinge sind diejenigen mannigfaltigen Materien, die jetzt die Einzeldinge bilden [z. B. Stein, Gold, Knochensubstanz], die Keime aller Dinge", nur in unendlicher Kleinheit und Einfachheit, wobei „in allem etwas von allem" ist. Was Anaxagoras hier als Urkeime oder als unendlich kleine Substanzen umschrieb, hat wenige Jahrzehnte später *Demokrit* als „Atome" bezeichnet.

Anaxagoras

Die Schwierigkeit lag schon für Anaxagoras darin, wie aus solchen Voraussetzungen die *organische, belebte* Natur zu erklären sei. Er löst das Problem so: Allen Organismen wohnt inne der Nous, er ist ihre Seele und stellt sich auf den Stufen der Pflanzen, Tiere, Menschen in jeweils größerer Kraft dar. Die tote Materie und alle Organismen ordnet er also gemäß ihrer Eigenart zu einem *Kosmos.* Im übrigen meinte Anaxagoras, daß von allen jenen unendlich kleinen, unendlich vielen Teilchen sich die gleichartigen verbinden, die ungleichartigen abstoßen — wiederum ein Hinweis auf Erfahrungen der Chemie.

Empedokles

Fast gleichzeitig lehrte *Empedokles:* Die Weltmaterie enthält unveränderliche Grundstoffe, nämlich die (einst mythisch gedeuteten) vier Elemente Wasser, Feuer, Erde, Luft. Jedes Ding entsteht durch eine Spezialmischung dieser in unendlich kleine Stücke zerteilten Elemente, und jedes Ding vergeht, indem die Grundstoffe sich entmischen. Darum bewirkt — ebenso wie bei jedem chemischen Prozeß — der *quantitative Unterschied in der Zusammensetzung die qualitativen Unterschiede in den Sinneseigenschaften.* Das erscheint selbstverständlich; denken wir nur zurück an das vorhin mitgeteilte Mischungsrezept aus Babylonien! Deshalb sagte Empedokles ganz richtig: Die quantitativ verschiedene Zusammensetzung verleihe dem Zusammengesetzten jeweils ein „anderes Antlitz", ein „anderes Aussehen". Daß er sich auf die genannten vier Elemente beschränkte, das freilich mutet uns im Hinblick auf die damals schon weit fortgeschrittenen chemischen Industrie im alten Orient beinahe naiv an.

Empedokles meinte ferner: Wir Menschen, die wir ja ebenfalls aus den vier Elementen gemischt sind, nehmen jeweils mit einem Element in unseren Sinnesorganen dasselbe Element in den Dingen der Außenwelt wahr: „Mit der Erde erkennen wir die Erde, mit dem Wasser das Wasser." Aber je tiefere, wiederum elementar bedingte Einsicht in die Weltmaterie der Mensch erlangt, desto mehr Erkenntnis gewinnt er über deren höhere Bedeutung. Nun hält er z. B. die Luft nicht mehr für bloße Luft, sondern faßt sie auf als „göttlichen Äther"; denn auch Empedokles lehrte, daß die gesamte Materie beseelt wäre: „Alles besitzt Denkkraft."

Demokrit

Zum vorläufigen Abschluß brachte dann *Demokrit* (470?—370?) aus Abdera im ionischen Thrakien diese Gedankenbewegung durch seine Atomtheorie: Alles, was ist, besteht aus unendlich vielen, unendlich kleinen und mit Sinnesorganen nicht mehr wahrnehmbaren Körperchen; sie sind ungeworden, unvergänglich, geometrisch verschieden an Gestalt, Ordnung, Lage, und sie bewegen sich im leeren Raum. Demokrit nannte die Atome auch Schemata oder „idéai", also Formen oder Gestalten. Mit den Begriffen des Atoms und des Leeren setzte sich das abstrakte Denken gegen die sinnliche Anschauung durch, weshalb später Sextus Empiricus als etwas Besonderes hervorhob: „Die Anhänger des Platon und des Demokrit nahmen an, daß allein die Gedankendinge (ta noetá) wahr seien." Auch von der Seele lehrte Demokrit, sie bestehe aus eigentümlich gearteten, im ganzen Körper verteilten Atomen; und eine Erinnerung an den „göttlichen Äther" des Empedokles wird in uns wach, wenn wir von Demokrit hören, daß diese Seelenatome mit dem Atem eingesogen und im Körper zurückgehalten werden. Was die Sinneswahrnehmungen betrifft, so meinte er, sie entstünden durch „Ausflüsse" oder „Bilder" der Dinge, die in passende Öffnungen unserer Sinnesorgane hineinschlüpften. Geistesgeschichtlich am wichtigsten war jedoch sein Lehrsatz: „Nichts geschieht zufällig, sondern alles aus einem [jeweils bestimmten] Grunde und unter dem Zwang der Notwendigkeit." Wir sagen dafür: „*Kausalität*" und „*Determinismus*", zwei Begriffe, die jedem magisch-mythischen Denken, insbesondere jeder Götter-

Kausalitätsprinzip

religion zum Anstoß und Ärgernis dienten und Demokrit den Verruf des Atheismus eintrugen.
Immerhin zeigt uns die Entwicklung bis zu Demokrit, wie hellenische Denker trotz ihrer sehr mangelhaften chemischen Kenntnisse allein kraft des Denkens tatsächlich einem Grundprinzip unserer heutzutage chemisch-physikalisch erforschten Welt doch erstaunlich nahe gekommen waren.

ZARATHUSTRA UND SEINE WIRKUNG AUF AT/NT - HERAKLIT - PLATON

Nachhaltig beeindruckt waren manche hellenischen Denker einschließlich Platons offensichtlich von der Lehre des *Zarathustra,* die seit Mitte des sechsten Jahrhunderts v. Chr. in die altorientalische Geisteswelt eindrang und Bekenner vor allem in Kleinasien, Syrien und Mesopotamien, weniger wohl in Ägypten fand. Insofern die von ihm verkündete Glaubensphilosophie allmählich erweitert worden ist, sprechen wir vom „Zoroastrismus" (nach der griechischen Schreibweise des Namens Zarathustra: Zoroaster). Außerdem wurde sie aber so mannigfaltig mit altorientalischem Glaubensgut verschmolzen, besonders mit der altägyptischen Erlösungsreligion nebst Osiriskult und mit der altmesopotamischen Überzeugung von Teufeln und Hexen, daß sich schon bald dieser „iranisch-chaldäisch-ägyptische Synkretismus" nicht mehr entwirren ließ. „Iranisch" heißt er, weil Zarathustra ein Iraner war, und „chaldäisch" deshalb, weil einst die Babylonier, worunter hier das altmesopotamische Kulturvolk zu verstehen ist, auch Chaldäer genannt wurden. Einzelheiten jenes Synkretismus sind uns noch heutzutage geläufig aus dem Alten und Neuen Testament sowie dem Koran.

Zarathustras Leben und Lehre

Um 600 v. Chr.

Wohl eine Generation älter als Buddha, aber noch sein Zeitgenosse, war Zarathustra, der erste *indoeuropäische* Urheber eines neuen Systems der Welterklärung. Er stammte aus dem östlichen Iran, aus Baktrien, wo er wahrscheinlich um 600 v. Chr. geboren wurde. Er gehörte durch Herkunft und Erziehung zum Priesterstand. Jedoch im Alter von etwa 30 Jahren wurde ihm eine Erleuchtung zuteil, die ihn zum Feind und Überwinder der überlieferten Götterverehrung und ihrer Riten, der Priesterschaft und deren magisch-mythischer Weltanschauung machte. Das den meisten antiken Religionsgründern als Jahr ihrer Bekehrung zugeschriebene Lebensalter braucht nicht legendär zu sein. Jedenfalls bei Zarathustra wie Buddha ist zu bedenken, daß jedes männliche Individuum, als Knabe, Jüngling, Mann, streng gesonderte Altersklassen durchlief, in jeder Klasse anders ausgebildet wurde, und, je weiter er mit steigendem Alter und wachsender Erfahrung gelangte, desto mehr Lebenskenntnis oder Geheimwissen anvertraut erhielt. Üblicherweise wurde er mit 30 Jahren zum vollreifen Manne erklärt, mit 40 zum Ältestenrat zugelassen.

Echnatons Einfluß?

Was Zarathustra betrifft, so können wir mindestens *ein* Geheimnis seiner geistigen Wandlung, und zwar das entscheidende, aus seiner späteren Lehre erschließen. Er muß wohl eingeweiht worden sein in die wohl noch fortwirkende Wahrheitsbotschaft des Echnaton. Denn bald wiederholte er das vorher allein von Echnaton dem alten Orient dargebotene Musterbeispiel: Göttersturz, Aburteilung der Priester als „Lügner", Entmythisierung der magisch-mythischen Weltwirklichkeit, Monotheismus im Hinblick auf den vom Himmel her in Geist und Wahrheit allgegenwärtigen Weltschöpfer, vor allem aber dessen Verehrung und Anbetung mit aufwärts erhobenen Armen an Altären unter freiem Himmel im Sonnenlicht ohne Blutopfer. „Ihr Götter", so sagte er, „seid ein Produkt des schlechten Denkens; wer euch ehrt, der ist der Lüge und dem Hochmut verfallen; und erlogen sind eure Taten." Ausdrücklich hat er diese Götter als „Teufel" bezeichnet („daéva", ursprünglich „Götter"; dasselbe idg. Wort wie gr. theós, lat. deus).

Priesterfeindschaft

Dabei ließ er es jedoch nicht bewenden. Vielmehr verkündete er außer dem Monotheismus einen radikalen Dualismus, eine Lehre, die unabsehbare Wirkungen hervorrief. Da sie letzten Endes mit dem strengen Monotheismus unverträglich ist, wurde ihr folgerichtig dieser frühzeitig untergeordnet. Allerdings darf man von „Monotheismus" bei Zarathustra nicht im Sinn unseres Religionsunterrichts reden. Er vermied behutsam den Gottesbegriff und sprach nur von „Ahura Mazda", dem „Weisen Herrn". Auch blieb er von mythischen Vorstellungen keineswegs frei. Trotzdem könnte man ihn zutreffender als *Religionsdenker* bezeichnen denn als *Religionsstifter*. Seine Hauptthesen zielen nicht so sehr auf Glaubensgebote als auf die prinzipielle Unterscheidung zwischen „richtigem Denken" und „falschem Denken". Dabei wird das Richtige gleichgesetzt mit dem Guten und Wahren, das Falsche mit dem Bösen und der Lüge. Der seiner Lehre eigentümliche Aufklärungscharakter verursachte bald eine sozialpolitisch wirksame Revolution, die blutig niedergeschlagen wurde.

Persisches Weltreich

Noch zu seinen Lebzeiten unterwarfen indoeuropäische Perser seit 550 v. Chr. den Iran, Armenien, Kleinasien mitsamt seinen hellenischen Stadtstaaten (546), Syrien und Mesopotamien (539: Einnahme der Weltstadt Babylon). Danach eroberten sie Ägypten (525). Anschließend faßte Dareios der Große (521—496) die verschiedensten Völker und Länder, von Libyen weit westlich Ägyptens bis zur unteren Donau nordöstlich Makedoniens und bis an den Indus, im persischen Weltreich zusammen, dem ersten von Indoeuropäern errichteten Weltreich und zugleich dem ersten wirklichen Weltreich überhaupt. Längst ehe Alexander der Große (336—323) es zunächst kriegerisch, dann persönlich in Besitz nahm, fand hier innerhalb der riesig ausgedehnten Grenzen der jetzt erleichterte, gesteigerte, sogar amtlich geförderte Kulturaustausch statt, den wir meistens nur dem sog. Hellenismus zugutehalten.

Daraus erklärt sich der starke Einfluß, den Zarathustra mittelbar auf viele nichtpersische Einwohner dieses großzügig verwalteten Weltreichs ausübte, namentlich auf Judäer in Mesopotamien und Palästina sowie auf Hellenen in Kleinasien und Griechenland. Zu seiner Lehre bekannten sich persische Großkönige aus dem Herrscherhaus der Achaimeniden — ihnen voran Dareios selbst —, auch wenn sie, wohl jener vorhin erwähnten Revolution wegen, sich nicht ausdrücklich auf Zarathustra beriefen. Ihrem Vorbild folgte man sicherlich auch deshalb gern, weil sie grundsätzlich keinen Religionszwang ausübten, sondern eine Art von Geistesfreiheit proklamierten.

Geistige Evolution

Dennoch bewirkten eben die Perser, indem sie gemäß der Lehre Zarathustras geradezu einem *Wahrheitskult* huldigten, im ganzen Weltreich eine geistige Evolution, deren Bedeutung und Folgen unermeßlich sind. Woran Echnaton gescheitert war, das erreichten sie ohne Gewalt, aber auch ohne öffentliches Aufsehen zunächst wohl nur bei einer geistigen Elite, indem sie dem allein der Wahrheit verpflichteten Denken den Vorrang zuschrieben. Freilich hatten sie selbst sich auf die Wahrheitslehre des Zarathustra festgelegt, die ihrerseits kritisch zu untersuchen wäre. Trotzdem gebührt ihnen das unschätzbare Verdienst, daß sie jedenfalls die *Wahrhaftigkeit* zum höchsten Prinzip alles Denkens und Handelns erhoben.

Aufs engste mit diesem Wahrheitseifer verband sich seit Zarathustra bei ihnen die Überzeugung: Die gesamte Weltwirklichkeit und vor allem die Kultur ist nicht etwa das Werk irgendwelcher Götter, die wie Menschen aussehen, wie Menschen launenhaft-unzuverlässig handeln oder gar menschliches Schicksal erleiden; denn solche Götter sind nur Hirngespinste habgieriger Priester. Sondern wir selbst leisten die Lebensrealität, indem wir sie aus unserem Willen und Bewußtsein herausbilden. Wir alle sind also fortgesetzt schöpferisch tätig. Was wir tun, entscheiden wir selbst. Wichtig ist aber, *daß der Mensch weiß, was er tut und warum er es tut;* denn jedermann ist verantwortlich für sich selbst. Niemand nimmt ihm diese Verantwortung ab, kein Gott, kein Priester. Infolgedessen ist das Dringlichste: 1. *Erkenntnis jener Geisteskräfte,* welche die Welt durchwalten und uns eine Entscheidung für oder gegen sie abfordern; 2. *Erkenntnis allgemeingültiger Weltgesetze, die* in allem Geschehen verborgen sind und denen sich niemand entziehen kann; 3. *Selbsterkenntnis hinsichtlich unserer eigenen geistig-seelischen Beschaffenheit; 4. Selbstkritik und* damit verbunden *Selbstdisziplin,* die uns nötigt, unser Bewußtsein zu reinigen und in Ordnung zu bringen; 5. die von uns selbst zu leistende *Kontrolle unserer Denkprozesse,* vorausgesetzt, daß wir überhaupt imstande sind, richtiges Denken von falschem Denken zu trennen und beim richtigen Denken auszuhalten; 6. abermals *unbedingte Wahrheitsliebe* ohne Rücksicht auf fremde, ihr entgegengesetzte Meinungen.

Grundsätze in Zarathustras Lehrprogramm

Dieses von uns freilich sehr allgemein formulierte Programm lag mit steigender Wirkungskraft jener hellenischen Philosophie zugrunde, die vom persisch beherrschten Kleinasien herkam, dann in Athen selbständig voll entfaltet wurde und schließlich dauernde Weltgeltung gewann.

Zarathustras Lehre wollen wir nicht für sich allein betrachten, sondern im Zusammenhang mit ihrer Wirkung auf unsere Geistesgeschichte. Zu diesem Zweck zergliedern wir sie in einzelne Thesen. Dabei fällt sofort eine außerordentliche Merkwürdigkeit auf: Seine Lehre ist so geartet, daß sie *als Philosophie* wie auch *als Religion* aufgefaßt werden konnte. Sie steht genau in der Mitte zwischen logisch-abstrakter Erkenntnis und magisch-mythischer Anschauung. Darum konnte sie sowohl in der einen wie in der andern Richtung weiterentwickelt, ausgewertet, umgeformt werden. Beides ist ausgiebig geschehen, so daß sie uns noch heutzutage auf einigen Umwegen tatsächlich zwiegespalten erreicht: 1. als ganz wesentlicher Bestandteil der christlichen Religion und 2. durch das Medium der europäischen Philosophietradition. Begreiflicherweise stellte deshalb gerade diese Lehre oftmals das Fundament dar, auf dem sich Dogmatik und Logik zu mannigfaltigen Formen christlicher Philosophie vereinigen ließen. Darauf können wir hier in unserem Buche nicht näher eingehen, weil wir sonst die umfangreiche, überaus komplizierte Dogmengeschichte ins Spiel bringen müßten, was nur in einem neuen Buch geschehen könnte. Es mögen daher kurze Hinweise auf den ursprünglichen Zusammenhang genügen. Auch wenn wir uns dabei auf eine kleine Auswahl beschränken, wird doch das im Lauf der Geschichte vielfältig variierte Hauptthema klar und deutlich zu erfassen sein; und wer das Hauptthema kennt, der vermag schließlich die möglichen Variationen auch selbst zu erproben.

Philosophie und Religion

Perser und Judäer

Bis auf geringe Ausnahmen beziehen wir uns im folgenden nicht auf den sog. Zoroastrismus, sondern auf Zarathustra selbst. Dessen Lehrgedichte, die „Gatha", stehen nebst Zusätzen und Kommentaren im „Avesta" („Grundtext"). Sie sind sehr früh, kurz nach dem Tod Zarathustras noch im 6. Jahrhundert schriftlich festgehalten worden, und dank einer geistesgeschichtlich hervorragenden Maßnahme des Dareios waren sie bald überall zugänglich. Diese Maßnahme bestand darin, daß der König die semitisch-aramäische Sprache und Buchstabenschrift für das gesamte Weltreich „von Indien bis Äthiopien", wie es im Alten Testament (Buch Esther) heißt, zur amtlichen Einheitssprache und Einheitsschrift erkor. Infolgedessen sind später verfaßte Bücher des Alten Testaments teilweise in Reichsaramäisch aufgezeichnet, das dem Hebräischen nahe verwandt war und es aus dem Alltag verdrängte; noch Jesus sprach aramäisch. Ferner benützte man im persischen Weltreich auch für andere Sprachen jetzt die aramäische Schrift; so z. B. für die ostiranische Sprache der Gatha und des übrigen *Avesta.* Auf einmal lagen nun im persischen Weltreich die Verhältnisse ähnlich wie heutzutage bei uns, *sofern wir uns der lateinischen Schrift bedienen:* Dieselben Schriftzeichen, und zwar Buchstaben, gelten bei uns überall sowie dieselben Grundregeln der Grammatik, so daß wir nur noch fremde *Sprachen,* nicht fremde *Schriften* erlernen müssen, um aus der einen in die andere Literatur zu übersetzen — wobei übrigens die „lateinische" Schrift nichts weiter ist als eine späte Sonderform der aramäisch-phönikisch-griechischen Schrift. Kurz, Dareios hat durch seine Verordnung einen einzigartigen Fortschritt bewirkt. Zweifellos waren fortan auch gebildete Hellenen in Kleinasien und im alten Orient der persisch-aramäischen Weltsprache mächtig, ganz zu schweigen von den hellenischen Kaufleuten rings um das Mittelmeer, die ihren Welthandel über das persische Weltreich oder dessen phönikische Umschlaghäfen abwickelten.

Reichsaramäisch

Wir dürfen also auch für Heraklit und Anaxagoras die Kenntnisse des Reichsaramäischen voraussetzen und wohl auch eine gewisse Bekanntschaft mit „Liedern" (Gatha) des Zarathustra. Für Platon und Aristoteles ist bezeugt, daß ihnen Lehren des Zarathustra und des Zoroastrismus geläufig waren.

Ungleich inniger als zwischen den zeitweise verfeindeten Persern und Hellenen gestaltete sich die Verbindung zwischen den politisch befreundeten Persern und Judäern, die ja damals Untertanen der Großkönige waren. Aber zum erstenmal in ihrer langen Nationalgeschichte ertrugen Judäer eine Untertänigkeit gern. Das ist so zu erklären:

Von beiden judäisch-israelischen Staaten war der weitaus größere, Israel, im 8. Jahrhundert bereits den Assyrern erlegen und die Bevölkerung größtenteils deportiert worden. Der Kleinstaat Juda konnte sich zu Beginn des sechsten Jahrhunderts gegen die Babylonier nicht behaupten. Aber im Gegensatz zu den Assyrern behandelten die Babylonier ihre ebenfalls nach Mesopotamien umgesiedelten Gefangenen, darunter viele Familien judäischer Aristokratie, so milde, daß sich am Euphrat und Tigris eine große, bald wohlhabende Diaspora entwickeln konnte. Dieses „Babylonische Exil" beendeten nun die Perser sofort nach ihrem Siegeszug, doch nur wenige Judäer kehrten im Lauf der Zeit freiwillig nach Jerusalem zurück, wo sich die Mehrheit ihrer Volksgenossen weder um Jahwe und dessen Kult noch um den Neubau seines zerstörten Tempels kümmern wollte. Lange Zeit wurden die Kosten für den Kult von der persischen Verwaltung getragen, und sie war es auch, die durch Subsidien schließlich den Tempelbau ermöglichte. Babylon, jetzt eine persische Residenz und Zentrum des Weltreichs, beherbergte bald mehr Judäer als Jerusalem. Denn dort bot man ihnen ebenso wie in Susa, einer anderen Residenzstadt, großartige Aufstiegsmöglichkeiten. Dafür wären zwei Gründe zu nennen: 1. Die Einführung des Reichsaramäisch begünstigte gleichermaßen auch Syrer und Hebräer. 2. Die persische Lehre des Zarathustra schien mit der Thora des strenggläubigen Judentums weitgehend übereinzustimmen. Alttestamentliche Schriften aus vier Jahrhunderten, vor allem Esra, Nehemia, Esther sowie das erst um 165 v. Chr. verfaßte Daniel-Buch, bezeugen Freundschaft zwischen Persern und Judäern

Juda

Kyros als „Messias"

sogar noch lange nach dem Übergang des Weltreichs an Alexander und die Diadochen. Schon Deuterojesaja hatte um 540 v. Chr. den siegreichen Kyros, den Befreier der mesopotamischen Judenheit, begeistert als „Maschiach" (Messias) begrüßt, als den „Gerechten", den „Hirten", den „Freund" und Gesandten Jahwes. Es blieb nicht aus, daß Lehren des Zarathustra und Glaubensvorstellungen des Zoroastrismus ins Judentum aufgenommen wurden. Derartiges Geistesgut bietet bereits das Alte Testament, dann in wachsendem Umfang die spätjüdische Eschatologie, welche die Lücke zwischen Altem und Neuem Testament ausfüllt (aber in keinen Kanon gelangte), nebst essenischen Schriften, deren einige bei Qumrân zum Vorschein kamen, und schließlich — und am meisten — das Neue Testament, trotz der Verschiedenheit seiner Verfasser.

Bei der folgenden Übersicht stellen wir jeweils ein paar kurze Angaben über Thesen des Zarathustra voran; Zitate bringen wir in der Übersetzung von Herman Lommel. Dazu geben wir Hinweise auf entsprechende Stellen des Alten bzw. Neuen Testaments und anschließend auch auf Zusammenhänge mit hellenischer Philosophie. Wir bedienen uns der Abkürzungen: Z = Zarathustra, Zo = Zoroastrismus, AT = Altes Testament, NT = Neues Testament.

Zarathustras Lehre im Vergleich mit AT/NT

Monotheismus und Dualismus

1. — Z: Ahura Mazda ist der Weltschöpfer, bleibt jedoch oberhalb des Weltgeschehens. — Er „thront" im Himmel. Aber sein Himmel ist weder der Wolkenhimmel noch der Sternenhimmel (den sich Z als feste gewölbte Schale vorstellte), sondern sein Himmel ist uns unsichtbar. — Bei Ahura Mazda halten sich zwei Weltgeister auf: der „Kluge Geist" (sponta manyu) und der „Böse Geist" (angra manyu). Für Z waren sie „von Anfang an vorhanden". Anderseits betet er im Hinblick auf den Klugen Geist zu Ahura Mazda: „Du bist der kluge Vater dieses Geistes." Folglich wäre, wenn man Ahura Mazda als Gott bezeichnet (wie es bald üblich wurde), jener Kluge Geist der Gottessohn und wäre nicht eigens erschaffen worden, sondern aus Gott hervorgegangen oder, wie man auch sagen könnte, von Gott gezeugt (statt: erzeugt). — Beide Weltgeister nennt Z auch „Zwillinge", so daß der Böse Geist ebenfalls ein Gottessohn wäre. — Dem Klugen Geist zugeordnet ist „die Wahrheit" oder Wahrhaftigkeit, das Wahrsein, dem Bösen „die Lüge" (druj = dasselbe indogermanische Wort wie unser „Trug" im Sinne von: Lug und Trug). — Beide Geister bewirken auf Erden und mittels der Menschheit jeweils entgegengesetzte Realitäten: einerseits die „Welt der Wahrheit" und das „Dasein der Wahrhaftigen", anderseits die „Schöpfung der Lüge". — *Faßt man diese spekulative Konstruktion streng monotheistisch auf, dann muß man gleichmäßig* beide Weltgeister für die höchsten Emanationen des einzigen Gottes halten: Gott selbst ist gut und böse zugleich.

„Wahrheit" und „Lüge"

Im AT konnte im Gegensatz zum NT Ahura Mazda um so leichter mit Jahwe identifiziert werden, als „Ahura Mazda" ja kein Eigenname ist, sondern eine Gottbezeichnung, und Jahwe zeigt sich nun sowohl gut (was wir hier nicht zu belegen brauchen), als auch böse (was zu beweisen ist). — Aus der zweimal mitgeteilten Vision des Micha ben Jemla, eines Wahrheitspropheten zum Unterschied von den „Lügenpropheten", sei zitiert (1. Kön. 22; 2. Chron. 18): „Ich sah Jahwe auf seinem Thron im Himmel sitzen, und alles Heer des Himmels bei ihm stehen ... Und Jahwe sprach: Wer will [den König] Ahab bereden, daß er [in den Krieg] ziehe und ... falle? ... Da trat der Geist hervor und stellte sich vor Jahwe und sprach: ... Ich will ausgehen und ein Lügengeist sein im Munde aller seiner Propheten." Demgemäß sagt Micha zu Ahab: „Jahwe hat einen Lügengeist in den Mund all dieser deiner Propheten gelegt, und *Jahwe hat Böses* über dich geredet." — Dem „Bösen Geist" bei Z entspricht im AT der „Satan" (Ankläger, Verleumder), z. B. im Hiob-Buch: „Die Söhne Gottes kamen, um sich vor Jahwe zu stellen, in ihrer Mitte der Satan. Und Jahwe sprach zum Satan: Woher kommst du? Der Satan antwortete: Vom Durchstreifen der Erde und vom Umherwandeln auf ihr. Und Jahwe sprach zum Satan: Hast du meinen Knecht Hiob beachtet? ... Alles, was er hat, ist in deiner Hand..." Indem Satan im Auftrag Jahwes die Familie des Hiob tötet und dessen Eigentum vernichtet, tritt er als gottgesandter Versucher auf.

„Böser Geist" und Satan

2. — Z: Am strengen Monotheismus konnte schon Z nicht festhalten, vielmehr ließ er Ahura Mazda grundsätzlich Partei ergreifen für den „Klugen Geist". Dadurch wandelte sich bei Z der Monotheismus in bestimmter Hinsicht zu einem heilsgeschichtlich befristeten Dualismus: Auf der einen Seite Ahura Mazda, also „der Weise Herr", den jetzt auch wir kurzweg Gott nennen wollen, nebst seinem guten Gottessohn, und auf der anderen Seite der böse Gottessohn. Jedoch erfolgt diese Parteinahme maßvoll; der Böse Geist bleibt weiterhin, von Gott geduldet, in seiner Machtposition sowohl im Himmel wie auf Erden. — Aber noch mehr verwischt Z den Monotheismus infolge jener Gemeinschaft von Gottvater und gutem Gottessohn. Sie bedingt eine Binität, eine sozusagen zwiespältige Einheit, in welcher Gott die *planende*, der Kluge Geist (der gute Gottessohn) die *vollziehende* Schöpferkraft verkörpert: Das Verhältnis zwischen ihnen entspricht ungefähr demjenigen von Legislative und Exekutive. Folgerichtig hat alsbald der Zo diese komplizierte Konstruktion vereinfacht und Ahura Mazda mitsamt dem klugen Weltgeist als ein Ganzes aufgefaßt. — Dem Klugen Geist zugeordnet ist mit der Wahrheit das „Gute Denken" (vohu manah). Es dirigiert im Einzelmenschen dessen praktisches Verhalten und erweist sich insofern als „der Weg", auf dem er wandeln soll: „Lehre mich, o Herr, durch Wahrheit die gut gangbaren Pfade des Guten Denkens, den Weg des Guten Denkens!" — „Klug ist derjenige, welcher durch den Verstand des Guten Denkens die geheimen Sprüche [die heiligen Worte, die Verkündigung] kennt." Man könnte das „Gute Denken" also auch als den „Heiligen Geist" bezeichnen. — Hingegen dem Bösen Geist zugeordnet sind das „Schlechte Denken" (aka manah) und die Streitsucht (der Zorn, die Mordlust oder Kampfeswut, der Aggressionstrieb), dessen Name „aishma" im AT (Tobias-Buch) „asmo-daeus" lautet. — Der Kluge Geist „schuf am Anfang das Leben", der Böse Geist „schuf am Anfang den Tod". Der Kluge Geist ist auch das Licht, der Böse Geist die Finsternis. — Beide Weltgeister befehden sich wie im Himmel so auf Erden. Den Bösen Geist unterstützen die Teufel: „O ihr Teufel! Dadurch, daß ihr die schlechtesten Dinge befehlt, wodurch ... die Menschen ... vom Guten Denken abfallen ..., betrügt ihr die Menschen um Heilsein und Unsterblichkeit." — Folglich repräsentiert der Kluge Geist das Licht, den guten Weg, die Wahrheit und das Leben; jedoch der Böse Geist die Finsternis, den schlechten Weg, die Lüge und den Tod.

Binität

„Gutes Denken"

„Schlechtes Denken"

NT: Zentrales Thema im NT ist die Christologie. Ihre Vielfältigkeit erklärt sich daraus, daß hinsichtlich Jesu jeder NT-Verfasser sein besonderes Vorverständnis mitgebracht hat, je nachdem, aus welcher Vorstellungswelt er herkam. Uns interessiert hier lediglich diejenige Christologie, die an Z orientiert ist. — In Palästina zur Zeit Jesu bekannten sich zu Lehren des Z, ohne ihn zu nennen, vielleicht Nazoräer und wahrscheinlich Essener. Heutzutage hält man für wohl möglich, daß Johannes der Täufer ursprünglich ein Essener war und Jesus mit deren Geistesgut vertraut gemacht hat. Im ganzen alten Orient nebst Kleinasien war offenbar damals noch die reine oder abgewandelte Lehre des Z verbreitet, und zwar besonders in der traditionell perserfreundlichen Judenheit. Darauf können wir jetzt nicht eingehen. Uns genügen ein paar Hinweise aus dem NT, meistens Parallelstellen zu Z, die für sich selber sprechen. — Insofern Jesus nicht nur als Davidide, Maschiach (Christos), Rex Judaeorum, Idealmensch (barnascha), Opferlamm, Menschheitserlöser (Soter), Gottesknecht (Ebed Jahwe), Herr (Kyrios), Logos, Prophet, Weisheitslehrer, Sinaifels, zukünftiger Weltkönig, zweiter Adam, Endzeitfeldherr, Totenrichter und noch mehr erklärt wurde, sondern auch — und vor allem! — als *Gottessohn*, lassen jetzt wir aus dem dazugehörigen Vorstellungskomplex alles beiseite, was auf altägyptisches Glaubensgut deutet oder auf Parallelen zum damals aktuellen ägyptisch-römischen Kaiserkult. Sobald wir die Gottessohnlehre von historisch-politischen Komponenten befreit haben, zeigt sich eine genaue Übereinstimmung mit Z. Dabei wollen wir Jesu radikale Priesterfeindschaft nur am Rande erwähnen. Auffälliger ist, daß er an Stelle des üblichen Gottesbegriffs lieber vom „Vater im Himmel" sprach. Aber entscheidend ist zunächst das christologisch offenbar dem Z nachgebildete Verhältnis zwischen Gottvater, Gottessohn und Heiligem Geist. Obwohl unser trinitarisches Glaubensbekenntnis ein Kompromiß uneiniger kirchlicher Parteien aus dem vierten Jahrhundert ist, liegt seine Formel ebenso wie der Anlaß zum Streit unverkennbar in diesem Teil der NT-Christologie begründet: „Ich glaube an *einen* Gott, den Vater, Allesbeherrscher, Schöpfer des Himmels und der Erde, ... *und* an einen Herrn Jesus Christus, den ... Sohn Gottes, der vom Vater *gezeugt* ist, *nicht erschaffen, eines Wesens mit dem Vater, durch den* [nämlich durch den Sohn] *alles geschaffen* ist, ... und an den Heiligen Geist, den Herrn, den lebendigmachenden, der vom Vater ausgeht... [und] durch die Propheten geredet hat..." Zu ergänzen wäre diese „nicäno-konstantinopolitanische Glaubensformel" durch die Überzeugung, daß anderseits der Satan seine ebenfalls himmlisch-irdische Gegenwelt aufgebaut hat, wozu er sich eigenmächtig der Urschöpfung bediente. Kurz, hier finden wir wieder die Konstruktion des Z mit ihrem Monotheismus *und* ihrem Dualismus. — Der Geisteskampf zwischen Satan und Jesus steht im Vordergrund des NT-Geschehens. Hier wird er nicht nur so ausgetragen, wie schon Z ihn gelehrt hatte, sondern auch mit dessen Begriffen und Vorstellungen. Monotheistisch steht Gott jenseits von Gut und Böse, indem er „seine Sonne aufgehen läßt über die Bösen und die Guten" (Matth. 5, 45). Hingegen dualistisch bekennt er sich vom Himmel herab öffentlich zu Jesus. Was den Bösen Geist betrifft, den Satan oder Fürst der Teufel, so ist er auch im NT der Herr der „Finsternis" und der „Lüge" und „ein Menschenmörder *von Anfang an* und steht nicht in der Wahrheit, weil keine Wahrheit in ihm ist, „denn er ist ein Lügner und der Vater der Lüge wie des Lügners" (Joh. 8, 44). Er wird identifiziert mit dem „Tod". Jedoch der gute „Gottessohn ist geoffenbart worden, um die Werke des Teufels zu vernichten" (1. Joh. 3, 8). Er ist „der Weg, die Wahrheit und das Leben" (Joh. 14, 6) und soll „für die Wahrheit zeugen: „Jeder, der aus der Wahrheit ist, hört meine Stimme" (Joh. 18, 37). „Die Wahrheit wird euch frei machen" (Joh. 8, 32) und „der Geist der Wahrheit wird euch leiten" (Joh. 16, 13), so daß „ihr wandelt als Kinder des Lichts" (Eph. 5, 9) auf „dem schmalen Weg, der zum Leben führt" (Matth. 7, 14). — Man bemerkt im Hinblick auf den Satan einen Unterschied zwischen AT und NT: Dort war er noch ein Gottesgeist, hier ist er der Widersacher Gottes. Diese Positionsänderung folgt dem Zo, der den Bösen Geist zum „Teufel aller

Christologie

Satan — Jesus

Teufel" gemacht hatte. Für Kenner des AT hat deshalb Lukas im NT den Hinweis eingeschaltet: „Ich sah den Satan wie einen Blitz vom Himmel fallen" (Luk. 10, 18).

3. — Z: Beide Weltgeister hatten sich einst freiwillig gegeneinander entschieden: „Ich will verkünden die beiden Geister im Anfang des Daseins, von denen der klügere also sprach zu dem bösen: Nicht stimmen zusammen unser beider Denken noch unsere Lehren noch unser Verstand, nicht unsere Wahlentscheidung noch unsere Worte und Taten, nicht unsere Natur noch unsere Seelen." Denn: „Von diesen beiden Geistern entschied sich der lügenhafte dafür, das Schlechteste zu tun, aber der Sehr Kluge Geist entschied sich für die Wahrheit." Folglich sind „jene beiden von Anfang an vorhandenen Geister ... nach Denken, Reden und Tun jeweils das Bessere und das Schlechtere". — Ihrem Beispiel folgt nun die Menschheit. Sämtliche Menschen sind zu dem Zweck erschaffen, daß sie den Bösen bekämpfen sollen. Jedoch, ob sie diese Bestimmung erfüllen oder nicht, das hängt von ihnen selber ab. Da ist besonders wichtig: Jedes menschliche Individuum ist im Himmel als geistiges Urwesen (daēnā) vorgebildet worden, und zwar vor Grundlegung der materiellen Welt! Bereits in dieser „ersten Existenz" trifft das individuelle Urwesen, sozusagen das höhere Ich, seine Wahl, ob es dereinst auf Erden zur Welt der Wahrheit, des Lichtes und des Lebens gehören will oder zur Welt der Lüge, der Finsternis und des Todes. Solange sich die künftigen Menschen noch droben im geistigen Urzustand befinden, stehen sie in Beziehung zu den Geistmächten, unterreden sich mit ihnen und lassen sich auf die eine oder andere Seite hinüberziehen. Insofern dabei der Böse Geist mit seinen „Unsterblichen" (nämlich u. a. mit den Untugenden, wie „Lüge", „Streitsucht") an sie herantritt und um sie wirbt, sehen sich jene menschlichen Urwesen seiner *Versuchung* ausgesetzt. — Dieselbe Versuchung widerfährt den Menschen abermals auf Erden während ihrer „zweiten Existenz", wo begreiflicherweise eine solche Versuchung nur bei denjenigen noch Sinn und Zweck hat, deren Daena sich vorher gegen den Bösen entschieden hatte. Dessen wiederholte Versuchung besteht eben in dem *Versuch*, jene frühere Entscheidung umzustoßen.

Wahlentscheidung

Präexistenz

Versuchung

AT: Ein vielleicht dem Zo entlehnter Mythos im Hesekiel-Buch (28, 12 ff.) schildert anschaulich, wie der Böse Geist zu dieser Gegenposition kam. Wir geben einen Auszug: „Der du die Vollendung besiegeltest, voll von Weisheit und vollkommen an Schönheit: du warst ein schirmender, gesalbter Cherub [höchster Geist] auf Gottes heiligem Berg. Vollkommen warst du in deinen Wegen, bis Unrecht an dir gefunden wurde: durch den großen Umfang deiner Taten wurde dein Inneres mit Gewalt erfüllt, dein Herz hat sich erhoben ob deiner Schönheit, du hast zunichte gemacht deine Weisheit samt deinem Glanze. Durch die Menge deiner Missetaten hast du deine Heiligtümer entweiht. Alle, die dich kennen, entsetzen sich über dich; zum Schrecken bist du geworden." — Im Sacharja-Buch (3, 1) wird der Böse Geist wieder als Satan bezeichnet, und eine Entsprechung des Klugen Geistes als höchster „Engel Jahwes" dargestellt. Während der kurzen Szene vor Jahwes Himmelsthron ist außerdem der judäische Hochpriester zugegen, „und der Satan stand zu seiner Rechten, um gegen ihn zu streiten".

NT: Aus dem deutlichen Zusammenhang mit den Lehren des Z und Zo verstehen wir am besten die Versuchung Jesu, die von Markus, dem ältesten Evangelisten, nur angedeutet, von Lukas/Matthäus ausführlich erzählt wird. Selbstverständlich bedingt sie wieder eine streng monotheistische Distanz zwischen Gott und Jesus, weil ja nur Jesus, aber „nicht Gott selbst versucht werden kann zum Bösen" (Joh. 1, 13). — Bekanntlich sind die drei ersten Evange-

Versuchung Jesu

listen, die Synoptiker, sich nicht schlüssig geworden, wie Jesus ganz zutreffend einzuschätzen sei, weshalb sie verschiedene Erklärungen nebeneinander stellten. (Hier liegt eine Hauptursache späterer Konfessionskriege schon im 4. Jahrhundert.)

Gottessohn auf Erden

Eine solche Erklärung besagt, daß Jesus erst als Mensch und erst auf Erden zum „Gottessohn" berufen und *daraufhin* „vom Satan versucht" wurde. Unklar bleibt, ob der Satan eigenmächtig oder im Einverständnis mit Gott handelt. Das Urteil hängt davon ab, wie man es herleitet: entweder aus dem NT-Monotheismus, der am AT orientiert ist und bei den Synoptikern deutlich durchscheint (dann wäre auch in diesem Fall der Satan so, wie bei Hiob, von Gott beauftragt), oder ob man das Urteil nach dem NT-Dualismus ausrichtet, der besonders für das Vierte Evangelium typisch ist: „Ich und der Vater sind eines" gegenüber dem Satan (so daß die Versuchung Jesu gar keine „Versuchung" wäre, sondern Ausdruck einer gegen Gott gerichteten Revolution). Beide Urteile lassen sich durch weitere Zitate belegen. Wir wollen hier nur zwei Stellen angeben: 1. Lukas und Matthäus verkünden die noch *an Gott selbst* gerichtete Bitte: „Führe uns nicht in Versuchung!" 2. Hingegen der Verfasser des Jakobus-Briefes (1, 13) erklärt: „Niemand sage, wenn er versucht wird: Ich werde von Gott versucht; denn Gott ... versucht niemanden."

„Fürst der Welt"

— Jedenfalls stellt sich Satan in der Versuchungsgeschichte als Fürst der Menschenwelt vor, der sich im offenbar legitimen Besitz aller Machtmittel befindet, und er unternimmt den Versuch, Jesus zum Abfall von Gott zu bewegen. Wer den Vorgang im Sinn des NT-Dualismus deuten will, kann sich an den Mythos aus dem Hesekiel-Buch erinnert fühlen und demgemäß folgern, daß Satan sich zum Aufruhr gegen Gott entschlossen hatte und nun Bundesgenossen suchte. Jedenfalls bekennt Jesus sich zum Gehorsam gegenüber Gott.

„Gehorsam"

Schon Z hatte „den Gehorsam" als eine der „unsterblichen" Tugenden ausdrücklich dem Klugen Geist zugeordnet. — Ähnliches wie Jesus widerfährt, von Lukas (22, 31) wiederum monotheistisch aufgefaßt, auch den Jüngern: „Der Satan hat begehrt, euch zu sichten wie Weizen; aber ich habe für dich [Simon Petrus] gebetet." Hier also wird der Satan eindeutig so aufgefaßt wie im Hiob-Buch, nämlich als der zwar höchste, aber doch dem Willen Gottes unterworfene Böse Geist, gegen den man nur etwas ausrichten kann, wenn man sich an dessen einzigen Herrn wendet, das heißt: an Gott selbst.

Wahlfreiheit

4. — Z: Die vor Grundlegung der Welt geschaffenen Urwesen, die Daena, stimmten für oder gegen den Klugen Geist gemäß ihrer *Wahlfreiheit:* „Seitdem du, o Herr, die geistigen Urwesen erschaffen hast, ist derjenige ein Lügner, der dem Lügner sehr günstig ist, und derjenige ein Wahrhaftiger, dem der Wahrhaftige zum Freund ist." — Die guten Taten jedoch, die jeder Bekenner des Klugen Geistes im Diesseits verrichten soll, sind vom Weisen Herrn *vorgeplant:* „Seitdem du, o Weiser *durch deinen (Klugen) Geist zu Anfang* die irdischen Wesen *schufst* und die geistigen Urwesen und die Verstandeskräfte, seitdem du die Körperkraft machtest und seitdem *du Taten und Worte machtest, in denen man seine Wahlentscheidung nach Belieben bestätigt:* Seitdem erhebt seine Stimme sowohl der falsch Redende als auch der richtig [recht, gerecht] Redende." — Die im Himmel vollzogene Wahl wird auf Erden durch vorgesehene Leistungen bestätigt. Den Gutwilligen hat sie Gott selbst zugedacht, während der Böswillige mit seinem Werke in der Gewalt des „Herrn der Finsternis" bleibt. Im einzelnen wird der Mensch jeweils vom Guten Denken oder vom Schlechten Denken unterwiesen. Folglich findet im irdischen Dasein nur noch die historische Auseinandersetzung beider Geistmächte statt, und zwar mittels ihrer Gefolgschaft. Deshalb hat Z die Gut-

willigen in einem „Bund“ (maga), einer Gottesgemeinschaft der Wahrheitsbekenner zusammengefaßt. — Die *Freiheit der Wahl* ist grundlegend wichtig, weil Z aus ihr, falls der Mensch sich *gegen das Gute* entschied, die *Schuld und Strafe* des Individuums herleitet: die *Ursünde,* welche sich der Mensch, der auf Erden sein „zweites Dasein“ vollbringt, schon in seinem „ersten Dasein“ *selbst auferlegt* hat. Alles irdische Geschehen ist bereits himmlisch vorhergesehen und bestimmt, d. h. von einer Macht, die allen Beschränkungen durch Raum und Zeit als ewige Gegenwart enthoben ist. Wer sich einst dort oben für das Gute und Wahre entschieden hat, der braucht jetzt hier unten, wenn er es vergäße, nur daran erinnert zu werden, um jeder Versuchung zu widerstehen. „Der Sehr Kluge Geist wählte die Wahrheit; dasselbe taten diejenigen Daena, die *aus eigener Entscheidung* dem Weisen Herrn mit rechten Handlungen willfährig sind ... Und ihm sollen sie *nachfolgen* durch Gedanken, Wort und Tat, um dem Weisen Herrn durch Gebete zu willfahren und ihn *aus freier Wahl* zu verehren.“ *Nachfolgen* sollen sie also dem guten, gehorsamen Gottessohn in der Kraft des Guten Denkens, des Heiligen Geistes. — Nun aber bringt Z eine merkwürdige Schwierigkeit in diese bisher übersichtliche Gedankenfolge. Auch im „zweiten Dasein“ wird der Mensch zur Wahl aufgerufen! „Höret mit euren Ohren das Rechte, betrachtet mit klarem Denken die beiden Wahlmöglichkeiten, die zur Entscheidung stehen!“ Das „klare Denken“ leistet der Verstand, der Hinweis auf die Ohren gilt den Sinneswahrnehmungen. Sowohl Verstand wie Sinneswahrnehmungen sind bei Z aber Eigenschaften der Seele, die auf Erden im menschlichen Körper die Daena vertritt. Allerdings muß das Sinnesorgan vom Verstand geprüft werden, um aus der Botschaft die wiederum von Gott selbst formulierten Worte des Lebens herauszuhören; nur wer auf solche Weise zu hören vermag, der vernimmt diese Botschaft richtig und handelt danach. — Man könnte meinen, die Verkündigung irdischer freier Wahl sei denjenigen Seelen zugestanden, deren Daena bisher mit der Entscheidung gezögert hat. Für eine solche Unentschlossenheit hat Z noch Verständnis und Nachsicht. Hingegen sind die „Neutralen“ in den Augen des Zo nutzlos erschienen, da sie weder warm noch kalt sind, sondern lau, weshalb sie vom Zo den Böswilligen zugezählt wurden. Vielleicht hat Z mit jenen Unentschlossenen eine letzte Gelegenheit geben wollen, sich der Gottesgemeinschaft einzugliedern. Denn nach dem irdischen Tod ist die Frist für eine Wahl endgültig verstrichen. — Z jedoch sagt, daß er *alle* Lebenden zur Wahl veranlassen wolle. „Weil der zum Wählen bessere Weg nicht deutlich sichtbar ist, deshalb komme ich zu euch allen, ... damit wir gemäß dem Wahrsein leben.“ Das von ihm benutzte Verb „var“ heißt wörtlich: „zur rechten Wahl veranlassen“, bedeutet aber dasselbe wie „*bekehren*“, sinngemäß also: den falschen Weg verlassen und sich auf den richtigen begeben. Der irdische Wahlaufruf gilt denjenigen, die sich im ersten Dasein vom bösen Geist betören ließen. Indem Z sie zur *Bekehrung* auffordert, läßt er sie wissen, daß ihre letzte Chance gekommen sei; die Zeit drängt, und sie müssen sich beeilen, ihre Seele vor der angedrohten Strafe für ihr Versäumnis zu retten. — Indes macht Z deutlich, daß jede derartige Bekehrung nicht allein im Belieben des Einzelmenschen steht, sondern als eine *Gnadengabe* Gottes zu betrachten ist. Denn von Gott hängt es ab, ob er am früheren Entschluß des Menschen weiterhin festhalten oder ob er dessen Widerruf, die Buße, anerkennen will. Direkt an Gott darf und kann sich der Mensch nicht wenden, da er noch zur „Schöpfung des Bösen“ gehört, auch wenn er sich nunmehr aus ihr hinaussehnt; deshalb bedarf er eines höchsten *Mittlers.*

Ursünde

Nachfolgeschaft

Das „klare Denken“

Bekehrung

„Der Mittler“

NT: Das alles wird einschließlich der soeben angedeuteten Schwierigkeiten und inneren Widersprüche, allerdings mit einer großen Ausnahme, stellenweise fast wörtlich im NT wiederholt. — Mit dem Ruf „Tut Buße!“ wendet sich Johannes

Johannes d. T. und Wahlfreiheit

der Täufer, radikal priesterfeindlich, an die Laien, weil er, ebenso wie einst Z, die von ihm angetroffene Priesterschaft dem Lügengeist verfallen sieht. Dabei setzt er voraus, daß *jedermann der Bekehrung bedürfe*, daß sie aber auch *jedermann* angeboten sei. Von irgendeiner Vorherbestimmung ist bei ihm nicht die Rede. Insofern glaubt er an die Wahlfreiheit. Desgleichen erzählt Apg. 26, 15 ff., Paulus sei visionär beauftragt worden, den Nationen „die Augen aufzutun, auf daß sie sich bekehren von der Finsternis zum Licht und von der Gewalt des Satans zu Gott". — Es taucht auch eine Erinnerung daran auf, wie verhängnisvoll ein Ausweichen in die Neutralität sei (Apok. 3, 16): „Weil du lau bist und weder kalt noch warm, deshalb werde ich dich ausspeien aus meinem Munde."

Vorherbestimmung

— Aber ungleich häufiger gibt es *keine Freiheit der Wahl,* sei es in einer himmlischen Vergangenheit, sei es in der Gegenwart, sondern nur *die Vorherbestimmung,* und zwar — das ist die eingangs angekündigte Ausnahme! — einzig *als Willensbeschluß Gottes*. Der Ausruf Jesu: „Wer Ohren hat zu hören, der höre!", wird zwiefach erläutert: 1. In Mark. 4, 11 f. heißt es, Jesus rede gleichsam apokalyptisch, deshalb in Gleichnissen zu den Leuten, „damit sie hörend hören und nicht verstehen, auf daß sie sich nicht etwa bekehren". 2. In Joh. 18, 37 erklärt Jesus: Nur „wer aus der Wahrheit ist, hört meine Stimme". Folglich kann es sich um eine echte Bekehrung gar nicht mehr handeln, sondern bloß darum, daß einzelnen Menschen bewußt wird, wie Gott sie „auserwählt hat vor Grundlegung der Welt" (Eph. 2, 1 ff.) und wie sie nur zeitweilig ausgeliefert waren „dem Geiste, der jetzt wirksam ist in den Söhnen des Ungehorsams". Im übrigen hat Gott auch im NT die Individuen, allerdings nur die auserwählten, „geschaffen zu guten Werken, welche er zuvorbereitet hat, auf daß wir in ihnen wandeln sollen" (Eph. 2, 10), bis der „Geist der Wahrheit euch in die ganze Wahrheit einführen wird" (Joh. 16, 13). — Wie bei Z sind die Wahrheitsbekenner bei Paulus am Kampf der beiden Weltgeister unmittelbar beteiligt (Eph. 6, 12): „Unser Kampf ist nicht gegen Fleisch und Blut, sondern gegen die Fürstentümer, die Gewalten, die Weltbeherrscher dieser Finsternis, gegen die Geistmächte des Bösen in den Himmeln."

Jesus als Mittler

— Der höchste und einzige „Mittler zwischen Gott und Menschen" (1. Tim. 2, 5) ist Jesus: „Er vermag diejenigen völlig zu erretten, die durch ihn Gott nahen, indem er immerdar lebt, um sich für sie zu verwenden" (Hebr. 7, 25), diejenigen nämlich, die „Gott zuvorbestimmt hat" (Eph. 2, 1 f.), „denn niemand kann zu mir [zu Jesus, dem Mittler] kommen, wenn nicht der Vater, der mich gesandt hat, ihn zieht" (Joh. 6, 44). — Deutlich erkennt man nun, worin Z und das NT hinsichtlich der Bekehrung übereinstimmen und worin nicht. 1. Wie bei Z ist sie im NT eine Gnade Gottes. Nur „mit Furcht und Zittern" soll der Mensch (nach Phil. 2, 12 f.) „seine Seligkeit" anstreben, ungewiß, ob trotz des Mittlers seine Umkehr anerkannt wird.

Problematik der Prädestinationslehre

2. Jedoch nach der Prädestinationslehre liegt die Entscheidung über das endgültige Geschick des Menschen allein in Gottes Hand. Der Mensch hat *keine* Wahlfreiheit, *keine* Willensfreiheit, sondern „Gott ist es, der in euch nach Belieben sowohl das Wollen bewirkt als auch das Gelingen" (ebd.). Folglich ist die Lehre des Z, die sonst konsequent das NT durchzieht, in einem wichtigen Punkt unterbrochen, eben demjenigen der *Wahlfreiheit* oder individuellen Selbständigkeit. *Denn allein aus ihr* hat ja Z folgerichtig die *Schuld* desjenigen hergeleitet, der sich *freiwillig* für „die Welt des Bösen" entschied, wobei es wohl gleichgültig ist, ob diese Entscheidung unbedingt im ersten Dasein fallen muß oder ob man sie vom zweiten Dasein zu erwarten hat. Wenn aber Gott keine Wahlmöglichkeit zuläßt —, wo bleibt dann noch die Schuld? Wofür wird der Mensch bestraft? Insofern steht also die Prädestinationslehre wie ein Fremdkörper im NT. Tatsächlich liegt ihr wohl eine andere, altmesopotamische

Vorstellung zugrunde, die von Paulus aufgegriffen wurde, um den unerwarteten Kreuzigungstod Jesu zu deuten. Wir haben es mit jener Tradition zu tun, welche vom „Tod des Stellvertreters“ kündet und insofern eine Erlösung vom (natürlichen) Tod verheißt, als diejenigen „ihn nicht schmecken“, zu deren Rettung ein so wertvoller Stellvertreter sterben mußte. Da nun Gott seinen eigenen Sohn opferte, so bestimmt selbstverständlich Er selbst, wem diese Erlösungstat zugute kommen soll. Um trotzdem eine Schuld des Einzelmenschen zu erklären, berief sich Paulus auf den AT-Mythos von Adam, Eva und der Erbsünde, der z. T. ebenfalls altmesopotamischer Herkunft ist.

Zukünftiges Paradies

5. — Z: Im Himmel erscheint die Seele nach dem irdischen Tod zwar ohne sterblichen Körper, aber noch umgeben von dessen Idealgestalt, und erlebt hier, zunächst bis zum Jüngsten Gericht, einen Zustand seliger Unsterblichkeit: „Unser soll das Paradies sein ... Man soll die Seligkeit erlangen durch deinen Klugen Geist, o Weiser, durch den du mittels des Wahrseins die Wonnen des Guten Denkens geben wirst alle Tage, die Freuden des langen Lebens.“
NT: Diesem zeitlich begrenzten Jenseitigkeitsglück entspricht das „Tausendjährige Reich“. (Die Tatsache, daß ein genaues Datum genannt ist, und zwar als Millenium, entspricht der Zo-Tradition.)

„Das Reich Gottes“

6. — Z: Im Anschluß an das Jüngste Gericht werden Himmel und erneuerte Erde vereinigt zum ewigen „Reich“ Gottes. Anstatt „Reich“ kann man „Herrschaft“ oder „Königsherrschaft“ sagen. Dieses Reich stellt den Lohn der Wahrheitsbekenner dar. „Wie wird mir zum Heil die Lehre sein, die mir als Verheißung auf das Reich“ von Gott selbst verkündet worden ist! Im Reich sitzt der Weise Herr auf dem Thron; es ist „das sonnenhelle Reich“, das Reich des Lichtes: „Zu uns wird kommen dein Reich!“
NT: Dieses kommende „Reich“ ist eine Hauptthese im NT, so z. B. Matth. 6, 10 in wörtlicher Übereinstimmung mit Z: „Zu uns komme dein Reich!“ Es ist den Wahrheitsbekennern als Lohn verheißen; im Reich steht der Thron Gottes; es ist das Reich des Lichtes, entstanden aus der Vereinigung des Himmels mit der erneuerten Erde.
Z: Der Himmel heißt auch „Haus Gottes“; deshalb „ist in deinem Hause, o Herr, die Stätte des klugen Mannes“. Sinngemäß dasselbe gilt für „die gute Wohnung des Weisen Herrn, des Wahrseins und des guten Denkens“.
NT: „In dem Hause meines Vaters sind viele Wohnungen ... Ich gehe hin, euch eine Stätte zu bereiten, ... auf daß, wo ich bin, auch ihr seid“ (Joh. 14, 2 f.).

„Haus des Herrn“

Z: Irdisch-unvollkommenes Abbild des himmlisch-vollkommenen „Reiches“ oder „Hauses des Herrn“ soll die hiesige Lebensordnung sein, und zwar vom Hausherrn bis zum Landesherrn, vom Verwalter bis zum Ersten Minister. Für die Zukunft gilt: „Durch Wahrheit und Gutes Denken hat er, der Weise Herr, uns verheißen, daß in seinem Reich für uns sein sollen Gesundheit und Unsterblichkeit: In seinem Hause soll immerwährende Kraft sein.“ Demgemäß bemühen sich die Wahrheitsbekenner schon in der Gegenwart, hiesige Verhältnisse jenem Reiche anzugleichen. Dazu Herman Lommel: Für Z „ist alle Herrschaft, sofern sie gut ist, nach Art der Herrschaft des Weisen Herrn“ geregelt; sie „ist das Vorbild“. Ihre Vollkommenheit freilich ist „in dem derzeitigen Weltzustand, der aus Vermischung und Kampf zwischen Gutem und Bösem besteht“, nicht zu erreichen, wohl aber anzustreben.
NT: Dasselbe meint (Luk. 16) das Gleichnis vom Haushalter, das insofern kein „Gleichnis“, sondern ganz real gedacht ist, und demgemäß heißt es im Brief an Titus: „Deshalb ließ ich dich auf Kreta, daß du in Ordnung bringen

mögest, was noch mangelte ... Denn der Aufseher muß untadelig sein als Gottes Verwalter.“ (Die Lehre vom „irdischen Haushalt Gottes“, verbunden mit dem historisch-politischen „Gottesstaat“, dem römisch-christlichen Imperium, ist später zum europäischen Schicksal geworden.)

Psychologie

7. — Z: In seiner Psychologie unterscheidet Z zwischen der himmlischen Daena, die als höheres Ich droben bleibt, und der irdischen Seele, die drunten im menschlichen Körper gleichsam zum Stellvertreter der Daena eingesetzt ist. Auf diese Weise hängen erste und zweite Existenz geistig-seelisch unmittelbar zusammen. Der Seele schwebt die Daena sozusagen als Urbild oder Ideal ihrer selbst vor; was im Jenseits die Daena gedacht und gewählt hat, danach richtet sich im Diesseits die Seele, vorausgesetzt, daß sie es nicht vergißt. — Der Seele eigentümlich sind: Verstandeskräfte und Sinneswahrnehmungen. Außerdem bleibt ihr zugeordnet die körperliche Idealgestalt, die man sich immateriell denken muß. — Im Augenblick des irdischen Todes stirbt nur der Körper, weil seine physische Lebenskraft erlischt. Hingegen die Seele mitsamt dem Intellekt und ihrer Fähigkeit zu Sinneswahrnehmungen begibt sich ins Jenseits. — Die Seele ist Trägerin des Guten Denkens oder des Schlechten Denkens.
NT: Diese Lehre wird im NT bereits als bekannt und richtig vorausgesetzt, sofern sie das Verhältnis zwischen Leib und Seele betrifft. — Jedoch gemäß einer ganz anderen, schon von den Orphikern verbreiteten Lehre hat Paulus jenes Verhältnis dualistisch aufgefaßt: Der natürliche Leib ist bei ihm ein Widersacher der Seele.

8. — Z: Nach dem irdischen Tod vereinigt sich die Seele mit ihrer Daena. Sie muß eine Brücke, schmal wie die Schneide eines Messers, beschreiten, die sich von der Erde zum Himmel spannt. — Hatte sich die Seele *vollkommen* für die Wahrheit entschieden, dann schwebt sie mühelos hinüber zum anderen Ufer und geht dort durch die Himmelspforte in die Seligkeit ein. Aber für Unvollkommenheiten ihres sonst wahrheitsgemäßen Lebenswandels muß sie unterwegs büßen, indem sie auf der Brücke, unter welcher die Hölle droht, Todesangst aussteht. Falls sie jedoch den Geist der Lüge gewählt hatte, stürzt sie von der Brücke hinab in den Abgrund der Hölle. — Das Geschehen, das sich auf der

Das erste Gericht

Brücke abspielt, ist *das erste Gericht.* Wer in den Rachen der Hölle oder ins Höllenfeuer geworfen wurde, erleidet in dessen Qualen den *ersten Tod,* ohne zu sterben: Tod als Gegensatz zum Leben. Wer hingegen durch die schmale Pforte ins Haus Gottes einging, der hat ewiges Leben gewonnen; er kommt nicht ins Gericht, weder ins erste, das er ja schon überstand, noch ins zweite, endgültige. Vielmehr genießt er, zunächst bis zum zweiten Gericht, das aber ihn nicht gefährdet, die himmlische Seligkeit „von langer Dauer“, die reinste Freude „in himmlischem Licht und mit himmlischer Speise“. Hier lebt er „in Gemeinschaft mit der Wahrheit“ und im „Anschauen“ Gottes. „Werde ich dich ... schauen und den Thron des Herrn?“ fragt Z hoffnungsvoll. — Zo: Im Himmel kommen der ewig-lebendigen Seele freudig die Seelen früher Gestorbener entgegen und begrüßen sie. Hingegen in der Hölle wird die Seele von Teufeln empfangen und äußerst schlecht behandelt. Hier sitzen die Seelen dicht aneinandergedrängt, und trotzdem ist jede einsam. (Warum der Böse Geist seine eigenen Gefolgsleute hier quälen läßt, bleibt allerdings unausgesprochen.) — Da die Seelen über Verstand und Sinneswahrnehmungen verfügen, so können sie jeweils über ihre Situation nachdenken und Freude oder Schmerz empfinden.
NT: Die Vorstellungen von der messerschmalen Brücke und der Himmelspforte sind zusammengezogen zur „engen Pforte“. Ihr analog wird der riesig

ausgedehnte „Abgrund der Hölle", in übertragenem Sinne also deren weiter Zugang, als die „weite Pforte" bezeichnet: „Gehet ein durch die enge Pforte. Denn eng ist die Pforte und schmal der Weg, der zum Leben führt, und wenige finden ihn. Jedoch weit ist die Pforte und breit der Weg, der zum Verderben führt, und viele gehen ein durch sie" (Matth. 7, 13 f.). — Davon, daß eine zur Seligkeit bestimmte Seele ihr Ziel nur erreicht, nachdem sie Verfehlungen durch Furcht gebüßt hat, ist öfter die Rede, z. B. Jud. 23; im übrigen soll die unsträfliche Vollkommenheit des Lebenswandels erstrebt werden. — Was nun das individuelle erste Gericht und das allgemeine zweite Gericht betrifft, so besagt Joh. 5, 24: „Wer mein Wort hört und glaubt dem, der mich gesandt hat, der *hat* ewiges Leben und kommt nicht ins Gericht, sondern er ist aus dem [irdischen] Tode in das Leben hinübergegangen." Dazu Joh. 3, 18: „Wer aber nicht glaubt, der ist schon gerichtet." — Daß die Gerichteten in der Hölle nur den ersten Tod erleiden und erst nach dem zweiten Gericht auch den zweiten Tod, berichtet genau Apok. 20, 14 und 21, 8, wo „der zweite Tod" beschrieben ist. — Die Situation des Zwischenzustandes, der vom ersten zum zweiten Gericht andauert, ist (Luk. 16, 23 ff.) in Übereinstimmung mit Z und Zo angegeben: Jede Seele besitzt ihren individuellen Idealkörper sowie Verstand und Sinneswahrnehmungen, so daß sich der „Arme Mann", nämlich Lazarus, und der „Reiche Mann", die sich einst im Diesseits begegnet waren, im Jenseits wiedererkennen. Lazarus ist im Himmel, wohin „Engel ihn hinübertrugen" und wo Abraham ihn begrüßt und zu sich genommen hat; hingegen der „Reiche Mann" ist in der Hölle und erleidet Qualen. Zwischen beiden Bereichen „ist eine große Kluft befestigt". — Die Seelen im Himmel werden Gott „schauen, wie er ist" (1. Joh. 3, 2).
Zo: „Der Gerechte hat einen Thron im Himmel."
NT: „Und ich sah Throne, und sie saßen darauf, und es wurde ihnen gegeben, Gericht zu halten" (Apok. 20, 4).

Das zweite Gericht

9. — Z: Rechtzeitig zum zweiten Gericht, dem Jüngsten Tage, findet die *Auferstehung aller Gestorbenen* statt, die vom Himmel herab oder aus der Hölle herauf kommen. Nochmals erhalten sie irdische Körper. Dann folgt der Endkampf zwischen beiden Weltgeistern, und der Böse Geist wird mitsamt allen Gefolgsleuten für immer beseitigt: Das ist das zweite Gericht, das nur noch die Bösen trifft, mit dem zweiten, endgültigen Tod „im Feuersee".
NT: „Es kommt eine Stunde, in welcher alle, die in den Gräbern sind, ... hervorkommen werden: die das Gute getan haben, zur Auferstehung des Lebens, die aber das Böse verübt haben, zur Auferstehung des Gerichts" (Joh. 5, 29). „Und das [mythisch böse] Meer gab die Toten, die in ihm waren, und der Tod und der Hades [die Hölle] gaben die Toten, die in ihnen waren, und sie wurden gerichtet, ein jeder nach seinen Werken" (Apok. 20, 13). — Paulus und die Synoptiker waren überzeugt, daß mit Jesus das Weltende begonnen habe. Folgerichtig erzählt Matthäus (27, 52 f.), daß im Augenblick von Jesu Tod auch die Auferstehung in Gang gekommen sei, die dann allerdings nicht fortgesetzt wurde: „Und die Gräber taten sich auf, und viele Leiber der entschlafenen Heiligen auferstanden und gingen aus den Gräbern hervor und kamen nach seiner [Jesu] Auferstehung in die heilige Stadt und zeigten sich vielen."

10. — Z: Einzigartige Bedeutung sprechen Z und Zo dem *Feuer* zu. Anläßlich des Jüngsten Gerichts wird (laut Zo) jede Seele individuell im Feuer geläutert (weil Zo entgegen Z noch eine Allversöhnungslehre aufstellte). Dabei handelt es sich einesteils um ein elementares, andernteils um ein rein geistiges Feuer. —

Der Ursprung dieser Lehre vom Feuer liegt in der iranischen Prozeßordnung. Wer vor Gericht seine Unschuld beteuerte, aber keine Zeugen besaß, konnte zum Gottesgericht, dem Ordal, zugelassen werden. In diesem Fall mußte er die Feuerprobe bestehen, indem er entweder durch zwei Feuer hindurchschritt oder mit geschmolzenem, rotglühendem Metall begossen wurde. Faktisch dürfte niemand diese Probe überlebt haben. Wichtig ist, daß sie sowohl elementar als auch rein geistig war: Das Feuer traf zwar den Leib, galt aber der geistig-seelischen Individualität. Insofern konnte Z dieses nunmehr heilige Feuer als eine Gotteskraft auffassen, welche die verborgene Schuld oder Unschuld wahrheitsgemäß offenbart. Folglich ist bei Z das heilige Feuer „kraftvoll durch Wahrhaftigkeit" oder „wahrheitskräftig", und es verleiht, weil es die geistig-seelische Unschuld bestätigt, günstiges Schicksal in der besseren Welt. „Bei der Gabe der Verehrung für das Feuer will ich des Wahrseins gedenken." — Wenn zum Abschluß der Endzeit beide Weltgeister den Entscheidungskampf ausfechten, dann „wirst du, o Weiser Herr, durch dein rotes Feuer an beide Streitmächte den Lohn und die Strafe austeilen". Denn die Wahrheitsbekenner spüren das Feuer nicht, nur die Lügenmannschaft wird von ihm verzehrt. Darum wurde im Zo diese Lehre vom Feuer noch vertieft: „Ehrerbietung sei dir, o Feuer des Weisen Herrn, komm herbei zur größten aller Entscheidungskrisen! Gib du zu großer Unterstützung das Heilsein und das Nichtsterben!" — Schließlich entstand aus dieser Glaubensvorstellung vom heiligen Wahrheitsfeuer, in dem sich gewissermaßen der Heilige Geist selbst darstellt, die erste Allversöhnungslehre: „Das Feuer tötet den Menschen nicht [das tut der Todesdämon], sondern das Feuer verbrennt nur Knochen und Lebenskraft", das heißt, es tötet nicht die Seele, sondern läutert sie, indem sie aus ihr das Böse gleichsam wie Schlacke wegbrennt und auf diese Art und Weise das Gute rein darstellt, auch wenn davon noch so wenig übrigbleibt. Kurz, das Feuer der Wahrheit oder die feurige Kraft des Heiligen Geistes zerstört nicht mehr, sondern hat jetzt *heilsame* Wirkung!

NT: Aus dem ursächlichen Zusammenhang zwischen Z oder Zo und NT verstehen wir leicht die hier sonst oft rätselvollen Lehrtexte, wo das Feuer ganz eigentümliche Werte besitzt. — Zuerst denkt man selbstverständlich an jene eschatologischen Ereignisse, die bis in Einzelheiten dem Zo nachgebildet sind. So z. B. ist der feurige See, in den zuletzt der Satan mit seinen Engeln geworfen wird, dasselbe wie das Meer aus flüssigem, rotglühenden Metall, in welchem Z den Bösen Geist nebst allen seinen Helfern untergehen läßt. — Gemäß der gegenüber Z schon abgemilderten Lehre des Zo vertraut auch Paulus auf die reinigende, erlösende Kraft des Wahrheitsfeuers am Jüngsten Tage, „denn der Tag wird es klarmachen, weil er in Feuer geoffenbart wird, welcher Art das Werk eines jeden ist: das Feuer wird es prüfen. Wessen Werk bestehen bleibt, der wird Lohn empfangen; wessen Werk verbrennt, der wird Schaden leiden, selbst aber gerettet werden, jedoch so wie durchs Feuer" (1. Kor. 3, 13 ff.). Der strenge Autor des Hebräerbriefes hingegen urteilt: „Wenn wir mit Willen sündigen, nachdem wir die Erkenntnis der Wahrheit empfangen haben, bleibt ... nur ein gewisses furchtvolles Erwarten des Gerichts übrig und der Eifer eines Feuers, das die Widersacher verschlingen wird" (Hebr. 10, 26 ff.). — Um ein rein göttliches, geistiges Wahrheitsfeuer handelt es sich bei Luk. 12, 49: „Ich bin gekommen, Feuer auf die Erde zu bringen", denn bereits bei Luk. 3, 16 heißt es im Hinblick auf Jesus: „Er wird euch mit Heiligem Geiste und Feuer taufen." So wundert uns nicht, daß (Apg. 2, 1 ff.) vom Himmel herab den Aposteln jeweils „Zungen wie von Feuer erschienen und sich auf sie setzten, indem sie alle mit Heiligem Geist erfüllt wurden", „denn auch unser Gott ist ein verzehrendes Feuer" (Hebr. 12, 29).

11. — Z, Zo und NT: Dem Z und Zo verdanken AT wie NT die Apokalyptik und Eschatologie, also die mythisch eingekleidete Lehre von den letzten Dingen. Sie besagt, daß die *Weltgeschichte zugleich Heilsgeschichte* ist. — Von der Weltschöpfung bis zum Weltuntergang nebst Jüngstem Gericht und weiter bis zum künftigen Gottesreich hat zuerst Z den Bogen gespannt. Auch die meisten Einzelheiten, die wir darüber im AT und noch mehr im NT vorfinden, hat bereits er geliefert. Besonders erwähnt sei hier nur seine Lehre von dem großen Erlöser: Mehrmals im Lauf der Geschichte sind gottgesandte Männer aufgetreten und haben die Wahrheit verkündet, sie waren die historischen Propheten; aber sie alle überragt der letzte Gottgesandte, der Heiland (saushyant), mit dem die Endzeit beginnt. Er ist wesensgleich mit Gott selbst, er ist der Heiland, „der dir gleicht, o Herr"; er wird „uns lehren die geraden Pfade des Heils", er befreit die Welt vom Übel; er nimmt teil an der Auferstehung und Wiederbelebung; er ist von jener jungfräulichen Mutter geboren, die (laut Zo) die „Allüberwinderin" heißt, denn „sie wird gebären denjenigen, der alle Feindschaft von Teufeln und [schlechten] Menschen überwindet"; er leitet den Endkampf gegen den Bösen Geist; mit einem Wort: Er ist der gute Gottessohn. So lautet, wie gesagt, diese endzeitliche Hauptlehre schon bei Z und Zo, nicht erst im NT. — Ebenso wichtig ist nun, daß der Zo die *Heilsgeschichte in ein chronologisches System* brachte. Bereits Z hatte drei Stufen der Weltentwicklung angenommen: 1. Das erste, rein geistige Dasein, 2. das zweite, geistig-seelisch-körperliche Dasein, 3. das „letzte Dasein". Der Zo verband diese Reihenfolge mit der altorientalischen Aionen-Lehre, rechnete mit einer Dauer von zwölf Jahrtausenden und teilte diese in vier Trillenien (Perioden zu je 3000 Jahren). Zwischen dem 2. und 4. Trillenium lag folglich „die Mitte der Zeit", ins 4. Trillenium fiel die „Endzeit", und nach dem „Ende der Zeit" sollte eben das ewige „Reich" beginnen. — Ein solches Trillenium endete zur Zeit Jesu, und im ganzen Orient sowie in Rom erwartete man den Anbruch des neuen Weltzeitalters. Johannes der Täufer deutete die Zeitwende im Sinne des Z und Zo als Beginn der allerletzten Ereignisse: „Das Reich der Himmel ist nahe gekommen!" (Matth. 3, 2.) Nun hatte der Zo für die allerletzte Zeit angekündigt, daß die dann lebenden Menschen nicht mehr den körperlichen Tod erfahren, weil ja alles viel zu schnell geht, sondern ihnen geschieht eine Umgestaltung. Vor allem die Gutwilligen, die kein Gericht erleiden, verzichten auf alles Irdische und führen ein Asketendasein, bis ihr Körper ganz vergeistigt ist und sie nur noch geistige Nahrung genießen. Demgemäß haben Jesus, die Urgemeinde und Paulus mit jener Umgestaltung gerechnet. Sie entsagten allen irdischen Dingen, verkauften ihr Hab und Gut zugunsten der Armen und warteten Tag für Tag auf das Reich. „Erkennet, daß das Reich Gottes nahe ist. Wahrlich ich sage euch, daß diese Generation nicht vergehen wird, bis alles geschehen ist" (Luk. 21, 32 f.). „Ich sage euch ein Geheimnis: Wir werden zwar nicht alle entschlafen, wir werden aber alle umgestaltet werden in einem Nu bei der letzten Posaune; die Toten werden auferstehen, und wir werden verwandelt werden" (1. Kor. 15, 51 ff.). Darum wird im NT immer wieder versichert, daß „die Zeit erfüllt" sei. — Die Schlußfolgerung lautet: *Alles Weltgeschehen ist vorherbestimmt, determiniert.* Aus dieser Determinationslehre schöpfen die NT-Verfasser auch Trost, nachdem Jesus hingerichtet wurde und die Verwandlung der Welt sich verzögert hat: „*Mußte* nicht der Christos dies leiden und in seine Herrlichkeit eingehen?" (Luk. 24, 26.) Wenn aber der Weltlauf heilsgeschichtlich vorgeplant ist, dann hält auch Gott sich an dieses *Weltgesetz;* darauf hat schon Z bestanden.

Weltgeschichte als Heilsgeschichte

Der Heiland

Weltperioden

Endzeit-Erwartung

Determination

Weltperioden und Weltgeistlehre

Auf den ersten Blick könnte man meinen, Zarathustra habe sein System der Welterklärung dermaßen fest zusammengefügt, daß man es entweder *als Ganzes* hinnehmen oder ablehnen müßte. Jedoch bei näherer Betrachtung wird deutlich, daß es aus *drei verschiedenen Teilen* besteht, die mit den drei von Zarathustra verkündeten Weltperioden korrespondieren.

Himmlische Vergangenheit

Der erste Teil befaßt sich mit himmlischer Vergangenheit und enthält eine Kosmologie, deren Begriffe in eigentümlicher Weise jenem logisch-abstrakten Denken zur Selbstbestätigung dienen, das sich damals vor allem bei Hellenen vom magisch-mythischen Denken befreite. Speziell diese Kosmologie hat andere selbständige Denker — und solche gab es ja unter den Hellenen — geradezu herausgefordert zu eigener philosophischer Spekulation.

Irdische Gegenwart

Der zweite Teil ist irdischer Gegenwart gewidmet. Insofern er Ursachen und Folgen menschlichen Verhaltens betrifft und hinsichtlich der Ursachen lehrt, daß sie nicht in äußeren Umständen, sondern im Menschen selbst liegen, läuft er, philosophisch beurteilt, auf Ethik und Psychologie hinaus. Weiterhin stellt die Lehre dieses Teils den Menschen ins Zentrum der Kulturwirklichkeit; denn aus seinem Willen und Bewußtsein bringt der Mensch seine Eigenwelt hervor. Folglich ist auch das Weltgeschehen als menschliche Leistung aufzufassen und aus deren Urhebern, den Menschen, heraus zu verstehen. Sogar gegenüber den hier von Zarathustra zusätzlich wieder eingeführten oder nur beibehaltenen Elementen des Mythos wird *das Schicksal entmythisiert,* da es abhängt von der persönlichen Willensentscheidung jedes Einzelmenschen. — *Abseits* aller vernunftgemäßen Philosophie bleiben selbstverständlich die alten Götter, die Zarathustra zu Teufeln degradiert hatte, sowie die Teufel und Hexen des Zoroastrismus.

Irdisch-himmlische Zukunft

Der dritte Teil beschäftigt sich mit irdisch-himmlischer Zukunft. Seine phantastischen Vorstellungsreihen sind vom magisch-mythischen Denken geliefert, das hier allein regiert. Für die Philosophie kam solches Glaubensgut kaum noch in Betracht.

Inwiefern war nun die hellenische Philosophie bedingt durch Lehren des Zarathustra? Unabhängig davon, ob sich im Einzelfall ein direkter Einfluß feststellen oder bestreiten läßt, haben sie zweifellos indirekt und allgemein gewirkt. Denn wir dürfen nicht vergessen, daß Zarathustra es war, der mittels des ersten und zweiten Teils seines Systems, nachdem es im persischen Weltreich offiziell anerkannt und zur Weltanschauung beispielgebender Großkönige geworden war, auch der Philosophie einen unerhörten Auftrieb verlieh.

Folgerungen für die Philosophie

Dieses System entmachtete ihre Gegner, nämlich die Priesterschaften aller alten Götter, mindestens schwächte es deren Widerstand oder versetzte sie in Unsicherheit. Es entwertete für lange Zeit die magisch-mythische Weltwirklichkeit. Es gebot den Vorrang des Geistes, leitete alles Geschehen aus dem richtigen Denken oder dem falschen Denken her, berief sich auf die Weisheit oder das Wissen gegenüber dem Nichtwissen und brachte mit sich eine Menge neuer Probleme, Denkaufgaben, die ihrerseits auch innerhalb des gesamten Systems von dessen drittem Teil abzulösen und philosophisch zu entwickeln waren. Dazu kam die persische Toleranz in Sachen des Glaubens und der Lehre, die nicht zuließ, daß über irgendwelche Welterklärung, auch nicht über diejenige des Zarathustra, auf Tod und Leben gekämpft würde. Kurz, mit der Gemeinschaft von Zarathustra und dem persischen Weltreich hatte noch im 6. Jahrhundert v. Chr. eine Sternstunde der Philosophie begonnen.

Grundsätzlich bejahten große hellenische Denker fortan den *Monotheismus,* sofern sie sich überhaupt mit einer Kosmologie befaßten. Aber zugleich mit dem Monotheismus hatte Zarathustra ihnen den „Klugen Geist" beschert, „durch den alles geschaffen ist" und der mittels des „Guten Denkens" seine Schöpfung entfaltet und voranbewegt. (Den Dualismus lassen wir zunächst beiseite.) Das Problem lautet nun: Wie verhält sich Gott oder der „Weise Herr", also der Inbegriff aller schöpferisch-planenden Weisheit, zu jenem Weltgeist, welcher den Weltplan realisiert? Und wie verhält sich dieser Weltgeist zu demjenigen Denken, das im Einzelmenschen wirkt? Offenbar besteht zwischen diesen drei Geistmächten folgender Zusammenhang: Gott befindet sich außerhalb der Welt, die er bis in Einzelheiten schon entworfen hat. *Der Weltgeist* bringt diese Welt gemäß jenem Grundplan unablässig aus sich selbst hervor, indem er sie formt, sie belebt, sie von innen heraus entwickelt, kurz, sie so zubereitet, wie sie sich uns objektiv darbietet. Und *das Denken, das deshalb, weil es mit dem Grundplan übereinstimmt, ein vernünftiges Denken ist,* belehrt jeden Einzelmenschen einerseits über die Absichten Gottes und die Gesetze des Weltgeistes, anderseits darüber, wie er sich in seiner subjektiven Lebenspraxis richtig zu verhalten hat.

Lehre vom Weltgeist

Daraus ergeben sich weitere Probleme, insbesondere dieses: Wie hängen Geist und Materie zusammen? Gesetzt den Fall, die Materie war ein wirres Durcheinander, ein Chaos, bevor der Weltgeist sie gestaltet hat — dann ist nunmehr, nachdem sie gestaltet und Entwicklungsgesetzen unterworfen wurde, allein dasjenige an ihr *in Wahrheit wesentlich,* was der Weltgeist hinzugebracht hat und was er aus ihr gemacht hat. Das alles vermögen aber wir, und zwar kraft des vernünftigen Denkens, auch unabhängig von der Materie, nämlich rein geistig zu erfahren. — Ferner: Wenn wir es sind, mittels deren das schöpferisch-vernünftige Denken oder der Weltgeist selbst die gesamte Kulturwelt produziert — wie ist dann das Verhältnis zwischen ihr und uns geartet? Einerseits bringen wir als tätige Werkleute unsere menschliche Eigenwelt hervor, anderseits steht sie uns als fertiger Leistungszusammenhang gegenüber und wird von uns kritisch untersucht, als ob sie eine natürliche Gegebenheit wäre. Unseren jeweils privaten Anteil an ihr können wir sozusagen dem subjektiven Geist zurechnen, der im Einzelmenschen wirkt; das größere Ganze hingegen dem objektiven Geist, der sich überindividuell entfaltet. Was den auch hier vorausgesetzten Grundplan betrifft, der in sich die Statik mit der Dynamik vereinigt und das Gewordene mit dem Werdenden in Übereinstimmung hält, so vertrauen wir auf den absoluten Geist. Die Begriffe vom „subjektiven, objektiven, absoluten Geist" hat freilich erst Hegel gebildet, gemäß einer Tradition, die bis auf den Anfang hellenischen Denkens zu der Zeit zurückgeht, als es in einem Hauptpunkt von Zarathustra herkam.

Zarathustra und Heraklit

Dazu nun Einzelheiten! *Heraklit,* der in manchem Detail und auch in seiner aphoristisch-dunklen Ausdrucksweise Zarathustra auffällig nahesteht, hat anscheinend zuerst dessen Dreiteilung übernommen: Ein Gott im Sinne des All-Einen wird von ihm anerkannt, außerdem ein Weltgeist, den Heraklit „Logos" nennt im Sinne von *Weltvernunft,* und schließlich analog dem „Guten Denken" der individuelle „lógos psychés". — Schon *Xenophanes* hat erklärt, Gott beherrsche alles durch bloßes Denken, und *Parmenides* geht davon aus, daß Denken und Sein dasselbe sind. Auf seine Weise unterscheidet er den Weltgeist (Logos) vom Denken (noein). Mittels des Denkens, so lehrt er, wird uns Erkenntnis des wahren Seins zuteil, im Unterschied zum falschen, vorgetäuschten Sein, dem bloßen Schein. Folglich ist für ihn das wahre Sein der

Parmenides

einzige Gegenstand, dessen sich die Philosophie annehmen soll, auch wenn er selbst eine allerdings schon aus den Voraussetzungen heraus zwangsläufig mißglückte Lehre vom Schein versucht hat. Daß bei ihm wie bei allen hellenischen Denkern — allerdings nicht bei ihnen allein — immer wieder von der „Wahrheit" die Rede ist, brauchen wir nicht eigens hervorzuheben. — *Anaxagoras* bevorzugt, um den Weltgeist zu kennzeichnen, den Begriff „Nous", also „Denkkraft" im Sinne schöpferischer und zugleich an bestimmte Gesetze gebundener Weltvernunft; und es scheint, als hätte er ebenso wie der Zoroastrismus den Weisheitsgott und den Weltgeist als Einheit aufgefaßt: Der Weltgeist oder Nous ist stets sich selbst gleich; er bildet die Welt, indem er sie sowohl plant als auch realisiert; er ordnet, gestaltet, durchwirkt die Materie; ihm eignen Erkenntnis und Einsicht. Wie immer sich der Nous auch in seiner Schöpfung aktualisiert — stets haben wir es mit ihm selbst zu tun. So fein wie Zarathustra differenziert aber Anaxagoras nicht. Immerhin unterscheidet auch er einen allgemeinen und einen besonderen Weltgeist insofern, als sich sein Nous im Einzelmenschen als dessen geistig-seelische Individualität darstellt.

Anaxagoras

Aus diesen Beispielen geht hervor, daß ein wiederum von Zarathustra aufgegebenes Problem diejenigen Denker plagte, welche von dem großen System nur einen Teil gebrauchen konnten: Wie ist das Verhältnis zwischen Einheit und Vielheit zu erklären, wenn doch Alles in Wahrheit bloß Eines ist, nämlich Ein Gott oder Ein Weltgeist? Sofern Xenophanes darauf bestand, daß „Eines und Alles" identisch sei, wollte er in erster Linie die alten Götterlehren treffen, die anstatt Eines Gottes eine Vielzahl spezialisierter Götter verkündeten. Hingegen anders lautete das Problem, sobald ein Denker den Monotheismus deshalb nicht mehr zu verteidigen brauchte, weil dieser sich schon durchgesetzt hatte, dafür aber die Vielfalt der Erscheinungen mit der immanenten Einheit sämtlicher Schöpferkraft in Übereinstimmung bringen mußte. Nun, die Lehre vom Weltgeist hat dieses Problem einigermaßen gelöst: Aus dem Monotheismus war philosophisch der *Monismus* geworden.

Monismus

Jedoch konnte kein hellenischer Monist — ausgenommen Heraklit — aus seiner Alleinheitslehre heraus die Gegensätze erklären, die im Menschen und in dessen Kulturwelt offenkundig sind. Die Betrachtungsweise des Monismus paßt zunächst einmal dann am besten, wenn man von solchen Gegensätzen absieht, etwa vom Widerspruch zwischen Liebe und Haß, Eintracht und Zwietracht, Frieden und Krieg, Gleichberechtigung und Unterdrückung, Wahrheit und Lüge. Dasselbe Problem wie schon beim Monotheismus taucht wieder auf, das wir in seiner einfachsten Form aus Spätschriften des Alten Testaments kennen: Ist Gott oder der Weltgeist nun selbst „gut und böse zugleich"? Allerdings sollte man in der Philosophie nicht von „gut und böse" reden, liegen doch beiden Begriffen subjektive Werturteile mit jeweils eigenen Voraussetzungen zugrunde. Was der eine „gut" nennt, das kann ein anderer für „böse" halten, und umgekehrt. Die Sache wird auch dadurch nicht besser, daß man den Wahrheitsbegriff zu Hilfe nimmt; denn was der eine als „wahr" ausgibt, das kann ein anderer für „unwahr" erklären, und umgekehrt, so daß man mit Recht fragen muß: Was überhaupt ist in diesem Zusammenhange die Wahrheit? Aber auch jenseits alles „Guten und Bösen" bleibt die Tatsache bestehen, daß monistische Philosophen in Schwierigkeit kommen, sobald sie aus ihrem einzigen Prinzip heraus derartige unvereinbare Gegensätze erledigen sollen. Sie müßten ja zugeben, daß sich ihre Einheit gespalten hat und nun sich selbst gegenübersteht, also sich selbst *aufhebt*. In der Logik nennen wir den mit jener Schwierigkeit vergleichbaren Widerstreit eines Denkgesetzes eine „Antinomie". Diesen Begriff hat Kant eingeführt. Die reine Vernunft verwickelt sich in eine Antinomie, wenn z. B. die These lautet: „Die Welt hat einen Anfang" und dazu die Antithese: „Die Welt hat keinen Anfang.“ Kant begrenzte die Antinomien auf Grundfragen der Kosmologie, sofern man das Ganze der Welt im Sinn dogmatischer Metaphysik zu erklären sucht. Aber auch die praktische Vernunft verwickelt sich in eine Antinomie, so lehrt Kant, wenn sie über die Idee des höchsten Gutes nachdenkt; und der Widerspruch, dem sie sich dann ausgesetzt sieht, entspricht demjenigen, in den zwangsläufig jeder Monotheismus/Monismus gerät. Er befindet sich dann in einem „Dilemma“, weil er vor das Entweder-Oder einer „zweiteiligen Annahme“ gestellt ist, obwohl er doch die Alleinheit lehren möchte.

Dualismus

Öffnet uns einen Ausweg etwa der Dualismus? Wer die Frage bejaht, der muß auf den Monismus verzichten, auch wenn er diese Nötigung vor sich selbst nicht wahrhaben will. Musterbeispiel: das Christentum, das einesteils monotheistisch ist, andernteils aber einen Dualismus praktiziert. Indessen hat zuerst *Heraklit* eine monistisch-dualistische Lösung gefunden, die befriedigen kann. Auch sie ergibt sich im Anschluß an Zarathustra.

Aus dessen Lehre entsinnen wir uns jener Unklarheit, die ihm deshalb unterlief, weil er einerseits sowohl den Klugen Geist als auch den Bösen Geist aus Ahura Mazda hervorgehen ließ, anderseits jedoch den Weisen Herrn zum Parteigänger des Klugen Geistes und somit zum Widersacher des Bösen Geistes machte. Anders gesagt: Zarathustra fing beim Monotheismus an und hörte beim Dualismus auf. Das vor allem unterscheidet ihn von Echnaton. In seine monotheistische Periode fällt die Grundanschauung, wonach der Weise Herr die Gegensätze so erschaffen hat, daß sie sich *ergänzen:* Erst die jeweiligen Gegensatzpaare gemeinsam ergeben wieder die ursprüngliche Einheit, aus der sie herausbewegt worden sind. „Wer schuf wohlwirkend Licht und Finsternis?“ fragt Zarathustra, und die Antwort lautet selbstverständlich: der Weise Herr. Desgleichen: „Wer schuf wohlwirkend Schlaf und Wachen?“ Beliebig können wir mit solchen Fragen fortfahren. Beide Geister und sämtliche Gegensätze überhaupt, so führt Herman Lommel aus, „sind aufeinander bezogen, und was von dem einen gilt, das gilt in Negation oder Umkehrung von dem andern. Ebenso ist es bei nahezu jedem weiteren Begriff oder Ding, das in der zoroastrischen Welt existiert. Die Stellung von jedem einzelnen in der Welt ist bestimmt durch die Entgegensetzung eines Begriffes oder Dinges, das Negation oder Umkehrung seiner selbst ist.“

Einheit im Gegensatz

Entsprechend lehrt Heraklit, daß alle Gegensätze notwendig zusammengehören, weil 1. einer aus dem andern hervorgeht und weil 2. nichts von dem, was ist, für sich allein ist, sondern jedes nur gemeinsam mit dem ihm Entgegengesetzten: „Das Kalte wird warm, das Warme kalt, das Feuchte trokken, das Dürre naß. — Krankheit macht die Gesundheit angenehm, Schlimmes das Gute, Hunger die Sättigung, Anstrengung die Ruhe. — Gut und Schlimm ist dasselbe. — Leben und Tod, Wachen und Schlafen, Jugend und Alter sind bei uns ein und dasselbe: denn dieses verwandelt sich in jenes und jenes wiederum in dieses.“ So verwandelt sich ihm *der äußere Gegensatz in innere Harmonie,* und er tadelt die unwissenden Leute: „Sie verstehen nicht, wie das Verschiedene unter sich übereinstimmt. Es ist eine rückwärtsgewandte Harmonie . . .“ Die „unsichtbare Harmonie ist stärker als die sichtbare“.

„Unsichtbare Harmonie“

Welchen Sinn und Zweck haben bei ihm nun die Gegensätze im Weltgeschehen? Allein durch Gegensätze kommt es überhaupt zustande! Indem sie auseinander hervorgehen und ineinander übergehen, „ist alles in Bewegung, und nichts bleibt stehen“. Als Musterbeispiel dafür erwähnt er den Fluß: „Man kann nicht zweimal in denselben Fluß steigen“, weil nämlich das Wasser unaufhörlich neu ist. Gleicherweise ist „der Krieg der Vater von allem, der König von allem: Die einen erweist er als Götter, die andern als Menschen; die einen macht er zu Sklaven, die andern zu Freien. — Man muß wissen, daß der Krieg etwas Allgemeines ist und daß der Streit zu Recht besteht und daß alles durch Streit und Notwendigkeit entsteht. — Verbindungen gehen ein: Ganzes und Nichtganzes, Übereinstimmendes und Verschiedenes, Akkorde und Dissonanzen; und aus Allem wird Eines und aus Einem Alles. — Das Entgegengesetzte paßt zusammen, aus dem Verschiedenen ergibt sich die schönste Harmonie, und alles entsteht auf dem Wege des Streites. — Denn es gäbe keine Harmonie, wenn es nicht hohe und tiefe Töne gäbe, und keine lebenden Wesen ohne Weibliches und Männliches, was doch Gegensätze sind. Deshalb sagt Homer mit Unrecht: ‚Möge doch schwinden der Streit aus der Welt der Götter und Menschen!' "

„Eines in Allem"

Die Einheit aller Gegensätze findet Heraklit in Gott selbst: „Gott ist Tag und Nacht, Winter und Sommer, Krieg und Friede, Sättigung und Hunger. Er verwandelt sich wie der Wein, wenn er mit Gewürzen vermengt wird, und wird dann, wie dieser, nach dem Geschmack eines jeden [jeweils anders] benannt. — Für Gott ist alles schön und recht und gut; nur die Menschen sind der Meinung, das eine sei recht, das andere unrecht. — Eines ist Weisheit: den Geist zu verstehen, der alles durch alles regiert." — Dieselbe Grundanschauung kennen wir unter dem Begriff „coincidentia oppositorum" aus dem Werk des spätmittelalterlichen Nikolaus von Kues (Cusanus). Es ist die Lehre vom „Zusammenfall der Entgegengesetzten", von der Einheit aller Gegensätze in Gott. Allerdings meint Cusanus damit, daß es für Gott deshalb keine Widersprüche gäbe, weil er transzendent, übervernünftig und vollkommen sei, und daß nur wir Menschen auf Widersprüche stießen. Eine „coincidentia oppositorum" ähnlich derjenigen des Heraklit hat erst wieder Giordano Bruno verkündet, der 1600 in Rom als Ketzer verbrannt wurde. Am konsequentesten wandte schließlich Hegel dieses dialektische Prinzip an, das er nicht nur allen folgerichtig durchgeführten Denkprozessen, sondern auch der seiner Meinung nach vom Weltgeist vernünftig bewirkten Weltgeschichte zugrunde legte: These und Antithese heben sich bei ihm auf in der Synthese, die ihrerseits wieder als neue These einer Antithese gegenübersteht, bis die Gegensätze in der nächsthöheren Synthese abermals zusammenfallen, und so fort und immer höher hinauf, bis sich zuletzt die Gedankenbewegung in der höchsten „coincidentia oppositorum" aufhebt, nämlich im Weltgeist selbst. Will auch der Weltgeist diese Bewegung, dann muß er sie von vorn beginnen und zu diesem Zweck sich selbst in These-Antithese spalten. Man sieht: Sogar die Hegelsche Dialektik läßt sich zwanglos über Giordano Bruno, Cusanus, Heraklit bis auf Zarathustra zurückführen.

Coincidentia oppositorum

Hinweis auf Hegel

Heiliges Feuer

Nur beiläufig erwähnen wir noch eine andere Eigentümlichkeit Heraklits, weil sie besonders deutlich auf einen Zusammenhang mit Zarathustra hinweist. Es handelt sich um seine sonst unverständliche Wertschätzung des Feuers: „Alles wird das Feuer, wenn es hereinbricht, richten und ergreifen. — Das Feuer verwandelt sich in das All, und das All verwandelt sich in Feuer, wie das Gold in Münze und die Münze in Gold. — Das Feuer ist [wie Gott!] Mangel und Sättigung." — Mehr Wert legen wir aber auf jenen kurzen Lehrsatz, der lautet: „Des Menschen Ethos ist sein Daimon." Während des 6./5. Jahrhunderts und noch später lebten auch die hellenischen Vernunftdenker in der Übergangszeit vom Mythos zum Logos, und etwas Mythos hing den meisten von ihnen an, so auch Heraklit. „Ethos" bedeutet hier soviel wie „Charakter", aber „Daimon", dasselbe Wort wie unser christlich-orientalisches „Dämon", jedoch wertfrei angewendet, bezeichnet den individuellen, auch mythisch in irgendeiner Gestalt vorstellbaren Ratgeber unserer geistig-seelischen Individualität, der uns in höherem Auftrag sagt, was zu tun ist (so dann bei

Ethos-Daimon

Sokrates); oder er ist gleichsinnig mit der uns von Zarathustra her bekannten Daena, also dem höheren Ich des Einzelmenschen; oder er ist das Gewissen und zugleich ein privater Gottesgeist. Heraklit hält den Charakter für identisch mit dem Daimon, was man nun entweder im Sinn des Zarathustra interpretieren oder als Fortschritt auf dem Weg zur Entmythisierung ansehen kann. — Schließlich: Das Weltgesetz in Verbindung mit menschlichen Lebensformen! „Alle menschlichen Gesetze", sagt Heraklit, „ziehen ihre Nahrung aus dem einen göttlichen. Dieses nämlich herrscht soweit es will und genügt für alles und hat alles in seiner Macht." — Über Zarathustra hinaus, und doch aus dessen Lehre die Konsequenz ziehend, ging Heraklit mit dem Satz: „Ich erforsche mich selbst." Denselben Satz, aber in Befehlsform, kennen wir schon von den Orphikern her, und er war auch am Heiligtum in Delphi zu lesen: „Erkenne dich selbst!" Der Unterschied zwischen beiden Sätzen ist groß, und hinsichtlich dessen, was sie meinen, sind sie kaum zu vereinen. Die Orphiker forderten dazu auf, daß der Mensch sich im Lichte Gottes oder der Götter erkennen, also seine Fehlerhaftigkeit und Strafbarkeit einsehen solle. Für Heraklit hingegen dürfen wir aus allen seinen sonstigen Äußerungen folgern, daß er deshalb Selbsterforschung trieb, weil ja, wie schon Zarathustra behauptete, der Mensch alle kosmischen Gegensätze in seinem Wesen birgt, also eine Welt im kleinen ist, und weil außerdem diese Selbsterforschung im Lichte der Vernunft geschieht: „Der Seele eigentümlich ist die Vernunft, die sich selbst mehrt. — Alle Menschen haben teil an der Fähigkeit, sich selbst zu erkennen und zu denken. — Denken ist die vorzüglichste Eigenschaft." Im Lichte der Vernunft wird auch die natürliche Beschaffenheit des Menschen und dessen geistig-seelische Individualität zum Gegenstand kritischen Denkens und Forschens: „Diese Vernunft [Logos], die doch ewig ist, ist den [meisten] Menschen unfaßlich ... Denn obwohl alles gemäß dieser Vernunft verläuft, scheinen sie noch nie einen Versuch mit ihr gemacht zu haben, wenn sie sich an solchen Worten und Werken versuchen, wie die sind, welche ich erörtere, indem ich jedes seiner Natur nach zerlege und indem ich auseinandersetze, wie es sich damit verhält. Die anderen Menschen sind sich so wenig dessen bewußt, was sie wachend tun, wie sie ein Bewußtsein von dem haben, was sie im Schlafe tun."

Weltgesetz

Selbsterforschung

Logos-Lehre

Zarathustra und Platon

Am stärksten beeindruckt von der Lehre des Zarathustra zeigte sich Platon. „Es ist bekannt, daß Eudoxos, der Astronom und Freund Platons, sich für die Wissenschaft des Orients und Ägyptens während seines dortigen Aufenthalts interessiert hat ... Die [platonische] Akademie [in Athen] war damals geradezu der Brennpunkt einer orientalisierenden Strömung ... Zufällig sehen wir aus dem Schülerverzeichnis der Akademie ..., daß ein Chaldäer der platonischen Schule als ordentliches Mitglied angehörte. Das war im letzten Jahrzehnt Platons, wie es scheint; in dieselbe Zeit weisen andere Spuren orientalischen Einflusses wie die Parallele der platonischen vier Tugenden mit der Ethik Zarathustras. Die orientalischen Neigungen hängen teils [zusammen] ... mit der Vorliebe für den parsischen religiösen Dualismus, in dem man eine Stütze für die dualistische Metaphysik des alten Platon fand. Die böse Weltseele in den ‚Gesetzen' [dem Spätwerk Platons], die die Widersacherin der guten Seele ist, ist ein Tribut an Zarathustra ... Seither herrschte für Zarathustra und die Lehre der Magier in der Akademie starkes Interesse ... Schon Plutarch hat den chaldäischen und magischen Dualismus mit Platons Lehre von der

Dualistische Mystik

guten und bösen Weltseele verglichen, und es liegt nahe, daß für Aristoteles in dem Fragment, wo er Zarathustra mit Platon in Parallele setzt, ebenfalls dieser Gesichtspunkt bestimmend war" (Werner Jaeger).

Platonischer Synkretismus

Jedoch, weder hat Platon seine Zuneigung zu Zarathustra erst im Alter entdeckt, noch verdankt er sie ein paar Freunden und Schülern. Vielmehr ist bereits ein Kernstück seiner Philosophie, nämlich die Ideenlehre nebst der ihr zugehörigen Psychologie, anscheinend unter dem Einfluß Zarathustras entstanden. Aus dessen dreiteiligem Welterklärungssystem liegt ihr offensichtlich zugrunde vor allem der erste Teil, also die Kosmologie, in gewissem Umfange auch der zweite Teil. Allerdings hat Platon nun dem Ganzen einen Teil orphischer Tradition beigemischt, und zwar aus einem bestimmten Grunde, der sich erkennen läßt. Wir erblicken ihn darin, daß Platon damals noch keinen Dualismus gleichberechtigt streitender Geistmächte dulden wollte, sondern seinen Himmel allein dem Guten vorbehielt. Das Böse lokalisierte er anderswo, nämlich in der irdischen Körperlichkeit und ihrer natürlichen Realität. Solche Einschätzung des körperlichen Daseins, soweit es den Menschen betrifft, ist orphischer Herkunft. Sie ist schon aus der indischen Philosophie bekannt. Erst in Platons letztem Werk ist der Dualismus nicht mehr auf irdische Verhältnisse beschränkt. Zusätzlich sei bemerkt, daß auch Platon jenen Menschen, die sich für das Böse entschieden, ein Strafgericht androht. Dessen Regeln hat er aus der Seelenwanderungslehre entnommen, die ja niemanden umkommen läßt, sondern mittels der ihr eigentümlichen Erziehungsmaßnahmen jede Seele schließlich emporführt. Kurz, Platon hat seine Ideenlehre aus verschiedenen Systemen zusammengefügt, ohne Rücksicht auf deren innere Folgerichtigkeit. Außerdem hat er die Ideenlehre mehrmals in Einzelheiten abgewandelt und viele ihrer Fragen überhaupt offengelassen. Wir greifen Bestandteile heraus, die mit Zarathustra zusammenhängen und zu einem Grundriß der Ideenlehre genügen.

Monismus

Der radikale Monotheismus oder Monismus, dem Platon bis ins hohe Alter huldigte, hat gleichermaßen auch Zarathustra vorgeschwebt, nur daß dieser ihn über die Hürde seines Dualismus hinweg ins Auge faßte. Stellen wir uns vor, Zarathustra hätte seinen Bösen Geist gar nicht zuerst im Himmel, sondern sofort auf Erden gesucht, wohin er ihn zuletzt ja doch werfen läßt — dann erhalten wir für seinen Himmel die gleiche Situation, mit welcher Platon den seinen bereits eröffnet. Auch bei Platon hat die Gottheit, die er gelegentlich (im „Timaios") den Weltbildner („Demiurg") nennt, nicht anders als Ahura Mazda alle irdischen Dinge und Seelen ins Leben gerufen schon vor dem Bestehen der Welt. Und ebenso wie jener Weise Herr schuf auch der Demiurg das Werk aus seinen Vorstellungen und Gedanken heraus. Von demselben Schöpfungsvorgang war, woran nur erinnert sei, bei dem altägyptischen Gott Ptach und bei Echnaton die Rede. Im Unterschied zu Zarathustra wie zu Echnaton oder dessen Lehrmeistern hat aber Platon, angeregt von der Ideenlehre des Parmenides, gründlicher nachgedacht über die Eigenart jener göttlichen Urschöpfung. Es leuchtet ein, daß eine solche immaterielle Welt gleichsam nur aus Grundrissen, dergleichen wir allenfalls geistig anschauen, und nur aus den Worten bestehen kann, mit denen jene Grundrisse oder Urbilder bezeichnet werden. Eine *präexistente* Wesenheit ist eine Gottes-„Idee" (von gr. eidos = Bild, Form, Gestalt, gr. idéa). Sobald allerdings diese göttliche Ideenwelt irdisch verwirklicht ist, gleicht ihr, sofern sie uns ihre Bildseite zukehrt, die empirische Realität nur noch im allgemeinen, handelt es sich doch bei jenen Ideen um Grundformen, die wir mit unseren Sinnesorganen niemals im Urzustand wahrnehmen, sondern lediglich in zahllosen Variationen. Beispielsweise zeigt ein solches Urbild „die Rose", wie sie allen Rosensorten ein-

Ideenlehre

heitlich als himmlisches Modell zugrunde liegt. Nur diese „Rose an sich" hat der Demiurg entworfen. Genauer gesagt: Was Platon mit seinen „Ideen" meint, das sind zunächst einmal die Begriffe, die wir von Erscheinungen der Außenwelt abstrahieren. Ein *Begriff* ist laut Kant (Logik I, 1) „eine allgemeine Vorstellung oder eine Vorstellung dessen, was mehreren Objekten gemein ist, also eine Vorstellung, insofern sie in verschiedenen enthalten sein kann". Wenn wir zum Beispiel mehrere Rosensorten vergleichen und nur diejenigen Merkmale gelten lassen, die ihnen gemeinsam sind, dann erhalten wir allein aus diesen Merkmalen den *Typus* „Rose". Ihm entspricht der *Gattungsbegriff* der Rose. Zwar wird der Typus von jeder Rose verkörpert, jedoch bringt sie jeweils noch a) sortenbedingte (artgemäße) und b) individuelle Besonderheiten hinzu. Solche Besonderheiten werden im Abstraktionsprozeß eliminiert, sonst würde man ja nie zum Typus gelangen. Folglich ist der Typus „Rose" in jeder einzelnen Rosenerscheinung enthalten (ihr immanent) und trotzdem, weil abstrakt, nicht „als solcher" wahrzunehmen. Insofern ist der Typus oder Begriff jeder sinnlichen „Anschauung entgegengesetzt" (Kant). Veranschaulichen (konkretisieren) kann man ihn nur *am Beispiel* der Einzelrose. Dieser uns selbstverständliche Unterschied zwischen konkreter Anschaulichkeit des Besonderen und abstrakter Vorstellung des Allgemeinen hat jedoch Platon, der vom göttlichen Urschöpfer her deduzieren wollte, größtes Unbehagen bereitet; Platon konnte ihn weder geistig nachvollziehen noch ideologisch akzeptieren. Vielmehr verband er nach Möglichkeit mit den „Ideen" auch imaginative Anschaulichkeit, also Bildhaftigkeit. Deshalb entspricht die platonische Idee *nicht nur* unserem Begriff, sondern ist außerdem als *Urbild* aufzufassen; und sie wird bei ihm nicht, wie es richtig wäre, durch Abstraktion gewonnen, sondern als fertiger Gottesgedanke, als *Idealtypus,* uns von Gott eingespiegelt beziehungsweise der irdischen Materie gleichsam aufgespiegelt. Aber diese Spiegelung ist irdisch unzulänglich, da hier stets individuell abgewandelt. (In Fortsetzung dieses Gedankenganges hat später der sogenannte Neuplatonismus *jede Individuation als Sündenfall* aufgefaßt und gelehrt.) Das himmlische „Reich der Ideen" ist das vollkommene, ewige Gottesreich, von dem wir auf Erden nur einen materiell getrübten Abglanz haben.

Idee-Begriff

Idealtypus

Alle die Artbegriffe gehören bei Platon zur Basis jener Begriffspyramide, deren Spitze die Idee „des Guten" darstellt. Mehrmals gewinnt man den Eindruck, daß Platon seinen Gott mit dieser Idee identifiziert. Sie nimmt bei ihm ungefähr die Stelle im Himmel ein, die Zarathustra dem Klugen Geist mitsamt dem Guten Denken vorbehalten hatte, ist jedoch weder tätig noch beweglich, sondern verharrt in erhabener Ruhe. „Wie die Sonne die Ursache des Sehens ist", erklärt Platon (im „Staat"), „und die Ursache nicht nur dafür, daß die Dinge im Lichte gesehen werden, sondern auch daß sie wachsen und werden, so ist das Gute von solcher Kraft und Schönheit, daß es nicht nur für die Seele zur Ursache der Wissenschaft wird, sondern auch Wahrheit und Wesen allem gewährt, was Gegenstand der Wissenschaft ist, und so, wie die Sonne nicht selbst das Sehen und das Gesehene ist, sondern darübersteht, so ist auch das Gute nicht die Wissenschaft und die Wahrheit, sondern sie ist über beiden, und beide sind nicht das Gute, sondern nur gutartig." Dem Guten zugeordnet hat Platon die Ideen des Wahren und des Schönen. Wie bei Zarathustra der Weise Herr nur meditativ zu „schauen" ist, so ist auch die Idee, insbesondere die Idee des Guten, nur zu „schauen" mit heiligem Schauer. — Was hingegen die irdische Realität betrifft, so haben lediglich die ihr zugedachten, auferlegten oder „beiwohnenden" Ideen das wahre Sein, da sie allein göttlichen Ursprungs sind. Folglich gilt hinsichtlich der Materie oder dem Rohstoff das vernichtende Urteil, daß sie *nicht ist*, das heißt: *In Wahrheit* existiert

Das Gute, Wahre, Schöne

sie gar nicht. — Im übrigen verhalten sich himmlische Urbilder zu irdischen Abbildern so wie bei Zarathustra geistige Urwesen zu menschlichen Seelen.

Präexistenz Auch bei Platon ist die Heimat der Seelen droben im Licht, in der göttlichen Ideenwelt; und da es dort keinen Bösen Geist gibt, wird von keiner Seele eine Wahlentscheidung gefordert. Erst wenn die Seelen, herausgerissen aus ihrer ungetrübten Freude, menschlichen Körpern auf Erden eingeboren werden, tritt auch an sie der Zwang zur Wahl heran. Denn dem Körper eigentümlich ist alles, was der reinen Gotteswelt widerstreitet. Wie Zarathustra die Seele im Menschen von dessen sterblicher, dem Körper eigener Lebenskraft unterschied, so unterscheidet Platon die unsterbliche und mit Vernunft begabte Seele von der körperlichen Lebendigkeit, welche — wie später Paulus sich ausdrückte — „der Fleischeslust unterworfen" und deshalb sündig ist. Zwischen der Vernunftseele und der Körperseele (logistikón und epithymetikón) pendelt der Mut (thymós) hin und her: der Lebenswille, der Wille zum Dasein, die Leidenschaft oder wie man „den Mut" sonst deuten mag. Nun findet im Menschen der Kampf zwischen beiden Seelen statt. Dazu wäre aus dem Zoroastrismus nachzutragen, daß auch dort, obwohl etwas anders motiviert und von Zarathustra hergeleitet, der Mensch einen inneren Kampf auszufechten hat, da die gesamte irdische Welt von beiden Geistmächten durchwaltet wird, folglich beide im Menschen heftig aufeinandertreffen. Insofern hat der Mensch des Zoroastrismus zwei Seelen, eine gute und eine böse, von denen keine grundsätzlich allein dem Körper zugeteilt ist. In dieser Hinsicht wiederholt Platon, wie gesagt, orphische Erinnerungen aus der indischen Philosophie.

Geistig-seelischer Dualismus

Anamnese Wiederum mit Zarathustra hängt aber zusammen, daß die Geistseele sich ihres himmlischen Urzustands „erinnert". Solche Erinnerung (anamnesis) sollte sie über die Körperseele erheben und ihr vom Himmel her jene Ideale zum Bewußtsein bringen, die sie in ihrer Lebensführung auf Erden zu verwirklichen hat. Aber wenn sie, von sinnlichen Begierden übermannt, ihre Gottesheimat vergißt, dann wird sie zur läuternden Seelenwanderung verdammt. Das ist deshalb möglich, weil sie bei Platon wie bei Zarathustra im Besitz des Verstandes (Nous) und des sinnlichen Wahrnehmungsvermögens ist. Infolgedessen entgeht sie bei Platon der Qual der Seelenwanderung ebenso wie bei Zarathustra der Höllenpein. Anderseits ist die Geistseele befähigt, sich zu Gott zu erheben. Bei Zarathustra verhalf ihr dazu das Gute Denken; bei Platon ist

Eros es die *Philosophie,* die „Liebe zur Weisheit", unterstützt vom Eros, welcher die vernünftige Seele zur Ideenwelt emporzieht. Kraft des richtigen Denkens reinigt sich die Seele von irdischer Befleckung. Was bei Zarathustra die Bekehrung war, ist bei Platon die Wiedergeburt der Seele aus dem Geist der Idee.

Abschließend ist die Frage zu beantworten: Wie denkt Platon über das Verhältnis der Ideen zur Materie? Im mythischen Teil des „Timaios" läßt er seinen Gott aus jenen beiden Elementen die Weltseele hervorbringen. Diese übernimmt Funktionen, welche bei Zarathustra dem guten Weltgeist zuge-

Weltseele sprochen wurden. Sie ist gleichsam der platonische Gottessohn und der Mittler zwischen Idealität und Körperlichkeit. Durch die Weltseele hat Gott die Realität geschaffen. Die Weltseele gestaltet, individualisiert, belebt alles; durch sie regiert Gott die Welt. Erst in den „Gesetzen" hat Platon ihr die böse Weltseele gegenübergestellt. — Offensichtlich hat er sich im Laufe seines Lebens immer mehr von der Orphik entfernt und zu Zarathustra hingewendet, zu schweigen von altägyptischer Mystik und Geheimwissenschaft, die er auch verarbeitet hat. — Aus altägyptischem, aber auch zoroastrischem und hellenischem Geistesgut heraus griff dann ein halbes Jahrtausend später den Neuplatoniker *Plotin* (204—269 n. Chr.) die platonische Ideenlehre wieder auf.

SOKRATES UND PLATON

Die von großen Denkern international vorwärtsgetriebene Geistesbewegung hat uns ins klassische Athen geführt. Hierhin verlagerte sich ihr Schwerpunkt seit der Mitte des 5. vorchristlichen Jahrhunderts, ehe sie zurückwanderte in den alten Orient, ins hellenistische Alexandria. Auf *Athen* richten wir unsere Aufmerksamkeit zunächst zweier Denker wegen, die eng zusammenhängen: Sokrates und Platon.

Unter allen Hellenen, die sich rings ums Mittelmeer und um das Schwarze Meer auf ungefähr 350 Stadt-Staaten verteilten, durften die Athener aus verschiedenen Gründen den Vorrang beanspruchen. Zwar war die größte hellenische Stadt zu keiner Zeit Athen, wohl aber in der zweiten Hälfte des 5. Jahrhunderts die stärkste See-Land-Festung. Die Einwohnerzahl betrug um 450 v. Chr. schätzungsweise 60.000. Davon waren etwa 10.000 vollberechtigte Bürger; die weiteren 50.000 größtenteils Sklaven. In ganz Attika lebten ungefähr 100.000 bis 300.000 Menschen. (Zum Vergleich: Syrakus hatte um 400 v. Chr. etwa 100.000 Einwohner, und im hellenischen Hinterland dieses mächtigen Stadt-Staates waren ungefähr zwei Millionen Menschen ansässig.)

Politische Philosophie

Es herrscht wohl vielfach die Meinung vor, Athen habe seine Bedeutung allein seinen kulturellen Leistungen zu verdanken: der Tragödie und Komödie, der Architektur, der bildenden Kunst, Malerei sowie der Philosophie. Indes, bis auf das Theater, konnten andere große Poleis (= hellenische Stadt-Staaten) den gleichen Rang beanspruchen, wenn nicht noch mehr. Athens außerordentliche Bedeutung lag auf dem Gebiet der Politik, insbesondere der Verfassungsgeschichte. Beispielgebend wurde die *Demokratie* praktiziert. Am wichtigsten ist für uns, daß Athen auch in anderen Poleis den demokratischen Umsturz begünstigte. Das heißt: Es förderte innerhalb der hellenischen Staatenwelt *die Revolution.* Zwangsläufig erwies sich als hartnäckiger Gegner die panhellenische *Reaktion* mit ihrem Zentrum *Sparta.*

Herrschaftsformen

Die Auseinandersetzung zwischen *Oligarchie* (von gr. oligoi = wenige, und árchein = führen, herrschen), *Demokratie* und *Tyrannis* erfaßte das ganze Hellenentum und erreichte ihren Höhepunkt im 5./4. Jahrhundert. Entwicklungsgeschichtlich ist sie aus der *heiligen Monarchie* herzuleiten, die einst auch im hellenischen Siedlungsraum üblich war.

Es waren hellenische Philosophen, die als erste über den Sinn und Zweck verschiedener Herrschaftsformen nachgedacht haben. Sie besaßen reichliche politische Erfahrung, manche von ihnen aus ihrer Tätigkeit im öffentlichen Dienst. Welcher Staatsform sie jeweils den Vorzug gaben, das freilich war meistens durch ihre Herkunft oder durch äußere Lebensumstände bedingt. Hier ein paar Beispiele: Die *Pythagoreer,* die lange Zeit über hellenische Stadt-Staaten in Unteritalien geboten, waren Vorkämpfer der Aristokratie oder gar der

„heiligen Monarchie", bis sie um 450 von Demokraten gestürzt wurden. — Hingegen waren die sog. Sophisten größtenteils demokratisch gesinnt, und Protagoras (um 481—411), Begründer der Erkenntnistheorie, schuf die Verfassung für Thurioi, dieser panhellenischen, aber vom demokratischen Athen aus gegründeten Polis am Golf von Tarent in Unteritalien. — Platons Hauptwerk „Der Staat" befaßt sich mit der Konstruktion eines totalen, antidemokratischen Staates, die er gern selbst verwirklicht hätte. — Demgegenüber hat sein Schüler und Kritiker *Aristoteles,* Begründer unserer Staatswissenschaft, wohl als erster die Eigenart aller Herrschaftsformen *objektiv* untersucht, die Verfassungen miteinander verglichen, ihre Zweckmäßigkeit nach Gesichtspunkten allgemeiner Gerechtigkeit geprüft und schließlich einen allein der Vernunft und Humanität verpflichteten Staatsentwurf geliefert, für den er nicht nur historische Erfahrung ausgewertet, sondern auch den natürlichen Charakter des Menschen eigens berücksichtigt hat. — *Thukydides,* Begründer der kritischen Geschichtswissenschaft, Zeitgenosse von Platon und Aristoteles, hat maßgeblich dargelegt, wie alles politische Geschehen notwendig aus einem fortgesetzten Zusammenwirken vieler Faktoren hervorgeht, die sämtlich objektiv feststellbar sind.

Entmythisierung des Weltlaufs

Für uns hat Aristoteles den Staat und Thukydides den Weltlauf *entmythisiert,* worin sie ihre sophistischen Vorgänger, die Aufklärer jener Zeit, noch übertrafen. Auch wir berufen uns auf diese beiden Denker. Die Grundformen der Verfassung, mit denen wir uns hier beschäftigen, hat Aristoteles beschrieben; und jeder von ihnen hat er bereits deren Abart (Sonderform) zugeordnet. So gehört schon bei ihm zur *Monarchie,* die wir deutlicher als *heilige* Monarchie bezeichnen, auf der anderen Seite die Tyrannis; zur *Aristokratie* die *Oligarchie* und zur *Politie* (= Staatsgemeinschaft) die *Demokratie.* Das Verhältnis zwischen den drei Grundformen und ihren Entsprechungen ist *entwicklungsgeschichtlich* dadurch bedingt, daß die eine gewaltsam in die nächste *verwandelt* wird. Ein solcher historischer Prozeß liegt keinesfalls in der Natur der Sache; vielmehr ist jeder Herrschaftsform das Streben nach beharrlicher Selbstgenügsamkeit eigentümlich. Das dynamische Element kam erst durch sozial-revolutionäre Gruppen hinzu, die sich unterdrückt fühlten, nach Macht verlangten und deshalb die Staatsform ändern wollten. Folglich sind zwei Prinzipien zu unterscheiden, die miteinander streiten: 1. Das *statische Prinzip* der jeweiligen Verfassung, das Paulus mit dem Satz umschrieb: „Jedermann sei untertan der Obrigkeit, die Gewalt über ihn hat" (Röm. 13,1), und 2. das *dynamische Prinzip* der Standeskämpfe oder Klassenkämpfe, das nun merkwürdigerweise eine bestimmte *Reihenfolge der Herrschaftsformen* bewirkt, einen bereits von Aristoteles festgestellten „Kreislauf der Verfassungen".

Kreislauf der Verfassungen

Schematisch sieht dieser Kreislauf *so* aus: 1. Von oben nach unten: Die heilige Monarchie wird zur Aristokratie und diese zur Demokratie. 2. Von unten nach oben: Die Demokratie wird zur Oligarchie und diese zur Autokratie (Tyrannis), die sich zur heiligen Monarchie umgestaltet. Danach kann der Kreislauf von vorn beginnen. In der historischen Wirklichkeit stehen ihm zwar retardierende Momente im Wege, beispielsweise das obrigkeitliche Militär, und das Pendel schwingt oftmals zwischen einzelnen Verfassungsgrundformen hin und her; aber im großen und ganzen finden wir das *immanente Gesetz* beider Prinzipien und ihrer Wechselwirkung *bestätigt,* dessen Erforschung heutzutage, nachdem die Philosophie längst in Fachwissenschaften aufgeteilt ist, hauptsächlich der Soziologie obliegt, die sich erst zu Beginn des vorigen Jahrhunderts aus dem Zusammenhang der Staatswissenschaft und Philosophie losgelöst hat.

Uns interessiert hier aber nicht nur der philosophische Ursprung unserer *Staats-*

theorie. Mindestens ebenso wichtig ist die damalige *Staatspraxis* und jenes politische Geschehen, das hellenische Denker *als ihre Wirklichkeit erlebt* haben. Auf dieses Geschehen müssen wir aus folgenden Gründen näher eingehen:

Staatsdenker in ihrer Zeit

1. Es liegt auf der Hand, daß allein die politischen Verhältnisse im Hellenentum, insbesondere das leidenschaftliche Ringen um die Staatsform, jene Voraussetzungen geliefert haben, die uns z. B. die Staatskonstruktion Platons verständlich machen, denn diesen ausführlichen Entwurf hatte er höchst aktuell gemeint. Keinesfalls wollte er ihn als bloße Schreibtischarbeit aufgefaßt wissen. Sinngemäß das gleiche gilt für alle hellenischen Staatsdenker.
2. Deshalb muß man wenigstens in Umrissen das politische Geschehen jener Zeit kennen, weil man sonst z. B. das Schicksal des Sokrates oder den Lebenslauf Platons nicht richtig beurteilen kann. Jedenfalls wäre es verfehlt, wenn man sich über Sokrates lediglich aus Apologien seiner Freunde, insbesondere aus platonischen Schriften informieren wollte. Denn der Prozeß gegen Sokrates, das bekannteste Ereignis unserer Philosophen-Geschichte, war ein *politischer* Prozeß, und zu begreifen vermag man ihn allein aus zeitgeschichtlichen Zusammenhängen. Desgleichen hat zu ihm Platon eine bestimmte *politische* Einstellung. Überhaupt liegt bei Platon sowohl für seine sizilianischen Bemühungen als auch für seine Staatsvorschläge ein *Schlüssel zum Verständnis* in seinen politischen Ambitionen.
3. Außerdem erhalten wir bei dieser Gelegenheit einigen Anschauungsunterricht über Eigenart und Probleme staatlich organisierter Gemeinschaften. „Kritik" in dieser Hinsicht heißt der Versuch, die Frage zu beantworten: Welche Staatsformen sind, aus politischer Erfahrung heraus, uns Menschen prinzipiell *möglich?* So beispielhaft übersichtlich wie im damaligen Hellenentum liegen in der späteren europäischen Geschichte diese Dinge nicht mehr, obwohl sie sich bis heute immer wiederholt haben. Wenn wir daher jetzt an Hand einiger historischer Gegebenheiten, so weit sie unser Hauptthema betreffen, auf die wichtigsten Staatsformen stoßen, dann brauchen wir diese in späteren Teilen des Buches, wo von neuzeitlichen Staatsdenkern die Rede ist, nicht nochmals zu erörtern.

Machtstrukturen hellenischer Stadt-Staaten

Ihre Stadt-Kultur haben die Hellenen, als sie seßhaft wurden, fertig ausgebildet vom alten Orient übernommen. Typisch sind besonders folgende Regeln, die einst in Altmesopotamien (Sumer) und dann in Phönikien entwickelt wurden:

1. Das städtische Gemeinwesen stellt sich als eigener und geschlossener Staat dar (daher die Vielzahl hellenischer Poleis).
2. Es glaubt sich im Himmel wie auf Erden repräsentiert durch eine besondere Gottheit (z. B. Athen durch die „Athena"). Deshalb wird derjenige Bürger am strengsten bestraft, der sie öffentlich mißachtet. Dasselbe gilt für das Verhältnis zu anderen Göttern, von denen der Stadt-Staat ebenfalls Schutz und Hilfe erhofft. So erklärt es sich, daß in hellenischen Poleis die „Asebie", der Gottesfrevel, mit dem Tode bestraft wurde. Das Staatsgrundgesetz machte dem Bürger die Staatsreligion zur Pflicht, und zwar weniger der Religion, sondern vielmehr des Staates wegen. Dennoch wurde kein Konfessionszwang ausgeübt. Auch gab es sehr verschiedene Religionsgemeinschaften nebeneinander, und neue Götter wurden offiziell gern anerkannt, bis z. B. Athen von Gottheiten und Götterbildnissen wimmelte. Der Stadt-Staat wollte eben mit jedem irgendwie nützlichen Gott verbündet sein, insbesondere selbstverständlich mit dem

Asebie

jeweils mächtigsten. Daher wurde 371 in Athen auch der altägyptische Amun-Kult eingeführt und der Weltgott Amun mit Zeus identifiziert („Zeus-Amun"), ein schon für die Platoniker folgenreiches Ereignis. Nicht also ein bestimmtes Glaubensbekenntnis war vorgeschrieben, wohl aber der vom Staat verordnete Kult, da von diesem, wie man glaubte, die Staatsexistenz abhing: Niemand sollte die Götter erzürnen und dadurch Unheil über das Gemeinwesen bringen. Deshalb ist auch manchen Philosophen in Athen, vor allem dem Sokrates, das Gesetz gegen Asebie zum Verhängnis geworden.

3. Sterblicher Repräsentant einerseits der Stadt-Gottheit gegenüber der Stadt-Gemeinschaft, anderseits der Gemeinschaft gegenüber der Gottheit oder sämtlichen Göttern überhaupt ist das Staatsoberhaupt, das ursprünglich auch Oberpriester war und die Staats-Opfer darbrachte. In Athen wie in Ionien wurde das Staatsoberhaupt mit einem Fremdwort „basileus" (König) genannt.

Ständepyramide

In jedem Staat, der nach monarchischem Prinzip regiert wird, ergibt sich zwangsläufig ein Machtgefälle von oben nach unten, das sich stufenweise in sog. Ständen manifestiert. Bekannt ist das Schema der Ständepyramide: An ihrer Spitze der Monarch; dicht unter ihm die sog. Aristokratie; dann die mehrfach gestufte Bürgerschaft; schließlich, noch unterhalb der Basis, die Menge der Sklaven und zur Zwangsarbeit verdammten Kriegsgefangenen. Innenpolitisch hat man bei solchen Staaten stets mit folgenden Machtfaktoren zu rechnen: a) dem Monarchen, dessen Familie eine dynastische Dauerherrschaft erstrebt, b) aristokratischen Großgrundbesitzern, die aus ihren Dienstleuten kleine Privatheere rekrutieren oder sich Söldner kaufen können, falls ihnen dazu die Gelegenheit günstig scheint, um den Monarchen zu stürzen, sich gemeinsam in dessen Macht zu teilen, eine Oligarchie zu errichten und diese gegenüber der Bürgerschaft notfalls militärisch zu verteidigen, c) dem weniger wohlhabenden Adel, der sich, wenn er selbst zur Macht drängt, seine Gefolgschaft im Volk suchen und es zur Revolution führen kann, d) der reichen Bürgerschaft, die weniger Rechte als der Adel besitzt, aber mehr Rechte hat als e) die arme Bürgerschaft, zusammengesetzt aus Kleinhandwerkern und Angestellten, aber immer noch hoch erhaben über f) die recht- und machtlosen Sklaven, die als Privateigentum behandelt und gehandelt werden.

Heilige Monarchie

Selbstverständlich stützt der Monarch sich vor allem auf die Staatsreligion; denn sie allein begründet und garantiert seine göttliche und insofern unanfechtbare Macht. Sie „heiligt" ihn um so mehr, je weniger Götter der Staat besitzt, und am meisten durch jeden zur Staatsreligion erklärten Monotheismus nach dem Motto: Ein Gott, ein König, ein Staat. Aus der Vergöttlichung des heiligen Monarchen und seiner Beschlüsse resultiert dessen „omnipotente Souveränität", die uneingeschränkte Herrschergewalt. In altmesopotamisch-syrischen Stadt-Staaten bestand immerhin eine Tendenz zu lokalen Monotheismen, desgleichen wir auch aus dem kanaanäisch-judäischen Kleinstaat kennen, der de facto der Stadt-Staat Jerusalem war. Zu allen Stadt-Staaten gehörte außer dem städtischen Zentrum, dessen Namen üblicherweise auch der Staat trug, noch das mehr oder minder ausgedehnte Herrschaftsgebiet. Den hellenischen Stadt-Staaten blieb der Monotheismus fremd; sie förderten den Polytheismus. Dieser Umstand erleichterte manche Revolution. Denn anders als dort, wo eine monotheistische Tendenz vorherrschte und darum jeder sozialpolitische Umsturz als Sakrileg zugleich die Glaubensvorstellungen erschüttern mußte, brauchte man derartig staatsgefährdende Folgen beim Polytheismus kaum zu fürchten, gaben die anthropomorphen (menschenartigen) Götter doch selbst, laut Aussage der Mythen, genügend Beispiele für Neid und Streit und sollten sie in ihrer Gesamtheit das jeweilige Gemeinwesen, nicht aber — so konnte man argumentieren — ein bestimmtes Oberhaupt oder eine der möglichen Herrschaftsformen

Politischer Polytheismus

beschützen. Denn in überwiegend monotheistisch orientierten Staaten war die maßgebliche Gottheit eben dem König allein unmittelbar verbunden. Hingegen besaß in polytheistischen Staaten nicht nur das Gemeinwesen als Ganzes sein Pantheon, unter dessen himmlischen Gestalten man notfalls bald die eine, bald die andere bevorzugen mochte, sondern außerdem hatte jede bürgerliche Vereinigung, jede Berufsgruppe, sogar jede Familie mindestens einen göttlichen Repräsentanten oder Schutzgeist. Gegenüber dem Monarchen und der Aristokratie konnten hier also auch die unteren Stände gegebenenfalls ein göttliches Recht auf besseres Dasein geltend machen: In der attischen Tragödie bedingte dies jene eigentümliche Auffassung vom historisch-politischen Schicksal, welches, von den Göttern verhängt, einen König ins Unrecht zu stürzen und das Volk zu rechtfertigen vermag.

Erstes Paradigma: Sparta

Vor diesem Hintergrund entwickelte sich nun die oft revolutionäre Verfassungsgeschichte hellenischer Poleis einschließlich der ihr gewidmeten Philosophie, vor allem des 5./4. Jahrhunderts. Eine große Ausnahme machte jedoch *Sparta.* Hier stand ein halbes Jahrtausend lang die Entwicklung still. Durch das Verharren bei seiner monarchisch-aristokratischen Staatskonstruktion wurde Sparta zum panhellenischen Vorkämpfer aller gleichgesinnten Herrschaftsformen gegenüber Athen, dem Vorkämpfer fortgesetzter Verfassungsreformen bis hin zu jener absoluten Demokratie, die drastisch, aber ungerecht praktiziert wurde, als Sokrates im Staatsrat saß.

Phönikisches Vorbild

Die spartanische Verfassung war kein dorisches Originalprodukt, sondern im wesentlichen dem phönikischen Karthago entlehnt. Schon Aristoteles hat beide Verfassungen ihrer Ähnlichkeit wegen miteinander verglichen. Aber die karthagische, die später noch der altrömischen zum Vorbild diente, war weitaus älter als die spartanische, die wahrscheinlich aus dem 9. Jahrhundert stammt. Die karthagische ging über Tyros bis zum altmesopotamischen Sumer und auf dessen Stadt-Staaten zurück. Im großen ganzen spiegelt sie Verhältnisse, die ähnlich in vielen Mittelmeerstaaten, auch in hellenischen, mindestens während einer Übergangszeit üblich waren. Als Besonderheit darf man speziell für diese Verfassung einen Kompromiß zwischen Vertretern der Monarchie und der Aristokratie annehmen. In den verfassungsgründenden Generalvertrag wurden dann aber alle Vollbürger und Waffenträger einbezogen, was insofern dasselbe bedeutet, als nur Bürger Waffenerlaubnis hatten. Demgemäß sah in Sparta das Ergebnis so aus: Erbliches Doppelkönigtum (Dynastie zweier Adelsfamilien), fünfköpfiges Regierungskomitee des Adels, jährlich gewählt (das die Könige kontrollierte), Adelsrat, bestehend aus 28 für den Rest ihres Lebens gewählten Greisen, und monatliche Versammlung der Waffenträger.

Staatsgrundgesetz

Dieses Staatsgrundgesetz kam in Sparta allein der Oberschicht zugute. Keineswegs genügt es nun, das bloße Verfassungs*schema* zu kennen. Vielmehr muß man feststellen, *mit welcher historischen Wirklichkeit die Spartaner seinen Rahmen gefüllt haben.* Dies ist für uns auch deshalb wichtig, weil an ihr *Platon* seine Staatskonstruktion orientiert hat.

Historische Wirklichkeit

Innenpolitisch erfüllte das heilige Bündnis zwischen Monarchie und Aristokratie den Zweck, in der gesamten Oberschicht, die sich vom übrigen Volk als Herrenkaste abschloß, den Kampf um die Macht zu verhindern. Auf solchen Streit allerdings verzichtete die Spartiaten-Kaste freiwillig schon aus Gründen ihrer Selbsterhaltung und Bequemlichkeit. Das ist leicht zu verstehen aus dem weiteren Staatsaufbau. Für ihn wurde Menschenmaterial verwendet, dessen sich die Spartiaten gewaltsam bemächtigt hatten. Die hier buchstäblich als Material verbrauchten Menschen hatten sämtliche Arbeit zu verrichten, wovon die Spartiaten-Kaste so lebte, wie sie sich selbst ihr Herrendasein wünschte. — Die zweite Kaste war diejenige der Periöken. Ihre Mitglieder hätten unter normalen Umständen eine Bürgerschaft dargestellt. In Sparta jedoch mußten sie ihr Gewerbe unter Staatsaufsicht betreiben, für die Oberschicht und den Export arbeiten, der ebenso wie der Import ein Staatsmonopol war, und außerdem mußten sie Steuern zahlen. Innerhalb des vom Ausland abgeriegelten Sparta galt eine Binnenwährung, das Eisengeld, das jenseits der Grenzen wertlos war. Preise und Löhne wurden deshalb mühelos von der Staatsbank reguliert, die übrigens auch gegenüber Spartiaten das Monopol auf Edelmetall besaß: Privateigentum an Gold und Silber wurde bestraft. Wenn nun ein Perioke einen Teil des ihm als Arbeitslohn zugemessenen Eisengeldes der Staatskasse zurückzahlte, dann bedeutete dies, daß er in Höhe jener Summe umsonst gearbeitet hatte. Davon profitierten die Spartiaten und deren Staatsverwaltung. Allerdings konnten tüchtige Periöken, da ihre Kaste vom Adel auch zum Kriegsdienst herangezogen wurde, allmählich in niedrige Staatsämter gelangen oder sogar in die Oberschicht aufrücken, als den Spartiaten der Nachwuchs mangelte; waren doch die Periöken mehrheitlich ebenso dorischer Herkunft wie ihre Unterdrücker. — Die einst von den Dorern bei ihrer Einwanderung auf der Peloponnes vorgefundene Bevölkerung hingegen war versklavt und in die unterste Kaste gepreßt worden. Diesen *Heloten* hatte der Adel vor allem die von ihm kontrollierte Landwirtschaft zugewiesen. Nachdem im 8. Jahrhundert noch die Messenier unterworfen, versklavt und in die Heloten-Kaste eingereiht worden waren, jedoch jederzeit einen Aufstand befürchten ließen und tatsächlich im 7. Jahrhundert eine beinahe erfolgreiche Erhebung wagten, da erfanden die Spartiaten eine bemerkenswerte Maßnahme, um mit dem natürlichen Bevölkerungsüberschuß der Heloten fertigzuwerden: Jedes Jahr zog die eigens geweihte Jungmannschaft aus und übte sich im Kriegshandwerk, indem sie Heloten mordete.

Periöken-Kaste

Heloten-Kaste

Mit den Messeniern hatte sich das spartiatische Militärpotential fast übermäßig belastet. Von dessen ursprünglich höchstens 10.000 Mann gingen in zahlreichen Kriegen immer mehr verloren, bis im 4. Jahrhundert der Restbestand dermaßen dezimiert wurde, daß die Spartiaten-Herrlichkeit beendet war. Jedoch im 7. Jahrhundert besaßen die Spartiaten noch genug Kraft, um beide andere Kasten niederzuhalten, insbesondere die messenischen Heloten, deren fruchtbares Land und Fronarbeit die Oberschicht notwendig zu ihrem Unterhalt brauchte. Allerdings übte die Herrschaftskaste ihre fortgesetzte Unterdrückung so rücksichtslos, daß sie in ihr sozusagen aufgehen mußte: Die Oberschicht formierte sich zu einer Kaste von Fronvögten.

Totaler Staat der Herrenkaste

Noch genauer als bisher wurde nun der ganze Lebenslauf jedes Spartiaten unter Staatsaufsicht gestellt. Die Erziehung diente nur der militärischen Ertüchtigung. Wissenschaft und Kunst wurden völlig abgeschafft, geistig-seelische Regsamkeit wurde verpönt. Schon die Knaben lernten, sich auf wenige Gedanken zu beschränken, diese mit einem möglichst geringen Wortschatz auszudrücken und dabei die ihnen anerzogene Gemütskälte zu zeigen: Das war die bekannte „lakonische Kürze". (Die Stadt Sparta lag in Lakonien, daher: spartanisch = lakonisch.) Im übrigen war folgender Lebensgang vorgeschrieben: Heiraten mußten laut Gesetz die Männer im 30., die Mädchen im 20. Lebensjahr. Jedes neugeborene Kind wurde geprüft, ob es körperlich tauglich war; andernfalls warf man es, laut Vorschrift, in eine für diesen Zweck reservierte Felsenkluft. Bis zum 7. Lebensjahr dauerte das erste Stadium vormilitärischer Erziehung: Hunger, um die Widerstandskraft zu stärken; Anleitung zum Diebstahl, um die Listigkeit zu wecken; Kopf kahlgeschoren (bis zum 20. Lebensjahr), selten oder niemals ein Körperbad, um sich nicht zu verzärteln; kein Schuhzeug, kärgliche Kleidung; alle zehn Tage obrigkeitliche Musterung. Mit dem 7. Lebensjahr wurde jeder Knabe in die Staatsjugend eingereiht, einer Kadettenanstalt (dem spartanischen Gymnasion) zugeteilt, fast ausschließlich im Sport unterrichtet, jedes Jahr öffentlich vor dem Altar einer Göttin blutig gegeißelt (um der Festgemeinde zu beweisen, daß er Schmerz aushalten könne). Mit dem 20. Lebensjahr begann in Wehrlagern die militärische Ausbildung. Bei solchen Zeltgemeinschaften verbrachte der Mann den größten Teil seines Daseins, schloß besonders geartete Lebensfreundschaft mit Zeltgenossen und kam, sobald er verheiratet war, nur zeitweilig nach Hause, um Kinder zu zeugen. So spielte sein Leben sich unter Männern ab, bis er auf dem Schlachtfeld erproben konnte, worin seine ganze Wissenschaft bestand: den Befehlen seiner Vorgesetzten zu gehorchen, alle erdenklichen Erschwernisse zu ertragen und im Kampf zu siegen oder zu sterben. Man begreift, daß die dermaßen einseitig auf den Krieg gedrillten Spartiaten auch in der Minderzahl überaus gefährliche Gegner waren, Gladiatoren fürs Vaterland, während jede andere hellenische Poleis ihre sonst friedfertigen Bürger ins Treffen schicken mußte. — Übrigens wurden in Sparta auch die Mädchen körperlich ebenso wie die Knaben ertüchtigt, unter dem Gesichtspunkt der Zuchtwahl.

Verlust der Individualität

So war den Spartiaten vom Herrschaftsdasein wenig dessen geblieben, was etwa einem Athener lebenswert schien. Dennoch genügte ihnen, die nichts anderes kannten, dieses von Macht und Gewalt berauschte Kriegerdasein mit seinen barbarischen Männerfreuden, um dafür ihre Militärmaschinerie immer wieder in Bewegung zu setzen. Seiner hochgezüchteten Einseitigkeit wegen war der spartanische Staat ein düsterer Fremdkörper sowohl im Hellenentum als auch in der damaligen Kulturwelt: Nirgendwo sonst war *die private Individualität dermaßen verfemt und dem Einzelmenschen aberzogen worden* wie innerhalb der spartanischen Herrenkaste.

Zweites Paradigma: Athen

In die Weltgeschichte verwickelt wurde Sparta nur deshalb, weil diese jenseits seiner Grenzen eben *nicht* stillstand, am wenigsten im nahe gelegenen Athen.

Machtwechsel

Auch hier hatte einst (1100—700 v. Chr.) der Adel schließlich die „heilige Monarchie" überwältigt und deren Macht an sich gerissen, obwohl das Königtum, auch dem Namen nach, als Amt bestehenblieb, nicht zuletzt der Kultopfer wegen, welche der König, später der mit König-Titel ausgestattete Archon („Herrscher") seitens des Staates den Göttern darbrachte. Wie in Athen setzte sich in anderen Poleis diese revolutionäre Bewegung von unten nach oben fort.

Denn bald nachdem hier wie anderswo der landbesitzende und darum machtvolle Adel seine Oligarchie errichtet hatte, mußte er sie gegenüber dem aufstrebenden Bürgertum verteidigen. In kurzer Zeit hatte zunächst das Großbürgertum sich Macht verschafft, und zwar in wachsendem Umfang. Bis auf wenige Ausnahmen waren die meist ionischen Stadt-Staaten, die historische Bedeutung erlangten, Hafenplätze oder dicht an der Küste gegründet. Ihr Lebenselement war der Überseehandel im Mittelmeerraum, die Weltwirtschaft und somit auch Geldwirtschaft. Seefahrt macht frei, das galt schon im Altertum, und er bedingt den weiträumigen Kulturaustausch. Im Unterschied zum dorischen Sparta und dem dorisch isolierten Kreta hingen mindestens die ionischen Staaten eng zusammen; und da sie die weit überwiegende Mehrheit darstellten, wirkte sich jede politische Bewegung zuletzt im ganzen Hellenentum aus. Das war der Fall seit etwa Mitte des 7. Jahrhunderts, als die kulturell und wirtschaftlich führenden Ionier Kleinasiens ihre Oligarchen stürzten.

Die „Tyrannis"

Damit tauchte zugleich ein neues politisches Problem auf: die „Tyrannis". Ein Volk, das seine adligen Unterdrücker abschüttelt und weitgehend enteignet, braucht einen Führer, ja es wird oft erst durch ihn zum Aufstand bewogen, gleichgültig, ob er ein Mann aus dem Volk ist oder ein adliger Einzelgänger, der anders nicht zur Macht kommen kann. Auch wenn ein Umsturz nicht die Form eines Bürgerkriegs annahm, sondern scheinbar friedlich verlief, etwa deshalb, weil die Oligarchen überrumpelt wurden, so hat er doch dermaßen viel Unruhe, Haß und Dauerfeindschaft zur Folge, daß die Situation geradezu nach einem starken Mann schreit, welcher einerseits den neuen Zustand vor einem reaktionären Staatsstreich schützt, anderseits das Volk zügelt und schließlich beide Parteien zur Eintracht zwingt. Ein solcher Staatsführer ist als Alleinherrscher kein heiliger Monarch, sondern ein „Tyrann" (ursprünglich „Burgherr"), wobei dieser Begriff zunächst kein Werturteil einschließt. Denn an und für sich ist die Tyrannis weder „gut" noch „böse", sondern eine zweckbedingte Herrschaftsform, die in der hellenischen Verfassungsgeschichte recht häufig war. Der ihr eigentümliche Zweck freilich macht sie, streng genommen, zu einer bloßen Übergangserscheinung. Die Tyrannis sollte vor allem die obrigkeitliche Willkür, die sich vorher auf heilige Überlieferung und ehrwürdiges Herkommen berief, durch *schriftlich niedergelegte Gesetze* ablösen, denen *das Volk zugestimmt* hatte. Das heißt: *An die Stelle göttlich-willkürlicher Regierungstradition trat die vom gesamten Bürgervolk anerkannte Verfassungsurkunde*, und an die Stelle der vorher von *natürlichen Personen* nach Gutdünken ausgeübten Regierung trat die fortan von *juristischen Personen* vorschriftsmäßig durchgeführte Verwaltung, an der sich — mittelbar oder unmittelbar — jeder Vollbürger beteiligen sollte. Es liegt auf der Hand, daß ein Tyrann, mochte er noch so „gut" sein, allein schon durch sein Vorhandensein gegen jene Verfassung verstieß und sie de facto sogar außer Kraft setzte, wenn er sich formal an ihren Wortlaut und an die sonstigen Gesetze hielt, also wenn er z. B. bürgerliche Regierungskollegien bestehen ließ. Sinn und Zweck der Revolution waren jedenfalls verfehlt, und die Volksbewegung war nachträglich zur Urheberschaft einer neuen Einzelherrschaft, einer Autokratie, gemacht worden, welche jederzeit drohte, erblich zu werden und in eine Dynastie auszuarten. Je länger sie bestand, desto mehr bedurfte sie einer „höheren" Rechtfertigung gegenüber dem Staatsvolk, also einer Berufung auf „göttliche" Autorität; und damit wäre ein Kreislauf der Herrschaftsformen wieder geschlossen. So erklärt sich die Feindschaft hellenischer Demokratien gegen die „Tyrannis". Diese *demokratische* Gesinnung darf man nicht verwechseln mit dem *aristokratischen* Aufbegehren gegenüber der heiligen Monarchie beispielsweise in Sparta.

Den Aufstieg zur Alleinherrschaft konnten Volksführer in Zeiten außenpolitischer Bedrängnis, vor allem während eines Krieges, nehmen. Das Musterbeispiel dafür hat um 400 im Kampf gegen die Karthager ein Tyrann geliefert, mit dem und mit dessen Nachfolger Platon so gern zusammenarbeiten wollte, nämlich Dionysios von Syrakus.

Der „Demarch"

Schließlich sei der Ausweg aus Schwierigkeiten revolutionärer Machtverteilung erwähnt, den man um 600 auf Chios fand. Dort kam es im Zuge einer Verfassungsänderung zu *legalen* Volksführern, den „Demarchen" (von gr. dēmos „Staatsvolk" und arché Herrschaft). Ihnen entsprachen an *Bedeutung* später die nicht gleicherweise beamteten Demagogen in Athen.

Wir dürfen uns nun auf Athen beschränken, wo der Adel im 7. Jahrhundert die heilige Monarchie überwältigt und eine Oligarchie errichtet hatte. Die Königsgewalt wurde verteilt auf zuletzt neun jährlich gewählte Archonten (archon = Führer, Herrscher). Nach dem ersten hieß jeweils das Jahr (wie früher nach dem König), der zweite war der Kriegsherr, und der dritte, der Archon Basileus, trug den Königstitel weiter und vertrat an Stelle des Königs den Staat gegenüber den Göttern. Zusätzlich zu diesen adligen Staatsführern gab es den ebenfalls adligen Staatsrat, der größtenteils aus ehemaligen Archonten bestand. Ein Archon namens *Drakon* schrieb 621 zum erstenmal das Recht auf, und zwar so, wie es zugunsten des Adels und zu Lasten des Volkes für immer eine Aristokratie sichern sollte. Wirklich frei waren zu jener Zeit nur noch wenige Bürger; die meisten lebten in Schuldknechtschaft oder persönlicher Abhängigkeit.

Oligarchie

Daraus ergab sich um 600 eine Revolutionsbewegung, welcher 594/593 angesichts einer gefährlichen Staatskrise der zwar ebenfalls adlige, doch weniger begüterte *Solon* zu einem maßvollen Sieg verhalf, indem er mittels einer Verfassungsreform einerseits die vordringlichsten Volkswünsche erfüllte, anderseits dem Adel die Existenz sicherte. Hierauf begab sich Solon schleunigst ins Ausland, während hinter ihm in Athen die radikalen Flügel der Adelspartei und der Volkspartei, also Rechtsextremisten und Linksextremisten, über seinen Verfassungskompromiß haderten. Der Adel zürnte, weil ihm Solon tatsächlich hohe Verluste zugemutet hatte, während den Sozialrevolutionären diese Zugeständnisse nicht genügten. Seitdem zog sich die Auseinandersetzung zwischen dem Teil des Adels, der zur Oligarchie zurückstrebte, und dem Teil des Volkes, den nur ein totaler Sieg befriedigen konnte, durch die Jahrhunderte hin. Eines ihrer Opfer war Sokrates.

Sozialrevolution

Den Volksradikalen hatte Solon die Neuverteilung von Grund und Boden abgeschlagen, also die völlige Enteignung des Adels, wie sie in mancher anderen Polis stattfand. Dafür hatte er aber den Adel genötigt, sämtliche Schuldverschreibungen preiszugeben und auf Leibeigenschaft, Schuldhaft, Familienhaftung verarmter Bürger und Bauern für immer zu verzichten. Außerdem sollte fortan jeder Staatsbürger an den Staatsgeschäften beteiligt werden. Immerhin gewährte die nunmehrige *Timokratie* (von gr. timé = Schätzung und krátos = Herrschaft), dergleichen wir auch aus der römischen Republik kennen, dem reichen, regierenden Adel noch immer den Vorrang; denn seine Archontenfamilien bildeten im athenischen *Klassenstaat* die erste Klasse. Zur zweiten Klasse gehörten die Ritter, zur dritten die Bürger, die im Kriegsfall als schwergepanzerte Infanteristen (Hopliten) kämpften (so auch Sokrates), zur vierten Klasse zählten die Kleinbürger, die sich für den Krieg als Leichtbewaffnete bereit hielten. Die „Schätzung" (lat. census), welche der Klassifizierung zugrunde lag, bezog sich auf das finanzielle Vermögen, und zwar nicht zuletzt deshalb, weil jedermann zum Kriegsdienst verpflichtet war und sich selbst ausrüsten mußte. Nach dem Wert seines militärischen Beitrags richtete sich auch sein Anteil an der Staatsregierung. Wichtig aber war der neue Verfassungsgrundsatz, wonach der einzelne nicht zwangsweise stets in der Klasse bleiben mußte, in die er hineingeboren war, sondern kraft eigener Tüchtigkeit aufsteigen durfte: Die Klasse oder der Stand war also keine Kaste! Lediglich zur obersten Familiengruppe ehemaliger Oligarchen blieb dem Bürger noch der Zutritt versperrt. Im übrigen wählte fortan die Volksversammlung die Beamten, sie schloß Bündnisse, entschied über Krieg und Frieden und wählte jährlich 4000 (später 5000) Geschworene in den Volksgerichtshof. Neben den fortbestehenden Adelsrat, den Areiopag, trat der Bürgerrat, dessen 400 Mitglieder von der Volksversammlung gewählt waren,

Klassenstaat

so daß sich, wie wir sagen würden, Oberhaus und Unterhaus oder Herrenhaus und Abgeordnetenhaus ergänzten. Gegen Archonten-Entscheide gab es jetzt ein Appellationsrecht.

Nach Solons Verfassungsreform setzte die Adelsreaktion ein, wogegen sich die Küstenbauern unter Führung der Alkmaioniden und die Gebirgsbauern unter Peisistratos wehrten, welcher seit 561 zwar gesetzwidrig, aber trotzdem zum Schutz der Verfassung eine Tyrannis ausübte, gestürzt wurde, wiederkam, den Adel entmachtete, seine politischen Gegner zur Emigration zwang (die Alkmaioniden gingen nach Sparta) und, als er 527 starb, seinen Söhnen die Alleinherrschaft hinterließ, als hätte er bereits eine monarchische Dynastie gegründet. Einer dieser Söhne wurde 514 ermordet, weshalb man später in Athen die Attentäter offiziell als Tyrannenmörder feierte. Der andere Sohn mußte 510 den Spartanern weichen, die zugunsten der Alkmaioniden intervenierten. Nun waren mit den Alkmaioniden in Athen die Führer der Küstenbauern an der Reihe. Sie setzten Solons Verfassungsreform, aber auch Maßnahmen der
Demokratie Peisistratiden fort, entmachteten nochmals die Großgrundbesitzer, und brachten unter Leitung von Kleisthenes die *Demokratie* zustande: Souveränität des Volkes; Einteilung des Siedlungsgebietes und somit des Volkes in zehn neue Kreise, aus deren Wohngemeinschaft und zugleich Kampfgenossenschaft jährlich 50 Mann *ausgelost* wurden, um für den zehnten Teil des Jahres die Staatsregierung zu übernehmen, wobei innerhalb dieses Kollegiums (dem später auch Sokrates angehörte) der Vorsitz täglich wechselte; alle 500 Regierungsmitglieder bildeten den Staatsrat, welcher die Gesetze vorzubereiten und auszuführen hatte, sobald sie von der Volksversammlung genehmigt waren (direkte Demokratie); höchste Instanz war der auf 5000 Mann erweiterte Volksgerichtshof; hier war zur Klage jeder Bürger zugelassen, und jeder Angeklagte (wie später Sokrates) mußte sich selbst verteidigen; die Folter wurde für freie Bürger abgeschafft und der Giftbecher als besonders milde Hinrichtungsart in den Strafvollzug eingeführt (prominentester Trinker aus dem Giftbecher: Sokrates). Neben den Archonten, deren politische Bedeutung bald ganz gering wurde, stiegen die militärischen Volksführer auf, die zehn Strategen. Unliebsame Mitbürger durfte das neue Scherbengericht durch Mehrheitsbeschluß für
Autokrator zehn Jahre verbannen. (Zu Strategen, insbesondere zum Strategós Autokrator, dem Oberkommandierenden mit Diktaturgewalt, wählte man meistens Adlige, die ihren Frieden mit der Demokratie gemacht hatten; prominentester Autokrat: Perikles, Zeitgenosse des Sokrates).

Damit hatten die Spartaner allerdings nie gerechnet, daß Kleisthenes die Demokratie durchsetzen würde. Deshalb intervenierten sie 508 noch einmal, nun aber gegen ihn, nötigten ihn zur Flucht und machten einen Adelsführer zum gebietenden Archon. Jedoch nach ihrem Abzug rief das Volk den Kleisthenes zurück. Dessen Verfassung trat 507 in Kraft. Um sie vor den Spartanern abzuschirmen, anerkannte Athen zeitweilig die Oberhoheit der Perser. Trotzdem griffen die Spartaner 506 an, allerdings vergeblich.

Seit 480/479 wurden adlige Strategen und Adelsführer, sofern man sie oligarchischer Neigung verdächtigte, aus dem Staatsleben durch Volksabstimmung ausgeschlossen und die vierte Vermögensklasse zum Staatsdienst herangezogen, und zwar zum Rudern auf der neugebauten Kriegsflotte, die schließlich *aus diesem Grunde* ein Machtinstrument radikaldemokratischer Parteigänger war. Bald wurden auch die Archonten nur noch *ausgelost* und die Strategen *gewählt.* Eine Ursache dieser Maßnahmen waren der ursprünglich nur ionisch-persische, dann hellenisch-persische Krieg sowie der durch ihn bedingte Aufstieg Athens zum Führungsstaat meist ionischer Poleis, die sich im Attisch-Delischen Seebund vereinigt hatten.

Demokratie gegen Oligarchie

Der Führerschaft im Seebund, dem zeitweilig 208 Stadt-Staaten angehörten, verdankte Athen den Eintritt in die Weltgeschichte, die Stellung als Großmacht und Zentrum panhellenischer Demokratie. Die Konsequenz freilich war auch die zuletzt beinahe tödliche Rivalität zu Sparta.

Begonnen hatte der Aufschwung Athens mit dem Krieg ionischer Poleis in Kleinasien gegen die Perserherrschaft, weil sie den Überseehandel hemmte und weil sie sich innerhalb jener Stadt-Staaten auf Tyrannen stützte. Zwar wurden seit 500 die Tyrannen vertrieben, aber die Poleis nacheinander von den Persern überwunden und vor allem das mächtige Milet, Mutterstadt von etwa 90 ionischen Tochterstädten, zum abschreckenden Beispiel zerstört. Vergeblich erbaten die kleinasiatischen Ionier 478/477 Hilfe von Sparta: Sparta riet ihnen zur Emigration nach Griechenland. Das ionische Athen hingegen, das im Unterschied zu Sparta selbst Seehandel trieb, griff jederzeit zugunsten seiner fernen Volksgenossen und Handelspartner in den Kampf ein. Zur Belohnung dafür und weil es außerhalb Persiens lag, erhielt es die Führerschaft zugebilligt, nachdem es soeben erst gemeinsam mit Sparta und anderen griechischen Verbündeten den Grenzkrieg gegen ein persisches Heer ruhmvoll gewonnen hatte. Der 477 gegründete Seebund erhielt eine *parlamentarische Verfassung* mit gleichem Stimmrecht aller Mitglieder im Bundesrat. So setzte sich, bald noch verstärkt durch Athens wachsendes Hegemoniebestreben, bei den angeschlossenen Poleis bald der demokratische Gedanke überall durch.

Athen statt Sparta

Die Demokratie brachte Athen nebst dem Seebund in eine gewisse Konkurrenz zum panhellenischen Hauptheiligtum Delphi, dessen Priesterschaft seit alters, und keineswegs nur durch die Orakel der Pythia, im Hellenentum die große Politik mitbestimmte. Delphi lag am Fuß des Olymp, dem Thron des Zeus, war aber dem Apollon geweiht, und ihn meinte später Sokrates, wenn er von „dem Gott" sprach, dem er „mehr gehorchen müsse" als der Athener Volksregierung. Ausdrücklich hatte die delphische Priesterschaft einst die spartanische Verfassung genehmigt. Überhaupt ergriff sie stets die Partei Spartas; das machte sich besonders bemerkbar während des Peloponnesischen Krieges.

Delphi für Sparta

Zu dessen Vorgeschichte und erster Hälfte gehörte in Athen die lang dauernde Staatsführerschaft des *Perikles*. Er war kurz nach 500 als Großneffe des Kleisthenes geboren, also eine Generation älter als Sokrates. An der Spitze der radikal-demokratischen Partei triumphierte er 461 über den spartanerfreundlichen Kimon, der verbannt wurde.

Vorangegangen war diesem Regierungswechsel ein Zerwürfnis zwischen Sparta und Athen, das seiner Ursache wegen denkwürdig ist. Die Stadt Sparta hatte 464 ein Erdbeben zerrüttet, und diese Gelegenheit benutzten die versklavten Messenier zum abermaligen Aufstand. Aus Athen entsandte Kimon zugunsten der bedrängten Spartiaten ein Hilfsheer. Jedoch, dessen demokratische Gesinnung hielten diese für noch gefährlicher als die Messenier, und so schickten sie es zwar dankend, aber unverrichteterdinge zurück. Die darüber entrüsteten Athener ließen ihren Unmut an Kimon und an der Adelspartei aus. Nun wurde vollends die Souveränität des Volkes besiegelt, das Bündnis mit Sparta aufgekündigt und 460/459 eine große Schar messenischer Heloten, die sich ihren Abzug aus Sparta erkämpft hatte, in Freiheit umgesiedelt nach Naupaktos am Golf von Korinth. Das war der Auftakt zum Peloponnesischen Krieg. Außer Sparta war jetzt das ihm verbündete, ebenfalls dorische Korinth herausgefordert, diese starke Polis, von der aus einst Syrakus gegründet worden war. Zu Syrakus unterhielten Sparta und Korinth gute Beziehungen. Überhaupt war das westliche Mittelmeer eine Handelsdomäne der Korinther, während das

Athen gegen Sparta

östliche Mittelmeer zum Seereich der Athener und des Attischen Bundes gehörte.

Panhellenische Demokratie

Offenbar hatten anläßlich jenes mißglückten Hilfszuges nach Sparta die Athener erkannt, daß ihnen die Demokratie fortan außenpolitisch als mächtiges Instrument dienen konnte, und Perikles war der Mann, der es zu benutzen verstand. Schon 459 schloß sich Megara an Athen an, weil dort ein demokratischer Umsturz stattgefunden hatte, und 457 erzwang Athen im Krieg gegen Sparta—Theben in allen besiegten oder befreundeten Poleis die Demokratie. Denselben Zwang bekamen die Mitglieder des Seebunds zu spüren, so z. B. 453/452 der Stadt-Staat Erythrai in Kleinasien. Unter dem Einfluß des Seebunds kam es um 450 zum Sturz der aristokratischen Pythagoreer-Herrschaft in hellenischen Stadt-Staaten von Italien.

Philosophische Propaganda

Selbstverständlich wehrten sich allenthalben die zum Existenzkampf herausgeforderten Oligarchen, und ebenso wie die Demokraten stützten auch sie ihre politische Propaganda vielfach auf Argumente, welche sie ihren eigenen Philosophen verdankten. Beiderseits beteiligten sich Philosophen sogar am Kampf. Als 440 Samos vom Seebund abfiel, wofür es 439 gestraft wurde, befehligte ein eleatischer Philosoph, Melissos, die samische Flotte. Denn die Eleaten, so genannt nach dem hellenischen Elea in Unteritalien, waren ähnlich den ihnen geistesverwandten Pythagoreern aristokratisch gesinnt; von ihrem Hauptdenker Parmenides haben wir schon gesprochen. Anderseits war der Demokrat Perikles eng befreundet mit dem uns gleichfalls schon bekannten Anaxagoras, der 461 nach Athen gekommen war, sowie mit den „Sophisten" Protagoras und Gorgias (um 483—375).

Spätestens damals wurde immer mehr Hellenen bewußt, daß Demokratie und Aristokratie keine Staatsformen sind, die man beliebig austauschen kann, sondern daß jede von ihnen eine eigene Weltanschauung voraussetzt. Darum wurde der Peloponnesische Krieg sofort mit der für alle Weltanschauungskriege typischen Grausamkeit geführt, nach dem Motto: totaler Freund — totaler Feind, folglich auch: totaler Krieg. Zum erstenmal in der europäischen Geschichte spielte die politische Propaganda eine bedeutende Rolle. An ihr beteiligte sich, auf seine Weise, in Athen der Tragödiendichter Sophokles, der zur Oligarchenpartei hielt und selbst einmal im reaktionären Verfassungsrat saß, denn sein Vater, von dessen Einnahmen er lebte, besaß eine Waffenfabrik, die er mit Arbeitssklaven betrieb. Kurz nach Beginn des Peloponnesischen Krieges forderte eine heimlich verbreitete Flugschrift über „den Staat der Athener" zum Sturz des Perikles und zur Bildung einer Oligarchie auf. Da jede Polis gleichsam ein großer Organismus war, ein aus vielen Einzelmenschen zusammengesetztes „großes Individuum" mit Kollektivgeist und Kollektivseele, konnte sich kaum ein namhafter Philosoph der panhellenischen Auseinandersetzung zwischen Demokratie und Oligarchie entziehen.

Autokratie des Perikles

Perikles hat nun diese Auseinandersetzung absichtlich noch verschärft, nachdem er vorher schon den Krieg zwischen dem Seebund und Persien, dessen die Perser längst überdrüssig waren, bis zu einem Zeitpunkt hinausgezogen hatte, der ihm günstig schien. Denn nur auf Grund dieses Krieges war ja der Seebund und infolgedessen die Vormachtstellung Athens zustande gekommen, und demselben Umstand verdankte wiederum Perikles seine einzigartige Führungsposition. Nachdem er sich auch als Feldherr ausgezeichnet hatte, wurde er seit 443 15 Jahre lang regelmäßig zum Oberkommandierenden gewählt, zum Strategos Autokrator, und das bedeutete, daß er allein auch als Staatschef wirken durfte. Damals war Athen, laut Thukydides, „dem Namen nach zwar eine Demokratie, tatsächlich aber die Herrschaft des ersten Mannes", der allerdings nicht als Tyrann regierte, sondern sich überaus geschickt im Rahmen der von ihm noch mehr demokratisierten Verfassung hielt. Doch unverkennbar machte die von ihm kunstvoll gesteigerte und glänzend gemeisterte Machtpolitik jedes Jahr auch seine Wiederwahl zum Staatsführer unerläßlich. Nach dem Friedensschluß mit Persien 449/448 hätte der Seebund, dessen Gründungszweck damit ja entfallen war, sich vielleicht auflösen können. Inzwischen aber war nicht nur der Zusammenhalt unter seinen Mitgliedern gefestigt worden, sondern Perikles hatte dem Seebund einen neuen, ebenfalls kämpferischen Sinn eingeflößt: Verteidigung und Ausbreitung der Demokratie. Ein Beispiel dafür war der Feldzug des Perikles i. J. 447, mit dem er in Chalkis und Eretria die Demokratie erzwang. Außerdem freilich richtete er das Seebundsinteresse nunmehr auf das *westliche Mittelmeer,* wobei sich zwangsweise das kalkulierte Risiko eines Krieges gegen Korinth und Sparta ergab.

Dieser Peloponnesische Krieg begann 432, indem sich die korinthische Kolonie *Poteidaia* an der Chalkidike vom Attischen Seebund loslöste, dieser sofort Gegenmaßnahmen ergriff und daraufhin *Sparta* ein Ultimatum stellte: Verbannung des Perikles, Freigabe Poteidaias, volle Autonomie für alle Seebundmitglieder! Selbstverständlich wurde dieses Ansinnen zurückgewiesen, und der Krieg war unvermeidlich geworden.

Das Asebie-Gesetz

Überaus wichtig ist nun, daß gleichzeitig in Athen der Demagoge *Kleon,* von Beruf Lederhändler, einen Volkssturm gegen Perikles zu entfesseln versuchte, selbst aber nur ein politisches Instrument des *Orakelpriesters Diopeithes* war und dessen folgenschweren Gesetzesantrag unterstützte, dem dann auch die Volksregierung prompt zugestimmt hat. Dieses Gesetz sanktionierte *die Zensur des Geistes, der Forschung und Wissenschaft!* Zunächst freilich sollte es den beliebten Staatsführer Perikles nur indirekt treffen, indem es gegen seine zweite Gemahlin Aspasia und gegen die ihm befreundeten Sophisten gerichtet war. Außer der Oligarchenpartei, die mit Sparta sympathisierte, hatte anscheinend Delphi die Hand im Spiel. Diopeithes vertrat delphisches Interesse. Denn das Zentrum allen hellenischen Orakelwesens, insbesondere aller Mantik und Traumdeutung, war eben Delphi, dessen Priesterschaft begreiflicherweise die Aufklärer nebst ihrem „Volkshochschulunterricht" und ihrer Jugenderziehung als Gegner verfolgte. Vor allem Anaxagoras mit seiner Naturlehre war ihr ein Ärgernis, weil er die Sonne nicht mehr für einen Gott hielt, sondern für eine glühende Gesteinsmasse, und weil er nach dem Vorbild altorientalischer Astronomie die Sonnenfinsternisse und Mondfinsternisse auf natürliche Ursachen zurückführte anstatt auf einen göttlichen Willensbeschluß, den zu deuten ein Vorrecht der Priester war. Tatsächlich sah die Priesterschaft nicht nur ihre Macht und Einkünfte gefährdet, falls die Wissenschaft weiter fortschritt, sondern ihre gesamte Existenz. Da kam ihr in Athen die Oligarchenpartei zu Hilfe, deren Führer Nikias ebenso befreundet mit dem Diopeithes war wie anderseits Perikles mit dem Anaxagoras. Jedoch, auch die seit alters von Priestern geschulte, im Götterglauben aufgewachsene und dem magisch-mythischen Denken verhaftete Volksmenge, die sich von Kleons Rhetorik mitreißen ließ, empörte sich jetzt gegen die Verfechter der Freiheit des Denkens. So brachte die athenische, von Diokleites repräsentierte Priesterschaft mittels des neuen Gesetzes ein Gesinnungsbündnis zwischen den Oligarchen und dem Demos zustande, das zwei Jahrzehnte später den Staat Athen mitsamt dem Seebund in die größte Katastrophe stürzte.

Hintergründe der Zensur

Gegen die Wissenschaften

Ein Gesetz, wonach auf der Asebie, den Religionsfrevel, die schwerste Strafe stand, hatte es zwar schon immer gegeben. Aber es bezog sich nur auf konkrete Straftaten und sollte verhindern: Tempelraub, Verletzung des Asylrechts der Tempel und Altäre, Verstöße gegen die rituelle Reinheit von Heiligtümern durch Geburt oder Tod, Beschädigung von Götterbildern und heiligen Bäumen, Profanierung der Mysterien, Verweigerung des staatlichen Opferkults. Es zerstörte also noch nicht die Geistesfreiheit, unterwarf noch nicht die Gesinnung einer obrigkeitlichen Zensur und bedrohte noch nicht mit dem Tod das bereits damals sogenannte „Andersdenken" im Sinn religiöser Ungläubigkeit. Um dieses Versäumnis nachzuholen, wurde 432 beschlossen: *„Es sollen die Leute vor Gericht gezogen werden, die nicht an die Religion glauben oder Unterricht in der Astronomie erteilen."*

Politische Ketzerprozesse

„Dieses Gesetz, das zunächst auf Anaxagoras gemünzt war, gab die Möglichkeit, athenische Bürger ... wegen ihrer *Denkweise* in Anklagezustand zu versetzen, und bildete die rechtliche Grundlage aller nun folgenden *Asebieprozesse,* die eine Eigentümlichkeit der athenischen Demokratie ausmachen, während das übrige Hellas von solchen Ketzerprozessen nichts weiß" (Wilhelm Nestle). *Anaxagoras* wurde zum Tode verurteilt, hatte aber rechtzeitig vorher Athen verlassen. Nur mit Mühe konnte Perikles wenigstens den Freispruch seiner Gemahlin erreichen, indem er selbst als ihr Verteidiger vor Gericht auftrat. Als Staatsführer wurde er 430 abgesetzt, und 429, dem Jahr seiner Wiederberufung, starb er an der Pest. Die nächsten Asebieprozesse richteten sich gegen: *Protagoras,* der ebenfalls dem Todesurteil entging, aber auf der Flucht ertrank; *Alkibiades,* den Neffen des Perikles, der auch dem Gericht durch Flucht auswich und, um sich zu rächen, zeitweilig nach Sparta ging, wohin seine Familie, die Alkmaioniden, wohl noch immer Beziehungen unterhielt; *Diagoras* von Melos; *Sokrates,* der als einziger getrost den Giftbecher nahm, obwohl seine Freunde auch ihm so gern zur Flucht verholfen hätten. Wie gründlich man in Athen die Ketzerverfolgung betrieb, beweisen weitere Zensurmaßnahmen.

Öffentliche Bücherverbrennung

Das Schrifttum der zum Tode Verurteilten wurde beschlagnahmt und öffentlich verbrannt. Zu diesem Zweck holten Gerichtsdiener die verbotenen Bücher aus dem Privatbesitz; es fanden also Haussuchungen statt. Übrigens wurde noch *Aristoteles* durch einen Asebieprozeß aus Athen vertrieben, und gleiche Prozesse wurden den Philosophen *Theophrast, Stilpon* und *Theodoros* angehängt. Wer also meint, das demokratische Athen sei eine Philosophenstadt gewesen, der muß sich mit der finsteren Seite dieser Demokratie abfinden. Nur Platon blieb unangefochten, und das dürfte recht bezeichnend sein.
Allen Asebieprozessen eigentümlich ist in hohem Maße ihr *politischer* Charakter. Das gilt insbesondere für den Prozeß gegen *Sokrates,* den man nur aus einer komplizierten Vorgeschichte heraus verstehen kann.

Sokrates in Realität und Legende

An dem Feldzug gegen Poteidaia (432—429), Delion (424) und Amphipolis (422) nahm als Hoplit (schwer gerüsteter Infanterist) auch *Sokrates* teil, der wie jeder Bürger dienstpflichtig war. Über seine soldatische Tüchtigkeit läßt Platon im „Symposion" den Alkibiades sagen: „Gemeinsam machten wir den Feldzug nach Poteidaia mit und waren dort Tischgenossen. Da übertraf er im Ertragen aller Beschwernisse nicht nur mich, sondern alle insgesamt. Wenn wir irgendwo abgeschnitten waren, wie es auf Feldzügen vorkommen kann, und dann fasten mußten, da konnten das die andern lange nicht so gut aushalten. Durften wir es uns aber wohlergehen lassen, so vermochte er als einziger das zu genießen, besonders wenn er, was ihm freilich zuwider war, zum Trinken genötigt wurde; da übertraf er uns alle. Und worüber man sich am meisten wundern muß: Kein Mensch hat jemals den Sokrates betrunken gesehen ... Das wäre nun das eine.

[Noch erstaunlicher ist aber das andere:] Damals auf dem Feldzug ... stand er, in irgendeinen Gedanken vertieft, vom Morgen an auf demselben Fleck und überlegte, und als es ihm nicht gelingen wollte, gab er nicht nach, sondern blieb nachsinnend stehen. Inzwischen war es schon Mittag geworden; da bemerkten es die Leute, und verwundert erzählte es einer dem andern, daß Sokrates schon seit dem Morgen dastehe und über etwas nachdenke. Schließlich, als es schon Abend war, trugen einige von den Ioniern [aus kleinasiatischen Poleis] als sie gegessen hatten, ihre Schlafpolster hinaus; so schliefen sie in der Kühle [der Sommernacht] und konnten gleichzeitig beobachten, ob er auch in der Nacht dort stehen bleibe. Und wirklich, er blieb stehen, bis es Morgen wurde und die Sonne aufging! Dann verrichtete er sein *Gebet an die Sonne* und ging weg."

Sokrates im Kreis junger Aristokraten

Schon dieses Zitat, das man vielleicht nicht ganz wörtlich nehmen darf, zeigt, wie Platon sein Sokrates-Bild angelegt hat, nämlich als eine Komposition aus Realität und Legende, aus Anerkennung und zurückhaltender Distanz, aus Wohlwollen und feiner Ironie. Vor allem dem freundlichen Humor begegnen wir immer wieder bei ihm in den Sokrates-Dialogen. Denn nicht zu vergessen: Platon war ein Aristokrat aus Athens regierender Herrschaftsklasse, Sokrates hingegen ein Bildhauer aus dem Mittelstand, der sich schließlich, weil er jede Erwerbstätigkeit vernachlässigte, in „unendlicher Armut" (Platon) befand; und wenn auch die obere Gesellschaft oder jedenfalls davon doch eine bestimmte Männergruppe den Sokrates gern bei sich duldete, so achtete sie offenbar doch darauf, daß ein gewisser Abstand gewahrt blieb. Das gilt nicht nur für den spöttischen, von Perikles erzogenen Alkibiades, sondern auch für Platon selbst. Einer von dessen mütterlichen Vorfahren war sogar mit Solon verwandt gewesen, und sein Stiefvater gehörte zum Kreis des Perikles und ging als Gesandter an den Hof des Perserkönigs. So kam es, daß der 427 wahrscheinlich in Athen geborene Platon sicherlich noch mit Alkibiades zusammentraf. In die Philosophie eingeführt wurde er aber nicht mehr von einem der damals schon vertriebenen Sophisten, sondern von Kratylos, der sich zur Lehre des Heraklit bekannte; und ungefähr zwanzigjährig ist Platon dann auch dem Sokrates begegnet, dem er sich mit vielen Genossen anschloß und von dem er wußte, daß einst Alkibiades ihn in seinen privaten Freundeskreis aufgenommen hatte.

Dank für Lebensrettung

Tatsächlich dürfte nichts so wichtig gewesen sein für das Schicksal und den Nachruhm des Sokrates wie diese Freundschaft, die ihm Alkibiades entgegenbrachte. Zweifellos hat erst sie ihn „salonfähig" gemacht. Andernfalls würde ihn die „Jeunesse dorée" von Athen wohl nur als intellektuellen Spaßvogel engagiert haben. Jedoch, Alkibiades und mit ihm Perikles, sein Oheim und Vormund, waren wirklich dem Sokrates zu Dank verpflichtet, und es ehrt den jungen Adligen, der in Athen wie ein Fürstensohn lebte, daß er niemals vergaß, wie der tapfere Bildhauer ihm in der Schlacht bei Poteidaia das Leben gerettet hat.

Originalgenie

Das Besondere an Sokrates war nun, daß er, *der erste in Athen geborene* und nicht aus Ionien zugezogene Philosoph, sich in eigentümlich vertrackter Weise als Originalgenie offenbarte, als ein Mann, dessen einzige Leidenschaft das Denken und der Erkenntnistrieb war. Ihn hatten die Begriffe gereizt, die man täglich benutzte und gedankenlos anwendete, weil die inzwischen überaus reich entwickelte Sprache sie eben darbot oder in Bereitschaft hielt. Aber was

9*

Sokratische Methode steckte hinter ihnen? Wie waren sie zu definieren? Diese Frage ließ Sokrates keine Ruhe. Er hatte sich auch eine besondere Methode zurechtgelegt, um sich Klarheit zu verschaffen: Er sprach auf Markt und Gassen jedermann an, der ihm Rede stehen wollte, und befragte ihn, indem er selbst sich ganz dumm stellte, nach seinem Motto: „Ich weiß, daß ich nichts weiß." Jedoch, wer behauptet, er sei naiv, ist es selbstverständlich nicht, sonst wüßte er ja nichts von seiner Naivität; und so versteckte auch Sokrates, wie seine Freunde berichtet haben (denn er selbst war kein Schriftsteller), hinter der Maske seiner Naivität und angeblichen Unwissenheit die Absicht, alle anderen, die sich ihm gegenüber unfreiwillig oder voller Stolz zu Wissenden erklärt sahen, nach und nach durch bohrendes Nachfragen aufs Glatteis zu führen, gleichzeitig aber auf diese Weise im Dialog der Sache auf den Grund zu kommen.

Situationsschilderung Amüsant und treffend hat Jacob Burckhardt ausgemalt, welche Szenen sich da ergaben. Unverblümt nannte er dabei Sokrates einen „Totengräber der attischen Polis", denn: „Durch seine Kreuzundquerfragen wurden die Leute ganz perplex. Die Herren Schüler standen daneben und lächelten. Daher die Feindschaften, die ihm den Tod brachten. Er wollte die Athener ‚besser machen'. Aber er machte sie nur konfus und ließ sie stehen ... Dabei war er fromm und ein pflichtgetreuer Bürger. Er kämpfte für eine erhöhte Gottesidee, für Fortdauer und Verantwortlichkeit der Seele, also für die einzigen Grundlagen wahrer Sittlichkeit. Aber vielen Leuten muß er zuwider gewesen sein; er sagt das selbst in seiner Apologie. Es ist dies nur zu begreiflich. Stellen Sie sich einmal vor, es träte bei uns einer auf den Markt oder in die Hallen des Rathauses und fragte den ersten besten Zunftbruder, der vorübergeht: ‚Nicht wahr, Bruder, das Handwerk, das du treibst, ist ein irgendwie beschaffenes Handwerk?' Je mehr derselbe mit: ‚Versteht sich' ... Konzessionen über Konzessionen macht, um so unerbittlicher setzt unser Philosoph seine Hetzjagd und sein Katechismusabfragen fort; er schneidet erbarmungslos alle Rückzugslinien ab; er drängt das arme wissenschaftliche Prüfungsobjekt von Position zu Position, bis dasselbe endlich todesmatt in den Maschen seiner analytischen Methode und seiner hinterhältigen Dialektik zappelt. Dabei denke man sich als Chorus die ganze übermütige Rotte der Jeunesse dorée von Athen, einen Alkibiades und einen Kritias [der mit Platon verwandt war] an der Spitze; die ließen natürlich eine laute Lach- und Jubelsalve zu dem dialektischen Erfolg ihres Lehrers ertönen, während der widerlegte Spießbürger beschämt davonschlich ... Die vornehmen jungen Herren unterhielten sich vormittags mit Sokrates über Philosophie, und nachts verstümmelten sie [insbesondere Alkibiades bei einer bestimmten Gelegenheit] die geweihten Gnadenbilder."

Klassifizierung Wenn man die Mitteilungen über Sokrates unbefangen liest, vor allem auch die erdichteten Gespräche des Platon, in denen er Sokrates noch eine wohl nach dem Leben gezeichnete Hauptrolle zuweist, dann wird man bezweifeln, daß die jungen, übermütigen Herren, von denen Sokrates umgeben war, tatsächlich auch seine *Schüler* waren. Vielmehr dürfte er sie nicht zuletzt *dadurch* so beglückt haben, *daß sie das, was er mühsam in tiefem Ernst betrieb*, spielend beherrschten, nämlich das logisch-abstrakte Denken. Sie genossen dreierlei: Zunächst einmal die geistige Verwirrung der von Sokrates überrumpelten Opfer, dann ferner seine redliche, oft großartig gescheite Dialektik, schließlich aber auch seine erheiternde Ratlosigkeit, wenn er sich bei Schlußfolgerungen in den Schlingen seiner Dialektik und Handwerksgedanken verfangen hatte. Platon, der an diesem Vergnügen noch teilgenommen hat, läßt schon in den frühesten seiner echten Schriften keinen Zweifel daran, daß er sich (und mit ihm sicherlich seinesgleichen) an Geisteskultur *über* Sokrates stehend fühlte, nämlich an erstklassiger Bildung, Scharfsinn und Ausdrucksvermögen, während der philosophierende Bildhauer nur ein wackerer Autodidakt war.

Sophisten in Athen

Das von Sokrates angewandte Verfahren war im damaligen Athen nicht ungewöhnlich. Wir müssen uns nur einmal vorstellen, wie sich gerade zu jener Zeit in Athen, dem Zentrum des Seebunds, die Demokratie auswirkte! Es war ja eine *direkte* Demokratie. Folglich saßen pflichtgemäß sämtliche freien Bürger fast jeden Tag in der Vollversammlung, um Regierungsmaßnahmen zu beschließen, zu verwerfen, vor allem aber darüber zu *debattieren*. Jeder von ihnen konnte, wie es auch Sokrates geschah, durch Los oder Wahl in die höchsten Ämter oder ins fünftausendköpfige Volksgericht befördert werden. Also hatte sich jedermann auf solche Möglichkeit vorzubereiten. Unerläßlich war es deshalb, daß man geschult war in der Fertigkeit („techne"!) des folgerichtigen Debattierens, der schlagkräftigen Argumentation und Prozeßführung, in der Kunst des aus Frage und Antwort, aus Behauptung und Widerspruch, Beweis und Gegenbeweis bestehenden Dialogs. Zu diesem Zweck genügte nicht nur formale Redegewandtheit, mit der man das Volk begeistern konnte, sondern man benötigte auch Konventionen darüber, wie man übereinstimmend die immer wiederkehrenden Begriffe zu definieren hatte, was man also allgemein unter ihnen verstehen wollte. Dies alles gehörte zum Metier der meisten Sophisten. Sie erteilten Unterricht auch in der Rhetorik, die unter solchen Voraussetzungen eben etwas ganz anderes war, als wofür man sie heutzutage hält. Sie faßte ja alles zusammen, was ein Vollbürger für seine Regierungsgeschäfte beherrschen mußte: nämlich 1. den vielfältigen *Wissensstoff*, der damals erst zu erarbeiten war, und 2. *die Techne seiner Nutzanwendung*. So erklärt es sich, *daß die hellenischen Sophisten, die regelrechten Unterricht erteilten und für ihre öffentlichen Vorträge das Volkshochschulwesen erfanden, zu einer typischen Erscheinung der Demokratie wurden!* Freilich gab es ihrer nicht so viele, wie man benötigt hätte, und ihre hervorragenden, weithin berühmten Vertreter, die von ihren Hörern hohe Honorare erhielten, legten Wert auf ein exklusives Publikum; trotzdem darf ihre Wirkung auch auf die Allgemeinheit nicht unterschätzt werden.

Volksbildung als Aufgabe der Sophisten

Schon Platons erste Schriften bezeugen, daß er den Sophisten an Virtuosität nicht nachstand, ebenso wie z. B. Alkibiades oder Kritias; befanden sich doch die *namhaftesten Sophisten überhaupt* im familiären Freundeskreis des Perikles. Hingegen weniger geistig geschult, obwohl ebenfalls sophistisch in Schwung versetzt, war eben Sokrates. In allen von Platon verfaßten Dialogen, in denen er ihn auftreten läßt und ihm als Gesprächspartner einen Sophisten gegenüberstellt, zieht Sokrates, was die Logik betrifft, mehr oder minder den kürzeren. In einen ganz anderen Zusammenhang gehört die Tatsache, daß Platons Sympathie dennoch bei Sokrates liegt.

Perikles als Sophistenfreund

Die Sophisten waren ja Aufklärer sowohl als *Geisteswissenschafter* wie als *Naturwissenschafter*. Die tüchtigsten von ihnen haben Forschung und Lehre schon damals so vereinigt, wie es bei uns erst wieder seit dem Gründungsprogramm der Berliner Universität üblich ist. Aufklärung und echte Demokratie (wie im kleinasiatischen Ionien) gehören zueinander. Desgleichen hängt die heilige Monarchie oder Aristokratie eng mit dem magisch-mythischen Weltbild zusammen, das z. B. auch für die römisch-aristokratische Republik typisch war. Der Unterschied ist *chronologisch* bedeutsam: Gegenüber der magisch-mythischen Wirklichkeit begann mit Vernunftdenken ein neues Weltzeitalter.

Aufklärung und Demokratie

Priestertum gegen Sophisten

Speziell in Athen besaß aber, wie das Asebiegesetz beweist, die mythische und von Priestern verwaltete Vorstellungswelt zahlreiche Anhänger. Die Bürgerschaft lebte sozusagen *auf der Grenze zwischen den Weltzeitaltern.* Die starke, lange von Kleon geführte Volkspartei wollte ihre alten Götter behalten oder wieder zu Ehren bringen, d. h. sie wollte sich in ihrem mythischen Denken nicht von den sophistischen Aufklärern verwirren lassen, deren Weltanschauung sie als Skandal empfand. Gleichsinnig, wenn auch auf höherer Ebene, beurteilte Platon die geistige Situation der Zeit, indem er sowohl seinen Staat wie seine Religion *aus Elementen beider Weltanschauungen formierte,*

Platons Stellung

aus Mythos und Logos, jedoch im Entscheidungsfalle, „in statu confessionis", dem mythischen Denken den Vorzug gab. Während er einerseits der sophistischen Dialektik hohe Anerkennung zollte, verwarf er anderseits die sophistische Aufklärungstendenz.

Sämtlichen Werken hat Platon die Form von Dialogen oder Unterrichtsgesprächen gegeben, ohne im eigenen Namen das Wort zu ergreifen. Insofern hat er, gleichsam wie ein dramatischer Dichter, Gedankenkomplexe objektiviert und

Platons Sokratesbild

mit ihrem fortschreitenden Widerspiel durch Rede und Gegenrede eine dialektische Geistesbewegung dargestellt. Seine Spätschriften freilich enthalten im wesentlichen nur noch Monologe, die er lediglich unterbricht, um den Schein eines Dialogs zu wahren. Bei der Mehrzahl seiner Dialoge hat er Sokrates die Hauptrolle zugewiesen. Ausgenommen die frühesten Schriften, in denen Sokrates offenbar noch lebensgetreu nachgezeichnet ist, handelt es sich aber bei *seinem* Sokrates um eine erdichtete Person, um eine literarische und sogar schematische Figur, und zuletzt (wie in der „Politeia") nur noch um ein Pseudonym von Platon selbst. Deshalb darf man nicht diese platonische Gestalt ohne weiteres gleichsetzen mit dem *historischen* Sokrates, über den uns *Xenophon* informiert.

Trotzdem sind viele historisch echte Einzelheiten auch bei Platon zu finden. Vor allem dürfte *sein* Sokrates mit dem lebendigen Vorbild stets übereinstimmen in der Gesinnung und in der Methode.

Relativitätsprinzip der Sophisten

Typisch dafür ist wiederum das Verhältnis des platonischen Sokrates zu den Sophisten. Der hervorragende Protagoras hatte sich an den neuen erkenntniskritisch richtigen Lehrsatz gehalten: „Der Mensch ist das Maß aller Dinge", was *auch* besagt, daß der Mensch (wie später Kant nachgewiesen hat) die Dinge *nicht so* in seinem Bewußtsein hat, wie sie an und für sich beschaffen sind, *sondern vielmehr so,* wie er sie ansieht, auffaßt und wertet. Wer demgemäß unsere Kultur und Geisteswelt adäquat beurteilen will, der muß sie aus ihren menschlichen Urhebern und aus der menschlichen Natur heraus verstehen. Daher vermochte schon Anaxagoras die magisch-mythische Wirklichkeit sozusagen aus ihren Angeln zu heben. Demselben Grundsatz folgend, konnten allerdings konsequente Denker einen unbegrenzten Relativismus entwickeln, der alles in private Meinungsurteile auflöst und überhaupt keine übergreifende, allgemeinverbindliche Lebensgesetzlichkeit mehr anerkennt, ausgenommen die biologischen Naturgesetze. Jedoch, wir Menschen haben zu unserer anatomisch-physiologisch übereinstimmenden Beschaffenheit auch eine allgemeine geistig-seelische Natur, die sich eben in der Denkkraft (Nous) und in der Vernunft offenbart. Nach allgemein gültigen Gesetzen weniger zwar des logischen Denkens, sondern vielmehr der praktischen Lebensführung hat Sokrates gesucht; und das ihm Eigentümliche war, daß er sie aus ethischen Begriffen herleiten wollte. Denn er hatte bemerkt, daß einige dieser Begriffe unser Verhalten sowohl kennzeichnen als auch werten und sogar dirigieren, so die Begriffe von „Tüchtigkeit", „Frömmigkeit", „Tapferkeit", vom „Besseren" und „Schlechteren", „Lüge" und dergleichen mehr.

Darum begnügten sich Sokrates und Platon nicht mit Definitionen der Abstrakta, sondern sie fragten durch die Begriffe hindurch nach dem „Wesen" einer Sache. Sie wollten also abklären, welche Funktion eine Lebenstatsache gemäß ihrer „wahren" und insofern höheren Bedeutung a priori besitze. Allerdings ist in Platons frühen Schriften noch keine Rede von seiner Ideenlehre (sie taucht erst im „Eutyphron", beim Dialog über Frömmigkeit, auf), aber sie lassen bereits ahnen, warum er sich später zur Ideenlehre entschloß.

Sokrates beim Streitgespräch

Um Sokrates besser kennenzulernen, möge ein Musterbeispiel genügen, das Platon im „Kleineren Hippias" gibt. Dieser Dialog ist noch zu Lebzeiten des Sokrates verfaßt worden und zeigt deshalb am ehesten den echten Sokrates. (Mit den folgenden Darlegungen schließend wir uns an Hans Leisegang an.) Aufschlußreich ist es, daß Platon wie im „Hippias (minor)" so auch anderswo seinen Sokrates einem ihm intellektuell überlegenen Gesprächspartner konfrontiert. Auch gegenüber den Sophisten, zu denen Hippias gehört, betont Sokrates mit einer Mischung aus Bescheidenheit und Schläue allzusehr: „Ich weiß, daß ich nichts weiß." Der Dialog kommt dadurch zustande, daß Sokrates als Autodidakt sich einfältig stellt und einen angeblich Sachkundigen auffordert, ihn zu belehren. Jedoch, er hat eine feste Überzeugung, von der er ausgeht. Er weiß sehr wohl, daß alles echte Wissen auf vernünftiger Einsicht in das Wesen einer Sache beruht, also auf Sachkunde. Nun aber zeigt uns Platon, daß Sokrates *seine* Sachkunde aus einem ganz bestimmten Gebiet geschöpft hat, das seiner Ausbildung und Lebenspraxis entsprach, nämlich aus dem Gebiet handwerklich-beruflichen Könnens. An dem Wissen des Technikós oder Dēmiurgós (Schöpfers), auf dem das handwerkliche Können (téchnē) beruht, orientiert Sokrates sich auch dann, wenn es sich um Probleme handelt, die weit jenseits dieses Horizonts liegen. Diese Besonderheit wird von Platon nicht etwa liebenswürdig vertuscht, sondern im Gegenteil leicht ironisch hervorgekehrt: Er läßt Sokrates sich meistens ein bißchen blamieren.

Der „echte" Sokrates

Autodidaktisches Handwerksdenken

„Du aber, Sokrates" — so beginnt Eudikos — „warum schweigst du, nachdem Hippias uns so vieles dargelegt, und lobst nicht mit uns etwas von dem Gesagten oder tadelst, wenn dir etwas nicht gut genug gesagt zu sein scheint? Zumal wir uns doch bestreben, teilzuhaben an wissenschaftlicher Beschäftigung." Sokrates: „Allerdings, Eudikos, habe ich einiges, was ich gern von Hippias erfragen möchte im Anschluß an das von ihm soeben über Homer Geäußerte. Denn auch von deinem Vater Apēmantos habe ich gehört: Die Ilias sei ein schöneres Epos als die Odyssee, und zwar um so vieles schöner, als Achilleus *besser* sei als Odysseus. Da möchte ich nun gern den Hippias fragen, welchen der beiden Männer er für *den besseren* hält."

Damit ist das Thema angeschlagen: nähere Bestimmung „des besseren". Die erste Antwort des Hippias lautet: Achilleus ist der beste (gr. áristos), denn er ist wahrhaftig und aufrichtig; hingegen Odysseus ist als Lügner bekannt. Soweit wäre die Sache klar.

Das Thema

Nun aber greift Sokrates den Begriff des Lügens und Täuschens heraus und behandelt seinen Inhalt so, als ob damit eine bestimmte *Kunstfertigkeit* gemeint sei, eine Techne, und als ob der Lügner demzufolge ein Technikós wäre. Eingehend und ernsthaft wird also die Technik der Lüge erörtert: Der Lügner muß, um seine absichtliche Entstellung des Sachverhalts durchzuführen, (1.) etwas *können,* (2.) *sachkundig* sein und (3.) über *Wissen* verfügen. Also ordnet Sokrates ihn ein in die Gattung der Wissenden (gr. sophói) und der Könner (dynatói); ist doch der Lügner nur auf Grund seines Wissens zu etwas befähigt. Folglich treffen wir jetzt den Lügner in derselben Kategorie an wie jeden anderen Fachmann, der über eine Sache das richtige und wahre aussagt, und die Definition des solcherart befähigten lautet bei Sokrates: „Jeder, der das, was er will, dann tut, wann er es will." Der weiseste und befähigtste auf seinen Gebiet ist hier nun auch *der beste,* und daher kann er am besten uber sein Fachgebiet etwas aussagen: sei es richtig oder falsch, sei es wahr oder gelogen. Insbesondere zu lügen vermag er am besten deshalb, weil er besser als jeder andere die Wahrheit kennt, also nicht etwa bei seinem Lügen zufällig oder aus Versehen eine Wahrheit äußern wird; denn eben der Umstand, daß er die Wahrheit weiß, läßt ihn beim Lügen genau die Wahrheit vermeiden. Nun das erste Ergebnis solcher sokratischen Spitzfindigkeit: Ein und derselbe ist auf einem bestimmten Gebiet lügenhaft und wahrhaftig zugleich, und der Wahrhaftige ist um nichts besser als der Lügenhafte: beide Wesen vereinigen sich in einer Person. Schlußfolgerung: Wenn Odysseus lügenhaft war, dann war er ebenso auch wahrhaftig.

Sokratischer Denkfehler

Der Denkfehler, durch den sich Sokrates bloßstellt, besteht selbstverständlich darin, daß er zwei Begriffe verwirrt, die verschiedenen Lebensbereichen angehören. Der Lügner — so hat sich hierzu später Aristoteles geäußert — ist eben kein „Könner und Wissender der Lüge", kein ehrbarer Fachmann und Handwerksmeister, der einen soliden Beruf ausübt und diesen Beruf erlernt hat, also auch kein Sachkundiger im üblichen Sinn, sondern er ist jemand, der von Natur aus zu Lügen neigt und sie vorsätzlich ausspricht aus keinem anderen Grunde als dem, um zu lügen. Insofern handelt es sich um ein *ethisches* Problem.

Auch die zweite Antwort des Hippias sei mitgeteilt nebst dem, was Sokrates aus ihr macht. Hippias: Achilleus „lügt" allenfalls insofern, als seine Behauptungen manchmal nicht stichhaltig sind. Das ist aber etwas ganz anderes (nämlich ein Irrtum), als wenn Odysseus lügt, dessen Aussagen meistens nicht zutreffen; denn Achilleus „lügt", wenn man überhaupt von „lügen" sprechen will, unabsichtlich, hingegen Odysseus lügt wirklich und in voller Absicht. Daher ist Achilleus gegenüber dem Odysseus der bessere.

Aber Sokrates, der wieder die Begriffe durcheinanderwirft, kommt zu dem Ergebnis: Diejenigen, die *absichtlich* lügen, täuschen oder stehlen, sind *besser* als diejenigen, die es unabsichtlich tun: deshalb besser, weil sie es *technisch gekonnt* machen. Zum Beleg bringt er langatmig zahlreiche Beispiele vor, mit denen er den Sachverhalt noch mehr verwirrt, indem er sich an Ausdrücke klammert wie „absichtlich-unabsichtlich" oder „freiwillig-unfreiwillig": Ein Läufer, der schnell laufen könnte, aber absichtlich langsam läuft, ist besser als einer, der trotz besten Willens jeden Wettlauf verliert, und dergleichen mehr.

Hinweis auf Zarathustra

Wir freilich, die wir uns bereits mit Zarathustra beschäftigt haben, verstehen recht gut, was Sokrates *eigentlich meint,* und zwar aus folgender von ihm ausgeführten Lehrmeinung: Die fähigere und darum gerechtere und weisere *Seele* ist (theoretisch) auf jeden Fall *besser,* auch wenn sie das Unrechte und Schlechte in voller Absicht begeht — besser nämlich als diejenige Seele, die ohne ein solches Unterscheidungsvermögen von Lüge und Wahrheit nur darum das schlechtere ausführt, weil sie auf Grund ihrer Beschaffenheit etwas anderes gar nicht kennt. Wer aber eine „gute Seele" hat, der ist grundsätzlich auch ein „guter" Mann. Eindeutig handelt es sich hier um die beiden Menschentypen des Zarathustra, und zwar im ersten Fall um die Seelen, die sich prinzipiell für das Gute entschieden haben, woran auch eine gelegentliche Abirrung zum Bösen hin nichts ändert, denn dafür werden sie ja geistig zurechtgewiesen oder schlimmstenfalls durch Feuer geläutert; im zweiten Fall handelt es sich um die Seelen, die ebenso prinzipiell das Böse gewählt und dadurch verhindert haben, daß sie das Gute überhaupt noch in Betracht ziehen können. Bildlich gesprochen: Die gute Seele ist möglicherweise nicht völlig weiß, wie sie es sein sollte, sondern schwärzlich gesprenkelt, aber die böse Seele ist gänzlich schwarz. So leuchtet uns unter dieser Voraussetzung das zweite Ergebnis des Sokrates ein: Nur einem guten Mann kann es zukommen, *absichtlich* Unrecht zu tun, hingegen einem schlechten Mann ist es eigen, *unabsichtlich* (weil es seinem Wesen entspricht) das Schlechte zu verüben. Vorbedingung ist, so betont Sokrates, daß es „überhaupt einen schlechten Mann gibt", woran er jedoch zweifelt, und zwar in Übereinstimmung mit dem in diesem Punkt von Zarathustra abgewichenen und zu einer Allversöhnungslehre gelangten Zoroastrismus. — Jedenfalls ist infolge dieses für Platon-Sokrates typischen Durcheinanders von logischem und mythischem Denken das Problem hoffnungslos verwirrt.

Blamable Schlußfolgerung

Denn die sokratische Schlußfolgerung lautet: *Der absichtliche Lügner ist zugleich der bessere Mann!* Hippias protestiert, und Sokrates gesteht — das ist die Pointe am Schluß des Dialogs! —, er selbst sei ganz perplex über das Resultat seines angestrengten Denkens; jedoch scheine das Ergebnis zu stimmen *„auf Grund der Beweisführung"!* — Die Kritik durch Aristoteles lautet: Ob jemand der bessere (im ethischen Sinne) sei, darüber entscheide nicht sein Können (im technischen Sinn), sondern sein Charakter.

Überlegenheit der sophistischen Gesprächspartner

Zu beachten ist nun: Alles, was Hippias von sich aus zu sagen hatte und was er nicht als eine Meinung vorbrachte, die nur von Sokrates und dessen Fragen hervorgerufen wurde, das ist sachlich korrekt, logisch richtig und nimmt schon die Kritik des Aristoteles vorweg. Hingegen alles, was Sokrates herausfragte und folgerte, das ist sachlich falsch. — An derselben Rolle, die Platon dem Sokrates wie im Hippias so schon im „Ion" zugewiesen hatte, hielt er auch in vielen späteren Dialogen fest, so z. B. in dem Streitgespräch zwischen *Protagoras* und Sokrates. „Die von Protagoras richtig gesehenen und der Lösung nahegebrachten Probleme werden von Sokrates auf eine leicht durchschaubare und von Platon beabsichtigte Weise derart verstellt, daß die Erörterungen zu keinem Ergebnis gelangen können. So erleidet Sokrates eine Niederlage. — Tatsächlich (z. B. im „Charmides"-Dialog) führen die Fragen des Sokrates meist von der Sache fort, aber nicht zu ihr hin, so nahe sie ihm auch gerückt wird und oft auf der Hand liegt. — So wird (z. B. im „Laches"-Dialog) die Fiktion des sokratischen Nichtwissens aufrechterhalten, das sich in Platons Darstellung der Methoden des Sokrates mit einer auf banausenhafter Beschränktheit beruhenden faktischen Unwissenheit verbindet, mit der nur die Gutmütigkeit und der ehrliche Wille, das Gute zu wissen und zu tun, immer wieder versöhnen" (Leisegang). Schon Wieland, der sich im antiken Hellas fast ebenso gut auskannte wie in seiner Rokoko-Empire-Gegenwart und auf besondere Weise ein deutscher Aufklärer war, hat hinsichtlich des Sokrates und dessen Methode im „Aristipp" geurteilt: „Was soll man von dem Verstand der jungen Athener denken, wenn sie eine so wortreiche Methode nötig haben, um einen so leichten Satz zu begreifen! Und das schlimmste ist dann noch, daß er nicht einmal wahr ist."

Zur Vorgeschichte des Prozesses gegen Sokrates

Die zuletzt genannten Schriften hat Platon lange Zeit nach dem Tod des Sokrates verfaßt. Da er auch in ihnen noch nicht die Rolle aufgebessert hat, die Sokrates als philosophischer Gesprächspartner schon vorher bei ihm spielte, so gilt die außerordentliche Wertschätzung, welche Platon ihm in einer anderen Schriftenreihe zollte, ursprünglich doch kaum Sokrates, dem Dialektiker, sondern vielmehr *Sokrates, dem Justizopfer.* Aus ihm hat zuerst Platon, dann aber nicht Platon allein, einen Mythos gemacht. Seitdem erscheint Sokrates in der europäischen Geistesgeschichte als Märtyrer. *Wie* er starb, nämlich mit bewunderungswürdigem Gleichmut, das lesen wir in Platons „Apologie" und „Kriton". Die Apologie schließt: „Nun ist es Zeit, daß wir von hinnen gehen, ich, um zu sterben, und ihr, um zu leben. Wessen Los aber das bessere ist, eures oder meines, das weiß niemand als der Gott", nämlich als der delphische Apoll. Die Sätze sind zu den Richtern gesprochen. Wir haben jetzt zu fragen, *warum* Sokrates hingerichtet wurde. Wie man sehen wird, lagen die Dinge sehr kompliziert.

Sokrates-Mythos

Fortgang des Peloponnesischen Krieges

Einigen Aufschluß erteilt uns bereits die Vorgeschichte, deren Erzählung wir vorhin, am Anfang des Peloponnesischen Kriegs, unterbrochen hatten. Die erste Hälfte des Krieges endete 421 mit einem für Athen und den Seebund günstigen Frieden, der alles beim Status quo ante beließ. Schnell ausgehandelt und abgeschlossen wurde der Vertrag für Athen durch *Nikias,* den Führer der gemäßigten Oligarchenpartei und Protektor des Orakelpriesters Diopeithes; denn nunmehr (unmittelbar nach dem Tod des Demosthenes) war Nikias der starke Mann. Aber mit ihm rivalisierte Alkibiades, der sich den Aufstieg zur Staatsspitze offenbar nach dem Vorbild seines Oheims Perikles vom Krieg und vom Amt eines Strategós Autokrátor erhoffte. Schon 416 riet er, der seit 420 wie Perikles die radikaldemokratische Partei führte, zum ebenso erfolgreichen wie erbarmungslosen Feldzug gegen das neutrale Melos. Anschließend entwarf und betrieb hauptsächlich er den Plan, in Erfüllung eines Hilfsgesuchs von Segesta auf Sizilien die gesamte Streitmacht sowohl Athens als des Seebunds *gegen Syrakus* einzusetzen, um bei dieser Gelegenheit die Seeherrschaft auch im westlichen Mittelmeer auszudehnen. Ähnliche Absichten hatte ehedem schon Perikles gehegt. Das Unternehmen begann 415. Wer das mit Korinth und Sparta verbündete, ursprünglich dorische Syrakus besaß, der hatte das Zentrum westlichen Hellenentums in der Hand. Drei autokratische Strategen wurden zu Oberkommandierenden ernannt, darunter Nikias und Alkibiades. Jedoch, bevor das Unternehmen anlief, erhoben innenpolitische Feinde des Alkibiades (sicherlich zugunsten des Nikias) jene vorhin erwähnte Anklage wegen Asebie. Zwar wurde der Prozeß in Anbetracht des neuen Krieges ausgesetzt, nach Abfahrt der Flotte aber doch eröffnet und der Angeklagte seines Postens enthoben und zurückbeordert. Er freilich stellte sich Sparta zur Verfügung. Denn nicht anders als sein Adelsgenosse Kritias von der radikalen Oligarchenpartei gehörte er zu jenem äußersten linken Flügel des Sophismus, dessen junge Machtpolitiker den Kampf ums Dasein als Naturzustand und als biologisches Naturgesetz betrachteten und ihn mit allen seinen Möglichkeiten ebenso kaltblütig-egoistisch einschätzten wie später z. B. während der Renaissance der von Machiavelli als Musterbeispiel vorgeführte Papstsohn Cesare Borgia. Und was gar die Demokratie betraf, so hielt auch Alkibiades sie, wie Thukydides berichtet, für „einen ausgemachten Unsinn", sofern sie ihm nicht zur höchsten Macht verhelfen konnte. Hingegen für Sparta schwärmten mehr oder minder alle diese jungen Aristokraten, und ihnen verdankte sicherlich auch Sokrates

Athen gegen Syrakus

dieselbe Vorliebe, die ihm selbst doch gar nichts eintragen konnte. In Athen galt er zuletzt als Parteigänger Spartas.

Im übrigen hätte man den freigeistigen Alkibiades bei der sizilianischen Expedition dringend nötig gehabt. Zur totalen Katastrophe wurde sie nämlich erst durch Nikias und dessen Götterfurcht. Als im letzten geeigneten Zeitpunkt der Rückzug beschlossen war und das zwar geschlagene, aber noch aktionsfähige Heer der Athener eben abfahren sollte, trat eine Mondfinsternis ein, und Nikias befahl auf Geheiß der Orakelpriester völligen Stillstand für „dreimal neun Tage", welcher einzig den Syrakusern nützte. Unmittelbare Folge war der Untergang der gesamten athenischen Streitmacht einschließlich des Nikias, den syrakusische Soldaten erschlugen. Hätte Nikias rechtzeitig die naturkundliche Schrift des Anaxagoras gelesen und ihr vertraut, anstatt mitschuldig zu sein an ihrer Verdammung, dann würde die Mondfinsternis ihn nicht erschreckt haben. Als die Nachricht vom Kriegsschauplatz die Athener erreichte, „waren sie ergrimmt gegen die Redner, die sich für die Ausfahrt eingesetzt hatten — als hätten sie [die Athener] sie nicht selbst beschlossen —, und zürnten den Sehern und Propheten und allen, die ihnen mit Weissagungen damals Hoffnung gemacht auf die Eroberung von Sizilien; ... und rings um sie erhob sich nach dem Geschehenen nichts als Angst, Entsetzen und Bestürzung" (Thukydides). Einen günstigeren Augenblick zur Fortsetzung des Krieges in großem Stil konnte es für Sparta überhaupt nicht geben.

Folgen des Asebie-Denkens

In Athen kam 411 die radikale Oligarchenpartei an die Macht. Die Demokratie sollte ersetzt werden durch eine „Verfassung der Väter", und ein reaktionärer „Rat der Vierhundert", ausgestattet mit umfassender Regierungsgewalt, sorgte für eine Schreckensherrschaft. Ihm gehörte Sophokles an, der Tragödiendichter, und aus Platons Verwandtschaft mindestens Kallaischros, Vater des Kritias. Während jener kurzfristigen Oligarchie bereitete Kritias die Rückkehr seines Freundes Alkibiades vor, der 415 in Abwesenheit zum Tod verurteilt worden war, nun aber begnadigt wurde. Bereits 411/410 erfocht Alkibiades für Athen, wo inzwischen die Oligarchie wieder beseitigt war, als Feldherr zwei Siege, und 408 wurde er sogar zum autokratischen Oberfeldherrn ernannt, aber 407 unverschuldet abgesetzt und 404 auf Betreiben der Spartaner in Persien ermordet. Zwei Jahre vor Kriegsende kam Sokrates in die Regierung. Damals, 406, gewann die athenische Flotte bei den Arginuseninseln die größte Seeschlacht des Krieges. Jedoch in Athen stellte man die siegreichen Befehlshaber vor Gericht, weil man ihnen zu Unrecht vorwarf, sie hätten schiffbrüchige Mannschaften nicht retten lassen, und man verurteilte sie zum Tode, unter ihnen den Sohn des Perikles und der Aspasia. Zwar erhob Sokrates als Prytane Einspruch gegen diese Ungerechtigkeit, aber das Volk erklärte sich dem Gesetz gegenüber für souverän („Absolute Demokratie").

Sokrates in der Regierung

Nachdem der Staat Athen 404 bedingungslos kapituliert hatte, erzwang das Friedensdiktat der Spartaner: Auflösung des Seebunds, Auslieferung der Flotte, Abschaffung der Demokratie, Rückkehr verbannter Oligarchen. Allenthalben, wo Sparta als Siegermacht auftrat, erzwang es auch oligarchische Regierungen, die sich auf spartanische Besatzungstruppen stützten. In Athen herrschten die „Dreißig Tyrannen", geführt von Kritias, und verurteilten 1500 Demokraten zum Giftbecher, von denen viele wohl ebenso standhaft in den Tod gingen wie später Sokrates. Damals freilich hätte Sokrates dank seiner engen Beziehung zur Aristokratie politisch emporkommen können, er weigerte sich jedoch wieder, an einer ihm zugemuteten Ungerechtigkeit mitzuwirken. Währenddessen eröffneten geflüchtete Demokraten, an ihrer Spitze der Admiral Thrasybulos, von Attika aus den Revolutionskrieg, überwältigten 403 die athenischen Oligarchen und stellten abermals die Demokratie her.

Verfassungskriege

Der Prozeß gegen Sokrates

Vier Jahre danach wurde gegen *Sokrates* der Asebieprozeß eröffnet. Die Anklage lautete: „*Sokrates tut Unrecht, weil er die Götter nicht verehrt, die der Staat verehrt, sondern andere neue Gottheiten [daimónia] einführt; er tut ferner Unrecht, weil er die Jugend verdirbt. Strafantrag: der Tod.*" Vorgebracht wurde der Antrag von drei Radikaldemokraten, unter ihnen Anytos, der einst vor den Dreißig Tyrannen geflohen und kämpfend an der Seite des Thrasybulos zurückmarschiert war: ein wichtiger Mann im demokratisch erneuerten Athen. Sokrates hingegen war politisch belastet; das geht aus der Vorgeschichte hervor, und darauf bezogen sich auch die Ankläger. Zu fragen wäre allenfalls, ob man ihn als Mitläufer der Oligarchenpartei einstufen wollte oder als Hauptschuldigen, wie es tatsächlich geschah. Aber wenn man ihn überhaupt anklagte, warum erst im Jahre 399? Platon und Xenophon bezichtigen die drei Ankläger ausschließlich privater Motive: Sokrates habe sie mit seiner spitzen Zunge geärgert und sich in ihre Familienverhältnisse eingemischt. Solche Gründe mögen zum *Anlaß* gedient haben, daß man sich des unliebsamen Mitbürgers für immer entledigen wollte, aber zu einem Antrag auf Todesstrafe reichten sie selbstverständlich nicht aus. Die *Ursache* lag doch in den politischen Umständen. Darüber freilich äußerten sich begreiflicherweise die aristokratischen Verteidiger des Sokrates nicht näher. Statt dessen schoben sie Argumente in den Vordergrund, die an der Hauptsache vorbeizielen. Wir halten uns an die beiden von Meletos formulierten Anklagepunkte. Wie sind sie zu erklären?

Politische Justiz

Zweifellos *nicht wegen Gottlosigkeit* stand Sokrates vor Gericht, wie in vorherigen Asebieprozessen Anaxagoras, Protagoras, Alkibiades. Vielmehr wurde er beschuldigt, an Götter zu glauben, welche *der Staat nicht verehrte.* Insofern hatte man bei dieser Gelegenheit *zum erstenmal das Asebiegesetz als Ketzergesetz* ausgelegt. Jedoch, in Anbetracht der historischen Situation war dieser Punkt der Anklage *doppeldeutig.*

Delphi im Hintergrund

Zunächst einmal konnte es sich um einen ganz bestimmten Gott handeln, der wenigstens damals sich dem Stadt-Staat Athen als verderblicher Feind erwiesen hatte. Einen solchen Gott gab es: den *delphischen* Apoll. Wahrscheinlich auch deshalb, weil man ihn mit Athen versöhnen, wenigstens aber neutralisieren wollte, hatte man hier zu Beginn des Peloponnesischen Krieges das neue Asebiegesetz beschlossen. Trotzdem bekannte sich während des gesamten Kriegs die delphische Priesterschaft im Namen ihres Gottes nachdrücklich zu Sparta. Insofern gehörte sie gemeinsam mit Sparta zur Siegergruppe und hatte ihren Anteil an Athens tiefster Erniedrigung. Aber zur außenpolitischen Gegnerschaft des delphischen Apoll kam noch seine innenpolitische Absage an die Demokratie hinzu. Stets war von ihm die Oligarchenpartei begünstigt worden. Soeben erst hatte sich mit seinem Segen ein junger Aristokrat aus dem Sokrates-Kreis, nämlich Xenophon, als Heerführer hellenischer Söldner den Persern verdingt, dank deren Hilfsgeldern die Spartaner den Peloponnesischen Krieg gewannen. Dafür entzog die Athener Volksregierung Xenophon das Heimatrecht, und zwar vermutlich in demselben Jahr 399, in dem sie Sokrates den Prozeß machte. Was aber Sokrates betraf, so war ausgerechnet er *der einzige Philosoph, den die delphische Priesterschaft sich zu ihrem Manne erkoren hatte!*

Denn im Unterschied zu anderen damaligen Denkern glaubte er sowohl an den delphischen Apoll als auch an die *Mantik*, deren panhellenisches Zentrum eben Delphi war. Dorthin wallfahrtete man, Wunderheilungen erhoffend, Träume gedeutet zu erhalten und Weissagungen über den Weltlauf zu vernehmen. Zwar war der Zeitgeist schon der Mantik abgeneigt, wozu die aufklärenden Gelehrten nicht wenig beitrugen; aber in Athen leistete ihnen Sokrates einigen Widerstand. Ausdrücklich gehorchte er der Autorität des delphischen Apoll. Zur Niederschrift eines Lobgesangs auf ihn ließ er sich durch einen Traum bestimmen. Sich vergleichend mit dem Schwan, der als Weissagevogel dem Apoll heilig war, erklärte Sokrates denselben Gott als heilig, dem er zu dienen habe. Auch stellte er die von den Orphikern stammende *ekstatische* Mantik, wie sie in Delphi geübt wurde, hoch über jede andere Zeichendeutung. Außerdem dürfte ihn die apollonische Ethik angezogen haben, da Delphi auch auf die Volksmoral einwirken wollte. Deshalb bot er sich der dortigen Priesterschaft als deren philosophische Stütze an, und sie lobte ihn dafür offiziell als den größten Philosophen, „den Weisesten“.

Sokrates als Mantiker

Sokrates berief sich öffentlich auf sein „Daimonion“, auf die ihm „von Gott gegebene“ innere Stimme, also auf den *verborgenen Gott* in ihm selbst, den nachmals in der europäischen Philosophiegeschichte wichtigen deus absconditus. Oberflächlich gesehen, konnte es sich dabei um eine Offenbarung des Apoll handeln. Insofern hätte es sich nicht im Sinn der Anklage um einen „*neuen* Gott“ gehandelt, den er unerlaubterweise nach Athen bringen wollte. Das Religionsgesetz schrieb nämlich vor, daß neue Götter, wie z. B. der von Sophokles eingeführte Kult des Erlösergottes Asklepios, seitens der Staatsverwaltung erst genehmigt werden mußten. Eine solche offizielle Anerkennung hatte Sokrates für sein Daimonion nicht beantragt. Blickt man tiefer und darf man sich dabei auf Platon verlassen, dann allerdings scheint Sokrates sich jenes Daimonion nicht aus Delphi, sondern aus Kleinasien geholt zu haben, wahrscheinlich aus dem Zoroastrismus. Eben dieses Daimonion verbürgte ihm ja, wie aus Platons „Phaidon“ hervorgeht, die *Unsterblichkeit der Seele*. Es war eine Sonderform des Klugen Geistes und Guten Denkens aus der Zarathustra-Lehre, also eine Offenbarung des Weisen Himmelsherrn selbst.

Das Daimonion

„Unsterblichkeit“

Für Athen konnte eine derartige Unsterblichkeitslehre tatsächlich neu erscheinen. Die magisch-mythische Wirklichkeit der griechischen Götterwelt, die in dieser Hinsicht wohl nach altmesopotamischem Vorbild entwickelt war, kannte für normale Menschen *keine Unsterblichkeit*. Man mußte schon Hervorragendes in politischem Bereiche geleistet haben, wie z. B. im Peloponnesischen Krieg der spartanische Brasidas, um nach dem Tod in den Himmel der Heroen versetzt zu werden.

Jedoch im Sinn der Anklage zum *Volksfeind* hätte Sokrates sein Daimonion nicht gemacht, würden Andersdenkende es nicht für einen Privatgott gehalten haben, der sich jeder öffentlichen Kontrolle entzog. Was innerhalb einer Polis die völlige Emanzipation des Individuums verhinderte, das eben war äußerstenfalls der staatlich vorgeschriebene Gottesglaube und Götterkult, also die gemeinsame Weltanschauung. Indem aber Sokrates auch gegenüber der Staatsregierung darauf bestand, daß er seinem Daimonion mehr gehorchen müsse als ihr, forderte er für sich die totale Autonomie. Das machte ihn zum „Staatsfeind“ und insofern zum „Volksfeind“.

Staatsfeind

Der zweite Punkt der Anklage warf ihm vor, er habe auf Jugendliche einen verderblichen Einfluß gehabt. Zum Beweis führte man Beispiele an, insbesondere nannte man Alkibiades. Ob in Wirklichkeit die Sache nicht umgekehrt lag und vielmehr der brave Sokrates es war, den sein Umgang mit jungen Aristokraten oligarchisch verdorben hatte, darüber brauchten sich Ankläger und Richter unter den obwaltenden Umständen kaum den Kopf zu zerbrechen. Jedenfalls konnten sie zwischen Sokrates und dessen Freundeskreis eine jahrzehntelange Wechselwirkung anführen. Insofern mußte Sokrates jetzt für Kritias, Alkibiades, Xenophon und viele andere büßen.

Präzedenzprozeß gegen die Oligarchenpartei

Dieser Anklagepunkt vor allem gefährdete den gesamten politischen Zirkel, als dessen Repräsentant Sokrates galt, auch in Zukunft. Denn in Verbindung mit dem ersten Anklagepunkt wurde durch diesen Prozeß ein Präzedenzfall dafür geschaffen, eine *politische Überzeugung als Gottesfrevel* zu verdammen. Das heißt: Indem man das Asebiegesetz im Sinn eines Ketzergesetzes anwandte, konnte man hinfort *die politische Realität einer Weltanschauung* vorsorglich mit dem Tode durch legalen Gerichtsbeschluß bedrohen!

Die Aufregung, die daraufhin unter den oligarchisch Gesinnten ausbrach, ist daher leicht verständlich. Nicht nur Platon und Xenophon haben Sokrates nachträglich in ausführlichen Schriftsätzen verteidigt: Sie rechtfertigten sich selbst und damit zugleich ihre Familien und Freunde, indem sie Sokrates entschuldigten. Auch Platon dürfte sich durch das Urteil über Sokrates gefährdet gefühlt haben. Sofort nach dem Prozeß begab er sich für elf Jahre ins Ausland. Denn erst vier Jahre früher hatten zur Zeit der Dreißig Tyrannen seine Verwandten und Freunde ihn, „als gehörte es sich so", in die Staatsgeschäfte berufen, und seine viel spätere Erklärung, er sei damals nur „Mitläufer" gewesen, würde im Jahre 399 die immer noch revolutionär geartete Volksregierung kaum überzeugt haben.

Seine *Apologie* des Sokrates ist ein Buch der Weltliteratur geworden. Sie ist das meistgelesene Werk des gesamten philosophischen Schrifttums. Alles, was Platon hier darbietet, trägt ausgesprochen persönliche Züge und darf nicht als Protokoll aufgefaßt werden. Trotzdem beansprucht er für diese Arbeit eine historische Authentizität. Das braucht uns nicht zu wundern. Allgemein war es üblich, geschichtliche Höhepunkte in kunstvoll stilisierten Monologen und Dialogen wiederzugeben, die *sinngemäß* zutreffen. Auf diese Weise hatte bereits Thukydides seine Darstellung dramatisiert, man denke nur an den berühmten Melier-Dialog, der zugleich ein philosophisches Lehrgespräch ist, und niemand wirft ihm etwa Geschichtsfälschung vor. Anders als bei ihm spielte bei Platon allerdings das private Lebensinteresse hinein, und insofern ist seine Rechtfertigungsrede des Sokrates tendenziös aufzufassen. Das gleiche gilt für ihre Fortsetzung, den „Kriton".

Selbstrechtfertigung aristokratischer Sokrates-Freunde

Im *Kriton* antwortet er auf die zweifellos sofort allgemein erhobene, vorwurfsvolle Frage, warum die reichen Gönner des Sokrates ihn nicht rechtzeitig vor der Hinrichtung in Sicherheit gebracht hätten. Wir haben ja, so berichtet Platon, alles getan, um den ungefähr siebzigjährigen Sokrates zu retten, aber er wollte sterben! Kriton ist es, der laut Platon im Auftrag des Freundeskreises auf Sokrates einredet, als dieser sich bereits im Gefängnis befindet: „Mein lieber, einziger Sokrates, folge mir doch jetzt noch, ehe es zu spät ist, und rette dich! Bedenke, was für mich dein Tod in mehr als einer Art für ein schwerer Schlag sein wird! Außer daß ich an dir einen solchen Freund verliere, wie ich gewiß nie wieder einen finden werde, so werden auch viele Leute denken, die mich und dich nicht genau kennen, ich hätte dich retten können, wenn ich nur hätte Geld daran wenden wollen, und hätte es versäumt ... Denn das werden die Menschen doch nicht glauben, wir wären bereit gewesen, dir zur Flucht zu verhelfen, und du hättest nicht gewollt ... Du machst dir doch nicht etwa Gedanken um mich und deine anderen Freunde und fürchtest, wenn du von hier entflöhest, so würden uns die geheimen Aufpasser [Sykophanten] Händel machen, weil wir dir fortgeholfen hätten ...? Wenn du dich darum sorgst, so laß es nur gut sein! ... Es ist gar nicht einmal eine große Summe, für die gewisse Leute erbötig sind, dich von hier wegzuschaffen ... Wir haben auch auswärtige Freunde hier ... Laß dich also nicht dadurch [von der Flucht] abhalten, daß du, wie du vor Gericht sagtest, nicht wissen würdest, was anfangen, wenn du ins Ausland gingest. Denn es gibt viele Orte, wo sie dich gut aufnehmen werden ... Ich schäme mich für dich und für uns alle, die wir deine Freunde sind. Denn ich fürchte, es wird so aussehen, daß wir in dieser ganzen Sache mit einer gewissen Unmännlichkeit verfahren sind, und zwar von Anfang an schon insofern, daß wir es überhaupt zu dem Prozeß kommen ließen, was gar nicht hätte geschehen dürfen, und dann weiterhin, während er seinen Lauf nahm, und nun zuletzt mit diesem Abschluß, der anmutet wie ein Hohngelächter ... da wir uns den Prozeß so über den Hals kommen ließen und weil wir dich nicht gerettet haben und weil du selbst dich auch nicht [gerettet hast] ... Darum gib acht, Sokrates, daß du dir zu dem Schaden nicht auch noch Schande zuziehst ... Zum Überlegen ist keine Zeit mehr ... Die nächste Nacht muß alles getan sein ... Ich bitte dich um alles, Sokrates, folge mir, und weigere dich nicht!" Aber Sokrates stellt sich, laut Platon, auf den Standpunkt, daß er sich unbedingt dem Richterspruch unterwerfen müsse, auch wenn dieser ungerecht wäre, weil sonst die Achtung vor dem Gesetz und vor der Staatsregierung untergraben werde. „Oder bildest du dir ein", fragt er Kriton, „eine Polis könnte bestehen und dem sicheren Umsturz entgehen, in der die gefällten Richtersprüche keine Geltung hätten, sondern von Privatleuten unwirksam und zunichte gemacht würden?" Das also ist die platonische Sokrates-Antwort gegenüber der Anklage auf individuelle Autonomie! So sind einerseits die aristokratischen Freundeshelfer entschuldigt, und so ist anderseits Sokrates als derjenige gerechtfertigt, der noch durch seinen Tod seine *Staatsbürgerpflicht* erfüllt *und sich der demokratischen Staatsregierung gefügt hat!* Mit anderen Worten: Wäre er geflüchtet, dann wäre der *politische Gehalt* der Anklage und des Urteils bestätigt worden; Sokrates und sein Kreis hätten sich als Staatsfeinde erwiesen, mindestens als Reaktionäre, und weitere Maßnahmen gegen sie hätten wohl nicht auf sich warten lassen. Etwas besseres, als daß der alte Mann, da er schon einmal verurteilt war, nun auch getrost im Gefängnis blieb und starb, hätte den Aristokraten und Großgrundbesitzern von Athen gar nicht geschehen können. Wer weiß, ob sonst Platon, nachdem jedenfalls *er* geflüchtet war, nach Athen hätte zurückkehren können. Später beteiligte er sich als athenischer Ritter sogar an dem neuerlichen Krieg gegen Sparta, den erst ein persischer Machtspruch, nämlich der „Königsfriede" 387/386 beendete.

Platons diplomatische Darstellung im „Kriton"

In der *Apologie* schildert Platon den Sokrates so, als ob dieser die politische Argumentation der Gegenseite gar nicht verstanden habe, mindestens aber von ihr nicht betroffen sei. Auf diese Weise unterbricht er nachdrücklich die während jenes Prozesses praktizierte Vereinigung von Asebie, Ketzerei und politischem Glaubensbekenntnis. Insbesondere die wirklich gefahrvolle Hauptanklage, die auf Asebie lautete, dreht und wendet er so, als wäre damit im wörtlichen Sinn wirklich nur Gottlosigkeit gemeint gewesen, und dieser Vorwurf ließ sich, obwohl nicht zur Befriedigung der Richtermehrheit, selbstverständlich leicht widerlegen. Bei Platon erscheint Sokrates als ahnungsloser, treuherziger Sonderling, der speziell das Lob, das ihm Delphi gezollt hatte, sich überhaupt nicht zu erklären vermochte. Durch die ganze Stadt sei er ratsuchend gewandelt, so erzählt Sokrates, und habe überall gefragt, was Delphi wohl meine, bis ihm die Erleuchtung gekommen sei: Nur deshalb habe ihn der delphische Apoll zum größten Philosophen erklärt, weil „von euch Menschen derjenige der weiseste ist, welcher wie Sokrates begriffen hat, daß sein Wissen in Wahrheit gar nichts wert ist". Das war nun nicht nur eine verblüffende Deutung der sokratischen Methode, sondern nahm auch Bezug auf eine delphische Inschrift, wonach jegliche Weisheit allein dem allwissenden Gott zusteht.

Platons Kasuistik in der „Apologie"

Davon ausgehend entwickelt Sokrates, in der Apologie Platons, gegenüber

Platons neuer Philosophiebegriff mit politischem Hintergrund

der Asebieanklage den neuentdeckten *Unterschied zwischen religionsgläubiger Philosophie und freier Sophistik,* der seitdem vor allem die europäische Geistesgeschichte durchzieht. Vorher waren beide Begriffe gleichsinnig und abwechselnd gebraucht worden, nachdem als erster wohl Heraklit von „Philosophie" gesprochen hatte — ähnlich wie wir bald „Gelehrter", bald „Wissenschafter" sagen. Oberflächlich gesehen, handelt es sich bei diesem Unterschied, wie Platon-Sokrates ihn deutet, um spitzfindige Wortklauberei: Der „Philosoph" bezeichnet sich bloß als „Freund der Weisheit", behauptet also nicht wie der „Sophist", in ihrem Besitz zu sein. Tiefer gesehen, stellt der Gegensatz aber keineswegs nur ein sokratisch-platonisches Angstbekenntnis dar, sondern ist *in der Sache* richtig. „Nun denn, Meletos" — so läßt Platon seinen Sokrates sich verteidigen —, „ich beschwöre dich bei ebendiesen Göttern, von denen jetzt die Rede ist, sag es mir und diesen Männern [den Volksrichtern] noch einmal deutlicher! Denn ich für mein Teil kann nicht erkennen, ob du meinst, ich lehrte die Leute glauben, daß es Götter gäbe, und glaubte also selbst an Götter, und mein Vergehen bestehe nicht darin, daß ich überhaupt an keinen Gott glaube, nur nicht an die Götter, an welche die Polis glaubt — oder ob du mich beschuldigst, ich glaubte selber an gar keine Götter und lehrte das auch andere. ‚Das letztere ist meine Meinung, daß du überhaupt nicht an Götter glaubst!' Mein trefflicher Meletos, wo willst du hin mit dieser Behauptung? So glaube ich also von Sonne und Mond nicht, daß sie Götter sind, wie andere Menschen glauben? Nein, beim Zeus, ihr Richter, denn von der Sonne lehrt er, sie wäre ein Stein, und vom Monde, er wäre ein Ding wie die Erde. *Du glaubst wohl den Anaxagoras anzuklagen, mein lieber Meletos? ... Denkst du ... das wären Lehren des Sokrates?"*

Rückkehr des geflüchteten Platon

Als Platon nach elfjähriger Abwesenheit wieder in Athen war und hier 388 seine Schule gründete, unterstellte er sie als *eingetragenen Kultverein der Musen (und des Apoll)* sofort der Obrigkeit. Das Schulgebäude lag vor der Stadt unter Bäumen auf einem Grundstück, das seit alters den etymologisch rätselhaften Flurnamen „Akademeia" trug, und Platons pädagogische Anstalt hieß daher „Gymnasion Akademeia". Im Hinblick darauf, daß es sich um einen Kultverein handelte, war die Örtlichkeit eigens von Priestern geweiht worden. Platon hütete sich vor einem Konflikt mit dem Asebiegesetz.

Theorie und Praxis des „guten Tyrannen"

Während seines langen Auslandsaufenthalts war Platon 389 zum erstenmal auch nach Syrakus gekommen. Dort regierte Dionysios I., dessen Aufstieg (seit 406/405) uns deshalb an Perikles und Alkibiades erinnert, weil er sich im Prinzip desselben Verfahrens bediente. Man kann sich ja vorstellen, wie anspornend das Musterbeispiel des berühmten Perikles auf junge, ehrgeizige Machtpolitiker im ganzen Hellenentum wirkte. Auch Dionysios gewann Ruhm als Feldherr, auch er stellte sich an die Spitze der radikaldemokratischen Volksbewegung seiner Heimat, auch er ließ sich zum Diktator ernennen (zum stratēgós autokrátōr), auch er stürzte die Oligarchie, auch er war mindestens in dem Maße wie Perikles sophistisch hochgebildet, auch er zog seit seiner Machtergreifung fortschrittlich gesinnte Gelehrte und Dichter an seinen Hof. Jedoch, anders als Perikles war er ein Tyrann, nämlich durch einen Staatsstreich zum Alleinherrscher der größten hellenischen Polis geworden und es entgegen der Verfassung geblieben. Denn nachdem er einmal zum autokratischen Strategen ernannt worden war, behielt er dieses Amt 38 Jahre lang, ohne sich in ihm immer wieder bestätigen zu lassen, wie Perikles es getan hatte. Aber ebenso

Dionys I. in Syrakus

wie Perikles sorgte auch Dionysios dafür, daß während nahezu seiner ganzen Regierungszeit Kriege andauerten, die seine Autokratie rechtfertigten. In der Regel handelte es sich dabei freilich um die für Syrakus und das westliche Hellenentum lebenswichtige Abwehr der karthagischen Seemacht, die ebenfalls auf Sizilien festen Fuß gefaßt hatte. Ferner glich Dionysios darin dem Perikles, daß er die radikalen Oligarchen, die ihn mehrmals zu stürzen versuchten, in der Verbannung hielt, aber die liberalen Aristokraten, zu denen er selbst durch seine drei Ehen gehörte, an den Staatsgeschäften beteiligte, so daß innenpolitisch der Friede gesichert war. Nicht nur aus Angst, sei es vor seinen Leibwächtern und Söldnern, sei es vor den Karthagern, dürfte sich die Mehrheit des Volkes zu ihm bekannt haben, sondern auch deshalb, weil alle Demokraten die Reaktion der grollenden Oligarchen noch mehr fürchteten als ihn. Schließlich wurde Syrakus unter Dionysios ebenso wie einst Athen unter Perikles um großartige öffentliche Bauten und Kunstwerke bereichert und zur stärksten Festung des damaligen Hellenentums ausgebaut. Nach dem Peloponnesischen Krieg schien Syrakus gewissermaßen an die Stelle von Athen zu treten.

Dionys I. und Athen

Diesen veränderten Machtverhältnissen trug man Rechnung in Athen, wo man Syrakus, das den athenischen Angriff von 415/413 nicht vergessen hatte und Sparta die Treue hielt, gern auf die eigene Seite gezogen hätte. An offiziellen Huldigungen für Dionysios ließ man es in Athen nicht fehlen. Auf den Ehrenbeschluß von 392 folgte später das Ehrenbürgerrecht, das man 368 ihm und seinen Söhnen verlieh. Schließlich kam 367 — damals war der spartanische Staat schon durch die Thebaner überwältigt und größtenteils aufgelöst worden — ein Bündnis zwischen Athen und Syrakus zustande. Zwischendurch freilich hatte man Dionysios aus politischen Gründen oft auch gescholten und gehaßt, so vor allem 388, als er hellenische Poleis in Unteritalien niederwarf, wobei Rhegion zerstört wurde, und als anläßlich der Olympischen Spiele gegen ihn eine Demonstration stattfand. Zur selben Zeit begab sich Platon zu ihm nach Syrakus. Denn Platon hat erst um ihn, dann jahrzehntelang um seinen Sohn und Nachfolger Dionysios II. geworben und sich deshalb noch zweimal nach Syrakus begeben. Dort bot er sich als das an, was er in Athen nicht werden konnte oder nicht sein durfte: als Staatsmann, als Gesetzgeber.

Theorie der „guten“ Tyrannis

Seit der Mitte des 5. Jahrhunderts war von Athen aus, vor allem durch Protagoras, die staatswissenschaftliche Diskussion über das Wesen der Autokratie in Gang gekommen. Gegenüber dem „schlechten Monarchen“, dem „Tyrannen“, legte man charakteristische Merkmale des „guten Alleinherrschers“ fest, wie z. B. *Herodot* und *Platon* ihn im persischen Großkönig Dareios dem Großen verkörpert glaubten. „Unter den Merkmalen des vorbildlichen Staatsmannes standen für *Thukydides* an erster Stelle die geistige Beherrschung der Situation, die Erkenntnis des jeweils Erforderlichen und die Voraussicht. Das Handeln eines solchen Staatslenkers aber mußte auf die Gesamtheit seiner Polis und nicht auf die eigene Person bezogen sein. In diesem Sinne wurde auch der machtpolitische Gesichtspunkt, der für Thukydides bekanntlich im Mittelpunkt seiner Geschichtsbetrachtung stand, von der damaligen Diskussion aufgenommen. Zu den vornehmsten Aufgaben des wirklichen Staatsmannes gehörte es demnach, die Polis groß zu machen. Obwohl Thukydides in Perikles den idealen Leiter der athenischen Demokratie und keinen Monarchen sah, wurden in dessen Charakteristik doch Themen angeschlagen, die auch in die weitere Erörterung des Herrscherproblems Eingang fanden, da eben in der Monarchie echte staatsmännische Befähigung zu breitester Wirkung berufen schien ... Entscheidend für den weiteren Weg des griechischen Denkens auf diesem Gebiet war schon der Ansatz, die *antithetische* Betrachtung auch dieser Staatsform. Durch sie wurden mit der Monarchie im guten Sinne [der basileia] und ihrem Gegenbild, der Tyrannis, zwei Grundtypen herausgestellt... Dabei ließ sich die Vorstellung vom Tyrannen, dessen Hybris die staatliche Gemeinschaft zerstört, verhältnismäßig leicht durchführen... Schwieriger gestaltete sich dagegen die Zeichnung eines *positiven* monarchischen Regiments... Erst die Erschütterung der politischen und sozialen Struktur im Gefolge des Peloponnesischen Kriegs führte zu einer neuen und tieferen Auseinandersetzung mit dem monarchischen Problem... Für die spätsophistische These vom *natürlichen Herrscherrecht des Starken* ist allerdings festzustellen, daß sie dort, wo man es zunächst erwarten müßte, nirgends zu voller praktischer Auswirkung gelangen konnte. Weder in Athen, dem geistigen Zentrum der sophistischen Bewegung, noch in einem anderen führenden Staate des Mutterlandes setzte sich am Ende des 5. Jahrhunderts auf dieser Grundlage eine Alleinherrschaft durch. Der individuelle Wille zur Macht war hier trotz allen Versuchen zu seiner theoretischen Rechtfertigung doch nicht stoßkräftig genug, um die Polis zu überwältigen. Offenbar genügte auch die zum Herrschen entschlossene und befähigte Einzelpersönlichkeit allein nicht, um in griechischen Staaten monarchische Regierungsformen wieder die Oberhand gewinnen zu lassen. Dazu mußten noch andere Voraussetzungen treten... Ihnen begegnen wir seit dem Übergang vom 5. zum 4. Jahrhundert vor allem in den Randzonen der griechischen Welt: in Makedonien unter dem Königtum des Archelaos, auf Zypern und auf Sizilien, in Thessalien und in Kleinasien... In Syrakus hat dem Dionysios die Karthagergefahr den Weg geebnet. In diesen Monarchien der spätklassischen Zeit kündigte sich... ein neuer Staatstyp an. Noch im Umkreis der späten Sophistik fanden jetzt die ersten Berührungen zwischen den Auffassungen der Theorie und monarchischer Praxis statt... Die staatstheoretische Diskussion der letzten Jahrzehnte hatte die Möglichkeiten guten bzw. schlechten Herrschertums schärfer definiert und einander gegenübergestellt. Zugleich erhoben die Sophisten nach dem Vorgang des Protagoras den Anspruch auf Vermittlung wahrer politischer Areté. Auf der anderen Seite sah sich jeder Inhaber einer monarchischen Gewalt im griechischen Bereich in das Blickfeld einer öffentlichen Meinung gestellt, die aus dem Polisbewußtsein heraus der Alleinherrschaft mit wachem Mißtrauen gegenübertrat und bereits über das Mittel der politischen Publizistik verfügte... Keinem von ihnen konnte es gleichgültig sein, ob sein Regiment als abscheuliche ‚Tyrannis' interpretiert wurde... oder mehr im Lichte der guten und damit gerechtfertigten Monarchie erschien. Daß dabei die ethische Seite des Herrschertums neben den von der sophistischen Theorie stärker herausgearbeiteten technischen und machtpolitischen Gesichtspunkten wieder mehr zur Diskussion stand, lag in der Natur der Sache" (Karl Stroheker).

Platon und Syrakus

Dionys I. als aufgeklärter Monarch

Als einen solchen wissenschaftlich aufgeklärten „Tyrannen" stellte sich als Staatsmann und als Schauspieldichter Dionysios I. vor. Da schon Protagoras erklärt hatte, daß für jedes politische Gedeihen unerläßlich seien: Dikaiosyne (Sinn für allgemeine Gerechtigkeit) und Sophrosyne (leidenschaftslose Vernunft, Besonnenheit), dazu die Areté (tugendhafte Tüchtigkeit), so gab Dionysios seinen Töchtern diese drei Leitbegriffe zu Vornamen, um auf diese Weise seine Gesinnung darzutun: Keine Willkürherrschaft, sondern vernunftgemäßes Regierungsprogramm und öffentliches Bekenntnis zu einer ethisch-sozialen Verhaltensmaxime, die ungefähr und wenigstens in der Theorie bereits dem

Sittengesetz entsprach, das später unser Aufklärungsphilosoph Kant als kategorischen Imperativ formuliert hat. Wie es damit bei Dionysios I. in der Praxis bestellt war, ist schwer zu sagen. Platon hat sich über ihn respektvoller geäußert als über seinen Sohn, obwohl Platon während seines ersten Besuchs in Syrakus mit seinen eigenen Staatstheorien keineswegs Anklang gefunden hatte. Auf der Heimreise traf ihn ein Mißgeschick, das uns Gefahren damaliger Lebensumstände blitzartig erhellt. Das Schiff, auf dem er abgesegelt war, setzte ihn in Aigina, einem Stützpunkt der spartanischen Flotte, an Land, wo er, da er athenischer Bürger war und man sich wieder einmal mitten im Krieg zwischen Sparta und Athen befand, als Kriegsgefangener behandelt und auf dem Sklavenmarkt ausgeboten wurde. Zufällig bemerkte ihn ein Bekannter aus dem hellenischen Kyrene in Nordafrika und löste ihn aus, so daß er weiterreisen konnte. An seinem Mißerfolg bei Dionysios I. haben später insbesondere die Platoniker allein diesem die Schuld zugeschoben und zweifellos auch deshalb den Tyrannen von Syrakus als eine Art menschlichen Ungeheuers geschildert.

Platon bei Dionys I.

Allem Anschein nach ist Platon dem selbstbewußten Herrscher lästig gefallen. Jedoch mit dessen (damals zwanzigjährigem) Schwager und Schwiegersohn Dion schloß er dauerhafte Freundschaft. Für Dion, der sich ihm gänzlich anvertraute und sein eifriger Schüler war, ergriff er später, nach dem Tod von Dionysios I., jedesmal Partei, als er wieder in Syrakus am Hof weilte. Eine Folge davon war sein Zerwürfnis mit Dionysios II.; denn wenn dort überhaupt einer sich willig zeigte, ihm zu folgen, dann Dion. Weitere Hintergründe lassen sich aus Platons Rechtfertigungsschreiben erschließen, insbesondere aus dem siebenten Brief. Ihm zufolge war er, seiner Herkunft und seinem politischen Werdegang nach, ein überzeugter Anhänger der Oligarchie, *sofern sie aus Aristokraten* bestand, also aus seinesgleichen. Jede Aristokratie setzt Tyrannenfeindschaft voraus. Daher Platons Erklärung: „Diejenigen, welche die Macht bekommen, müssen, wenn sie wirklich das Heil erstreben, jeweils ... Männer auswählen, die sie als die besten der Hellenen kennengelernt haben: Männer von reifem Alter, die ... möglichst viele namhafte Ahnen haben und die sämtlich auch hinreichende Habe besitzen. An Zahl dürften für eine Stadt von 10.000 Bürgern 50 solche [Aristokraten] genügen. Die soll man mit Bitten und größten Ehrungen aus ihrer Heimat kommen lassen, und wenn man sie herbeigeholt hat, muß man sie ... dringend bitten, Gesetze zu geben ... Diese Vorschläge sind eng verwandt mit denen, die wir, Dion und ich, in bester Gesinnung für Syrakus zusammen zu verwirklichen versuchten — bei dem zweiten Versuch, meine ich. Der erste bestand ja darin, daß ich zunächst versuchte, mit Dionysios (II.) selbst das gemeine Beste für alle zu verwirklichen ... Jetzt aber sollt ihr [die Verwandten und Freunde des Dion] dasselbe zu glücklicherem Erfolge zu bringen suchen ... mit Gottes Segen." Offenbar empfiehlt Platon auch in dieser Briefstelle sich selbst als Gesetzgeber. Dion, der Sohn des Hipparios, dessen Vater durch Dionysios I. zu Macht und Reichtum gelangt war, gehörte zur Aristokratie und stand im Schatten von Dionysios II. Nur wenn ein Regierungswechsel *ihn* zum Herrn von Syrakus gemacht hätte, würde zugleich Platon dort zu praktischer Wirkung gekommen sein. Was Platon im achten Brief anrät, nämlich die Tyrannis in eine heilige Monarchie (basileía) umzuwandeln, steht zu seiner aristokratischen Vorliebe in diesem besonderen Falle deshalb nicht im Widerspruch, weil er sich das *spartanische Königtum* zum Muster genommen hat. In Sparta regierten die beiden Könige unter Aufsicht des Adels, während in Athen der Träger des Königstitels, der Archon Basileus, aufs Oberpriestertum beschränkt worden war. Für Syrakus schlägt Platon in Anbetracht der Verhältnisse sogar drei

Platon, Dion und Dionys II.

Vorschlag einer Oligarchie

Vorschlag einer heiligen Monarchie

Könige vor: „Setzet die drei Könige ein, ob ihr ihnen nun die Macht der spartanischen Herrscher gebt oder sie nach einem Übereinkommen begrenzt, und rufet [zu diesem Zweck] ... ehrwürdige Männer herbei [wobei Platon wohl wieder auf sich selber deutet] ... Sind sie gekommen, dann sollen sie Gesetze geben und eine Verfassung, in der es sich fügt, daß die Könige [ähnlich dem Archon Basileus in Athen] Herren der Heiligtümer und alles dessen sind, was einstigen Wohltätern zusteht. Zu Herren über Krieg und Frieden aber sollen sie die Gesetzeswächter machen, 35 an der Zahl, neben Volksversammlung und Rat" (was alles auf das spartanische Vorbild hinweist). Mit einem jener drei Könige meinte Platon damals den Sohn des jüngeren Dionysios.

Platons Selbstempfehlung

Nun war er schon einmal so ehrenvoll in Syrakus empfangen worden, wie er es sich wünschte, und zwar bei seinem zweiten Besuch (366) von Dionysios II. mit Dankopfern und in einem Prunkwagen, dessen Schimmelgespann der Fürst selbst lenkte; denn auch Dionysios II., der sich selbst philosophischen Studien widmete, wußte die Anwesenheit namhafter Denker, Dichter, Gelehrter zu schätzen. Veranlaßt allerdings hatte diese Einladung des aristokratischen Philosophen aus Athen nicht er, sondern Dion. Soeben (367) war der ältere Dionysios gestorben. Schon an dessen Sterbelager hatte zwischen seinem Schwiegersohn und Schwager Dion und seinem Sohn und Nachfolger Dionysios II. die Rivalität begonnen. Die Hofgesellschaft war in zwei Parteien gespalten, und diejenige, die zu Dion hielt, rief Platon herbei, damit er in ihrem Sinne auf Dionysios einwirken sollte. Die andere Partei, die für den jungen Fürsten eintrat, holte daraufhin den zeitweilig verbannten Philistos zurück, einen aristokratischen Staatsgelehrten und Historiker ersten Ranges, der sich als Sophist am Geschichtswerk des Thukydides geschult hatte. Die anderen am Hof anwesenden Philosophen, Sokratiker wie Aristippos sowie Pythagoreer, hielten sich wohl zurück, aber Platon beteiligte sich zugunsten Dions an der offenbar heftigen Auseinandersetzung, die damit endete, daß Dion des Landes verwiesen wurde. Einen beträchtlichen Teil seines Reichtums durfte er mitnehmen. Davon lebte er die nächsten Jahre in Athen, wo er sich neben der Akademie ein Anwesen kaufte, Platon finanziell unterstützte und im übrigen dessen Schüler war.

Platon bei Dionys II.

Dion als Platons Mäzen und Schüler

Auf Dion hat später Platon ein leidenschaftliches Liebesgedicht verfaßt: Zum Rasen sei sein Herz durch den Eros Dion gebracht worden. Dann bat Dionysios ihn als Vermittler zum dritten Aufenthalt nach Syrakus (361). Jedoch Platon und der Fürst zerstritten sich gründlich wegen Dions finanziellen Besitztums, da Platon die Herausgabe des größeren, in Sizilien gebliebenen und mittlerweile beschlagnahmten Teils von Dions Vermögen forderte, den sein Gastgeber ihm vorenthielt. Dion hätte das Geld dringend für den von ihm geplanten Bürgerkrieg benötigt, an dem Platon selbst zwar nicht mitmachen wollte, an welchem aber, als Dion 357 v. Chr. endlich mit 800 Söldnern und karthagischer Unterstützung in Sizilien angreifen konnte, eine Anzahl von Platons Schülern aus der Akademie teilnahm.

Platon als Fürsprecher Dions

Dion eroberte Syrakus, und Platon beglückwünschte ihn im vierten Brief, der 357 geschrieben wurde: „Offenkundig ist, denke ich, schon die ganze Zeit meine freudige Anteilnahme an dem gelungenen Unternehmen und daß ich ernstlich auf seine völlige Durchführung bedacht war, aus keinem anderen Grunde mehr als aus Eifer für das Schöne. Denn ich halte es für gerecht, daß diejenigen, die wahrhaft würdig sind und demgemäß handeln, auch den ihnen gebührenden Ruhm erlangen. Was nun die Lage im Augenblick angeht, so steht es Gott sei Dank gut; was aber die Zukunft betrifft, so steht der größte Kampf noch bevor. Denn durch Tapferkeit, Gewandtheit und Stärke sich herauszuheben, das könnte anscheinend auch Sache anderer sein; jedoch durch

Dion erobert Syrakus

Wahrhaftigkeit, Hochherzigkeit und die entsprechende edle Haltung sollten sich diejenigen vor den andern auszeichnen, die sich auf Hochschätzung dieser Dinge etwas zugute halten. Es ist wohl klar, was ich meine. Dennoch müssen wir uns selbst daran erinnern, daß sich geziemend vor den andern Menschen, mehr als Erwachsene vor Kindern, herausheben müssen diejenigen — du weißt schon, welche ich meine [nämlich die Auserwählten, von denen noch anläßlich Platons Politeia und seines Politikos zu reden ist]. Es muß sichtbar werden, daß wir sind, als was wir uns bezeichnen [nämlich, so ist zu schließen, als Philosophen und zugleich Staatslenker]. Was jetzt um dich vorgeht, ist so beschaffen, daß die Menschen aus dem ganzen bewohnten Erdkreis auf einen einzigen Ort blicken [Syrakus] und dorthin am meisten auf dich. Rüste dich also, den alten Lykurg [den legendären Urheber der spartanischen Verfassung] zu vergegenwärtigen und den Kyros [den persischen Großkönig, mit dem einst das persische Weltreich begonnen hatte] ... Schreibt aber auch, was ihr getan habt oder gerade tut ... Jetzt eben kommen Briefe von Theodotes [Dions Oheim] und Herakleides [einem syrakusischen Aristokraten, der zu Dion nach Athen geflüchtet und Schüler der Akademie geworden war] nach Lakedaimon [= Sparta] und Aigina [dem spartanischen Flottenstützpunkt], wir aber hören nicht viel von dort." — Auf Nachrichten aus Syrakus wartete Platon begreiflicherweise voll Spannung, hatte er doch [seinem siebenten Brief zufolge] Dion vor dessen Eroberungszug erklärt: „Ich bin zu alt, um noch mit irgendeinem in den Krieg zu ziehen, wohl aber stehe ich euch zur Verfügung."

Platonische Ratschläge für Dion

Die syrakusische Bürgerschaft, die sich für Dion gegen Dionysios erhob, erwartete von ihm die Verwirklichung der Demokratie; denn deren Verfassungs-Gesetze und Verwaltungs-Organe — Rat, Volksversammlung, Gemeindeämter — hatte auch Dionysios I. nicht abgeschafft, sondern seine Verordnungen oft in Form von Volksbeschlüssen durchgesetzt. Die Rückkehr zur tatsächlichen Demokratie wäre also für Dion ein leichtes gewesen. Jedoch, das beabsichtigten weder er noch Platon. Wir werden sogleich sehen, daß der platonische Idealstaat ohne einen Alleinherrscher — einen Tyrannen oder einen heiligen Monarchen — gar nicht hergestellt werden konnte, und daß Platon eine solche omnipotente Souveränität zunächst einmal als unerläßlich vorausgesetzt hat. So steuerte denn Dion, nachdem er sich zum autokratischen Strategen hatte ernennen lassen, nicht anders als einst Dionysios I. auf eine Tyrannis los. Mit Dionysios II., der sich am Stadtrand von Syrakus auf der nicht zu erstürmenden Inselburg hielt, nahm Dion bald Verhandlungen auf.

Dion als platonischer Tyrann

Die enttäuschten Demokraten wandten sich von ihm ab. An ihre Spitze trat der inzwischen ebenfalls als Nachzügler auf eigene Faust gelandete Herakleides und wurde zum Flottenadmiral gewählt. Folglich standen sich jetzt gegenüber: 1. Dionysios, der seine Tyrannis wiederherstellen wollte; 2. Dion, der als Autokrat eine eigentümlich platonische Aristokratie einführen sollte; 3. Herakleides, welcher die Rückkehr zur Demokratie verhieß. Als Dion zeitweilig die Stadt räumte, weil die Bürgerschaft nicht länger seine Söldner bezahlte, kam es zu kurzen Straßenkämpfen. Das weitere Hin und Her übergehen wir. Es endete damit, daß Dion in den Besitz von Syrakus nebst der Inselburg kam, während Dionysios sich nach Unteritalien zurückzog und Dion nunmehr begann, ungefähr jene Staatsform zu verwirklichen, die Platon in der „Politeia" beschrieben hat. Hinderlich war nur noch die demokratische Opposition, und so ließ Dion kurzerhand den Herakleides ermorden, wonach er ein Staatsbegräbnis befahl, an dem er selbst als Trauernder teilnahm. Viele verängstigte Demokraten flüchteten. Dion beherrschte das Volk mit Söldnern und „rechtfertigte den von Herakleides und den Demokraten so oft ausgesprochenen Verdacht, daß er sich nur an die Stelle des früheren Tyrannen habe setzen wollen" (Niese). Bald fehlten ihm die Freunde; er fürchtete für sein Leben und vertraute deshalb am meisten dem Chef der geheimen Staatspolizei, den er aus Athen — und wahrscheinlich sogar aus der Akademie — mitgebracht hatte. Eben dieser organisierte eine Verschwörung, welcher Dion 354 oder 353 zum Opfer fiel. Zuletzt kam nur Dionysios mit dem Leben davon, nachdem er 346 Syrakus eingenommen, 345 für immer verloren hatte, und nachdem seine Frau und seine Kinder in Lokri zu Tode gemartert worden waren. In Korinth lebte und starb er als wohlhabender Privatmann.

Dions Sturz

Wenn auch Platon immer dem Dion nachtrauerte und zugleich dem in Syrakus gescheiterten Staatsversuch, trösteten ihn doch andere Tyrannen, insbesondere Hermeias von Atarneus in Kleinasien, der ebenfalls sein Schüler war, und dessen Nichte später von Aristoteles geheiratet wurde. Dem Hermeias nebst zwei Freunden schrieb er im hohen Alter (im sechsten Brief): „Ich gebe nur gute Prophezeiungen von mir und sage also, wir werden dies alles zum Guten führen, so Gott will. Diesen Brief müßt ihr alle drei lesen ... und ihn als Vertrag und gültiges Gesetz nehmen ... und dazu schwören mit einem Ernst, der den Musen nicht fremd ist, und mit der Heiterkeit, die dem Ernst verschwistert ist, und schwören bei Gott, dem Lenker aller Dinge, der gegenwärtigen wie der zukünftigen, und dem Vater und Herrn des Lenkers und Urhebers, den wir, wenn wir überhaupt philosophieren, alle klar erkennen werden, soweit es in der Kraft *gottgesegneter Menschen* liegt." Hermeias war zwar als Sklave geboren, aber zum Monarchen geworden, indem er mit seinem Herrn zur Tyrannis emporstieg und diesen überlebte und beerbte. Nach zehnjähriger Alleinherrschaft wurde er in Persien gekreuzigt.

Hermeias als platonischer Tyrann

Zum Vergleich mit der oben zitierten Briefstelle an den Tyrannen Hermeias sei eine andere über den Tyrannen Dionysios II. wiedergegeben (aus dem siebenten Brief): „Hätte aber gar Dionysios sich überzeugen lassen, so wäre die Anschauung vom Guten sozusagen bei der ganzen Menschheit entstanden und hätte ihr das Heil gebracht. Nun aber ist ein böser Geist oder ein Zerstörer eingebrochen mit Gesetzlosigkeit und Gottlosigkeit und, was das Schlimmste ist, mit der Dummdreistigkeit, die der Wurzel- und Nährboden ist für alles Unheil allerorten und die schließlich ihrem Sämann die bitterste Frucht trägt." — „Denn", so sagt Platon über sein Verhältnis zu Dionysios, „ich war der Beleidigte."

Platon als Monarchist

Was Platon von Dionysios erwartet und mit ihm beabsichtigt hatte, läßt sich aus den „Nomoi" (Gesetze) erschließen: „Gebt mir eine Polis, die von einem Tyrannen beherrscht wird", und zwar von einem jungen, aufgeschlossenen, prachtliebenden Tyrannen, der bestimmte Tugenden besitzt: dann könne dessen Staat neu gestaltet werden. Wir wissen auch, wie Platons *totaler Staat* in Form einer eigentümlichen „Aristokratie" beschaffen war, den er mittels des Dionysios verwirklichen wollte, denn davon handelt seine Staatslehre („Politeia"), welche er vor seinem zweiten Aufenthalt in Syrakus fertiggestellt hatte. Einen Tyrannen brauchte er zu diesem Zweck unbedingt, weil jenen neuen Gesetzen sich kein Staatsvolk *freiwillig* gefügt hätte. Aber auch falls Dionysios von Platon überzeugt worden wäre und versucht hätte, dessen Vorschriften in die Tat umzusetzen, würde er wohl am Widerstand des Volkes gescheitert sein. Dasselbe hätte sicherlich für eine platonische Monarchie des Dion gegolten.

Tyrannis als Notwendigkeit

Weiteren Aufschluß über Platons Ansicht vom Herrschertum erhalten wir aus seinem „Politikós“ (Staatsmann), einer Schrift, die er vor seinem dritten Aufenthalt in Syrakus verfaßt hat. Da wird als idealer Staatsführer der *königliche Mann* geschildert. Wo dieser unumschränkt regiert, dort besteht allein in seinem Wissen und Wollen die beste Verfassung. Die omnipotente Souveränität, die entweder ihm oder einer Adelsgemeinschaft zukommt, erhebt den Regenten hoch über alle Gesetze. Denn diese sind nur für Untertanen bindend, während der Monarch auf Grund seines besseren Wissens oder göttlicher Gnadengabe sich über die Gesetze hinwegsetzen und notfalls Gewalt anwenden darf. Hält er sich im übrigen an Platons Vorschriften, soll eine solche Herrschaftsform die einzig „richtige“ sein. Alle anderen Staatsformen sind „unrichtig“, also falsch, und am verwerflichsten ist die Demokratie. Das entscheidende Merkmal „unrichtiger Verfassungen“ ist, laut Platon, daß sie *unter dem Gesetz stehen, anstatt über ihm.* Zwei Gruppen solcher schlechten Staatsformen unterscheidet er. Die erste hält sich an das jeweilige Verfassungsgesetz, die zweite verstößt dagegen. Vom besseren zum schlechteren absteigend, zählt Platon zu der ersten Gruppe: 1. Königtum, 2. Aristokratie, 3. Demokratie; zur zweiten Gruppe: 4. Demokratie, 5. Oligarchie, 6. Tyrannis. Der Kreis schließt sich, wo die Extreme aufeinanderstoßen: Ein Tyrann, der sich von Platon bekehren läßt, steigt auf zum „guten“ Monarchen („gut“ im platonischen Sinne), also zum omnipotenten Souverän oberhalb aller Verfassungsgesetze. Mit ihm verglichen wäre die nächstbeste Staatsform, die in Platons Aufzählung „unrichtiger Verfassungen“ bei uns die Nummer 1 trägt, nämlich die sozusagen *konstitutionelle Monarchie,* lediglich der beste aller Notbehelfe. Die Ursache zu solcher Unterscheidung dürfte darin liegen, daß nur ein ganz freier Gewaltherrscher sein Regierungsgebiet unbedenklich sofort nach Platons Anweisung in einen totalen Staat umwandeln könnte, wobei der wahre Gebieter Platon und der auserwählte Tyrann nur dessen Mittelsmann wäre, während im „Gesetzesstaat“ einem derartig schnellen Vorgehen ja die gültige Verfassung im Weg stünde.

Omnipotente Souveränität

Platon, Sparta und die Staatsidee

Wie sieht nun Platons totaler Staat in Einzelheiten aus? Auskunft erteilt die „Politeia“, deren Grundzüge von den „Nomoi“ bekräftigt oder modifiziert werden. Als Vorbild dient der spartanische Staat, und zwar nicht nur dessen angeblich von Lykurg entworfene alte Verfassung, sondern noch mehr die im Laufe der Zeit entwickelte spartanische *Staatspraxis.* Zu dieser hat Platon nachträglich die rechtfertigende Theorie geliefert, wobei aber seine konsequente Staatskonstruktion über die spartanische Wirklichkeit in mancher Hinsicht weit hinausging.

Zugrunde legte er die nicht von ihm, sondern von Sophisten erarbeitete Gesellschaftslehre, nach welcher die Menschheit ihre Staaten nach den Regeln vernünftiger Arbeitsteilung gebildet habe. Diese Arbeitsteilung, die sich in jedem Kulturstaat höchst kompliziert darbietet, hat Platon nach spartanischem Modell vereinfacht, indem er sie auf drei Stände oder Kasten verteilt: 1. die Regierungskaste, 2. die besonders wichtige Kriegerkaste, 3. die Arbeiterkaste. Dabei hängen die erste und zweite Kaste insofern sehr eng zusammen, als die Herrschaft nur hervorragend Begabten und auserwählt Tüchtigen aus der Kriegerkaste zustehen soll. Doch steigen Begabte nicht etwa selbständig auf, sondern nur unter dauernder Aufsicht durch die Obrigkeit. Wie im spartanischen so im platonischen Staat ist die aus den beiden höheren Kasten

Arbeitsteilung nach Kasten

bestehende Oberschicht gesetzlich von jeder Erwerbstätigkeit befreit; sie lebt ausschließlich auf Kosten der Arbeiterkaste. Daß es sich bei dieser Gliederung des Staatsvolkes tatsächlich mehr um *Kasten* handelt als um *Stände*, geht aus den näheren Bestimmungen hervor.

Hineingemengt in die gesamte Staatskonstruktion ist nun Platons Ideen- und Tugendlehre und sein mythisches Denken. Einen besonders bemerkenswerten

Staatserhaltender Mythos

Satz greifen wir aus der „Politeia" heraus: „Den zum Königtum Berufenen ist bei der Geburt Gold, den Kriegern Silber, den Gewerbetreibenden Eisen und Kupfer beigemischt." Der Gedanke liegt nahe, daß er diese Behauptung nicht allegorisch oder symbolisch gemeint habe, sondern in bezug auf seine ideale Wirklichkeit und deren Mythos; hielt er doch sämtliche Gestirne und Weltkörper einschließlich Sonne, Mond und unserer Erde für lebendige Riesengötter und somit die ganze geformte Materie für beseelt. Doch gerade *jene* Behauptung hat er ausdrücklich (Politeia 414 d) als notwendige und deshalb edle *Lüge* erfunden, mit welcher die Regierung gegenüber dem Staatsvolk, dessen Geisteswelt bei Platon strengster Zensur unterliegt, das Recht auf Auslese begründen soll. Denn die höchste Aufgabe der „Staatswächter" besteht darin, ihresgleichen heranzubilden, ohne dem in mythischen Vorstellungen befangenen Staatsvolk zu verraten, nach welchen Gesichtspunkten die Elite in Wahrheit ausgesucht wird.

Auch das platonische Wissen der unumschränkt gebietenden Staatslenker soll dem Staatsvolk ein Geheimnis bleiben, weshalb ihm eben gesagt wird, die Zugehörigkeit zu dieser und jener Kaste sei gottgewollt: Der Weltschöpfer habe allen Kindern der Mutter Erde bei der Geburt jeweils Gold, Silber, Eisen oder Kupfer beigemischt und sie auf diese Weise den verschiedenen Kasten bereits zugewiesen.

Ideenlehre als staatlich verordnete Weltanschauung

Außer solcher staatserhaltenden Lüge duldet Platon sonst freilich keinen Spott oder Scherz mit seinen Mythen, denn sein Staat steht unter dem Asebiegesetz, das jeden Glaubensirrtum als Frevel verurteilt. Am wenigsten läßt er an seiner nur den Staatslenkern offenbaren Ideenlehre rütteln, die bei ihm in einen Weltmythos übergeht. Zwar erklärt er „die Natur" aus einer Mischung von Materie und Weltseele. Trotzdem spricht er ihr die volle Realität ab.

Die Sinnendinge deutet er als Bilder nach dem Muster von Ideen, welche die „Weltseele" in sie hineingebracht hat. Insofern freilich sind sie doch als existent aufzufassen, als sie um so mehr an höherer, wahrer, göttlicher Wirklichkeit gewinnen, je mehr sie an niedriger, empirischer, materieller Realität verlieren. Das klingt vielleicht paradox, ist aber recht einfach zu verstehen: Es handelt sich darum, aus der Realität die ihr hinzugefügte Idealität herauszuholen, die ihrerseits die wahre Wirklichkeit erst bedingt.

Dieser *Prozeß von der Realität zur Idealität* spielt sich im auffassenden und erkennenden Menschen ab, und zwar über folgende Stationen: 1. Vor meinen Augen liegt ein realer Gegenstand. 2. Diesen Gegenstand nehme ich visuell wahr, so daß ich von ihm das Erscheinungsbild in meinem Bewußtsein habe. 3. In meinem Bewußtsein ist jener Gegenstand nun insofern bereits entmaterialisiert, als er nur noch aus seiner bildhaften Gestalt besteht (aus der bloßen Sinnesempfindung), den ich mit meinen inneren Augen betrachten kann. Jetzt schaltet sich das höhere Denken ein und erkennt aus diesem Abbild heraus dessen viel einfacheres Urbild, das sich auf ein paar Grundzüge reduzieren läßt. 4. Sosehr sich gleichartige Erscheinungsbilder in Einzelheiten auch unterscheiden mögen, stimmen sie dennoch stets in den Hauptmerkmalen überein, und diese immanente Kongruenz ist die anschauliche Selbstdarstellung ihrer Idee. 5. Indem ich die noch gewissermaßen bildhafte Idee genau beschreibe, und zwar nicht nur ihr Aussehen, sondern auch ihre Funktion, erhalte ich eine Formel,

welche das *Prinzip* eben dieser Idee angibt. 6. Dieses Prinzip läßt sich *begrifflich* fixieren. Damit verliert die Idee ihre Bildhaftigkeit. Sie ist jetzt identisch mit ihrem Begriff. An dieser Stelle liegt bei Platon der kritische Punkt: Haben die Allgemeinbegriffe wesentlich Wirklichkeit? Oder sind sie nicht vielmehr bloße Abstraktionen, also Denkformen? (Allgemeinbegriffe sind jene Begriffe, welche z. B. die Gattung und Art betreffen; sie werden lateinisch „universalia" genannt. Über den Satz: „universalia sunt realia", hat man unter Bezugnahme auf Platon in der abendländisch-mittelalterlichen Scholastik erbittert gestritten.) 7. Mit jeweils einer Idee habe ich mich eingeschaltet in die Hierarchie sämtlicher Ideen überhaupt; innerhalb dieser Hierarchie kann ich mich nun empordenken bis zum höchsten Begriff oder zur höchsten Idee: „dem Guten", worin der Weltschöpfer sich selbst offenbart. Anschließend veranstalte ich dieselbe Prozedur in umgekehrter Richtung.
Ein solches Auf und Ab fordert Platon als Dauerbewegung speziell für das menschliche Verhalten, an dessen oberem Ende die Idee des Guten und an dessen unterem Ende die fertige Leistung stehen soll. Zu einer solchen unablässigen Ausrichtung nach der Idee des Guten hält Platon aber nur Auserwählte für befähigt, vor allem die Staatslenker. Allerdings ist er selbst zuweilen über seine Ideenlehre gestrauchelt. Am ehesten kommen wir ihr nahe, wenn wir uns wieder an Zarathustra erinnern oder sogar an die altägyptische Lehre vom alleinigen Gott Ptach, derzufolge der Schöpfer die Welt und alles irdische Geschehen zuerst in Gedanken entworfen, sich dann in seinem Bewußtsein bildhaft vorgestellt und dann realisiert hat. Von dieser Lehre dürfte ja auch Zarathustra ausgegangen sein, und Platon ist ein weiterer genialer Nachfolger.

Platons totaler Staat

Wiederum an Zarathustra, aber auf Umwegen über andere von ihm abhängige Denker, knüpft Platon mit seiner staatlichen Tugendlehre an (im „Politikós"). Auch er begeistert sich nun für die „coincidentia oppositorum", für den harmonischen Zusammenfall zweier Gegensätze, wovon wir vorhin bei Heraklit gesprochen haben. Den idealen Staatsführer (Platons Ebenbild!) vergleicht er mit dem großen Weber, der alle Fäden im Staate zu einem Gewebe zusammenfügt. Wie nun ein Gewebe aus Kette und Schuß besteht, so vereinigt er gegensätzliche Tugenden zu einem Ganzen, z. B. „Tapferkeit" (Kette) mit „Besonnenheit" (Schuß), wobei er sich teils intellektueller, teils göttlicher Bindemittel bedient. Göttlicher Herkunft ist vor allem die mit Idealbildern gesättigte Vorstellung, die er zwangsweise dem Staatsvolk beibringen will. Erst dank der Vereinigung der Gegensätze wird der Staat funktionstüchtig. Wehe dem, der sich dem Gewebe entzieht und z. B. seine Tapferkeit unbesonnen zu Streit oder Gewalttat mißbraucht! Er wird hingerichtet, bestenfalls verbannt. Hierin kennt Platon keine Gnade.

Harmonie bestimmter Gegensätze

Denn der Staatslenker erinnert am besten sich jener ersten Existenz, die Platon als geistiger Nachfahr des Zarathustra allen Menschen zuspricht. Jenes frühere Dasein hat die unsterbliche Seele einst bei Gott in dessen Ideenwelt gelebt. Freilich mußte den zukünftig-hellenischen Staatsführern der bevorzugten Kaste erst Platon erscheinen und sie an die Ideen erinnern oder ihnen diese Ideen so offenbaren, daß die Auserwählten sie fortan im Gedächtnis behalten können. Das heißt (laut „Politeia"): Wenn nicht Philosophen zu Königen werden oder Könige zu Philosophen, dann nimmt das Unheil im staatlichen Leben und im ganzen menschlichen Dasein niemals ein Ende. Jedoch, nicht um irgend-

Präexistenz

welche Philosophen darf es sich dabei handeln, sondern es müssen Platoniker sein, denn jegliche Konkurrenz hat Platon aus seinem Idealstaat rigoros ausgeschlossen. Ebenso bestimmt er allein, was „das Gute" und vor allem was „Gerechtigkeit" sei. Darüber unterrichtet er uns in der „Politeia".
Mit der dritten Kaste, die für die beiden oberen Kasten arbeiten muß, beschäftigt er sich, seinem spartanischen Vorbild gemäß, nur am Rande, da Sinn und Zweck ihrer staatlichen Existenz sich in der Erwerbstätigkeit erschöpft. Unvergleichlich wichtiger ist ihm die Kriegerkaste. Die Vorschriften, die er ihr auferlegt hat, sind vor allem die folgenden:

Kriegerkaste

1. Der hauptsächlich aus dieser Kaste gebildete Staat ist ganz und gar ein Männerstaat. Eine Besonderheit der weiblichen Psyche läßt Platon nicht gelten. Damit hängt vielleicht zusammen, daß er seine Lebenserfahrung vorzugsweise im Kreis von Männern gesammelt und erotische Beziehungen ausschließlich zu meist wohl jungen Männern unterhalten hat. In Sparta war die Knabenliebe, die Päderastie, ja üblich; vielleicht ist sie überhaupt erst von dorther nach Athen eingedrungen. Bestimmte Einzelheiten in der „Politeia" (z. B. 468) deuten darauf hin, daß auch im spartanisch-platonischen Idealstaat derartige Freundschaften, jedoch idealisch sublimiert, zur Norm gehören sollen.

2. Die Frauen in diesem Staat sind den Männern *nicht gleichberechtigt*, sondern im Hinblick auf den Staatsdienst *gleichgestellt*. Das ist ein wesentlicher Unterschied. An Gleichberechtigung im modernen Sinne hat Platon, wie schon

Seelenwanderung

seine *Seelenwanderungslehre* zeigt, nicht gedacht: Wenn sein Totengericht einen *Mann* zur Läuterung verurteilt, dann wird dessen Seele zunächst in Gestalt einer *Frau* wiedergeboren, und erst, falls auch diese Erniedrigung nichts fruchtet, in Tierkörpern. Tatsächlich verlangt Platon, daß die Frauen grundsätzlich ebenso wie Männer behandelt und deshalb auch seit früher Kindheit *für den Krieg erzogen und ausgebildet* werden. — Was schließlich die Fortpflanzungsfunktion betrifft, so macht Platon aus den Frauen staatliche Gebärmaschinen. Er duldet weder individuelle Liebe noch Mütterlichkeit. Davon mehr im nächsten Punkt.

3. Es gibt in diesem Idealstaat für die Kriegerkaste *kein Privateigentum*, sondern *nur Gemeinschaftseigentum*, das unaufhörlich von der dritten Kaste aufgefüllt wird (und insofern mit dem Volkseigentum modern-kommunistischer Staaten nicht zu vergleichen ist). Es gibt folglich auch *keinen Privathaushalt*,

Kasernierung

sondern *nur Kasernen* mit gemeinschaftlichen Wohn- und Schlafräumen für alle Männer, Frauen, Kinder, und mit *Gemeinschaftsverpflegung;* denn jederzeit leben alle „wie im Felde", also wie im Kriegszustand.

Promiskuität

Es gibt *keine Privatehe*, es gibt *überhaupt keine Ehe im bürgerlichen Sinn*, sondern *„alle Weiber sind allen Männern gemeinsam"*. (So führten in unserer Geschichte z. B. die sog. Wiedertäufer von Münster während der Reformationszeit mit der Gütergemeinschaft auch die Frauengemeinschaft ein. Hingegen hatte nach der russischen Revolution um 1920 die sog. freie Liebe nichts zu tun mit der von Platon staatlich verordneten Promiskuität.)

Zuchtwahl

Dabei gilt in Platons Idealstaat das Prinzip der *Zuchtwahl*. „Du als Gesetzgeber wirst die Frauen auswählen, wie du die Männer ausgewählt hast, und die Frauen den Männern übergeben, und zwar so viel wie möglich unter Berücksichtigung der jeweils gleichen Natur. Da sie gemeinschaftliche Wohnungen und Gemeinschaftsverpflegung haben, werden sie sich zusammenfinden auf den Übungsplätzen und im sonstigen Leben und werden durch die eingeborene Notwendigkeit getrieben werden, sich zu begatten." Auch unter diesem Gesichtspunkt ist die unbedingte Vorschrift aufzufassen, daß *Männer wie Frauen stets nackt herumlaufen müssen.*

Ein besonderer Zweck der platonischen Promiskuität besteht darin, *„daß auch die Kinder gemeinsam sind"*, weil jedes Kind sozusagen zahlreiche Väter hat, *„so daß weder ein Vater sein Kind kennt noch ein Kind seinen Vater"*. Sind die Kinder geboren, so werden die *gesundheitlich untauglichen sofort vernichtet.* Im übrigen erfolgt *die Aufzucht in Staatsanstalten.* „Die Mütter werden, wenn sie von Milch strotzen, in *Säugehäuser* geführt", wo sie irgendwelche Kinder zu stillen haben. Denn *die Kinder sind Staatseigentum!* Deshalb werden sie vom ersten Tage an von Staatswärterinnen, später von Staatswärtern betreut. Eine Vorschrift lautet, „daß die Frau vom 20. bis zum 40. Lebensjahr *dem Staat* Kinder gebäre, und der Mann vom 30. bis zum 55. Lebensjahr *dem Staat* Kinder erzeuge".

Alle Kinder sind Staatseigentum

In den „Nomoi", mit deren Niederschrift Platon noch in Syrakus während seines dritten Aufenthaltes begann, machte er gewisse Zugeständnisse, weil der Idealstaat seiner „Politeia" nur „mit Göttern oder Göttersöhnen" zu verwirklichen wäre. Dazu gehört, daß er sich höchst widerwillig die Erlaubnis zur Einzelehe abrang. Jedoch, sogleich hat er auch sie vollkommen der Staatsaufsicht unterworfen: Das gesamte eheliche Leben, insbesondere der Geschlechtsverkehr, wird strengstens von Eheaufseherinnen kontrolliert, denn „Essen und Trinken" sind „Lüste und Begierden", welche denjenigen, dem sie entzogen werden, zu „Raserei und Ungehorsam" treiben, „aber das dritte und stärkste Bedürfnis und das heftigste Verlangen bricht zuletzt bei uns hervor und setzt durch seinen *Wahnsinn* die Menschen ganz und gar in die höchste Glut, nämlich das Verlangen nach Fortpflanzung des Geschlechts, welches zum größten Übermut angefacht wird. *Diese drei Krankheiten* [Hunger, Durst, Geschlechtstrieb] muß der Gesetzgeber ... durch die drei kräftigsten Mittel *niederzuhalten suchen, durch Furcht, Gesetz und wahrheitsgemäße Rede; und* man muß auch mit Hilfe der Musen und der ... Götter ihr Anschwellen und Heranwachsen hemmen." Ferner: „Die jungen Eheleute müssen darauf bedacht sein ... die schönsten und besten Kinder *dem Staate* zu erzeugen." Der eheliche Verkehr soll ausschließlich zum Zweck des Kinderzeugens und als *Staatspflicht* ausgeübt werden. „Das Kinderzeugen und die *Aufsicht über die Kinderzeugenden* erstrecke sich auf zehn Jahre und nicht auf längere Zeit, wenn das Erzeugen guten Fortgang hat; bleiben aber einige diese Zeit hindurch kinderlos, dann mögen sie sich scheiden", oder sie sollen staatlich geschieden werden. Den Aufseherinnen muß immer die Wohnung der zum Kinderzeugen befohlenen Eheleute offenstehen, um diese zu kontrollieren, zu ermahnen, Unerlaubtes anzuzeigen und hinsichtlich dessen, was die Staatsfunktionäre ausgespäht haben, notfalls öffentliche Anklage zu erheben. Dem für schuldig befundenen Ehepartner, Mann oder Frau, wird gesetzlich die *Prügelstrafe* angedroht.

Zugeständnis in den „Nomoi": Eheleben unter Staatsaufsicht mit Prügelstrafe

4. Die Geisteswelt unterliegt strengster obrigkeitlicher *Zensur,* in der „Politeia" noch mehr als in den „Nomoi". Grundsätzlich ist überhaupt nur Literatur und geistige Tätigkeit gestattet, welche der Verbreitung von Platons Welterklärung und Staatslehre dient. Alles andere ist verboten und wird verfolgt. Das gilt vor allem für die Dichtung und das Theater, weil beides die Realität spiegelt, folglich auch schlechte Charaktere nachahmt und dadurch die Jugend verdirbt. Verboten im Sinne des athenischen Asebiegesetzes ist ferner die gesamte kritische Forschung, insbesondere die Naturwissenschaft und diejenige Sophistik, welche den Menschen anstatt Gott zum Maß aller Dinge nimmt. Ausgenommen bleibt nur solche Lehrtätigkeit, Sekundärliteratur und Dichtung, die genau an Platon orientiert ist. Davon geht er in den „Nomoi" nur insofern scheinbar ab, als er dort zwar keine Dichtungsgattung prinzipiell ausschließt, aber jede ebenso der Zensur unterwirft wie in der „Politeia". Vor allem nennt Platon jetzt das Vorbild, wonach sich die Dichter zu richten haben: Es ist sein eigenes

Zensur und radikale Intoleranz

Schrifttum, insbesondere der sozusagen dichterische Teil der „Nomoi". Hätte er als Gesetzgeber das Hellenentum beherrscht, dann wäre schon damals durch ihn nahezu die gesamte wissenschaftliche und schöngeistige Literatur der griechischen Antike öffentlich verbrannt und das Theater beseitigt worden.

Ein besonders wichtiges Argument, womit Platon seine Zensurmaßnahmen rechtfertigt, sei ausführlich behandelt. Es tadelt, daß die Dichtung, insbesondere das Drama, die Realität spiegelt. Indem Dichter und bildende Künstler die Realität nachahmen, so sagt Platon, entfernen sie sich von der Wahrheit, die nur der Idealität eigen ist. Darüber lassen wir uns jetzt von Platon selbst unterrichten, wobei wir seinen langatmigen Vortrag (im 10. Buch der „Politeia") etwas raffen:

Musterbeispiel: Begründung des Verbots realistischer Belletristik

„Die Einrichtungen unseres Staates sind aus vielen Gründen die denkbar besten. Nicht am wenigsten finde ich das, wenn ich an die Dichtkunst denke. Ich meine unser Verbot der nachahmenden Dichtkunst. Denn [solche] Dichtkunst scheint für den Verstand aller derjenigen gefährlich, die nicht im Besitz des Gegenmittels sind, nämlich der Erkenntnis der wirklichen Welt [= der Ideenwelt]. — Kannst du erklären, was ‚Nachahmung' ist? — Ja. Wir gehen von folgender Betrachtung aus: Von den vielen Einzeldingen, die wir unter einem Namen zusammenfassen, pflegen wir einen Artbegriff zu bilden. Greifen wir einen beliebigen Gegenstand heraus! Er gibt doch eine große Anzahl von Bettgestellen und Tischen. Der Tischler, der die Bettgestelle anfertigt, arbeitet im Hinblick auf die Idee [wobei ‚Idee' hier, wie immer bei Platon, den von ihm als Idealvorstellung gedeuteten Begriff meint]. Aber die Idee selbst macht ja der Handwerksmeister nicht. Wie sollte er auch? Jedoch einen ganz besonderen Werkmeister gibt es, der alles zugleich machen kann, was die verschiedenen Handwerksmeister machen, außerdem aber auch alles, was aus der Erde wächst, und alle Tiere, und den Himmel und die Erde und die Götter und alles im Himmel und in der Unterwelt. Noch schneller kannst du dasselbe tun wie er, wenn du einen Spiegel nimmst und überallhin trägst, dann machst du mittels des Spiegels [und *als Spiegelbild*]: Sonne, Himmel, Erde, dich selbst und die übrigen Lebewesen und Pflanzen und Geräte . . . aber nur *scheinbar!* Denn das Spiegelbild hat kein wahres Sein! — Das ist richtig. Nun, einer von solchen Meistern ist der Maler. Auch er macht zwar ein Bettgestell, aber nur scheinbar. — Wie aber steht es mit dem Tischler? Sagtest du nicht soeben, daß er ja auch nicht die Idee des Bettgestells selbst macht, obwohl sie das Wesentliche des Bettgestells ist, sondern daß er ein einzelnes Bettgestell macht? [Das heißt: Der Tischler wandelt die allgemeine, theoretisch einheitliche, nur einmal vorhandene, einmal gegebene Idealgestalt des Bettgestells praktisch zu einer Sonderform.] So macht er etwas, was nicht so beschaffen ist wie das, was in Wahrheit ist. [Denn nicht dasjenige Bettgestell ist wirklich, das wir als sinnlich wahrgenommenen Gegenstand in unserer Lebenspraxis benutzen, sondern vielmehr nur die Idee des Bettgestells, welche am empirischen Bettgestell teilhat und dessen Begriff ist.] Wenn jemand behaupten wollte, das Werk des Tischlers sei im eigentlichsten Sinne seiend, der redet doch sicherlich nicht richtig? — Freilich nicht. — Wollen wir nun Nachbildner auch für dieses Musterbeispiel aufsuchen? Wir haben hier drei Bettgestelle. Das erste, das der [göttlich beseelten] Natur angehört, hat Gott gemacht. Oder wer sonst? Das zweite der Tischler. Das dritte der Maler. So sind Maler, Tischler, Gott die Schöpfer von drei verschiedenen Bettgestellen. Da aber Gott lediglich *ein* Bettgestell machen wollte, so machte er auch nur eines, jenes nämlich, welches das Bettgestell schlechthin ist [das Idealmodell, das ‚Bettgestell an sich', die Idee des Bettgestells]. Also hat Gott, weil er wahrhaftig der Verfertiger des in Wahrheit seienden Bettgestells sein wollte, es als dasjenige Bettgestell gebildet, das seinem Wesen nach das einzige Bettgestell überhaupt ist. Deshalb nennen wir ihn den Wesensbildner. Der Tischler ist der Werkbildner. Hingegen der Maler ist der Nachbildner. Denn er gibt nicht das wahrhaft Seiende wieder, sondern die sinnlich wahrgenommene Erscheinung. Deshalb ist die Nachbildnerei weit von der Wahrheit entfernt und trifft von allem nur etwas, und auch das nur als Scheinbild." Sinngemäß das gleiche gilt von den Dichtern, die, „beginnend mit Homer, nur Nachbildner von Scheinbildern der Tugend sind und die Wahrheit gar nicht berühren".

Kampfsport, Musik und mythisches Weltbild

5. Der Nachwuchs der Kriegerkaste wird in Kampfsport und Musik unterrichtet (weil diese die Seele harmonisch stimmt und an die „Sphärenharmonie" erinnert), der Nachwuchs der Staatslenker außerdem in *platonischer* Astronomie, Mathematik, Ideenlehre und Dialektik. Was speziell Astronomie, Arithmetik und Geometrie betrifft, so haben diese Fächer hier nichts zu tun mit dem, was wir darunter verstehen. Vielmehr handelt es sich um eigentümlich mythische oder mystische Kombinationen, wie Platon sie vor allem im „Timaios" vorgebracht hat. — Als er 389 in Unteritalien weilte, bevor er das erstemal nach Syrakus fuhr, hatte er aus der Hinterlassenschaft des Pythagoreers Philolaos von dessen Erben eine vielleicht mehrbändige Schrift gekauft, die er bei der Abfassung seines „Timaios" benützte. Ihren Inhalt dürfen wir bei der „Politeia" voraussetzen.

a) Die pythagoreisch-platonische Astronomie beschert uns jenen Mythos, demzufolge Sonne, Mond, Planeten göttlich beseelte Wesen sind. Ihnen hinzuzählen dürfen wir die Daimonia, die sich in der Luft, im Wasser und auf der Erde bewegen. Über ihnen befinden sich als vollkommene Götter die aus Feuer gebildeten Fixsterne. Im Zentrum des Himmelsraums steht fest die Gottheit, die wir Erde nennen: unser Planet; durch sie hindurch läuft die Achse des Weltalls (geozentrisches Weltbild).

b) Aus der Mathematik wurde bei Pythagoras und Platon eine Zahlenmystik, nur daß dieser schließlich auch die Ideen mit einem Zahlensystem kombinierte. Auf diese Weise wollte er die von altorientalischen Mathematikern festgestellte, ihm aber noch rätselhafte Weltgesetzlichkeit, insofern man sie durch Zahlenverhältnisse ausdrücken kann, einigermaßen berücksichtigen. Ähnlich verhält es sich mit seiner Geometrie. Er verband sie mit äußerst unklaren Vorstellungen von altorientalischer Chemie und einer Lehre von den vier Elementen nebst einer Kosmogonie: Innerhalb des Raumes haben sich die vier Elemente aus rein mathematischen Körperchen gebildet, wobei z. B. Wasser, Feuer, Luft von gleichseitigen Dreiecken begrenzt sind, während die Erde von Quadraten begrenzt wird. Die Erde besteht aus Würfeln, die Luft aus Oktaedern, das Wasser aus Ikosaedern und das Feuer aus spitzen Tetraedern (weil ja das Feuer brennt, also sozusagen spitz ist und sticht).

Regierungstätigkeit

6. In der „Politeia" führt Platon noch den ausführlichen Nachweis, daß als Staatslenker nur platonische Philosophen in Betracht kommen. In den „Nomoi" macht er nähere Angaben über die Regierungstätigkeit. Inzwischen hatte er für seine Person schon resigniert, und die Nomoi setzen etwas andere Verhältnisse voraus als die Vorschriften der Politeia. Hier ist aus den Staatslenkern ein Staatsrat geworden, dem vor allem Priester und die zehn jeweils ältesten Gesetzeshüter sowie der Aufseher über das gesamte Erziehungswesen angehören: allnächtlich, wenn der Morgen naht, versammeln sie sich zu geheimer Beratung.

Platon im großen Zusammenhang

So war in seinen Grundzügen der Staat beschaffen, zu dem Platon den Dionysios überreden wollte. Die Vermutung liegt nahe, daß dieser mit seinen Ratgebern den Platon für gewissermaßen wahnwitzig gehalten hat. Uns freilich ist das Verdammungsurteil geläufig, das über Dionysios gefällt wurde, weil er jenen platonischen Staat *nicht* realisiert hat.

Wohl um die Jahreswende 348/347 ist Platon gestorben, vielleicht bei einem Hochzeitsschmaus, vermutlich im 81. Lebensjahr; und wahrscheinlich wurde er in seiner Akademeia begraben.

Mit ihm ging innerhalb unserer Geistesgeschichte ein Weltzeitalter zu Ende. Es war von Echnaton bis Platon gekennzeichnet durch eine Folge großartiger Versuche, an die Stelle der magisch-mythischen Wirklichkeit eine neue, logisch durchsichtigere Welterklärung zu setzen. Dabei durchdrangen sich mythisches und logisches Denken oft auf sehr komplizierte Weise. In Platons Lebenswerk erreichte diese Entwicklung zweifellos einen Höhepunkt, kam zugleich aber auch insofern zum Stillstand, als er die Weltwirklichkeit wieder mythisierte, anstatt in ihrer Entmythisierung fortzufahren. Der überaus langwierige Prozeß „vom Mythos zum Logos" wurde durch Platon in gewissem Umfang rückläufig zu einer Geistesbewegung „vom Logos zum Mythos" — eine Rückentwicklung, die später der sogenannte *Hellenismus* gefördert hat. Sie erfolgte durch ihn deshalb so leicht und schnell, weil Platons Geistesgut im wesentlichen ja aus dem alten Orient herrührt, auch wenn er es selbständig verarbeitet hat. So erklärt sich, daß nunmehr, nach abermaliger Zufuhr altorientalischer Synkretismen, der Platonismus einmündete in den Neuplatonismus, in den Neupythagoreismus, in Sonderformen der Gnosis und Mystik. Von dorther wirkte Platon mittelbar auf die spätere westeuropäische Geistesgeschichte ein, wie er durch seine eigenen Schriften unmittelbar wirkte bis zur Gegenwart. Uns möge hier ein Hinweis genügen, den v. Wilamowitz-Moellendorff gibt: „Keiner soll beschönigen, daß Platon im Alter die mythischen Hüllen so dicht gewoben hat, daß seine offenen Worte gar nicht mehr gehört werden. Und doch, erst in dieser letzten Phase hat sein Denken und Glauben die weiteste Verbreitung gefunden. Erst nachdem im Timaios das Gute, zu mythischer Person gemacht, auch als weltbildend und alles Werden und Leben beherrschend eingeführt war, konnte es mittelbar durch viele Kanäle hinübergenommen werden in die großartig weltumspannende Lehre der mittelalterlichen Kirche, die uns so fremd ist und doch lebendig und heilig werden muß durch Dantes Dichtergröße und sein Glaubensfeuer. Hier setze ich den Schluß des Paradiso her. Mögen sie auch alle ihren Inhalt hierhin oder dorthin gewandelt haben, die Quelle alles Lichtes, die Ideen, der Aufstieg in das Jenseits sind auch hier, und sie wären ohne Platon nicht hier."

Platon als Weichensteller

Wenn Platon von „Philosophie" spricht, dann meint er in der Regel die *spekulative Philosophie*, die immer zum Mythos hindrängt und der dichterischen Phantasie so nah verwandt ist. Eben deshalb gehört sie zu einem anderen Weltzeitalter als die *wissenschaftliche Philosophie* des *Aristoteles*. Damit schließen wir hier die erste Hälfte unseres Buches, welche dem Verhältnis zwischen „Mythos und Logos" gewidmet war. Die zweite Hälfte lassen wir mit Aristoteles beginnen.

ARISTOTELES

Zwei Jahrzehnte lang war *Aristoteles* ein Schüler Platons, in dessen Akademeia er siebzehnjährig eintrat. Jedoch, nach dem Tod seines Meisters machte er sich immer mehr selbständig, entwickelte sich zu Platons schärfstem Kritiker, gründete in Athen seine eigene Schule, den Peripatos, und führte alles in allem zum erstenmal jenes neue Weltzeitalter innerhalb unserer Geistesgeschichte herauf, dessen Umfang und Bedeutung wir erst heutzutage ungefähr ermessen können: das Zeitalter der möglichst vorurteilsfreien Forschung und Wissenschaft. Er war, kurz gesagt, mit den wesentlichen Teilen seines Lebenswerkes der größte Aufklärer unserer Kulturmenschheit. Insofern stand er den bedeutendsten Sophisten seiner Epoche zuletzt viel näher als den Platonikern; und in mancher Hinsicht haben Sophisten, in anderer Hinsicht freilich auch Denker wie Heraklit, seine Leistung vorbereitet. Dennoch war er, mehr als Platon, ein originaler Denker, ein Anfänger und — in gewissem Umfang — sogar schon Vollender des geistigen Fortschritts „vom Mythos zum Logos". Seit Aristoteles hat die Logik, so urteilte zwei Jahrtausende später Kant, keinen Schritt vorwärts und keinen rückwärts getan. Mit ihm beginnt die Geschichte unserer Einzelwissenschaften, mit ihm vor allem die vergleichende Naturwissenschaft. Mit Aristoteles setzte auch die — durch das Mittelalter unterbrochene oder gehemmte — Entwicklung dazu ein, daß die Einzelwissenschaften sich aus der Philosophie herauslösten und ihre eigenen Wege suchten. Wenn man heute auf die Kulturgeschichte unserer Menschheit zurückblickt, wird man wohl Aristoteles zum größten *wissenschaftlichen Philosophen* erklären. Daß er trotzdem manches von Platon beibehalten und nicht völlig auf mythisches Denken verzichtet hat und daß er ohne den vielseitig-anregenden Unterricht in der Akademeia wahrscheinlich gar nicht zu seiner Leistung gelangt wäre — das steht auf einem anderen Blatt.

Würdigung

Aristoteles in seiner Zeit

Aristoteles lebte während einer weltgeschichtlichen Zeitenwende. Er war 384 v. Chr. in Stagiros oder Stageira in der Chalkidike geboren worden. Die kleine Polis gehörte zum erneuerten Attischen (Athenischen) Seebund. Aber sein Vater stand beruflich bereits eng mit dem Königshof des mächtig aufstrebenden Makedonien in Verbindung; er war der Leibarzt von Amynthas II., dessen Sohn und Nachfolger, Philipp II., den Aristoteles zu sich nach Pella berief, um ihm die Erziehung des Kronprinzen Alexander anzuvertrauen — desselben Alexander, der bald darauf das persische Weltreich und somit auch den alten Orient unterwarf. Was Platon außerhalb Griechenlands vergeblich in Syrakus erstrebt hatte, das fiel, wiederum außerhalb Griechenlands, dem Aristoteles sozusagen in den Schoß: die Ausbildung eines jungen, hochbegabten Monarchen, dem das historische Schicksal die Aufgabe stellte, die damalige Kulturwelt gründlich zu verändern. Monarchisch gesinnt waren beide Philosophen, aber Aristoteles nur zeitweilig und aus einer ganz anderen

Alexander d. Gr.

Familientradition heraus als Platon; und was dieser überzeugte Aristokrat unter einem ihm genehmen Monarchen verstand, das dürfte sich in mindestens einem wichtigen Punkt von der Erfahrung des Aristoteles beträchtlich unterschieden haben: Platon stellte sich als Staatskonstrukteur und Gesetzgeber *über* den von ihm ersehnten „königlichen Mann", hingegen Aristoteles stand als Hauslehrer auf jeden Fall *unter* dem Kronprinzen, als Ratgeber höchstens *neben* ihm, und hatte weder das Recht noch die Möglichkeit, auf den Staat selbst, der längst fertig war, irgendwelchen gestaltenden Einfluß zu nehmen.

In der Familie des Aristoteles war der Arztberuf erblich. Beide Eltern führten ihren Stammbaum auf einen mythischen Sohn des heilenden Erlösergotts Asklepios zurück. Früh verwaist, kam Aristoteles in seiner Jugend nach Atarneus in Mysien, wo später der Platon-Schüler Hermeias als Tyrann regierte. Möglicherweise sind er und Hermeias 367 zusammen in Athen und in der Akademeia eingetroffen. Damals befand sich Platon zum zweitenmal in Syrakus, und stellvertretend leitete Herakleides Pontikos seine pädagogische Anstalt. In Athen weilte Aristoteles als einer der vielen dort wohnenden Ausländer. Insofern betraf ihn das politische Geschehen dieser Polis die längste Zeit nicht unmittelbar, vielmehr befand er sich ihm gegenüber von vornherein in der Rolle eines kritischen, wenn auch stark interessierten *Beobachters.*

Spartas Sturz

Seit 371 hatten die mit Athen verbündeten Thebaner überraschend den spartanischen Staat, der seit dem Peloponnesischen Krieg seine höchste Machtentfaltung genoß, völlig niedergeworfen, größtenteils aufgelöst, den Messeniern zur Freiheit verholfen und die Jungmannschaft der Spartiaten im Kampf dermaßen dezimiert, daß diese sich nur dank keltischer und iberischer Söldner, welche noch Dionysios I. aus Syrakus entsandt hatte, in die Zukunft hinüberretten konnte. Indem sich im griechischen Mutterland die Spartaner, Athener, Thebaner fortgesetzt gegenseitig schwächten und somit aus der großen Politik allmählich selbst ausschalteten, nutzten die von ihnen niemals als ihresgleichen

Die Makedonen

anerkannten, obwohl ihnen ganz eng verwandten Makedonen die Gunst der Verhältnisse, erweiterten ihren monarchischen Militärstaat, bemächtigten sich seit 357 auch athenischer Tochterstädte und Küstenplätze und eroberten bald darauf die Chalchidike, die Heimat des Aristoteles, so daß dieser makedonischer Untertan wurde.

Die politischen Gegensätze zwischen Demokratie und Monarchie, Polis und Nationalstaat oder gar Weltstaat prallten in Athen insofern wieder hart auf-

Isokrates und Demosthenes

einander, als hier (1.) der philosophische Redner und Lehrer *Isokrates* (436—338) seit langem die Einigung und Vereinigung aller Hellenen forderte und zu diesem Zweck den panhellenischen Krieg gegen das persische Weltreich forderte, da aus einem solchen Krieg die panhellenische Monarchie hervorgehen könnte, während (2.) der Advokat und Volksführer Demosthenes (384—322) zur Verteidigung der Demokratie und Polis gegen die nunmehr von Philipp II. regierten Makedonen aufrief. Bisher war die nationale Zusammengehörigkeit sämtlicher Hellenen nur gelegentlich der großen Gemeinschaftsveranstaltungen proklamiert, gefeiert und bestätigt worden, insbesondere jedes vierte Jahr anläßlich der Olympischen Spiele. Der jetzt immer wieder, auch in Olympia, hauptsächlich von Isokrates leidenschaftlich verfochtene Gedanke,

Hellenischer Nationalstaat?

daß die Hellenen sich über ihre Stadt-Staaten hinweg zu einem *Nationalstaat* zusammenschließen sollten, war also bemerkenswert neu, wobei es zunächst gleichgültig schien, ob ein solcher Nationalstaat auf dem Wege über einen Staatenbund zum Bundesstaat etwa nach dem Beispiel des Attisch-Athenischen Seebunds entstünde oder ob er von einem dazu entschlossenen, militärisch machtvollen Alleinherrscher herbeigeführt würde. Im Grunde übertrug Isokrates, indem er das Einigungswerk aus einem panhellenischen Krieg gegen das persische Weltreich hervorgehen lassen wollte, nur eine historische Erfahrung, etwa aus Athen zur Zeit des Perikles, auf die ganze Nation. Auch uns sind aus der neuzeitlich-europäischen Geschichte solche auswärtigen Kriege zum Zweck einer nationalen Einigung reichlich bekannt. Irgendwelchen Anlaß findet man immer, sobald man erst auf den Krieg vorbereitet ist; und Philipp II., der mit Isokrates in Verbindung stand, wählte als Vorwand gegenüber dem persischen Weltreich die Losung, daß er im Namen sämtlicher Hellenen einen „Rachekrieg" führen müsse. Unterstützung erwartete er von hellenischen Stadt-Staaten in Kleinasien, denen die Perser zwar längst Autonomie gewährten, die sich aber von ihrer Zugehörigkeit zur hellenischen Staatsgemeinschaft mehr Vorteil versprachen. Hinein spielte bei manchen dieser Poleis dort, wo Tyrannen regierten, deren Hoffnung, seitens der makedonischen Monarchie gegenüber den Demokraten vollends abgesichert zu werden. So kam es auch zwischen Hermeias von Atarneus und Assos, dem Platon-Schüler, und Philipp II. von Makedonien im Hinblick auf den geplanten Krieg zum geheimen Einverständnis. Eben deshalb wurde Hermeias von den Persern als Hochverräter gekreuzigt; denn Majestätsverbrechen und Staatsverbrechen wurden von den Persern, nach assyrischer Tradition, mit Kreuzigung bestraft. Von den Assyrern über die Perser übernahm dann Alexander diese Hinrichtungsart, danach bedienten sich ihrer die Römer; und so geschah es, daß sich als einer der wohl ungefähr 50.000 im Lauf der Zeit auf römischen Befehl am Kreuz Gestorbenen auch Jesus aus Galilaea befand, weil man ihn eines Staatsverbrechens, nämlich des Aufruhrs, angeklagt und aus diesem Grund verurteilt hatte.

Auf dem Weg zur panhellenischen Monarchie

Was nun wieder Hermeias von Aterneus/Assos betrifft, so weilten damals Aristoteles und Xenokrates, ein anderer Platon-Schüler, bei ihm in Assos, wo Aristoteles nach Platons Tod (347—346) eine eigene Schule ähnlich der Akademeia gegründet hatte. Als dann Hermeias das Leben verlor (345), rettete Aristoteles dessen Nichte und Adoptivtochter; und nun zeigte es sich, daß er sich in einer nicht unwichtigen Hinsicht von Platon unterschied: er beschränkte seinen Umgang keineswegs auf Männer, sondern heiratete jenes Mädchen, lebte mit ihr in offenbar guter Ehe, hatte von ihr eine Tochter und ging nach ihrem Tod eine zweite, allerdings nicht priesterlich geweihte, sondern zivile Ehe ein, welcher sein Sohn Nikomachos entstammte.

Aristoteles bei Hermeias

Wie Isokrates, so wünschte Aristoteles ein geeinigtes Hellas unter tatkräftiger Führung, und 343 ernannte Philipp II. ihn zum Hauslehrer des damals dreizehnjährigen Alexander, aber auch zum Ratgeber und vielleicht seinem eigenen Sekretär. Während der etwa sechs Jahre, die Aristoteles am Königshof zubrachte, errang sein Regent die Vorherrschaft über ganz Griechenland, nachdem die makedonische Streitmacht 338 bei Chaironaia über Athener und Thebaner gesiegt, Theben und Athen mit Besatzungstruppen belegt, den Athenischen Seebund aufgelöst und die griechischen Poleis in einen Staatenbund gezwungen hatte, dessen Protektor er selber war (eine Konstruktion ähnlich dem uns aus unserer eigenen Geschichte besser bekannten „Rheinbund" unter dem Protektorat Napoleons I.).

Aristoteles bei Philipp II.

Tragisch endete Isokrates. Ein solcher Krieg innerhalb Griechenlands war eben nicht seine Absicht gewesen, ihn hatte er für die Zukunft verhindern wollen. Vor die Entscheidung zwischen *Philipp* und Athen gestellt, hatte Isokrates sich öffentlich zu Athen bekannt und noch kurz vor der Schlacht bei Chaironeia eine große Preisrede auf Athen verfaßt. Nach der Schlacht gab er sich den Freitod, während Demosthenes flüchtete. Die demokratische Verfassung blieb den Athenern erhalten. Bereits 337/336 erging an das persische Weltreich die Kriegserklärung. 336 wurde Philipp infolge eines Familienstreites ermordet, und Alexander erbte den Thron und den Krieg. Mehrmalige Auf-

Ende athenischer Vorherrschaft

stände der Athener unter dem jeweils zurückgekehrten Demosthenes gemeinschaftlich mit den Thebanern wurden von Alexander rasch niedergeschlagen, Athen wurde geschont, Theben aber dem Erdboden gleichgemacht, die überlebende Einwohnerschaft versklavt und somit die Hegemonie des jungen Monarchen in Griechenland befestigt. Den Krieg gegen das persische Weltreich führte Alexander sowohl als König der Makedonen wie auch als Führer des griechischen Staatenbundes.

Aristoteles als Ausländer nach Athen

Aristoteles hatte von diesem Krieg abgeraten. Er stellte sich die Einigung von ganz Hellas auf eine andere, weniger riskante Art und Weise vor und hatte, bevor er an den makedonischen Hof kam, deshalb Beziehungen zum Tyrannen von Zypern aufgenommen. Überhaupt scheint er sich mit Alexander keineswegs so gut verstanden zu haben wie mit dessen Vater Philipp; denn relativ kurze Zeit nach Alexanders Thronbesteigung verließ Aristoteles den Königshof und begab sich wieder nach Athen. Ehrungen waren ihm reichlich zuteil geworden. Seine Heimatstadt, die 348 bei der Eroberung durch Makedonen gelitten hatte, war auf königliche Kosten völlig erneuert worden, und um seines engsten Mitarbeiters, Theophrast, willen, der ihn überallhin begleitete, verschonte Alexander dessen Heimatstadt Eresos auf Lesbos. Jedoch, unter den zahlreichen Gelehrten, die Alexander nach Persien mitnahm, befand sich aus der Lebensgemeinschaft von Aristoteles wohl nur dessen Neffe Kallisthenes, den Alexander unterwegs als Verschwörer hinrichten ließ. Vermutlich war Aristoteles beauftragt, mit einer Gruppe ihm zugeordneter Wissenschafter und an der Spitze einer Anzahl junger Schüler die Forschungsergebnisse, Entdeckungen, Nachrichten zu verarbeiten, die ihm während des Kriegszugs aus den eroberten Gebieten zuflossen. Damit im ursächlichen Zusammenhang hat man schon während der Antike den Zweck gesehen, dem Aristoteles seine eigene Schule in Athen verdankte. Überlieferungen, die aber legendär übertrieben scheinen, erzählen von 800 Talenten (etwa sechs Millionen Goldmark), die er für seine besonderen Studien und seine Sammeltätigkeit aus Makedonien erhalten hätte, und von einigen tausend Mitgliedern der königlichen Mannschaft, die ihm auf Befehl Alexanders fortlaufende Berichte erstattet hätten.

Forschungsaufgaben

Aristoteles in Athen

Lykeion, Peripatos, Museion

Sobald Aristoteles 335 mit seiner Familie und Theophrast nach Athen umgesiedelt war, pachtete er ein kleines Musenheiligtum, das vor der Stadt in einem dem Apollon Lykeios geweihten Hain stand und deshalb „Lykeion" hieß. Als Ausländer durfte Aristoteles kein Grundeigentum käuflich erwerben. Wie Platon stiftete er einen Kultverein zum Dienst und zur Verehrung der Musen. Jedoch anders als Platon ließ er kein Sinnbild des Eros aufstellen. Zentralgebäude der ganzen Anlage war ein „Peripatos", ein Komplex aus zwei Hallen, in denen man umhergehen konnte, wonach die Schule ebenfalls „Peripatos" genannt wurde. Außerdem gab es große und kleine Arbeitsräume sowie Wohnzimmer. In den Arbeitsräumen richtete Aristoteles — im Unterschied zu Platon — eine *Bibliothek* ein, ferner ein *Naturalienkabinett* und eine Art *Laboratorium* für naturwissenschaftliche Experimente. Hallen oder Vortragssäle und Arbeitsräume bildeten das eigentliche „Museion", also die Gebäudegruppe, welche den Musen gewidmet war. Nach diesem Vorbild ist später das Museion in Alexandria geschaffen worden, die riesige Zentralbibliothek und wissenschaftliche Zentralarbeitsstätte der gesamten Alten Welt, also die hellenistische Zentraluniversität. Nach dem Muster des alexandrinischen Museions war die Bibliothek von Pergamon angelegt, die zweitgrößte der Antike. Heutzutage erinnern an solche den Musen gewidmete Leseräume, Bildungsstätten, Buchsammlungen noch die meistens im vorigen Jahrhundert gegründeten privaten „Museumsgesellschaften“ deutscher Kleinstädte, und unsere „Museen“. — Anders als Platon, mit seiner esoterischen Schulgemeinschaft, hielt Aristoteles ebenso wie die Sophisten regelmäßig auch *öffentliche Vorträge,* und zwar in den Abendstunden; insofern bekam der Peripatos auch den Charakter einer *Volkshochschule.* Die Vorträge waren *allgemeinverständlich* abgefaßt, wir würden sagen: *populärwissenschaftlich.* Darin erwies Aristoteles sich als ein *dem Volk* zugewandter *Aufklärer.* Hingegen streng wissenschaftlich arbeitete er mit seinen Schülern vor allem morgens. Außer *Vorlesungen* im modernen Sinn hat er anscheinend auch *Seminare* gehalten, nämlich kleine, jeweils einem Spezialthema zugeordnete Arbeitsgruppen geleitet. Im übrigen ließ er, wiederum anders als Platon, seinen Schülern große geistige Freiheit, echte Selbständigkeit und forschte wirklich mit ihnen *gemeinsam:* ein im modernen Sinne vorbildlicher Lehrer und Erzieher, der stets, wie bei uns erst seit dem Gründungsprogramm der Berliner Universität üblich, Forschung und Lehre vereinigte.

Aufstand gegen Fremdherrschaft

Jedoch, kaum war Alexander der Große 323 in seiner Welthauptstadt Babylon gestorben (die zukünftige, von ihm gegründete Welthauptstadt Alexandria befand sich erst im Bau), da brach in Griechenland gegen die makedonische Hegemonie der Aufstand los, dem beinahe Aristoteles zum Opfer gefallen wäre, denn im Unterschied zum derzeitigen Nachfolger Platons an der Akademeia war Aristoteles als Oberhaupt seines Peripatos nicht nur der Günstling makedonischer Könige, sondern stand überdies in freundschaftlicher Verbindung mit dem makedonischen Reichsverweser Antipater, welcher binnen weniger Jahre den Aufstand niederwarf.

Asebiegesetz gegen Aristoteles

Um sich des Aristoteles für immer zu entledigen, griff man in Athen abermals auf das *Asebiegesetz* zurück, das sich als schlagkräftiges Instrument nicht nur der Staatsreligion, sondern auch der Staatspolitik gegenüber Philosophen und Wissenschaftern bewährt hatte. Als Vorwand diente der Anklage ein von Aristoteles verfaßtes Gedicht auf den uns schon bekannten Tyrannen Hermeias von Atarneus, den Platon-Schüler und Makedonenfreund. Darin heißt es am Schluß: „Feiern soll dein Heldentum der Gesang, und *unsterblich sollen die Musen ihn nennen.*“ Das genügte dem Ketzergericht. Denn nun wurde der Hymnos gedeutet als Paian, als Lied auf eine unsterbliche Gottheit, wobei Hermeias diese Gottheit darstellte. Eine derartige Vergötterung verstieß gegen das Kultgesetz. Delphi schaltete sich zugunsten der Ankläger ein und aberkannte dem Angeklagten die ihm früher zugesprochenen Ehren. Aristoteles aber verließ, bevor der Prozeß begann, mit seiner Familie die Stadt, um „den Athenern nicht Gelegenheit zu geben, sich zum zweitenmal an der Philosophie zu versündigen“. Anstatt also das Schicksal des Sokrates zu teilen, richtete er sich auf seinem Landgut in der Chalkidike ein. Hier starb er wenige Monate nach der Flucht. Die Todesursache, ein akutes Magenleiden, könnte wohl die Folge aller jener Aufregung gewesen sein.

Flucht und Tod

Genie und Wahn

Nicht plötzlich hat sich Aristoteles von Platon entfernt, sondern folgerichtig Schritt für Schritt. Je älter und selbständiger er wurde, desto entschiedener kehrte er sich von bloßer Spekulation ab und bediente sich der naturwissenschaftlichen Methode, mit welcher er, Sohn eines Arztes und ursprünglich selbst zur Heilkunst bestimmt, von Jugend auf vertraut war. Dementsprechend

Empiristische Methode

wählte er auch oft Beispiele. Das heute noch übliche Verfahren hatte bereits altorientalische Lehrmeister den Ärzten vorgeschrieben: Zuerst wird möglichst objektiv der Befund festgestellt und analysiert, dann die Vorgeschichte (Anamnesis) erfragt und geprüft, anschließend folgt die Diagnose, und aus ihr ergibt sich die Therapie. Diese naturwissenschaftlich-korrekte Methode übertrug Aristoteles gewissermaßen auf die Philosophie, die schon dadurch bei ihm einen ganz anderen Charakter als bei Platon erhielt. So wurde aus dem „Befund" in übertragenem Sinne, z. B. für die *Untersuchung* von Staatsformen, eine Sammlung möglichst vieler Musterbeispiele aus der Praxis (Aristoteles hat zu diesem Zweck 158 Verfassungen verglichen). Das Fachwort „Untersuchung" hat er mit Vorliebe angewandt; mehr als jeder andere Ausdruck, kennzeichnet es seinen methodologischen Unterschied zu Platon.

Anatomie und Physiologie gehörten im Lykeion zu den Unterrichtsfächern, und Aristoteles stand in Verbindung mit Ärzten sowohl hippokratischer als auch pneumatischer Richtung. Durchaus als Fachmann hat er unter Anwendung solcher Lehrsätze, wie wir sie aus Schriften des Hippokrates-Kreises kennen, *Platon und Sokrates* beurteilt. Seine Diagnose steht in der kleinen Schrift „Problemata", in welcher er den Zusammenhang von Genie und Wahnsinn behandelt. „Wie kommt es", fragt er, „daß alle genialen Persönlichkeiten in der Philosophie, Politik, Dichtung und Kunst offensichtlich *Melancholiker* sind, und manche in solchem Grade, daß sie sogar von den Krankheiten ergriffen werden, welche aus der schwarzen Galle herrühren?"

Bezug auf Hippokrates

Zugrunde liegt dieser Frage: 1. die für Hippokrates wie Aristoteles bezeichnende psychosomatische Lehre, nach der zwischen Soma (Leib) und Psyche (Seele) ein so enger Zusammenhang besteht, daß beide in bestimmten Fällen als Einheit aufzufassen sind, und 2. das im Corpus Hippocraticum, der Sammlung hippokratischer Schriften, eingehend beschriebene Charakter- und Krankheitsbild der sogenannten Melancholokoi, der „Schwarzgalligen", deren eigentümlicher Geisteszustand und deren Gemütsverfassung aus einer Gallenflüssigkeit erklärt wurde. Die Melancholiker galten als Psychopathen und in schweren Fällen als Geistesgestörte mit Wahnideen. Von derartiger Melancholie haben wir in unserem Buche bereits anläßlich der chinesischen Denker bei Tschuangtse gesprochen und dort als Zusatzbemerkung den Melancholikertypus erwähnt, dessen modernes Beispiel Shakespeares Hamlet ist. Die meisten Erscheinungsformen der Melancholie, aufgezählt im Corpus Hippocraticum und von Aristoteles als bekannt vorausgesetzt, würden wir heute zur Hypochondrie, zur Paranoia oder zum manisch-depressiven Irresein rechnen: Manie (Raserei), Menschenscheu, Trübsinn, Selbstmordgedanken und vor allem die Wahnvorstellungen: „Ängstlichkeit quält den Kranken, er flieht das Licht und die Menschen, liebt das Dunkel, Furcht befällt ihn." Hinzukam damals meist noch die Epilepsie.

Musterfälle

Aristoteles erwähnt als Musterbeispiel die Krankheit des mythischen Herakles, der wahnsinnig wurde und sich auf dem Berg Oeta selbst verbrannte. Aber er entmythisiert den Mythos, wonach die Göttin Hera den Wahnsinn über Herakles verhängt habe: „Er scheint eine [melancholische] *Naturanlage* gehabt zu haben, und deshalb nannten die Alten nach ihm die Epilepsie eine ‚heilige Krankheit'. Der Tobsuchtsanfall, in dem er seine Kinder erschlug, und der Ausbruch seiner Krankheit vor seiner Himmelfahrt auf dem Oeta beweisen das deutlich. Denn solche Anfälle kommen bei vielen Leuten von der Melancholie her." Übrigens erklärt er im selben Zusammenhang die phantastischen Visionen der Propheten, insbesondere der Wahrsager, aus krankhaften Zuständen der Raserei (Manie) oder Begeisterung (Enthusiasmus). Desgleichen „befiel auch den Spartaner Lysander dieses Leiden vor seinem Tod und weiter den

Ajas und Bellerophontes. Von diesen wurde der erste vollkommen wahnsinnig, der zweite aber suchte die Einsamkeit auf, worauf sich die homerischen Verse beziehen: ‚Aber, nachdem auch jener den Himmlischen allen verhaßt ward / Irrt' er umher einsam, sein Herz von Kummer verzehret / Durch die aleische Flur, der Sterblichen Pfade vermeidend.' Noch zahlreiche andere Helden scheinen den selben Leiden verfallen zu sein, von den späteren aber: Empedokles, *Platon und Sokrates.*"

Platon und Sokrates als Psychopathen

Vom legendären Empedokles, dessen altorientalisch geartete Philosophie ja Platon beeindruckt hat, heißt es, er hätte Selbstmord begangen, indem er sich in den Ätna stürzte. Was hingegen Platon betrifft, so urteilte Aristoteles aus eigener Erfahrung, da er mit ihm während des zwanzigjährigen Aufenthalts in der Akademeia eng zusammengelebt hatte. Worauf aber gründete er seine Diagnose des Sokrates? Ihn hatte er ja nicht mehr selbst gekannt. Verließ er sich auf Berichte der Sokratiker und Platoniker und deutete die Erzählungen nachträglich vom medizinischen Standpunkt aus? Oder hielt er sich, was wahrscheinlich ist, mehr an den fiktiven Sokrates in Platons späteren Schriften? Insbesondere die Staatskonstruktion der „Politeia" hat Platon ja dem Sokrates in den Mund gelegt, und da Aristoteles zu der Zeit, als er in Athen seinen Peripatos leitete, sowohl gegen die Mantik, an die Sokrates glaubte, als auch gegen die platonisch-„sokratische" Politeia und gegen die Ideenlehre scharf polemisierte, liegt es nahe, daß er diese (und andere) Lehrstücke für Wahnsysteme hielt.

Kritik an Platons Welterklärung

Die platonische Geistigkeit ist ja dadurch ausgezeichnet, daß sie fortwährend Mythos und Logos durcheinander denkt, und die moderne Psychologie bestätigt uns, was offenbar schon Aristoteles wußte, daß eben solche unkontrollierbare Kombination eine Voraussetzung von Wahnsystemen sein kann.

Aristoteles war es nun, der *grundlegend für unsere europäische Wissenschaft* ganz scharf das logische Denken vom mythischen Denken trennte — bis auf Reste platonischer Mythostradition, die er immer mehr an den äußersten Rand seines Bewußtseins drängte, so daß sie in seinem Gesamtwerk sich schließlich wie Fremdkörper ausnehmen. Schon in seiner „Eudemischen Ethik", einer relativ frühen Schrift (die man einst dem Eudemos zugeschrieben hatte, daher der Name), definiert er „Gott" als „ein herrschendes Prinzip" und sagt: „Er gebietet nicht willkürlich, sondern nur das, was auch die Vernunft verlangt."

Zum Gottesbegriff

Noch halbwegs unter platonischem Einfluß hatte Aristoteles gemeint (in der Programmschrift „Über Philosophie"): „Die Vorstellung der Menschen von Göttern entspringt einer doppelten Quelle: den Erlebnissen der Seele und der Anschauung der Gestirne. Erlebnisse der Seele sind Zustände der Begeisterung und prophetischer Ahnung, die sich auf Grund von Traumerfahrungen einstellen. Denn wenn die Seele im Schlafe für sich ist, dann ... ahnt sie das Zukünftige und sagt es voraus." Als er jedoch selbständig geworden war, erklärte er in seiner „Psychologie": „Was der Traum ist und wie er entsteht, werden wir am besten aus dem ersehen, was im Schlafe vorgeht. Die sinnlich wahrnehmbaren Dinge erregen in uns mittels eines jeden Sinnesorgans eine *Empfindung*, und der von ihnen bewirkte Eindruck haftet in den Sinnesorganen nicht nur, solange die Sinne tätig sind, sondern auch noch, wenn ihre Tätigkeit aufgehört hat ... Wie nun die Erinnerung an einen Vorgang weder ein Zeichen [das man als göttliche Offenbarung deuten dürfte] noch eine Ursache seines wirklichen Geschehens ist, ebensowenig ist das, was man im

Zur Traumdeutung der Mantik

Traum sieht, ein Zeichen oder eine Ursache dafür, daß dies geschehen werde, sondern es ist eben Zufall. — Und wie in einem stark bewegten Gewässer das einemal überhaupt kein Bild sichtbar wird, das anderemal zwar eines sichtbar wird, aber völlig verzerrt . . ., so verschwinden auch die Vorstellungen im Schlaf . . . zuweilen vollständig, manchmal treten aber auch wirre und phantastische Bilder auf und schwache Träume . . . Jedes dieser Traumbilder aber ist . . . der Überrest einer aktuellen Empfindung, die fortdauert, auch nachdem der wirklich wahrgenommene Gegenstand entschwunden ist. — Es ist eine häufige Erfahrung im Schlafe, daß Kleines groß erscheint. Wenn auch nur ein schwacher Laut das Ohr trifft, so glaubt man Blitz und Donner zu vernehmen . . . und wenn sich einige Glieder auch nur leicht erwärmen, so glaubt man, sich zu brennen oder durchs Feuer gehen zu müssen. Wacht man aber auf, so sieht man, wie die Sache sich wirklich verhält." Er führt also die Träume auf zwei natürliche Ursachen zurück: 1. auf Sinneseindrücke, die wir aus dem Tagesablauf in den Schlaf mitnehmen, und 2. auf äußere Einflüsse, die uns während des Schlafes erreichen. Damit war für ihn der Glaube des Sokrates an die Mantik, insbesondere die Traumdeutung, erledigt.

Vernunft statt Mythos

Die platonische Kosmogonie lehnte er ebenso ab wie zuletzt auch den Dualismus von Körper und Seele, die Seelenwanderung, die Dreiteilung der Seele, die Weltseele, die Präexistenz der Seele, die Ideenlehre. Aber das alles verwarf er nicht etwa in der Weise, daß er einfach nur widersprach, sondern er entkräftete es durch vernünftige Untersuchung und logische Folgerung, wobei jedermann, der mitdenken (und nicht blindlings glauben) will, zum selben Ergebnis kommen muß. Hier ein paar Beispiele seiner Argumentation (nach der Übersetzung von Wilhelm Nestle), die uns zugleich ans modern-wissenschaftliche Denken heranführen. Dabei dürfen wir uns seines klaren, kräftigen Stiles erfreuen, mustergültig für jede ihm folgende Wissenschaft bis heutzutage, der sich so deutlich abhebt von den dichterischen, vielfach gewundenen, durch Einfälle abgelenkten und oft überraschenden Gedankengängen in Platons Dialogen.

Zur Psychologie

Zur Psychologie: „Was von den Ansichten der früheren Denker über die Seele überliefert ist, soll hiermit erledigt sein. Wir wollen nun gewissermaßen noch einmal von vorn anfangen und zu bestimmen versuchen, was die Seele ist und was ihr allgemeinster Begriff sein könnte. — Diejenigen Philosophen haben [gegenüber Platon] recht, nach deren Ansicht weder die Seele ohne Körper noch selbst ein Körper sein kann. Denn ein Körper ist sie nicht, wohl aber etwas, das mit dem Körper zusammenhängt, und darum ist sie im Körper, und zwar in einem solchen mit bestimmten Eigenschaften, und es ist keineswegs so, wie frühere Philosophen es sich vorstellten, welche die Seele in einen beliebigen Körper eingehen ließen, ohne zu bestimmen, in welchen und in was für einen [Seelenwanderungslehre!], während es doch am Tage liegt, daß nicht jedes Beliebige von jedem Beliebigen aufgenommen werden kann. Unsere Vorstellung des Hergangs . . . entspricht hingegen dem *vernünftigen Denken.*"

Zur Kosmogonie und Weltseele

Zur Kosmogonie und zur Weltseele (im „Protreptikos"): „Die Welt ist ungeworden und unvergänglich." — „Daß nun also der gesamte Himmel weder geworden ist noch zugrunde gehen kann, wie manche Leute von ihm behaupten, sondern daß es nur einen gibt und daß dieser ewig ist, daß es weder einen Anfang noch ein Ende seines Aions gibt und daß er in sich die unendliche Zeit hat und umfaßt, dafür kann man den Beweis den bisherigen Ausführungen entnehmen [in der Schrift „Über den Himmel"] und es auch aus der Meinung der Leute ersehen [weil diese Meinung nämlich zu widerlegen ist], die sagen, es verhalte sich anders, und die ihm eine Entstehung zuschreiben. — Es wäre aber auch nicht folgerichtig, anzunehmen, daß der Himmel deshalb ewig dauern müsse, weil er eine Seele [Weltseele] habe. Denn ein solches Leben der [Welt-]Seele könnte unmöglich frei von Kummer und selig sein, wie Platon doch von ihr behauptet hatte ... Die Bewegung, die ja unter Kraftanstrengung [mit Gewalt] stattfinden müßte, wenn sie [die Weltseele] den Himmel in einer seiner Natur widersprechenden Weise dauernd bewegen sollte, müßte ja unfrei sein und des Bewußtseins der Leichtigkeit gänzlich ermangeln. Denn dieser Weltseele würde ja nicht einmal eine Ruhepause zuteil, dergleichen doch die Seele sterblicher Wesen hat, wenn sich der Körper im Schlaf entspannt, sondern ewig und unermüdlich müßte der Weltseele das Schicksal des Ixion beschieden sein [der, an ein geflügeltes feuriges Rad geheftet, unaufhörlich durch den Weltraum rollt: mythische Symbolfigur der Sonne]." — Dazu aus der Schrift „Über Philosophie": „Wenn die Welt untergeht, so muß sie entweder durch eine Kraft untergehen, die außer ihr liegt, oder durch eine solche, die in ihr liegt. Beides ist unmöglich. Denn außerhalb der Welt ist nichts, da ja alles zu ihrer Vollendung verbraucht wurde. Denn in solcher Weise ist sie eine Einheit, vollständig und dem Altern nicht ausgesetzt. [Was wir aus der modernsten Astronomie hören, daß auch Sonnen und Sonnensysteme altern, das konnte Aristoteles noch nicht wissen.] Eine Einheit ist sie, weil, wenn etwas übriggeblieben wäre, dann ein zweites, dem jetzt bestehenden ähnliches Seiende hätte entstehen müssen. Vollständig ist sie, weil alle Substanz zu ihrer Bildung verwendet wurde. Alter und Krankheit aber ist sie nicht ausgesetzt, weil alle Körper, die dem Alter und einer Krankheit zugänglich sind, durch äußere Kräfte zerstört werden, indem Hitze oder Kälte oder sonstige Widrigkeiten sie befallen. Keine dieser Kräfte aber kann ihr entlaufen, sich um sie herumbewegen und sie angreifen, da sie ja alle vollständig in ihr beschlossen sind, ohne daß ein Teil sich davon trennen könnte. Wenn also außerhalb etwas sein sollte, so könnte es nur der völlig leere Raum oder ein unbeeinflußbares Wesen sein, unfähig, etwas zu erleiden oder zu verursachen. Die Welt kann aber auch nicht durch irgendeine Ursache zersetzt werden, die in ihr selbst läge. Dann müßte ja erstens der Teil größer und mächtiger sein als das Ganze, was widersinnig ist. Denn die Welt setzt mit unüberbietbarer Kraft alle ihre Teile in Bewegung, ohne von einem von ihnen bewegt zu werden. Da es ferner zweierlei Ursachen der Vernichtung gibt, innere und äußere, so ist dasjenige, was den einen standhält, sicherlich auch imstande, den anderen zu trotzen."

Zur Ideenlehre

Zur Ideenlehre: „Der Lehre von den Ideen kann ich nicht zustimmen, auch auf die Gefahr hin, daß man glaubt, ich widerspräche aus Streitlust. — Wenn die Ideen [zugleich] Zahlen anderer Art sein sollen als die mathematischen, so haben wir keine Vorstellung davon. Denn wer von den meisten unter uns kann sich eine andere Zahl vorstellen?" („Über Philosophie"). — Aus der Schrift „Über die Ideen": „Man hat mehrfach die Wissenschaften zur Grundlegung der Ideenlehre benutzt. Von Gründen solcher Art will ich folgende anführen: Wenn jede Wissenschaft ihre Aufgabe erfüllt, indem sie auf ein einziges und immer Gleichbleibendes ausgeht und nicht auf irgendeines der Einzelwesen, dann gibt es ... neben den sinnlich wahrnehmbaren Dingen etwas anderes, Ewiges und ein Vorbild dessen, was nach jeder Wissenschaft im Werden begriffen ist: Das ist die Idee. Ideen sind also das, wovon es Wissenschaften gibt. Ferner: Das, wovon es Wissenschaften gibt, existiert. Die Wissenschaften haben es also mit etwas anderem zu tun als mit den Einzeldingen; denn diese sind unbegrenzt und unbestimmt, der Gegenstand der Wissenschaften aber ist bestimmt. Es gibt also etwas neben den Einzeldingen, das sind die Ideen. Wenn z. B. die Medizin nicht die Wissenschaft von dieser und jener Gesundheit ist, sondern von der Gesundheit schlechthin, dann muß es eine ‚Gesundheit an sich' geben. [Dieser Zusatz ‚an sich' ist von Platon; und Aristoteles, der hier zunächst ja Argumente Platons anführt, hat sich über dieses ‚an sich' anderswo mokiert.] Und wenn die Geometrie nicht die Wissenschaft von diesem und jenem Gleichen und diesem und jenem Verhältnismäßigen ist, sondern von der Gleichheit und dem Verhältnismäßigen schlechthin, dann muß es eine ‚Gleichheit an sich' und eine ‚Verhältnismäßigkeit an sich' geben, und das sind die Ideen. *Jedoch*, diese Gründe beweisen *nicht* den Satz, daß Ideen existieren, sondern sie beweisen nur, daß es neben dem einzelnen und sinnlich Wahrnehmbaren noch etwas gibt. Wenn es aber neben dem einzelnen noch etwas gibt, dann müssen das nicht notwendig die Ideen sein. Es gibt nämlich neben den Einzeldingen [dem Besonderen] das Allgemeine, und dieses, so behaupten *wir*, ist der Gegenstand der Wissenschaften!"

Kritik der Ideenlehre resp. des Begriffsrealismus

Weiterhin zur Ideenlehre (aus den frühesten Teilen der „Metaphysik"): „In die größte Verlegenheit kommt man bei der Frage, was denn die Ideen zur Existenz der sinnlich wahrnehmbaren Dinge beitragen, sowohl der ewigen als auch derjenigen, die entstehen und vergehen. Denn sie verursachen weder deren Bewegung noch irgendeine Veränderung an ihnen. Ja, sie verhelfen nicht einmal zum wissenschaftlichen Verständnis der Dinge, noch auch zu ihrer Existenz, da sie den Dingen, die an ihnen ‚teilhaben', nicht innewohnen. Sie können also, wie es scheint, höchstens in dem Sinn als Ursachen gelten, wie etwa das Weiß, das einem Ding beigemischt ist, die Ursache seiner weißen Farbe ist ... Auch kann man die Dinge nicht nach irgendeiner der üblichen Methoden aus den Ideen ableiten. Wenn man aber sagt, die Dinge hätten an ihnen Vorbilder, und sie hätten teil an ihnen, so sind das nichts als leere Worte und poetische Gleichnisse. Denn was ist denn das, was im Hinblick auf die Ideen wirksam tätig ist? Jedes beliebige Ding kann ja einem anderen ähnlich sein oder werden, auch ohne daß es ihm nun eigens nachgebildet wird. Es kann z. B. jemand dem Sokrates ähnlich werden, gleichgültig, ob Sokrates nun existiert oder nicht; und das wäre offenbar auch dann nicht anders, wenn Sokrates die Eigenschaft der Ewigkeit besäße. Ferner müßte es für die selbe Sache mehrere Vorbilder [Urbilder], also Ideen, geben, z. B. für den Menschen: die Idee des lebendigen Wesens, die Idee der Zweibeinigkeit und die Idee des ‚Menschen an sich'. Weiter müßten die Ideen nicht bloß Vorbilder der Sinnendinge [sondern auch Vorbilder ihrer selbst sein, z. B. die Gattung als Gattung von Ideen; somit wären Vorbild und Abbild ein und dasselbe.] Auch ist es offenbar unmöglich, daß die Substanz außerhalb des Dinges ist, dessen Substanz sie bildet. Wie könnten also die Ideen die Substanz der Dinge bilden, während sie sich doch außerhalb der Dinge befinden? Im ‚Phaidon' [dem platonischen Dialog] heißt es, daß die Ideen die Ursachen seien sowohl des Seins als auch des Werdens, und doch kann durch die bloße [und unveränderliche] Existenz der Ideen das, was an ihnen teilhat, nicht entstehen, wenn nicht eine bewegende Kraft hinzukommt. [Eine solche bewegende Kraft hat Platon in Gestalt seiner ‚Weltseele' zu konstruieren versucht.] Auch gibt es viele andere Dinge, für die wir keine Ideen voraussetzen, wie z. B. Häuser und Ringe. [Vergleiche dazu aber unser Zitat im Platon-Kapitel aus den ‚Nomoi', wonach auch den Bettgestellen eine Idee zugrunde liegt!] Somit können offensichtlich auch sonstige Dinge ebenso gut wie die eben genannten aus adäquaten Ursachen sein und entstehen [anstatt aus Ideen]."

„Leere Worte" (vgl. Hume und Kant)

Weiterhin: „Außer vielen anderen Schwierigkeiten, die diese Lehre mit sich bringt, ist nun die widersinnigste Behauptung die, es gebe außer den Dingen in der Welt noch gewisse natürliche Realitäten, die [zwar] dieselben seien wie die sinnlich wahrnehmbaren Dinge [aber anderseits doch nicht dieselben]: jene Realitäten sollen ewig, hingegen die Sinnendinge vergänglich sein. Denn man behauptet, es gebe einen ‚Menschen an sich', ein ‚Pferd an sich', eine

‚Gesundheit an sich' und sonst nichts [weil Platon nur diesem ‚an sich', nämlich der Idee, wahres Sein zubilligte, aber die empirische Realität für irreal erklärte]. Man macht es damit geradeso wie die Leute tun, die sagen, es gebe Götter, diese seien aber menschenartig. Denn diese Leute erdichteten nichts anderes als ewige Menschen, und die anderen erdichteten die Ideen, die [im Grunde und bei näherer Untersuchung] doch nichts anderes sind als ewige Sinnendinge." [Das heißt: Platon hat die Idealbilder aus der sinnlich wahrgenommenen Umwelt abstrahiert und ihnen dann Ewigkeit zugesprochen.]

Der neue Philosophiebegriff

Demgegenüber möchten wir nun von Aristoteles selbst hören, welches Verfahren er für richtig hält. Platon wollte ja, nicht anders als Zarathustra, *von oben nach unten* denken, nämlich vom Himmel, von der göttlichen Ideenwelt her, von der himmlischen Präexistenz der sich daran „erinnernden" Seele her abwärts bis zur irdischen Realität hin, die er, weil er sie mit seinem Jenseits verglich und weil sie in ihren Einzelwesen vergänglich ist, als minderwertig und irreal erklärte: als etwas, das man möglichst bald und gründlich überwinden sollte. Aristoteles hingegen dachte zunächst *von unten nach oben,* indem er Platons Ideenlehre nebst allem mythischen Rahmenwerk als bloße Einbildung oder Fehlkonstruktion und insofern als irreal erwies, während er selbst sich an die empirische Wirklichkeit hielt, an die gegenständliche und tatsächliche Natur, um die Kraft, von der sie durchwaltet wird, und deren Gesetze festzustellen. Wie er dann diese Kraft theoretisch beschrieben und hergeleitet hat, das werden wir später erörtern.

Vorrang der Induktion

Programmatisch gab er sein Verfahren im ältesten Teil seiner Metaphysik bekannt: „Das Streben nach Wissen ist eine *natürliche* Veranlagung aller Menschen. Das beweist schon unsere Vorliebe für die *sinnlichen Wahrnehmungen;* denn wir lieben diese, abgesehen von ihrem praktischen Nutzen, um ihrer selbst willen und am meisten von ihnen die optische Wahrnehmung. Denn nicht nur, um etwas zu tun, sondern auch ohne jede praktische Absicht ziehen wir doch wohl das Sehen allem anderen vor. Die Ursache davon liegt darin, daß dieser Sinn uns am meisten zur Erkenntnis verhilft und uns viele Unterschiede [an den Dingen] klarmacht. Die sinnliche Wahrnehmung nun ist den lebendigen Wesen von Natur eigen. Auf Grund derselben bildet sich bei manchen von ihnen ein *Gedächtnis,* bei anderen ist das nicht der Fall. Deshalb sind die ersten verständiger und gelehriger als diejenigen, die keine Erinnerungskraft besitzen. [Eine völlig andere *Erinnerung* als die ‚Erinnerung der Seele' bei Platon!] ... Auf Grund der *Erinnerung* bildet sich bei den Menschen die *Erfahrung* ... Aus der Erfahrung aber *erwächst dem Menschen die Wissenschaft und Techne* ... Mangel an Erfahrung aber liefert das Leben dem Zufall aus. Kunstfertigkeit [Techne] entsteht, *wenn aus vielen durch Erfahrung gewonnenen Beobachtungen eine allgemeine Ansicht über gleichartige Erscheinungen sich bildet.* Denn: Die Ansicht, daß [z. B.] dem Kallias und dem Sokrates und so noch vielen anderen Einzelmenschen in einer bestimmten Krankheit ein bestimmtes Mittel geholfen hat, das ist Sache der Erfahrung; dagegen die Ansicht [Einsicht, Erkenntnis], daß ein Mittel allen denjenigen Kranken hilft, die unter einer bestimmten Gattung [einem Krankheitsbegriff, Krankheitsbild] befaßt werden, also sämtlich an derselben bestimmten Krankheit leiden, das ist Sache der [ärztlichen] Kunstfertigkeit.

Erfahrung als Grundlage

Im praktischen Leben scheint sich nun die Kunstfertigkeit von der Erfahrung in keiner Weise zu unterscheiden; wir erleben sogar, daß der Mann der Praxis das Richtige zuweilen eher trifft als der Theoretiker, wenn diesem die Erfahrung fehlt. Der Grund liegt darin, daß die Praxis die Kenntnis des einzelnen ist, aber die Kunstfertigkeit sich auf das Allgemeine bezieht, während alles Handeln und Wirken wiederum auf das Besondere gerichtet ist. Denn nicht den ‚Menschen an sich' macht der Arzt gesund, obwohl seine Patienten [theoretisch] unter diesen Begriff fallen, sondern er heilt z. B. den Kallias oder den Sokrates oder wie die Patienten sonst heißen mögen, denen ihrem Wesen nach die Bezeichnung ‚Mensch' [im Sinn von ‚Einzelmensch'] zukommt. Wenn nun jemand zwar die *Theorie* kennt, aber keine Praxis besitzt, so wird er in der Behandlung oft fehlgreifen; denn zu behandeln ist der Einzelfall [der Einzelmensch].

Theorie und Praxis

Trotzdem sind wir der Meinung, daß Wissen und Verstehen der Kunstfertigkeit in höherem Grade eigen sei als der Erfahrung, und wir halten den Mann der Kunstfertigkeit [den Theoretiker] für sachverständiger als denjenigen, der bloß Erfahrung besitzt [den Praktiker ohne theoretisches Wissen]; denn wir sind überzeugt, daß der Sachverstand immer in höherem Grade mit dem *Wissen* verbunden sei, und zwar deshalb, weil der eine [der Theoretiker] *die Ursache kennt,* der andere aber sie nicht kennt. Der bloße Praktiker kennt zwar das *Daß*, aber nicht das *Warum;* der Theoretiker aber kennt das Warum und die Ursache. Deswegen stellen wir auch in jedem Falle den leitenden Künstler [z. B. den Baumeister] höher und setzen bei ihm ein größeres Wissen und größere Sachverständigkeit voraus als bei den Handwerkern [z. B. den Bauleuten] ... Im allgemeinen kennzeichnet den Wissenden die Fähigkeit, sein Wissen zu lehren, und darum schreiben wir der Kunstfertigkeit in höherem Grade den Charakter der *Wissenschaft* zu als der Erfahrung ... Auch die sinnliche Wahrnehmung allein führt nach unserer Meinung noch nicht zur Sachkenntnis; denn so wichtig auch die durch sie gemachten Einzelbeobachtungen sind, so geben sie uns doch in keinem Fall den Grund an, *warum* z. B. das Feuer heiß ist, sondern nur, *daß* es heiß ist.

Es ist natürlich, daß derjenige, der zuerst eine über die allgemeinen Wahrnehmungen hinausgehende Kunstfertigkeit erfand, von den Mitmenschen bewundert wurde, und zwar nicht nur wegen der Nützlichkeit seiner Erfindung, sondern als ein Mann, der etwas versteht und sich vor den übrigen auszeichnet. Als dann aber Kunstfertigkeiten [Techniken] in größerer Zahl erfunden wurden, von denen die einen notwendigen Bedürfnissen, die anderen [bei fortgeschrittener Kultur] höheren Lebensinteressen dienten, da erkannte man natürlich den Erfindern der letzteren größere Klugheit zu als den früheren, weil ihre Wissenschaften ja nicht dem alltäglichen Bedarf dienten. Deshalb wurden diejenigen Wissenschaften, die nichts mit dem Genuß und den notwendigen Bedürfnissen zu tun haben, erst erfunden, als die anderen Fertigkeiten, die jetzt ihnen dienen mußten, schon geläufig waren, und zwar zuerst in solchen Ländern, wo es Leute gab, die dafür *Muße* hatten. Darum kamen die mathematischen Wissenschaften zuerst in Ägypten zustande ...

Aufgaben der Philosophie

So ist es denn klar, daß die *Philosophie die Wissenschaft ist, deren Gegenstand gewisse Ursachen und Prinzipien bilden.* Da wir nun diese Wissenschaften suchen, so ist weiter zu überlegen, welcher Art die Ursachen und Prinzipien sind, deren wissenschaftliche Erkenntnis den *Inhalt der Philosophie* ausmacht. Dies dürfte vielleicht deutlicher werden, wenn man sich die Vorstellung vergegenwärtigt, die wir von dem Philosophen haben. (1.) *Wir nehmen an, der Philosoph wisse alles, soweit dies möglich ist, ohne sämtliche Einzelheiten zu kennen.* (2.) *Ferner halten wir denjenigen für einen Philosophen, der imstande ist, das Schwierige und für den Menschen nicht leicht Erkennbare zu erkennen* [also sinnliche Wahrnehmungen nicht nur zu registrieren, sondern sozusagen auch zu diagnostizieren]. (3.) *Ferner schreiben wir in eder [Einzel-]Wissenschaft demjenigen eine größere philosophische Fähigkeit zu, der sich als schärferer Denker und besserer Lehrer erweist. (4.) Weiter behaupten wir, daß unter den Wissenschaften diejenige philosophischer ist, die man um ihrer selbst und um der reinen Erkenntnis willen erstrebt, als diejenige, die man ihrer praktisch verwertbaren Ergebnisse wegen betreibt* [weil der erstgenannten Wissenschaft gegenüber den anderen Wissenschaften eine leitende Stellung zukommt] ...

Prinzipiendenken

Die größte Schärfe des Denkens erfordern die Wissenschaften, die es am meisten *mit den Prinzipien zu tun* haben; denn schärferes Denken braucht man für die abstrakteren Wissenschaften als für diejenigen, die mehr konkret sind ... Das Wissen und Verstehen um seiner selbst willen findet im höchsten Grade statt bei derjenigen Wissenschaft, die es mit der *höchsten Erkenntnis* zu tun hat ... Gegenstand der höchsten Erkenntnis sind *die ersten Ursachen* [die allen anderen voranstehen]; denn vermöge dieser ersten Ursachen, und aus ihnen heraus, erkennt man das übrige ... Die Königin unter den Wissenschaften aber ist diejenige, die erkennt, welchen *Zweckes* wegen alles einzelne [geschieht und] zu tun ist ... *Dieser Wissenschaft kommt die Bezeichnung zu: Philosophie;* denn sie muß *die Theorie der ersten Ursachen und Prinzipien sein.*"

Wissenschaftliches Philosophieren

Naturbegriff

Es handelt sich also um die *induktiv-deduktive Methode,* nach welcher sich der folgerichtige Denkprozeß abwickeln soll, der zur höchsten Zweckerkenntnis führt. Dabei bleibt dieser stets *an der Praxis* orientiert, etwa dem Motto gemäß: aus der Praxis über die Theorie zum Prinzip und dann vom Prinzip über die Theorie zur Praxis zurück. Immer ist der Zusammenhang mit der empirischen Realität, mit der Lebenserfahrung gewahrt. Zugrunde gelegt wird dieser wissenschaftlichen Philosophie *die Natur so, wie sie ist* oder sich uns darstellt, desgleichen aber auch *die Kultur,* die menschliche Eigenwelt. Denn Aristoteles wußte und legte dar, daß die Kultur im Laufe unserer Entwicklungsgeschichte auf *natürliche* Weise von der Menschheit hervorgebracht worden ist, also deren Leistung darstellt und insofern zur *Menschennatur* notwendig hinzugehört. Er geht also nicht etwa aus von einer willkürlichen Spekulation oder phantastischen Konstruktion, derzufolge man die Natur, insbesondere diejenige des Menschen, so lange zu vergewaltigen hätte, bis die Welt dermaßen aussähe oder beschaffen wäre, wie man sie sich vorgestellt hat (Musterbeispiel: Platons Idealstaat). Aristoteles erklärt nicht etwa deshalb die natürliche Wirklichkeit für minderwertig und schlecht, weil sie sich solchen Zwangsvorstellungen nicht fügt; vielmehr nimmt er sie so zur Kenntnis und läßt er sie so gelten, wie sie uns *existenziell* gegeben ist; und die inneren Gesetze ihres Daseins, ihres Naturgeschehens, ihrer Kulturen will er herausfinden. Sein Ansatz steht also demjenigen des Platon genau gegenüber.

Wahrheitsbegriff

Daraus ergibt sich für ihn ein *ganz anderer Wahrheitsbegriff* als für Platon: Für Platon (wie für jeden von uns im ersten Teil dieses Buches vorgeführten Denker) gilt dasjenige als Wahrheit, was er selbst dazu bestimmt hat, er kommandiert sozusagen „die Wahrheit", und sein „Idealstaat" mit radikalen Ketzergesetzen nebst Obrigkeitszensur und Polizeiaufsicht hat im Grunde den einzigen Zweck, Platons Weltvorstellung den Bürgern aufzuzwingen und einzuhämmern; darum ist dieser Staat als totaler Staat entworfen und ausschließlich platonischen Weltanschauungslehren unterstellt worden. Aristoteles hingegen will zur Wahrheit hingelangen und sie erkennen, indem er die *Natur-*

gesetze erforscht und bis zu *deren Kern* vordringt, nämlich bis zum Urprinzip ihrer Gesetzlichkeit. Er schreibt nicht das, was er für „Wahrheit" hält, der Natur vor, weshalb er sich auch nicht darüber zu empören braucht, daß sie sich um eine solche Wahrheit nicht kümmert. Vielmehr will Aristoteles die Wahrheit aus der Natur herausholen, herausforschen, und zwar mittels solcher Untersuchungsverfahren, welche der Natur angepaßt sind. Folglich muß seine *Wahrheit* von der Natur, Lebenspraxis und tatsächlichen Realität bestätigt werden, andernfalls wäre es keine Wahrheit.

Keine Glaubensdoktrin

Die weitere Folge ist, daß schließlich sein *Philosophiebegriff* sich völlig unterscheidet von demjenigen Platons. Denn Platons Philosophie ist zugleich *Glaubenslehre* und religiöse Verkündigung, weshalb er um ihretwillen (im „Idealstaat") jede Konkurrenz beseitigen möchte. Insbesondere verträgt sie sich in keiner Hinsicht mit irgendeiner exakten Wissenschaft, man erinnere sich z. B. nur an das, was er aus der Mathematik macht.

Im Gegensatz zu Platons doktrinärer Inhumanität im totalen „Idealstaat" appelliert Aristoteles an den allgemeinmenschlichen Verstand, die allgemeine menschliche Natur und Lebenserfahrung, sodann an die uns ebenfalls von Natur eigene Vernunft, wobei er jeden Satz dermaßen begründet und beweist, daß jedermann ihm kritisch folgen und die genau dargelegten Denkprozesse mühelos nachvollziehen kann (wie die angeführten Zitate ja zur Genüge zeigen). Darum braucht Aristoteles auch keine philosophische Rivalität zu scheuen. Im Gegenteil, er fordert zur Mitarbeit, zum Mitdenken, zu eigenen Untersuchungen geradezu auf, wie überhaupt in seinem Lykeion eine beispielhafte Zusammenarbeit zwischen ihm, den anderen Lehrern und den Hörern die Regel war. Denn er will ja keine Glaubenslehre durchsetzen und nicht einmal *seine* Philosophie vortragen, als ob er ihr Erfinder wäre und Patentrechte an ihr hätte, sondern er will, indem er sozusagen uns alle zum Mitmachen einlädt, die *Funktionsgesetze der Natur* ergründen; und was er als *Philosophie definiert* hat, das ist nur das bestimmte Denkverfahren oder das logische Mittel, dessen man sich zu diesem Zwecke notwendig bedienen muß.

Gemeinschaftsleistung

Mit anderen Worten: Es handelt sich zunächst weniger um ein philosophisches System als vielmehr um das richtige *Philosophieren.* Und da er nicht von oben nach unten vorgeht, sondern von unten nach oben, also von der natürlichen Vielfalt unserer irdischen Lebenswelt, so beginnt er grundsätzlich mit den *Einzelwissenschaften,* deren europäische Geschichte bei ihm und im Lykeion den Anfang genommen hat, sofern es sich um die systematische Abgrenzung, Aufgabenstellung, Erforschung und Nomenklatur dieser Fachgebiete handelt, und zwar einschließlich der erst von ihm so genannten Theologie. Jeder Einzelwissenschaft ist die ihr eigene Philosophie zugeordnet, nämlich die theoretische Zusammenfassung des Wissensstoffs, aus dem allgemein gültige Prinzipien hergeleitet werden. Darin liegt der Ursprung unserer gesamten modernen Fachwissenschaften! Nirgendwo ging und geht es ohne *solche* spezielle Philosophie, wobei wir heutzutage allerdings oft von „Philosophie" im Einzelfalle gar nicht mehr reden, obschon sie das tägliche Brot jedes Forschers und Spezialgelehrten ist.

Stufenbau der geistigen Welt

Diese philosophischen Leistungen aller Einzelwissenschaften faßt Aristoteles nun zusammen zur Grundlage der übergeordneten Gesamtphilosophie, deren Aufgabe darin besteht, von Stufe zu Stufe aufwärts in strenger Folgerichtigkeit zu immer allgemeineren und deshalb immer einfacheren Prinzipien vorzuschreiten. (Ein derartiges Prinzip der neueren Naturwissenschaft ist z. B. das Gesetz von der Erhaltung der Energie, das von Planck entdeckte Wirkungsquantum, Einsteins Relativitätstheorie, das Atommodell Rutherfords oder Heisenbergs neue physikalische Weltformel.) Das Zentralprinzip hat bereits

Aristoteles selbst formuliert. Bei diesem Stufenbau der Wissenschaften nebst Philosophie geht es also gänzlich anders zu als bei Platons Ideenhierarchie, und nur scheinbar können äußerliche Ähnlichkeiten über diesen fundamentalen Unterschied hinwegtäuschen.

Kritik an Platons totalem Staat

Es nimmt nicht wunder, daß unter solchen Voraussetzungen auch die Staatslehre (ta politika) des Aristoteles anders angelegt war als die Platons, nämlich als vergleichende *Staatswissenschaft,* die er in unsere Geistesgeschichte eingeführt hat. Sein doppelter Ausgangspunkt war 1. die historische Erfahrung und 2. die Beschaffenheit unserer menschlichen Natur. Was dieser Natur widersprach oder wovon sie vergewaltigt wurde, das lehnte er mit triftigen Gründen ab. So verwarf er entschieden den platonischen „Idealstaat", insbesondere dessen Frauen-, Kinder- und Gütergemeinschaft, also dessen Zwangskommunismus, ferner die Einteilung des Staatsvolkes in Kasten, den erzwungenen Verzicht auf private Individualität und Initiative zugunsten des Kollektivs, die unumschränkte Gewalt einer aristokratischen Obrigkeit nebst unbedingtem Gehorsam aller Untertanen, ferner die platonische Zensur jeglichen Geisteslebens sowie das strikte Verbot aller wissenschaftlichen, dramatischen, erzählenden Literatur, wozu die von Platon vorgeschriebene, von Aristoteles ebenfalls verneinte Abgeschlossenheit des Staatsvolks von der Außenwelt gehört. Kurz, er verwarf den totalen Staat überhaupt, *weil dieser zur Naturanlage des Menschen im Widerspruch steht,* und wie Platon der erste große Theoretiker des totalen Staats war, so *Aristoteles der überragende Theoretiker einer bestmöglichen Demokratie.* Diese Staatskunde und Gemeinschaftslehre entwickelte er im Lykeion, wir finden sie in den jüngeren Teilen *seiner* Politika (Buch IV—VI) dargelegt. Während „die jenseitige Orientierung des platonischen Staats diesen fast mehr zu einer Kirche als zu einem Staat werden ließ" (W. Nestle), ging Aristoteles von der geschichtlichen Wirklichkeit aus, löste sich von jeder Spekulation, bediente sich konsequent der naturwissenschaftlichen Methoden und erklärte den Staat als Schöpfung der menschlichen Natur, wobei unter „Natur" stets auch die geistig-seelische Konstitution zu verstehen ist.

Historische Erfahrung und menschliche Natur

Gegen den platonischen „Idealstaat" hat er sich grundsätzlich schon in den älteren Teilen seiner Politika gewandt; und da Platon die Konzeption des totalen Staats nicht im eigenen Namen vortrug, sondern dem Sokrates in den Mund legte, so richtet sich die Polemik des Aristoteles auch gegen Sokrates. Wieder vermag uns an den nun folgenden Zitaten die kristallene Klarheit, die unbeirrbare Folgerichtigkeit des aristotelischen Denkens zu begeistern, die sich so auffällig vom platonischen Durcheinanderdenken unterscheidet. Alles, was wir zitieren, ist zeitlos gültig und darum auch für die Gegenwart noch sehr lehrreich:

Untersuchungsverfahren

„Wir haben uns vorgenommen, die staatliche Gemeinschaft zu *untersuchen* und zugleich zu fragen, welche von allen ihren Formen den Vorzug verdient, wenn man *möglichst nach Wunsch leben* will. [Schon mit diesem Einleitungssatz stellt Aristoteles sich in Gegensatz zu Platon.] Wir müssen daher auch die übrigen Staatsverfassungen in Betracht ziehen, die teils (1.) in einigen Poleis, die für gut regiert gelten, tatsächlich in Kraft stehen, teils (2.) von einigen Männern [insbesondere Platon-Sokrates] mit dem Anspruch, ein Ideal aufzustellen, vorgeschlagen worden sind. So sieht man [durch das Vergleichsverfahren und eingehende Erörterung], was an ihnen richtig und nützlich ist . . .

Zunächst müssen wir mit dem beginnen, was den natürlichen Ausgangspunkt dieser Untersuchung bildet [nämlich die Kritik des platonischen Kommunismus]. Entweder muß sich alles oder nichts oder nur etwas im Kollektivbesitz aller Bürger befinden. Daß nun gar nichts Gemeinbesitz sei, das ist offenbar unmöglich. Denn der Staat ist eine Gemeinschaft, und da muß denn fürs erste der Aufenthaltsort gemeinsam sein. Denn ein bestimmter Staat nimmt auch einen bestimmten Ort ein, und die Bürger sind Genossen des einen Staates. Aber ist es nun für das Gedeihen eines Staates besser, daß alles ... Gemeinbesitz ist oder daß nur ein Teil es ist und ein anderer nicht? Denn es ist ja auch möglich, daß Frauen und Kinder und [materielles] Vermögen Gemeinbesitz der Bürger wären wie im platonischen Staat. Denn dort sagt Sokrates, daß Frauen und Kinder und das Vermögen gemeinsam sein müssen. Was ist nun besser: die gegenwärtige Ordnung oder diejenige, die in Platons Staat als Gesetz aufgestellt ist?

Zum Kollektiveigentum

Tatsächlich würde schon die Weibergemeinschaft zahlreiche Schwierigkeiten bedingen. Davon abgesehen wird aber der Zweck, den Sokrates als Grund für diese gesetzliche Bestimmung angibt, offenbar gar nicht erreicht infolge der [falschen] Voraussetzungen ... Ich meine damit die Ansicht, daß ein idealer Staat als Ganzes möglichst eine Einheit bilden soll; denn von dieser Voraussetzung geht Sokrates aus. Es ist ja doch klar, daß ein Staat, je mehr er zur Einheitlichkeit fortschreitet, schließlich gar kein Staat mehr sein kann. Denn ein Staat [Polis] ist *seiner Natur nach eine Vielheit*. Entwickelt er sich aber zur Einheit, so wird er aus einem Staat zu einer Hausgemeinschaft und zuletzt zum [großen] Individuum [dem ‚großen Menschen' des Platon, dem aus vielen Individuen gebildeten Staat, der nun als Übermensch gilt] ... Wenn man auch eine solche Entwicklung [zum totalen Staat] herbeiführen könnte, so dürfte man es doch nicht tun: denn sie würde den Staat [wie Aristoteles ihn versteht] aufheben. Der Staat besteht nämlich nicht nur aus einer Vielheit von Menschen, sondern auch aus solchen, die ihrer Art nach verschieden sind. [Das heißt: Die Staatsbürger dürfen nicht auf einen Einheitstyp hin dressiert werden, so daß sie beliebig auswechselbar wären, sondern es ist notwendig für das Gedeihen der staatlichen Gemeinschaft, daß die natürliche Differenzierung seiner Einzelmenschen erhalten bleibt, ja gefördert wird.] Denn aus lauter Gleichartigen entsteht kein Staat .. Was eine Einheit bilden soll, muß [im einzelnen] der Art nach verschieden sein. [Daraus folgt bei Aristoteles der Unterschied zwischen natürlicher Ungleichheit und staatsbürgerlicher Gleichberechtigung; die ‚Einheit' des Staats zeigt sich dann darin, daß jeder Bürger einmal zur Regierung gelangen darf: Aristoteles geht hier von der Demokratie aus.] Auf diese Weise ergibt es sich dann, daß alle zur Herrschaft gelangen, wie wenn z. B. Schuster und Zimmerleute ihre Rollen tauschten und nicht immer dieselben Menschen wären, die sie als Schuster und Zimmerleute sind ... Dieses Verfahren, nach dem die Gleichberechtigten sich [in der Regierung] abwechseln, ahmt den ursprünglichen Zustand der Ungleichheit nach. Denn abwechselnd regieren die einen, während die andern regiert werden ... Daraus geht hervor, daß *die Natur des Staates* nicht auf die Entwicklung zur Totalität hin angelegt ist, wie manche behaupten, und daß dasjenige, was von ihnen als das größte Gut [gr. agathón] in den Staaten bezeichnet wird [nämlich die totale Einheitlichkeit], diese Staaten geradezu aufheben würde ..."

Individuelle Freiheit statt Uniformität, Demokratie statt Zwangsherrschaft

Totaler Staat ist gegen die Natur

Nun analysiert Aristoteles eine für Platon typische Unklarheit des Begriffs: „Jedoch, gesetzt den Fall, es wäre wirklich am besten so, daß die Gemeinschaft möglichst einheitlich sei, dann zeigt diese Einheit sich offenbar doch nicht darin, daß alle Bürger zugleich dasselbe ‚mein' und ‚nicht mein' nennen, was Sokrates für das Kennzeichen der vollendeten Einheit des Staats hält. Denn das Wort ‚alle' ist [bei Platon-Sokrates] doppeldeutig." Wenn es soviel heißt wie „jeder einzelne", dann muß der Einzelbürger, sobald er „mein" sagt, etwas bezeichnen, was ihm allein zugehört: „meine Frau, mein Kind, mein Besitztum." Aber diejenigen, „welche in Weiber- und Kindergemeinschaft leben, können sich eben in dieser Weise *nicht* ausdrücken, sondern nur als Kollektiv können sie, *alle zusammen*, von *ihren* Frauen, *ihren* Kindern und ebenso nur von *ihrem* Besitztum reden. Daß also in dem [von Platon zum Beweis angeführten] Satz ‚*alle* nennen etwas so und so' ein Fehlschluß steckt, das ist offenbar; dienen doch solche Ausdrücke wie ‚alle, beide, gerade, ungerade' vermöge ihrer Doppelsinnigkeit auch in der Logik dazu, spitzfindige Schlüsse zu ziehen. Daher wäre es in der einen Bedeutung zwar schön, wenn alle dasselbe ‚mein' nennen könnten, aber das ist unmöglich; und in der anderen Bedeutung ist es eben gar kein Beweis von Einmütigkeit". [Was Aristoteles hier aufdeckt, sei an zwei Beispielen aus der neuesten Geschichte erläutert. 1. Im Hitler-Reich lautete ein Schlagwort: „Der einzelne ist nichts, das Volk ist alles." Der logische Fehler liegt auf der Hand: Wenn der einzelne nichts ist, dann kann auch die Summe aller dieser Einzelmenschen, nämlich das Volk, ebenfalls nur „nichts" sein. Oder: Wenn das Volk „alles" ist, dann muß auch der einzelne „alles" sein. 2. In der gegenwärtigen Wirklichkeit *einiger* platonischer Staatsideen, nämlich in den Sowjetstaaten, haben wir das weitere Musterbeispiel dessen, was Aristoteles kritisiert: Hinsichtlich einer im Volkseigentum, also im Gemeinbesitz befindlichen Fabrik kann der Arbeiter schlechterdings nicht „mein" sagen, soll es aber trotzdem tun, weil die Fabrik „allen" gehört und er ein gleichberechtigtes Mitglied dieser Besitzgemeinschaft ist; richtig wäre nur der Ausdruck „unsere" Fabrik, wobei aber das besitzanzeigende Fürwort „unser" in diesem Fall, unter den obwaltenden Bedingungen, nicht als Summe vieler Privatanteile zu verstehen ist, sondern sich auf das Kollektiv bezieht, das hier als großes Individuum vorzustellen wäre. Folglich ist auch „unser" falsch, denn das Kollektiv als Einheit müßte offenbar „mein" sagen. Setzen wir nun das auch hier geläufige Motto ein „der einzelne ist nichts, das Kollektiv ist alles", so haben wir uns einmal im Kreise gedreht und können diese Kreisbewegung unaufhörlich wiederholen, ohne jemals *logisch* zur Klarheit der Begriffe zu gelangen. Nun zeigt die *begriffliche* Unklarheit aber nur die Unklarheit *realer* Verhältnisse an, und daran krankt ja auch, von seinen Voraussetzungen her, jeder totale Staat.]

Aufdeckung eines platonischen Denkfehlers

Zum platonischen Kommunismus

Die weitere grundlegende Kritik des Aristoteles am platonischen Kommunismus richtet sich zunächst dagegen, daß die Frauen im männlichen Allgemeinbesitz und die Kinder im Staatsbesitz sind; denn bei Platon gibt es keine individuelle Liebe zwischen Mann und Frau, keine Beziehung zwischen Eltern und Kindern, keine Familiengemeinschaft. „Überhaupt müßte infolge dieses Gesetzes geradezu das Gegenteil dessen herauskommen, was wohlgeordnete gesetzliche Einrichtungen bewirken sollen." Anschließend beurteilt und tadelt Aristoteles die Gütergemeinschaft: „Man kann diese Untersuchung über das Eigentum getrennt von den Bestimmungen über Frauen und Kinder führen . . und fragen, ob es hinsichtlich der Gemeinsamkeit von Grund und Boden und seiner Ausnützung besser ist, wenn zwar das Land Privateigentum bleibt, der Ertrag aber zu gemeinsamer Verwendung abgeliefert werden muß, oder umgekehrt: wenn das Land gemeinsamer Besitz ist und gemeinsam bebaut wird, die Früchte aber zum Privatgenuß verteilt werden, was die Sache erleichtern würde. Wenn freilich die Bürger für sich selbst arbeiten, dann wird der Kommunismus große Schwierigkeiten mit sich bringen. Denn wenn die Nutznießung nicht der Arbeit entspricht, sondern zwischen beiden ein Mißverhältnis besteht, so wird das

Vgl. Karl Marx!

zwangsläufig zu Beschwerden führen gegenüber denen, die viel zu genießen bekommen und wenig arbeiten, während andere mehr arbeiten müssen und weniger bekommen. Überhaupt ist es in den menschlichen Verhältnissen eine schwierige Sache um das Zusammenleben und die Gemeinsamkeit, besonders in solchen Dingen. Man sieht das schon an den Reisegesellschaften: Da geraten die Leute meist schon wegen des Nächstliegenden in Streit und bekommen Händel über Kleinigkeiten ... Der Kommunismus hat also diese und ähnliche Unzuträglichkeiten im Gefolge. Dagegen bietet der gegenwärtige Zustand, vollends wenn man ihn durch Einführung guter Sitten und richtiger Gesetzesbestimmungen noch verbessert, bedeutende Vorteile. Denn er vereinigt dann in sich das Gute von beiden Seiten: die Vorteile des Kommunismus und des Privatbesitzes. Denn in gewissem Sinne soll allerdings der Besitz gemeinsam sein [jede Gemeinde hat ja viele Einrichtungen im öffentlichen Besitz], im allgemeinen soll aber das Privateigentum gelten ... Es ist gar nicht auszusprechen, wie schätzenswert es ist, etwas sein eigen nennen zu dürfen. Es ist ja doch nicht grundlos, daß jedermann sich selbst liebt, sondern das liegt in unserer Natur. Hingegen der Egoismus wird zu Recht getadelt. Denn dieser besteht ja nicht darin, daß man sich selbst liebt, sondern daß man sich *mehr* liebt, als man darf ... Es gewährt ja doch auch große Freude, Freunden oder Fremden zu helfen, ihnen einen Dienst zu erweisen. Das ist aber nur möglich unter der Voraussetzung des Privateigentums, und es ist unmöglich, wenn man den Gedanken der Staatseinheit übertreibt. Dazu hebt man [im platonischen Totalstaat] offenbar ... zwei Tugenden auf: die Selbstzucht gegenüber dem weiblichen Geschlecht [dem gegenüber es bei Platon keine anständige Zurückhaltung gibt, da man sich beliebig jeder fremden Frau ohne Umstände intim nähern kann] und die Freigebigkeit mit eigenen Mitteln. Denn es wird dann niemand mehr freigebig sein ... können [da er ja über keine eigenen Mittel mehr verfügt].

Für den Realkommunismus nebst Privatbesitz

Platonische Irrealität

Eine solche [platonische] Gesetzgebung sieht ja nun gut aus und macht einen menschenfreundlichen Eindruck; wenn man von ihr hört, nimmt man sie entgegenkommend auf in der Meinung, sie werde eine wunderbare Freundschaft aller mit allen zur Folge haben, zumal man dabei noch die jetzt bestehenden Übelstände in den Staaten als Folgen davon hinstellt, daß hier der Kommunismus fehlt ... Aber die Ursache [solcher Übelstände] liegt nicht im Mangel an Kommunismus, sondern in der Schlechtigkeit der Menschen; denn man sieht ja, daß Leute, die einen Besitz gemeinsam haben, noch viel mehr Streit bekommen als diejenigen, die Privateigentum besitzen ... Auch ist es recht und billig, daß man nicht nur von den Übelständen spricht, die der Kommunismus beseitigt, sondern auch von den Vorzügen [die ihm zum Opfer fallen]. Und dann stellt es sich heraus, daß ein Leben bei dieser [platonischen] Einrichtung ganz unmöglich ist.

Zur Zwangserziehung

Der Grund für den Irrtum des Sokrates liegt darin, daß er von einer falschen Voraussetzung ausgeht. Zwar muß eine Hausgemeinschaft und ein Staat in gewissem Sinne eine Einheit bilden, aber nicht in jeder Beziehung. [Wir erinnern uns, daß Platon ja auch Gemeinschaftsverpflegung angeordnet hat.] Denn es gibt eine Totalität des Staates, bei welcher der Staat .. überhaupt nicht mehr bestehen kann, und eine andere Einheitlichkeit, bei welcher er zwar noch fortbesteht, aber als ein minderwertiger Staat, der nahe daran ist, kein Staat mehr zu sein ... Da jedoch der Staat aus einer Vielheit besteht, so muß man ihm den *Charakter der Einheit und Gemeinschaftlichkeit durch Erziehung verleihen* [nämlich durch staatsbürgerliche Erziehung und Gemeinschaftskunde]. Und es ist widersinnig, daß ein Mann [Platon bzw. Sokrates], der doch [staatliche] Erziehung einführen und dadurch dem Staat ein ernstes

Wesen aufprägen will, ihn durch solche Einrichtungen [wie den totalen Kommunismus] verbessern zu können glaubt, anstatt durch Sitte, philosophische Bildung und Gesetzgebung."

Staatslehre als Staatswissenschaft

Wie gelangt nun Aristoteles zu seinem freiheitlichen Staat? Wie zu erwarten, schiebt er überlieferte Utopien oder Idealkonstruktionen entschlossen zur Seite, nachdem er sie untersucht und für untauglich befunden hat, und beginnt von vorn.

Staatsbegriff

„Wenn man eine Untersuchung über Staatsverfassungen anstellt, ... so muß man sich zuerst der Frage zuwenden, was denn der Staat überhaupt sei. Denn jetzt ist man darüber im Zweifel, indem bei irgendeiner Maßnahme die einen sagen, ‚der Staat habe sie getroffen, die anderen dagegen, nicht der Staat, sondern die Oligarchie oder der Tyrann. Nun hat aber, wie man sieht, die ganze Tätigkeit des Staatsmannes und des Gesetzgebers mit dem Staate zu tun, und die Verfassung ist die Ordnung für die einen Staat bewohnenden Bürger. Da aber der Staat etwas Zusammengesetztes ist — ein Ganzes aus vielen Teilen —, so muß offenbar zuerst gefragt werden, was ein *Staatsbürger* ist; denn der Staat besteht aus einer Menge von Bürgern ... Denjenigen, der die Befugnis hat, an der Regierung eines Staates in Rat oder Gericht teilzunehmen, nennen wir einen Staatsbürger, und *als Staat bezeichnen wir, kurz gesagt, die Menge der mit diesen Rechten ausgestatteten Bürger,* die hinreicht, ein selbständiges Leben zu führen ... Die von uns gegebene Definition paßt am meisten auf den Bürger eines *demokratischen* Staatswesens; in einem anderen können solche Bürger zwar, müssen aber nicht notwendigerweise vorhanden sein.

Verfassungsbegriff

Wenn der Staat eine Gemeinschaft ist — und er ist tatsächlich die gemeinsame Beteiligung der Bürger an der Verfassung —, *dann muß offenbar bei einem Wechsel der Verfassungsform auch der Staat ein anderer* werden ... Wenn sich die Sache so verhält, dann ist es klar, daß die Identität des Staates vom Bestand seiner Verfassung abhängt ... *Verfassung* ist die Ordnung eines Staates mit allen seinen Ämtern und besonders der höchsten Gewalt. Die höchste Gewalt aber hat überall die Regierung des Staates, und die Art seiner Regierung wird wiederum bestimmt durch seine Verfassung ... Die Grundfrage ist dabei, was denn der *Zweck* des Staates sei ... Der Mensch ist *von Natur* aus ein staatsbildendes Wesen. Deshalb streben die Menschen, auch wenn sie keiner gegenseitigen Hilfe bedürfen, nach *Lebensgemeinschaft.* Freilich führt sie aber auch der *gemeinsame Nutzen* zusammen ... Dies also ist der Hauptzweck des Staates für die Gesamtheit und für jeden einzelnen. Doch treten die Menschen auch *um des Lebens willen* zusammen und halten die staatliche Gemeinschaft aufrecht; denn vermutlich liegt schon etwas Schönes im Leben selbst, wenn nicht das Ungemach des Daseins allzusehr überwiegt ... Es zeigt sich also, daß an der *allgemeinen Gerechtigkeit* gemessen, diejenigen Verfassungen rechter Art sind, die *das Wohl der Allgemeinheit* im Auge behalten; verfehlt dagegen und Abweichungen von den richtigen Verfassungen sind solche, die nur auf den Vorteil der Regierenden zugeschnitten sind. Denn sie tragen einen despotischen Charakter, während der Staat eine *Gemeinschaft freier Menschen* ist ...

Staatszweck

Es ist also klar, daß der Staat nicht nur eine örtliche Gemeinschaft ist und auch nicht eine solche nur zum Zweck gegenseitigen Schutzes vor Unrecht oder nur zum Zweck des Güteraustausches. Das alles ist zwar notwendig, wenn ein Staat bestehen soll, aber auch dann, wenn das alles vorhanden ist, haben wir doch noch keinen Staat. Denn *der Zweck eines Staates ist eine sittliche Lebensgemeinschaft* in Familien und Geschlechtern zur Verwirklichung eines in sich geschlossenen und selbständigen Daseins... Deswegen gebührt denjenigen [Staatsbürgern], die am meisten zu einer solchen [sittlichen] Gemeinschaft beitragen, mehr Recht im Staat als denen, die zwar hinsichtlich freier Geburt und Abstammung ihnen gleich oder auch überlegen sind, dagegen an bürgerlicher Rechtschaffenheit ihnen nachstehen. Dasselbe gilt hinsichtlich derjenigen, welche zwar die sittlich hervorragenden Staatsbürger an Reichtum übertreffen, ihnen an Rechtschaffenheit aber unterlegen sind. [Grundsätze dieser Art führten im neuzeitlichen Europa vor allem seit dem späten 18. Jahrhundert zum Sturz des Stände- und Klassenstaates.]

Welches ist die beste Verfassung?

... Welches sind nun aber die beste Verfassung und die beste Lebensform für die meisten Staaten und Menschen, wenn man dabei nicht den Maßstab einer Tugend anlegt, die weit über diejenige der gewöhnlichen Menschen hinausgeht, und nicht den Maßstab einer Bildung, die glückliche Naturanlage und äußere Umstände voraussetzt, und nicht den Maßstab einer Verfassung, wie sie *allen* Wünschen entspricht: sondern vielmehr eine Lebensform, an welcher die meisten Menschen teilzunehmen imstande sind, und eine Verfassung, welche den meisten Staaten erreichbar ist? [Die Oligarchie und Aristokratie lehnt Aristoteles ab, weil sie von oben her zum dauernden Unterschied zwischen ‚Herren und Knechten' führt, während doch ‚der Staat eine Gemeinschaft gleichberechtigter Bürger ist zum Zweck, die beste Lebensform zu ermöglichen'. Die Autokratie oder Monarchie läßt er, etwas zögernd, nur für den Fall zu (und ist hierin scheinbar ähnlicher Ansicht wie Platon), daß ein Mann auftritt, der sich auszeichnet sowohl durch Überlegenheit in wertvollen Eigenschaften, wie Kraft, Vermögen, Beliebtheit, als auch durch Vorrang in der Rechtschaffenheit. Einen solchen kann man doch nicht verbannen und vertreiben; aber auch über ihn herrschen kann man nicht. So bleibt denn nichts anderes übrig als das, was das Natürliche zu sein scheint: daß nämlich jedermann einem solchen Manne gerne gehorcht.]

Mittelstand als Richtmaß

[Jedoch, in der Regel] ist diejenige staatliche Gemeinschaft die beste, welche sich auf den *Mittelstand* gründet; [denn die Bürger des Mittelstands] begehren weder nach fremdem Gut wie die Armen, [sie sind auch nicht] allzu unterwürfig, [lassen sich also nicht] beherrschen in der Art und Weise von Sklaven, [gehören anderseits aber auch nicht zu den Reichen] die sich überhaupt nicht regieren lassen, sondern nur zu regieren verstehen, und zwar despotisch. [Kurz] der Staat will möglichst aus gleichen und ähnlichen bestehen, und diese Bedingung erfüllt am meisten der Mittelstand... Auch erhält sich dieser Teil von Bürgern in den Staaten am besten, [weshalb] es solchen Staaten [die sich auf den Mittelstand gründen,] möglich ist, eine gute Verfassung zu haben. [Andernfalls entsteht dort,] wo der eine Teil der Bürger zu reich ist und der andere zu arm, entweder [infolge einer schonungslosen Revolution] die *radikale* Demokratie oder [durch das Übergewicht der Großgrundbesitzer und Kapitalisten] die maßloseste Oligarchie oder endlich auch, eben infolge des einen wie des anderen beider Extreme, eine Tyrannis; denn eine Tyrannis kann sowohl aus der zügellosesten Form der Demokratie hervorgehen als auch aus der Oligarchie, hingegen weit weniger aus den gemäßigten [und vom Mittelstand bestimmten] Verfassungsformen... Welches denn also die beste Verfassung ist und aus welchem Grunde sie es ist, das dürfte hiernach klar sein."

Aus allem, was Aristoteles nun im einzelnen über den „besten Staat" zu sagen hat (den man nicht „Idealstaat" nennen sollte, weil er ihn auf die menschliche Natur und die praktische Erfahrung abstellt), sei hier noch folgendes zitiert: „Da nun offenbar das Ziel für den Einzelmenschen das gleiche ist wie für die

Gemeinschaft ... so ist es klar, daß [im Staat] die zur Pflege der *Muße* erforderlichen Tugenden vorhanden sein müssen. Denn ... *das Ziel des Krieges ist der Friede, und das Ziel der Geschäftigkeit* [der Sinn aller Arbeit] *ist die Muße* ... Denn damit man sich der Muße widmen kann, müssen viele notwendige Lebensbedürfnisse schon befriedigt sein." Nicht nur oberflächlich kommen wir heutzutage dem Aristoteles nahe, wenn wir für jedermann das freie Wochenende erreicht haben, an dem man sich der Muße hingeben darf und soll, und wenn nunmehr die Forderung erhoben wird, daß man, um diese Muße richtig auszukosten, in sich selbst die Begabungen und Fähigkeiten wecken, entfalten, entwickeln soll, die sonst zu kurz kommen. Aristoteles freilich hat noch weiter gesehen, indem er den Grundsatz aufstellte, daß „für eine der Muße gewidmete Lebensführung diejenigen Tugenden von Nutzen sind, die sowohl in der Muße als auch in der Arbeit sich auswirken". Im übrigen hat er mit den zuletzt zitierten Sätzen eine Theorie vom Luxus im Sinne einer verfeinerten Lebenskultur begründet, gleicherweise wie Demokrit, der dazu äußerte: „Die musische Bildung ist jüngeren Ursprungs [als z. B. der urtümliche Kampf ums Dasein], denn nicht die Not hat sie hervorgebracht, sondern sie konnte erst aus einem gewissen Überfluß entstehen."

Lob der Muße

Die Poetik

In diesem Zusammenhang darf die „Poetik" des Aristoteles erwähnt werden. Sie ist gegen die platonische Kulturfeindschaft gerichtet, sofern man unter Kultur speziell diejenigen wissenschaftlichen und künstlerischen Leistungen versteht, die Platon aus seinem „Idealstaat" verbannt hat, nämlich *alle* — ausgenommen nur seine eigenen literarischen Werke, welche seine staatliche Zensur ja zur Pflichtlektüre sämtlicher Staatsbürger bestimmen sollte. Aristoteles hingegen hat die Dichtkunst gefordert, gerechtfertigt und analysiert, insbesondere die epische und dramatische Poesie.

Gegensatz zu Platon

Auch in diesem Fall wendet er seine naturwissenschaftliche Methode an: Er untersucht so, wie es heutzutage jedem Literaturwissenschaftler eben dank Aristoteles selbstverständlich ist, die vorhandenen Werke und leitet aus ihnen die Regeln her, die er deutet und deren Sinn und Zweck er enthüllt.

In schroffem Widerspruch zu Platon anerkannt Aristoteles grundsätzlich, daß „die Tragödie, die Komödie, die Dithyrambendichtung ... alle im ganzen *nachahmende* Kunstformen sind ... Die Kunstform, die sich nur des Wortes bedient, sei es in Prosa oder in Versen, hat bis jetzt keine einheitliche Bezeichnung gefunden ... Nur daran hat man sich gewöhnt, die Bezeichnung ‚dichten' an den Gebrauch eines Versmaßes zu knüpfen, und so spricht man von Elegikern und Epikern, indem man sie nicht mit Rücksicht auf den Gegenstand der Nachahmung so nennt, sondern nur im Hinblick auf das von ihnen gemeinsam gebrauchte Versmaß. Ja, man pflegt sogar Leute so zu nennen, die einen medizinischen oder naturwissenschaftlichen Stoff in Versen abhandeln [womit insbesondere Empedokles gemeint ist]. Aber Homer und Empedokles haben außer dem Versmaß nichts gemeinsam: Den einen darf man mit Recht einen Dichter nennen, für den anderen paßt besser die Bezeichnung eines Naturforschers ... Es gibt Dichtungsarten, die sich aller [vorhin] genannten Mittel bedienen [nämlich Rhythmus, Mimik, Darstellung von Leidenschaften und Handlungen, verschiedener Versmaße, Melodie]; ich meine: Tragödie und Komödie ...

Realistische Dichtung

Da es nun handelnde Menschen sind, die man nachahmt, so müssen diese entweder rechtschaffen oder lasterhaft sein. Denn fast immer fallen die Charak-

tere unter einen dieser beiden Begriffe ... So muß man also Menschen darstellen, die entweder besser oder schlechter sind als wir oder uns ähnlich, wie es ja auch die Maler machen ...
Man teilt die Dichtkunst entsprechend dem persönlichen Charakter ihrer Träger in zwei Hauptrichtungen. Die ernsteren Dichter brachten edle Taten und die Gestalten edler Menschen nachahmend zur Darstellung, hingegen die leichtfertigeren die Handlungsweise minderwertiger Menschen, indem sie zuerst Schmähgedichte verfaßten, so wie andere [ernsthafte] Dichter die Hymnen und

Komödie und Tragödie

Loblieder. Mit Homer beginnt für uns ihre Reife ... Wie Homer der hervorragende Vertreter der ernsten Dichtung war — denn er dichtete nicht nur gut, sondern brachte auch Handlungen zur Darstellung —, so hat auch zuerst er die Form der Komödie ans Licht gebracht, jedoch nicht, indem er ein Schmähgedicht verfaßte, sondern indem er eine lächerliche Handlungsweise darstellte ... Die Komödie ist die nachahmende Darstellung niedrigerer Menschen, ohne daß sie jedoch auf jede Art von Schlechtigkeit einzugehen brauchte, sondern es fällt in ihren Bereich nur das Häßliche und Gemeine, soweit es lächerlich ist ...
Das Epos und die Tragödie stimmen darin miteinander überein, daß beide eine Nachahmung ernster Handlungen in gebundener Rede sind ... Die Tragödie versucht eine Handlung darzustellen, die sich innerhalb eines einzigen Tages abspielt ... Es ist die Tragödie also die nachahmende Darstellung einer ernsten und in sich abgeschlossenen Handlung, die eine gewisse [sittliche] Größe hat, in kunstvollem Stil, der in den einzelnen Teilen sich deren besonderer Art anpaßt, mit einer Handlung, die nicht bloß erzählt, sondern durch handelnde Personen vor Augen gestellt wird und durch Vorgänge, welche Mitleid und

Katharsis

Furcht erregen, [im Zuschauer] die Katharsis [Auslösung] eben dieser oder ähnlicher Gemütsbewegungen bewirkt." Das ist die berühmte Definition, die im großen ganzen noch heute gilt; nach ihr haben sich mehr oder minder unsere eigenen Klassiker gerichtet. Den Begriff „kátharsis" entnahm Aristoteles der medizinischen Terminologie. Er bedeutet ursprünglich „Reinigung" des Körpers von schädlichen Stoffen. Im übertragenen Sinne bezeichnet er bei Aristoteles eine Befreiung des Zuschauers von quälenden Gemütszuständen, Zwangsideen und dergleichen mehr, indem das alles beispielhaft auf der Bühne vorgeführt, gesteigert, sublimiert und zur Auflösung gebracht wird. Kurz, Aristoteles verspricht sich von der Tragödie einen psychotherapeutischen Effekt in moderner Art und Weise. — Von den feinen, klugen Angaben des Aristoteles zur dramatischen Dichtung — dem Grundlegenden und insofern besten, was jemals übers Theater gesagt wurde — können wir hier nur noch ein paar Kernsätze wiedergeben: „Die Tragödie ist nicht eine nachahmende Darstellung von *Menschen*, sondern von *Handeln und Leben*. Glück und Unglück [der Helden] ist *in ihrem Verhalten* beschlossen ... Hinsichtlich ihres Charakters haben die Personen bestimmte Eigenschaften, aber glücklich oder unglücklich werden sie durch ihre Taten. Die Dichter lassen sie also nicht handeln, um ihren Charakter zur Darstellung zu bringen, sondern sie nehmen den Charakter mit auf, um daraus die Handlung hervorgehen zu lassen. So ist als die Handlung, das heißt die Fabel, das Endziel [oder die Entelechie] der Tragödie ...

Handlungsschema

Ohne Handlung kann es keine Tragödie geben, dagegen ohne Charaktere wäre sie möglich. Denn die Tragödien der meisten neueren Dichter weisen keine Charakterbezeichnung auf, und überhaupt ist das bei vielen Dichtern der Fall ..." Die Handlung muß folgerichtig in sich zusammenhängen, sie muß kunstvoll verknüpft und *vollständig* sein. „Vollständig aber ist, was Anfang, Mitte und Ende hat. *Anfang* ist etwas, was selbst nicht notwendig auf etwas anderes folgt, nach dem aber natürlicherweise oder doch meistens etwas anderes ist oder eintritt. [Man beachte, wie Aristoteles scheinbar mühelos die genau treffenden Definitionen nur so aus dem Ärmel schüttelt!] Dazu im Gegensatz ist *Ende* etwas, das selbst natürlicherweise notwendig oder doch meistens nach einem anderen ist oder eintritt, auf das aber nichts anderes mehr folgt. *Mitte* endlich ist etwas, das sowohl selbst auf ein anderes folgt als auch seinerseits wieder etwas anderes im Gefolge hat [der Höhepunkt im mittleren Akt eines gut gebauten Schauspiels!]. Eine gute Verknüpfung der Fabel beruht also darauf, daß diese weder einen zufälligen Anfang noch ein zufälliges Ende hat, sondern nach den genannten Begriffen verläuft ... Aus dem Gesagten geht hervor, daß es nicht die Aufgabe des Dichters ist, das zu erzählen, was wirklich geschehen ist, sondern das, was *hätte geschehen können*, das heißt, *was nach Wahrscheinlichkeit oder Notwendigkeit möglich ist, ... deshalb ist die Dichtkunst eine philosophischere und noch ernstere Tätigkeit als die Geschichtsschreibung*. Denn die Poesie richtet sich mehr auf das Allgemeine, während die Geschichtsschreibung das Einzelne erzählt ... Die Tragödie ist aber nicht nur die Darstellung einer in sich abgeschlossenen Handlung, sondern auch einer solchen, in der Mitleid und Furcht erregende Vorgänge vorkommen. Diese Wirkung wird am meisten dann eintreten, wenn etwas *aus dem inneren Zusammenhang heraus wider Erwarten geschieht* ... Es macht einen wesentlichen Unterschied aus, ob die Ereignisse *aus*einander hervorgehen oder nur *auf*einanderfolgen. *Peripatie* ist der plötzliche Übergang dessen, was man tut, ins Gegenteil, aber wenn die Handlung so ins Gegenteil umschlägt, dann muß es nach Wahrscheinlichkeit oder Notwendigkeit geschehen."

Wahrscheinlichkeit

Weiterhin verdanken wir Aristoteles die Unterscheidung von „innerer Form" und „äußerer Form", beides für die Literaturwissenschaft, und nicht nur für sie, von höchstem Werte. Ausgehend von der „inneren Form", ist man heute zum *Struktur*-Begriff gelangt, der sich als überaus fruchtbar erwiesen hat.

Innere und äußere Form

Im übrigen rät Aristoteles dem Dichter, daß in der Tragödie [oder dem Drama überhaupt] „weder sittlich besonders tüchtige Menschen vorkommen dürfen, die vom Glück ins Unglück stürzen — denn das erregt weder Furcht noch Mitleid, sondern ist einfach entsetzlich —, noch Schurken, die vom Unglück ins Glück kommen ... Es dürfen jedoch auch nicht ganz böse Menschen aus dem Glück ins Unglück geraten; denn das würde zwar die menschliche Teilnahme ja berühren, aber weder Mitleid noch Furcht erregen ... Es *bleibt also derjenige Typus übrig, der zwischen diesen Extremen die Mitte* hält [also der normale Mensch, dessen Anwalt ja Aristoteles immer ist]. Ein solcher Typus ist, wer sich weder durch Tugend und Gerechtigkeit auszeichnet noch infolge von Schlechtigkeit und Schurkerei ins Unglück gerät, sondern durch irgendeinen Fehltritt." Wir sind hier weit weg von Platon und aller europäischer Idealdichtung, insbesondere von aller Schwarzweißmalerei oder von derjenigen dramatischen [und epischen] Literatur, in welcher die Menschen einerseits wie Teufel, anderseits wie Engel geschildert werden. Je mehr man sich mit Aristoteles befaßt, desto mehr bewundert man seinen Scharfsinn und Tiefsinn, und desto mehr liebt man ihn seiner ausgewogenen Menschlichkeit wegen: Er ist als der größte Architekt der Logik und Wissenschafter zugleich der größte Humanist. Den Begriff der *Philanthropie*, der Menschenfreundschaft, der seit Ende des 18. Jahrhunderts für uns so wichtig geworden ist, hat Aristoteles geprägt.

Keine Schwarzweißmalerei!

Philanthropie

Entelechie als Weltgesetz

Am höchsten bewertet hat Aristoteles seine philosophische Weltformel. Tatsächlich ermöglicht sie uns, auf erstaunlich einfache Weise zu erkennen, was die Welt im Innersten zusammenhält. Der Weg, auf dem er zu ihr gelangt, ist dadurch gekennzeichnet, daß er sich vom Schüler des Platon folgerichtig und schrittweise zu dessen Kritiker und Widersacher wandelte. Die Etappen dieser Entwicklung sind am deutlichsten aus seiner *Metaphysik* abzulesen, deren Texte nacheinander während verschiedener Lebensabschnitte verfaßt wurden und viel später chronologisch geordnet worden sind. Am Ende wandte er sich auch von der Metaphysik des Meisters ab und stellte sich entschlossen auf den Standpunkt der *Physik* [gr. physiké epistémē], worunter hier noch die gesamte Naturlehre oder Naturwissenschaft zu verstehen ist, nicht also die Physik im modernen Sinne einer hochspezialisierten Einzelwissenschaft. Der geistesgeschichtlich oft wichtige und oft mißbrauchte Begriff „Metaphysik" rührt nicht von Aristoteles her, ist ursächlich aber mit denjenigen seiner Schriften verbunden, die innerhalb seines Gesamtwerks „hinter der Physik" [gr. metà tà physiká] standen. Dorthin waren sie von antiken Herausgebern gestellt worden, und zwar, wie es scheint, einer Lehrtradition folgend, die auf die letzten Lebensjahre des Aristoteles zurückgeht, als er sich dem Höhepunkt seiner Entwicklung näherte. Damals hatte er selbst diese Schriften immer weiter zurückgeschoben, nachdem sie, deren Thematik und Gehalt er die „Erste Philosophie" nannte, für ihn ursprünglich im Vordergrund gestanden hatten. Je weiter er sich vom spekulativen Denken entfernte, desto entschiedener setzte er die „Zweite Philosophie", nämlich die Physik, an die erste Stelle. Demgemäß verlegte er den methodologischen Ansatz seines in sich geschlossenen Systems vernünftiger Welterklärung aus dem Bereich der Spekulation in den der Erfahrung.

Kategorienlehre

Notwendig zum Verständnis seiner Weltformel ist die erst von ihm zur Wissenschaft ausgearbeitete *Logik*. Dazu gehört die *Kategorienlehre* (gr. kategorein = aussagen). Er hat in ihr untersucht und festgehalten, welche Arten von Aussagen wir von einem Gegenstand unserer empirischen Erfahrung machen. Die jetzt folgenden Beispiele zu den zehn Kategorien stammen von ihm; man kann sie beliebig erweitern. (1.) An erster Stelle steht die Aussage über das Wesen des betreffenden Gegenstandes, über seine *Substanz* (lat. substantia = das Selbständige, Für-sich-Bestehende, im Unterschied zu den Eigenschaften oder Akzidenzien. Aristoteles freilich sprach griechisch, und so ist die uns seit der Scholastik geläufige „substantia" nur die lat. Übersetzung von gr. hypokeímenon.). Beispiele: Mensch, Pferd. (2.) *Qualität*, z. B. weiß. (3.) *Quantität*, z. B. zwei oder drei Ellen lang. (4.) *Relation*, z. B. doppelt, halb, größer. (5.) *Ort*, z. B. auf dem Markt, im Lykeion. (6.) *Zeit*, z. B. gestern, im vorigen Jahrhundert. (7.) *Lage*, z. B. liegt, sitzt. (8.) *Zustand*, z. B. beschuht, bewaffnet. (9.) *Tätigkeit*, z. B. schneidet, brennt. (10.) *Leiden*, z. B. wird geschnitten, wird gebrannt.

Substanz, Prädikat

Aus der aristotelischen Analytik (Logik) wollen wir zwei Begriffe festhalten: den der *Substanz* und den (lateinischen Begriff) *Prädikat* (gr. katégórema, „das Ausgesagte"), worunter wir die neun anderen Kategorien zusammenfassen. Beide Begriffe benötigen wir zum Verständnis der aristotelischen Weltformel. (Übrigens pflegt man die Substanz, wenn man alle Prädikate von ihr wegdenkt, als „Substrat" zu bezeichnen. In der empirischen Realität gibt es kein solches Substrat, sondern nur in unserem abstrahierenden Bewußtsein. Aber wir haben es jetzt mit der konkreten Substanz zu tun.)

Jedes der unzähligen Einzeldinge ist eine Substanz mit eigentümlichem Prädikat. Die entscheidende Frage ist: Wenn wir irgendeinen Gegenstand ins Auge fassen, dürfen wir dann von ihm sagen, daß er so, wie er uns gegenwärtig ist, stets gewesen sei und immer bleiben werde? Selbstverständlich nicht! Mag es sich um ein Naturprodukt handeln oder um ein Kulturerzeugnis, jedenfalls hat es bis zu diesem Augenblick einen Werdegang durchgemacht, und alsbald wird es, wie die zutreffende Redensart lautet, den Weg alles Irdischen gehen, sich also weiterhin verändern. Platon, der davon nichts wissen wollte, weil ihn das unablässige Werden und Vergehen irritierte, hielt sich demgegenüber an die ewig-unwandelbare Statik seiner Ideen und erklärte alles, was dem irdischen Entwicklungsprozeß unterworfen ist, für irreal. Darüber hat sich später Aristoteles belustigt. Denn ähnlich wie einst Heraklit, und anders als Platon, scheute er nicht vor der Dynamik zurück, sondern erkannte gerade in ihr einen Wesenszug des wahren Seins.

Kraft und Materie

Infolgedessen kam er, als er nun selbständig die Substanz untersuchte, zu dem Resultat, daß sie unbestreitbar aus *Materie* besteht (lat. materia = gr. hýle = = Stoff), und zwar aus *geformter* Materie, und daß ihr als *bewegende Ursache* eine Kraft vorausgeht und innewohnt, welche nicht etwa willkürlich oder ziellos wirkt, sondern jeweils bestimmte *Zwecke* erfüllt. Das gilt gleicherweise für die Natur wie für die Kultur, da Aristoteles auch alle Kulturtaten als Naturvorgänge auffaßt: als der menschlichen Natur eigentümlich. Ein Beispiel: Beim (damals üblichen) Haus ist der Stoff das Holz, die Form ist der Begriff des Hauses, die bewegende Ursache ist der Baumeister, und der Zweck eben das fertige Haus. Wieder wird also deutlich, daß Aristoteles nicht eine vorgegebene Realität philosophisch kommandieren will, sondern daß er sie mittels einer Untersuchung befragt, wie sie denn beschaffen sei; anschließend formuliert er die Auskunft, die sie ihm erteilt. Dazu der äußerste Gegensatz wäre die von Sokrates und Platon hochgeschätzte Mantik: Traumphantasien als göttliche Offenbarung des Weltlaufs!

Teleologie

Wenn sich die Sache so verhält, wie Aristoteles sie beschreibt (und es gibt keinen Grund, daran zu zweifeln), dann muß allem in unablässiger Entwicklung begriffenen Sein als Wesenskern eine streng befolgte *Gesetzlichkeit* zugrunde liegen. Allein auf sie kommt es an. Indem er dieses Existenzgesetz aufspürte, hat er die philosophische Weltformel entdeckt. Zu ihr wollen wir jetzt vordringen.

Gesetzlichkeit

Hören wir zunächst ihn selbst: „Dasjenige, was *wird,* das wird teils von Natur, teils durch Kunst, teils von selbst. Und zwar wird es (1.) *durch* etwas, (2.) *aus* etwas, (3.) *zu* etwas . . . ‚Natürlich' ist die Art des Werdens, bei der ein Entstehen aus der Natur stattfindet. Hierbei ist die Materie dasjenige, *woraus* etwas wird; in der Natur liegt dasjenige, *wodurch* es wird, und z. B. ein Mensch, eine Pflanze, ist dasjenige, *wozu* es wird . . . Alles, was wird, sei es durch Natur oder Kunst, hat Materie . . . Was nun die ‚künstlichen' Arten des Werdens betrifft, so beruhen sie entweder auf Kunsttrieb, auf einer Kraft oder auf Überlegung . . . ‚Künstlich' entsteht alles, dessen Form zuerst in der Seele vorhanden ist." Nun das übereinstimmend Gemeinsame: „Der Same schafft, wie man ein Kunstwerk macht: Er trägt die Form . . . in sich."

Es leuchtet ohne weiteres ein, daß ein Same, mag aus ihm nun eine Pflanze herauswachsen oder ein Mensch, noch nicht diese Pflanze oder dieser Mensch ist, daß er aber schon sämtliche Formen in sich birgt, welche die Pflanze oder der Mensch — und zwar nicht irgendeine Pflanze, irgendein Mensch, sondern jeweils ein ganz bestimmtes Einzelwesen — im Lauf eines Werdeganges nacheinander verwirklichen muß. Wenn der betreffende Mensch aufwächst, dann fügt sich die zu seinem Leib vereinigte Materie bis in jede Körperzelle hinein jenen im voraus festgelegten Formen, und sinngemäß das gleiche gilt für natürliche Fähigkeiten, Talente. Also steht immer an erster Stelle „die Form", nämlich das wirkliche oder „aktuelle" Sein, und erst an zweiter Stelle die in jede vorbestimmte Form hineinwachsende Materie, die hier, weil sie derartige ihr aufgegebene Möglichkeiten in sich trägt, als „mögliches" oder „potentielles" Sein bezeichnet wird. Wem diese Ausdrücke ungewohnt sind, der möge sie als Teile seines geistigen Handwerkszeugs hinnehmen und sich aneignen; man braucht ja, um sich zu verständigen, bestimmte Fachworte. „Wer bei der Definition eines Hauses sagt, es bestehe aus Steinen, Ziegeln, Balken, der bestimmt das Haus nach dessen *potentiellem* Sein: Denn das alles ist seine Materie. Wer es hingegen definiert als einen geschlossenen Raum zum Schutz von Personen und Sachen, der bestimmt es nach dessen *aktuellem* Sein. Wer aber dies beides zusammenfaßt, der gibt die ... Bedeutung, die beide Definitionen in sich schließt." — „Unter *potentiellem* Sein verstehen wir, daß z. B. das Hermes-Bildnis [die vom Künstler geschnitzte Darstellung des Gottes] auch schon in dem Stück Holz enthalten ist [aus dem der Bildhauer es herausarbeitet]. Ferner verstehen wir unter potentiellem Sein, daß z. B. ein Mann wissenschaftlich gebildet ist, auch wenn er augenblicklich keine wissenschaftliche Untersuchung anstellt, sofern er nur die Fähigkeit hat, es [jederzeit] zu tun. Anders steht es mit dem *aktuellen* Sein. Was wir darüber sagen wollen, läßt sich im einzelnen auch induktiv erfassen, und man braucht nicht immer eine begriffliche Definition aufzustellen, sondern es genügt, das Gleichartige in einer Reihe von Fällen anschaulich zu erfassen, z. B. das Verhältnis der Bauleute zum Baumeister ... Nur wenn etwas durch sein eigenes inneres Prinzip die Fähigkeit hat, sich zu aktualisieren, ist es potentiell ... Es ist klar, daß das aktuelle Sein früher ist als das potentielle ... Jedem potentiellen Sein geht das aktuelle Sein voran, sowohl dem Begriff als dem Wesen nach."

Potentialität und Aktualität

Obwohl Potentialität und Aktualität unaufhörlich ineinander übergehen, weil immerzu Möglichkeiten verwirklicht werden, so besteht doch, wie dargelegt, ein feiner Unterschied, und das gleiche wiederholt sich bei der „Dynamis" (Kraft, lat. potentia) und „Energie" (Wirksamkeit, Aktivität). Praktisch fallen aber Dynamik und Potentialität sowie Energie und Aktualität zusammen. Denn die Materie dürfen wir uns nicht etwa so vorstellen, als ob sie eine fremdhafte, schwerbewegliche Masse wäre, die irgendeine Kraft stückweise in Formen hineinpreßt oder hineinknetet und auf solche Weise gestaltet, sondern sie selbst ist auf ihre Möglichkeiten schon vorbereitet und trägt die Kraft, von der sie vorwärtsbewegt wird, in sich; nur theoretisch lassen sich aus dem potentiellen Sein einerseits die Materie, anderseits die Dynamik herauserkennen. Das gleiche wäre über das Verhältnis von Aktualität und Energie zu sagen.

Dynamis und Energie

In der Praxis stellt das alles eine Einheit dar. Deren zentrales Prinzip ist der jeweilige *Zweck*. Nun erfassen wir auch die überall gleichermaßen gültige Gesetzlichkeit sämtlicher in fortwährender Entwicklung begriffener Dinge, aus denen die gesamte Welt besteht. Dieses Gesetz betrifft das unablässige Zusammenwirken von potentiellem und aktuellem Sein im Hinblick auf den jeweils in ununterbrochener Reihenfolge neu verwirklichten Zweck. Die Welt ist ein riesiger Zweckzusammenhang, und zwar im kleinen wie im großen, wobei sie als Ganzes nur die Summe aller unzähligen Teile darstellt.

Zweckeinheit

Diese *Einheit* nennt Aristoteles „Entelechie". Wörtlich bedeutet der Begriff: „dasjenige, das seinen Zweck oder sein Ziel in sich selbst hat." Indem wir uns erinnern, daß wir vom Substanzbegriff ausgegangen sind, können wir jetzt endlich die *Weltformel* zitieren und verstehen. Sie lautet: *„Die Substanz ist Entelechie!"*

Die Weltformel

Dem heutigen Menschen besagt sie noch unvergleichlich mehr als etwa Zeitgenossen des Aristoteles, wissen wir doch aus der modernen Physik nicht nur, daß alle Materie aus kompliziert gebauten Atomen und jedes Atom aus Energieträgern besteht, sondern auch, daß Masse gleich Energie ist. Wer die Philosophie aus den wissenschaftlichen Erkenntnissen unserer Zeit heraus erneuern will, der könnte wohl an diesem Punkte einsetzen und die (von uns so genannte) Weltformel des Aristoteles mit der Atomphysik vereinigen.

Was uns bei jeder Weltbetrachtung — so etwa lehrt Aristoteles — oberflächlich nur geheimnisvoll anmutet, das entschlüsselt die Natur- und Geisteswissenschaft, indem sie die Entelechie-Gesetze erforscht, vor allem die Lebensgesetze: „Unter Leben verstehen wir, daß ein Körper sich selbst ernährt, wächst und wieder abnimmt" und: „Die Seele ist die ursprüngliche Entelechie eines natürlichen Körpers, der potentiell Leben hat" und darum ein „organischer Körper" ist. Um die Einzelgesetze und ihren übergreifenden Zusammenhang aufzudecken, schreiten wir fort vom Nächstliegenden zum Entfernten, vom Besonderen zum Allgemeinen, von der Praxis zur Theorie. Inbegriff solcher Gesetzlichkeit ist das *Prinzip*. Zunächst und in jedem Fall wenden wir das *analytische* Verfahren an, wir zergliedern; aber dann gehen wir, um das Prinzip festzustellen, über zur *Synthese*.

Lebensgesetze

Da unser Erkenntnisweg sozusagen von unten nach oben führt, „soll man sich nicht in kindischer Weise langweilen bei der Untersuchung der unbedeutenderen Lebewesen. Es liegt in jedem Geschöpf der Natur etwas Bewundernswürdiges ... Nicht mit grämlichem Gesicht soll man an die Untersuchung eines jeden lebendigen Wesens herangehen, sondern in der Gewißheit, daß in ihnen allen etwas Natürliches und Schönes steckt. In den Werken der Natur und gerade in ihnen herrscht die Regel [die Gesetzlichkeit], nicht blinder Zufall, sondern Sinn und Zweck. Der Endzweck aber, um dessentwillen ein Ding [künstlich] geschaffen oder [natürlich] geworden ist, gehört in das Reich des Schönen. Wer sich aber wirklich einbildet, die Betrachtung der anderen lebenden Wesen sei etwas Niedriges, der möge auch von seiner eigenen Person diese Meinung hegen. Man kann dann auch nicht ohne Naserümpfen die Bestandteile der Gattung Mensch betrachten: Blut, Muskeln, Knochen, Adern und dergleichen. Auch muß man sich klarmachen, daß, wer von irgendeinem der Teile oder Gegenstände spricht, nicht die bloße Materie im Auge hat und nicht ihretwegen redet, sondern um der Gestalt und Form [gr. morphé] willen. [Von morphé ist, dem Aristoteles folgend, unser Begriff „Morphologie" gebildet, z. B. „Kulturmorphologie", wobei jede wissenschaftlich korrekte Morphologie sowohl die äußeren und inneren Formen in ihrer natürlichen Reihenfolge beschreibt, als auch die Entwicklungsgesetze herausarbeitet.] Es handelt sich um das Haus, nicht um Ziegel, Lehm und Balken. So hat auch der Naturforscher es zu tun mit dem Ganzen eines jeden Wesens, mit der Synthesis, und nicht [nur] mit den Teilen."

Erkenntnisweg

Synthesis

Werner Jaeger, der dieses Zitat ausführlicher bringt, knüpft daran die Betrachtung: „Die Worte wirken wie ein Forschungs- und Unterrichtsprogramm der peripatetischen Schule. Sie erklären uns den Geist, der die Arbeiten der Aristotelesschüler beherrscht, für die freilich die Metaphysik noch einen Schritt weiter zurücktritt, als sie es hier schon tut, bis sie in der zweiten Generation von Straton ausdrücklich ausgeschieden wird. Diese spätere Entwicklung der Schule ist nur aus dem fast ausschließlich empirischen Interesse zu verstehen, welches der alternde Aristoteles hier ausspricht, ähnlich wie die Schüler Platons nur an den alten Platon angeknüpft haben... Der vollkommene Wechsel in der Stimmung des Philosophen [Aristoteles] gegenüber jener Zeit, wo er sich vor allem als den Erneuerer der übersinnlichen Philosophie Platons und als Bahnbrecher einer neuen spekulativen Gottesweisheit gefühlt hatte, ist unverkennbar... Wie anders klingt die Sprache seines Alters. Er rechtfertigt die

Geistige Entwicklung im Peripatos

Metaphysik jetzt nur durch die ewige Sehnsucht des menschlichen Gemüts, in die Geheimnisse der unvergänglichen, unsichtbaren Welt einzudringen, und will sich auch schon mit einem bloßen Zipfel dieser verborgenen Wahrheit begnügen, während der empirischen Forschung jetzt mit klaren Worten der Vorrang der Wissenschaftlichkeit zugesprochen wird. Es ist das Lob der Andacht zum Kleinen, das Bekenntnis zu der Wissenschaft, welche in der Tierkunde und in der Politiensammlung [den Schriften der Politika, der Staatslehre], in der Theatergeschichte ... ihre höchsten Leistungen vollbringt."

Zum Glaubensstandpunkt

Trotzdem wollen wir aus der mittleren Lebensperiode des Aristoteles doch einiges mehr über seine Metaphysik erfahren. Ausführungen, die sich ergänzen, muß man allerdings auch aus seiner Psychologie herbeiholen. Sogleich bemerkt man, daß er in dieser Hinsicht niemals ganz selbständig wurde, sondern vielfach abhängig blieb von altorientalisch-platonischem Geistesgut, auch dann, wenn er dagegen polemisiert.

Stufenbau der Natur

Vorangestellt sei aber seine eigene, heutzutage wieder sehr wirkungsvolle Lehre vom *Stufenbau der Natur.* Die unterste Stufe bildet die anorganische Natur, die ihre Entelechien nur in den bestimmten Mischungsverhältnissen ihrer Elemente hat. Darüber folgt als nächste Stufe diejenige der Pflanzen, die schon zur organischen Natur gehören. Hier stellen sich die Entelechien als Seelen dar, wenn auch als Seelen mit beschränkten Funktionen, nämlich als erhaltende und ernährende Kraft mit dem Hauptzweck der Fortpflanzung. Dritte Stufe: die Tiere, die ihrerseits jeweils nach Art ihrer Fortpflanzung noch verschieden eingestuft sind und mehr Seelenvermögen haben als die Pflanzen. Schließlich: der Mensch als Zweck der gesamten Natur mit noch mehr seelischen Funktionen und mit Vernunft begabt. „Die Natur schreitet von den unbeseelten Dingen zu den lebenden Wesen so allmählich fort, daß man wegen des ununterbrochenen Zusammenhangs die Grenze beider Reiche nicht bemerkt und nicht weiß, zu welchem von beiden die in der Mitte zwischen ihnen stehenden Wesen gehören [wie z. B. manche erst uns aus der modernen Biologie bekannten Virusarten. — Auch] der Übergang von den Pflanzen zu den Tieren vollzieht sich ohne Unterbrechung", und so setzt sich dieser lückenlose Kausalzusammenhang („Die Natur macht keine Sprünge!") zum Menschen hin fort: „Es gibt einige Tierarten, deren Natur einerseits dem Menschen, anderseits den Vierfüßern verwandt ist, z. B. die Affen." Besonders wichtig ist die Erkenntnis, daß jedes höhere seelische Vermögen den Besitz der niederen einschließt. Zur Entelechie der Pflanze gehören Ernährung und Fortpflanzung, zur Entelechie des Tiers außerdem Empfindung und teilweise auch Vorstellungskraft, zur Entelechie des Menschen zusätzlich noch der rezeptive, sich zum denkenden Erkennen entwickelnde Geist sowie der tätige, schöpferische Geist.

Irdisches Glück als Lebenszweck

Höchster Zweck des Menschen ist seine irdische Glückseligkeit, die darin besteht, daß der Einzelmensch ungehemmt und erfolgreich diejenige Tätigkeit ausübt, zu welcher die Natur ihn hintreibt, also *die Selbsterfüllung seiner individuellen Entelechie.* Daher die Definition der Glückseligkeit als *vollkommene praktische Tätigkeit in einem vollkommenen Leben,* wobei das eigentümlich Menschliche die vernünftige Seelentätigkeit ist, nämlich die vernünftige Entelechie oder Zweckeinheit seines Daseins.

So weit der Stufenbau von unten nach oben! Will man darüber noch hinauskommen und ins Jenseits vorstoßen, dann muß man bei Aristoteles sich nach dessen älterer Metaphysik umsehen. Das Bindeglied zwischen jenem und diesem Teil seines philosophischen Gesamtwerks stellt gewissermaßen *der aktive Geist* dar, welcher dem Einzelmenschen „von außen her" eingegeben ist und nicht stirbt, sondern in Ewigkeit weiterlebt, dort allerdings nicht individuell, denn eine persönliche Unsterblichkeit verneint Aristoteles, sondern vielleicht in der Weise, daß er aufgeht im absoluten Geist. Aristoteles hat die geistige Unsterblichkeit nur angedeutet, aber die Andeutung genügt, um uns an Buddha, Zarathustra, Platon zu erinnern.

Weltgeisttheorie

Selbstverständlich fragt man nun, woher denn jene gewaltige Formkraft mit allen ihren Zwecken kommt, welche das Wesen unserer Welt und deren Kausalzusammenhang mit sich bringt. Die *spekulative* Antwort des Aristoteles zielt auf eine Erklärung von oben nach unten, auf ein monarchisches Prinzip des Weltganzen: Der absolute, göttliche Geist hat einmal für immer die Gesamtheit aller Entwicklungsprozesse gleichsam als eine unendlich wiederholte Kettenreaktion in Gang gesetzt, er ist „der erste Beweger", er hat alles vorgeplant, und nun ruht er sich aus, sich selbst als absolute Wahrheit wissend, als persönliche Einheit des Denkens und des Gedachten, als das absolute Subjekt-Objekt. Im Hinblick auf den Stufenbau der Natur verblüfft uns diese oft bemängelte Definitionsreihe des Absoluten. Statt dessen hätte man schon von Aristoteles erwartet, was erst Hegel konsequent durchgeführt hat: eine Phänomenologie des [Welt-]Geistes, der sich in jenem Stufenbau einschließlich aller Kultur selbst verwirklicht. Den Ansatz dazu hat zwar Aristoteles bereits geliefert, indem er vom absoluten Geist sagt, er sei das Leben als tätiger Selbstzweck, als Entelechie; und überhaupt kann man ja folgern, daß die Weltformel „Substanz = Entelechie" eine fortdauernde Immanenz des absoluten, göttlichen Schöpfergeistes in aller Natur/Kultur bedingt. Denn wenn dieser Geist ursprünglich selbst diese Entelechie ist und sie bisher nicht aufgehört hat, dann muß er sie zwangsläufig auch jetzt noch sein und kann sich nicht plötzlich wieder auf sich selbst zurückgezogen haben, sonst gäbe es sie doch nicht mehr. Kurz, in seiner Selbstdarstellung als allumfassende, allwirkende, allschaffende Formkraft ist dieser Geist identisch mit sich selbst, insofern er sich auch als Weltganzes darstellt. Seine irdische Selbstdarstellung nennt Aristoteles aber „Natur", als wäre die Natur sozusagen das Kind, der göttliche Sohn des Urzeugers. Tatsächlich dürfte in dieser noch gewissermaßen magisch-mythischen Vorstellung vom Verhältnis zwischen Schöpfergott und Schöpfungswelt (= Gottvater und Gottessohn, Himmelsgott und göttlich beseelter Erde oder Erdgott) die Erklärung für jene Metaphysik des Aristoteles liegen (hat er doch auch, wie Platon, die längste Zeit seines Lebens fest daran geglaubt, daß die Himmelsgestirne lebendige Götter sind). Noch besser verstehen wir ihn, indem wir uns auf Zarathustra und auf die altägyptische Lehre vom Schöpfergott Ptach besinnen: Auch Ptach soll ja alle Einzeldinge und alles irdische Geschehen zuerst in Gedanken entworfen, dann sich anschaulich vorgestellt und schließlich mittels seines Lebensgeistes und kraft seiner Lebensworte verwirklicht haben. Ähnlich der „Weise Herr" des Zarathustra.

„Der erste Beweger"

Natur als Schöpfung

Kurz, Aristoteles zollte dem magisch-mythischen Denken seinen Tribut. Oder war es nur ein Tribut an die *Zensurbehörden* von Athen, eine vorsorgliche Rücksichtnahme auf das *Asebiegesetz,* dem Sokrates formal auch unter der Beschuldigung zum Opfer gefallen war, daß er nicht glaubte, die Himmelskörper seien göttliche Lebewesen, und er habe überhaupt sich als Atheist zu erkennen gegeben? Waren nicht dieselben Anklagen besser begründet gegen Anaxagoras und Protagoras erhoben worden, denen Aristoteles geistig ebenso nahestand wie ihrem wissenschaftlichen Gesinnungsfreund Gorgias? Dabei

Furcht vor dem Asebiegesetz?

war wenigstens Sokrates gebürtiger Athener gewesen und hatte hier Heimatrecht besessen! Hingegen Aristoteles war als Ausländer in Athen nur geduldet, den Bürgern nicht gleichberechtigt, und hatte vom Staat für seine Schule die Gebäudegruppe eines Heiligtums gepachtet. Was lag da näher, als daß er der athenischen Staatsregierung und Priesterschaft keinen Vorwand liefern wollte, gegen ihn das Asebiegesetz anzuwenden, obwohl er das magisch-mythische Denken und die mythischen Glaubensvorstellungen bereits überwunden hatte? Daß er trotzdem durch Anklage wegen Asebie aus Athen vertrieben wurde, war politisch begründet; und tatsächlich konnten die Ankläger sich nicht auf irgendeine kultfeindliche Lehre ihres Angeklagten berufen. Dieser Umstand sollte zu denken geben. Sie mußten den Vorwurf wegen Asebie auf eine überaus spitzfindige Interpretation eines Epigramms stützen, das Aristoteles in jüngeren Jahren einem toten Freund gewidmet hatte. Übrigens ist auch der engste Mitarbeiter des Aristoteles aus politischen Motiven wegen Asebie vor Gericht gestellt, aber freigesprochen worden.

Zum Gottesbeweis

Von der mythischen Tradition bei Aristoteles ist zu unterscheiden sein streng syllogistischer, das heißt durch logische Schlußfolgerung erbrachter *Gottesbeweis.* Der junge Aristoteles hat das Dasein eines höchsten Wesens (in seiner Frühschrift „Über Philosophie") so begründet, daß er „dem Problem jenen apodiktisch zugespitzten Ausdruck gab, der den Scharfsinn der religiösen Denker aller späteren Jahrhunderte zu immer neuen Versuchen angestachelt hat, das Erlebnis des Überschwänglichen auch dem Auge des Verstandes sichtbar zu machen" (Werner Jaeger). Derartige Gottesbeweise zu konstruieren war im Mittelalter die höchste Aufgabe abendländischer Scholastik.

Beweisformel

Bei Aristoteles lautet der Beweis: „Man kann behaupten, daß es in jeglichem Bereiche, wo es eine Stufenreihe, ein Höher oder Niedriger bezüglich der Vollkommenheit gibt, notwendig auch ein schlechthin Vollkommenes gibt. Da es nun unter dem, was ist, eine solche Abstufung von Dingen höherer und geringerer Vollkommenheit gibt, so gibt es auch ein allervollkommenstes Seiendes, und dies dürfte das Göttliche sein." Dazu nochmals Werner Jaeger: „Es war der erste grandiose Versuch, das Gottesproblem auf der Grundlage eines festen Systems der Naturerklärung und mit dialektisch stringenten [zwingenden] Schlüssen wissenschaftlich zu bewältigen. Die Aufgabe war dem Aristoteles gestellt [worden], aber nur der größte logische Architekt aller Zeiten durfte es wagen, den ganzen Ertrag seines unermeßlichen Ringens in diese paar einfach klingenden Sätze zu bannen. Nur ist es nicht erlaubt, sie aus dem Zusammenhang der aristotelischen Physik herauszulösen und für sich zu betrachten. Sie sind der notwendige Abschluß eines bis ins Detail durchgebildeten ideologischen [formwissenschaftlichen] Natursystems ... Aber Aristoteles ging in seinem Werk auch den psychologischen Quellen des Gottesglaubens nach, nicht aus kühler wissenschaftlicher Neugier, sondern um andere nacherleben zu lassen, was er selbst erlebt hatte ... Er erkannte die innere Sammlung als das Wesen aller religiösen Andacht. Wie wir in einen Tempel nur mit gesammelten Gefühlen zu treten wagen, so, fordert er, sollen wir auch den Tempel des Kosmos andächtig betreten, wenn wir die Gestirne und ihre Natur untersuchen. Die Worte sollten wohl vorbereiten auf die Anklage der Gottlosigkeit, die er [der junge Aristoteles] dann gegen die Leugner der Göttlichkeit und Unzerstörbarkeit des Himmels und der Gestirne richtete [und, nebenbei bemerkt, somit gegen Platon wegen dessen Weltuntergangslehre]. Am Schluß der [frühen] Schrift ‚vom Gebet‘ hieß es: Gott ist Geist, wenn er nicht etwas Höheres ist als der Geist... Die Anbetung im Geist und in der Wahrheit ist eine auf dem Boden der platonischen Gemeinschaft erwachsene Forderung... Daß das Johannesevangelium (4, 25) ihr einen veränderten Gehalt gab, indem es an Stelle des Nus [gr. nous hier im Sinne von göttlich-absolutem Geist] das Pneuma [Hauch, Atem, Luft, altorientalisch-hellenisch auch im Sinn von Geistseele] setzte, sicher ohne literarische Kenntnis des Aristoteles, ändert nichts an der geistesgeschichtlichen Bedeutung dieses Faktums."

Schließlich wäre kurz zu erwägen, ob Aristoteles später, als er die Akademia schon weit hinter sich hatte, seinen absolut-göttlichen Geist nicht nur gleichsam als Baumeister aller Welten aufgefaßt hat, analog dem von ihm so oft beispielhaft angeführten Baumeister gegenüber den Bauleuten. Bereits in Altägypten, dem Ursprungsland auch aller hellenisch-römischen Architektur, ist ein kulturgeschichtlich ganz großer Baumeister, nämlich Imhotep (um 2800 v. Chr.), nach seinem Tode zum Gott erhoben, und zwar auch zum Gott der Medizin (Baumeister des Körpers!), und dann seitens der Hellenen dem Welterlöser und Heilgott Asklepios gleichgesetzt worden. Den Kult des Asklepios hatte Sophokles in Athen eingeführt. Derselbe Asklepios war nun aber auch himmlischer Schutzherr der Ärzteschaft, und die Eltern des Aristoteles und er selbst leiteten ja ihre Familienherkunft von Asklepios her!

WELTDENKER NACH ARISTOTELES

Stoiker, Gnostiker - Philon, Plotin - Avicenna, Avicebron, Averroes, Maimonides - Thomas von Aquino - Rückblick auf Demokrit und Epikur

Bis etwa zur letzten Jahrhundertwende läßt sich die europäische Geschichte größtenteils erklären aus einer fortdauernden Rezeption altorientalischer Hochkultur. Solche weit zurückreichende und mehrmals erneuerte Tradition kann man heutzutage, seitdem wir mehr vom alten Orient wissen als je zuvor, im großen wie im kleinen nachweisen. Jedoch, im Lauf der Zeit haben die Europäer dieses Erbgut nicht nur übernommen und ihren Lebensverhältnissen angepaßt, sondern es auch durch eigene Leistungen umgeformt und sich dann ihrerseits als Lehrmeister hervorgetan. Ein solcher Kulturaustausch ist zuerst von *Alexander d. Gr.* als Menschheitsaufgabe proklamiert worden. Aber das geistige Gerüst dieser Weltkultur, an das wir uns noch heutzutage klammern, ist hauptsächlich *Aristoteles* zu verdanken. Im Lebenswerk beider Männer liegt ein Angelpunkt unserer Geistesgeschichte.

Kulturwandel durch Aristoteles

Hellenismus

Durch Alexander und seine Nachfolger wurde das Hellenentum mit dem alten Orient auch politisch verschmolzen. Das Ergebnis bezeichnen wir (seit Droysen) als „Hellenismus". Am besten gelang die Vereinigung dort, wo sich die weit überwiegende Mehrheit aller Hellenen niedergelassen hatte: in Kleinasien (mit Pergamon als hervorragendem Kulturzentrum), Syrien (mit Antiochia), Unterägypten (mit Alexandria). Hier wie anderswo bediente sich bald auch die einheimische Bevölkerung der griechischen Sprache, die insofern ihren Nationalcharakter verlor und zur Weltsprache wurde.

Der wahre Triumph des Hellenentums erwies sich darin, daß nunmehr die griechische Sprache, obwohl um Jahrtausende jünger als die altorientalischen Kultursprachen, deren Vorsprung eingeholt und in mancher Hinsicht sogar überholt hatte. Ihr Wortschatz war jetzt den altorientalischen Vokabularien auch auf Spezialgebieten gewachsen, insbesondere auf denen der exakten Wissenschaft. Darüber hinaus aber war sie neuerdings jeder anderen Kultursprache überlegen durch ihren Reichtum an neu geprägten oder mittels endgültiger Definition präzisierten Allgemeinbegriffen. Dank dieser Begriffe und deren richtiger Verknüpfung machte sie der gebildeten Schicht im alten Orient das logisch-abstrakte Denken wohl überhaupt neu *bewußt.*

Es war vor allem Aristoteles, welcher der griechischen Sprache diesen Vorrang verschaffte. Nunmehr mußte jeder, der Denkprozesse korrekt durchführen und zu unanfechtbaren Schlußfolgerungen gelangen wollte, Griechisch lernen und sich in der Logik schulen lassen. Übersetzungen in andere Sprachen, wie man sie später versuchte, sei es ins Lateinische oder Arabische, blieben unzulänglich. Wir modernen Europäer haben uns damit beholfen, daß wir griechische Fachausdrücke als Fremdwörter oder Lehnwörter übernahmen. Noch mehr als den Hellenismus hat Aristoteles die hochmittelalterliche Scholastik und die Neuzeit beeinflußt. Dazu ein paar Hinweise, zunächst hinsichtlich des *Hellenismus:*

1. Die Schule des Aristoteles in Athen (der Peripatos), die durchaus den

Charakter einer Hochschule trug, wurde zum Modell aller Universitäten bis heute, und zwar in gewissem Umfang schon für die hellenistische Weltuniversität von Alexandria. Wie ist das zu erklären?

Wir dürfen nicht vergessen, daß der Ursprung unseres gesamten Schulwesens ausschließlich im alten Orient liegt. Nicht nur Volksschulen besaß man dort seit alters, sondern auch zentrale Lehranstalten verschiedener Fachrichtungen, also Akademien moderner Art. Noch Aristoteles hat sich bei der Ausgestaltung seines Peripatos offenbar an altorientalische Vorbilder gehalten; man erinnere sich seiner Fachbibliothek, seines Realienkabinetts und seines Experimentierraums. Überhaupt galten als grundlegende Errungenschaften altorientalischer Hochkultur: das methodische Sammeln und Vergleichen möglichst vieler Erfahrungstatsachen und Lehrtexte, die lexikalische Verarbeitung allen Wissensstoffes, die Entwicklung bestimmter Wissenschaften wie Medizin, Mathematik, Chemie, Astronomie, Geographie, ferner die Herausgabe naturwissenschaftlicher Fachliteratur, umfassender Enzyklopädien und mehrsprachiger Wörterbücher und dergleichen mehr.

Wenn trotzdem, im Zuge des Hellenismus, der alte Orient bereitwillig etwas Neues von Aristoteles empfing, so handelte es sich nicht nur um dessen Logik, sondern auch, mit ihr in Zusammenhang, um dessen *System der Wissenschaften* nebst der durch ihn generell eingeführten Einheit von *Forschung und Lehre*.

Programm der Wissenschaften

2. Einige Grundzüge seines Systems der Wissenschaften bestimmen noch heute die Gliederung unserer Universitäten. Dieses System hat bereits im Altertum, bis ins 6. nachchristliche Jahrhundert und auf dem Boden arabisch-hellenistischer Hochkultur sogar noch ein Jahrtausend länger, die *Freiheit der Forschung und Wissenschaft* theoretisch begründet, ethisch gerechtfertigt und praktisch garantiert. Unter dieser Freiheit verstehen wir: *das Recht und die Pflicht* jeder Wissenschaft, allein aus ihren eigenen Voraussetzungen alle Bestandteile und Relationen der uns aufgegebenen Realität sachgemäß festzustellen, also ohne Rücksicht auf außerhalb liegende Interessen und nur im Dienst der Wahrhaftigkeit.

Eine solche Freiheit hat zwar Aristoteles nicht ausdrücklich zum Programmpunkt gemacht, aber er nahm sie in Anspruch mit einer gegen das athenische Asebiegesetz kaum notdürftig abgeschirmten Selbstverständlichkeit, indem er

a) die ganze Welt, soweit sie seiner Erfahrung zugänglich war, in gleichberechtigte und einander ergänzende Einzelwissenschaften zerlegte,

b) jeder Einzelwissenschaft sowohl Selbständigkeit zuerkannte als auch besondere Aufgaben stellte,

c) für alle Einzelwissenschaften übereinstimmend die Arbeitsmethoden angab, wodurch die übergreifende Einheit der Wissenschaft gewahrt blieb oder überhaupt erst hergestellt wurde,

d) den unmittelbaren Zusammenhang zwischen Theorie und Praxis allgemeingültig darlegte,

e) zugleich mit dem logisch-abstrakten Denkverfahren für alle von ihm untersuchten Fachgebiete eine Terminologie lieferte, mit der wir noch heute arbeiten können.

Manche Fachwissenschaft, so die Ästhetik, hat er begründet. Vor allem aber ist infolge seines Systems auch die *Theologie* zu einer Fachwissenschaft geworden. Das war, wie sich schon im Hellenismus herausstellte, für unsere Geistesgeschichte von ausschlaggebender Bedeutung, und wir müssen kurz darauf eingehen.

Theologie und Metaphysik

Frühe hellenische Philosophen, darunter die „Sieben Weisen", hat Aristoteles rückblickend „Theologen" genannt. Damals war der Begriff noch weniger klar und deutlich, als er es heutzutage ist. Immerhin läßt sich seine Geschichte verfolgen.

a) Zunächst entsinnen wir uns jener *ursprünglichen* Gottesredner oder Propheten, über deren Eigenart wir am besten aus dem Alten und Neuen Testament unterrichtet sind (z. B. I. Sam. 19). Der alttestamentliche Prophet (nābi) war vom göttlichen Geist überwältigt und insofern ein Besessener. Jeder konnte dadurch, daß der Geist Gottes auf ihn hernieder „sprang", zum „nabi" werden: Dann „zieht er seine Kleider aus und liegt nackt den ganzen Tag und die ganze Nacht" in Verzückung. Hierzu Hans Schmidt: Es „nimmt nicht wunder, daß der Zustand des nābi den alten Israeliten als dem Wahnsinn verwandt erschien, ja daß prophetische Begeisterung und Wahnsinn bisweilen einander gleichgesetzt werden. Die Geisteskrankheit Sauls wird als hit-nabbē bezeichnet. Wer von einem Propheten verächtlich spricht, nennt ihn geradezu einen Verrückten (II. Kön. 9, 11, Jerem. 29, 28. Hosea 9, 7) ... In dieser religiösen Raserei und ihrer Wertschätzung haben wir nicht etwas eigentlich Israelitisches vor uns ... Es ist ein gemeinsamer Zug aller Religionen auf einer bestimmten Stufe ihrer Entwicklung, das psychisch Abnorme, Wahnsinn, Epilepsie, Hysterie und Schwermut, als von der Gottheit bewirkt anzusehen. Sieht man doch vor Augen — so würde der antike Mensch sagen —, daß solch ein Rasender nicht nach eigenen Erwägungen handelt und redet. Es hat ihn etwas ‚überkommen' [gr. „epilepsia"], das ohne seinen Willen mit seinen Gliedern schaltet, das ‚mit fremder Stimme aus ihm redet' ... Wenn die Gottheit die Zunge des von ihr beseelten nābi bewegt, so muß sie etwas Bestimmtes sagen wollen. Daher lauscht man mit Spannung auf die abgerissenen Laute, die der Mund des in der Verzückung Liegenden ausstößt. Mögen sie noch so wirr, so unverständlich sein, vielleicht daß die Zukunft ihre Bedeutung lehrt ..." — Dieselbe Art heiliger Besessenheit bezeichnet das Neue Testament als „Zungenreden" (Mrk. 16, 17, Apgsch. 2; 10, 46; 19, 6; I. Kor. 12 und 14; dazu aus dem Alten Testament Jes. 28, 10). „Bei dem religiösen Zwangsreden oder Zungenreden im engeren Sinne wird angenommen, daß heftige religiöse Ergriffenheit zum Reden zwingt und daß die ihrer Form nach unverständliche Zungenrede einen religiösen Sinn hat. Darum bedarf die Zungenrede der Auslegung" (Rust).

Zungenredner, Visionäre

b) Um dieselbe Erscheinung handelte es sich im alten Griechenland vor allem bei der delphischen Pythia, deren Zungenreden jahrhundertelang von der Priesterschaft als Orakelsprüche ausgedeutet wurden. Allerdings versetzte man hier die jeweilige Pythia künstlich in einen solchen Zustand, indem man sie in narkotische Dämpfe hüllte oder ihr Rauschgift eingab, vielleicht eine Art Haschisch. Im übrigen traten allenthalben, auch in Kleinasien, Priester und Propheten als Zungenredner auf, wogegen sich schon Zarathustra empörte. Er verkörperte auf seine Weise jenen fortschrittlichen Typus des Gottesverkündigers, dem wir ebenfalls im Alten Testament begegnen, wo zu ihm jene eindrucksvollsten nebi'i gehören, die nun große Politik trieben und auf klar verständliche Weise Visionen wiederzugeben wußten, in denen ihnen Jahwe auf seinem Himmelsthron selbst erschienen sei. Derartige Aussagen, oft oder meistens von religiösen Dichtern und „Sehern" vorgetragen, gab es seit der Frühzeit im alten Orient und in dessen auswärtigen Kulturprovinzen, so auch, wohl um 800 v. Chr., im kleinasiatischen Hellas mit seinen homerischen Göttermythen. Jeder dieser Männer einschließlich der großen Propheten

Gottesdeuter, Religionsdichter

im Alten Testament erzählte von Gott und Göttern, beschrieb deren Aussehen, schilderte etwa den himmlischen Hofstaat, kurz, *er wußte im Einzelfall so viel über die Gottheit, wie diese über sich selbst wissen mußte.* Ja, er vermochte die Gottheit gewissermaßen besser zu verstehen, als sie sich selbst verstand, indem er ihre Leidenschaften und Gemütsbewegungen analysierte und aus ihnen bestimmte göttliche Willensakte herleitete, wofür die alttestamentliche Formel „. . . und Jahwe reute, was er gesagt oder getan hatte . . ." nur ein merkwürdiges Beispiel ist. In Hellas tat Hesiod den nächsten Schritt mit seiner Theogonie, seiner Götterlehre, die wir als Grundlegung hellenischer Dogmatik auffassen können. *Im Hinblick auf ihn und seinesgleichen sprach man nun von „Theologie"*, womit man aber noch keine Wissenschaft im neueren Sinne meinte, sondern nur ein in allgemein verständlicher, grammatisch richtiger Sprache ausgedrücktes Wissen von der Gotteswelt, das durchaus mythisch sein konnte.

Gottesdenker

c) Gegen den mythischen Charakter religiösen Glaubensgutes protestierten nach Zarathustra vor allem hellenische Denker von Heraklit bis zu den Sophisten und mit Einschränkungen auch Aristoteles. Immerhin konnte er zu seiner Zeit bereits, wie gesagt, solche früheren Philosophen als Theologen bezeichnen, die auf eine der Realität immanente Wirksamkeit göttlicher Ordnungskraft schlossen oder bestimmte Weltzusammenhänge und -gesetze aus ihrem Gottesbegriff folgerten. Diese Entwicklung ging Hand in Hand mit der mächtig aufstrebenden Kulturschöpfung und der rasch fortschreitenden Naturerkenntnis. Je besser sich das logisch-abstrakte Denken ausbildete und je mehr Platz es im menschlichen Allgemeinbewußtsein einnahm, desto nachdrücklicher forderte es eine Vertiefung und Verfeinerung der alten Religion. Insofern erwies sich jede derartige religiöse Gedankenarbeit nur als eine Fortsetzung magisch-mythischer Glaubensberichte mit neuen Mitteln. Nach wie vor war das *Hauptproblem* dasselbe, nämlich: zu erkennen, was die Welt im Innersten zusammenhält. Die in dieser Hinsicht größte und bewundernswerteste, dennoch in einem zentralen Punkt lückenhafte Leistung hat Aristoteles vollbracht. Er wollte die von ihm so genannte Theologie übertreffen, indem er alles, was er über die Gottheit auszusagen hatte, seiner „Ersten Philosophie" einverleibte. Dabei besteht zwischen Theologie und solcher Philosophie kein unüberwindlicher Gegensatz. Vielmehr stellt die gewissermaßen halbphilosophische Theologie eine Vorstufe dar und wird von der neu bestimmten Philosophie überhöht, verbessert, in Ordnung gebracht, geläutert, abgeklärt, kritisiert. Für diesen Teil der aristotelischen Philosophie hat sich der Name „Metaphysik" eingebürgert, der auf andere, ähnliche Systeme übertragen wurde.

Metaphysiker

d) Der Metaphysik unterstellt und zugeordnet hatte Aristoteles die Theorien der Einzelwissenschaften, über deren Gebäude die Metaphysik gleichsam wie eine Kuppel aufragt. Indes, so schön sich dieser Dom als Wunschbild ausmalen läßt, so brüchig erwies er sich angesichts der nüchternen Wirklichkeit. Die erste, durch das System bedingte Bruchstelle ist leicht aufzuspüren. Mit ihrer Erörterung wollen wir den nächsten Abschnitt beginnen.

Philosophie als Theologie

Vieles, was wir faktisch von der Welt (physis) wissen können resp. was man damals von ihr wußte, war von Aristoteles beispielgebend auf Fachgebiete verteilt worden. Die fachwissenschaftliche Forschung setzte beim Nächstliegenden ein: bei der empirischen Realität. Aus der Praxis wurde die Theorie erarbeitet, die Aristoteles mit Recht als philosophische Leistung wertete. Insofern war — und ist *jeder Wissenschafter zugleich Philosoph;* jede Einzelwissenschaft hat ihre Spezialphilosophie.

Entwicklung zur Fachphilosophie

a) Im System des Aristoteles war aber de facto die bisherige Philosophie von den Wissenschaften abgedrängt worden. Man mußte sich ihre Aufgaben neu überlegen. Bisher nämlich hatte sich der „Philosoph", der „Freund der Weisheit", mit möglichst vielen Einzelheiten aus verschiedenen Fachgebieten befaßt und sie in sein System der Welterklärung eingebracht. Da jedoch das philosophische Fachwissen in der Regel lückenhaft, oft oberflächlich und meistens sogar unrichtig war, konnte ein wirklicher Sachkenner mit jenen großzügig angelegten Systemen nicht viel anfangen. Sofern allerdings die frühere Philosophie brauchbare Theorien geliefert hatte, waren sie nunmehr den Einzelwissenschaften zugeordnet worden. Es ist begreiflich, daß ein Einzelmensch, falls er nicht eine solche Ausnahmeerscheinung war wie Aristoteles, die unablässig wachsende Fülle wissenschaftlich korrekter Untersuchungsergebnisse nicht mehr in seinem Bewußtsein zusammentragen, geschweige denn unter einem Prinzip vereinigen konnte. Was trotzdem noch philosophierende Zeitgenossen resp. Rivalen des Aristoteles in dieser Hinsicht unternahmen, ist kaum der Rede wert. Kurz, schon damals begann jene bis zur Gegenwart durchlaufende Entwicklung auch der allgemeinen *Philosophie zur Fachwissenschaft.* Wenn sie nicht mehr zuständig war für das theoretische Rüstzeug der Einzelwissenschaften, was blieb ihr dann noch als Spezialität vorbehalten? Nun, zunächst einmal die *Ethik* und außerdem eben die *Metaphysik.*

Ethik und Metaphysik

b) Freilich bereitete ihr jetzt auch die Metaphysik sachlich bedingte Schwierigkeiten. Aristoteles hatte sämtliche Fachtheorien noch als Basis des metaphysischen Oberbaus aufgefaßt und dies durch seine Entelechielehre gerechtfertigt: Im Stufenbau der Welt ist jeweils das, was sich auf der einen Stufe als Stoff darstellt, auf der nächsthöheren die Form, so daß sich das Verhältnis von Praxis und Theorie immer höher hinauf fortsetzt bis zum Selbstbewußtsein der überweltlichen Gottheit, wo Theorie und Praxis identisch sind. Demgemäß hätte nunmehr jeder Philosoph, der wie Aristoteles eine komplette Metaphysik bieten wollte, in sie mindestens sämtliche Fachtheorien einbeziehen müssen — was offenbar nicht mehr möglich war. *Infolgedessen konzentrierten sich jetzt und künftig die meisten Philosophen auf jenen metaphysischen Bereich, wo sie es im wesentlichen mit dem Gottesbegriff und dessen Ableitungen zu tun hatten.*

Gottesbegriff als Aufgabe

c) Hier aber mußten sie sich mit Theologen herkömmlicher Art auseinandersetzen. Zu ihnen gerieten sie entweder in Widerspruch, oder sie fanden deren Mitarbeit. Auf die Dauer überwog das Metaphysikern und Theologen gemeinsame Interesse die grundsätzlichen Unterschiede. Ehe es soweit kam, unterlag auch das religiöse Bewußtsein einer wissenschaftlichen Musterung. Wir erinnern uns, daß (1.) Philosophen schon vor Aristoteles die Göttermythen aus dem Werdegang der Menschheit erklärt und somit entzaubert hatten; die Religion wurde *kulturgeschichtlich* interpretiert, und die Kulturgeschichte ist eine Abteilung unseres wissenschaftlichen Weltbildes. Hinzu kam (2.) die vergleichende Religionsbeschreibung. Sie hat wesentlich den hellenistischen Synkretismus, die Religionsverschmelzung, gefördert. Wir haben es also hier mit der Urform unserer *Vergleichenden Religionswissenschaft* zu tun. Ferner (3.) erinnern wir uns, wie Aristoteles das ursprüngliche Prophetentum nebst Mantik, Zungenreden, Enthusiasmus, Halluzinationen nach Maßgabe seiner *medizinischen* Wissenschaft als religiösen Wahnsinn ansah, welcher vom Arzt gemildert oder ganz kuriert werden könnte. Heutzutage gehören solche Krankheitsbilder zur Psychopathologie, Psychiatrie und zur *Psychologie* im weitesten Sinne.

Abgrenzung zu Konkurrenzwissenschaften

d) Unter solchen Umständen wandelte sich im Hellenismus bei Gebildeten und

Halbgebildeten allmählich die Vielzahl magisch-mythischer Religionsformen zu einer verhältnismäßig einheitlichen *Religionswissenschaft,* und zwar in der Weise, daß man das alte Vorstellungsgut, nachdem fortschrittliche Theologen es synkretistisch zusammengefaßt hatten, nunmehr noch der neuen philosophischen Terminologie unterstellte. Das Bindeglied zwischen Theologen und Philosophen war insofern die damals ganz moderne *Entmythisierung.* Sie sollte den überlieferten Glauben nicht etwa zerstören, sondern retten und rechtfertigen, und so verhalfen Theologen und Philosophen in gemeinsamer Anstrengung *der Religion zu einer Wiedergeburt aus dem Geist der Metaphysik.* Sie erlangte in der Folgezeit für unsere Geistesgeschichte die größte Bedeutung. Das Hauptproblem lautete alsbald: Wie ist der Gottesbegriff mit unserer wissenschaftlich geläuterten Welterfahrung und mit unserem Selbstverständnis in *einem System* so zu vereinigen, daß es allen Ansprüchen genügt? Diese Fragestellung setzt die Rückkehr vom Polytheismus zum Monotheismus voraus. Den *Monotheismus* hatte Aristoteles philosophisch ausgebildet, und zwar nicht als *Pantheismus,* demzufolge Gott und Welt identisch wären, sondern als *Theismus,* wonach Gott ein selbstbewußtes Wesen außerhalb der Welt ist. Hierin liegt die zweite Bruchstelle seines sonst so bewunderungswürdigen Systems. Denn: Wie lassen sich „Gott" und „Welt" nun wieder so zusammenbringen, daß der Unterschied aufgehoben wird und eine Einheit entsteht? *Drei Ansatzpunkte* zur Lösung dieses schwierigen Problems, des Kardinalproblems aller Theologie und Philosophie der nächsten zwei Jahrtausende, haben sich als besonders fruchtbar erwiesen. Sie tauchen nacheinander oder nebeneinander schon bei Aristoteles auf, was nicht wundernimmt, da er sich jahrzehntelang, schließlich wohl resignierend, mit der Metaphysik abgemüht und zu verschiedenen Zeiten auch verschiedene Lösungen überlegt hat. Einen vierten von ihm noch zusätzlich vorgebrachten Ansatz, nämlich den ganz mythischen (Gestirne als lebendige Götter), lassen wir beiseite.

„Gott und Welt" als Hauptproblem

Indem wir diese drei Ansatzpunkte nacheinander vorführen, werden wir *jeweils* sofort diejenige Geistesentwicklung zusammenhängend darstellen, die entweder vom betreffenden Ansatzpunkt herkam oder von ihm aus am besten zu verstehen ist. Nur dank dieses Kunstgriffs ist es möglich, die sehr komplizierte Geistesgeschichte vor allem während des Hellenismus übersichtlich zu machen, die sich mehr oder minder an Aristoteles anschloß. Denn im Hellenismus wurden, wie man erst rückblickend erkennt, für fast zwei Jahrtausende die Weichen gestellt. Unsere Absicht ist es nun, von jenen drei Ansatzpunkten aus die Verbindungslinien bis zum Hochmittelalter beziehungsweise bis zur Neuzeit kurz anzugeben und, sozusagen als Stationen, die Standorte großer Denker zu bezeichnen, über die hinweg oder von denen her das Abendland maßgeblich durch die Antike beeinflußt wurde. So führt uns *der erste Ansatz* bis Spinoza; der *zweite Ansatz* bringt nacheinander ins Spiel: die späten Peripatetiker, die Stoa, die Theosophie, Philon, die Gnosis, Plotin und den Neuplatonismus, schließlich Avicenna, Avicebron, Averroes und Thomas von Aquino; *der dritte Ansatz* liegt bei Demokrit und Epikur.

Drei Ansätze

I. Einheit durch Gottesliebe

Erster Ansatzpunkt: Die Distanz zwischen Welt und Gott wird einigermaßen überbrückt dadurch, daß sich die Welt zu Gott hinsehnt. So läßt sich das Weltgeschehen aus dieser *gottbewirkten Sehnsucht* erklären, indes Gott selbst keines Gegenübers bedarf, sondern in seiner Eigenschaft als absoluter Geist ewige Seligkeit genießt, allein durch das Wissen seiner selbst (gr. theoría).

Bemerkenswert ist die Entwicklung, die von diesem Ansatzpunkt so, wie Aristoteles ihn erarbeitet hat, ihren *Fortgang* nahm bis zur Gegenwart. Uns genügen hier ein paar Musterbeispiele. Ihnen ist eigentümlich, daß *die Sehnsucht entweder von Gott herkommt oder zu ihm hinführt,* jedenfalls ist sie das Göttliche im Menschen, wobei der Mensch die höchste Stufe innerhalb der Welt einnimmt und in sich die Sehnsucht der gesamten Natur zusammenfaßt. Im Hinblick auf unsere Theologie/Philosophie wird der hier gemeinte Sachverhalt vollends klar, wenn wir anstatt „Sehnsucht" „Liebe" sagen.

Hinweis aufs NT

Im Neuen Testament, das ja größtenteils aus dem hellenistischen Synkretismus hervorgegangen ist und an vielen Stellen zeitgenössische Philosophie enthält, nimmt jener Liebesbegriff einen besonders hohen Rang ein. Vorausgesetzt wird zunächst die Überzeugung, daß die Distanz zwischen Gott und Welt vom Menschen verschuldet wurde. Dessen Selbständigkeit gegenüber Gott gilt hier als „Sünde"; es handelt sich um eine der verschiedenen Interpretationen des Sündebegriffs im Neuen Testament. Um eben diese Sünde zu tilgen und die ursprüngliche Einheit wiederherzustellen, hat Gott der Menschheit seine Liebe zugewandt und erwartet, daß die Menschheit ihn wiederliebe.

Hinweis auf Spinoza

Ganz anders sieht das Verhältnis von Gott und Welt bei einem unserer großen Philosophen aus, nämlich bei *Spinoza* (1632—1677). An und für sich brächte die lateinische Formulierung seines Liebesbegriffs dessen Doppelsinn gut zum Ausdruck: „Amor dei" heißt sowohl „Liebe von Gott her" als auch „Liebe zu Gott hin"; dasselbe besagt unser deutsches Wort „Gottesliebe". Jedoch, Spinoza läßt im Prinzip diese den Abgrund zwischen Gott und Mensch überbrückende Liebe nur einseitig vom Menschen zu Gott hin, als entscheidend gelten. In seiner „Ethik" (V, 17—20) heißt es: „Gott liebt ... im eigentlichen Sinne niemanden. Wer Gott liebt, kann nicht danach streben, daß Gott ihn wiederliebe. Diese Liebe zu Gott ist das höchste Gut, das wir nach Anweisung der Vernunft anstreben können, es ist allen Menschen gemeinsam." Das ist ebenso aristotelisch gedacht wie die Definition seines Gottesbegriffs: „Unter Gott verstehe ich das absolute unendliche Sein, das heißt die Substanz, die aus unendlich vielen Attributen besteht, deren jedes ewige und unendliche Wesenheit ausdrückt", und: „Gott ist unbedingt die erste Ursache, Gott ist Ursache durch sich selbst, Gott ist die bewirkende Ursache aller Dinge" — womit wir nun wieder vor dem Problem stehen, von dem wir bei Aristoteles ausgegangen sind: Wie vereinigen wir Gott und Welt dadurch, daß wir die Distanz aufheben? Gleicherweise wie Aristoteles muß Spinoza postulieren, daß uns ein Wissen von Gott eingeboren ist, er nennt es „die Idee Gottes, die in uns ist". Insofern aber, als auch die Gottesidee ihren Ursprung in Gott hat, ist die von ihr überhaupt erst ermöglichte, von ihr bewirkte Liebe zu Gott doch wieder aus Gott herzuleiten: Gott liebt mittels dieser Liebe sich selbst.

Hinweis auf Goethe

Der junge *Goethe* hat Spinoza einmal als „homo christianissimus" bezeichnet, als „allerchristlichsten Mann". Dieses eigenwillige Urteil galt auch jener Auslegung des Amor dei, welche vom Menschen die heroische *Liebe zu Gott* fordert, ohne dafür als Lohn die göttliche Gegenliebe zu verheißen. Man wird Goethe nicht auf ein Zitat festlegen wollen. Aber die aristotelisch-spinozistische Bewertung menschlicher Sehnsucht zu Gott hin taucht in seinem Gesamtwerk noch öfter auf, und zwar auch in christlichem Gewande; aus ihr wird in Faust II die Himmelfahrt gerechtfertigt: „Wer immer strebend sich bemüht, den können wir erlösen."

II. Einheit durch den Gottesgeist

Der *zweite* und fruchtbarste Ansatzpunkt ergab sich aus einem zwar alten, aber vom wissenschaftlichen Monotheismus neu gestellten Problem. Es ist kurz folgendermaßen zu umschreiben: Gesetzt den Fall, man postuliert einen außerhalb der Welt isolierten Gott, der trotzdem alles Weltgeschehen maßgeblich bestimmt — wie ist dann der Zusammenhang zulänglich zu erklären zwischen (1.) seiner außerweltlichen Existenz und (2.) seiner innerweltlichen Wirksamkeit?

Das Hauptproblem

Zunächst fragen wir, wo oder von wem schon früher als von Aristoteles ein einziger Gott gelehrt wurde, der sich außerhalb der Welt befindet und von dorther das Weltgeschehen in Gang gebracht hat. Da erinnern wir uns sogleich an den altägyptischen Gott Ptach und an Zarathustras „Weisen Herrn". Was Ptach betrifft, so lautet die *ursprüngliche* Lehre, er habe die Welt aus seinem geistigen Vermögen heraus erst sich selbst ins Bewußtsein gebracht und sie dann in die Wirklichkeit entlassen. Demzufolge wäre die Beziehung zwischen ihm und ihr derjenigen eines Künstlers zu seinem fertigen Kunstwerk zu vergleichen, das ja, sobald es vom Urheber losgelöst, also objektiviert ist, für sich allein besteht. Sowohl die Lebendigkeit, die ihm geheimnisvoll innewohnt, als auch die Gesetze, die ihm eigen sind, hat es von seinem Urheber empfangen. Sobald man nun diese ihm immanenten Lebensgesetze wissenschaftlich erforscht, denkt man sich bis zu dem Konstrukteur empor und in ihn hinein, der das Ganze entworfen hatte.

Gleicherweise hat Aristoteles im Hinblick auf die Welt (Natur und Kultur) deren nicht allein von ihm, sondern schon von Anaxagoras so genannten „Ersten Beweger" aufgefaßt, und zwar als göttlich-absoluten *Geist* (gr. nous), zu dem sich der Philosoph empordenken kann; er braucht zu diesem Zwecke nur das Weltganze als einen großen, in sich zielstrebig bewegten Zweckzusammenhang zu erkennen, nämlich als Entelechie. Die schönste Definition des Entelechiebegriffs hat Goethe gefunden: „Geprägte Form, die lebend sich entwickelt." Nun kommt es darauf an, den Grundplan festzustellen, aus dem sich alle Einzelheiten ergeben und in den sie hineingehören, also die übergreifende Theorie des Ganzen. Dazu verhilft uns, da wir ja demselben Zweckzusammenhang eingefügt sind, eben der Nous selbst, von dem wir Menschen in besonderer Weise bevorzugt werden. Er teilt sich in uns zwiefältig auf: Als wahrnehmender Verstand versorgt er unser Bewußtsein mit praktischer Erfahrung, und als höhere, tätige Vernunft verarbeitet er sie, indem er aus ihnen uns mittels logischer Denkprozesse und abstrakter Begriffe alle Weltgesetze zu erkennen gibt und uns so das Weltganze durchschauen läßt. Insofern können wir ihn auch als „Weltgeist" bezeichnen, der sich, wie Goethe einmal sagte, zu uns gesellt und uns seine Geheimnisse ausplaudert.

Nun wenden wir uns Zarathustra zu. Bei ihm ist das, was uns hier interessiert, etwas mythisch eingekleidet. Aber ersichtlich wird doch, daß sein „Weiser Herr", von der Welt isoliert, das Weltgeschehen auf dem Umweg über eine Art jenseitigen Ideenreiches organisiert hat, das wir im großen ganzen wohl als sein selbständig gewordenes Bewußtsein interpretieren dürfen. Diesem vom Schöpfer abgelösten, nur im Jenseits existenten Idealbewußtsein zugeordnet ist der in verschiedene Funktionen zergliederte, in der Welt wirkende Geist des „Weisen Herrn". Damit begnügen wir uns. Denn uns kommt es jetzt lediglich darauf an, daß Zarathustra den „Weisen Herrn" als göttliches Wesen auffaßt, das sich, um seinen Weltzweck zu erreichen, zwar seines kompliziert zusammengesetzten Geistes als Mittler bedient, sich im übrigen aber auf sich selbst zurückgezogen hat.

Daran darf man sich wohl erinnern, wenn man bei Aristoteles, der lange Zeit eine Vorliebe für Zarathustra hegte, unvermittelt auf eine geradzu hymnische Darstellung seiner von der Welt abgesonderten Gottheit stößt. An dieser Stelle (Metaph. 12, 7) erklärt er den Nous zum transzendenten Gott, der mit der Welt gar nicht mehr zusammenhängt, sondern allein sich selbst genießt. Zugleich beschreibt er diese Vernunftgottheit so, daß sie gewissermaßen anthropomorph scheint: „Die Gottheit ist das ewige, beste lebendige Wesen; sie ist Leben und Ewigkeit; sie [als Nous] denkt sich selbst; [in ihr wird] Denken [Nous] und Gedachtes [gr. noētón] identisch; sie ist in wirklicher Tätigkeit, indem sie das Gedachte hat; und Leben wohnt in ihr, denn der Vernunft wirkliche Tätigkeit ist Leben, die Gottheit aber ist die Tätigkeit; ihre Tätigkeit an sich ist ihr bestes und ewiges Leben. — Daß es also eine ewige, unbewegliche, von dem Sinnlichen [der Welt] getrennt selbständig existierende Wesenheit gibt, ist aus dem Gesagten klar." Von hier aus bis zu einem neuen Mythos wäre nur ein Schritt.

Der Nous bei Aristoteles

Über diese ewig unbewegte, ewig sich in ihrem Bewußtsein selbst erfreuende Gottheit sagt Aristoteles weiterhin, daß sie „die unendliche Zeit hindurch in Bewegung setzt"; das Bewegte aber ist die Welt. Sofort drängen sich zwei Fragen auf. (1.) Wodurch, falls nicht durch einen Mittler, ruft sie die unablässige Bewegung hervor, wenn ihre Tätigkeit doch ausschließlich darin besteht, daß sie selbst ewig da ist und sich selbst genießt? (2.) Wie kann diese rein jenseitige, zur Gottheit umgewandelte Vernunft anderseits noch der Welt immanent sein als deren Weltgeist oder Weltvernunft? Kurz, diese halbwegs wieder mythische Gotteslehre mutet im Gesamtwerk des Aristoteles wie ein Fremdkörper an; sie paßt nicht zu den anderen Voraussetzungen, und sie bringt eigene Probleme ins Spiel. Mit einem Wort: Sie setzt plötzlich in das sonst so geschlossene System eine *Bruchstelle*. Aufgabe des *Theophrast,* des altbewährten Mitarbeiters und hervorragenden Schülers des Aristoteles, sowie des *Straton,* war es nun, jene Bruchstelle zu beseitigen.

Nochmals das Hauptproblem

Die Schwierigkeit liegt einfach darin, daß Aristoteles einerseits (und in der Regel überhaupt) von der praktischen Erfahrung ausging; da konnte er sich sozusagen von unten nach oben ohne sonderliche Mühe bis zur Weltvernunft empordenken; während er anderseits (und selten) bei jener Gottesvorstellung einsetzte, die es ihm schlechterdings unmöglich machte, von dort oben herab und in die Welt hinein deren Zweckzusammenhang theoretisch herzuleiten und nachzuvollziehen. Jedoch, eben jene grundsätzliche Schwierigkeit trotzdem zu überwinden und beide Wege, nämlich den von unten nach oben und den von oben nach unten in einem System zu vereinigen, das wurde für die nächsten zwei Jahrtausende zur Hauptaufgabe, wobei man sich immer wieder an Werke des Aristoteles hielt, gleichgültig, ob man ihnen wörtlich folgte oder sie frei interpretierte oder ihnen widersprach.

Verzicht auf die Transzendenz

Wollten in Athen die Aristoteliker nicht um jener Bruchstelle willen das sonst so geschlossene System ihres Meisters umarbeiten, dann mußten sie eben auf den Jenseitigkeitsstandpunkt verzichten, womit die Schwierigkeit erledigt wäre. So geschah es auch. Schon *Theophrast* deutete den Nous als eine sich entwickelnde Tätigkeit im Hinblick auf das Weltgeschehen, und *Straton* (aus Lampsakos), der 288 bis 270 v. Chr. nach Theophrast die Schule führte, erklärte rundheraus, Gott dürfe ebensowenig transzendent gedacht werden wie der Nous. Im übrigen enthob er sich dadurch der spekulativen Schwierigkeiten, daß er im Weltgeschehen nur immanente Naturnotwendigkeit sah und nicht mehr die Wirkung einer geistigen, außerweltlichen Ursache.

II a. Die Stoa

Größeren Einfluß als der allmählich verkümmernde Peripatos gewann, immer noch von unserem zweiten Ansatzpunkt aus, nunmehr *die Stoa*, so genannt nach einer öffentlichen Säulenhalle in Athen, wo sich einige, meist in Kleinasien geborene Philosophen zu Diskussionen trafen. Ihr Oberhaupt war ein reicher phönikischer Handelsherr von der Insel Zypern, nämlich *Zenon* (um 326—264). Große Philosophen waren sie wohl alle nicht, eher Eklektiker; sie wählten aus fremden Lehrsystemen das ihnen Zusagende aus und stellten es neu zusammen. Insofern wurde durch sie auch in Athen das W. 'tzeitalter des Hellenismus offenbar. Sie gingen an das uns hier interessierende Hauptproblem heran mit Vorstellungen und Begriffen, die sie dem Zoroastrismus (Urfeuer, Weltbrand) und altmesopotamisch-hellenischer Tradition entnahmen (Pneuma im Sinn von Weltseele) oder die sie von Heraklit, Platon, Demokrit (Naturnotwendigkeit) und noch anderswoher bezogen. Sogar die Mantik brachten sie wieder zu Ehren, während sie sich von der strengen Wissenschaft abwandten. Ihre geistesgeschichtliche Bedeutung liegt darin, daß sie als gebildete Laien einen unversöhnlichen Unterschied setzten zwischen der immer mehr spekulativen Philosophie einerseits und den auf praktischer Erfahrung aufgebauten Fachwissenschaften anderseits. Dessenungeachtet betrieben sie zunächst vor allem, vielseitig wie sie waren, eine systematische Entmythisierung; so z. B. erklärten sie den himmlischen Weltgott Zeus durch den Logosbegriff des Heraklit. Insbesondere machten sie offenkundig, daß sich im allgemeinen zwar der geistbetonte Monotheismus durchgesetzt hatte, aber in seiner theistischen Form kaum auf Popularität hoffen konnte. Sie wandelten ihn wieder zum Pantheismus. In diesem Zusammenhang sei die Kritik Goethes am Theismus zitiert: „Was wär ein Gott, der nur von außen stieße, / Im Kreis das All am Finger laufen ließe! / Ihm ziemt's, die Welt im Innern zu bewegen, / Natur in Sich, Sich in Natur zu hegen, / So daß, was in Ihm lebt und webt und ist, / Nie Seine Kraft, nie Seinen Geist vermißt." Die Stoiker leiteten alles Geschehen aus der Gottheit her, deren allbelebende Urkraft sich auch der Materie bemächtigt hat und deren Weltgeist (Logos = Urfeuer) gemeinsam mit der Weltseele (Pneuma = Lebenshauch) eine unerbittlich vorausbestimmte (determinierte) Weltordnung bedingt. In dieser ausdrücklich gegen Aristoteles gerichteten Lehre ist die Gottheit zugleich Schöpferkraft, Lebensprinzip, Formtrieb, Gestaltungswille, also zweckvoll schaffende und leitende Weltvernunft, Allseele, Vorsehung, höchste Norm, Naturnotwendigkeit. Um sie mit einem Begriff zu charakterisieren, kann man sie, den Stoikern folgend, eben als „Logos" charakterisieren oder als „Pneuma", wobei Gott als Logos insofern stets auch Pneuma ist, als er sämtliche Dinge mit Leben durchdringt. Beide Begriffe zusammen ersetzen hier ungefähr den feineren Entelechiebegriff des Aristoteles. Damit haben aber die Stoiker dem hellenistischen *Pantheismus zum Durchbruch* verholfen.

Zenon

Pantheismus

Gegen Aristoteles

Von Empedokles, Demokrit, Aristoteles entlehnten sie sodann jenen wichtigen Grundsatz, den am kürzesten Demokrit formuliert hatte: „Der Mensch ist ein Mikrokosmos", also eine kleine Welt, welche in sich alle Möglichkeiten des Makrokosmos zusammenfaßt. Man kann das Zitat recht unterschiedlich auffassen. Die Stoiker legten es dahin aus, daß die menschliche Seele ein Abbild der Weltseele sei. Sinngemäß dasselbe galt für den menschlichen Geist im Verhältnis zum Weltgeist. Diesem Prinzip verdankte nun, hauptsächlich von *Alexandria* aus, die *Gnosis* ihren geradezu triumphalen Aufschwung. Deren Ziel war, kurz gesagt, jenen geistig-seelischen Mikrokosmos stufenweise durch „Erkenntnis" (gr. „gnosis") zum Makrokosmos zu erweitern.

Ansatz zur Gnosis

IIb. Hellenistische Theosophie

Monotheismus und Pantheismus (von gr. pan = das Weltall) waren im alten Orient nebst Kleinasien längst bekannt, desgleichen Theismus sowie Logoslehre und Pneumalehre: Das alles entstammte ja altorientalischem Gedankengut, nur daß derartige Gedanken hier größtenteils noch von mythischen Vorstellungen umkleidet waren. So hatte man sich beim frühesten, nämlich altägyptischen und bereits Jahrtausende zurückliegenden Versuch zum Pantheismus, hergeleitet aus der ursprünglichen, dann erweiterten Lehre vom Weltgott Ptach, einer durchaus mythischen Ausdrucksweise bedient: „Ptach ist als Herz in jedem Leibe, als Zunge in jedem Munde aller Götter, aller Menschen, alles Viehs, alles Gewürms und was sonst lebt, indem er als Herz denkt und als Zunge alle Dinge befiehlt, die er will" (Übersetzung von Kurt Sethe). In diesem kleinen Zitat begegnen wir sogar dem *Determinismus*. Auch hatte man schon öfter im Lauf langer Zeit mythisches Erbgut dem jeweils erreichten Zustand eigener, fortgeschrittener Geisteskultur angepaßt, indem man es allmählich immer mehr entmythisierte. Das heißt: Auch wenn man sich weiterhin altüberlieferter, ursprünglich mythischer Ausdrucksweise bediente, so hatte man doch ihre Bedeutung vergeistigt. Nun jedoch erlernte man die griechische Sprache, und ihr verdankte man, daß man alles das, was man vorher durch den noch mythisch geprägten Wortschatz nur andeuten konnte, plötzlich direkt zu formulieren vermochte. Welch ein geistiges Erlebnis!

Entmythisierung und Remythisierung

Indes, die neuen Begriffe wurden zugleich im Bewußtsein orientalischer Denker den Vorstellungen altvertrauter Weltwirklichkeit zugeordnet, zu denen sie am besten paßten. Da aber diese Weltwirklichkeit noch immer ihre magisch-mythische Bestimmung in sich trug und seit alters stets theologisch entschlüsselt worden war, woran man sich gewöhnt hatte, so vollzog sich nicht nur mittels der griechischen Terminologie eine nochmalige, radikale Entmythisierung, sondern anderseits wurden dieselben Begriffe auch *mythisiert!*

Derartige Symbiosen kamen um so leichter zustande, je näher Welterklärungssysteme hellenischer Philosophen ihrem altorientalischen Ursprung geblieben waren oder je mehr sie wieder zu ihm zurückgeführt wurden, insbesondere diejenigen Systeme, in denen sich ebenfalls logisch-abstraktes Denken noch mit magisch-mythischem Denken vertragen mußte. Das galt vor allem für Werke der Eleaten, Pythagoreer, Platoniker, am meisten für dasjenige der Stoiker, ferner für das altgewohnte Bekenntnis, daß die Gestirne lebendige Gottheiten seien. Aus eben diesem Glaubensbekenntnis hatte schon der alte Platon und erst recht dessen akademischer Nachfolger *Xenokrates* (Schulleiter von 339—314 v. Chr.) eine umfängliche Dämonologie entwickelt: „Ein Gott ist auch der Himmel, und die feurigen Sterne sind olympische Götter. Es gibt aber auch noch andere, unsichtbare göttliche Wesen [Dämonen] unter dem Mond. Göttliche Kräfte leben auch in den materiellen Elementen ... In der Atmosphäre gibt es große, starke Naturkräfte von unfreundlicher und finsterer Art." In denselben altorientalisch-hellenischen Zusammenhang gehört die Lehre, daß der Himmel aus übereinandergeschichteten Sphären besteht, deren jede eigentümlich geartet ist oder von besonderen Geistwesen bewohnt wird. Diese Lehre stammt aus der altmesopotamischen Astrologie und lieferte ursprünglich wohl eine Erklärung für die Umlaufbahnen der Planeten. Damit ließ sich die Lehre des Aristoteles vom Stufenbau unserer Welt vereinigen: Man zählte die Sphären als himmlische Stufen hinzu. Auf der obersten Plattform dieser Treppe mußte dann Gott (an Stelle der Sonne) sich befinden, was uns an die gestuften Weltberge in Altmesopotamien und Altägypten denken läßt, an die Zikkurate und Pyramiden.

Dämonologie

So gestaltete sich aus *Theo*logie und Philo*sophie* die hellenistische *Theosophie*, deren Zentrum Alexandria war. Selbstverständlich geriet jetzt die derartig gebundene Philosophie in denselben Gegensatz zur Fachwissenschaft wie einst in Athen zur Zeit des Anaxagoras und der Ketzergesetzgebung, nur daß im Hellenismus mit seiner Toleranz kein Verbot, weder der Wissenschaften noch der Theosophie, üblich war, sondern der Wettstreit friedlich durch Argumente ausgetragen wurde. Begreiflicherweise mußten die Theosophen verschiedenster Herkunft und Richtung um ihrer Systeme willen am altorientalischen, wissenschaftlich längst überholten Weltbild festhalten, in das die Erde als Kreisfläche eingezeichnet ist („ptolemäisches Weltbild"), mindestens aber durften sie nicht die Überzeugung preisgeben, daß die Erde, auch wenn sie schon kugelfömig gedacht wurde, unverrückbar fest im Zentrum des Weltalls steht und die Gestirne um sie herum kreisen („geozentrisches Weltbild"). Als im 3. vorchristlichen Jahrhundert der Fachgelehrte Aristarch von Samos lehrte, daß sich die Erde um sich selbst drehe und außerdem auf ekliptischer Bahn durch den Weltraum bewege, während die Gestirne stillstünden, schalt ihn der Stoiker Kleanthes, er sei gottlos, weil er die Erde, „den Herd des Kosmos", von ihrem Platz rücken wolle. Aus einem Hymnus des Kleanthes zitiert übrigens Paulus einen Vers in seiner von Lukas nachträglich verfaßten Areopagrede in Athen, die man Apgsch. 17 nachlesen kann. Das dort (Vers 28) angeführte Zitat stammt aus einem stoischen Kultlied zur Verehrung des Allgotts: „Hehrster der Himmlischen, Namenreicher, ewig Allmächtiger ... der du alles steuerst nach Satzung, sei mir gegrüßt! An dich das Wort ist uns allen gestattet: *Wir sind deines Geschlechts,* vom All ein kleineres Abbild ..." In der Apostelgeschichte heißt es: „... Denn in ihm leben und weben und sind wir [die paulinischen Christen], wie auch etliche eurer Dichter gesagt haben: Wir sind sein Geschlecht ..." — Aus solchen Voraussetzungen ergab sich die bereits von der Stoa verkündete Meinung: Die Welt, in der wir leben, ist *die beste aller Welten.*

Geozentrisches Weltbild

IIc. Philon

Die hellenistische Theosophie *entfaltete* sich bis weit ins 5. nachchristliche Jahrhundert hinein, *aber sie entwickelte sich nicht,* da ihr Weltsystem festlag, und nur in diesem Rahmen mannigfach ausgestaltet wurde. Alle ihre nennenswertesten Denker waren entweder gebürtige Alexandriner oder hatten sich in Alexandria gebildet. Diese Stadt, während einiger Jahrhunderte die zweitgrößte unserer Kulturwelt, war damals zugleich Metropole der Judenheit. Hier wohnten in einem eigenen Stadtteil sehr viel mehr Angehörige des israelisch-judäischen Volkes beisammen als in ganz Palästina. Für sie war von besonderer Bedeutung, daß im oberägyptischen Elephantine bis kurz nach 400 v. Chr. ein Jahwe-Tempel stand, der einzige, den es außer dem Tempel von Jerusalem gab. Elephantine, an der Grenze nach Nubien, war (seit etwa 600 v. Chr.?) Standort einer starken judäischen Militärkolonie, die dort Ägypten verteidigte. Wer das Alte Testament kennt, dem fällt auf, daß dessen Verfasser und Redakteure, sofern sie Priester und Schriftgelehrte aus Jerusalem waren, nahezu nichts über die Volksgenossen in Ägypten verlauten lassen, geschweige über den Konkurrenztempel von Elephantine. Denn die judäisch-ägyptische Kultgemeinde hatte ihre Besonderheiten. Der Tempel war dem Jahwe-Jahu geweiht, wobei „Jahu" vielleicht nur der babylonische Wortlaut des Namens „Jahwe" ist. Jahu (womit in Elephantine eben Jahwe gemeint ist) war eine babylonische Himmelsgottheit und einigen Völkerschaften der Hebräer wohl während deren früheren Nomadendaseins östlich von

Alexandria

Palästina bekannt geworden. Wie auch immer sich die ungeklärte Vorgeschichte von Jahwe-Jahu abgespielt haben mag, sein Kult jedenfalls besaß eigenartig synkretistischen Charakter. Insofern dürfte er der ägyptischen Judenheit ihre geistesgeschichtlich hervorragende Ausnahmestellung ermöglicht haben, insbesondere das aufmerksame Verständnis für andere Weltanschauungslehren. Diese Gesinnung abseits der judäisch-jerusalemitischen Tradition kam nun am erstaunlichsten zum Ausdruck im Hellenismus.

Hervorragende Mitglieder der Judenheit erkannten zuerst in Alexandrien, wie viele Berührungspunkte, um nicht zu sagen Gemeinsamkeiten die hellenistische Theosophie *mit dem alttestamentlichen Monotheismus* hatte, sofern man ihn, wozu die Gelegenheit jetzt gekommen war, Andersgläubigen in einer Sprache und Terminologie darbot, die sie verstehen konnten: in griechischer Sprache und in philosophischen Spezialbegriffen. So begann die judäisch-israelische Weltmission, von der schließlich die Antike durchdrungen wurde. Schon im 3. vorchristlichen Jahrhundert übersetzten Schriftgelehrte in Alexandria das Alte Testament ins Griechische („Septuaginta"), ein unerhörter Vorgang, wenn man bedenkt, daß (1.) sonst und anderswo der hebräisch-aramäische Urtext unverändert, also auch unübersetzt bleiben mußte und daß (2.) zur selben Zeit der judäisch-israelische Volksteil in Palästina unter Führung der Makkabäer todesmutige Kriege gegen griechische Fremdherrschaft und gegen den Hellenismus austrug. Aber in Alexandria sprach auch die Judenheit griechisch.

Philons Allegorie

Einer der ihrigen war *Philon* (um 25 v. Chr. bis nach 40. n. Chr.), wahrscheinlich aus einer Priesterfamilie, aber selbst nicht mehr des Hebräischen mächtig, und als Hauptvertreter jüdisch-hellenistischer Philosophie einer der bedeutendsten Denker zur Zeit von Christi Geburt. Er hat am Lebensende, als Ägypten längst römische Provinz war, noch die alexandrinische, vom Statthalter Flaccus (32—28 n. Chr.) angeordnete Judenverfolgung durchlitten.

Unbeschadet seiner Forderung, daß alle Gebote der Thora wörtlich zu erfüllen seien, wandte er die von Stoikern entwickelte Methode, Mythen und Dichtungen *allegorisch* zu erklären, in seinen Lehrschriften auf das Alte Testament an. Eines seiner Hauptwerke trug den Titel: „Allegorische Erklärung des heiligen Gesetzbuches." Zugrunde legte er seiner Ausdeutung des Wortsinns eine Theosophie, die aus platonischen, pythagoreischen und stoischen Motiven zusammengesetzt, mit Vorstellungen Zarathustras und der Orphiker vermischt und mit einer Mysterientheologie altägyptischer Tradition vereinigt war. Er hielt sich also auf dieselbe Art und Weise im Rahmen damals üblicher Zusammenschau wie die gesamte Gnosis und wie z. B. auch Cicero, Seneca, Plutarch. Hier heben wir nur wenige Einzelheiten hervor, die im Neuen Testament, vor allem im Vierten Evangelium und Hebräerbrief, sowie von maßgeblichen Kirchenvätern aufgefaßt und dadurch für unsere Geistesgeschichte besonders wichtig wurden:

Der Allgott ist Vater und Schöpfer des Kosmos und zugleich der Weltgeist; seine beiden „Kräfte" sind Güte und Macht. Als Weltgeist („Logos") stellt er sich dar in Gestalt des Mittlers zwischen Gott und Welt. Insofern dieser Logos nun selbständig geworden ist, beschreibt Philon ihn als den zweiten Gott und außerdem als Sohn des Allgotts und der Sophia (Weisheit). Jedoch, als Gottessohn hat der Logos noch einen älteren Bruder, näher bezeichnet als „Kosmos noetós", nämlich als die geistige Welt der Ideen, die in der Idee der Ideen, dem Logos, zusammengefaßt wird. Der jüngere Bruder, eben der Logos, ist diese unsere sichtbare Welt, das Siegel, das Gott der Welt aufprägt, der Schöpfer und das Werkzeug Gottes, mit dem er die Welt bildete. (Davon lesen wir das meiste am Anfang des Vierten Evangeliums, wo wir ferner erfahren, daß der Logos nun Fleisch und Blut geworden sei und Jesus heiße.) Dem Logos legt Philon sowohl Attribute des stoischen Logos (= Urfeuer!) bei (vgl. im Vierten Evangelium und anderswo im NT: „Licht der Welt"!) als auch alle Attribute des stoischen Pneuma (im Vierten Evangelium: „Der Geist *weht,* wo er will ..."). Er ist auch der Hochpriester und der Paraklet („Tröster") und der Fürsprecher vor Gott (und mit allen diesen Funktionen im Hinblick auf den als Jesus verkörperten Gottessohn-Geist besonders ausführlich geschildert im neutestamentlichen Lehrbrief an die Hebräer). Er ist überdies der Anführer der göttlichen Kräfte und der Führer der Engelscharen (Jesus in der neutestamentlichen Eschatologie). Deutlich erkennen wir den starken Einfluß von Zarathustra auf Philon, aber die Ausdrucksweise ist griechisch und der hellenischen Philosophie entnommen. Philon wiederum hat außer auf Paulus auf andere Apostel eingewirkt, außerdem auf Clemens Alexandrinus, Origenes, Ambrosius, Augustin; sein Einfluß auf das Christentum ist beträchtlich.

II d. Die Gnosis

Ihren Höhepunkt fand die hellenistische Theosophie in der *Gnosis,* der wir, ihren Begriff möglichst weit fassend, auch Philon sowie später Plotin nebst Neuplatonismus, Neupythagoreismus zuordnen dürfen. Obwohl von manchen Kirchenvätern aus dogmatischen Gründen bekämpft, war sie in gewissem Umfang nicht nur über das Neue Testament doch so nachhaltig ins Christentum eingegangen, daß ohne sie weder die Leistung des Thomas von Aquino noch die hochmittelalterliche Vorstellungswelt überhaupt verständlich ist. Bis zur Gegenwart verspüren wir, wenn wir gotische Kirchenportale mit ihrer figürlich-symbolischen Darstellung himmlischer Sphären betrachten, den fortwirkenden Geist der Gnosis.

Zu seiner Charakteristik sei hier nun aus der Zusammenfassung gnostischen Denkens durch Hans Leisegang zitiert:

Synkretismus

„Längst waren die Lehren der drei großen Philosophenschulen, der von Platon gegründeten Akademie, des Peripatos, der die Arbeit des Aristoteles fortsetzte, und der Stoa zu einer Einheit verschmolzen und hatten jene Weltanschauung und Universalreligion der Gebildeten hervorgebracht, wie sie uns in Ciceros Somnium Scipionis, in Philons Schriften, in Senecas und Plutarchs Werken und dann im Neuplatonismus von Plotin bis zu Boëthius entgegentritt und neben allen Besonderheiten, die immer noch durch den Unterschied der Schulen bedingt sind, doch immer dieselben großen typischen Züge zeigt.

Kosmos als großes Lebewesen

Aus der Philosophie der Stoiker, die selbst wieder auf Heraklit zurückgriffen, stammt die für diese Weltanschauung wesentliche Lehre vom Kosmos als einem großen Organismus, einem lebendigen, aus Körper, Seele und Geist bestehenden Wesen, das wie alles Lebendige eine Geburt und einen Tod hat und im Sterben den Keim zu neuem Leben zurückläßt ... Ein solcher Zyklus von einer Weltgeburt zur anderen oder einem Weltbrand zum andern heißt ein Äon; denn, so sagte Aristoteles: ‚Dieses Wort kam als göttliche Kunde zu uns von den Vorfahren; die Grenze nämlich, die die Zeit des Lebens eines jeden Wesens umschließt, die nach dem Naturgesetz nicht überschritten werden darf, wird der Äon eines jeglichen genannt.'

Stufenreich

Dieser Kosmos aber ist nach der Lehre des Aristoteles ein wunderbar geordnetes Stufenreich ... Der Mensch als das höchstorganisierte Wesen umfaßt die ganze Stufenreihe der Natur in sich. Er ist Materie, Pflanze, Tier, Logos und Geist zugleich, und daher ist er der große Kosmos, der Makrokosmos, noch einmal im kleinen als der Mikrokosmos, der aber mit einem Teil seines Wesens sich über die ganze Natur erhebt zum außer der Welt und über aller Natur stehenden göttlichen Geist ... Der Zweck seines Daseins weist über ihn selbst und über alle Natur hinaus und wird ihm durch den Geist, das Göttliche im Menschen, gegeben ...

Für den religiösen Denker der Spätantike ist aber damit nur die eine Hälfte der Welt gegeben. Er fordert die Ergänzung des Stufenreichs nach der anderen Seite hin über den Menschen hinaus ... Über ihm muß es Wesen geben, deren Seele und Geist nicht von der Last irdischen Stoffs bedrückt und behindert werden, reine, körperlose Seelen, und über diesen die reinen Geister und schließlich den einen vollkommenen Geist, der der Materie ... als ihr ewig unveränderlicher, dem Werden nicht unterworfener Gegenpol gegenübersteht.

Sphären-Hierarchie

Diese Wesen, die das Stufenreich des Kosmos über den Menschen hinausführen und nach der übersinnlichen Seite hin vollenden, sind für den Gnostiker nicht nur Gedankengebilde, sondern wirkliche persönliche Kräfte und Mächte, die nicht nur dem Werte nach höher stehen als der Mensch, sondern auch innerhalb dieser unserer Welt einen höheren Ort einnehmen als der an die Erde gebundene Mensch. Die körperlosen Seelen leben in der Luft, die sich nach antiker Anschauung bis zum Monde erstreckt. Die von allem Seelischen sich läuternden Geister steigen zur Sternensphäre auf, die aus dem fünften Element, dem Äther, besteht. Darüber liegt das überhimmlische Reich der reinen Geister, das viel größer und umfassender als die vom irdischen Himmel umschlossene Welt ist. Außerhalb der ganzen Welt aber steht Gott selbst, der dieses Ganze geschaffen hat, es von außen umfaßt als der, der alles umschließt, selbst aber von nichts umschlossen wird.

Ein Beispiel christlicher Gnosis im MA

Im einzelnen läßt sich dieses Weltbild an ... Bildern veranschaulichen. [Ein gutes Beispiel ist] eine Weltkarte, die sich an der Nordwand der Kirchhofshalle des Campo Santo in Pisa befindet und um 1350 gemalt wurde ... Wir sehen auf ihr den außerweltlichen Gott, der die ganze Welt in der Form einer großen Scheibe vor seiner Brust in den Händen trägt. Im Zentrum liegt die Erdkugel ... Sie wird umschlossen von den Kreisen der drei anderen Elemente, Wasser, Luft und Feuer ... Dann kommen die Kreise für die Planeten, in denen Sonne und Mond als Gesichter erscheinen, dann der Fixsternhimmel, ein breiter, heller Kreis, geteilt in zwölf Abschnitte durch die Zeichen des Tierkreises, zwischen die zahlreiche Sterne eingezeichnet sind. Der nun folgende Kreis ist der Kristallhimmel, der das irdische Weltall gegen die überhimmlische Welt abschließt ... Darum lagern sich neun Kreise von Engeln, die den drei mal drei Triaden von Geistwesen der Neuplatoniker ebenso entsprechen wie den drei in Triaden gegliederten himmlischen Hierarchien des Dionysius Areopagita: der Engel, Erzengel und Fürsten, der Gewalten, Mächte und Herrschaften, der Throne, der Cherubim und der Seraphim, die wieder in den Worten des Paulus über den Christus ihren Ursprung haben: ‚Denn durch ihn ist alles geschaffen, was im Himmel und auf Erden ist, das Sichtbare und das Unsichtbare, es seien Throne oder Herrschaften oder Fürstentümer oder Obrigkeiten; es ist alles durch ihn und zu ihm hin geschaffen. Und er ist allem vorweg, und es besteht alles in ihm' (Kol. 1, 16 f) ...

Was aber nun das Weltbild der häretischen Gnosis von diesem christlich-kirchlichen unterscheidet, ist ein Eingriff, der in diesen sich von Stufe zu Stufe zu immer höheren und reineren Sphären erhebenden Kosmos gemacht wird. An einer Stelle des Himmels, die in den einzelnen Systemen nicht immer dieselbe bleibt, meist aber die Sphäre des Saturn, des letzten und höchsten Planeten ist, wird die untere Welt gegen die obere gleichsam abgeriegelt. Dadurch entsteht ein Reich der Finsternis und ein Reich des Lichts. Was in der unteren

Welt, dem Reich der Finsternis, liegt, gilt nicht mehr als Schöpfung des außerweltlichen guten Gottes, sondern als das Werk des bösen, von Gott abgefallenen und von ihm verfluchten Archonten, der sich selbst als Gott und als den Fürsten dieser Welt ausgibt, sie nach oben hin abschließt, so daß aus ihr nichts entfliehen kann, und es verhindert, daß eine Kunde von dem außerweltlichen guten Gott zu den Menschen dringt ...

Ein anderes Beispiel christlicher Gnosis im MA

Das nächste Bild zeigt uns eine Kombination des gnostischen mit dem christlich-kirchlichen Weltbild. Es ist entnommen aus einer alten Handschrift des Werkes der Hildegard von Bingen [1098—1178], das sie ... ,Buch von den göttlichen Werken des einfältigen Menschen' genannt hat und in dem sie ihre Visionen beschreibt ... Das Ganze ist nicht wie ... in Pisa nach der alttestamentlichen Schöpfungsgeschichte entworfen, sondern nach der Theologie des Paulus und mit starkem gnostischem Einschlag gestaltet. Nicht Gottvater ist der Weltschöpfer, der sein Werk vor der Brust trägt und mit seinen Händen umschließt, ... sondern der Christus, der Sohn Gottes. ... Dieser Christus aber wird von Hildegard mit Wesenszügen ausgestattet, die vom Neuen Testament in das Gebiet der Gnosis hinüberwiesen. Er wird von ihr bezeichnet als die höchste feurige Kraft, die alle Funken des Lebens entzündet, als das feurige Leben der Substanz der Gottheit, das ... in der Sonne, dem Mond und den Sternen brennt und das mit dem Lufthauch, dem unsichtbaren Leben, alles erhält und alles zum Leben erweckt, als die Vernunft, das Wort Gottes und das ewige Leben, als der sich regende und wirkende Gott.

Das Weltall selbst, das er mit seinem Leben durchdringt, wird ein Rad genannt. Der äußerste Rand besteht aus einem lichten und einem halb so starken dunklen Feuerkranz. Der lichte Feuerkreis ist Gottes schöpferisches Leben, der dunkle das Höllenfeuer zur Bestrafung der Bösen, die sich von Gott entfernen ... In der Mitte des Kosmos steht die Gestalt des Menschen als Mikrokosmos, in den die Elemente und Kräfte des Makrokosmos einströmen ... Himmel, Erde und Mensch werden von siderischen und pneumatischen Kräften durchwirkt. Die Himmelssphären und die Winde, die Pneumata, stehen in Beziehung zueinander und wirken zusammen auf die Erde und den Menschen ... Wichtig ist die Rolle, die hierbei der Nordwind ... spielt, der aus dem dunklen Feuerkreis heraus weht. Dieser dunkle Feuerkreis ist der ,Richterkreis' oder der ,Höllenkreis'. Der dort entspringende Nordwind ist der ,Feind der Sonne' und verachtet jeglichen Lichtglanz, der ,Teufel, der in seinem Widerstreit gegen Gott seine Bosheit offenbart'. Er ist der gefallene Luzifer, den Christus in die Nordecke des Weltalls geschleudert und in den dunklen Feuerkreis gebannt hat. Aber am Ende der Weltgeschichte sucht er das Erlösungswerk zu vernichten. Durch seinen Einfluß wird aus einem unreinen Weibe ein unreiner Sohn geboren, der Antichrist und Gegenspieler des Christus. Jetzt drängt sich Luzifer aus dem dunklen Feuerkreis, ... gibt sich selbst als Gott aus, beherrscht die ganze Welt ... Dann bittet Christus den Gottvater für die verlorene Menschheit. Der Endkampf beginnt, und der Antichrist fällt durch den Geist Christi ... die Menschen stehen vom Tode auf, und der Zyklus der Weltgeschichte vollendet sich.

Wir befinden uns mitten im Gedankenkreis der Gnosis ... Vor allem hat Hildegard den Wesenszug des gnostischen Weltbildes erhalten ...: die Abriegelung der irdischen Welt nach oben durch den dunklen Feuerkreis, das Reich des gefallenen Luzifers ...

Kampf der Gegensätze

Aus diesem Weltbilde erklärt sich sowohl der Kampf der Gegensätze, der das gnostische Denken beherrscht, wie auch der Zusammenhang zwischen den beiden wichtigsten Problemen, die es zu lösen suchte: dem der Weltschöpfung und dem der Erlösung. Der außerweltliche, unsichtbare und unerkennbare Gott steht als reiner, in sich ruhender Geist der irdischen, sichtbaren und ständigem Wandel unterworfenen Materie gegenüber. Zwischen beiden Gegensätzen sucht das Denken nach einer Beziehung; es stellt die Frage: Wie konnte der gute Gott diese böse Welt hervorbringen? Die Antwort liefert der Schöpfungsprozeß. Er ist eine immer weiter von Gott fortführende Entwicklung. Veranlaßt durch seine Güte, bringt Gott durch seinen Logos, der das Schöpfungswort und der Schöpfungsgedanke zugleich ist, zuerst die reine Welt der Geister hervor. Die in ihr waltenden Geisteskräfte, die teils unpersönlich als Ideen, teils persönlich als reine Geister gedacht werden, schaffen den sichtbaren Himmel mit seinen Sterngeistern und Planetensphären, die Erde und auch den Menschen als Ebenbild Gottes. Dabei aber ist unter den Geistern selbst ein Abfall von Gott erfolgt. Sie haben die ihnen verliehene Freiheit der Selbstbestimmung mißbraucht; unter der Führung eines ersten von Gott abgefallenen Engels hat sich ein Teil von ihnen dem Irdischen zugewandt, ist in die Bande der Materie geraten und böse geworden. Durch sie kommt die Sünde zu den Menschen; sie drängen sich in der Sternenregion, in der sie herrschen, zwischen die irdische und die himmlische Welt. Der Mensch ist von Gott gänzlich getrennt. Eine Erlösung aus diesem Zustande der Gottentfremdung, der Gottverlassenheit und der Abhängigkeit von den bösen Dämonen, die ihn quälen, kann nur dadurch erfolgen, daß Gott selbst von außen in den Kosmos eingreift und den Gottgedanken, den Logos, den Erlöser aus Himmelshöhen durch die Reiche der guten und bösen Geister hindurch zu den Menschen schickt, um ihnen die Kunde von seiner unwandelbaren Güte zu bringen und ihnen den Weg zu zeigen, auf dem sie zu Gott zurückgelangen können. In diesem Wissen um den Weg nach oben und in der Kenntnis der Mittel, die anzuwenden sind, um ihn gehen zu können, besteht die Gnosis. Der Mensch aber kann sie nur deshalb erlangen, weil er selbst die Welt im kleinen in sich birgt; er ist der Mikrokosmos und vereint in sich alle Kräfte und Substanzen des Makrokosmos; er besteht aus Materie, aber in ihm ist auch der Logos, auch der göttliche Geist lebendig, der die oberen Regionen des Kosmos durchwaltet. Sucht er sich von der Materie und dem Einfluß der bösen Geister zu befreien, dann ist er auch dazu fähig, mit seinen Geisteskräften aufwärts zu steigen, dann kann der göttliche Logos auf ihn wirken. Seine volle Erlösung aber erlangt er erst, wenn er dem ganzen Kreis der Schöpfung entflieht und in die außerhalb dieses Kreises liegende unendliche Ewigkeit eingeht, in der Gott selbst thront. So vollzieht sich die Aufwärtsentwicklung in umgekehrter Stufenfolge wie die Schöpfung der Welt. Von der Erde kämpft sich der Mensch durch das ihm feindliche Reich der Dämonen bis zum Monde empor, von dort geht seine Reise durch die Planetensphären in den Fixsternhimmel hinein, dann steigt er auf in die reine Welt des Geistes, bis ihn der Logos selbst zu Gott zurückführt. Dabei wird eine irdische Hülle nach der anderen abgelegt: Der Körper wird zum Luftleib, dieser in der Sternenregion zum Ätherleib und dieser wieder zum reinen Geist- oder Lichtwesen; denn Licht und Geist fallen in der gnostischen Vorstellung zusammen; sie sind wesenseins. Auch Gott ist Geist und deshalb Licht . . . Wenn der Gnostiker vom Geiste spricht, so versteht er darunter nicht unsern modernen, ganz abstrakten und unsinnlichen Geistesbegriff. Für ihn ist Gott immer noch Stoff, wenn auch ein ganz feiner und ganz leichter, ein Hauch, ein Fluidum, ein Duft oder ein Lichtglanz.

Schöpfungsprozeß

Mikrokosmos — Makrokosmos

In diesem hier nur in den Grundzügen wiedergegebenen Gedankenkreis bewegen sich die gnostischen Spekulationen, die aber in der Ausmalung der Einzelheiten und in der Verknüpfung der Zusammenhänge oft bedeutend voneinander abweichen." — Soweit das Zitat von Leisegang.

II e. Plotin und der Neuplatonismus

Der Leser wird schon bemerkt haben, wie der Gebrauch unseres Gnosisbegriffs schwankt. Kirchengeschichtlich bezeichnet man diejenigen Glaubensgruppen als Gnostiker im engsten Sinne, die im Gegensatz zu christlichen Gnostikern nicht bekennen wollten, daß sich der Logos verkörpert habe in Jesus dem Christus und daß folglich die Erlösung nur über die christliche Gemeinde oder den christlichen Klerus möglich sei. Im übrigen ist deutlich geworden, wie sehr die Gnosis, auch die christliche, von der Zarathustra-Lehre beeinflußt wurde. Geistesgeschichtlich läßt sich der Begriff aber viel weiter fassen.

Philosophische Gnosis als Empordenken zu Gott

Dann verstehen wir unter „Gnosis" (gr. „Erkenntnis") denjenigen Denkprozeß, mittels dessen sich der Einzelmensch eben durch (vernünftige) *Erkenntnis* Gottes und seines (heilsgeschichtlichen) Weltplanes zur absoluten Freiheit hin geistig zu erlösen meint. Es liegt also im allgemeinen Gnosisbegriff die Überzeugung, daß man sich über bestimmte Erkenntnisstufen zu Gott empordenken und mit ihm sich im eigenen Bewußtsein vereinigen könne. Vorausgesetzt wird aller *philosophischen* Gnosis als Glaubensgewißheit die Identität von Weltvernunft und Gottesgeist, weshalb das vernünftige Erkenntnisdenken zugleich Gottesdenken ist. Anschließend an die postulierte Gotteserkenntnis (oder „Gottesschau"), die sich in einer Definition des Gottesbegriffs ausdrücken läßt, fällt es relativ leicht, den vermeintlichen Gottesplan einzusehen und ihm gemäß über Vergangenheit, Gegenwart und Zukunft des Weltganzen zu spekulieren. Solche Gnosis liegt jeder spekulativen Philosophie zugrunde; die meisten großen Philosophen des Abendlandes sind sinngemäß als derartige Gnostiker aufzufassen, so z. B. Spinoza, Leibniz, Herder, Fichte, Schelling, vor allem Hegel, wobei sie in der Regel einen philosophisch sublimierten Dualismus von Gott und Welt in ihren Systemen monistisch aufheben wollten (so z. B. nicht nur Cusanus mit seiner coincidentia oppositorum und nicht nur Spinoza und Schelling mit ihrer jeweils anderen Identitätsphilosophie, sondern auch Fichte und Hegel mit ihrem dialektischen Dreischritt, ganz zu schweigen vom mystischen deus absconditus beim späten Fichte oder vom Weltgeist-Mythos bei Hegel). Insbesondere ist jedem christlichen Logosdenker (im scholastischen Begriffsrealismus wie im deutschen Idealismus) diese Art Gnosis lt. Voraussetzung (vom Vierten Evangelium her) unerläßlich. Darum werden wir später noch mehrmals den Gnosisbegriff in diesem allgemeinen Sinne benutzen.

Ein Kennzeichen jeder Gnosis ist die ihr eigentümliche Mischung aus logisch-abstraktem und magisch-mythischem Denken, wobei historisch bald das eine, bald das andere überwogen hat. Im Hellenismus und im Mittelalter pflegte das magisch-mythische Denken zu dominieren, aus dem heraus sich unzählige, oft heftig rivalisierende, rechtgläubige oder ketzerische Lehrmeinungen, Glaubensvorstellungen, Bekenntnisse ergaben.

Wer Gefallen daran findet, kann sich jederzeit sein gnostisches System zusammenbauen und hätte dabei zahlreiche Vorgänger sowohl im Hellenismus und in der modernen Theosophie als auch in der ungemein komplizierten Geschichte des Christentums. Schon für die Antike, vor allem die Spätantike, lassen sich die mannigfachen Formen der meistens mit Mysterienkulten verbundenen Gnosis kaum noch auseinanderhalten.

Monismus

Eine mehr philosophische Lehre hat sich jedoch damals deutlich aus der sonstigen Gnosis herausgehoben und bis heute stark nachgewirkt: der sog. *Neuplatonismus*. Seine Eigenart besteht vor allem darin, daß er an die Stelle des seltsam monotheistischen Dualismus, wie wir ihn von Zarathustra her kennen, wieder einen Monismus setzte. Das heißt: Er beseitigte den Gegensatz zwi-

schen guten und bösen Geistmächten, indem er das absolut Böse verneinte. Insofern weicht er auch von der christlichen Gnosis deutlich ab.
Das Böse wird relativiert zu graduell unterschiedener Gottesferne, welche der Mensch zu überwinden vermag, indem er sich über lehrmäßig vorgeschriebene Erkenntnisstufen hinweg geistig Gott nähern und in ihm aufgehen soll.
Sein Wortführer war der aus Unterägypten gebürtige *Plotinos* (um 205—270 n. Chr.), der sich in Alexandria bei Ammonius Sakkas gebildet hatte und ebenso wie dieser weniger dem Zoroastrismus huldigte, sondern sich hauptsächlich an Platon, Aristoteles, die Stoa und altägyptische Mysterien hielt.

Der Stufenkosmos als Emanation Gottes

Ihm zufolge ist einst aus dem höchsten Wesen, dem Ur-Einen, der Weltgeist, die Weltseele und alles Leben durch *Emanation* (Ausfluß) hervorgegangen. Aus dem Ur-Einen strahlt zunächst der Geist aus wie die Wärme und das Licht aus der Sonne. Er ist Denkendes und Gedachtes, Geist und Ideenwelt zugleich. Er erzeugt die Seele, die Mittlerin zwischen Ideen- und Sinneswelt. Sie ist auf der einen Seite dem Geiste zugewandt und empfängt von ihm die Ideen, auf der andern aber neigt sie sich der Materie zu, um aus ihr nach den jenseitigen Urbildern die diesseitigen Abbilder der körperlichen Welt zu gewinnen. (Das Verhältnis zwischen Ur-Einem, Weltgeist und Weltseele entspricht ungefähr demjenigen zwischen Gottvater, Christus-Logos und Heiligem Geist.)
Gemäß dem Abstieg vom Ur-Einen bis zur Materie soll nun der Mensch in umgekehrter Richtung auf denselben Stufen emporsteigen. Es gibt aber zwei Wege: den unteren und den oberen Weg, die einander ergänzen. Der untere Weg geht (wie ehedem bei den Pythagoreern und, ihnen folgend, bei Platon) durch die Musik, weil sie uns in die Sphärenharmonie einführt, und dann bis zur philosophischen Dialektik Platons hin. Anschließend (auf dem oberen Weg) aber „gilt es, über das Gebiet des Wissens hinauszueilen und niemals von dem [oberen] Weg abzubiegen, der zur *Einswerdung* mit dem Ur-Einen führt, sondern abzulassen von Wissenschaftlichem und wissenschaftlich Faßbarem . . .

Gottesschau

Ich rede und schreibe, um mittels der Worte die *Schau* zu erwecken und um demjenigen den Weg zu zeigen, der solcher Schau teilhaftig werden will" (Plotin). Von solcher Schau hatte nicht allein Platon geschwärmt. Worauf es dabei ankommt und wie man zu ihr gelangen kann, haben wir schon im Zusammenhang mit Buddha dargelegt. Plotin freilich bedurfte dazu der Ekstase, die ihn mehrmals, wie er verkündete, bis zum Ur-Einen emporhob. Es handelt sich aber nicht um plötzliche Entrückung, dergleichen z. B. im Neuen Testament öfter berichtet wird, sondern um den Erfolg beharrlicher Läuterung und Denkarbeit. Der psychologische Aufstieg vom Körper zur Seele, von dieser zum Logos und durch den Geist und über ihn hinaus zum Schauen eines Unaussprechlichen und Unbeschreiblichen, wird gedeutet als unmittelbares Erleben kosmischen Geschehens. — Das alles kehrt ähnlich wieder in der deutschen Mystik.
Plotin war 244 n. Chr. nach Rom gekommen und hatte hier die einzige wirklich bedeutende Philosophenschule begründet, die es in der damaligen Welthauptstadt gab. Der Kaiser Galienus war sein Gönner, er wollte sogar in Unteritalien eine Stadt gründen, um dort die platonische Staatstheorie zu praktizieren, wurde aber ermordet, bevor es dazu kam. Der Neuplatonismus trat trotzdem einen Siegeszug an durch das spätantike römische Imperium. Vor allem Kaiser Julian förderte ihn gegenüber der werdenden christlichen Staatskirche. Vorher hatte bereits der größte altchristliche Wissenschafter, nämlich Origenes (um 185—254) aus Alexandria, wo er ebenfalls Schüler des Ammonius Sakkas war, neuplatonische Grundsätze vertreten. Von anderen Kirchenvätern und christlichen Denkern, die mehr oder minder *auch* neuplatonisch beeindruckt waren, nennen wir nur Augustin und Thomas von Aquino.

Plotin und Aristoteles

Es fällt aber auf, daß offensichtlich der Neuplatonismus besser zu Aristoteles paßt als zu Plotin. Wir dürften nicht vergessen, daß wir immer noch vom *zweiten Ansatzpunkt* herkommen. Dessen Hauptproblem lautete ja: Wie verträgt sich der innerweltliche Stufenbau mit dem außerweltlichen Gott? Dieses Problem hat der Neuplatonismus auf seine Weise gelöst. Insofern darf man anerkennen, *daß er die Bruchstelle im System des Aristoteles tatsächlich überbrückt*. So wird es verständlich, warum in der Folgezeit, die immerhin mehr als tausend Jahre umfaßte, *arabisch-hellenistische Aristoteliker* auch am Neuplatonismus festhielten.

IIf. Von Avicenna zum Aquinaten

Die *arabisch-hellenistische Hochkultur* war die unmittelbare Fortsetzung des spätantiken Hellenismus im Bereich des Islams, der sich seit dem 7./8. Jahrhundert von Syrien-Ägypten aus einerseits über Kleinasien und Neupersien bis China, anderseits über Nordafrika und Spanien bis fast zu den Pyrenäen ausbreitete. Hier trat an die Stelle des Griechischen und Lateinischen als neue Weltsprache das Arabische. Ebenso wie das schon damals in viele Glaubensgemeinschaften zersplitterte Christentum war der Islam aus dem hellenistischen Synkretismus und dessen Theosophie hervorgegangen. Aber im Unterschied zur römisch-christlichen Staatskirche, deren Zentrum zunächst Konstantinopel war, verhielt sich der Islam gegenüber Andersgläubigen und Andersdenkenden grundsätzlich tolerant. Vor allem begünstigte er trotz seines streng monotheistischen Glaubens die Einzelwissenschaften, insbesondere die Naturwissenschaften, die von der römisch-christlichen Staatskirche unterdrückt wurden. Infolgedessen brachten arabisch-hellenistische Wissenschaftler, hauptsächlich Mediziner, die zugleich Philosophen waren, Aristoteles und sein System der Wissenschaften wieder zu höchsten Ehren. Einige dieser Denker waren jüdischer Herkunft; denn während das israelisch-judäische Volk von den christlichen Staatskirchen athanasianischer Konfession seit alters verfolgt wurde, gewährte ihm der Islam Schutz und Freizügigkeit.

Avicenna

An erster Stelle der einflußreichsten Philosophen, die sich während des Mittelalters der arabischen Weltsprache bedienten, steht *Avicenna* (= Ibn Sina) aus Buchara (980—1037), der in Hamadan und Isfahan lehrte und in allen Ländern des Islams als höchste Autorität für Medizin und Philosophie galt. Seinem enzyklopädischen „Kanon der Medizin", aus dem dann auch das Abendland schöpfte, hatte er sein „Buch der Genesung" mit Logik, Physik, Mathematik, Metaphysik zur Seite gestellt.

Avicenna vereinigte beispielgebend in seinen Schriften den Aristotelismus und Neuplatonismus: Gott erschaut alles in seinem geistigen Bewußtsein wie ein Künstler das eigene Werk noch vor dessen Entstehung. Die Wesenheiten existieren in einer Art Zustand zwischen Gott und Welt als Summe bloßer Möglichkeiten, ehe sie wirkliches Dasein erhalten, weshalb es in der mittelalterlichen, Avicenna verpflichteten Hochscholastik „ante res" hieß. Dann erst werden sie realisiert in der Materie („in rebus") als sinnlich wahrnehmbare Diesseitswelt, konkret und mit allen ihren Eigenschaften ausgestattet. Unser Geist abstrahiert diese Wesenheiten aus ihrem stofflichen Substrat und erhebt sie denkend zu Allgemeinbegriffen: das ist ihre Daseinsform „post res". Die logisch-abstrakte Erkenntnis verborgener Zusammenhänge wird dadurch ermöglicht, daß die tätige Vernunft, die Weltvernunft, unseren Verstand erleuchtet; statt „Weltvernunft" oder „Weltgeist" dürfen wir hier, modernem Sprachgebrauch folgend, „Genius" sagen: Ohne Genie keine höhere Erkenntnis!

Im Gegensatz zu Avicenna kamen Salomon *Avicebron* (Ibn Gabriel; um 1020—1070), *Averroes* (Ibn Ruschd; 1126—1198) und *Maimonides* (Moses Maimuni; 1135—1204) aus dem äußersten Westen, nämlich Spanien (Málaga, Córdoba). Averroes, als Jurist zeitweilig Richter und als Mediziner auch Leibarzt des Kalifen, faßte sämtliche Schriften des Aristoteles, die im Abendland weithin vergessen waren, buchstäblich als göttliche Offenbarung auf: Für ihn war Aristoteles der begnadete Verkündiger höchster Erkenntnis und Weisheit.

Averroes

Dieses Urteil übernahm gleichzeitig mit seinen neuplatonischen Aristoteles-Kommentaren alsbald die christliche Hochscholastik, nachdem ihr seit etwa 1200 binnen weniger Jahrzehnte das aristotelische Gesamtwerk bekanntgemacht worden war. Den entscheidenden Anstoß gab kein geringerer als *Kaiser Friedrich II.*, dessen Vorfahren mütterlicherseits Wikinger waren und väterlicherseits deutsch-burgundische Staufer. Aufgewachsen unter griechisch und arabisch sprechendem Volk in Palermo, wo sich damals noch Orient und Okzident mischten, hatte er sich dank seiner Genialität zum höchstgebildeten Herrscher des ganzen Mittelalters entwickelt. Zu geistiger Souveränität gegenüber allen christlichen Zeitgenossen verhalf ihm hauptsächlich die arabisch-hellenistische Wissenschaft und Philosophie. Am meisten schätzte er Aristoteles nebst Averroes. Er ließ naturwissenschaftliche Werke des Aristoteles zum erstenmal ins Lateinische übersetzen und auserwählten Gelehrten des Abendlandes überbringen, und zwar mit einem höflich formulierten Befehl, diese Schriften schleunigst zu studieren. Dem Gebot des Kaisers konnte man sich nicht widersetzen, obwohl Aristoteles wie Averroes dem inzwischen — 1215 auf dem 4. Laterankonzil unter Papst Innozenz III. — fertiggestellten Dogma westkirchlicher Christlichkeit widersprachen.

Kaiser Friedrich II.

Die wichtigsten Widersprüche zu beseitigen, also Aristoteles mit den Verfassern des Alten und Neuen Testaments und mit den von der Westkirche bevorzugten Kirchenvätern, insbesondere Augustin, in Übereinstimmung zu bringen, stellte sich *Thomas von Aquino* aus Unteritalien (1225—1274) zur Lebensaufgabe. Seine Familie der Grafen von Acerra hing eng mit Friedrich II. zusammen. Zu seinen nächsten Vorfahren gehörten: ein kaiserlicher Gesandter am Hof des Kalifen, zugleich Statthalter von Jerusalem, ein kaiserlicher Großjustitiar, also Chef der Beamtenschaft in Unteritalien-Sizilien, ein Schwiegersohn des Kaisers. Der Großjustitiar war der Vater unseres Thomas, der gegen den Willen seiner Familie Geistlicher wurde.

Thomas von Aquino

Hilfestellung bei seinem Vorhaben konnten ihm mittels ihrer Schriften insofern Avicebron und noch mehr Maimonides leisten, als sie sich schon dem Problem gewidmet hatten, das für Thomas freilich nur ein Spezialthema war: wie sich jetzt alttestamentliche Welterklärung mit dem Aristotelismus vereinigen ließe. Ihnen hatte seinerzeit Philon vorgearbeitet. So deutete Avicebron, dem gegenüber Maimonides wohl der Vorrang gebührt, seinen außerweltlichen Gott als erste Substanz, aus welcher der göttliche Wille emaniert und sich als Mittler zwischen Gott und Welt darstellt. Für die Welt jedoch gilt das aristotelische Entelechie-Prinzip, das wir nicht noch einmal zu erläutern brauchen.

Was nun *Thomas von Aquino* betrifft, so ist sein Weltbild im wesentlichen dasselbe. Es ergibt sich aus einer Mischung von Aristotelismus und Gnosis weitesten Sinnes, insbesondere neuplatonischer: Die Welt ist stufenweise geordnet, und zwar gemäß dem Entelechie-Prinzip in der Weise, daß jeweils die Potenzen (anlagebedingte Möglichkeiten) aktualisiert (verwirklicht) werden. Zuunterst finden sich die Elemente, dann folgen aufwärts die aus ihnen gemischten Körper anorganischer Natur, ferner die Pflanzen, die Tiere, der Mensch, genau wie bei Aristoteles; und gleicherweise wie bei ihm nimmt bei

Aristoteles und Gnosis

Thomas der Mensch eine Schlüsselposition im Verhältnis zwischen Welt und Gott ein. Jetzt aber geht es gnostisch-neuplatonisch weiter: Der wiederum gestufte Bereich himmlischer Geister schließt sich an; und an der Spitze thront Gott als unerschöpflicher Ursprung alles Seins und aller Tätigkeit und als das höchste Ziel alles Strebens. Von Stufe zu Stufe aufwärts dient ein Dasein dem Nächsthöheren: die Mineralien als am einfachsten gestaltete Urmaterie sind Form und zugleich Stoff, aus dem die ebenfalls an und für sich geformten Pflanzen bestehen, die aber auf die Tierstufe hingeordnet sind, und so fort. Sinn und Zweck der alles durchziehenden Bewegung, welche ihr Ordnungssystem mit sich bringt, ist Gott. Diese Ordnung differenziert sich auf der Menschstufe vom Individuum über Familie und Volk zum Staat. Mittels der Vernunft vermag der Mensch den durchgängigen Zusammenhang zu erkennen, jedoch über Gott sagt ihm nur der Glaube etwas aus. Denn über der Natur (Vernunft) baut sich das Reich der Gnade (Glaube) auf. Dieses System, das ja im wesentlichen vorchristlich oder achristlich ist, muß noch auf Jesus Christus bezogen werden: Er ist der Mensch gewordene Gottessohn, der durch seine Erlösungstat beide Reiche, dasjenige der Natur und das der Gnade, vereinigt hat und die daran glaubende Menschheit heiligt, zur römisch-christlichen Kirche zusammenschließt und zur Anschauung Gottes führt. Zugleich mit Christus kommt selbstverständlich der Dualismus ins vorher geschlossene Weltbild hinein: Vorstellungen vom Satan, vom Antichrist und von bösen Geistern, Hexen und dergleichen.

Vernunft und Glaube

Anfänglich heftig umstritten, wurde Thomas bald vollkommen anerkannt, 1322 heiliggesprochen, 1567 während der Gegenreformation zum Kirchenlehrer erhoben und 1880 zum Patron aller römisch-christlichen Schulen erklärt. Damit Hand in Hand stieg die Wertschätzung des Aristoteles, der schon im Spätmittelalter als Vorläufer „Christi in naturalibus", als „Norm der Wahrheit", als „doctor angelicus" galt. Bis zur Renaissance wurde sein Werk thomistisch gedeutet. Seit der Renaissance, als man wieder Griechisch lernte und seine Schriften im Urtext las, entfaltete es außerhalb der römischen Kirche in Europa abermals eine grandiose Wirksamkeit, jetzt aber seiner ursprünglichen Lehre gemäß.

II g. Zur Teleologie

Aus dem System des Thomas von Aquino halten wir fest: die Zweiteilung des Universums in (1.) ein irdisches Reich der Natur und (2.) ein überirdisches Reich der Gnade. Dem entspricht die Zweiteilung unseres Bewußtseins in (1.) einen Bereich logisch-abstrakten Denkens und (2.) einen Bereich magisch-mythischen Denkens. Denn für das Reich der Natur gelten Vernunftgesetze, die sich unserem logisch-abstrakten Denken erschließen. Die himmlischen Sphären hingegen vermögen wir uns nur mit Hilfe der Phantasie vorzustellen, die sich auf keine empirische Realität stützen können, so daß wir, um sie für wahr zu halten, des Glaubens bedürfen und dieses Reich den Theologen überlassen müssen.

Das irdische Reich der Natur wird zusammengefaßt unter dem Begriff der „Physis", von „Physis" ist der Ausdruck „Physik" abgeleitet. Dessen ursprüngliche Bedeutung unterscheidet sich beträchtlich von der heutigen. Er betraf nämlich nicht, wie wir es gewohnt sind, eine bestimmte Fachwissenschaft, sondern umfaßte *die gesamte irdische Welt, also auch die Kultur*. Was darüber hinausging, gehörte philosophisch zur „Metaphysik". Halten wir uns an das logisch-abstrakte Denken, so ergibt sich die Frage, wie sich dieses System aus einigen wenigen Prinzipien erklären läßt, das von der Stoa über die Gnosis und die arabisch-hellenistischen Philosophen bis zu Thomas von Aquino führt. Wir stoßen sogleich auf zwei Zentralbegriffe: „Teleologie" und „theologischer Determinismus". Zuerst wenden wir uns der *Teleologie* zu.

Ihr gemäß stellt die Welt sich dar als ein großer *Zweckzusammenhang*. Das griechische Wort télos bedeutet: Ziel, Vollendung, Ende; es steckt auch im Entelechie-Begriff (gr. entelécheia, zusammengezogen, aus „en télos échein = = sein Ziel in sich haben). Den Entelechie-Begriff ersetzen wir auf deutsch durch die Formel „Sinn und Zweck", wobei der „Zweck" dem Nächstliegenden zugeordnet ist, nämlich der empirischen Realität, während mit „Sinn" der jeweils „höhere Zweck" gemeint ist, nämlich eine über die Physis hinauszielende metaphysische Bestimmung.

Voranliegende Ziele

Grundlegend für jede teleologische Betrachtungsweise ist, daß, wenn vom „Sinn und Zweck" einer Sache gesprochen wird, stets ein *Ziel* ins Auge gefaßt ist, *auf das sie sich zubewegt*. Man blickt vom gegenwärtigen Zustand vorwärts in dessen Zukunft hinein. Von der Gegenwart zur Zukunft verändert sich der Zustand, und aus dieser Veränderung schließen wir auf eine innere Bewegung, die ihre Gesetze mitbringt und die sich in unablässiger *Entwicklung* kundgibt. Kaum ist ein bestimmter Zustand erreicht, bereitet sich schon der nächste Zustand vor. Genaugenommen gibt es überhaupt keinen Stillstand, sondern „alles ist in fortgesetzter Bewegung", wie bereits Heraklit betont hat. Immerhin lassen sich Entwicklungsstufen feststellen, auf denen die Bewegung sozusagen ihren Schwung mäßigt, um dann mit gesammelter Kraft wieder fortzuschreiten. So entwickelt sich jedes Lebewesen: jede Pflanze, jedes Tier, jeder Mensch, aber auch jede in sich geschlossene Gruppe wie z. B. ein Staatsvolk, eine Nation. Eine solche Entwicklung über verschiedene Stufen hinweg oder durch eine bestimmte Reihenfolge verschiedener Zustandsformen hindurch nennen wir „Metamorphose", und die entsprechende Wissenschaft „Morphologie". Dasselbe trifft sogar auf die anorganische Natur zu, denn auch unsere Erde, die Sonne, die Spiralnebel, das Weltall haben ihre Entwicklung.

Deutung des Zweckzusammenhangs aus der Zukunftserwartung

Indem wir teleologisch denken, wiederholt unsere Gedankenbewegung den Entwicklungsprozeß gleichsam im Zeitraffer, und sie eilt der jeweiligen Metamorphose sogar voraus, da wir von einem Zweck her schon auf den nächsten schließen. In der fortdauernden, eigenen Gesetzen unterworfenen Verwandlung wird der verborgene *Zweckzusammenhang* sinnfällig. Es kommt also darauf an, *daß wir jede Zweckform im Hinblick auf die nächstfolgende als deren Vorstufe beurteilen*. Konsequent teleologisch deuten wir deshalb jedes Gegenwärtige von seiner *Zukunft* her.

Dafür ein einfaches Beispiel: Gemäß teleologischer Betrachtungsweise läge der Zweck einer Pflanze zunächst darin, zu blühen; der Zweck der Blüte wäre die Frucht; der Zweck der Frucht wäre der Samen; der Zweck des Samens die Pflanze, und so immerfort im Kreise. Ebenso verstehen wir die Frage, die noch den Scholastikern viel Kopfzerbrechen gemacht hat: Was war eher da, das Huhn oder das Ei? Um uns aus dem Kreislauf hinauszudenken, gehen wir über zum *höheren* Zweck, den man freilich nach Belieben setzen und z. B. darin erblicken kann, daß innerhalb der gesamten Natur von einer Stufe zur nächsten jeweils das Leben selbst sich erhält und dabei höher entwickelt. Je höher die Stufe, desto differenzierter das Leben und die Lebensleistung. Also: Die Pflanze dient dem Tier, das Tier dem Menschen, und zwar nicht allein zur Nahrung; das Leben bleibt erhalten und geht über in die nächsthöhere Form organischen Stufenbaus, indes das Individuum verschwindet. Diese Schlußfolgerung wird sowohl dem Aristoteles wie der Stoa, der Gnosis und dem Aquinaten gerecht.

Was aber wäre der höhere Zweck des Menschen? Wer diese Frage stellt, begnügt sich nicht mit einem Hinweis auf die Lebensnotwendigkeit, das menschliche Leben fortzupflanzen; er will vielmehr etwas über das Endziel wissen, und zwar nicht nur im Hinblick auf das private Individuum, sondern auch hinsichtlich menschlicher Lebensgemeinschaften, etwa der Staatsvölker, die man als große Individuen auffassen kann. Seine Frage bringt also die Entwicklung ins Spiel, indem er über den Sinn des ihm jeweils Gegenwärtigen für die Zukunft aufgeklärt werden möchte.

Endziel

Jedoch, ganz allgemein könnte das Ziel, wenn man es in einer unablässigen Fortsetzung des Lebens auf noch höherer Stufe sucht und einen Stufenbau des Weltalles noch jenseits der Erde annimmt, auch im Jenseits liegen. Eine derartige Zielbewegung vermag der Mensch schon jetzt, das Künftige vorwegnehmend, *geistig* zu erfassen oder zu erschauen, und falls er das höchste Ziel auch bereits jetzt *erleben* möchte, dann muß er jene „Schau" zu Hilfe nehmen, welche ihm in diesem Zusammenhang z. B. die neuplatonische Mystik verhieß. Denn weil die Bewegung ja irgendwann und irgendwo einmal ihr höchstes Ziel erreicht, so kann es nur bei jener Endstation liegen, die wir Gott nennen oder das Ur-Eine oder den göttlich-absoluten Geist oder den Weisen Herrn.

Vorwegnahme des Endziels durch Gottesschau

Hat man sich erst mit diesem Gedankengang vertraut gemacht, dann begreift man nicht nur das tragende Gerüst in den Systemen von Aristoteles, der Stoa, der Gnosis, Hegels, sondern man versteht auch, warum bestimmter Lehrmeinungen gemäß die gesamte Kulturgeschichte demselben Ziel entgegenstreben soll. Dafür ein geistesgeschichtlich interessantes Musterbeispiel ist die altägyptische Staatstheologie und mehr noch die römisch-christliche Staatspolitik mit ihrer Regnum-Christi-Doktrin. Man könnte auch Zarathustra anführen oder die platonische Staatslehre. Was nun die Regnum-Christi-Lehre betrifft, so sollte ihr zufolge ja das römische Imperium, ausgedehnt über den ganzen Erdkreis, zur Vorbereitung künftiger Weltherrschaft des Gottkönigs Jesus dienen; und nicht nur das gesamte Weltgeschehen, sondern auch jede Kulturleistung erhielt aus dieser höheren Bestimmung ihren Sinn und Zweck zugesprochen.

Es leuchtet ein, daß derartige Teleologie eigene *Werturteile* bedingt. *Es gibt keine voraussetzungslose Zweckwissenschaft.* Denn sobald wir vom „Sinn und Zweck" einer Sache reden, fällen wir schon, bewußt oder unbewußt, ein Urteil über die *qualitativen Bedingungen,* unter denen sich der geforderte Zweck verwirklichen läßt. Daher unterscheiden wir das „Zweckdienliche, Zweckmäßige, Zweckvolle" vom „Zweckentfremdeten, Zweckfremden, Zweckwidrigen". So z. B. war im Geltungsbereich der Regnum-Christi-Lehre, wozu auch das System des Thomas von Aquino gehört, alles zweckdienlich oder zweckvoll, was ihr entsprach, ihr nützte, sie zu bestätigen schien. Deshalb wurde es von der jeweiligen Obrigkeit geboten oder erlaubt. Hingegen von der Zensur unterdrückt, möglichst beseitigt wurde alles, was man von vornherein als zweckfremd oder zweckwidrig angesehen hatte, insbesondere das *naturwissenschaftliche Kausaldenken,* auf das wir jetzt zusteuern.

Zweck und Wert

II h. Zur theologischen Kausalität

Zunächst aber haben wir uns mit dem *theologischen* Kausaldenken zu befassen, dann mit dem *theologischen Determinismus.* Das hier maßgebende Prinzip liegt darin, *daß man den Zweckzusammenhang, der über die physikalische Welt hinaus sein höchstes Ziel im jenseitigen Gott hat, nunmehr in Gedanken sich rückwärts abwickeln läßt. Dabei wird dann alles das, was wir vorher als Sinn und Zweck bezeichnet haben, post festum zur Ursache (lat. causa).* Demzufolge ist Gott als höchstes Ziel zugleich auch der Erste Beweger, der „Urgrund aller Dinge", die *„causa prima"*, und die physisch-metaphysische Teleologie ist zur *theologischen Kausalitätslehre* geworden.

Entweder hält Gott oder der göttlich-absolute Geist diesen Kreislauf unaufhörlich in Gang, oder er macht von Zeit zu Zeit eine Atempause wie anscheinend die organische Natur es tut. Erinnern wir uns des Kreislaufs von Pflanze—Blüte—Frucht—Samen! Im Samen liegt bereits die ganze künftige Entwicklung beschlossen. Derselbe Vorgang, in größtem Maßstab zur Deutung des Weltlaufs herangezogen, hat orientalisch-hellenische Denker schon vor Aristoteles zur Überzeugung bewogen, daß auch die Welt immer wieder mit ihrer Entwicklung ans Ende komme und abermals in Gang gesetzt werde; das ist die Lehre vom Kreislauf der Aionen, die Lehre von der „ewigen Wiederkehr", zu der sich vor allem die Stoa bekannte. Dieselbe Lehre wurde, allerdings nicht systematisch, sondern aphoristisch von Friedrich Nietzsche verkündet. Sie steckt aber auch im System Hegels, dessen Weltgeist ebenso wie der Logos der Stoiker sich in die Materie hineinbegibt, um sie während seines weltgeschichtlichen Kreislaufs zu gestalten, bis er aus ihr wieder auftaucht und zu sich selbst zurückkehrt. Vor eben solcher Konsequenz ist Aristoteles zurückgeschreckt, obwohl auch er gelegentlich von Aionen spricht.

Identifikation von Zweck und Ursache

Indes täuscht der Kausalitätsbegriff in diesem Zusammenhang nicht darüber hinweg, daß wir es immer noch mit einer teleologischen Betrachtungsweise zu tun haben, nur daß, wie gesagt, die jeweils schon verwirklichten Zwecke uns *rückblickend* als Kausalitätsreihe *erscheinen*. Dafür ein Beispiel: Der Kirchenvater Eusebios von Caesarea konnte, indem er seinem Glauben folgte, die Weltgeschichte als Heilsgeschichte erklären und darlegen: Sofern sie sich vor der kirchlichen Umwandlung des römischen Imperiums zur Vorstufe des Regnum Christi zugetragen habe, sei ihr Sinn und Zweck eben diese Umwandlung gewesen und die Zweckfolge gleichsinnig mit einer gottgewollten Kausalitätsreihe; was wir Menschen rückschauend als fortgesetzten Zusammenhang von Ursache und Wirkung ansehen, das offenbart uns der Glaube als in sich geschlossene Kette göttlicher Zwecksetzungen. Anders ausgedrückt: Bei dieser theologischen Betrachtungsweise werden *Zweck und Ursache identisch*. Von Gott her gesehen, gibt es demnach lauter Zwecke; vom Menschen stellen dieselben Zwecke sich als Ursachen dar.

Theologischer Determinismus

Bleiben wir bei der theologischen Auslegung, dann erhalten wir als logische Konsequenz den *theologischen Determinismus*. Ihn hat schon die Stoa verkündet. Sie lehrte, daß der Mensch wie jedes sonstige Lebewesen in allem Tun und Lassen *vorherbestimmt* sei durch die göttliche *Vorsehung*, weshalb sämtliches Geschehen nichts anderes aufzeigen könne als notwendige Wirkungen der Gottnatur. Derselbe unerbittliche Determinismus ist unserem christlichen Glaubensgut eigentümlich, insbesondere der Theologie des Paulus, wonach Gott nach seinem Ratschluß einen Teil der Menschheit zur Verdammnis, den anderen zur Seligkeit *prädestiniert* hat und im übrigen jedes Ereignis, wie auch anderswo im Neuen Testament ausgeführt wird, bis zur kleinsten Kleinigkeit bestimmt, sogar, ob ein Sperling vom Dach fällt oder nicht.

Die nächste Konsequenz ist, daß ein so strenger Determinismus keine menschliche *Willensfreiheit* dulden kann. *Unter „Willensfreiheit" verstehen wir die ursachlose Selbstbestimmung des Individuums, das sich seine Zwecke nach eigenem Ermessen setzt* und dadurch aus dem determinierten Weltkreislauf ausbricht. Von der Willensfreiheit zu unterscheiden ist die „Handlungsfreiheit" innerhalb bestimmter Grenzen und angesichts weniger, in den Weltkreislauf sozusagen schon eingeplanter Möglichkeiten.

Handlungsfreiheit

Bereits die Stoiker mußten, obwohl ungern, die Willensfreiheit radikal verneinen. — Aristoteles ließ die Willensfreiheit, hierin deutlich Zarathustra folgend, immerhin für solche Handlungen gelten, die aus einer echten „Wahlentscheidung" (gr. proaíresis) hervorgingen, also aus Grenzsituationen, in denen die ganze Existenz des Einzelmenschen auf dem Spiel steht und er durch seine Wahl sich metaphysisch festlegt. — Von den Kirchenvätern sei hierzu Augustin gehört. Er billigte einzig Adam eine solche Wahlfreiheit zu. Indem Adam sie (lt. Genesis 2) entgegen Gottes Gebot ausgeübt habe, und zwar stellvertretend für die gesamte Menschheit, sei durch ihn die Erbsünde über uns gekommen, wir alle seien an Adams Entscheidung gebunden. Diese Lehre Augustins entspricht der neutestamentlichen Theologie des Paulus, welche auch den Satz enthält, daß die Erbsünde aufgehoben sei durch „den zweiten Adam", Jesus Christus, da dieser die gegenteilige Wahlentscheidung getroffen habe. Martin Luther, der in diesem Punkt paulinisch-augustinisch dachte und bekanntlich deshalb bis zum letzten Atemzug von der Ungewißheit eines göttlichen Gnadenaktes gepeinigt wurde, hat die „Unfreiheit des Willens" äußerst drastisch gegen den humanistisch aufgeklärten Erasmus von Rotterdam verteidigt und dessen Rechtfertigung der Willensfreiheit verworfen.

Unfreiheit des Willens

III. Naturwissenschaftliche Kausalität

Gehen wir nun zum *dritten Ansatzpunkt* über, so setzen wir wieder bei Aristoteles ein.

Wir erinnern uns, daß er aus seiner Wissenschaftslehre, als er sie von unten nach oben aufbaute, also von der empirischen Realität her, den jenseitigen Gott gewissermaßen *ausgeklammert* hat. Man gewinnt den Eindruck, daß er, ähnlich wie später Kant, in seinen Spätschriften die Metaphysik und den Gottesbeweis als eine Sache beurteilt hat, die sich streng wissenschaftlicher Forschung entzieht. Denn um irgendwelche Erklärungen über die Gottheit abzugeben, muß man auch beim logisch korrekt durchgeführten Gottesbeweis im letzten Augenblick überspringen *vom Gottesbegriff zur Gottesanschauung*, weil ja jeder Begriff leer ist, wenn man ihn nicht anschaulich machen kann. Die Spekulation gehört aber nicht mehr zum Wissen, sondern zum Glauben.

So beschied sich Aristoteles schließlich, wie es scheint, im Hinblick auf Gott mit demjenigen Teil seiner Philosophie, der sich aus Untersuchungen der Realität folgerichtig als Summe wissenschaftlicher Fachtheorien ergab: Sinn und Zweck aller natürlichen Existenz läßt uns Wirksamkeit und Wesen des göttlich-absoluten Geistes hinreichend erkennen. Insofern drückt sich in der Wissenschaft eine Weltfrömmigkeit aus.

Der nächste Schritt wäre getan, wenn man sich grundsätzlich auf *naturwissenschaftliche Kausalität* beschränkte, in welcher Ursache und Zweck ebenfalls identisch werden, jedoch unter Ausschluß einer transzendenten Weltmacht. Dann könnte man auf Theologie, Theosophie, Glaubenslehren verzichten, ausgenommen die historisch-kritische Theologie, die im Grunde allerdings zur Historiologie und zur Geisteswissenschaft gehört und sich an naturwissenschaftlich erarbeitete Forschungsgrundsätze hält. Dieselbe Position hat jede Einzelwissenschaft bezogen, die ihre Voraussetzungen nicht jenseits ihrer Grenzen, sondern ausschließlich auf ihren eigenen Sachgebieten gewinnt.

Dabei legen wir wieder das physikalische Weltbild in der ursprünglichen Bedeutung von „Physis = Erdwelt" und die Zusammengehörigkeit von Natur und Kultur zugrunde. Alles magisch-mythische Denken schließen wir aus, desgleichen jede Spekulation. Anders als im vorigen Abschnitt leiten wir nichts mehr von einem erdachten Ziel her oder deuten es im Hinblick auf ein solches

Ziel. Vielmehr fragen wir in jedem Fall nur nach der *Ursache,* aus der sich ein von uns ins Auge gefaßter Zustand notwendig ergeben muß. Sämtliche Ursachen suchen wir innerhalb der gegebenen, physikalischen Welt aufzufinden, nicht mehr außerhalb von ihr. *Entscheidend ist nun, daß wir stets von den Erfahrungstatsachen ausgehen, insofern von der sinnlichen Wahrnehmung und von der Lebenspraxis. Jedes Untersuchungsergebnis wird an der empirischen Realität auf seine Richtigkeit hin überprüft; jede Theorie muß von der Praxis bestätigt werden, ehe wir sie anerkennen.*

Empirischer Ansatz

Wir können das, worauf es hier ankommt, auch folgendermaßen klarmachen: Immer wieder sind wir bisher auf die Vorstellung gestoßen, daß Gott gleichsam der große Weltarchitekt sei. Diese Vorstellung trafen wir auch bei Aristoteles an, sie war noch der Scholastik ganz geläufig. Daraus ergibt sich die Folgerung: Ist Gott der Werkmeister, der alles vorbedacht hat, dann erscheint die physikalische Welt als sein Kunstwerk, das seine Eigengesetzlichkeit in sich trägt und nicht zur Annahme zwingt, daß Gott von außen her unaufhörlich in das Weltgetriebe eingreift, Naturgesetze aufhebt und den Ablauf der Menschheitsgeschichte sozusagen „stört". Betrachtet man jedoch die Erdwelt als fertiges, freilich höchst kompliziertes Kunstwerk, so muß in ihr alles Geschehen *planmäßig* ablaufen, und Aufgabe der Wissenschaft ist es, diesen Grundplan samt seinen unzähligen Besonderheiten aus der empirischen Realität zu erkunden.

Weltkunstwerk

Kausalität lt. Weltplangesetz

Daraus ergibt sich zwangsläufig, daß immer nur erforscht werden kann, was tatsächlich schon geschehen ist. Die wissenschaftliche Untersuchung muß sich daher stets auf das *Vergangene* richten, während die Zukunft stets ungewiß bleibt: Prophezeiungen sind willkürlich und stellen sich von jeher meist als verfehlt heraus. Desgleichen wird die Überzeugung von der Entelechie ersetzt durch die Frage nach der *Funktion* der einzelnen Bestandteile innerhalb des Gesamtkunstwerks, die sich im Zusammenspiel sinnfällig machen. Um die Erkenntnis der Naturgesetze zu beschleunigen, stellt man Experimente an, indem man bestimmte Teile des Gesamtkunstwerks isoliert und aufmerksam beobachtet. Was dabei herauskommt, ist eine möglichst vorurteilslose Bestandaufnahme der realen Welt. Man bemüht sich nicht, in die Natur hineinzudeuten, was man sich vorher hat einfallen lassen oder wozu man dogmatisch genötigt ist, sondern man will sich *von der Natur selbst* belehren lassen, und zwar auch von der *menschlichen Natur.* Deren Eigenart dokumentiert sich in der Geschichte der Menschheit. Insofern erlaubt dieses Verfahren keine *Werturteile,* sondern nur sachbezogene, sachbedingte Resultate, wobei die historischen Werturteile selbst, indem man nach ihrer Herkunft und Ursache fragt, zum Gegenstand der Forschung werden.

Weltmechanismus

Nun ist uns ein griechischer Ausdruck bekannt, der besagt, daß materielle Teile, einfach oder zusammengesetzt, dermaßen zu einem Ganzen vereinigt sind wie bei einem in sich bewegten Kunstwerk, daß dank solcher Anordnung ein planmäßiges Geschehen sich vollzieht. Er lautet: „mechanē." Davon ist unser Wort „Mechanismus" abgeleitet, und die von uns soeben skizzierte Betrachtungsweise gehört deshalb zur *„mechanistischen Welterklärung"*. Ins Lateinische ist derselbe Begriff als Lehnwort übernommen worden, dort heißt er „machina", und ein lateinisch dichtender Philosoph aus dem 1. nachchristlichen Jahrhundert hat die physikalische Welt eine „machina mundi" genannt, was wir mit „Weltgetriebe" übersetzen dürfen. Der hier zitierte Denker, Lucretius, war ein radikaler Anhänger des griechischen Philosophen *Epikur* und dieser wiederum abhängig von *Demokrit.* Diesen beiden Denkern wenden wir uns jetzt zu.

III a. Demokrit und Epikur

Es ist verständlich, daß ein physikalisches Kunstwerk sich stets *gegenständlich* darstellen muß. Das heißt: Stoff und Form gehören unbedingt zusammen; denn der künstlerische Entwurf wird zur Wirklichkeit nur mittels der adäquat zubereiteten Materie. Zweifellos kann man, falls man den Werdegang zurückverfolgt, theoretisch unterscheiden zwischen Entwurf und Rohstoff, Urplan und Urmaterie. So verfuhren alle theosophischen Denker seit alters, indem sie dem Schöpferwillen ihres Gottes die ungestaltete Materie (die „materia prima" der Scholastiker) als Material gegenüberstellten. Jedoch im physikalischen Weltbild haben wir es allein mit der bereits gestalteten Materie zu tun, mit der unzertrennlichen Einheit aus Stoff und Form, eben der Substanz im Sinne des Aristoteles. Darum wird man, je weiter man irgendeinen Teil der Erdwelt zergliedert, schließlich allerkleinste Teilchen erhalten, die nicht mehr auseinanderzulegen sind. Diese Elemente hat *Demokrit* als *„Atome"* bezeichnet (von gr. átomon = das Unzerschneidbare, Unteilbare). Sie alle haben bereits eine bestimmte Gestalt. Außerhalb von ihnen gibt es, laut Demokrit, nur noch den *leeren Raum.*

Atome

Demokrit soll Schüler des sonst nicht nachweisbaren Leukipp gewesen sein, von dem als einziger Satz überliefert ist: „Kein Vorgang ist grundlos, sondern alles Geschehen hat seine Ursache und ist *notwendig.*" Der Begriff der Notwendigkeit führt uns sogleich auf denjenigen des *naturwissenschaftlichen Determinismus,* wonach sämtliche Naturgesetze ohne Ausnahme gelten, alles Naturgeschehen sich ihnen fügt und aus ihnen heraus zu erklären hat. Dieser exakte Zusammenhang von Ursache und Wirkung greift lückenlos ineinander; die Natur macht keine Sprünge, sie duldet keinen Zufall. (Erkenntnisse der neuesten Forschung lassen wir hier außer Betracht.) Sinngemäß dasselbe gilt für den menschlichen Anteil am Naturgeschehen. Auch das menschliche Verhalten ist jeweils auf bestimmte, aus innerem Antrieb und äußeren Umstände gemeinsam bedingte Motive zurückzuführen, wie bereits die sog. Sophisten lehrten und wie Thukydides am Beispiel des Peloponnesischen Kriegs dargelegt hat. Kurz, der *naturwissenschaftliche Determinismus* setzt einen durchgängigen Kausalzusammenhang aller Vorgänge in der Welt voraus, auch der seelischen Erlebnisse und Willenshandlungen.

Naturwissenschaftlicher Determinismus

Damit war jedoch Demokrit und noch deutlicher *Epikur,* welcher dessen Atomistik übenahm, nun *nicht einverstanden.* Das ist so erstaunlich, daß wir darauf näher eingehen müssen. Beide Denker lehrten hinsichtlich des Menschen vielmehr den Primat der *Willensfreiheit,* und Epikur, der daraus ein Hauptprinzip seiner Welterklärung machte, geriet aus diesem Grunde in schärfsten Gegensatz zur Stoa. Denn die Stoa war es, welche aus dem mechanistischen Weltbild die von ihr allerdings theologisch verstandene Konsequenz zog und den unbedingten Determinismus zum Glaubensgrundsatz erhob. So überkreuzte sich hier die geistesgeschichtliche Entwicklung!

Humaner Indeterminismus

Ja, Demokrit hat überhaupt erst das Prinzip der Willensfreiheit in die europäische Philosophie hineingebracht! Ihm verdanken wir auch *unseren* Begriff des *Gewissens* (gr. syneídesis). Er ist damit zum *Begründer der philosophischen Ethik* geworden.

„Das Gewissen"

Sogleich bemerken wir, daß Willensfreiheit wie Gewissen nicht in das System mechanistischer Welterklärung passen. Sehr wahrscheinlich hat Demokrit seine Ethik auch gar nicht selbständig entworfen, sondern aus Altägypten bezogen, wohin ihn mindestens eine seiner ausgedehnten Reisen führte. Dort hatte die Sittlichkeit oder jedenfalls doch deren Programm, eine seither nirgends wieder erreichte Höhe gewonnen, und das überragende Lebensproblem jedes einzelnen bestand darin, daß sein Gewissen („Herz") vor dem Totengericht die entscheidende Prüfung bestehe. So gehörte in Altägypten zur alles beherrschenden Ethik unabdingbar die *individuelle Verantwortlichkeit* für jegliches Handeln; es gab kein Kollektivurteil. Außerdem war als erstrebenswertestes Lebensziel die *innere Harmonie*, das glückhafte Gleichgewicht geistig-seelischer Konstitution, Lebenserfahrung und physischer Existenz in Altägypten seit der Frühzeit gefeiert worden. Es sollte einerseits der *Weltharmonie* entsprechen, anderseits aus jener Seelenruhe oder jenem Seelenfrieden hervorgehen, wofür ein gutes Gewissen die unerläßliche Voraussetzung ist. Hinzu kam die ethische Forderung, daß jedermann seine Pflicht gewissenhaft zu erfüllen habe.

Individuelle Verantwortung

Das meiste davon finden wir wieder bei Demokrit, einschließlich der Wertschätzung des wahrhaft Weisen und verbunden mit dem Gebot, die gegebene Natur sittlich zu veredeln, wobei jede Leistung, welche dieses Gebot erfüllt, Lebensfreude und Lebenslust zur Folge hat. Daher enthielt seine Lehre eine Anleitung zur *Lebensklugheit,* nämlich zur irdischen Glückseligkeit. Aber die Jenseitigkeitsreligion, die in Altägypten der Hebel aller Sittlichkeit war, lehnte Demokrit aufs entschiedenste als bloßen Aberglauben ab, da ihr seine mechanistische Welterklärung im Wege stand.

Lebensklugheit

Von Demokrit am stärksten beeinflußt wurde *Epikur* (341—270 v. Chr.). Er war als athenischer Staatsbürger auf Samos geboren, hatte seit 323 zwölf Jahre lang ein privates Gelehrtendasein geführt, dann seine eigene Schule gegründet und sie von Mytilene über Lampsakos 306 nach Athen verlegt, wo er Haus und Garten besaß. Als Athener nahm er Rücksicht auf das gefährliche Asebiegesetz. Denn obwohl er die magisch-mythischen Religionslehren aus der Furcht des Menschen vor unerforschlichen Schicksalsschlägen erklärte und seine Schüler ausdrücklich von solcher Furcht befreien wollte, indem er die Götterlehren entkräftete, anerkannte er doch, wie schon Demokrit, die staatlich geschützten Kultformen der Volksreligion.

Im übrigen hielt er zwar am mechanistischen Weltbild fest, lehrte auch schon die Konstanz der Materie, inbegriffen die Erhaltung der Kraft, beanspruchte für den Menschen aber eine Sonderstellung. Dessen Tun und Lassen leitete er her aus dem Zusammenwirken individueller Anlagen mit den umgebenden Verhältnissen, ohne gleichzeitig eine naturnotwendige Kausalitätskette dafür zu konstruieren; vielmehr hielt auch er fest an der individuellen Verantwortung jedes einzelnen vor dem eigenen Gewissen. Vor allem aber wurde er zum *Begründer des ethisch gerechtfertigten Individualismus,* und er als erster hat den *Freiheitsbegriff in der Bedeutung eines ursachlosen Geschehens zu einem metaphysischen Prinzip erhoben,* indem er, im Gegensatz zu den Stoikern, die *Willensfreiheit* lehrte.

Willensfreiheit

Daraus ergaben sich zwei Konsequenzen. (1.) In der *Theorie* wird die individuelle Freiheit *absolut,* da sie jedem Kausalzusammenhang enthoben und ihm übergeordnet ist. Eine derartig absolute Willensfreiheit, vergleichbar etwa der omnipotenten Souveränität heiliger Monarchen, hatte man sonst nur Gott zugesprochen, sofern nicht philosophische Einzelgänger auch von Gott erklärt hatten, daß er dem Weltgesetz, dem Nomos, unterworfen und insofern eben nicht im Besitz der Willensfreiheit sei. Jedoch alle religiösen Denker, denen ihr Gott nur dann glaubenswert und verehrungswürdig erschien, wenn sie sich ihn als unumschränkten Herrn der Welt dachten, mußten aus dieser Voraussetzung heraus einerseits die Unterwerfung Gottes unter das Weltgesetz (die Naturgesetze) ablehnen und anderseits die individuelle Willensfreiheit, wie Epikur sie lehrte, für Gottesfrevel oder Sünde halten. So urteilten später auch sämtliche christlichen Glaubenslehrer einschließlich Luthers und Calvins; und die im Grunde ganz mittelalterliche, 1587 gedruckte Erzählung vom Dr. Faust brandmarkt dessen Selbstanspruch auf Willensfreiheit als gotteslästerliche Selbstüberheblichkeit. Blicken wir ganz genau hin, dann erkennen wir, daß der „Böse Geist" bei Zarathustra, der „Satan" im Alten und Neuen Testament, „Prometheus" und „Luzifer" mythische Verkörperungen eben dieser individuellen ursachlosen Willensfreiheit darstellen sollten. Der Vorwurf, vom „Geist des Bösen" besessen zu sein, traf nicht erst seitens christlicher Dogmatiker hauptsächlich solche Wissenschafter, die ihre private Geistesfreiheit zur Kritik an aller religiösen Überlieferung benutzten. Geistesgeschichtlich ließe sich der Freiheitsbegriff übrigens auch aus der These herleiten, daß jeder Einzelmensch ein Mikrokosmos sei (Geniekult!).

Formen von Freiheit bei den Epikureern

(2.) Nun die von Demokrit und Epikur gezogene Konsequenz für die *Lebenspraxis.* Hier kann es, in Anbetracht der Umstände, eine absolute Freiheit nur als *Axiom* geben, d. h. als eine *Denkforderung*, deren Wahrheit unmittelbar einleuchtet, ohne daß man sie logisch zu beweisen braucht oder zu beweisen vermag. Im übrigen wird sie, weil sie sich der alltäglichen Realität bequemen muß, in lauter *relative Freiheiten* zergliedert. Einige solcher Freiheiten waren den Epikureern besonders wichtig, nämlich: (a) Freiheit von jeder Obrigkeit, die Gewalt über uns hat (und von welcher z. B. Paulus lehrte, daß man ihr widerspruchslos gehorchen solle). Die Epikureer wollten niemandes Untertan sein, weil sie sonst Befehle entgegen ihrem besseren Wissen und Gewissen hätten ausführen müssen. Darum verlangten sie (b) Freiheit von allen Staatsgeschäften (was damals möglich wurde, seitdem die hellenischen Poleis in monarchischen Großstaaten aufgegangen waren). Ferner: (c) Freiheit von Furcht, vor allem von der Angst vor göttlicher Willkür (wogegen z. B. Paulus Phil. 2, 12 gebietet: „Bewirket euer Heil mit Furcht und Zittern"). Ermöglicht wurde diese Furchtlosigkeit durch eine kulturmorphologische Kritik des Gottesglaubens. (d) Freiheit von Furcht vor dem Tode, weil die Todesangst mit den Priesterlehren vom jenseitigen Strafgericht begründet wäre, denen die Epikureer ihre atomistische Naturlehre entgegenstellten, wonach der Tod sowohl unseren Körper als auch unsere geistig-seelische Existenz beende. (Die Stoiker und alle Gnostiker rechtfertigten ihre Überwindung der Todesangst, indem sie auf eine ewige Vereinigung der Seele mit Gott vertrauten.) Weiterhin: (e) Freiheit von der Angst vor Schicksalsschlägen und Naturkatastrophen, da die Natur nicht böswillig, launisch, unberechenbar handle, sondern strenger Gesetzlichkeit folge, die man erkennen könne, um sich dann auf sie einzurichten; (f) Freiheit von Leidenschaften, (g) Freiheit von äußeren Bedürfnissen, weil Leidenschaften wie äußere Bedürfnisse, wozu auch das Verlangen nach Macht oder nach Luxus gehört, Abhängigkeit mit sich bringen. Ergänzt wurden diese „Freiheiten *von* etwas" durch Freiheiten *zu* etwas", nämlich (g) durch die Freiheit, dem eigenen Gewissen zu gehorchen und (h) den selbstgesetzten Tugenden der Genügsamkeit, Mäßigung, Gerechtigkeit, Tapferkeit zu dienen sowie (i) Leistungen allein aus innerem Antrieb zu vollbringen.

Freiheit und Ethos

Die so aufgefaßte Freiheit führt keineswegs zu schrankenloser Willkür, sondern erweist sich im Gegenteil darin, daß der Einzelmensch kraft seines unbedingten Willens allein dem Ethos sich hingeben kann, das ihm die Weltvernunft darbietet. Insofern gibt das Individuum sich selbst jenes Sittengesetz, das *rein*, also durch keine fremde Einwirkung getrübt, mit dem allgemeinen Lebensgebot der Vernunft übereinstimmt. *Folglich ist keine relative Freiheit möglich ohne die absolute Freiheit; und die absolute Freiheit (die „metaphysische Willensfreiheit") bewährt sich darin, daß sie aus sich selbst das allgemeingültige höchste Sittengesetz hervorbringt, und zwar kraft des souveränen Willens zum Menschheitsethos, wozu wir „Humanität" sagen.* Der Einzelmensch *kann*, wenn er will, selbstverständlich auch gegen dieses Sittengesetz seine Entscheidung treffen. Er hat die „Freiheit der Wahl", von welcher schon Zarathustra gesprochen hat. So gesehen, ist die Lehre des Epikur eine totale Entmythisierung sämtlicher dem Zarathustra verpflichteter oder ursprünglich altägyptischer Religionslehren und übrigens auch unchristlich.

Hinweis auf Kant

Am besten hat das, worauf es hier ankommt, zwei Jahrtausende später als Epikur, aber in dessen Sinne, *Kant* formuliert (in seiner „Kritik der reinen Vernunft", III, 25): „Handle so, daß die Maxime deines Willens jederzeit zugleich als Prinzip einer allgemeinen Gesetzgebung gelten kann." Ein solcher Wille ist, laut Kant, ein „guter Wille". Das Sittengesetz macht, indem es jede bloße Willkür ausschließt, jede ihm freiwillig untergeordnete Tat objektiv notwendig. Deshalb heißt es bei Kant in dessen Definition des kategorischen Imperativs (in der „Grundlegung der Metaphysik der Sitten") ausführlich: „Alle Imperative [= Befehlsformen] gebieten entweder hypothetisch [= gültig unter bestimmten Voraussetzungen] oder kategorisch [= unbedingt]. Jene stellen die praktische Notwendigkeit einer möglichen Handlung als Mittel zu etwas anderem, was man will (oder doch möglich ist, daß man es wolle), zu gelangen vor. Der kategorische Imperativ würde der sein, welcher eine Handlung als für sich selbst, ohne Beziehung auf einen anderen Zweck, als objektiv-notwendig vorstelle."

Folgen der Freiheitslehre

In der Geschichte christlicher Dogmatik und Denkarbeit wurde der epikureische Freiheitsbegriff, reduziert auf Willensfreiheit, zu einem Hauptproblem, besonders zur Zeit der Scholastik, und zum Angelpunkt jeder grundsätzlichen Weltanschauungsdiskussion überhaupt. Denn ein Bekenntnis zur privaten Willensfreiheit, das christlicher Glaubenslehre widerspräche, hätte zur Folge, daß man nicht nur die Autorität der Bibel und der Kirchenväter anzweifelte, sondern auch, daß man gegenüber allem Weltgeschehen und gegenüber der Weltnatur einen Standpunkt selbständiger Kritik einnähme. Nur von diesem Standpunkt aus konnte man auch für Wissenschaft und Forschung die Freiheit verlangen, nämlich die Freiheit von Vorurteilen und sachfremden Behauptungen. Infolgedessen verschwisterte sich, wie schon bei Demokrit und Epikur, in unserer späteren Geistesgeschichte stets wieder das Problem der Willensfreiheit mit dem Freiheitsprinzip sämtlicher Wissenschaften, vor allem der Naturwissenschaften. Pointiert ausgedrückt: Ohne Willensfreiheit keine „voraussetzungslose Forschung, die nicht das findet, was sie nach Zweckerwägungen und Rücksichtnahmen finden *soll* und finden möchte, was anderen außerhalb der Wissenschaft liegenden praktischen Zwecken dient, sondern was logisch und historisch dem gewissenhaften Forscher als das Richtige erscheint, in ein Wort zusammengefaßt: die Wahrhaftigkeit" (Theodor Mommsen).

Forschungsfreiheit

Solche ethisch gerechtfertigte Forschungsfreiheit entfaltete sich im Lauf der christlichen Geschichte zum erstenmal während der sogleich wieder unterdrückten Renaissance. Zur Zeit der Scholastik hatten nur geistig selbständige, später um so berühmtere Außenseiter eine derartige Freiheit zu fordern gewagt. Die geistesgeschichtliche Wende zugunsten der Freiheit ist markiert durch Kopernikus, weshalb wir von einer „Kopernikanischen Wende" sprechen.

Zwischen Demokrit und Epikur einerseits und Kopernikus, Thomas Hobbes, Descartes, Robert Boyle (der den Atombegriff in die Chemie einführte) und anderen Denkern im 16./17. Jahrhundert anderseits besteht ein *Zusammenhang,* der während der Scholastik vor allem bei Roger Bacon, Duns Scotus, Ockham deutlich zutage trat. Diese eigenwilligen Denker waren sozusagen Verbindungsleute von Epikur zur Moderne, und ihre Schriften waren gewissermaßen die Kontaktstellen oder Gelenke. Eine Vermittlerrolle hat — nicht zu vergessen — auch Kaiser Friedrich II. gespielt.

Was Demokrit, Epikur und Schülern bis zu Lucretius fehlte, war eine energisch

vorangetriebene Naturwissenschaft. Die Atomistik, mit der sie sich hauptsächlich begnügten, hält keinen Vergleich aus mit der heutigen Atomphysik und Atomchemie, sondern war höchstens deren erster Ansatzpunkt. Überhaupt unterließen sie es, offenbar mangels sachkundiger Fachleute, den von ihnen behaupteten Kausalzusammenhang des Weltganzen naturwissenschaftlich darzulegen. Nachteilig wirkte sich bei ihnen auch aus, daß mittlerweile die „Physik" scharf von der „Metaphysik" getrennt worden war und die Metaphysik abermals aus bloßen Glaubenssätzen bestand, für die man bestenfalls die aristotelische Logik heranzog. Irgendwelche naturwissenschaftliche Forschungsarbeit war also von der Philosophie nicht zu erwarten; auch nicht von der epikureischen, die ohnehin, wie sich bald zeigte, gegenüber Stoa, Gnosis und aller Remythisierung auf verlorenem Posten stand.
Da lieferte ihr, wie sich aber erst viel später herausstellte, eine Einzelwissenschaft das Handwerkszeug, mit dem sie sich von unserem *dritten Ansatzpunkt* aus gänzlich neu formieren konnte und andeutungsweise im Mittelalter, offenkundig seit der Renaissance bei einigen ihrer fortschrittlich-entschiedenen Denkern tatsächlich neu formiert hat. Diese Einzelwissenschaft war die *Mathematik* *Mathematik* mit den drei Fächern: Geometrie, Arithmetik, Astronomie. Ausführlich haben wir bereits erörtert, daß schon im Wissenschaftssystem des Aristoteles jeder Disziplin eine eigene Fachphilosophie zuerkannt wurde. Diejenige Fachphilosophie, die offensichtlich imstande war, abstrakte Logik zu konkretisieren und somit auf die gegenständliche Realität zu übertragen, war die *Geometrie,* während die Arithmetik und erst recht die Astronomie von der altorientalisch-hellenischen, später auch jüdischen Zahlenmystik und vom gnostischen Mythos der Gestirne verwirrt wurde. Wir beobachten nun, wie im Lauf der geistesgeschichtlichen Entwicklung die Mathematik allmählich die Stelle der christlich-gnostischen Metaphysik einnahm.

Abschlußbemerkung

Im großen und ganzen wurde schon während des Hellenismus, der auch das römische Imperium durchdrang, die Philosophie uninteressant, nachdem sie größtenteils in gnostischen Systemen aufgegangen war. Statt dessen dominierten die Fachwissenschaften. Ihnen verdankte die Kulturmenschheit ihren Fortschritt. Darum erfreute sich die Zentraluniversität von Alexandria, das dortige Musaion, frühzeitig und regelmäßig hoher finanzieller Zuschüsse seitens des Staates. Hingegen verkümmerten die vier in Athen beheimateten Philosophenschulen. Nur einzelne griechisch gebildete Augusti, die sog. „guten" Kaiser, förderten sie, und Antoninus Pius gewährte sämtlichen Philosophen überhaupt Steuerfreiheit, „weil sie so selten" geworden waren.
Auch damit war es vorbei, sobald noch im 4. Jhdt. durch Theodosius I. das Imperium von Konstantinopel aus der kaiserlich-christlichen Staatskirche athanasianischer Konfession unterworfen war. In Athen ließ Justinian 529 die vier Philosophenschulen schließen, ihren materiellen Besitz einziehen. So lange hatten sich platonische Akademeia, aristotelischer Peripatos, Stoa und epikureische Lehre noch behauptet.

DENKER DER HOCHSCHOLASTIK

Roger Bacon, Duns Scotus, Ockham, Marsilius von Padua

Im kaiserlich-christlichen Imperium Romanum gab es keine freie Forschung und Lehre, keine selbständige Philosophie, keine Geistesfreiheit. Aufgabe der Zensur war es, das Allgemeinbewußtsein der gesamten Staatsbürgerschaft von verbotenen Gedanken erst zu säubern, dann unter dauernder Kontrolle zu halten. Im Hinblick auf die dogmatisch festgelegte Welterklärung sollten alle Untertanen zur Gleichförmigkeit ihrer Lebensansichten und Werturteile erzogen werden. Damit Hand in Hand ging die Umschulung der Staatsbürger vom individuellen zum kollektiven Selbstverständnis, demzufolge alle Staatsbürger nur noch Glieder eines riesigen Leibes darstellen sollten, gleichsam Körperzellen eines Staatsorganismus, dessen Haupt anfänglich nur der christliche Kaiser in Konstantinopel war.

Zu verstehen ist diese Konstruktion (an der sich in Europa anderthalb Jahrtausende lang die Lebenswirklichkeit orientierte) aus der *politisch* exerzierten Regnum Christi-Doktrin, wie sie *Eusebios von Caesarea* (um 260 bis um 340) vorgebracht und wie sie *Augustinus* (354—430) modifiziert hat.

Zur Regnum-Christi-Doktrin

Beide Denker argumentierten aus der Glaubensüberzeugung heraus, daß zwischen Christus und Satan der Endkampf um die Weltherrschaft schon begonnen habe. Allerdings führt Christus, der künftige Weltkönig, diesen *Heiligen Krieg* nicht unmittelbar selbst. Vielmehr überläßt er ihn auf Erden zunächst der Christusmenschheit. Des ihr als Glaubenstatsache verkündeten Endsiegs gewiß, hat sie die unablässig fortgesetzte Offensive ergriffen. Je schneller sie die Satansmenschheit überwunden hat, desto eher soll das himmlisch-irdische Regnum Christi zur Realität werden: „Dein Reich komme."

Eusebios übertrug diese heilspolitische Glaubensvision auf das Imperium Romanum, das im Laufe des 4. Jahrhunderts christlich dominiert wurde. Wegen der christlichen Dominanz deutete er es als Vorform des unmittelbaren Regnum Christi. Spätestens mit dem Religionsedikt von 380, das zugunsten der neuformierten Reichskirche athanasianischer Konfession alle Andersgesinnten (Häretiker und Nichtchristen) als Staatsverbrecher mit dem Tod bedrohte, war die heilspolitische Lehre des Euseb zur offiziellen Staatsdoktrin geworden.

Das Imperium Romanum Christianum, dessen Hauptstadt und Regierungszentrum nur Konstantinopel war (Konstantinopel als „Neu-Rom" oder als „Das Zweite Rom" gegenüber dem längst zur Provinzstadt hinabgesunkenen Alt-Rom in Italien), sollte sich als staatlich organisiertes „corpus Christi" darstellen, als vielgliedriger „Leib Christi", ehe es durch Herabkunft des himmlischen „Hauptes", nämlich Christi selbst, zur seligen Vollkommenheit gebracht würde. Solange noch der vorläufig unvollkommene Zustand andauern mußte, galt der jeweilige römisch-christliche Kaiser in Konstantinopel als Vorkämpfer, Wegbereiter, *Stellvertreter Christi.* Folgerichtig beherrschte der stets im Heiligenschein abgebildete Autokrator (= Imperator), der als *„vicarius Christi"* (oder: „vicarius Dei") die *omnipotente Souveränität* beanspruchen durfte und tatsächlich besaß, mit seinem Gottesstaat zugleich die Staatskirche, da Staat und Kirche heilspolitisch als notwendige *Einheit* proklamiert wurden.

Vicarius Christi

Jedoch mußte das christlich-athanasianische Kaisertum in Konstantinopel erst seiner für allein rechtgläubig erklärten Konfessionskirche *innerhalb* des Imperiums alle die anderen konkurrierenden Konfessionen und Kirchen ebenso wie die nichtchristlichen Staatsbürger unterwerfen, ehe es gleicherweise auch die Andersgläubigen und Nichtchristen *außerhalb* der Reichsgrenzen und somit den ganzen „Erdkreis" staatskirchlich christianisieren konnte.

Innenpolitisch hatte sich um 400 die kaiserlich verordnete Zwangskonfession noch keineswegs durchgesetzt. Das Imperium war weiterhin konfessionell zerrüttet; und infolge zahlreicher Kriege, die vielfach (als Bürgerkriege) auch Konfessionskriege waren, brach das Imperium Christianum entgegen heilspolitischer Prophetie vor allem *im Westen* auseinander.

De civitate Dei

Solche Verhältnisse hatte *Augustin* vor Augen, als er seine antidonatistischen Schriften und (413—426) sein apologetisches Hauptwerk „De civitate Dei" verfaßte. („De civitate Dei" heißt sowohl „Vom Gottesstaat" als auch „Von der Gottesstadt", wobei „Gottesstadt" an die biblisch verheißene, neutestamentlich-apokalyptisch mit Beginn des als Regnum Christi erwarteten „Tausendjährigen Reiches" aus dem Himmel auf die Erde fertig herniederkommende Lichtstadt Gottes denken läßt.)

Entsprechend *seiner,* auf die westliche (und lateinische) Hälfte des Imperiums bezogenen Gegenwartserfahrung politischer Krisen erachtete Augustin das Imperium Romanum so, wie er es weit entfernt von Konstantinopel erlebte, anders als einst der hoffnungsfrohe Euseb für *satanisch,* da es ja noch unzählige, oftmals sogar siegreiche Ketzer und Nichtchristen in sich enthielt.

Das wahre corpus Christi sah er demgegenüber in der Kirche, und zwar, gemäß seiner damaligen Überzeugung, allein in der (offiziell ja auch als Staatskirche existenten) Glaubensgemeinschaft athanasianisch gesinnter Konfessionschristen. Allerdings war offensichtlich die in diesem konfessionell eingeschränkten Sinn verstandene „communio sanctorum" (die „Gemeinschaft der Heiligen", nämlich die rechtgläubige Christusmenschheit) noch nicht zur *reinen* Selbstdarstellung gelangt, also noch nicht das vollkommene „corpus Christi mysticum", sondern noch von falschgläubigen Christen anderer Konfessionen durchsetzt und darum erst ein „corpus permixtum", das jetzt von innen her (u. a. mittels Ketzerverfolgung) zur Vollkommenheit gebracht werden müsse.

Communio malorum

Als heilsgeschichtlichen Todfeind bezeichnete Augustin die „communio malorum", nämlich die „Gemeinschaft der Bösen", die Satansmenschheit. Sie bedrängt antichristlich auch die rechtgläubige Christenheit. Folglich muß sich — laut Augustin — die allein zur Seligkeit prädestinierte Konfessionskirche sowohl der Antichristen (der christlich getarnten und mit falschen Lehren, zum Beispiel als Häretiker, auftretenden, also nur scheinbar christlichen Satansmenschen) als auch der unverhüllt satanischen Nichtchristen erwehren. Zu diesem Zweck kann sie nicht auf staatliche Machtmittel verzichten. Schon darum ist es notwendig, den Staat von innen her rechtgläubig zu durchdringen und ihn der rechtgläubigen Kirche dienstbar zu machen.

„Kirche" hat hier noch den Sinn von griechisch ekklesia = Gesamtheit der Berufenen beziehungsweise Versammlung aller Vollbürger einer hellenischen Polis. Nur „frei geborene" Männer (im Gegensatz zu Sklaven, Halbsklaven oder Freigelassenen) konnten üblicherweise Vollbürger und insofern gleichberechtigte Staatsbürger sein; denn jede Polis war als Stadtstaat ja Stadt und Staat zugleich. Heilspolitisch und im Sinn *paulinischer* Christologie auf die civitas Dei übertragen, wurde nun jene Staatsverfassung so interpretiert: Der rechtgläubige Christ ist geistig-seelisch neugeboren als freier Mann und somit Vollbürger des himmlisch-irdischen, demnächst den gesamten orbis terrarum umfassenden Stadtstaates; dank jener Neugeburt ist er frei geworden vom Satan, dessen Sklave er vorher war, und insofern ist „Freiheit" eben als Freiheit *von* dieser früheren

Knechtschaft aufzufassen, nicht aber als Freiheit zu sich selbst (etwa im Sinn der neuplatonisch als Ursünde interpretierten Individuation oder im Sinn moderner Subjektivität wie zum Beispiel bei Descartes), denn „christliche Freiheit" ist nichts anderes als die Freiheit *zum* „Gehorsam unter dem Christus".

Staat und Kirche

Als *der* Staat schlechthin war damals allein das Imperium Romanum zu verstehen, das ja in jener Zeit außer Nichtchristen und andersgläubigen Christen auch die von Augustin (nach seiner Bekehrung) für rechtgläubig erachteten Christen zu Bürgern hatte, insofern also doch nicht als rein satanisch, sondern als ein schon gebrochener Vertreter des Satans zu gelten hatte. Indem nun der Staat zum Diener der alleinseligmachenden Kirche wurde, mußte in ihm der Satan allmählich seinen Halt verlieren. Je mehr die Satansmenschheit zurückgedrängt würde, desto mehr könnte sich der Staat zur äußeren Form des kirchlich organisierten corpus Christi entwickeln.

Aber auch für den Fall, daß der Staat vollends rechtgläubig christianisiert wäre, wollte Augustin (einerseits) ihn weiterhin von der Kirche unterscheiden. Als wahrer „Gottesstaat" (civitas Dei) sollte nur die gereinigte Kirche, das corpus mysticum, in Betracht kommen; in ihr sollte sich das Regnum Christi ereignen. Hingegen der Machtstaat, die „civitas terrena" (wobei „terrena" nicht nur mit „irdisch", sondern auch, im kirchlichen Sinne, mit „weltlich" im Gegensatz zur himmlisch-„geistlichen" civitas Dei zu übersetzen beziehungsweise zu interpretieren wäre, und zwar analog dem Unterschied von „sakral" — „profan"), könnte schon wegen seiner physischen Bedingtheit nicht ebenso vollkommen werden wie die Kirche selbst.

Der glückliche Staat

Allerdings hat Augustin (andererseits) als Zukunftsvision einen heilspolitischen Idealzustand beschrieben (De civitate Dei, II, 19), in dem der himmlisch-irdische Unterschied (oder Gegensatz) zwischen beiden Reichen in einer *höheren Einheit* aufgehoben erscheint: „Wenn die Vorschriften der christlichen Religion" für *alle* Staatsbürger gleichermaßen in Kraft stehen, also auch für die Staatsführerschaft, „dann würde *der glückliche Staat* ein Schmuckstück sein unter den Ländern dieser Erdenwelt und sich zu den Höhen des ewigen Lebens erheben, um dort selig zu herrschen" — womit also das Regnum Christi (entsprechend dem Tausendjährigen Reich) herbeigekommen wäre. *Hierin* lag der historisch ungemein wichtige Angelpunkt, in dem sich die augustinische Regnum Christi-Doktrin mit der eusebischen realpolitisch vereinigen ließ!

Im Hinblick auf die jeweils anderen Zeitverhältnisse, speziell ihrer Lebenswelten, haben also Euseb und Augustin auch eine jeweils eigene Regnum Christi-Doktrin entwickelt. Von beiden Doktrinen ist die europäische Geschichte oft maßgeblich beeinflußt worden, so auch die Philosophengeschichte. Hier nun ein paar historische Hinweise, die wir zum besseren Verständnis mittelalterlich-neuzeitlicher Geistesbewegungen den folgenden Teilen unseres Buches voranstellen.

1. Die *eusebische* Heilslehre wurde als Staatsdoktrin des gesamten Imperium Romanum zuerst (und schon relativ früh) in dessen östlicher Hälfte (dem später im Westen sogenannten „Imperium orientale") gänzlich durchgesetzt. Dort gab es die augustinische Zweiteilung (in „civitas Dei" und „civitas terrena") eben nicht; sondern Staatskirche und Staat galten als heilige, auf den kaiserlichen vicarius Christi bezogene Einheit.

Ein *solches* absolutes Kaisertum erhielt dann Karl der Große für die westliche Hälfte des Imperium Romanum übertragen, de facto 800 in Rom, de jure 812 durch den Vertrag von Aachen.

Zuerst, im Jahre 800, hatte sich Papst Leo III., bis dahin Untertan des einzigen, in Konstantinopel residierenden Kaisers, als Patriarch von Rom maßgeblich an einer hastig improvisierten Nachahmung konstantinopolitanischer Krönungssymbolik beteiligt. Denn nachdem Karl durch dreimalige Akklamation anwesender Vertreter des populus Romanus zum „Imperator Augustus" ernannt und daraufhin vom Papst christlich gekrönt worden war, kniete dieser *„adorierend* (anbetend)" vor dem neuen Kaiser nieder, huldigte ihm also nicht anders, als er vorher dem vicarius Christi in Konstantinopel zu huldigen gehabt hätte.

Imperium occidentale

Staatsrechtlich entscheidend war jedoch die offizielle (wenn auch unter Vorbehalt zugestandene) Anerkennung, die Karl als weströmisches Reichsoberhaupt durch den Vertrag von Aachen aus Konstantinopel erhielt. Jetzt gab es tatsächlich das „Imperium occidentale" neben dem „Imperium orientale"; und Karl regierte hier seinen Staat *und* dessen Staatskirche im Prinzip ebenso wie dort sein kaiserlicher Kollege es tat, nämlich als der mit göttlicher Vollmacht ausgestattete Alleinherrscher, auch wenn er sich *nicht* ausdrücklich „vicarius Christi" nannte, sondern sich mit der im Frankenreich traditionellen Formel „Dei gratia" begnügte.

Tatsächlich galt nunmehr auch im Imperium occidentale, dem „*Abendland*", die eusebische Staatsdoktrin. Sie wurde hier aber eigentümlich ergänzt, und zwar schon von Karl selbst (bzw. von seinen geistlichen Ratgebern), durch die *mehrstufige* Doktrin des Augustin. Karl, der sich oft und gern aus Augustins Schriftwerk über den „Gottesstaat" vorlesen ließ (es soll das ihm liebste Buch gewesen sein), hatte ja (anders als der Ostkaiser) in seinem Imperium die Staatskirche, deren Chef ebenfalls er war, erst noch militärisch und organisatorisch durchzusetzen, wobei er auch über die Reinheit der Lehre wachte, also Konfessionspolitik trieb und dogmatische Streitfragen entschied. Im Hinblick auf sein Westreich konnte er schon deshalb die augustinische Zwei-Reiche-Lehre akzeptieren und aus ihr heraus seine eigene heilspolitische Position bestimmen.

Was diese Position betrifft, so verstand er selbst sich ausdrücklich als Oberhaupt des augustinischen (vorhin zitierten) „*glücklichen Staates*", als „glücklicher Kaiser". Und da, wie gesagt, diese Vorstellung vom „glücklichen Staat" besser zur *eusebischen* Heilspolitik paßt als zum größten Teil der augustinischen Doktrin (und dem in ihr meistens vorherrschenden Dualismus), so erhielt nun fürs Abendland die augustinische Zwei-Reiche-Lehre eine besondere, folgenreiche Bedeutung, die in einem Leitsatz ausgedrückt sei: Die vom Kaiser im Auftrag Christi geführte Einheit von Staat und Staatskirche entspricht *mittelbar* dem Regnum Christi (ist insofern das irdische Spiegelbild himmlischer Kosmokratie) und überwindet in dieser Heilsgestalt die communio malorum, wie auch immer sich diese noch als (grundsätzlich schon geschlagener) Gegner erweisen mag.

Dasselbe *Einheitskaisertum* Karls des Großen (auf den als Präzedenzfall man sich später gegen Konstantinopel berief) ist im Prinzip von Otto dem Großen „erneuert" und abermals an der eusebisch gerechtfertigten Autokratie des Ostkaisers orientiert worden. Noch mehr als Otto der Große selbst bezogen sein Sohn Otto II. und sein Enkel Otto III. ihr kaiserliches Selbstverständnis aus dem konstantinopolitanischen Vorbild; und eben diese Tradition wirkte weiter, zum Beispiel bei Kaiser Friedrich I. („Barbarossa"), während dessen Kaiserkrönung der Papst jenen im Ritual vorgeschriebenen Satz sprach, wonach Christus den Kaiser auch „zur Leitung deiner heiligen Kirche eingesetzt" habe.

Fortwirkung eusebischer Doktrin

Allerdings wurde das Kaisertum *beider* Imperien schon um 1200 dermaßen päpstlich entmachtet, daß schließlich, trotz oftmaliger Restitutionsversuche, von ihm nur der Schatten seines Namens übrigblieb. Jedoch als historisch vorgegebenes Musterbeispiel war es weiterhin Leitbild, und zwar kraft der ihm immanenten Regnum Christi-Doktrin eusebischer Art. An das Ostkaisertum schloß sich im 15./16. Jahrhundert der russische Zarismus an (mit Moskau als dem „Dritten Rom", da Konstantinopel ja das „Zweite Rom" gewesen war); und an die Stelle des Westkaisertums traten (seit Beginn des 14. Jahrhunderts) Königreiche, allen voran das französische, in denen die christliche Einheit von Staat und Staatskirche ebenso (oder noch mehr) verwirklicht wurde wie einst im Imperium occidentale unter Karl dem Großen.

Während der nächsten Jahrhunderte kam es in Europa, und hier hauptsächlich im Abendland, zu immer mehr heilig-christlichen Monarchien, deren jede sich möglichst von einer ihr eigens zugeordneten oder ihr unterstellten Staatskirche (Staatskonfessionskirche) ideologisch rechtfertigen und propagieren ließ. Insofern und bezogen auf die Ideen-Geschichte der Herrschaftsformen hatte man es im Lauf der Zeit mit einer wachsenden Zahl *mittelbarer* Thronerben des konstantinopolitanischen vicarius Dei zu tun; alle diese Monarchen, die gleichzeitig regierten, erstrebten oder besaßen jeweils für sich eine direkt oder indirekt aus der eusebisch akzentuierten Regnum Christi-Doktrin abgeleitete Souveränität.

Verloren ging dabei allmählich (und vollends nach der Reformation) die antike Vorstellung vom notwendigerweise einzigen, den gesamten Erdkreis umfassenden Imperium Romanum Christianum, insofern es das vollkommene Regnum Christi hätte vorbereiten oder einleiten sollen. Was von dieser *heils*politischen Konzeption im Abendland noch *real*politisch übrigblieb, war der (zuerst christlich motivierte) *Absolutismus.*

Er setzte entwicklungsgeschichtlich die traditionell „gegebene", staatstheoretisch „vorgefundene" Herrschaftsform des christlich-absolut regierten Einheitsstaates voraus. Diese Herrschaftsform dominierte im 16./17. Jahrhundert. Aber ihren konstantinopolitanischen Ursprung hatte man im Abendland (anders als im christlich-orthodoxen Osteuropa) inzwischen verdrängt. So wurde sie hier damals staatstheoretisch-philosophisch *neu* (und jeweils verschieden) *nach Prinzipien der Vernunft* begründet, zum Beispiel von Jean Bodin und Thomas Hobbes, *ohne* daß man diese Neukonstruktion omnipotenter Souveränität nochmals auf eine Regnum Christi-Ideologie zwingend festlegte.

Demgegenüber forderte später die „Heilige Allianz" (mit Restauration, Reaktion und „politischer Romantik") im vorigen Jahrhundert eine Rückbesinnung auf den christlichen Einheitsstaat, wie er vormals nur durch Regnum Christi-Politik entstanden war und wie ihn das mächtigste Mitglied der Heiligen Allianz, nämlich der Zar, wiederum mustergültig vom Osten her dem Abendland vorführen konnte.

Kardinalprinzip und Hauptkriterium jedes spezifisch christlichen Einheitsstaates besonderer Konfession war dessen Intoleranz gegenüber allen Andersgesinnten, wobei seitens obrigkeitlicher Zensurbehörden die Gesinnung am Staatsdogma gemessen wurde. Heilstheoretisch wirkten Absolutismus, Zwangsreligion und Polizeigewalt zusammen in der totalen Aufsicht über jeden Staatsbürger von seiner Geburt bis zu seinem Tod.

Heutzutage, nachdem wir neuerdings eine derartige Staatsform in modern abgewandelter, relativ säkularisierter, mehrfach variierter und ideologisierter Gestalt wiederkehren sahen, pflegt man sie als „totalen Staat" zu bezeichnen.

Augustinischer Dualismus im Hochmittelalter

2. Bis hierher haben wir von der realpolitischen Konsequenz überwiegend *eusebischer* Regnum Christi-Doktrin gesprochen, mehrmals im Zusammenhang mit demjenigen Monismus, der ja *auch* bei Augustin, obwohl nicht als Zentralthema, zum Ausdruck kam. Jetzt wollen wir uns den historischen Folgen der *dualistisch fixierten* Zwei-Reiche-Lehre des Augustin zuwenden. Diese Doktrin ist *so* nur im Abendland zu oft ausschlaggebender Geltung gebracht worden.

Denn sie allein ermöglichte es bestimmten Päpsten ab Gregor VII. (1073—1085) über Innozenz III. (1198—1216) bis Bonifatius VIII. (1294—1303), das Papsttum aus der staatskirchlichen Unterordnung unter den Kaiser zu emanzipieren und das Machtverhältnis dergestalt umzudrehen, daß nunmehr der Papst vom „successor Petri" zum theoretisch omnipotenten „vicarius Christi" und insofern (mit Innozenz III., dessen Herrschaft und nicht diejenige eines Kaisers den Höhepunkt des Hochmittelalters markiert) zum „Deus in terris" (Gott auf Erden) emporstieg: zum christlichen Universalmonarchen.

Zwar lag das rechtfertigende Argument, mittels dessen hochmittelalterliche Päpste ihren Übergang von der älteren Heilspolitik zur neueren Machtpolitik heiligten, in der augustinischen Lehre von „den zwei Reichen"; aber nicht zu verkennen ist, daß diese Lehre gänzlich andere Zeitverhältnisse als diejenigen voraussetzt, die im damaligen Abendland vorlagen. Denn seit Augustin war ja auch das weströmische Imperium analog dem oströmischen einheitlich christianisiert worden. Folglich gehörten hier in der (durch Ausnahmen nur bestätigten) Regel alle Staatsbürger als Christen zum gereinigten corpus Christi im augustinischen Sinn. Der seinerzeit noch von Augustin konstatierte Gegensatz zwischen der communio sanctorum und der communio malorum, zwischen Christusmenschheit und Satansmenschheit, war jedenfalls im Innern des Reichs heilstheoretisch längst beseitigt und hier insofern der Zustand des „glücklichen Staates" erreicht, von dem wir schon geredet haben.

Um nun entgegen diesem Zustand die Überordnung der Kirche (= des Papsttums) über den Staat (= das Kaisertum) herbeizuführen, übertrug man anachronistisch aus der spätantiken Zwei-Reiche-Lehre heraus deren radikalen Dualismus auf die hochmittelalterliche Gegenwart. Aber es genügte nicht (und es war auch realiter nicht möglich), das christliche Einheitsreich in „Staat" und „Kirche" aufzuspalten; denn anders als noch bei Augustin waren ja jetzt beide Institutionen rechtgläubig-christlich. Vielmehr mußte man auf den Gegensatz zwischen der communio sanctorum und der communio malorum zurückgreifen und ihn dort wiederherstellen, wo er längst getilgt worden war.

Anathema-Politik

Zu diesem Zweck wandten Päpste ausgiebig (am meisten im 13. Jahrhundert) den großen Bannfluch („anathema") als Waffe an. Gleichzeitig wurde die Lehre von der päpstlichen Schlüsselgewalt (die schon Leo I. aufgestellt hatte) mehr als zuvor überall proklamiert. Sie besagt, daß allein der Papst als successor Petri unter Berufung auf Matth. 16, 19 die Schlüssel zum Himmel besitze, mit denen er ihn richterlich für Einzelmenschen wie für Kollektive aufschließen oder zusperren könne. Vom Himmel ausgeschlossen, und folglich der Hölle ausgeliefert, war derjenige, der durch Bannfluch aus der communio sanctorum ausgestoßen und somit der communio malorum zugewiesen war.

Also deklarierten kämpfende Päpste mittels der Anathema-Politik die ihrem Totalitätsanspruch widerstrebenden Mitglieder der communio sanctorum zu Angehörigen oder Mitläufern der communio malorum. Erst dadurch ließ sich hier der augustinische Dualismus in vollem Umfang praktizieren. Der gebannte Kaiser wurde als Antichrist, als apokalyptisches Tier hingestellt, und die kaiserliche Gefolgschaft insofern als Werkzeug des Satans oder Teil der Satansmenschheit. Darum konnten nun Päpste ihre Parteigänger zum „Heiligen Krieg" gegen die Kaiserpartei aufrufen. Solchen Kriegszügen (Bürgerkriegs-Kreuzzügen) ist schließlich das alte Kaisertum *beider* Imperien erlegen.

Immanent war der päpstlichen Machtpolitik das Paradoxon, daß man päpstlicherseits während eines Übergangsstadiums diejenige Doktrin, auf die man selbst Anspruch erhob (die eusebische bzw. augustinisch-monistische), so lange mit einer andern Doktrin (der augustinisch-dualistischen) bekämpft hat, bis die Wirkungskraft der ersten gebrochen war und die zweite sich *auch gegen* das Papsttum, gegen die Universalkirche, gegen *jede Konfession zugunsten jeder* Konkurrenzkonfession anwenden ließ.

Machtpolitik als Heilspolitik

a) Am folgenschwersten war damals und später die eigenartige Verflechtung von Machtpolitik und Heilspolitik. Nicht nur wurden machtpolitische Ziele heilspolitisch hergeleitet (was für sich allein ja nicht neu gewesen wäre), sondern auch Rechtspositionen jeder Art dadurch erobert, daß man deren Inhaber *offenbar willkürlich* verteufelte und somit vernichtete. Mit Bannflüchen und mit der 1231 als „heiliges Amt" direkt dem Papst unterstellten Inquisition begann die neuere Leidensgeschichte christlicher Selbstzerfleischung im Abendland. Der Papst-Kaiser-Streit bezeichnete lediglich deren erste Phase.

Schon bei diesem Streit und seinen zahlreichen Bürgerkriegen standen keinesfalls Papsttum und Kaisertum isoliert gegenüber, vielmehr stützte sich meistens das Kaisertum auf einen beträchtlichen Teil der Staatskirche, weshalb es oftmals „seine" Päpste den zur Universalmonarchie aufstrebenden Päpsten als deren „Gegenpäpste" in den Weg stellte; und da üblicherweise sich dann beide Päpste gegenseitig (nebst Anhang) verfluchten, und da ferner die kaiserfeindlichen Päpste ja meistens nicht das Kaisertum überhaupt beseitigen, sondern es sich nur unterordnen wollten und da sie gelegentlich Usurpatoren gewannen, die sich zu „Gegenkaisern' machen ließen, so spaltete sich der davon betroffene Großteil der Christenheit von Fall zu Fall in zwei internationale Massenparteien, deren *jede* sich selbst als communio sanctorum verstand, indem sie die jeweils andere als communio malorum bekämpfte. Daran gewöhnte man sich schon im Lauf der Papst-Kaiser-Kriege.

Entscheidend für die Folgezeit war, daß offenkundig jede „Rechtgläubigkeit" (1.) wieder fraglich schien, (2.) von der Machtkonstellation abhing, (3.) jeweils neu zu bestimmen war und (4.) zu Widersachern stets irgendeine „communio malorum" *innerhalb der Christenheit athanasianistischer Grundkonfession* haben konnte, wobei (5.) diese communio malorum eben auch dadurch hervorgerufen wurde, daß bald dieser, bald jener Bevölkerungsteil sich machtpolitischen Ambitionen widersetzte oder gegen sozialpolitische Unterdrückung auflehnte.

Noch *vor* den Papst-Kaiser-Kriegen hatte man gemeint, die Konfession der allgemeinen Staatskirche stünde jedenfalls innerhalb des Abendlandes endgültig fest. Jedoch, *mit* diesem Streit fing hier die Geschichte der Konfessionsgegensätze wieder an, wie man rückblickend deutlich erkennen kann. Vor allem setzte damals die Entwicklung zu jenen radikal geführten Konfessionskriegen ein, deren Reihenfolge sich dann länger als ein halbes Jahrtausend hinzog. Nur zwei ihrer Ursachen seien hervorgehoben, sofern sie schon im Papst-Kaiser-Streit liegen: (1.) die *gegenseitige* Verteufelung, so daß heilig-totale Kriege nötig waren, um durch triumphalen Sieg beziehungsweise Niederlage das *Gottesurteil* darüber herbeizuführen, *wer* nun im Sinne der Regnum Christi-Heilspolitik zu ewiger Seligkeit beziehungsweise zu ewiger Verdammnis bestimmt sei; und (2.) die Abhängigkeit der Heilserwartung vom Bekenntnis zu diesem oder jenem Souverän, also von einem *politischen* Glaubensbekenntnis, so daß später auch die *Staatsform* zur Konfessionssache werden konnte (z. B. im Calvinismus die Republik an Stelle der Monarchie).

b) Immerhin hatte man sich einst, vor allem zur Stauferzeit, um einen *Kompromiß* im Papst-Kaiser-Streit bemüht, indem man die Zweireichelehre zeitgemäß *neu* interpretierte, sie nur auf „Staat" und „Kirche" bezog und beide Institutionen, da beide ja rechtgläubig, *gleichberechtigt nebeneinander* stellen wollte. Demzufolge hätte es zwei vicarii Christi im Abendland und zwischen ihnen eine Gewaltenteilung gegeben: Der eine würde „das weltliche Schwert", der andere „das geistliche (oder geistige) Schwert" geführt haben. So zeigen programmatische Kampfbilder aus jener Epoche eine symbolische Christusfigur, aus deren Mund zwei lange Schwerter nebeneinander herausragen, und Symbolfiguren von Papst und Kaiser, die einträchtig auf demselben Thronstuhl sitzen.

Der christologische Ansatz zu dieser Kompromißformel läßt sich im Neuen Testament auffinden. Dort schildern Glaubensvisionen unter anderem Christus als zur Zeit himmlischen Weltregenten *und* als zur Zeit himmlischen Oberpriester (so im Hebräerbrief). Da nun im Hochmittelalter „beide Reiche" (civitas terrena und civitas Dei) christlich waren, so hätte sich, jener Kompromißformel folgend, Christus als Staatschef durch den Kaiser und als höchster Priester durch den Papst (pontifex maximus!) vertreten lassen. (Hingegen in Konstantinopel war der Kaiser als einziger vicarius Christi ja beides zugleich, also *auch* pontifex.)

Trennung von Staat und Kirche

Zwar ist damals dieser Kompromißversuch schon deshalb gescheitert, weil er „Staat" und „Kirche" viel drastischer unterschied, ja trennte, als im Hochmittelalter möglich oder auch nur erwünscht war. Aber dessenungeachtet stellte doch er die logische Konsequenz aus der reaktivierten Zweireichelehre dar, wenn man sie „dualistisch" auf das *christliche* Reich anwenden wollte. Folgerichtig hat später *er* sich immer mehr durchgesetzt.

Denn es mußte ja einleuchten, daß man, falls überhaupt man das christliche Einheitsrecht nachträglich wieder *dualistisch* aufteilen wollte, nicht mehr Sonderformen der communio sanctorum und malorum erhalten würde, sondern etwas *Neues,* von Augustin *so* nicht Vorhergesehenes, nämlich auf der einen Seite *den christlichen Staat,* auf der anderen Seite *die christliche Kirche* als zwei *nebeneinander* einhergehende Organisationsformen des corpus Christi, die ja nur im himmlischen Oberhaupt eine *transzendente* Einheit bilden könnten.

Unabhängig davon, ob man *solche* Zweiteilung nun als ihr Fürsprecher *kooperativ* intendierte oder als ihr Gegner sie *antagonistisch* auslegte, wies doch bereits jene hochmittelalterliche These darauf hin, daß man „christlichen Staat" und „christliche Kirche" grundsätzlich unterscheiden und den Staatsbegriff *parallel* zum Kirchenbegriff definieren könne. *Die spätere strikte Trennung von Staat und Kirche war vorgezeichnet.*

Sobald man aber, in der Folgezeit, Staat und Kirche als zwei prinzipiell besondere Organisationsformen anerkannt hatte, deren eine „weltlich" und deren andere „geistlich" sein *müsse,* konnte man jede für sich nach der ihr eigenen Gesetzlichkeit gelten lassen, diese Gesetzlichkeit jeweils neu untersuchen, neu bestimmen, historisch-kritisch als zeitbedingt veränderlich feststellen und schließlich (trotz Luther und *seiner* Auslegung der „Lehre von den zwei Reichen") in Umkehrung des augustinischen, nachträglich modifizierten Dualismus „die Kirche" als den Störenfried „des Staates" signifizieren, die erst zu überwinden sei, ehe der von ihr emanzipierte Staat allen seinen Bürgern ein Dasein ohne Gefahr der Anathema-Politik und deren Folgen garantieren könne.

3. Mit der langen Geschichte abendländischer Regnum Christi-Politik hängt nun eng die Philosophengeschichte zusammen. So zum Beispiel war Thomas von Aquino ein Fürsprecher des päpstlichen Primats gegenüber dem Kaisertum: „Subesse Romano Pontifici est de necessitate salutis — es ist heilsnotwendig, dem Papst untertan zu sein" (und Thomas wurde nicht nur heiliggesprochen, sondern sein Weltsystem noch 1879 von Papst Leo XIII. durch eine Enzyklika als maßgeblich für das katholische Denken bezeichnet); hingegen der ganz anders gesinnte Ockham suchte und fand Zuflucht bei einem gebannten Kaiser.

Philosophie statt Regnum-Christi-Doktrinen

Zur Zeit der späteren Konfessionskriege und der ihnen folgenden Abkehr von aller Regnum Christi-Politik setzte die neuere Philosophie mit *ihren* Welterklärungssystemen ein, mit *ihren* Staatstheorien, *ihren* Humanitätsidealen, *ihrer* überkonfessionellen Theologie, *ihrer* Erkenntniskritik. Es war die Zeit von Hobbes, Descartes, Galilei, ja noch von Spinoza, Leibniz, Hume, Kant, Lessing, dem jungen Herder und insofern die Aufklärungszeit.
Denn in den halbtausendjährigen Konfessionskriegen hatte sich die Regnum Christi-Politik erschöpft. Unzählige Menschen, viele Millionen, waren als Kriegsopfer umgekommen, viele Millionen enteignet und vertrieben worden, große Teile von Europa verwüstet, Ortschaften zu Tausenden niedergebrannt; mehr hatte man nicht tun können, um sich dem prophezeiten Weltkönigtum Christi näherzubringen; und nun war gewissermaßen alles vergeblich gewesen, weil das göttliche Entweder-Oder ausblieb: Nachdem jede Konfessionskirche sich selbst im Gegensatz zu jeder anderen als die allein rechtgläubige erklärt hatte, konnte jede sich neben jeder anderen zuletzt gleichrangig behaupten und alles behalten, was jeweils ihr eigen war: *ihre* Gottesvorstellung, *ihr* Christusbild, *ihre* Bibelauslegung, *ihr* Dogma, *ihren* Alleinanspruch auf ewige Seligkeit, *ihre* Geschichtsdeutung, *ihre* Staatslehre, *ihre* Herrschaftsform (monarchisch oder republikanisch), *ihr* Verhältnis zur modernen Wissenschaft und was dergleichen mehr aufzuzählen wäre.
Demgegenüber suchte man, schon um den verwirrenden, konfessionell koexistenten Heilswidersprüchen zu entgehen, nach anderen Welterklärungssystemen; und am liebsten griff man zunächst nach solchen, die man zwar noch für christlich halten konnte, die aber ohne Regnum Christi-Doktrin und folglich ohne den Satan auskamen, insofern also doch nicht christlich waren, bis hin zum Deutschen Idealismus.

Eigenart der Scholastik

Im Römischen Imperium war die Unterwerfung aller Staatsbürger unter die Staatsreligion und deren Asebiegesetz vollendet, als Justinian I. (527—565) kurz nach seinem Regierungsantritt nicht nur die Philosophenschulen in Athen verbot, sondern auch die einst hellenistisch geplante Universität in Konstantinopel schließen ließ. Sie war die letzte antike Universität auf europäischem Boden gewesen. An ihre Stelle trat die neue kirchliche Hochschule, die fortan von Konstantinopel aus maßgeblich wurde für gelehrte Studien auch im Abendland, bis hier während des 13. Jahrhunderts eine Sonderentwicklung einsetzte. Seitens der Obrigkeit und ihrer Zensurbehörden war außer dem römischen Recht und dem davon abgeleiteten Kirchenrecht allen Professoren wie Studierenden im wesentlichen nur dasjenige geboten oder erlaubt, was in den Schriften des Alten und Neuen Testamentes stand oder aus ihnen gefolgert wurde. Hinzu kamen die Werke rechtgläubiger Kirchenväter. Zusätzlich gestattete man die Lektüre einiger sorgfältig ausgewählter Manuskripte nichtchristlicher Autoren der Vergangenheit, darunter Geschichtsbücher und die Logik des Aristoteles. Aus dem unablässigen Studium stets derselben Grundtexte und ihrer Kommentare entwickelte sich, unter Aufsicht durch die Zensurbehörden, allmählich die abendländische *Scholastik*.
Der lateinische Ausdruck „schola" ist ein griechisches Lehnwort und bezeichnet eine gelehrte Abhandlung, Unterredung über einen gelehrten Gegenstand, Vorlesung oder Erklärung gelehrter Werke, schließlich auch Schule. Den Ursprung der Scholastik können wir schon bei Cassiodor (um 490—583) entdecken. Cassiodor, der aus syrisch-römischer Familie stammte und in Unter-

Beginn der Scholastik

italien geboren war, diente zeitweilig dem Ostgotenkönig Theoderich als Staatsmann. Um 540 zog er sich in ein von ihm gegründetes Kloster Vivarium zurück. „Da ich sah“, so berichtet er in seinen Anweisungen zum theologischen Studium, „wie das Studium der weltlichen Wissenschaften mit glühendem Eifer betrieben wurde, weil sich ein Großteil der Menschheit davon den Gewinn weltlicher Klugheit versprach, da war ich sehr bekümmert darüber, daß die heiligen Schriften keine öffentlichen Lehrer hatten, während die weltlichen Autoren sich einer zweifellos ausgezeichneten Lehrtradition erfreuten. Deshalb bemühte ich mich mit dem seligen Agapetus, dem Bischof von Rom [535—536], eine Einrichtung zu schaffen, wie sie in ähnlicher Form bekanntlich lange Zeit in Alexandria bestanden hat und wie sie heute noch in Nisibis, einer syrischen Stadt, von den Juden eifrig beibehalten wird; wir wollten nämlich in Rom eine christliche Hochschule gründen.“ Die Absicht konnte nicht verwirklicht werden; vielmehr war im lateinischen Abendland auf Jahrhunderte das Studium ein Vorrecht gelehrter Mönche hauptsächlich des Benediktinerordens. Sehr viel später, im 13. Jahrhundert, nachdem das „Heilige Amt“ der Inquisition geschaffen, unmittelbar dem Papst unterstellt und mit allen Aufgaben den Dominikanern anvertraut worden war, übernahmen hauptsächlich eigens ausgebildete Mitglieder dieses Ordens die mittlerweile entwickelte Scholastik und stellten meistens auch das Lehrpersonal.

Mathematik bei Cassiodor

Wir widmen unsere Aufmerksamkeit jetzt dem Studium der Mathematik und seiner Geschichte während der Scholastik. Sinn und Zweck dieser Wissenschaft mit ihren drei Fächern — Arithmetik, Geometrie, Astrologie — hat bereits Cassiodor umschrieben: „So laßt uns denn ... ohne Zögern hinaufsteigen zu den Höhen der Heiligen Schrift und dabei die vortrefflichen Erklärungen der [Kirchen-]Väter zu Hilfe nehmen gleichsam wie Sprossen einer Jakobsleiter, die zur [Gottes-]Schau führt, damit wir, durch ihre Worte geleitet, am Ende wirklich zur Anschauung des Herrn gelangen dürfen. Die Arithmetik ist deshalb großen Lobes würdig, weil der Schöpfergott sein Werk nach Zahl, Maß und Gewicht geordnet hat; so sagt Salomo: ‚Alles hast du nach Zahl, Maß und Gewicht gemacht‘ [Weish. 11, 21]. Nach der Zahl ist Gottes Schöpfung eingerichtet, sagt doch Gott selbst im Evangelium [Matth. 10, 30]: ‚Bei euch aber sind sogar alle Haare des Hauptes gezählt.‘ Gleichfalls ist sie nach Maß gefügt, wie der Herr im Evangelium [Matth. 6, 27] bezeugt: ‚Wer von euch kann denn mit all seinen Sorgen seiner Größe auch nur eine Elle hinzufügen?‘ Ebenso sagt der Prophet Jesaja [40, 12]: ‚Wer mißt den Himmel mit der Spanne, wer faßt die Erde in der hohlen Hand?‘ Schließlich ist Gottes Schöpfung nach Gewicht geformt, wie Salomo sagt im Buch der Sprüche [8, 28—30]: ‚Er wog die Quellen der Wasser aus‘, und wenig später: ‚Als er der Erde Gründe ins Gleichgewicht brachte, war ich bei ihm.‘ Und so sind die einzigartigen und prachtvollen Werke Gottes von unabänderlichen Grenzen umschlossen; wie wir glauben, daß Gott alles geschaffen hat, so erfahren wir bis zu einem gewissen Grade auch, auf welche Weise das geschehen ist. Daher ist es zu verstehen, daß die üblen Werke des Satans nicht durch Gewicht, Maß und Zahl zusammengehalten werden.“ — Dieses eine Musterbeispiel möge genügen.

Immerhin wurden, dank solcher Bibelauslegung, auch Arithmetik und Geometrie zu Unterrichtsfächern der Scholastik und mit Dialektik, Grammatik, Musiktheorie, Astrologie in einer Fakultät zusammengefaßt, aus der später unsere philosophische Fakultät hervorging. Jedoch, in keinem Fall handelte es sich etwa um exakte Wissenschaft. Vielmehr war „Grammatik“ beschränkt auf Lateinunterricht, „Rhetorik“ auf die Abfassung von Briefen und Urkunden, „Dialektik“ auf die freie Rede, „Musik“ auf Kirchengesang; die „Astronomie“

diente, sofern sie nicht Astrologie war, lediglich zur Berechnung kirchlicher Feiertage, „Geometrie“ war eher ein bißchen Geographie und „Arithmetik“ eine Art Buchstabenmystik. Denn Zahlen schrieb man ja mit lateinischen Buchstaben. Wer überhaupt etwas rechnen wollte, der mußte ein Rechenbrett mit Steinchen benutzen, dergleichen in abgewandelter Form unsere Abc-Schützen haben.

Arabisch-hellenistische Hochkultur

Exakte Wissenschaften wurden nur in der arabisch-hellenistischen Hochkultur gepflegt. Dort wurden sie an modern anmutenden Universitäten, aber auch in gewissem Umfang an den Volksschulen gelehrt, und dort verwendete man längst die *Ziffern.* Wie z. B. „Algebra“, so ist „Ziffer“ bei uns ein arabisches Lehnwort, und zwar von sifr = null. Die Geschichte der exakten Wissenschaften, einschließlich der höheren Mathematik, war dort von der staatskirchlichen Zensur lediglich unterbrochen, aber nach den Befreiungskriegen im 7./8. Jahrhundert während der *damaligen Renaissance* aufs neue glänzend entfaltet worden. Eigens erwähnt sei hier noch der unermeßliche Vorsprung jener Hochkultur in Experimentalphysik, Optik (Vergrößerungsgläser!), Chemie, Anatomie, Chirurgie, Innerer Medizin, Pharmakologie, Geographie, Zoologie, Botanik, Astronomie. Was hätte zur selben Zeit, etwa um 1100, ein Abendländer mit Wurzelrechnung, Tangens und Kotangens, Kreisberechnung, Kegelschnitten anzufangen gewußt? Er konnte das alles für „Hexenwerk“ halten.

Trotzdem erreichte im Hochmittelalter manches wissenschaftliche Geistesgut einzelne Gelehrte im christlichen Abendland, sei es auch auf Schleichwegen. Die hiesige Judenheit, einzige Volksgruppe im Besitz von Volksschulen, hätte durch ihren engen Zusammenhalt mit der Judenheit islamischer Reiche am ehesten Fachwissen vermitteln können; aber seit dem Laterankonzil von 1215 galt jene sehr verschärfte Gesetzgebung, welche der Judenheit jeden normalen Beruf verbot, Zwangsgettos auferlegte und die großen Vernichtungsaktionen des 14./15. Jahrhunderts vorbereitete. Nur Kaiser Friedrich II. trotzte auch in dieser Hinsicht, wenn auch nur in bestimmten Grenzen, seinen päpstlichen Rivalen.

Er gewährte grundsätzliche Toleranz sogar den Muslimen seines Staates in Unteritalien/Sizilien, unerachtet der über ihn verhängten Bannflüche. Sein Staat sowie der noch islamische Teil von Spanien waren in Europa nun die Zentren arabisch-hellenistischer Hochkultur, zu der italienische Handelsstädte mit Niederlassungen in Nordafrika und im Nahen Osten ebenfalls Beziehungen pflegten. Hauptsächlich von Spanien aus kam die Spitzbogenarchitektur, deren Abwandlung wir „gotisch“ nennen, nach Südfrankreich, und dorther, weil es damals großenteils der englischen Krone gehörte, nach England sowie nach Nordfrankreich und Westdeutschland, und von Sizilien aus kam sie in Staufer-Architektur bis Mitteldeutschland. Gotische Kathedralen mit Spitzbogen, Strebepfeilern, Maßwerk setzen eine exakt-wissenschaftliche Grundausbildung der Baumeister vor allem in der höheren Mathematik voraus, wie sie nur an Universitäten oder Fachhochschulen jenseits christlicher Grenzen zu erwerben war. Das „Geheimnis der gotischen Bauhütten“ bestand im wesentlichen wohl in solchem hier geheimem Wissen. Ein Manuskript aus dem Jahre 1202, verfaßt von Leonardo Fibonacci in Pisa, dessen Vater als Kaufmann in Algier lebte, enthält wahrscheinlich die erste abendländische Darstellung arabisch-hellenistischer Rechenkunst und Ziffern. Leonardo von Pisa beherrschte die arabische Schrift und Sprache, hatte weite Reisen im Orient unternommen und dabei Schriften des Euklid, Archimedes, Heron, Diophanteos studiert. (Von Euklid, der um 300 v. Chr. Mathematikprofessor an der Universität Alexandria gewesen war, wird noch in anderen Kapiteln geredet.) Überhaupt war in

Italien, im Süden und in Stadtstaaten, abendländische Allgemeinbildung am weitesten fortgeschritten, eine Folge weniger der bodenständigen Tradition als vielmehr der Wirtschaftsbeziehungen kreuz und quer übers Mittelmeer. Allgemein bekannt ist, daß die erste, auf Jahrhunderte einzige abendländische Universität, welche nach heutigem Maßstab diesen Namen verdiente, die 1224 von Kaiser Friedrich II. gegründete, kurz nach seinem Tod aber der Inquisition unterworfene Staatsuniversität in Neapel war, ihr zur Seite die Medizinische Akademie in Salerno: zwei nach arabisch-hellenistischem Vorbild organisierte Zentren freier Wissenschaft. Nachdrücklich förderte der Kaiser eine Rückbesinnung auf die vorchristliche Antike; er ließ Statuen ausgraben, die einst im 4./5. Jahrhundert, vor der Vernichtung gerettet, in der Erde versteckt worden waren; jetzt wurden sie auf kaiserlichen Befehl im ersten europäischen Museum gesammelt. Kurz, in Italien begann damals die Geschichte der zweiten, der *abendländischen Renaissance.*

Universitäten

Hauptsächlich um diese Renaissance zu verhindern und um die arabisch-hellenistische Hochkultur nun aber auch möglichst mit deren eigenen Waffen zu bekämpfen, wurden rasch nacheinander in Grenzgebieten kirchliche Universitäten eingerichtet (Universität hier von lat. universitas studii, nicht von universitas literarum, denn diese Bezeichnung — Gesamtheit der Wissenschaften — kam erst seit Beginn des 19. Jahrhunderts in Gebrauch). So im christlichen Teil Spaniens: Salamanca 1239, Coimbra-Lissabon 1294; ferner im stark von arabisch-hellenistischer Hochkultur beeinflußten Südostfrankreich (Provence, Rhônetal): Toulouse 1229, und im folgenden Jahrhundert: Avignon, Cahors, Orange, Grenoble. Alle diese kirchlichen Lehranstalten waren Hochburgen der Scholastik und dienten auch dem Zweck, die aus dem Mittelmeerraum hereindringenden Wissenschaften an sich zu ziehen, zu zensieren und christlich umzuformen. Dasselbe galt für die scholastischen Unterrichtszentren in Oxford (12. Jhdt.), Cambridge, Paris (um 1200). Höchste Fakultät mit Zensurgewalt war stets die theologische.

Dennoch widerstanden einige große Denker, obzwar der Scholastik verpflichtet, der andrängenden Versuchung nicht, mathematisch-naturwissenschaftliches Wissen selbständig zu verarbeiten und zensurwidrige Grundsätze aufzustellen. Diese Philosophen waren innerhalb der gelehrten Gesellschaft sozusagen Mittelspersonen zwischen der früheren arabisch-hellenistischen Renaissance seit 600 und der europäisch-humanistischen Renaissance um 1500.

Roger Bacon

Die schwierigste Denkfrage der gelehrten Einzelgänger war: Wie ließ sich das Wissen, das aus der arabisch-hellenistischen Kultur ins Abendland eingeschleust wurde, christlich-gnostischer Welterklärung vereinigen, ohne die dogmatisch festgelegte Glaubenslehre zu schwächen? Thomas von Aquino hat das Problem im Hinblick auf Aristoteles vorzüglich gelöst. Man muß aber berücksichtigen, daß Aristoteles, auch wenn es jetzt um dessen Gesamtwerk ging, verhältnismäßig leicht zu bewältigen war, und zwar nicht allein dank Vorarbeit arabisch schreibender Kommentatoren, sondern auch, weil seine Metaphysik in den gnostischen Systemen aufgegangen war, meistens sogar als tragendes Gerüst. Anders lagen die Dinge, sobald Scholastiker sich an Naturwissenschaften wagten und gar an exakte Wissenschaften, insbesondere an die Mathematik, der man mit mystischer Umdeutung nicht beikommen konnte. Für den Einbau dieser Wissenschaften in das christliche Weltsystem fehlte den Scholastikern jede *geistliche* Voraussetzung. Auch wußte keiner von ihnen genau über diese Wissenschaften Bescheid, bis auf Bacon als hervorragender Ausnahme. So kam es, daß sie gleichsam im Zustand geistiger Unschuld an ihre Aufgabe herangingen, und wenn sie auf Zeitgenossen und noch mehr auf uns den Eindruck von maßvollen Revolutionären machten, dann waren sie jedenfalls Umstürzler wider Willen.

Kausalität als Weltproblem

Denn man kann sich ja mit den Naturwissenschaften nicht richtig beschäftigen, ohne ihr Kardinalprinzip anzuerkennen. Einem scharfsinnigen Denker, der sich nur fürs Allgemeine interessiert, kann sogar dieses Prinzip allein genügen. Es fordert, *den Blick primär auf die empirische Realität zu richten und aus ihr heraus den Kausalzusammenhang zu erfassen, also die notwendige Reihenfolge von Ursache und Wirkung*, die sich selbst nach den eigentümlichen Gesetzen des Gegenstandes richtet. *Infolgedessen verlangt eine solche radikale Blickwendung die Abkehr von jedem theologisch hergeleiteten Zweckdenken.*

Ein Beispiel möge genügen: Auf dem vierten Laterankonzil 1215 war der Christenheit nochmals eingeschärft worden, daß jede Krankheit zu einem Zweck von Gott verordnet werde, den nur er selbst kennt, sei es zur Strafe, sei es zur „Vervollkommnung durch Leiden", wobei Gott sich auch des Satans als Instrument bedienen kann. „Denn die Krankheit rührt von der Sünde her, wie Jesus selbst bezeugt hat, als er [Joh. 5, 14] zu dem Geheilten sprach: ‚Sieh, du bist gesund geworden, sündige hinfort nicht mehr, damit dir nicht Ärgeres widerfahre.' " Infolgedessen mußte man jede Seuche für ein „Strafgericht Gottes" halten, das über die Menschheit verhängt sei, weshalb man durch Gebete, Bußübungen, Reuegelder, Selbstzerknirschung Gott zu besänftigen suchte oder sich geißelte, quälte und halbtot schlug. So verfuhr, eingedenk dieser Krankheitslehre, ein großer Teil der verstörten Christenheit, als am Ende der Hochscholastik die Pest über sie hereinbrach.

Dagegen nun das naturwissenschaftliche Kausaldenken. Im arabisch-hellenistischen Südspanien legte zur selben Zeit der Arzt Ibnal-Chatib dar, daß die Epidemie sich durch Infektion ausbreite. „Die Tatsache der Ansteckung steht fest durch Erfahrung, Forschung, Sinneswahrnehmung, Autopsie und verbürgte Zeugnisse: Diese Fakten erbringen den unumstößlichen Beweis. Die Tatsache der Ansteckung bestätigt sich dem Forscher, der, wie derjenige, der mit Kranken in Kontakt gerät, ebenfalls krank wird, wohingegen derjenige, der keine Berührung mit ihnen hat, davon frei bleibt ... Ferner ist die Ansteckung durch einen Ankömmling aus einem verseuchten Land in einer Hafenstadt und anderseits dadurch, daß isolierte Personen immun bleiben, erwiesen." Aus diesem Zitat halten wir die Gesichtspunkte fest: sinnliche Wahrnehmung, praktische Erfahrung, statistisch ausgewertete Sammlung von Einzelfällen, Erforschen der Ursache durch Zergliederung des betreffenden Gegenstandes; was alles sich so zusammenfassen läßt: exakte Beobachtung des Naturgeschehens in der Art und Weise, als ob die Natur an sich selber unaufhörlich Experimente anstelle, aber nur deren Resultate preisgebe.

Glauben und Wissen

Mit diesem naturwissenschaftlichen Kausaldenken sollten nun die Scholastiker fertig werden. Man begreift, daß sie vor einer Aufgabe standen, die schlechterdings unmöglich zu meistern war. Der Ausweg führte folgerichtig dazu, *Glauben und Wissen zu trennen.* Jedes gilt jeweils für sich allein. Das Bewußtsein wird insofern gespalten, als es zur einen Hälfte dem Glaubensgut vorbehalten bleibt, zur anderen für die Wissenschaft frei wird. Das ist auch die moderne geistige Situation, in der wir alle uns gegenwärtig befinden.

Die scholastische Glaubenslehre kennen wir bereits. Uns interessiert jetzt die andere Seite: das Wissen. Am konsequentesten verfuhr *Roger Bacon* (um 1214 bis um 1293, aus Somerset in England). Wie Duns Scotus und Ockham gehörte er dem Franziskanerorden an. Im Gegensatz zu dem von einem spanischen Fanatiker eigens zur Ketzerbekämpfung gegründeten Dominikanerorden kamen die Franziskaner mit anderen Intentionen aus Mittelitalien. Beide Mönchsgemeinschaften waren kurz nach 1200 entstanden, zählten ihre Mitglieder bald nach Hunderttausenden, wuchsen sich also zu einer europäischen Massenbewegung an, trugen predigend die Glaubenslehre von Haus zu Haus, glichen einander äußerlich auch als Bettelorden und machten sich gegenseitig Konkurrenz, wobei die Franziskaner im allgemeinen mehr geistige Interessen und die Dominikaner, seit 1232 mit der Inquisition beauftragt, desto mehr Ungeduld entwickelten. Thomas von Aquino war Dominikaner. Wer sich als Gelehrter öffentlich behaupten wollte, tat gut daran, vorher einer diese beiden Organisationen beizutreten; denn in der Regel wurde er von ihnen gefördert und notfalls gedeckt. Kein dominikanischer Hochschullehrer ist von seinen Ordensbrüdern, den allgewaltigen Inquisitoren, gänzlich zu Fall gebracht worden, auch wenn er, wie z. B. Meister Eckhart, maßvoll ketzerische Thesen vertrat. Nur gegen Befehle des Papstes half auch der Orden nichts. Die brüderliche Solidarität bewährte sich an Hochschulen und in der Geisteshaltung: Dominikaner wurden ihrem Thomas zuliebe Thomisten, Franziskaner ihrem Ockham zuliebe zu Ockhamisten. Beim Universalienstreit zeigten sich die Dominikaner mehr als Realisten, die Franziskaner als Nominalisten. Und was *Roger Bacon* betrifft, so kam er als Franziskaner, obwohl in hohem Alter wegen Hexerei angeklagt, wenigstens mit dem Leben davon.

Franziskaner und Dominikaner

Während der ersten Hälfte seines Lebens regierte noch Kaiser Friedrich II., den Bacon sich anscheinend auf geistigem Gebiet zum Vorbild nahm. Auch Bacon, der hauptsächlich in Paris lebte, forderte „Ad fontes! Zurück zu den Quellen", was später zum Motto der Renaissancehumanisten wurde. Er las und schrieb ungewöhnlicherweise griechisch und arabisch und sogar hebräisch; er stellte naturwissenschaftliche Experimente an; er übte und verlangte Toleranz gegenüber den Muslimen; er hielt sich an die Schriften des Aristoteles und lieferte den ersten größeren Kommentar zu dessen „Physik". Er vertraute auch den arabisch-hellenistischen Philosophen, insbesondere dem Avicenna, und wandte sich entschlossen den Naturwissenschaften zu. Seine Aufzeichnungen über Chemie sind nicht mehr zu entschlüsseln, da er sich nach den arabischen Fachausdrücken richten mußte. Seine Hauptstudien jedoch galten der Mathematik, und zwar ihrer praktischen Anwendung. Sein Grundsatz lautete: *Kein Wissen ohne praktische Erfahrung!* Zwar könne man sich — das gab er zu — auch mit Vernunftsbeweisen begnügen, doch gebühre der „scientia experimentalis" der Vorzug. Deshalb benutzte er physikalische Instrumente, optische Geräte, und weil er aus seinen arabischen Fachbüchern offenbar die sphärische Trigonometrie erlernt hatte, vermochte er die Größe von Sonne und Mond zu berechnen. Mit einem Wort: Soweit er Naturwissenschafter war, galt für ihn die mechanistische Welterklärung, die wir schon anläßlich Epikurs erörtert haben. — Daß gegen ihn Anklage erhoben wurde, er diene dem Satan, ist nicht überraschend. Papst Nikolaus III. verurteilte ihn 1278 zu Klosterhaft, aus der ihn erst 1288 Nikolaus IV. entließ — war dieser doch ebenfalls Franziskaner; die Ordensbruderschaft hatte sich bewährt.

Wirkung des Aristoteles

Duns Scotus und Ockham

Jünger als Roger Bacon war *Duns Scotus* (Duns der Schotte, 1270—1308, gestorben in Köln). Dessen Landsmann *Michael Scotus* (um 1190 bis um 1235) hatte zum Freundeskreis Kaiser Friedrichs II. gehört und Werke des Aristoteles und des Averroes aus dem Arabischen ins Lateinische übersetzt. Den Kontakt gelehrter Engländer und Schotten zur arabisch-hellenistischen Hochkultur stellte im Norden die Universität Oxford her, was uns nicht wundernimmt, da England und Südwestfrankreich damals ja in einem Königreich vereinigt waren und Aquitanien ebenso wie die Provence seit alters mit Spanien in Verbindung stand. In Oxford lehrte Duns Scotus vor seiner Berufung nach Köln. Michael Scotus, Roger Bacon hatten in Oxford studiert, und von Oxford aus ging *Wilhelm von Ockham* (aus Ockham bei London, vor 1300—1350) zunächst einmal nach Paris als Hochschullehrer. Diese schottisch-englischen Scholastiker hingen eng zusammen durch Gesinnung und Lehre, insbesondere Duns Scotus und Ockham.

Willensfreiheit als Weltproblem

Ihr philosophisches Hauptproblem ergab sich aus der naturwissenschaftlichen Betrachtungsweise. Seit Epikur war mit dem *physikalischen Weltbild* oder der mechanistischen Welterklärung bekanntlich der Freiheitsbegriff verbunden und vor allem, als Forderung der Vernunft, die *Willensfreiheit*. Bei Duns Scotus und Ockham wurde sie nun zum Angelpunkte ihrer Lehre. Um verständlich zu machen, warum der scholastische Streit für und wider die Willensfreiheit für uns besonders wichtig geworden ist, wollen wir ihn in größerem Zusammenhang vorführen und eine kurze Wiederholung einiger uns schon geläufiger Thesen nicht scheuen. Dabei kann der Leser selbst feststellen: Das Prinzip der Willensfreiheit ist jeweils anders zu bestimmen, und die Willensfreiheit hat eine jeweils andere Funktion. Wir beginnen bei Zarathustra.

Metaphysische Willensfreiheit und metaphysischer Determinismus

Zarathustra brauchte die Willensfreiheit, sie stand im Zentrum seiner Lehre. Wie jeder der beiden göttlichen Geistsöhne so hat der Einzelmensch während seiner geistig-seelischen Präexistenz das Recht, aber auch die Pflicht, sich aus freiem Willen für oder gegen Gott zu entscheiden. Es handelt sich also um eine Art metaphysischer Willensfreiheit. Sie ist dem präexistenten Menschen aber nur für ein einziges Mal zugebilligt, nämlich für den Akt der Wahl. Hat er die Entscheidung getroffen, dann bleibt er auf sie festgelegt, und alles weitere ergibt sich aus ihr mit Notwendigkeit. An die Stelle der metaphysischen Willensfreiheit tritt also ein metaphysischer Determinismus, dem der Mensch während seines irdischen Daseins unterworfen ist und der sich auf alle Maximen menschlichen Verhaltens, alle Werturteile, alle Denkprozesse zwingend auswirkt.

Im Neuen Testament liegen die Dinge nicht mehr ganz so einfach. Die paulinische Prädestinationslehre verlegt die Willensfreiheit zurück in Gott, somit auch die Wahlfreiheit, und läßt Gott die Wahlentscheidung treffen, wonach dann derselbe Determinismus gilt wie bei Zarathustra. Hingegen setzt ein wohl authentisches Jesuswort (Matth. 7, 7) offenbar für Menschen innerhalb des Weltgeschehens voraus, daß sie sich noch im Besitz jener Willensfreiheit/Wahlfreiheit befinden. Luther, der hierin ebenso paulinisch urteilte wie Augustin, hielt die individuelle Willensfreiheit für Sünde und leitete wie Augustin seine „Freiheit eines Christenmenschen" aus der neuplatonischen Gottesschau ab: Indem der Rechtgläubige „in Jesus Christus geistlich neu geboren" ist, kann er sich dank der Identität von Gottvater und Gottsohn in Gott hineinleben. Sobald er geistig-seelisch in Gott aufgegangen ist, wird er dessen absoluter Freiheit teilhaftig, während er anderseits, „gebunden unter dem Gehorsam", völlig unfrei bleibt. Dasselbe hatten seit Meister Eckhart schon die deutschen Mystiker gelehrt. Im Christusmenschen fallen die absoluten Gegensätze totaler Unfreiheit und totaler Freiheit zusammen; Nichts und Alles werden identisch. Eine derartige „coincidentia oppositorum" ist ein göttlicher Gnadenakt; die Willensfreiheit bleibt unbedingt dem jenseitigen Gott vorbehalten und besteht nur als transzendente Freiheit. Aber da sie von göttlicher Bewilligung abhängt, haben wir uns bei dem ganzen Gedankengang nur im Kreise gedreht: Individuelle Willensfreiheit gibt es eben nicht für den Menschen.

Demgegenüber gelangte der an Aristoteles geschulte Thomas von Aquino sozusagen zu einem Kompromiß: Unser Verstand erfaßt die Idee des Guten. Aus ihr erkennt er im einzelnen, was gut ist. Solcher Erkenntnis zufolge bestimmt er den Willen. Weil aber unser Erkenntnisvermögen von Gott herkommt, so erübrigt sich im großen ganzen das Problem der Willensfreiheit. Es verschwindet unter dem theologischen Zweckzusammenhang. Denn Thomas geht nicht von dem umstrittenen Prinzip der Willensfreiheit aus, sondern vom christlichen Determinismus, den er als Glaubenswahrheit zuerst voraussetzt und dann mittels logischer Schlußfolgerungen nachweist. Auf diese Weise bringt er das teleologische Denken ins Vordertreffen, das bis zum Gottesbegriff emporreicht, und verweist den Willen in die zweite Reihe: Der Wille ist nur ausführendes Organ und untersteht dem Primat des Verstandes. Alles in allem ist Thomas also bemerkenswert elegant mit diesem schwierigen Problem fertig geworden, jedoch nur innerhalb *seines* Systems der Welterklärung. Der Freiheitsbegriff wäre hier gegenüber dem theologischen Determinismus geltend zu machen und würde den göttlich vorausgeplanten Zweckzusammenhang unseres Weltgeschehens unterbrechen — womit wir doch wieder bei der Willensfreiheit angelangt wären. In diesem Sinne hat Thomas sie entschieden verneint.

Thomistischer Kompromiß

Nun zu Duns Scotus und Ockham! Beide Denker erklärten, und zwar in Widerspruch zu Thomas, daß nicht der Verstand bevorrechtigt sei, sondern einzig der *Wille* den Ausschlag gebe. Dieser These legen sie die naturwissenschaftliche Betrachtungsweise zugrunde. Denn unserem Bewußtsein bieten sich von der Außenwelt her dermaßen viele Möglichkeiten, daß von ihrer gleichzeitig herandrängenden Übermenge sowohl unser wahrnehmender Verstand als auch unsere ordnende Vernunft schlechthin überfordert wären. Intellekt wie Ratio nämlich üben keine Vorzensur aus hinsichtlich dessen, was sie an praktischer Erfahrung zu verarbeiten haben. Ihnen ist alles gleicherweise sachlich willkommen, und da ihre Aufnahmefähigkeit beschränkt ist, bleiben viele Wahrnehmungen trübe oder fallen wieder aus dem Bewußtsein heraus, weil nichts sie hier festhält. Erst der Wille bringt Ordnung in dieses Durcheinander und Nebeneinander. Er greift ein, trifft eine Auswahl, dirigiert Intellekt und Ratio, verlangt nach Aufklärung über naturgegebene Kausalzusammenhänge und sorgt dafür, daß er sie erhält. Er fällt die Werturteile. *Insofern also ist er notwendig frei.* Auf diese Notwendigkeit kommt es an. Sobald man nämlich vom physikalischen Weltbild ausgeht — von der sinnlichen Wahrnehmung, der praktischen Erfahrung, der empirischen Realität, der mechanistischen Welterklärung, den Naturwissenschaften —, dann *muß* in uns ein Willenszentrum am Werke sein, das die unzähligen Gegenstände und Tatsachen im Bewußtsein zusammenfaßt, unterscheidet, vergleicht, den Bewußtseinsinhalt kontrolliert und zu diesem Zweck dem Denkvermögen bestimmte Leistungsfunktionen abfordert. Zwar ist die bloße sinnliche Empfindung noch ein Teil vom Naturmechanismus, sie kommt ohne unser Zutun zustande, aber für die Denkprozesse höherer Ordnung sind wir selbst zuständig und verantwortlich. Das gilt insbesondere auch für die Schlüsse, die wir aus unserer Welterfahrung ziehen sowie für die Maximen unseres Verhaltens. Am Ende unserer Überlegung stellt sich wieder der Freiheitsbegriff ein, der alle Freiheiten in sich vereinigt, auch die Willensfreiheit, auch den Individualismus. Anders gesagt: Im Sinne des christlich-gnostischen Determinismus und seines theologischen Zweckdenkens sind wir als kritische Denker allesamt Sünder.

Widerspruch zu Thomas

Ferner: Auf dem Standpunkt, den Paulus, Augustin, Luther sowie, etwas abgemildert, Thomas vertreten, nimmt unser von Gott hergeleitetes Denken ja den Sinn und Zweck einer Sache vorweg, noch ehe sie uns vor Augen tritt, und

Idealität und Realität

legt dann, sobald sie uns in der Realität begegnet, diesen Sinn und Zweck in sie hinein („intellektueller Determinismus“). Daraus folgt: Die Allgemeinbegriffe („Universalien“), mit denen wir an die empirische Erfahrung herangehen, sind viel aufschlußreicher, viel „realer“ als die Außenwelt. (Dasselbe hat Platon hinsichtlich seiner Ideen oder Idealbegriffe behauptet.) Und da die Allgemeinbegriffe insgesamt eine ideale Welt repräsentieren, *ist diese abstrakte Idealität in Wahrheit die Realität* („Universalia sunt realia“)!

Im Widerspruch dazu lassen wir uns, wenn wir Duns Scotus und Ockham folgen, zunächst einmal durch die sinnliche Wahrnehmung darüber belehren, was überhaupt die konkrete Realität zu bieten hat. Was draußen in der Außenwelt ist, erscheint bildhaft in unserem Bewußtsein. Sobald wir diese Objekte im einzelnen untersuchen und den Dingen auf den Grund gehen, stoßen wir einesteils auf Ursachen, die in ihnen selbst liegen, und stellen anderseits übergreifende Zusammenhänge fest, denen die Objekte nebst ihren Ursachen oder nur die Objekte und nur die Ursachen einzuordnen sind. Was wir so beobachten, aufdecken, folgern, das fassen wir in Begriffe, die wir ursprünglich von den Objekten unserer Wahrnehmung abstrahiert haben. Deshalb erklärte Ockham:

Nominalismus

Universalien sind bloße Gedankenkonzeptionen, Benennungen („nomina“), Bezeichnungen oder Zeichen („termini“). Sie sind uns nicht etwa von Gott fertig gegeben, sondern wir selbst haben sie erarbeitet, und noch weniger repräsentieren sie eine ideale Realität, vielmehr kommt ihnen überhaupt keine Realität zu, sondern die mit ihnen erfaßte und bezeichnete Wirklichkeit liegt ringsum vor unseren Augen, ist Gegenstand unserer praktischen Erfahrung. Sofern sie also nicht der Außenwelt gelten, sondern unserer Innenwelt, sind sie nur unserer Selbsterfahrung zugeordnet. Folglich definieren wir sie auch an Hand realer Gegenstände, Tatsachen, Verhältnisse und Beziehungen.

Schon hierbei spielt unser Wille die Hauptrolle. Außerdem trägt er, wie gesagt, in die Objektivität unseres Bewußtseins seine subjektiven Werturteile hinein, und zwar unabhängig von jeder höheren Instanz. Denn er selbst steht ja außerhalb des Kausalzusammenhangs, er ist in jeder Hinsicht frei; sogar die göttliche Gnade — so lehrte Ockham — vermag ihm zwar beizustehen, kann ihn aber nicht nötigen. Folglich ist dank der Willensfreiheit auch das Individuum frei, und falls es nicht gänzlich frei sein darf, so besitzt es, eben seiner *Individualität* wegen, einen jeweils einmaligen *Eigenwert.* D. h., alle qualitativen Kollektivurteile (z. B. „Satansmenschheit“ — „Christusmenschheit“) müßten fortan verworfen werden. In der Tat liegt hier ein Ursprung des Renaissancehumanismus!

Ein Ursprung des Renaissancehumanismus

Was aber Gott betrifft, so erkennen wir ihn nur aus seinen Werken, aus der empirischen Realität; er ist insofern auch unserem physikalischen Weltbild überall immanent, *der Gottesbegriff läßt sich auch mit der mechanistischen Welterklärung vereinbaren.* Duns Scotus hat nun jene uns bereits aus dem vorigen Kapitel geläufige Deutung der Erdwelt als Kunstwerk dargelegt, dessen Urheber der Künstlergott ist, woraus sich ergibt, daß man über die Gedanken Gottes Bescheid weiß, wenn man die Funktionsgesetze unserer Weltnatur und des Weltgeschehens erkennt. Der nächste Gedankensprung brächte uns zum Pantheismus. Jedoch, hier vollzog Ockham, übereinstimmend mit seinem Vorgänger Roger Bacon, *den folgenreichen Schnitt, der schließlich die Freiheit wissenschaftlicher Forschung und Lehre, die Geistesfreiheit begründete: Wissen und Glauben sind zweierlei, sie sind getrennt.*

Vorbereitung des Renaissancedenkens

Also benötigt man nicht mehr das Gleichnis vom göttlichen Künstler und Kunstwerk. Also muß man sich davor hüten, naturwissenschaftliches und historisch-kritisches Kausaldenken umzuformen zu einem theologischen Zweckdenken. Also darf sich ein hoher Kirchenbeamter (wie z. B. der Domherr Kopernikus) einerseits seiner Glaubenspflicht widmen und anderseits guten

Gewissens der exakten Naturwissenschaft. Das wäre — und das war — die Konsequenz. Die abendländische Renaissance entwickelte sich immer schneller.

Ockham und Marsilius

Auch in politischer Hinsicht hat *Ockham* die Renaissance vorbereitet, und zwar gemeinsam mit *Marsilius Maynardino* (um 1278 oder 1298—1342/1343, aus Padua). Es ging um die *Theorie und Praxis des Staates.*

Zur politischen Situation

Wir erinnern uns: Das Papsttum beanspruchte für sich allein die Stellvertretung Christi und damit die Universalmonarchie. Gemäß *seiner* Regnum-Christi-Lehre hätte das insofern päpstliche Imperium Romanum Christianum die ganze Erde und Menschheit umfassen sollen. Jedoch, davon war um 1300 höchstens noch zu träumen. Tatsächlich hatte sich das auf Europa zurückgeworfene Reich längst in mehr oder minder selbständige Königtümer, Fürstentümer aufgelöst. Nicht einmal ihr seit Jahrhunderten nächstes Ziel hatten päpstliche Machtpolitiker erreicht: Italien zu besitzen. Vielmehr machten ihnen immer noch deutsche Könige, traditionell zugleich Könige von Italien, auch als Kaiser die Herrschaft streitig, ganz zu schweigen von den eigenmächtigen italienischen Stadt-Staaten.

Ein Zusammenschluß wenigstens der römisch-katholischen Reiche in Europa unter der heiligen Monarchie des Papsttums konnte nur dadurch erfolgen, daß die Kirche, die überall als Staat im Staate gegenwärtig und besser organisiert war als die sie einschließenden „weltlichen" Staaten, diese Schalen von innen her aufsprengte und deren Trümmer unter sich begrub. Genau darauf war seit Gregor VII. meistens die päpstliche Politik gerichtet. Die Folge waren jahrhundertelang ungezählte Bürgerkriege. Ein päpstliches Kampfmittel, das allerdings, weil unablässig und im Übermaß angewandt, bald an Wirksamkeit einbüßte, waren die Bannflüche, mit denen oftmals innereuropäische Kreuzzüge eingeleitet wurden. Kreuzzügler ließen sich freilich immer finden; denn ihnen war das Besitztum der Gebannten als gottgewollte Beute verheißen, sofern sie es nicht ihren Herren überlassen mußten. Mittels solcher Kreuzzüge ist auch das Reich der Staufer zerstört worden.

Das gewaltige Unternehmen päpstlicher Universalmonarchie, das 1215 schon geglückt schien, scheiterte zuletzt deshalb, weil sich jeder Christ in einen inneren Zwiespalt gestürzt sah, über den ihm niemand hinweghelfen konnte. Denn jeder redliche Christ, der überzeugt war, daß er gleichzeitig der „weltlichen" und „geistlichen" Gotteswelt angehöre, insofern also Bürger zweier Reiche sei, die aber zwei Seiten *eines* Reiches wären, sollte nun das eine als des andern Feind erfahren, ja sogar als Todfeind bewerten und sich dementsprechend entscheiden, was in Wirklichkeit doch unmöglich war. Die Folge war, daß, je mehr sich die „weltliche" Staatsstruktur festigte, desto allgemeiner die aggressiven Päpste als Störenfriede empfunden wurden. Den Widerstand leisteten zuerst Ritter, um 1300 aber schon städtische Bürgerschaften. In Italien hatten sich während des heftigsten Papst-Kaiser-Kampfes die Stadt-Staaten durch geschickte Schaukelpolitik emporgeschwungen. Denn einen Ausweg gab es aus dem dauernden Für und Wider: sich aus ihm herausziehen, einen Standpunkt kühl abwägender Neutralität einnehmen, auch den Papst nur als Machtpolitiker zu betrachten und wechselnde Bündnisse zu schließen. Damit allerdings verabschiedete man sich de facto auch von der Regnum-Christi-Doktrin, von der Corpus-Christi-Totalität, mit einem Wort: vom Mittelalter.

Auf der Suche nach einer neuen Staatstheorie

Wollte man aber die Existenz und Verfassung eines Staates nicht christlich begründen, sondern unter Ausschluß christlich-politischer Glaubensprinzipien, dann benötigte man eine davon unabhängige Staatstheorie. Man konnte sie entweder aus der vorchristlichen Geschichtserfahrung oder Philosophie entnehmen, soweit diese sich mit dem Staat befaßt hatte, was ja in beträchtlichem Ausmaß der Fall war, oder man mußte eben eine neue Staatslehre erarbeiten, in die man Elemente der Vergangenheit einbringen konnte. In den italienischen Stadt-Staaten, wo diese Entwicklung während des 12. Jahrhunderts begann, hielt man sich zunächst überwiegend an die erste Möglichkeit. Hier also setzte die *politische Renaissance* ein. In Rom versuchte man mit allerdings geringem Erfolg, die fast anderthalb Jahrtausende zurückliegende Republik zu erneuern und aus dem Stadtparlament wieder den Senat alter Art hervorgehen zu lassen. Andernorts hielt man sich an dieselbe Tradition, die seit der Antike im römischen Stadtrecht fortgewirkt hatte und jetzt mit frischer Kraft belebt wurde, so z. B. in Mailand, Genua, Venedig. Für die Folgezeit *entscheidend war das staatsbegründende Prinzip der Volkssouveränität.* Wenn die Gewalt vom Volke ausging, die sie einer gewählten Regierung übertrug, dann ging sie eben nicht von Gott aus, jedenfalls nicht im Sinne der heiligen Monarchie und des Gottesgnadentums. Dieses Prinzip enthielt eine revolutionäre Kraft und ist in einer außerordentlich wichtigen Schrift des Marsilius von Padua formuliert, auf die wir noch zurückkommen.

Diesseitigkeit und Jenseitigkeit

Vorerst jedoch fragen wir, wie man sich aus christlichem Staatsdenken heraus eine Schlichtung des europäischen Bürgerkriegs vorstellte. Den Grundgedanken, auf den man sich später einigte, obzwar vergeblich, kennen wir schon: genaue Abgrenzung des Diesseitigkeits-Standpunkts („weltliche" Staatseinheit) vom Jenseitigkeits-Standpunkt („geistliche" Kircheneinheit). Ungefähr entspräche diese Zweiteilung dem Nebeneinander von Wissen und Glauben.

Unter diesen Umständen hätte allerdings das Papsttum auf seinen Staat im Staate verzichten müssen, auf seinen Anteil an Bürgerkriegen, auf die eigene Jurisdiktion, das anstößige Finanzgebaren, vor allem aber auf den Anspruch, aus eigenem freien Willen heraus in sämtliche „weltliche" Angelegenheiten der Völker einzugreifen und ihre Herrscher lediglich als ausführende Organe zu behandeln. Die „verweltlichte" Kirche wäre dadurch „entweltlicht" und wieder „vergeistlicht" worden, wogegen die Päpste hartnäckig protestierten. Am schwersten traf sie der Vorwurf, daß sie die Christenheit finanziell immer gewalttätiger ausbeuteten. Den ersten Höhepunkt erreichte der Streit über Reichtum oder Armut der Kirche 1323, als Papst Johannes XXII. residierte. Maßgeblich war auf der Gegenseite gemeinsam mit dem Franziskanerorden Wilhelm von *Ockham* beteiligt.

„Vielleicht nichts hat die Erbitterung der Christenheit gegen die Kurie so geweckt wie das *päpstliche Finanzsystem, vor allem, wenn man beachtet,* wofür das Geld dann ausgegeben wurde. Da die Unterlagen der Camera apostolica erhalten sind, können wir es bis in alle Einzelheiten verfolgen. Johannes XXII. z. B. verbrauchte für seine Kriege 63,7% der Einnahmen, für die Beamtengehälter 12,7%, für Almosen, wozu aber auch die Gaben für die kirchlichen Neubauten und die Mission gehörten, 7,16%; für Kleidung 3,35%, für Schmuck 0,17%, für Bauten 2,9%; für Küche und Keller 2,5%, für seine Verwandten und Freunde 4%" (Kurt Dietrich Schmidt). Die einträglichen Kirchenämter wurden von der Kurie an meistbietende Bewerber verpachtet oder verkauft, nicht selten mehreren Bewerbern zu gleicher Zeit. Wer einer vorhandenen oder behaupteten Zahlungspflicht gegen die Kurie nicht nachkam, den sollte der Bannfluch zahlungswillig machen; so sind z. B. 1365 allein in drei Urkunden als deshalb gebannt (exkommuniziert) namentlich aufgeführt: 7 Erzbischöfe, 49 Bischöfe, 123 Äbte, 2 Archimandriten.

Franziskaner

Nun ist im Neuen Testament ausführlich „die Armut Jesu" hervorgehoben und für die Urgemeinde sogar ein Armutsgebot aufgestellt. Darum freilich hatte sich die Staatskirche stets wenig gekümmert. Aber christliche Sondergruppen, im Imperium verfolgt oder vertrieben und vom Islam beschirmt, hatten immer wieder der Kirche dieses Armutsgebot vorgehalten und sie für antichristlich erklärt. Ihre evangelische Gesinnung hatte sogar von Spanien her um 1200 in Westeuropa, in der Provence und im Rhônetal, eine ausgesprochen papstfeindliche Volksbewegung hervorgerufen, die erbarmungslos niedergeschlagen wurde. Indessen hatte Franz von Assisi, ohne sich gegen das römische Kirchenregiment aufzulehnen, seinen Orden gegründet, der sich zur jesuanischen Armut und Liebesbotschaft bekannte. Seitdem haderten Franziskaner und Päpste oftmals heftig für und wider Armut oder Reichtum. Im Jahre 1323 verfügte Johannes XXII., die Lehre, Jesus und die Apostel hätten kein Eigentum gehabt, sei ketzerisch und deshalb zu verdammen.

Ockham

Daraufhin empörten sich die Franziskaner gegen den Papst. Den Ordensgeneral ließ Johannes XXII. verhaften, desgleichen 1324 den englischen Ordensprovinzial, *Wilhelm von Ockham,* und in Avignon einkerkern. Aber 1328 konnten beide zu Kaiser Ludwig dem Bayern (1314—1347) flüchten, der, vom Papst gebannt und bekriegt, diesen 1324 in einer von Franziskanern überall verbreiteten Erklärung seinerseits zum Ketzer erklärt und einen Italienzug unternommen hatte. Beraten von den Ordensführern, erhob er in Rom einen Franziskaner, Nikolaus V., zum Gegenpapst, mußte aber Ende 1329 den Rückzug antreten, nachdem der ganze Orden von Johannes XXII. gebannt worden war und größtenteils sich ihm unterworfen hatte. Beim Kaiser blieb jedoch Ockham, der während der nächsten Jahrzehnte in München scharfsinnige Streitschriften verfaßte. Hier traf er zusammen mit dem 1326 aus Paris herbeigereisten *Marsilius Maynardino von Padua,* dem jetzigen Leibarzt des Kaisers.

Marsilius

Beide Denker stimmten hinsichtlich ihrer Staatslehre im großen ganzen überein. Der „Defensor Pacis" („Verteidiger des Friedens") des Marsilius verteidigte nicht nur den Kaiser gegen den Papst, sondern auch das Prinzip der Volkssouveränität gegen das Kaisertum. Ein heikles Unterfangen!

„Defensor Pacis"

„Der Defensor Pacis ist dadurch so epochemachend geworden, daß er, zwar von Aristoteles ausgehend, aber die Kirche letztlich intendierend, die Idee eines vollkommenen christlichen Gemeinwesens vertreten hat, eben der Kirche. Als geistliches Reich ist diese nicht von der Welt, sondern steht unter göttlichem Recht; als irdisches Sozialgebilde, das die Kirche auch ist, lebt sie nach Gesetzen, die die menschliche Vernunft als sinnvoll erkannt hat, also nach menschlichem Recht. Von daher *bestreitet Marsilius:* a) den Priestern das Recht der jurisdictio und der *Ausübung von Glaubenszwang,* ja, auch des Bannes; allein Unterweisung und Seelsorge ist ihre Aufgabe; b) vertritt er, freilich nicht als erster, die *Idee der Volkssouveränität.* Das Volk, die Gesamtheit der Bürger, ist der eigentliche Träger des Staates, der Staatsgewalt. Marsilius unterschied freilich vernünftigerweise *zwischen der gesetzgebenden und der ausführenden Gewalt. Die gesetzgebende Gewalt vor allem gehört dem Volk. Die Exekutivgewalt dagegen können immer nur wenige, vom Volk damit Beauftragte haben.* In bezug auf sie hielt er die Wahlmonarchie ... für die beste Einrichtung. Er wertet den Kaiser sogar als Vicarius Dei, der die Einheit des Gemeinwesens repräsentiert. Dieser hat auch für die Einheitlichkeit des Rechtes zu sorgen; ein dem Recht des christlichen Staates konkurrierendes kanonisches Recht [Kirchenrecht] erkennt Marsilius nicht an. Aber der Gedanke der Volkssouveränität blieb doch auch der Exekutivgewalt gegenüber insofern in Geltung, als *Marsilius dem Volke das Recht zusprach, einem Fürsten, der mit den ihm vom Volk verliehenen Rechten Mißbrauch trieb, diese Befugnisse wieder zu entziehen.* [Damit zu vergleichen wäre das calvinische Widerstandsrecht.]

„Volkssouveränität"

c) Die zweite Idee, die sich Marsilius aus *seinem naturrechtlichen Ansatz* ergab, bezog sich auf die Kirche ... Die vollkommenere Gemeinschaft muß der weniger vollkommenen natürlich übergeordnet sein, also der Staat der Kirche [nicht etwa umgekehrt!]. Die *Aufsicht über die Kirche,* die Besetzung ihrer Ämter, die Verfügung über das Kirchengut, all das gehört in den Bereich der staatlichen Exekutive. Die Kirche wird so, den einzelnen Staaten eingeordnet, zur *Landeskirche. Synoden, aus gewählten Vertretern der einzelnen Landeskirchen gebildet, sind das oberste Organ der Ecclesia Universalis.* Der päpstliche Primat wird als geschichtlich geworden abgelehnt" (Johannes Heckel; Kurt Schmidt).
Solche Staatsideen, die hier zum erstenmal auftauchen, haben später die Welt umgestaltet. Sie versetzen uns bereits ins Zeitalter der Renaissance, Reformation, Staatskirchenkriege, in die Auseinandersetzung zwischen Monarchie, Republik, Demokratie des 17. Jahrhunderts, dem Jahrhundert von Thomas Hobbes und seinem „Leviathan". Mathematik, Naturwissenschaften, Staatstheorie wurden nun, einzeln oder miteinander, zum Generalthema der erneuerten Philosophie und begründen ein neues Zeitalter mit Kopernikus.

THOMAS HOBBES
UND DENKER SEINER ZEIT

Kopernikus, Kepler - Giordano Bruno
Campanella, Gassendi, Galilei

Erst auf dem Sterbelager bewilligte 1543 ein Abgeordneter des preußischen Landtags, daß sein literarisches Hauptwerk, fertig seit 1507, nunmehr gedruckt werde. Der Mann hieß Nikolaus Koppernigk, latinisiert „Coppernicus" oder „*Kopernikus*", und sein Buch handelt von der „*Kreisbewegung der Himmelskörper*". Die Familie stammte aus dem gleichnamigen Dorf in der Grafschaft Glatz, also aus Schlesien, aber Nikolaus war 1473 in Thorn geboren und brachte es bis zum Generalverwalter einer ostpreußischen Diözese. Jedoch seine private Neigung gehörte der hellenistischen Mathematik und Astronomie, die sich mit dem christlich-gnostischen Weltbild des Mittelalters nicht vertrug. Aus Furcht vor Kirchenstrafen hatte er nur intimsten Freunden anvertraut, was er wiederentdeckt hatte und mittels eigener Forschung exakt bestätigt fand: *daß nicht die Gestirne sich um die Erde, sondern die Planeten einschließlich der Erde sich um die Sonne drehen!*

Kopernikus
Kreisbewegung der Himmelskörper

Die kopernikanische Tat

Hören wir Kopernikus selbst! — „Ich kann mir zur Genüge denken, daß gewisse Leute, sobald sie erfahren, daß ich in diesen meinen Büchern, die ich über die Kreisbewegung der Himmelskörper geschrieben habe, der Erdkugel gewisse Bewegung beilege, sogleich erklären möchten, ich sei mit solcher Meinung zu verwerfen. Mir gefällt nämlich die meinige nicht so sehr, daß ich nicht wohl erwägen sollte, was andere darüber urteilen werden. Und obgleich ich weiß, daß die *Einsicht des Philosophen* dem Urteil der Menge entzogen ist, weil sein Bestreben darin besteht, die Wahrheit in allen Dingen zu erforschen, soweit dies der menschlichen Vernunft von Gott erlaubt ist: So halte ich doch dafür, daß man Meinungen, die von der Richtigkeit ganz entfernt sind, vermeiden müsse. Als ich daher mit mir selbst überlegte, wie mißtönend meine Behauptung, daß die Erde sich bewege, denjenigen in den Ohren klingen muß, welche die Ansicht von der Unbeweglichkeit der Erde durch das Urteil vieler Jahrhunderte für bestätigt annehmen, da schwankte ich lange bei mir, ob ich meine Kommentare, die ich zum Beweis ihrer Bewegung geschrieben habe, herausgeben sollte, oder ob es nicht besser wäre, dem Beispiel der Pythagoreer und einiger anderer zu folgen, welche die Geheimnisse der Philosophie nur ihren Verwandten und Freunden zu überliefern pflegten, und zwar nicht einmal schriftlich, sondern nur mündlich ... Als ich dies bei mir überlegte, da bewog mich die Verachtung, welche ich wegen der Neuheit und scheinbaren Widersinnigkeit meiner Meinung zu fürchten hatte, beinahe dazu, das fertige Werk ganz beiseite zu legen. Aber meine Freunde brachten mich ... davon wieder ab ... Sie sagten, daß, je widersinniger jetzt meine Lehre von der Bewegung den meisten (Zeitgenossen) erscheine, sie desto mehr Bewunderung und Dank ernten werde, wenn jene (Zeitgenossen) durch die Herausgabe meiner Kommentare den Nebel des Widersinnigen durch die klarsten Beweise beseitigt sähen ..."

Kepler

Das „kopernikanische Weltbild", das uns heute selbstverständlich ist, wurde korrigiert durch *Johann Kepler* (1571—1630; aus Weil-der-Stadt in Württemberg); dessen Hauptwerk ist die „Neue Astronomie oder Physik des Himmels in Kommentaren über die Bewegungen des Mars 1609". Seine drei Gesetze der Planetenbewegung lauten: 1. Die Planetenbahnen sind Ellipsen, in deren einem Brennpunkt die Sonne steht [und nicht, wie noch Kopernikus meinte, Kreisbahnen]; 2. der Leitstrahl eines Planeten durchstreicht in gleichen Zeiten gleiche Flächenräume; 3. die Quadrate der Umlaufzeiten zweier Planeten verhalten sich wie die dritten Potenzen ihrer [mittleren] Entfernungen von der Sonne.

Kopernikus hatte sich wohlweislich gehütet vor dem Konflikt zwischen einer derartig mechanistischen Welterklärung und dem kirchlichen Supranaturalismus. Seinen Nachgängern blieb aber nichts weiter übrig, als diesen Konflikt auszutragen. So gerieten sie alle in offenen Widerspruch zur christlich-gnostischen Scholastik, die sowohl das geozentrische Weltbild lehrte als auch den Glaubenssatz vertrat, wonach die Gestirne göttliche Wesen seien. Dagegen nun Kepler: „Früher glaubte [auch] ich, daß die Kraft, die die Planeten bewegt, wirklich eine Seele sei. Als ich aber erwog, daß diese bewegende Kraft bei größerer Entfernung abnimmt, schloß ich daraus, daß sie eine körperliche sein müsse." — „Die Bibel redet von Dingen des menschlichen Lebens mit dem Menschen, wie Menschen davon zu sprechen gewohnt sind: die Sonne geht auf, die Sonne geht unter, obgleich wir jetzt wissen, daß diese Bewegung nur scheinbar ist und daß in Wahrheit sich die Erde bewegt."

Willensfreiheit

Nun aber galten Altes und Neues Testament, und zwar erst recht seit Luther, Calvin, auch für alle Protestanten als das „geoffenbarte Wort Gottes", insofern also als der Weisheit letzter Schluß. Wer gegensätzliche Ansichten vortrug und sogar mathematisch zu beweisen vermochte, der machte sich der schwersten Sünde schuldig, nämlich der *absoluten Willensfreiheit*, deshalb absolut, weil sie gegen „Gott selbst" gerichtet war. Folglich traf sämtliche Naturwissenschaftler, da sie eine revolutionäre Geistesfreiheit in Anspruch nahmen, seitens sämtlicher Staatskirchen das Verdammungsurteil, das sich, je nach den sonstigen Umständen, mehr oder minder lebensgefährlich auswirkte. Zwischen den Mahlsteinen einerseits römisch-katholischer, andererseits protestantischer Zensur wurden Renaissancephilosophie und Renaissancehumanismus ab Mitte des 16. Jahrhunderts zerrieben. An den Universitäten feierte die zeitweilig schon zurückgedrängte Scholastik ihren letzten, langen Triumph. Wer sich ihr und der Obrigkeit nicht wissenschaftlich fügen wollte, der mußte sich als Einzelgänger, als Privatgelehrter durchschlagen, was ihm nur gelang, wenn er fürstliche, mindestens gräfliche Gönner fand, deren politischer Einfluß groß genug war, um ihn zu decken. Immerhin, solche Gönner gab es bald hier, bald dort. Auch der oft heimatlose, oft verfolgte *Kepler* genoß zuweilen derartige Gunst, so zuletzt noch seitens Wallensteins, der ihn als mathematisch korrekten Astrologen schätzte und ebenso wie einst Kaiser Rudolf II. von ihm das Radix-Horoskop und Mundan-Horoskope mit eingezeichneten Gestirnständen erhielt. Denn diese altorientalisch-hellenistische Astrologie, die gründliche Kenntnisse in sphärischer Trigonometrie und in höherer Mathematik überhaupt voraussetzte, stellte nunmehr im Abendland den erlaubten Kompromiß dar zwischen christlich-gnostischem Weltbild und exakter Wissenschaft. Darum errichtete

man an Universitäten zwar Lehrstühle für Astrologie, jedoch nicht für mathematisch-physikalische Astronomie.
Aber den schwersten, fast tödlichen Schlag gegen das physikalische Weltbild führten sämtliche Staatskirchen gemeinsam mittels ihrer *Lehre vom Hexenwerk* und ihrer *Inquisitionsgerichte.*

Die Lehre vom Hexenwerk

Bis Ende des 15. Jahrhunderts hatte die Inquisition im Zuge der vollständigen Rückeroberung Spaniens dort die arabisch-hellenistische Hochkultur ausgelöscht, etwa eine Million Handschriften verbrennen und unzählige Muslime, Juden sowie Christen mit Sonderbekenntnissen, vorher noch vom Islam geschützt, entweder töten oder — so die Mehrheit der Juden — austreiben lassen; einer nach Holland geflüchteten Familie entstammte später Baruch Spinoza. So lange hatte sich, zuletzt noch in Granada, die arabisch-hellenistische Hochkultur mit ihrer Naturforschung auf europäischem Boden gehalten. Im Vorderen Orient war sie größtenteils schon Mitte des 13. Jahrhunderts durch Mongolenheere zerstört worden. Man darf also sagen, daß die europäische Frührenaissance gewissermaßen noch im letzten günstigen Augenblick aus dem arabischen Hellenismus heraus das Geistesgut der Antike übernommen hatte. Nunmehr lag die Aufgabe, dieses Erbe zu verwalten, bei einer kleinen Gruppe europäischer Wissenschafter. Jedoch, ihnen drohte jetzt dasselbe Schicksal wie den untergegangenen Kulturträgern in Spanien, und zwar aus demselben Grunde und infolge derselben Maßnahmen. Der Grund lag in der Regnum-Christi-Doktrin, und die Maßnahmen waren diejenigen der Inquisition.

„Hexenhammer"

Denn gleichzeitig mit den abschließenden Kreuzzügen in Spanien hatten zwei Inquisitoren deutscher Herkunft, Heinrich Institoris und Jakob Sprenger, das grundlegende Handbuch des Hexenwesens, betitelt „Hexenhammer", fertiggestellt, das für die nächsten Jahrhunderte europäischer Geistesgeschichte in vieler Hinsicht maßgeblich war. Die Hexenlehre gehörte grundsätzlich bereits zum Weltbild der Scholastik; auch Thomas von Aquino hatte sie in sein System aufgenommen. In einer Bulle von 1484 betonte Papst Innozenz VIII.: „Die größte Ketzerei ist es, nicht an das Hexenwerk zu glauben." Fünf Jahre später erschien der „Hexenhammer", an dessen Richtigkeit auch die Reformatoren nicht zweifelten.

Hexen in der Heilslehre

Man darf die Lehre vom Hexenwerk nicht aus ihrem größeren Zusammenhang isolieren und dann für sich allein betrachten; sonst verkennt man ihre Bedeutung. Vom Standpunkt der christlichen Glaubenslehre aus war sie notwendig. Solange die Regnum-Christi-Doktrin unbedingt galt, forderte sie den andauernden Kampf aller Christen gegen den Satan und dessen Anhänger; denn man konnte ihn nur überwältigen, indem man seine Bekenntnisträger, die Satansmenschheit, vernichtete. Erst wenn dieses heilsgeschichtliche Ziel erreicht war, dann sollte das himmlisch-irdische Königtum (Regnum) Christi ewige (oder zunächst zeitlich begrenzte) Wirklichkeit werden. Im 13. Jahrhundert glaubte der größte Teil der Christenheit, die Endzeit wäre schon da; aber als auch nach 1260, dem angekündigten Schlußtermin, die Weltgeschichte unverdrossen weiterging, sah man sich enttäuscht. Seitdem verlor die Regnum-Christi-Apokalyptik allmählich ihre politische Aktualität.
Um so wichtiger wurde die Lehre vom Hexenwerk, als es nun darum ging, das physikalische Weltbild nebst seiner mechanistischen Welterklärung abzuwehren. Auch nach der Reformation sah sich jeder jeweils rechtgläubige Christ, mochte er nun einer römisch-katholischen, lutherischen oder calvinistischen

Staatskirche zugeordnet sein, jedenfalls in der Öffentlichkeit dazu verpflichtet, *die Lehre vom Hexenwerk an Stelle naturwissenschaftlicher Betrachtungsweise* zu glauben. Besser gesagt: Die Lehre vom Hexenwerk ließ Naturwissenschaften gar nicht erst aufkommen.

Sabotage göttlicher Weltordnung

Denn ihr zufolge wurde alles, was wir heutzutage auf natürliche Ursachen zurückführen, entweder (falls „gut") von Gott selbst oder (falls „schlecht") von „Hexen" und „Hexenmeistern" bewirkt, und zwar, wenn von Hexen, dann im Auftrag und Dienst des Satans, sozusagen als dessen Geheimwaffe *innerhalb* der Christenheit. Hexen und Hexenmeister galten als Saboteure der göttlichen Weltordnung, indem sie, wie überall gepredigt, Krankheiten an Mensch und Vieh, Mißgeburten, Unwetter und dergleichen herbeizauberten.

Dualismus oder Monotheismus

Zwar widersprach diese Lehre jener anderen, wonach der allmächtige, allwissende Gott den Satan (wie z. B. noch Luther vortrug) als Instrument benutze und Krankheitsleiden, Naturkatastrophen, Kriege selbst als Strafmaßnahmen verordne. Aber wir haben es hier nicht mit aristotelischer Logik zu tun, sondern mit jener Dogmatik, die seit alters sowohl monistisch als auch dualistisch angelegt ist und den offenbaren Gegensatz beider Grundanschauungen niemals zu überwinden vermochte. (Vgl. hierzu die Ausführungen über Monotheismus bzw. Monismus und Dualismus im Zarathustra-Kapitel dieses Buches.) Dasselbe Dilemma blieb auch im 16.—18. Jahrhundert bestehen: Entweder führte man *alles* Weltgeschehen (so z. B. ausdrücklich auch dasjenige des Dreißigjährigen Krieges) einzig auf Gott selbst zurück, dann war er eben gut und böse zugleich, jedoch höchster Glaubensweisheit zufolge wiederum nicht böse, da auch das Unheil, weil göttlich, in Wahrheit gut sein mußte („christliche Dialektik"!); oder man anerkannte den Satan als selbständigen Gegenspieler nicht nur Christi, sondern sogar Gottes: dann durfte und mußte man auch in einer antichristlichen Satansmenschheit den radikalen *Gottesfeind* sehen, anstatt eine göttliche Zuchtrute, und sie ausmerzen. Die Frage war nur, wie dieser Gottesfeind zu erkennen wäre. Darauf eine Antwort lieferte, offiziell bestätigt, der „Hexenhammer".

Christl. Dilemma oder christl. Dialektik

Dessen Lehrtext erwies sich aus zwei Gründen als höchst wirkungsvoll. 1. Zum Satansmenschen konnte jedermann erklärt werden; eine anonyme Anzeige genügte, etwa mit der Begründung: Dieser oder jener habe die Ernte verhageln lassen oder einen „Hexenschuß" verursacht oder Stare in die Kirschbäume gehext. Wieviel schwerer wog da eine Anklage, falls der Betroffene behauptet hatte, die Erde drehe sich um die Sonne! 2. Beim Inquisitionsprozeß war der Ankläger zugleich auch der Richter; der Delinquent durfte weder sich verteidigen oder verteidigt werden noch Zeugen seiner Unschuld anrufen; vielmehr mußte er die Anklage bestätigen und wurde, falls er sich sträubte, so lange gefoltert, bis er alles gestand, was man ihm vorhielt (Unzucht mit dem Satan, Verwandlung in Tiere, Leichenfraß und dergleichen sehr viel mehr). Hierauf wurde er, wenn nicht schon zu Tode gefoltert, dann lebendig im Namen des Vaters, des Sohnes und des Heiligen Geistes verbrannt. Manchen Ortes gab es so viele „Hexen", daß man Verbrennungsöfen erfand, deren Kapazität dem Andrang gewachsen war. Allein im 16./17. Jahrhundert betrug die Anzahl inquisitorisch Verfolgter einige Millionen, da Inquisition nicht nur gegen „Hexen", sondern auch gegen „Ketzer" angewandt wurde. Nur in sehr seltenen Fällen gelang es, der inquisitorischen Prozeßmühle ein Opfer zu entreißen. So kam Galilei als Ketzer mit Hausarrest nach Widerruf des kopernikanischen Weltbildes davon. Kepler konnte seine alte, der Hexerei angeklagte Mutter nach sechsjährigem Prozeß, währenddessen sie sich im Kerker befand, dank befreundeter Tübinger Professoren dadurch retten, daß man ihr „Geisteskrankheit" bescheinigte. Hingegen Giordano Bruno starb, seiner

Inquisitionsprozeß

aus dem kopernikanischen Weltbild eigenwillig abgeleiteten Lehre wegen, 1600 in Rom auf dem Scheiterhaufen. Campanella blieb am Leben, büßte jedoch mit 27jähriger Haft seine Philosophie, bis er, durch Papst Urban VIII. befreit, nach Frankreich entkommen konnte.

Waffen der dogmatischen Scholastik

Mit Hilfe der Lehre vom Hexenwerk und der Inquisition beherrschte die Scholastik die Universitäten. Ihre Vertreter knüpften und festigten das Bündnis zwischen Theologie, Justiz, Zensurbehörden und Polizei. Gegen die Scholastik forderte Thomas Hobbes, allerdings vergeblich, eine umstürzende Universitätsreform, desgleichen die Aufklärer im 18. Jahrhundert. Seit es Philosophen gebe in Frankreich, so sagte Voltaire, verschwänden hier die Hexen. Aber die *gesetzgebende* Führung im Streit für Humanität lag zuerst bei preußischen Königen. Friedrich II. verbot sofort nach seiner Thronbesteigung die Folter, nachdem schon sein Vater die Hexenverfolgung untersagt hatte. Das erste moderne Gesetzwerk überhaupt, das weder Hexen noch Folter kennt, war das Preußische Landrecht von 1794.

Forschungsfreiheit als Asebie

Sehr wahrscheinlich wäre eine revolutionäre Wirkung schon ab Mitte des 16. Jahrhunderts dem Werk des Kopernikus beschieden gewesen, hätte nicht nochmals, mit staatlicher Unterstützung, die Scholastik gesiegt. Der Hebel, den sie gegen „freigeistige“ Denker ansetzen konnten, war das Verbot der Willensfreiheit, die als Auflehnung gegen den heilsgeschichtlichen Gott, als Gottestrotz, eben als Asebie galt. Wie demgemäß ein naturforschender Renaissancephilosoph einzuschätzen war, das bezeugt die 1587 als Volksbuch gedruckte „Historia von D. Johann Fausten“. Dieser Faust steht hier stellvertretend für sämtliche Naturforscher. Obwohl Doktor der Theologie, wendet er sich von ihr ab und entschließt sich zur Medizin; aber damit nicht genug, will er „alle Ursachen des Himmels und der Erde erforschen“. Solches sündhafte Verlangen kann allein der Satan befriedigen; so verschreibt Faust ihm Geist und Seele, indem er verspricht, verbotener Erkenntnis wegen künftig „Feind aller christgläubigen Menschen zu sein und den christlichen Glauben zu verleugnen“. Unterstellt wird also die uns hinlänglich bekannte „Wahlfreiheit“.

Glauben und Wissen

Theologie oder Naturwissenschaft

Tatsächlich lag in der metaphysischen Willensfreiheit der Angelpunkt. Plötzlich sah sich der Gelehrte vor die Entscheidung zwischen christlich-gnostischem und kopernikanischem Weltbild gestellt, zwischen theologischem Determinismus und mechanistisch-mathematischer Welterklärung. Bekannte er sich zu Kopernikus, dann erhielt der Mensch eine vorher ungeahnte *Sonderstellung inmitten des Universums*. Sie gründete sich nicht etwa auf das geozentrische Weltbild, das nunmehr überwunden war, sondern darauf, daß sich der Mensch willens, fähig und imstande sah, in seinem Bewußtsein das Weltall zusammenzufassen und dessen verborgene Naturgesetzlichkeit exakt festzustellen. Dazu bedurfte er keiner Theologen mehr, ebensowenig eines theologischen Zweckdenkens; beides war ihm vielmehr nur im Wege. *Mochte immer sich die Erde drehen und bewegen: Zentrum des Weltbildes war und blieb jetzt der Mensch, der erkannt und bewiesen hatte, warum sie sich drehte und bewegte.* Von diesem Standpunkt aus vermochte er sogar genau zu erklären, inwiefern die Scholastik *wahrheitswidrige* Glaubensthesen verkündete. Folglich brandmarkte ihn die Zensur als Glaubensfeind.

Versuche zur Harmonisierung

Es wiederholte sich nun bei naturwissenschaftlichen Einzelgängern das erfolglose Bemühen, das wir aus der Hochscholastik schon kennen: Glauben und Wissen zu vereinbaren und den Menschen als Mikrokosmos trotz seiner Sonderstellung

Giordano Bruno wieder in den Makrokosmos sinnvoll-zweckmäßig einzugliedern. So kam es, daß z. B. *Giordano Bruno* (1548—1600), *Campanella* (1568—1639), *Kepler* (1571—1630) vom kopernikanischen Weltbild fasziniert waren und dennoch mystische Gedanken zu Hilfe nahmen, um den Glauben zu retten. *Giordano Bruno* hielt das Universum für einheitlich beseelt bis hin zu den kleinsten Bestandteilchen, die er nicht mehr „Atome" nannte, sondern „Monaden". Auf diesen Begriff stützte später *Leibniz* seine „Monadologie".

Campanella Konsequenter drang *Campanella* zum Kardinalproblem vor: zum individuellen Selbstbewußtsein, womit die private Willensfreiheit zusammenhängt. Folgende Überlegung stellte er an: Mein Bewußtsein ist angefüllt mit Objekten, die mir dank den Sinnesorganen aus der Umwelt zugeführt worden sind. Außerdem enthält es aber Vorstellungen meiner Phantasie. Wie kann ich unterscheiden, was von der Außenwelt herrührt und was von mir selbst, dem erkennenden Subjekt? Wie überhaupt bringe ich von einem Zentrum aus die erforderliche Ordnung in mein vielfältiges Bewußtsein? Wo ist dieses Zentrum zu finden, und wie? Ähnlich wie einst Ockham im Willen entdeckte Campanella dieses Zentrum im *Selbstbewußtsein* als der Grundlage aller Gewißheit. „Wir vermögen zwar zu denken, daß es keine Dinge gibt [also unser Bewußtsein allen Inhalts zu entleeren], nicht aber, daß wir selbst nicht existieren; denn wie vermöchten wir zu denken, ohne zu sein?" Dieselbe Überzeugung hatte ehedem *Augustin* formuliert, und später nahm *Descartes* sie zum Ausgangspunkt. Überhaupt ist sie die unerläßliche, heutzutage ohne weiteres anerkannte Voraussetzung jeder rationalen Welterklärung: der ruhende Pol in der Erscheinungen Flucht.

Als praktische Folgerung für seine Moralphilosophie leitete Campanella aus dem Selbstbewußtsein, welches die Würde jedes Individuums rechtfertigt, das oberste Ziel unseres Handelns her, das in Selbstbehauptung besteht. Ähnlich hatten bereits hellenische Sophisten geurteilt. Später setzte Thomas Hobbes sich damit auseinander. Vor ihm kam schon Campanella zu der (uns freilich schon genügend vertrauten) Lehrmeinung, daß jedes Individuum sich praktisch nur als Mitglied einer Gemeinschaft erhalten und behaupten kann, wofür, im Hinblick auf das aus vielen Einzelmenschen gebildete Große Individuum der Staatsgemeinschaft, eigene Lebensgesetze gelten. In dieser Frage hat sich Campanella an Platons „Staat" orientiert: kein Privateigentum, keine Privatehen, kein Familiendasein, sondern Unterwerfung unter die Obrigkeit und deren Gebote. — Das war nun die Kehrseite: Auch der *politische* Platon gelangte (bereits 1518 bei Thomas Morus in dessen „Utopia") mit seiner das Individuum vergewaltigenden Staatskonstruktion wieder zu Ehren.

„Freigeistig"-moderne Denker Immerhin können wir jetzt kurz angeben, worin die Hauptaufgabe der nächstfolgenden „freigeistigen" Denker bestand, jener großen Denker jedenfalls, die nunmehr ernstlich an eine mechanistische Welterklärung herangingen, gleichgültig, ob sie zusätzlich noch mystische oder gar magisch-mythische Komponenten hinzufügten oder darauf verzichteten: Galilei, Thomas Hobbes, Descartes, Spinoza, Newton, Leibniz. (Von ihnen hat nur einer, nämlich Hobbes, ein vollständiges, ganz konsequent durchgeführtes, neues und eigenes System aufgebaut, *das auch den Staat einbezieht.)*

Die mathematische Methode

Die Hauptaufgabe lautete: Wenn die ganze Welt (anorganischer wie organischer Natur, also auch die uns Menschen eigentümliche Staatsexistenz) auf bestimmten Funktionsgesetzen beruht, die man festzustellen vermag — wie ist dann ihr Modell so aus den Elementen nachzukonstruieren, daß es richtig und vollständig ist? Nach welchem Grundprinzip muß man dabei verfahren? Vorausgesetzt ist, daß keine dieser Funktionen nach bloßem Augenschein beurteilt werden darf, das hat ja zur Genüge das kopernikanische Weltbild bewiesen. Dazu konnte damals nur eine Wissenschaft das benötigte Handwerkszeug bieten: die Mathematik, der man bereits revolutionäre Aufschlüsse über das Weltgetriebe verdankte. Nichts war moderner, fortschrittlicher, zukunftsträchtiger für Denker des 17. Jahrhunderts als die Mathematik. „Wo Materie ist, da ist Geometrie", sagte Kepler: „Nichts als Quantitäten oder durch Quantitäten vermag der Mensch vollkommen zu erkennen." Und Galilei: „Das Buch der Natur ist in mathematischer Sprache geschrieben, und die Schriftzüge sind Dreiecke, Kreise und andere geometrische Figuren, ohne deren Hilfe es unmöglich ist, auch nur ein Wort zu verstehen."

Galilei und Gassendi

Galileo Galilei (1564—1642; aus Florenz) hatte als Professor der Mathematik in Pisa das kopernikanische Weltbild nicht nur gelehrt, sondern auch durch eigene astronomische Beobachtungen mittels selbstkonstruierter Fernrohre in Einzelheiten bereichert. So entdeckte er die Zusammensetzung der Milchstraße aus unzähligen Sternen, die mondartigen Phasen der Venus, die seltsame Gestalt des Saturns, die Sonnenflecke. Daraufhin machte man ihm den Ketzerprozeß, gewährte ihm aber die Gelegenheit zu öffentlichem Widerruf seiner Lehre (1633), wonach er bis ans Lebensende sozusagen unter Hausarrest blieb. Thomas Hobbes hat ihn noch besucht. Seine Schriften kamen auf den Index verbotener Literatur, wo sich schon das Werk des Kopernikus (bis 1835) befand und wohin auch die Werke von Thomas Hobbes, Descartes, Spinoza gelangten.

Ausdrücklich knüpfte Galilei wieder bei Demokrit und Epikur an, und folgte dabei dem *Petrus Gassendi* (1592—1632), Freund und Förderer von Thomas Hobbes in Paris, der damals die *atomistische* Hypothese erneuert hatte. Nunmehr ließ sich die Natur erklären als ein System von quantitativ bestimmten Atomen und Atomkomplexen, und alles Naturgeschehen wurde aufgefaßt als *Bewegung*, nämlich Verschiebung, Trennung, Zusammensetzung, Schwingung der Atome oder der aus ihnen aufgebauten größeren Körper. Galilei gelang es, die Fundamentalgesetze der Mechanik, insbesondere der Dynamik, festzustellen. Dabei leiteten ihn gewisse allgemeine Voraussetzungen über die Natur, so das Prinzip der Einfachheit, ferner das Prinzip der Zweckmäßigkeit, das hier jedoch nicht theologisch gemeint ist, auch nicht in dem übertragenen Sinne, daß jetzt „die Natur" als Sinn und Zweck setzende höchste Instanz zu gelten hätte. Er erklärte vielmehr: Wenn wir aus der Wirkung auf die Ursache geschlossen haben, dann können wir umgekehrt aus der Ursache deren Wirkung voraussagen, und insofern ist diese naturgesetzlich notwendige Wirkung eben der Zweck des betreffenden Vorgangs. Hinsichtlich des Menschen bezeichnen wir jene Ursache seines Verhaltens, die bereits das Ziel bedingt, als „Motiv".

Nun kam es darauf an, eine Methode auszuarbeiten, mittels deren man neue Erkenntnise gewinnen kann. Galilei führte Ockhams Thesen fort, präzisierte sie und wendete sie auf die naturwissenschaftliche Praxis an: Die Sinneswahrnehmungen, von denen wir abhängig sind, bringen allein die Naturerkenntnis nicht zustande, vielmehr ist dazu die Mitarbeit und Kontrolle des Denkens nötig; schon der sinnlichen Beobachtung muß durch vorangehende Fragen und Annahmen, also durch Denkoperationen, die Richtung gewiesen werden. Der Verstand dringt über den Sinnenschein hinaus zur Bestimmung der Realität, die in den Erscheinungen sich darstellt. Dafür hatte die — dem Sinnenschein so widerstrebende — Entdeckung des Kopernikus den überzeugenden Beweis geliefert. Dasselbe bewies Galilei durch Entdeckung des Fallgesetzes: Alle Körper fallen gleich schnell, sofern sie daran nicht der Luftwiderstand hindert. (Wir alle kennen das Experiment mit der Vakuumröhre aus unserem physikalischen Schulunterricht.) Aristoteles hatte noch gelehrt, ein Körper falle um so rascher, je schwerer er sei.

Gegenüber der aristotelisch-scholastischen Logik urteilte Galilei zutreffend, sie sei zwar geeignet, einen vorliegenden Gedankengang zu regulieren und zu korrigieren, aber sie sei kein Mittel, um neue Wahrheiten zu entdecken. Deshalb empfahl er, sie durch eine Verbindung von analytischer und synthetischer Methode zu ersetzen: durch Induktion und Deduktion. Die Induktion zergliedert konkrete Erfahrungen und gewinnt daraus bestimmte Annahmen über die obwaltende Gesetzmäßigkeit der Realität. Die Deduktion zieht aus diesen zunächst hypothetisch angenommenen Gesetzen die Folgerungen für andere Erscheinungen und stellt durch Beobachtungen fest, ob sie zutreffen. Das heißt: man experimentiert. Nach demselben Rezept kann man bloße Gedankenexperimente ausführen. — In diesem Zusammenhang sei, was die mechanistische

Newton

Welterklärung betrifft, ein Ausdruck von *Isaak Newton* (1642—1727) zitiert: Newton sprach, ebenso wie einst der epikureisch gesinnte Lucretius, von der „Weltmaschine", dem „Weltmechanismus", und bewunderte als gläubiger Christ, der er war, eben darum den intelligenten Welt-Urheber, dessen Kunstwerk wir vor Augen haben. Aber Galilei wie Newton, von Gassendi und Hobbes ganz zu schweigen, hielten schon Physik und Metaphysik streng voneinander getrennt: Auch insofern wurde Ockham nachträglich bestätigt.

Schließlich war, damit die Methode von Philosophen auf *jeden* Gegenstand angewendet werden konnte, ihr ein Verfahren zur Bildung der Begriffe einzuordnen. Denn um ein mechanistisches Weltmodell zu schaffen, muß man schöpferisch denken, jedoch nicht nach eigenem Belieben, sondern nachprüfbar

Wirkung des Euklid

exakt. Ein solches Verfahren hatte beispielgebend bereits *Euklid* entwickelt, der zweitausend Jahre früher, um 300 v. Chr., an der Weltuniversität Alexandria einen Lehrstuhl für Mathematik innehatte. Sein Gesamtwerk war, soweit noch vorhanden, im Abendland erst 1571 gedruckt worden, für die Denker des 17. Jahrhunderts also ganz modern. Worauf es ankommt, möge der Begriff „*Postulat*" (gr. aitēma) deutlich machen. Das Postulat ist eine Denkforderung, und zwar wird die Ausführung bestimmter Grundkonstruktionen gefordert, durch die ein Gegenstand und sein Begriff zugleich erzeugt werden. Dafür ein uns allen bekanntes Beispiel aus den „Elementen" des Euklid: Es sei gefordert, daß von einem beliebigen Punkt zu einem anderen Punkt eine gerade Linie gezogen werde. Hierdurch entsteht die durch zwei Punkte begrenzte Strecke und zugleich ihr definierter Begriff. Das Ganze ist also durch Bewegung zustande gekommen. Davon war vor allem Thomas Hobbes fasziniert. Ihm wenden wir uns jetzt zu. — Im übrigen sei bemerkt, daß alle großen Physiker und Mathematiker des 17. Jahrhunderts sich als Philosophen ansahen. Newton nannte sein Hauptwerk (1687) „Naturalis philosophiae principia mathematica" („Mathematische Grundlagen der Naturphilosophie").

Konfessionspolitische Staatsformen

„Meine Mutter hat Zwillinge geboren: mich und die Angst", äußerte *Thomas Hobbes* einmal. Denn am 5. April 1588 war eine gefahrverkündende Nachricht — eine spanische Invasionsflotte sei unterwegs nach England — bis Malmesbury bei Bristol (England) ins dortige Pfarrhaus gelangt und hatte seine Mutter dermaßen erschreckt, daß ihr Sohn Thomas an diesem Tag als

Frühgeburt zur Welt kam. Zwar wurde die Armada durch schweren Sturm und englische Schnellsegler fast vernichtet; aber Kriege und Bürgerkriege bedrohten weiterhin alle Europäer. Auch Thomas Hobbes kam aus der Angst selten heraus. Jedoch, besser als die meisten Zeitgenossen, insbesondere die philosophierenden Einzelgänger, wußte er ihr ungemein vorsichtig zu begegnen. Die klug berechnete Formulierungskunst seines „Leviathan" von 1651 beweist, wie ein Privatgelehrter sich über machtpolitische Gegensätze hinwegschwingen konnte, ohne sich selbst untreu zu werden, indem er alle das damalige Europa zerreißenden Argumente für und wider die unbedingte Regierungsautorität in einem übergeordneten Prinzip vereinigte. Um ihn — sowie spätere Philosophen — zu verstehen, sollten wir die bewegenden Kräfte seiner Zeit kennen, mindestens bis kurz nach dem Dreißigjährigen Krieg, den er um Jahrzehnte überlebte.

Staatsverhältnisse in Europa

Was die europäischen Verhältnisse im 16./17. Jahrhundert betrifft, so wollen wir uns mit einem Überblick begnügen: Das Regnum Christi Romanum bestand auch jetzt noch dem Namen nach, aber längst nicht mehr in der Praxis. Das weströmisch-deutsche Kaisertum war 1250 zerbrochen, Konstantinopel 1453 den Türken erlegen, wonach an dessen Stelle allmählich, wenigstens dem Anspruch nach, das russische Zarentum trat (Moskau als das „Dritte Rom"). Im Abendland wäre die heilige Universalmonarchie des Papsttums als Sieger übriggeblieben, hätte es sich gegen die partikulären Gewalten behaupten können. Das aber war, wie wir schon kurz erwähnt haben, durchaus nicht der Fall.

Die Territorialfürsten forderten jetzt dasselbe Recht auf Alleinregierung, das einst, in größerem Rahmen, die Kaiser vergeblich verteidigt hatten. Das gründlichste Mittel, den Papst und dessen „Staat im Staate" aus ihren Grenzen loszuwerden, bot ihnen die Reformation. Sie verschaffte gleichzeitig ihnen und ihren Kampfgenossen den unermeßlichen Kirchenbesitz an Land und Leuten, Ortschaften und Gebäuden, Wertgegenständen und laufenden Einkünften. Insofern richtete sich ein Grundsatz des Heiligen Krieges — Enteignung des Glaubensfeindes — nicht anders gegen die römische Kirche, als er seit dem 4./5. Jahrhundert gegen Nichtchristen und Andersgläubige angewendet worden war. Und ebenso wie einst antike Kunstwerke zerstört wurden, kam es jetzt an zahlreichen Orten zum „Bildersturm" auf römisch-christliche Bildwerke. Die bedrängten, weiterhin kriegführenden Päpste mußten denjenigen Monarchen, die sich nicht der Reformation anschlossen, eine Konzession nach der andern machen, um nicht auch noch sie zu verlieren; und nicht wenige Herrscher, z. B. Kaiser Karl V., König von Spanien und Deutschland, erzwangen derartige Zugeständnisse mit Waffengewalt. Die französischen Monarchen — man denke an Ludwig XIV. und Ludwig XV. — ließen sich vom Vatikan überhaupt nicht in ihre Politik hineinreden; ihre Staatskirche war, obwohl römisch-katholischer Konfession, genaugenommen eine Königskirche.

Vorpäpstlicher Ansatz der Reformatoren

Aber politisch entscheidend machte sich schließlich bemerkbar, daß die Reformatoren entsprechend ihrer Auffassung von der Weltgeschichte als Heilsgeschichte das Jahrtausend römisch-christlicher Staatspraxis sozusagen gestrichen und nochmals beim Urchristentum eingesetzt hatten. Mindestens die päpstliche Universalmonarchie wurde von ihnen für antichristlich resp. satanisch erklärt. Denn sie verwarfen es grundsätzlich, daß eine natürliche Person sich zum Stellvertreter Christi und insofern zum Gott auf Erden erheben dürfe. Allerdings billigte Luther seinen Landesherren eine bedingte Stellvertreterfunktion zu, aber nicht nach römischem Recht, sondern eher im Sinn germanischen Rechts, das den Stellvertreter nicht mit dem Inhaber eines Amtes identifiziert, sondern nur als *Beauftragten* gelten ließ. Das germanische Recht, auf dem Kontinent während der Renaissance weitgehend durch das römische verdrängt, blieb bekanntlich in England und Skandinavien bis heute in Kraft und hat sich dort staatspolitisch ausgewirkt. Bei den lutherisch reformierten Landesfürsten wurde wie bei den römisch-katholischen Monarchen nunmehr die Formel „von Gottes Gnaden" gang und gäbe. Der „Herrscher von Gottes Gnaden" war mit der Regierung beauftragt, folglich auch nur Gott verantwortlich und insofern mindestens theoretisch ein omnipotenter Souverän, nämlich durch keine ihm von Untertanen aufgenötigte Verfassung eingeschränkt. Daraus ergab sich fürs 16. bis 19. Jahrhundert der monarchische *Absolutismus.*

Luther

Zwingli, Calvin

Nun aber die Gegenbewegung! Keineswegs mit der Monarchie einverstanden, sondern deren radikale Widersacher waren *Zwingli* und *Calvin.* Beide Reformatoren, deren Anhänger sich zusammentaten, haben mit ihrer religionspolitischen Weltordnung allein die (mehr oder minder demokratische) Republik gerechtfertigt. Hauptsächlich zu diesem Zweck war ja Calvin von dem unabhängig gewordenen Stadt-Staat Genf mit der dortigen Reformation beauftragt worden, während Zwingli die Interessen seines Stadt-Staats Zürich vertrat.

Glaubensgemeinde als Staatsvolk

Ihre zunächst biblisch gerechtfertigte Verfassung wurde vereinigt mit der wieder wirksam gewordenen Tradition der vorchristlichen *römischen Republik.* Aus dieser Überlieferung las man weniger heraus, daß die Republik eine Oligarchie gewesen war, was der historischen Wirklichkeit entsprochen hätte, sondern man begrüßte lieber die Formel vom „souveränen Volk". Für Zwingli und Calvin gab es nur ein „souveränes Volk", das von Gott legitimiert war: die Gesamtheit aller rechtgläubig-reformierten Bürger, also die erneuerte „Gemeinde Christi", die sich folgerichtig und notwendig als Staat darstellt. Insofern war hier die augustinisch-lutherische „Lehre von den zwei Reichen" überwunden und das „weltliche Reich" (Staat) mit dem „geistlichen Reich" (Kirche) identifiziert.

Calvinistisches und päpstliches Christusreich

Auf die neugeschaffene Republik Christi übertrug Calvin die Regnum-Christi-Doktrin, indem er die Stellvertretungslehre verneinte, soweit sie einer natürlichen Person (Kaiser, Papst oder einem heilig-christlichen Monarchen) zugute kam, und statt dessen die Einheit aus Glaubensgemeinschaft-Staatsgemeinschaft als *kämpfende Körperschaft Christi* aufbaute. Der einst realpolitisch aufgefaßte Königstitel „Christus" verlor dadurch seine ursprüngliche Bedeutung. Er wurde nicht mehr als Inbegriff göttlich-monarchischer Weltordnung verstanden, sondern als Würdename, da im Universalreich Christi jeder Rechtgläubige „König und Priester zugleich" sein sollte. Insofern war nun auch in politischer Hinsicht „der Christus", wie im Neuen Testament verheißen, „der Erstgeborene vieler Brüder" und jeder rechtgläubig-calvinische Christ im Hinblick auf die Ewigkeitszukunft selbst gewissermaßen ein Christus, selbst ein Gottessohn (Gotteskind), und zwar schon jetzt und hier auf Erden — vorausgesetzt, er schlösse sich nicht selbst durch Verstoß gegen die calvinischen Gottesgesetze aus dieser Gemeinschaft aus und dem Satan an, nämlich dem Papst oder sonst einem „Antichristen". Daraufhin setzte noch im 16. Jahrhundert der mörderische Krieg zwischen Calvinisten und „Papisten" ein, der etwa 250 Jahre hindurch immer wieder erneuert wurde und vor allem Frankreich ruinierte. Die Lutheraner, politisch weniger aggressiv und im wesentlichen auf Deutschland beschränkt, sahen sich in die zuletzt weltweite Auseinandersetzung einbezogen. Die Folge war, als Teil des gesamten Kampfgeschehens, der Dreißigjährige Krieg, in dessen Verlauf das Deutsche Reich viel mehr verwüstet wurde als später im Zweiten Weltkrieg.

Totaler Krieg

Wo sich eine calvinische Glaubenskampf-Republik bildete, dort formierte sie sich als „Staat im Staate", da sämtliche Staaten noch heilige Monarchien waren.

Am leichtesten konnte sich aus dem zerfallenden Deutschen Reich die Eidgenossenschaft herauslösen. Unvergleichlich schwerer fiel es den calvinistischen Niederlanden, sich nach genau zweihundertjährigem Ringen, währenddessen einmal unter Philipp II. sämtliche nichtkatholischen Niederländer summarisch zum Tod verurteilt wurden, von der spanisch-habsburgischen Krone loszureißen. In Frankreich erlagen die calvinistischen Hugenotten von 1562 bis 1629 der römisch-katholischen Königsmacht nach zehn Bürgerkriegen, denen 1702 bis 1705 noch der ebenso blutige Cevennenkrieg folgte. Wie verlief das gleiche Bürgerkriegsgeschehen in Großbritannien? Zum größten Teil spielte es sich ab zu Lebzeiten von Thomas Hobbes (1588—1679), und nur vor diesem hier besonders verworrenen und zugleich aufschlußreichen Hintergrund ist sein philosophisches Hauptwerk zu verstehen.

Konfessionspolitische Bürgerkriege

Beispielhaftes Geschehen in Britannien

Die Kette der Ereignisse begann damit, daß sich 1534 der *englische* König, Heinrich VIII., vom Papst lossagte und eine Hochkirche einrichtete, deren Oberhaupt er selber war. Diese Hochkirche, die weder katholisch noch lutherisch, sondern ein Mittelding war zwischen Wittenberg und Rom, ermöglichte König und Adel die Inbesitznahme der reichen, ehedem päpstlicher Oberaufsicht unterstandenen Kirchengüter, was zunächst den Begünstigten vordringlich war und der Hochkirche eine treue Adelsgefolgschaft sicherte, und zwar um so mehr, als 1552 die politisch bedeutsame Glaubenslehre *maßvoll calvinisch reformiert* worden war. Seitdem neigten Monarchen, um ihres erstrebten Absolutismus willen, jeweils wieder zur Katholizität, militärisch unterstützt vom unterdrückten, oft verfolgten römisch-katholischen Bevölkerungsteil; so bereits Königin Maria („die Katholische", 1553—1558), die zudem — was ihr am meisten in England schadete — mit dem spanischen König Philipp II. verheiratet war. Nicht nur stellte sie gewaltsam das alte Kirchenregiment wieder her, wogegen die verfolgten Protestanten zu ihren Waffen griffen, sondern sie beschwor auch die Gefahr herauf, daß spanische Truppen, eingesetzt gegen die aufständischen Niederländer, über den Kanal hinweg ihr zu Hilfe kämen.

Um 1550 kam es in Westeuropa vielfach zur Neugruppierung nach religionspolitischen Gesichtspunkten. Die republikanisch Gesinnten, so auch die Niederländer, und besonders die städtischen Demokraten bevorzugten den Calvinismus, der dadurch für lange Zeit zum Revolutionsbekenntnis wurde. Hingegen sahen sich die traditionellen „Royalisten" bestätigt durch das römisch-katholische Regnum-Christi-Prinzip, da das Papsttum selbst ja die höchste heilig-christliche Monarchie war. Allerdings stand das Papsttum, das am Anspruch auf Universalmonarchie festhielt und seinen jeweiligen „vicarius Dei" oder gar „Deus in terris" zum „König aller Könige" erhob, vielen Royalisten auch wieder im Wege, weil sie einen ganz unabhängigen Monarchen wünschten. Ihnen war, in England, die Hochkirche willkommen, die ähnlich wie jede lutherische Landeskirche nur ihrem Landesherrn, der zugleich ihr oberster Bischof war, zu gehorchen hatte. Bald gab es in England und Schottland drei religionspolitisch verfeindete Machtgruppen: rechts die römisch-katholischen Royalisten, in der Mitte die hochkirchlichen Monarchisten, links die Calvinisten, die sich in England als „Puritaner", in Schottland als „Presbyterianer" organisierten.

Die Mittelgruppe kam aufs neue an die Macht durch Königin Elisabeth I. (1558—1603), und nunmehr wurden die Katholiken politisch wieder entrechtet und verfolgt. Den noch im Aufbau begriffenen Calvinisten kam Elisabeth mit einigen Glaubensartikeln ihrer „Anglikanischen Staatskirche" entgegen. Daraufhin erklärte ihr Philipp II. in Erwartung eines katholischen Volksaufstandes denjenigen Krieg, währenddessen Thomas Hobbes 1588 geboren wurde. Die religionspolitische Gruppierung machte sich also bereits als wichtiger Faktor europäischer Weltpolitik bemerkbar. Nach der Niederlage der Armada jagten englische, bald auch niederländische Schnellsegler die schwerfälligen Schiffe der Spanier auf allen Weltmeeren. Die koloniale Ära der germanischen Seevölker hatte begonnen, und in England war die Shakespeare-Zeit gekommen.

Monarchie und Parlament

Nach Elisabeths Tod gelangte durch Erbschaft der *schottische* König auf den englischen Thron, vereinigte beide Königreiche nebst Irland zu „Großbritannien" und wollte wie seine westeuropäischen Kollegen *absolut* regieren, stieß aber auf den Widerstand des englischen *Parlaments*. Mit dem zweiteiligen Parlament kommt ein weiterer Machtfaktor in das komplizierte politische Spiel. Beide Kammern, welche das Parlament bildeten, neigten eher zur Republik, verstanden darunter aber jeweils etwas ganz anderes: Das aristokratische Oberhaus wollte nur eine Adelsherrschaft, das Unterhaus eine Bürgervolksregierung (aber noch keine Demokratie!) in Betracht ziehen. Im Fall eines Konflikts zwischen Königtum und Bürgerschaft freilich hielt der Adel im allgemeinen zur Krone.

Ein solcher Konflikt entstand, als immer mehr Puritaner ins Unterhaus eingezogen waren und gemeinsam mit den schottischen Presbyterianern zugunsten der calvinistischen Volksbewegung nach Regierungsrechten riefen. Diese Opposition brachte König Karl I. (1625—1649) zum Schweigen, indem er 1629 das Unterhaus auflöste. Bald darauf schritten die calvinistischen Republikaner zur Revolution und zum Bürgerkrieg, der sich ab 1633 hinzog. Das 1640 wieder einberufene Unterhaus ließ Karl, erschreckt durch dessen Aufbegehren, schleunigst schließen, weshalb es „das Kurze Parlament" genannt wurde. Jedoch jetzt erzwangen sich die Abgeordneten als Volksvertreter ihre parlamentarische Zusammenkunft, tagten von Ende 1640 bis 1653 („Langes Parlament") und demütigten ab 1641 den König, nachdem bereits 1640 die Flucht der Royalisten ins Ausland eingesetzt hatte. Damals begab sich *Hobbes* nach Paris.

Hobbes in Paris

Bildungsgang

Hobbes kannte die Stadt von früheren Reisen und hatte dort Philosophen zu Freunden. Zwar hatte er sich während seiner Oxforder Studentenzeit (1603 bis 1608) noch streng puritanisch gezeigt, aber als Hauslehrer beim Grafen Cavendish von Hardwicke neigte er, ohne sonderlich hervorzutreten, den Monarchisten zu. Schon 1610 begleitete er den jungen Grafensohn auf der europäischen Bildungsreise; 1628 erhielt er von dessen Witwe eine lebenslängliche Pension bewilligt, so daß sein Dasein als Privatgelehrter gesichert war; 1628 reiste er mit einem schottischen Adligen für 18 Monate nach Paris; 1631 betreute ihn wieder die Familie der Grafen Cavendish, seit 1613 Earl von Devonshire, mit der Erziehung ihres Stammhalters, und diesmal führte ihn die große Bildungsreise außer nach Frankreich auch nach Italien bis Florenz, wo er Galilei besuchte, der vor kurzem knapp dem Tod entgangen war.

Atomistik unter Todesstrafe

In *Frankreich* drohte jedem Anhänger der Atomistik seit 1624 laut Beschluß des Obersten Gerichtshofes die Todesstrafe. Trotzdem hatte sich um den Franziskaner (!) *Mersenne* (1588—1648) in Paris ein exklusiver Kreis mathematisch-physikalischer Philosophen gebildet, der bewundernd die verbotenen Schriften Galileis las, die Studien der Mitglieder förderte, Gassendi und Descartes in Freundschaft verbunden war und nunmehr auch Thomas Hobbes aufnahm.

Mersenne als Epikureer

Mit Pierre *Gassendi* (1592—1655), Hochschullehrer aus der Provence und zuletzt Kanonikus in Dijon, haben wir den *Anschluß an Epikur* erreicht. In zwei anonymen Schriften (1647, 1649) wagte er sich zum Ruhme Epikurs an die Öffentlichkeit. Man darf sagen, daß überhaupt erst er den Epikur und dessen mechanistische Welterklärung für uns entdeckt hat. Von Gassendi empfingen in jenem Gelehrtenkreis um Mersenne sowohl Galilei als auch *Robert Boyle* (1626—1691) ihren Atombegriff: jener für seine Physik, dieser für seine Chemie.

Elementardenken bei Hobbes

Was Hobbes betrifft, so kam ihm jetzt unter Gassendis Einfluß der Einfall seines Lebens: die Sittenlehre durch Behandlung nach geometrischer Methode zur mathematischen Gewißheit zu erheben, insbesondere aber, aus dem naturwissenschaftlich motivierten Verhalten des Menschen den Mechanismus des Staates herzuleiten. Seitdem sei er — sagt Hobbes — in Paris zu den Philosophen gerechnet worden. Während seines achtmonatigen Aufenthalts entwarf er die drei Sektionen seines Gesamtwerkes: De Corpore („Vom Körper", eine physikalisch-mathematische Grundlegung), De Homine („Vom Menschen") mit der ersten modernen Psychologie, die vieles aus Alfred Adlers „Individualpsychologie" vorwegnimmt, De Cive („Vom Staatsbürger"). Nach England zurückgekehrt, begann er seine Arbeit mit dem Nächstliegenden, nämlich einer Optik, worunter eine Theorie der Sinneswahrnehmung zu verstehen ist. Wie die Sinneswahrnehmungen zustande kommen, welche Rolle sie in unserem Bewußtsein spielen und wie sich zu ihnen unser Erkenntnisvermögen, unser Denken, unsere Urteilskraft verhalten, auf diesen Problemkomplex richtete sich die nächsten hundert Jahre und länger ein Hauptinteresse naturwissenschaftlicher Philosophen; denn offenbar mußten erst einmal diese überaus wichtigen, bisher vernachlässigten Vorgänge gründlich erforscht sein, ehe man das Verhältnis zur Außenwelt, der fortan die größte Aufmerksamkeit galt, exakt feststellen und davon um so leichter die Einwirkung unserer Geistigkeit auf das Bewußtsein abgrenzen konnte.

Mittlerweile hatte Hobbes sich völlig den Monarchisten angeschlossen, unter denen ihm seine adeligen Gönner weitere Freunde verschafften bis hinauf zum Kronprinzen. Hobbes wurde Absolutist.

„Elements of Law"

„Als das Parlament tagte, das im April 1640 begann und im Mai aufgelöst wurde [das ‚Kurze Parlament'] und worin viele Punkte der königlichen Macht, die für den Frieden des Königreiches und für die Sicherheit Seiner Majestät notwendig waren, bestritten und geleugnet wurden", so erzählt Hobbes, indem er von sich selbst in der dritten Person spricht, „da schrieb Hobbes eine kleine Abhandlung auf englisch [‚The Elements of Law natural and politic, Anfangsgründe des Natur- und Staatsrechts'], in welcher er auseinandersetzte und bewies, daß die genannte Macht und solche Rechte untrennbar der Souveränität zugehörten und daß diese Souveränität im Könige sei ... Von dieser Abhandlung hatten, obwohl sie nicht gedruckt wurde [sondern nur als Manuskript kursierte] viele Herren Abschriften; und hätte nicht S. M. das Parlament aufgelöst, so wäre der Verfasser in Lebensgefahr gekommen. Er war der erste, der gewagt hatte, zur Verteidigung des Königs zu schreiben." Noch im selben Jahr trat das „Lange Parlament" zusammen, „zum größten Teil aus Leuten bestehend" — erzählt wieder Hobbes — „die das Volk nur gewählt hatte wegen ihrer Gegensätzlichkeit zu dem Interesse des Königs. Diese gingen sofort dermaßen heftig vor ..., daß Hobbes bedenklich wurde, wie sie ihn behandeln würden, und so ging er hinüber nach Frankreich: der erste von allen, die flüchteten." Diesmal blieb er elf Jahre in Paris, wohin 1645 auch Gassendi auf einen Lehrstuhl der Sorbonne kam, und veröffentlichte anonym die erste Fassung seiner Staatsbürgerkunde („De Cive", ab 1654 auf dem Index).

Hobbes als politischer Denker

Cromwell und Hobbes

Jenseits des Kanals hatte ab 1641 der Bürgerkrieg ganz Großbritannien ergriffen, ehe ihn 1645 das von Oliver Cromwell geführte Parlamentsheer beendete. Nach diesem Sieg verschaffte sich Cromwell an der Spitze seiner Elitetruppe binnen wenigen Jahren die Alleinherrschaft, und zwar in derselben Weise wie jene Volksparteityrannen, die wir aus der Geschichte hellenischer Poleis (Athen, Syrakus) kennen und in einem früheren Kapitel beschrieben haben. Zunächst einmal stützte er sich auf die demokratisch gesinnten Radikalrepublikaner. Mit ihnen, den aus Puritanern hervorgegangenen „Independenten", überwand er die weniger entschlossenen Presbyterianer und somit ein schottisch-calvinistisches Element, das seinem Einheitsstaat den Weg versperrte. Dann säuberte er das Unterhaus von Andersdenkenden. Dieses verkleinerte Unterhaus faßte 1649 folgende, sogleich in die Tat umgesetzte Beschlüsse: 1. dem gefangenen König Karl I. den Kopf abzuschlagen, 2. das adelige Oberhaus abzuschaffen, 3. Großbritannien zur Republik („Commonwealth") auszurufen, 4. Cromwell zum Militärbefehlshaber mit Exekutivgewalt zu ernennen, wodurch er praktisch Diktator wurde. Im wieder aufflammenden Bürgerkrieg brach Cromwell jeden Widerstand.

Thomas Hobbes in Paris kamen nun Bedenken. Seitdem hier 1646 der englische Kronprinz zum erstenmal als Flüchtling eingetroffen und Hobbes zu dessen Privatlehrer ernannt worden war, fürchtete Hobbes, sich dauernd eine Rückkehr nach England zu verscherzen. Denn unaufhaltsam schien die Sache der Republik zu siegen. Im Westfälischen Frieden war den Niederlanden die republikanische Selbständigkeit bestätigt worden. Ein Jahr später zweifelte niemand mehr am Ende des Königtums in Großbritannien. Da verlor Hobbes die Lust zum Emigrantendasein. Auf Umwegen hatte er Beziehungen zu Cromwell angeknüpft; sein alter Gönner Devonshire hatte sich längst unterworfen und dessen Neffe die jüngste Tochter Cromwells geheiratet. So verfaßte Hobbes, um seine Heimreise vorzubereiten, den „Leviathan", und zwar auf englisch, den er in England drucken ließ: *das erste Hauptwerk systematischer Philosophie, das anstatt lateinisch in einer germanischen Nationalsprache geschrieben und veröffentlicht wurde.* Damit war ein Bann der Scholastik gebrochen. Hauptwerke deutscher Denker in deutscher Sprache kamen erst viel später zustande.

Der „Leviathan"

Schon deshalb wäre der „Leviathan" als ein *revolutionäres Ereignis* unserer Geistesgeschichte zu verzeichnen, denn Hobbes wandte sich mit diesem Buch, das er nachträglich ins Lateinische übersetzte, an die gebildete, aber nicht scholastisch voreingenommene, also nicht „gelehrte" Leserschaft seiner Nation: *an das allgemeine Publikum* anstatt an wenige Fachleute. Das bezeugt auch sein Stil. Das grundlegende Werk ist Satz für Satz kristallklar formuliert, leicht verständlich, fast frei von schwierigen Fachausdrücken; es ist ausdrücklich bestimmt für Männer mit Lebenserfahrung, gutem Denkvermögen, gesunder Urteilskraft und Verantwortungsbewußtsein gegenüber ihren Mitbürgern. *Insofern begann mit dem „Leviathan" die Epoche literatisch-philosophischer Aufklärung im neueren Europa,* deren Vorkämpfer während des 17./18. Jahrhunderts hier nur in kleiner Auswahl genannt seien: Locke, Hume, Voltaire, Friedrich d. Gr., Diderot, d'Alembert, Rousseau, Kaiser Joseph II., Wieland, Lessing, Kant, der junge Schiller.

Hobbes war sich aber keineswegs im „Leviathan" gegenüber seinen früheren Ansichten untreu geworden. Vielmehr hat er für dessen ersten Teil die „Elements of Law" umgearbeitet und erweitert; und der zweite Teil stellt nur die Ergänzung dar im Hinblick auf aktuelle Christenprobleme. Allenfalls könnte man als Zugeständnis an die damalige Regierung in Großbritannien deuten, daß er sein monarchisches Prinzip dem übergeordneten Souveränitätsprinzip unterstellte: Omnipotente Souveränität forderte er jetzt ausdrücklich für eine *natürliche oder eine juristische Person,* also für den Monarchen *oder* für eine alleingebietende, unumschränkt regierende Körperschaft, womit ja auch das Parlament gemeint wäre.

Indes, für seine private Situation und zugleich für alle Emigranten in gleicher Lage sowie für Royalisten in Großbritannien entscheidend war das *Nachwort* von zeitloser Aktualität. Hobbes fragt, „wann ein Untertan dem Eroberer zu Gehorsam verpflichtet werde", nachdem er im Haupttext den „Erobererstaat" vom „politischen oder institutionellen Staat" unterschieden, aber nur letzteren behandelt hatte. Worauf es ihm in seiner Schlußrede ankommt, ist die Umformung des Erobererstaats (wie ihn z. B. Cromwell und sonst ein siegreicher Revolutionär errichtet hatte) zum institutionellen Staat mittels eines bestimmten Legitimitätsprinzips. Es besagt, daß der omnipotente Souverän legitimiert werde durch einen gemeinsam und einheitlich vollzogenen Willensakt sämtlicher zur Staatsbürgerschaft entschlossenen Individuen. Im gegebenen Fall lag die Schwierigkeit darin, daß die Gegner des neuen Regimes noch kraft eines derartigen Willensakts auf das mittlerweile entmachtete Staatsoberhaupt verpflichtet waren. Da zeigt nun Hobbes, daß dieser Willensakt nicht einseitig dem Souverän nur Rechte, dem Untertan nur Pflichten zubillige, sondern einen *zweiseitigen Vertrag* setze, demzufolge der Souverän seinen Untertanen deren Existenzsicherheit garantiert. Vermag er diese unabdingbare Pflicht nicht mehr zu erfüllen, indes ein anderer, neuer Souverän sie leisten kann, dann muß jetzt diesem jener staatsgründende Willensakt gelten und der Vertrag auf ihn hin erneuert oder umgeschrieben werden. Folglich bestehe nunmehr die Republik zu Recht durch Eroberung. Deshalb anerkannte Hobbes die 1649 vom Parlament festgesetzte Unterwerfungsformel, in der es hieß, die neue Staatsregierung sei legitim „durch Herstellung der Republik von England, ohne König und ohne Haus der Lords [Oberhaus]", und rühmte sich 1656, daß sein Buch etwa 1000 Adelige zum Gehorsam gegenüber der Republik bewogen habe.

„Legitimität" als neuer Angelpunkt zwischen Revolution und Institution

Im September 1651 errang das von Cromwell geführte Parlamentsheer den Endsieg. Allen jetzt heimkehrwilligen Emigranten wurde Amnestie zugesichert. Auch wenn Hobbes noch zaudern wollte, hätte er sie doch nutzen müssen; denn der Haupttext des „Leviathan" machte ihn der französischen Geistlichkeit und das Schlußwort den Royalisten verhaßt. Als „Atheist, Verräter, Feind der Religion und des Königtums" mußte er aus Paris flüchten. Er habe, so erzählt er, damals „wie ein Geächteter in Furcht und Schrecken gelebt ... Frostwetter, hoher Schnee, ich ein alter Mann, scharfer Wind, ein störrisches Pferd und holperiger Weg vermehrten das Ungemach — so kam ich nach London. Aber nirgends in der Welt konnte ich gesicherter sein."

Hobbes wieder in England

Knapp zwei Jahre danach löste Cromwell das Rumpfparlament auf, ernannte an dessen Stelle eine größere Anzahl „geeigneter Werkzeuge des Herrn Jesus Christus" zu Volksvertretern, wurde kurze Zeit später vom Offizierskorps und von Männern seines Vertrauens zum Diktator auf Lebenszeit, zum „Lordprotektor der Republik" erhoben, womit de facto die Monarchie wiederhergestellt war, und berief einen Staatsrat, dem wohl auch *Hobbes* hätte angehören sollen, und zwar als *Staatssekretär.* Denn Cromwell kannte offenbar dessen Staatstheorie und entnahm ihr einige Thesen, auch wenn er den Urheber nicht zitierte. Aber Hobbes, im Genuß seiner Pension und vieler Freundschaften, hielt sich als unabhängiger Beobachter und Privatgelehrter abseits und zog 1653 in ein Schloß seines Gönners Devonshire, wo er bis zu seinem Tod 1679 wohnen blieb, und vervollständigte sein Gesamtwerk („De Corpore" mit Logik, Metaphysik, Naturphilosophie, 1655; „De Homine", 1658).

Cromwell brachte für seine Person den bekannten „Kreislauf der Herrschaftsformen“ zum Abschluß, indem er 1657 sich auf den Thron setzte, zwar ohne Krone, aber mit Zepter, Schwert und Bibel: bis zuletzt ein „heiliges Werkzeug des Herrn“. Im folgenden Jahr starb er. Bald darauf glückte dem in Schottland kommandierenden General ein Staatsstreich; das erneuerte Parlament rief Karl II. nach Großbritannien zurück und ernannte ihn 1660 zum König. Beim feierlichen Einzug des Regenten in London stand Hobbes am Straßenrand, freundlich begrüßt vom Monarchen, seinem ehemaligen Schüler in Paris. Karl setzte seinem alten Hauslehrer sogar eine Pension aus und gewährte ihm freien Zutritt bei Hofe.

Karl II. und Hobbes

Was, als Cromwell noch lebte, seitens königstreuer Gegner vergeblich gewünscht worden war, das taten sie seinem Leichnam an: Er wurde aus dem Grab geholt, unter einem Galgen verbrannt und dann die Asche in den Wind gestreut. Die republikanisch oder demokratisch gesinnten Calvinisten, eben noch Verfolger der anderen, wurden nun wieder selbst verfolgt; viele flüchteten wie schon früher und wie ehedem manche der von ihnen Verfolgten nach Nordamerika. Die ebenfalls unterdrückten, verfolgten Katholiken triumphierten in Großbritannien zwar seit 1685 unter König Jakob II., sahen sich aber 1688 durch die „Glorreiche Revolution“ entmachtet, die wieder einen Calvinisten auf den Thron brachte, nämlich Wilhelm von Oranien, der zur Toleranz entschlossen und genötigt war.

Hobbes überstand auch die scharfe Reaktion, die seit 1661 unbedingten Gehorsam zugunsten von Monarchie, Adel, Hochkirche und Scholastik erzwang. Man klagte ihn 1662 an, er habe den „Leviathan“ zur Unterstützung Cromwells verfaßt. Aber nicht nur seine adeligen Freunde traten für ihn ein, sondern mehr noch König Karl II., der alle im „Leviathan“ aufgestellten Thesen ebensogut auf sich selbst beziehen konnte. Gefährlicher wurde Hobbes die nächste Anklage, die auf einer besonderen Lehre vom Hexenwerk beruhte. Die hochkirchlich-scholastische Priesterpartei machte Hobbes verantwortlich für den großen Brand von London 1666 und die darauffolgende Pest: Gott nämlich, so lautete die Beschuldigung, sei dermaßen erzürnt über die „Unheiligkeit“ Hobbes‘, daß er zur Strafe die Regierungshauptstadt in Schutt und Asche gelegt und jene tödliche Epidemie verordnet habe. Das Parlament wollte daraufhin den großen Denker ächten; jedoch dem König zuliebe, der Hobbes schützte, begnügte man sich, dem Beschuldigten für dessen Werke die Druckerlaubnis zu entziehen. — Vier Jahre nach seinem Tod verdammte 1683 die Universität Oxford sowohl „Leviathan“ als „De Cive“ und ließ alle greifbaren Exemplare verbrennen.

Hobbes des Hexenwerks angeklagt

Übergang zur Aufklärungszeit

Blicken wir zurück auf das ungewöhnlich lange Leben von Thomas Hobbes, dann dürfen wir behaupten, daß er mehr als jeder andere zeitgenössische Philosoph den Bogen spannt von der Spätrenaissance zur Aufklärung. In jungen Jahren war er Sekretär des Staatsmanns *Francis Bacon* (Baron von Verulam, 1561—1626) gewesen, der sich privatim als glänzender Essayist in der geistigen Tradition seit Ockham um eine empiristische Erkenntnistheorie bemüht hatte. Noch heute werden oft zwei seiner Sätze zitiert: „Wissen ist Macht“ und „Die Natur wird dadurch beherrscht, daß man ihr gehorcht“. Er forderte, daß man sich von allen Vorurteilen befreien und das Bewußtsein von Trugbildern säubern, sie mindestens durchschauen müsse. „Idola“ nannte er sie und unterschied sie: 1. in Idola tribus (welche dem Menschen von Natur

Francis Bacon

aus eigentümlich sind), wozu Sinnestäuschungen gehören sowie die anthropomorphe und teleologische Auffassung der Natur; 2. Idola specus („Höhlen"-Idole, anknüpfend an das Gleichnis von Platons „Staat", Buch VII, wo die Menschen mit Höhlenbewohnern verglichen sind, die bloß Schatten der Dinge wahrnehmen); hierzu rechnete Francis Bacon die uns aus Anlage oder Erziehung zugekommenen Vorurteile, sachlich ungerechtfertigte Neigungen und Abneigungen sowie die Gewohnheit, geläufige Begriffe auf fremde Objekte zu übertragen; 3. Idola fori („des Marktes"), hervorgerufen durch alltäglichen Verkehr vieler Menschen, welche unvereinbare Dinge gedankenlos mit denselben Namen bezeichnen; 4. Idola theatri („des Theaters"), d. h. des Welttheaters, auf dessen Bühne am meisten die Autoritäten gelten, die ihren Ruhm nicht einer unbestreitbaren Leistung verdanken. Es sei dahingestellt, wie viel Hobbes solchen Anregungen verdankte. Auf die Öffentlichkeit haben sie damals wohl kaum gewirkt.

Naturforscher und Rationalisten

Dann war Hobbes mit den wenigen Denkern zusammengetroffen und von ihnen anerkannt worden, die einen selbständigen Standpunkt vertraten und in der damals unerhört fortschrittlichen, offiziell streng verbotenen, mit schwerster Strafe bedrohten mathematischen Naturwissenschaft und in der mechanistischen Welterklärung übereinstimmten: Gassendi, Mersenne, Galilei, Descartes, unter denen er sich dadurch auszeichnete, daß nur ihm die Mechanik des Staates und des ethisch-sozialen Verhaltens gelang — entwickelt aus einem einzigen Prinzip. In England war Harvey einer seiner Freunde, der Entdecker (vielmehr Wiederentdecker) des Blutkreislaufs. Als Hobbes ein Greis war, standen Boyle, Newton, Malebranche, Locke im besten Mannesalter. Hobbes führte auch mit dem jungen Leibniz einen Briefwechsel. Schließlich überlebte Hobbes sogar Spinoza (1632—1677) und las noch dessen „Theologisch-politischen Traktat", in welchem dieser für Geistesfreiheit und das Recht auf historisch-kritische Untersuchung biblischer Texte eintrat. Bald wurden von Gegnern oftmals Hobbes und Spinoza in einem Atemzug genannt und kurzerhand als Atheisten bezeichnet, so zum Beispiel vom anonymen Verfasser einer deutschen Broschüre 1702: „Sonderlich Spinoza scheint wohl recht vom Satan dazu gedungen zu sein, die Atheisterei auf guten Fuß zu setzen. Was Hobbes nur halb angefangen, das hat er mit großer Verwegenheit zu Ende gebracht. Gott behüte uns vor solcher unweisen Philosophie!"

Hinweis auf Spinoza

Hobbes als Aufklärungsdenker

Mit dem „Leviathan" hatte ohne Zweifel die Epoche der Aufklärung begonnen. Tatsächlich aber sprengt seine Bedeutung jeden historischen Rahmen; sie ist vielmehr von höchst aktueller Bedeutung bis heute.

Staatsform als Glaubenspraxis

Erinnern wir uns zunächst an die allgemeine, insbesondere politische Entwicklung des 17. Jahrhunderts, deren Tendenzen wir an dem Musterbeispiel Großbritannien vorgeführt haben. Im Hinblick auf die Herrschaftsform, die ja auch unser privates Dasein maßgeblich bestimmt, war seit Zwingli/Calvin die Regnum-Christi-Theorie und -Praxis endgültig gespalten: einerseits die heilige Monarchie des Papsttums, hergeleitet aus dem Rechtsgrundsatz der Stellvertretung Christi auf Erden und ausgerichtet auf Universalherrschaft, und anderseits die ebenfalls mit Anspruch auf Weltherrschaft ausgerüstete Republik jener „Gemeinde der Heiligen", die ihre Rechtfertigung unmittelbar aus dem Neuen und Alten Testament schöpfte. Zwischen diesen Gegensätzen behauptete sich das anfangs nur dynastische, später auch nationale Herrschertum von Gottes Gnaden, das aber, um sich theologisch zu stützen, auf eine eigene

Landeskirche angewiesen war, die sich in der Regel nach außen und innen intolerant verhielt. Das wichtigste Regierungs-Organ war in dieser Hinsicht die jeweilige Zensurbehörde, die zwei Funktionen zu erfüllen hatte: zu *verbieten* und gleichzeitig zu *gebieten*. Da das Verbot lediglich das Gebot schützen soll, kommt es allein auf das *Gebot* an. Wer legitim die Macht besitzt, ein solches Gebot zu erlassen, ist omnipotenter Souverän. Wir haben es insofern mit strebende Staaten innerhalb derselben Reichsgrenzen zusammen, so ist die unausweichliche Folge der Bürgerkrieg. Musterbeispiel: Mitteleuropa zur Zeit des Dreißigjährigen Krieges.

Normatives Denken durch Zensur

Neue Staatstheorie als Hauptproblem

Das europäische Hauptproblem war damals: Könnte man, ohne zu einer so zweifelhaften Gewaltmaßnahme zu greifen wie später Ludwig XIV. mit der Aufhebung der Toleranzedikte von Nantes, die Bürgerkriege dadurch beenden, daß man den theologisch-politischen Zwang zur Kriegsführung aufhöbe? Diese Frage hat Hobbes im „Leviathan" beantwortet, indem er es für unerläßlich hielt, den Staat wenigstens theoretisch von der Regnum-Christi-Doktrin zu befreien und ihn so zu definieren, wie er an und für sich beschaffen sei. *Einzig Hobbes* hat damals diese Aufgabe bewältigt, obwohl sie noch unlösbar erschien. Ein Rückgriff auf vorchristliche Staatsgeschichte kam nicht mehr in Betracht, da mittlerweile sämtliche uns bekannten, schon während der Antike erprobten Herrschaftsformen christlich umgeformt, dogmatisch verhärtet und von Landeskirchen abgestützt waren.

Der Ansatzpunkt bei Hobbes

Der Ansatzpunkt, aus dem Hobbes seine Staatskonstruktion entwickelte, lag denn auch jenseits aller historischen und zeitgenössischen Staatsbegriffe. Wie einst Aristoteles und wie später Kant, so distanzierte er sich *kritisch* von jeder fremden Leistung, die er auf seinem Arbeitsgebiet fertig vorfand. Im Griechischen heißt „kritikē technē" wörtlich „Beurteilungskunst", worunter man beim Philosophieren die Prüfung versteht, welcher man die Grundlagen insbesondere unserer Erkenntnis und unseres Erkenntnisvermögens unterzieht. So drückt sich die *positive Kritik* in der Fragestellung aus: Wie ist irgend etwas, z. B. der Staat, *überhaupt möglich?* Gemeint ist dann derjenige Staat, der „rein", d. h. ohne Beimischung fremder Elemente, nach seiner Eigengesetzlichkeit darzustellen ist. Die *negative Kritik* richtet sich in solchem Falle gegen jene fremden, die Reinheit der Sache trübenden, sie verfälschenden Einflüsse.

Eben deshalb weist Hobbes eindringlich darauf hin, daß man *folgerichtig* verfahren und dabei das, was man tut, der *Selbstkritik* unterziehen müsse:

Definition der „Wissenschaft"

„Wenn man seine Gedanken in Worte faßt, beginnt man mit einer Definition der Bezeichnungen. Durch die Verbindung verschiedener Bezeichnungen gelangt man zu Behauptungen, und wenn man diese wieder miteinander verknüpft, zu Schlußfolgerungen. Das Ergebnis einer solchen Gedankenfolge sind letzte Schlüsse. Die Kenntnis, die wir darauf gewinnen, ist *jenes abhängige Wissen* — oder das Wissen, wie sich eine Bezeichnung auf die andere gründet —, *welches man als Wissenschaft* bezeichnet. Beginnt eine solche Gedankenfolge aber nicht mit einer Definition und werden die Definitionen nicht in der richtigen Ordnung miteinander verbunden, so kann der letzte Schluß nur wieder eine bloße *Meinung* sein, nämlich die Meinung, daß es sich [scheinbar] um die Wahrheit handle, obwohl die Rede [in solchem Falle] absurd und sinnlos und ganz unverständlich ist."

Deshalb wollte Hobbes ganz von vorn anfangen und für genaue Definitionen sorgen. Denn was alles verstand man damals (und versteht man heute) z. B. unter „Staat", „Christentum", „Monarchie", „Republik", um nur diese paar Beispiele zu nennen! Jedoch, es gab noch andere, ebenso gewichtige Gründe dafür, einen Neubeginn systematischer Welterklärung zu wagen, von welcher die Staatskonstruktion Hobbes', nebst Psychologie, nur einen Teil umfaßt, allerdings einen großen, für die menschliche Existenz besonders wichtigen Teil.

„Jesuanismus" in Europa

Ein derartiger Grund lag darin, daß man sich mit der Regnum-Christi-Politik in eine Dauerkatastrophe hineinmanövriert hatte, aus welcher die Theorie und Praxis des historisch-politischen Christentums schlechterdings keinen Ausweg freigab. Denn *die spezifisch jesuanische Friedensbotschaft*, zu der sich jetzt, aller staats-christlichen Anfeindung zum Trotz, immer mehr Sondergruppen bekannten, konnte insofern keinen Ausweg öffnen, als sie grundsätzliche jede Regnum-Christi-Politik und vor allem deren kriegerische Konsequenz verneinte. Jenes Friedensgebot steht im Zentrum der relativ wenigen Jesus-Worte, die uns von den drei ersten Evangelisten, den sogenannten Synoptikern, aus einer älteren Handschrift, der sog. Logienquelle, wohl authentisch überliefert sind. Da heißt es: „Liebe deine Feinde! Vergilt Böses mit Gutem! Liebe deinen Nächsten wie dich selbst!", wobei der Kommentar, den Jesus gibt, keinen Zweifel läßt, daß mit dem „Nächsten" nicht etwa das Mitglied einer bestimmten, auserwählten Gemeinschaft gemeint ist, sondern jedermann, Freund oder Feind. Das Gebot fordert also unbedingte Menschenliebe oder mit einer Formel z. B. Eduard Sprangers und Albert Schweitzers unbedingte „Ehrfurcht vor dem Leben". Wir brauchen uns nicht erst auf Harnack zu berufen, um darzutun, daß diese Jesus-Botschaft der Regnum-Christi-Doktrin absolut widerspricht.

Nach dem Dreißigjährigen Krieg war, jedenfalls in Deutschland, die jesuanische Friedensbewegung allerdings nicht mehr aufzuhalten, obwohl sie der Unduldsamkeit der Kirchen entgegenlief und an ihr radikale Kritik übte — oder vielmehr, *weil* sie es tat. Seitdem haben Jesuaner, namentlich die Pietisten verschiedener Denomination, in Europa und Nordamerika beharrlich eine christlich-politische Doktrin nach der anderen zerstört und, mit den Aufklärern parallel, jene Humanitätsideale zu Ehren gebracht und vor allem selber verwirklicht, denen wir vorher nur im antiken Hellenismus so grundsätzlich begegnet sind.

Eine *Staatslehre* konnten die Jesuaner aus ihren Voraussetzungen heraus allerdings nicht hervorbringen. Deshalb wäre im 17. Jahrhundert die Jesus-Botschaft kein Ausweg aus der europäischen Katastrophensituation gewesen, auch dann nicht, wenn sie damals schon öffentliches Gewicht gehabt hätte, was aber gar nicht der Fall war. Nur eine vollkommen neue Grundlegung des Staates vermochte einen Ausweg zu öffnen. Eine solche Grundlegung hat Thomas Hobbes konstruiert. Praktische Folge des „Leviathan" war in gewissem Umfang die Staatstheorie der Französischen Revolution von 1789. Aber der „Leviathan" wirkte weiter bis zur Gegenwart, und zwar je länger, desto mehr. Allein die Wirkung blieb nicht aufs staatspolitische Geschehen beschränkt. Sie erstreckt sich, direkt oder indirekt, auf unsere ganze Geistesgeschichte.

Neubeginn der Welterklärung

Der entscheidende Grund dafür war, daß seit der Renaissance und Kopernikus alle großen Denker des 17. Jahrhunderts, deren es ja nur wenige gab, *mit der Welterklärung überhaupt* von vorn beginnen mußten. Die auf das christlich-gnostische Weltbild verpflichtete Scholastik vermochte sich mit Hilfe obrigkeitlicher Gewalt, Zensur und Inquisition zu halten, konnte aber an wissenschaftlicher Vorarbeit diesen Denkern nichts wirklich Brauchbares bieten. Ihr wertvollster Besitz, die Metaphysik des Aristoteles, war von ihr sozusagen aufgebraucht worden und konnte im übrigen ihren philosophischen Gegnern, die sich auf exakte Wissenschaft beriefen, nichts nützen. Nur die aristotelische Logik blieb Gemeineigentum, genügte jedoch neuem Denken nicht mehr.

Formale und funktionale Logik

Aristoteles hatte die formale Logik ausgerichtet auf das, *was ist*. Sie lehrt, wie man aus dem Allgemeinen das Besondere deduziert (ableitet). Vor allem aber hat sie uns die Syllogistik geliefert (gr. syllogismós = Zusammenrechnen).

Syllogistische Tradition

Der Syllogismós ist also eine logische Prozedur, für die unabänderliche Gesetze bestehen. Hören wir Aristoteles selbst: „Wenn sich drei Begriffe zueinander so verhalten, daß der letzte in dem mittleren als ganzem ist und der mittlere in dem ersten als ganzem entweder ist oder nicht ist, dann ergibt sich notwendig für die Außenbegriffe ein vollkommener Syllogismós." Das übliche Schulbeispiel lautet: Jeder Mensch ist sterblich; Cajus ist ein Mensch; also ist Cajus sterblich. Ein anderes Beispiel: Alle Zahlen, deren Quersumme durch 9 teilbar ist, sind selbst durch 9 teilbar. Die Quersumme von 37.188 ergibt 27, sie ist durch 9 teilbar; also ist 37.188 durch 9 teilbar. In jedem Fall haben wir es mit zwei Urteilen und einer Schlußfolgerung zu tun. Die beiden Urteile heißen Prämissen (Voraussetzungen), der Schlußsatz heißt Konklusion. Damit der Schluß möglich wird, müssen beide Prämissen einen Begriff gemeinsam haben, in unserem Schulbeispiel also den Begriff „Mensch"; er ist der „Mittelbegriff", die beiden anderen Begriffe heißen „Außenbegriffe" („sterblich" — „Cajus"). Dazu nochmals Aristoteles: „Wenn A von jedem B und B von jedem C ausgesagt wird, muß A von jedem C ausgesagt werden." Statt A setzen wir „sterblich" ein, statt B „Mensch", statt C „Cajus" oder sonst einen Namen. Wir haben also vom Allgemeinen aufs Besondere geschlossen — von „jedem Menschen" auf einen Einzelmenschen.

Kritik der Syllogistik

Aus den Beispielen ziehen wir folgende Lehre: Der aristotelische Syllogismus ergibt zwar bei richtigen Prämissen einen richtigen Schluß vom Allgemeinen auf das Besondere, aber nur hinsichtlich dessen, was schon begrifflich festgelegt ist. Das richtige Verhältnis wird von Begriff zu Begriff hergestellt. Einem Bewegungsvorgang ist diese Logik nicht angemessen. Vielmehr bezieht sie sich auf ein *Sein*, das mindestens in dem Augenblick, da ich es begrifflich erkenne, sich nicht mehr verändert. Will ich Schlußfolgerungen über einen Bewegungsvorgang anstellen, der sich vor meinen Augen abspielt, dann muß ich entweder warten, bis er fertig ist, oder ihn in Einzelphasen zerlegen mittels eines Maßstabes und jeweils bei jeder Markierung ihn so beurteilen, als ob er dort stillstünde. Habe ich es trotzdem auf den *Vorgang der Bewegung* abgesehen, so versagt diese Logik, weil ihr begriffliches Material nicht ausreicht, und ich muß mir zusätzlich zum Begriff den Bewegungsablauf mit Hilfe meiner Imaginationskraft selbst vorstellen und mit inneren Augen anschauen. Das ist wohl der größte Nachteil der formalen Logik. — Begriffe von Bewegung hat Aristoteles in seiner Metaphysik untergebracht, z. B. den Entelechiebegriff. Darum ist für die Scholastik die Metaphysik besonders wichtig geworden. Aber mit der Metaphysik gerate ich in ein Welterklärungssystem, das mir für den praktischen Bedarf wenig hilft.

Selbstverständlich benötigen wir die formale Logik wie das tägliche Brot. Die Frage ist aber, ob es nicht noch andere Verfahren gibt, die das leisten, was wir vorhin vermißt haben. Freilich gibt es sie. Vor allem eines dieser logischen Verfahren haben die großen Denker im 17. Jahrhundert aufgespürt und damit die Scholastik überboten. Meisterhaft verstand Hobbes, es anzuwenden. Es handelt sich um die euklidische Methode aus dessen Elementargeometrie. Sie ermöglicht uns, von einem Ansatzpunkt her einen Gegenstand und gleichzeitig dessen Begriff in der Weise zu konstruieren, daß (1.) in diesem Begriff der *Bewegungsvorgang* enthalten ist — Musterbeispiel: Herstellung einer „geraden Strecke" —, und daß (2.) dieser Begriff, weil er notwendig eine bestimmte

„Geometrische Methode"

Funktion betrifft, nicht beliebig mit jedem anderen Begriff syllogistisch kombiniert werden kann, ohne daß man den Fehler merkt. Allerdings handelt es sich in der Regel um zusammengesetzte Begriffe, die schon dadurch einen höheren Grad von Genauigkeit haben als einfache Begriffe.

Methodologie der Staatskonstruktion

Mechanismus und Funktionalismus

Aber nicht von ungefähr kam dieses Denkverfahren damals wieder in unsere Geistesgeschichte hinein, sondern zugleich mit der relativ neuen naturwissenschaftlichen Betrachtungsweise und dem Verlangen nach einer exakt-mechanistischen Welterklärung. Die großen Denker waren Forscher, die ihre Aufmerksamkeit auf die empirische Realität richteten, nachdem diese länger als ein Jahrtausend insofern verneint, geleugnet worden war, als ihr keine Eigengesetzlichkeit zugebilligt wurde. Zum physikalischen Weltbild gehört, wie wir immer wieder betonten, außer der anorganischen auch die organische Natur mit allen ihren Leistungen, also auch der Mensch mit seiner kulturellen Eigenwelt, also auch der Staat. Kenntnis von sämtlichen Objekten unseres Bewußtseins erhalten wir mittels unserer Sinnesorgane oder auch durch Lektüre. Da fällt uns als erstes auf, wie schon dem Heraklit, daß alles einem unaufhörlichen Wechsel unterworfen ist, einem fortwährenden Wandel, Werden und Vergehen. Auch wir wandeln uns; tempora mutantur et nos mutamur in illis: Die Zeiten verändern sich und wir uns in ihnen.

Die Wendung zur Anthropologie!

Infolgedessen brauchen wir, um die natürlichen Funktionsgesetze zu erkennen, *„den festen Punkt in der Erscheinungen Flucht“*. Er muß dann unser Ausgangspunkt sein. Hobbes, Descartes, Spinoza: Jeder hat einen anderen Zentralpunkt in seinem System, jeder hat den seinigen anders hergeleitet und begründet. Hobbes gelangte zu demjenigen des „Leviathan“ nicht zuletzt dadurch, daß er über seine Lebenserfahrung nachsann, gefördert und bestätigt von *Thukydides,* dem Begründer und Altmeister der kritisch-realistischen Geschichtsschreibung. Dessen Geschichte des Peloponnesischen Kriegs hatte Hobbes als junger Mann ins Englische übersetzt. Thukydides gab einen Erfahrungsbericht, verfaßt vom Standpunkt „sophistischer“, nämlich naturforschender Betrachtungsweise und mußte schon damals dieselbe Tendenz zur totalen Vernichtung jedes Gegners verzeichnen, die zwei Jahrtausende später im 17. Jahrhundert einen Höhepunkt erreichte. Um ihren Ursprung aufzudecken, analysierte er jene natürliche Eigenart des Menschen, die sich im Willen zur Macht äußert, und zwar nicht um der bloßen Macht willen, sondern um jeweils die eigene Existenz zu erhalten und zu behaupten: Je mehr Macht, desto leichter die Selbstbehauptung. Im Streben nach verschiedenen Formen der Macht bis hinauf zu den feinsten, ganz vergeistigten, offenbart sich der biologische Selbsterhaltungstrieb. Auch wenn Einzelmenschen sich zu Kampfgruppen, Lebensgemeinschaften zusammenschließen, so zerfällt jedes Kollektiv doch wieder, wenn es sich nicht als Ganzes zu behaupten vermag. Im übrigen aber handelt es als großes, aus vielen Einzelmenschen zusammengesetztes Individuum nicht anders als jeder einzelne. Insofern gelten für natürliche wie für juristische Personen dieselben Regeln oder Naturgesetze, vor allem das „Recht des Stärkeren“, das Eroberer-recht. Das Wunschziel ist immer, ob bewußt oder unbewußt, die *totale Macht.* Diese kann nur *einem* zufallen, aber *alle* erstreben sie. Die Folge muß ein permanenter Kriegszustand sein, ein andauernder Kampf ums Dasein, bis sich herausgestellt hat, wer der Stärkste ist und dieser die Gesetze gibt, wonach die anderen sich richten müssen, wie auch immer diese Gesetze beschaffen sein mögen. — Als Gewährsmann führen wir *Machiavelli* an, der um 1500

Wille zur Macht als Hauptfaktor

in dem von permanenten Bürgerkriegen zerrütteten Italien seine objektiven Beobachtungen machte, zu denselben Urteilen kam und nicht allein dem Cesare Borgia, sondern jedem Machtpolitiker bekanntgab, wie im Hinblick auf derartige Funktionsgesetze die Brüderkriege zu beenden wären und Italien in einem Staat zu vereinigen sei.

Bahnbrechend neue Anwendung der „geometrischen Methode"

Hobbes begnügte sich damit nicht. Von einem Punkt aus, den er als Postulat der natürlichen Vernunft aufstellte, konstruierte er den Staat so, wie dieser an und für sich sein müsse, um der Denkforderung zu genügen. Was die Konstruktion einzigartig macht, ist zunächst das Verfahren: Zum erstenmal wurde die *geometrische Methode auf die Geisteswissenschaften übertragen* und damit zugleich eine mechanistische Welterklärung beispielgebend vorgeführt.

Wir beginnen bei seinem Grundprinzip. *Aus diesem einen Punkte können wir folgerichtig das Ganze hervorgehen lassen, mittels der Bewegung.* Wir zeichnen aber keine Figur, obwohl wir in diesem und jedem gleichen Falle durchaus das, was wir uns vornehmen, durch geometrische Schemata erläutern könnten. Entscheidend ist die *Gedankenbewegung.* Sie ist zwar, wie Hobbes sagt, „gesteuert", aber nicht willkürlich, sondern korrekt aus der grundsätzlichen Denkforderung hergeleitet, wie z. B. die gerade Linie von einem Punkt zum nächsten, falls verlangt wird, zwischen beiden Punkten die kürzeste Verbindung herzustellen. Nicht anders verhält es sich beim konstruktiv-geisteswissenschaftlichen Vorgehen. Der Gedankengang ist vorausbestimmt durch das Postulat, und er hat sein Ziel erreicht, wenn die geforderte Konstruktion ausgeführt ist. Insofern enthält das Postulat zugleich mit der Ursache meines Gedankengangs auch dessen Ziel, wie jeder von uns weiß, sobald er an seine Schulaufgaben in Algebra, analytischer Geometrie, sphärischer Trigonometrie zurückdenkt. Trotzdem muß vom Ausgangspunkt zum Endpunkt die konstruktive Bewegung erfolgen.

Hinsichtlich der Staatskonstruktion muß unserem Gedankengang diese Konstruktion nicht nur entsprechen, sondern sie muß mit ihm *identisch* sein, da jeweils *dieselbe Bewegung sowohl Wirklichkeit als auch deren Begriff zugleich erzeugt.* Wir werden bei unserem Vorgehen geleitet durch die natürliche Vernunft. Genau gesagt, stellt sie selbst sich gleichzeitig dar als Gedankengang, Wirklichkeit und Begriff, und da es sich um einen auf Prinzipien und deren Zusammenhang reduzierten *Naturvorgang* handelt, *so ist er mit der Gedankenbewegung identisch.* Umgekehrt ist mein *Gedankengang identisch mit dem Naturgeschehen,* sofern es sich als konstruktiver Kausalzusammenhang darstellt. Statt Naturgeschehen sagen wir spezifisch: *Kulturgeschehen.*

Vernunftdenken als Naturvorgang

Hören wir nun Hobbes selbst: „Von der Natur her wenden alle Menschen ihren Verstand in ähnlicher Weise und richtig an. Sie müssen nur von richtigen Grundlagen ausgehen. Begeht man in der Geometrie einen Fehler und wird darauf hingewiesen, so wäre es sehr töricht, wenn man bei seinem Fehler beharren wollte... Es ist nun ganz deutlich geworden, daß die Vernunft weder wie die Empfindung und das Gedächtnis von Geburt her in uns liegt noch wie die Klugheit durch bloße Erfahrung gewonnen werden kann. Sie muß vielmehr durch Fleiß errungen werden. Und man muß zuerst den Dingen die richtigen Bezeichnungen verleihen und dann zu einer guten und klaren Methode gelangen. Die Bezeichnungen als die Grundlagen der Beweisführung müssen miteinander verbunden werden zu Feststellungen, und von dort aus muß man weiterschreiten zu den Schlüssen, die man aus den Verbindungen der Feststellungen erhält, bis hin zu der Kenntnis aller der sich aus den Bezeichnungen ergebenden Schlußfolgerungen. Dies ist das Verfahren der Wissenschaft. Die Empfindung und die Erinnerung beschäftigen sich nur mit Tatsachen, mit Dingen also, die vergangen und unwiederbringlich sind. Die Wissenschaft aber ist die Kenntnis von den Folgen und von der gegenseitigen Abhängigkeit der einzelnen Tatsachen ... Wer in Unkenntnis aller Wissenschaft lebt, handelt kraft seiner natürlichen Klugheit besser und edler als diejenigen, die entweder selbst falsche Schlüsse ziehen oder den falschen Schlüssen anderer vertrauen und sich so falschen und widersinnigen Regeln unterwerfen ... Das Wissen um die Zusammenhänge ... bezeichnen wir als Wissenschaft; es ist ein abhängiges Wissen: *Wenn wir einen Kreis vor uns haben, folgern wir, daß jede durch seinen Mittelpunkt verlaufende Gerade ihn in zwei gleich große Teile zerlegen wird. Es ist das Wissen, welches man von einem Philosophen verlangt* ... Das Licht des Geistes scheint mir das klare Wort zu sein. Es muß mit Hilfe der Definition gereinigt sein von aller Zweideutigkeit und darf ihr auch nicht mehr zugänglich sein. Die *Vernunft* ist der *Schrittmacher*, die *Wissenschaft* der *Weg*, und das *Ziel* ist *das Wohl der Menschheit.*"

Vorwegnahme moderner Strukturtheorien

„Das Wohl der Menschheit" als Zielvorstellung

Die Lehre vom „Naturzustand"

Das Wohl der Menschheit ist aber nicht nur Ziel, sondern auch Ursache oder eben Ausgangspunkt der gesamten Konstruktion. Deren Postulat als Forderung natürlicher Vernunft lautet: *Herzustellen ist vom Einzelmenschen bis zum fertigen Staat eine Institution, welche der menschlichen Gattung das Leben garantiert.* Das genügt. Alles Weitere muß sich daraus mit Naturnotwendigkeit ergeben.

Zentralaufgabe

Zentralbegriff ist *das Leben*, das um seiner selbst willen zu erhalten ist. Der Einzelmensch handelt deshalb vollkommen richtig, wenn er seine Existenz mit allen Kräften behauptet. Hobbes sagt: *„Die Menschen sind von Natur aus gleich,* sowohl in ihren körperlichen als auch in den geistigen Anlagen. Es mag wohl jemand erwiesenermaßen stärker sein als ein anderer oder schneller in seinen Gedankengängen, wenn man jedoch alles zusammen bedenkt, so ist der Unterschied zwischen den einzelnen Menschen nicht so erheblich, daß irgend jemand Veranlassung hätte, sich daraus einen Anspruch herzuleiten, den ein anderer nicht mit demselben Recht geltend machen könnte ... Dieser *Gleichheit der Fähigkeiten* entspringen die gleichen Hoffnungen, ein Ziel zu erreichen. So werden zwei Menschen zu Feinden, wenn beide zu erlangen versuchen, was nur einem von ihnen zukommen kann. Um ihr Ziel zu erreichen — welches fast immer ihrer Selbsterhaltung dient, nur selten allein der größeren Befriedigung ihrer Bedürfnisse —, trachten sie danach, den anderen zu vernichten oder ihn sich untertan zu machen ... Die Folge dieses gegenseitigen Argwohns ist, daß sich ein jeder um seiner Sicherheit willen bemüht, dem andern zuvorzukommen ... Das Zusammenleben ist den Menschen also kein Vergnügen, sondern schafft ihnen im Gegenteil viel Kummer ... Ein jeder ist darauf bedacht, daß die andern ihn genauso schätzen, wie er sich selbst einschätzt. Auf jedes Zeichen der Verachtung oder Geringschätzung ist er daher bestrebt, sich höhere Achtung zu erzwingen ... So sehen wir drei Hauptursachen des Streites in der menschlichen Natur begründet: Wettstreben, Argwohn und Ruhmsucht. Dem Wettstreben geht es um Gewinn, dem Argwohn um Sicherheit, der Ruhmsucht um Ansehen."

Natürliche Gleichheit aller Menschen als Hauptfaktor

„Und hieraus folgt, daß Krieg herrscht, solange die Menschen miteinander leben ohne eine oberste Gewalt, die in der Lage ist, die Ordnung zu bewahren. Und es ist ein Krieg, den jeder einzelne gegen jeden führt [das bellum omnium contra omnes, der Krieg aller gegen alle]. Der Krieg zeigt sich nämlich nicht nur in der Schlacht oder in kriegerischen Auseinandersetzungen. Es kann vielmehr eine ganze Zeitspanne, in der die Absicht, Gewalt anzuwenden, unver-

Krieg aller gegen alle im Urzustand

hüllt ist, ebenso Krieg sein ... Was immer die Folgen eines Krieges sein mögen, in dem jeder des andern Feind ist [homo homini lupus = einer des andern Wolf], die gleichen Folgen werden auftreten, wenn Menschen in keiner anderen Sicherheit leben als in der, die ihr eigener Körper und Verstand ihnen verschafft. In einem solchen Zustand gibt es keinen Fleiß, denn seine Früchte werden ungewiß sein, keine Bebauung des Bodens, keine Schiffahrt, keinerlei Einfuhr von überseeischen Gütern, kein behagliches Heim, keine Fahrzeuge zur Beförderung schwerer Lasten, keine geographischen Kenntnisse, keine Zeitrechnung, keine Künste, keine Literatur, keine Gesellschaft. Statt dessen: ständige Furcht und die drohende Gefahr eines gewaltsamen Todes. Das Leben der Menschen: einsam, arm, kümmerlich, roh und kurz." (Damals, zur Zeit Hobbes', aktuelles Musterbeispiel: Deutschland in und nach dem Dreißigjährigen Krieg.)

Existenzangst als Triebkraft

„Man mag vielleicht denken, daß es diesen Zustand des Krieges aller gegen alle niemals gegeben habe. Auch ich glaube, daß er niemals in der ganzen Welt zugleich in dieser Weise geherrscht hat, sicher aber immer in einigen Gegenden ... Und wenn es nie eine Zeit gegeben haben sollte, in der jeder des andern Feind gewesen ist, *so leben doch die Könige und alle souveränen Machthaber aus Furcht* vor dem Verlust ihrer Unabhängigkeit in unaufhörlichem Argwohn und in Stellung und Haltung wie Gladiatoren; ihre Waffen sind gezückt, und einer belauert den andern durch Festungen, Heere und Geschütze an den Grenzen, durch Spione im Innern. Es herrscht also Krieg ... Wenn ein jeder gegen jeden Krieg führt, so kann auch nichts als unerlaubt gelten. Für die Begriffe Recht und Unrecht, Gerechtigkeit und Ungerechtigkeit bleibt kein Raum. Wo es keine Herrschaft gibt, gibt es auch kein Gesetz. Wo es kein Gesetz gibt, kann es auch kein Unrecht geben. List und Gewalt sind die einzigen Tugenden ... Aus demselben Grunde gibt es auch keinen Besitz, kein Eigentum, überhaupt keine Vorstellung von *mein* und *dein*. Vielmehr kann sich jeder alles aneignen und kann es so lange für sich behalten, wie er in der Lage ist, es zu sichern ... Doch klagen wir nicht die Natur des Menschen an sich an. Die Triebe und Leidenschaften des Menschen sind in sich selbst nicht Sünde. Und auch seine triebhaften Handlungen sind es nicht, solange kein Gesetz sie verbietet ... So hat denn in solcher Lage jeder ein *Naturrecht* [ius naturale] auf alles, sogar auf das Leben seiner Mitmenschen."

Private und allgemeine Vernunft

„Jeder wird nur von seiner *privaten Vernunft* geleitet, und es gibt nichts, was einem nicht dabei helfen könnte, sein Leben vor seinen Feinden zu schützen ... Als eine Vorschrift oder allgemeine Regel der Vernunft hat daher zu gelten: Jeder Mensch suche Frieden, solange er hoffen kann, dieses Ziel zu erreichen, und nehme allen Vorteil und Nutzen eines Krieges wahr, wenn er zu keinem Frieden gelangen kann. Die erste Hälfte dieser Regel ist *das erste und wichtigste Naturgesetz: Suche Frieden und bewahre ihn.*"

Sozialethik als Staatsgrundlage

Den Krieg aller gegen alle nennt Hobbes „den Naturzustand". Es leuchtet ein, daß *dieser Naturzustand* niemals *der Vernunft genügen kann, die auf das Leben der ganzen Menschheit, auf die Erhaltung der menschlichen Gattung gerichtet ist. Vielmehr ist die Gattung aufs höchste bedroht, sie steht in Gefahr, durch Selbstvernichtung ausgelöscht zu werden.* Die Gefahr hält an, solange jeder Einzelmensch nur sein eigenes Leben behaupten will. Zwar folgt er damit nur der Natur, die ihm die Pflicht auferlegt und somit das Recht gegeben hat, sein Leben um jeden Preis zu erhalten. Jedoch Pflicht und Recht, in dieser primitiven Weise nur individuell gehandhabt, verfälschen den Zweck tatsächlich in dessen Gegenteil, und *der allgemeine Kampf ums Dasein zerstört das Dasein überhaupt.* Die Ursache dafür ist, daß der Einzelmensch nur sich selbst und sein individuelles Leben im Bewußtsein hat, anstatt zu erkennen, daß die Menschheit auf dem Spiele steht. Folglich muß ihm die natürliche Vernunft bewußt machen, worum es geht. Die grundsätzliche, *naturbedingte Gleichheit aller ist zugleich Voraussetzung dafür, daß jeder im andern den Bruder erkennt, dem er nur deshalb entfremdet war, weil alle miteinander noch nicht begriffen hatten,* daß sie körperlich, geistig und hinsichtlich ihrer *Lebensaufgabe gleich sind,* also auch ihre Ansichten übereinstimmen. *In dem Augenblick, da ihnen die natürliche Vernunft diese allgemeine Gleichheit bewußt werden läßt, fassen sie gemeinsam den Entschluß, der auf einmal den Naturzustand beendet: Sie begründen den allgemeinen, totalen Frieden.* Dazu allerdings gehört *ein besonderer Willensakt: Er steht am Anfang des Staats.*

Überwindung des Naturzustands als Lebensnotwendigkeit und Vernunftgebot durch „Naturgesetze"

Hobbes: „Auf das erste und grundlegende Naturgesetz, welches den Menschen befiehlt, nach Frieden zu streben, gründet sich *das zweite: Zur Erhaltung des Friedens und zu ihrer eigenen Verteidigung sollen alle Menschen ... bereit sein, ihrem Recht* [dem Naturrecht auf individuelle Selbstbehauptung] *auf alles zu verzichten und sich mit dem Maß an Freiheit begnügen, das sie bei ihren Mitmenschen dulden.* Denn solange ein jeder auf seinem Recht beharrt, alles zu tun, was er will, wird der Kriegszustand andauern ... Schon die Bibel lehrt: *Was ihr wollt, daß euch die Leute tun sollen, das sollt auch ihr ihnen tun*" [Matth. 7, 12, ein wohl authentisches Jesus-Wort]. „Irgendeinem Recht *entsagen* heißt, sich selbst *der Freiheit berauben,* kraft dieses Rechtes einen andern an der Ausübung desselben Rechtes zu hindern." (Also: *gleiches Recht für alle!*)

Friedenskonvention und Vertragstreue als Basis des Rechtsstaates

„Sich gegenseitig Rechte übertragen nennt man: einen *Vertrag* schließen ... Im reinen Naturzustand, in dem Zustand des Krieges aller gegen alle, wird ein Abkommen, das nur über zukünftige Vertragsleistungen bestimmt, dann nichtig, wenn irgendein begründeter Verdacht entsteht, eine der beiden Parteien werde seiner Verpflichtung nicht nachkommen. Gibt es aber eine beiden Teilen übergeordnete Macht, die das Recht hat und stark genug ist, die Partner zu der Erfüllung des Vertrages zu zwingen, so kann der Vertrag nicht nichtig werden ... Aus jenem natürlichen Gesetz, das uns zwingt, *auf solche Rechte zu verzichten, die dem Frieden der Menschheit hinderlich wären,* wenn wir sie für uns in Anspruch nähmen, folgt ein *drittes,* nämlich: *Versprechen müssen erfüllt werden* ... In diesem *Naturgesetz* liegt alle *Gerechtigkeit* begründet ... *Ungerechtigkeit* bedeutet nichts anderes als die *Nichterfüllung eines Vertrages.*" [Diese Bestimmung, die sich aus der Definition des vertragsbegründenden Geschehens ergibt, schließt ethisch-sozial jede Willkür aus und ist ein Fundament des *Rechtsstaates!*] *„Einige Menschen meinen allerdings, Naturgesetze* seien nicht diejenigen Regeln, welche *der Erhaltung des Menschenlebens hier auf Erden* gelten, sondern nur solche, die uns den Weg weisen zur ewigen Glückseligkeit *nach dem Tode.* Hierzu aber, so meinen sie, diene zuweilen auch ein Vertragsbruch, denn in diesem Falle sei er gerecht und mit der Vernunft zu vereinbaren; jene Menschen glauben auch, daß ein Mord verdienstvoll sei und daß man die souveräne Macht, die man doch selbst geschaffen und der man sich freiwillig unterworfen hatte, ruhig absetzen oder sich gegen sie erheben dürfe." (Hobbes zielt auf die politisch-christliche Moral seiner Zeit!)

„Das *vierte* natürliche Gesetz lautet: *Wer durch eines andern Wohlwollen eine Wohltat empfängt, muß bestrebt sein, seinem Wohltäter keinen wirklichen Grund zur Reue zu geben* ... Das *fünfte* natürliche Gesetz verlangt *Gefälligkeit;* es besagt, *daß jeder Mensch versuchen soll, sich den anderen*

Gegenseitige Rücksichtnahme

anzupassen ... Das *sechste* natürliche Gesetz lautet: Bereut jemand eine Beleidigung und bittet um Vergebung, so soll sie ihm gewährt werden, wenn er sich verbürgt, daß er ähnliche Taten in Zukunft nicht wieder begehen werde. *Mit der Vergebung stellt man den Frieden wieder her.* Verzeiht man dem anderen nicht, obwohl einem eine Bürgschaft für die Zukunft gegeben ist, so verrät man, daß man den Frieden nicht wünscht und handelt folglich gegen das [grundlegende erste] Naturgesetz ... Das *siebente* natürliche Gesetz be-

Vergebung statt Rache

stimmt: *Rache, nämlich die Vergeltung eines Übels durch ein neues Übel, darf sich nicht nach der Art des Vergehens richten, sondern muß gemünzt sein auf ein neues Wohl* ... Dieses Gebot gründet sich auf das vorhergehende, welches uns gebietet, Verzeihung zu üben, wenn wir gegen ein ähnliches Verhalten für die Zukunft gesichert sind." (Dieses Naturgesetz widerspricht, indem es Rechtssicherheit fordert, der alttestamentlich-christlichen Strafjustiz und deren assyrischem Vergeltungsprinzip, insbesondere aber dem Inquisi-

Toleranz

tionsprozeß.) „Das *achte* Naturgesetz fordert: *Niemand darf einem anderen durch Wort oder Tat, durch sein Benehmen oder eine Geste seinen Haß oder seine Verachtung bezeugen.*" (Dies ist wiederum vor allem gegen die eigens geforderte Intoleranz gerichtet, wozu nicht nur der bekannte Judenhaß gehört, sondern der zum Gottesgebot ausgerufene Haß auf jeden jeweils Andersgläubigen oder sog. Ungläubigen überhaupt.)

„Ich weiß wohl", sagt Hobbes, „daß Aristoteles in der Politeia, seiner Staatslehre, die Unterscheidung der Menschen in mehr oder weniger zum Befehlen geeignete zugrunde legt." Demgegenüber wiederholt er sein Naturgesetz der allgemeingültigen Gleichheit: „Sind die Menschen aber von der Natur gleich geschaffen worden, dann müssen sie diese Gleichheit auch anerkennen ... Daher

Humanitätsprinzip

lautet das *neunte* Naturgesetz: *Ein jeder soll den Nächsten als seinesgleichen anerkennen.*" [Dieses Naturgesetz mußte sowohl den Ständestaat entkräften als auch den dogmatisch gesetzten Unterschied zwischen Rechtgläubigen und Falschgläubigen".] „Auf diesem Gesetz beruht noch ein anderes: *Im*

Gleichberechtigung

Zustand des Friedens darf niemand sich selbst ein Recht vorbehalten, das er nicht auch jedem anderen zubilligen will ... Als ein Naturgesetz gilt ferner, daß *derjenige, den man im guten Vertrauen zum Richter einsetzt, nach dem Prinzip der Gleichheit richte.* Im andern Fall könnte nur ein Krieg die Streitigkeiten unter den Menschen entscheiden." (Dasselbe Naturgesetz bedingt also auch die übernationale Rechtsgleichheit und einen übernationalen Gerichtshof sowie als dessen Voraussetzung ein international gültiges Völkerrecht.)

Ansatz zum Sozialeigentum

Das Naturgesetz der allgemeinen Gleichheit führt ferner dazu, *„daß unteilbare Gegenstände möglichst allen gemeinsam zukommen sollen, und zwar, wenn kein Mangel herrscht, ohne alle Beschränkung, sonst aber einem jeden zu gleichem Anteil entsprechend der vorhandenen Menge.*" [Daraus ließe sich, nebenbei bemerkt, ein moderner Sozialstaat herleiten, oder ein Kommunismus. oder auch das Bezugscheinsystem.] Als Naturgesetze gelten ferner: *„Allen Friedensmittlern werde freies Geleit zugesichert. In Streitfällen unterstelle man sein Recht dem Urteil eines Schiedsrichters.*"

„Gut" und „Böse" als psychologisches Problem

„Die *Naturgesetze sind unabänderlich und ewig* ... Niemals nämlich kann der Krieg zur Erhaltung des Lebens dienen, und niemals der Friede zur Zerstörung des Lebens ... Die Wissenschaft von den Naturgesetzen ist die wahre und einzige *Moralphilosophie.* Die Moralphilosophie ist nichts anderes als die Lehre von *Gut und Böse im menschlichen Zusammenleben.* Gut und Böse *sind die durch Temperament, Brauch und Lehre im Einzelfall unterschiedlichen menschlichen Neigungen und Abneigungen* ... Schwankt doch sogar ein einzelner in seinen Ansichten und lobt und hält heute für gut, was er morgen verachtet und böse schimpft. Hier aber liegt die Ursache für Streit, Zwistigkeit und zuletzt Krieg. Solange also über Gut und Böse die Begierden des Einzelmenschen entscheiden, befindet sich der Mensch im reinen Naturzustand, d. h. im Zustand des Krieges. Der Friede wird von allen Menschen als ein *Gut* angesehen. *Folglich muß jeder Weg, der zum Frieden führt, und müssen alle Mittel, die dazu dienen, als etwas Gutes betrachtet werden.* Es sind dies: Gerechtigkeit, Dankbarkeit, Bescheidenheit, Billigkeit [im Sinn von Rechtsgleichheit, Rechtssicherheit], Gnade und alle anderen *Naturgesetze.* Es sind die *sittlichen Tugenden,* und ihr Gegenteil sind *die Laster, das Böse.* Die Moralphilosophie ist die Lehre von den Tugenden und Lastern. Die wahre Lehre von den natürlichen Gesetzen ist deshalb die wahre Moralphilosophie." (Der Grundsatz „natürlicher Moral" widerspricht streng religiöser Morallehre insofern, als hier ja die Geistlichkeit unter Berufung auf göttliche Offenbarung bestimmt, was als gut und böse zu gelten hat. *Nach Hobbes hingegen trägt jeder Mensch von Natur aus das Sittengesetz in sich, das später Kant gleichsinnig mit Hobbes als „kategorischen Imperativ" formuliert hat.)*

Friedensforschung durch Verhaltenswissenschaft!

„Natürliche Moral"

Hobbes: „Die letzte Ursache und der Hauptzweck des Zusammenlebens der Menschen in einem Staat und folglich auch der damit verbundenen Selbstverpflichtung, ... sind sein Selbsterhaltungstrieb und sein Wunsch nach einem gesicherten Leben. Damit ist gemeint: der Wunsch, jenem elenden Zustand des Kriegs aller gegen alle zu entrinnen, der ... unweigerlich eintritt, wenn der Mensch allein seinen Trieben folgt, d. h. wenn keine sichtbare Gewalt da ist, die ihn in Zucht hält ... Denn jene Naturgesetze — Gerechtigkeit, Gleichheit, Bescheidenheit, Barmherzigkeit, kurz alles, was in dem Satz zusammengefaßt werden könnte: Handle deinem Mitmenschen gegenüber so, wie du wünschest, daß auch an dir gehandelt werde — laufen unseren natürlichen Trieben zuwider." Hobbes meint folgendes: Unser natürlicher Selbsterhaltungstrieb gibt jedem Individuum das *„Naturrecht"*, seine private Existenz mit allen Mitteln zu erhalten und zu behaupten; denn selbstverständlich, und ausdrücklich gesagt, sind sämtliche Triebe von Natur gegeben und deshalb weder gut noch böse, sondern eben eine Naturtatsache. Jedoch, weil der Selbsterhaltungstrieb hier nur individuell wirkt, erweist er im Ganzen sich als schädlich. (Dieselbe Überlegung hatte einst in der Gnosis und vor allem im Neuplatonismus dazu geführt, daß man die bloße Individuation als Sünde ansah: Während die göttliche Lebenskraft, so urteilte man, die Gesamtheit aller Lebewesen zu einer Einheit zusammenschließen will, löst sich der Einzelmensch infolge seines Anspruchs auf Willensfreiheit aus diesem Zusammenhang heraus, pocht auf seine Individuation und stellt sich eigenmächtig dem Ganzen entgegen. Demnach wäre die Willensfreiheit gleichbedeutend mit der Ursünde.) Vom „Naturrecht" des Einzelmenschen unterscheidet Hobbes die *„Naturgesetzlichkeit"*, welche der Menschheit zugute kommt. *Also ist das Natur-Recht dem höheren Naturgesetz untergeordnet, und somit auch jeder Naturtrieb der höheren Naturmoral.*

Individuum und Gemeinschaft

Naturrecht und Naturgesetzlichkeit

Die Lehre vom „Urvertrag"

Wie schon bei Demokrit und Epikur, liegt auch bei Hobbes die *mechanistische Welterklärung* seiner *Ethik* zugrunde, derzufolge jeder Einzelmensch *selbst verantwortlich* ist. Entscheidend kommt es darauf an, daß der Einzelmensch die höhere Notwendigkeit des natürlichen Sittengesetzes erkennt, und zwar als ein Gebot der *natürlichen Vernunft.* Denn was den staatsbildenden Tieren der ihnen eingeborene Instinkt sagt, das muß der Mensch erst aus Erfahrung lernen mit Hilfe der Vernunft. „Das Zusammenleben dieser Tiere ist von Natur her in ihnen angelegt; dasjenige der Menschen jedoch ist nur *Vertragswerk* und daher *ein künstliches Werk*, nämlich ein Erzeugnis dessen, was griechisch ‚mēchaniké téchnē' heißt: ein großes ‚Kunstwerk' oder ein mit demselben Ausdruck bezeichneter ‚Mechanismus'." Also stellt der Staat sich selbst dar als Anordnung seiner Konstruktionsteile zu einem Ganzen, so daß dank sämtlicher aufeinander abgestimmter Funktionsgesetze ein planmäßiges und natürlich-zweckhaftes Geschehen sich vollzieht. Insofern ist jeder natürliche Organismus, z. B. der menschliche Körper, ein solcher „Mechanismus", dessen Funktionen sich nach Naturgesetzen etwa der Physik, Chemie, Biochemie, Physiologie, Anatomie, Psychologie richten. Nur finden wir derartige Organismen einschließlich unseres eigenen Körpers schon fertig vor, indes wir den Staat selbst konstruieren müssen: *Der Staat ist uns als Naturaufgabe gestellt. In diesem Sinne bezeichnete Hobbes den richtig konstruierten Staat als „machina"*. Wir dürfen deshalb, dem damaligen Sprachgebrauch zufolge, das Wort „machina" heutzutage *nicht* mit „Maschine" übersetzen! Denn *heutzutage* verstehen wir unter „Maschine" etwas anderes, als was man noch im 17./18. Jahrhundert „machina" nannte. Besser wäre wohl die Übersetzung: *„Kunstwerk aus beweglichen Teilen"*, und verständlich nach etwa den Gesichtspunkten, nach denen bei uns jeder Medizinstudent die *„funktionelle Anatomie"* erlernen und beherrschen muß. *Statt „Mechanismus" also „Funktionalismus"!*

Staat als Kunstwerk

Staatsbildung

Nun der für Hobbes grundlegende wichtige Vorgang, durch den es zum Staat, zur „machina machinarum", kommt: „Die einzige Möglichkeit, eine Gewalt zu schaffen, die in der Lage ist, die Menschen ... friedlich für ihren Unterhalt sorgen zu lassen, liegt darin, daß alle Macht einem einzigen übertragen wird oder aber einer Versammlung, *in welcher durch Abstimmung der Wille aller zu einem gemeinsamen Willen vereinigt wird.* So wird praktisch *ein einziger oder eine Versammlung* [Monarch oder Parlament] *zum Vertreter aller ernannt, und jeder einzelne gewinnt auf diese Weise das Gefühl, daß er selber teil hat an jeder nur erdenklichen Handlung oder Vorschrift desjenigen, der an seiner Stelle steht.*" Nach diesem Grundsatz ist sowohl eine vom Volk ausgehende Monarchie herzuleiten als auch eine „repräsentative Demokratie". Der Einzelmensch, nunmehr Staatsbürger, „wird also für *alle Handlungen mitverantwortlich*, weil er ja diesem Herrscher oder dieser Versammlung [dem Parlament] seinen Willen und seine Entscheidungsfreiheit freiwillig übertragen hat. Und dies ist ... eine *durch Vertrag eines jeden mit jedem gegründete Vereinigung aller zu ein und derselben Person.* Jeder einzelne sagt gleichsam: *Ich gebe mein [Natur-]Recht, über mich selbst zu bestimmen, auf und übertrage es diesem anderen Menschen oder dieser Versammlung, und zwar unter der alleinigen Bedingung, daß auch du ihm deine Rechte überantwortest und ihn ebenfalls zu seinen Handlungen ermächtigst.*"

Staat als Person

„Wenn sich Menschen so *zu einer Person vereinigen*, bilden sie einen *Staat.*" Den Staat kann man „definieren als eine *Person*, deren Handlungen eine große Menge durch Vertrag eines jeden mit jedem als die ihrige anerkennt, auf daß sie diese einheitliche Gestalt nach ihrem Gutdünken zum Frieden und zur Verteidigung aller gebraucht. Und er, der diese Person trägt, wird *Souverän* genannt."

Erster und zweiter Urvertrag

Das ist die berühmte Lehre vom *Urvertrag* oder, wie später Rousseau sagte, vom „Gesellschaftsvertrag" („contrat social"), die jeder modernen Verfassung vorangeht. In Wahrheit handelt es sich um *zwei Verträge;* darauf hat Hobbes, allerdings nicht im „Leviathan", ausdrücklich hingewiesen. Der *erste Vertrag* beendete den Naturzustand, der *zweite Vertrag* schafft den Souverän.

Der erste Vertrag

Mittels des *ersten Vertrages* entsteht zunächst die *Demokratie.* Sie ist die natürliche Folge jenes Übereinkommens, das freiwillig jeder mit jedem vereinbart hat, um den allgemeinen Frieden herbeizuführen. Hobbes (in „Elements of Law"): „Demokratie geht aller anderen Regierungsbildung voraus", und zwar deshalb, „weil eine Aristokratie wie eine Monarchie voraussetzen, daß man sich über die Ernennung von Einzelpersonen einig wird; diese Einigung muß in einer großen Menschenmenge durch *Mehrheitsbeschluß* erfolgen; und wo die Mehrheit den Ausschlag gibt, da ist eine Demokratie aktuell". Gemeint ist eine *direkte Demokratie.* Wollte man sie beibehalten, dann müßte die Urversammlung, nämlich die Gemeinschaft sämtlicher am ersten Vertrag beteiligter Einzelmenschen, sich für permanent erklären und entweder dauernd tagen, was praktisch nicht möglich ist, oder von Zeit zu Zeit zusammentreten, um Regierungsmaßnahmen zu beraten und zu beschließen. Derartige direkte Demokratien gab es ehedem z. B. auf Island. Wählt die Urversammlung aber Repräsentanten, beauftragt diese mit der Wahrnehmung der Regierungsgeschäfte und fordert regelmäßig Rechenschaft von ihnen, dann haben wir es mit einer *repräsentativen Demokratie* zu tun. Üblich sind Mischungen aus direkter und repräsentativer Demokratie; so war es schon im alten Athen. Vorausgesetzt wird in jedem Fall eine Verfassung, mag sie auch noch so einfach sein, und zur staatsgründenden Übereinkunft gehört ferner, daß jedermann sich an deren Grundsätze, also an die Verfassung, auch tatsächlich hält, sonst steht er *außerhalb der Verfassung* und damit wieder im Naturzustand etwa nach dem Motto: Einer gegen alle, alle gegen ihn. Das heißt: Nach germanischem Recht wäre er „vogelfrei" geworden und müßte abseits der Verfassungsgemeinschaft als „Waldgänger" sein Dasein fristen.

Der zweite Vertrag

Was geschieht aber, wenn sich innerhalb einer solchen Demokratie die Minderheit einem Mehrheitsbeschluß nicht fügt, sondern sich gegen ihn auflehnt? Sofort zerfällt das Ganze in Streitgruppen, die untereinander, wenn sie zum Bürgerkrieg übergehen, abermals sich im Naturzustand befinden. Um dieser Gefahr vorzubeugen, soll der *zweite Vertrag* eine stabile Regierung in Kraft setzen, indem jedes Mitglied der Urversammlung *alle Rechte* auf den *Souverän* überträgt. Die Frage ist nun, wie der omnipotente Souverän seine Macht ausübt: ob willkürlich oder rechtlich. Das Problem liegt in der *Souveränität,* gleichgültig, wer sie besitzt. Aus der historischen Erfahrung wissen wir, daß die Urversammlung selbst sich zum omnipotenten Souverän erklären kann und damit die *absolute Demokratie* praktiziert; das war im alten Athen der Fall zur Zeit des Sokrates. Ungleich häufiger war die Willkürherrschaft von Aristokratien, Oligarchien und noch viel öfter von heiligen Monarchen, absoluten Regenten. Deshalb besteht Hobbes (1.) auf den Naturgesetzen und (2.) auf dem Vertragscharakter jeder Regierungsbildung. *Die Naturgesetze, die er genannt hat, macht er zu konstituierenden Elementen schon des ersten Vertrags; sie sind sozusagen die ethisch-sozialen Grundsatzartikel, und da der zweite Vertrag nur eine Fortsetzung oder Folge des ersten ist, so gelten sie folgerichtig auch im Hinblick auf den Souverän.* Darüber hinaus bedingt aber die Tatsache, daß der Souverän durch *Vertrag* zur Macht gelangt, eine Verpflichtung des Souveräns gegenüber seinen Untertanen. Denn jeder rechtsgültige Vertrag soll die Interessen aller Vertragspartner gleichmäßig berücksichtigen und wahren. Das bedeutet: Vertragspartner sind Urversammlung und Souverän, und der Souverän übernimmt zugleich mit der totalen Macht auch die totale Pflicht, im Sinne des ersten Vertrags nunmehr das Leben sämtlicher, mit ihm gemeinsam zur „großen Person des Staats" vereinigten Bürger zu schützen. Mißachtet er diese grundlegende Pflicht, dann darf man ihm den Gehorsam verweigern: Niemand kann vom Souverän gezwungen werden, etwa auf den eigenen Vater oder Bruder zu schießen.

Rousseau

Bis hierher reicht *derjenige Teil* der Staatslehre, den später Jean Jacques *Rousseau* (1712—1778) europäisch popularisiert hat. Auch Rousseau unterscheidet in seinem „Gesellschaftsvertrag" („Le contrat social") von 1762 die beiden Verträge und, damit im ursächlichen Zusammenhang, die „volonté de tous" und die „volonté générale". Schon Hobbes hatte (in den „Elements of Law") darauf gedrungen, daß die Minderheit sich dem Mehrheitswillen unterwerfen müsse: „Wenn jemand freiwillig eintrat in die konstituierende Versammlung, so erklärte er dadurch in genügender Weise seinen Willen — und verpflichtete sich also stillschweigend —, sich an die Beschlüsse der Mehrheit gebunden zu halten."

Urversammlung

Unter „konstituierender Versammlung" ist bei Hobbes die regierungsbildende Versammlung zu verstehen, also die Urversammlung, die einen Souverän ernennt, mag es sich um eine natürliche Person (Monarchen) oder eine juristische Person (Parlament) handeln, und gleichzeitig diesem von der Mehrheit bestimmten Souverän die Alleingewalt ausliefert. Bei Rousseau hingegen bleibt die Souveränität stets dem Staatsvolk vorbehalten, und die Regierung ist nur dessen Beauftragter. Dafür kann man antike Musterbeispiele anführen und ihre fortwirkende Überlieferung im Abendland bis auf Marsilius von Padua zurückverfolgen. Rousseau anerkennt die Verfügungen eines Herrschers nur für so lange, als dieser vom Volkswillen seine Würde übertragen erhielt. Rousseau bevorzugt die Aristokratie oder Oligarchie, sofern sie nicht eine Machtgeltung einiger weniger vertritt, sondern aus der Veranstaltung von Volksversammlungen den Gesamtwillen des Volkes erforscht und zur Ausführung bringt. (Das läßt sich staatstheoretisch am leichtesten durchführen, wenn das Volk selbst seine Abgeordneten ins Parlament entsendet, und so verlief ja auch die Entwicklung.) Uns kommt es hier auf den Grundsatz an, daß *zwei Verträge* zu schließen sind. Dieser Grundsatz wurde entscheidend wichtig für sämtliche aus Revolutionen und Bürgerkriegen hervorgegangenen neuen Staatsverfassungen nicht nur in Europa, sondern schon vorher in Nordamerika.

Französische Verfassung 1792

Die Französische Verfassung von 1792 verkündet: „Die Menschen werden frei und gleich an Rechten geboren und bleiben es. Die gesellschaftlichen Unterschiede können nur auf den gemeinsamen Nutzen gegründet sein. Der Endzweck aller politischen Vereinigung ist die Erhaltung der natürlichen und unabdingbaren Menschenrechte. Diese Rechte sind die Freiheit, das Eigentum, die Sicherheit, der Widerstand gegen Unterdrückung ... Die Freiheit besteht darin, alles tun zu können, was einem anderen nicht schadet. Also hat die Ausübung der natürlichen Rechte jedes Menschen keine Grenzen als jene, die den übrigen Gliedern der Gesellschaft den Genuß dieser nämlichen Rechte sichern. Diese Grenzen können nur durch das Gesetz bestimmt werden. Das Gesetz hat nur das Recht, solche Handlungen zu verbieten, die der Gesellschaft schädlich sind. Alles, was durch das Gesetz nicht verboten ist, kann nicht verhindert werden, und niemand kann genötigt werden zu tun, was das Gesetz nicht verordnet."

Das alles steht, einschließlich des letzten Satzes, nahezu wörtlich schon bei Hobbes. Denn die Französische Revolution und ihre Staatslehren sind nicht nur durch — polemische! — Vermittlung von Rousseau großenteils aus Werken von Hobbes hergeleitet worden, sondern auch durch Aufklärer wie Diderot, d'Alembert und deren epochale Enzyklopädie, für die Diderot den Artikel über Hobbes verfaßte. Vorangegangen war z. B. in deutschen Staaten die Übernahme des profanen Naturrechts, wie Hobbes es dargestellt hatte, durch „aufklärende" Staatsrechtslehrer, insbesondere durch Pufendorf (geb. 1632 in Dorf-Chemnitz, gest. 1694 in Berlin) und, mit ihm in Verbindung, durch Thomasius (1655—1728), der deshalb aus Leipzig vertrieben wurde, aber in Preußen eine Professur an der 1694 neugegründeten Universität Halle erhielt. In Preußen fand übrigens auch Rousseau seine Zuflucht, als 1762 der „Contrat social" in Frankreich verboten, in Genf öffentlich verbrannt und gegen den Verfasser ein Haftbefehl erlassen wurde. Rousseau flüchtete damals, als Friedrich d. Gr. regierte, für einige Jahre in das preußische Neufchâtel.

Diderot, Pufendorf, Thomasius

Der Staat als „Leviathan"

Mit dem Urvertrag hatte Hobbes den ersten, grundlegenden Teil seiner Staatskonstruktion abgeschlossen. Der nächste Teil handelt vom Souverän und vom Staatsbürger, also von dem „festen und dauernden Gebäude", nämlich dem Staat selbst, als dessen „Architekt" sich Hobbes (in „De Cive") vorstellt. Anderswo nennt er den Staat außer „machina" auch ein „animal artificial", ein „künstliches Lebewesen" oder eben einen „großen Menschen", der aus ungezählten Einzelmenschen zusammengesetzt ist gleichsam wie ein „autómaton", ein Werk, das sich von selbst bewegt. Merkwürdig ist die Einleitung zu seiner Lehre vom Souverän. Nachdem er gesagt hatte: „Wenn sich Menschen so zu einer Person vereinigen, bilden sie einen Staat", fährt er unerwartet und ohne jede Erläuterung fort: *„Dies ist die Geburt des großen ‚Leviathan'*, oder vielmehr — um respektvoller zu reden — *des sterblichen Gottes*, dem allein wir ... Schutz und Frieden verdanken." Denn durch seinen Schrecken („terror") — so heißt es präzis in der lateinischen Fassung — zwinge er alle Menschen zum Frieden.

„Der große Mensch"

„Der sterbliche Gott"

Es fällt sofort auf, daß an dieser entscheidenden Stelle, dem Endpunkt des vorangegangenen konstruktiven Denkens, unversehens der Staat als „Leviathan" bezeichnet wird. Anderswo im Text findet sich dieser Name nur noch zweimal, und zwar nur nebenbei und ohne Begründung. Da aber der Titel des ganzen Buches lautet: „Leviathan or the Matter, Form and Power of a Common Wealth Ecclesiastical and Civil", muß die soeben zitierte Stelle einen Hinweis geben. Offenbar hat es Hobbes dem Scharfsinn seiner Leser überlassen, das Rätsel zu lösen.

Der „Leviathan"

Auf dem Titelkupfer der englischen Ausgabe von 1651 steht als Motto ein Vers aus Hiob (41, 24): „Non est potestas super terram quae comparetur ei" („keine Gewalt auf Erden ist ihm vergleichbar"), und gemeint ist eben der „Leviathan". Wir wissen, daß das Hiob-Buch eine Menge altmesopotamischer Überlieferung enthält, wir kennen sogar den sumerischen, einige Jahrtausende älteren „Ur-Hiob". Aber weder Textkritik noch mythologische Vorgeschichte beantworten die Frage: Welche Assoziationen weckte zur Zeit des Hobbes die Beschwörung des sagenhaften Seeungeheuers im Leser? Außer dem Leviathan, der die Weltmeerschlange bezeichnete, welche im altorientalischen Weltbild die Erdscheibe umschließt und auch die chaotischen Urkräfte symbolisiert, wird im Buch Hiob der „Behemoth" geschildert, das Landungeheuer. „Die beiden Ungetüme des Buches Hiob werden oft mit anderen Tiergestalten des Alten Testaments zusammengebracht ... So erklärt es sich, daß der Leviathan als

Schlange oder Drache zu einem Schreckbild gefährlicher Kraft und schließlich zum bösen Feind schlechthin wird. Er kann sowohl die Macht des Teufels ... wie auch den Satan selbst bedeuten. Dadurch kommt er ... in die Nähe der apokalyptischen Tiere, die in der Offenbarung Johannis erscheinen: des ‚Drachens', der ‚Schlange', des ‚Tiers aus dem Abgrund', des ‚Tiers aus der Erde' und des ‚Tiers aus dem Meere' ... Ist dem aber so, dann wird es um so notwendiger, die Frage zu stellen, ob Hobbes, der als ‚Prophet des Leviathan' gilt ... mit diesem Symbol eine klare und sichere Front bezogen hat. In einer kleineren Schrift aus dem Jahre 1656 hat Hobbes... bemerkt, daß ‚Behemoth against Leviathan' der passende Titel für den Versuch einer Widerlegung des Leviathan sei. Er hat dann den Namen dieses anderen, im Buch Hiob geschilderten Ungetüms, den ‚Behemoth', als Buchtitel benutzt. Unter dieser Überschrift gibt er eine geschichtliche Darstellung der presbyterianischen und puritanischen Revolution von 1640—1660. Die königliche Zensur hat dem Buch die Druckerlaubnis zunächst verweigert, so daß es erst 1682, nach dem Tode Hobbes' erschien. Der Behemoth ist hier ... ein Symbol der durch religiösen Fanatismus und Sektierertum hervorgerufenen Anarchie, die während der puritanischen Revolution das englische Gemeinwesen zerstörte ... Bei der psychologischen Eigenart von Hobbes ist es schließlich noch möglich, daß sich hinter dem Bild eine tiefere, geheimnisvolle Bedeutung verbirgt ... Er selbst hat von sich gesagt, daß er so handele wie Leute, die für einen Augenblick ein Fenster öffnen, um es aus Furcht vor dem Sturm rasch wieder zu schließen. Die drei Erwähnungen des Leviathan, die im Text des Buches auftauchen, wären dann möglicherweise drei solche, für einen Augenblick geöffnete Fenster" (Carl Schmitt).

„Behemoth"

Vom „Behemoth" des Hobbes halten wir in diesem Zusammenhang nicht eben viel. Diesen Titel könnte ihm damals, als er nach Wiederherstellung der Monarchie von Reaktionären wegen des „Leviathan" und der Unterstützung Cromwells angeklagt war, sozusagen die Rechtfertigungsangst abgepreßt haben. Aber Beachtung verdient der Gedanke, daß er mittels des Leviathanmythos ein Fenster aufgestoßen und sogleich wieder zugeworfen habe, ein Fenster für Kenner, Individualisten, selbständige Denker, unabhängige Beobachter des Weltlaufs.

Magisch-mystischer Name als ein Geheimzeichen für Eingeweihte?

Denn *warum* macht sich der Name „Leviathan" so aufdringlich bemerkbar? *Weil er inmitten einer konsequent-mechanistischen Konstruktion plötzlich für einen Augenblick das magisch-mythische Denken einschaltet!* Vorher wie nachher hält sich Hobbes streng an Regeln exakter Wissenschaft, mindestens aber, wo sie nicht ausreichen, an den naturwissenschaftlichen Determinismus. Dessen Elementardenken gestattet nur *quantitative Bestimmungen, keine Qualitätsurteile,* also Bestimmungen z. B. des Kraftmaßes, der Bewegung, der Größenverhältnisse entsprechend der physikalischen Mechanik und Dynamik, oder auch, modern formuliert, der Wirkungseinheiten; so daß aus jeder physikalischen Betrachtungsweise grundsätzlich alle subjektiven Wertungen ausgeschlossen bleiben. Desgleichen entfällt jede Rücksicht auf irgendeine theologische Teleologie. An ihre Stelle tritt die naturwissenschaftliche Finalität. Kurz, jede mechanistische Welterklärung ist „jenseits von Gut und Böse" allein auf *objektive Sachverhalte und Tatbestände gerichtet,* und zwar nicht nur in der Mathematik (Geometrie, Arithmetik), Fachphysik, Chemie, Medizin (Anatomie, Physiologie, Pathologie, Chirurgie), Botanik, Zoologie, Psychologie, sondern auch in der modernen Technik und in jeder modernen Staatskonstruktion. Das mathematisch-naturwissenschaftliche Kausalitätsdenken läßt nur objektiv erweisbare Ursachen und Wirkungen gelten. So hat Hobbes auch seine Staatskonstruktion angelegt; und dort, wo er auf Hypothesen angewiesen ist, bemüht er nicht ein theologisches Zweckdenken etwa im Sinn der Scholastik, das er vielmehr als Aberglauben abfertigt, sondern bedient sich objektiv nachprüfbarer Gedankenexperimente in der Art mathematisch-naturwissenschaftlicher Experimente. Will er trotzdem ein *Werturteil* aussprechen, dann muß er aufs *magisch-mythische Denken* zurückgreifen, und das eben ist der Fall, indem er den „Leviathan" beschwört. *Also bedeutet dessen Name hier nichts weiter als ein mythisch verhülltes Werturteil, ein subjektives Qualitätsurteil, das er über seinen objektiv konstruierten Staat fällt.*

Der totale Staat als „Leviathan"!

Dieser Staat, der mit dem Machtantritt des omnipotenten Souveräns beginnt, ist *der totale Staat schlechthin, jedoch nicht mehr der christlich-totale Staat,* wie Hobbes ihn vorgefunden hatte und als historische Realität zur Genüge kannte, *sondern ein profaner Gegenentwurf.* Indem er ihn als *organisches Kunstwerk* bezeichnete, als *Großen Organismus* oder „Großen Menschen", entwickelte er zugleich den *biologischen Sinn und Zweck* von dessen *funktioneller Anatomie,* nämlich die Erhaltung des menschlichen Lebens mittels allgemeiner, durch den omnipotenten Souverän garantierter Ruhe, Ordnung und Sicherheit. Insofern verglich er den objektiv konstruierten Staat einerseits mit einem „Gebäude", für das der „Architekt" zuständig sei, und anderseits mit dem „Großen Menschen", dessen „Glieder die Staatsbürger sind und dessen Haupt der Souverän als Inhaber der höchsten Gewalt" und der von „Krankheiten", nämlich Bürgerkriegen, bedroht ist. Aber zugrunde liegt jedenfalls die „exakte Vernunft", welche „das Wesen des Staats bis auf die Elemente untersucht" hat: *„Die Kunst, Staaten zu schaffen und zu erhalten, besteht in bestimmten Regeln, wie Arithmetik und Geometrie."* Freilich — und das erklärt die Beschwörung des „Leviathan": *Der Einzelmensch wird von diesem Staat sozusagen „verschlungen", indem er zugunsten gemeinschaftlicher Existenzsicherheit seine Selbstbestimmung, seine ihm nur im Naturzustand eigentümliche Willensfreiheit, seine Individualität aufgibt. Er wird zu einem Teil des Ganzen, der seine neue Bestimmung nach derjenigen Funktion erhält, die er konstruktiv, also planmäßig ausübt.*

Auch dieser Teil der Staatskonstruktion hat für die europäische Geschichte grundlegende Bedeutung gewonnen: eine bis heutzutage ebenso große, schicksalsmächtige Bedeutung wie einst die altägyptische Staatsverfassung für die hellenistische und römisch-christliche Reichsgestalt. Aber die Wirkung der von Hobbes geleisteten Staatskonstruktion hat sich eigenartig differenziert, sogar gegensätzlich manifestiert. Wir fassen das wesentliche kurz zusammen:

Hobbes gegen Hobbes!

Ausdrücklich *verneint* Hobbes im Leviathan-Buch, *daß zwischen Souverän und Untertanen ein Vertragsverhältnis besteht.* Der vorhin von uns sogenannte *„zweite Vertrag" tritt hier also nicht mehr in Kraft! Statt dessen geht unmittelbar schon aus dem ersten Vertrag, dem Urvertrag, gleichsam ohne Schaltpause der Souverän hervor.* Dadurch verlangt jener Urvertrag, den jeder mit jedem schließt, eine neue Interpretation: Er wird vereinbart einerseits zwar im Hinblick auf den Krieg aller gegen alle, der schlagartig aufhören soll, anderseits aber im Hinblick auf den Inhaber der höchsten Gewalt, weil allein der omnipotente Souverän für den Friedenszustand innerhalb des neugebildeten Ganzen zu sorgen vermag. Anders ausgedrückt: Stellen wir uns vor, sämtliche unzähligen Körperzellen, aus denen ein Mensch besteht, führten jeweils isoliert in totaler Freiheit den erbarmungslosen Kampf ums Dasein und kämen plötzlich überein, ihn abzuschaffen und sich aus diesem Grunde zum menschlichen Körper zusammenzuschließen: Dann wären gleichzeitig mit einer solchen Erschaffung des Menschen auch dessen anatomisch-physiologische Funktionen bestimmt, gleichzeitig also Gehirn, Nervenbahnen, innere Organe, Muskeln, Knochengerüst, gleichzeitig Kopf, Rumpf und Gliedmaßen ins Werk gesetzt, und jede Körperzelle müßte sich auf dem Platz, an dem sie dem Ganzen eingefügt ist, ihrer Funktion gemäß spezialisieren. Genauso hat Hobbes, wenn auch noch ohne die uns geläufige Kenntnis der Körperstruktur, sich das Zustandekommen des Staats, des „großen, künstlichen Menschen", als Gedankenexperiment vorgestellt.

Der Staatsbürger als Funktionselement

Daraus folgt, daß jeder einzelne, nachdem er seine Willensfreiheit auf den Souverän übertragen hat, von dem allein freien Souverän seine *neue Funktionsbestimmung zudiktiert erhält!* Der unaufhörlich den Staatskörper durchwirkende und durchwaltende Lebenswille des Souveräns ist *die Seele des Ganzen.* Würde ihm seitens irgendeines Staatsbürgers — einer einzelnen Körperzelle — unter Berufung auf private Willensfreiheit entschiedener Widerstand geleistet, dann wäre der Staatskörper „krank" — es bräche gleichsam, modern gesprochen, der Krebs aus —, und der Staatskörper ginge zugrunde. Das gleiche wäre der Fall, wenn sozusagen Rumpf und Glieder gemeinsam die Vertragspartner des Kopfes wären und ihn legal kontrollieren, notfalls absetzen und sich einen anderen Kopf aufsetzen dürften. Wir kennen dieses Gleichnis aus antiker Überlieferung.

Omnipotenter Souverän

Unbildlich gesprochen: Würde der Souverän irgendeiner rechtlichen Beschränkung unterworfen sein, dann besäße nicht er die Souveränität, sondern derjenige, der ihm die Beschränkung auferlegt: das Volk. Bestenfalls wäre die Souveränität geteilt, was aber voraussetzt, daß allgemeine Gesetze in Kraft sind und daß dann bei ihnen, etwa im Rahmen einer sämtliche Gewalten einschließenden Verfassung, die Souveränität läge.

Deismus als Staatsprinzip

Jean Bodin

Eben dieses Argument hat in der europäischen Geschichte die größte Rolle gespielt. Es taucht schon bei dem französischen Staatstheoretiker *Jean Bodin* (1530—1596) auf, der zuerst den modernen Souveränitätsbegriff aufgestellt hat, und zwar zugunsten der absoluten Monarchie. Hobbes gab der Monarchie den Vorzug. Strenggenommen kann man von einer Monarchie nur dann reden, wenn dem Alleinherrscher weder durch eine Konstitution noch durch allgemeine Gesetze die Hände gebunden sind. Eine „konstitutionelle Monarchie" ist ein Widerspruch in sich selbst. Sie macht aus dem Monarchen einen der Verfassung unterworfenen Staatspräsidenten. Darüber ging schon im Deutschen Reich, aber auch in Großbritannien zur Zeit von Hobbes die Auseinandersetzung zwischen Monarchie, Aristokratie und republikanisch gesinntem Bürgertum. Die Monarchie flüchtete sich gegenüber den partikularen Gewalten in die Heiligkeit, indem die Souveränität vom jenseitigen Gott hergeleitet und dadurch unangreifbar gemacht wurde. So erklärt sich die Hauptrolle, welche stets die Staatsreligion für heilige Monarchien spielte: Der Klerus mußte sie dogmatisch rechtfertigen, propagieren und das Volk unter Androhung kirchlicher Strafen zum Untertanengehorsam anhalten. Das freilich führte, wie wir gesehen haben, in vielen Fällen zur Übermacht der Geistlichkeit über die „weltliche" Herrschaft und auch zu Bürgerkriegen.

Überkonfessionelle Staatstheologie

Deshalb forderte Bodin, und dann mit wissenschaftlichen Beweisen Hobbes, nicht nur die Unterordnung der Konfessionen unter den Monarchen, sondern Hobbes bemühte sich um eine neue Grundlegung der Monarchie durch eine von Glaubenslehren unabhängige Konstruktion. Er zielte mit seinem Souveränitätsprinzip auf das Ende aller Bürgerkriege und wollte sie für die Zukunft unmöglich machen. Deshalb entkräftete er vor allem die Regnum-Christi-Theologie durch seine Auslegung der Bibel und schlug einen Glaubenskompromiß vor, der jedem — zwangsweise entpolitisierten — Bekenntnis gerecht wurde. Um dahin zu gelangen, unterwarf er die widerstreitenden Dogmata *einer höheren, sie kritisch beurteilenden Instanz, nämlich der natürlichen Vernunft. Kraft dieser Vernunft reduzierte er zunächst einmal alle christlichen Konfessionen auf den Begriff, in dem sie sämtlich übereinstimmen: den Gottesbegriff,* und zwar auf einen von bildhaften Vorstellungen aller Art befreiten und somit von der Vernunft zu definierenden Gott als Bezeichnung des höchsten jenseitigen Wesens und in gewissem Sinne identisch mit der Vernunft.

Reduktion aller Religionslehren auf einen Gottesbegriff

Damit war die *Vernunftreligion* oder *natürliche Religion* zum konstitutiven Bestandteil der Staatskonstruktion, zur notwendig dem Staat zugewiesenen Aufgabe gemacht. Nach einer natürlichen Religion hatte in England bereits Herbert von Cherbury (1581—1648) gesucht, indem er sie nicht auf kirchliche Autorität gründete, sondern auf die allen Menschen gleichermaßen eigene Vernunft. Diese Vernunft macht sich geltend als eine den Menschen von Natur innewohnende, sie sicher leitende Gedankenkraft, vermöge deren nun sämtlichen Menschen bestimmte Grundsätze unmittelbar einleuchten. Eben diese allgemeine Zustimmung ist das Kennzeichen ihrer Wahrheit und Gültigkeit. Solange es sich, wie bei Herbert von Cherbury, um private Ansichten eines Gelehrten handelte, brauchte man sich nicht weiter um sie zu kümmern. Anders lagen die Dinge, sobald die Vernunftreligion vor aller Öffentlichkeit in die Grundlegung des überkonfessionellen Staatsgebäudes einbezogen wurde. Seit Erscheinen des „Leviathan" nahm der anfangs spezifisch englische „Deismus" seinen Aufschwung. Der Deismus ist insofern ohne weiteres mit jeder mechanistischen Welterklärung vereinbar, als er lehrt, daß ein persönlicher Gott existiere und die Welt erschaffen habe, daß derselbe Gott aber nunmehr die Welt ihrem gesetzmäßigen Verlauf überlasse, ohne durch Wunder in sie einzugreifen. Zum Deismus gehört, schon bei Hobbes und erst recht seit Hobbes, die Bibelkritik, das heißt, die historisch-kritische Erforschung der Bibeltexte, sowie eine daraus sich ergebende Kritik des historisch-politischen Christentums nebst kritisch untersuchter Dogmengeschichte, Religionsgeschichte bis hin zum heutigen Stand unserer historisch-kritischen Theologie.

Herbert v. Cherbury

Vernunftreligion

Bibelkritik

Ein weiterer Staatsgrundsatz, den Hobbes mit seinem Deismus verband, war nun der, daß der Staat, genau gesagt der Souverän, durch Gesetz diesen von Hobbes „christlich" genannten, allen Konfessionen übergeordneten Gott den Bürgern anbefehlen und die Kultformen anordnen soll. Welche Gottesverehrung gebietet laut Hobbes die natürliche Vernunft? Vor allem muß Gott die Ehre des Daseins gegeben werden; darum ehrt ihn nicht, wer ihn für identisch mit der Welt oder bloß für die Weltseele oder wer die Welt für ewig erklärt. Ferner muß der Kultus Zeichen der inneren Ehre sein, also Gebete, Danksagungen, Geschenke, Opfer, die alle öffentlich geschehen müssen. Für alle natürlichen Zeichen gilt, daß sie auch konventionell sind und daher gesetzlich bestimmt werden können. Der Staat hat die Pflicht, die Gottesverehrung gemeinverbindlich für alle festzusetzen: Dann hören die Konfessionskriege auf. Im übrigen jedoch darf jeder Bürger sich angesichts der kultischen Riten und der üblichen Begriffe stillschweigend denken oder vorstellen, was er will.

Gott in der Staatsideologie; vgl. Hegel!

Von diesem doppelten Ansatz aus sind in folgerichtiger Entwicklung tatsächlich jene religiösen und theologischen Kämpfe, Disputationen und blutigen Kriege überwunden worden, von denen das 17. Jahrhundert bis zur Verzweiflung und zum Ekel erfüllt war. 1. Daß *der Souverän über den streitenden Parteien* stehen solle, ist bei Hobbes ein Postulat natürlicher Vernunft, das durch seine Denkforderung zugleich die Realkonstruktion bedingt. Verbunden mit den sittlichen Naturgesetzen, die er allein im Staat verwirklicht sah, begründete das Prinzip religiös neutraler Obrigkeit zunächst den *aufgeklärten Absolutismus.*

Historische Folgen

Beispiele aus dem 18. Jhdt.

Musterbeispiel: Friedrich d. Gr., der als „Philosoph auf dem Thron" dem Staat unabhängig von irgendeiner Glaubenslehre eigene ethisch-soziale Kraft, eigene Humanitätsideale zuwies, sich zu den von Hobbes formulierten Naturgesetzen der Vernunft bekannte und dafür sorgte, daß „in diesem Staat jeder nach seiner Fasson selig werden" konnte: Der Souverän war „neutral zwischen Rom und Genf", kein Atheist, sondern Deist, insofern also „gottgläubig". Diese Neutralität, die sich als Toleranz ausgewirkt hat, war unabhängig davon, ob der Souverän sich als Monarch oder als regierende Körperschaft, etwa als Parlament, darstellte. In der Bill of Rights of Virginia von 1776, aus denen die Verfassung der USA hervorging, heißt es: „Religion oder die Ergebenheit, die wir unserem Schöpfer schuldig sind, und die Art, wie wir sie erfüllen, kann lediglich durch Vernunft oder Überzeugung bestimmt werden, nicht durch Zwang oder Gewalt, und deshalb haben alle Menschen einen gleichen Anspruch auf freie Ausübung der Religion nach den Geboten ihres Gewissens." Auch Kaiser Joseph II., der sich Friedrich d. Gr. zum Vorbild nahm, erließ 1781 sein Toleranzpatent im Namen der Vernunft, das ihn und seine Regierungsorgane über die Konfessionen erhob. Heutzutage ist in toleranten, aber mit dem Hinweis auf Christlichkeit eingeleiteten Verfassungen die Bezugnahme auf einen gemeinsamen, nicht mehr konfessionell gebundenen Gott längst üblich geworden. — 2. Als Widerspruch dazu kann der andere Ansatz von Hobbes angesehen werden, wonach der Souverän festzusetzen hat, welcher Kult *öffentlich* auszuüben sei. Demzufolge bestimmte Joseph II., daß „allein der römisch-katholischen Religion der Vorzug des öffentlichen Religionsexerzitii verbleiben" solle; und Robespierre führte 1793 durch Staatsgesetz den öffentlichen Kult des „höchsten Wesens" ein, indem er 1794 erklärte: „Wir wollen den Forderungen der Natur nachkommen, die Gesetze der Humanität und die Versprechen der Philosophen erfüllen ..."

Ansatz zum Liberalismus

Die Entwicklung ging aber darüber noch hinaus, und zwar durch den modernen *Liberalismus,* der konstitutionell wiederum von Hobbes herkam. Ein Satz im „Leviathan" (wie schon den „Elements of Law"), sogar nur ein Nebensatz, enthält die folgenschwere Feststellung, die frühzeitig so großes Aufsehen erregte: „Ein *Privatmann* hat immer die Freiheit, *weil Gedanken frei* sind, in seinem Herzen die Taten, die für Wunder ausgegeben werden, entweder zu glauben oder nicht zu glauben, je nachdem er erkennen wird, welcher Vorteil durch den Glauben der Leute denjenigen erwächst, die das Wunder behaupten und sich dafür einsetzen, und danach mag er vermuten, ob die betreffenden Taten für Wunder zu halten sind oder für Lügen." Bei Hobbes steht dieser Passus im Rahmen seiner radikalen Kirchenkritik, mit der er sich die Feindschaft sämtlicher Kirchen zuzog; aber die von ihm scheinbar beiläufig eingeflochtete *Gedankenfreiheit* beansprucht Allgemeingültigkeit.

Gedankenfreiheit

Öffentliche und private Vernunft

Dem „Leviathan" zufolge besitzt nur das Staatsoberhaupt in Sachen „öffentlicher Vernunft" unbedingte Gewalt. Die „private Vernunft" hingegen ist frei. Daraus ergibt sich die Unterscheidung von „außen und innen". Das *äußerliche* Bekenntnis, das die Staatsräson fordert, braucht keineswegs mit der privaten, inneren Meinung übereinzustimmen. Man sieht, wie Hobbes auf diese Weise die konfessionellen Gegensätze entschärfen wollte. Den zum Frieden notwendigen Ausgleich zwischen Gemeinschaftsfunktion jedes Einzelmenschen und seinem Individualismus besorgt das Nebeneinander von „öffentlich" und „privat". Den einzelnen ist Gedankenfreiheit und Gewissenfreiheit zugesichert so lange, als sie kein öffentliches Ärgernis erregt. Darauf hat sich *Spinoza* in seinem 1670 erschienenen „Tractatus theologico-politicus" bezogen, der aufs stärkste von Hobbes abhängt und schon im Untertitel die „Freiheit des Philosophierens" fordert. Hobbes brauchte, seitdem seine Schriften in Großbritannien verbrannt, anderswo verboten oder doch verpönt waren und deshalb nur heimlich kursierten, Verkündiger wie Spinoza und später Diderot, Voltaire, um trotz der über ihn verhängten Zensur weiterzuwirken. Was nun Spinoza betrifft, so anerkannte er in jenem Traktate zwar, daß alles, was sich auf Religion bezieht, *äußerlich* und für den Gebrauch in der Öffentlichkeit erst durch den Befehl der staatlichen Macht seine Rechtskraft erhält. Aber radikaler als Hobbes, der ihm allerdings noch zugestimmt hat, bekannte er sich zu dem Grundsatz der Freiheit sowohl des Denkens und Fühlens als auch der *Meinungsäußerung*, sofern diese nicht die Rechte der souveränen Gewalt berührt. Mit anderen Worten: Von diesem Standpunkt aus müßte es schließlich genügen, wenn ein Staatsbürger sonntäglich am öffentlichen Gottesdienst der Staatsreligion teilnähme, während er im übrigen als seine *private* und ausdrücklich als privat deklarierte Meinung dieselbe Staatsreligion auch kritisch beurteilen dürfte. Allerdings wurde eine solche Meinungsfreiheit auch im nächsten und sogar übernächsten Jahrhundert im allgemeinen noch nicht offiziell geduldet.

Spinozas Traktat

Dennoch ließ sich der Fortschritt zum Liberalismus nicht mehr verhindern, nur noch verzögern. „Durch Pufendorf und Thomasius ist Hobbes auf dem Kontinent Sieger geworden, freilich nur auf Kosten [einer] Umkehrung des Verhältnisses von außen und innen. Bei Thomasius wird um die Wende vom 17. zum 18. Jahrhundert die Trennung schon mit der siegesgewissen Selbstverständlichkeit eines Gedankens ausgesprochen, der Gemeingut des kommenden Jahrhunderts zu werden bestimmt ist. Die ‚Thomasischen Gedanken', die 1724 auf deutsch veröffentlicht werden, sind hier das schönste Beispiel, weil sie sowohl den Stempel ihrer Herkunft von Hobbes und Spinoza tragen, gleichzeitig aber auch, wie Bluntschli von ihnen richtig gesagt hat, ‚die wissenschaftliche Vorschule für den Staat Friedrichs des Großen' sind. Nach diesen in Thesenform aufgestellten ‚Gedanken' hat der Fürst in Religionssachen sowie *in allem, was ‚Tun und Lassen des menschlichen Verstandes' angeht*, keinerlei Zwangsrechte; Atheisten und solche, die den Schöpfer und die Vorsehung leugnen, braucht er zwar nicht zu dulden, aber nur deshalb, weil von ihnen zu erwarten ist, daß sie ‚die Ruhe des gemeinen Wesens stören' werden. ‚Niemand soll von seiner Erkenntnis anders reden müssen, als er denkt.' ... Seit Thomasius ist ... die Trennung von Recht und Sittlichkeit zur landläufigen Theorie und zur communis opinio der Juristen und der Politiker geworden. Die Rechts- und Staatslehre Kants hat mit ihrer Gegenüberstellung von juristischer Heteronomie und sittlicher Autonomie nur eine sanktionierende Zusammenfassung solcher Ansichten des 18. Jahrhunderts vorgenommen ... Spinozas Verweisung des Staates an einen nur äußerlichen Kult ist auch die Grundthese von *Goethes* Straßburger, das Verhältnis von Kirche und Staat betreffenden Dissertation geworden ... Die Kirche, sagt der junge Goethe, steht immer nach zwei Seiten im Streit, gegenüber dem Staat und gegenüber dem Freiheitsbedürfnis des Individuums; das schwierige Problem läßt sich nur dadurch lösen, daß der Gesetzgeber den Kultus, den alle *äußerlich* zu befolgen haben, nach seinem Belieben bestimmt. Im übrigen, so wird ausdrücklich hinzugefügt, ‚sollte die Frage nicht sein, was jeder *bei sich* denke, fühle oder sinne'. Der absolute Staat kann alles verlangen, aber eben nur äußerlich" (Carl Schmitt).

Liberalismus und Individualismus durch Hobbes im 18. Jhdt. als private Freiheit

Trennung von Recht und Sittlichkeit

Nachdem diese Position seitens der Individualisten fest bezogen worden war, bedurfte es freilich noch vieler Revolutionen, um, *ausgehend von der Gedanken-*

Kampf um öffentliche Meinungsfreiheit

freiheit, nun auch die freie *Meinungsäußerung nebst Freiheit der Presse* allmählich in immer mehr europäischen Staaten durchzusetzen. Diese Freiheitsbewegung, die Hand in Hand geht mit der innenpolitischen Neutralisierung des Staats, ist bekanntlich noch nicht überall ans Ziel gelangt. Im Deutschen Reich erlitt sie ab 1933 den schwersten Rückschlag im damaligen totalen Staat. *Jeder derartige totale Staat ist wiederum von Hobbes bis in Einzelheiten konstruiert worden* — allerdings unter einem wesentlichen Vorbehalt, den er als Kardinalprinzip an den Anfang stellt, den aber moderne Gewalthaber radikal mißachteten. Er besagt, daß sich der Souverän an die ethisch-sozialen Gesetze unserer natürlichen Vernunft halten müsse.

Außerdem stört alle modern-totalen Staaten die von Hobbes gleichsam wie eine Selbstverständlichkeit erwähnte Gedankenfreiheit. Sie hatte sich schon während des 18. bis 20. Jahrhunderts als Reservat *privater Willensfreiheit* erwiesen. Nicht anders als zur Zeit der Hochscholastik war in der Neuzeit von diesem individualistischen Ansatzpunkt aus zunächst die *Geistesfreiheit überhaupt* zur Geltung gebracht und in die Öffentlichkeit hineingetragen worden. Von der Willensfreiheit über die private Gedankenfreiheit zur öffentlich anerkannten Geistesfreiheit ging eine geradlinige Entwicklung, aber sie setzte sich fort über die Freiheit der Meinungsäußerung, der Forschung, Wissenschaft und Lehre, der Publikationen jeder Art bis zum modern-liberalen Kulturstaat mit seiner absoluten Toleranz. Musterbeispiel: die Weimarer Republik. An deren Stelle errichtete das Hitler-Regime einen totalen Staat, der bis auf jene beiden Sicherungsmaßnahmen, welche Hobbes vorsorglich seiner Konstruktion eingebaut hatte, genau dem „Leviathan" entsprach. Dasselbe gilt sinngemäß für alle modern-totalen Staaten.

Theorie des modern-totalen Staates

Christlich-totaler Staat als historische Voraussetzung

Wir wollen nun aus dem „Leviathan" herausheben, was als *Theorie des modern-totalen Staates* gelten kann, und orientieren uns an der Vorstellung vom „Großen Menschen". Im Staat als „Großem Menschen" ist der Souverän das *Haupt von vielen Gliedern.* Diese Lehre kennen wir — abgesehen von Hobbes — als Besonderheit der Christengeschichte. Als mystischer Corpus Christi hatte im Abendland sich zuerst die römisch-katholische Kirche, dann die calvinische Gemeinschaft *staatlich* organisiert, und aus dem konfessionellen Gegensatz waren die *politischen* Bürgerkriege hervorgegangen. Hinzu kam als dritte Potenz die heilig-monarchisch-weltliche Staatskörperschaft, die sich zwar eigenmächtig als ein besonderer „Leib Christi" darstellte, aber an ihrer Spitze immerhin einen Stellvertreter, Statthalter oder Treuhänder Christi besaß, womit die gesamte Staatsbürgerschaft, bestehend aus Christen verschiedener oder einheitlicher Konfession, letzten Endes doch Christus unterstellt und Christus zugeordnet wurde. *Eine* Herrschaftsform gab es allerdings, in der seit Beginn ihrer Existenz die totale Einheit aus Staat und Kirche, Beamtenschaft und Klerus, Weltanschauung und Glaubenslehre dauerhaft hergestellt war: das christlich-römische Kaiserreich von Konstantinopel. Dieses Reich, dessen heiliger Souverän in direkter Stellvertretung Christi allmächtig war und als Gesetzgeber „das lebendige Recht" hieß, durfte als totale *Selbstdarstellung des Corpus Christi in Staatsgestalt gelten.*

Derselbe Einheitsstaat schwebte im Prinzip auch Hobbes vor, weil anders nicht, so schien es, die großbritannischen Bürgerkriege zu beenden wären. Die verschiedenen, jeweils auf besondere Weise staatlich organisierten „Körper Christi" römisch-katholischer und calvinistischer Prägung sollten hier in einem Commonwealth aufgehen, das sich nun gleichfalls als umfassend großer „Körper“ darstellen mußte, jedoch nicht mehr als Corpus Christi, sondern eben als „Großer Mensch“, wobei der Souverän das „Haupt“ wäre, wenn auch verantwortlich gegenüber Gott. In der zweiten Hälfte des Leviathan-Buches hat Hobbes mit einem enormen Aufwand an Scharfsinn, Tiefsinn, Bibelkenntnis zu beweisen versucht, daß alle staatlich organisierten Kirchen und Christengemeinschaften deshalb, weil sie *Politik* treiben und Kriege führen, dem Wortlaut und der Intention des Neuen Testamentes zuwiderhandelten. Ja, in Wahrheit seien sie nichts weiter als „das Reich der Finsternis“, also des Satans. Hingegen solle mit seinem totalen Staat das Reich des Lichtes kommen. Allerdings ist das „Licht der Vernunft“ gemeint. Denn obwohl sich der neue totale Staat in praxi kaum vom christlich-totalen Staat unterscheidet, ist er theoretisch ganz anders begründet.

Omnipotenz vom Volk statt von Gott durch Mehrheitsbeschluß

Die Allmacht seines Souveräns stammt nämlich nicht von Gott oder Christus, sondern vom Staatsvolk; und sein Wille ist der auf ihn übertragene Gesamtwille des Staatsvolks, dessen Mitglieder gemeinsam ihre Naturrechte ihm überantwortet haben. Er ist die Seele des Ganzen; und indem er die öffentliche Weltanschauung bestimmt, die Gesetze erläßt, das Staatspersonal ernennt, Kriege erklärt und Frieden schließt, Zensurmaßnahmen ergreift, kurz, das gesamte Dasein des „Großen Menschen“ nach innen wie nach außen bis in die kleinste Zelle, bis in jede Funktion aller Gliedmaßen und Organe dirigiert, hat er tatsächlich die gleiche Bedeutung wie der christlich-römische Kaiser oder der heilig-russische Zar — bis auf jene beiden Ausnahmen, die wir erörterten: Naturgesetze und private Gedankenfreiheit.

Den Rechtsgrundsatz der Stellvertretung hat Hobbes auf das Verhältnis von Staatsvolk und Souverän angewandt: Der Souverän *ist das Staatsvolk selbst,* indem er sich mit ihm identifiziert.

Die Ermächtigung dazu erhält er, laut Hobbes, dadurch, daß er von der *Mehrheit* aller am Urvertrag beteiligten Einzelmenschen gewählt und ernannt wird. Daraus ergibt sich die Folgerung für den so zustande gekommenen Staat: Andersdenkende, nämlich die Minderheiten, müssen sich der Mehrheit *vollkommen* fügen und den Handlungen des Souveräns uneingeschränkt zustimmen, andernfalls dieser sie *„mit Recht vernichtet“*. Der Souverän kann allenfalls *ungerecht* handeln, aber niemals *unrechtmäßig,* denn er ist „der Ursprung der Gesetze“, die er nach Gutdünken verändern kann. Gemeint sind die bürgerlichen Gesetze, denen er selbst nicht unterworfen ist. *Das Staatsvolk ist mit seinem Souverän identisch.* Zwischen allen Staaten besteht weiterhin der Naturzustand, also der Krieg aller gegen alle, der nur innerhalb des „Großen Menschen“ aufgehoben ist.

Totale Zensur

Der Souverän entscheidet, welche Reden oder Druckwerke erlaubt sind. Indes, der *Wahrheit* soll stets die Ehre gegeben werden, aber jede Ansicht, die den Frieden gefährdet und einen Aufstand oder Bürgerkrieg billigt, *kann* nicht der Wahrheit entsprechen. (Folglich kommt es bei diesem Wahrheitsbegriff auf dessen Kriterium an, nämlich den Friedensbegriff, über dessen Definition zwar die natürlichen Vernunftgesetze entscheiden sollten, worüber jedoch, schon im Hinblick auf öffentlich befohlene Weltanschauung, von Fall zu Fall der Souverän bestimmt. So hängt „die Wahrheit“ schließlich ab vom Willen oder von der Weisheit des Souveräns. Hobbes hat seine Beurteilung dessen, was als Wahrheit *gilt,* einesteils an den christlichen Konfessionskriegen um „die Wahrheit“ ausgebildet, da jede Partei behauptete, sie allein befände sich in ihrem Besitz, und er hat andernteils den Stand der damaligen Philosophie berücksichtigt, deren Hauptproblem die Erkenntniskritik war.)

Nur im Staat gibt es rechtlich garantiertes Eigentum, nicht im vorhergegangenen

Öffentliches Recht dominiert das Privatrecht

Naturzustand. Insofern ist das Eigentum eine Schöpfung des Souveräns. Es wäre jedoch eine falsche und gefährliche Ansicht, wenn jeder Bürger auf seine Güter einen unbedingten Eigentumsanspruch erheben sollte. Ein solcher Anspruch besteht nur den Mitbürgern, nicht aber dem Souverän gegenüber, der sich alles aneignen darf, was er braucht, um seine Aufgabe zu erfüllen: die Untertanen gegen äußere Feinde zu verteidigen und sie vor innerer Zwietracht zu schützen.

„Gut" und „Böse" lt. Gesetz

Eine andere gefährliche, den „Großen Menschen" wie eine „Krankheit" zerstörende Meinung ist, „daß jeder einzelne ein Richter sei über gute und schlechte Handlungen". Sobald das Gesetz gesprochen hat, ist das Gute und Böse einer jeden Handlung festgestellt. — In diesem Zusammenhang sei ein von Hobbes in unser positives Recht eingebrachter Grundsatz erwähnt, der freilich in modern-totalen Staaten oft umgestoßen wird: nulla poena, nullum crimen sine lege, keine Strafe, keine Straftat ohne Gesetz. Das heißt: eine Tat darf gerichtlich nur verfolgt werden, wenn sie vorher ausdrücklich durch Gesetz unter Strafe gestellt wurde. Es darf also keine rückwirkende Strafverfolgung auf Grund nachträglich erlassener Gesetze geben. Hobbes sagt ausdrücklich: Die größte bürgerliche Freiheit in seinem Staat gewähre „das Schweigen der Gesetze". (Schiller hat dieses Hauptprinzip positiven Rechts popularisiert: „Was nicht verboten ist, ist erlaubt.")

Nulla poena sine lege

Totale Isolation vom Ausland

Die größte Gefahr droht dem „Großen Menschen" von außen her, und zwar dadurch, daß ein fremder Staat unter andersartiger Regierung besser zu gedeihen scheint und nun von einzelnen Bürgern zum Vorbild genommen wird. Dieser verderbliche Nachahmungstrieb erhält auch Nahrung durch die Lektüre „politischer Bücher sowie der Geschichte des alten Griechenlands und des alten Roms"; denn aus ihnen schließt der Leser, der in einer Monarchie lebt, daß hier die Untertanen bloße Sklaven, hingegen unter einer demokratischen Regierung freie Menschen seien. Derartige Bücher fallen deshalb unter die Zensur. Die Zensurbehörde besteht aus „besonnenen, verschwiegenen Lehrmeistern [discreet masters]". Die Grenzen zu den Nachbarstaaten bleiben stets geschlossen, die Bürger vom Ausland isoliert.

Psychologie des Staatsbürgers als eines total politischen Menschen

Noch ein paar Bemerkungen zur Psychologie des Bürgers in diesem totalen Staat. Hobbes war nebenbei *der erste Philosoph* des Abendlandes, der anknüpfend an Thukydides eine *realistische* Psychologie geschaffen hat. Allerdings bevorzugt er eine recht einseitige Betrachtungsweise, die sich aus seiner grundlegenden These vom Naturzustand verstehen läßt. Im Naturzustand führte jeder für sich allein den Kampf ums Dasein; er mußte seine Existenz erhalten und behaupten, und das gelang ihm um so besser, je mehr Macht er besaß. Im Staat hat zwar dieser Kampf ums Dasein aufgehört, aber das natürliche Machtstreben geht weiter, wenn auch in verfeinerten, sogar vergeistigten Formen. Wir wissen, daß es zur Struktur, zur Wesensart des *politischen Menschen* gehört. Nur mit diesem Typus haben wir es bei Hobbes zu tun. Derselbe Typus dominiert in jedem totalen Staat auch des 20. Jahrhunderts. So beurteilt Hobbes menschliche Eigenschaften vom Machtstandpunkt aus: Körperkraft, Wissen, geistige Fähigkeiten, Schönheit, adlige Abstammung, mindestens die Herkunft aus guter Familie, Wohlerzogenheit, gute Manieren, Klugheit, List u. dgl. ist *natürliche Macht*, zu der nun die *künstliche Macht* hinzukommt, nämlich Amt oder Rang, also die Funktion innerhalb des Staatsganzen, ergänzt durch gute Beziehungen, Titel, Orden und Ehrenzeichen, nicht zu vergessen den Reichtum, der Macht darstellt und Macht verschafft.

Wir führen den Gedanken weiter aus: Da alle öffentliche Macht beim Souverän liegt, so verteilt er sie nach seinem Gutdünken unter das Volk. Infolgedessen ist jedermann in dieser Hinsicht vollkommen abhängig vom Souverän. Bildlich gesprochen, müssen die meisten Staatsbürger sich mit Funktionen begnügen, die ihnen Plätze in Gliedmaßen des „Großen Menschen“ zuweisen; andere dürfen sich funktionell an den inneren Organen beteiligen; wenige leisten Funktionen des Kopfes. Um höhere Funktionen und somit mehr Macht zu erhalten, muß der einzelne sich dem Souverän besonders nützlich erweisen. Funktionäre sind sie jedoch alle. Man braucht ihnen nur noch jeweils verschiedene Uniformen anzuziehen, entsprechend ihren Rängen, und ihnen äußerliche Abzeichen zu verleihen und dazu die passenden Titel — und schon erscheint vor unseren inneren Augen ein modern-totaler Staat uniformierter Funktionäre.

Sozialrollen als Machtpositionen; jeder Staatsbürger ein Funktionär

Die moderne Übereinstimmung mit dem „Leviathan“ liegt zweifellos darin, daß Hobbes *den natürlichen Mechanismus des totalen Staates schlechthin* vorgeführt hat. Insofern verdanken wir ihm die zeitlos gültige *Synthese und Analyse* dieses Phänomens der Weltgeschichte. Im übrigen trafen während unseres 20. Jahrhunderts auf viele Länder wieder gleiche politische Bedingungen zu, wie Hobbes sie seinerzeit in Europa vorfand, besonders in Großbritannien. Alle Souveräne modern-totaler Staaten sind als Volksführer aus Bürgerkriegen oder aus akuter Bürgerkriegsgefahr an der Spitze einer Mehrheit an die Macht gekommen, sei es legal, sei es durch Gewalt. Von allen erwartete man, daß sie den Bürgerkriegszustand beendeten. Sie zwangen die verschiedensten Glaubensgemeinschaften, Weltanschauungsparteien, Monarchisten, Republikaner, Demokraten zu einem „Großen Menschen“ zusammen, indem sie die Andersdenkenden, die sich nicht unterwerfen wollten, vernichteten und den Staatsbürgern jeweils die öffentlich allein gültige Weltanschauungslehre befahlen. Allerdings hielten sie sich weder an die Naturgesetze der Vernunft noch an die private Gedankenfreiheit. Vielmehr reaktivierte z. B. Hitler den christlichen Judenhaß, den man längst erledigt glaubte, und sämtliche Souveräne verlangten, daß ihre Weltanschauungslehren, denen sie die Spitzenstellung verdankten, von jedermann *total* ins private Bewußtsein aufgenommen würden, das gleichzeitig von allen rivalisierenden Inhalten gesäubert werden sollte. Übrigens verdient Hitlers Aufstieg zum Souverän besondere Beachtung. Ihm wurde ja die Souveränität von der Reichstags*mehrheit* in Form des Ermächtigungsgesetzes dergestalt übertragen, daß man die ganze Prozedur mit Begriffen Hobbes' interpretieren könnte, und zwar nach Maßgabe des Leviathan-Buches: Um den Zerfall des Staatsvolks in kämpfende Parteien und Einzelelemente aufzuhalten und um den drohenden Krieg aller gegen alle zu verhindern, vereinigte sich die Reichstagsmehrheit in dem Entschluß, ihre Befugnisse mittels des Ermächtigungsgesetzes auf einen Souverän, nämlich Hitler, zu übertragen, damit er für allgemeine Sicherheit, Ruhe und Ordnung sorge. Das Ermächtigungsgesetz sprengte jedoch den Rahmen der Weimarer Verfassung und setzte sie tatsächlich außer Kraft. Es war insofern der entscheidend revolutionäre Akt, für dessen „Legalität“ es historische Präzedenzfälle gab, so z. B. aus der Zeit Hobbes' den Staatsstreich Oliver Cromwells.

Hobbes und der totale Staat im 20. Jhdt.

Zwiespältige Staatslehre

Abschließend ist im Hinblick auf Hobbes zu fragen, wie dieser große Denker durch sein doch in sich geschlossenes, folgerichtig aufgebautes Gesamtwerk derartig viele widerspruchsvolle Wirkungen hervorrufen konnte. Die Antwort lautet: Seine Sozialphilosophie und Sozialethik war gegenüber der Wirklichkeit, die er vorfand, in jeder Hinsicht revolutionär. Aber das Umstürzlerische lag weniger in ihm selbst als vielmehr in seiner mathematisch-naturwissenschaftlichen Betrachtungsweise, indem er sie auf Menschengemeinschaft anwandte und deren Gesetzlichkeit aus einem Postulat lebensbejahender Vernunft entwickelte. Dabei jedoch verfuhr er zwiespältig.

Einerseits Im grundlegenden Teil ging er so vor, als ob noch niemals ein Staat bestanden hätte und man deshalb gänzlich von vorn beginnen müßte. Dieser Teil erwies sich, mehr oder minder abgewandelt und differenziert, ungemein fruchtbar insofern, als er an die Stelle überlebter Staatstraditionen und -theorien etwas Neues setzte, wobei er sich nur auf Grundsätze der Vernunft und auf Regeln stützte, die der naturwissenschaftlichen Welterklärung und den erneuerten Humanitätsidealen entsprachen. So erklärt sich das Urteil über Hobbes, das später *Auguste Comte* (1798—1857), Begründer des Positivismus, abgab. Es lautet: „Hauptsächlich auf Hobbes gehen die wichtigsten kritischen Gedanken historisch zurück, die ein unbegründetes Herkommen noch immer den französischen Philosophen des 18. Jahrhunderts zuschreibt, welchen doch im wesentlichen nur die — freilich unerläßliche — Verbreitung jener Ideen verdankt wird ... Hobbes ist der wahre Vater der revolutionären Philosophie."

Andererseits Außerdem aber hat Hobbes in einem anderen Teil seines Werkes eine Bürgerkriegssituation zu überwinden getrachtet. Für diesen Teil setzt er die bisherige Geschichte, insbesondere die Theorie und Praxis des politischen Christentums, voraus. An solchen *historischen Gegebenheiten* ist dann sein totaler Staat (als „Leviathan"!) bis in Einzelheiten orientiert. Insofern war also hier sein Ansatzpunkt zwar noch derselbe wie beim ersten Teil, aber die Konstruktion *bedingt durch das historische Medium,* das sie in sich aufnehmen und dabei umformen sollte. Darum wurde der zweite Teil nur dort wieder aktuell, wo es galt, eine ähnliche Bürgerkriegssituation zu meistern, wie sie damals in den meisten europäischen Ländern und vor allem in Großbritannien bestand. Das Revolutionäre der von Hobbes *für diesen Fall* ausgearbeiteten Konstruktion lag darin, daß er die Ideologie der christlich-totalen Staatskörper *umkehrte.* Seine „natürliche Vernunft" arbeitet hier ähnlich wie Hegels „objektiver Geist". Der radikale Angriff auf die historisch-dogmatischen Grundlagen der Kirchen war es, der ihm mitsamt dem Leviathan-Buch, insbesondere mit dessen zweiter Hälfte, die Verdammung durch kirchliche Zensur eintrug. Noch Hegel sprach von dem „sehr verrufenen Buch".

Einerseits Beide Teile seiner Konstruktion müssen wir also scharf unterscheiden. Im ersten Teil begründet er mittels des erstmals seit Epikur wieder herausgestellten Vertragsgedankens *naturrechtlich* die moderne demokratische Republik und *naturgesetzlich* den Staat als Inbegriff, Institution und Garanten der sozialen Ethik: ohne Staat keine Humanität, keine allgemeingültige Sittlichkeit. Davon unterscheidet er die Moral, die auf veränderlichen Konventionen oder auf bloßer Gesetzgebung beruht. Dafür ein Beispiel: Die Moralgebote bezüglich der Kleidertracht, des Verhältnisses der Geschlechter zueinander, der Liebe und Ehe und dergleichen sind oft geändert und meistens durch Staatsgesetze geregelt worden. Hingegen bleiben die *Naturgesetze* humanitärer Sittlichkeit unveränderlich in Kraft. Ferner bringt der erste Teil, in den zweiten hineinreichend, den Unterschied oder sogar Gegensatz zwischen dem Staat als öffentlicher Einrichtung und den privaten Rechten zur Geltung. Infolgedessen wurde immer mehr „der Staat" reduziert auf Verwaltungsfunktionen, und Hobbes wurde zum naturrechtlichen Philosophen des „Konstitutionalismus". Das später von *Montesquieu* formulierte „konstitutionelle System" erweiterte sich durch jenen ersten Teil, indem es grundsätzlich auf die natürliche Vernunft zurückgriff. Das Ergebnis dieser Entwicklung kennen wir aus unserer gegenwärtigen Situation: Von Zeit zu Zeit bestätigt der demokratische Bürger den seinem Staat zugrunde gelegten Urvertrag durch allgemeine, freie, öffentliche Wahlen und wirkt bei dieser Gelegenheit zugleich als Mitglied der Gemeinschaft, welche ihren Willen auf den Souverän — hier die juristische Person des Parlaments — überträgt. Jedoch, infolge der Trennung von „öffentlich" und „privat" bleibt die Macht des Souveräns auf bestimmte, ihm von der Verfassung zugebilligte Funktionen beschränkt. „Staat" gibt es nur im Umfang und nach Maßgabe der Staatsgesetze, die vom Bürger zu respektieren sind. Im übrigen ist der Bürger frei, und zwar genau jenem Grundsatz Hobbes' zufolge, wonach die größte bürgerlich-private Freiheit aus dem „Schweigen der Gesetze" resultiert. Also lebt der Bürger „im Staat" und als Privatmann „außerhalb des Staates"; er ist einerseits auf Pflichten und Rechte „gegenüber dem Staat" angewiesen, wobei sämtliche Staatsgesetze der natürlichen Vernunft entsprechen sollen und von ihr kontrolliert werden, und er lebt andererseits als ein selbstbewußtes, nur sich allein verantwortliches Individuum, wobei der Staat ihm diese Willensfreiheit und Handlungsfreiheit garantiert. Mit anderen Worten: Die Basis unserer Existenz ist die aus lauter einzelnen zusammengesetzte Kulturmenschheit. Insofern sind wir alle international frei, und die Staaten, die sich über dieser Basis wie Pyramiden erheben und an denen wir ebenfalls teilhaben, binden in uns jene Triebkräfte, welche sonst zu einem Kampf aller gegen alle führen müßten. Ob aus diesem Kampf sich sofort Kampfgruppen herausheben würden, weil der Mensch — laut Aristoteles — ein „gemeinschaftsbildendes Wesen" ist (was Hobbes bestritt), das sei dahingestellt. Jedenfalls würden auch solchen Kampfgruppen zunächst Auseinandersetzungen zwischen den künftigen Mitgliedern vorausgehen.

Andererseits

Dagegen erweist sich der zweite Teil der Staatskonstruktion von Hobbes als revolutionär nicht nur im Hinblick auf die doktrinär christlich-totalen Staatsgemeinschaften seiner Zeit, sondern auch, neuzeitlich aktualisiert, im Hinblick auf den konstitutionellen Staat. Denn einerseits vernichtet der „Große Leviathan" die ideologisch freigesetzte Konkurrenz, indem er sie verschlingt, und andererseits hebt er den Unterschied zwischen „öffentlich" und „privat" auf, weil im modern-totalen Staat wieder mittels Zensur und Strafverfolgung eine bestimmte Weltanschauung, die keine andere Doktrin oder ein anderes Dogma duldet, *notwendig* dem Bewußtsein jedes Staatsbürges einzuhämmern ist — „notwendig" deshalb, weil allein sie die Existenz des „Großen Menschen" und somit die Omnipotenz des „gewählten" Staatsoberhauptes ermöglicht. Das einzige, was dem Zustandekommen solcher totalen Körperschaft hinderlich wäre und was sie, sobald sie verwirklicht ist, von innen her „zersetzen" könnte, ist der *private Vorbehalt* des einzelnen. Denn aus diesem Reservat der Willensfreiheit erwächst der Widerstand, die (von Gottfried Benn so genannte) „innere Emigration" und die sehnsüchtige Erwartung, daß der „Große Leviathan" von außen gejagt und erlegt oder von innen her verenden, „der sterbliche Gott" also sterben werde. Hauptgegner des totalen Staates ist der Konstitutionalismus, weshalb sämtliche absoluten Souveräne der neuesten Zeit am schärfsten gegen Demokraten, Republikaner, Liberale vorgegangen sind. Kurz, der *aus dem Postulat der omnipotenten Souveränität heraus konstruierte* „Leviathan" erscheint als eine profane Rückkehr zur heiligen Monarchie, und das zugrunde gelegte Vertragssystem (Urvertrag, Volksabstimmung, Mehrheitsbeschluß) dient nur als Sprungbrett.

Gegensätzliche Weiterwirkung

Daher also ist das Gesamtwerk des Hobbes, soweit es den Staat zum Gegenstand hat, *zwiespältig* und einer Weiche vergleichbar, von der zwei Schienenstränge abgehen und bald in entgegengesetzten Richtungen verlaufen. So erklärt sich seine Sonderstellung in der neueren Geistesgeschichte, aber gerade in dieser Hinsicht ist er einer der größten Denker überhaupt. Fragt man nun, warum er trotzdem so wenig bekannt ist, dann lautet die Antwort: Seine Wirkung liegt jenseits der Grenzen der Fachphilosophie auf Gebieten, die unser Fakultätssystem anderen Lehrgebieten zuordnet. Dort aber, z. B. in der Rechtsgeschichte und in der allgemeinen Staatswissenschaft, gilt er hauptsächlich als ein Mann der Philosophie. Ein typisches Beispiel dafür, wie sich manche neuen Gesichtspunkte erst aus *übergreifenden, interdisziplinären Zusammenhängen* ergeben. Nirgendwo besser als am Beispiel von Hobbes können wir verfolgen, wie ein

Lebenswirklichkeit

großer Denker direkt oder indirekt *Lebenswirklichkeit* mitgestaltet hat. Dasselbe läßt sich von seinen philosophischen Zeitgenossen nur eingeschränkt sagen. Denn Descartes, Spinoza und sogar der Weltmann Leibniz haben sich streng innerhalb der Fachgrenzen gehalten, ja gewissermaßen wie in einem luftleeren Raum philosophiert: geschichtsfern, lebensfremd, und analog dem modernen Schlagwot „l'art pour l'art" sozusagen „la philosophie pour la philosophie" betrieben. Ihre dennoch revolutionäre Wirkung liegt darin, daß auch sie sich mit ihrer mechanistischen Welterklärung, ihrer Begeisterung für Mathematik und geometrische Methoden dem damaligen Zeitgeist in den Weg stellten.

DESCARTES, SPINOZA, LEIBNIZ

Descartes

René Des Cartes du Perron (lat. Cartesius, 1596—1650, aus La Haye in Mittelfrankreich) verdankte im Unterschied zu Hobbes seine Unabhängigkeit als Privatgelehrter nicht adeligen Mäzenen, sondern war dank seines Standes selbst privilegiert, wohlhabend und eben deshalb, weil er seinen geistigen Interessen beliebig nachgehen konnte, ein Einzelgänger. Den Pfarrersohn Hobbes faszinierte die große Politik; den Aristokraten Descartes langweilte sie; aber beide Denker waren gleichermaßen politisch gefährdet. Als junger Mann freilich hatte der Jesuitenschüler Descartes sich ein paar Jahre ins Weltgetümmel gestürzt, 1619 in Frankfurt am Main der Kaiserkrönung Ferdinands II. beigewohnt, 1620 als Kriegsfreiwilliger das Treffen am Weißen Berge mitgemacht. Bald jedoch zog er sich aus dem Dreißigjährigen Krieg zurück, der mit jener Schlacht in Gang gekommen war, unternahm eine Rundreise durch Europa, blieb einige Jahre in Paris, hielt sich 1628—1649 fast immer am Rand des Weltgeschehens in stillen Winkeln der Niederlande auf, heiratete ebensowenig wie Hobbes, verzichtete aber nicht auf wenigstens eine lang dauernde Liebesverbindung mit seiner Haushälterin oder Magd, korrespondierte regelmäßig mit dem Pariser Freundeskreis um Mersenne, veröffentlichte aus Furcht vor der Inquisition seine erste französische Schrift anonym („Abhandlung über die Methode, die Vernunft richtig zu führen und die Wahrheit in den Wissenschaften zu suchen", 1637), bekannte sich in der nächsten, lateinischen Arbeit zu seiner Verfasserschaft („Meditationen über die Erste Philosophie", d. h. Metaphysik, „worin über die Existenz Gottes und die Unsterblichkeit der Seele gehandelt wird", Paris 1641), wollte mit diesem gegen Mersenne, Gassendi, Hobbes gerichteten, der theologischen Fakultät der Sorbonne gewidmeten Buch sich dieser empfehlen, — es wurde trotzdem 1663 wie alle seine Bücher auf den Index gesetzt —, publizierte 1644 in Amsterdam die systematische Zusammenfassung seiner Philosophie („Principia philosophiae"), folgte 1649 einer Einladung der freisinnig-emanzipierten Königin Christine nach Schweden und starb 1650 in Stockholm.

Lebenslauf

Die Lust zum Philosophieren begann bei Descartes mit dem außerordentlich späten Erlebnis seines Selbstbewußtseins, was sich psychologisch vielleicht aus seiner Erziehung erklären läßt. Wie ein solches Erlebnis wirken kann, das hat mustergültig unser Jean Paul erzählt: „Nie vergeß ich die ... Erscheinung in mir, wo ich bei der Geburt meines Selbstbewußtseins stand, von der ich Ort und Zeit anzugeben weiß. An einem Vormittag stand ich als ein sehr junges Kind unter der Haustür und sah links nach der Holzlege, als auf einmal das innere Gefühl: Ich bin ein Ich, wie ein Blitzstrahl vom Himmel vor mich fuhr und seitdem leuchtend stehenblieb: Da hatte mein Ich zum erstenmal sich selber gesehen und auf ewig." Auch Descartes konnte Ort und Stunde der von heftigen Träumen begleiteten Geburt seines Ich-Bewußtseins in der Nacht vom 10. auf den 11. November 1619 angeben.

Ich-Erlebnis

Rückblickend auf jene Zeit, schrieb er später: „Schon vor Jahren bemerkte ich, wieviel Falsches ich von Jugend auf als wahr hingenommen habe und wie zweifelhaft alles sei, was ich später darauf gründete; darum war ich der

Meinung, ich müsse einmal im Leben von Grund auf alles umstürzen und ganz von vorn anfangen, wenn ich je irgend etwas Festes und Bleibendes in den Wissenschaften aufstellen wolle. Dies schien mir aber eine ungeheure Aufgabe zu sein, und so wartete ich das reife, für wissenschaftliche Untersuchungen am besten geeignete Alter ab." In Ulm hatte er sich an den Mathematiker Johann Faulhaber angeschlossen, Mitglied der geheimen Rosenkreuzer-Gesellschaft, und war von deren Lebensmaximen anscheinend beeindruckt worden. Rosenkreuzer (mit ihrer Pansophie) und Jesuiten verhielten sich zueinander wie Wasser und Feuer. Andererseits haben zweifellos die jesuitischen Meditationsübungen dem Descartes ungemein genützt.

Meditation

Denn indem er diese Fähigkeit, sein Bewußtsein meditativ zu kontrollieren, mit jenem Ich-Erlebnis verband, gelangte er methodisch umständlich, aber korrekt zu dem philosophischen Resultat, das ihn am meisten berühmt gemacht hat, obwohl es an und für sich nicht neu war. „Jetzt schließe ich meine Augen, stopfe meine Ohren zu, rufe alle Sinne zurück und tilge ebenfalls alle Abbilder körperlicher Dinge aus meinem Denken oder erachte sie wenigstens wegen ihres eitlen Truges für nichts ... Indem ich aber mit mir allein spreche und mich genauer anschaue, versuche ich, allmählich mir selber bekannter und vertrauter zu werden ... Da ich jetzt weiß, daß die Körper [die Objekte meiner sinnlichen Wahrnehmung, die Gegenstände meines Denkens, der anschauliche Inhalt des Bewußtseins] nicht eigentlich durch die Sinne oder durch die Fähigkeit der Vorstellung, sondern einzig und allein durch den Verstand erfaßt werden, auch nicht dadurch, daß man sie betastet oder sieht, sondern dadurch, daß man sie *denkt,* so erkenne ich ganz offenbar, daß ich nichts leichter und augen-

Sum cogitando

scheinlicher erfassen kann als *meinen eigenen Geist* ... Täusche mich, wer immer kann, er wird doch nie bewirken, daß ich nichts bin, solange ich denke, daß ich bin ... Ich bin, ich existiere; das ist gewiß. Wie lange aber bin ich? Nun, solange ich denke ... Was also bin ich? Ein denkendes Ding. Was ist das? Nun, ein zweifelndes, erkennendes, bejahendes, verneinendes, wollendes, nicht wollendes, auch einbildendes und empfindendes Ding." Folglich: „Cogito, ergo sum — ich denke, also bin ich", und zugleich: „Sum cogitando — ich bin, indem ich denke."

Im Grunde handelt es sich um einen einfachen Denkvorgang: Wenn ich alles aus meinem Bewußtsein entferne, dann bleibt als letzte, nicht mehr hinwegzudenkende Tatsache übrig, daß ich denke. Wenn ich mein Denken noch weiter fortsetze, so projiziere ich mittels dieses Denkens mich selbst als denjenigen, der denkt, ins eigene Bewußtsein: Ich schaue im Bewußtsein mich selber an, erkenne mich als Objekt meiner selbst und erlebe, da in diesem Falle Subjekt und Objekt identisch sind, mein Selbstbewußtsein.

Descartes hat auf diese Weise sein aufregendes Ich-Erlebnis mittels der Vernunft [lat. ratio] bestätigt und zur unumstößlichen Gewißheit erhoben. Das geschah in seiner „Abhandlung über die Methode". Denselben Denkprozeß kann man aber veranstalten, wenn man vorher die gesamte Aufmerksamkeit auf irgendeinen Begriff konzentriert und alles andere aus dem Bewußtsein wegdenkt, bis nur noch dieser einzige Begriff vorhanden ist, zum Beispiel einen

Gottesbegriff

Gottesbegriff. Mit einem solchen Begriff wage ich mich selbst nicht zu identifizieren, also bleiben denkendes Subjekt und gedachtes Objekt in diesem Falle getrennt. Denn „Gott" ist für uns der Inbegriff alles dessen, was wir nicht sind und was die physikalische Welt nicht ist: unendlich, unsterblich, ungeschaffen oder ungeworden, unbegrenzt an schöpferischem Vermögen und allwissend. Descartes kam zu folgendem Ergebnis: „Da wir in uns die Idee eines Gottes oder eines gänzlich vollkommenen Wesens finden, so vermögen wir nach der Ursache zu fragen, aus der heraus sich die Idee in uns befindet. Nachdem wir aber aufmerksam betrachtet haben, wie unendlich die dargestellten Vollkommenheiten sind, müssen wir einräumen, daß wir diese Idee einzig von einem sehr vollkommenen Wesen bekommen konnten, d. h. von einem wahrhaft seienden oder existierenden Gott... Da wir wissen, daß wir vielen Mängeln unterworfen sind und keineswegs diese äußersten Vollkommenheiten besitzen, deren Idee wir haben, so müssen wir schließen, daß sie in einer von der unseren verschiedenen und tatsächlich überaus vollkommenen Natur existieren, nämlich in Gott." Das ist der (scholastische) Gottesbeweis des Descartes.

Gottesbeweis

Interessant ist beim Zustandekommen des Selbstbewußtseins wie beim Gottesbeweis die von Descartes angewandte Methode: Ich bezweifle nacheinander alles, was ich im Bewußtsein habe und was ich hier sich verändern lasse, bis etwas Unbezweifelbares zurückbleibt. Bei Descartes freilich gehörte dieser Zweifel noch zum ursprünglichen Ich-Erlebnis, das nur mittels dieses quälenden Zweifels, also der Kritik an allem, überhaupt möglich geworden und die Kehrseite des Zweifels war. Blickt man genauer hin, dann erkennt man in jener Methode aber noch etwas anderes, Wichtigeres. Ebenso wie bei Galilei und Hobbes kommt es nämlich auf den *konstruktiven — oder destruktiven — Gedankengang* an, auf die *folgerichtig durchgeführte Gedankenbewegung*, die sich *entweder aus der Denkforderung heraus entwickelt oder auf sie zuläuft*. Insofern sind „Konstruktion" und „Destruktion" dasselbe, nur vom jeweils anderen Ende her, analog der Synthese und Analyse bei Galilei. Im Lateinischen gehören zusammen: „structor = der Maurer", „structura = das Bauwerk", „struere = aufschichten", „destruere = abtragen, auseinandernehmen" und „construere = zusammenfügen". Es handelt sich dabei um Fachausdrücke aus dem Bauhandwerk, die in übertragenem Sinne zu Begriffen geistiger Architektur wurden. Dann braucht eine „Destruktion" keineswegs nur „Zerstörung" zu sein, die nichts als Trümmer hinterläßt, sondern kann auch ein sorgfältiges „Auseinandernehmen" bedeuten, bis vom Gebäude — der Gedankenkonstruktion — nur noch der Grundstein da ist. So verfuhr Descartes mit seinem fortgesetzten Zweifel „destruktiv". Der Grundstein, auf den er zuletzt stieß, war sein Selbstbewußtsein.

Zweifel als Denkprozeß

Das nächste Unternehmen in umgekehrter Richtung hätte nun die „Konstruktion" oder „Rekonstruktion" sein können, aufbauend auf dem seiner selbst bewußt gewordenen Ich — woraus sich eine besondere Art philosophischer Welterklärung hätte herleiten lassen. Indes, so einfach (oder: so schwierig!) machte Descartes sich die Sache nicht. Was soeben erst mit durchschlagendem Erfolg weggezweifelt worden war, das mußte so lange ungewiß und deshalb für eine tragkräftige Konstruktion unbrauchbar bleiben, bis es als solide Realität bestätigt worden war. Woher aber diese Bestätigung nehmen? Wie wäre es, wenn sozusagen ein *deus ex machina* eingriffe und gleichsam mit einem Zauberwort an die Stelle des Zweifels eine neue Gewißheit setzte? In der Tat, diese Frage deutet den Ausweg an, den Descartes benutzte.

Alle großen Denker des 17. Jahrhunderts suchten ja, getreu ihrer mathematisch-mechanistischen Betrachtungsweise, nach einem Urprinzip, aus dem sich das Weltkunstwerk folgerichtig als Gedankenkonstruktion nachvollziehen ließe. Sie brauchten für ihr System „den festen Punkt in der Erscheinungen Flucht". Aber „alles fließt", wie Heraklit sagte, alle Erscheinungen sowohl der Innenwelt als auch der Außenwelt sind unaufhörlichem Wandel unterworfen. „Nichts außer einem festen und unbeweglichen Punkt verlangte Archimedes, um die ganze Erde von der Stelle zu bewegen; und ebenfalls ist Großes zu erhoffen, sofern ich etwas noch so Kleines finde, das fest und unerschüttert ist", schrieb Descartes. Schließlich fand er zwei feste Punkte: 1. für die Innenwelt sein Selbstbewußtsein und 2. für die Außenwelt seine Gottesgewißheit.

Frage nach dem festen Punkt

Dazu fällt uns sogleich aus der Antike das Verhältnis von „Mikrokosmos" und „Makrokosmos" ein. Jedoch, darum handelt es sich bei Descartes eben nicht. Er braucht „Gott" für seine *rationalistische* Erkenntnislehre als notwendige Hilfskonstruktion oder, respektvoller ausgedrückt, als eine Denkforderung, als ein Postulat, mittels dessen sich die angezweifelte Realität wiederherstellen läßt. Zu diesem Zweck muß er seinen Gott mit Wesensmerkmalen des Schöpfergottes ausstatten. Denn, so postuliert er: Gott hat die Welt geschaffen. Folglich ist auch die physikalische Realität eine unbezweifelbare Tatsache. Zugleich hat Gott uns die Vernunft, die Ratio, gegeben; folglich läßt sich zwischen ihr und der gegenständlichen Wirklichkeit eine schlüssige Beziehung herstellen. Und da Gott außerdem die Wahrheit ist, so dürfen wir den Resultaten unserer Denkvorgänge vertrauen. — Im übrigen entspricht diese Auffassung von Gott dem Deismus: Die Welt ist ein fertiges Gesamtkunstwerk, das nach bestimmten, einzeln zu erforschenden Regeln funktioniert; Wunder sind nicht zu erwarten, Glaubensvorstellungen führen nur in die Irre. Worauf wir uns jetzt mit berechtigter Zuversicht verlassen dürfen, das ist die Ratio.

Glaubensgewißheit

Weltkunstwerk

Rationalismus

Das lateinische Wort „ratio" ist vielfältig zu übersetzen. Es bedeutet je nachdem: „Rechnung, Berechnung, statistische Übersicht, Erwägung, Verfahrensart, Denken, Überlegung, Nachdenken, Begründung, vernünftiges Verhältnis, Regel, Ordnung, Gesetzmäßigkeit, Methode, Theorie, System, Wissenschaft, Beweisführung, Geisteskraft, Erkenntnis, Vernunft", jedenfalls aber ist ratio das Gegenteil von „Glauben". Die Ratio schließt aus, daß man sich, um die Richtigkeit einer Behauptung zu erweisen, auf Wundergaben, Visionen oder auf Offenbarungen aus dem Jenseits beruft. Deshalb kamen, des Rationalismus wegen, alle Schriften des Descartes auf den Index, wo sich aus demselben Grunde fast alle großen Denker ein unfreiwilliges Stelldichein gaben.

Da Descartes dank seines Gottesbeweises vom destruktiven Zweifel zur konstruktiven Gewißheit übergehen konnte, fragen wir ihn: Soll man den Erkenntnisvorgang mit Nachrichten aus der Umwelt beginnen, die uns von Sinnesorganen vermittelt werden, oder mit Leistungen der Vernunft? Darauf antwortet er: „Um nicht ständig im ungewissen zu bleiben, was der Geist vermag, und um sich nicht fruchtlos und vergeblich zu bemühen, muß man, bevor man darangeht, die Dinge im besonderen zu erkennen, einmal im Leben sich sorgfältig gefragt haben, welcher Erkenntnisse die menschliche Vernunft überhaupt fähig ist. — Dabei werden wir finden, daß nichts früher erkannt werden kann als der Verstand selbst, da von ihm die Erkenntnis alles übrigen abhängt, und nicht umgekehrt."

Präexistente Denkformen

Mit anderen Worten: Erst kommt die Theorie, dann die Praxis, die zur nachträglichen Kontrolle dient, ob die Theorie richtig war. Empirische Erfahrung und jeder höheren Erkenntnis *vorweg* sind die Denkformen, insbesondere die vernünftigen, uns eingeborenen oder angeborenen, aber von uns noch auszubildenden „Ideen", worunter Descartes bestimmte Begriffsvorstellungen verstand. Er war Mathematiker, ihm verdanken wir die *analytische Geometrie,* und so nimmt es nicht wunder, daß seine „Ideen" hauptsächlich der mathematisch-physikalischen Betrachtungsweise zugute kommen, z. B. „Zahl, Figur, Kausalität, Quantität, Sein, Bewegung, Ausdehnung, Raum". An der Wahrheit dieser Begriffe dürfen wir nicht zweifeln. Warum nicht? Weil Descartes dank seines Kunstgriffs mit dem Gottesbeweis ja als jenseitigen festen Punkt, als Weltprinzip, als zuverlässigen Urgrund alles Seins eben Gott gesetzt hat, dem er als ein Wesensmerkmal auch die Wahrhaftigkeit zusprach. Die Vernunft mit ihren Denkformen, so sagt er weiter, kommt von Gott, also muß man ihr vertrauen. Da derselbe Gott auch die Gewißheit der sinnlich wahrgenommenen

Außenwelt garantiert, so läge es wohl nahe, zwischen dem Innen und Außen, zwischen Vernunftvermögen und empirischer Realität eine grundsätzliche Übereinstimmung anzunehmen. Indes, diese Konsequenz hat erst Spinoza gezogen.

Geometrische Methode

Die geometrische Methode, wie die Mathematik überhaupt, kann uns davon überzeugen, daß wir bestimmte Gegenstände, nämlich geometrische Körper, allein aus unserem Vernunftwissen heraus folgerichtig konstruieren, wobei im Zuge der Konstruktion jeweils auch deren Begriff entsteht. Ja, anstatt die geometrische Figur zu zeichnen, vermögen wir sie mittels bloßer Zahlenverhältnisse rein gedanklich zu leisten. Allen sinnlich wahrgenommenen Gegenständen, den physikalischen Körpern, ist eine berechenbare *Ausdehnung* eigentümlich, und alles Geschehen stellt sich als *Bewegung* dar, die sich ebenfalls wissenschaftlich exakt angeben und in Begriffe fassen läßt. Kurz, im extremen Fall müßte man imstande sein, die empirische Realität *quantitativ*, nämlich in mathematisch-physikalischen Formeln, bei geschlossenen Augen kraft unserer Denkformen der Vernunft begrifflich und zugleich anschaulich zu produzieren.

Begriffsrealismus

Die „Ideen" sind also bereits *Realität.* Insofern stellt sich Descartes auf den Standpunkt scholastischer „Realisten", die ja aus den Allgemeinbegriffen die Realität herleiteten oder ihr mindestens die Allgemeinbegriffe zugrunde legten. Daraus erklärt sich die erkenntniskritische Kontroverse zwischen Descartes und Hobbes, Gassendi, Mersenne. Denn diese Denker verteidigten den „Nominalismus", wonach wir unsere Begriffe aus der empirischen Erfahrung herausbilden, etwa nach dem Motto: Erst die Praxis, dann die Theorie! Jedoch Descartes blieb, von seinem Ausgangspunkt her, nichts weiter übrig als eine besondere Art von „Realismus", die nunmehr zu einem Merkmal des „Rationalismus" wurde.

Vgl. Spinoza!

Nachdem Descartes in sein System den Schöpfergott (im Sinne des Deismus) aufgenommen hatte, bestimmte er ihn begrifflich als „unendliche *Substanz*", was wiederum eine lange scholastische Tradition hatte. Aus der „unendlichen Substanz" abgeleitet sind die beiden „endlichen Substanzen", nämlich *Geist* und *Körper.* Die Substanz definierte Descartes als „einen Gegenstand, der so existiert, daß er keines anderen zu seiner Existenz bedarf". Erkannt wird jede Substanz durch ihre *Eigenschaften.* Diejenige Grundeigenschaft, die das „Wesen" oder „die Natur" des Gegenstandes ausdrückt und „aus sich" — ohne Voraussetzung anderer Eigenschaften — zu begreifen ist, heißt „Attribut", jede sonstige Eigenschaft „Akzidenz" oder „Modus". Der *Geist* hat als Attribut „das Denken", und dessen Modi sind u. a. das Fühlen, Wollen, Begehren, Vorstellen, Urteilen (Bejahen, Verneinen). Das Attribut des Körpers ist „die Ausdehnung", und deren Modi sind u. a. Lage, Gestalt, Bewegung. — Beide Substanzen sind voneinander gänzlich getrennt. Deshalb spricht man hinsichtlich Descartes' von seinem „metaphysischen Dualismus", den Spinoza mittels seines „metaphysischen Monismus" überwand.

Metaphysischer Dualismus

Dieser „metaphysische Dualismus" kommt zum Ausdruck in Erkenntnislehre und Psychologie. Das Wahrheitskriterium richtiger Erkenntnis besteht darin, daß der Inhalt *„klar"* und der Umriß *„deutlich"* sein muß: Dann ist sie *„evident"*. In seiner Psychologie ging Descartes insofern von mechanistischer Welterklärung aus, als er sämtliche physikalischen Körper, also auch die Tiere und den menschlichen Leib, als Mechanismen auffaßte. Er sagte, dem damaligen Sprachgebrauch folgend, „Maschinen" oder „Automaten". Daran stoßen wir uns nur, weil wir Kinder unseres technischen Zeitalters sind und bei „Maschine" sofort mechanische Produkte der Industrie assoziieren. Aber Descartes — wie später z. B. La Mettrie in seinem Hauptwerk „L'homme machine" — meinte noch das, was wir als „Organismus" bezeichnen. Die mechanistische Natur-

Mechanistik

erklärung war ja ein Ansatzpunkt unserer modernen Naturwissenschaft überhaupt, insbesondere der Anatomie, Physiologie, auch Pathologie, der Zoologie und Botanik sowie der medizinischen Psychologie und Verhaltensforschung. Gemeint ist, daß ein unabdingbarer, naturnotwendiger Zusammenhang von Ursache und Wirkung besteht und daß die Wirkung — wie schon Descartes betonte — ebenso real ist wie die Ursache. Er kannte Harveys Entdeckung des Blutkreislaufs (den aber arabisch-hellenistische Mediziner schon vorher festgestellt hatten) und gelangte, dadurch angeregt, zu einer Vorahnung auch der Innervation, also des Nervensystems, wovon man damals im Abendland noch wenig wußte. So meinte er, zwischen unserem Leib und unserem Geist komme ein Nachrichtenverkehr zustande mittels der „Lebensgeister", und zwar auf dem Weg über das Seelenzentrum, das er im Gehirn vermutete. Derartige „Lebensgeister" machten sich dem Erkenntnisvermögen als „Affekte" bemerkbar, und der höchste dieser Affekte sei *die intellektuelle Liebe des Menschen zu Gott*. Sie finden wir wieder bei Spinoza.

Vgl. Spinoza!

Eine metaphysische Willensfreiheit kann Descartes auf Grund seiner Voraussetzungen nicht gelten lassen, sondern nur eine Freiheit des Wollens, also des aktiv auf bestimmte Ziele gerichteten Denkens, Urteilens und folglich auch des sittlichen Verhaltens. Wenn wir uns, im Besitz der Handlungsfreiheit, von Irrtümern abhängig machen, dann verfehlen wir unseren höheren Zweck, der uns von Gott her kraft der Vernunft zugedacht ist. Ethisch wertvolles Verhalten kann nur auf richtiger Erkenntnis beruhen.

Historische Wirkung

Welche Bedeutung hatte nun der cartesianische Rationalismus für unsere moderne Geistesgeschichte? Er begründete zunächst, indem er den scholastischen „Realismus" fortsetzte, umwandelte und erneuerte, die neuzeitliche Gegenrichtung zum (hauptsächlich von englischen Denkern bevorzugten) Empirismus, welcher die Tradition des scholastischen „Nominalismus" weitergetragen hat. Wichtig für wissenschaftliche Methodologie ist die Erkenntnislehre des Descartes geworden, und zwar deshalb, weil man im Abendland mit den allmählich von scholastischer Zensur befreiten Wissenschaften wieder von vorn anfangen mußte, nachdem aus der Antike, insbesondere aus der arabisch-hellenistischen Hochkultur, relativ wenig übriggeblieben war. Seine größte Wirkung erzielte Descartes in Frankreich, wo der Cartesianismus gekennzeichnet ist durch den „Vorrang des Geistes" („la primaute de l'esprit"). Daraus erklärt sich auch, warum dort auf dem Gebiet empiristischer Naturwissenschaften relativ wenige Forschungsergebnisse zustande kamen, warum insbesondere die Grundlagenforschung vernachlässigt wurde. „Das geistige Frankreich" ist, sofern „aufgeklärt", eben durch die Schule des Cartesianismus gegangen; der gebildete Franzose denkt, urteilt, konstruiert auch heutzutage „rationalistisch", nicht „empiristisch", im Unterschied zum gebildeten Briten, und das hat Folgen bis in die Alltagspolitik und Kriegführung hinein, ganz zu schweigen von Philosophie, Belletristik, Geschichtsschreibung und von der wissenschaftlichen Fachliteratur überhaupt. Offenbar hat der „französische Geist", wenn man ihn einmal so verallgemeinern darf, im System des Descartes seinen ihm angemessensten Ausdruck gefunden.

Spinoza

Was für Descartes das Ich-Erlebnis und der Weltzweifel waren, das waren für *Spinoza* die Ich-Bedrängnis und der Weltschmerz. Die Lebenserfahrung hätte ihn gelehrt, so schrieb er, daß „alles, was das gewöhnliche Dasein bietet, in der Regel eitel und nichtig ist", weshalb er sich auf die Suche nach dem

„wahren Guten“ begeben habe, „das seine Güte rein, ohne Beimischung anderer Dinge, dem Geiste mitteilen kann“. Wir wollen seine verhältnismäßig kurz darzustellende Philosophie aus seinem Werdegang heraus verstehen; insbesondere kommt es uns auf die private Lebensproblematik an, die er mittels seines Systems der Weltklärung aufzulösen vermochte.

Lebenslauf

Ursprünglich hieß er Bento d'Espinoza, weil seine Familie aus der spanischen Stadt Espinoza kam, sein jüdischer Eigenname lautete Baruch. Die Familie hatte in Spanien-Portugal die christliche Judenverfolgung überlebt und sich vor der Inquisition nach Amsterdam geflüchtet, einem Refugium spanischer Judenheit, die zum wirtschaftlichen Wohl und Gedeihen der Niederlande hierher ihre arabisch-hellenistische Hochkultur jüdischer Prägung mitbrachte, vor allem ihre Kunstfertigkeit im mathematisch exakten Zuschleifen von Edelsteinen und optischen Gläsern. Amsterdam wurde zum europäischen Zentrum der Juwelenverarbeitung und der optischen Industrie. Gleichzeitig trugen die Flüchtlinge außer Thora und Talmud ihre eigene Gnosis nach Nordwesteuropa, die von Philon über Aristoteles-Kommentare etwa des Maimonides bis zum Anschluß an die christlich-gnostische Scholastik reichte. In Thora, Talmud, jüdischer Gnosis wurde der junge „Baruch aus Espinoza“ unterrichtet; er sollte Rabbiner werden. Aber da er, wie einst Philon, an die Entmythisierung der heiligen Schriften (des Alten Testaments) ging und sich, nachdem er auch Lateinisch und Griechisch erlernt hatte, mit abendländischer Scholastik befaßte und Schriften antiker Philosophen im Urtext las, entfremdete er sich der Synagoge, wäre beinahe als Gottesfrevler getötet worden, bevor ihn 1656 der große Bannfluch aus der Gemeinschaft seines Volkes ausschloß. Da nahm ihn für einige Jahre jener Arzt und Medizinlehrer Dr. Tulp — oder dessen Sohn — auf, den wir auf Rembrandts bekannter „Anatomie des Dr. Tulp“ (1632) porträtiert sehen; denn während in Mitteleuropa der Dreißigjährige Krieg wütete, war in den Niederlanden, wo man inzwischen den langen Freiheitskampf gegen die Spanier gewonnen hatte, die Rembrandt-Zeit angebrochen mit ihrem Reichtum, ihrem Welthandel, ihrer bürgerlichen Selbstzufriedenheit. Spinoza, der sich nun Benedikt nannte — Benedictus de Spinoza —, erlernte die Kunst, Gläser zu berechnen und zu schleifen, Mikroskope und Teleskope herzustellen, und lebte als philosophierender Handwerksmeister. Das unterschied ihn äußerlich wohl am meisten von Hobbes und Descartes: Er mußte sich sein Dasein als Privatgelehrter, dem er sich während der Arbeitspausen hingab, zunächst selber finanzieren, ehe ihm ein wohlhabender Freund eine lebenslängliche Rente aussetzte. Vermutlich durch Einatmen des feinen Glasstaubes war er lungenkrank geworden; im 45. Lebensjahr starb er 1677 in Den Haag an Schwindsucht. Allerdings hatten ihm Freunde eine Professur an der Heidelberger Universität vermittelt, und Kurfürst Karl Ludwig von der Pfalz, der Sohn des am Weißen Berge besiegten „Winterkönigs“, hatte ihm Lehrfreiheit zugesichert; aber Spinoza lehnte ab, mit Recht die christlichen Theologen fürchtend, deren Zorn ihn über das Grab hinaus verfolgte, bis ihm ein Jahrhundert später Lessing (in einem von Nicolai publizierten Gespräch) zum Ruhme verhalf und den Vorwurf, er sei „Atheist“ gewesen, widerlegte.

Mystik und Mechanistik

Sein systematisches Hauptwerk, das Freunde noch in seinem Todesjahr drucken ließen, hat bis heute den Lesern viel Kopfzerbrechen bereitet und ganz entgegengesetze Deutungen hervorgerufen, weil es *Mystik und Mechanistik zugleich* bietet. Aber wir brauchen derartige Schwierigkeiten nicht zu fürchten; vielmehr verschaffen wir uns ohne Mühe die erwünschte Übersicht, indem wir die beiden Grundzüge des Systems, insbesondere die beiden Ansatzpunkte, aus Spinozas geistig-seelischer Lebensentwicklung ins Auge fassen.
Das Rezept ist einfach. Spinoza hatte sich als junger Mann in jene Art Gnosis

hineingearbeitet, die von arabisch-hellenistischen Philosophen — wir entsinnen uns des Averroes! — durch Einbeziehung aristotelischer Metaphysik und Physik nochmals gestrafft, neu geformt, und von Philosophen wie Maimonides dem gebildeten westeuropäischen Judentum erschlossen worden war.

Erkenntnis durch Gottes-Ratio

Wie jede gnostische Welterklärung, so stellt auch diese ein geschlossenes, folgerichtig durchgeführtes System dar. Das Dasein und Geschehen der Welt kommt von Gott her und entwickelt sich zu ihm hin; Gott ist, alles in allem, der Urgrund aller Dinge ebenso wie die bewegende Ursache, der Sinn und Zweck, die Gesetzlichkeit und die Vielgestalt, Form und Materie zugleich, vor allem aber der Formzusammenhang, der mit dem Zweckzusammenhang eine Einheit bildet und sich über zahlreiche Stufen hinweg jeweils anders zu erkennen gibt. Die Erkenntnis verdanken wir der göttlichen Vernunft, die uns in Geheimnisse des Gottesgeistes einweiht, indem sie die innerlich angeschauten Begriffe, die Ideen und Denkformen, fertig mitbringt. Der scholastische Realismus, nämlich der Vorrang des Geistes, des Denkens, der Vernunft ist hier selbstverständlich; die empirische Erfahrung kann ihn nur bestätigen. Solche Neognosis setzt Pantheismus voraus, sie bedingt ihn auch, und sie verlangt nach dem theologischen Determinismus.

Freilich, dem strenggläubigen Judentum, das sich unter dem Druck christlicher Inquisition wieder fest um die Thora geschart hatte, mußte derart großzügige Öffnung seiner Glaubenswirklichkeit zum Nichtjudentum hin, wie sie ehedem im arabisch-hellenistischen Spanien möglich und empfehlenswert gewesen war, jetzt frevelhaft erscheinen, und Spinoza hatte seine Freigeistigkeit ja auch zu büßen. Nun widerfuhr ihm offensichtlich ein zweites, erregendes Gedankenerlebnis. Auch finanziell auf sich allein gestellt, sah er sich trotz Freundeshilfe zu einem Beruf genötigt, auf den er sich mit seinen Glaubensübungen und

Mathematisch-physikalische Mechanistik

Philosophiestudien ja nicht vorbereitet hatte. Die Kunstfertigkeit, optische Gläser zu beschleifen und optische Instrumente herzustellen, setzt außer Materialkunde ein hohes mathematisch-physikalisches Wissen voraus, vor allem in der angewandten Geometrie. Mit der Geometrie, deren Grundlagen man aus dem Elementarbuch des Euklid erlernte, hing aber die damals modernste Welterklärungslehre zusammen: die mechanistische. Spinoza konnte ja täglich selber feststellen, wie exakt das geometrische Denkverfahren sich am optischen Gerät bewährte. Allerdings schloß die streng mathematisch-physikalische Betrachtungsweise mit ihrem logisch-abstrakten, allein auf konstruktive Postulate, Axiome, Grundprinzipien gerichteten Denken aus ihrem Weltbild insofern die Gnosis aus, als diese stets auch das magisch-mythische Denken zu Hilfe nahm. Zwar hatte sie jene mythische Gottesvorstellung, ohne die sie schlechterdings nicht auskam, in hohem Maße zur Mystik hin sublimiert; dieses nur dem Glauben geoffenbarte Gottesverhältnis war und blieb der Angelpunkt jedes gnostischen Systems, aber selbstverständlich war auch die Mystik mit der Mechanik nicht zu vereinbaren.

Spinoza wollte sich mit dem Gegensatz zwischen den beiden großen Weltsystemen, die er beide für richtig hielt, und mit einer Spaltung seines Bewußt-

Glaubenslehre und Realwissenschaft

seins in Glaubenslehre und Realwissenschaft nicht abfinden. Vielmehr machte er sich daran, beide Betrachtungsweisen zu vereinigen. Möglicherweise haben ihn erst die zumeist in Leyden und Amsterdam publizierten Bücher des Descartes auf den erlösenden Einfall gebracht, wie man Erkenntnis und Mathematik zusammenfassen könnte auf der Grundlage des Rationalismus, in dem ja der scholastische Begriffsrealismus steckt. Spinozas erste philosophische Arbeit war eine Auseinandersetzung mit Descartes.

Wie verfuhr er dabei? *Er verfaßte von neuem ein gewissermaßen gnostisches, allein seiner Gotteserkenntnis adäquates System, und zwar nach der mathemati-*

schen Elementarmethode, nach dem Vorbild und mit Begriffen der Geometrie des Euklid. Sein Hauptwerk heißt denn auch: *„Ethik, nach geometrischer Methode entwickelt."* Es enthält aber keineswegs nur eine Ethik, sondern das ganze System. Nun verstehen wir auch, warum über ihn so widersprechende Urteile gefällt wurden. Novalis, der ja selber ein Mystiker war, erklärte im Anschluß an Lessing, Friedrich Heinrich Jacobi, Herder und Goethe: „Der Spinozismus ist eine Übersättigung mit Gottheit . . ., der Inbegriff der Religiosität", hingegen Ernst Cassirer: „Der Gott Spinozas gleicht nicht dem Goetheschen Erdgeist, der in Lebensfluten, im Tatensturm auf- und abwallt; er verharrt in der ehernen Ruhe einer mathematischen Formel."

Geometrische Methode

Da beide Urteile zutreffen, müssen wir nach der Bruchstelle in seinem System suchen. Sie liegt in der hier unvermeidlichen Inkongruenz von *Gottesbegriff* und *Gottesimagination.* Den Begriff kann man definieren, und Spinoza hat es gründlich getan; man kann ihn als jenseitiges Grundprinzip setzen ähnlich wie Descartes, und Spinoza tat es. Dann aber ist dieses begrifflich gegebene Prinzip, wie man es auch dreht und wendet, auf jeden Fall ein vom Philosophen abhängiger, von ihm gehandhabter Gegenstand seines logisch-abstrakten Denkens. Alles, was man aus diesem Prinzip entwickeln, deduzieren will, muß vorher schon in ihm als Möglichkeit enthalten sein, welche man mittels des geometrischen Verfahrens aktualisiert. Die zugrunde gelegte Definition muß also eine Folge weiterer Begriffe und Definitionen fehlerlos nach sich ziehen, und im Hinblick auf solche Deduktionen muß schon das Urprinzip entworfen sein. Spinoza behauptet, diese Folgerichtigkeit sei so zwingend, „wie aus der Definition des Dreiecks die Gleichheit seiner Winkel mit zwei Rechten folgt". Von Mystik keine Spur! — Jedoch, sie soll nicht etwa untergehen; im Gegenteil! Sie erscheint bei Spinoza, indem Gott als höchstes Wesen und ausgestattet mit mindestens einer menschlichen Eigenschaft, nämlich der Selbstliebe, hoch über dem Philosophen in erhabener Ruhe verharrt, gleichzeitig aber die ganze Welt in sich faßt und jeden Menschen in den Kreislauf seiner Selbstliebe einbezieht. Ihm nähert sich der Mensch auf der höchsten Stufe des Wissens, wo er „intuitiv" das Besondere zusammen mit dem übergeordneten Allgemeinen „im Lichte des Ewigen schaut". Der Ansatzpunkt zu dieser mystischen „Schau" liegt für Spinoza darin, daß er mit Begriffen, die er von Cusanus und Giordano Bruno übernahm, Gott als „natura naturans", als das allgemeine Weltwesen, und als „natura naturata", als Inbegriff der Einzeldinge, auffaßt und insofern dem Pantheismus nahekommt.

Gottesbegriff

Gottesschau

Im großen ganzen ähnelt sein System dem gnostischen Realismus jenes Johannes Scotus Eriugena (um 810—880), den Karl der Kahle zum Leiter der Pariser Hofschule ernannt hatte. Dieser Ire, einer der frühen Scholastiker, war ebensowenig wie alle Scholastiker ein originaler Denker, vielmehr von Autoritäten abhängig, insbesondere von Platon, Philon, Plotin, aber in seiner Art doch einigermaßen selbständig. Worin seine Welterklärung sich wie jede neuplatonische Gnosis von Spinozas System unterschied, das war vor allem die Emanationslehre, die ein andauerndes „Ausfließen" göttlicher Formkraft statuiert. Hauptsächlich die Emanationslehre liegt unserer abendländischen Mystik zugrunde. Spinoza ersetzt sie in gewissem Umfang insofern durch seine geometrische Konstruktion, als diese ja Bewegung in sich selber hat; aber die Lebendigkeit geht dabei verloren, der Lebensstrom wird gleichsam über Stauwehre und Schleusen geleitet, nämlich über Definitionen und Axiome, auf die er seine Lehrsätze und Beweise aufbaut, woran Folgesätze und nähere Erklärungen anschließen.

Geometrisch verfestigte Emanation

Für Spinoza gibt es nur einen „festen Punkt in der Erscheinungen Flucht", ein Urprinzip, aus dem er alles ableitet: Gott, „die Ursache von sich selbst",

Gott als Substanz die „immanente Ursache" sämtlicher Dinge; jedoch eben nicht aufgefaßt als eine die ganze Welt durchwaltende Grundkraft und auch nicht zeitlich den Dingen voraus; sondern das Verhältnis Gottes zu den Dingen wird hier rein logisch aufgefaßt: Er verhält sich zu ihnen wie der Begriff einer geometrischen Figur zu ihren Eigenschaften, wie ein Grundsatz zu seinen Folgesätzen. Spinoza bezeichnet ihn als die allgemeine *Substanz* und definiert den Substanzbegriff als „dasjenige, was in sich existiert und durch sich begriffen wird". Gott oder die Substanz ist die freie Ursache von allem; alles andere ist ohne Ausnahme

Weltkunstwerk determiniert. Die Welt stellt sich dar als göttliches, nach bestimmter Gesetzlichkeit hergestelltes und funktionierendes Kunstwerk oder als großer Mechanismus. Nur unter einer solchen Voraussetzung konnte Spinoza überhaupt an seine Aufgabe herangehen.

Der zweite grundlegende Begriff ist das *Attribut,* „dasjenige, was der Verstand an der Substanz als wesentlich auffaßt". Da Gott die einzige Substanz und ein Wesen von unendlicher Realität ist, das „ens realissimum" der Scholastiker,

Zwei Attribute so kommen ihm unendlich viele Attribute zu. Der menschliche Geist allerdings kann von ihnen nur zwei erkennen: *Denken* und *Ausdehnung.* Es handelt sich um *reale Eigenschaften,* in denen sich das Wesen der Substanz (Gottes) vollständig — „adäquat" — darstellt, nämlich als eine einheitliche, allumfassende Ordnung. Damit ist gegeben, daß ihr Inhalt einen völligen *Parallelismus* aufweist.

Parallelismus Dieser Parallelismus ist hier nun ein Schlüsselwort. Spinoza schwebt jenes Charakteristikum der geometrischen Methode vor, für das er sich so begeistert hat: Dem Verhältnis räumlicher Gestalten, das in einem geometrischen Lehrsatz ausgesprochen ist, geht parallel das Verhältnis der Gedanken, welche diesen Lehrsatz ausmachen. Nochmals wiederholen wir unser Standardbeispiel: Es sei gefordert, daß von einem beliebigen Punkt zu einem andern beliebigen Punkt eine gerade Linie gezogen werde; hierdurch entsteht die durch zwei Punkte begrenzte Strecke und zugleich ihr definierter Begriff. So verfährt

Genetisches Prinzip Spinoza bei seinen Definitionen: Sie müssen das Objekt entstehen lassen und damit zugleich das Gesetz ihrer Bildung offenbaren. Dieses *genetische* Prinzip bedingt, wie wir wissen, daß jeder derartigen Konstruktion eines Körpers der ihr adäquate Gedankengang absolut parallel geht und daß Konstruktion und Gedankengang *identisch* sind; denn dieselbe Ordnung herrscht in beiden, und *in dieser identischen Ordnung besteht für Spinoza die Substanz.* Daher seine „Identitätsphilosophie"!

Identitätsphilosophie Gemeint ist, indem er jene geometrische Methode aufs Weltganze überträgt, daß „die Ordnung der Ideen dieselbe ist wie diejenige der Dinge": Allem Geistigen entspricht etwas Körperliches und umgekehrt. Es gibt keine Trennung zwischen Innenwelt und Außenwelt, keinen Unterschied zwischen Idealität und Realität, sondern nur die Substanz, von welcher die Einzeldinge nur „Modi" sind, nur besondere Ausprägungen. — Hier erkennen wir durch die starren Formeln hindurch wieder das mechanistische und mystische Weltsystem. Auch zwischen „Leib" und „Seele" des Menschen verläuft der — hier „psychophysisch" genannte — Parallelismus und schließt jede Wechselwirkung aus. Die „Seele" ist die Vorstellung des Leibes oder die Vorstellung vom Leib („idea corporis"), und das Selbstbewußtsein ist die „idea ideae corporis", nämlich der Inbegriff jener Vorstellung, oder das Wissen von ihr.

Bei Spinoza aber vermag der menschliche Geist sich selbst nur insofern zu erkennen, als er die Ideen der „Affektionen des Körpers" perzipiert, die von anderen Körpern herrühre. Das heißt: Unser Gemütszustand wird durch äußere Ein-

Mechanistik drücke bewirkt; und da unser Körper — wie Spinoza übereinstimmend mit Descartes lehrt — ein Mechanismus ist und auf Reize in bestimmter Weise reagiert, so wird unser privater Geist mittels des psycho-physischen Parallelismus jeweils sofort von jeder Reaktion informiert. (Die Tradition dieser Affektlehre geht zurück bis auf Demokrit und Epikur.) Weil nur solche Reaktionen, geistig aufgefaßt als „Ideen", uns von Fall zu Fall ein Stück Selbsterkenntnis ermöglichen, deshalb ist es „vermittelt" und sehr unvollkommen. Die Beweisführung erinnert von fern an die Sozialpsychologie des Hobbes, woher Spinoza sie wohl auch hat, und paßt schlecht zu seinem sonstigen Rationalismus. Naiv ausgedrückt: Unser Selbstbewußtsein hängt ab von empirischer Erfahrung und vom Umgang mit anderen Leuten; und selbstverständlich kann es sich dann präsentieren als ein Machtbedürfnis.

Hinweis auf Hobbes

Folgerichtig (und Hobbes verpflichtet) definiert Spinoza denn auch die *Sittlichkeit* als „die Macht des Menschen, die durch das Wesen des Menschen allein ihre Erklärung findet". Hier ist aber die Macht intendiert, die der einzelne kraft seiner Natur über sich selber hat, also nicht das von äußeren Umständen gegebene Sozialverhältnis. Spinoza meint ungefähr dasselbe, was Aristoteles — und ihm folgend die Scholastik — unter „Potenz" verstand, nämlich die Kraft zur natürlichen Selbstentwicklung. Wenn der Einzelmensch trotz seiner Verflochtenheit in den allgemeinen Kausalzusammenhang eine derartige Verwirklichung seiner selbst zustande bringt, dann ist er „wahrhaft frei". Hingegen bleibt er „unfrei", solange er sich durch übermächtige Einflüsse von außen her bestimmen läßt. Mit andern Worten: Hier injiziert Spinoza seinem streng geschlossenen System ein Tröpfchen Individualismus. Allerdings kann die wahre Freiheit nur mystisch erlangt werden, nämlich durch „Erkenntnis Gottes", also durch eine Art von „Gnosis." Plötzlich fühlt sich Spinoza von seiner geometrischen Methode offensichtlich beengt, und mit einem Gedankensprung setzt er sich über ihre Grenzen hinweg.

Determinismus

Denn nur für den Normalfall heißt es bei ihm: „Wir meinen, frei zu handeln, weil wir uns nur unseres Wollens und seiner unmittelbaren Motive bewußt sind, aber nicht der weiter zurückliegenden Ursachen", die uns innerhalb der göttlich-mechanistischen Weltnatur alles Verhalten vorschreiben. Jedoch für den Sonderfall gilt, daß wir uns kraft der Vernunft zu Gott empordenken können. Das geschieht, indem wir „adäquate Ideen" denken; „Gott" ist z. B. eine solche adäquate Idee, desgleichen die Idee jedes einzelnen Gegenstandes, sofern wir sie als Modifikation der einen Substanz betrachten. Zu diesem Zweck freilich müssen wir die Substanz selbst denken, das ist: Gott. Soweit wir dazu nicht imstande sind und weil unser geistiges Vermögen nicht ausreicht, kommt uns die „Intuition" zu Hilfe, *die geistige Schau der Gottesidee.* Danach fällt es uns leicht, aus dem intuitiv geschauten Zusammenhang des Ganzen heraus dessen innere Notwendigkeit einzusehen sowie die Modifikationen der Substanz bis zu den kleinsten Einzeldingen, vor allem aber: bis zu uns selber. So erkennen wir unsere eigene Naturbestimmung und wissen: Sie entspricht Gottes Weltplan; und während wir so uns selber „sub specie aeternitatis" gleichsam mit den Augen Gottes anschauen, sind wir durch solchen Weltrundblick frei zu uns selbst geworden. In der Erkenntnis Gottes verhalten wir uns ganz und gar tätig, und die daraus sich ergebende Freude, begleitet von der Idee Gottes, ist *die intellektuelle Liebe zu Gott.* Ermöglicht freilich wird uns dieser freudenreiche Aufschwung nur dadurch, daß *Gott selbst uns diese Liebe eingegeben hat,* sie kommt von ihm und kehrt, uns mitreißend, zu ihm zurück als seine Selbstliebe.

Ideenlehre

Gottesschau

Amor Dei

Somit befinden wir uns, der geometrischen Methode entronnen, wieder auf dem altvertrauten Gipfel der Mystik im höchsten Augenblick. Wie aber war das überhaupt möglich? Gott ist identisch mit der ganzen Welt, so versicherte uns Spinoza. Wie haben wir uns Gott dann zu denken oder vorzustellen, wenn wir ihn mit seiner Liebe lieben, mit seiner Vernunft erkennen und seiner Intuition teilhaftig sind? Als „Substanz", sagt Spinoza, als „Urgrund alles Seins", sagen ältere Mystiker. Aber diese Gleichung geht nicht auf; es wird nämlich von allen Mystikern eine schon vorausgesetzte Gottesvorstellung stillschweigend mitgedacht, die magisch-mythischer Herkunft ist und sich als anthropomorphe Wesenheit imaginieren läßt.

Über diese Lücke seines rationalen Systems, die vom magisch-mythischen Denken ausgefüllt wird, ist auch Spinoza nicht „nach geometrischer Methode" hinweggekommen. Dafür hat er aber *den christlichen Dualismus überwunden zugunsten eines radikalen Monismus.* „Gut" und „Böse" können sich schlechterdings aus seinem Substanzbegriff *nicht* zwingend ergeben, sondern sind Eigenschaften, die nur wir den menschlichen Handlungen und den Gegenständen beilegen. Sie haben nur *relative* Geltung und nur für uns. Mit dem substantiellen Weltgrund haben sie nichts zu tun.

Monismus

Hauptsächlich diese Stellungnahme gegen den christlichen Dualismus empörte sämtliche Kirchen aufs äußerste. Spinoza lebte ja noch in der Zeit, als die Lehre von Christusmenschheit, Satansmenschheit und Hexenwerk über das Schicksal unserer ganzen Welt entscheiden sollte. Daß er seinen Gottesglauben mit exakt-wissenschaftlicher Methode rechtfertigen wollte, half ihm gar nichts, denn da sein Gott keiner Konfession angehörte und in kein Dogma paßte, so wurde er — der ja vor der Publikation seines Hauptwerks gestorben war — nachträglich mit dem Brandmal „Gottesfeind, Antichrist" abgestempelt. Zu Lebzeiten hatte er sich, außer mit freigeistigen Wissenschaftlern, nur mit Jesuanern — Mennoniten, Kollegianten — auf der Basis gegenseitiger Toleranz verstanden. Aber hundert Jahre nach seinem Tod begann seine „Ethik" vor allem in Deutschland langsam zu wirken, nicht nur auf die schon genannten „Klassiker" Lessing, Herder, Goethe, sondern auch auf Schleiermacher, Schelling (der ebenfalls eine „Identitätsphilosophie" vorlegte), Hegel, Fechner, sogar (des Monismus wegen) auf Haeckel.

Nachwirkung

Leibniz

Das mathematisch-physikalische Gegenbeispiel zur geometrischen Methode des Spinoza hat *Gottfried Wilhelm Leibniz* (1646—1716; aus Leipzig) geliefert. Er hatte Jurisprudenz, Mathematik, Philosophie studiert und auf allen Fachgebieten sich als überragend begabt erwiesen, aber auf keines sich festgelegt, sondern nach der Universitätszeit seine Studien nicht nur fortgesetzt, sondern auch auf andere Fachgebiete ausgedehnt. Schon deshalb konnte sein System der Welterklärung für ihn keineswegs solche Lebensaufgabe darstellen wie etwa für Spinoza dessen „Ethik". Er erschöpfte sich nicht im Dienste der Philosophie. Immerhin waren seine „Monadologie" und „Theodizee" auch nicht bloße Nebenprodukte seiner Lebensleistung, sondern stellten eine geistige Konsequenz dar aus seiner Mathematik, — unabhängig von Newton erfand er die Infinitesimalrechnung —, seiner Wesensart und seiner universalen Gesinnung. Seit 1670 arbeitete er diplomatisch für den Kurfürsten von Mainz, der ihn 1672 bis 1676 nach Paris entsandte. Daraufhin wurde er Hofrat und Bibliothekar in Hannover, wo er die Geschichte der Welfen zu erforschen und zu schreiben begann und woher er zum Quellenstudium durch Europa reiste. Überdies war er maßgeblich beteiligt an der im Jahre 1700 erfolgten Gründung der Preußischen Akademie der Wissenschaften, wurde deren erster Präsident und somit auch in Berlin heimisch. Er erlebte noch, wie sein Kurfürst, Georg Ludwig, 1714 auch König von Großbritannien wurde. Aber nachdem

Lebenslauf

er den Welfen auf mannigfache Weise genützt, als Diplomat, Jurist, Geschichtsschreiber und Verfasser politischer Flugschriften, blieb doch der hannoversche Hof dem Begräbnis des mittlerweile in ganz Europa berühmten Gelehrten fern: Leibniz galt ja, da er nicht dogmatisch gebunden war, als Freidenker.

Rationaler Dualismus

Um zu seinem System einen Zugang zu finden, wollen wir uns ins Bewußtsein rufen, was wir über Descartes, Spinoza und die Geistigkeit ihrer Zeit ausgeführt haben. Auch Leibniz unterschied zwischen Vernunft- und Tatsachenerkenntnis. Was die erstere betrifft, so soll sie — laut Leibniz — den Charakter der inneren Notwendigkeit haben. Ihr Gegenteil wäre denkunmöglich. Sie gilt („a priori") nach dem Satz der Identität. Alle Mathematik gehört hierher. Grundlegend sind die Realdefinitionen, nämlich die Angaben (gemäß der euklidischen Geometrie), wie ein Begriff zu konstruieren ist, wobei sich das Denken als schöpferisch erweist.

Hinsichtlich der Tatsachenerkenntnis gilt: Sätze, die sich auf Tatsachen beziehen, sind gültig, wenn sie einen „zureichenden Grund" haben. Ausgangspunkt ist die Sinneswahrnehmung. Da sie aber sich zu unbestimmt erweist, muß die Ratio nähere Bestimmungen treffen. Die wichtigsten Ordnungsprinzipien sind Zahl, Zeit, Raum. Dabei sind Zeit und Raum keine „Dinge", sondern *Betrachtungsweisen;* sie gestatten, das sinnlich Gegebene trotz seiner Verschiedenheit unter dem einheitlichen Gesichtspunkt der *Größe* aufzufassen.

Mechanisches Kontinuitätsprinzip

Der nächste und zugleich interessanteste Begriff ist die *Kontinuität.* Dieses Prinzip entstammt der („klassischen") *Mechanik.* Zugrunde liegt das schon von Galilei festgestellte *Gesetz der gleichmäßig beschleunigten Bewegung,* aus dem Newton wie Leibniz die Differentialrechnung entwickelt haben. Es geht darum, daß die gleichmäßig („kontinuierlich") beschleunigte Geschwindigkeit z. B. eines frei fallenden Körpers nicht „längs seines Weges" festgestellt werden kann, sondern nur „von Bahnpunkt zu Bahnpunkt". Die „Geschwindigkeit in einem Bahnpunkt" wird durch Differentialquotienten errechnet, deren Differentiale *unendlich klein* „nach Null konvergieren". Zur geometrischen Darstellung dient das Koordinatensystem. Dieses Prinzip übertrug Leibniz auf das begriffliche Denken. Ein Begriff läßt sich aus dem andern in kontinuierlichem logischem Fortgang entwickeln. Nehmen wir als Beispiel „Ruhe — Bewegung". Die „Ruhe" wird definiert als „Bewegung von unendlich kleiner Geschwindigkeit". Der weitere, wieder der Mechanik entnommene, ebenso wichtige Begriff ist derjenige der *„Kraft"*, und zwar bezogen auf das *Quantum der Bewegung.* Bei diesem Quantum handelt es sich um die *Erhaltung der Kraft.* Leibniz definiert: „Kraft ist der gegenwärtige Zustand selbst, sofern er ... einen folgenden im voraus involviert", d. h. sofern er die Bedingungen, unter denen der folgende Zustand eintritt, in ganz bestimmter, mathematisch faßbarer Form enthält. Ein Beispiel ist die kontinuierlich wachsende Geschwindigkeit, die in unendlich viele Bahnpunkte unterteilt ist, wobei jeder annähernd unendlich kleine Bahnpunkt einen bestimmten Zustand der fortwirkenden Kraft darstellt, aus dem sich der folgende Bahnpunkt/Zustand notwendig ergibt.

Kraftbegriff

Der Ansatz systematischer Welterklärung

Damit haben wir den Ansatz gefunden, aus dem Leibniz seine gesamte Welterklärung entwickelt. Denn der Begriff der Kraft und die ihr entsprechende Arbeit, verbunden mit dem Prinzip der Kontinuität, ermöglicht es ihm, nun den Zusammenhang der Naturvorgänge trotz ihrer Mannigfaltigkeit einheitlich zu erklären, da ja die verschiedensten Naturprozesse ein gemeinsames Maß haben in der von ihnen geleisteten Arbeit. Das kleinste Kraftmaß, sozusagen die annähernd unendlich kleine Maßeinheit, ist das Wirkungsquantum das Max Planck für die moderne Atomphysik entdeckte. Leibniz, der es anscheinend geahnt, aber philosophisch erklärt hat, nannte es „Monade" (von gr. monás = die Einheit). Diesen Begriff übernahm er von Euklid, der in seinen „Elementen" ihn definierte als „dasjenige, wodurch jedes existierende Ding *eins* genannt wird", indes „die Zahl eine aus Monaden zusammengesetzte Vielheit" ist. Demokrit und Epikur bezeichneten *als Monas das Atom.*

Monadologie und Infinitesimalrechnung

Demgegenüber faßte Leibniz die Monade eher im Sinn der modernen Atomphysik auf, da er nicht von der Geometrie, sondern von der Arithmetik und speziell von der Differentialrechnung und Integralrechnung ausging. Blicken wir zurück, dann sehen wir, wie im 17. Jahrhundert die großen Denker sich anstrengten, von den Prinzipien des „Seins", mit denen sich die Scholastik abquälte, hinweg zu den Prinzipien der „Bewegung" zu kommen, also von der Statik zur Dynamik. Aber erst Leibniz hat dieses Ziel erreicht, indem er die Kraft und deren kleinstes Maß, das Wirkungsquantum, als Grundprinzip wählte. Infolgedessen gibt es in seiner weltanschaulichen Dynamik keine körperhaften Atome als kleinste Einheiten, sondern unausgedehnte, unkörperliche Monaden. Wie Spinoza sein System „nach geometrischer Methode" anlegte, so hätte Leibniz von seiner Monadologie — die er auf ein paar Druckseiten zusammenfaßte — sagen können, ihr Ausgangspunkt sei *unter Zugrundelegung der Infinitesimalrechnung* gebildet worden.

Jedoch, was nun den Aufbau seines Systems betrifft, so hätte der skeptische Hume vermutlich von einem Produkt der Phantasie geredet. — „Kraft", ausdrückbar in Energie, ist ein Einzelzustand des natürlichen Geschehens, sofern er den folgenden bereits einschließt. Faßt man die Gesamtheit einer solchen Entwicklungsreihe ins Auge, so gelangen wir zum Begriff der „ursprünglichen Kraft". Er enthält zugleich das Gesetz, nach dem in der ganzen Reihe der Übergang von Glied zu Glied erfolgt. Solche ursprünglichen Kräfte sind die Monaden. Ihre Gesamtheit bildet den metaphysischen Grundbestand der Wirklichkeit. Das in den einzelnen Monaden waltende Entwicklungsgesetz ist streng individuell. Es stellt sich stets nur in einem Exemplar dar.

Monaden als Lebenseinheiten

Indem Leibniz mit kühner Wendung jeder Monade ein Eigenleben zusprach, konnte er ihr auch bestimmte „Vorstellungen" zuschreiben. Im „Vorstellen" besteht ihre Tätigkeit. Eine derartige Monade hat scheinbar nichts mehr zu tun mit klassischer Mechanik und Mathematik, sondern sie ist — um die Pointe vorwegzunehmen! — anscheinend nur eine besonders geartete Emanation Gottes. Leibniz bezeichnet sie gelegentlich auch als „Entelechie". Mit anderen Worten: Der physikalische Begriff der Kraft ist plötzlich infolge eines Gedankensprunges verwandelt in den aristotelischen Begriff der Energie. Der göttlichen Energie! Aber könnte man nicht auch auf diese göttliche Energie die Differentialrechnung anwenden? Leibniz hat es — in gewissem Sinn — getan. Wir erinnern uns der kontinuierlichen Beschleunigung einer Geschwindigkeit von Bahnpunkt zu Bahnpunkt. Anfangs war die Beschleunigung gleich Null. Kontinuierlich wächst sie immer mehr an. War sie zuerst unendlich klein, so wird sie zuletzt unendlich groß! Und wenn die hier ins Auge gefaßte Energie unendlich groß geworden ist, dann nennt Leibniz sie: Gott. Weiter: Auf der Geschwindigkeitsstrecke dieser Energie haben wir unendlich viele Bahnpunkte, deren jeder einen bestimmten Energiezustand mit jeweils größerer Leistung darstellt. Wir brauchen nicht alle Punkte, es genügt eine regelmäßig für die gesamte Strecke gültige Auswahl. Jeden Zustand mit seinem Energiemaß

Gott als Weltmonade

nennt er eine Monade. Die kleinste Monade ist nahezu unendlich klein. Sie ist die Elementareinheit. Die größte Monade ist unendlich groß: Diese Monade ist Gott. So baut sich die gesamte Welt vom Kleinsten zum Größten stufenweise auf.

Nun zu den „Vorstellungen"! Sie sind nicht hervorgerufen durch äußere Eindrücke; denn „die Monaden haben keine Fenster", sagt Leibniz. Vielmehr beruhen die Vorstellungen auf innerer Spontaneität. Insofern erweist Leibniz sich gegenüber Hume als Rationalist. Jede Monade spiegelt innerlich das Universum, aber jede von ihrem Standpunkt aus und — darauf kommt es an! — in verschiedenen Graden der Klarheit und Deutlichkeit. Somit gibt es eine Rangfolge der Monaden analog dem jeweiligen Energiemaß ihres Bahnpunktes. Die niedersten Monaden, deren Energiemaß fast Null ist, haben nur unbewußte Vorstellungen und auch diese äußerst trübe; sie liegen den materiellen Erscheinungen zugrunde. Hier halten wir einen Augenblick inne. *Worauf Leibniz abzielt, das ist nicht eine Erklärung der realen, gegenständlichen Welt, sondern unserer Bewußtseinsinhalte und Bewußtseinsvorgänge.* Die gegenständliche Realität, die Außenwelt, wird als konkreter Tatbestand oder Sachverhalt in Übereinstimmung mit dem Bewußtseinsinhalt vorausgesetzt und interessiert nicht weiter. Wichtig sind nur die *Vorstellungen* von ihr.

Hierarchie der Monaden

Höhere Monaden sind „Seelen" mit bewußten Vorstellungen; Leibniz rechnet auch die Tiere zu ihnen. Noch höhere Monaden haben Selbstbewußtsein und Vernunfterkenntnis; sie sind „Geistwesen" und nur dem Menschen eigentümlich. Jede Stufe umfaßt (wie bei Aristoteles) alle niedrigeren Stufen. Nur Elementarmonaden treten einzeln auf. Sämtliche ihnen übergeordneten Monaden stellen jeweils größere Monadenkomplexe dar, was sich wiederum an Hand der Differentialrechnung und analog der kontinuierlich wachsenden Geschwindigkeit oder Kraftsteigerung darlegen läßt. Folglich hat jeder Einzelmensch in seinem Geist sowohl ganz dunkle, *unbewußte* und trübe, *halbbewußte,* ferner klar und deutlich *bewußte* sowie schließlich *selbstbewußte* Vorstellungen. Eine Psychologie des Unbewußten kündigt sich hiermit an. *Die höchsten Monaden denken die Welt aus dem Geist heraus, aus dem Gott sie gedacht hat;* sie stehen auf der höchsten Stufe der Erkenntnis, und indem in ihnen sich Gottes Geist in vollkommener Klarheit und Deutlichkeit *„spiegelt"*, haben sie das, was neuplatonisch Gottesschau heißt: Gott läßt sich von ihnen innerlich anschauen, wie er ist. So beginnt die spekulative Philosophie des Deutschen Idealismus! Im übrigen besteht Gott als unendlich große Monade mit unendlich großer Energie aus reiner, unbeschränkter Tätigkeit; eine materielle Welt gibt es darum für ihn nicht. Der Gegenpunkt wäre die absolute Ruhe: das Nichts. Da aber das Nichts laut der vorhin zitierten Definition von Leibniz als „unendlich kleine Bewegung", also auch als „unendlich kleine Energie" aufzufassen ist, würde gemäß der „Kontinuität der Begriffe" die unendlich kleine Energie aufgehoben in der unendlich großen; anders ausgedrückt: *Nichts und Alles sind identisch.*

Erkenntnisstufen

Spekulative Philosophie

Nichts und Alles identisch

Aus dem Energiebegriff zusammen mit dem Kontinuitätsprinzip entwickelt Leibniz den totalen inneren Zusammenhang des Weltganzen. Denn sämtliche Vorstellungsreihen, welche das Wesen einer Monade ausmachen, sind aufeinander abgestimmt. Es muß ja so sein, spiegeln sie doch alle, wenn auch mehr oder minder vollkommen, einheitlich dasselbe höchste Wesen: Gott, und stellen sie doch Zustände ein und derselben Energie dar. Auf diese Weise erweist sich theoretisch die Weltharmonie, die von Gott *„prästabilierte Harmonie"*.

Prästabilierte Harmonie

Da nun das Universum mit seiner „von vornherein festgestellten" Ordnung nicht besser sein kann, so ist es *„die beste aller möglichen Welten"*. Dasselbe hatten am Beginn der Gnosis schon die Stoiker behauptet. Mit ähnlichen Argumenten verteidigte Leibniz seinen Optimismus in der „Theodizee", der „Rechtfertigung Gottes" gegenüber dem Vorwurf, daß er für das Übel und das Böse in der Welt verantwortlich sei, da es ja in seiner Allmacht gestanden hätte, es nicht zuzulassen. Leibniz hat den Theodizeebegriff nach Röm. 3, 5 gebildet;

und Kant hat 1791 gegenüber der von Leibniz 1710 veröffentlichten Rechtfertigungsschrift eine Abhandlung publiziert „Über das Mißlingen aller philosophischen Versuche in der Theodizee“, nachdem er schon vorher oftmals sich höflich mokiert hatte über „den sehr berühmten Herrn von Leibniz“. In der Tat sind die Argumente, die Leibniz vorzubringen vermag, etwas dürftig ausgefallen: Das Übel rührt, kurz gesagt, zunächst davon her, daß nur Gott unendlich und absolut vollkommen ist, wir hingegen endlich und unvollkommen sind. „Aber Leibniz hat es übernommen, auch all die Übel mit zu rechtfertigen, an die nur die Theologie seiner Zeit glaubte; er hat sich zugleich zum Advokaten nicht Gottes, sondern der überlieferten Orthodoxie gemacht und ist bei diesem Bestreben unter seine eigene philosophische Höhe heruntergesunken. Daher sind in seiner [französisch abgefaßten] Theodicée doch nur die Stellen einigermaßen überzeugend, wo er die Übel der natürlichen Ordnung als notwendig erweist, während z. B. der Versuch einer Verteidigung der Höllenstrafen ebenso unstichhaltig wie unerquicklich wirkt“ (Alfred Brunswig).

Zur Theodizee

Unsterblichkeit

Die höheren Seelenmonaden leben nach dem Tod weiter, solange die Welt besteht. Diese These erinnert an Aristoteles. Der menschliche Leib besteht aus Monadenkomplexen, die als Nebenmonaden der jeweiligen Hauptmonas zugeordnet sind, und zerfällt beim Tod in seine Einzelmonaden. — Davon war z. B. Goethe sehr angetan, und zeitweilig lautete sein Lieblingsbekenntnis, daß seine Hauptmonas einmal beliebig die Nebenmonaden aus ihrem Dienst entlassen und sich im Jenseits ewiger Tätigkeit hingeben werde.

HUME UND KANT

Von Kopernikus bis Leibniz hatten die Denker, deren wir im vorigen Kapitel gedachten, ihrer Philosophie möglichst die exakte Wissenschaft zugrunde gelegt, die Geometrie, Arithmetik oder klassische Physik. Indem sie die Welt gleichsam als Universalkunstwerk betrachteten, wollten sie dessen Konstruktionsgesetze feststellen. Schließlich gelangten Spinoza und Leibniz zu *Weltmodellen,* die sich allein kraft folgerichtigen Denkens aus einem einzigen Grundprinzip entwickeln lassen. Diese Modelle stimmten allerdings so wenig überein, daß keines für sich Allgemeingültigkeit beanspruchen durfte. Dasselbe gilt für sämtliche Versuche systematischer Welterklärung aus dem 17./18. Jahrhundert. Auch der Gottesbegriff wurde jeweils anders hergeleitet und definiert. Allen diesen Systemen eigentümlich war eine mystische Komponente, eine gewisse Zugehörigkeit zur fortwirkenden, aber rational entmythisierten *Gnosis* (= „Erkenntnis" von Gottes Weltplan).

Weltmodelle

Wir wollen uns erinnern, daß schon ein paar Jahrtausende früher im alten Orient und erst recht während des Hellenismus die vielgestaltige Gnosis, d. h. eine Erkenntnis des ganzen Weltzusammenhangs kraft göttlicher Vernunft, einst Hand in Hand mit mathematisch-exakter Astronomie entstanden war. Einzig die Mathematik nebst ihrer klassischen („reinen") Physik setzt — im Unterschied zu allen anderen Wissenschaften — keine empirische Erfahrung voraus. Sogar David Hume erklärte: „Sätze der Mathematik sind durch die reine Tätigkeit des Denkens zu entdecken, ohne von irgendeinem Dasein in der Welt abhängig zu sein. Wenn es auch nie ein Dreieck gegeben hätte, so würden doch die von Euklid demonstrierten Wahrheiten für immer ihre Gewißheit und Evidenz behalten." *Als „rein" bezeichnen wir diejenige Vernunft oder das Denken und demgemäß diejenigen Erkenntisse, für die wir auf keine sinnliche Wahrnehmung angewiesen sind.* Daher Kants „Kritik der *reinen* Vernunft"! Die Fähigkeit zu „reinen" Erkenntnissen ist uns eingeboren oder angeboren. Sie heißen deshalb „a priori" (lat. „von dem Früheren her", womit gemeint war, daß die Allgemeinbegriffe jeder empirischen Einzelerfahrung vorangehen und *an* der Erfahrung aktualisiert werden). Im Gegensatz dazu stehen aus der empirischen Erfahrung gewonnene Erkenntnisse *„a posteriori"* (lat. „von dem Späteren her").

Mathematik-Physik als Metaphysik!

Das Apriori und Aposteriori

Beide Begriffe stammen aus der Scholastik. Es handelt sich um lat. Übersetzungen griechischer Begriffe, die Aristoteles eingeführt hatte („hýsteron" = das Spätere, „próteron" = das Frühere). Mit ihnen kennzeichnete er den erkenntniskritisch sehr wichtigen Unterschied zwischen dem, was „von Natur" (gr. phýsei), und dem, was „für uns" (gr. prós hemás) „das Frühere" oder „das Spätere" ist. In der Natur ist die Ursache früher als die Wirkung, aber „für uns", die wir aus der Wirkung auf die Ursache schließen, ist die Wirkung „früher". Wie aber steht es mit dem Verhältnis von Gattung, Art und Einzelwesen? In der Natur repräsentiert jedes Einzelwesen seine Art und Gattung in der Weise, daß deren typische Eigenart ihm vorangehen muß: Der Idealtypus, gekennzeichnet durch seinen eigenen Begriff, ist also „früher" als das Individuum; und nur, wenn solche Idealtypen oder deren Begriffe schon gegeben sind, kann ihnen das einzelne oder Besondere untergeordnet werden. Anderseits würde jede Art und Gattung hinfällig werden, wenn die Einzelwesen sich nicht vermehrten. Insofern gehen sie „für uns", und zwar im Hinblick auf unsere empirische Erfahrung, die lauter Einzelheiten bemerkt und registriert, ihrer Art und Gattung jeweils voran, sind also „früher".

Wenn wir also die Weltnatur „a priori" aus ihren Ursachen und aus den Allgemeinbegriffen heraus verstehen wollen, müssen wir uns von der sinnlichen Wahrnehmung und von der empirischen Erfahrung loslösen. Sollten wir umgekehrt verfahren, also unsere Erklärung der Weltnatur herleiten aus *Erkenntnissen a posteriori,* dann gelangen wir induktiv und durch Vergleiche, indem wir Einzelbeobachtungen auf Grund objektiver Gemeinsamkeiten gruppieren, vom Vielfältig-Besonderen zum Einheitlich-Allgemeinen. Auf beide grundsätzlich verschiedenen Betrachtungsweisen stoßen wir im Lauf der Geistesgeschichte immer wieder bis ins 20. Jahrhundert. Um 1700 haben aber Leibniz, Hume und andere Philosophen den Unterschied zwischen „a priori" und „a posteriori" nochmals grundsätzlich herausgearbeitet.

Rationalistische Metaphysik

Nur das Aprioridenken ermöglicht solche Metaphysik, wie sie aller Begriffsrealistik einschließlich der scholastischen und auch den Weltmodellen von Spinoza und Leibniz eigen ist. Es bedarf — angeblich! — keiner empirischen Erfahrung und kommt ohne den Gottesbegriff als umfassende höchste Ursache und Einheit des Mannigfaltigen nicht aus, gleichgültig, ob man alles von Gott herleitet (wie Spinoza) oder alles auf ihn zurückführt (wie Leibniz).

Da nun einzig die Mathematik und klassische Physik als „rein apriorische" Wissenschaft galten, was Kant ausdrücklich bestätigt hat, wundert es nicht, daß, indem wir aufs 17. Jahrhundert zurückblicken, die Betrachtungsweise des „Aposteriori" immer mehr zugunsten des „Apriori" eingeschränkt wurde. Diese Entwicklung war wesentlich ein Resultat der mathematischen Methodik. Das Aprioridenken wurde größtenteils identisch mit dem sog. Rationalismus. Der Höhepunkt dieser Entwicklung ist das Weltmodell von Leibniz.

Aus der leibnizischen Monadologie ist die Lehrmeinung hervorzuheben, wonach die Weltnatur uns nur infolge unserer gottbewirkten *Vorstellungskraft* vor Augen erscheint. Wir erinnern uns des Schlüsselsatzes: „Die Monade hat keine Fenster." Leibniz hat insofern das Aprioridenken ins Extrem gesteigert, als uns sämtliche Begriffe (Typen, Idealtypen) *und* die Imaginationen, also die bildhafte Anschauung von der gegenständlichen Realität, *unabhängig von der Außenwelt* zuteil werden soll. Was uns von draußen her erreicht, das sind nur Impulse, kleinste Krafteinheiten oder Wirkungsquanten, die einen mehr oder minder starken Reiz auf unseren geistigen Organismus ausüben. Aber unser Bild von der Außenwelt ist einzig die Leistung unserer einst sog. Denkvermögen, im Grunde nur eine Leistung des Gottgeistes. Hier stehen wir also, über mehr als zwei Jahrtausende hinweg, ganz nahe bei Platon und dessen Ideenlehre.

Jedenfalls hatte damit der nur noch scheinbar fortschrittliche Rationalismus das gleiche erreicht, was seit alters zum Programm der mächtigen Universitätsscholastik gehörte: *feste Bindung der Mathematik und Physik an die Metaphysik anstatt an die nur mühsam aufkommende Naturwissenschaft.* Dies traf später auch auf den sog. *Deutschen Idealismus* zu.

Kurzfristig unterbrochen wurde der Zusammenhang zwischen Spinoza, Leibniz, Fichte, Schelling, Hegel — um nur diese zu nennen — während der zweiten Hälfte des 18. Jahrhunderts durch Kant. Er wiederum hat zur Voraussetzung das Werk von Locke, Berkeley und vor allem Hume.

Erkenntniskritisches Bewußtsein

Schon im 17. Jahrhundert hatte sich unverkennbar herausgestellt, daß alle philosophischen Probleme sich auf *eine Hauptfrage* reduzieren lassen: *Wie sind unsere Bewußtseinsinhalte objektiv richtig zu ordnen?* Dies zielt offensichtlich auf die Methodologie, Herkunft, Eigenart, Verknüpfung, also auf die *erkenntniskritische* Untersuchung des Allgemeinbewußtseins, wovon das jeweils private Bewußtsein nur ein Sonderfall ist.

Denn es ist kein Zweifel daran möglich und ist auch niemals bezweifelt worden, daß der Mensch auf dem Angelpunkt steht zwischen außen und innen, sinnlicher Empfindung und Erkenntnisvermögen, „Realität und Idealität", „Körperlichkeit und Geistigkeit" oder wie man sich sonst ausdrücken mag. Um diese Grenzsituation einigermaßen zu deuten, wollen wir eine kurze Überlegung anstellen und dabei von der Grundposition einiger Denker des 17. Jahrhunderts ausgehen.

Das Bewußtsein als Angelpunkt zwischen innen und außen

Angenommen, wir leiten die Weltnatur von Gott her, was auch immer wir unter „Gott" verstehen, dann können wir urteilen, daß aus ihm einerseits die körperliche Wirklichkeit hervorgeht, anderseits aber die geistige Wirklichkeit und daß *in unserem Bewußtsein sich der Weltring schließt.* Dann erhalten wir ähnlich wie Descartes zwei verschiedene Ansatzpunkte: dort Gott, hier das Ich. Jedoch, dieses Ich wollen wir nun durchaus nicht in derselben Weise zum Zentrum unseres Bewußtseins machen wie einst Descartes es getan. Im Gegenteil! Wir stellen uns auf den Standpunkt, daß wir noch gar nichts von diesem Ich wissen und statt dessen nur eine Unmenge zusammenhangloser Bewußtseinsinhalte haben, hinter denen sich — vielleicht — das Ich verbirgt. Bleiben wir nun dabei: Diese Inhalte seien unserem Bewußtsein *von beiden Seiten her* zugekommen und eingelagert worden. Im einzelnen stören sie sich, aber sie ergänzen sich auch. Unsere Aufgabe ist es, sie dermaßen zusammenzubringen, daß der Weltring tatsächlich übereinstimmt.

Von innen nach außen

Aus solchem Bedürfnis heraus wurde seit alters die Überzeugung vertreten, daß in beiden Hälften des Weltrings die göttliche Weltvernunft oder der Weltgeist enthalten sei. Systematische Denker wie Descartes und Spinoza meinten, zur empirischen Vernunft der Körperwelt verhalte sich die intelligible Vernunft der Geisteswelt ebenso wie die praktische Ausführung einer mathematischen Konstruktion zu ihrer theoretischen Deduktion. Denn seit Kopernikus wollten große Denker ja das Hauptproblem der Philosophie mittels exakter Wissenschaft lösen, indem sie von „Außenwelt" und „Innenwelt" erklärten: Beide „Welten" seien nur zwei Seiten derselben Sache, im Grunde also identisch, und dieselbe konstruktive Weltvernunft entwickle zugleich draußen die Körper und drinnen die Begriffe. Deshalb müsse es genügen, die solchermaßen *einheitliche* Weltnatur *von innen her* zu durchschauen und ihre Gesetzlichkeit zu erkennen. Dieselbe Überzeugung, nur nicht mathematisch fundiert, vertraten später die deutschen Idealisten. *Somit war mittels radikal einseitiger Betrachtungsweise jenes Hauptproblem gleichsam hinweggezaubert.* Zwischen den spekulativen Idealisten und ihren mathematisch begeisterten Vorgängern hatte Leibniz insofern vermittelt, als er an die Stelle des Weltmechanismus den Weltorganismus setzte und auch empirische Bewußtseinsinhalte einseitig der Innenwelt zusprach. *Überwunden war damit der Zwiespalt von Wissen und Glauben,* sofern er nicht wieder aufbrach infolge des Streits über theologischen Monismus und Dualismus.

Von außen nach innen

Wie aber stellte sich jenes Hauptproblem dar, wenn man nicht von innen nach außen fragte, sondern von außen nach innen? So hatten bereits Roger Bacon, Ockham, Francis Bacon, Hobbes das Problem zu lösen versucht oder mindestens klar erkannt. Diese bis auf Demokrit und Epikur zurückreichende Betrachtungsweise wurde in Großbritannien auch während des 17./18. Jahrhunderts bevorzugt; und da sie *nicht* eine Koppelung von Mathematik und Metaphysik bedingte, und da ferner in Großbritannien seit 1688 tatsächlich eine parlamentarisch überwachte Gewissensfreiheit innerhalb des Privatlebens galt, so übernahmen britische Forscher alsbald die Führung in den modernen Naturwissenschaften. Auch Newton, der Zeitgenosse und Rivale von Leibniz und zu diesem in entschiedenem Widerspruch, hatte trotz aller ihm eigenen Sehnsucht nach einem christlich geschlossenen Weltbild auf der Trennung von Wissen und Glauben bestanden. Denn er selbst ging als Mathematiker von einem Leibniz entgegengesetzten Standpunkt aus und wandte die Infinitesimalrechnung zum Nutzen der naturwissenschaftlichen Physik an statt zum Vorteil theologisch gerechtfertigter Metaphysik. Deutlicher als zwischen diesen beiden Erfindern der Infinitesimalrechnung läßt sich der Unterschied zwischen britischer und kontinentaler, insbesondere deutscher Naturphilosophie nicht aufzeigen.

Ordnung der Bewußtseinsinhalte

Einzig jene andere Betrachtungsweise, die sich zunächst an Wahrnehmungen von der Außenwelt orientierte, hat uns die Ordnung unserer Bewußtseinsinhalte als das Hauptproblem aufgegeben, das erkenntniskritisch nur *im Bewußtsein selber* zu lösen ist. Hier kann man jenem Hauptproblem nicht mittels einer metaphysischen Hilfskonstruktion ins Jenseits ausweichen; hier muß man ihm standhalten; und wenn dennoch, wie z. B. der Ire Berkeley (1685—1753), Mathematiker, Pfarrer und zuletzt Bischof, schon aus Rücksicht auf sein Amt schließlich einen derartigen Ausweg einschlug, so wurde ein so verzweifelter Schritt alsbald als unsachlich offenbar. Indem wir nämlich von Wahrnehmungen ausgehen, halten wir unser Erkenntnisstreben auf der Grenze zwischen „Außenwelt" und „Innenwelt" fest und zwingen uns selbst, die Aufmerksamkeit ausschließlich Vorgängen unseres Bewußtseins zu widmen.
Von *John Locke* (1632—1704, aus Wrington bei Bristol in England) über *Berkeley* bis *David Hume* (1711—1776, aus Edinburg) wurde rasch diejenige Erkenntnislehre ausgebildet, die Kant vorgefunden und auf die er seine Kritiken aufgebaut hat. Uns möge hier als Ausgangsbasis das Werk von *David Hume* genügen, insbesondere sein „Traktat über die menschliche Natur" (veröffentlicht 1740 in London).

David Hume

Eingeteilt werden von Hume die Bewußtseinsinhalte in Sinneswahrnehmungen („sensations") und Selbstwahrnehmungen („reflexions"), was ungefähr ihrer Herkunft aus „Außenwelt" und „Innenwelt" entspricht. Zu den Reflexionen gehören: Urteilen, Glauben, Wissen, Wollen, Begehren, kurz, die Begriffe des Denkens. Wichtig ist nun die Gliederung in 1. *primäre* Bewußtseinsinhalte („impressions") und 2. *sekundäre* oder *reproduzierte* Bewußtseinsinhalte („ideas"). Sämtliche Bewußtseinsinhalte werden „perceptions" genannt, wofür wir im allgemeinen sagen: „Vorstellungen".
(Zwei Schwierigkeiten der Philosophiegeschichte rühren daher, daß entweder dieselbe Sache verschieden bezeichnet oder jeweils dieselbe Bezeichnung für verschiedene Sachen gebraucht wird, so z. B. „Idee". Mit den platonischen Ideen haben z. B. die jetzt zu erörternden „Ideen" gar nichts zu tun. Bei Kant hingegen und erst recht bei den deutschen Idealisten schwankt die Bedeutung dieses Begriffs sozusagen zwischen Hume und Platon hin und her. Bei Kant läßt sich zwar noch feststellen, wie jeweils die Idee zu definieren ist, aber nicht mehr ebenso bei den spekulativen, sie hypostasierenden Idealisten.)

Alle Impressionen sind, laut Hume, *spontane* Eindrücke, *unmittelbare* Erlebnisse. Es gibt solche Sinneseindrücke (Impressionen der Sensation oder Empfindung) und innere Erlebnisse (Impressionen der Reflexion, z. B. Lustgefühle, Haßgefühle). Aus einer Anzahl derartig frischer Eindrücke und Erlebnisse wird ein Gesamteindruck geformt, ein in sich abgerundetes Erlebnis. Die „Ideen" stammen, laut Hume, „bei ihrem ersten Auftreten aus einfachen Impressionen, die ihnen entsprechen und die sie genau wiedergeben." D. h. sämtliche Ideen sind *konkret*, auch die „zusammengesetzten Ideen", mit denen wir es am meisten zu tun haben. Demgemäß ergibt sich das Kriterium für die objektive Gültigkeit der Ideen aus der Prüfung, ob sie aus *einfachen Impressionen* — also aus ursprünglich frischen Sinneseindrücken oder inneren Erlebnissen — herkommen oder nicht. Solche „einfachen Impressionen" sind die Elemente unserer Bewußtseinsinhalte, also deren kleinste Einheiten. Stets muß sich im Bereich des unmittelbar Erlebten etwas Anschauliches finden, von dem das Bewußtseinselement herrührt und worauf es sich bezieht.

Denkvorgänge

Anders verhält es sich nur beim „reinen" Denken. Hume berücksichtigte es, indem er die *Idealwissenschaft* (Mathematik, „reine" Physik) von der *Realwissenschaft* unterschied und für die Idealwissenschaft in Anspruch nahm, daß sie nach den logischen Sätzen der Identität und des Widerspruchs vorgeht, wobei sich beide Sätze ergänzen: Was nicht identisch ist, das widerspricht sich und scheidet aus. Worauf es ankommt, ist nun: *Man darf nicht mittels der Idealwissenschaft die empirische Realität erkennen wollen!* Ausführlicher und beweiskräftig sagt Kant dasselbe.

Idealität und Realität

Hinzu kommt die *Einbildungskraft* mit verschiedenen Funktionen, von denen manche uns nützen, manche aber schaden. Um ihre Wirkungsweise zu verstehen und richtig einzuschätzen, müssen wir näher auf die Bewußtseinsinhalte eingehen.

Wie Leibniz, doch anders begründet, erklären Locke, Berkeley, Hume mit Recht: Die Welt, in der wir leben und aus der heraus wir handeln, gibt es für uns nirgendwo sonst als nur in unserm Bewußtsein, und sie besteht aus lauter Vorstellungen. „Dieser Tisch hier", sagt Hume, „den ich eben jetzt vor Augen habe, ist nur eine Vorstellung [ein Bewußtseinsinhalt], und alle seine Eigenschaften sind Eigenschaften von Vorstellungen." Dasselbe hat dann Kant mit eigenen und Fichte mit sinngemäß gleichen Worten nur noch radikaler wiederholt: „Das Bewußtsein eines Dinges außer uns ist absolut nichts anderes als das Produkt unseres eigenen Vorstellungsvermögens." Heutzutage lernt der Schüler im Physikunterricht, daß jedes Bild von der Außenwelt erst in unserem Gehirn durch Vermittlung des optischen Sinnesorgans zustande kommt; unsere Augen nehmen von außen her nur mannigfach gebrochenes Licht verschiedener Wellenlänge auf. Wie die wahrgenommenen Gegenstände unabhängig von uns aussehen, wie sie anderen Lebewesen erscheinen und wie sie in ihrer eigenen Wirklichkeit beschaffen sind, das wissen wir nicht (wenn man auch im Chemieunterricht lernt, daß sie aus Atomen resp. Molekülen bestehen). Wiederum bestätigt Kant: Das „Ding an sich" bleibt uns unbekannt.

Die Welt als Vorstellung

Trotzdem mag dieser und jener Leser sich jetzt befremdet fühlen. Er wird sogleich einsehen, daß nichts leichter und selbstverständlicher ist als die Tatsache, daß die menschliche Lebenswelt, soweit sie angeschaut wird, nur aus Vorstellungen unseres Bewußtseins zusammengesetzt ist. Ein paar einfache Überlegungen genügen: Wenn der Leser starr vor sich hinblickt, dann ist doch das, was er sieht, nicht im mindesten „seine ganze Welt". Vielmehr reicht seine Welt weit über den gegenwärtigen Augenschein hinaus, weit in die Vergangenheit zurück. Will er sie nach und nach stückweise ins Bewußtsein rufen, dann muß er sie sich aus dem Gedächtnis oder aus der Erinnerung heraus „vorstellen". So verfährt er täglich pausenlos auch im beruflichen Dasein. — Ferner: Bei der Lektüre eines Buches, etwa eines Romans, haben wir nur bedrucktes Papier vor Augen; der Druck bietet seltsame schwarze Schnörkel dar: Buchstaben, Wörter, Sätze, und zu ihnen rufen wir aus dem Gedächtnis bestimmte Vorstellungen vor die inneren Augen, lassen sie sich so bewegen, sich so verändern, wie der Text uns vorschreibt, identifizieren uns mit den nur vorgestellten und doch im Bewußtsein lebendigen Helden.

Noch weiter führt uns das nächste Beispiel: Wir betrachten eine Photographie oder einen Film. Photoapparate und Filmkameras sind ja unserem optischen Sinnesorgan nachgebaut. Wir sehen auf dem Photo die Figuren plastisch, obwohl die Bildelemente auf dem Papier in einer Ebene liegen. Wir sind es, die Perspektive ins Bild hineinschauen, wir bringen das „räumliche Sehen" mit und wenden es gewohnheitsmäßig an. Was den Film betrifft, so hängen bei ihm viele Einzelbilder aneinander und werden uns in rascher Abfolge vorgeführt. Auch hier schauen wir kraft eines uns eigentümlichen Vermögens alles räumlich an, außerdem aber zeitlich. Jedoch, das durch Zeit und Raum sich hinziehende Geschehen ist in Wahrheit statisch fixiert, und nur dadurch, daß die einzelnen starren Bilder aufeinanderfolgen und miteinander abwechseln, entsteht für uns ein zusammenhängendes Geschehen, eine kontinuierlich ablaufende Bewegung. Ebenso verhält es sich mit allen unseren Bewußtseinsinhalten: Weil sie nacheinander auftreten oder weil wir sie nacheinander hervorrufen oder weil wir unsere Aufmerksamkeit ihnen nacheinander zuwenden, deshalb stehen sie für uns immer in einer zeitlichen Reihenfolge. Kant hat Raum und Zeit als „Anschauungsformen der reinen Vernunft" bezeichnet, als Anschauungsformen, über die wir a priori verfügen; sie sind an jedem Bewußtseinsvorgang beteiligt. Ohne sie können wir gar nicht denken oder uns etwas vorstellen. Hume hatte „Raum und Zeit" zu Funktionen unserer *Einbildungskraft* erklärt, womit er ungefähr dasselbe meinte wie später Kant.

Das Ich als Assoziationskomplex, Bezugsystem und Einheitspunkt des Bewußtseins

Ein Produkt der Einbildungskraft ist, laut Hume, auch das „Ich", genauer: das jeweilige Ich, und zwar als Folge von *Assoziationen,* die jeder für sich eigenwillig deutet. Mit Hume beginnt die moderne *Assoziationspsychologie.* Gemeint ist das Assoziieren oder Zusammenstellen von verschiedenen Vorstellungen zu einer Gruppe, das von der Einbildungskraft bewirkt wird. Bleiben wir zunächst beim „Ich". Wir können annehmen, daß der Mensch verschiedene Iche besitzt oder zu produzieren vermag. Der Sachverhalt ist nicht so schwierig, wie er anmutet. Wir greifen zu einem sinnfälligen Beispiel, mit dem wir näher an Hume herankommen: „Ich träume, *ich* erwache, *ich* stehe auf, *ich* wasche *mich; ich* kleide *mich* an; *ich* küsse meine Frau; *ich* löse für meinen Sohn rasch eine Rechenaufgabe aus dem kleinen Einmaleins; *ich* erkläre meiner kleinen Tochter ein paar Bilder ihres Bilderbuches; *ich* lese die Zeitung, *ich* ärgere mich über politische Nachrichten und überlege die Folgen bestimmter Ereignisse; *ich* vertiefe mich in den Wirtschaftsteil der Zeitung; *ich* bin ästhetisch befriedigt oder irritiert durch reproduzierte Kunstwerke; *ich* fühle mich ästhetisch angesprochen durch ein Gedicht; *ich* vertiefe mich in eine theoretische Abhandlung; *ich* wende mich durch Gebet an einen geglaubten Gott; *ich* werde ans Telefon gerufen, und *ich* verabrede mich für den Abend zu einer Schachpartie, die *ich* mit einem Gambit zu eröffnen gedenke; *ich* bereite *mich* auf die Berufsarbeit des Tages vor, indem *ich* die wichtigsten Ereignisse von gestern *mir* ins Bewußtsein rufe, vorstelle und kritisch beurteile" — immer wieder „ich". War es jedesmal genau dasselbe „Ich"? Oder war nicht vielmehr von Fall zu Fall das „Ich" anders bestimmt, als Bezugspunkt eine jeweils andere Reaktion auf äußere Anforderungen und lediglich eine Erinnerung daran, daß meine Person etwas tat, was ihr abverlangt war? Zuweilen allerdings auch Inbegriff bestimmter,

auf ein Ziel hin zusammengefaßter Fähigkeiten, Vorstellungen des Wollens und Begehrens sowie Wunschvorstellungen? Kurz, bald in dieser, bald in jener Weise bestand mein „Ich" jeweils aus einem Vorstellungskomplex, an dem einmal nur „Ideen", das anderemal — z. B. als „ich mich wusch" — unmittelbare Impressionen beteiligt waren. Von Fall zu Fall wäre — laut Hume — das „Ich" die übergreifende, den gesamten auf mein Verhalten bezogenen Vorstellungskomplex umfassende, von der Phantasie gelieferte Idee (Bezugssystem).
Daraus die Folgerung: Das Ich als Einheitspunkt des Bewußtseins ist keineswegs so konzentriert einheitlich, so unumstößlich gewiß, so unbedingt dauerhaft, wie Descartes gemeint hat, sondern es ist eine eher zufällige, oft wechselnde, stets kompliziert zusammengesetzte Begleiterscheinung lose verknüpfter Ideenassoziationen oder Vorstellungsreihen. Überdies ist es im Schlaf ausgelöscht. Auch das Verhältnis zwischen „Ich" und „Nicht-Ich" schwankt innerhalb meines Bewußtseins. Unter „Nicht-Ich" ist der Bewußtseinsinhalt zu verstehen, mit dem „ich" mich nicht identifiziere, sondern der meinem Ich „gegenübersteht". Aber manche dieser Bewußtseinsinhalte oder Vorstellungen können unter anderen Umständen sehr wohl zum Ich-Komplex hinzu assoziiert werden. Worauf es ankommt: „Ich" wie „Nicht-Ich" wird jeweils von der Einbildungskraft neu bestimmt, neu arrangiert, neu assoziiert.

Kausalität als psychologisches Problem

Ähnlich wie „Raum und Zeit" uns bewußt werden aus der Art und Weise derjenigen Anordnung, in der sich Impressionen uns darbieten, so kommt die *Kausalvorstellung* zustande mittels einer Folge von Impressionen und durch die Einbildungskraft. Hume versteht unter Kausalität die „notwendige Verknüpfung" von Ursache und Wirkung. Läßt sich — erkenntniskritisch — eine solche notwendige Verknüpfung aber tatsächlich nachweisen? Der Inhalt des Kausalgedankens besagt ja, daß nicht nur die Wirkung auf die Ursache *folgt*, sondern daß sie aus ihr *erfolgt*, aus ihr zwingend *hervorgeht*. Die Ursache muß also schon die künftige Wirkung in sich enthalten. Diese Bedingung, sagt Hume, trifft auf keinen Bewußtseinsinhalt zu, vielmehr stehen alle Impressionen und Reflexionen, alle Vorstellungen nebeneinander, oder sie folgen, wiederum jede für sich, aufeinander; aber keine von ihnen ist als eine Ursache festzustellen, aus der sich notwendig die Wirkung entwickelt. *Hier zeigt sich, daß Hume kein Mathematiker ist* und daß er von Sinnesempfindungen oder inneren Erlebnissen abstrahiert. Die geometrische Methode bedeutet ihm nichts, obwohl er sich schließlich dazu bequemte, sie als „reine Tätigkeit des Denkens" gelten zu lassen. Genügt es, ihn deshalb einen bloßen Empiriker oder Sensualisten zu nennen? So einfach ist er wohl nicht zu charakterisieren; denn auch Kant vertrat eine jedenfalls vergleichbare Ansicht, indem er die Kausalität als eine Anschauungsform der reinen Vernunft bezeichnete, die uns a priori gegeben sei. Das heißt: Die „notwendige Verknüpfung" bestritt — erkenntniskritisch — auch er, sofern es sich nicht um Mathematik und reine Physik handelt.
Denn was wir ins Bewußtsein aufnehmen, das sind — lt. Hume — nur Einzelheiten, zwischen denen erst wir einen Kausalzusammenhang herstellen, und zwar infolge der Gewohnheit. „Ich finde" — sagt Hume —, „daß nach häufiger Wiederholung [bestimmter Eindrücke] der Geist beim Auftreten eines der Gegenstände [unseres Bewußtseins] *durch die Gewohnheit genötigt* wird, sich [zusätzlich] denjenigen Gegenstand zu vergegenwärtigen [aus dem Gedächtnis als Vorstellung zu reproduzieren], der ihn [den erstgenannten Gegenstand] gewöhnlich begleitet, und zwar so, daß er [der zweite Gegenstand] vermöge dieser Beziehung zu jenem ersteren Gegenstand in helleres Licht gesetzt erscheint. Dieser Eindruck oder diese Nötigung ist dasjenige, was in mir die Vorstellung der Notwendigkeit [der notwendigen Verknüpfung]

hervorruft." — Ein Beispiel: Die Sonne sinkt. Aus Gewohnheit weiß ich, daß damit die Dunkelheit beginnt, und so assoziiere ich zu „Sonnenuntergang" sogleich „Nacht". Aber weist die Tatsache des Sonnenuntergangs zwingend über sich hinaus auf die Nacht? Kann nicht sehr wohl die Sonne hinter dem Horizont verschwinden und trotzdem eine Helligkeit andauern? Im sommerlichen Nordskandinavien ist das ja tatsächlich der Fall. Oder: Ich kann aus der Wahrnehmung schwerer Regenwolken nicht a priori erschließen, daß Regen einsetzt; nur die Gewohnheit rät mir, vorsichtshalber nicht ohne Regenschirm auszugehen, da sie mich assoziieren läßt: „Regenwolken — Regen". Diese naiven Beispiele mögen genügen.

In der Regel assoziiert die Phantasie nach drei Prinzipien: Gegeben ist 1. ein unmittelbarer räumlicher und zeitlicher Zusammenhang oder 2. eine Ähnlichkeit oder 3. eine Kausalität, bei der zwar Ursache und Wirkung isoliert nebeneinander stehen, zu der uns aber die Gewohnheit nötigt, und eben diese Nötigung dürfen wir nun nicht mehr verwechseln mit einer „notwendigen Verknüpfung"; denn an die Stelle objektiver Zusammenhänge tritt als völlig subjektiver Faktor die Gewohnheit oder auch die Einbildungskraft. Es ist also zu unterscheiden zwischen allgemeiner, der menschlichen Gattung als „Instinkt" eingeborener Subjektivität, die bestimmte Überzeugungen oder Glaubenstatsachen („belief") bedingt, und individueller Subjektivität. Zu den *Glaubenstatsachen* gehört, daß wir unerachtet der Erkenntnislehre sowohl die Wirklichkeit einer substantiellen Außenwelt als auch die objektive Gültigkeit der Kausalität für gewiß annehmen; d. h. wir verhalten uns, *als ob* wir eine Gewißheit hätten, und mit diesem Als-ob läßt sich praktisch arbeiten. Denn zum Handeln hat uns die Natur bestimmt, nicht zum Grübeln, so erklärt Hume im Sinne des modernen Pragmatismus.

Gewohnheit und Glaube als Kausalfaktoren

Nun wollen wir mit seiner uns mittlerweile vertrauten Erkenntnislehre eine Probe aufs Exempel machen. Da Hume einen großen Bogen um die Mathematik schlug und grundsätzlich von der empirischen Realität ausging, müssen wir ein alltägliches Beispiel aus seiner Zeit wählen. Daran sei zu demonstrieren:

1. Die Forderung, wonach jede Vorstellung oder Idee ihre objektive Gültigkeit darin erweisen soll, daß sie genau tatsächliche Impressionen wiedergibt, ist unbedingt richtig und hat zur Überwindung schwerwiegender Irrtümer beigetragen.

2. Die Welt, in der wir leben und handeln, ist die Vorstellungswelt sowohl unseres Allgemeinbewußtseins als auch unseres privaten Bewußtseins.

3. Der Kausalzusammenhang wird innerhalb unseres Bewußtseins durch gewohnheitsmäßiges Assoziieren mittels der Phantasie hergestellt.

4. Die Vorstellungen in unsrem Bewußtsein — sagt Hume — bedrängen und verdrängen sich, stören und zerstören sich, lösen einander ab, vermischen sich, verändern sich gegenseitig. Es ist nicht leicht, sie dauerhaft gemäß der empirischen Realität zu ordnen. Um so leichter fällt es der Phantasie, sie nach bloßer Analogie oder überhaupt beliebig zu assoziieren. In dieser Hinsicht ist die Erziehung wichtig, die Kindern und Jugendlichen die ihnen noch fehlende Lebenserfahrung ersetzen soll. Wenn die Erziehung aber darin besteht, kraft einer dem Allgemeinbewußtsein übergeordneten Macht, etwa einer Obrigkeit, es einheitlich auszurichten, und wenn sie dazu auch der Phantasie befiehlt, dann kommt es zu manifesten Ideenassoziationen, die ihre eigene Wirklichkeit in unsere Vorstellungswelt hineinbringen und nun ebenfalls zur Gewohnheit werden. Es ist zu zeigen, und zwar als beweiskräftiges Beispiel, wie derartige Ideenassoziationen sich in der damaligen Lebenspraxis ausgewirkt haben, so daß sie uns Humes Erkenntnislehre bestätigen.

5. Auch Hume war ein revolutionärer Denker. Es soll am selben Beispiel

erwiesen werden, inwiefern er revolutionär wirkte gegenüber dem Geist seiner Zeit, wenn nicht in Großbritannien, dann anderswo in Europa.
So zitieren wir ein möglichst drastisches Musterbeispiel. Im Jahre 1728 berichtete die Berliner „Vossische Zeitung" (Nr. 105) aus Ungarn (Szegedin): „Eines Schusters Sohn spielte mit anderen Knaben auf der Gasse und ließ verlauten, daß er Wetter [Unwetter] machen könne, welches ein anderer Knabe zu Ohren faßte; und da noch selbigen Tages ein hartes Wetter kam, welches alle dortigen Weingärten zu Boden schlug, erzählte es der eine Knabe seinem Vater, daß des Schusters Sohn gesagt, er könne Wetter machen. Dieser zeigte es sofort bei der Obrigkeit an, woraufhin nicht nur der Knabe, sondern noch viele, die er angab, verhaftet wurden. Man verhörte sie wegen ihrer Hexerei auf der Folter [‚entsetzlich scharf'], wodurch sie bewogen wurden, horrende Sachen zu bekennen, daher das Urteil erging, daß 13 von ihnen, 6 Hexenmeister und 7 Hexen, verbrannt werden sollten ... Jetzt sitzen noch 28 im Gefängnis." Dazu der „Hamburgische Correspondent" (1728, Nr. 139): „Es wurden drei Scheiterhaufen eine Stunde vor der Stadt an der Theiß aufgerichtet, allwo in der Mitte eines jeden ein großer Pfahl eingegraben stand; an jeden Pfahl wurden auf einem jeden Haufen 4 Malefikanten mit Stricken angebunden ... Darauf wurden alle drei Haufen zugleich angezündet und in volle Flammen gesetzt; und obwohl die Malefikanten eine starke Viertelstunde in den umgebenden Flammen gelebt, so hat man dennoch nicht das geringste Geschrei von ihnen gehört ... Es sind noch 8 in Haft ... Gestern sind weitere 20 gefangen worden."
Am Anfang dieser für damalige Verhältnisse typischen Prozedur stand die Assoziationsreihe: Ein Lausbub prahlt, er könne Wetter machen — einige Stunden später hagelt es verheerend. Schlußfolgerung: Der Lausbub hat den Hagelschlag verursacht. Das ist die erste „Kausalitäts"-Kette. Die zweite: Der Lausbub hat Hagel bewirkt — er kann also hexen — die Hexen verrichten Satanswerk — also ist der Lausbub ein Satansmensch. Die dritte assoziative Kausalitätsreihe: Der Lausbub ist ein Satansmensch — Satansmenschen haben Helfershelfer — die Namen der Helfershelfer erfährt man vom Lausbuben, wenn man ihn foltert. Alles übrige war nur noch Routine.

In der Aufklärungszeit

Sowohl Rationalisten wie Descartes, Spinoza, Leibniz als auch Empiristen wie Locke, Berkeley, Hume stimmten in jenem Grundsatz überein, den später Arthur Schopenhauer in den Titel seines Hauptwerkes aufnahm: daß uns „die Welt als ... Vorstellung" gegeben ist. Dieses Ergebnis angestrengten Nachdenkens darf man für eine Hauptleistung europäischer Philosophie um 1700 halten. Zu ihm freilich waren die Rationalisten auf ganz anderem Wege gelangt als die Empiristen gemäß ihrer verschiedenen Voraussetzungen, Begleitgedanken und Schlüsse. Nur die Rationalisten entwarfen großartige Systeme der Welterklärung, für die sie unbedingt den transzendenten Gott als „ens realissimum" und „causa movens" postulierten: als Urgrund allen Seins, als Ausgangspunkt und Endstation aller Weltbewegung, allen Geschehens, aller Entwicklung, aller Entelechie. Mit Absicht haben wir soeben ein paar Fachausdrücke der Scholastik verwendet; denn bei genauer Betrachtung sind diese Systeme doch der Scholastik viel enger verwandt, als es zunächst scheint. Die Empiristen hingegen — ausgenommen Berkeley, dessen nähere Bekanntschaft wir uns erspart haben — wurden bei ihrer Erkenntnislehre von einem völlig anderen Interesse geleitet, nämlich von dem Interesse aufklärender *Wissen-*

Aufklärungsbegriff

schaft. Unter „Aufklärung" ist hier zu verstehen, daß ein bestimmter Sachverhalt *aufgeklärt* werden soll nach Erfahrungen der Real- oder Tatsachenwissenschaft, während die Rationalisten auf Grund ihrer Idealwissenschaft denselben Sachverhalt lediglich *erklären* konnten. Der Gegensatz liegt also zwischen 1. einer *willkürlichen Erklärung*, die mit Hypothesen arbeitet und insofern an entscheidenden Punkten in Glaubenslehre umschlägt, und 2. einer *wissenschaftlichen Aufklärung*, deren Theorie *kritisch* zu überprüfen und praktisch zu erhärten ist. *In diesem Sinn wollen wir fortan von „Aufklärung" sprechen.*

Erkenntnis aus Erfahrung!

Die kritische Prüfung jener Theorie, wonach wir in einer Vorstellungswelt leben und aus ihr heraus handeln, hat Immanuel Kant vorgenommen. Praktisch erhärtet wurde sie, sehr viel später, erst von der modernen Naturwissenschaft, insbesondere von der Physiologie etwa seit der Mitte des vorigen Jahrhunderts. Hier haben wir also ein gutes Beispiel dafür, daß wieder einmal, nicht anders als im vorchristlichen Altertum, die Philosophie zum Wegbereiter von Naturwissenschaften werden *kann*, wenn sie von der empirischen Erfahrung ausgeht und sich auf den Menschen bezieht, also einen Diesseitigkeitsstandpunkt einnimmt. So beginnt Kant seine „Kritik der reinen Vernunft" mit dem Satz: „Daß alle unsere Erkenntnis mit der Erfahrung anfange, daran ist gar kein Zweifel; denn wodurch sollte das Erkenntnisvermögen sonst zur Ausübung erweckt werden, geschähe es nicht durch Gegenstände, die unsere Sinne rühren und teils von selbst Vorstellungen bewirken, teils unsere Verstandesfähigkeit in Bewegung bringen, diese [die Vorstellungen] zu vergleichen, sie zu verknüpfen oder zu trennen und so den rohen Stoff sinnlicher Eindrücke zu einer Erkenntnis der Gegenstände zu verarbeiten, die Erfahrung heißt? Der Zeit nach geht also keine Erkenntis in uns vor der Erfahrung her, und mit dieser [Erfahrung] fängt alle [Erkenntnis] an."

Aufklärungstoleranz bei Friedrich d. Gr.

Was Kant unter „Vorstellung" versteht, ist uns bereits durch Hume vertraut geworden. Ebenso urteilte schon John Locke, dessen Werk von Hume zu einem vorläufigen Abschluß gebracht worden war. John Locke wiederum wurde — durch Voltaire — zum Lieblingsphilosophen jenes philosophierenden Königs, dem auch Kant die für alle seine Hauptwerke unerläßliche Geistesfreiheit verdankte, nämlich Friedrichs d. Gr. Denn dieser sorgte während seiner langen Regierungstätigkeit dafür, daß seine Denkungsart sich wenigstens der geistigen Elite in Preußen, zu der auch Lessing, Mendelssohn u. v. a. gehörten, sowie der höheren Beamtenschaft mitteilte. Kein aufklärender Denker oder Dichter hatte seitens dieses Monarchen schwerwiegenden Tadel zu befürchten im Gegenteil! Ebensowenig brauchten sich aber strenge Staatskirchendogmatiker, Pietisten, Scholastiker, Idealisten, Lutheraner, Calvinisten, Katholiken, sogar die (anderswo zu jener Zeit verfolgten) Jesuiten oder die orthodoxen wie die liberalen Juden vor Zensurbehörden zu ängstigen. *Darin liegt die unvergleichliche Bedeutung Friedrichs d. Gr. für die europäische Geistesgeschichte, daß die von ihm dekretierte Geistesfreiheit die öffentliche Diskussion aller Lehrmeinungen ermöglichte und herausforderte.* Sie kam sofort durch freimütiges Für und Wider in der Öffentlichkeit auch Kants „Kritik der reinen Vernunft" zugute, nachdem diese 1781 publiziert worden war. Übrigens fand ja auch Rousseau ab 1762, als sein „Contrat social" in Frankreich verboten, in Genf öffentlich verbrannt und er selbst steckbrieflich gesucht war, eine Zuflucht in Neufchâtel, dem preußischen Teil der Schweiz. Ohne Lessing und Kant und ohne den auch staatspolitisch an Friedrich d. Gr. eng angelehnten Karl August von Weimar hätten die klassischen deutschen Dichter sich kaum zu ihrer vollen Größe zu entfalten vermocht. Klopstock, Wieland, Lessing, der junge Herder fanden im friderizianischen Preußen extrem viele Leser; Lessing wurde von

Preußen aus zum neuen Präzeptor Germaniae, Schiller bildete seinen Begriff vom Theater als sittlicher Bildungsanstalt an Kants Erkenntniskritik und Ästhetik; und Karl August setzte die friderizianische Großzügigkeit fort, obwohl er gegenüber Fichte seine Toleranz einmal begrenzen mußte.
Wer trotzdem an Friedrichs Bedeutung zweifeln sollte, der blicke sich im damaligen Kontinentaleuropa um, wo fast überall die Zensurbehörden jede *öffentliche* freie Geistestätigkeit rücksichtslos unterdrückten, die Talente also gar nicht erst sich entwickeln ließen!

Kant in Preußen

Im übrigen möge ein Gegenbeispiel genügen, um zu zeigen, daß die friderizianische Geistesfreiheit durchaus nicht selbstverständlich war. Kant, der seine „Kritik der reinen Vernunft" dem friderizianischen Kultusminister v. Zedlitz gewidmet hatte, veröffentlichte 1793, durchaus noch im Sinne des 1786 verstorbenen Königs, seine „Religion innerhalb der Grenzen der bloßen Vernunft" in welcher er die christliche Glaubenslehre unverblümt kritisierte: „Alles, was außer dem guten Lebenswandel der Mensch noch tun zu können vermeint, ist bloßer Religionswahn. — Das Leitband der heiligen Überlieferungen mit seinen Anhängseln, den Statuten und Observanzen, welches zu seiner Zeit gute Dienste tat, wird nach und nach unentbehrlich, ja endlich zur Fessel." Das starre Festhalten an diesen Traditionen und gottesdienstlichen Formen wurde von Kant als „Afterdienst" verworfen, Jesus im Zuge radikaler Entmythisierung zum bloßen „Ideal der gottwohlgefälligen Menschheit" gemacht, der Glaube an Wunder, Geheimnisse, Gnadenwirkungen zum „abergläubischen Wahn" erklärt.
Daraufhin erließ 1794 Friedrich Wilhelm II., ein Neffe Friedrichs d. Gr., eine Kabinettorder, die Kant wegen „Entstellung und Herabwürdigung mancher Haupt- und Glaubenslehren der Heiligen Schrift" androhte, ihn würden „bei fortgesetzter Renitenz" alsbald „unfehlbare, unangenehme Verfügungen" treffen. Entworfen war der Text vom Minister Wöllner, den Friedrich d. Gr. „einen betrügerischen und intriganten Pfaffen, nichts weiter" genannt hatte. Nach dessen Tod war Wöllner zum Justizminister und Chef der geistlichen Angelegenheiten befördert worden. Bereits 1788 war durch ein Religions- und Zensuredikt die friderizianische Geistesfreiheit mit einem Schlag beendet. An die Stelle der Aufklärung trat die protestantische Orthodoxie. Friedrich Wilhelm II. regierte glücklicherweise nur von 1786 bis 1797. Sein Nachfolger, Friedrich Wilhelm III., persönlich weniger bedeutend als seine erste Frau Luise, hat alsbald das genannte Edikt de facto aufgehoben und Wöllner 1798 entlassen. Über Kant urteilte er ebenso wie über Fichte, als dieser, des Atheismus angeklagt, aus Jena entfernt und 1799 in Berlin untergekommen war: „Ist es wahr, daß Fichte mit dem lieben Gott in Feindseligkeit begriffen ist, so mag das der liebe Gott mit ihm abmachen; mir tut das nichts." Der wieder zur Freiheitlichkeit zurückgekehrte Kant tadelte denn auch 1798 in einem merkwürdigen Nachruf auf den verstorbenen Regenten dessen Despotismus und die Zensur überhaupt.

Fichte in Preußen

Kants Kritik christlicher Geschichte

Wir benutzen die Gelegenheit, um sogleich die Kritik zu erörtern, welcher Kant das historisch-politische Christentum unterzog. Sie ist nicht nur geistesgeschichtlich sehr wirksam geworden, sondern auch ein Schlüssel zum Verständnis seines Gesamtwerks und keineswegs erst so spät zu datieren wie die Schrift, in der er sie besonders drastisch geäußert hat. Daß er sie entgegen den neuen Zensurvorschriften veröffentlichte, war höchstwahrscheinlich eine Trotz-Reak-

tion. Die Druckerlaubnis hatte er sich in Weimar besorgt und ihr 1794 einen Aufsatz von schneidender Schärfe, „Das Ende aller Dinge", folgen lassen, worin er die Wöllnerschen Maßregeln als widernatürliches, verkehrtes Ende aller Dinge bezeichnete.
Zwei Ansatzpunkte sind bei ihm deutlich zu erkennen: 1. die historische Erfahrung mit der Regnum-Christi-Politik und 2. seine pietistische Grundeinstellung. Daß beides sich zu einer Kritik an den Staatskirchen vereinigen ließ, das haben wir bereits früher kurz dargelegt.

„Tantum religio potuit suadere malorum!"

Zunächst ein Rückblick auf die christliche Geschichte, zusammengefaßt in einem einzigen aber wohlgegliederten Satz von sehr beträchtlicher Länge, der, was bei Kant selten vorkommt, seine innere Erregung verrät (die häufigen Klammern hat Kant selbst angebracht): „Wie mystische Schwärmereien in Eremiten- und Mönchsleben und Hochpreisung der Heiligkeit des ehelosen Standes eine große Menschenzahl für die Welt unnütz machten; wie damit zusammenhängende vorgebliche Wunder das Volk unter einem blinden Aberglauben mit schweren Fesseln drückten; wie mit einer sich freien Menschen aufdringenden Hierarchie sich die schreckliche Stimme der *Rechtgläubigkeit* aus dem Munde anmaßender alleiniger Schriftausleger erhob und die christliche Welt wegen Glaubensmeinungen (in die, wenn man nicht die reine Vernunft zum Ausleger aufruft, schlechterdings keine allgemeine Einstimmung zu bringen ist) in erbitterte Parteien trennte; wie im Orient, wo der Staat sich auf eine lächerliche Art selbst mit Glaubensstatuten der Priester und dem Pfaffentum befaßte, anstatt sie in den engen Schranken eines bloßen Lehrstandes (aus dem sie jederzeit in einen regierenden überzugehen geneigt sind) zu halten, wie, sage ich, dieser Staat endlich auswärtigen Feinden, die zuletzt seinem herrschenden Glauben ein Ende machten, unvermeidlicherweise zur Beute werden mußte; wie im Okzident, wo der Glaube seinen eigenen von der weltlichen Macht unabhängigen Thron errichtet hat, von einem angemaßten Statthalter Gottes die bürgerliche Ordnung samt den Wissenschaften (welche jene erhalten) zerrüttet und kraftlos gemacht wurde; wie beide christliche Weltteile, gleich den Gewächsen und Tieren, die, durch eine Krankheit ihrer Auflösung nahe, zerstörende Insekten herbeilocken, diese zu vollenden, von Barbaren befallen wurden; wie in dem letztern jenes geistliche Oberhaupt Könige, wie Kinder, durch die Zauberrute seines angedrohten Bannes beherrschte und züchtigte, sie zu einen andern Weltteil entvölkernden auswärtigen Kriegen (den Kreuzzügen), zur Befehdung untereinander, zur Empörung der Untertanen gegen ihre Obrigkeit und zum blutdürstigen Haß gegen ihre anders denkenden Mitgenossen eines und desselben allgemeinen so genannten Christentums aufreizte; wie zu diesem Unfrieden, der auch jetzt nur noch durch das politische Interesse von gewalttätigen Ausbrüchen abgehalten wird, die Wurzel in dem Grundsatze eines despotisch gebietenden Kirchenglaubens verborgen liegt und jenen Auftritten ähnliche noch immer besorgen läßt: — diese Geschichte des Christentums (welche, sofern es auf einem Geschichtsglauben errichtet werden sollte, auch nicht anders ausfallen konnte), wenn man sie als ein Gemälde unter einem Blick faßt, könnte wohl den Ausruf rechtfertigen: Tantum religio potuit suadere malorum!, wenn nicht aus der Stiftung desselben immer noch deutlich genug hervorleuchtete, daß seine wahre erste Absicht keine andere als die gewesen sei, einen reinen Religionsglauben, über welchen es keine streitenden Meinungen geben kann, einzuführen, alles jene Gewühl aber, wodurch das menschliche Geschlecht zerrüttet ward und noch entzweiet wird, bloß davon herrührt, daß durch einen schlimmen Hang der menschlichen Natur, was beim Anfange zur Introduktion des letztern dienen sollte, nämlich die an den alten Geschichtsglauben gewöhnte Nation durch ihre eigenen Vorurteile für die neue zu gewinnen, in der Folge zum Fundament einer allgemeinen Weltreligion gemacht worden." — Der lateinische Ausruf lautet auf deutsch: „Zu so viel Unheil konnte Religion den Anlaß geben!" Der ganze Satz steht im dritten Kapitel der „Religion innerhalb der Grenzen der bloßen Vernunft".

Kant als Pietist

Seine pietistische Erziehung hatte Kant gelehrt, daß jeder auf bloße Staatskirchenautorität gestützte Glaube „tot" sei. In der äußerlich sanftmütigen, innerlich unbeugsamen Widersetzlichkeit des Pietismus gegen alle menschliche Autorität lag dessen revolutionäre Kraft. Indem der Mensch kraft seiner Willensfreiheit den Jesus der Bergpredigt sich zur einzigen zeitlosen Autorität wählte, wurde er sich seiner Freiheit überhaupt erst völlig bewußt. Zugleich wird der Jesus-Name zum Inbegriff wahrer Sittlichkeit oder, wie Kant sagte, „Moral", die deshalb, weil sie vom Willensentschluß abhängt, nicht passiv im *Unterlassen* gewisser Verhaltensweisen besteht, sondern aktiv „ohne Unterlaß" ein Handeln fordert, „*als ob* es im Dienste Gottes geschähe". In diesem Sinne sprach Kant mit neutestamentlichen Formeln des Pietismus von einer völligen „Wiedergeburt" des besseren Menschen in uns, von einer „Reform der Sinnesart", ja von der „Revolution der Denkungsart", bis aus dem freiwilligen Entschluß zu solcher Revolutionsethik die Erkenntnis folgt, daß wir uns damit auf ein „Ideal" *verpflichtet* haben und daß es künftig unsere *Pflicht* ist, demgemäß unser gesamtes Verhalten einzurichten.

Das „radikal Böse" und der „gute Wille"

Was uns daran zu hindern trachtet, das bezeichnet Kant im Sinne des Pietismus als „böse". So kommt es zum „Kampf des guten Prinzips mit dem bösen um die Herrschaft über den Menschen". Das Böse ist dem Menschen ebenso angeboren oder eingeboren wie das Gute, es ist, wie Kant sagt, „das radikal Böse", das *ursprünglich Böse.* Aber wir haben das Böse nicht magisch-mythisch aufzufassen, sondern als naturgegebene Kehrseite des Guten oder als dessen Negation, wie ja mit jedem Gedanken zugleich sein Gegenteil gedacht werden kann, und zwar nach den logischen Sätzen der Identität und des Widerspruchs. Denn will ich klar und deutlich erfassen, was z. B. „das Gute" ist, so genügt nicht der Identitätssatz, demzufolge schließlich das Gute identisch ist mit sich selbst, sondern ich brauche unbedingt auch den Widerspruch: Das Gute ist nicht das Böse; es unterscheidet sich in jeder Hinsicht vom Bösen; und es ist nur insofern gut, als es nicht böse ist. Allerdings kommt es nun auf die Definition des Guten bzw. des Bösen an.

„Es ist überall nichts in der Welt, ja überhaupt auch außer derselben zu denken möglich, was ohne Einschränkung für gut könnte gehalten werden, als ein *guter Wille*", sagt Kant in seiner „Grundlegung zur Metaphysik der Sitten" (1785). Vorausgesetzt wird, daß der Wille *frei* ist, und zwar nicht nur frei von menschlichen Autoritäten oder historischen Überlieferungen, sondern frei auch vom Zwang der Naturgesetze. In dieser Hinsicht geht Kant weit über seinen pietistischen Ansatzpunkt hinaus, indem er bis zu dessen äußerster Konsequenz vordringt, wohin ihm die strenggläubigen Pietisten nicht mehr folgen konnten. Was er hier auf seine Weise formuliert, das haben wir früher, unter etwas anderen Voraussetzungen, als „metaphysische Willensfreiheit" kennengelernt. Aber gemeint ist dasselbe. Indem der Wille bei Kant sich in seinem Motiv über alle Naturgesetze erhebt, ist er so frei, daß er sich selbst sein Sittengesetz gibt: „Handle so, daß die Maxime (= der Grundsatz) deines Willens jederzeit zugleich als Prinzip einer allgemeinen Gesetzgebung gelten könne." Indes bediente er sich auch hier jesuanischer Worte: Vom Sittengesetz, das der *autonome gute Wille* sich selbst gibt, sagt er, sein „Joch ist sanft, und seine Last ist leicht". Das erinnert uns an Thomas Hobbes und dessen Vernunftethik. Auch Kant war überzeugt, daß er nichts anderes ausgedrückt habe, als Jesus gebot, nämlich die unbedingte Pflicht, uns gegenüber jedem Mitmenschen so zu ver-

Willensfreiheit

Sittengesetz

halten, wie wir wünschen und erwarten, daß er sich uns gegenüber verhalten möge. Diese Maxime ist sein kategorischer Imperativ: *„Handle so, daß du die Menschheit, sowohl in deiner Person als in der Person eines jeden anderen, jederzeit zugleich als Zweck, niemals bloß als Mittel gebrauchst!"*

Kategorischer Imperativ

Wiederum aus dem pietistischen Ansatzpunkt — „Bekehrung, Wiedergeburt, Revolution der Denkungsart" — verstehen wir, daß für Kant allein die Autonomie des guten Willens, also aus der metaphysischen Willensfreiheit auch die *Würde der Persönlichkeit* folgt: die selbstbewußte *Individualität.* Damit stehen wir abermals, über mehr als zwei Jahrtausende hinweg, bei Demokrit und Epikur, und wir sehen, wie sich von jenen hellenischen Denkern her die Geisteslinie über Roger Bacon, Duns Scotus, Ockham u. a. bis zu Kant hinzieht. Als *„Persönlichkeit"* definiert Kant *„die Idee der Menschheit in mir"*.

Menschenwürde

Indem der Mensch sich selbst das Sittengesetz gibt, verpflichtet er sich auf dessen Grundsätze, denen er *konsequent* nachleben *muß*, und der Mensch „kann, was er muß". In vollkommener Freiheit auferlegt er sich diesen „Selbstzwang", und die Tatsache, daß der Mensch selbst Schöpfer des erhabenen Sittengesetzes ist, enthüllt ihm sein „eigentliches Selbst", seine „bessere Person", und bildet seinen *Charakter*. Denn die moralische Persönlichkeit ist „nichts anderes als die Freiheit eines vernünftigen Wesens unter moralischen Gesetzen". Alles kommt also auf die Grundsätze an. „In der Einheit des Charakters besteht die Vollkommenheit des Menschen. Zum Charakter gehört auch das Konsequente in seinen Grundsätzen."

Hiermit sind wir weit weg von allen Mystikern, die sich, wie Kant sagt, „in den Abgrund der Gottheit durch das Zusammenfließen mit derselben und also Vernichtung seiner Persönlichkeit hineinzufühlen fürchten: ein Begriff, mit dem ihnen zugleich der Verstand ausgeht und das Denken selbst ein Ende hat". Demgegenüber redet er in seiner Ethik von „meinem unsichtbaren Selbst, meiner Persönlichkeit, in welcher das moralische Gesetz mir ein von der Tierheit und selbst von der ganzen Sinnenwelt unabhängiges Leben offenbart" und eine Bestimmung, „welche nicht auf Bedingungen und Grenzen dieses Lebens eingeschränkt ist, sondern ins Unendliche geht".

Popularisiert wurden diese Grundsätze später hauptsächlich von *Schiller*. Sie machen auch Kants Verhalten nach Friedrichs Tod gegenüber dem nächsten König und den neuen Zensurbehörden verständlich. Äußerlich fügte sich Kant der Kabinettsorder insoweit, als sie ihm Stillschweigen anbefahl, aber nicht einen Widerruf abnötigen konnte. Seine Beweggründe notierte er auf einem Zettel, der in seinem Nachlaß gefunden wurde. Wir zitieren sie und beenden damit diesen Abschnitt: „Widerruf und Verleugnung seiner inneren Überzeugung ist niederträchtig und kann niemandem zugemutet werden; aber Schweigen in einem Falle, wie der gegenwärtige, ist Untertanenpflicht: Und wenn alles, was man sagt, wahr sein muß, so ist darum nicht auch Pflicht, alle Wahrheit öffentlich zu sagen." Das ist, zum Selbstschutz der Persönlichkeit gemeint, der Grundsatz aller inneren Emigration — nichts anderes, als was einst Hobbes dem Bürger gegenüber dem „Staat als Leviathan" empfahl.

Reservatio mentalis

Philosophie auf deutsch

Daß Kant zu einem Philosophen der Pflicht wurde, dürfte erheblich zusammenhängen mit seiner physischen Konstitutionsschwäche und deren Überwindung durch geistigen Selbstzwang. Denn Kant war körperlich ein Zwerg, aber mit normal großem Haupt, ähnlich dem Maler Adolph Menzel. Dank unnachgiebiger Energie, gepaart mit unerbittlichem Pflichtbewußtsein und mittels einer pedantisch geregelten Tageseinteilung brachte er nicht nur seine immense Leistung zustande, sondern erreichte auch ein ungewöhnlich langes Leben.

Kants Lebenslauf

Geboren wurde er am 22. April 1724 in Königsberg, Ostpreußen, als Sohn eines Sattlermeisters. Über Ostpreußen ist er zeitlebens nicht hinausgelangt. Ab 1740 studierte er an der dortigen Universität Philosophie, Mathematik, Naturwissenschaften und Theologie; nach sechsjährigem Studium war er mindestens sieben Jahre als Hauslehrer tätig, habilitierte sich 1755 und wurde im Frühjahr 1770 zum ordentlichen Professor „der Logik und Metaphysik" berufen. Der Kultusminister v. Zedlitz hätte ihn zwar lieber an der damals führenden Universität Halle gesehen, um ihm einen größeren Wirkungskreis zu verschaffen, aber Kant blieb seiner Heimat treu. Das Ordinariat für „Logik und Metaphysik" entsprach einer Gepflogenheit jedenfalls im friderizianischen Preußen. Als Friedrich d. Gr. 1744 die von seinem Vater mißachtete Berliner Akademie der Wissenschaften erneuerte, an die er vor allem Ausländer berief, richtete er auch eine neue Klasse für spekulative Philosophie ein mit vier Sitzen (für Metaphysik nebst Logik, Psychologie, natürlicher Theologie, Naturphilosophie). Die gleiche Zusammenfassung finden wir wieder im Gesamtwerk von Kant und auch die Gebiete der drei weiteren Sitze (Naturrecht, Moral, Geschichte und Kritik der Philosophie). Seine Hauptwerke erschienen zwischen 1781 und 1790. Am 12. Februar 1804 starb Immanuel Kant in Königsberg.

Kant als Lehrer

Unter Kants Hörern befand sich auch der junge Herder, der später aus seiner Königsberger Studentenzeit erzählte: „Ich habe das Glück genossen, einen Philosophen zu kennen, der mein Lehrer war. Er in seinen blühenden Jahren hatte die fröhliche Munterkeit eines Jünglings, die, wie ich glaube, ihn auch in sein greisestes Alter begleitete. Seine offene, zum Denken gebaute Stirn war ein Sitz unzerstörbarer Heiterkeit und Freude; die gedankenreichste Rede floß von seinen Lippen; Scherz und Witz und Laune standen ihm zu Gebot, und sein lehrender Vortrag war der unterhaltendste Umgang. Mit eben dem Geist, mit dem er Leibniz, Wolff, Baumgarten, Crusius, Hume prüfte und die Naturgesetze Newtons, Keplers, der Physiker verfolgte, nahm er auch die damals erscheinenden Schriften Rousseaus, seinen Emile und die Héloise, sowie jede ihm bekanntgewordene Naturentdeckung auf, würdigte sie und kam immer zurück auf unbefangene Kenntnis der Natur und auf den moralischen Wert des Menschen. Menschen-, Völker-, Naturgeschichte, Naturlehre, Mathematik und Erfahrung waren die Quellen, aus denen er seinen Vortrag und Umgang belebte; nichts Wissenswürdiges war ihm gleichgültig; keine Kabale, keine Sekte, kein Vorurteil, kein Namensehrgeiz hatte je für ihn den mindesten Reiz gegen die Erweiterung und Aufhellung der Wahrheit. Er munterte auf und zwang angenehm zum Selbstdenken; Despotismus war seinem Gemüte fremd. Dieser Mann, den ich mit größter Dankbarkeit und Hochachtung nenne, ist Immanuel Kant: Sein Bild steht angenehm vor mir."

Deutsch statt Latein

Hervorzuheben ist, daß Kant seine Vorlesungen in *deutscher* Sprache hielt, und daß er hierzulande *der erste große Systematiker* war, ja unser größter Denker, *der seine Hauptschriften deutsch verfaßte.* Dieser Umstand trug beträchtlich zu ihrer Verbreitung bei, obwohl sie sich wegen der oft lateinischen Satzkonstruktion und der Vorliebe des Autors für lange Sätze manchmal nicht leicht lesen lassen.

Noch um 1570 enthielten von allen im deutschen Reich gedruckten Büchern etwa 70 Prozent nur lateinische Texte; um 1680 etwa 50 Prozent, um 1710 etwa 30 Prozent; um 1790 immerhin noch 5 Prozent. Während die Gelehrten allmählich auf die lateinische Sprache verzichteten, wandten sie sich um 1700 um so mehr dem Französischen zu. Noch um 1750 betrug in der *philosophischen Literatur* der Anteil entweder lateinischer oder französischer Schriftwerke fast

100 Prozent. Das war auch noch eine Folge des Dreißigjährigen Krieges, der Deutschland nicht nur materiell verwüstete, sondern auch die deutsche Sprache verwildern ließ.

Thomasius, Wolff, Leibniz, Gottsched

Der erste Philosophieprofessor, der Vorlesungen in deutscher Sprache hielt, war *Christian Thomasius,* Universitätslehrer in Leipzig; bedeutend auch deshalb, weil er 1687 diese unerhörte Neuerung einführte und 1688 sogar die erste wissenschaftliche Zeitschrift deutsch herausgab („Freimütige . . . Gedanken oder Monatsgespräche . . ."); 1690 mußte er aus Leipzig flüchten, ehe er 1694 in Halle wieder zu Wort kam. An dieser damals gegründeten Universität lehrte mit ihm gemeinsam Christian Wolff (1679—1754) auch in deutscher Sprache, nicht nur in lateinischer. Als Aufklärer wurde Wolff von Pietisten (August Hermann Francke!) bei Friedrich Wilhelm I., dem Vater Friedrichs d. Gr., so heftig verklagt, daß dieser ihm Todesstrafe androhte. Aus Marburg, wohin er 1723 geflohen war, rief Friedrich d. Gr. ihn 1740 nach Halle zurück. Wolff popularisierte die leibnizianische Philosophie mittels deutsch verfaßter Lehrtexte. Friedrich d. Gr. allerdings, der sich zu ihm bekannte, bevor er sich Locke zuwandte, hatte die Werke von Leibniz im Original, nämlich französisch, und diejenigen von Wolff in lateinischer Fassung gelesen. Denn auch Leibniz bediente sich dieser Sprachen trotz seiner schriftlichen „Ermahnung an die Teutschen, ihren Verstand und ihre Sprache besser zu üben", und trotz seiner „Unvorgreifflichen Gedanken, betr. die Ausübung und Verbesserung der teutschen Sprache"; denn eben diese Abhandlungen, beide im damals bestmöglichen Deutsch gehalten, beweisen dessen Schwerfälligkeit und Wortmangel. Hauptsächlich Wolff verdanken wir philosophische Ausdrücke wie „Begriff, Bewußtsein, Beweggrund, Verständnis, Aufmerksamkeit, Umfang". Überhaupt war unser 17./18. Jahrhundert erfüllt von sprachschöpferischer Tätigkeit, ohne die es keine neuere deutsche Nationalliteratur gegeben hätte.

Den Vorrang hinsichtlich deutscher Sprachentwicklung besaß seit etwa 1550 bis um 1770 das gebildete Bürgertum in Obersachsen, vor allem in Leipzig und Halle. An der Leipziger Universität wirkten Gottsched (1700—1766) und Gellert (1715—1769) als Sprachmeister. Durch Gottsched wurden „vierhundertjährige Bemühungen um die theoretische Neuordnung und Regelung der deutschen Gemeinsprache im Sinne des rationalistischen Klassizismus zusammengefaßt und vollendet zu einem Bau, der für die deutsche Prosa, wenigstens in Fundament, Wänden und Dach, auch späteren Stürmen und Wandlungen standhielt" (Burdach). Dem scharfsinnigen Lessing und dem gescheiten Wieland verdanken wir das jedem Gedanken sprachlich gewachsene Deutsch der klassischen Periode. Lessing zu lesen ist bis heute auch des federnden, klaren, kräftigen, präzisen Stils wegen ein hoher Genuß.

Anteilnahme des Bürgertums

So kam es während des 18. Jahrhundets auch in Deutschland mit einiger Verspätung gegenüber Großbritannien, den Niederlanden und Frankreich zu einer immer lebhafteren Anteilnahme des gebildeten Bürgertums an der Philosophie und ihren Problemen. Man mußte nicht mehr lateinisch, französisch oder englisch gelernt haben, um selbständig nachzudenken oder mitzudenken: Die Aufklärung breitete sich aus, die Gelehrsamkeit war nicht länger auf Universitäten beschränkt, die Philosophie keine Geheimwissenschaft mehr; und das Für und Wider in Fragen des überlieferten Glaubens wurde in die Öffentlichkeit hinausgetragen. In der Philosophie Kants erreichte die deutsche Aufklärung ihren Höhepunkt, der zugleich ein Höhepunkt europäischer Geistesgeschichte war.

Kants „kopernikanische Tat"

Von Kants witziger, spritziger Vortragsweise, die Herder rühmt, ist in seinen Hauptwerken allerdings wenig zu spüren; hier befleißigte er sich eher eines trockenen Tons. Er gilt als besonders schwieriger Philosoph, obwohl er in seinen streng wissenschaftlichen Schriften dem forschenden Geist viel mehr Befriedigung bietet als Schleiermacher, Fichte, Hegel oder Schelling mit ihrem heimlichen Appell an die Glaubensbereitschaft des Lesers.

Wir können jedoch Kant fast *mühelos verstehen,* wenn wir von demselben Ansatzpunkt ausgehen wie er. Diesen Ansatz, den wir uns fest einprägen wollen, haben wir bereits eingehend dargelegt. Deshalb dürfen wir uns jetzt mit einer Gedächtnisstütze begnügen: Die Welt, in der wir leben und handeln, besteht *für uns* allein in unserem Bewußtsein, wo sie sich aus verschiedenartigen Bewußtseinsinhalten zusammensetzt, und zwar begrifflich aus bestimmten Vorstellungen. Wie die Außenwelt, unabhängig von uns, an und für sich beschaffen ist, vermögen wir schlechterdings nicht festzustellen.

Nun bemühen wir uns, Kants grundlegenden Gedankengang möglichst kurz nachzuvollziehen, stets eingedenk, daß Kant als Ordinarius ja „*Logik* und Metaphysik" lehrte. Vorher galt sein Hauptinteresse den Naturwissenschaften, und das erklärt bis zu einem gewissen Grad seine Ausgangsposition: Er kam von der empirischen Realität und von einem Standpunkt her, den schon Hume eingenommen hatte.

Urteilslehre

Wir beginnen mit einem ganz einfachen Beispiel: „Die Tanne ist ein Nadelbaum." Dieser Aussagesatz enthält ein „Urteil" über die Tanne. Aber lehrt er uns etwas Neues? Mitnichten! Der Begriff „Nadelbaum" ist für uns schon im Begriff „Tanne" enthalten. Ein anderes Beispiel: „Der Kreis ist rund." Wie anders sollte er auch sein? Derartige Urteile, die nur einen Begriff zergliedern, ohne etwas Neues hinzufügen, nennt Kant „analytische Urteile" — wobei wir nie vergessen, daß es sich um „anschauliche Begriffe" auf Grund empirischer Erfahrung handelt und um Gegenstände innerhalb unseres Bewußtseins. Solche analytischen Urteile fällen wir „a posteriori", also nachträglich. Dasselbe Aposteriori gilt für folgende Beispiele: „Manche Nadelbaumart wirft im Winter die Nadeln ab", oder: „Diamanten findet man in Südwestafrika." Jedesmal sagt das Prädikat etwas aus, was nicht im Subjektsbegriff enthalten ist, und jedesmal wiederum auf Grund der Erfahrung. Es handelt sich um „*synthetische Urteile a posteriori*".

Wie aber steht es mit „*synthetischen Urteilen a priori*", mit Aussagesätzen über Gegenstände jenseits der Erfahrung? Sind solche Urteile überhaupt *möglich?* Das war für Kant die Kernfrage schlechthin — für denjenigen Kant, der Logik *und Metaphysik zugleich* als Aufgabe hatte. Daß derartige „synthetische Urteile a priori möglich" sind in der „reinen Mathematik", war für ihn selbstverständlich; schließlich hatte er ja Mathematik studiert. Darauf brauchen wir nicht erst einzugehen, denn z. B. in dem Satz „die gerade Linie ist die kürzeste Verbindung zwischen Punkten" sagt der Begriff der Geraden nur etwas aus über die Beschaffenheit der Linie, aber nichts über deren Größe, weshalb man, um zu jenem Satz zu gelangen, mehrere Linien miteinander vergleichen, also mehr tun muß, als nur ihren Begriff zu analysieren. In der Metaphysik freilich treffen wir auf Sätze wie: „Die Seele ist unsterblich, Gott existiert, der Wille ist frei" — und zwar erhebt jedes dieser synthetischen Urteile Anspruch auf unbedingte, notwendige Gültigkeit; und solche allgemeine notwendige Gültigkeit muß jedem Apriori eigen sein. Indes, besteht hier diese Gültigkeit zu Recht, oder ist sie nicht vielmehr eine *bloße Behauptung,* die wir lediglich *glauben,* aber niemals wissen können?

Kritik der reinen Vernunft

„Wenigstens zwölf Jahre" lang dachte Kant darüber nach; dann schrieb er „gleichsam im Fluge" die Ergebnisse seiner geistigen Anstrengung in vier bis fünf Monaten nieder, nannte das so entstandene Werk „Kritik der reinen Vernunft" und widmete es, wie gesagt, dem friderizianischen Kultusminister. Es enthält eine Logik des Erkennens hinsichtlich der Gegenstände mathematischer Naturwissenschaft und rationaler Metaphysik. Als „kritisch" oder „transzendental" (nicht zu verwechseln mit „transzendent"!) bezeichnete er „alle Erkenntnis, die sich nicht sowohl mit Gegenständen, sondern mit unserer Erkenntnisart von Gegenständen beschäftigt, sofern diese a priori möglich sein soll".

Raum und Zeit

Wiederum haben wir anläßlich Humes einige Voraussetzungen und Resultate Kants schon vorweggenommen, insbesondere: *„Raum"* und *„Zeit"* sind *zwei „Anschauungsformen", die unsere Vernunft mit sich bringt;* ohne sie kommt Erfahrung überhaupt nicht zustande. Es gibt keinen Raum an sich, keine Zeit an sich; *sie sind keine Wirklichkeiten außerhalb des erkennenden Subjekts,* sondern gleichsam nur *geistige Gefäße, in welche unsere Vernunft die Eindrücke der Außenwelt aufnimmt.*

Kausalität

Was die *Kausalität* betrifft, so ist sie nur ein *Denkgesetz,* demzufolge wir das *Nacheinander der Erscheinungen* als ein *Verhältnis von Ursache und Wirkung verstehen.* Die Kausalität stellt gewissermaßen ein *Modell* dar, das wir fortwährend gebrauchen, um den formlosen „Teig" der Sinneseindrücke zu gestalten und geistig zu bewältigen. Freilich, es ist nicht das einzige Modell! Vielmehr unterscheidet Kant im ganzen *zwölf* solcher *„Kategorien",* wobei er

Kategorien

sich im großen ganzen an Aristoteles orientiert: Quantität (Einheit, Vielheit, Allheit), Qualität (Realität, Negation, Einschränkung), Relation (Ding-Eigenschaft, Ursache-Wirkung, Wechselwirkung), Modalität (Dasein, Möglichkeit, Notwendigkeit). Alle diese Begriffe bezeichnen augenscheinlich weder „Empfindungen" noch „Formen der Empfindungen"; sie sind weder „reine Anschauungen" (wie Zeit und Raum) noch empirisch, sondern Verstandesbegriffe a priori, also „reine" Vermögen der Vernunft und *insofern* „metaphysisch" oder „transzendental", nämlich von der Vernunft in unsere physikalische Welt fertig mitgebracht. Anders ausgedrückt: Nur mittels dieser Modelle können wir Gegenstände denken; nur mittels der Kategorien können wir die Inhalte unseres Bewußtseins ordnen, geistig verarbeiten.

„Synthetische Urteile a priori" sind deshalb „möglich", allgemein gültig und objektiv richtig, *weil das erkennende Bewußtsein kraft der reinen Vernunft alle seine Gegenstände selbst schafft. Es baut sie aus den uns „gegebenen" Empfindungen auf, indem es sie in Raum und Zeit einordnet und durch die*

Erkenntniskritik

Kategorien verknüpft. Mit anderen Worten: *Unsere Erkenntnis richtet sich nicht nach den Gegenständen,* sondern genau umgekehrt *richten sich die Gegenstände nach unserer Erkenntnis,* d. h. *nach den ihr innewohnenden Anschauungsformen und Denkgesetzen. „Wir verstehen nur, was wir selber machen."* Jeder Gegenstand löst sich bei näherer Betrachtung in ein Bündel von „Vorstellungen" auf. Erst das Denken baut aus ihnen die menschliche Eigenwelt auf, die wir im Allgemeinbewußtsein haben und über deren Grenzen wir niemals hinausgelangen können. Hinter den Vorstellungen verborgen liegt immer „das Ding an sich". Die Naturgesetze, die wir feststellen, sind bedingt durch unsere Denkgesetze. *„Der Verstand ist selbst der Quell der Naturgesetze."*

Diese Erkenntnis-Wissenschaft verglich Kant (in der Vorrede zur zweiten Auflage seiner „Kritik der reinen Vernunft") mit der *Tat des Kopernikus.* Denn als dieser einsah, daß sich die Himmelsbewegungen nicht erklären ließen, wenn er annahm, „das ganze Sternenheer drehe sich um den Zuschauer", versuchte er, „ob es nicht besser gelingen möchte, wenn er den Zuschauer sich drehen und dagegen die Sterne in Ruhe ließ". In diesem Sinne forderte Kant auf zur „*Revolution*" der Denkungsart — zur Revolution auch gegenüber der herkömmlich-theologischen Metaphysik und somit zur *Aufklärung*. Die Frage „Was ist Aufklärung?" beantwortete er 1784 in einem Aufsatz so: „*Aufklärung ist der Ausgang des Menschen aus seiner selbst verschuldeten Unmündigkeit.* Unmündigkeit ist das Unvermögen, sich seines Verstandes ohne Leitung eines anderen zu bedienen. Selbstverschuldet ist diese Unmündigkeit, wenn die Ursache derselben nicht im Mangel des Verstandes, sondern der Entschließung und des Mutes liegt, sich seiner ohne Leitung eines andern zu bedienen ... *Habe Mut, dich deines eigenen Verstandes zu bedienen! ist also der Wahlspruch der Aufklärung.*"

Aufklärung zur Mündigkeit

Die regulativen Ideen

Zum selbständig-aufgeklärten Denken gehört vor allem, *daß man weiß, was man tut, wenn man denkt,* wobei der Akzent auf dem *Wissen* liegt. Wer weiß, wie unsere Bewußtseinswelt zustande kommt und was ihre Kriterien der Wahrheit und Wirklichkeit sind, der weiß auch, daß *die theologische Metaphysik keine Wissenschaft sein kann.* Denn sie verläßt den Boden der Erfahrung; sie versucht, zum Ding an sich vorzustoßen, und diese waghalsige Irrfahrt ist von vornherein zum Scheitern verurteilt; sie ist bloße *Spekulation.*

„Wir mögen unsere Begriffe noch so hoch anlegen und dabei noch so sehr von der Sinnlichkeit abstrahieren, so hängen ihnen doch noch immer *bildhafte* Vorstellungen an, deren eigentliche Bestimmung es ist, sie, die sonst nicht von der Erfahrung abgeleitet sind, zum Erfahrungsgebrauche tauglich zu machen. Denn wie wollten wir auch unseren Begriffen Sinn und Bedeutung verschaffen, wenn ihnen nicht irgendeine Anschauung untergelegt würde, welche zuletzt immer ein Beispiel aus irgendeiner möglichen Erfahrung sein muß? Wenn wir hernach von dieser konkreten Verstandeshandlung die Beimischung des Bildes, zuerst der zufälligen Wahrnehmung durch Sinne, dann sogar die reine sinnliche Anschauung überhaupt weglassen: So bleibt jener reine Verstandesbegriff übrig, dessen Umfang nun erweitert ist und eine Regel des Denkens überhaupt enthält. Auf solche Weise ist selbst die allgemeine Logik zustande gekommen."

Zur Kritik der Metaphysik

So Kant in dem Aufsatz „Was heißt: Sich im Denken orientieren?". Aber in den „Prolegomena" sagt er: „Daß der Geist des Menschen metaphysische Untersuchungen einmal gänzlich aufgeben werde, ist ebensowenig zu erwarten, als daß wir, um nicht immer unreine Luft zu schöpfen, das Atemholen einmal lieber ganz und gar einstellen würden ... Denn Mathematik, Naturwissenschaft, Gesetze, Künste, selbst Moral usw. füllen die Seele noch nicht gänzlich aus; es bleibt immer noch ein Raum in ihr übrig, der für die bloße, reine und spekulative Vernunft abgestochen ist", und wir übertäuben nicht „den beschwerlichen Ruf der Vernunft, die ihrer Bestimmung gemäß etwas verlangt, was sie für sich selbst befriedige".

So sucht „die reine Vernunft, mit nichts als mit sich selbst beschäftigt", nach einer „Einheit des Vernunftbegriffs", nach „dem Zusammenhang in einem Prinzip". Diese „Vernunfteinheit ist die Einheit des Systems, und diese systematische Einheit dient der Vernunft *nicht objektiv* zu einem Grundsatze, um sie über die Gegenstände, *sondern subjektiv* als Maxime, um sie über alle mögliche Erkenntnis der Gegenstände zu verbreiten". Statt „Maxime" dürfen wir sagen: als *Leitmotiv,* oder, wie Kant sich ausdrückt, als „*regulative Idee*". Aber „diese systematische Idee" kann von der Vernunft „nicht anders" gedacht

Subjektives Leitmotiv

werden, „als daß die Vernunft ihrer Idee zugleich *einen Gegenstand gibt*, der aber *durch keine Erfahrung* gegeben werden kann; denn Erfahrung gibt niemals ein Beispiel vollkommener systematischer Einheit".

Ich — Welt — Gott

Solche Einheit nennt Kant auch „dieses transzendentale Ding", das „bloß das Schema jenes regulativen Prinzips ist". Das bedeutet im einzelnen: „Das erste Objekt einer solchen Idee bin *ich selbst*, bloß als denkende Natur — als Seele — betrachtet ... Hiermit gelange ich aber niemals zu einer systematischen Einheit aller Erscheinungen des inneren Sinnes ... [Deshalb] nimmt die Vernunft den Begriff der empirischen Einheit alles Denkens und macht dadurch, daß sie diese Einheit unbedingt und ursprünglich denkt, aus demselben einen Vernunftbegriff — eine Idee, ... mit einem Worte: die Idee von einer einfachen selbständigen Intelligenz." Indem wir uns wieder an Hume erinnern, sehen wir bei ihm bereits den Ansatz zu dieser Herleitung und Definition des „Ich"; und anderseits finden wir hier die unmittelbare Vorlage zu Fichtes „das Ich setzt sich selbst". — Weiter: „Die zweite regulative Idee der bloß spekulativen Vernunft ist der *Weltbegriff überhaupt* ... die dritte Idee ... ist der *Vernunftbegriff von Gott* ... Und da zeigt es sich klar, daß die Idee desselben, so wie alle spekulativen Ideen, nichts weiter sagen wolle, als daß die Vernunft gebiete, alle Verknüpfung der Welt nach Prinzipien einer systematischen Einheit zu betrachten, *als ob* sie insgesamt aus einem einzigen allbefassenden Wesen als oberster und allgenugsamer Ursache entsprungen wäre." Kurz, die regulativen Ideen sind Einheitspunkte unseres Denkens. Und da wir nichts anderes haben als unser Bewußtsein, so müssen diese Einheitspunkte sich eben im Bewußtsein bemerkbar machen, ins Bewußtsein hineinprojiziert werden.

Wie lassen sich nun diese drei regulativen Ideen auseinanderhalten? Das „Ich" ist der Einheitspunkt unseres Bewußtseins, die „Welt" ist der Einheitspunkt unseres Bewußtseins, „Gott" ist der Einheitspunkt unseres Bewußtseins. Jedesmal haben wir einen anderen Begriff, jedesmal auch ein anderes Bezugssystem vor uns. Dennoch: Innerhalb des Bewußtseins, und hier jeweils als Zentrum aller gegenwärtigen Inhalte oder Vorstellungen, sitzt der Einheitspunkt immer an derselben Stelle; denn wo sollte er sonst hinwandern? Mit anderen

Ein Ansatz des deutschen Idealismus

Worten: *„Ich" — „Welt" — „Gott" sind insofern identisch*, auch wenn die Begriffe sich unterscheiden. *Das ist in der Folgezeit zu einem Ansatz des sog. Deutschen Idealismus geworden, insbesondere für Fichte und Hegel*, aber auch für Schopenhauers „Welt als Wille und Vorstellung".

Kant selbst hat diese Konsequenz nur angedeutet, nicht ausgeführt. Er geht den drei Ideen erkenntniskritisch mit logischen Schlußfolgerungen nach und beweist, daß sie nicht nur jeder sinnlichen Erfahrung entbehren, sondern daß man sich in lauter Widersprüche verwickelt, wenn man sie mittels der reinen Vernunft psychologisch, kosmologisch oder theologisch aufzuhellen versucht. „Eine vollendete Kritik" überzeugt uns davon, *„daß alle Vernunft im spekula-*

Regulative Ideen bloße Hilfskonstruktionen

tiven Gewande niemals über das Feld möglicher Erfahrung hinauskommen" kann und daß wir uns der regulativen Ideen nur „bedienen, um der Natur nach allen möglichen Prinzipien der Einheit bis in ihr Innerstes nachzugehen, niemals aber ihre Grenze zu überfliegen". Die regulativen Ideen sind demnach für Kant — in der „Kritik der reinen Vernunft" — bloße Hilfskonstruktionen unseres Denkens. Man versteht, daß dieses theologisch unbefriedigende Ergebnis andere Denker reizen mußte, es wieder umzustoßen oder zu mißachten.

Auch hinsichtlich der drei „regulativen" — unser Bewußtsein ordnenden — Ideen schrieb Kant rückblickend (in den „Prolegomena"): „So hat man denn einmal etwas *Bestimmtes*, und *woran man sich* bei allen metaphysischen Untersuchungen, die bisher kühn genug, aber jederzeit blind über alles ohne Unterschied gegangen sind, *halten kann.*" Aber dabei ließ er es nun doch nicht bewenden. Vielmehr holte er — in der „Grundlegung zur Metaphysik der Sitten" und in der „Kritik der praktischen Vernunft" Gott wieder in die Metaphysik herein. Auf welche Weise und warum?

Kants „praktische Vernunft"

Daran, daß „Gott nicht ein Wesen außer mir, sondern bloß ein Gedanke in mir ist", hielt er bis zuletzt (im Nachlaß) fest. Gleichsinnig äußerte er 1793: „Wir werden ... Handlungen nicht darum für verbindlich halten, weil sie Gebote Gottes sind, sondern sie darum als göttliche Gebote ansehen, weil wir dazu innerlich verbunden sind." Denn: „Was ist Religion? Religion ist das Gesetz in uns ..., eine auf die Erkenntnis Gottes angewandte Moral." Bei dem „Gesetz in uns" handelt es sich um das Sittengesetz: „Handle pflichtbewußt!" Dieses an das *Gewissen* gebundene Sittengesetz ist nun auch etwas, was der Mensch in sich vorfindet: „Zwei Dinge erfüllen das Gemüt mit immer neuer und zunehmender Bewunderung und Ehrfurcht, je öfter und anhaltender sich das Nachdenken damit beschäftigt, der gestirnte Himmel über mir und das moralische Gesetz in mir. Beide darf ich nicht als in Dunkelheiten verhüllt oder im Überschwenglichen außer meinem Gesichtskreis suchen und bloß vermuten. Ich sehe sie vor mir und verknüpfe sie unmittelbar mit dem Bewußtsein meiner Existenz." Das ist aber, wohlgemerkt, ein Glaubensbekenntnis.

Der Wille und die ethische Norm

Weiterhin entdecken wir in uns den *Willen,* den *sittlichen* Willen, der sein eigener Gesetzgeber, also *autonom* ist. Nach allen Voraussetzungen muß ja Kant von der „Autonomie des Willens" sprechen, also der metaphysischen Willensfreiheit. In diesem Sinne dichtete Schiller: „Nehmt die Gottheit auf in euren Willen, und sie steigt von ihrem Weltenthron." Es ist die *praktische Vernunft,* die uns ein anderes „Ich" als die theoretische Vernunft, nämlich ein tatkräftiges, handelndes Ich als *Einheitspunkt des sittlichen Wollens* gibt: „Das moralische Gesetz ist gleichsam als ein Faktum der reinen Vernunft gegeben, dessen wir uns a priori bewußt sind und welches apodiktisch [unbestreitbar] gewiß ist." Die „praktische Vernunft" stellt dazu die objektiv geltenden *Normen* für das Wollen auf, und die Möglichkeit zu solchen Normen ermittelt Kant durch die „Kritik" der praktischen Vernunft. Nur insofern ist der einzelne ein „Vernunftwesen", als er sein Wollen nach objektiv gültigen Prinzipien regelt. Folglich muß er als sein eigener Gesetzgeber auch aller sonstigen Autorität gegenüber *frei* sein.

Freiheitspostulat

Denn nur wenn der Mensch in eigener Verantwortung zu handeln vermag und die *Freiheit der Wahl* zwischen Gut und Böse hat (Pietismus! Zarathustra, Aristoteles!), ist die sittliche Willensfreiheit sinnvoll. *„Freiheit muß als Eigenschaft des Willens aller vernünftigen Wesen vorausgesetzt werden."* Diese Freiheit ist also ein *Postulat der praktischen Vernunft.* Aber auch das *Dasein Gottes* und die *Unsterblichkeit* werden von Kant nunmehr, nachdem die theoretische Vernunft beides verneinen mußte, kraft praktischer Vernunft zu *Postulaten* erhoben. Im Grunde steckt dahinter eine Art Pragmatismus, ähnlich wie bei Hume: „Die praktische Vernunft fordert die Übereinstimmung von Sittengesetz und Gesinnung, von Tugend und Glück ..., die nicht der sterblichen, sondern der unsterblichen *Kraft* geboten sein kann, und eine *Harmonie des Weltgefühls*" (was uns an Leibniz erinnert). Um diesen gerechten Ausgleich, diese *Welteinheit* herzustellen, *ist die Annahme eines allmächtigen, allwissenden, allgerechten Gottes notwendig.* Und weil das Sittengesetz die vollkommene Erfüllung des Tugendideals verlangt, dieses Ideal aber nur annähernd *in unendlichem Fortschritt* zu erreichen ist, so muß man für jeden Menschen die unendliche Fortdauer individueller Existenz voraussetzen, kurz, die *Unsterblichkeit der Seele* (was uns abermals an Leibniz erinnert). *Da wir soeben überzeugt worden sind, daß unser „Ich", gleichbedeutend mit „Seele", im Bereich der reinen theoretischen Vernunft nur eine regulative Idee ist, so muß das geistig-seelische Ich im Bereich der praktischen Vernunft offenbar für substantiell, für eine Wesenheit gehalten werden.*

Anders ausgedrückt: Der zerstörende Eingriff der reinen theoretischen Vernunft in die Metaphysik wird somit in vollem Umfang durch die praktische Vernunft und ihre Postulate folgendermaßen wettgemacht: Die reine Vernunft bedingt bei Kant das *Wissen;* die praktische Vernunft hingegen nimmt bei ihm jene Stelle ein, die sonst, und zwar ausdrücklich seit der christlich-gnostischen Scholastik, dem *Glauben* zugewiesen war. Insofern spielt für Kant die praktische Vernunft eine Rolle als Nothelfer. Die Situation wäre ungefähr mit derjenigen des Descartes zu vergleichen, nachdem dieser seinen Gottesbegriff postuliert hatte. Es handelt sich um eine echte Grenzsituation. Schon mehrmals haben wir ja herausgearbeitet, daß für alle „Rationalisten" im weitesten Sinne der Augenblick der Entscheidung eintritt, sobald sie sich bis zum Gottesbegriff emporgedacht haben, gleichgültig, wie sie diesen Begriff herleiten oder postulieren. Denn jetzt müssen sie unausweichlich die Frage beantworten: Was fange ich mit dem Gottesbegriff an? Begnügen wir uns mit „Gott" als nur regulativer Idee, dann bleiben wir in den Grenzen vernunftkritischer Wissenschaft. Gehen wir über die Grenze hinaus und in die theologische Metaphysik hinein, dann müssen wir mit diesem Begriff die Vorstellung einer Substanz, einer Wesenheit, einer Wirkungskraft verbinden und zu diesem Zweck notwendigerweise das magisch-mythische Denken einschalten. Die „Magie" zielt in solchem Fall auf die Identität von Begriff und nichtempirischer Vorstellung und der „Mythos" auf sämtliche Eigenschaften, die wir folgerichtig der göttlichen Wesenheit zusprechen.

Gottesbegriff

Weiter: Wir wissen durch Kant ebenso wie bereits durch Hume, daß allen unseren Vorstellungen (Bewußtseinsinhalten, Gegenständen) stets unmittelbare Erfahrung zugrunde liegt; andernfalls sind die Begriffe bedeutungsleer. Deshalb hat Hume jede Vorstellung jenseits der Erfahrung, insbesondere jede metaphysische Vorstellung, als Phantasieprodukte bezeichnet und Kant sie aus dem Bereich der reinen theoretischen Vernunft ausgemerzt. Nun besitzen wir aber die Vorstellung einer göttlichen Wesenheit. Die Eigenschaften, die wir Gott zuschreiben, können wir, um ihn anschaulich zu machen, nur aus unserer Erfahrung schöpfen, und zwar aus Vorstellungen der menschlichen Eigenwelt. Infolgedessen ist unsere Gottesvorstellung notwendig *anthropomorph, menschenartig.* Wir sprechen z. B. von Gottes Leben, Willenskraft, Schöpfertum, Denkvermögen, Vernunft, und denken ihn „unendlich groß" — ganz abgesehen von den Darstellungen der bildenden Künste. Selbst wenn wir Gott als Inbegriff kosmischer Einheit ansehen, bedürfen wir einer Anschauung, sonst müßten wir mit dem jungen Goethe sagen: „Name ist Schall und Rauch." Kants „praktische Vernunft" kann den Fortbestand unserer religiösen Glaubensvorstellungen ermöglichen, obwohl er sich sehr subtiler Formulierungen bedienen muß, um Gottes unendliche Vollkommenheit faßbar zu machen: „Ohne einen Gott und eine für uns jetzt nicht sichtbare, aber gehoffte Welt sind die herrlichen Ideen der Sittlichkeit zwar Gegenstände des Beifalls und der Bewunderung, aber nicht Triebfedern des Vorsatzes und der Ausübung, weil sie nicht den ganzen Zweck erfüllen, der einem jeden vernünftigen Wesen natürlich und durch eben dieselbe reine Vernunft a priori bestimmt und notwendig ist." Wenn wir — um eine andere Stelle anzuführen — „aus dem Gesichtspunkte der sittlichen Einheit als einem notwendigen Weltgesetze die Ursache erwägen, die diesem allein den angemessenen Effekt, mithin auch für uns verbindende Kraft geben kann, so muß es ein einziger oberster Wille sein, der alle diese Gesetze in sich befaßt. Denn wie wollten wir unter verschiedenen Willen vollkommene Einheit der Zwecke finden? Dieser Wille muß *allgewaltig* sein, damit die ganze Natur und deren Beziehung auf Sittlichkeit in der Welt ihm unterworfen sei; *allwissend*, damit er das Innerste der Gesinnungen und deren moralischen Wert erkenne; *allgegenwärtig*, damit er unmittelbar allem Bedürfnis, welches das höchste Weltbeste erfordert, nahe sei; *ewig*, damit in keiner Zeit diese Übereinstimmung der Natur und Freiheit ermangele."

Gott als Notwendigkeit

Kritik des Anthropomorphismus

Zwar haben wir z. B. von Verstand und Willen, die man Gott beilegt, nur menschliche Begriffe, aus denen sich die Gefahr des „dogmatischen Anthropomorphismus" ergibt. Wir vermeiden sie, indem wir „unser Urteil bloß auf das Verhältnis einschränken, welches die Welt zu einem Wesen haben mag, dessen Begriff selbst außer aller Erkenntnis liegt, deren wir innerhalb der Welt fähig sind". — Denn alsdann „eignen wir dem höchsten Wesen keine von den Eigenschaften *an sich selbst* zu, durch die wir uns Gegenstände der Erfahrung denken, und vermeiden dadurch den *dogmatischen* Anthropomorphismus; wir legen sie aber dennoch dem Verhältnis desselben zur Welt bei und erlauben uns einen *symbolischen* Anthropomorphismus, der in der Tat *nur die Sprache* und *nicht das Objekt selbst* angeht". Das heißt: Wir stellen uns Gott gleichsam menschenartig vor, aber *wissen*, daß diese Vorstellung *nur uns* eigentümlich, nur auf uns beschränkt ist: Es handelt sich um ein Gleichnis, weil wir anders nicht imstande sind, uns eine Gottesanschauung zu bilden. Grundsätzlich müssen wir uns davor hüten, nun etwa zu meinen oder für gewiß zu halten, daß in solcher Vorstellung etwa Gott selbst uns vor die inneren Augen tritt. Wir bedienen uns lediglich unserer begrifflich-anschaulichen Ausdrucksweise, als ob sie genau auf ihn zuträfe, während wir in Wahrheit darüber unterrichtet sind, daß er von uns so, wie er an sich ist, überhaupt nicht erkannt werden kann.

Mit anderen Worten: Unser Gottesname soll insofern *nicht identisch* sein mit seinem Gegenstande. Gott ist sozusagen das allumfassende Ding an sich, wovon wir eine Vorstellung nur nach Maßgabe *unseres* Erkenntnisvermögens gewinnen können. *Damit stehen wir hier bei Kant wieder dort, wo wir am Beginn unseres Buches bei Echnaton standen!* Genau wie Kant wandte schon Echnaton sich gegen den *dogmatischen Anthropomorphismus*, nämlich die bildhaften Darstellungen oder Vorstellungen des Universalgottes und seiner besonderen Wirkungskräfte. Statt dessen verkündete schon Echnaton den *symbolischen* Anthropomorphismus, wenn auch noch seine Symbolik sinnfällig, sozusagen naiv war. Aber auch über die Symbolik gelangte Echnaton hinaus mit seiner Verehrung des unsichtbar allgegenwärtigen, allwissenden, allgewaltigen Universalgottes, den wir menschlich niemals erkennen, sondern nur *in seinem Werke* verehren können, wie schon die altägyptische Ptach-Lehre verkündete.

Der unbekannte Gott

Und nun wieder Kant: „Wenn ich sage, wir sind genötigt, die Welt so anzusehen, als ob sie das Werk eines höchsten Verstandes und Willens sei, so sage ich wirklich nicht mehr als: Wie sich verhält eine Uhr, ein Schiff, ein Regiment zum Künstler, Baumeister, Befehlshaber, so die Sinnenwelt zu dem Unbekannten, das ich also hierdurch zwar nicht nach dem erkenne, was es an sich selbst ist, aber doch nach dem, was es für mich ist, nämlich in Ansehung der Welt, davon ich ein Teil bin." Die „Natur der obersten Ursache" bleibt mir unbekannt, „ich vergleiche nur ihre mir bekannte Wirkung — die Weltordnung — und deren Vernünftigkeit mit den mir bekannten Wirkungen menschlicher Vernunft" und nenne daher das höchste Wesen „eine Vernunft", ohne „ihr sonst etwas mir Bekanntes als ihre Eigenschaft beizulegen".

Induktiver Gottesbeweis!

Wir schließen also aus der Erfahrung, die uns eine *geordnete* Welt ausweist, auf die höchste Ursache dieser Weltordnung. Darin folgen wir einem „Bedürfnis der Vernunft". Denn angesichts des überall in der Welt beobachteten Zweckzusammenhangs muß die Vernunft nach dem Urprinzip fragen, aus dem heraus sich alle diese untereinander folgerichtig verknüpften Zwecke geistig nachvollziehen, also rekonstruieren lassen. „Wir müssen die Existenz Gottes annehmen, wenn wir über die ersten Ursachen . . . in der Ordnung der wirklich in der Welt gelegten Zwecke urteilen wollen." Aber, und das ist nun entscheidend wichtig: Wir dürfen *nicht* von diesem „Begriffe eines einzigen Urwesens" *ausgehen!* Wie dürfen *nicht* die moralischen Gesetze selbst, die zu ihm *hinführen*, nun umgekehrt aus ihm *ableiten!* Es sind also Handlungen *nicht* darum für verbindlich zu halten, weil sie Gebote Gottes sind, sondern sie sind vielmehr „darum *als* göttliche Gebote *anzusehen*, weil *wir* dazu innerlich verbunden sind"!

Vergleich mit Aristoteles

Somit hat Kant, der in vieler Hinsicht an Aristoteles angeknüpft und ihn in mancher Hinsicht übertroffen oder korrigiert hat, dessen von uns in einem früheren Kapitel als „Bruchstelle innerhalb seines Systems der Welterklärung" bezeichneten Fehler sorgfältig vermieden! Dieser Fehler bestand ja darin, daß er, nachdem er sich zu Gott (dem göttlich-absoluten Geist) *hinaufgedacht* hatte, nun in umgekehrter Richtung von seinem jenseitigen Gott *herab* und in die Welt *hineindenken* wollte. Das eben mißlang, und es mußte mißlingen. Kant ist es, der nachgewiesen hat, warum wir *nur in der einen Richtung* denken *können,* nämlich bis zu Gott hin. Alle unsere Aussagen über Gott sind *„Postulate"*, notwendige Denkvoraussetzungen, zu denen wir durch Schlußfolgerungen bewogen wurden, und zwar durch Schlüsse erst der reinen theoretischen, dann der sie ergänzenden praktischen Vernunft. Selbstverständlich handelt es sich um „synthetische Urteile a priori", aber auf Grund der *in uns* sich vollziehenden *Tätigkeit der Vernunft.*

Kritik früherer Welterklärungssysteme

Das bedeutet im Hinblick auf die bisherige Geistesgeschichte: *Sämtliche Welterklärungssysteme sind schon im Ansatz falsch, sofern sie jeweils mit Gott beginnen und aus der Gottesvorstellung heraus eine dogmatische Interpretation des Weltganzen bis in dessen Einzelheiten hinein darbieten.* Das betrifft insbesondere Zarathustra, Platon, die Gnosis im weitesten Sinne, das spekulative Weltbild und Glaubensgut, kurz, alle ursprünglich im alten Orient entwickelten Religionen, aber auch deren Umgestaltung durch Philosophie im engeren Sinne, also: Stoa, christlich-gnostische Scholastik, neuplatonische Mystik und rationalistische Denker wie Descartes, Spinoza, Leibniz. Abermals stoßen wir auf die *„kopernikanische Wende"*, auf „die philosophische Revolution unserer Denkungsart" durch den Königsberger Philosophen.

Aber auch dann, wenn frühere Systeme der Welterklärung scheinbar „von unten nach oben" angelegt wurden, sind sie *grundsätzlich* falsch — nach den Kriterien der reinen Vernunft schlechterdings *nicht* „möglich" —, falls sie über die Grenzen der physikalischen Weltnatur hinaus sich auch der Metaphysik bemächtigten mit dem Anspruch, Jenseits-Aussagen zu machen, welche dem Allgemeinbewußtsein als *unanfechtbare Gewißheit* eingeprägt wurden. Vorstellungen solcher Art sind, wie wir sahen, für Kant bloße Wahnvorstellungen, Phantasieprodukte; und ein von solchen Vorstellungen erfülltes Allgemeinbewußtsein, aus dem heraus wir urteilen und handeln, spiegelt eine willkürlich gesetzte Scheinwirklichkeit. Diese Feststellung wurde zur erkenntniskritischen Grundlage und Rechtfertigung unserer historisch-kritischen Theologie, die als strenge *Wissenschaft* betrieben wird.

Allenfalls ließ Kant, wiederum Echnaton vergleichbar, alle überlieferten Religionsvorstellungen *gleichnishaft* gelten, weshalb sie zu *entmythisieren* sind.

„Die Phantasie verläuft sich bei Religionsdingen unvermeidlich ins Überschwängliche, wenn sie das Übersinnliche, was in allem, was Religion heißt, gedacht werden muß, nicht an bestimmte Begriffe der Vernunft knüpft, dergleichen die moralischen sind", und die Phantasie „führt zu einem Illuminatismus [= Erleuchtung] durch innere Offenbarungen, deren jeder alsdann seine eigene hat und kein öffentlicher Probierstein der Wahrheit mehr stattfindet". — „Religion ist, subjektiv betrachtet, die Erkenntnis aller unserer Pflichten als göttlicher Gebote." — „Die Religion, die bloß auf Theologie gebaut ist, kann niemals etwas Moralisches enthalten. Man wird bei ihr nur Furcht auf der einen und lohnsüchtige Absichten und Gesinnungen auf der anderen Seite haben, und dies gibt dann bloß einen abergläubischen Kultus ab. Moralität muß also vorhergehen, die Theologie ihr dann nachfolgen, *und das heißt Religion.*" Darum kann es in Wahrheit nur *eine* solche Religion geben. „Verschiedenheit der Religionen: ein wunderlicher Ausdruck! Gerade, als ob man auch von verschiedenen Moralen spräche. Es kann wohl verschiedene, die Moral vortragende Bücher und ebenso verschiedene Religionsbücher — Zendavesta, Veda, Koran usw. — geben, aber nur eine einzige, für alle Menschen und in allen Zeiten gültige Religion", und zwar unabhängig von allen zum Glaubensgut gehörigen Geschichtsberichten.

Gegen bloße Religionsphantasie

Kants Weltbild

Nunmehr können wir Kants Weltbild im ganzen vorführen. Manche Ähnlichkeit mit dem Weltbild des Aristoteles wird der Leser von allein bemerken, desgleichen manche Übereinstimmung mit altorientalisch-hellenischer Naturphilosophie, insbesondere Kosmogonie, auf die wir nicht eigens hinweisen. Bevor Kant das Königsberger Ordinariat für Logik und Metaphysik erhielt, galt sein Hauptinteresse den Naturwissenschaften, mit denen er sich auch später fortlaufend beschäftigt hat. Wir sind uns also darüber im klaren, daß sein Weltbild, ebenso wie dasjenige des Aristoteles, im wesentlichen *naturwissenschaftlich* gegründet ist.

Entwicklungsgeschichte des Weltalls

Wir beginnen mit seiner „Allgemeinen Naturgeschichte und Theorie des Himmels", die 1755 gedruckt, aber der Öffentlichkeit nicht bekannt wurde, weil der Verlag während der Drucklegung bankrott machte; so konnte 40 Jahre später der französische Naturphilosoph Laplace unabhängig von Kant eine ähnliche Theorie aufstellen, die wir heute als „Kant-Laplacesche Theorie" bezeichnen. Sie besagt: Ursprünglich bestand das Weltall aus „elementarischem Grundstoff", und zwar „dem einfachsten, der auf das Nichts folgen kann". In ihn hinein wirkten nun „Anziehungskraft" und „Abstoßungskraft". Es kam zum Urwirbel der Atome, aus den rotierenden Massen bildeten sich die Fixsterne einschließlich der Sonne, aus rotierenden Urnebeln ballten sich die Planeten zusammen. Über Newton und dessen Ansicht vom „Weltmechanismus" hinaus ging Kant mit der inzwischen uns zur Tatsache gewordenen These, daß ähnlich unserem planetarischen Sonnensystem, nur in unvergleichbar größerem Maßstab, auch sämtliche Fixsterne eine Reihe von Sternsystemen darstellen und sich jeweils um bestimmte Mittelpunkte bewegen. Kant nahm überdies an, daß die Mittelpunkte durch Zentralsonnen markiert seien, was, wie wir heutzutage wissen, für Spiralnebel und Kugelhaufen nicht zutrifft. Das Weltall hielt er nach Raum und Zeit für unendlich; und er sinnierte: Vielleicht harren noch unendliche Welträume der weiteren Entwicklung. Nacheinander entstehen und vergehen die Sternsysteme; und was unser Planetensystem betrifft, so wird die Umlaufbewegung ermatten, und die Planeten werden, von der Zentralgewalt der Sonne überwältigt, in deren Masse hineinstürzen. Das gleiche geschieht mit den Fixsternsystemen, worauf aus den Trümmern wieder neue Systeme entstehen. Diesen Teil seiner Theorie hat sich die moderne Astronomie zu eigen gemacht, so lange, bis eine objektiv bessere gefunden wird.

Irdische Naturgeschichte

Ein relativ winziges Mitglied des Weltalls ist unsere *Erde* mit ihrem Werdegang, mit ihrer anorganischen und organischen Natur. Aus irdischen Überresten weit zurückreichender Vergangenheit kann der Forscher die *Naturgeschichte* rekonstruieren und deren *Entwicklungsstufen* sich vor den inneren Augen vergegenwärtigen; „er kann den Mutterschoß der Erde, die eben aus ihrem chaotischen Zustand herausging, gleichsam wie ein großes Tier anfänglich Geschöpfe von minder zweckmäßiger Form gebären lassen", wonach „diese wiederum andere ausbildeten", die zweckmäßiger geartet waren, „bis diese Gebärmutter selbst, erstarrt, verknöchert, ihre Geburten auf bestimmte, fernerhin nicht ausartende Spezies eingeschränkt hätte und die Mannigfaltigkeit so bliebe, wie sie am Ende der Operation jener fruchtbaren Bildungskraft ausgefallen war." Hier finden wir den uns schon von Demokrit/Epikur her bekannten Gedanken vom Überleben des Zweckmäßigsten wieder, aber auch denjenigen von der Abstammung der Arten, mit dem im vorigen Jahrhundert hauptsächlich Darwin so großes Aufsehen erregt hat, weil er ihn an Hand biologischer Musterbeispiele sinnfällig machte.

Abstammungstheorie

Kant hatte den Darwinismus bereits angedeutet („Kritik der Urteilskraft" § 80). Die auffallende Ähnlichkeit aller Tiergattungen „in einem gewissen Schema, das nicht allein in ihrem Knochenbau, sondern auch in der Anordnung der übrigen Teile zum Grunde zu liegen scheint", so sagte er, lasse einen schwachen „Strahl von Hoffnung in das Gemüt fallen, daß hier wohl etwas mit dem *Prinzip des Mechanismus der Natur, ohne welches es überhaupt keine Wissenschaft geben kann,* auszurichten sein möchte". Diese Ähnlichkeit der Formen verstärkte in Kant „die Vermutung einer wirklichen Verwandtschaft derselben in der Erzeugung von einer gemeinschaftlichen Urmutter durch stufenartige Annäherung einer Tiergattung zur anderen", und zwar — er rechnet rückwärts — „von derjenigen an, in welcher das Prinzip der Zwecke am meisten bewahrt zu sein scheint, nämlich dem Menschen, bis zum Polyp, von diesem sogar bis zu Moosen und Flechten, und endlich zu der niedrigsten uns merklichen Stufe der Natur, zur rohen Materie, aus welcher . . . nach mechanischen Gesetzen die ganze Technik der Natur abzustammen scheint, die uns in organisierten Wesen *so* unbegreiflich ist, daß wir uns dazu ein anderes Prinzip zu denken genötigt glauben". In diesem Satz hat Kant nicht nur den Darwinismus angedeutet, sondern auch die Herkunft organischer, also lebendiger Wesen aus anorganischen Verbindungen, womit gegenwärtig sich vor allem die Biochemie beschäftigt.

Kritik der Teleologie

Den Organismus definiert Kant als dasjenige Naturprodukt, „in welchem alles Zweck und wechselseitig auch Mittel ist" — eine Abwandlung des aristotelischen Entelechiebegriffs. Von der „Ordnung nach Zwecken" handelt im wesentlichen seine *„Kritik der Urteilskraft"* (1790). Die „reflektierende" Urteilskraft enthält nämlich ein apriorisches Prinzip, indem sie zur Beurteilung des Gegebenen die Idee des Zwecks verwendet, und zwar als *regulative* Idee. Sie gibt dadurch nicht etwa der Natur, sondern nur sich selbst ein Gesetz; sie bestimmt durch diese Zweckidee kein Objekt, sie schreibt nicht der Natur wirkliche Zwecktätigkeit zu, sondern faßt nur ihre besonderen, empirischen Formen und Gesetze so auf, *als ob* sie von einem zwecksetzenden Prinzip einen einheitlichen, zielgemäßen Zusammenhang erhielte. Die regulative Zweckidee dient also nur dazu, unter gegebenen Erfahrungen eine systematische Ordnung herzustellen. Eine besondere Art solcher an sich immer „subjektiven" Betrachtungsweise bezieht sich auf die „objektive" Zweckmäßigkeit, welche Gegenstände haben, insofern bei ihnen, und zwar bei den Organismen, sich Ganzes und Teile wechselseitig bedingen. Im Unterschied zur theologischen Teleologie haben wir es hier also zu tun mit der „kritischen Teleologie", mit einer *Wissenschaft vom Zweckzusammenhang*. Genau besehen, stellt der „Zweck" nicht nur die Verbindung her zwischen der Ursache einerseits, dem Ziel anderseits, sondern faßt Ursache und Ziel schon in sich, so daß der „Kausalnexus" (Kausalzusammenhang) identisch ist mit dem „Finalnexus". Deshalb genügt es, nur von den „Zwecken" zu reden.

Prinzipien der Naturerkenntnis

Da Kant immer von der Erfahrung ausgeht, so urteilt er auch über die Zweckmäßigkeit, daß sie nur durch Wirksamkeit von Naturursachen zustande kommt, sogar dort, wo wir nicht begreifen, wie es geschieht; nur gleichnisweise oder „per analogiam" können wir von einer „Absicht" der Natur sprechen. Die Welt ist so eingerichtet, daß die in ihr waltenden Kräfte und Gesetze zu einer zweckmäßigen *Entwicklung* führen. Zu solcher Erkenntnis bedienen wir uns dreier Prinzipien, nämlich 1. Gleichartigkeit, wodurch wir die Gattungen unterscheiden, 2. Mannigfaltigkeit, wodurch wir die Arten unterscheiden, und 3. Kontinuität, wodurch wir die „Genealogie" oder das „natürliche System" der Arten feststellen. „Wir bekommen dadurch nur einen *Leitfaden*, die Naturdinge ... nach einer neuen gesetzlichen Ordnung zu betrachten", und zwar die Gegenstände der *organischen* Natur; denn hier „will uns der bloße Mechanismus der Natur nicht mehr genugtun". Allerdings muß die mechanistische Betrachtungsweise, die streng nach dem Warum fragt, stets unsere Grundlage bleiben, aber im Hinblick auf die Organismen leistet die Teleologie doch mehr, auch wenn sie nur regulativen Prinzipien folgt, sich also auf Bewußtseinsinhalte bezieht und nur so weit reicht wie das Bewußtsein, das von der Außenwelt lediglich *Erscheinungen* festhält: *„Ins Innere der Natur dringen Beobachtung und Zergliederung der Erscheinungen."*

Kulturentwicklung

Deshalb könnten wir uns wohl verwundern, wenn Kant zuversichtlich sagt: Der letzte Zweck der Natur betreffs des Menschen sei die *Kultur*. Woher will er es so sicher wissen? Nun, er spricht aus Erfahrung und denkt zugleich jenem Schema gemäß, das uns die Urteilskraft a priori mitbringt. Zur Kultur gelangt der Mensch durch Ausbildung seiner Anlagen; er erarbeitet sie sich in Gesellschaft. Denn obwohl der Mensch — in Kants Soziallehre — sich gern vereinzelt und als Individuum alles nach seinem Sinn richten möchte, braucht er zur Kulturleistung die Sozietät. Ausführlich äußert Kant sich darüber in der Abhandlung „Idee zu einer allgemeinen Geschichte in weltbürgerlicher Absicht" (1784), in der „Metaphysik der Sitten" (1785), in der Schrift vom „Mutmaßlichen Anfang der Menschengeschichte" (1786) und im Traktat „Zum ewigen Frieden" (1795), den er einen „philosophischen Entwurf" nannte.

Der Widerstand gegen andere ist es, der „alle Kräfte des Menschen erweckt, ihn dahin bringt, seinen Hang zur Faulheit zu überwinden und, getrieben durch Ehrsucht, Herrschsucht oder Habsucht, sich einen Rang unter seinen Mitgenossen zu verschaffen, die er nicht wohl *leiden*, von denen er aber nicht *lassen* kann". Die Natur hat gewollt, daß die Menschen durch ihre eigene Vernunft aus der Zwietracht zur Eintracht übergehen (wir erinnern uns an Hobbes!); die Zwietracht ist ein Mittel, um „die Perfektionierung des Menschen durch fortschreitende Kultur" zu bewirken, „wenngleich mit mancher Aufopferung der Lebensfreuden". — „Aus der Rohigkeit", dem frühen Naturzustand, „führen die ersten wahren Schritte zur Kultur, die eigentlich in dem gesellschaftlichen Wert des Menschen besteht." Es „werden alle Talente nach und nach entwickelt". Insbesondere aber wirkt „die fortgesetzte Aufklärung".

Sie „macht den Anfang zur Gründung einer Denkungsart, welche die grobe Naturanlage zur sittlichen Unterscheidung mit der Zeit in bestimmte praktische Prinzipien verwandeln kann". Denn „alle Kultur und Kunst, welche die Menschheit ziert, ... sind Früchte der Ungeselligkeit, die durch sich selbst genötigt wird, sich zu disziplinieren und so durch abgerungene Kunst die Keime der Natur vollständig zu entwickeln". Wir denken zurück an Heraklit mit seiner Ansicht vom Streit als Vater aller Dinge, aber auch vorwärts an Herder und Hegel.

Evolution zum Weltfrieden

Bei Kant stoßen wir nun auf den Grundsatz eines durch die Geschichte sich hinziehenden *Fortschritts*, auf den alle Aufklärer vertrauten. Jedoch, im Hinblick auf das Ziel, das uns vorschweben sollte, sieht er die Menschheit — vor allem die europäische — auf ihrem Entwicklungsgang noch *unterwegs:* „Wir sind in hohem Grade durch Kunst und Wissenschaft *kultiviert*. Wir sind *zivilisiert* bis zum Überlästigen, zu allerlei gesellschaftlicher Artigkeit und Anständigkeit. Aber uns für schon *moralisiert* zu halten, daran fehlt noch viel."

Kultur und Zivilisation

Statt „Moralität" können wir sagen: allgemeine Herrschaft des Sittengesetzes, allgemeine vernünftige Humanität. Das *„äußerste Ziel der Kultur ist eine vollkommene bürgerliche Verfassung"*. Dieses Stichwort leitet uns zu Kants *Staatslehre.* Seit der Französischen Revolution war er, und zwar dauernd, begeistert für die Republik, redete von „den vornehmsten Tafeln der Revolution" und scheute nicht den Vorwurf, er sei ein „Jakobiner". Wie Hobbes im „Leviathan" erblickte er in der Einheit von Volk und Staat einen großen Organismus. Und ähnlich wie Hobbes faßte Kant den Sachverhalt so auf, daß ein Volk, um sich als Staat darzustellen, zum Organismus werden müsse, in dem „jedes Glied nicht bloß Mittel, sondern zugleich auch Zweck, und, indem es zu der Möglichkeit des Ganzen mitwirkt, durch die Idee des Ganzen wiederum seiner Stelle und Funktion nach bestimmt sein soll". Der Satz klingt gefährlich, er könnte, falsch verstanden, den totalen Staat rechtfertigen. Man muß ihn aber im Zusammenhang mit seiner Maxime einer allgemeinen Gesetzgebung, mit seinem Appell an das sittliche Bewußtsein, mit seiner Wertschätzung des moralischen oder intelligiblen Charakters und der Freiheit des Individuums sehen. „Man muß frei sein, um sich seiner Kräfte in der Freiheit zweckmäßig bedienen zu können." — „Der Mensch, der abhängt, ist nicht mehr ein Mensch; er hat diesen Rang verloren, er ist nichts als ein Zubehör eines anderen Menschen", d. h., ihm schwebte mehr eine *Evolution* als eine gewaltsame *Revolution* vor.

Kant als Republikaner

Auf die Französische Revolution folgten seit 1792 die gegen sie gerichteten Kriege europäischer Koalitionen. Kant beurteilte die Verhältnisse (in „Theorie und Praxis", 1793) und legte 1795 dar, wie „zum ewigen Frieden" zu gelangen sei. Zunächst seine Analyse: Mit der fortschreitenden Kultur wächst das Verlangen der Staaten, sich auf Kosten der anderen durch List oder Gewalt zu vergrößern. Die Kriege vervielfältigen sich, die stehenden Heere werden unablässig vergrößert, die Kriegswerkzeuge komplizierter und teurer; als innenpolitisch-wirtschaftliche Folge stellt sich die schleichende Inflation ein mit immer höheren Produktionskosten und fortdauerndem Steigen der Preise. Dagegen helfe die damals neue „Erfindung der Staatsschulden" nichts; sie sei „zwar ein sinnreiches, aber zuletzt sich selbst vernichtendes Mittel". Nur eine Radikalkur könne die Situation noch bessern: Bei den absolut regierenden, auf die Staatskirchen gestützten Fürsten könne nicht mehr die Entscheidung über

Analyse der Machtpolitik

Krieg und Frieden liegen, sondern beim Volke. Denn anders als dem Staatsoberhaupt, „dem der Krieg, weil er ihn auf ... des Volkes Kosten führt, eigentlich nichts kostet", muß dem Kostenträger, dem Staatsvolk, gar nichts am Kriege gelegen sein, sondern alles am Frieden. Daher Kants revolutionäre Forderung in seiner Friedensschrift: Das Volk müsse „alle Drangsale des Krieges über sich selbst beschließen", das eine Kriegserklärung wohl bleiben lassen werde. Hinsichtlich des Monarchen aber gilt, daß er „an seinen Tafeln, Jagden, Lustschlössern, Hoffesten u. dgl. durch den Krieg nicht das mindeste einbüßt, diesen also wie eine Art Lustpartie aus unbedeutenden Ursachen beschließen" kann.

Geforderter Volksentscheid

Der „Basler Friede"

Die Friedensschrift hatte einen aktuellen Anlaß: den Basler Frieden vom 5. April 1795. Er beendete den ersten Koalitionskrieg gegen die siegreichen Heere der Französischen Republik und kam dadurch zustande, daß Preußen, wo die Staatskasse leer und eine Wirtschaftskrise ausgebrochen war, zur Neutralität zurückkehrte und das linke, von französischen Truppen besetzte Rheinufer aufgab. Eine Demarkationslinie wurde abgesteckt von Ostfriesland über Münster, Cleve, Limburg bis an den Main. Östlich galt für Preußen und die anderen norddeutschen Staaten der Frieden, während westlich davon die Habsburger Monarchie gemeinsam mit den süddeutschen und auswärtigen Verbündeten den Krieg fortsetzte. Der Basler Friede wurde Preußen seitens der Kriegspartei vor allem in Wien als Verrat, als ein nationales Verbrechen angekreidet. Jedoch sah später Ranke einen unschätzbaren Gewinn darin, daß ein großer Teil des Reichsgebiets vom Krieg verschont blieb und daß die Jahre der preußischen Neutralität (bis 1806) fast die fruchtbarsten in der deutschen Nationalliteratur gewesen waren.

Kants Standpunkt

Entschieden für den Frieden sprach sich damals auch Kant aus. Den Krieg nannte er eine „Geißel des menschlichen Geschlechts", die militärische Tapferkeit „die höchste Tugend der Wilden", und besonders verabscheute er die Kriegspredigten, Kriegsgottesdienste, die „Hymnen, die ... dem Herrn der Heerscharen [= ‚Jahwe Zebaoth'] gesungen werden" und im krassesten Widerspruch zu der „moralischen Idee des Vaters der Menschen" stünden, weil sie „außer der Gleichgültigkeit wegen der Art, wie Völker ihr gegenseitiges Recht suchen — die traurig genug ist —, noch eine Freude hineinbringen, recht viel Menschen oder ihr Glück vernichtet zu haben". Als einzig wirksames Heilmittel schlug Kant ein „Völkerrecht" vor, das „auf öffentliche, mit Macht begleitete Gesetze gegründet" sein müsse, denen „sich jeder Staat" zu „unterwerfen" habe. Seine Friedenslehre läuft hinaus auf einen *Völkerbund* und ein *„Weltbürgerrecht"*.

Friedenslehre

Der Titel der erstaunlichen, höchst aktuellen Schrift „Zum ewigen Frieden" besagt, daß sie *zum* Frieden *hinführen* oder anleiten solle, der als *ewige Aufgabe* uns gestellt sei. Über den unmittelbaren Erfolg freilich machte Kant sich keine Illusionen. Er sprach schon im ersten Satz von der „satirischen Überschrift", und ließ „es dahingestellt", wem sie gelte: ob den „Menschen überhaupt" oder den „Staatsoberhäuptern, die des Krieges nie satt werden können", oder „wohl gar nur den Philosophen, die jenen süßen Traum träumen". Im einzelnen stellt er folgende Grundsätze auf:

1. „Es soll kein Friedensschluß für einen solchen gelten, der mit dem geheimen Vorbehalt des Stoffs zu einem künftigen Kriege gemacht worden ist."
2. „Es soll kein für sich bestehender Staat ... von einem andern Staate durch Erbung, Tausch, Kauf oder Schenkung erworben werden können."
3. „Stehende Heere sollen mit der Zeit ganz aufhören, denn sie bedrohen andere Staaten unaufhörlich mit Krieg durch die Bereitschaft, immer dazu gerüstet zu erscheinen."

4. „Es sollen keine Staatsschulden in Beziehung auf äußere Staatshändel gemacht werden."
5. „Kein Staat soll sich in die Verfassung und Regierung eines andern Staates gewalttätig einmischen."
6. „Es soll sich kein Staat im Kriege mit einem andern solche Feindseligkeiten erlauben, welche das wechselseitige Zutrauen im künftigen Frieden unmöglich machen müssen; als da sind: Anstellung von Meuchelmördern, Giftmischern, Brechung der Kapitulation, Anstiftung des Verrats in dem bekriegten Staat."

Ansatz wie bei Hobbes

Weiterhin folgt Kant in mancher Hinsicht der Staatslehre Thomas Hobbes'. „Der *Friedenszustand* unter Menschen", sagt er, „ist *kein Naturzustand*", denn dieser ist „vielmehr ein *Zustand des Krieges,* wenngleich nicht immer ein Ausbruch der Feindseligkeiten, so doch immerwährende Bedrohung mit denselben". Folglich muß der Frieden „gestiftet" werden, nämlich kraft der Vernunft durch Vertrag. „Völker als Staaten können wie einzelne Menschen beurteilt werden, die sich in ihrem Naturzustande — in der Unabhängigkeit von äußeren Gesetzen — schon durch ihr Nebeneinandersein lädieren und deren jeder, um seiner *Sicherheit* willen, von dem andern fordern kann und soll, mit ihm in eine... Verfassung zu treten, wo jedem sein Recht gesichert werden kann. *Dies wäre ein Völkerbund, der aber gleichwohl kein Völkerstaat sein müßte.*" Einen solchen Völkerbund hatte bereits Hobbes als wünschenswert hingestellt, indem er seine Lehre vom Urvertrag auf das Zusammenleben von Staatsindividuen übertrug. „Diese Vernunftidee einer *friedlichen,* wenngleich noch nicht freundschaftlichen, durchgängigen Gemeinschaft aller Völker auf Erden, die untereinander in wirksame Verhältnisse kommen können", sagt Kant in seiner Staatslehre („Metaphysik der Sitten"), „ist nicht etwa philanthropisch, ethisch, sondern ein *rechtliches* Prinzip." Dieses Prinzip begründet „das *Weltbürgerrecht*", nämlich „das Recht eines Fremdlings, seiner Ankunft auf dem Boden eines andern wegen von diesem nicht feindselig behandelt zu werden".

„Völkerbund"

„Weltbürgerrecht"

Vor allem aber: „Die bürgerliche Verfassung in jedem Staate soll *republikanisch* sein", und „das Völkerrecht soll auf einem Föderalismus *freier Staaten* gegründet sein", wobei damals der Begriff „Freistaat" eben die „parlamentarische Republik" bezeichnete. Ausführen ließe ein solcher Völkerbund sich nach der Meinung Kants durch eine mächtige und aufgeklärte Republik, „die ihrer Natur nach zum ewigen Frieden geneigt sein muß" und andere Republiken zum Zusammenschluß bewegt. Der Völkerbund könnte durch einen „permanenten Staatenkongreß" vertreten sein, etwa „in Den Haag" — (wo Ende des 19. Jahrhunderts der Internationale Gerichtshof eingerichtet wurde, während der nach dem Ersten Weltkrieg auf Drängen der USA bewerkstelligte Völkerbund in Genf, nach dem Zweiten Weltkrieg die UNO in New York einen permanenten Staatenkongreß darstellen. Die historische Entwicklung bestätigt also, daß Kant in seiner Friedensschrift nicht als „Schulweiser" gesprochen hatte.)

„Völkerrecht"

Schon 1809 hatte Heinrich v. Kleist, ein überzeugter, begeisterter Kantianer, im Sinne seines Königsberger Meisters gejubelt: „Eine Gemeinschaft gilt es, deren Wurzeln tausendästig, einer Eiche gleich, in den Boden der Zeit eingreifen... Eine Gemeinschaft, die, unbekannt mit dem Geist der Herrschsucht und der Eroberung, des Daseins und der Duldung so würdig ist wie irgendeine, ... deren ausgelassenster und ungeheuerster Gedanke noch, von Dichtern und Weisen auf den Flügeln der Einbildung erschwungen, Unterwerfung unter eine Weltregierung ist, die, in freier Wahl, von der Gesamtheit aller Brüdernationen gesetzt wäre... Eine Gemeinschaft, ... die den Völkern, ihren

Brüdern und Nachbarn, für jede Kunst des Friedens, welche sie von ihnen erhielt, eine andere zurückgab ... Eine Gemeinschaft mithin gilt es, die dem ganzen Menschengeschlecht angehört."

Fortschrittshoffnung

Das also war Kants politisches Vermächtnis: Völkerbund, Weltbürgerrecht, und zwar kraft des Sittengesetzes. „Das Recht der Menschen muß heilig gehalten werden, mag es der herrschenden Gewalt auch noch so große Aufopferung kosten. Man kann hier nicht halbieren ..., sondern alle Politik muß ihre Knie vor dem Rechte beugen, kann aber dafür hoffen, obzwar langsam, zu der Stufe zu gelangen, wo sie beharrlich glänzen wird." — „Wenn es Pflicht, wenn zugleich gegründete Hoffnung da ist, den Zustand eines öffentlichen Rechts, obgleich nur in einer ins Unendliche fortschreitenden Annäherung wirklich zu machen, so ist der ewige Friede, der auf die bisher fälschlich so genannten Friedensschlüsse — eigentlich Waffenstillstände — folgt, keine leere Idee, sondern eine Aufgabe, die, nach und nach aufgelöst, ihrem Ziel beständig näher kommt, weil die Zeiten, in denen gleiche Fortschritte geschehen, hoffentlich immer kürzer werden."

Doktrin vom Obrigkeitsstaat

Was allerdings den schon *fertigen* Staat betrifft, so laufen Kants Regierungsgrundsätze, dargeboten in seiner „Metaphysik der Sitten", auf dasselbe Verhältnis zwischen Souverän und Untertanen hinaus, wie bereits Hobbes es in seinem „Leviathan" konstruiert hatte. Ja, man darf sagen, daß Kant im wesentlichen vollkommen übereinstimmt mit Hobbes: „Der Ursprung der obersten Gewalt ist für das Volk, das unter derselben steht, in praktischer Absicht unerforschlich: D. h., der Untertan soll nicht über diesen Ursprung, als ein noch in Ansehung des ihr schuldigen Gehorsams zu bezweifelndes Recht, werktätig vernünfteln. Denn da das Volk, um rechtskräftig über die oberste Staatsgewalt zu urteilen, schon als unter einem allgemein gesetzgebenden Willen vereint angesehen werden muß, so kann und darf es nicht anders urteilen, als das gegenwärtige Staatsoberhaupt es will. Ob ursprünglich ein wirklicher Vertrag der Unterwerfung unter denselben als ein Faktum vorhergegangen oder ob die Gewalt vorherging und das Gesetz nur hintennach gekommen sei oder auch in dieser Ordnung sich habe folgen sollen: Das sind für das Volk, das nun schon unter dem bürgerlichen Gesetze steht, ganz zweckleere und doch den Staat mit Gefahr bedrohende Vernünfteleien. Denn wollte der Untertan, der den letzteren Ursprung nun ergrübelt hätte, sich jener jetzt herrschenden Autorität widersetzen, so würde er nach den Gesetzen derselben, d. i. mit allem Rechte, bestraft, vertilgt oder — als vogelfrei — ausgestoßen werden. Ein Gesetz, das so heilig — unverletzlich — ist, daß es praktisch auch nur in Zweifel zu ziehen, mithin seinen Effekt einen Augenblick zu suspendieren, schon ein Verbrechen ist, wird so vorgestellt, als ob es nicht von Menschen, aber doch von irgendeinem höchsten tadelfreien Gesetzgeber herkommen müsse; und das ist die Bedeutung des Satzes: ‚Alle Obrigkeit ist von Gott', welcher nicht einen Geschichtsgrund der bürgerlichen Verfassung, sondern eine Idee als praktisches Vernunftprinzip aussagt: der jetzt bestehenden gesetzgebenden Gewalt gehorchen zu sollen, ihr Ursprung mag sein, welcher er wolle. Hieraus folgt nun der Satz: Der Herrscher im Staat hat gegen den Untertan lauter Rechte und keine [Zwangs-]Pflichten. Ferner: Wenn das Organ des Herrschers, der Regent, auch den Gesetzen zuwider verführe, z. B. mit Auflagen, Rekrutierungen u. dgl. wider das Gesetz der Gleichheit in Verteilung der Staatslasten, so darf der Untertan dieser Ungerechtigkeit

Sic!

Kein Widerstandsrecht

zwar Beschwerden, aber keinen Widerstand entgegensetzen. Ja, es kann auch selbst in der Konstitution kein Artikel enthalten sein, der es einer Gewalt im Staat möglich machte, sich im Fall der Übertretung der Konstitutionalgesetze durch den obersten Befehlshaber ihm zu widersetzen, mithin ihn einzuschränken... Wider das gesetzgebende Oberhaupt des Staats gibt es also keinen rechtlichen Widerstand des Volks; denn nur durch Unterwerfung unter seinen allgemeingesetzgebenden Willen ist ein rechtlicher Zustand möglich; also kein Recht des Aufstandes, noch weniger des Aufruhrs, am allerwenigsten gegen ihn als einzelne Person — Monarch —, unter dem Vorwande des Mißbrauchs seiner Gewalt, Vergreifung an seiner Person, ja an seinem Leben. Der geringste Versuch hierzu ist Hochverrat, und der Verräter dieser Art kann als einer, der sein Vaterland umzubringen versucht, nicht minder als mit dem Tode bestraft werden."

Kant als Monarchist

Auch die nähere Begründung, die Kant für seinen Staatsgrundsatz der omnipotenten Souveränität noch gibt, ist im Prinzip genau dieselbe wie bei Hobbes. *So ist auch durch ihn die Staatslehre Thomas Hobbes' in die deutsche Aufklärungsphilosophie übernommen und nochmals bekräftigt worden: ein für die deutsche Geschichte folgenschwerer, niemals durch eine entgegengesetzte deutsche Staatstheorie zulänglich ausgeglichener Vorgang.* Denn die deutschen Revolutionäre bis 1849 mußten sich mit ihren Forderungen nach Volksrechten auf nichtdeutsche, vor allem französische Beispiele berufen, und zwar in Theorie und Praxis, wobei sie in Widerspruch standen nicht nur gegen die heilig-christliche Monarchie, die sich mittels Restauration und Reaktion kräftig behauptete, und nicht nur gegen Kant, sondern auch gegen den Deutschen Idealismus.

Kant und Hobbes

Demgegenüber fällt es nicht ins Gewicht, daß Kant sich privatim auch dem Standpunkt des modernen Liberalismus angenähert hat, so z. B. in einer erst aus seinem Nachlaß in der Akademieausgabe (XV, 631) veröffentlichten Notiz: „Das Wesen aller Regierung besteht darin, daß ein jeder seine Glückseligkeit selbst besorge und ein jeder die Freiheit habe, in dieser Absicht mit jedem anderen in Verkehr zu treten. Das Amt der Regierung ist nicht, diese Sorge den Privatpersonen abzunehmen, sondern nur die Harmonie derselben zu bewirken," und jeder Bürger muß „zu jeder Stufe eines Staates ... gelangen dürfen, wozu ihn sein Talent, sein Fleiß und sein Glück hineinbringen können."

Liberalismus

Dieser Grundsatz paßt einigermaßen zum Erbe der politischen Aufklärung. Aber jedes Erbe solcher Art ist bis heute im deutschen Volk offenkundig ein Fremdkörper, an den es sich erst noch gewöhnen muß. Denn alle unsere größten Denker haben unser Volk mehr oder minder zur Untertänigkeit angehalten, zum Gehorsam gegenüber der Obrigkeit, anstatt schlüssig darzutun, daß der Staat unser Werk ist und eine Leistung des Volkes: *Unserer Geistesgeschichte fehlt die demokratische Tradition.*

Kant in der Geistesgeschichte

Abschließend fassen wir Kants Philosophie und Bedeutung in einer Umrißzeichnung zusammen.

Kant hat die Metaphysik und zugleich den Glauben mittels eines Kunstgriffs gerettet: indem er *die Vernunft teilte.* Die reine theoretische Vernunft betrifft unser *Erkenntnisvermögen,* die praktische Vernunft unsere *Willensgrundsätze.* Das *Gelenk* zwischen der einen und der anderen Vernunft ist die Formel des *„Als-ob"*. Bei näherem Zusehen freilich bemerkt man, wie Kant in fortschreitender Arbeit, von der „Kritik der reinen Vernunft" bis zur unvollende-

Das Als-ob

ten „Metaphysik der Sitten", das Schwergewicht immer mehr auf die praktische Vernunft verlegt hat. In jedem Fall handelt es sich um ein Denken a priori: Die Vernunft ermöglicht erst die Erfahrung.

Theoretische Vernunft

Das gilt zunächst für die theoretische Vernunft, insofern sie uns für das Zustandekommen unseres Bewußtseins die Anschauungsformen von Raum und Zeit und die zwölf „konstitutiven", d. h. unser Wissen begründenden, Kategorien liefert. Im allgemeinen bevorzugt Kant im Hinblick auf diese Kategorien den Ausdruck „Verstand" anstatt Vernunft; der Verstand ist nun eine Unterabteilung der Vernunft, und die Kategorien sind „Verstandesbegriffe". Denn über sie erhebt sich die weiterhin als „Vernunft" bezeichnete theoretische Vernunft mit ihren „regulativen Ideen" oder „regulativen Prinzipien", die unsere Erfahrung einheitlich ordnen. Wir kennen diese Prinzipien ja: Ich, Welt, Gott.

Skeptizismus

Hätte Kant sein Lebenswerk mit der Kritik der reinen theoretischen Vernunft abgeschlossen, also Humes „Skeptizismus" ausdrücklich gerechtfertigt und bestätigt, dann wäre wohl bei allen Kantianern mehr oder minder solche geistig-seelische Erschütterung erfolgt, wie Heinrich v. Kleist sie aus eigenem Erleben beschrieb: „Seit diese Überzeugung, nämlich, daß hinieden keine Wahrheit zu finden ist, vor meine Seele trat, habe ich nicht wieder ein Buch angerührt. Ich bin untätig in meinem Zimmer umhergegangen, ich habe mich an das offene Fenster gesetzt, ich bin hinausgelaufen ins Freie, eine innerliche Unruhe trieb mich zuletzt in Tabagien und Kaffeehäuser, ich habe Schauspiele und Konzerte besucht, um mich zu zerstreuen — und dennoch war der einzige Gedanke, den meine Seele in diesem äußeren Tumult mit glühender Angst bearbeitete, immer nur dieser: Dein einziges, dein höchstes Ziel ist gesunken."

Praktische Vernunft

Jedoch, Kant ging nun über zur praktischen Vernunft und setzte nicht nur Gott als deren Postulat wieder ein, sondern auch die Unsterblichkeit und damit ein Ich, das anders als dasjenige im Bereich theoretischer Vernunft, wo es nur Einheitspunkt unseres Bewußtseins war, nun zur individuell ausgeprägten Einheit des allgemeinen Willens wurde. Statt „Postulat" können wir auch „Prinzip" sagen. Indem wir uns nun so verhalten sollen, als ob es Gott und Unsterblichkeit gäbe, setzen wir schon voraus, daß es beides gibt. Folglich stellen sich die regulativen Ideen der theoretischen Vernunft gewissermaßen als Ahnung dessen dar, was die praktische Vernunft uns anzunehmen befiehlt, und das „Als-ob" verschleiert notdürftig, daß wir es bei den Postulaten mit eigenartig formulierten Glaubensgeboten zu tun haben. Insofern werden schließlich die höchsten Prinzipien unseres Erkennens und unseres Wollens identisch, sie stellen sich sozusagen als zwei Seiten derselben transzendentalen Einheiten dar: einmal passiv, das andere Mal aktiv.

Glaubensgebote

Mit der praktischen Vernunft und ihren Postulaten verschaffte sich Kant den Ansatzpunkt, aus dem er nunmehr eine ganze Kulturwelt deduzieren konnte. Dieser Ansatzpunkt ist eigens als „kategorischer Imperativ" gekennzeichnet, deshalb „kategorisch", weil er im Gegensatz steht zu „hypothetisch": Wäre er nämlich nur hypothetisch, dann würde er bloß unter bestimmten Bedingungen gelten, aber als kategorischer Befehl gilt er bedingungslos, unter allen Umständen: „Handle so, als ob die Maxime deiner Handlung durch deinen Willen zum allgemeinen Naturgesetz werden sollte." Auch diesen Grundsatz könnte man als Postulat deklarieren oder als Grundprinzip. Denn gleicherweise wie Euklid aus seinen Postulaten die geometrischen Figuren und Begriffe konstruierte, so entwickelte Kant aus seinem Sittengesetz die moralische Kulturwelt.

Kategorisch statt hypothetisch

Das war für ihn die zweite entscheidende Wendung, durch die er nun alles

Rückkehr zum Rationalismus

menschliche Verhalten nach Maßgabe derjenigen Vernunftprinzipien lenken wollte, die jenseits unserer empirischen Realität, jenseits unserer Erfahrung, jenseits der Physik ihren Ursprung haben: eben in der Metaphysik. So läuft seine Philosophie darauf hinaus, daß die Metaphysik unbedingt unserem physikalischen Weltbild übergeordnet sei und daß die Welt, in der wir leben und handeln, uns durch die Vernunft gegeben werde, und zwar *von oben her nach unten* und *von innen her nach außen*. Was ist jetzt noch von der ersten, der „kopernikanischen" Wendung, übriggeblieben, nachdem er mit einem Empirismus begonnen hatte und dann, in umgekehrter Richtung, alles von einem Rationalismus im Stil des 17. Jahrhunderts erwartet? Diese Frage werden wir sogleich beantworten.

Metaphysisches Prinzipiendenken

Vorher jedoch sei noch kurz ausgeführt, daß Kant, sobald er sich für die metaphysische Herleitung entschieden hatte, mit weiteren Prinzipien nicht sparte, sondern immer mehr aufstellte, eine Reihe ohne Ende. Da zeigte sich bald genug, indem er praktische Einzelheiten seiner Rechtslehre, Staatslehre und Tugendlehre (enthalten in der „Metaphysik der Sitten") aus derartigen Prinzipien entwickelte, wie unzulänglich das Hauptprinzip formuliert ist, nämlich das Sittengesetz. Lesen wir uns daraufhin noch einmal dessen oben zitierten Wortlaut durch; es ist *eine* der von Kant benutzten Formulierungen seines kategorischen Imperativs. Man muß sich jedoch sofort fragen: Welcher Art soll nun das geforderte Naturgesetz sein, oder die — wie er anderswo sagt — „allgemeine Gesetzgebung"? Was er selbst hinsichtlich des Staates meint, davon haben wir vorhin eine aufschlußreiche Kostprobe genossen; und wenn man ganz respektlos urteilen will, darf man wohl sagen: Um zu *diesem* Ergebnis zu kommen, hätten wir den mühseligen Umweg über seine Philosophie wohl nicht nötig gehabt. Immerhin soll der aufgeklärte Obrigkeitsstaat, den er für vernunftgemäß hält, jedem Bürger die Gedankenfreiheit gewähren, eine Art innerer Emigration gestatten: Diese Forderung kennen wir schon aus Spinozas Traktat.

Zeitsituation

Der erste Teil der Metaphysik der Sitten, nämlich die „metaphysischen Anfangsgründe der Rechtslehre", erschien 1796. Soeben war in Frankreich das bürgerliche „Direktorium" zur Macht gelangt. Damit begann eine gegenrevolutionäre Bewegung, die von Napoleon genutzt wurde und ihm erst die Diktatur auf Lebenszeit, dann das Kaisertum eintrug. Wie alle vorherigen Revolutionsregierungen, so mußte auch das Direktorium sich im eigenen Land erst durch einen Bürgerkriegssieg festigen; denn gegenüber den Pariser „Königsmördern" — 1793 war Ludwig XVI. hingerichtet worden — leisteten provinzielle Monarchisten immer noch bewaffneten Widerstand. Die Situation glich derjenigen in Großbritannien zur Zeit Cromwells, nachdem dort 1649 König Karl I. hingerichtet worden war. Nach außen hin behaupteten französische Heere ihre bisherigen Eroberungen und drangen nach Süddeutschland und Italien vor. Ungewiß schien, ob auch die deutschen Staatsverhältnisse revolutionär verändert würden.

Vergleich mit Hobbes

In Anbetracht solcher Umstände erinnert uns Kants Rechtslehre um so mehr an die Staatskonstruktion von Thomas Hobbes, als auch Kant ausdrücklich jedem Herrscher, der sich im Besitz tatsächlicher Regierungsgewalt befindet, die uneingeschränkte Souveränität zuspricht — gleichgültig, auf welche Weise dieser sich zum Staatsführer emporgeschwungen hat. Denselben Grundsatz hatte Hobbes vertreten. Beiden Staatsdenkern lag hauptsächlich daran, daß die zerstörenden Kriege beendet würden; beide — Hobbes mit Nachdruck, Kant beiläufig — sahen im fertigen Staat einen Organismus, dessen Körper aus dem Staatsoberhaupt und der mannigfach gegliederten Bürgerschaft besteht; beide ließen dahingestellt, ob der Souverän eine natürliche Person (ein Monarch) oder eine juristische Person (Regierungsgruppe, Parlament, Aristokratie) wäre; beide faßten, unerachtet jeder theoretischen Begründung des Staatswesens durch Urverträge, die jeweils gegebene Situation ins Auge; beide neigten aber mehr zur Monarchie als zur Republik, wobei Kant sich auf seine Erfahrung mit Friedrich d. Gr. stützte; beide stellten sich auf den Standpunkt, daß jeder Bürger sich mit der jeweiligen Staatsgewalt abfinden, sich ihr unterwerfen, ihre Souveränität anerkennen, ihr die Allmacht zusprechen sollte; beide beriefen sich weder auf das politische Christentum und dessen Staatskirchen noch auf irgendeine andere Tradition, sondern allein auf die überzeitliche, überindividuelle Vernunft, und zwar in dem Sinne, wonach die Vernunft als Naturgesetz gebietet, daß die menschliche Gattung sich erhalten müsse und nicht sich selber zerstören dürfe.

Methodologische Kritik an Kants Staatsrechtslehre

Dagegen ist einzuwenden: Läßt sich überhaupt aus einem Vernunftprinzip, das unserer Erfahrung metaphysisch vorgeordnet ist, ein allgemeingültiger Idealstaat konstruieren, wenn doch weder Hobbes noch Kant, zwei so hervorragende Vernunftdenker, sich bei ihren Staatstheorien über die politische Realität ihrer Zeit zu erheben vermochten? Schon in der hellenischen Antike hatten manche Denker, vor allem Platon, sich ebenfalls aus metaphysischen Prinzipien an Idealstaatskonstruktionen versucht, während der größte aller Philosophen, nämlich Aristoteles, hinsichtlich des Staats, um die bestmögliche Verfassung festzustellen, sich grundsätzlich von der Erfahrung belehren ließ und sich ans Aposterioridenken hielt. Kurz, wenn wir — mit Recht! — die Staatstheorie zum Kriterium aller *Vernunftkonstruktionen a priori* wählen, also mit ihr die Probe aufs Exempel machen, dann können wir, indem wir das Vernunftresultat an seinem Anspruch auf *übergeschichtliche* Richtigkeit messen, solchem Denkverfahren kein gutes Zeugnis ausstellen.

Anders ausgedrückt: Kant fordert, daß jede Vorstellung, sei sie noch so kompliziert, letztlich einer empirischen Realität entsprechen, von ihr bestätigt werden müsse. Dieser Grundsatz gilt ohne Ausnahme, auch wenn die Vorstellung aus metaphysischen Prinzipien hergeleitet ist. Handelt es sich nun darum, mittels solcher Prinzipien dermaßen in die empirische Realität einzugreifen, daß diese aus einem zeitlich-unvollkommenen Zustand annähernd zu einem überzeitlich-vollkommenen Zustand umgeformt wird, der sich seit alters als transzendentes Ziel der Weltgeschichte angekündigt hat und deshalb schon der Realität verborgen innewohnt, also aus ihr nur noch herauszuentwickeln ist — dann muß man von jeder solchen Vorstellung eine jedem vernünftigen Menschen einleuchtende Wahrheit erwarten, wonach die gegenwärtige Realität beträchtlich verbessert wird, und zwar verbessert im Hinblick auf jenes Ziel. Dafür, ob das apriorische Vernunftdenken ein derartig hoffnungsfreudiges Erwarten rechtfertigen kann, gibt es kein allgemeineres Kriterium als eben die Staatstheorie. Falls aber an diesem Musterbeispiel die Metaphysik versagt, so wird doch sehr fraglich, ob man ihr auch auf anderen Gebieten glauben darf, die nicht so leicht zu kontrollieren sind.

Was nun Kants Rechtslehre betrifft, so ist schlechterdings nicht einzusehen, inwiefern sie über den damaligen Obrigkeitsstaat hinausführen könnte. Dient aber der ganze Aufwand an Prinzipien im Endeffekt dazu, schon realisierte Möglichkeiten lediglich mittels der Metaphysik zu rechtfertigen oder längst Bekanntes zu wiederholen, so erweist sich eben die Metaphysik für solche Vorhaben als unbrauchbar, und man kehrt zurück zum Verfahren des Aristoteles, das viel eher dem Fortschritt dient, weil es sich die *historische Erfahrung* zunutze macht und weil es nicht auf Metaphysik beruht. Trotzdem ist zu bedenken, ob nicht an Hand relativ weniger Prinzipien, auf die ja auch Aristoteles keineswegs verzichtet hat, aus der *historischen Erfahrung* diejenige

Staatsform herauszuarbeiten ist, die jenen Prinzipien tatsächlich entspricht, insbesondere solchen Prinzipien, wie sie z. B. 1848 im Verfassungsentwurf der deutschen Nationalversammlung als „Grundrechte des Volkes" festgestellt wurden.

Dualismus der Vernunft

Unsere Überlegung führt also zu folgendem Ergebnis: Nur seiner *Erkenntniskritik,* mit der er Vorarbeiten von Hume überbot, hat Kant die Erfahrung zugrunde gelegt, und zwar eine Erfahrung, die hauptsächlich von Sinneseindrücken herrührt und von Reflexionen über Sinneseindrücke. Es handelt sich also gewissermaßen um *Gegenwartserfahrung,* gleichgültig welcher Art. Denn Kant wollte in seiner Kritik der reinen theoretischen Vernunft ja nur dartun — und hat zur unumstößlichen Gewißheit gemacht —, wie das menschliche Allgemeinbewußtsein zustande kommt, und daß die Metaphysik sowohl jenseits jeder möglichen Erfahrung als auch außerhalb jeder Wissenschaft liegt. — Hätte er nun das gleiche Verfahren benutzt zur Kritik der praktischen Vernunft, dann hätte er die *historische Erfahrung* zugrunde legen müssen, nämlich die Geschichte, die man als täglich fortgesetzten Leistungsbericht unserer Kulturmenschheit aufzufassen hat. Das Ergebnis wäre eine Kritik der *historischen Vernunft* gewesen. Zweifellos wäre ein solches Verfahren ebenso korrekt gewesen wie dasjenige zur Kritik der theoretischen Vernunft, und man könnte meinen, daß Kant aus seiner „vorkritischen Zeit", als er sich am liebsten der Naturwissenschaft widmete, alle Voraussetzungen dafür mitgebracht hätte. Jedoch, da er zuletzt in entgegengesetzter Richtung verfuhr und, wie wir sagen, von oben nach unten dachte anstatt umgekehrt, und da er die Lebenswirklichkeit nicht nach den ihr innewohnenden Gesetzen befragte, sondern sie seinem metaphysischen Soll unterwarf, stellte sich — von beiden diametral verschiedenen Ansätzen her — sein Gesamtwerk zuletzt *zwiespältig* dar. Seine Kritik der reinen Vernunft ist — scharf zugespitzt gesagt — Wissenschaft, seine Kritik der praktischen Vernunft ist Glaubenssache und deshalb mannigfach in Frage zu stellen, also vergänglich. Dasselbe trifft in noch höherem Maße auf alle weiteren Deduktionen zu, die Kant aus seiner Metaphysik auf unsere Lebenswirklichkeit hin unternahm.

Vernunftwissen und Vernunftglaube

Ein Ansatz des Deutschen Idealismus: Suche nach der Vernunfteinheit!

Diese Zwiespältigkeit zu überwinden, hatten sich nun diejenigen deutschen Idealisten zur Aufgabe gestellt, die nach Kant ans Werk gingen, insbesondere Fichte, Hegel, Schelling, auch Schopenhauer; und in gewisser Hinsicht schließlich Karl Marx. Aber ihnen voraus gingen bereits Lessing mit einem Werk und Herder. Ihnen allen wenden wir uns im nächsten Kapitel zu. Doch zunächst sei noch festgehalten, worin Kants fortwirkender Einfluß auf spätere Denker deutlich wird.

Fortwirkende Erkenntniskritik

Dieser Einfluß ging hauptsächlich aus von seiner Erkenntniskritik, in Verbindung mit seiner Kritik der Urteilskraft. Wir wissen nun, wie unsere menschliche Eigenwelt, die wir im Allgemeinbewußtsein haben, überhaupt gebildet wird. Endgültig steht fest, daß die unserer Gattung eigentümliche Welt nur für uns da ist, und zwar als Summe aller Bewußtseinsinhalte, und daß wir die Vorstellungen nach Maßgabe unserer Denkgesetzlichkeit unterscheiden, verknüpfen und ordnen. Auch die Zentralbegriffe der Metaphysik und Glaubenslehre sind Ordnungsprinzipien, denen zufolge wir in unser Bewußtsein hinein bestimmte Einheitspunkte setzen, denen wir dann die Bewußtseinsinhalte zugesellen. Sinngemäß dasselbe gilt für alle Prinzipien, aber nicht für diejenigen aus Kants Kritik der praktischen Vernunft und seiner näher ausgeführten Metaphysik; denn im Verhältnis zu den „regulativen Prinzipien" theoretischer Vernunft haben die „Postulate" praktischer Vernunft lediglich das zweifelhafte Plus, daß zu ihnen noch eine Glaubensüberzeugung hinzukommt, und so sind sämtliche metaphysischen Prinzipien bei Kant zugleich, in verschiedenem

Umfang, auch Glaubenselemente, die dadurch aber, daß sie zu Ordnungsfaktoren innerhalb unseres Bewußtseins werden, zweifellos einen mehr oder minder großen Teil unserer Weltwirklichkeit gestalten. Insofern freilich, als Kant den Gottesbegriff nicht nur zur unbedingten Denkforderung der Vernunft erklärt, sondern mit ihm auch die Vorstellung einer allwissenden, allmächtigen, allumfassenden Wesenheit verbindet, hat er das Tor zur Spekulation, das er eben erst geschlossen, wieder weit aufgestoßen. Durch dieses Tor wanderte alsbald die moderne Neognosis des deutschen Idealismus ins philosophische Allgemeinbewußtsein ein und mit ihr abermals das soeben von Kant ausgesperrte magischmythische Denken, auch wenn es grob sinnliche Bezüge und Anschauungsbilder fortan möglichst vermied.

Fortwirkende Lehre vom Ich

Hinzu kam seitens der praktischen Vernunft die außerordentliche Bedeutung, welche Kant dem wollenden, handelnden Ich zusprach. Hier handelt es sich um dasjenige Ich, das sich als Einheitspunkt überindividuellen, von der sittlichen Vernunft geforderten Wollens darstellt gemäß dem Motto: Ich soll, also kann ich. Außerdem jedoch wird mit diesem allgemeinen Ich nun das individuell ausgeprägte Ich identisch, das jedermann als Einheitspunkt seines *Charakters* besitzt (wir sagen: das Selbst). Allerdings ist unter diesem Charakter-Ich noch nicht der natürliche Wesenskern modern-geisteswissenschaftlicher Psychologie zu verstehen, sondern eher das private Willenszentrum im Zusammenhang mit dem sittlich-vernünftigen Allgemeinwillen, also das moralische oder intelligible Ich, das sämtliche auseinanderstrebenden Charakteranlagen ordnet, läutert, zusammenfaßt. Diesem Ich winkt bei Kant die Unsterblichkeit. Und ferner wird mit ihm identisch das bloß regulative Ich als Einheitspunkt unseres Bewußtseins. Man spürt die Versuchung, der zuerst Fichte nachgab, alle drei Iche zu einem einzigen Ich zu vereinigen. Ein solches Ich leistet dann alles, was überhaupt nur bewerkstelligt werden kann: Es stirbt nicht, es ist die konzentrierte überindividuelle wie auch private Willenskraft, es hat sämtliche Erkenntnisvermögen in sich, es produziert die Vorstellungswelt, kurz, es ist in uns gleichsam der „verborgene Gott" des späten Fichte — womit wir bei spekulativer Philosophie angelangt wären. In gewisser Hinsicht, nämlich was das Schöpfertum besonders von Künstlern angeht, können wir solches Ich — hierin Kant folgend — auch mit „Genie" zusammenbringen. Diese Lehre hat bekanntlich während der „Genieperiode", wozu der „Sturm und Drang" gehört, in unserer Literatur- und Geistesgeschichte größte Bedeutung erlangt, nicht nur beim jungen Herder, jungen Goethe, jungen Schiller. Allerdings gab es verschiedene Auffassungen vom Genie. Der junge Herder identifizierte es mit seinem Ich, was auch immer er unter solchem Ich verstand, indes Goethe zeitlebens den Genius für eine Anwesenheit des Weltgeistes zusätzlich zum Ich erachtete.

Ansatz für Fichte

DENKER DES DEUTSCHEN IDEALISMUS UND IHRE GEGNER

Lessing, Herder - Fichte, Schopenhauer, Hegel, Schelling - Marx - Kierkegaard, Jaspers

Von den Denkern des Deutschen Idealismus, deren größte wir hier schildern, gehören Lessing und Herder zu einer Gruppe; Fichte, Hegel, Schelling zur nächsten Gruppe, während Karl Marx im Anschluß an Hegel für sich steht. In der geistigen Bewegung, die sie trug und mitriß, setzte sich der Systemrationalismus aus dem 17. Jahrhundert bis zur Mitte des 19. Jahrhunderts fort. Lessing sowie Herder, der als Königsberger Student um 1762 auf Kant während dessen „vorkritischer Periode" traf, kamen philosophisch noch von Leibniz her und in gewisser Hinsicht auch von Spinoza, an dessen System sie die mystische Komponente, den Pantheismus schätzten, indes sie mit den mathematischen Konstruktionsprinzipien weder bei Spinoza noch bei Leibniz etwas anfangen konnten. — Die Denker der nächsten Gruppe setzten sich schon mit Kants Kritiken und seiner Metaphysik auseinander. Sie wollten ihn besser verstehen, als er sich, ihrer Meinung nach, selbst verstanden hatte. Sie wollten sein Werk *spekulativ* erneuern, zusammenfassen, übertreffen. Dabei richteten sie eigene Systeme der Welterklärung auf, mit denen sie Leibniz und Spinoza und jedem Begriffsrealismus viel näher rückten als etwa Kant. — Inwieweit von derselben Geistesbewegung auch Marx ergriffen war und wo er sich aus ihr löste, das sei an Ort und Stelle erörtert, desgleichen Schopenhauer, Kierkegaard und der Ursprung unserer „Existenzphilosophie".

Spekulation

Nun suchen wir zu den Denkern 1. den übergreifenden und 2. den durchgängigen Zusammenhang. Jenen finden wir in ihrem *spekulativen Idealismus*, diesen in ihrer *Geschichtsphilosophie;* und mit ihr wollen wir beginnen, sie ist besonders interessant und wichtig.

Zur Geschichtsphilosophie

Heilsplan Gottes

Alle diese Denker einschließlich Kant waren seit frühester Kindheit eingeübt worden in der altorientalisch-biblischen Glaubensvorstellung: *Weltgeschichte sei Heilsgeschichte;* ihr liege ein göttlicher Heilsplan zugrunde, in dessen Rahmen alles, was geschieht, seinen vorherbestimmten Sinn und Zweck erfülle. Im Alten Testament ist bekanntlich diese theologische Teleologie bis auf einige Spätschriften streng auf den Monotheismus angelegt, der aber vom NT her, wie wir aus unserem Zarathustra-Kapitel wissen, nicht nur durch das Dreieinigkeitsdogma zergliedert, sondern auch durch den Dualismus von Christus-Satan ergänzt wurde.

Dabei bezieht sich jede Interpretation der Weltgeschichte als Heilsgeschichte nur auf das historische Schicksal des „*Menschen*geschlechts". Alttestamentlich setzt sie ein mit dem Schöpfungsmythos im 2. Kapitel der Genesis, also mit Adam und Eva.

Kosmogonie in Entwicklungsperioden

Außerdem aber liefert das Alte Testament mit dem 1. Kapitel der Genesis eine monotheistische Kosmogonie, die im 6. Jahrhundert v. Chr. von judäischen Priestern während des babylonischen Exils verfaßt wurde. In ihr ist, meisterhaft aufs wesentliche konzentriert, die Weltentstehungslehre wiedergegeben, zu der damals altmesopotamisch-babylonische Gelehrte gelangt waren. Richten wir bei der Lektüre unsere Aufmerksamkeit weniger auf Gott als vielmehr auf dessen Tätigkeit, insbesondere auf die Reihenfolge innerhalb des Schöpfungsvorgangs, dann haben wir eine Entwicklungsgeschichte der Erde und ihrer Lebewesen vor Augen: aus der Kosmogonie wird eine Kosmologie, und aus dem Schöpfungsbericht lesen wir die damals modernste, schon rings um das östliche Mittelmeer wohl weitverbreitete Naturphilosophie heraus. Wir finden sie wieder bei hellenischen Weltentstehungsdenkern, auch scheint Aristoteles sie seiner Theorie vom Stufenbau der Natur zugrunde gelegt zu haben. Darum, daß nach babylonischem Musterbeispiel die Naturentwicklung sich über genau sechs Perioden erstreckt, denen als siebente eine Ruhezeit folgt (Zahlenmystik!), brauchen wir uns hier nicht zu kümmern.

So erfahren wir, daß zuerst die Erde sich im Urzustand bloßer Materie befand. Dann gliederte sich die Erdoberfläche in Festland und Meer. Anschließend entstanden, jeweils nacheinander, die Pflanzen — die Fische — die Vögel — die Landtiere (hervorgegangen, um mit Kant zu sprechen, aus dem Mutterschoß der Erde) — zuletzt die Menschen.

Naturgeschichte und Menschheitsgeschichte

Insofern haben wir es in der Bibel zu tun mit 1. der Entwicklungsgeschichte der Erdnatur und 2. der Entwicklungsgeschichte der Kulturmenschheit, wobei die Menschheitsgeschichte zugleich Heilsgeschichte sein soll. An dieser Zweiteilung halten wir zunächst einmal auch für den Deutschen Idealismus fest.

Viel gründlicher als heutzutage wurde im 17./18. Jahrhundert den Kindern jenes biblische Weltbild eingeprägt; und den Erwachsenen wurde es Sonntag für Sonntag — denn wer außer zum Beispiel dem alten Kant verweigerte regelmäßigen Kirchgang? — immerfort wiederholt. Überall, auch im Staat Friedrichs des Großen, lag das Schulwesen in Händen der Kirche oder unterstand deren Aufsicht; und jedenfalls im lutherischen Deutschland waren die von der Landeskirche besoldeten Pfarrer auch Staatsdiener.

Evangelische Theologie und Deutscher Idealismus

Folglich haben wir bei allen Denkern des Deutschen Idealismus das altorientalisch-biblische Weltbild ihrer Philosophie vorauszusetzen, meistens auch zugrunde zu legen. Ganz deutlich macht es sich in ihrer Geschichtsphilosophie bemerkbar. Lessing war evangelischer Pfarrerssohn und hat eine beträchtliche Anzahl theologischer Schriften veröffentlicht; Herder war, wie Kant, pietistisch erzogen, evangelischer Pfarrer und hoher Landeskirchenbeamter; Fichte war fertiger evangelischer Theologe; Hegel und Schelling hatten im Tübinger Stift ein solides evangelisches Theologiestudium absolviert; Marx, aus sehr altem, hochgelehrtem Rabbinergeschlecht, trug unerachtet aufgeklärt-evangelischer Bildung in sich die Thoratradition, ganz zu schweigen von der seinerseits vorausgesetzten Christenlehre; Kierkegaard war fertiger Theologe mit lutherisch-pietistischer Gesinnung eigener Art.

Monistisches Systemdenken

Allerdings haben sie alle sich von demjenigen Dualismus gelöst, der neutestamentlich unsere Weltgeschichte nach Maßgabe der Christologie ausdeutet. Insofern war jeder von ihnen ein Mann der Aufklärung. Sie hatte mit ihren Humanitätsidealen sich ja im geistigen Widerstand gegenüber der historisch-politischen Regnum-Christi-Doktrin entwickelt, während diese sich zur Zeit

Verzicht auf Regnum-Christi-Doktrin

höchsten Triumphes in jahrhundertelangen Vernichtungskriegen und Hexenprozessen allmählich selbst ad absurdum führte. Der Satan wurde in der Aufklärungsphilosophie und im Deutschen Idealismus nicht mehr gelehrt. Dadurch konnte man die gesamte, zur Heilsgeschichte erklärte Weltgeschichte nunmehr *monistisch* darstellen. Hinsichtlich des Gottessohnes begann jene merkwürdige Gewohnheit sich auszubreiten, wonach der Eigenname „Jesus" dem königlichen Würdenamen „Christus" so vorangesetzt wurde, als ob es sich gleichsam um Vornamen und Nachnamen handle. Um so mehr wurde auch für das heils-christliche Weltgeschehen allein „Gott" verantwortlich gemacht.

Verzicht auf Satanismus

Sobald sich diese Auffassung von *Gott als dem alleinigen Herrn der Weltgeschichte* bei selbständigen Denkern durchgesetzt hatte, war schnell der sehr kleine Schritt zum jeweils anders definierten Gottesbegriff und zu eigens ausgebildeten Gottesvorstellungen getan. Descartes, Spinoza, Leibniz, Kant, Lessing, Herder, Fichte, Hegel, Schelling und mit ihnen Wieland, Goethe, Schiller, Hölderlin: Jeder hatte schließlich „seinen" Gott. Zugleich mit dem Satansglauben entfiel mehr oder minder das, was erst durch ihn theologisch gerechtfertigt worden war: die *heilsgeschichtliche* Notwendigkeit von Jesu Tod am Kreuz; die heilsnotwendige Entgegensetzung von Christusmenschheit und Satansmenschheit nebst allen Folgen einschließlich des Jüngsten Gerichts. Kurz, es entfiel jegliche „Heilsnotwendigkeit", sofern sie den Satansglauben zur Voraussetzung hatte.

Harmonisierung des Weltgeschehens

Infolgedessen wurde das heilsgeschichtliche Weltgeschehen *harmonisiert.* Das dazu benötigte Verfahren war und ist höchst einfach: Man braucht nur sein Bewußtsein aufzuräumen und dessen Inhalte umzugruppieren, und zwar gemäß einer vernünftigen Betrachtungsweise. Ihr liegt jene Denkungsart zugrunde, wonach die Vernunft nicht Krieg, sondern Frieden gebietet, nicht die Selbstvernichtung der Menschheit, sondern deren Selbsterhaltung. Nunmehr bewirkte *ein Gott* wieder *alles;* und diesen Gott hatte man nicht nur *entpolitisiert,* sondern auch auf die *Humanitätsideale* verpflichtet. Er war nicht länger gut und böse zugleich oder zur Bekämpfung des sog. Bösen erforderlich, sondern nur noch gut, friedfertig, liebevoll; und schließlich wurde er oder an seiner Stelle der göttlich-absolute Geist ausgesprochen *vernünftig.*

Aufgeklärte Gottesvorstellung

Entscheidend wirkte sich folgende Überlegung aus: Da Gott sich jetzt der Vernunft bequemt, die Vernunft aber Humanität gebietet und die Humanität fortschreitet – *dann wird „Gott" zum Inbegriff humanitären Fortschritts und insofern zum Widersacher der Regnum-Christi-Politik!* Wenn heutzutage, wie längst üblich, der undoktrinäre Normalchrist überzeugt ist, daß sein apolitisch-christlicher Gott ein Gott der Menschenliebe sei und alles nur zum Guten kehre, so hat dieser Normalchrist den Aufklärungs-Gott im Sinn und nicht den Gott der Kreuzzüge und der Inquisition, dem Millionen von Menschenleben „zum Opfer dargebracht" wurden, um das Regnum Christi beschleunigt herbeizuführen. Selbstverständlich stieß diese totale Umwandlung auf mehr oder minder heftigen Widerstand der Kirchen. Jedoch war deren Übermacht nördlich der Alpen bereits gebrochen.

Hinweis auf die Zeitgeschichte

Das ist so zu verstehen: Die längste Zeit war im christlichen Abendland jede Regierungsgewalt dringend auf die Staatskirche angewiesen, weil diese allein die Untertanen dazu anhielt, die Obrigkeit für heilig zu halten. Inzwischen hatten sich jedoch immer mehr Staaten aus eigener Kraft gefestigt. Zu solcher sich allmählich herausbildenden Stabilität trugen seit Marsilius von Padua in wachsender Zahl die Staatsdenker bei. Als erster Großstaat hatte Ende des 17. Jahrhunderts sich Großbritannien vom Gesetz der Zwangskonfession befreit: Die Obrigkeit begnügte sich de facto mit einem *überkon-*

fessionellen Gott, den die christlichen Konfessionen jeweils nach ihrem Dogma beliebig auffassen konnten. Auf dem Festland entwickelte sich die heilig-christliche Monarchie, kirchlicher Vormundschaft nachgerade überdrüssig, zur absoluten Monarchie. Sie bedurfte nicht länger der Regnum-Christi-Rechtfertigung, sondern konnte sich auf moderne Theorien vom totalen Staat berufen und nach ihnen die Regierungspraxis einrichten.

Säkularisierte Staatlichkeit

Je weiter die europäischen Staatsgrenzen gegenseitig geöffnet wurden, je freier man sich innerhalb Europas bewegen konnte, desto notwendiger war es, den Staat auf sich selbst zu stellen, ihn um seiner selbst willen als praktisch höchstes Prinzip gesellschaftlicher Ordnung aufrechtzuerhalten, und desto lästiger fiel die Vorstellung, nochmals für diese oder jene Konfessionskirche im Hinblick auf ein allein *ihr* glaubensmäßig zugesichertes Regnum Christi sich in Bürgerkriege oder auswärtige Kriege zu verwickeln.

Idealsozietät als irdisches Endziel

Damit war nun zweierlei erreicht: 1. Nicht mehr das zukünftige Regnum Christi galt als Endziel der Kulturgeschichte, sondern der gegenwärtige Staat und dessen bestmögliche Verfassung; und 2. suchte man mit ihm einen Gott in Übereinstimmung zu bringen, der nicht mehr von dieser oder jener Konfession jeweils zu ihrem *Alleinbesitz* gemacht, sondern *sämtlichen Konfessionen übergeordnet,* notfalls auch unabhängig von ihnen gedacht wurde. Solchen Allgemein-Gott vermochte, nach Lage der Dinge, nur die *Philosophie* festzustellen, nicht eine auf bestimmte Glaubenslehre verpflichtete Konfessionskirche. Eben deshalb nahm die Philosophie damals ihren größten Aufschwung.

Philosophie als Theologie

Lessing

Die neue Auffassung von Gott in der Weltgeschichte trug Gotthold Ephraim *Lessing* vor in der letzten Schrift seines Lebenswerkes, die er 1780 auf sein Schauspiel „Nathan der Weise" (1779) folgen ließ. Mit ihrem Titel: „Die Erziehung des Menschengeschlechts", ist gemeint, daß der Kulturgeschichte ein göttlicher *Erziehungsplan* zugrunde liege. (Beiseite lassen wir hier die Frage, wieweit Lessings Gedankengang an Lehrmeinungen des Joachim von Fiore erinnert, der im 12. Jahrhundert gelebt hat.)

Heilsplan als Erziehungsplan

Lessing unterscheidet drei große Geschichtsperioden oder Stufen fortschreitender Entwicklung. Die erste Stufe entspricht dem Alten Testament, die zweite dem Neuen Testament und die dritte dem Zeitalter der Vernunft, da nunmehr ein neutestamentlich angekündigtes, ewiges Evangelium der Humanität zu erwarten sei. In den Elementarbüchern des Neuen Testaments sind nach seiner Ansicht Wahrheiten „vorgespiegelt", nämlich — gemäß Leibnizens Monadologie — uns von Gott als Spiegelbilder vorgestellt, die wir als Offenbarungen so lange „anstaunen" sollen, bis die Vernunft sie aus ihren anders ausgemachten Wahrheiten herleiten und mit ihnen verbinden lernt. Somit bemüht sich Lessing um eine Entmythisierung des Neuen Testaments und des nachbiblischen Dogmas von der Dreieinigkeit. Schon Leibniz hatte seine Welterklärung radikal pantheistisch angelegt, und so sagt Lessing, „daß Gott in dem Verstande, in welchem endliche Dinge eins sind, unmöglich eins sein könne", sondern eine vollständige Vorstellung von sich haben müsse, in der sich alles befindet, was in ihm selbst ist, also auch Gottes notwendige Wirklichkeit. Sie ist ein Bild, das die gleiche Wirklichkeit hat wie Gott selbst. Anders ausgedrückt: Gott schafft aus sich selbst heraus und in sein Bewußtsein hinein die gegenständliche Welt, so daß er in ihr sich selbst gegenübersteht, in ihr sich selbst zum Objekt seines allumfassenden Ich hat.

Drei Zeitalter

Entmythisierung

Weltwirklichkeit als Gottes Selbstdarstellung

Diesen Ansatz rein spekulativer Philosophie haben wir im Laufe der Geistesgeschichte wieder und wieder festgestellt; trotz wechselnder Termini handelt es sich um stets denselben Gedankenprozeß. Gott entfremdet also sich selbst, indem er sich in Subjekt und Objekt auseinanderlegt. Indem nun Lessing kühn dieses Objekt als Gottes „Sohn" bezeichnet, bringt er auch den Heiligen Geist mit diesem Gott-Sohn-Verhältnis in Zusammenhang: Gott kommt zum vollendeten Selbstbewußtsein, indem Subjekt und Objekt wieder identisch werden, und das Moment dieses Zusammenschlusses — der *Vorgang* der Identität — ist eben der *Geist*. — Hinsichtlich des Menschen deutet Lessing die sog. Erbsünde so, „daß der Mensch auf der ersten und niedrigsten Stufe seiner Menschheit schlechterdings so Herr seiner Entschlüsse nicht sei, daß er moralischen Gesetzen folgen könne". Mit anderen Worten: In der Kulturgeschichte offenbart sich Gott als Sittengesetz, aber erst auf der höchsten Stufe ist der Mensch imstande, ihn darin zu erkennen und folglich, sobald er es jetzt erfüllt, seinen Willen mit demjenigen Gottes zu identifizieren.

Vgl. Hegel!

Zwei weitere Ansatzpunkte sind dabei festzuhalten: 1. Die christlichen Urkunden werden allein historisch aufgefaßt; 2. hat Lessing die selben Stufen, über die der Mensch emporsteigen kann, auch jedem einzelnen für dessen Lebensentwicklung zugewiesen. Allerdings hat er den Vergleich zwischen Kindheit und Altem Testament, Jugendalter und Neuem Testament, Mannesalter und Vernunftzeitalter nicht durchgeführt, sondern nur angedeutet. Das Kind sucht unmittelbaren Genuß, der Knabe und Jüngling verlangen nach zukünftigen Gütern, wie Ehre und Reichtum, Macht und Besitz, der Mann aber tut seine Pflicht. Am besten, wenn auch in ganz anderem Zusammenhang, hat Goethe formuliert, worauf es ankommt: „Wenn auch die Welt im ganzen vorschreitet, die Jugend muß doch immer wieder von vorne anfangen und als Individuum die Epochen der Weltkultur durchmachen." (Eckermann, 17. Januar 1827.) Lessing leitete aus diesem Grundgedanken die Möglichkeit her, daß der Einzelmensch, um gewißlich die höchste Stufe zu erreichen, mehrmals auf die Welt wiederkehre; womit wieder die Seelenwanderungslehre auftaucht.

Weltperioden und Lebensstufen des Einzelmenschen

Herder

Gründlicher als Lessing hat Johann Gottfried *Herder* die welthistorische Gottwirksamkeit dargestellt und zu ihrem Grundprinzip die „Humanität" gemacht. Wie Kant stammte er aus Ostpreußen, wo er am 25. 8. 1744 in Morungen als Sohn eines Schullehrers geboren, streng mit der einzig zur Lektüre erlaubten Bibel und dem Gesangbuch erzogen und durch Privatunterricht beim Ortspfarrer gebildet wurde, ehe er 1762 in Königsberg außer Theologie auch Philosophie und Naturwissenschaften studierte. Er hörte Kant, kam dann 1765 nach Riga als Rektor der Domschule mit dem Predigtamt und errang dort große Beliebtheit. Der Prinz von Holstein-Oldenburg wollte ihn zum Begleiter auf der üblichen europäischen Bildungsreise haben. Herder fuhr ihm bis Nordwestfrankreich entgegen, mußte jedoch, bevor er Italien erreichte, in Straßburg eines Augenleidens wegen zurückbleiben, wo er dem jungen Goethe begegnete und entscheidenden Einfluß auf ihn gewann. Während Goethe in Straßburg den juristischen Doktorgrad erwarb, folgte Herder einem Ruf nach Bückeburg als Hofprediger, Superintendent und Konsistorialrat. Wenige Jahre später verschaffte Goethe, der inzwischen zum Intimus des jungen Weimarer Herzogs geworden war, ihm die Berufung zum Hofprediger, Generalsuperintendenten und Oberkonsistorialrat nach Sachsen-Weimar, wo er 1801 Präsident des Oberkonsistoriums wurde und am 18. Dezember 1803 starb. Mit Goethe hatte er sich im Alter immer weniger verstanden.

Lebenslauf

Was Herder in Weimar grämte, woran aber keineswegs Goethe, Wieland oder Schiller die Schuld trugen, war die zunehmende Geringschätzung seines einst aufsehenerregenden Hauptwerks, seiner großartigen Geschichtsphilosophie. Er hatte in Königsberg seinen stärksten Eindruck vom „vorkritischen“ Kant empfangen, der damals noch Privatdozent war, und damit von Humes Erkenntnislehre. Somit wurde ihm der Widerwille gegen alle metaphysische Spekulation eingeprägt, den später sein geliebter, bewunderter Lehrer Kant während dessen „kritischer“ und „nachkritischer“ Periode überwand. Infolgedessen gerieten schließlich auch Herder und Kant auseinander, und während Kants Metaphysik in Deutschland zur Vorherrschaft kam, blieb Herder mit seinem inzwischen an Leibniz, Spinoza, Shaftesbury ausgebildeten Idealismus immer weiter zurück hinter der neuen Geistesrichtung, gegen die er nun heftig polemisierte. Hinzu kam die durch seine hohen Staatskirchenämter gebotene Rückkehr zu vorschriftsmäßigen Dogmen, so daß er immer starrsinniger wurde. So geschah es, daß er, der große Anreger, der er unzweifelhaft war, schon kurz nach seinem Tode fast in Vergessenheit geriet.

Abneigung gegen Spekulation

Sein Ansatzpunkt war, ähnlich wie einst bei Descartes, jenes Ich-Erlebnis, das den Neunzehnjährigen überwältigte: „Was, ich bin Geist! ich Geist! — so bin ich Gott! . . . Wie Gott, durch den ich bin, einst Geister rief aus dem Geisternichts und Körper rief aus dem Gedankennichts, ruf ich Gedanken aus dem Gedankennichts! . . . O Gott, was gabst du mir — all deine Welt schaff ich dir in mir nach!“ — „*Mich* sing ich! Welt und Gott ein All! in mir!“ — „*Ich* bin's, in dem die Schöpfung sich *punktet,* der in alles quillt und der alles in sich füllt.“ — „In alles quillen — sich in die Welt hinausfühlen. In sich füllen — die Welt in sich hineinnehmen.“ Mit einem Wort: Herder hatte sich selbst erlebt als *Mikrokosmos,* und auf Grund dieses *Erlebnisses* gestaltete er sein auf Gott bezogenes Weltbild.

Denkansatz im Ich-Erlebnis

Dieser Ansatzpunkt, in welchem individueller Mikrokosmos und Makrokosmos, privates Ich und Gott schließlich identisch werden, ist uns bereits aus der hellenistischen Gnosis bekannt, insbesondere aus deren monistischer Spätform, dem sog. Neuplatonismus, und aus der spätmittelalterlich-neuzeitlichen Mystik. Daraus entwickelte er einen modernen, monistisch-panentheistischen Gnostizismus, dessen Besonderheit darin liegt, daß er zur *Erkenntnis Gottes in der gesamten Weltgeschichte* führen soll, während die Neuplatoniker und Mystiker sich aus der Weltgeschichte hinaus unmittelbar zum überzeitlich-ewigen Gott empordenken wollten. Herder hingegen richtete seinen Blick zunächst rückwärts auf die Weltvergangenheit. Indem er seiner Gotteserkenntnis die *historische Erfahrung* zugrunde legte, leistete er das, was Kant den Zeitgenossen und uns schuldig blieb; und man würde deshalb Kant und Herder wohl gemeinsam nennen — wenn Herder dieselbe geistige Disziplin, dasselbe folgerichtig kritische Denken besessen hätte wie eben Kant. Das aber war nun leider ganz und gar nicht der Fall. Im Sinne geisteswissenschaftlicher Psychologie könnte man wohl sagen: Herders geistig-seelische Konstitution blieb zeitlebens überwiegend ästhetisch orientiert, und die Theorie wurde nur zum Hilfsdienst herangezogen. Als ästhetischer Mensch verdankte er seinem Genie die intuitive Anschauung historischer Lebensformen und Entwicklungsvorgänge, die spontane Einsicht in große Zusammenhänge.

Gotteserkenntnis durch historische Erfahrung

Daher hat bei Herder der Vernunftbegriff eine andere Bedeutung als bei Kant und den strengen Rationalisten. Für Kant ist die Vernunft „Inbegriff aller gedanklichen Prinzipien, die unabhängig von der Mannigfaltigkeit der Erfahrung a priori im Gemüt bereitliegen und absolut allgemeingültig-notwendig sind. Wir können auch erweiternd sagen: Die Vernunft sei der Inbegriff aller ewigen Wahrheiten, die Gott der Welt vorausgedacht hat: der formal-logischen,

Unterschied zwischen Kants und Herders Vernunftsbegriffen

der mathematischen und der metaphysischen Wahrheiten. Man kann sie von aller Zufälligkeit des Weltbildes abscheiden: ein starres Gerüst von Prinzipien und letzten zusammenfassenden Denkformen. Im Gegensatz dazu ist die Vernunft bei Herder so stark in alle anderen Kräfte der Seele verwoben, daß sie gar nicht abstrakt herauslösbar ist. Sie ist im Kern *Akt der Besinnung.* Diese aber wirkt schon im sinnlichen Empfinden, Bemerken und dann besonders in der Sprache. All unser Erkennen erwächst gleichsam organisch aus Empfindung ... Die Vernunft ist nicht nur mit dem Empfinden eins, sondern sie behält auch Individualität statt kahler Allgemeingültigkeit: die Individualität der Person, vor allem aber die der Nation, deren seelische Eigenart sich in einer besonderen Sprache niederschlägt. Die Originalität dieser Vernunft äußert sich in schöpferischen Eingebungen und im Genie. Denn sie hängt wieder mit dem großen Sensorium der Schöpfung zusammen; wir dürfen es im Sinne Herders ruhig den Heiligen Geist nennen. Aber es waltet im Universum, nicht nur über ihm. *Wie die Empfindungsart, so die Vernunft.* Das gilt vom einzelnen und ebenso vom Volk ... Alles in der Seele ist *ein* Gewebe, und es ist vom Schöpfer selbst gewebt, der die individuellen Organisationen des Universums geschaffen hat ... Endlich die wichtigste Folgerung: Hat jede Seele *ihre* eigentümliche Perspektive zur Welt und jede Nation gleichfalls *ihre* besondere Art zu empfinden, zu denken und zu wollen, so wird nur derjenige den ganzen Gehalt des göttlichen Universums ausschöpfen, der alle diese Seelenformen und Perspektiven durchwandert, der sie alle in sich fühlt und, sich einfühlend, in sie hinausquillt. Also entsteht die Aufgabe einer Philosophie der Geschichte, wenn man sich mit der höchsten Bildung erfüllen will ... Die objektive Geschichte zeigt variable Gestalten des Menschentums oder der Humanität; sie steuert selbst in der Richtung auf den Gipfel der Humanität, und wenn die Seele Geschichte subjektiv in sich hineinnimmt, so steigert sie damit ihre eigene Humanität. Denn der einzelne muß sich entwickeln, wie sich das ganze Menschengeschlecht entwickelt" (Eduard Spranger).

Geschichtsdeutung mit Offenbarungscharakter

In der grundlegenden Schrift von 1774 „Auch eine Philosophie der Geschichte zur Bildung der Menschheit" behandelt Herder nur die Menschheitsgeschichte. In seinem Hauptwerk „Ideen zur Philosophie der Geschichte der Menschheit" (1784—1791) liefert er außerdem eine Geschichte der Erdnatur, beginnend mit dem Satz: „Unsere Erde ist ein Stern unter Sternen." Für den durchgängigen Zusammenhang sorgt das Prinzip vom Stufenbau der Natur, der sich in der Menschheitsentwicklung fortsetzt. Die Frage, inwieweit Aristoteles dabei Pate gestanden hat, lassen wir hier beiseite; der Hinweis auf ihn möge genügen.

Die gesamte Natur, welcher auch der Mensch eingefügt ist, liegt im *Plane Gottes.* Seine Kraft hat alles geschaffen und ist unablässig weiterhin tätig; die „natura naturans" wird, wie ehedem von der Scholastik, in Gott personifiziert. Demnach ist die im Menschen denkende und wirkende Kraft „ihrer Natur nach" dieselbe wie im Universum und in der Erdnatur; sie ist, neutestamentlich-evangelisch gesprochen: *der Weg, die Wahrheit und das Leben.* Den *Weg* begreifen wir als „Gang der Natur" und als „Gang Gottes über die Nationen", den für sich allein jeder Einzelmensch im Laufe seines Daseins nachvollzieht: „Mein Gang ist die Bahn des Weltalls: Dazu leuchtet mir auch jener letzte Stern, dazu klingt mir, in geistigen Begriffen und Verhältnissen, die ‚Harmonie aller Sterne'." Die *Wahrheit* offenbart uns der Genius, indem er sich über die Vergangenheit besinnt: „Die Geschichte ist ein Spiegel der Menschen und Menschenalter, ein Licht der Zeiten, eine Fackel der Wahrheit"; und das Wesen der genialen Philosophie — lies: Herders Geschichtsphilosophie — ist es, „Ideen, die in uns liegen, gleichsam hervorzulocken,

Wahrheiten, die wir nur dunkel wußten, zur Deutlichkeit aufzuklären, Beweise, die wir nicht in allen Mittelursachen helle faßten, zu entwickeln." — Das *Leben* ist identisch mit der Gotteskraft, und „der Bau des Weltgebäudes sichert es auf Ewigkeiten hin. Wo und wer ich sein werde, werde ich sein, der ich jetzt bin: eine Kraft im System aller Kräfte, ein Wesen in der unabsehbaren Harmonie einer Welt Gottes." Dieses Glaubensbekenntnis erinnert an Leibniz.

Vgl. Leibniz!

Die alles durchwaltende schöpferische Gotteskraft stellt sich als Fülle ineinandergreifender Naturgesetze dar und bringt eine Entwicklungsstufe aus der andern hervor. Gemäß dem aristotelischen Entelechie-Begriff ist jede Stufe sowohl Selbstzweck als auch Mittel für die folgenden Stufen bis hinauf zur höchsten, so daß jede Stufe sämtliche früheren in sich faßt. Aus der anorganischen Natur geht es aufwärts über Pflanzen, Tiere zum Menschen: „Das Kind im Mutterleib scheint alle Zustände durchgehen zu müssen, die einem Erdengeschöpf zukommen können. Es schwimmt im Wasser; es liegt mit offenem Munde; sein Kiefer ist groß, ehe eine Lippe ihn bedecken kann, die sich nur spät bildet; sobald es auf die Welt kommt, schnappt es nach Luft, und Saugen ist seine ungelernte erste Verrichtung", und so wiederholt jeder Mensch in und an sich selbst den gesamten Werdegang der Tier-Stufe, aus der er sich entwickelt. Wie schon bei Kant stoßen wir hier bei Herder auf eine Vorwegnahme des Darwinismus (weil beide Denker in dieser Hinsicht Aristoteles verpflichtet sind). Aber mit dem gegenwärtigen Zustand der Kulturmenschheit soll die Entwicklung nicht zu Ende sein. Vielmehr „wird ein Stufengang sichtbar vom Menschen, der zunächst ans Tier grenzt, bis zum reinsten Genius im Menschenbilde" — eine wiederum auf Aristoteles zurückweisende Überzeugung. Wir könnten also für Herders Philosophie insofern den ungewohnten Begriff eines *Neu-Aristotelismus* in Anspruch nehmen, analog dem Neuplatonismus.

Vgl. Aristoteles!

Nach seinem Ich-Erlebnis, und mit ihm in unmittelbarem Zusammenhang, wurde Herder am tiefsten beeindruckt durch die Selbsterfahrung, die er aus seinem eigenen Lebenslauf gewann. Diese Erfahrung legte er in seiner *Philosophie der Menschheitsgeschichte* zugrunde, wobei er sich der Analogie-Methode bediente. Eben deshalb, weil er seine Geschichtsphilosophie aus persönlicher Lebenserfahrung bezog, vermochte er sich im wesentlichen nur beschreibend, erzählend auszudrücken. Im Gegensatz zu den System-Denkern war er ein philosophierender Dichter. Das heißt, er konstruierte sein Weltbild nicht aus Elementarprinzipien, sondern schilderte den Lebenslauf solcher Organismen, die er in seiner privaten wie historischen Erfahrung vorfand. Allenfalls zergliederte er sie etwa nach dem Motto: „Pars pro toto", der Teil steht für das Ganze. Was Kant als Vernunft bezeichnet, ist im Grund das reine Prinzipiendenken. Eben dieses Prinzipiendenken blieb Herder fremd, unverständlich; er ließ seine Prinzipien aus der Besinnung über seine eigenen und historischen Erfahrungen hervorgehen. Anders gesagt: *Er wollte erreichen, daß innerhalb seines Bewußtseins dessen Inhalte sich von selber nach den ihnen eigentümlichen Gesetzen ordneten.* Daher seine heftige Polemik gegen alles Prinzipiendenken der Aufklärung, daher sein Hohn und Spott über Kants Kritiken.

Analogiedenken

Insofern wollte er kein Metaphysiker sein, sondern Empiriker. Kants Analytik nannte er „öde Wüsten voll leerer Hirngeburten und im anmaßendsten Wortnebel". Anstatt einer „Kritik der Vernunft" forderte er eine *Physiologie* der menschlichen Erkenntniskräfte. In schärfstem Gegensatz zu Kant betrachtete er „Raum und Zeit" keineswegs als apriorische Anschauungsformen, sondern als Erfahrungsbegriffe; Form und Materie wollte er auch in ihrem Ursprung

Weltorganismus statt Weltmechanismus

nicht voneinander trennen. Im großen und ganzen hielt er sich also mehr an Hume und an den naturforschenden Aristoteles, aus dessen Metaphysik sich ja der Entelechie-Begriff vorzüglich mit jeder organischen Naturwissenschaft verträgt, während z. B. Euklids Elementardenken ebenso wie die Elementarphysik, und wie die Mathematik überhaupt, am besten zur anorganischen Naturwissenschaft paßt. Mit einem Satz: Herder machte endgültig den Unterschied deutlich zwischen *mechanistischer und organistischer Betrachtungsweise — zwischen Weltmechanismus und Weltorganismus,* nachdem Leibniz diesen Unterschied gleichsam mit einem geistigen Salto mortale übersprungen hatte.
Infolgedessen wurde er *für uns* zum Überwinder *des* rationalistischen Systemdenkens, das zuerst im 17. Jahrhundert das Weltganze allein aus Prinzipien der Geometrie und Physik (Mechanik und Dynamik) erklärt hatte. Herder war eben kein Mathematiker. Freilich haben wir zu bedenken, daß im 17. Jahrhundert die Mathematik und die Physik von einer kleinen Elite neu entdeckt worden waren und im Zusammenhang mit dem hierzulande ebenfalls revolutionär neuen Weltbild des Kopernikus damals die einzige Möglichkeit boten, das Weltgefüge *wissenschaftlich* zu rekonstruieren. Erst der leidenschaftliche Protest Herders machte offenkundig, daß durch die mechanistische Betrachtungsweise das organische Dasein und dessen Entwicklungsgesetze systematisch vergewaltigt wurden. Folglich mußte nunmehr die mechanistische Naturwissenschaft auf das ihr angemessene Forschungsgebiet beschränkt und für die Kulturgeschichte, die es mit Organismen zu tun hat, eine *neue Wissenschaft* entwickelt werden. Deren *Urheber* ist *für uns Herder* geworden.

Kulturbiologie

Analog den individuellen Lebensaltern nahm er, indem er die *ganze Menschheit* als *großen Organismus* auffaßte, auch für sie bestimmte Lebensalter an. Wir zitieren eine Zusammenfassung Eduard Sprangers: „*Kindheit* des Menschengeschlechts im Morgenlande: die Patriarchenwelt der Hirtenstämme. Später der Despotismus der Eroberer. *Knabenalter* in Ägypten und Phönizien. Bei den Ägyptern Ackerbau mit den Anfängen von Industrie; schon eine großartige Flußregulierungstechnik; bei den Phöniziern ein Handelsstaat. Statt spitzer Pyramiden der Mast der seefahrenden Schiffe. Wichtige Erfindungen, wie Glas und Buchstabenschrift. *Jünglingsalter* in Griechenland. Republiken mit dem Ideal Vaterland und Freiheit. Überhaupt die Sondergabe: ‚schön zu idealisieren' ... Es folgt das *Mannesalter:* Rom, ein gewaltiges Staats- und Kriegsgebäude, ein Weltreich, mit Antipathie gesehen, weil es die Völker der alten Welt uniformiert. ‚Wie man die Sache auch nehme: Es war — Reife des Schicksals der alten Welt.' "

Botanisches Gleichnis

Herder merkte wohl zu spät, daß ihm für die abendländische Menschheit nur noch das *Greisenalter* übrigblieb. Aber das lag nun nicht im Sinne des Erfinders. Deshalb griff er zum Gleichnis vom Baum, der sich verzweigt: „Mit der Völkerwanderung wird im Norden ein neuer Mensch geboren: das Germanentum, der nordische Mensch. Sehr verschieden von ihm, entsteht durch Mischung nord-südlicher Säfte ein neues geistiges Ferment: die Weltreligion des Christentums. Auch sie bleibt historischer Wandlung unterworfen. Das Mittelalter wird mit einer Sympathie behandelt, die im 18. Jahrhundert selten ist. Noch ein Blick auf die Renaissance, auf Luther und das Zeitalter der Erfindungen. Das letztgenannte bringt den Mechanismus als Denkform empor, dann die Maschine. Damit wird alles entseelt. Kopf und Herz trennen sich. Es gibt keine Bildung mehr. Es gibt keine Nationalcharaktere mehr. Die Nation als Kraftquelle ist bedroht. — Die Darstellung versandet schließlich in halb ironischen, halb zornigen Ausfällen gegen die Aufklärungszeit" (Spranger).
So war in Herders erster geschichtsphilosophischer Schrift von 1774 zu lesen.

Hinsichtlich der Tatsachen läßt sich allerdings von seinem Programm nahezu nichts halten. Aber wissenschaftlich überaus fruchtbar wurde 1. sein Grundsatz, die Menschheit als Ganzes aufzufassen, das aus lauter gleichberechtigten Teilen, den Einzelvölkern oder Nationen, besteht, 2. die Zusammenhänge zwischen den Völkern, den lebendigen Trägern der Geschichte, aufzuspüren und zu zeigen, „wie sie sich aufeinander beziehen, auseinander erwachsen, sich ineinander verlieren", 3. den jeweiligen Kulturzustand als Ergebnis der Vorgeschichte zu verstehen, 4. zu diesem Zweck alle natürlichen Gegebenheiten zu berücksichtigen, als da sind: Landschaft, Klima, Umweltbedingungen jeder Art, und 5. auf den verschiedenartigen Nationalcharakter abzuzielen, ihn im Zusammenhang mit der Sprache, Geistesgeschichte, Kulturtradition, Staatsbildung, Geographie, Anthropologie zu bestimmen und um seiner jeweiligen Besonderheit willen dankbar anzuerkennen.

Herders neue Betrachtungsweisen

In seinem Hauptwerk, das zehn Jahre später zu erscheinen begann, hat Herder die Unebenheiten seines ersten Entwurfs möglichst ausgeglichen, mehr Systematik hineingearbeitet, mehr Völkerkunde zur Verfügung gehabt, „und zwar mit einer Universalität der Überschau, wie man sie in Deutschland noch nicht gekannt hatte. *Hegel* hat sie übernommen und vertieft. Die Linie führt von China, Japan, Korea, Tibet, Indien über Babylon, Persien, Palästina, Phönizien und Ägypten nach Griechenland. Dann von den Etruskern und Römern zu den neueren Völkern Europas . . . Es folgt ein Buch über Entstehung und Fortgang des Christentums. Endlich werden die germanischen Stämme bis ins hohe Mittelalter verfolgt. Ein Blick auf die Araber fehlt nicht. Mit den Kreuzzügen, der Scholastik, der Mystik und den Universitäten bricht das Riesenwerk ab. Weiter hat es der Denker nicht geschafft" (Spranger).

Wie sollte die Entwicklung nun weitergehen, und zwar über Herders Gegenwart hinaus in eine göttlich geplante Zukunft? Wir reihen ein paar Zitate aneinander, entnommen den „Ideen", der Schrift „Über die Seelenwanderung" und den Predigten:

„Nein, gütige Gottheit, dem mörderischen Ungefähr überließest du dein Geschöpf nicht. Den Tieren gabst du Instinkt, dem Menschen grubest du sein Bild, Religion und Humanität in die Seele: . . . die Regel der Gerechtigkeit, die Grundsätze des Rechts der Gesellschaft, selbst die Monogamie als die dem Menschen natürlichste Ehe und Liebe, die Zärtlichkeit gegen Kinder, die Pietät gegen Wohltäter und Freunde, selbst die Empfindung des mächtigsten, wohltätigsten Wesens sind Züge dieses Bildes, die hier und da bald unterdrückt, bald ausgebildet sind, allenthalben aber noch die Uranlage des Menschen selbst zeigen . . . Das Reich dieser Anlagen und ihrer Ausbildung ist die eigentliche Stadt Gottes auf der Erde [nämlich die in der neutestamentlichen Apokalypse für die Zeit nach dem Weltuntergang verheißene, aus dem Himmel auf die Erde herniederkommende Goldene Stadt], in welcher *alle* Menschen Bürger sind [also nicht nur die dafür eigens Zuvorbestimmten], nur nach sehr verschiedenen Klassen und Stufen." Und im Sprachstil der neutestamentlichen Apokalypse fährt Herder fort: „Glücklich ist, wer zur Ausbreitung *dieses* Reichs der wahren inneren Menschenschöpfung beitragen kann: Er neidet keinem Erfinder seine Wissenschaft und keinem König seine Krone." Es ist das Reich vollkommener *Humanität.* — „Das menschliche Geschlecht ist eine Art von Wanderern, von ziehenden Vögeln; es ist immer auf der Reise, immer im Zuge. Seine Kette ist nie ganz. Sie bricht und erneut sich jeden Augenblick in einzelnen Gliedern. Wir kommen und gehen . . . Der Planet, auf dem wir wohnen, ist nur ein Ruheplatz, eine Wanderstätte. Wir fliegen hinan und fliegen weiter. Wo ist unsere Stätte?" — „Sogar über die Schranken der Zeit ist unser Geist weg: er verachtet Raum und die träge Erdenbewegung:

Humanität und Weltbürgertum

Das Reich wahrer Humanität als neubestimmtes Reich Gottes

entkörpert ist er sogleich an seinem Ort, in seinem Kreise, in dem neuen Staat, dazu er gehört. Vielleicht ist dieser um uns, und wir kennen ihn nicht, vielleicht ist er uns nahe, und wir wissen nichts von ihm, außer etwa in einigen Augenblicken seliger Ahndung ... Vielleicht sind in uns auch Ruheörter, Gegenden der Zubereitung, andere Welten bestimmt, auf denen wir, wie auf einer goldenen Himmelsleiter, immer leichter, tätiger, glückseliger zum Quell allen Lichts emporklimmen und den Mittelpunkt der Wallfahrt, den Schoß der Gottheit, immer suchen und nie erreichen."

Zwei Endziele

Herder hat also zwei Endziele im Auge. Das erste gehört noch zur irdischen Menschheitsgeschichte, es ist das Weltreich der Humanität; das zweite Ziel liegt jenseits der Erde auf einem anderen Stern oder in einem neuen Sternensystem. Bleiben wir abschließend beim irdischen Zukunftsreich der Humanität! Im Unterschied zu Kants Metaphysik der Sitten beschrieb der optimistische Herder dieses Reich mit sehnsuchtsvoller Zuversicht als idealen, sämtliche Nationen umfassenden Weltstaat. „Humanität ist der Zweck der Menschennatur, und Gott hat unserem Geschlecht mit diesem Zweck sein eigenes Schicksal in die Hände gegeben." — „Wir leben immer in einer Welt, die wir uns selbst bilden." — „Der Mensch ... konstituiert mit andern ihm Gleichgesinnten nach heiligen, unverbrüchlichen Gesetzen eine Gesellschaft. Nach solchen ist er Freund, Bürger, Ehemann, Vater; Mitbürger endlich der großen Stadt Gottes auf Erden, die nur ... der Geist einer allgemeinen Vernunft und Humanität beherrscht", so heißt es in den „Briefen zur Beförderung der Humanität" und ebendort: „Alle Einrichtungen der Menschen, alle Wissenschaften und Künste können, wenn sie rechter Art sind, keinen anderen Zweck haben, als uns zu humanisieren." Humanität erfordert vor allem: *Menschenliebe.*

Gefährdung der Menschenliebe durch Wahnideen

Um sie zu entfalten, muß zunächst das Allgemeinbewußtsein von Wahnsystemen befreit, müssen die überlieferten Zwangsvorstellungen ausgeräumt werden, so der „Nationalwahn", der sich als „Nationalschild, Standeswappen, Gewerksfahne" verfestigt hat, aber von uns wieder beseitigt werden kann. „Schrecklich ist's, wie fest der Wahn an Worten haftet, sobald er ihnen einmal mit Macht eingeprägt ist." Jedes Wahnsystem kommt dadurch zustande, daß Bewußtseinsinhalte um bestimmte Begriffe, denen jeweils ja ein Prinzip innewohnt, dauerhaft gruppiert sind ohne Rücksicht darauf, ob sie dafür überhaupt geeignet sind und welche Folgen sie in der Realität bewirken. Herder zählt solche „schädlichen Wahnbilder" auf: „Religion, Offenbarung, seligmachender Glaube, Gewissen." Ferner: „Zu unseren Zeiten haben wir's erlebt, was die Wortschälle ‚Rechte, Menschheit, Freiheit, Gleichheit' bei einem lebhaften Volk für einen Taumel erregt; was in und außer seinen Grenzen die Silben ‚Aristokrat, Demokrat' für Zank und Verdacht, für Haß und Zwietracht angerichtet haben ... Losungsworte, mit denen man keinen Begriff verband, Zeichen, die gar nichts sagen, haben, sobald es Parteien galt, im Wahnsinn Gemüter verwirrt, Freundschaften und Familien zerrissen, Menschen gemordet, Länder verheert. Die Geschichte ist voll solcher ... Namen, so daß man ein Wörterbuch des Wahnes und des Wahnsinns der Menschen aus ihr ziehen" könnte. *„Die größten Veränderungen der Welt sind von Halbwahnsinnigen bewirkt worden."*

Gleichberechtigung aller Nationen

Aus den Humanitätsidealen folgt der „Abscheu gegen den Krieg" und das „Gefühl der Billigkeit gegen andere Nationen". — „Der Krieg, wo er nicht erzwungene Selbstverteidigung, sondern ein toller Angriff auf eine ruhige, benachbarte Nation ist, ist ein unmenschliches, ärger als tierisches Beginnen, indem er nicht nur der Nation, die er angreift, unschuldigerweise Mord und Verwüstung droht, sondern auch die Nation, die ihn führt, ebenso unverdient als schrecklich hinopfert." Wir bemerken, daß hier stillschweigend zur „Nation,

die geopfert wird", die „Regierung" hinzudenken ist, die sowohl den Opfergang der eigenen als auch alles Kriegsleid der angegriffenen Nation verschuldet. *Herder hütet sich also vor einem Kollektivurteil,* indem er *nicht die regierte Nation mit ihrer Regierung identifiziert.* — „Dagegen muß jede Nation allgemach es unangenehm empfinden, wenn eine andere Nation beschimpft und beleidigt wird; es muß allmählich ein allgemeines Gefühl erwachen, daß jede sich an die Stelle jeder anderen fühle ... Unter welchem Vorwande jemand über die Grenze tritt, dem Nachbar als einem Sklaven das Haar abzuscheren, ihm seine Götter aufzuzwingen und ihm dafür seine Nationalheiligtümer in Religion, Kunst, Vorstellungsart und Lebensweise zu entwenden: Im Herzen jeder Nation wird er einen Feind finden, der in seinen eigenen Busen blickt und sagt: ‚Wie? wenn das mir geschähe?' — Wächst dies Gefühl, so wird unvermerkt eine Allianz aller gebildeten Nationen gegen jede einzelne anmaßende Macht."
Darin stimmte Herder nun mit Kant überein, wie überhaupt seine Gedanken über Humanität viel besser Kants Sittengesetz illustrieren als dessen Metaphysik der Sitten. Auch die Wunschvorstellung vom allmählichen Fortschritt der Kultur und sogar die erwogene Möglichkeit eines Weiterlebens der Menschheit auf andern Planeten finden sich ebenfalls bei Kant. Aber trennend zwischen beiden Denkern stand immer Kants reines Prinzipiendenken. Von eben diesem Denken gingen jedoch *Philosophen der jüngeren Generation* aus, namentlich Fichte, Hegel und Schelling.

Fichte

Johann Gottlieb *Fichte* war am 19. Mai 1762 in Rammenau (Obersachsen) als Sohn eines Webers in tiefster Armut geboren, aber von einem reichen Herrn v. Miltiz gefördert und an dem berühmten Gymnasium Schulpforta ausgebildet worden. Seit 1780 studierte er Theologie in Jena, Leipzig, Wittenberg, wurde 1784 Hauslehrer u. a. in der Schweiz und kam 1791 nach Königsberg, wo Kant ihm einen Verleger vermittelte für seine „Kritik aller Offenbarung". Der Titel mußte jeden Interessenten zunächst an Kant denken lassen, und da der Verleger listigerweise keinen Verfassernamen angab, wurde die 1792 anonym publizierte Arbeit tatsächlich Kant zugeschrieben, bis dieser den Irrtum aufklärte und dadurch den Autor Fichte sofort berühmt machte. Schon 1793 erhielt Fichte, auch auf Goethes Fürsprache hin, das Ordinariat für Philosophie in Jena, wo er dank seiner hinreißenden Beredsamkeit viele Anhänger unter den Studenten fand. Jedoch ein Aufsatz im „Philosophischen Journal", betitelt „Über den Grund unseres Glaubens an eine göttliche Weltregierung", trug ihm seitens der kursächsischen Kirchenbehörde den üblichen Vorwurf des Atheismus ein, hatte er doch Gott mit der sittlichen Weltordnung identifiziert. Zwar beurteilte man in Weimar die Angelegenheit recht milde; indes Fichtes Trotz und Starrsinn, verbunden mit der Drohung, er werde sein Amt niederlegen, falls ihm nicht Genugtuung geschehe, stimmte die Landesregierung einschließlich Goethes gegen ihn: Er wurde aus dem Lehramt entlassen.

Fichte bei Kant

Atheismusstreit

„Er war eine der tüchtigsten Persönlichkeiten, die man je gesehen, und an seinen Gesinnungen in höherem Betracht nichts auszusetzen", notierte Goethe 1794 (in den Annalen), „aber wie hätte er mit der Welt, die er als seinen erschaffenen Besitz betrachtete, gleichen Schritt halten sollen?" Schärfer brieflich zu Schiller (14. Juni 1799): „Es ist doch unbegreiflich, wie bei diesem Freunde eine Unklugheit auf die andere folgt und wie inkorrigibel er in seinen Schief-

Goethes Urteil

heiten ist.“ Über sein Verhalten anläßlich Fichtes Entlassung äußerte er sich (zu Riemer, 30. 8. 1799): „Ich für meine Person gestehe gern, daß ich gegen meinen eigenen Sohn votieren würde, wenn er sich gegen ein Gouvernement eine solche Sprache erlaubte.“ Fichte teilte entschieden den Zorn der Erniedrigten und Beleidigten auf die Fürsten, der sich außerhalb Deutschlands seit 1789 in der Französischen Revolution entlud. Schon 1792/93 hatte er, und zwar in diesem Falle wohlweislich anonym, zwei Schriften herausgebracht: „Zurückforderung der Denkfreiheit von den Fürsten Europas, die sie bisher unterdrückten“, und „Beiträge zur Berichtigung der Urteile des Publikums über die Französische Revolution“. Da heißt es unumwunden von den „Satelliten des Despotismus“: „Sie werden euch schon durch Entehrung oder durch Hunger, durch Festungsstrafe oder durch Hinrichtungen zu zwingen wissen“, falls ihr von ihnen für euch die Denkfreiheit verlangt. Aber „die Zeiten der Barbarei sind vorbei, ihr Völker, wo man euch im Namen Gottes anzukündigen wagte, ihr seiet Herden Vieh, die Gott deswegen auf die Erde gesetzt habe, um einem Dutzend Göttersöhnen zum Tragen ihrer Lasten, zu Knechten und Mägden ihrer Bequemlichkeit und endlich zum Abschlachten zu dienen; daß Gott sein unbezweifeltes Eigentumsrecht über euch an diese übertragen habe und daß sie kraft eines göttlichen Rechts und als seine Stellvertreter euch für eure Sünden peinigten.“

Revolutionäre Gesinnung

In Berlin

In Berlin, wo ihn 1799 der König als Privatgelehrten aufnehmen hieß, hielt er Vorlesungen zunächst in Privaträumen (wie einst die hellenischen Sophisten) und setzte diese Vorlesungen auch fort, und zwar jedes Jahr während der Wintermonate, nachdem er 1805 eine Professur in Erlangen erhalten und für die Sommersemester angenommen hatte. Eine jener Berliner Vortragsreihen, 1806 gedruckt, behandelte die „Grundzüge des gegenwärtigen Zeitalters“ und enthält seine Geschichtsphilosophie. Ehe wir mehr über sie berichten, wollen wir kurz auf Fichtes Wissenschaftslehre eingehen.

Fichtes Wissenschaftslehre

Anders als Lessing und Herder verließ Fichte sich allein auf die reine Vernunft und deren Prinzipiendenken. Zwar hatten auch Lessing und Herder ihre Geschichtsphilosophie auf einer *spekulativen Idee* aufgebaut, nämlich auf dem metaphysischen Prinzip einer theologischen Teleologie, und der spekulative Denkprozeß ist es ja, welcher den „Deutschen Idealismus“ kennzeichnet. Aber vor allem Herder hatte sich mit äußerster Anstrengung bemüht, trotzdem noch auf dem Boden historischer Tatsächlichkeit zu bleiben. Fichte hingegen kümmerte sich um die empirische Realität, also um die Erfahrung, überhaupt nicht mehr, und setzte im Grund den systematischen Rationalismus des 17. Jahrhunderts fort. Auch er ging an das Entwicklungsproblem der Weltgeschichte heran, als hätte er eine Mathematikaufgabe zu lösen. Allerdings bezog er seinen Ansatz bereits von Kant, aus dessen Vernunftkritik und Metaphysik. Weniger im wesentlichen und im Endeffekt unterscheiden sich alle diese rein spekulativen Denksysteme, sondern mehr in Einzelheiten und in der Terminologie. Blickt man ganz genau hin, dann hat man es immer wieder mit Postulaten zu tun, mit Erkenntnisbehauptungen und Weltanschauungsthesen, wobei das magisch-mythische Denken erst im allerletzten Augenblick eingeschaltet wird, wenn es sich gar nicht mehr vermeiden läßt.

Die Theorie wird also nicht aus der Praxis herausgezogen, sondern umgekehrt hat die Praxis sich nach der Theorie zu richten; und wenn dies nicht geschieht, dann kommandiert die Theorie sie mit einem „Du mußt!“ oder „Du sollst!“

Falls die Wirklichkeit dem Befehl nicht gehorcht — was dann? Nun, im allgemeinen pflegt man die Theorie dann zu vergessen, bis das Buch, in dem sie ausgeführt ist, unter einer Staubschicht verschwindet. Die Depots der großen Bibliotheken sind Grabstätten solcher theoretischen Literatur.

Weltlauf als Selbstverwirklichung Gottes

Was nun die spekulative Geschichtsphilosophie des Deutschen Idealismus betrifft, die von lauter evangelischen Theologen oder theologisch gebildeten Denkern geschaffen wurde, so können wir schon am Beispiel Herders feststellen: Herr der Weltgeschichte ist einzig Gott, und zwar ein jenseitiger Gott. Die Erdnatur ist sein Werk, mit dem er bestimmte Ziele verfolgt. Da in jedem „Ziel", wie wir schon sagten, Ursache und Wirkung zusammenfällt, so ist — laut Definition — im Ziel stets Gott selbst enthalten: Man darf es auffassen als eine Selbstverwirklichung Gottes. Der Weg zum Endziel ist in Abschnitte unterteilt und jedem Abschnitt dessen Teilziel gesetzt. Hinsichtlich des verborgenen Zusammenhangs innerhalb des gesamten Geschehens, in dem sich die göttliche Absicht gemeinsam mit seiner Gestaltungskraft ausdrückt, reden wir vom „Sinn" und vom „lebendigen" Zusammenhang, so daß wir das Ganze jetzt nicht als mechanischen Ablauf betrachten, sondern als „organische Entwicklung". Den Einzelmenschen wie den Völkern und Nationen sind jeweils nur die nächstliegenden Zwecke bewußt. Aus solchen realisierten Zwecken besteht die historische Tatsächlichkeit, weshalb man als Historiker alle diese Zwecktatsachen relativ leicht festzustellen und zu bezeichnen vermag.

Zweck und Sinn

Nun behauptet aber der spekulative Idealist: Sämtliche Zwecktatsachen, die einander ablösen und großenteils gar nicht miteinander verknüpft, sondern jeweils sich selber zu genügen scheinen, müssen „in Wahrheit" einem geheimnisvoll durchgängigen *Sinn* dienen, und das insofern „sinnvolle" Weltgeschehen läuft darauf hinaus, daß Gott in ihm und mit ihm seine besonderen Absichten verfolgt — etwa die Absicht zur „Erziehung" der Menschheit oder zur allmählichen Verwirklichung einer vollendeten Humanität. Worin jeweils die göttliche Absicht bestehen soll, das festzusetzen bleibt dem Geschichtsphilosophen überlassen.

Ahistorische Planspiele

Infolgedessen wird für jedes derartige Welterklärungssystem die Einteilung der Geschichte in Planperioden, Abschnitte, Entwicklungsstufen verschieden vorgenommen, je nachdem, welches Vorverständnis der betreffende Denker mitbringt. Von Herder z. B. wissen wir, daß er sich nach den Lebensaltern des Einzelmenschen und nach der Erfahrung richtete, die er während seiner Lebensentwicklung an sich selber gemacht hat. Fichte entschloß sich zu einer ganz anderen Einteilung. Zwingende Beweiskraft hat angesichts der historischen Realität keines der spekulativen Argumente.

Weiter: Wenn wir den Geschichtsablauf von Fall zu Fall als Einheit von „Sinn und Zweck" auffassen, dann müssen wir sogleich fragen, wodurch diese Einheit gegeben sei und worin sie sich entdecken lasse. Die Frage kann nur spekulativ beantwortet werden, kraft des metaphysischen Prinzipiendenkens. Eine Antwort lautet: Die geforderte Einheit ist Gottes weltschöpferischer, weltgestaltender Lebensgeist, den seinerzeit Heraklit, dann die Stoa, Philon, der Verfasser des Vierten Evangeliums und andere Denker als „Logos" bezeichnet haben. Wir brauchen uns auf den Logos-Begriff nicht festzulegen; wir können im Sinne Herders vom Gottesgeist reden oder auch von der *tätigen* „Vernunft", wobei diese „Vernunft" eine Übersetzung von „Logos" darstellt. Besser ist der von Hegel bevorzugte „Weltgeist"-Begriff.

Weltgeistdenker

Jedenfalls haben wir nunmehr in unserem Weltbild einerseits den jenseitigen Gott und anderseits dessen diesseitigen Weltgeist, womit wir, beiläufig gesagt, auch wieder an Aristoteles anknüpfen könnten. Aber worauf es *uns jetzt* ankommt, ist die Unterscheidung vom jenseitigen Gott, der *größer* ist als sein

Werk, und vom diesseitigen Weltgeist, der in seinem Werke *aufgeht.* Diese Weltanschauung bezeichnen wir seit Friedrich Krause (1781—1832) als *Panentheismus.* Krause hatte mit diesem Begriff den spekulativen Idealismus vor dem kirchlichen Vorwurf des *Pantheismus* schützen wollen, weil der angefochtene Pantheismus Gott und All identifiziert. Im großen ganzen handelt es sich schon beim antiken Pantheismus, auch jenem der monistischen Stoa, um eine Art Panentheismus. Ja blickt man *ganz* genau hin, dann steckt auch in Spinozas Pantheismus ein Panentheismus; denn schon indem man überhaupt „Gott" und „Welt" als zwei verschiedene Gegenstände *denkt,* muß man sich „Gott" größer als die „Welt" und jedenfalls als ein ihr übergeordnetes Wesen vorstellen.

Krauses Unterscheidung verhilft immerhin dazu, unter Absehung von „Gott" allein den Weltgeist ins Auge zu fassen oder, wie man auch sagen kann, die *schöpferisch tätige „Weltvernunft".* Damit kommen wir zunächst auf Fichte zurück und ihm vorweg auf dessen Ansatz in Kants Vernunftkritik und Metaphysik.

Seit Kant steht fest, daß die Welt, in der wir leben und handeln, nur in unserem Allgemeinbewußtsein als Summe von dessen Inhalten existiert, also als Vorstellungskomplex, und daß sie zustande kommt kraft der Vernunft, wobei hier unter „Vernunft" hauptsächlich das reine, nämlich apriorische Prinzipiendenken zu verstehen ist.

Apriorische Erkenntnislehre

Davon ausgehend, können wir folgende Überlegung anstellen: Wenn wir die menschliche Gattung — „die Menschheit" — als ein aus unzähligen Einzelmenschen zusammengesetztes Lebewesen betrachten, als *ein großes Individuum,* dann hat dieses auch nur ein allgemeines Bewußtsein, und in diesem Allgemeinbewußtsein eben *seine Eigenwelt,* die sich von den Eigenwelten aller anderen Gattungen unterscheidet. Folglich besitzt es auch ein einziges großes „Ich": das *Menschheits-Ich.* Im Sinne von Kants „Kritik der reinen Vernunft" handelt es sich bei diesem allgemeinen Ich nur um ein regulatives Prinzip, im Sinne seiner „Kritik der praktischen Vernunft" aber um ein tätiges, wollendes Ich. *Als bloß regulatives Ich dient es lediglich dazu, Bewußtseinsinhalte, die ihm a posteriori aus der Erfahrung zukamen, zentral zu ordnen. Jedoch als tätiges, wollendes Ich bringt es eigentümliche Prinzipien a priori dem Bewußtsein zu und baut mittels ihrer sich seine Kulturwelt auf.* So betrachtet, kann man auf den von Kant nicht ganz folgerichtig durchgeführten Unterschied von „Verstand" (= Anschauungsformen „Raum und Zeit", Denkkategorien und deren „konstitutive Prinzipien") und „Vernunft" (= reines Prinzipiendenken) verzichten und mit einigem Recht sagen: *Das ganze Allgemeinbewußtsein ist ein Produkt des apriorischen Vernunftdenkens.* Somit wäre wieder der Standpunkt des scholastischen Begriffsrealismus oder des systematischen Rationalismus oder — weiter zurückblickend — des Platonismus, der Stoa und des Neuplatonismus eingenommen.

Auf eben diesen Standpunkt stellte sich Fichte schon während seiner Jenaer Lehrtätigkeit in seiner „Wissenschaftslehre". Deren Grundgedanke lautet: Die gesamte Weltwirklichkeit unserer Menschheit ist ein Produkt tätiger Vernunft; die Vorstellungen, die wir im Allgemeinbewußtsein haben, werden uns ausschließlich — wie wir sagen — von oben nach unten und von innen nach außen geliefert.

Negation aller Erfahrung

Dazu Fichte: „Die Wissenschaftslehre fragt schlechterdings *nicht* nach Erfahrung und nimmt auf sie schlechthin *keine* Rücksicht." Unwillkürlich erinnern wir uns an Leibniz, dessen Monade „keine Fenster" hat. Aber bei Fichte spiegelt nicht — wie bei Leibniz — Gott seine Vorstellungen in das menschliche Allgemeinbewußtsein vor unser *inneres* Anschauungsvermögen, sondern das Menschheits-Ich erschafft seine Weltvorstellung und seine Bewußtseinsinhalte, die „Gegenstände“, gemäß seiner Vernunftgesetze und kraft seines Einbildungsvermögens. Das läßt uns an Herder denken, der davon schwärmte, daß in seinem Ich sich das Universum „punktet“. Das führt uns sogleich einen Schritt weiter: Wie in jedem Einzelmenschen die Menschheit sich individualisiert, so ist das private Ich auch ein Modell des allgemeinen Ich. Fichte unterscheidet allerdings *nicht* ausdrücklich das allgemeine vom privaten Ich, sondern sagt „Ich“ ohne nähere Erläuterung, und dadurch gerät in sein System eine ihm nicht unwillkommene Zweideutigkeit.

Mehrdeutiges „Ich“

Wir dürfen uns nun damit begnügen, sein *Rezept* mitzuteilen. — Das „Ich“ faßt er auf als *reine Tätigkeit,* also — etwa im Sinn von Leibniz — als bloße *Kraft,* so daß sie kein Dasein hat, eher eine reine Potenz ist, „nicht einmal ein Tätiges soll man sie nennen“. Man könnte auch sagen: Sie ist reiner, wirkender Geist im Aggregatzustand uneingeschränkter Bewegung; und alles, was wir im Bewußtsein haben — im Allgemeinbewußtsein wie im privaten Bewußtsein —, sind keine Tatsachen, die von außen her stammen, sondern „Tathandlungen“ des im absoluten „Tun“ begriffenen „Ich“. Statt „Ich“ dürfen wir auch Intelligenz sagen oder konzentrierte „Vernunft“. Wie aber baut sie nun unsere Vorstellungswelt auf? Nach welchen ihr innewohnenden Gesetzen? Darauf soll Fichtes „Wissenschaftslehre“ die Antwort erteilen.

Fichtes Vernunftbegriff

Ihr Inhalt ist „in zwei Worten“ von Fichte so angegeben: „Die Vernunft ist absolut selbständig, sie ist nur für sich, aber für sie ist auch nur *sie.* Alles sonach, was sie ist, muß in ihr selbst begründet sein, und nur aus ihr selbst, nicht aber aus etwas außer ihr erklärt werden, zu welchem ‚außer ihr‘ sie nicht gelangen könnte, ohne sich selbst aufzugeben.“ Da haben wir den reinen Idealismus. Wir verstehen ihn am besten, wenn wir ihn — da Fichte ja fertig ausgebildeter Theologe war — als radikal abstrahierte, eigenwillig formulierte Logoslehre auffassen, als Gotteswissenschaft, die sich selbst ihre Begriffe von der Welt setzt und logisch korrekt auf sie vertraut, um aus ihnen die Welt zu erklären.

Dialektischer Dreischritt

An den Anfang seiner Überlegungen stellt Fichte den unanfechtbaren logisch-mathematischen Satz: A = A. Dieser Identitätssatz, aufs „Ich“ bezogen, lautet: „Ich bin Ich“, kürzer gesagt: „Ich bin“, und somit hat das Ich sich selbst „gesetzt“. Dabei wird das Verb „setzen“ von Fichte nicht eindeutig gebraucht: Einmal ist es herzuleiten vom Substantiv „Satz“ im Sinne eines logisch unbedingt richtigen Satzes, ferner von „Grundsatz“ im Sinne eines allgemeingültigen Prinzips und schließlich eben vom Verbum „setzen“ im Sinne eines bestimmten Tuns oder, wie Fichte sich ausdrückt, einer „Tathandlung“: „Das Ich setzt sich selbst, und es ist vermöge dieses bloßen Setzens durch sich selbst.“

Dieser These folgt die Antithese: „A ist nicht gleich A.“ Mit Fichtes Worten: Es „wird dem Ich schlechthin entgegengesetzt ein Nicht-Ich“. Wie gelangt unser Philosoph zu einer Synthese? Durch eine dritte ursprüngliche Handlung der Intelligenz muß Ich und Nicht-Ich gleichmäßig gesetzt werden, ohne daß sie sich gegenseitig aufheben. Das Produkt dieser Handlung ist der Begriff der Teilbarkeit. Nunmehr läßt sich die Setzung des Ich und die Entgegensetzung des Nicht-Ich vereinigen durch den Gedanken, daß beide teilbar, also einschränkbar sind und sich gegenseitig beschränken. So ergibt sich die Synthese der beiden Grundsätze im *dritten:* „Ich setze im Ich dem teilbaren Ich ein teilbares Nicht-Ich entgegen.“

Das alles klingt etwas geheimnisvoll. Was aber Fichte meint, ist so zu verstehen: Er muß aus seinen Voraussetzungen erklären, wie in unserem Bewußtsein die Inhalte oder Objekte, also die „Gegenstände“, zustande kommen, wenn nicht durch Erfahrung. Deshalb muß er behaupten, daß sie von der im Ich konzentrierten Vernunftkraft „gesetzt" werden, und zwar — das leuchtet ein — als etwas, das diesem Ich „entgegensteht", also als „Nicht-Ich"; denn sonst hätten wir ja nichts weiter im Bewußtsein als nur das sich selbst genügsame Ich, das reines, absolutes Tun ist und keine realitas. Insofern hätten wir im Bewußtsein nichts. Wenn jedoch das Ich, wie er sagt, kraft einer Tathandlung „sich selbst" setzt, dann muß wenigstens dieses „Selbst" im Bewußtsein vorhanden sein, und sei es allein im *Selbstbewußtsein* des Ich.

Bewußtseinspsychologie der Vorstellungswelt

Weiter: Das „Nicht-Ich", d. h. die Gesamtheit aller Gegenstände, kommt de facto dadurch zustande, daß auf die „Urtätigkeit" des Ich, die „als solche" ins Unendliche geht, „ein Anstoß geschieht". Woher dieser *Anstoß* kommt oder was ihm zugrunde liegt, darüber hat Fichte sich nicht näher geäußert. Wir können aber verstehen, was er meint, indem wir uns an Leibniz und an seine nach außen hin geschlossenen Monaden erinnern. Dort wird die Welt der Vorstellungen, also die gegenständliche Welt, von Gott mittels der schöpferischen Vernunft gleichsam wie durch eine Laterna magica auf die Innenwand unseres Bewußtseins projiziert. Bei Fichte wäre der „Anstoß" die Grenzwand des Bewußtseins, an welcher sich der Tätigkeitsdrang des Ich bricht, wodurch objektive Erscheinungen zerlegt und auf das erkennende Ich *reflektiert* werden. Die vom „Anstoß" reflektierte Urtätigkeit schreibt er der Tätigkeit der „Einbildungskraft" zu, und die Tätigkeit selbst bezeichnet er als „Anschauung". Wie aber begründet Fichte, daß das Ich sich in die Gegenstände des Nicht-Ich zerteilt? Nun, die „unendliche Tätigkeit" wird zugleich erklärt als „unendliches *Streben*". Streben aber setzt einen Widerstand voraus, den es zu überwinden gilt, also ein Entgegenstehendes, nämlich Gegenstände, Objekte, an denen es sich betätigen kann. Kurz, unsere Vorstellungswelt kommt, über verschiedene Stufen hinweg, folgendermaßen zustande und ist geistig so zu verarbeiten: 1. Das produktive Ich wirkt als die auf das Unendliche gerichtete Urtätigkeit ins dunkle, leere Bewußtsein hinein. 2. Ihr geschieht an dessen Grenze ein nicht ergründeter „Anstoß". 3. Gleichzeitig, bei Gelegenheit des Anstoßes und infolge des Anstoßes — den Fichte auf gar keinen Fall etwa „Ding an sich" nennen möchte, obwohl dieser Begriff von Kant sich geradezu aufdrängt —, wird die Urtätigkeit (das aktive Ich) reflektiert. 4. In diesem Augenblick verwandelt sich die Urtätigkeit in eine Tätigkeit der Einbildungskraft. 5. Mittels der Einbildungskraft erscheint das aktive Ich jetzt als das in zahllose Gegenstände zerteilte Nicht-Ich oder als unablässig produzierte Vorstellungswelt. Denn: „Das Bewußtsein eines Dinges außer uns ist absolut nichts anderes als das Produkt unseres eigenen Vorstellungsvermögens", und: „Alles, was du außer dir erblickst, bist immer du selbst." 6. Dieses in unablässigem Werdegang zu Erscheinungen zerlegte und als Nicht-Ich angeschaute Ich wird vom erkennenden oder passiven Ich ebenso aufgefaßt, wie Kant in seiner „Kritik der reinen Vernunft" und in seiner „Kritik der Urteilskraft" dargelegt hat. Indes, im erkennenden Ich ist insofern das aktive Ich enthalten, als auch in der Vorstellungswelt als deren Substrat eben dieses aktive Ich enthalten ist. Folglich findet letztlich in der gesamten Vorstellungswelt, wenn man von ihr alle Eigenschaften abstrahiert, das Ich immer nur sich selbst wieder: „Nicht-Ich" und „Ich", Objekt und Subjekt sind am Anfang und am Ende der vollendeten Denktätigkeit identisch. „Es ist also ursprünglich nur *eine* Substanz: das sich selbst setzende Ich. In dieser einen Substanz sind alle möglichen Akzidenzien, das heißt, alle möglichen Realitäten gesetzt." — Wenn man jetzt anstatt „Ich" einmal „Gott" sagt, dann erhalten wir, cum grano salis, den systematischen Ansatz Spinozas.

Das „Ich" als einzige Substanz

Das ist kein Zufall. Nicht nur handelt es sich bei diesen spekulativen, rein apriorischen Systemdenkern um immer den gleichen Kreislauf, sondern Fichte hat sich ausdrücklich auch auf die mathematische Konstruktion berufen. In seiner Wissenschaftslehre, sagt er, sei „das gesamte gemeinsame Bewußtsein aller vernünftigen Wesen schlechthin a priori, seinen Grundzügen nach, ebenso wie die Geometrie ... konstruiert". In der Tat wird bei Fichte der Mensch sozusagen zum Gott seiner Eigenwelt. Er erschafft sie, er kann sie dirigieren, von ihm hängt es ab, wie sie geartet und geordnet ist. Von diesem Standpunkt aus übernahm er Kants metaphysisches Sittengesetz, jedoch etwas anders formuliert: „Erfülle jedesmal deine Bestimmung!" Welche Bestimmung? Das sagt uns *das Gewissen;* und das Gewissen fordert, laut Fichte, die Erzeugung einer immer vollkommeneren Kulturwelt. Das Kriterium ihres Wertzustandes ist der Grad von individueller Freiheit. „Ich will für mich selbst etwas sein. Ich will nach einem frei entworfenen Zweckbegriff in Freiheit handeln." Die vollendete Freiheit hat der Mensch als omnipotenter Souverän *seiner* Eigenwelt. „Nun sei frei! Wie sollst du dich vor dem fürchten, was du als dein eigenes Geschöpf erkannt hast?" Was aber fängt der Mensch mit seiner Freiheit an? Er tut seine *Pflicht!* Die Vorstellungswelt ist das „versinnlichte Material zur Pflichterfüllung".

Gewissenspflicht

Die Zeitströmung seit Napoleons Kaiserkrönung und der Vorwurf des Atheismus veranlaßten Fichte in seiner Wissenschaftslehre anstatt „Ich" nunmehr „Gott" zu sagen. Anderseits sollte er auf das „Ich" nicht verzichten. Den naheliegenden Ausweg fand er in einer Form modern-monistischer Erkenntnislehre, in Anlehnung an den Neuplatonismus. Davon handelt seine „Anweisung zum seligen Leben" (1806). Neuplatonisch ist der Grundsatz: „Die substantielle Form des wahrhaftigen Lebens ist der Gedanke. Wahrheit denken, Wahrheit erkennen, heißt wahrhaftig leben." Dazu bedarf es, laut Fichte, einer strengen Sammlung des Gemüts, einer Abkehr vom Sichtbaren, eines Heimfindens aus dem Mannigfaltigen und Wandelbaren, einer inneren Einkehr, durch welche sich der Mensch seiner ursprünglichen Einheit mit Gott bewußt wird. Aus dem „Ich" wird somit der „verborgene Gott", der „deus absconditus". Aber wie Herder sucht Fichte die Einheit mit Gott nicht in mystischer Versenkung, sondern in der *Gedankentätigkeit* und durch sittliches *Handeln:* Gott selbst ist das aktive Ich, er ist es, der im Menschen und durch den Menschen seine Werke vollbringt.

Das „Ich" = Gott

Fichtes Geschichtsperiodik

Von diesem Ansatz aus hat Fichte nun seine Geschichtsphilosophie entworfen. In ihr tauchen, völlig entmythisiert, Begriffe auf wie „das radikale Böse", das wir bei Kant fanden, „Sünde", „Urschuld". Das radikale Böse ist die Willensträgheit, die uns am sittlichen Handeln hindert, und „sündhaft" handelt, „wer auf Autorität hin handelt", also sich nicht zur Freiheit aufschwingt. (Von hier aus führt über Hegel eine Linie zum jungen Marx: „Sünde" = autoritative „Unfreiheit" = „Knechtschaft" = „Selbstentfremdung"!)

Der geschichtliche Prozeß soll nach seinem sittlichen *Ziel* begriffen werden; darin liegt ihr Sinn und Zweck. Wiederum wird die Kulturentwicklung in Stufen gegliedert. Auf der untersten Stufe herrschte die *instinktive* Vernunft: Hier wurde das Vernünftige triebhaft getan. Auf der zweiten Stufe erscheint das Vernunftgesetz, aber nur als äußerlich gebietende *Autorität,* gegen die man sich auflehnt, und es entfalten sich individuelle Willkür, Despotie, Egoismus. Infolgedessen stellt auf der dritten Stufe sich das *„Zeitalter vollendeter Sündhaftigkeit"* dar: der Absolutismus. Jedoch, ihm folgt sogleich — und ist

Stufenplan der Weltgeschichte

vor 1805/06 bereits angebrochen — auf der vierten Stufe das Zeitalter der „*beginnenden Vernünftigkeit*", angefangen bei Kant, das zur fünften und letzten Stufe überleitet, zum Zeitalter der „*vollendeten Vernünftigkeit*".

Aus seinen „Grundzügen des gegenwärtigen Zeitalters" (1806) greifen wir nun nicht die Staatsgeschichte heraus, die bei Fichte von Mittelasien über Griechenland bis Rom führt und mit dem Christentum neu einsetzt. Wir zitieren nur das Kernstück (in der vierten Vorlesung), das sich auf die „Idee" bezieht und das sehr gut die Eigenart des Deutschen Idealismus erkennen läßt. Mit der „Idee" ist im Grund nichts anderes gemeint als der göttlich-absolute Geist auf Erden:

„Die Idee" als Gottweltgeist

„*Die Idee ist ein selbständiger in sich lebendiger, und die Materie belebender Gedanke.* — Zuvörderst ein *selbständiger* Gedanke. Darin eben besteht die verkehrte Ansicht des dritten Zeitalters und überhaupt alle verkehrte Ansicht, daß sie die Selbständigkeit, das auf sich selber Beruhen, und in sich selber Bestehen, dem toten und starren Sein beilegen, und diesem nun die sodann völlig überflüssige Zugabe des Denkens, man weiß nicht warum und woher, hinzufügen. Nein, das Denken selber ist das wahre und einzige Selbständige, und auf sich selbst Beruhende; nicht, wie sich versteht, dasjenige Denken, das eines besonderen denkenden Individuums bedürfe, indem dieses ja nicht selbständig sein könnte, sondern das *Eine und ewige Denken, in welchem alle Individuen nur Gedachtes sind* ... Ein *lebendiger* Gedanke, wie unmittelbar klar ist: Denn das Denken ist seinem Wesen nach lebendig, ebenso wie das Selbständige seinem Wesen nach lebendig ist ... *Alles Leben in der Materie ist Ausdruck der Idee:* denn *die Materie selber in ihrem Dasein ist nur Widerschein einer unserem Auge verdeckten Idee* ... Bricht aber die Idee durch, *offenbar und begreiflich als Idee,* und reißt sich los zu eigenem, in ihr als Idee begründetem Leben, so verschwindet *der niedere Lebensgrad der verdeckten Idee,* und geht auf in dem *höheren,* welches nun allein die Person erfüllt, und in ihr ihr eigenes Leben treibt; und es entsteht dasjenige Phänomen ... der *Aufopferung des persönlichen, das heißt des unbestimmt idealen Lebens, an das Leben der bestimmten und als Idee sich darstellenden Idee* ... Wo *die Idee, als ein eigenes und selbständiges Leben sich* darstellt, geht der niedere Grad des Lebens, das sinnliche, völlig in ihr auf, und wird in ihr verschlungen und verzehrt ... Die Liebe dieses niederen Lebens zu sich selber, und sein Interesse für sich selbst ist vernichtet. Aber alles Bedürfnis entsteht nur aus dem Dasein dieses Interesses, und aller Schmerz nur aus der Verletzung desselben. Das Leben in der Idee ist vor aller Verletzung auf diesem Gebiete in Ewigkeit gesichert, denn es hat sich aus demselben zurückgezogen. Für dieses Leben gibt es keine Selbstverleugnung mehr und keine Aufopferung; das zu verleugnende Selbst und die Objekte des Opfers sind seinem Auge entrückt und seiner Liebe verschwunden ... *Die Idee ist selbständig, genügt ihr selbst, und geht auf in sich selber.* Sie will leben, und dasein, schlechthin um da zu sein, und verschmäht jeden Zweck ihres Daseins, der außerhalb ihrer selbst liege. Sie schätzt daher und liebt ihr Leben keineswegs nach dem fremden Maßstabe irgendeines Erfolges, Nutzens oder Vorteiles, den dasselbe ertrage."

Vgl. Hegel!

Demgemäß beschrieb Fichte die Weltgeschichte als das allmähliche Zu-sich-selbst-Kommen der Idee sittlicher Freiheit, die ihre höchste Erfüllung darin findet, sich bedingungslos dem Sittengesetz zu unterwerfen. Diese Geschichtsphilosophie ergänzte er durch seine Anweisung zum seligen Leben, indem er sich an Hand des Neuen Testaments *gegen Paulus* zum *Logosbegriff des Vierten Evangelisten* bekennt, zu jenem Logosbegriff, der unmittelbar von Philon, mittelbar aus der Stoa und letztlich von Heraklit herkommt. Mit *Fichtes Heilsplan-Lehre* verträgt sich seine Vorstellung, daß das fünfte Zeitalter, jenes der vollendeten Vernünftigkeit, das irdische „Reich Gottes" sein werde, das Reich derjenigen Freiheit, von welcher er sagt: „Gott ist ein Gott der Freiheit", und „Leben in Gott ist: frei sein in ihm".

Zur Zeit Napoleons

Solchen *Stufengang der Weltgeschichte* nahm Fichte nun zum weltanschaulichen Hintergrund seiner 1806/1807 gehaltenen *„Reden an die deutsche Nation"* Auf sie brauchen wir hier nicht näher einzugehen. Aber zu ihrem Verständnis und im Hinblick auf die damaligen Zeitverhältnisse kann man folgendes bedenken:

Ende des alten Reiches

Damals wie später gehörte in Deutschland der *politische* Nationalgedanke zum Geistesgut der *Revolution.* Das ist so zu verstehen: Seit dem Hochmittelalter war das weströmisch-christliche Imperium in selbständige Territorialgewalten zerfallen. Lediglich als staatstheoretische Fiktion bestand es nominell fort. Seit Februar 1803 löste es sich vollends auf, und zwar in Zusammenhang mit dem Reichsdeputationshauptschluß, welcher de facto unter französisch-russischer Vormundschaft einerseits Napoleons, anderseits Alexanders I. zustande kam. Noch trugen Habsburger die alte, längst symbolisch gewordene Kaiserkrone. Nachdem jetzt jedoch seitens der Reichsdeputation eine radikale Neuverteilung territorialen Besitztums zugunsten größerer deutscher Einzelstaaten erfolgt war, erklärte sich Napoleon im September 1804 damit einverstanden, *daß die Kaiserkrone von den Habsburgern überginge auf die Hohenzollern.* Allerdings lehnte der preußische König Friedrich Wilhelm III. sie ebenso entschieden ab, wenn auch aus anderen Gründen, als später, 1849, Friedrich Wilhelm IV. das ihm von der Frankfurter Nationalversammlung angebotene Kaisertum zurückwies. Gegenüber Napoleon I., seit Mai 1804 „Erbkaiser der Franzosen", wäre Friedrich Wilhelm III. bestenfalls Erbkaiser eines in Paris bereits sogenannten „Deutschen Bundes" geworden, nämlich eines Bundes selbständiger deutscher Staaten. Noch im Dezember 1804 ließ Napoleon sich vom Papst zum Kaiser des Abendlandes weihen; danach erklärte er, daß er als Nachfolger Karls des Großen dessen Imperium wiederherstellen wolle. Bisher hatten die freilich seit alters entmachteten deutschen Kaiser als Nachfolger Karls des Großen gegolten. Für zwei Nachfolger nebeneinander war in Europa kein Platz. Rechtzeitig hatte der Habsburger Franz II., um wenigstens den Kaiser-*Titel* zu retten, sich im August 1804, als er noch weströmisch-christlicher Kaiser war, zusätzlich schon „Kaiser von Österreich" genannt. Sobald nun Napoleon I. die Würde abendländischen Kaisertums besaß, konnte er sich, gestützt auf päpstliches Zugeständnis, den überwiegend römisch-katholischen Fürsten als Oberhaupt des sogleich zu erneuernden weströmisch-christlichen Abendlandes präsentieren. Das gab den Ausschlag dafür, daß diese Fürsten sich zum „Rheinbund" zusammenschlossen, dessen „Protektor" eben Napoleon war. Sobald der Rheinbund gegründet war, erklärte Napoleon am 1. August 1806 das ohnehin nur noch fiktive Deutsche Kaiserreich für nicht mehr existent, und am 6. August gab Franz II. offiziell dessen Auflösung bekannt. Kurz, *Napoleon war der neue Kaiser des Abendlandes,* und nicht etwa nur „Kaiser der Franzosen". Eben dieser welthistorische Vorgang erklärt großenteils die lebhafte Zustimmung, die Napoleon bei vielen Deutschen fand, und die großen Erwartungen, die man in ihn setzte.

Napoleon als Kaiser des Abendlandes

Im Hinblick auf die deutsche Begeisterung für Napoleon um 1806/1812, die auch Goethe und Hegel teilten, ist zu berücksichtigen, daß Napoleon 1. die europäischen Kriege endgültig zu beenden versprach; 2. die zahlreichen

Territorialgrenzen beseitigte oder in Zukunft hätte beseitigen können, von denen Europa zerspalten war; 3. im Gegensatz zu den eigennützigen Landesfürsten, welche ihre Untertanen als Privateigentum behandelten, eine weniger despotische Zentralregierung zu verkörpern schien; 4. das seit dem Preußischen Landrecht fortschrittlichste Gesetzeswerk veranstaltet hatte, den Code Civil, dessen Gültigkeit für das ganze von ihm beherrschte und übernationale Imperium man mit Freude erwarten durfte; 5. aus der Französischen Revolution immerhin den Aufklärungsgrundsatz vom Primat der *Vernunft* beibehalten hatte. Daß die Zweiteilung des europäischen Festlandes — Großbritannien stand feindselig abseits — zwischen dem westlichen Kaiser und dem östlichen Zaren, also die west-östliche Koexistenz, scheiterte und daß Napoleons Kaisertum sich schließlich als Kriegsregierung und Zwangsherrschaft herausstellte, verursachte eine bittere Enttäuschung. Doch ohne diese Erfahrung hätte sich sehr wahrscheinlich ein allgemeines deutsches Nationalbewußtsein nicht ausgebildet.

Politischer Nationalgedanke

Insofern sich das Nationalbewußtsein *am Gegensatz zur napoleonischen Fremdherrschaft* entwickelte, also nur eine *Negation* des politischen Allgemeinzustands war, hießen diejenigen deutschen Fürsten, die eingeklemmt zwischen dem westlichen und dem östlichen Imperium einen Rest Selbständigkeit aus scheinbar möglicher Neutralität herleiten wollten, jeden patriotischen Widerstandsgeist höchst willkommen — wenn nicht offiziell, so doch insgeheim. Öffentlich *solchem* „Patriotismus" zuzustimmen wagten sie nicht aus Angst vor Napoleons Übermacht. Bei den „neutralen" Staaten handelte es sich zunächst um Österreich und Preußen, nachdem beide von Napoleon besiegt und beträchtlich verkleinert, seinem Imperium aber nicht gänzlich einverleibt worden waren. Österreich freilich wußte Napoleon sich geneigt zu machen, indem er, in zweiter Ehe, 1810 eine habsburgische Prinzessin zur Frau nahm und somit zur Kaiserin erhob. Übrig blieb das von ihm auf Stammprovinzen reduzierte Klein-Preußen mit Berlin und — als Reservehauptstadt — Königsberg. Hier sammelten sich nun aus ganz Deutschland, insbesondere aus dessen Norden und Mitte, diejenigen „Patrioten", die eine *Geburt der deutschen Nation* forderten.

Evolutionärer Idealismus

Idealistischer Nationalgedanke

Die Frage war, aus welchem Geist heraus solche Geburt erfolgen könnte. Aus dem Geist des bloßen Widerstandes, also aus der Negation heraus, wäre sie in Anbetracht obwaltender Machtrealität unmöglich gewesen. Sollte sie positiv zu bewerkstelligen sein, dann mußte man sie anders begründen, anders rechtfertigen, nämlich *aus dem Geist der Philosophie, aus der Glaubenslehre des Deutschen Idealismus.*

Nationaldichter

Schiller als Kantianer

Eingesetzt hatte diese *idealistische* Nationalbewegung sehr mühsam bereits Mitte des 18. Jahrhunderts, und zwar mittels einer von wenigen Gelehrten, Denkern und Dichtern geleisteten *Besinnung* auf die *deutsche Sprache.* Wenn damals irgend etwas Gemeinsames alle Deutschen verband, trotz der vielen Staatsgrenzen innerhalb des deutschen Sprachraums, war es die *Literatur,* die *„Nationalliteratur"*, die nicht eingeschränkt war auf eine der zahlreichen Landesherrschaften. Der junge Goethe ersehnte als höchstes, ein *„Nationaldichter"* zu werden, wie z. B. Klopstock, Wieland oder Lessing es bereits waren. Hinzu kam in Hamburg, Mannheim, Weimar, Berlin und anderswo das „deutsche *Nationaltheater"*. Sobald *Schiller sich seiner Sendung als Nationaldramatiker* bewußt wurde, ersann er, geschult an *Kants* Kritik der praktischen Vernunft, auch die Theorie dazu. Sie besagt: Wenn die menschliche Eigenwelt, in der wir leben und handeln, nur in unserem Allgemeinbewußtsein besteht und hier aus lauter Vorstellungen gebildet wird, und wenn wir kraft vernünftigen Wollens und Prinzipiendenkens selbst sie gestalten, dann müssen sich sinnlich-anschaubare Modelle einer solchen neugeformten Eigenwelt am wirksamsten im Drama vorführen lassen. Denn die Bühne bietet das überzeugende Beispiel dafür, wie eine Wirklichkeit zuerst in unserer Vorstellung formiert und dann auf „den Brettern, welche die Welt *bedeuten*", konkretisiert wird. Hier ist sie einesteils bloßer „Schein", anderseits aber reales „Sein". Bringt man also am dramatischen Modell das *Sittengesetz* zur Geltung, so wird das Theater zur „moralischen Anstalt", zu einem Institut sittlicher Weltverbesserung und Vernunftfortschritts, zum Mittel der *Volkserziehung* und *Volksbildung*, zu einem Instrument des öffentlichen Unterrichts im *Nationaldenken* und folglich im *Nationalbewußtsein*. Man erinnere sich seines „Wilhelm Tell", der von napoleonischen Behörden in Deutschland zeitweilig verboten war.

Herders Begriff von den Nationen

Nun aber gesellte als nächster Faktor sich Herders Geschichtsphilosophie hinzu mit ihrer Lehre, daß die Weltgeschichte, in monistisch-vernunftgemäßer Abwandlung christologischer Heilspredigt, aufzufassen sei als „Gang Gottes über die *Nationen*". Nur in der Nation als Inbegriff *sprachlicher* Einheit und im *Nationalcharakter* als Inbegriff aller Eigenart des großen, durch historische Herkunft und Lebenslauf, durch Umwelt und Schicksal zusammengefügten Organismus konnte die vom Gottesgeist durchwaltete Weltgeschichte sich planmäßig vollziehen: die Nation als besondere Erscheinungsform Gottes! Nationalbewußtsein als eine der Gotteserkenntnis zugrunde gelegte Denkforderung und Betrachtungsform!

Jedoch Aktualität und Festigkeit erhielt das deutsche, erst im Werden befindliche Nationalbewußtsein unversehens von außen her, nämlich durch die Ideologie und Terminologie der *Französischen Revolution.*

Revolutionärer Patriotismus

Was wir heute *„Nationalgesinnung"* nennen, das hieß in Frankreich schon damals *„Patriotismus"*. Dieser Begriff ist abgeleitet von „la patrie", der ursprünglich lateinischen Bezeichnung („patria") für „Vaterland". Aber der revolutionäre Patriotismus war vorheriger Vaterlandsideologie geradezu entgegengesetzt und radikal feindlich. Während der letzten Jahrhunderte nämlich hatte sich auf dem europäischen Kontinent, hauptsächlich nach dem Vorbild Frankreichs, vor allem durch Jean Bodin, eine theoretisch gerechtfertigte Staatsauffassung herausgebildet und verhärtet, wonach staatskirchlich geheiligte Monarchen ihr Land und die „Landeskinder" niedrigen Standes als *Privateigentum* besaßen. Deshalb konnten sie das Land ganz oder teilweise *vererben* und über die Untertanen willkürlich verfügen, sie sogar regelrecht *verkaufen*, eintauschen, als Handelsobjekte benutzen, mit beliebig hohen Abgaben belegen, sie also partiell oder völlig enteignen, zur Fronarbeit zwingen, zu jeder Dienstleistung unentgeltlich heranziehen usw. Besonders in den vielen deutschen Staaten, meistens Kleinstaaten, war der „Landesherr" als „pater patriae", buchstäblich „Landesvater", d. h. der *regierende Vater* der herrschenden *Dynastie*, in deren privatem *Eigentum* sich alles diesem Familienoberhaupt *gehörige Land* befand. Die deutsche Geschichte bis weit ins vorige Jahrhundert hinein ist daher im wesentlichen die Geschichte zahlreicher Dynastien und ihrer „Vaterländer". Noch beim Reichsdeputationshauptschluß und erst recht auf dem Wiener Kongreß 1814/1815 wurde von den Fürsten und ihren Bevollmächtigten um Land und Leute erbittert gefeilscht und jedes Siedlungsgebiet auch nach „Kopfzahl" der hin und her gehandelten Untertanen berechnet, wobei die Kopfzahl ebenso zu Buch schlug wie das gleichfalls nach Kopfzahl gehandelte Vieh. Folglich hat es damals ein *„Deutsches* Vaterland" überhaupt nicht gegeben. Der Gedanke, daß eines herzustellen sei, war nur über den Kopf der Fürsten hinweg zu verwirklichen, also in höchstem Maße *revolutionär.*

Französisches Vorbild

In Frankreich hatte man's leichter, dort bestand längst ein zentral regierter Einheitsstaat, unerachtet der von manchen, ehemals selbständigen Provinzen eifersüchtig gewahrten Sonderrechte. Als sich nun dort der Dritte Stand, das Bürgertum, und dann auch die ständisch gar nicht registrierte Arbeiterschaft, das Proletariat, gegen die Monarchie erhob, übernahm diese Mehrheit des Staatsvolks das französische Reich aus Königseigentum in ihren Besitz. Die von der Mehrheit repräsentierte *Nation* machte also aus der „patrie" ein *Nationaleigentum.* In diesem Sinne bedeutete französischer *Patriotismus,* aufs engste verbunden mit der Losung „Gleichheit, Freiheit, Brüderlichkeit", die *revolutionäre Identität von Vaterland und Nation und Republik oder gar Demokratie.* Hingegen im Deutschen Reich ging es außerdem noch um die *Herstellung einer Einheit* mittels einer radikal antimonarchischen, antifürstlichen, antivaterländischen Revolution zugunsten des überhaupt erst zu schaffenden *Nationalstaats!* Deshalb wurden nach den Befreiungskriegen alle Deutschen, die laut verlangten, das *ganze* Deutschland solle ihr Vaterland sein, als „Demagogen" im Sinne von Volksaufrührern, Liberalen, Republikanern, Demokraten von den Obrigkeiten der einzelnen Vaterländer verfolgt und mit Gefängnis, Zuchthaus oder Tod bestraft.

Somit wurde in Deutschland der Nationalbegriff zu einem revolutionären Politikum und als *politischer* Begriff zum neuen, zukunftsträchtigen *Staatsprinzip,* wobei der *Freiheitsbegriff* nicht nur als Idealvorstellung, sondern auch ganz *konkret* eine beträchtliche Rolle spielte.

Preußische Reform

Immerhin war um 1810, als die Hoffnung deutscher Patrioten sich auf Preußen richtete, hier nicht geringe Aussicht vorhanden, daß dieser Territorialstaat *mit* seinem König, anstatt gegen ihn, dermaßen umzugestalten wäre, daß an ihm das neue deutsche Nationalbewußtsein, so kompliziert es sich seiner mehrfachen Wurzel wegen auch erwies, seinen Kristallisationspunkt fände. Die tiefgreifende Staatsreform, benannt nach ihren Haupturhebern, dem Freiherrn vom und zum Stein und dem Kanzler von Hardenberg, und die ebenso radikale, höchst fortschrittliche Reform des Bildungswesens, gipfelnd in der von Fichte, Schleiermacher, Wilhelm v. Humboldt nach damals völlig neuen Gesichtspunkten aufgebauten, 1810 gegründeten Berliner Universität, dazu die Heeresreform mit ihren Humanitäts-Ansprüchen: Das alles, von Männern der deutschen Elite, meist nichtpreußischer Herkunft, ersonnen und durchgeführt, machte binnen weniger Jahre aus Preußen tatsächlich den modernsten, humansten Staat auf deutschem Boden. Das Volk, dem alsbald auch eine Verfassung versprochen wurde, sollte mündig sein, die unumschränkte Königsgewalt geriet immer weiter ins Hintertreffen. Dabei ist zu bedenken, daß bereits seit 1740, mit dem Regierungsantritt Friedrichs des Großen in diesem Staat der Grundsatz galt, daß *nicht* das Volk für den Herrscher da sei, sondern daß umgekehrt der Regent „nur der oberste *Diener seines Volkes*" sein solle. Aber *nach* den „Freiheitskriegen" und dem Wiener Kongreß sah alles

Enttäuschte Hoffnung

ganz anders aus. Der „Deutsche Bund" kam zustande, die „Heilige Allianz" wurde geschlossen, die Restauration und bald auch die Reaktion begann. Der gesamtdeutsch-liberale Patriotismus mußte wieder „der Macht des Geistes" vertrauen und von der Zukunft erhoffen, daß sie den Nationalstaat und die Volksrechte herbeibringen werde.

Während der Herrschaft Friedrichs des Großen hatte in Preußen unter der Beamtenschaft und am Hofe sich die Überzeugung verbreitet, daß die theoretische Grundlegung des Staates Sache einer auf Humanitätsidealen beruhenden

Philosophie sei. Damals hatte noch die *Aufklärungsphilosophie* das Wort. Unter Friedrich Wilhelm III. kam der *Deutsche Idealismus* an die Reihe mit seinem spekulativen Prinzipiendenken und vor allem mit seiner *Geschichtsbetrachtung*, die von Lessing und Herder über Fichte bis Hegel im historischen Geschehen einen von der göttlichen Weltvernunft bewirkenden Stufengang erblickte, der unaufhaltsam den Fortschritt zur allgemeinen, durch das Sittengesetz auf einen Punkt konzentrierten Freiheit erbringen müsse.

Evolution statt Revolution

Das sprach eindeutig nicht für Revolution, sondern für *Evolution!* Eine Volkserhebung wie die französische schien also nicht nur unnötig, sondern geradezu vermessen, da sie einem unumstößlichen Gesetz in törichter Verblendung vorgriffe und mit Bürgerkrieg und Blutvergießen erzwingen wollte, was der göttliche Weltplan friedlich herbeiführen würde. *Evolution anstatt Revolution* — davon waren sogar 1848 die meisten deutschen „Revolutionäre" fasziniert, und deren Tradition — Geisteserbe des Deutschen Idealismus! — wirkt bis heute nach. Diese Bekenntnisformel durchdrang von Berlin aus, als Hegel dort lehrte, nicht nur die preußische Geisteselite und nicht nur die höhere Beamtenschaft, das gebildete Bürgertum, die emporstrebende Arbeiterschaft, die national-liberal Gesinnten mit republikanischer oder demokratischer Neigung. In allen deutschen Vaterländern erwartete man die Rechtfertigung des *geduldigen* Patriotismus, das allmähliche Zusammenwachsen der Deutschen zu einer Nation, eine freiheitliche Reichsverfassung und eine Bekräftigung der Volksrechte. Denn die *Vernunft* — ob nun als Gottesgeist aufgefaßt oder als Naturgesetz — sollte hierzulande *dauerhaft* realisieren, was man in anderen Ländern von Revolution zu Revolution ertrotzen konnte.

Universität Berlin

Das Zentrum solcher Vernunft wurde die Berliner Universität. Ihr Gründungsdatum bezeichnet einen Markstein und Wendepunkt der europäischen Geistesgeschichte. Mit einem Schlag war die fortgesetzte Tradition der Scholastik an anderen Hochschulen an dieser Zentralbildungsstätte erledigt. Ein neues Zeitalter freier Wissenschaft, freier Forschung und Lehre, freien Studiengangs fand hier einen festen Stützpunkt. Nach Vorbild der Berliner Universität wurden nach und nach alle Universitäten im deutschen Sprachraum umgewandelt, und diesem Vorgang verdankte bis zum Ersten Weltkrieg, eingeschränkt bis 1933, die deutsche Wissenschaft und Forschung ihren Vorrang in der Welt.

Fichte als Rektor

Der erste gewählte Rektor der Berliner Universität war *Fichte,* Inhaber des Lehrstuhls für Philosophie. Als 1813 unter Vorantritt Preußens der Befreiungskrieg begann, der zunächst seitens deutscher Patrioten als „Freiheitskrieg" für Nation, Reichsverfassung und Humanitätsideale aufgefaßt wurde, wollte Fichte, der ja auch Theologe war, ihn als religiöser Redner mitmachen, aber die Regierung verzichtete. Daraufhin ließ er sich mit der Waffe ausbilden, während seine Frau sich als Lazarettpflegerin meldete. Bei ihrem Dienst zog sie sich ein ansteckendes, bösartiges Fieber zu, das auf ihren Mann übergriff, welcher der Infektion am 27. Januar 1814 erlag.

Sein Lehrstuhl blieb vier Jahre lang unbesetzt. Erst 1818 wurde sein Nachfolger berufen: Georg Friedrich Wilhelm *Hegel.*

Hegel in Preußen

Besonders begabte Söhne meist armer Eltern konnten in Württemberg seit Mitte des 16. Jahrhunderts am Tübinger Stift auf Staatskosten studieren, nachdem sie, ebenfalls als Stipendiaten, zwei der vier landeseigenen „Seminare", theologische Gymnasien, absolviert hatten. Aus dem Tübinger Stift bezog das evangelische Württemberg seinen Pfarrernachwuchs, aber da es immer mehr

Stiftler als Pfarrstellen gab, wurden den Stiftlern auch andere Berufe freigestellt. Schelling und Hegel, die zeitweilig gemeinsam mit Hölderlin ein Zimmer im Stift bewohnten, entschieden sich für freie Laufbahnen. Freilich mußte der am 27. August 1770 in Stuttgart geborene Hegel, bevor eine kleine Erbschaft ihm die akademische Karriere ermöglichte, von 1793 bis 1800 zunächst in Bern und in Frankfurt a. M. als Hauslehrer wirken. Aber 1801 wurde er Privatdozent in Jena, 1805 außerordentlicher Professor für Philosophie, bis ihn 1806 die verhängnisvolle Schlacht bei Jena, unter deren Getöse er sich seiner 1807 veröffentlichten „Phänomenologie des Geistes" widmete, zum Umzug trieb. 1807 war er Redakteur einer kleinen Zeitung in Bamberg, 1808—1816 Rektor des Nürnberger Ägidiengymnasiums, wo er die „Wissenschaft der Logik" schrieb. Inzwischen hatten die Befreiungskriege und der Wiener Kongreß stattgefunden, und der „Deutsche Bund" war gegründet worden. Von Österreich und Süddeutschland her hatte die „Restauration" eingesetzt, auf die sich nacheinander fast alle Regenten festländisch-europäischer Staaten in der „Heiligen Allianz" verpflichteten. Hegel folgte 1816 einem Ruf nach Heidelberg und verfaßte „Die Enzyklopädie der philosophischen Wissenschaften im Grundriß". 1818 traf er wieder in Berlin ein, während sich überall in Deutschland, vor allem in den Universitätsstädten, die „Demagogenverfolgung" vorbereitete, die von verschärfter Zensur begleitete Jagd auf Patrioten, die 1819 losging.

Hegel vor seiner Berliner Zeit

Restauration und Heilige Allianz

Nur in wenigen deutschen Staaten, allen voran Sachsen-Weimar, erließen die Fürsten Verfassungen, wie man sie, um das Volk für den Krieg zu begeistern, feierlich versprochen hatte. In der Habsburger Monarchie, wo Metternich seine Staatskanzlei zum Mittelpunkt monarchistischer Reaktion machte, war von Verfassung überhaupt nicht die Rede. An Metternich und den russischen Zaren schloß sich aufs engste Friedrich Wilhelm III. an. Zwischen ihm und dem preußischen Volk, insbesondere dem gebildeten Adel und Bürgertum, ganz zu schweigen vom Volk, das stillhalten mußte, trat seit 1815 eine fortdauernde tiefe Entfremdung ein. Die Staatsfronde rührte sich, so gut sie konnte. Zu ihr gehörte der Freiherr Karl Sigmund Franz vom Stein und zum Altenstein, seit 1817 Kultusminister, der Hegel nach Berlin holte. Obwohl sich Hegel im Unterschied zu manchen anderen deutschen Professoren stets zur Monarchie bekannte, insbesondere zur preußischen Monarchie seiner Gegenwart, zog er mit seiner idealistischen Geschichtsphilosophie auch die Berliner Fronde in seinen Hörsaal. Wer damals etwas auf sich hielt und sich als Fortschrittler fühlte, wurde ein „Hegelianer". Viele höhere Staatsbeamte huldigten dem Deutschen Idealismus. Aber daß unter Friedrich Wilhelm III. und Friedrich Wilhelm IV. die Staatsverhältnisse immer weniger Hoffnung auf *Evolution* erhoffen ließen und immer mehr eine *Revolution* herausforderten, konnten sie nicht verhindern, wahrscheinlich auch gar nicht voraussehen.

Fronde in Preußen

Dabei war Hegel, im Gegensatz zu Fichte, durchaus kein mitreißender Redner. Einer seiner Schüler, Hotho, hat (1835) anschaulich geschildert, wie er eine Vorlesung hielt: „Als ich ihn nach wenigen Tagen auf dem Lehrstuhle wiedersah, konnt' ich mich zunächst weder in die Art des äußeren Vortrags noch der inneren Gedankenfolge hineinfinden. Abgespannt, grämlich saß er mit niedergebücktem Kopf in sich zusammengefallen da und blätterte und suchte, immerfort sprechend, in den langen Folioheften vorwärts und rückwärts, unten und oben; das stete Räuspern und Husten störte allen Fluß der Rede, jeder Satz stand vereinzelt da und kam mit Anstrengung zerstückt und durcheinandergeworfen heraus; jedes Wort, jede Silbe löste sich nur widerwillig los, um von der metall-leeren Stimme dann in schwäbisch-breitem Dialekt, als sei jedes das wichtigste, einen wundersam gründlichen Nachdruck zu erhalten.

Hegel als Lehrer

Dennoch zwang die ganze Erscheinung zu einem so tiefen Respekt, zu solch einer Empfindung der Würdigkeit, und zog durch eine Naivetät [frz. naiveté = Aufrichtigkeit] des überwältigendsten Ernstes an, daß ich mich bei aller Mißbehaglichkeit, obschon ich wenig genug von dem Gesagten mochte verstanden haben, unabtrennbar gefesselt fand. Kaum war ich jedoch durch Eifer und Konsequenz in kurzer Zeit an diese Außenseite des Vortrags gewöhnt, als mir die inneren Vorzüge desselben immer heller in die Augen sprangen, und sich mit jenen Mängeln zu einem Ganzen verwebten, welches in sich selber allein den Maßstab seiner Vollendung trug."

Hegels politische Philosophie

Das Programm seiner philosophischen Weltanschauung hatte Hegel bereits in der Antrittsvorlesung am 22. Oktober 1818 angedeutet: „Indem ich heute zum erstenmal auf hiesiger Universität in dem Amte eines Lehrers der Philosophie auftrete, zu dem mich die Gnade Sr. Majestät des Königs berufen hat, erlauben Sie mir, dies Vorwort darüber vorauszuschicken, daß ich es nämlich für besonders wünschenswert und erfreulich hielt, sowohl gerade in diesem Zeitpunkte als auf hiesigem Standpunkte in ausgebreitetere akademische Wirksamkeit zu treten. Was den *Zeitpunkt* betrifft, so scheinen diejenigen Umstände eingetreten zu sein, unter denen sich die Philosophie wieder Aufmerksamkeit und Liebe versprechen darf ... Denn vor kurzem war es einesteils die Natur der Zeit, welche den kleineren Interessen des täglichen Lebens eine so große Wichtigkeit gegeben, anderseits waren es die hohen Interessen der Wirklichkeit, das Interesse und die Kämpfe, nur zunächst das politische Ganze des Volkslebens und des Staates wiederherzustellen und zu retten, welche alle Vermögen des Geistes, die Kräfte aller Stände sowie die äußerlichen Mittel so sehr in Anspruch genommen, daß das innere Leben des Geistes nicht Ruhe gewinnen konnte. Der *Weltgeist,* in der Wirklichkeit so sehr beschäftigt und nach außen gerissen, *war abgehalten, sich nach innen und auf sich selbst zu kehren* und in seiner eigentümlichen Heimat sich zu ergehen und zu genießen. Nun, nachdem dieser Strom der Wirklichkeit gebrochen und die *deutsche Nation überhaupt* ihre *Nationalität, den Grund allen lebendigen Lebens,* gerettet hat, so ist dann die Zeit eingetreten, daß *in dem Staate* neben dem Regiment der wirklichen Welt auch *das freie Reich des Gedankens selbständig* emporblühe. Und überhaupt hat sich die Macht des Geistes so weit in der Zeit geltend gemacht, daß es *nur die Ideen* sind, und was Ideen gemäß ist, was sich jetzt erhalten kann, daß, was gelten *soll,* vor der Einsicht und dem Gedanken sich *rechtfertigen* muß. Und es ist *besonders dieser Staat,* der mich nun in sich aufgenommen hat, welcher *durch das geistige Übergewicht* sich zu seinem Gewicht in der Wirklichkeit und im Politischen *emporgehoben,* sich an Macht und Selbständigkeit solchen Staaten gleichgestellt hat, welche ihm an äußeren Mitteln überlegen gewesen wären. *Hier ist die Bildung und die Blüte der Wissenschaften eines der wesentlichen Momente selbst im Staatsleben.* Auf hiesiger Universität, der *Universität des Mittelpunktes,* muß auch der *Mittelpunkt aller Geistesbildung und aller Wissenschaft und Wahrheit, die Philosophie,* ihre Stelle und vorzügliche Pflege finden."

„deutsche Nation"

„Universität des Mittelpunktes"

Hegels Geschichtsphilosophie

Das tragende Gerüst in Hegels Weltanschauungslehre ist seine *Geschichtsphilosophie.* Wer sie richtig verstanden hat, der braucht sich auch nicht vor seiner „Phänomenologie des Geistes" zu scheuen, die bekanntlich als die schwierigste Lektüre gilt.

Am besten zu verstehen ist seine Geschichtsphilosophie nicht aus ihr selber, sondern aus den Voraussetzungen, die Hegel mitgebracht hatte. Wir brauchen also ein angemessenes *Vorverständnis,* mit dem wir an seine Weltanschauungslehre herangehen können, und wir finden es, indem wir seine Jugendentwicklung betrachten. Bald bemerken wir dann, daß seine Geschichtsphilosophie keineswegs so original ist, wie man zunächst meinen möchte, sondern daß wir ihre Grundzüge schon aus früheren Kapiteln unseres Buches kennen.

Zum Vorverständnis

Hegel war im Elternhaus *pietistisch* und im Tübinger Stift zum *evangelischen Theologen* erzogen worden. Hinzu kam seine philosophische Bildung, die bis zur hellenischen Antike, bis zu den Vorsokratikern zurückreichte und ihm aus der damals jüngsten Vergangenheit das Vernunftbewußtsein des Rationalismus mit seinen Systemen konstruktiver Welterklärung und mit seinem reinen Prinzipiendenken bescherte, ferner Herders Geschichtsphilosophie oder, wenn man so will, Geschichtstheologie, außerdem die von Kant erhärtete Überzeugung, daß die Welt, in der wir leben und handeln, nur unsere Vorstellung ist, sowie Kants Metaphysik und Fichtes rein spekulative Geschichtsdeutung. (An mehr brauchen wir hier nicht zu erinnern.) Das alles läßt sich im Grund leicht vereinigen, handelt es sich doch um dasselbe Kardinalprinzip, nämlich um den Vorrang desjenigen Geistes, der seine Weltwirklichkeit sozusagen „von oben her" mit sich bringt. Dieser Geist *entwickelt* die uns Menschen eigentümliche Realität *aus seinen Begriffen heraus* und in unser *Allgemeinbewußtsein hinein.* Man kann auch sagen: Er *entfaltet* sich selbst und *erscheint* uns vor unseren inneren Augen *in Form und Gestalt unzähliger Gegenstände.* (Stillschweigend vorausgesetzt wird als Vermögen unseres magisch-mythischen Denkens die Einbildungskraft, die zu jedem Begriff eine möglichst adäquate Vorstellung bewirkt, wobei das Magisch-Mythische sich nicht etwa in bildhafter Imagination erweisen muß; nein, das Magisch-Mythische liefert in diesem Fall zugleich mit einer abstrakten Anschaulichkeit bestimmter Begriffe auch die *Lebendigkeit,* so daß z. B. „Gott" als wollendes, handelndes Wesen, „Volk" und „Staat" als historischer Organismus, das „Ich" als tätiges Subjekt in unserem Bewußtsein auftreten. Sonst nämlich wären diese und ähnliche Vorstellungen ja nur „tote Gegenstände", die man zergliedern kann, wie man ein konkretes Ding zerlegt.) Nachdem sich der Geist zu Objekten unseres Allgemeinbewußtseins entfaltet hat, vermag aus ihnen auch nur er selbst sich wieder herauszuerkennen. Genau gesagt: Der Schöpfungsprozeß läuft rückwärts ab, die Bewußtseinsinhalte, eben noch als konkrete Erscheinungen vor unseren inneren Augen, verschwinden gleichsam wieder in ihrem Begriff, und nun denkt sich der in uns erkennend tätige Geist über die Stufen der Begriffspyramide empor bis zum höchsten Begriff, wo das Denken aufhört, weil auf diesem Gipfelpunkt der Geist auf sich selber stößt, nämlich auf seinen Selbstbegriff, und folglich zu seinem Selbstbewußtsein gelangt. Diesen Kreislauf kann man ad infinitum wiederholen. Wie aber der höchste Begriff bestimmt wird, das hängt vom Belieben des Systemdenkers ab: „Gott" oder „göttlich-absoluter Geist" oder „Weltgeist", „die Idee" oder „das Absolute" oder sonstwie, wobei man auf keinen dieser Begriffe zu verzichten braucht, wenn man auch sie der Begriffspyramide einordnet. Entscheidend ist, daß stets ein *in sich geschlossenes System der Welterklärung* angestrebt wird.

Sobald man diesen Kunstgriff beherrscht, kann man jedes derartige System selbst produzieren, handelt es sich in Wahrheit doch stets um ein gleiches System mit jeweils verschiedener Terminologie. Ein solches Kreisdenken bereitet anfänglich großes Vergnügen, wird auf die Dauer aber langweilig. Neue Reize gewinnt man ihm allenfalls dadurch ab, daß man, sozusagen als Denkaufgabe, jeweils anderes Material verarbeitet, z. B. den Stoff der ganzen Weltgeschichte, worunter freilich immer nur die Auswahl zu verstehen ist, die man überhaupt im Bewußtsein sammeln kann, oder die Geschichte eines Volkes oder die Religionsgeschichte oder die Philosophiegeschichte und dergleichen mehr. Wir werden auf das Verfahren noch mehrmals näher eingehen. Zunächst genügt es zu wissen: Eben diese Denkmethode fand Hegel vor, er übernahm sie, verfeinerte sie und legte sie seinem gesamten Philosophieren zugrunde.

Logosdenker

Nun aber war er einerseits lutherischer Theologe, aufgewachsen mit der Bibel, und anderseits Vernunftphilosoph. Beide Seiten wollte er nicht etwa nur kombinieren, sondern vollständig zur Übereinstimmung bringen, also identifizieren, sonst hätte vielleicht der innere Zwiespalt ihn zerrissen. Den *Angelpunkt,* in dem beide Seiten sich trafen und um den sie sich herumbewegen ließen, bis sie ineinander aufgehen konnten, fand er wie vorher Fichte im Neuen Testament, und zwar im kurzen *Einleitungsteil des Vierten Evangeliums.* Da Hegel ihn nicht in einer unzulänglichen Übersetzung, sondern im Originaltext besaß, so las er dort: „Im Anfang war der *Logos,* und *der Logos war bei Gott* ... Alles *wurde* durch *ihn* [den Logos], und ohne ihn wurde nicht eines, das *geworden ist.* In ihm war *Leben* ..., und das Leben war das *Licht* der Menschen." Ergänzt wird dieser Abschnitt durch andere Stellen desselben Evangeliums, wonach *der Logos mit Gott identisch* ist. Das war für Hegel ein Ansatz und Ausgangspunkt.

Identität von: Gott — Weltgeist — Absolutem Geist — Idee — Vernunft — Vorsehung — Natur — Weltgeschichte u. a.

Festhalten wollen wir, daß er anstatt „Logos" meistens „Geist" sagt, mit folgender Begriffsstufung: „Subjektiver Geist" — „Objektiver Geist" — „Absoluter Geist", wobei es sich jeweils nur um besondere Erscheinungsweisen derselben Welteinheit handelt, nämlich des „Weltgeistes" oder Gottes. Wo nichts anderes angegeben, bringen wir nun Zitate aus Hegels „Philosophie der Weltgeschichte", die entweder für sich selber sprechen oder kommentiert werden „*Gott* ist das an und für sich ewige Wesen." — „Der *Weltgeist* ist der Geist der Welt, wie er sich im menschlichen Bewußtsein expliziert; ... und dieser Weltgeist ist gemäß dem *göttlichen Geiste,* welcher der *absolute Geist* ist. Insofern *Gott allgegenwärtig* ist, ist er bei jedem Menschen, *erscheint im Bewußtsein* eines jeden; und dies ist der Weltgeist." — „Die *Idee* ... ist als das *ewige Leben Gottes* in sich selbst, gleichsam *vor Erschaffung der Welt,* der *logische Zusammenhang.*" — „*Das wahrhafte Gute,* die *allgemeine göttliche Vernunft* ist auch die Macht, *sich selbst zu vollbringen.* Dieses Gute, diese *Vernunft in ihrer konkretesten Vorstellung ist Gott.* Das Gute, nicht bloß als Idee überhaupt, sondern als eine Wirksamkeit ist das, was wir Gott nennen. Die *Einsicht der Philosophie* ist, daß keine Gewalt über die Macht des Guten, Gottes, geht, ... daß Gott recht behält, daß die *Weltgeschichte* nichts anderes darstellt als den *Plan der Vorsehung. Gott regiert die Welt;* der Inhalt seiner Regierung, die Vollführung seines *Planes* ist die Weltgeschichte ... In der Vernunft ist das Göttliche. Der *Inhalt, der der Vernunft zugrunde liegt, ist die göttliche Idee und wesentlich der Plan Gottes.* Als Weltgeschichte erfaßt, ist nicht die Vernunft in dem Willen des Subjekts der Idee gleich, sondern allein die Wirksamkeit Gottes ist der Idee gleich. Aber *in der Vorstellung* ist die Vernunft das Vernehmen der Idee, schon etymologisch das Vernehmen dessen, was ausgesprochen ist: Logos ... Und die Wahrheit Gottes, *die Abbildung seiner selbst* ist es, was in der Vernunft vernommen wird."

Glaubenswissen

Alle diese Behauptungen setzen nicht *Wissen* voraus, sondern *Glauben.* Insofern ist Hegels Weltanschauungsphilosophie eine Glaubenslehre; und dazu bekennt er sich ausdrücklich: „Die Unterscheidung von Glauben und Wissen ist ein geläufiger Gegensatz geworden. Es gilt als ausgemacht, daß sie verschieden seien und daß man deshalb von Gott nichts wisse. Man kann die Menschen damit verscheuchen, wenn man ihnen sagt, man wolle Gott erkennen, wissen, und diese Erkenntnis darstellen. In seiner wesentlichen Bestimmung ist aber dieser Unterschied tatsächlich etwas Leeres. *Denn was ich glaube, das weiß ich auch, dessen bin ich gewiß.* In der Religion *glaubt* man an Gott und an die Lehren, die seine Natur näher explizieren; aber man *weiß* es auch, ist dessen gewiß. *Wissen heißt, etwas als Gegenstand vor seinem Bewußtsein haben und dessen gewiß sein, und genau dasselbe ist Glauben auch.*" Hierzu noch ein Zitat aus Hegels „Enzyklopädie der philosophischen Wissenschaften" (1. Fassung): „Der *Begriff* des Geistes hat seine *Realität* im Geiste." Beide, Begriff und Realität, sind „in vollendeter Identität *das Wissen* der *absoluten Idee* ... Die unmittelbare Gestalt dieses Wissens ist die der Anschauung und Vorstellung des absoluten Geistes als des *Ideals.* Die Bedeutung des Ideals ist die Substantialität als das identische und konkrete Wesen der Natur *und* des Geistes, welches konkrete Wesen *Gott* genannt wird. Der Beweis, daß diese Bedeutung die absolute Wahrheit ist, ist die Vermittlung, durch welche die *Natur* sich zum *Geiste,* und der Geist ... [sich] *zum absoluten Geist* aufgehoben ... und [diesen] als sein absolut Erstes *weiß.*"

Zur Hypostasie

Hegels Zwei-Reiche-Lehre

Aus den bisher genannten Voraussetzungen ergibt sich folgerichtig Hegels *Pantheismus,* den F. Krause als *Panentheismus* erklärt hat. (Krause war ein spitzfindiger Philosoph. Immerhin hat sich seine Unterscheidung zwischen dem damals wieder verrufenen „Pantheismus", den man auch Hegel vorwarf, und dem von Krause vor allem zur Ehrenrettung Hegels erfundenen „Panentheismus" mittlerweile durchgesetzt. Damit man sich den Unterschied merken könne, sei folgende Faustregel vorgeschlagen: *„Pantheismus"* bedeutet: *Alles ist Gott,* hingegen *Panentheismus: Gott ist Alles.* Im ersten Fall geht Gott auf im All, er verschwindet sozusagen in und hinter seinem Werk; jedoch im zweiten Fall verhält er sich zum All wie ein Künstler zu seiner Schöpfung, er steht über dem Werk und ist doch geistig darin enthalten. Was nun Hegel betrifft, so gehen bei ihm Pantheismus und Panentheismus durcheinander, und es bleibt uns überlassen, ob wir ihn mehr für einen Pantheisten halten wollen oder mehr für einen Panentheisten.)

Philosophie oberhalb der Fachtheologie

Hören wir ihn selber: Häufig könne man vernehmen, „daß es eine Vermessenheit sei, den *Plan der Vorsehung* einsehen zu wollen. Darin ist ein Resultat der Vorstellung zu sehen, die jetzt fast allgemein zum Axiom geworden ist, daß man Gott nicht erkennen könne. Und wenn die Theologie selbst es ist, die zu dieser Verzweiflung gekommen ist, dann muß man sich eben *in die Philosophie flüchten,* wenn man *Gott erkennen will.* Der Vernunft wird es zwar zum Hochmut angerechnet, darüber etwas wissen zu wollen. Vielmehr aber muß man sagen, daß die wahrhafte Demut gerade darin besteht, *Gott in allem* zu erkennen, ihm in allem die Ehre zu geben und vornehmlich auf dem Theater der Weltgeschichte ... Meint man aber, daß der Stoff der Weltgeschichte zu groß für die Vorsehung sei, so irrt man; denn die göttliche Weisheit ist im Großen wie im Kleinen eine und dieselbe. In der Pflanze und im Insekt ist sie die gleiche wie in den Schicksalen ganzer Völker und Reiche."

Aber wenn auch Gott in der Naturgeschichte derselbe ist wie in der Kulturgeschichte und der Weltbegriff „die physische und psychische Natur in sich begreift", so ist beides doch für Hegel wesentlich verschieden: „Nach der Schöpfung der Natur tritt der Mensch auf, und er bildet den Gegensatz zu der natürlichen Welt; er ist das Wesen, das sich in die *zweite Welt* erhebt. Wir haben in unserem allgemeinen Bewußtsein zwei Reiche, das der Natur

Natur und Geist

und das des Geistes.“ Da beide Reiche sich also im menschlichen Allgemeinbewußtsein begegnen, so werden sie hier auch in einen durchgängigen Zusammenhang gebracht, und zwar kraft folgerichtigen Denkens. Das ist möglich, weil „die Natur an sich selbst ein System der Vernunft“ ist, obwohl „in einem besondern, eigentümlichen Elemente“. Denn als Gott einst aus sich selbst heraus die Natur hervorbrachte, da hat er zugleich, indem er sie gestaltete und seither sie schöpferisch durchwaltet, sich seiner selbst in die Materie hinein entäußert. Anstatt „Gott“ sagt Hegel ja oft auch „die Idee“. Folglich faßt er die physikalische Natur auf als „die Idee in der Form des Andersseins“. Vorher war die Gott-Idee bei sich selbst; nunmehr befindet sie sich im Zustand äußerster Selbstentfremdung: als Formkraft innerhalb der Natur ist *sie sich selbst fremd geworden.*

Das Anderssein

Darin liegt für Hegel *der Ansatz seines Philosophierens.* Denn nunmehr lautet das Hauptproblem: *Wie kommt Gott aus dieser Selbstentfremdung zurück zu sich selbst und somit zum Selbstbewußtsein, wie kommt er aus dieser freiwilligen Gefangenschaft im Weltstoff zurück zur Freiheit?* Rein logisch gibt Hegel zunächst die Antwort mittels spezifischer *Dialektik:* Am Anfang steht Gott als *These* in seinem „Ansichsein“; danach setzt er sich selbst als *Antithese* zu seinem *Gegenstand;* schließlich wird er „aufgehoben“ als *Synthese* zu seinem *Geist.* Dieser Gottgeist ist es nun, dessen Schicksalsweg sich Hegel zum Hauptthema seines Welterklärungssystems erkor.

Das Ansichsein

Hegels Dialektik

Bleiben wir einen Augenblick noch bei solcher „Dialektik“, und erinnern wir uns, um sie zu verstehen, was wir in einem früheren Kapitel über Heraklit und Nikolaus von Kues berichtet haben. Heraklit interessierte sich weniger für das damals vordergründige Problem, wie man denkend das *Dasein* realer Gegebenheiten ergründen, rechtfertigen oder widerlegen könnte; ihn beschäftigte vielmehr das Problem des *Werdens.* Denn jede Lebenserfahrung bestätigt uns, daß wir es nicht nur mit bestimmten Gegenständen unseres Bewußtseins zu tun haben, die von Generation zu Generation alle Zeiten gleichbleibend überdauern, sondern daß noch wichtiger die fortgesetzte Veränderung ist, denen die meisten Dinge, Sachverhalte, Tatbestände unterworfen sind. Jedenfalls die organische Natur, und gar der Mensch in und mit seiner Kulturwelt, kommt niemals zum Stillstand, hier herrscht ein unaufhörliches Werden und Vergehen. Nun läßt sich aus Heraklits Fragmenten erschließen, daß ihn die Zarathustra-Lehre beeindruckt hatte, die seinerzeit neu war und sämtliche Lebenserscheinungen als historischen *Werdegang* erklärte: Zwei Prinzipien streiten sich, und das unablässig fortschreitende Ergebnis ihrer Auseinandersetzung ist das Weltgeschehen, die Weltgeschichte. Faßt man Zarathustras Lehre nicht dualistisch auf, sondern monotheistisch, wie offenbar Heraklit es tat, dann sind beide Prinzipien nur Selbstdarstellungen *eines* Gottesgeistes oder Weltgeistes, den Heraklit „Logos“ nennt. Dieser setzt jeweils sich selbst im ersten Prinzip als These, dazu im zweiten Prinzip als Antithese und vereinigt wieder beide Thesen in sich zur Synthese. So befindet er sich in unablässiger Bewegung, verfährt dabei aber nicht willkürlich, sondern planmäßig: „Das Entgegengesetzte paßt zusammen, aus dem Verschiedenen ergibt sich die schönste Harmonie, und alles *entsteht* auf dem *Wege* des Streites.“ Der Logos, welcher „das All regiert“, gibt sich jedem Menschen zu erkennen in dessen Vernunftdenken, denn „Denken ist eine allgemeine Fähigkeit“, man muß nur richtigen Gebrauch von ihr machen: „Eins ist Weisheit: den Geist zu verstehen,

Erinnerung an Heraklit

der alles durch alles regiert." Man kann sich zum Geistgott empordenken und von ihm wieder hinabdenken, „der Weg aufwärts ist derselbe wie der Weg abwärts", und nachdem man sich zu ihm emporgedacht hat, vermag man den inneren Zusammenhang alles Geschehens, die Gesetzlichkeit des Werdens aus Gottes Gedankenplan heraus vernünftig zu deduzieren, zu erkennen. Darauf, die innere, die verborgene, die allein dem Denken begreifliche Gesetzlichkeit zu erfassen, kommt es dem Philosophen an: „Unsichtbare Harmonie ist stärker als sichtbare"; und zu diesem Zweck braucht man die konkreten und abstrakten Begriffe. Nun zwei Beispiele im Anschluß an Heraklit: Zuerst eines, die „sichtbare", also sinnlich wahrgenommene „Harmonie" betreffend, die sich, wie zweitausend Jahre später Cusanus sagte, aus der „coincidentia oppositorum", aus dem „Zusammenfall der Gegensätze" ergibt, und anschließend ein Beispiel „unsichtbarer", rein begrifflich formulierter „Harmonie". 1. Die These lautet „Tag", die Antithese „Nacht", die Synthese könnte z. B. „Zeit" sein, und da Heraklit „Tag und Nacht" als antithetische „Verwandlungsformen" Gottes auffaßt, so wäre „Zeit" die Form, in der Gott — oder der Weltgeist, der Logos, die Weltvernunft — sich als Inbegriff jeder Reihenfolge selbst produziert. 2. These: „Eines", Antithese: „Alles", Synthese: „Ein und Alles" in ihrer Identität. Da wir jetzt schon im Zuge sind, wollen wir noch ein paar Beispiele anfügen, die nicht mehr Heraklit entlehnt sind: These: „An sich", Antithese: „Für sich", Synthese: „An und für sich" (Hegel). Oder: These: „Ich", Antithese: „Du", Synthese: „Wir". Dieses Beispiel aus dem täglichen Sprachgebrauch zeigt uns, wie wir allein durch derartiges Begriffsdenken eine Wirklichkeit in unser Bewußtsein hineinsetzen, und wie die Gegensätze „Ich und Du" *aufgehoben* werden im übergreifenden „Wir".

Dialektischer Dreischritt

Anfang von Hegels Logik

Zusätzlich bringen wir in Kurzfassung den berühmten Anfang von Hegels „Logik": Wie muß *das Absolute* zuerst gedacht, zuerst definiert werden? Offenbar als das schlechthin Voraussetzungslose. Der allgemeinste Begriff, der übrigbleibt, wenn von allem bestimmten Denkinhalt abgesehen wird und von dem selbst nicht mehr abstrahiert werden kann, der unbestimmteste und unmittelbarste Begriff, ist *das reine Sein,* wobei „rein" im Sinne von Kants „reiner" theoretischer Vernunft aufzufassen ist, als Begriff a priori. Nun ist hier dieses „reine Sein" qualitätslos, inhaltlos und insofern gleich dem *Nichts.* Indem wir das reine Sein dachten, haben wir statt seiner also vielmehr das Nichts gedacht; denn „reines Sein" ist nur ein bedeutungsleerer Begriff: Ihm fehlt sein Gegenstand. Folglich ist es „Nichts", das wir nun auch nicht festhalten können, sondern das rückwärts in das von uns intendierte Sein umschlägt, und zwar deshalb vermag es ins Sein umzuschlagen, weil es immerhin *gedacht* wird — es hat ja einen Namen —, und weil es insofern als Gedachtes existiert. Reines Sein und reines Nichts sind dasselbe, wenngleich wir verschiedenes damit meinen: Beide sind absolute Bestimmungslosigkeit. Das Übergehen vom Sein ins Nichts und vom Nichts ins Sein aber ist *das Werden;* so ist das Werden die Einheit und damit die Wahrheit beider. — Also: These: „Das reine Sein", Antithese: „Das reine Nichts", Synthese: „Das Werden". — Ein konkretes Beispiel dazu: Der Knabe „wird" Jüngling, das heißt, er ist Jüngling und ist es zugleich noch nicht. (Aber Hegel hat einen oft demonstrierten Denkfehler begangen, als er das „Sein" aus dem „Nichts" hervorgehen ließ! Denn „nichts" heißt hier, daß man *nichts im Bewußtsein* habe; und aus der *Abwesenheit* jedes Bewußtseinsinhaltes oder Denkgegenstandes, also aus der *Bewußtseinsleere,* läßt sich selbstverständlich auch nichts entwickeln. Vielmehr muß man „das Sein" *eigens als* Denkgegenstand oder *Bewußtseinsinhalt setzen.* Und wenn man jenes „nichts" substantiviert, also „das Nichts" sagt, dann hat man damit im Grunde „nichts gesagt", sondern nur mit der Grammatik gespielt.

Abschließend eine Bemerkung zu Hegels Formel, wonach These und Antithese in der Synthese *aufgehoben* werden. Er macht sich die Mehrsinnigkeit dieses Verbs zunutze. „Aufheben" bedeutet soviel wie „negieren, beseitigen, widerrufen", es bedeutet aber auch „aufbewahren, konservieren", und außerdem bedeutet es „emporheben, aufwärtsbewegen". Nochmals sei das besonders leicht verständliche Beispiel von vorhin angeführt: „Ich" und „Du" verschwinden im „Wir" und sind trotzdem in ihm enthalten; und da ihnen das „Wir" auf der Stufenleiter der Begriffe übergeordnet ist, so sind sie auch höher gehoben.

Das „Aufheben"

Mit diesem dialektischen Dreischritt hatte Hegel allerdings schon von Fichte eigens ausgearbeitete Denkregeln angewandt, welche aus der seit Aristoteles auf den Syllogismus festgelegten statischen Logik des Seins eine dynamische Logik schuf. Er brauchte also für sein konstruktives Denken nicht mehr eine Anleihe bei der Mathematik zu machen, nachdem noch die Systemdenker des 17. Jahrhunderts keinen Bewegungsablauf, keinen Werdegang aus einem Prinzip heraus entwickeln konnten, ohne Rückgriff auf Euklids Elementargeometrie oder ohne Hilfestellung seitens der Infinitesimalrechnung. Hegel jedoch strapazierte nun seine Methode über alle Maßen; er bewegte seine Gedanken überhaupt nur noch im dialektischen Dreischritt, legte so auch Bücher an bis hinein in die Kapitelüberschriften, richtete sein gesamtes System nach dem Dreischritt aus, ließ anders aufgebaute Überlegungen nicht gelten, kurz: diese Art Dialektik wurde ihm gleichsam zur Manie, und das war, bei allem Respekt gesagt, des Guten zuviel. Denn jede Synthese wird ihrerseits zur These einer Antithese — ad infinitum. Und wenn man sich auf diese Weise in fortgesetztem Dreischritt bis zum Gottesbegriff emporgebracht hat, dann geht mit „Gott" als These die Bewegung weiter, gegebenenfalls auch immer in einem Riesenkreis herum. Am meisten aber schadet diesem Verfahren, sobald man es übertreibt, daß die jeweilige Antithese keinesfalls mehr *zwingend* aus der These hervorgeht, sondern zu ihr erst gesucht wird; und damit kommt die Willkür ins Spiel, der Dreischritt wird zur Glaubenssache, zur Ansichtssache, zu einer Frage der Wahl und Weltanschauung. Schon das antithetische Verhältnis von „Natur und Geist" beruhte auf bloßer Behauptung, ließ sich kaum noch rechtfertigen; tausend andere dialektische Begriffskombinationen sind hingegen anfechtbar, oft nur assoziativ gebildet; das System versagt, indem es, ausschließlich angewandt, sich selbst widerlegt.

Dynamische Logik ad infinitum und zum Selbstzweck

Diese Dialektik wurde von Hegel nicht allein als logisches Instrument gehandhabt, sondern sie wuchs in ihm zum geistigen Organ heran, das seine Denktätigkeit gleichsam überwucherte und, gleichnishaft gesprochen, alle Fähigkeiten der Vernunft in diesen Wucherungsprozeß einschmolz. Zuletzt *konnte* Hegel als Philosoph die von ihm vorgefundene Wirklichkeit, mochte sie die Natur oder die Geschichte im weitesten Sinne oder die Staatsgegenwart oder die Kunst oder die Religion oder sonst etwas betreffen, nur noch vermöge dieses Organs auffassen, verarbeiten, wiedergeben. Die Voraussetzung dafür war, daß er sich frühzeitig so radikal auf das reine Prinzipiendenken einstellte wie z. B. Spinoza. Gegenüber der empirischen Realität, gegenüber den Erfahrungstatsachen war er als Systemdenker sozusagen erblindet. Wahrnehmungen der Sinnesorgane kamen für ihn überhaupt nicht mehr in Betracht; alles mußte a priori geleistet werden. Man dürfe für seine Philosophie, sagte er, *„keine physischen Augen* mitbringen", sondern allein „das *Auge des Begriffs*". So machte er sich selber zu einer *Monade ohne Fenster,* wie Leibniz sie geschildert hat. Aber bei Leibniz hat die Monade immerhin eine ihr von Gott, der Supermonade, eingespiegelte Vorstellung vor den inneren Augen, die allen Reflexionen zugrunde liegt und normaler Wahrnehmung entspricht. Hingegen

Negation aller Erfahrung

in Hegel dominierte dermaßen das theoretische Begriffsdenken, daß noch heutzutage den paar bildhaften Gleichnissen, die er seinem Gesamtwerk an wenigen Stellen eingestreut hat, applaudiert wird, als wären sie Wunderblumen. Selbstverständlich erleichterte er sich sein Systemdenken, insbesondere seine Geschichtsphilosophie beträchtlich, indem er die empirische Realität und die Realwissenschaften als Souverän behandelte.

Hegels Interpretationsmethode

Nur insoweit nahm er Tatsachen in sich auf, als sie ihm schon *wörtlich* dargeboten wurden. Da wir uns über die zurückliegende Geschichte ohnehin nur durch Schriftwerke unterrichten, in denen alles Geschehen auf Begriffe gebracht worden ist, so hatte er in dieser Hinsicht kaum Mühe. Das gleiche hätte für sein Verhältnis zu den Naturwissenschaften gelten können, so möchte man zunächst meinen. Indes, da machte sich viel stärker als bei den Geschichtswissenschaften hinderlich bemerkbar, daß naturwissenschaftliche Fachausdrücke 1. genau definiert und 2. mit dieser Definition auf jeweils einen ganz bestimmten, empirisch beobachteten, experimentell festgestellten Sachverhalt bezogen sind. Wenn man derartige Fachausdrücke benutzt, dann bringt man sofort auch den Sachverhalt und somit ein Stück empirischer Realität ins gegenständliche Bewußtsein. Jedoch, *so* konnte Hegel sie nicht gebrauchen; sie mußten ja auch in sein dialektisches System passen. Zwar hätte er auf sie verzichten können, wenn er auf seinen auch die Natur umfassenden Pantheismus verzichtet hätte; indes nach dem Gesetz, wonach er angetreten, durfte und wollte er die Natur eben nicht aus seinem Welterklärungssystem weglassen.

Folglich übernahm er naturwissenschaftliche Begriffe, aber nur pro forma; ihren Inhalt bestimmte er (wie Schelling) für seine Zwecke neu. Zwei Beispiele

Beispiele

mögen genügen. Den Begriff der *Schwere,* von Galilei für die mechanische Physik aufgestellt, definierte er als „das In-Sich-Sein der Materie, ihre Sehnsucht, zu sich selbst zu kommen, die erste Spur der Subjektivität", und die damals freilich erst unzulänglich erforschte *Elektrizität:* „Sie ist der Zweck der Gestalt, der sich von ihr befreit, die Gestalt, die ihre Gleichgültigkeit aufzuheben anfängt; denn die Elektrizität ist das unmittelbare Hervortreten oder das nahe von der Gestalt herkommende, noch durch sie bedingte Dasein — aber noch nicht die Auflösung der Gestalt selbst, sondern der oberflächliche Prozeß, worin die Differenzen die Gestalt verlassen, aber sie zu ihrer Bedingung haben und noch nicht an ihnen selbständig geworden sind."

Uns interessiert an diesen Beispielen, die leicht zu vermehren sind, lediglich die Methode, nach welcher Hegel auch feststehende, fremde Begriffe vergewaltigt, bis sie seinem dialektischen Prozeß und seinen Prinzipien gefügig werden. Man sehe sich nochmals Hegels Definition der „Schwere" an: „In-Sich-Sein", „Sehnsucht, zu sich selbst zu kommen" — wie auch immer der Begriff lauten mag, er wird von Hegel seinen stets wiederkehrenden Grundgedanken unterworfen und zu ihrem Gefäß. Nicht ganz so drastisch macht dasselbe Verfahren sich an Begriffen der Geschichte und historischen Wissenschaft bemerkbar, aber nur deshalb nicht, weil hier die meisten Begriffe ohnehin ungenau, dehnbar, verwaschen, abgenutzt, von allzu vieler Tradition überlastet sind. Das gleiche gilt für zahlreiche Hauptbegriffe der Philosophie. — Ein paar Beispiele aus Hegels Lieblingswörtern: „Gott, Geist, Welt, Christentum, Vernunft, Vorstellung, Idee"; lauter Bezeichnungen, mit denen man gewissermaßen alles und somit nichts Genaues sagen kann.

Hegels ahistorische Betrachtungsweise

Mit diesen und mit zahlreichen anderen Ausdrücken verhält es sich nämlich so:

Zu verschiedenen Zeiten, an verschiedenen Orten, unter verschiedenen Bedingungen und im Mund verschiedener Benutzer haben sie jeweils eine andere Bedeutung gehabt, und so wird es weitergehen. Verwendet man sie in bezug auf die Geschichte, dann muß man von Fall zu Fall angeben, was sie jeweils zum Inhalt hatten. Das heißt, man muß sie entsprechend der historischen Realität begrifflich definieren oder ihren Gebrauchswert umschreiben. Erhebt man sie aber zu allgemeingültigen, unbedingten Prinzipien, zu Begriffen a priori, zu Postulaten der reinen Vernunft, zu Grundsätzen spekulativer Philosophie, und wendet man sie auf die Geschichte an, um so deren notwendig-inneren Zusammenhang und Entwicklungsgang dialektisch darzutun — dann verliert man zur Geschichte und Geschichtswissenschaft den konkreten Sachbezug; die Begriffe beschwören nur noch Schatten, die durch das starre Schema der Dialektik huschen.

Hegels Mythos vom Weltgeist

Das Zugeständnis, das Hegel im Rahmen seines Weltsystems der Naturkunde macht, ist die Anerkennung eines Stufenbaus: Zuerst und zuunterst kommt die anorganische Natur als Resultat und Rest eines früheren Schöpfungsvorgangs; dann die organische Natur, unterteilt in Pflanzenreich und Tierreich, an das sich nach oben hin — wie bei Herder — das auch physikalisch organisierte Menschenreich nebst Kulturwelt anschließen müßte, für das aber Hegel innerhalb seines Systems besondere, eigene Gedanken mitbringt.

Entfremdung Gottes in die Natur und Weltgeschichte

Nun wollen wir, um Hegel näherzukommen, einen Mythos erzählen, *seinen* Mythos — den Mythos vom Gottesgeist, wofür wir zunächst nur auf die vorhin zitierte Definition der „Schwere" verweisen, und auf die vorangestellte, dialektisch formulierte Schöpfungsgeschichte, aus der hervorgeht, daß Gott sich in die Natur entfremdet und aus dem Gegensatz zwischen Gott und Natur sich der Geist, der Gottesgeist oder Weltgeist, hervorgebracht hat: Gott hat sich in die Weltnatur gleichsam auseinandergelegt, nun sehnt er aus diesem Zustand, der uns an den altägyptischen Osiris-Mythos erinnert, zurück zu sich selbst, und zwar als weiterhin gestaltender, waltender, verwandelnder Schöpfergeist. Der Stoff, durch den er sich zuletzt hindurcharbeitet und den er auf seinem Weg zu sich selbst geformt hinter sich zurückläßt, ist aber unvergleichlich leichter, fügsamer, als es zuerst die schwere Erdmaterie war — es ist der Stoff, aus dem die menschliche Weltgeschichte, die Kulturgeschichte, besteht. Allerdings handelt es sich dabei *nicht um die Weltgeschichte, der sich unsere historisch-kritische Wissenschaft widmet, sondern um jene, die Hegel sich zurechtgebogen hat, damit sie in ein System passe.* Nur der Rohstoff ist *teilweise* derselbe, und auch von diesem *Teil* hat er vieles umgeformt und umgedeutet. „Der große Inhalt der Weltgeschichte", sagt er, „ist vernünftig und muß vernünftig sein", nämlich von der göttlichen Vernunft hervorgebracht, durchwaltet und gestaltet; „ein göttlicher Wille herrscht mächtig in der Welt", und er ist das Substantielle, das es zu erkennen gilt, und zwar vermöge des Prinzipiendenkens, „das die Oberfläche durchdringt und sich durch die Mannigfaltigkeit des bunten Gewühls der Begebenheiten hindurchringt". Das heißt methodologisch: Gegenüber dem Stoff der Weltgeschichte, aus dem sich das Subjekt ein Stück herausschneidet, weil es ihn vollständig gar nicht fassen könnte, bringt das Vernunftdenken seine Prinzipien mit, die es in diesen Stoff hineinsetzt, und die dann als das Resultat aller geistigen Anstrengung wieder herausgezogen werden, wobei die von ihnen bewirkte Umwandlung des Stoffes zum Beweise dafür dient, daß sie richtig gewesen seien. „Nun sagt man", so erklärt Hegel, „wenn man so mit der Geschichte verfahre, so sei dies ein aprioriscbes Verfahren und schon an und für sich unrecht." Jedoch: „Ob man so spricht, *ist der Philosophie gleichgültig.*"

Willkür des konstruktiven Denkens

Findet man sich damit ab, dann freilich kann man Hegels in sich geschlossenes System der Welterklärung für großartig halten. „Das Interesse an seiner Philosophie trifft weniger die einzelnen Begriffe, die er der geistigen Arbeit von zwei Jahrtausenden entnahm, als die systematische *Verbindung,* die er zwischen ihnen herstellte: Und gerade durch diese wußte er Sinn und Bedeutung des einzelnen meisterhaft zu zeichnen und überraschendes Licht auf längst bestehende Gedankengebilde zu werfen. Freilich entfaltete er am Gegebenen die *Willkür des konstruktiven Denkens,* die das Wirkliche nicht so darstellte, wie es empirisch sich darbietet, sondern so, wie es in der dialektischen Bewegung sein sollte, und die Vergewaltigung des Tatsächlichen konnte da bedenklich werden, wo er es versuchte, das empirische Material in ein philosophisches System zu bringen, so in der Naturphilosophie, in der Geschichte der Philosophie, in der Geschichte überhaupt" (Windelband).

Zum konstruktiven Denken gehört als Hauptprinzip ein Postulat der reinen Vernunft, das in sich zweierlei *vereinigt:* die Ursache und das Ziel. Es bezeichnet also den Endzweck und mit dem Zweck zugleich die Gedankenkonstruktion, die von einem beliebigen Punkte aus notwendig ist, um diesen Endzweck mittels einer planmäßigen Bewegung zu erreichen. So setzt Hegel zum Endzweck der Weltgeschichte, daß der Gottesgeist *zum Selbstbewußtsein, zur Freiheit* gelange. Diesem Ziel muß nun alles, was auf dem Weg zu ihm liegt, konstruktiv unterstellt und zugeordnet werden: „Die Weltgeschichte ist die Darstellung des göttlichen Prozesses, des Stufenganges, in dem der Geist sich selbst, seine Wahrheit weiß und verwirklicht. Es sind alles *Stufen der Selbsterkenntnis;* das höchste Gebot, das Wesen des Geistes ist es, sich selbst zu erkennen, sich als das, was er ist, zu wissen und hervorzubringen. Das vollbringt er in der Weltgeschichte; *er bringt sich als bestimmte Gestalten hervor,* und *diese Gestalten sind die weltgeschichtlichen Völker.* Es sind Gebilde, *deren jedes eine besondere Stufe ausdrückt* und die so die Epochen der Weltgeschichte bezeichnen. Tiefer begriffen: *Es sind die Prinzipien, die der Geist von sich gefunden hat, und die er gedrungen ist zu realisieren.* Es ist also darin ein wesentlicher Zusammenhang, der nichts ausdrückt als die Natur des Geistes."

Stufenplan der Weltgeschichte

„Die Gestaltungen dieser Stufen sind die welthistorischen *Volksgeister,* die Bestimmtheiten ihres *sittlichen Lebens, ihrer Verfassung, ihrer Kunst, Religion und Wissenschaft.* Diese Stufen zu realisieren ist der *unendliche Trieb* des Weltgeistes, sein unwiderstehlicher Drang, denn diese Gliederung sowie ihre Verwirklichung ist sein Begriff. Die Weltgeschichte zeigt nur, wie der Geist allmählich zum *Bewußtsein und zum Wollen der Wahrheit* kommt; es dämmert in ihm, er findet Hauptpunkte, am Ende gelangt er zum vollen Bewußtsein ... Die Prinzipien der Volksgeister in einer notwendigen Stufenfolge sind selbst nur Momente des einen allgemeinen Geistes, der durch sie in der Geschichte sich zu einer erfassenden *Totalität* erhebt und abschließt ... Die Wahrheit des Wahren: Das ist die erschaffene Welt." — „Die Geschichte ist die *Entfaltung der Natur Gottes* in einem besonderen, bestimmten Element." — „Das *Reich des Geistes* ist das, was von dem Menschen hervorgebracht wird. Man mag sich allerlei Vorstellungen vom *Reiche Gottes* machen, so ist es immer ein Reich des Geistes, das im Menschen realisiert und in die Existenz gesetzt werden soll."

Umgedeuteter Heilsplan

Auf diese Weise hat Hegel die biblische Vorstellung von der Weltgeschichte als Heilsgeschichte umgedeutet. Das „Reich Gottes auf Erden" ist da, sobald der Gottesgeist am Ende seines Ganges durch die Weltgeschichte nach vielen Metamorphosen stufenweise zu sich selbst gekommen ist. Genau besehen, haben wir es auch bei Hegel zu tun 1. mit einem jenseitigen Gott, welcher die Welt regiert und ihrer Entwicklung seinen Plan vorgeschrieben hat, und 2. mit dem Gottesgeist, der in die Welt hineingesandt wurde, sich selbst als Weltnatur und Weltkultur darstellt, aus der Welt und seiner Selbstentfremdung heraus zu sich selbst und somit zu seinem Ursprung, nämlich Gott, zurückstrebt, wobei er auf seinem Wege hinter sich die gesamte Weltgeschichte als Zeugnis seiner leidvollen Weltvergangenheit zurückläßt. „Der Geist ist wesentlich Resultat seiner Tätigkeit: Seine Tätigkeit ist Hinausgehen über die Unmittelbarkeit, das Negieren derselben und die Rückkehr in sich.“ Das ist auch im Sinne von Fichtes Wissenschaftslehre gesprochen.

Hegels Welterklärungssystem

Nun die Frage, wie es möglich sei, Gott in der Geschichte zu *erkennen*, indem man seinen *Plan* erfaßt. „Ich habe mit der Erwähnung der Erkenntnis des Planes der göttlichen Vorsehung überhaupt an eine in unsern Zeiten an Wichtigkeit obenanstehende Frage erinnert, an die nämlich über die Möglichkeit, Gott zu erkennen — oder vielmehr, indem es aufgehört hat, eine Frage zu sein, an die zum Vorurteil gewordene Lehre, daß es unmöglich sei, Gott zu erkennen, dem entgegen, was in der Heiligen Schrift als die höchste Pflicht geboten wird, Gott nicht nur zu lieben, sondern zu erkennen. Es wird geleugnet, was ebendaselbst gesagt wird, daß der Geist es sei, der in die Wahrheit einführe, daß er alle Dinge erkenne, selbst die Tiefen der Gottheit durchdringt ... Was ist nun der Plan der Vorsehung in der Weltgeschichte? ... In der christlichen Religion hat Gott sich geoffenbart, d. h. er hat den Menschen zu erkennen gegeben, was er ist, so daß er nicht mehr ein Verschlossenes, Geheimes sei. Es ist mit dieser Möglichkeit, Gott zu erkennen, uns die Pflicht dazu auferlegt, und die Entwicklung des denkenden Geistes, welche aus dieser Grundlage, aus der Offenbarung des göttlichen Wesens, ausgegangen ist, muß dazu endlich gedeihen, das, was dem fühlenden und vorstellenden Geist zunächst vorgelegt worden, auch mit dem Gedanken zu erfassen. Ob es an der Zeit ist zu erkennen, muß davon abhängen, ob das, was Endzweck der Welt ist, endlich auf allgemeingültige, bewußte Weise in die Wirklichkeit getreten ist. Nun ist das Ausgezeichnete der christlichen Religion, daß mit ihr *diese Zeit gekommen* ist: Dies macht die absolute Epoche in der Weltgeschichte aus. Es ist offenbar geworden, was die Natur Gottes sei ... Die Christen sind also in die Mysterien Gottes eingeweiht, und so ist uns auch der Schlüssel zur Weltgeschichte gegeben. Hier gibt es eine bestimmte Erkenntnis der Vorsehung und ihres Planes. Im Christentum ist es Hauptlehre, daß die Vorsehung die Welt beherrscht hat und beherrscht ... Dieser allgemeine Glaube ist es, aus dem man zunächst zur Philosophie und auch zur Philosophie der Weltgeschichte treten muß, der *Glaube,* daß die *Weltgeschichte ein Produkt der ewigen Vernunft* ist und Vernunft ihre großen Revolutionen bestimmt hat. Es ist deshalb zu sagen, daß auch absolut die Zeit gekommen sei, wo diese Überzeugung, Gewißheit ... gedacht, entwickelt, erkannt werden kann ... Darin, daß der Geist nicht stillsteht, liegt es, daß solche Zeit kommen muß; die höchste Spitze des Geistes, der Gedanke, Begriff, verlangt sein Recht.“ — Daraus folgt für Hegel dreierlei:

Theologische Teleologie

1. Die Einteilung der Weltgeschichte (in großen Zügen): „Mit dem, was ich im allgemeinen über den Unterschied des Wissens von der Freiheit gesagt habe, und zwar zunächst in der Form, daß die Orientalen nur gewußt haben, daß

Vgl. Fichte!

einer frei sei, die griechische und römische Welt aber, daß einige frei sind, daß wir aber wissen, daß alle Menschen an sich frei, der Mensch als Mensch frei ist, damit liegt die Einteilung, die wir in der Weltgeschichte machen und nach der wir sie abhandeln werden, vor." Die dritte Stufe, die der allgemeinen Freiheit, leitet Hegel aus dem Christentum ab, wie er es versteht: „Dies Bewußtsein ist zuerst in der Religion, in der innersten Region des Geistes aufgegangen; aber dies Prinzip auch in das weltliche Wesen einzubilden, dies war eine weitere Aufgabe ... Mit der Annahme der christlichen Religion hat z. B. nicht unmittelbar die Sklaverei aufgehört, noch weniger ist damit sogleich in den Staaten die Freiheit herrschend, sind die Regierungen und Verfassungen auf eine vernünftige Weise organisiert, auf das Prinzip der Freiheit gegründet worden." Jedoch, allmählich fand „diese Anwendung des Prinzips auf die Weltlichkeit statt", und so ist die Weltgeschichte in ihrem christlichen Abschnitt „der Fortschritt im Bewußtsein der Freiheit".

Gott in Hegel

2. Die Religion wird von der (hegelianischen) Philosophie überhöht, und zwar deshalb, weil der göttlich-absolute Geist, in den der Weltgeist sich emporsteigert, drei Höhenstufen nacheinander bewältigt: zuerst die der *Kunst,* mittels deren er die Idee in *objektiver* Wirklichkeit anschaut, danach die *Religion,* mittels deren er die *Glaubensgewißheit* der Idee als des Höheren gegenüber aller objektiven Wirklichkeit empfängt, und schließlich die *Philosophie,* mittels deren er das *Wissen* der Idee als des Absoluten, als der höchsten Einheit von Begriff und Wirklichkeit erfaßt. Dieser Augenblick erlösenden Selbstbewußtseins ist für den Geist gekommen, nachdem ihm Hegel dazu verholfen hat. In ihm und seiner Philosophie hat endlich der Geist gefunden, was er so sehnsüchtig suchte: sich selbst. Damit ist das Ziel der Weltgeschichte erreicht, ihr Endzweck erfüllt.

Philosophisches Evangelium

3. Was nun zu tun noch übrigbleibt, ist die Ausbreitung dieser Wahrheitslehre, dieses philosophischen Evangeliums über die Völkerwelt. Sobald die ganze Menschheit vom Gottesgeist erfaßt ist, der in Hegel seine Selbstoffenbarung findet, wird auch das Reich Gottes gekommen sein. Unter allen Völkern aber hat dasjenige den Vorrang, das *„Träger des höchsten Begriffs"* ist, „den der Geist von sich gefaßt hat. Denn jedesmal *das* Volk ist an der Zeit und *das regierende,* das *den höchsten Begriff des Geistes gefaßt* hat. Es kann sein, daß (auch) Völker von nicht so hohen Begriffen bleiben; aber sie sind in der Weltgeschichte auf die Seite gesetzt." — Ein ungemein wichtiger, folgenschwerer Grundsatz! Zunächst konnte mit diesem Volk selbstverständlich nur jenes gemeint sein, das unmittelbar die Anwesenheit des in Hegel zur Selbstvollendung gelangten Weltgeistes, Gottesgeistes, genießen durfte, also das preußische Staatsvolk, und an dessen Spitze der Monarch. Allerdings wollte bereits Friedrich Wilhelm IV. nichts mehr vom Hegelianismus wissen, und überhaupt verlor Hegel bald nach seinem Tod in Preußen seine vorher überragende Anerkennung. Aber jener Grundsatz vom auserwählten Volk im Sinne Hegels wirkte heimlich fort. Wer zuerst sich ins Selbstbewußtsein des absoluten Geistes hineinversetzte, dem mußte die Welt gehören! Der würde die Welt regieren!

Was Hegel selbst betraf, so sah er sich dank seiner geistigen Sonderstellung herausgehoben aus der Reihenfolge jener „großen welthistorischen Individuen", deren sich Gott nur als Mittel bedient, um die Weltgeschichte voranzutreiben. Denn alle anderen großen Männer ahnen nur, aber wissen nicht, welche Rolle sie im Rahmen des Weltzusammenhangs spielen: Sie folgen nur ihren eigenen *Zwecken,* ihren partikulären Interessen und meinen, allein darauf komme es an; in Wahrheit jedoch erfüllen sie einen ihnen verborgenen höheren *Sinn* bei der Verwirklichung der Idee. Denn „die Idee als solche, mit der wir es in der Weltgeschichte zu tun haben, ist die Wirklichkeit; die Leidenschaften [im Sinn von partikulärer, begrenzter Zwecksetzung] sind der Arm, womit sie sich erstreckt"; Idee und Leidenschaften „bilden den Einschlag und den Faden des Teppichs der Weltgeschichte". So dienen Einzelmenschen und Völker, namentlich aber die großen Individuen, einem übergreifenden Zusammenhang, ohne ihn zu kennen, während sie lediglich auf die ihnen nächstliegenden Sonderziele losgehen.

List der Vernunft

„Jener Zusammenhang enthält nämlich dies, daß in der Weltgeschichte durch die Handlungen der Menschen noch etwas anderes überhaupt herauskomme, als sie bezwecken und erreichen, als sie unmittelbar wissen und wollen. Sie vollbringen ihr Interesse; aber es wird noch ein Ferneres damit zustande gebracht, das auch innerlich darin liegt, aber das nicht in ihrem Bewußtsein und ihrer Absicht lag." Dieser Gedanke läßt sich von Hegel aus direkt auf das Alte Testament zurückführen, wo Jahwe als Herr der Weltgeschichte sich der Völker und Staatsführer nach seinem Willen bedient, in den er nur wenige auserwählte Propheten einweiht, indes er seinen weltgeschichtlichen „Werkzeugen" ganz andere Ziele als die seinigen vorstellt. So läßt sich hinsichtlich der Propheten erklären, warum scheinbar das Weltgeschehen keineswegs verläuft, wie vorausgesagt war; der Widerspruch zwischen Prophetie und Tatsächlichkeit besteht nur äußerlich und wenn man auf das Nächstliegende schaut, jedoch in Wahrheit und auf das Fernziel gesehen, muß doch alles sich nach der *verborgenen* Absicht des Geschichtsgottes richten. Ebenso konnte Hegel seine Weltschau gegen Kritiker absichern mit seinem Hinweis auf die im Weltgeschehen wirksame *„List der Vernunft"*. (Von Hegels Staatsauffassung und vor allem von seinem Entfremdungsbegriff wird noch die Rede sein.)

Schopenhauer

Hegel starb nach jahrelangem Magenleiden am 14. November 1831 an der Cholera. Kurz vorher hatte einer seiner philosophischen Gegner aus Furcht vor einer Ansteckung die verseuchte Stadt verlassen: *Arthur Schopenhauer* (1788—1860). Seit 1820 Privatdozent, hatte er so lange hier ausgeharrt in vergeblicher Hoffnung, dem übermächtigen Hegel, der jedoch kaum Notiz von ihm nahm, wenigstens ein paar Hörer abzujagen. Obwohl er als Privatdozent kein Gehalt bezog, vermochte er den ungleichen Kampf finanziell durchzuhalten, weil er — auch während seiner drei letzten Lebensjahrzehnte in Frankfurt a. M. — sorgsam von dem Vermögensanteil zehrte, den sein Vater, ein reicher Handelsherr, ihm hinterlassen hatte.

Schopenhauer contra Hegel

Hegel wie Schopenhauer waren überaus selbstbewußte Hitzköpfe und erhoben Anspruch auf geistige Führungsmacht. Schon 1820 stießen sie bei Schopenhauers erstem Auftritt vor der Fakultät heftig zusammen. Für das Sommersemester 1820 kündigte Schopenhauer seine Vorlesung an: „Die gesamte Philosophie, d. i. die Lehre vom Wesen der Welt und von dem menschlichen Geiste." Während der nächsten beiden Semester legte er sie, um Hegel zu ärgern, auf eben die Stunden, da auch Hegel las: Man werde ja sehen, meinte er stolz, zu wem jetzt mehr Hörer kämen, mußte aber feststellen, daß sie ausblieben. So gab er seine Dozententätigkeit tief gekränkt auf. Noch 1847, in der zweiten Auflage seiner Dissertation, entlud sich sein Zorn: „Will dich Verzagtheit anwandeln, so denke nur immer daran, daß wir in Deutschland sind, wo man gekonnt hat, was nirgend anderswo möglich gewesen wäre, nämlich einen geistlosen, unwissenden, Unsinn schmierenden, die Köpfe durch beispiellos hohlen Wortkram von Grund aus und auf immer desorganisierenden Philophaster, ich meine unsern teuern Hegel, als einen großen Geist und tiefen

Denker auszuschreien. Und nicht nur ungestraft und unverhöhnt hat man das gekonnt; sondern wahrhaftig, sie glauben es, glauben es seit 30 Jahren bis auf den heutigen Tag!"

Was hat demgegenüber Schopenhauer gelehrt in seinen Werken: „Über die vierfache Wurzel des Satzes vom zureichenden Grunde" (1814, wichtig für seine Philosophie ist die vierte Wurzel), „Die Welt als Wille und Vorstellung" (1. Band 1818, 2. Band mit 50 glänzenden Essays erst 1843), „Parerga und Paralipomena" (= Nebenwerke und Nachträge, 1851), sowie einigen weiteren Abhandlungen?

Werdegang

Arthur Schopenhauer war zwar in Danzig geboren, seit seinem sechsten Lebensjahr aber in Hamburg aufgewachsen, wohin sein Vater umsiedelte, weil er nicht unter preußische Herrschaft geraten wollte. Irgendeine Sympathie für Preußen oder einen anderen deutschen Staat, sondern höchstens für eine Stadtrepublik mit Seeverkehr, wie eben noch Danzig eine gewesen war und weiterhin Hamburg blieb, durfte man von Schopenhauer (Vater und Sohn) gewiß nicht erwarten. Schon dadurch unterschied er sich beträchtlich von Fichte und Hegel. Dazu kamen sein international angelegter Bildungsgang mit langen Auslandsaufenthalten und die Kaufmannslehre. Französisch, Englisch, Spanisch sprach er fließend; tote Sprachen mußte er sich als Neunzehnjähriger erst einpauken lassen.

Geradezu fremd blieb ihm der traditionelle protestantische Problemkomplex, in dem die deutschen Idealisten aufgewachsen waren und den ihre Erzieher pietistisch vertieft hatten. Infolgedessen fehlt seinem Werk die augustinisch-lutherische Dialektik, weshalb er weder bei Kant noch bei Fichte und Hegel die tieferen Beweggründe ihres Philosophierens verstehen konnte. Seine für jene Zeit atypische Geistigkeit offenbart sich in der *Grenzsituation,* in welche ihn am Ende seiner Jugend der Freitod seines Vaters warf. Wahrscheinlich beging sein Vater, schwermütig geworden und dem Geschäftsleben nicht mehr gewachsen, *Selbstmord aus Weltangst.* Die geistige Erschütterung oder das seelische Trauma, das diese verzweifelte Tat in Arthur auslöste, hat er erst allmählich mittels seiner philosophischen Weltanschauungslehre überwunden. Als er kurze Zeit nach jenem Erlebnis in Weimar eintraf, wo seine Mutter Johanna, die bekannte Schriftstellerin, jetzt wohnte und in ihrem Salon oft auch Goethe empfing, erschreckte ihr Sohn sie durch seinen Pessimismus: „Dein Mißmut, deine Klagen über unvermeidliche Dinge, deine finstern Gesichter, deine bizarren Urteile, die wie Orakelsprüche von dir ausgesprochen werden, ohne daß man etwas dagegen einwenden dürfte, drücken mich und verstimmen meinen heiteren Humor, ohne daß es dir etwas hilft. Dein leidiges Disputieren, deine Lamentationen über die dumme Welt und das menschliche Elend machen mir schlechte Nacht und üble Träume."

In Göttingen studierte er zuerst Medizin, dann Philosophie (vor allem Kant und Platon) und seit Herbst 1811 an der Berliner Universität wiederum Philosophie und Naturwissenschaften. Von Fichtes Weltlehre war er am tiefsten beeindruckt, aber auf besondere Art und Weise und jenem Vorverständnis gemäß, das er aus seiner eigenen Lebenserfahrung mitbrachte.

Denkansatz von Kant und Fichte

Aus seinen Kant-Studien wußte er schon, daß sich Raum, Zeit, Kausalität gleichsam wie ein Schleier ausbreiten zwischen dem erkennenden Subjekt und dem „Ding an sich". Nun erfuhr er durch Fichte, wie das „Ding an sich" zum Verschwinden gebracht wird und wie die Welt ausschließlich unsere vom „Ich" produzierte Vorstellung ist, indem das „Ich" den subjektiven, objektiven und absoluten Schöpfergeist in sich zusammenfaßt. Jede äußere Erfahrung wird negiert, wird rundweg abgestritten; was bleibt, ist die im Bewußtsein vom Ich als dessen Selbstdarstellung erzeugte Vorstellungswelt. Kant hatte einen ganz anderen Standpunkt vertreten. Für ihn waren die empirischen Bewußtseinsinhalte, durch unsere Sinnesorgane vermittelt, reale *Erscheinungen,* denen außerhalb von uns das „Ding an sich“ zugrunde liegt. Sobald wir aber die Außenwelt überhaupt nicht gelten lassen wie Fichte oder Leibniz, dann verliert natürlich die „Erscheinung“ ihren Realitätscharakter. Statt dessen wird sie, von unserem „Ich“ als dessen „Nicht-Ich“ gesetzt, zur Scheinwirklichkeit, zum bloßen *Schein,* dessen Sinn und Zweck allein im „Ich“ enthalten und allein auf das „Ich“ bezogen sind. Nun kommt es darauf an, wie man dieses *unablässig tätige, willenskräftige* „Ich“ auffaßt, einschätzt, deutet; und das ist Sache der privaten Betrachtungsweise.

Altindische Philosophie

Eben davon, daß die Außenwelt bloßer Schein sei, war nun der pessimistisch gestimmte Schopenhauer überzeugt. Aber er bezog sich, um diese Auffassung zu begründen, nicht auf Leibniz oder Fichte, sondern auf die *altindische Philosophie,* die um 1800 in Europa bekanntwurde, und auf den mythischen „Schleier der Māyā“, den aus flüchtigen Bildern gewobenen Vorhang trügerischer Imagination vor unseren inneren Augen.

Wie aber kommt diese Scheinwelt zustande? Wer liefert sie uns? Die indische Göttin Māyā ist ja nur eine Symbolfigur. Einfach wäre es für Schopenhauer gewesen, hätte er noch an die Kraft glauben können, von der Leibniz als Theologie-Mathematiker sprach. Jedoch, inzwischen war die Philosophiegeschichte weitergegangen, und der spekulative Idealismus, wie er *nach* Kant sich entwickelt hatte, beherrschte das Feld. Als Schopenhauer zu philosophieren begann, lagen Fichtes und Schellings Werke sowie Hegels „Phänomenologie“ fertig vor, und ehe Schopenhauer an den ersten Band seines Hauptwerks ging, erschien Hegels „Logik“. Allen diesen Denkern, insbesondere Fichte und Hegel, ist eigentümlich, daß an Stelle der von Leibniz postulierten Gottes-„Kraft“ die *schöpferische* „Vernunft“ verkündet wird, der göttlich-absolute Geist, der von innen her unsere Vorstellungswelt aufbaut, sich selbst in die Gegenstände unseres Bewußtseins zerlegt, in ihnen sich objektiviert und aus ihnen sich selbst herauserkennt. Diese Vernunft ist also mehr als die Aufklärungsvernunft. Sie ist eine wollende, wissende Kraft, welche nach Zwecken, die sie mit sich bringt, unsere Welt bildet und das Weltgeschehen aus sich selbst hervorgehen läßt. Kurz, diese von Hegel „Weltgeist“ genannte Vernunftkraft ist eine allmächtige Potenz, die wir uns nur dann vorzustellen vermögen, wenn wir *das logisch-abstrakte Denken mit dem magisch-mythischen Denken kombinieren.*

„Weltwille“

Einer solchen Kombination ist Hegels *„Weltgeist“* entsprungen und Schopenhauers *„Weltwille“.* Was beide Männer zu Gegnern machte, war ihre grundverschiedene Wesensart. Schon Fichte hatte dargetan, daß jeder Denker sich diejenige Betrachtungsweise wähle, die zu seinem Charakter paßt. Überdies hatte Schopenhauer einen ganz anderen Bildungsgang hinter sich als unsere spekulativen Idealisten: *Er war kein evangelischer Theologe,* ihn quälte also nicht das religiöse Bedürfnis, einen philosophischen Ersatz für die biblische Heilsgeschichte zu erdenken. Schließlich erfreute er sich auch einer finanziellen Unabhängigkeit. Ob er eine ordentliche, vom Staat besoldete Professur erhielt oder nicht, das war für ihn keine Existenzfrage wie für Fichte, Hegel oder Schelling. Diese Freiheit darf man nicht gering veranschlagen. Sie bedeutete nämlich, daß er die weltbildende Gedankenkraft keineswegs, nicht einmal pro forma, etwa so wie der späte Fichte, ganz zu schweigen von Hegel, nun ebenfalls „Gott“ nennen und optimistisch beurteilen mußte. Vielmehr durfte er sie bezeichnen, erklären, bewerten, wie ihm beliebte. So stellte er sich auf den Standpunkt eines perfekten Individualismus, ohne Rücksicht auf Obrigkeit, Behörden und öffentliche Meinung, und bekundete frei heraus: *Für ihn sei dieser Weltwille nur dazu da, um überwunden zu werden.*

Finanzielle Unabhängigkeit

Wir kommen nochmals zurück auf den Charakterunterschied. Vor allem Fichte und Hegel sind, was ihre Wesensart angeht, zu verstehen aus der *theoretischen Struktur* ihres Talents. Wenn diese Philosophen, auch Schelling, die ganze Welt nur aus apriorischen Prinzipien konstruieren wollten und einzig mit Begriffen operierten, so geschah dies, weil sie von Natur aus gar nicht anders konnten.

Schopenhauer hingegen verfügte außerdem über eine stattliche Fähigkeit zur Imagination, zur Bildvorstellung; in ihm hielten sich offenbar die theoretische und die *ästhetische* Struktur im Gleichgewicht. Jedenfalls vermochte er sich zu den Begriffen deren konkrete Gegenständlichkeit so ins Bewußtsein zu rufen, wie sie uns üblicherweise als sinnliche Erscheinung, als Abbild empirischer Realität erscheint. Sonst hätte er niemals vom „Schleier der Māyā" gesprochen und sich nicht so begeistert an Buddha gehalten, dessen Statue in seinem Studierzimmer stand.

Buddhistischer Einfluß

Mit Buddha haben wir uns ausführlich in einem früheren Kapitel beschäftigt. Schon er lehrte, daß die Welt, die unserem Bewußtsein zunächst bildhaft-anschaulich gegebene Erfahrungswelt, lediglich unsere Vorstellung sei; und wir kennen auch die Exerzitien, die er veranstaltete, um in vorgeschriebener Reihenfolge aus dem Gedächtnis heraus die verschiedensten Erscheinungen imaginativ vor den inneren Augen entstehen zu lassen und wieder zu löschen. In gewisser Weise liegt diesen Exerzitien ein dialektisches Prinzip zugrunde: Die bildhafte Vorstellung erscheint, von ihr werden die Begriffe abstrahiert und nachdenkend *gewertet;* aus der so gewonnenen Einsicht und Erkenntnis heraus erhält man Leitbegriffe, zu denen die nächste Bildreihe dem Bewußtsein eingespiegelt wird; und so gelangt man mittels fortgesetzt dialektischer Reflexion auf der Begriffspyramide immer höher hinauf, bis zuletzt derjenige Oberbegriff übrigbleibt, der allein sich selbst zum Gegenstand haben kann, der also in unserem Bewußtsein sich selbst anschaut. Er ist das Subjekt, das sich selbst zum Objekt setzt, sich selbst wie in einem Spiegel erkennt und dabei begreift, daß er als Subjekt mit sich selbst als Objekt identisch ist und, in einem Wort gesagt, zum *Selbstbewußtsein* gelangt. In diesem Augenblick ist die Gedankenbewegung zu Ende, die Willenskraft nimmt aus dem Bewußtsein sich selbst an sich zurück, das Bewußtsein ist leer — wir sind im Nirvana.

Den Vorgang können wir, indem wir statt der Bilderscheinungen sofort nur adäquate Begriffe einsetzen, nach Denkvorschriften von Fichte und Hegel wiederholen — es ist nämlich ein gleicher Vorgang wie bei ihnen. Anstatt weltschöpferischer Gedankenkraft des Urwillens sagt Fichte je nachdem „Ich" oder „Idee, das Absolute, Gott", Hegel sagt „Geist, Weltgeist, Vernunft, Idee, das Absolute, Gott", womit im Grunde stets dasselbe gemeint ist; und von Fichte kennen wir die Grundsätze: „Das Ich setzt sich selbst; das Ich setzt sein Nicht-Ich": Das Ich ist jene auf einen Punkt konzentrierte Willenskraft, das Nicht-Ich ihre Erscheinungsweise als Bewußtseinsinhalt, aus dem das Ich sich herauserkennt, und so geht der Prozeß bereits bei Fichte dialektisch voran im dauernden Hin und Her zwischen Ich und Nicht-Ich, zwischen dem rein tätigen Subjekt und dessen Selbstdarstellung als Objekt, bis ganz oben, am Ende des Gedankengangs, das Ich oder die Idee oder das Absolute oder Gott sich selbst rein erfaßt im Selbstbewußtsein absoluter Freiheit. Nicht anders bei Hegel. Insofern könnte man, wenn man verblüffende Formulierungen liebt, Buddha als Vorläufer des Deutschen Idealismus ansehen.

Vergleich zwischen Buddha und Hegel

Indes, auch hier bleibt der Unterschied von Charakter und Weltanschauung. Buddha teilte nicht den heilsgeschichtlichen Optimismus Zarathustras, der Stoa und der Bibel. Ihn hätte die Lektüre unserer neutestamentlichen Eschatologie und Apokalypse mit der Vorstellung *ewiger* Höllenstrafen der Verworfenen

aufs tiefste erschreckt. Denn er litt am Leid der gesamten Menschheit, er litt an der Weltgeschichte und an dem Unglück heiliger wie nichtheiliger Kriege. Die Zufriedenheit, mit welcher Hegel feststellte, daß große und kleine Individuen, Völker und Einzelmenschen lediglich Werkzeuge der Vorsehung seien, vom Gottesgeist benutzt und weggeworfen — diese Zufriedenheit hätte Buddha nur mit Wehmut erfüllt.
Buddha verneinte radikal den Weltschöpferwillen. Er war ein Heilsgeschichtsdenker, der aus der Welt aller Lebewesen das Übel, das Leid beseitigen wollte, denn er lehrte, wie man die menschliche Vorstellungswelt, die uns eigentümliche Wirklichkeit, von allen „bösen", nämlich auf Lebensvernichtung abzielenden Bildgedanken reinigen müsse und somit auch von jeder Glaubensforderung nach Krieg und Verderben — kurz von jedem Prinzip, das theoretisch zwar schmerzlos vorzustellen ist, in der Praxis aber bitteres Lebensunglück bewirkt. Darin stimmte er wieder mit den Idealisten überein, ganz zu schweigen von Kant. Wenn Herder das Gottesreich der Humanität verkündete, wenn Fichte es bereits nahe herbeigekommen wähnte, wenn Hegel schließlich behauptete, es sei bereits angebrochen, so drängte sie dazu dasselbe Verlangen, wie es Buddha zu seinem Liebesgebot oder wie es die Aufklärungsdenker zu den Menschenrechten gedrängt hatte.
Von einer derartigen Sozialethik ist bei Schopenhauer nichts zu finden. Er war zu sehr Individualist und blieb, unter Berufung auf Buddha, stehen bei der Verneinung des Urwillens. Sein einziges Zugeständnis war das *Mitleids*-Gebot. Den Urwillen aber erklärte er als „Willen zum Leben", als „*Willen zum Dasein*", der keineswegs ein bestimmtes Ziel anstrebt, also kein Gerüst metaphysischer Teleologie mit sich trägt, sondern nur seinem Lebensdrang frönt, seinem Selbstvergnügen. Man könnte sich an Heraklits geheimnisvollen Ausspruch erinnert fühlen: „Der Aion [das Zeitgeschehen] ist ein spielendes, Brettsteine setzendes Kind; ein Kind ist Gottkönig."

Mitleidsgebot

Einzige Gesetzlichkeit, die lt. Schopenhauer der Urwille mitbringt, ist die *Kausalität,* die vierte der „Wurzeln vom zureichenden Grunde". Kant hatte sie eine Kategorie genannt. Mittels der Kausalität, also der Verknüpfung unserer Vorstellungen nach Ursache und Wirkung, baut — laut Schopenhauer — der Urwille eine Welt im Allgemeinbewußtsein auf, von der wir meinen, sie sei uns objektiv als Realität gegeben. Aber da erliegen wir einer Selbsttäuschung. Die Welt ist und bleibt Schein, auch wenn sie kausal geordnet wird. Denn allein der Urwille ist es, der sich in drei Hauptstufen „objektiviert": im Reich des Anorganischen, wo die Ursache als mechanisch tätig erscheint; im Reich des Organischen, wo sie als „Reiz" wirkt, und im Reich des Bewußtseins, wo sie als „Motiv" auftritt. — Als Schopenhauer 1820 vor der Berliner philosophischen Fakultät seine Disputation führen mußte, um das Vorlesungsrecht zu erlangen, stellte Hegel ihm die Frage: Wenn ein Pferd sich auf der Straße hinlege, was da Motiv sei. Schopenhauer antwortete: der Boden, den es unter sich finde, im Zusammentreffen mit seiner Müdigkeit, einer Gemütsbeschaffenheit des Pferdes. Stünde das Pferd an einem Abgrund, so würde es sich nicht niederlegen. Hegel warf ein: „Sie rechnen die animalische Funktion gleichfalls zu den Motiven? Also der Schlag des Herzens, der Blutumlauf erfolgen auf Anlaß von Motiven?" Schopenhauer entgegnete, daß man in der Physiologie nicht diese unbewußten organischen Verrichtungen, sondern die bewußten Bewegungen des tierischen Leibes als „animalische Funktionen" bezeichne, und berief sich auf Haller. Dem widersprach Hegel, bis der Mediziner Lichtenstein darlegte, daß Schopenhauer im Recht sei. So wissen nun auch wir, was dieser unter „Motiv" verstand: *bewußte* Handlungen auf Grund des Kausaldenkens. — Die Stufenfolge der Gattungen und deren Begriffe nennt er „*Ideen*".

Kausalität

Gegen den Dtsch. Idealismus

Abschließend nun noch seine Wendung gegen den theologischen Idealismus! Die allgemeinen Naturkräfte des Urwillens stimmen in jenen drei Reichen so zusammen wie eine „Weltensymphonie“, indem sie nacheinander einsetzten und nun miteinander erklingen. Grundbaß ist die anorganische Natur, die Mittelstimmen werden repräsentiert von der Pflanzen- und Tierwelt, und die führende Melodie ertönt von den Seelenkräften der Menschen. Sobald die organisierenden Naturkräfte den Menschen gebildet hatten, und somit dessen Gehirn, war schlagartig auch die Welt als Vorstellung entstanden, und zwar *im Gehirn und kraft des Gehirns;* denn eben das Gehirn ist vermöge seiner Denkfunktionen nichts anderes als der *Wille zum Erkennen.* Diese physiologische Zuweisung unseres Denkzentrums ans Gehirn mußte jeden Idealisten schockieren; denn wenn er auch auf anderem Wege und im Endeffekt zum selben Ergebnis gekommen wäre, hätte er doch niemals „Gehirn“ gesagt, sondern „Gott“. Allerdings überläßt Schopenhauer die Gedankentätigkeit nicht ausschließlich der Medizin (Anatomie, Physiologie) zu näherer Erforschung. Vielmehr führt er als Spezialfall das „Genie“ an, das *künstlerische und das philosophische Genie.* In der philosophischen Weltbetrachtung und in der Kunst erhebt sich der geniale Mensch zu einem *interesselosen Schauen der Idee.* Alles urtümliche Begehren endet; das Kunstwerk löst sich aus dem sonst vom Urwillen unabhängig produzierten Weltzusammenhang und steht selbständig da, in sich abgeschlossen, fertig für immer; und wir genießen es, ohne am Leitfaden der Kausalität nach etwas anderem zu fragen. Höchste, vollendete Kunstgattung ist die Musik. In ihr stellt unmittelbar der Urwille sich selbst dar mit seinem beständigen Wogen und Drängen, mit seinem Sehnen und seinem Leid. Das heißt: In der bildenden Kunst ist der Urwille sich selbst noch ein jeweils abgesondertes Objekt; aber in der Musik kommt er zu sich selbst und ist sich selbst gegenwärtig als reines, unendliches Tun — wie Schopenhauer mit einem auf den Urwillen angewandten Begriff Fichtes wohl auch hätte sagen können.

Genialer Individualismus

Man sieht: Schopenhauer sucht und findet eine Erlösung vom Weltleid nicht nur in der Negation des Urwillens. Er hebt diese Negation nicht lediglich auf im allgemeinen Mitleid, sondern er stellt zuletzt sogar das Individuum selbstwillig dem Urwillen gegenüber, er läßt den Urwillen klingend an sich vorüberziehen, und er bringt den Urwillen dazu, sich selbst dem Genie, aber auch dessen talentierter Gefolgschaft, zum Genuß darzubieten. Aus Leid wird Freude, aus Schmerz wird Genuß — ein recht ansehnlicher Sprung seiner Dialektik! Was für die Musik gilt, das trifft in geringerem Maße auf die gesamte Kunst und auf das Philosophieren zu. Wie aus Schopenhauers bis zu diesem dialektischen Hochsprung entwickelten Voraussetzungen ein derartiges Heraustreten aus dem Urwillen möglich sei, danach fragen wir besser nicht, weil wir keine zulängliche Antwort erhalten. Woher die plötzlich auftauchende Willensfreiheit? Welche Stellung hat das Genie im Weltzusammenhang, wenn dieser doch nichts weiter ist als der Urwille selbst? — Nun, wir finden uns mit Schopenhauers liebenswerter Behauptung ab, zumal er ein so vorzüglicher Schriftsteller war, und halten aus seiner Kunsttheorie fest, daß bei ihm die Erlösung vom dumpfen Daseinstrieb *individualistisch* erfolgt.

Vor allem durch seinen metaphysischen Individualismus hat Schopenhauer auf jüngere Generationen eingewirkt, nachdem er, längst zum verbitterten Sonderling geworden, seit 1853 den Ruhm gewann, den er einst vergeblich gegen Hegel erkämpfen wollte. Denn inzwischen hatten sich die Zeitumstände sehr verändert. Kaum jemand fragte jetzt noch nach Hegel. Bereits 1878 mußte Windelband in seiner Geschichte der neueren Philosophie bekümmert feststellen: „Das Geschlecht, das Hegels Phänomenologie des Geistes *verstehen* konnte, ist im Aussterben. Schon jetzt dürften diejenigen, die sie auch nur von Anfang bis zu Ende *gelesen* haben, zu zählen sein." Statt dessen schwärmte ein anderes, junges Geschlecht von Schopenhauers Philosophie, die ja auch — in extremem Gegensatz zu der Hegels — viel leichter zu begreifen und in elegantestem Stil von einem unserer besten Essayisten einem größeren Publikum dargeboten war. Ehe man Schopenhauers Werk — zunächst die „Parerga und Paralipomena" — entdeckte, waren der idealistische Fortschrittsoptimismus und die spekulative Gottesgeistlehre, insbesondere die Metaphysik des Staates, an der harten Tatsachenwelt zerbrochen, von der Revolution 1848/1849 umgestürzt, von den Naturwissenschaften überholt worden. Aber die Revolution war gescheitert, die Reaktion triumphierte, eine tiefe Niedergeschlagenheit ergriff das Volk, ein Kulturpessimismus breitete sich aus, da ja weder die von deutschen Idealisten prophezeite Evolution sich bemerkbar gemacht noch die Revolution etwas genützt hatte. Man war nun in weiten Kreisen so gestimmt, daß man Trost bei Schopenhauer zu suchen und zu finden vermochte. Denn er verlachte den „ruchlosen Optimismus", rechtfertigte den Pessimismus, lehrte jedoch, wo der einzelne, der eben damals infolge verschärfter Zensur und Polizeiaufsicht auf sich selbst zurückgeworfen war, als Individualist die Erlösung vom Weltschmerz erleben durfte: in der Kunst, besonders in der Musik.

Wirkung auf jüngere Generation

Richard Wagner, der noch 1849 gegen Obrigkeitstruppen auf der Barrikade gekämpft hatte und flüchten mußte, aber heimkehren durfte, war ein überzeugter Anhänger Schopenhauers, wie auch seine Musik und Texte, vom „Fliegenden Holländer" bis zum „Parsifal", erweisen. Uns möge hier aber ein Nietzsche-Zitat aus dem Jahr 1865 genügen: „Ich hing damals gerade", so schreibt er, „mit einigen schmerzlichen Erfahrungen und Enttäuschungen ohne Beihilfe einsam in der Luft, ohne Grundsätze, ohne Hoffnungen und ohne freundliche Erinnerung ... In der glücklichen Abgeschiedenheit meiner Wohnung gelang es mir, mich selbst zu sammeln ... Nun vergegenwärtige man sich, wie in solchem Zustande die Lektüre von Schopenhauers Hauptwerk wirken mußte. Eines Tages fand ich nämlich im Antiquariat ... dies Buch ... Zu Hause warf ich mich mit dem erworbenen Schatz in die Sofaecke und begann jenen energischen, düsteren Genius auf mich wirken zu lassen. Hier war jede Zeile, die Entsagung, Verneinung, Resignation schrie, hier sah ich einen Spiegel, in dem ich Welt, Leben und eigen Gemüt in entsetzlicher Großartigkeit erblickte. Hier sah mich das volle, interesselose Auge der Kunst an. Hier sah ich Krankheit und Heilung, Verbannung und Zufluchtsort, Hölle und Himmel. Das Bedürfnis nach Selbsterkenntnis, ja Selbstzernagung packte mich gewaltsam; Zeugen jenes Umschwungs sind mir noch jetzt die unruhigen, schwermütigen Tagebuchblätter jener Zeit ..." Aus diesem Erlebnis ging Nietzsche als der aphoristische Gedankendichter hervor, als der er auf die nächste Generation gewirkt hat. Noch gegenüber Jacob Burckhardt nannte er Schopenhauer „unseren Philosophen", und 1874 bekannte er: „Ich verstand ihn, als ob er für mich geschrieben hätte", und: *„Es ist dies das Zeitalter Schopenhauers."*

Richard Wagner und Nietzsche

Schelling

Aber wir müssen aus dem „Zeitalter Schopenhauers" nochmals zurückkehren ins Zeitalter Hegels, als es sich dem Ende zuneigte. Zehn Jahre nach seinem Tod berief Friedrich Wilhelm IV., „um die Drachensaat des Hegelschen Pantheismus zu vernichten", aus München an die Berliner Akademie den damals hochberühmten Jugendfreund, Studiengefährten und philosophischen

In Berlin Nebenbuhler des Verstorbenen: Friedrich Wilhelm Josef *Schelling* (1775—1854, aus Leonberg in Württemberg). Voller Erwartung empfing man ihn in Berlin, wo er auch an der Universität Vorlesungen hielt. Der Hörsaal konnte die herandrängenden Studenten nicht fassen, sie stauten sich noch vor den Fenstern. Jedoch, schon im Lauf des ersten Vorlesungssemesters gab es immer mehr freie Plätze im Auditorium; das Interesse an Schelling erlosch so schnell, wie es aufgeflammt war.

Denn bald hatte sich herausgestellt, daß seine philosophische Welterklärung hinter den Allgemeininteressen und Wissenschaften zurückgeblieben war und zur Romantik gehörte. Seine Hauptschriften waren bis 1809 erschienen, gefolgt von zwei größeren Abhandlungen bis 1815. Seit 1820 hatte er sich in Erlangen und dann in München auf Vorlesungen beschränkt, als ob er *seine dialektische Gnosis,* die jedem Kirchenglauben widersprach, vor der Öffentlichkeit schützen wollte, wo Mißverständnisse drohten und die Zensur herrschte. Ohne sein Wissen erschienen 1842 und 1843 seine Berliner Vorlesungen aus Kollegheften im Druck. Mit einem der Herausgeber, H. E. G. Paulus, führte er deshalb einen Gerichtsprozeß. Dieser Heidelberger Theologe nämlich, einer von seinen scharfen Gegnern, beabsichtigte nicht etwa, ihm einen Freundschaftsdienst zu erweisen, sondern ihn bloßzustellen, als Feind des Kirchenglaubens anzuprangern und zugleich lächerlich zu machen, was ihm auch gelang und woraufhin Schelling fortan schwieg.

Zeitwandel Daß seine Berliner Vorlesungen ihn vor den Kirchenbehörden kompromittierten, bei denen ja auch die Zensurgewalt lag, ist verständlich. Schmerzlicher war, daß sich ein allgemeiner Überdruß an bloßer Spekulation immer deutlicher zeigte, und gerade Schelling, der den Idealismus vollends übersteigerte, bot Anlaß und Gelegenheit für jeden, der sich mit philosophischer Welterklärung beschäftigte, sich bewußt zu werden, daß mit dem steilen Aufstieg der Realwissenschaften, insbesondere der Naturwissenschaften, seit der Mitte des vorigen Jahrhunderts ein neues Weltzeitalter begonnen hatte. Jedoch nicht nur aus ihrer Sicht mußte man den Idealismus und die spekulative Philosophie überhaupt für ein Phantasieprodukt halten, wenn man als dessen letzten und berühmtesten Wortführer eben Schelling betrachtete. Hatte man Hegels Weltanschauung noch Glauben geschenkt und mit ihr die großen Lebensprobleme auch praktisch zu bewältigen versucht, so wollte man jetzt eine Philosophie, wie er sie vortrug, endgültig verwerfen, erledigen und auf ihren Grabstein schreiben: Hirngespinste, Wahnsysteme.

Daran trug jedoch nicht allein Schelling die Schuld, und ebensowenig darf man allein den Zeitwandel dafür verantwortlich machen, daß seine theologisch-philosophische Welterklärungslehre um 1810 wie eine Offenbarung der Gottvernunft und um 1845 wie lauter Unsinn anmutete. Vielmehr hatte Schelling, indem er das spekulative Denken bis aufs äußerste trieb, nur dessen Eigenart um so deutlicher zum Vorschein gebracht und endgültig klar gezeigt, daß der Deutsche Idealismus, die mit dem magisch-mythischen Denken zwanghaft vermischte logisch-abstrakte Welterklärung, nur eine Form moderner Gnosis darstellt und im Mythos aufgeht. Denn sie steht in unüberbrückbarem Gegensatz zu jeder Wissenschaft und gehört in die Geistesgeschichte der Glaubenslehren.

Mit der säuberlichen Unterscheidung von Wahrnehmungen *empirischer Realität und Phantasievorstellungen fängt jede Wissenschaft an;* ohne diese Unterscheidung ist Wissenschaft gar nicht möglich. Hätte Kant sich mit der Kritik der reinen Vernunft begnügt, so wäre wohl der spekulative Idealismus gar nicht mehr aufgekommen. Kant holte jedoch die als „praktische Vernunft" erklärte Metaphysik wieder ins Bewußtsein zurück, das er eben von ihr frei

gemacht hatte, und somit auch Prinzipien oder Kardinalbegriffe, welche ihren Sinn und Zweck nur kraft magisch-mythischen Denkens erhalten.
Infolgedessen bekam die Erkenntnis Humes, daß uns die menschliche Eigenwelt nur im Bewußtsein gegeben, also unsere Vorstellungswelt sei, nunmehr zusätzlich eine zweite Bestimmung: Die Welt ist 1. unsere Vorstellung, insofern ihr Sinneseindrücke zugrunde liegen, aber sie ist 2. unsere Vorstellung auch insoweit, als sich im Bewußtsein von innen heraus übersinnliche „Ideen" spiegeln. Angesichts dieser Zweiteilung der Bewußtseinsinhalte längs der Grenzlinie zwischen „Wissen" und „Glauben" erklärte ausdrücklich zuerst Fichte, daß man sich für den einen oder anderen Standpunkt entscheiden müsse und daß er sich für den zweiten entscheide, von dem aus — und darauf kommt es an! — die *gesamte* Vorstellungswelt herzuleiten und aufzubauen sei.

Zur Kritik der spekulativen Denksysteme

Das bedeutete gegenüber Kants „kopernikanischer Wendung" in der „Kritik der reinen Vernunft" eine Rückkehr zu *vorkopernikanischen* Auffassungen. Fortan wurde, wie bei Leibniz, der von Hume und Kant gänzlich anders gemeinte Erkenntnisgrundsatz von der „Welt als Vorstellung" zur Zauberformel der Spekulationsphilosophie, die nun auch die Sinneseindrücke, die empirische Realität, als Selbstwiedergabe solcher Gedanken erklärte, die ein jeweils anders aufgefaßter Gott uns vorgedacht habe und in denen sich sein schöpferischer Geist ausdrücke. *Die Erscheinungswelt wurde zum Schein.* Dabei berief man sich abermals auf „Gott" — ähnlich wie einst Descartes —, weil er sein Wesen schöpferisch in Allgemeinbegriffen ausdrückt und aus diesen Begriffen heraus sich die Scheinwelt entwickelt, weshalb sie eben nicht bloßer Schein, sondern Wirklichkeit, und zwar göttliche Wirklichkeit, ist; eine Erscheinungsform oder Selbstdarstellung Gottes *als* Natur, *als* Geschichte. Und da Gott die Einheit ist, die Vorstellungswelt aber eine Mannigfaltigkeit, so hat eben Gott sich in die Naturgegenstände „zerlegt" und sich im historischen Geschehen „entfaltet". Folglich haben wir es überall und immer nur mit Gott selbst zu tun; er ist das Denken, aus dem die Wirklichkeit hervorgeht, und er denkt sich selbst aus der Wirklichkeit wieder heraus und zu seiner Ureinheit zurück; und damit die Menschheit nun davon auch erfahre, hat er sich sozusagen in den spekulativen Philosophen verkörpert und offenbart durch deren Mund und Schrift sich selbst sowie das, was er bisher, seit Anfang der Welt, getan hat, tut und zu tun gedenkt.
So gab der vorhin genannte Paulus 1843 eine Reihe von Schellings Vorlesungen heraus unter dem spöttisch gemeinten Titel: „Die endlich offenbar gewordene positive Philosophie der Offenbarung." Vorzüglich an Schelling läßt sich nun auch genauer demonstrieren, woher der Deutsche Idealismus seine Triebkraft bezog:

Glaubensüberzeugung

Alle Denker, die ihn heraufgeführt und ausgebildet haben, waren ja zunächst Theologen, und zwar Theologen *lutherischer* Konfession. Im Mittelpunkt jeder christlichen Dogmatik steht selbstverständlich eine Christologie. Die dogmatische Christologie bestimmt das Glaubensverhältnis zwischen Gemeinde und historischem Christus. Bei *Luther* (dem Augustiner!) findet sich der Grundsatz: Die *Menschwerdung Christi* geschah nicht nur im geschichtlichen Leben Jesu, sondern sie *geschieht fortdauernd,* nämlich *in der Kirche.* Die Kirche ist das *Corpus Mysticum* Christi, *das er sich durch Wort* und Sakrament ständig *schafft.* Dieser mystische Körper Christi *tritt in Erscheinung in irdischen Ordnungen* und *setzt sich zusammen aus* (sündigen) *Menschen.* So stellt sich der Körper dar als *institutionelle Körperschaft.* Dieser Christuskörper ist auf Erden nur als Corpus Mixtum da, also nicht „rein", sondern mit Elementen der Erdnatur „gemischt". Vollkommen rein ist das Zentrum, nämlich der stets lebendig gegenwärtige, schöpferische *Geist* Christi. Der andauernde Schaffungs-

Nachwirkung des augustinischen Dualismus

prozeß erfolgt also *von innen nach außen,* wobei der *Geist* sich *unmittelbar* im *schöpferischen Wort* ausdrückt, ehe *aus dem Wort die Tat hervorgeht.* Insofern sich die geistige Ordnung vom Zentrum her bis in die Staatsverfassung fortsetzt, ist der *Staat* die weltliche Außenseite dieses Corpus Christi, das Ganze also vom Kern bis zur Schale eine *lebendige,* sich *von innen her durch die Geschichte* entwickelnde, *sichtbar-unsichtbare* Einheit. Sichtbar ist die Erscheinungsform, unsichtbar ist ihr Geist. Der Ungläubige, der nicht eingeweiht ist in dieses *Geheimnis,* sieht nur die äußere Hülle, die Erscheinungsform, die empirische Realität; hingegen der Gläubige erkennt *mit den Augen des Geistes* Christus und durch Christus unmittelbar Gott selbst. Folglich spricht Luther zusammenfassend von dem „Gott Jesus Christus" und nennt Jesum Christum seinen „einzigen Gott".

Fortwirkung der Entelechielehre im Idealismus

Jetzt brauchen wir nur noch ein paar philosophische Fachausdrücke hinzuzunehmen, und schon stehen wir mitten im Deutschen Idealismus. Zunächst ergänzen wir *Geist* durch *„Idee"*, und zwar deshalb, weil im lebendig-schöpferischen Geist ja eine Vorstellung dessen enthalten sein muß, was er schaffen, also aus sich selbst hervorbringen will, und die Einheit aus Geist, Absicht, Schöpferkraft heißt im deutschen Idealismus eben *Idee.* Sodann ergänzen wir „Wort" mit „Begriff"; und da das „Wort" ja ein *Schöpfungswort,* ein *Wort lebendiger Kraft ist,* so kommt hier auch seinem *Begriff dasselbe Vermögen* zu. Insofern gibt es keinen „toten" Begriff; ja er ist auch dann nicht „bedeutungsleer", wenn ihm, etwa im Sinne von Hume, jede Evidenz fehlt. Mag der Begriff auch noch so abstrakt sein, mag ihm auch jede konkrete Grundlage mangeln, mag er gleichsam völlig in der Luft hängen — er hat doch in sich eine *Vollmacht des Geistes,* und sein Charakteristikum ist es gerade, daß er seiner sichtbaren Wirklichkeit vorweg ist, daß er a priori ist, daß durch ihn erst die Wirklichkeit entsteht und daß diese Wirklichkeit in ihm sich wieder zusammenfaßt. Folglich ist jeder Schöpfungsvorgang ein *Denkvorgang;* indem das Denken sich von Begriff zu Begriff bewegt, entwickelt es auch aus jedem Begriff dessen Wirklichkeit, setzt sie mit dem Begriff. Nun sind Gott und Christus und der Geist eine Einheit im „Logos"; durch mein Denken erfasse ich Gott oder vielmehr: Gott denkt in mir. *Dieses* Denken heißt *nun* „Vernunft"; und insofern Gott — über jede Konfessionsgrenze hinaus — der Universalgott ist, so ist sein Geist der *Weltgeist.* In Gott ist der Geist das „Absolute" oder der „absolute Geist"; in seiner Selbstdarstellung als Weltwirklichkeit ist er der „objektive Geist" (so bei Hegel), und individuell manifestiert er sich als „subjektiver Geist".

Übertragen wir nun die Vorstellung vom Corpus Mysticum auf die ganze Welt und Weltgeschichte und außerdem auf jede historische Einheit von Landeskirche-Volkskirche und Vaterland (wie im Luthertum), Nationalkirche und Nationalstaat, und somit auf Volk oder Nation, und bedenken wir ferner, daß jede solche Körperschaft ja der Geist selbst ist, der in ihr sich darstellt und entwickelt, dann nähern wir uns bereits der seit Herder obligaten Vorstellung vom Gang Gottes über die Nationen oder (bei Hegel) *mittels* der Nationen. Zuletzt sei noch an die Stelle des Gläubigen, dem aus Glauben sein Wahrheitswissen kommt, derjenige *Philosoph* gestellt, der ebenfalls Glauben und Wissen vereinigt und kraft seines Gottesdenkens hinter allem Sichtbaren das Unsichtbare erfaßt, nämlich den Begriff, den Geist, Gott, weshalb er der Menschheit nun den Gottesplan zu offenbaren vermag. Irgendwelcher *Erfahrung* bedarf er dazu nicht, spricht aus ihm doch Gott selbst.

Umformung des christlichen Dualismus

Ersichtlich ist der Deutsche Idealismus zwanglos aus seiner theologischen Voraussetzung herzuleiten. Nicht ganz so leicht stellte sich ihm das Problem des christlichen Dualismus dar. Hier hatte er — strenggenommen — *zwei Dualis-*

men zu verarbeiten. Günstig war allerdings, daß der eine sich dem andern unterordnen ließ. Der erste, vordergründige Dualismus war derjenige von Christus und Antichristus (wobei dieser hier mit dem Satan indentifiziert wird). Dazu kann man nun sagen: Christus ist die alles begründende These und der Antichristus eben die Antithese. Wie aber kommt man zur Synthese? Nun, dafür sorgt der zweite, hintergründige Dualismus. Er besteht darin, daß — laut Luther, der hier den Ausschlag gibt — unbedingt die „*doppelte Prädestination*" gilt. Sie besagt: *Gott* hat einen Teil der jeweils lebenden Menschheit zur Seligkeit, den andern zur Verdammnis vorausbestimmt. Folglich ist an die Stelle des *einen* göttlichen Liebeswillens ein zwiefacher, sich wiedersprechender Wille gesetzt, der die Einheit in Gott zerbricht. Jedoch, laut Luther erscheint dies nur dem „Unglauben" so. Vom „Gläubigen" wird verlangt, daß er *Gott in seinem Gegensatz* begreift. Also wird der zwiefache Gotteswille, These und Antithese, *aufgehoben* in Gott als Synthese. Dieser Schlußsatz enthält eine Glaubenstatsache, wobei der Glaube, wie schon Paulus sagte, alle Vernunft übersteigt.

Schellings Welterklärung

Von dieser Glaubenstatsache gingen im theologisch-philosophischen Idealismus vor allem Schelling und Hegel aus. So erklärt sich, warum auch im Hinblick auf die Weltdialektik die höchste Einheit, Gott, besondere Bedeutung als „das Absolute" erhielt, denn zu ihm ist alles, da zwiefach gesetzt, notwendig *relativ*. Dieselbe Relation besteht aber auch innerhalb des durchgängigen Gegensatzes innerhalb der Geschichtswelt, handelt es sich doch in jedem Fall, ob These, ob Antithese, um Willensakte *eines* Gottes, also letztlich um nur *einen*, wenn auch dialektisch geteilten Willen der Welteinheit. Darum muß dieser Gegensatz, wenn man ihn zum Weltprinzip verallgemeinert, sich im gesamten Weltdenken-Gottesdenken ausdrücken, ebenso aber jeweils auch die Einheit des Gegensatzes. *Damit haben wir die theologische Rechtfertigung von Hegels Dialektik.* Nunmehr steht zu jedem Begriff als These der Gegenbegriff als Antithese, wonach beide Begriffe mit ihrem Gegensatz *aufgehoben* werden in der Synthese, die ihrerseits eine These ist — nebst Antithese — und so fort, bis die Gedankenbewegung zur Ruhe kommt in der alles umfassenden Synthese, im Absoluten, im Einheitswillen, in Gott. Auf diese Weise freilich ist die Prädestinationslehre zum Verschwinden gebracht, mit ihr aber auch der Dualismus selber, und es triumphieren der Monismus, Monotheismus, Pantheismus.

Dialektischer Monismus

Läßt sich in dieses System auch die *anorganische* Natur einbeziehen? Schelling erwiderte: Ja! Zu Hilfe kam ihm der um 1800 entdeckte Magnetismus. Der Magnet hat bekanntlich zwei Pole, einen „positiven" und einen „negativen". Woher kommt diese Bezeichnung? Aus der „romantischen" Naturphilosophie! Die Elektrizität bringt in sich die *Polarität* schon mit und ist zugleich die *übergreifende Einheit.* Da alles, was ist und geschieht, stets und überall Gott ist, so offenbart auch hier sich die Dialektik seines Willens und seiner Lebenskraft. Blickt man sich in der organischen Natur um, und sieht man, wie dort der Gegensatz „männlich-weiblich" aufgehoben wird in der „Frucht", sieht man sich noch weiter um im ganzen Weltgetriebe, so erkennt man die *Polarität als Weltgesetz*, hervorgegangen aus der Alleinheit des Absoluten. Demgemäß erklärte der junge Schelling z. B.: „Das Licht ist dasselbe wie die Materie, die Materie dasselbe wie das Licht, nur jene im Realen, dieses im Idealen", oder: „Das Reich der Schwere ist im einzelnen durch das weibliche, das Lichtwesen durch das männliche Geschlecht personifiziert."

Naturphilosophie

Für „positiv“ und „negativ“ benutzt man als Symbole das Plus- und das Minuszeichen. Die übergeordnete Einheit könnte man als „absolute Indifferenz“ bezeichnen: Plus = These, Minus = Antithese, absolute Indifferenz = Synthese. Folglich wäre, wenn man Plus und Minus, Position und Negation, als die beiden Weltwillenskräfte Gottes erklärt, Gott selbst die *absolute Indifferenz* — und so hat der junge Schelling ihn auch bezeichnet.

Gott als absolute Indifferenz

Von diesem Ansatz her entwickelte er seine Weltphilosophie weiter. In den Berliner Vorlesungen hat er sie vollendet. Davon sei dem interessierten Leser nunmehr ein Teil derjenigen Inhaltsangabe mitgeteilt, die 1847 Albert Schwegler in seiner „Geschichte der Philosophie im Umriß“ veröffentlicht hat. Auch Schwegler, damals noch Privatdozent in Tübingen, hatte wie Schelling im Tübinger Stift studiert; seine Zusammenfassung jener „positiven Philosophie“ des alten Schelling noch als dessen Zeitgenosse und nur wenige Jahre, nachdem sie öffentlich bekanntgeworden ist, ist für uns besonders aufschlußreich. Ein Kommentar ist nicht mehr nötig:

Dualismus nach Plus und Minus

„Ebenso wie bereits in der Abhandlung über die Freiheit wird auch hier [von Schelling] das, was in Schellings dritter Periode die absolute Indifferenz genannt worden war, als das prius von Natur und Geist, ja insofern als das prius Gottes bezeichnet, als es das in Gott ist, was [noch] nicht Gott ist, und nun gezeigt, wie von diesem Vorbegriff Gottes, welchen der Pantheismus an die Stelle des Gottesbegriffs stellt, zu dem wahren Begriff Gottes gelangt wird, den der wahre Monotheismus hat, welcher den Pantheismus überwindet, weil derselbe in ihm latent geworden ist.“

„In diesem Verklärungsprozeß des Gottesbegriffs werden nun drei Momente oder, wie Schelling sie nach seiner früheren Weise zu nennen pflegt, *Potenzen* unterschieden. — Zuerst das Sein-Könnende, welches, weil es das noch nicht Seiende ist, mit dem Minuszeichen versehen wird und gewöhnlich — A genannt wird. Es ist der Grund oder auch die Natur in Gott, das Dunkle, erst zu Verklärende, das früher, in der Abhandlung über die Freiheit, Hunger nach Existenz genannt wurde und auch das Subjekt des Seins oder das An-sich-Sein genannt werden kann. — Diesem bloßen Sein-Können steht als sein reines Gegenteil, darum + A, das reine Sein ohne alles Können gegenüber, das, wie jenes bloßes Subjekt war, so gar nicht Subjekt, nur Prädikat und Objekt ist, das, während jenes das Selbstische, In-sich-Seiende war, vielmehr das Außer-sich-Seiende, nicht sich Versagende ist. — Beide bilden die Voraussetzung für das von ihnen ausgeschlossene Dritte ± A, in dem sich das An-Sich und Außer-Sich oder die Subjektivität und Objektivität vereinigen, so daß es das bei sich Seiende, seiner selbst Mächtige genannt werden kann. Dieses Dritte nun, das wie — A den ersten, so den höchsten Anspruch darauf hat, das Seiende zu sein, wird am passendsten mit dem Worte *Geist* bezeichnet.“

Monismus aus Plus und Minus

„Als die *Einheit dieser drei* ist *Gott* noch lange nicht der Dreieinige, sondern zunächst nur der All-Eine, in welchem Begriffe erst die *Wurzel der Dreieinigkeit* liegt. Der Fortgang dazu, zugleich aber auch zu dem von Gott unterschiedenen Universum, geht so vor sich, daß das — A, welches das nicht Seiende war, als solches gesetzt wird. Dazu aber ist, da nur solches, was ist, als nicht seiend gesetzt werden kann, als Vorbedingung nötig, daß es zuvor als seiend gesetzt und dann von dem ihm gegenüber stehenden + A überwunden wird. Das Hervortreten dieses Gegensatzes, welches nicht aus der Natur Gottes, sondern aus seinem Willen folgt, hat, da sich darin eigentlich das Verhältnis der beiden Potenzen umgekehrt hat, indem — A zum Seienden, + A zum Können, d. h. zur Macht geworden ist, zu seinem Produkt die Verkehrung des ursprünglichen Verhältnisses, also des unum versum [Universum], ebenso aber dient es auch dazu, daß auf jenen beiden, jetzt umgestalteten ± A Gott als sich selbst besitzender wirklicher Geist ist: Theogonischer und kosmogonischer Prozeß gehen hier miteinander. Der letztere zeigt eine Stufenfolge ... In dem menschlichen Bewußtsein, dem Schlußpunkt jener Stufenreihe, erreicht die Spannung der Potenzen ihr Ende ..."

Das „Ich" unter Gott

„Ausgehend von den ersten Bedingungen alles Seins, übergehend dazu, daß diese Potenzen Ursachen eines geteilten, in sich abgestuften Seins werden, fortgehend dazu, daß das Ich, indem es sich als Prinzip aufrichtet, Gott von sich abscheidet, hat Schellings Lehre zuletzt gezeigt, daß das Ich sich als Nichtprinzip erklärt und sich dem so ab- und ausgeschiedenen Gott unterordnet, und ist also dabei angelangt, am Ende Gott als Prinzip zu erkennen ..." — Hier brechen wir ab — wie Schelling seine Vorlesung abgebrochen hat, nachdem die Öffentlichkeit davon erfahren hatte. Er starb 1854 in Ragaz. König Ludwig I. von Bayern ließ ihm einen Denkstein setzen mit der Inschrift: „Dem ersten Denker Deutschlands."

Hegelianer rechts und links

Gegen den *Pantheismus* der Hegelianer war Schelling nach Berlin geholt worden; gegen ihre *Staatsauffassung* berief Friedrich Wilhelm IV. den Rechtsphilosophen Julius Stahl (1801—1861). Gemeint waren aber nur die sog. Links-Hegelianer. Denn je nach Wesensart und Gesinnung konnte man aus Hegels Weltgeistlehre entweder als Glaubenssatz entnehmen, daß Gott die gegenwärtige Staatsverfassung, nämlich die heilig-monarchische nebst Landesgesetzen, als Endergebnis seines Gangs durch die Weltgeschichte hervorgebracht habe, um in ihr sich fortan selbst zu genießen — dann war man Rechts-Hegelianer und hielt diesen Staat für den Gott auf Erden; oder man las aus Hegels Weltgeistlehre heraus, daß die Evolution noch nicht vollendet sei, sondern daß Gott sich eine Fortsetzung seines staatlichen Werdegangs vorbehalten habe, und zwar zu ganz anderen Herrschaftsformen, vielleicht gar zur Demokratie — dann war man, auch wenn man nicht sogleich an Demokratie dachte, aber doch an Volksrechte, jedenfalls ein Links-Hegelianer.

Ideologie als Charaktersache

Revolution 1848/49

Das alles fiel dahin in und nach der Revolution 1848/49. Sie hatte in ganz Deutschland den erschreckten Fürsten deutlich gemacht: Weder glaubte die Volksmehrheit daran, daß Gott sich im Staat verkörpert habe, noch vertraute sie auf eine Evolution, deren Zukunft nicht abzusehen war. Vielmehr verlangte die gesamte *Nation* in ihrer Mehrheit und ohne Rücksicht auf innerdeutsche Staatsgrenzen das sofortige Ende des bisherigen Zustands, ferner die Nationalverfassung mit Freiheitsrechten des Volks sowie eine allgemein gewählte Nationalregierung. Die Hauptfrage im Frankfurter Parlament war nur, ob das künftige, mit dem Kaisertitel ausgestattete Reichsoberhaupt dieses Amt vererben oder jeweils neu gewählt werden solle, oder ob eine Republik oder gar eine Demokratie vorzuziehen sei. Während des heftigen Für und Wider wurden die verschiedensten Argumente ins Treffen geführt; man berief sich auf Traditionen und Nützlichkeiten, auf Volkswirtschaft und Staatserfahrung. Aber wer zitierte dort *grundlegend* etwa Denker des deutschen Idealismus? Man hatte sie fast schon vergessen.

Gottverordnete Obrigkeit

Nach dem Sieg über die Revolutionäre, vor allem nach den Kämpfen von 1849, gingen die Monarchen daran, „den demokratischen Schmutz des Jahres der Schande aus den deutschen Verfassungen zu entfernen", wie Friedrich Wilhelm IV. es nannte. Zu diesem Zweck bediente sich die Reaktion nicht nur der Polizei und Zensur, der Strafjustiz und des sozialen Terrors. Vielmehr wurde abermals die „Ehe von Thron und Altar" feierlich bekräftigt und den Staatskirchen wie einst zur Aufgabe gestellt, alle Untertanen seit frühester Kindheit „in der Furcht des Herrn" zu gehorsamen Untertanen einer gottverordneten Obrigkeit zu erziehen. In Volksschulen und Gymnasien stand fortan wieder dieser staatserhaltende Religionsunterricht im Mittelpunkt des Lehrplans.

Julius Stahl

Um den Geist des Reaktionsstaats wenigstens für Preußen zu kennzeichnen, sei *Julius Stahl* zitiert, der als Berliner Universitätslehrer, als Mitglied des preußischen Oberkirchenrats und als Publizist besonders großen Einfluß besaß. Er erklärte „die Toleranz für ein Kind des Unglaubens und die Gewissensfreiheit für einen Teil jenes Werkes der Zerstörung und Umwälzung, welche die moderne Wissenschaft bezeichnet und die Ruhe Europas bedroht". Im Hinblick auf Humanitätsideale sprach er von der „tiefen Verirrung, ja tiefen Versündigung" des Liberalismus, der „zu seiner Triebfeder die Menschlichkeit hat, gelöst von der Gottesfurcht", und dessen Weltanschauung „den Stempel der tiefen Profanität" trage. Einzig berechtigt sei „eine wirkliche Monarchie, in der der König nicht willenloses Werkzeug der parlamentarischen Majorität ist, nicht Minister eines Regierungssystems annehmen muß, das sie ihm vorschreibt, sondern innerhalb der gesetzlichen Schranken selbständig nach eigenem Gewissen und Urteil regiert, ja der Schwerpunkt der Gewalt ist". Die „Erbmonarchie" sei „von Gottes Gnaden" als ein göttlicher Gnadenakt gegenüber der Menschheit und ihren Völkern aufzufassen.

Hegels Staat mit Entfremdungslehre

Damit wollte Stahl aber nicht die Souveränität im Sinne einer monarchischen Willkürherrschaft rechtfertigen. Über sie war man in Preußen seit Friedrich d. Gr., Kant, Herder, Fichte, Hegel hinaus. Vor allem mit Hegel mußte sich damals jeder preußische *Staatsrechtler* auseinandersetzen. Als Philosoph und Theologe evangelischer Konfession hatte er, genau besehen, zwei Staatsideen verarbeitet. Die eine, aus dem historischen Werdegang des Luthertums verständlich, machte den Landesherrn, der zugleich Oberster Bischof der Landeskirche und insofern eine Art Oberpriester war, zum *Statthalter Gottes* im Hinblick auf die staatlich organisierte Religionsgemeinschaft. Auch deshalb vertrat Hegel den Standpunkt einer heiligen, vor Gott verantwortlichen Monarchie. Die andere Staatsidee, eher einigen Intentionen des *jungen* Luther gemäß, machte den *Staat in seiner Gesamtheit zur Selbstdarstellung Gottes* mittels der kirchlich organisierten *Glaubensgemeinde aller Staatsbürger.* Im ersten Fall lag also das Zentrum göttlicher Wirksamkeit beim regierenden Oberhaupt, im zweiten Fall aber bei dem unsichtbar gegenwärtigen Geistgott selbst, der sich im *Gemeindegeist* und somit auch im Staatsgeist entfaltet. Diese zweite Idee entsprach allerdings mehr dem *Calvinismus* und fand in Berlin nicht zuletzt deshalb so viele Anhänger, weil hier, insbesondere seit der Aufnahme und Ansiedelung zahlreicher aus Frankreich vertriebener Hugenotten, eine starke calvinistische Minderheit beträchtlichen Einfluß besaß.

Zwei Ansätze bei Luther

Einer der Gründe, vielleicht der Hauptgrund, warum Hegel einst von Friedrich Wilhelm III., der 1840 starb, und noch mehr von dessen Ministerium für Kultus und Unterrichtswesen offiziös gefördert worden war, ging eben aus dem hartnäckigen und gegen die Altlutheraner durchgesetzten Bemühen dieses Königs hervor, Lutheraner und Calvinisten zu einer staatserhaltenden, staatstragenden *Union* zusammenzuschließen. Der Gegensatz beider Staatsideen sollte nun versöhnt, d. h. mittels Hegelscher Dialektik in der übergreifenden Synthese aufgehoben werden. Kaum hatte der König (September 1817) die „Union" verordnet,

Preußische Union

wurde Hegel nach Berlin berufen. *Seine Synthese lief im wesentlichen auf die Lehre vom objektiven Geist hinaus: Der Gottgeist objektiviert sich dergestalt als Staatsganzes, daß nunmehr jeder einzelne seinen wahren Sinn und Zweck erst im Staat und durch den Staat erfährt.* Daran hat auch Julius Stahl grundsätzlich nichts geändert, sondern nur die Akzente hat er wieder im Sinne des Absolutismus gesetzt.

Stahl als Rechts-Hegelianer

Auf Julius Stahl ging die bald allgemein angenommene Definition des Rechtsstaats zurück: „Rechtsstaat bedeutet überhaupt nicht Ziel und Inhalt eines Staates, sondern nur Art und Charakter, dieselben zu verwirklichen"; und hinsichtlich Hobbes' rühmte er (1847 in der 2. Auflage seiner Geschichte der Rechtsphilosophie), daß dieser den Staat nicht nur vom Fürsten, sondern auch vom Volk unterschieden habe. Die *objektive Gültigkeit* des Staates blieb also bestehen, unabhängig von Ethik oder Moral: Der Staat trägt seine Gesetzlichkeit in sich selbst.

Nun hatte Hegel den Staat verstanden als *Inbegriff aller Formen menschlicher Gemeinschaftskultur,* in denen der *Geistgott sich objektiviert.* Auf der Grundlage der im Staat zusammengefaßten, durch ihn ermöglichten *materiellen Kultur* und seiner *Rechtsordnung* entwickelt der Geistgott jenen dreifach gestuften Oberbau *geistiger Kultur,* mittels deren er auf dem Weg über Kunst, Religion, Philosophie schließlich durch den Führungsphilosophen Hegel zum Selbstbewußtsein gelangt.

Entfremdungsbegriff als Angelpunkt

Während seines Weges durch die Natur- und Weltgeschichte befand der Geistgott sich laut Hegel im Zustand der Selbstentfremdung. Wie schon öfter in früheren Kapiteln unseres Buches können wir uns das, worauf es ankommt, am Beispiel des Kunstwerkes klarmachen. Auch vom Kunstwerk sagt man mit Recht, daß in ihm der Urheber „aufgehe", insofern der Werkmeister seine *ganze* Kraft in seine Leistung hineinsteckt: seine *Geisteskraft, Gestaltungskraft, Lebenskraft.* Da haben wir wieder den Nous des Anaxagoras, den Logos des Heraklit, der Stoa und des Vierten Evangelisten, aber auch die gnostische Gleichsetzung von Gottvater mit Gottsohn, wobei — auch für Hegel — der Gottvater zur These, der Gottsohn, der „im Reich des Sohnes" aufgeht, zur Antithese und der Gottgeist zur Synthese wird. So beginnen wir, indem wir diesen Prozeß der Weltentwicklung in Gedanken nachvollziehen, mit einem Panentheismus, gelangen dann zum Pantheismus — und sind zuletzt, wenn der Geistgott in uns, Hegel folgend, „zu sich selbst kommt", wieder auf den Standpunkt des Panentheismus zurückgekehrt. Anders ausgedrückt: Zuerst ist Gott, der Urkünstler, mehr als sein Werk, dann geht er auf in seinem Werk, und am Schluß blickt er, abermals frei, auf sein fertiges Werk, das er hinter sich gelassen hat.

Wenn wir diese Weltlehre nicht nur als Arbeitshypothese ansehen, sondern als der Weisheit letzten Schluß, als verbindliche Wahrheit, dann lautet die *entscheidende Frage:* Wie soll die Weltgeschichte weitergehen? Darauf ist im Sinne Hegels zu antworten: Als nächstes kann nur noch eintreten — und muß notwendig erfolgen —, *daß jenes „Zu-sich-selbst-Kommen" des Geistgottes sich in jedem Einzelmenschen ereignet.* Danach wäre *jeder einzelne vollständig frei,* zugleich aber, da übereinstimmend mit jedem anderen vom selben Geist erfüllten Menschen, insofern *vollständig unfrei,* als er nicht über das Bewußtsein hinaus kann, das Gott in ihm und in seinem Denken von sich selbst hat. Denn jetzt macht sich sofort das „principium individuationis" bemerkbar, wonach Gott als Geist sich auf die Einzelmenschen verteilt. Die Sache läuft also darauf hinaus: Der Einzelmensch ist kraft des in ihm selbstbewußten Geistgottes „Eines und Alles" zugleich, er ist der „Mikrokosmos" und als solcher zugleich „Makrokosmos", er geht auf in Gott, und er sondert sich ab von Gott *als Teil des Ganzen,* so daß — weil das Ganze aus seinen Teilen besteht — *Gott nicht existieren kann ohne Menschheit und die Menschheit nicht ohne Gott. Infolgedessen* wäre der *Endzustand unserer Weltgeschichte* auch für Hegel das *Gottesreich schlechthin,* die Selbstverwirklichung Gottes im Geist der Menschheit. Es gäbe keine Kriege mehr, sondern nur noch unendlichen Frieden, und *jeder Mensch wäre ein Genie,* das in sich ein *Modell des Kosmos* hat und gemäß diesem Modell sich selbst zu betätigen vermag. *Damit haben wir bereits die Zukunftsvision des jungen Marx vorweggenommen!*

Vgl. Karl Marx!

So weit die Theorie, die wir als Antwort auf unsere erste Frage entwickelt haben. Die zweite, davon abgeleitete Frage lautet: Wie läßt sich das alles *praktisch* erreichen?

Wieder setzen wir bei Hegel ein. Er unterscheidet drei Wirklichkeitsformen des Weltgeistes, wobei der „Weltgeist" eben nur der Geistgott innerhalb des Weltganzen ist: 1. den subjektiven Geist, 2. den objektiven Geist, 3. den absoluten Geist. Diese drei Wirklichkeitsformen oder Stufen verhalten sich folgendermaßen zueinander:

Subjektiver und objektiver Geist

Als „subjektiver Geist" hat der Weltgeist sich in die Einzelmenschen verteilt, er hat sich seiner selbst in die unzähligen Individuen hinein *entäußert,* er ist in ihnen insofern „außer sich", nämlich aus seiner ursprünglichen Einheit herausgetreten, er hat sich aufgesplittert, und so ist er, noch auf dem Wege zu sich selbst begriffen, in jedem Individuum zunächst „für sich", d. h., er ist hier in seiner individuellen Besonderheit isoliert und keineswegs schon zu sich selbst gekommen. Vielmehr will er diesen Zustand der Zersplitterung ja überwinden, er will aus den Einzelmenschen hinaus und sich außerhalb von ihnen mit allen diesen subjektiven Geistern vereinigen, sich selbst also zusammenfassen und als Ganzes aufbauen aus seinen Teilen. Das geschieht, indem er sozusagen von allen Seiten her, aus allen Individuen heraus sich befreit und sich selbst *überindividuell* zum Ausdruck bringt in einer *objektiven Gesamtleistung,* nämlich in der Kultur und im Weltgeschehen überhaupt. Darauf, daß die Kultur nun wieder in sich gestuft ist, brauchen wir hier nicht näher einzugehen. Zur objektiven Kulturleistung rechnen wir also auch die Kunstgeschichte, Religionsgeschichte und Philosophiegeschichte, diese aber nur, soweit sie *vor* Hegel stattgefunden hat. Festhalten wollen wir: Der Geist vollbringt sich selbst in weltgeschichtlicher Leistung, indem er aus den Einzelmenschen herauswirkt, sie überindividuell und allgemeinverbindlich als mehrstufige Kulturwelt organisiert und zu diesem Zwecke mittels der „List der Vernunft" die Einzelmenschen wie Werkzeuge benutzt.

Hegels Schema

Also ist *im Hinblick auf den Geist* der Vorgang so aufzufassen: Solange er *nur* in Einzelmenschen subjektiv zerteilt war, befand er sich weiter entfernt von seinem Endziel, der Selbstbefreiung, als während seines Gangs durch die objektive Kultur. Wir können diesen Sachverhalt schematisch in Form einer Pyramide sinnfällig machen, wobei wir noch auf die Erscheinungsformen des Geistes *vor* seiner Menschwerdung zurückgreifen, weil wir jetzt alle Stadien seiner Weltlaufbahn brauchen. Die Basis der Pyramide bildet die anorganische Natur, in welcher der Geist sich im Zustand totaler Selbstfremdung befindet: Er hat sich, schöpferisch gestaltend, in die Materie entäußert. Darüber stuft sich die Pflanzenwelt und dann die Tierwelt, wobei der Geist jeweils sich selbst schon etwas näher kommt. Die vierte Stufe erreicht er in der Menschheit. Aus ihr arbeitet er sich in die materielle Kultur empor, ehe er die Stufe der Staats- und Wirtschaftsformen, des institutionellen Fortschritts erreicht, der sich nunmehr, noch mehr vergeistigt, fortsetzt in der Kunst, mit welcher der Geist schon sich recht nahe kommt mittels der idealen Anschauung seiner selbst, bis er sich in der Religion zum Symbol und Begriff seiner selbst erhebt und in der Philosophie sich selbst denkt und auf der Spitze der Pyramide seiner selbst als reiner, absoluter, vollkommen freier Geist bewußt wird.

Der Weltgeist auf der Menschheitsstufe

Innerhalb dieser Pyramide richten wir unsere Aufmerksamkeit auf die Rolle, welche dem Menschen zufällt. Da erblicken wir zweierlei: *Einerseits* ist der Weltgeist im Menschen *mehr* bei sich als auf den unteren Stufen, und zwar fördert er sich *mittels des Menschen* höher kraft dessen *Arbeit,* worunter Hegel sämtliche dem Aufstieg des Geistes nützliche Tätigkeit versteht. *Der Mensch muß sich durch Arbeit erst zu dem machen, was er sein soll, er produziert sich selbst* durch seine Arbeit. Aber diese Arbeitsleistung vollbringt er nur scheinbar um seiner selbst willen; in Wahrheit ist es der Weltgeist, der ihn treibt, und so kommt es, daß der Mensch *als Werkzeug des Geistes* sich *in sein Werk hinein entfremdet,* sich im Zuge der Weltgeistentwicklung in die fertige Leistung entäußert. Folglich ist der Mensch für den Weltgeist nur eine Durchgangsstation. Lediglich in Hinsicht auf die unteren Stufen des Weltgeistes kann der Mensch, seiner höheren Weltgeiststufe gemäß, sich eines *relativen* Selbstbewußtseins erfreuen, insofern nämlich, als in ihm der Weltgeist etwas mehr zu sich selbst gekommen ist als im Tier, in der Pflanze oder gar in den Mineralien. Jedoch, wie der Weltgeist nun weiter emporsteigt, entfremdet der Mensch sich im Lauf seiner Leistung, der objektiven Kulturwelt, auch sich selbst, da aus ihm heraus der Geist sich in die Kultur hineinentwickelt und dem Menschen, seinem Werkzeug, nichts weiter zurückläßt als dessen naiven, kurzsichtigen, hinfälligen Egoismus. Mag es sich um große oder kleine Individuen handeln: Sie sind nur Steigbügelhalter des Weltgeistes, und wehe ihnen, falls sie meinen, sie selber wären mehr, als sie laut göttlichem Weltplan sein dürfen, und in ihrer Leistung käme bereits die Weltgeschichte ans Ende: Auch der große Mensch muß vielmehr *wieder ruiniert werden,* wie Cäsar, Alexander, Napoleon erledigt wurden, nachdem sie gegenüber dem Weltgeist ihre Schuldigkeit getan hatten.

Der Mensch als Werkzeug

Selbstentfremdung des Menschen in überindividuelle Leistung als höhere Notwendigkeit

Daraus ergibt sich: Der Einzelmensch ist nichts, er kann den subjektiven Geist nicht festhalten, sondern wenn er überhaupt mehr werden will, als er nach Maßgabe seiner individuellen Vermögen sein könnte, dann muß er dem Weltgeist in dessen objektive Selbstdarstellung hinein folgen und somit für sein privates Leben den Werdegang des Weltgeistes durch verschiedene Stadien der Selbstentfremdung mitmachen: Er *muß* sich in seine Leistung hinein seiner selbst entfremden, er muß im Weltkunstwerk aufgehen, an welchem er nur einen winzigen Leistungsanteil hat, er *muß über sich hinauswachsen im objektiven Geiste,* also vor allem im Staate; er muß — um andere Begriffe Hegels zu gebrauchen — seinen *individuellen Geist* aufgehen lassen *im Volksgeist,* worunter bei Hegel der Geist des Staatsvolkes zu verstehen ist, in welchem sich — vorübergehend — der Weltgeist manifestiert. Wir dürfen demnach formulieren: Der einzelne ist nichts, das Volk ist alles. Oder: Was der einzelne werden und sein kann, das wird und ist er erst kraft seiner Staatsfunktion. Oder: Der einzelne entäußert sich selbst in seine Arbeit und findet sich wieder als objektivierten Anteil an der Gesamtproduktion. Das heißt in jedem Falle: Er ist sich zum Gegenstande geworden, und zwar nicht privat und nicht individuell, sondern allgemein, und er erkennt sich selbst nur nach Maßgabe dieser Objektivation. Er *realisiert* sich also nur „als" Beamter, Unternehmer, Angestellter, Handwerksmeister, Fabrikarbeiter, „als" Offizier oder Soldat, „als" Fachwissenschafter, Ordinarius, Student, „als" Urheber einer Dichtung oder eines Gemäldes, „als" Pfarrer oder Meßdiener, „als" Gemeindemitglied oder Laie. Er legitimiert sich nur durch die ihm zugedachte Leistung oder Funktion, kommt jedoch niemals zu einem Bewußtsein seiner Individualität. Denn wesentlich im Sinne Hegels ist allein die Entwicklung des Geistgottes

Denkansatz für Marx und Kierkegaard

und seine Selbstoffenbarung in der „Idee". Nur insofern, als der Einzelmensch dieser Idee dient und für sie sein Leben hingibt, hat er im Rahmen der Weltgeschichte einen höheren Sinn und Zweck. Hingegen als *private Existenz* und als *Subjekt seiner selbst* ist er in diesem Sinne ein Nichts.

Das war der Ansatz sowohl für Karl Marx wie für Kierkegaard und den sog. Existentialismus! Denn beide, *Marx und Kierkegaard, konnten sich mit dieser dauernden menschlichen Selbstentfremdung nicht abfinden.* Sie forderten, ausgehend von Hegel, daß *der Mensch* zu sich selbst kommen müsse, indes Hegel allein darauf abzielte, daß *Gott* zu sich selbst kommen müsse, und kehrten, jeder auf seine Art und Weise und aus jeweils ganz anderen Voraussetzungen heraus, die Sache um: Entweder holt der Mensch aus seiner Arbeitsleistung sich selbst wieder heraus — so Marx —, oder er behält den subjektiven Geist an und für sich, um zum Weltgott ein unmittelbares Verhältnis herzustellen — so Kierkegaard. Darum setzen beide Denker *nicht* wie Hegel bei der These, dem Geist, sondern bei dessen Antithese, *der Entfremdung,* ein!

Der junge Marx

Seine Religionsphilosophie hatte Hegel mit dem Bekenntnis abgeschlossen: *„Wie sich die zeitliche, empirische Gegenwart aus ihrem Zwiespalt herausfinde,* wie sie sich gestalte, ist ihr überlassen und *ist nicht die unmittelbare praktische Sache und Angelegenheit der Philosophie."* Um die *Lebenspraxis* wollte er sich nicht kümmern, denn auch für ihn und seine Philosophie sowie für den spekulativen Idealismus überhaupt gilt das Schiller-Zitat (aus „Wallensteins Tod"): „Eng ist die Welt, und das Gehirn ist weit, leicht beieinander wohnen die Gedanken, doch hart im Raume stoßen sich die Sachen." So erklärte Hegel, indem er sich selbst für eine Inkarnation des Geistgottes hielt, seine Philosophie zum „Heiligtum" und seine Philosophen zum „isolierten Priesterstand", der „mit der Welt nicht zusammengehen dürfe", weil er „das Besitztum der Wahrheit zu hüten" habe. Indem *der junge Karl Marx* sich dem gegenüber auf den antithetischen Standpunkt „der Welt" stellte — wobei hier „Welt" von Hegel in Erinnerung an das Neue Testament als das Unheilige bezeichnet ist —, schloß er sich selbstverständlich von jenem „Priesterstand" aus. Ja, gemäß derselben Terminologie beging er die *Sünde wider den Geist,* auch die Sünde wider den Geist des Idealismus, während sein Zeitgenosse *Kierkegaard* als evangelischer Theologe und Pietist *den Idealismus als Sünde wider den Geist* auffaßte und nicht nur den Idealismus, sondern auch die Staatskirche, die eben damals sich des sündhaften Idealismus zu entledigen trachtete. Somit war der Streit darüber, wer den wahren, richtigen Geist habe und wer nicht, wieder in vollem Gange.

Divergenz von Hegel, Marx und Kierkegaard

Werdegang

Karl Marx, am 5. Mai 1818 in Trier geboren, also Preuße, und am 14. März 1883 in London gestorben, hatte sich als Student in Hegels Werke vertieft, außerdem aber in die Ludwig Feuerbachs (1804—1872, aus Landshut in Bayern). Feuerbach hatte ursprünglich Theologie studiert, war dann in Berlin ganz zu Hegel und ins philosophische Fach übergegangen und stellte sich schließlich, als Hegelianer, entgegen seinem Meister auf den Standpunkt, wonach der absolute Geist als Erzeugnis menschlicher Denktätigkeit aufgefaßt wird. Denn Feuerbach gehörte der jüngeren Generation an, die den steilen Aufstieg der Naturwissenschaften erlebte und aus ihm ein neues Weltverständnis gewann. Im Rahmen des Idealismus hatte Schelling einst Geistphilosophie und Naturkunde spekulativ als zwei Wirkungsformen desselben Gottes zu erklären versucht, was anfänglich den Naturwissenschaften, weil es sie religiös rechtfertigte, wohl genützt hat. Inzwischen breitete sich unaufhaltsam die empiristische Betrachtungsweise aus und drängte nach Selbständigkeit. Damit erhielt die Natur im weitesten Sinne, von Hegel noch als niedere Selbstentäußerung des Geistes abgetan, eine ungeahnte Bedeutung um ihrer selbst willen. Sie galt nicht mehr lediglich als ein Zustand, der zu überwinden und dann zu vergessen sei, sondern als Forschungsgebiet eigener Art und eigenen Wertes. Hegelianern fiel es deshalb relativ leicht, sich auf diesen naturwissenschaftlichen Standpunkt zu stellen, weil er ihnen *dialektisch* gegeben war, nämlich als Antithese zum reinen „Idealismus", wobei die *Naturwissenschaften, infolge eben jenes dialektischen Gegensatzes, als „Materialismus" bezeichnet wurden. Geht man nun nicht schon mit der vorgefaßten Überzeugung — der These — an die Sache heran, daß die Idee triumphieren müsse, sondern setzt man mit der Antithese ein, indem man sie zur These umkehrt, dann stellt man sozusagen Hegels System auf den Kopf* und erhält den Eindruck, daß Hegel die obwaltenden Verhältnisse unserer Lebenswirklichkeit auf den Kopf gestellt hatte. So verfuhr *Feuerbach* in seiner „Kritik der Hegelschen Philosophie" (1839), worin er erklärte, daß dessen Weltanschauungslehre eine „zur Logik gemachte Theologie", eine „rationelle Mystik" sei und daß sein „absoluter" Geist nur der „abgeschiedene Geist der Theologie" sei, der bei ihm noch als Gespenst umgehe. Ebenso richtig, von seinem Standpunkt aus, bezeichnete er Hegels angestrebte Vermittlung zwischen Glauben und Wissen als „Lüge gegen den Glauben und als Lüge gegen die Vernunft", als „ein Spiel der Willkür, in welchem der Glaube die Vernunft und wiederum die Vernunft den Glauben um den Glauben um das Seinige betrügt". Ähnlich dachte und äußerte sich, wenn auch mit ganz anderen Schlußfolgerungen, Kierkegaard.

Dialektischer Materialismus

Feuerbach

„Deutsche Ideologie"

Gleichsinnig legte *der junge Marx* in seiner „Deutschen Ideologie" (1845/46) seine Ausgangsposition dar: „Ganz im Gegensatz zur deutschen Philosophie, welche vom Himmel auf die Erde herabsteigt, wird hier von der Erde zum Himmel gestiegen. Das heißt, es wird nicht ausgegangen von dem, was die Menschen sagen, sich einbilden, sich vorstellen, auch nicht von den gesagten, gedachten, eingebildeten, vorgestellten Menschen, um davon aus bei den leibhaftigen Menschen anzukommen; es wird von den wirklich tätigen Menschen ausgegangen und aus ihrem wirklichen Lebensprozeß auch die Entwicklung der ideologischen Reflexe und Echos dieses Lebensprozesses dargestellt." Denn: „Der Hauptmangel alles bisherigen Materialismus ... ist, daß der Gegenstand, die Wirklichkeit, Sinnlichkeit nur unter der Form des *Objekts oder der Anschauung* gefaßt wird; nicht aber als sinnlich-menschliche *Tätigkeit, Praxis,* nicht subjektiv." Mit anderen Worten: Der sog. Materialismus war von seinen Wortführern ebenso gedacht worden, wie ihn die Idealisten verstanden: als Antithese zum Geist, als Antithese zum Begriffsrealismus, sah doch die deutschidealistische Spekulation in der „Materie" nur ein Gefängnis des Geistes.

Materie als Denkgegenstand

Nun dürfen wir nicht vergessen, daß im Deutschen Idealismus „die Welt" ja nur unsere von innen nach außen ins Bewußtsein projizierte Vorstellung ist. Eine Außenwelt unabhängig von unserem vorstellenden Denken gibt es nicht. *Folglich ist „Materie" nichts weiter als ein Denkgegenstand und dieser Gegenstand nichts weiter als konkrete Anschaulichkeit des Begriffs,* also *ein Objekt unseres Denkens.* Indem in uns der Geistgott denkt, bedient er sich derjenigen Begriffe, die uns zur Verfügung stehen. Da aber zu den Begriffen deren Gegenständlichkeit oder Anschaulichkeit gehört, geht der Denkvorgang im Zickzack vonstatten. Der Begriff ruft im Bewußtsein seine anschauliche Selbstdarstellung hervor, er „objektiviert" sich, und aus dem Objekt heraus bilden wir den nächsthöheren Begriff, der wieder objektiviert wird, und so fort. *Diese Objektseite des Geistes ist also der idealistisch-dialektische Materialismus;* und insofern wäre „Idealismus" und „Materialismus" kein reiner, absoluter Gegensatz, sondern nur ein relativer, fortwährend wieder aufgehobener Gegensatz!

Zum absoluten Gegensatz — „absolut" im Sinne des idealistischen Systems der Welterklärung — wird dieser Gegensatz erst dann, wenn der Objektseite eine Gültigkeit unabhängig von vorangesetzten Prinzipien zugesprochen wird, so daß diese Objektseite nicht länger als bloße Folge des sich selbst dialektisch empordenkenden Geistes und nicht als Scheinwelt aufgefaßt wird, *sondern als empirische Realität.* Das bedeutet im Hinblick auf den *Menschen:* Vorher war er nur ein *Objekt des göttlichen, in der Weltgeschichte ausgespannten Denkprozesses* und somit nur eine *Scheinexistenz,* wobei auch diese Scheinexistenz lediglich die *Funktion* umfaßte, welche der Mensch für den Weltgeist im Rahmen der überindividuellen Objektivierung (= Materialisierung) erfüllen muß, z. B. ein dem „objektiven Staat" eingegliedertes, untergeordnetes, allein hinsichtlich seiner objektiven Zwecktätigkeit registriertes, aber nur nach seinem Allgemeinbegriff bis hinab zur Art — „Soldat, Beamter, Arbeiter" — objektiviertes *Massenprodukt:* nämlich Produkt der Tätigkeit seiner als Menge oder Masse auftretenden, unter einem Begriff zusammengefaßten Art.

Der Mensch bei Hegel nur ein Leistungsquantum

Infolgedessen statuiert der Idealismus einen Einzelmenschen nur, insofern dieser als kleinste Einheit der von Menschen überhaupt zu leistenden Funktion bemerkbar wird, und zwar am Maßstab der „idealisch" geforderten *Pflichterfüllung.* Die Pflicht wird erfüllt gegenüber der „Idee", also gegenüber der Selbstdarstellung des Geistgottes, in einem objektiv gesetzten Prinzip, z. B. der Staatsidee, der Vaterlandsidee, der monarchischen Idee und dergleichen mehr. Aber auch die objektiven Formen des Weltgeistes — z. B. Völker, Armeen, Divisionen, Regimenter — sind laut Hegel in Wahrheit nur „Ideen" niederen Grades, und die Kriegführung erfolgt in Wahrheit dialektisch. So spottete z. B. Friedrich Carl v. Savigny, der berühmte Berliner Ordinarius für Römisches Recht: „Ein Hauptanhänger von Hegel, Henning, ... hat in diesen Tagen als Philosoph promoviert. Seine Schrift ... müssen Sie ja lesen. Er zeigt darin, daß die Sueven und Sachsen bloß philosophische Ideen sind, jene die Idee der generalitas, diese der singularitas: Weil aber doch jedes Ding wieder eine totalitas sein müsse, so seien auch die Sueven nicht ganz ohne singularitas gewesen — die Verheerung der Grenzländer — und die Sachsen nicht ohne generalitas — ihre Auswanderungen. Überhaupt wird mir die ganze Wirksamkeit Hegels immer bedenklicher ..." Das war schon 1820 geschrieben.

Gelebter Idealismus

Wir greifen zu einem weiteren praktischen Beispiel: zur Opferbereitschaft deutsch-idealistisch erzogener Jugend im Ersten Weltkrieg („Langemarck"!) Folgendes sei vorausgeschickt: Wenn es nur darauf ankommt, daß in den Ideen des objektiven Geistes sich Gott selbst erfüllt und verherrlicht, und wenn er dazu sich beim Einzelmenschen der „List der Vernunft" bedient, während jedermann doch, ohne es zu wissen, höheren Zielen mit seiner Arbeitsleistung dient — dann wäre es eine Schande, falls auch Jünglinge, *die seit Fichte und Hegel über jene Hochziele schon aufgeklärt sind,* noch einer List der Vernunft bedürften, um dem Weltgeist zu dienen! Zwar kommt der Einzelmensch für das Wirken des Geistes nur als dessen Objekt in Betracht und nur als selbstloses Element einer bestimmten Menge im Umfang seiner Tätigkeit. Insofern ist er für den Weltgeist nichts weiter als ein Leistungsquantum; er geht auf in der Leistung und erschöpft sich mit ihr. Aber: Indem er aus dem Wissen des Geistes heraus handelt, indem er sich in seiner Leistung dem Weltgeist zum Opfer darbringt, sein Leben an die Idee dahingibt, wie Fichte sagt — indem er *weiß, was er tut und welchen höheren Sinn er erfüllt,* kommt er im Augenblick des Opfertodes zu sich selbst und hat in diesem höchsten, einzigen Augenblick

Idealistische Selbstverwirklichung durch Opfertod im Sinne Hegels

in sich das Bewußtsein, das Gott beim Vollzuge seiner Freiheit von sich selbst hat. Denn: Mit diesem Opfergang beweist der Jüngling seiner Gottidee, daß er sie erfaßt, sich zu ihr bekannt, sich in ihr *unmittelbares* Tun hineinverwandelt, sich zu ihrem Vollzugsorgan gemacht hat. So hat er in diesem Augenblick des Todes zugleich das Leben, im Augenblick des Nichts zugleich Alles, nämlich den seiner Existenz im Menschen bewußten Gott! — Das bedeutet: Nur in der unmittelbaren Nachfolge des Geistgottes auf seinem Weg durch die Weltgeschichte kann (gleichermaßen wie einst durch das christliche Märtyrertum) der Einzelmensch, der sonst nur Objekt ist, kraft seines Opfertods „an und für sich" zum Subjekt werden, da er nicht als bloßes Werkzeug des Geistes stirbt, ohne zu wissen warum, sondern da er seinen Tod als Pflichterfüllung *freiwillig* auf sich nimmt und sich somit in das Prinzip hineindenkt und es sich zur Bestimmung setzt, das Gott ihm, ehe er Objekt wurde, vorausgedacht hat. — Diese etwas komplizierte Überlegung steckt in Hölderlins Hymnus an die Jünglinge ebenso wie in Fichtes Reden an die deutsche Nation und im Deutschen Idealismus überhaupt.

Marx contra Hegel

Im Gegensatz zu Hegel erklärt *der junge Marx,* daß der Einzelmensch sich als Objekt seiner selbst und als sein eigenes Subjekt erkennt. Für Marx ist entsprechend dem *physikalischen Weltbild* die *Realität* nicht bloßer *Schein,* sondern *Lebenswirklichkeit:* Arbeit als Selbstverwirklichung des Menschen, Realität als Leistungsprodukt! „Die erste Voraussetzung aller Menschengeschichte ist natürlich die Existenz lebendiger menschlicher Individuen. Der erste zu konstatierende Tatbestand ist also die körperliche Organisation dieser Individuen und ihr dadurch gegebenes Verhältnis zur übrigen Natur." Aus ihrem historischen Werdegang läßt sich, laut Marx und aller Empiristen, z. B. Francis Bacon oder Hume, auch die allmähliche Entstehung ihrer geistigen Welt herleiten. *„Das Bewußtsein kann nie etwas anderes sein als das bewußte Sein, und das Sein der Menschen ist ihr wirklicher Lebensprozeß.* Wenn in der ganzen Ideologie [des deutschen Idealismus, insbesondere Hegels] die Menschen und ihre Verhältnisse wie in einer camera obscura auf den Kopf gestellt erscheinen, so geht dieses Phänomen ebensosehr aus ihrem historischen Lebensprozeß hervor wie die Umdrehung der Gegenstände auf der Netzhaut aus ihrem unmittelbar physischen."

Der Mensch als Selbstwert

Der letzte Satz weist auf einen geistesgeschichtlich wichtigen Sachverhalt hin. Die *Erkenntnislehre,* einst Monopol spekulativer Philosophie, war mittlerweile auch von der medizinischen Physik und Physiologie in die Hand genommen worden: Man wußte jetzt einigermaßen, wie aus Sinneseindrücken in uns das Abbild empirischer Realität zustande kommt, und das war nur *ein* Ergebnis naturforschender Wissenschaft. Sie versetzte dem Idealismus einen Schlag nach dem andern und bald den Todesstoß. —

Frühschriften

Wir wissen nun, wie Marx mit seinem Ansatz in der Hegelschen Philosophie wurzelt und wie der von ihm „auf den Kopf gestellte" Idealismus weiterwirkt. Dazu noch Einzelheiten, sofern sie sich aus *Frühschriften* von Marx ergeben, angefangen mit seiner Doktordissertation von 1840 („Differenz der demokratischen und epikureischen Naturphilosophie") über die Kritik der Hegelschen Staatsphilosophie 1841/1842 und die deutsche Ideologie 1845/1846 bis zum „Elend der Philosophie" 1847. — „Seit Anfang der dreißiger Jahre eine Reihe von philosophischen Frühschriften von Marx erstmalig herausgegeben ... wurden, hat sich die Erkenntnis durchgesetzt, daß Marx' gesamtes Werk bis in seine nationalökonomischen Arbeiten hinein in seiner Bedeutung nur von hier aus ganz erfaßt werden kann. Wenn wir daher die Entwicklung von Hegel zu Marx darstellen, dann vollziehen wir den inneren Entwicklungsgang des Gründers des historischen Materialismus selbst nach, der dem ganzen 19. Jahrhundert verborgen geblieben ist" (Iring Fetscher).

Aber Marx kehrte nur nicht den idealistischen Standpunkt um, sondern er veränderte grundlegend auch zwei besonders wichtige Leitgedanken von Hegel. So faßte er 1. die „Arbeit", bei Hegel jede fertige Leistung einschließlich der Philosophie, allein als produktive Tätigkeit der Arbeiterschaft engeren Sinnes auf, insbesondere im Hinblick auf die damals noch neue Industriearbeiterschaft, und 2. ersetzte er das Nationaldenken durch sein Menschheitsdenken, wobei an Stelle der hegelschen „Volksgeister" die „Klassen" traten, die übernational sind.

Zur Zeit der industriellen Revolution

Dabei geht er aus von der allgemeinen, aufs Menschheitsschicksal bezogenen Volkswirtschaft und zugleich von einer bestimmten Ansicht des machtpolitischen Ablaufs der Weltgeschichte. Aktueller Anlaß waren 1. die Existenznot, Armut, Ausnutzung, Unterdrückung des seinerzeit infolge der noch primitiven Maschinentechnik sich zusehends vergrößernden Arbeiterstandes, eingeschlossen die unzähligen, gänzlich von der Willkür ihrer Brotherren abhängigen, ungelernten, aus dörflichem Taglöhnerdasein in die Städte getriebenen Handarbeiter; und 2. die Folge europäischer Revolutionen seit 1789, die deutlich machten, wie überall dieselben Lebensprobleme zum Umsturz bisheriger Verhältnisse drängten, Fragen, wie man sie in der früheren Abendlandsgeschichte kaum oder gar nicht kannte.

Ehemals hatten bei jeder Umwälzung selbstverständlich auch ökonomische Motive mitgespielt, aber meistens nur in der Art, daß die Sieger sich des Besitzes, auch des Lebensbesitzes, ihrer Gegner bemächtigten. Jedoch, seit der Französischen Revolution und während der Napoleonischen Kriege hatte sich herausgestellt, daß nicht länger die bereits fertig produzierten, im Gebrauch befindlichen Wirtschaftsgüter den Ausschlag gaben für das Gedeihen der menschlichen Gesellschaft, sondern die neuen, in immer größerer Anzahl eingerichteten Produktionsstätten, wo Maschinen die Menschenkraft vervielfältigten und verstärkten. Noch war nicht abzusehen, daß dereinst die „Maschinensklaven" an die Stelle von bisher üblichen Menschensklaven treten und somit der entscheidende Wirtschaftsfaktor zur Abschaffung der Sklaverei überhaupt sein würden. Vielmehr erwiesen sie sich damals noch — und weiterhin bis an die Grenze unserer Gegenwart — als ein Instrument, das jeden Arbeiter, der es bediente, gleichsam zum Bestandteil des im übrigen von der Eisenkonstruktion bestimmten Produktionsvorgangs machte: zu einem dieser ungefügen, unvollkommenen Maschinerie eingefügten, ihr angepaßten Glied. Noch beherrschte nicht der Mensch die von ihm kontrollierte Maschine, sondern er wurde von ihr beherrscht. Schon dadurch *entfremdete* der Maschinenarbeiter sich während seiner Arbeit und in seiner Leistung. Aber zur vollendeten Wirklichkeit wurde diese *Entfremdung*, indem das fertige Produkt nicht ihm gehörte und nicht er sich auf Grund seiner Leistung als deren Miturheber auf sich selbst besinnen konnte: Es war Eigentum dessen, welcher die Produktionsmittel besaß, nämlich eines privaten Unternehmers, eines „Kapitalisten". Als Privateigentümer verfügte dieser über Arbeitnehmer nach seinem Gutdünken. So wurde zur Regel, daß „der Gegenstand, den die Arbeit produziert, ihr Produkt, ihr als ein fremdes Wesen, als eine von dem Produzenten *unabhängige* Macht gegenübertritt". Das gleiche war auf dem Lande der Fall, wo die Dorfarbeiter, insbesondere die Taglöhner und Kätner, sich selber in die Leistung entäußerten, die sofort Privateigentum des Gutsherrn war. Folglich konnte der besitzlose

Arbeiter, ob im Gutsdorf, ob in der Fabrik, nicht in dem von ihm produzierten „Kapital" sich selbst z. B. so anschauen, wie ein Künstler sich in seinem Werke, ein kapitalkräftiger Produzent sich in seiner Leistung erkennt — so daß dialektisch das subjektive Ich mit seinem selbst gesetzten Nicht-Ich identisch wird —, sondern das Arbeiter-Ich verausgabt sich unablässig in das Nicht-Ich, das ihm immerfort entzogen wird. Die Entfremdung ist permanent.

Permanente Selbstentfremdung des Arbeiters

Infolgedessen wird ihm auch die Tätigkeit des Produzierens fremd, die Arbeit wird „dem Arbeiter *äußerlich*", da sie nicht „zu seinem Wesen gehört": So tritt der Dauerzustand ein, daß er sich „in seiner Arbeit nicht bejaht, sondern verneint, nicht wohl, sondern unglücklich fühlt, keine freie physische und geistige Energie entwickelt, sondern seine Physis abkasteit und seinen Geist ruiniert". Die uns allen bekannte Zweiteilung des Menschen stellt sich unweigerlich ein. Die Arbeitsleistung dient nur noch der Erhaltung physischer Existenz, sie ist keine „freie bewußte Tätigkeit" mehr, sondern eine Zwangshandlung, in welcher ein fremder Wille dominiert; die Arbeit wird zur Ware, mithin verkauft der Mensch sich selbst in Form seiner Objektivation: Er ist *sich selbst entfremdet,* und er wird im Umfang seiner objektiven Funktion zum bloßen *Mittel.* Da er seitens des Kapitalisten oder Nichtarbeiters, wie Marx sagt, nur in Form seiner ihm vorgeschriebenen Objektivation, also gemessen an der Skala der Pflichterfüllung, und somit als objektiver Faktor einer überindividuellen Rechnung erscheint, deshalb kann zu ihm der Arbeitgeber niemals in ein Verhältnis jener *Humanität* treten, die beiderseits eine Subjektbeziehung voraussetzt. — Man sieht keinen nennenswerten Unterschied etwa zur Objektivation des Einzelmenschen in Hegels Idealstaat, wo beispielsweise der Monarch sich zu seinen Beamten, Offizieren, Soldaten und der Weltgeist sich zu ihnen insgesamt ja ebenso verhält wie der Arbeitgeber zu seiner Arbeiterschaft.

Der Einzelmensch als Zweck statt als Mittel

Aufgehoben wird, laut Marx, die Entfremdung allein dadurch, daß die Lohnarbeit abgeschafft und es dem Einzelmenschen ermöglicht wird, sich in seiner Totalität mit allen ihm eigentümlichen Leistungsvermögen selbst in seinem Arbeitsprozeß und fertigem Produkt zu realisieren und gleichzeitig mit diesem Ergebnis zu identifizieren. Das heißt: Der Einzelmensch soll nicht lediglich im Umfang seiner ihm abgeforderten Tätigkeit als Objekt in das Weltgeschehen eingereiht werden, sondern zugleich Subjekt seiner Leistung sein und identisch mit ihr wie der Künstler mit seinem Werk. Dieser Grundsatz stellt den jungen Marx in die Nähe von Kant und Herder und deren Maxime, daß der Mensch niemals bloß Mittel, sondern stets auch Zweck sein müsse. Und wie Herder erhofft der junge Marx am Ende der Weltgeschichte den *Humanismus,* der darin besteht, daß jedermann sich vollkommen frei entfaltet, wobei die notwendige Übereinstimmung von der natürlichen Vernunft garantiert wird: Sie sorgt dafür, daß alle Leistungen sich ergänzen. Demnach ist die Weltgeschichte auch für Marx ein „Fortschritt im Bewußtsein der Freiheit", allerdings nicht im Hinblick auf den Weltgeist, sondern auf den Einzelmenschen.

Der „Mehrwert"

Solchen Fortschritt führt Marx, gestützt auf Hegels Weltsystem, aber unberührt von dessen theologischer Rückversicherung, auf das dialektische Gegeneinander zweier durchgängiger Prinzipien zurück, die sich im Lauf der Geschichte immer deutlicher herausstellen: 1. Kapitalisten, 2. Proletarier. Der dialektische Prozeß vollzieht sich gemäß seiner Lehre vom *Mehrwert.* Unter „Mehrwert" versteht er den jeweils vom Kapitalisten seinen Arbeitern nicht entlohnten Teil ihrer Leistung: Die Arbeit ist mehr wert, als ihnen vergütet wird. Die Arbeitnehmer erhalten vom Arbeitgeber — was Marx als unabänderlich ansieht — nur das Existenzminimum zugebilligt, verbleiben also in fortdauernder Knechtschaft und Selbstentfremdung, indes der Arbeitgeber aus dem Mehrwert sein Kapital anhäuft. Während einerseits das Proletariat verelendet — Marx hatte in späteren Jahren die englische, damals als fortschrittlichst geltende Industriegesellschaft vor Augen —, entstehen anderseits durch Konzentration des Unternehmerkapitals immer mächtigere Privatvermögen.

Stufengang der Weltgeschichte durch Evolution und Revolution

Damit zeichnet sich bereits die Endkampfsituation ab, der wir — laut Marx — unaufhaltsam entgegentreiben. Ehe es zu ihr kommt, hat der dialektische Prozeß der Weltgeschichte sich folgendermaßen abgespielt: Sobald eine neue Produktion entwickelt war, bildeten sich neue, auf sie gegründete Klassen. Wie bei Hegel derjenige „Volksgeist" die Führung erhielt, der auf dem Wege zum göttlich-absoluten Freiheitsbewußtsein am weitesten vorgedrungen war, so betrachtete Marx als Vorhut seines Fortschritts diejenige Klasse, deren Produktionsmittel die jeweils modernsten waren: für das Mittelalter den Feudaladel mit Landwirtschaft, dann die Bourgeoisie mit Industrie; und von Fall zu Fall — die Reihe geht weit zurück bis in die Urgeschichte — kommt es zu dem historischen Augenblick, da die *Evolution* ihren Höhepunkt erreicht mit einer *Revolution.* Die bisherige Herrschaftsklasse wird gestürzt, die neue aufsteigende Klasse vertritt zeitweilig die Interessen sämtlicher vorher unterdrückten Klassen, bis auch sie, übermächtig und den andern zur Last geworden, der nächsten Produktionsklasse weichen muß. Zuletzt aber kommt es zu der von Marx als unmittelbar bevorstehend prophezeiten Entscheidung zwischen den wenigen Großkapitalisten und dem Heer des Proletariats. Diese Revolution wird, im Unterschied zu allen früheren Umwälzungen, nicht mehr durch neue Produktionsmittel, sondern durch die Lebensnotwendigkeit selber herbeigeführt. Das Proletariat repräsentiert auch nicht mehr eine besondere Klasse,. sondern die überwältigende Mehrheit überhaupt, also die Allgemeinheit. Sie fegt die wenigen Großkapitalisten hinweg, übernimmt die Produktionsmittel in Allgemeinbesitz (entsprechend dem revolutionären „Nationaleigentum") und errichtet auf den Trümmern des gleichzeitig zerstörten Klassenstaates die klassenlose Zukunftsgesellschaft. „Diese Revolution stellt die erste geschichtliche Tat dar, deren bewußt intendierter Sinn mit ihrer objektiven historischen Bedeutung zusammenfällt, die also nicht mehr von einer undurchsichtigen ‚List der Vernunft' bestimmt wird. Mit ihr endet — nach Marx — die ‚Vorgeschichte', d. h. die schicksalhaft erlittene Geschichte der Menschheit, und ihre eigentliche Geschichte beginnt. Die Menschheit hat sich von der ökonomischen Vorsehung emanzipiert" (Fetscher).

Gesetzlichkeit des Weltprozesses

Wie bei Hegel, so läuft bei Marx der Geschichtsprozeß in *vorbestimmten Bahnen* ab, und zwar kraft einer ihr innewohnenden, unabwendbaren Gesetzlichkeit. Wie bei den spekulativen Denkern, so ist bei ihm die Weltgeschichte eine eigentümlich umgedeutete Heilsgeschichte, an deren Ende bei Hegel wie bei ihm ein Reich der vollendeten Humanität steht, wenn auch bei ihm ganz anders als bei den idealistischen Systemdenkern *kein Gottesreich* und außerdem, nur bei ihm, ein Weltreich, das aus einer *Weltrevolution* hervorging. Er beschreibt den Endzustand ungefähr in der „Deutschen Ideologie": Da gibt es, selbstverständlich, keine Arbeitsteilung mehr, „sowie nämlich die Arbeit *verteilt* zu werden anfängt, hat jeder einen bestimmten ausschließlichen Kreis der Tätigkeit, der ihm aufgedrängt wird, aus dem er nicht heraus kann . . ." Hingegen in der „kommunistischen Gesellschaft" des klassenlosen Zukunftsstaates kann jeder „sich in jedem beliebigen Zweige ausbilden", da „die Gesellschaft die allgemeine Produktion regelt und mir eben dadurch möglich macht, heute dies, morgen jenes zu tun, morgens zu jagen, nachmittags zu fischen, abends Viehzucht zu treiben, nach dem Essen zu kritisieren, wie ich gerade Lust habe; ohne je Jäger, Fischer, Hirt oder Kritiker zu werden", wie ja die sonst übliche Arbeitsteilung dem Einzelmenschen zumutet.

Kierkegaard

Wie einerseits Marx auf seine Art und Weise den Idealismus beendet und zugleich fortgesetzt hat, indem er ihn umkehrte, so hat anderseits *Kierkegaard* ihn eigentümlich abgeschlossen, umgekehrt und gewissermaßen auch fortgeführt. Kein Zweifel, daß Marx der de facto größere Denker war, falls überhaupt die Bezeichnung „großer Denker" ausreicht für einen Mann, dessen Werk und Wirkung sich längst als weltgeschichtliches Phänomen erwies. Von etwa einer Milliarde Menschen wird er heute als höchste Autorität bewundert, verehrt, mindestens ehrfürchtig mit Namen genannt, und von einem anderen, fast ebenso großen Teil der Menschheit wird wenigstens sein Name als Inbegriff einer neuen, total revolutionären Weltordnung nur mit Sorge, Abscheu oder Haß ausgesprochen, als wäre vom Bösen die Rede. Denn was vor hundert Jahren wenige prophezeiten, ist tatsächlich geschehen: Der Marxismus hat auch geistesgeschichtlich die gleiche Macht und Bedeutung erlangt wie einst das historisch-politische Christentum. Hegel würde sich wundern. Demgegenüber tritt Kierkegaard weit zurück, obschon er zum Urheber der modernen „Existenzphilosophie" wurde.

Vergleich mit Marx

Dennoch gibt es zwischen beiden in jeder Hinsicht verschiedenen, sogar gegensätzlichen Denkern ein paar Gemeinsamkeiten, die weniger für sie selbst, als vielmehr für einen besonderen Abschnitt europäischer Lebensverhältnisse typisch sind, dessen Anfang sie als Zeitgenossen und als Mitglieder derselben Generation erlebten. Beide waren, absichtlich, sog. Außenseiter der Gesellschaft, wenn auch aus jeweils ganz anderen Gründen. Eine solche Außenseiterposition wurde bald, vor allem um die Jahrhundertwende, von vielen Dichtern, Denkern, Forschern, Einzelgängern bezogen, die von dorther — wie schon Marx, Kierkegaard und dann Nietzsche — als *freie Schriftsteller* kritisch auf die Gesellschaft einwirken und das Allgemeinbewußtsein verändern wollten. Marx freilich stellte sich dar als Vorkämpfer, Wortführer, Repräsentant, geistiges Oberhaupt einer ganzen internationalen Gesellschaftsklasse; Kierkegaard als weltscheuer Individualist. Aber beide, ebenso wie später unzählige Außenseiter, bewahrten sich dadurch, daß sie sich aus Hegels „objektiver" Welt der Institutionen heraushielten, ihre geistige Selbständigkeit, Freiheit, Originalität, auch wenn sie dafür mit Schwierigkeiten bezahlen mußten.

Außenseiter der Gesellschaft

Zwar war ein derartig bedrängtes Dasein bestimmter Einzelgänger, welche sich der Gesellschaft nicht einfügen wollten, seit alters nicht ungewohnt, gleichgültig ob die Bedrängnis nun geniale Naturen traf oder Psychopathen. Nur hatte der einzelne früher eine solche Ausnahmestellung selten *ganz* freiwillig eingenommen, sondern sie eher als Makel empfunden und unter ihr gelitten. In der Regel war überhaupt die Gesellschaft es gewesen, welche die ihr nicht angepaßten Mitbürger, die „Sonderlinge" und „Hypochonder", ausstieß. Die bloße Androhung dieses sozialen Terrors, den jedermann fürchtete, ließ üblicherweise gar nicht zu, daß irgend jemand aus dem Gehege ausbrach, sich von draußen über die Gesellschaft erhob, Sozialkritik übte und *trotzdem*, seiner *Eigenart* wegen, allmählich anerkannt wurde.

Selbstzweifel der Gesellschaft

In dieser Hinsicht mußte also, seit etwa Mitte des vorigen Jahrhunderts, eine andauernd beschleunigte Änderung erfolgt sein. *Die Gesellschaft, die vorher meistens nur ihre Selbstbestätigung von Denkern und Dichtern erwartete, war in tiefe Unruhe geraten,* wofür die Revolution 1848/1849 den überzeugenden Beweis lieferte. *An Stelle herkömmlicher Selbstzufriedenheit breiteten sich immer mehr Selbstzweifel aus.*

Dabei haben wir allerdings zu unterscheiden zwischen 1. der politischen, insbesondere sozialpolitischen Unruhe, die sich gegen Monarchie, Ständestaat,

Obrigkeitsgehorsam richtete, und 2. *die zunächst auf Gebildete der jungen Generation, auf Gymnasiasten, Abiturienten, Studenten hauptsächlich in Preußen beschränkte Unruhe, deren Anlaß man,* so merkwürdig es klingt, *in Hegels Philosophie* finden dürfte. Denn in Preußen, wo während der vierziger Jahre das Hegelsche System weltanschaulich herrschte und wo es noch in den nächsten Jahrzehnten zum ehernen Bestand des Schulunterrichts gehörte, wurde allmählich eben durch dieses philosophische Dogma den Individuen etwas *bewußt,* worüber sie ohne Hegel wohl niemals nachgedacht hätten. Bewußt wurde ihnen, zugleich mit der Anschauung unserer „objektiven" Kulturwelt, die Tatsache der *Entfremdung.*

„Entfremdung" in Sozialrollen eine Realität

Darin nämlich liegt *Hegels große Leistung* für die Geistesgeschichte unserer neuesten Zeit, daß er in dem Teil seiner Philosophie, in welchem er den „objektiven Geist" und dessen Institutionen beschreibt, scharfsichtig die Gesellschaft so analysiert hat, wie sie immer schon war und wie sie, kraft der ihr eigentümlichen Gesetzlichkeit, auch stets bleiben wird, *insofern sie von jedem Mitglied dessen „Entfremdung" fordert, weil sie, in ihrer überindividuellen Gesamtheit, allein aus der Summe solcher objektiven und von ihr koordinierten Leistungen besteht!* Der Einzelmensch zahlt der Gesellschaft, die ihn ja schützt und trägt, täglich seinen Tribut im Amt, im Beruf dergestalt, daß er sich durch seine Tätigkeit in die Allgemeinheit hinein entfremden *muß.* Denn jedes Amt, das er verwaltet, und jeder Beruf, den er ausübt, ist ihm bereits von der Sozietät vorgegeben. Deren Struktur basiert überhaupt nur auf fertig eingerichteten Arbeitsplätzen mit Amtsbezeichnungen, Dienstgraden, Berufsnamen und genau vorgeschriebenen Funktionen. Nach Maßgabe dieser Vorschrift erbringt der Einzelmensch, der auf seinem sozietären Arbeitsplatz zusätzlich zu seinem Eigennamen und unabhängig davon einen allgemeinen Positionsnamen trägt, seine Arbeitsleistung, mit der er sich „objektiviert", sich in den allgemeinen Leistungszusammenhang „integriert" und *notwendig* sich „entfremdet". So „entäußert" er sich an die objektive Kulturwelt, ehe er — nach Feierabend — daheim „wieder zu sich kommen" kann.

Selbstentäußerung als permanenter Notstand

Vor Hegel hatte man das alles für selbstverständlich gehalten; *nach* ihm begannen immer mehr Individuen diesen Zustand nicht nur zu beklagen, zu tadeln, sondern auch für unerträglich, für inhuman, für einen Verstoß gegen die Menschenwürde zu halten. In der Tat kann solche Selbstentäußerung, falls gewaltsam abgefordert und ohne Möglichkeit zur Selbsteinkehr fortgesetzt, bis zur Zwangsarbeit, Sklaverei, Fron, also zu einem Notstand führen, wie Karl Marx ihn damals bei der Arbeiterschaft vorfand und erkannte und wie er ihn für immer beendigen wollte. Jedoch bei Individualisten, zu denen Kierkegaard gehörte, lagen die Voraussetzungen ganz anders. Da sie ihre besonderen Fähigkeiten nur abseits der Gesellschaft und deren objektiver Welt nach eigenem Lebensgesetz entfalten konnten, bedeutete *für sie* die Allgemeinheit eine Gefahr geistiger Vergewaltigung; und ein Zwang zur Entfremdung, zur Brotarbeit, forderte von ihnen den Verrat an ihrem besonderen, meist künstlerischen Talent. So Kierkegaard: „Wenn ich ein Amt übernehme, dann gebe ich das Beste auf, was ich ausrichten kann"; und: „Wenn man die Qualen der Hölle erdulden müßte, es wäre doch eine Erquickung, allein sein zu dürfen; aber das Qualvolle ist gerade, daß ‚die anderen' einen tyrannisieren".

Ein Ansatz des Existentialismus

Von diesem Standpunkt aus wurde Kierkegaard zum sog. Existenzphilosophen. „Die Existenzphilosophie entstand, weil die von Hegel und Marx vorgeschlagenen Lösungen sich als unzureichend erwiesen, das Problem der Entfremdung zu beseitigen ... Hegels allumfassender Weltgeist schien das Individuum, seine Persönlichkeit und sein Selbstsein völlig zu verschlingen. Marx' proletarische Revolution führte andererseits die Diktatur des Proletariats und die totalitären Staaten herbei, die die Freiheit des Individuums unterdrückten und die Integrität der Person in Frage stellten ... Da aber die Existenzphilosophie in einer anderen geschichtlichen Situation entsteht und auf sie antwortet, so ist auch ihr Ausgangspunkt verschieden: Er ist weder Hegels Geist noch Marx' materielle Produktion, sondern die *Tatsache der Entfremdung selbst*" (Fritz Heinemann).

Kierkegaard und Schelling

Sören *Kierkegaard* lebte vom 5. Mai 1813 bis zum 11. November 1855 meistens in Kopenhagen, seiner Geburtsstadt. Er war fertig ausgebildeter Theologe lutherischer Konfession, hielt 1841 seine erste Predigt, überwarf sich mit der Staatskirche, zehrte bis ans Lebensende vom Erbteil des väterlichen Vermögens und machte von sich reden als Schriftsteller besonderer Art. Er war sowohl strenggläubig-pietistischer Lutheraner als mehrere Jahre auch Hegelianer, was sich ja miteinander vereinigen ließ, was er auf die Dauer aber nicht gleichzeitig ertrug. 1841 reiste er das erstemal nach Berlin, weil diese Stadt „der einzige Ort in Deutschland ist, wo es sich in wissenschaftlicher Hinsicht hinzufahren lohnt" und wohin er hauptsächlich deshalb eilte, weil *Schelling* dort damals seine Vorlesungstätigkeit aufnahm. „Ich bin so froh, daß ich Schellings zweite Stunde gehört habe, unbeschreiblich ... Nun habe ich meine ganze Hoffnung auf Schelling gesetzt." Am Ende desselben Wintersemesters (1841/1842) schrieb er jedoch: „Schelling schwätzt ganz unerträglich ... In Berlin habe ich also nichts mehr zu tun."

Kierkegaard und Hegel

Sich von Schelling loszusagen fiel ihm nicht schwer. Von Hegel entfernte er sich, nach einer bedächtigen Kehrtwendung, nur langsam, mühevoll und insofern nie gänzlich, als er in dessen System seinen eigenen Standort fand, auch wenn er ihm ausführlich widersprach. Wie Marx und den meisten Jung-Hegelianern erging es Kierkegaard! Jugendlich begeistert, wollten sie des Meisters spekulatives System auf ihre Lebenspraxis anwenden, und da erwies es sich als Kathederweisheit. „Es geht den meisten Systematikern in ihrem Verhältnis zu ihren Systemen wie einem Manne, der ein ungeheures Schloß baut und selbst daneben in einer Scheune wohnt: Sie leben nicht selber in dem ungeheuren systematischen Gebäude." Daher brachten enttäuschte Idealisten den Idealismus zu Fall, weil er auf seinem Weg von Herder zu Hegel die Humanität verloren hatte — jene Humanität, deren Subjekt und Objekt der Einzelmensch ist. Sie verbreiteten das Mißtrauen, die Abneigung gegen alle Systeme der Welterklärung und zugleich die Vorliebe für spontane Einfälle und Einsichten jeweils in unmittelbarem Zusammenhang mit dem Lebensganzen. An die Stelle des rein deduktiven Prinzipiendenkens trat allmählich das induktiv-deduktive Verfahren, das Lebenserfahrung voraussetzt. An die Stelle der Spekulation „von oben nach unten" trat wieder die Reflexion „von unten nach oben", die Lebenswirklichkeit, das Sich-selbst-Erleben, die Erlebnisdichtung und die Lebensphilosophie, insbesondere — seit Kierkegaard und im Anschluß an ihn — die sog. Existenzphilosophie.

Kierkegaards Existenzbegriff

Ranke gegen Hegel

Der Begriff *Existenz* erhielt seine neue Bedeutung im Widerspruch zu Hegel und zu dessen Weltanschauungslehre. Für Hegel war allein wesentlich der *ideelle* Geschichtsprozeß: Die „Idee" als Einheit des Unendlichen und des Endlichen, also der Weltgeist, ist auch die Einheit alles objektiven Geschehens, so daß jede Epoche der Weltgeschichte nur ein Durchgangsstadium, ein Entwicklungsabschnitt jener Idee ist — eine ihrer Metamorphosen. Grobsinnlich gesprochen: Der Weltgeist läßt die epochalen Erscheinungsformen hinter sich zurück wie abgetragene Hüllen, die er nacheinander abstreift, bis er aus der letzten Hülle sozusagen nackt hervorgeht. Nur im Hinblick darauf, wie weit der Weltgeist jeweils in einer Epoche auf dem Weg zu sich selbst gediehen war, sind — bei Hegel — jene Hüllen heute noch einigermaßen interessant. Meint aber der Historiker, jede Epoche habe doch ihre Eigenart, ihre Eigengesetzlichkeit, die nicht bloß relativ zur Idee, sondern um ihrer selbst willen wertvoll sei, dann weist Hegel, gleichsam spöttisch lächelnd, ihn darauf hin, daß solche Eigengesetzlichkeit nur scheinbar sei, nur die bekannte „List der Vernunft", mittels deren sämtliche Individuen zu Werkzeugen der Idee, zu Erfüllungsgehilfen des göttlichen Weltplans würden. Dagegen protestierte Ranke (1854, „Über die Epochen der neueren Geschichte"): „*Jede* Epoche ist *unmittelbar zu Gott,* und ihr *Wert beruht gar nicht auf dem, was aus ihr hervorgeht,* sondern in ihrer *Existenz selbst,* in ihrem *eigenen Selbst.*" Ungefähr gleichsinnig hatte schon Schelling als Hegels Konkurrent die *Idee* von der *Existenz* unterschieden. Folglich stehen sich jeweils „Idee" (Weltgeist, Gott) und „Existenz" *unmittelbar* gegenüber.

„Idee" und „Existenz"

Dasselbe gilt für die *Existenz* des *Einzelmenschen.* Wir wollen festhalten, daß es sich um eine Existenz handelt, die zunächst *aus einem Geschichtsprozeß isoliert* wurde, es müssen ihr also gewisse historische Voraussetzungen, Lebensumstände *eigentümlich* sein. So sagt *Kierkegaard,* der Einzelmensch „übernehme" alles Vorgegebene in seine Existenz, nämlich das natürliche Dasein, seine Herkunft und Vergangenheit, sein Weltwissen. Nun gehen wir wieder auf Hegel zurück, auf seine Unterscheidung des subjektiven und des objektiven Geistes. Insofern der Weltgeist auftritt als *subjektiver Geist,* ist dieser die individuelle, an das Wesen der Persönlichkeit gebundene und dadurch bestimmte Art, Überindividuelles — Objektives, Allgemeines — zu erfassen, auszudrücken, zu gestalten; er ist das Geistige im Einzelmenschen. Ebenso wie soeben „Existenz" und „Idee" stellen wir jetzt gegenüber: „subjektiven Geist" und „objektiven Geist". Nichts hindert uns, nunmehr individuelle „Existenz" und „subjektiven Geist" zu einer Einheit zusammenzufassen. Diese Einheit bezeichnen wir — wie Kierkegaard — als *„Subjektivität".* Antithese zur Subjektivität ist hier die Objektivität, und zwischen diesem Gegensatz vermitteln wir aber nicht, wir heben ihn auch nicht auf, sondern wir lassen ihn stehen, so daß *an dieser Stelle der Hegelsche Weltgeist-Zusammenhang unterbrochen ist.* Darauf kommt es an. Die Objektivität ist nunmehr dasjenige, was die Subjektivität mit Entfremdung bedroht. Der Geist mit all seinen Vermögen ist auf die Subjektivität konzentriert, er ist aus der Weltgeschichte herausgeholt und im Einzelmenschen gleichsam zum Stillstand und zum Selbstbewußtsein gebracht. Folglich ist für Kierkegaard der einzelne nichts anderes als *der vor Gott seiner selbst bewußte, sich selbst wählende persönliche Geist.* — Bleiben also noch zwei weitere Begriffe: die *Person* und das *Selbst.*

Subjektivität und Objektivität bei Kierkegaard

Die lateinische „persona" bedeutet ursprünglich „Maske", „Larve". Gemeint ist die übermäßig große Holzmaske, die schon von Schauspielern des attischen Theaters aufgesetzt wurde, um 1. einen bestimmten, der Maske in Form einer starren Grimasse eingeschnitzten Charakter vorzutäuschen und 2. die Stimme zum Publikum hin zu verstärken, da die Holzmaske einen Schalltrichter besaß. Insofern würde „persona" den Einzelmenschen im Zustand einer bestimmten Form seiner *Entfremdung* bezeichnen! Denn hier erscheint der Mensch ja in einer *Rolle,* die er *spielt;* er ist also nicht „bei sich", sondern „außer sich". Im Grund handelt es sich sogar um das *Extrem jeder möglichen Selbstentfremdung:* Der Mensch hat seinen *Charakter ausgetauscht* gegen einen fremden, er ist *wesentlich* verändert worden; an die Stelle seines eigenen Selbst ist *ein fremdes Selbst* gesetzt: Der Effekt ist die *totale Selbstentfremdung,* verbunden

„Persona" als Charakterrolle

mit einem *neuen*, dem Menschen zugeeigneten Selbst, mit dem er jetzt *sich identifizieren* muß. In übertragenem Sinne benutzten die Römer dann, im alltäglichen Sprachgebrauch, den Personbegriff, um von jedermann anzugeben, welche Rolle er in der objektiven Welt spiele, welche Stellung ihm hier zukomme, welchen Rang oder Dienstgrad er besitze. — Nicht anders bediente Hegel sich desselben Begriffs in seiner Rechtslehre: Das Individuum ist *Person*, sofern es rechtsfähig ist, Rechte hat und ausübt, weshalb das Hegelsche Rechtsgebot lautet: Sei Person und respektiere die anderen als Personen! Ihren Willen betätigt die Person am Privateigentum, am Besitz; und das Eigentum ist für Hegel eine äußere Sphäre personaler Freiheit. Da jedes Individuum als Person rechtsfähig ist, so unterliegt es gegebenenfalls eben als Person auch der Strafjustiz. Anders ausgedrückt: Die „Person" ist das Individuum im Zustand der Objektivität, der institutionellen Entfremdung.

Die „Person" als institutionelle Entfremdung

Die „persona" wurde seit dem 3. Jahrhundert zu einem Lieblingsbegriff christlicher Dogmatiker. Boëthius sagte: „Die Person ist die unteilbare Substanz eines vernünftigen Wesens." Zugrunde liegt, verständlich aus der Dogmengeschichte, die Identifizierung dessen, was der Mensch äußerlich vorstellt, mit dem, was er innerlich ist, oder umgekehrt: Was der Mensch innerlich ist, das stellt er auch äußerlich vor. So verbreitete später die Scholastik den Personbegriff im Abendland. Kant unterschied die psychologische Person (der Mensch ist Person dank seines Ich-Bewußtseins) von der moralischen Person (deren Handlungen einer Zurechnung fähig sind).

Doppelbedeutung bei Kant

Aber der dogmatisch tiefere Grund, warum die „persona" zur Bezeichnung des Individuums bevorzugt wurde, lag wohl hauptsächlich darin, daß gemäß neutestamentlicher Glaubenslehre der Mensch durch seine *Bekehrung* geistig „wiedergeboren, neugeboren" werden und somit auch ein neues Selbst erhalten soll. Danach tönt bei ihm durch die alte Weltrolle, die Maske, von innen her ein Selbst hindurch, das eben diese Rolle mit neuem, unmittelbar göttlichem Inhalt erfüllt. Die frühere Entfremdung wird von innen her abgebaut und aufgehoben und die Objektivität zurückverwandelt in — neue, wahrhaftige, geistige — Subjektivität. So faßten deutsche Mystiker die „Person" auf: Der Mensch erlebt sich als sich bestimmende, entscheidende Person im Durchbruch eines Höheren durch sein naturhaftes Ich; und dieses Höhere ist das eigene *„eigentliche Selbst"*. Weil aber in diesem Selbst sich der Geistgott darstellt, so gibt es in Wahrheit nur *ein Selbst*, nämlich Gott.

Das Selbst in der Person

Mystik

Damit sind wir beim „Selbst" angelangt und zugleich bei Kierkegaard. *Das Selbst wird zum Inbegriff der Subjektivität.* Demgemäß verstehen wir die vorhin angeführte Definition, wonach der einzelne „der *vor Gott* seiner *selbst* bewußte *persönliche* Geist" ist. Ferner verstehen wir, wie Kierkegaard den Hegelschen Idealismus *umkehrt:* Nicht das unendliche Leben des Weltgeistes, der sich im Geschichtsprozeß verwirklicht, ist hier die „Synthese des Unendlichen und des Endlichen" oder die „Verwirklichung der Idee", sondern der *individuell existierende Geist,* der eine *eigene* Lebensgeschichte hat; der einzelne ist nur mit sich selbst identisch als der, der er ist und zu sein hat, dem nichts die Last seiner Existenz abnimmt. Hegels objektiver Geist ist damit erledigt; die *Objektivität* steht als *Inbegriff aller Möglichkeiten zur Entfremdung* dem Selbst gefahrvoll und bedrohlich gegenüber, und da eine Möglichkeit so schlecht ist wie die andere, kommt es dem Selbst auf die institutionellen Besonderheiten im einzelnen nicht mehr an, wir können von ihnen absehen. *Das jetzt noch allein wesentliche Geschehen, das über Sein und Nichtsein des Selbst entscheidet, vollzieht sich innerhalb der Subjektivität, ist auf sie konzentriert, bleibt auf sie beschränkt.* Insofern könnte man, um ein Schlagwort zu gebrauchen, von einem totalen Individualismus sprechen, aber von einem totalen Individualis-

Kierkegaard

Das individuelle Selbst entgegen Hegels Objektivität

mus ganz besonderer Art: Auch die Vorstellungswelt ist unerheblich geworden, wir können sie zunächst einmal streichen. Sollten wir eine Erinnerung an sie doch noch benötigen, dann lediglich in Form einiger weniger Erlebnisbegriffe, z. B. demjenigen der Schuld, und diese Begriffe sind bereits in dem der Existenz enthalten.

Kierkegaards Existenztheologie

Falls ein Leser jetzt aufatmen möchte, weil er meint, das meiste und Schwierigste sei überstanden, so sei er gewarnt. Alles, was bisher über das Verhältnis zwischen Kierkegaard und Hegel und über die genannten Grundbegriffe ausgeführt wurde, genügt keineswegs, um auch nur eines von Kierkegaards Büchern und um seine Existenzlehre *richtig* zu verstehen. Zwar findet man bei ihm jene Begriffe vor, sie stehen jeweils sogar zentral, und allenthalben kann man Beziehungen aufdecken, sei es zu Hegel, sei es zu Aristoteles, Platon, der deutschen Mystik, dem spekulativen Denken. Aber dadurch wird man von dem, was Kierkegaard „eigentlich" meint, nur abgelenkt. Denn für ihn gilt, cum grano salis: Er *meint* mehr und er meint etwas anderes, als er *sagt,* obwohl er doch sehr genau formuliert.

Existenztheologie im Gewande von Existenzphilosophie

Die Diskrepanz zwischen Intention und Ausdrucksweise entsteht dadurch, daß er *Existenztheologie* bietet *im Gewande von Existenzphilosophie.* Die Sache, um die es ihm geht, wäre viel leichter zu erfassen, hätte er sich an den Wortschatz etwa des Neupietismus gehalten. Er bedient sich aber einer Terminologie, die er größtenteils dem Arsenal des Idealismus entnahm, wodurch der Eindruck entstehen kann, daß er die spekulative Philosophie mit deren eigenen Waffen bekämpft, um Platz für eine Lehre zu schaffen, die im Endeffekt ebenfalls spekulativ anmutet.

Hinzu kommt noch: In seinem Gesamtwerk objektiviert er mit Allgemeinbegriffen sein *privates,* wenn auch beispielhaftes *Lebensproblem,* und kein zwingender Grund ist zu sehen, warum man es für allgemeingültig halten müßte. Andere Leute sind mit anderen Lebenskonflikten belastet. *Der objektive Vortrag könnte also über die rein subjektive Bedingtheit des Inhalts hinwegtäuschen,* und zwar um so mehr, als Kierkegaard nicht etwa so, wie einst Augustin, „Konfessionen" macht und sie analysiert. Vielmehr mystifiziert er den Leser, indem er Pseudonyme benutzt und sich hinter erdichteten, aber nicht anschaulich geschilderten Figuren versteckt. *Sein Verfahren besteht also darin, daß er sich selbst in sein Bewußtsein hinein entfremdet, wobei jede erdichtete Person eine besondere Form seiner Entfremdung darstellt, und daß er dann erst auf dem Weg über Reflexionen aus jenen Personen heraus zu sich selbst kommt.* Weil er sich *aber jeweils nur mit einem Teil seines Selbst entfremdet* — man könnte sagen, weil er von seinen im Selbst zusammengefaßten Ichen nur jeweils das eine und andere vorstellt — und weil er diese schematischen Figuren gegeneinander argumentieren läßt — *ein Ich gegen das andere aufführt* —, deshalb haben wir es hier mit einer höchst komplizierten Dialektik zu tun. Trotzdem braucht man ihn nicht, wie mehrfach geschehen, als Psychopathen mit der Diagnose „schizophren" oder „manisch-depressiv" anzusehen. Vielmehr lassen sich *fast* alle Symptome, auf die solche Diagnosen gestützt sind, zwanglos aus seiner religiösen Erziehung und deren Problemkomplexen aufklären.

Mystifikation als Methode

Um endlich zum Kern des vielschichtigen Sachverhalts vorzustoßen, wollen wir Kierkegaards religiöse Problematik, die er vorfand und löste, dermaßen mit seinen Begriffen und unter Zuhilfenahme adäquater Bezeichnungen aus unserer modernen Philosophie darstellen, daß uns sein eigentümlicher Existenzialismus durchsichtig wird. Dabei haben wir noch die letzte Schwierigkeit zu überwinden, die uns den Zugang zu erschweren droht: *Der Ansatz, aus dem heraus Kierkegaard zu verstehen ist, liegt vor und außerhalb seines literarischen Werkes!*

Ansatz in Luthers dogmatischer Dialektik

Wir beginnen mit dem Hinweis auf *Luthers* dogmatische Dialektik, die wir im Zusammenhang mit Schelling skizziert haben. Sie ergibt sich aus der doppelten Prädestinationslehre, wonach Gott willkürlich einen Teil der Menschheit zur Seligkeit, den anderen zur Verdammnis bestimmt. Das gilt für den Gott nicht nur des orthodoxen Luthertums — und Kierkegaard war im Sinn lutherischer Orthodoxie erzogen! —, sondern auch im Hinblick auf die Gläubigen selber. Nicht einmal Luther war sich bis zum Lebensende völlig sicher, ob Gott ihn tatsächlich „erretten" werde oder nicht. Also durchziehen zwei nur in Gott vereinigte Kundgebungen seines Willens, gleichsam zwei Kraftströme, unser Menschendasein. Der eine ist sozusagen positiv (weshalb Schelling ihn mit dem Plussymbol kennzeichnete), der andere negativ (Minuszeichen); der eine führt zu Gott hin, der andere von Gott weg; der eine enthält das *Sein*, der andere das *Nichtsein*. Denn das Sein ist nichts anderes als der Kraftstrom, der zu Gott hinführt, es handelt sich also um ein Gott immer mehr angenähertes, zuletzt in ihm aufgehendes, mit ihm identisches Sein. Demgemäß ist das Nichtsein jenem anderen Kraftstrom gleichzusetzen, der von Gott weg in die absolute Gottesferne führt, wobei nun hier, so paradox es klingen mag, *dieses* „Nichts" mehr oder minder „nichtet" (wir bedienen uns hier einer Ausdrucksweise Heideggers), je nachdem, welchen Grad der Gottesferne es schon erreicht hat. Beide Kraftströme laufen in entgegengesetzter Richtung parallel, beide durchdringen den Einzelmenschen, und zwar dessen *Existenz*, wobei das Selbst sich zunächst als Relation beider Kraftströme zueinander erweist: Es ist weder ganz „seiend" noch ganz „nichtseiend", sondern es ist (gleichnishaft) sozusagen die „Spannung" zwischen positiver und negativer Energie.

Anstatt der Negation, des Nichtseins, der Gottesferne können wir auch sagen: das Böse, die Sünde, die transzendente Schuld, wie anderseits die Position, das Sein, die Gottesnähe auch als das Gute, die Freiheit, der Glaube bezeichnet werden kann. Nun aber ist kein Kraftstrom schon die vollendete Wirklichkeit des Seins oder Nichtseins, sondern jeder enthält dazu nur die jeweils ihm eigene *Möglichkeit*, die von Fall zu Fall *aktualisiert* werden muß (man denke zurück an Aristoteles!). Statt Aktualität dürfen wir „Ereignis" sagen. Sein und Nichtsein „ereignen sich".

Existenzsituation

Bei Kierkegaard kommt nun die individuelle Existenz ins Spiel. Für das Subjekt, den Einzelmenschen, findet jenes — zunächst noch indifferente — Ereignis in dem Augenblick statt, da sich sein Selbst *bewußt* wird, daß es existiert, und das Ereignis differenziert sich, indem das Selbst erkennt, daß es in einer *Situation* existiert, und zwar in einer mehr vom Nichtsein als vom Sein bestimmten Situation. Denn hier erhält nun die Erbsündenlehre das Schwergewicht, das zum Nichtsein hinunterzieht. Gemäß paulinisch-lutherischer Grundüberzeugung wäre jeder Mensch ja bereits *durch sein Dasein*, weil erbsündig, *zum Nichtsein verdammt.*

Sein und Nichtsein als Ereignis

Nun wollen wir auch das, was wir eben „Ereignis" nannten, dahingehend differenzieren, *daß sich das Nichtsein für das Selbst anders ereignet als das Sein.* Nur das Nichtsein nämlich wird Ereignis kraft eines Bewußtseinsaktes. Vom Sein-Ereignis reden wir später. Wir bleiben erst einmal bei dem Selbst, *dem sich seine Existenzsituation in der Erkenntnis erhellt: Ich bin dem Nichtsein überantwortet.* Kaum hat sich ihm das Nichtsein so ereignet, wird das Selbst von *Angst* gepackt — Existenzangst. Da wir das Sein auch als *absolutes*

Metaphysische Angst

Leben, das Nichtsein als *absoluten Tod* bezeichnen können, so ist jene Angst eine metaphysische Todesangst. Die Angst steigert sich zur *Verzweiflung,* und die Verzweiflung ist — wiederum metaphysisch verstanden — *„die Krankheit zum Tode“.* Da das Geschehen sich am und im individuellen Geist vollzieht, so dürfen wir diese Krankheit als Geisteskrankheit bezeichnen. Die Frage lautet jetzt: Wie kann sich über dem Abgrund des Nichts jenes Sein ereignen, dem das Subjekt fortan seine *„eigentliche* Existenz“ verdankt, im Unterschied zur *„uneigentlichen“, nichtigen* Existenz?

Die streng lutherische Antwort darauf müßte lauten: Der Mensch soll Gott um Gnade anflehen, Tag für Tag, und bis nach dem Tode warten, was geschieht, wobei seine Glaubenshoffnung, Gott werde das Angstgebet erhören, ihm sein Abwarten tröstend erleichtern kann. Von dieser Antwort war Kierkegaard beunruhigt. Aber in seinem Werk erteilte er sie nicht. Hätte er damals noch mit ihr sich begnügt, so wäre seine literarische Leistung wohl nicht nötig gewesen. Ebensowenig würde er seine Bücher so verfaßt haben, wie sie vor uns liegen, wäre er zum Broterwerb auf eine Pfarrstelle angewiesen gewesen. Indes, er war zwar nicht wohlhabend, aber bis zuletzt finanziell unabhängig, und er durfte sich, von niemandem gehindert, ausschließlich mit sich selbst und seinem Lebensproblem befassen.

Erweckungsbewegung

Da ist nun, ehe wir fortfahren, folgendes zu erzählen: Um 1840, teils viel früher, setzte im protestantischen Nordeuropa jene *Erweckensbewegung* ein, aus der sich nach und nach Glaubensgemeinschaften und Evangelisations-Unternehmungen, Freie Bibelkreise, Sondergruppen mit urchristlicher Endzeiterwartung für und wider die Kirche bildeten. Von dieser Erweckungsbewegung, die z. B. Bismarck tief beeindruckte, wurde offenbar auch Kierkegaard so ergriffen, daß er in ihrem Geist öffentlich gegen die dänische Staatskirche zu Felde zog in der Hoffnung, sie würde ihn — was aber nicht geschah — zum Märtyrer machen. In einer Aufzeichnung von 1847 bekannte er: „Was die Zeit braucht, ist ... ein Märtyrer. Einer ..., den die Menschen töteten, ... denn gerade dadurch, daß sie ihn töteten, bekamen sie Furcht vor sich selber. Das ist die *Erweckung,* deren die Zeit bedarf!“ Sein Vorbild: Jesus von Nazareth.

Gemeinsames Merkmal vieler dieser neuen Gemeinschaften, die man mit dem Sammelnamen Neupietismus bezeichnen kann, war grundlegend der von uns sog. Jesuanismus im Sinn der Bergpredigt und der Logosverse im Vierten Evangelium. Man könnte auch sagen: Gegenüber Paulus und dessen strengem Prädestinations-Puritanismus vertraten sie eher und in gewissem Umfange jene lichtere Jesus-Verkündigung, die man „johanneisch“ zu nennen pflegt. Entscheidend für sie, für ihre Erweckungslehre und für ihre Einstellung gegenüber allen Kirchen war: ihr an jedermann gerichteter Aufruf zur „Bekehrung“.

Kierkegaards Existenztheologie, dargestellt am Prozeß der „Bekehrung“

Als *Bekehrung* ist hier ein *bestimmtes Zusammenwirken von Einzelmensch und geistig gegenwärtigem Jesus* zu verstehen, *um die individuelle Existenz aus dem Nichtsein ins Sein hinüberzubringen.* Der Schwerpunkt liegt auf dem *Zusammenwirken.* Die theologische Determination der Prädestinationslehre wurde kurzweg beiseite geschoben, gleichsam abgeschafft (sie bereitet den verbalinspirierten Neupietisten trotzdem Kopfzerbrechen), somit auch der lutherisch quälende Zweifelglaube betreffs Gottes Zukunftsgnade. Statt dessen hieß es klipp und klar: *Der Mensch selbst entscheidet,* vor das existentielle *„Entweder-Oder“* gestellt, ob er ans Nichtsein „verlorengeht“ oder ob er zum Sein „errettet“ wird.

Dadurch war *das Heilsgeschehen in die Subjektivität hineinverlegt und dem Selbst anheimgegeben.* Das bedeutete für Kierkegaard: Wie vorher die Deutschidealisten ihr System entwickelt hatten am Grundsatz „Weltgeschichte als Heilsgeschichte“ und zu einer philosophischen Geschichtstheologie gelangten, so machte Kierkegaard die Heilsgeschichte zur Individualgeschichte und schuf seine *philosophische Existenztheologie*. Alles Weitere läßt sich übersichtlich anhand des Bekehrungsrituals darlegen:

1. Der Mensch, ins Nichtsein geworfen und von metaphysischer Todesangst gepackt, wird kraft dieser *Angst*, die unerläßlich ist und mit der überhaupt jeder Bekehrungsprozeß beginnt, geistig hingedrängt zum absoluten Gegensatz: dem Sein. *So schlägt die Todesangst um in das Lebensverlangen.* Das Selbst ist sich seiner Existenz und gleichzeitig der Notwendigkeit bewußt geworden, sie zu erhalten.

2. Zu diesem Zweck vollbringt das Selbst innerhalb seiner Subjektinnerlichkeit den alles entscheidenden *Glaubens*-Akt: Es ergreift das in Jesus, dem ewig lebendigen Gottesgeist, ihm dargebotene *Sein*, das in diesem Augenblick zum existentiellen *Ereignis* wird. Insofern ist jetzt *die Existenz als Einheit des Endlichen und des Unendlichen* geistig-göttlich neu gegründet, „neugeboren“ — die in Gott-Jesus-Geist gesetzte Existenz wurde von Mystikern und Fichte etwa gleichsinnig mit dem „verborgenen“, nämlich „innewohnenden“ Gott zusammengeschaut.

3. Die Subjektivität, nunmehr kraft ihres Seins *vor Gott*, macht in sich selbst einen *mehrstufigen Werdegang* durch, einen *subjektiven Geschichtsprozeß*, der im dialektischen Hin und Her ihrer beiden Komponenten, der Endlichkeit und der Unendlichkeit, sie auch mit ihrer Endlichkeit immer näher zu Gott hinbewegt. Da ihre Neugründung aus der *Wahrheit* erfolgt ist, weiß sie sich *ethisch als Wahrheit*, auf höherer Stufe jedoch *relativ* zu Jesus *als Unwahrheit*, da allein Jesus die Wahrheit ist. Insofern ist das Selbst zwar (subjektiv) schon in Gott, aber (objektiv) noch dessen Gegenüber.

4. Folglich stellt jetzt sich das *Entweder-Oder* von Sein und Nichtsein als absoluter Gegensatz dar zwischen *Subjektivität* und *Objektivität*. An diesem Punkte steigert sich, in gewissem Umfang, der Gegensatz von Evangelisation und Hegels Philosophie. Was evangelisch „die Welt“ heißt, das ist bei Kierkegaard die objektive Kulturwelt. Evangelisch gilt „die Welt“ als Erscheinungsform des Nichtseins, als das absolut Negative, das Böse; „Welt“ wird zum Inbegriff aller Sündhaftigkeit. Gleichgesetzt mit der Objektivität, gilt somit *die Kulturwelt als das Nichts schlechthin.* Sie ist auch *die Weltangst* gegenüber der *Freiheit*, welche die subjektive Existenz genießt. Aus eben dieser Freiheit aber droht dem Selbst die letzte Gefahr. Denn kraft seiner Freiheit hat es stets die *Möglichkeit*, sich in die Objektivität hinein zu entfremden; die Objektivität ist die Summe aller solchen Möglichkeiten. *Entfremdung bedingt Angst*, gemäß Joh. 16, 33: „In der Welt habt ihr Angst.“ Jedoch heißt es weiter: „Fürchtet euch nicht, ich [Jesus] habe die Welt überwunden.“ Infolgedessen wird das Selbst, das sich freiwillig in die Welt verstrickt hat und sich dort ängstigt, von Jesus *wiedergeholt* (weshalb bei Kierkegaard dessen Leitwort „Wiederholung“ auf der ersten Silbe betont werden sollte).

5. Schließlich erkennt das Selbst auf der höchsten Stufe seines Entwicklungsganges, daß es sich von der objektiven Welt vollkommen isoliert hat. Vorher mußte die *Angst vor der Möglichkeit der Sünde* sein ständiger Begleiter bleiben, um das Selbst von der Welt abzuschrecken. Insofern war *diese Angst die Stimme des ewigen Geistes.* Jetzt aber, am Ende der Selbstentwicklung, ist auch diese Angst nicht mehr nötig. Der Glaubende erkennt auch die *Angst als Sünde*, weil sie immer noch die *Möglichkeit zur Sünde* zum Inhalt hatte. Sobald diese Möglichkeit wegfällt, hat der Glaubende jene *Angst ohne Angst*, d. h. er steht schon über ihr.

6. Wir fassen zusammen: Existieren heißt: das Ewige im Zeitlichen verwirklichen, und da — wie Kierkegaard sagt — „das existierende Denken mit Existieren beschäftigt ist, so folgt daraus, daß es sich im Werdensprozeß befindet. Und gerade wie die Mitteilungsform in wesentlicher Übereinstimmung mit dem Modus seiner Existenz stehen muß, so muß sein Denken der Struktur der Existenz entsprechen." So maß und beurteilte Kierkegaard die humane Existenz, die bestehende Christenheit, die Objektivität, die Kulturwelt mit allen ihren Institutionen und Lebensvorgängen am Maßstab der subjektiven Geistesexistenz; und dieser Maßstab war für ihn seine dem Glauben entsprechende *Situation.*

Sein Urteil lautete, wie soeben von uns ausgeführt, daß die gesamte Lebenswirklichkeit „weltlich" im Sinn des Neuen Testaments sei, also sündhaft, also nichtig. Da blieb ihm ihr gegenüber nichts übrig als die totale Negation. In der letzten Aufzeichnung sieben Tage vor seinem Tod heißt es denn auch: „Die Bestimmung dieses Lebens ist: zum höchsten Grad von Lebensüberdruß gebracht zu werden. Derjenige, der festhalten kann ..., daß Gott es ist, der ihn aus Liebe zu diesem Punkt gebracht hat, er ... ist für die Ewigkeit reif." (Hierin liegt ein Ansatz „evangelischer Dialektik"!)

Karl Jaspers

Was haben nun *moderne Existenzphilosophen,* was hat insbesondere *Karl Jaspers* (geb. 23. 2. 1883 in Oldenburg, gest. 26. 2. 1969 in Basel), auf den wir uns zunächst beschränken, aus Kierkegaards Werk entnommen? Jaspers, der sich 1913 in medizinischer Psychologie habilitierte, dessen wissenschaftliches Arbeitsfeld also Psychiatrie war, kam erst nachträglich zur Philosophie und 1921 zum philosophischen Lehrstuhl. So war auch im Hinblick auf Kierkegaard, mit dem er sich seit 1913 beschäftigte, *sein Ansatz derjenige eines Psychotherapeuten.*

Psychotherapie

Um ihn zu verstehen, wollen wir uns einen Augenblick in die Psychotherapie versetzen. Ihr geht es bei fast allen heilbaren Fällen um die Hauptaufgabe: das verschüttete, gestörte, entfremdete, auf Wahnvorstellungen fixierte Selbst des Patienten behutsam zu regenerieren, zu normalisieren, dem Psychopathen zum Selbstbewußtsein zu verhelfen, es in zulängliche Übereinstimmung mit dem Allgemeinbewußtsein zu bringen, bis der Patient so weit wiederhergestellt ist, daß er z. B. seine Depressionen, Wahnvorstellungen, Kontaktarmut, Entschlußschwäche — und dergleichen mehr — *selbst* zu überwinden vermag, indem er die Ursachen seines krankhaften Andersseins *selbst* eingesehen, sich davon befreit hat. Niemals redet der Psychotherapeut, von dem unsägliche Geduld, vorsichtig führende Anteilnahme verlangt wird, auf einen Kranken ein, um ihn zu überreden und somit den Patienten von sich abhängig zu machen; vielmehr kann und darf er nur sogfältig dosierte *Hilfestellung* leisten. Das heißt: Er muß dafür sorgen, daß der Patient aus dem gesunden, vom Krankheitsbild überdeckten Urgrund oder Wesenskern her seine Gesundung allmählich selbst zustande bringt.

Kierkegaard über „die Krankheit zum Tode"

Was aber weiß man denn vom Selbst überhaupt? Was weiß man darüber, wie ein Selbst aus eigenem Antrieb und Vermögen sich in Subjekt-Objekt spaltet, sich an sich selber, als Objekt gesetzt, entäußert oder entfremdet? Welche Folgen treten auf in der Lebenspraxis? Niemand hat solche subtilen Vorgänge an sich selber so klarsichtig beobachtet, analysiert, beschrieben als eben Kierkegaard.

Zur Psychotherapie lud Kierkegaard selber ein, so in seinem Buch „Die Krankheit zum Tode" (übersetzt von Emanuel Hirsch): „Gleich wie der Arzt wohl sagen muß, es lebe vielleicht kein einziger Mensch, der ganz gesund sei, ebenso müßte man, wo man den Menschen recht kennte, sagen, es lebe da kein einziger Mensch, ohne daß er denn doch ein bißchen verzweifelt sei, ohne daß da doch tief im Innersten eine Unruhe wohne, ein Unfriede, eine Disharmonie, eine Angst vor einem unbekannten Etwas, vor einem Etwas, mit dem er es nicht einmal sich getraut, Bekanntschaft zu stiften, eine Angst vor einer Daseinsmöglichkeit oder eine Angst vor sich selber, so daß er doch — wie der Arzt davon spricht, daß einer mit einer Krankheit im Leibe herumgehe — mit einer Krankheit herumgeht, dahingeht und an einer Krankheit des Geistes trägt, welche gelegentlich aufzuckend, in und mit einer ihm selbst unerklärlichen Angst sich bemerklich macht, daß sie da innen sitzt ... Im allgemeinen nimmt man an, wenn ein Mensch nicht selber sage, daß er krank ist, so sei er gesund, ganz zu schweigen, wenn er es selber sagt, er sei gesund. Der Arzt hingegen sieht die Krankheit anders an. Und warum? Weil der Arzt eine bestimmte und ausgebildete Vorstellung davon hat, was gesund sein heißt, und gemäß dieser prüft er den Zustand eines Menschen. Der Arzt weiß: So wie es eine Krankheit gibt, die nur Einbildung ist, ebenso auch eine Gesundheit; er wendet daher in letzterem Falle zunächst Mittel an, um die Krankheit ans Licht zu ziehen."

Jaspers als psychotherapeutischer Philosoph

Indem *Jaspers* sich, durchaus im Sinne dieses Zitats, vom Facharzt zum *psychotherapeutischen Philosophen* entfaltete, richtete er seine Aufmerksamkeit nicht mehr auf Einzelfälle, sondern auf das Typische großer Gruppen. So ließ er seiner „Allgemeinen Psychopathologie" (1913) die „Psychologie der Weltanschauungen" (1921) folgen. Zehn Jahre später veröffentlichte er „Die geistige Situation der Zeit", dann sein dreibändiges Hauptwerk „Philosophie" (1932). Wir zählen nur diese Leistungen auf, um schon durch die Titel anzudeuten, wie er, von psychotherapeutischer Praxis herkommend, sich um eine Diagnose der Zeitkrankheit und um deren Heilung bemühte, bis er auch darüber hinaus ging und seine *Philosophie menschlicher Möglichkeiten* überhaupt ausbreitete.
Dennoch kennzeichnete ihn bis zuletzt jene psychotherapeutische Einstellung zum Mitmenschen und dessen Existenzsituation, die wir vorhin skizziert haben. Der Psychotherapeut greift grundsätzlich nicht eigenmächtig ins private Bewußtsein des Patienten ein, sondern läßt *dessen Möglichkeiten* gelten, von denen er, als Empirist, nur das zur Kenntnis nehmen kann, was der Patient ihm eröffnet. Jedoch „das Wesentliche, das in den konkreten Entscheidungen persönlichen Schicksals liegt, bleibt verschlossen" (Jaspers). So muß ein genialer Psychologe wie Jaspers selber herausbringen, welche Möglichkeiten dem Menschen überhaupt eigentümlich sind, um aus ihnen, nachdem sie typisiert sind, auf das Selbst zu schließen, das ihnen jeweils vorauszusetzen ist. Dann kann er aus den ihm seitens der Patienten, der Mitmenschen anvertrauten Nachrichten über deren Innenwelt und Bewußtseinszustand den einzelnen eher und besser verstehen, als dieser auf der Suche nach seinem Selbst sich selber zu verstehen vermag. So wagte Jaspers in seiner Psychologie der Weltanschauungen eine Bestandsaufnahme aller menschlichen Möglichkeiten des Glaubens und der Einstellungen, um zugleich ihre Entstehung auf Grund von bestimmten Typen und Kräften, „Ideen" genannt, zu verstehen.
Für welche Möglichkeiten sich von Fall zu Fall der Einzelmensch *entscheidet*, das ist ausschließlich ihm selbst vorbehalten, seiner Eigenart und vor allem seiner besonderen Existenz gemäß. Nur die Entschlußlosigkeit, das verwirrende, gefährliche Gedankenspiel mit immer mehr, immer neuen, immer anderen Möglichkeiten ist von Übel. Um dem Menschen *dessen* Entscheidung zu erleichtern, muß ihm die eigene Situation *erhellt* werden, damit er sie erkennen kann, und dann die tiefer liegende Existenz, deren Struktur sich in der beson-

Existenzerhellung deren Situation abzeichnet. Das ist die „*Existenzerhellung*". Die echte Schwierigkeit, ein Wesensmerkmal unserer menschlichen Gattung, liegt allerdings darin, daß in der menschlichen Existenz als solcher ja alles in dauerndem Wechsel begriffen ist. Nur ein spekulativer Philosoph mit seinem reinen Prinzipiendenken darf behaupten, daß es Absolutitäten gebe, nach denen das Individuum sich zu richten hätte. Wer hingegen als *einfühlender* Beobachter von außen her ins Subjekt sich hineindenkt und mit dem andern *mitdenkt,* der vermag — wie Jaspers zunächst — nur den *absoluten Zufall* festzustellen, der uns an die *Grenzen der Existenz* führt, uns in *Grenzsituationen* versetzt, deren Erlebnisgehalt die ganze Existenz erschüttert: Lebenskonflikte, Leid, Schuldgefühl, Weltangst, Tod. Solche Grenzsituationen stellen den Einzelmenschen vor ein Entweder-Oder, das in die Transzendenz, ins Irrationale, in die „Metaphysik" hineinreicht, dort vielleicht auch näher zu prüfen wäre. Denn entweder erwächst aus der Grenzsituation die *Verzweiflung,* die ein Psychotherapeut im Hinblick auf den Betroffenen am meisten fürchtet, oder sie *erweckt* gleichsam wie ein Schock den erschrockenen Menschen zur *Wahl* seines *eigentlichen Selbst,* somit zu seinem Selbstbewußtsein, in welchem er sich selbst als das wollende, handelnde Subjekt identifiziert, und wonach er selbst dann sein Geschick einsieht, erkennt, zu meistern beginnt.

Grenzsituation

Individuelle Wahrheit In jedem Falle ist *für den* Mitmenschen dasjenige *Wahrheit,* was *für ihn Wahrheitswert* hat, woran er sich in *seinem* Selbstbewußtsein orientiert, wonach er *sein Verhalten* richtet. Ihr gemäß ist dann auch seine Existenz strukturiert, wobei in dieser Existenz eine Auswahl der jeweils gegebenen Möglichkeiten verarbeitet wird. Da Jaspers von seinem Standpunkt aus keiner Wahrheit, keiner Möglichkeit den Vorzug geben darf oder will, so hält er sich frei für jede und alle, einschließlich sämtlicher Extreme vom religiösen Fanatismus bis zum radikalen Nihilismus, ohne jemals selbst eine Entscheidung zu treffen. Denn die Wahl liegt beim anderen Subjekt. Infolgedessen hält er sein Denken „*schwebend*"; es schwebt in oder über der jeweiligen Situation und über sämtlichen Situationsweisen.

Seinsbegriff Daraus ergibt sich eine neue, „*umgreifende*" Bedeutung des Begriffes „Sein"; er wird zum Inbegriff dessen, was überhaupt im Sein enthalten ist, was es hervorzubringen vermag und wie es sich darstellen kann. „Ich bin des Seins inne, indem ich mich nirgends verfestige, nirgends festgefahren habe." So wird das mit allen Möglichkeiten gedachte Sein zum „*Innesein*", für das sich der Denker *frei* hält. In dem Werk „Von der Wahrheit" heißt es (S. 185): „Das Schweben des Denkens läßt das eigentlich Unbedingte frei. Ziel des Erhellens ist nicht ein Seinsentwurf als solcher, nicht ein Erkenntnisbesitz, nicht ein Ergebnis, sondern das *methodische Innewerden des Seins.* Das Innesein aber ist gleichsam ein Schweben. In ihm vollzieht sich die Lösung vom Boden, um wahreren Boden zu gewinnen, bis zuletzt die freischwebende Bodenlosigkeit in der Welt in bezug auf den Grund des einzigen absoluten Bodens der Transzendenz erreicht wird ... Gegen Verfestigung und Sicherung im Gedankensystem, in dem ich mich berge und dem ich mich unterwerfe, bleibe ich Herr meiner Gedanken, um offen zu sein für Transzendenz und daraus die eigentliche Unbedingtheit in der Welt zu erfahren." — Dazu ein Zitat aus dem „Philosophischen Glauben" von 1947: „Was Sein ist, muß uns in solchen Formen gegenständlich werden, wird daher Erscheinung, ist für uns so, wie wir es wissen, ist für uns nicht, wie es an sich ist. Das Sein ist weder das Objekt, das uns gegenübersteht, mögen wir es wahrnehmen oder denken, noch das Subjekt." Auch diese Überzeugung ist, unabhängig von Kant, aus psychotherapeutischer Erfahrung leicht zu verstehen: Zwischen Arzt und Patient entsteht in gemeinsamer Arbeit als Leistung ein geistiges Sein, das nach allen überlieferten Begriffen und Vorstellungen älterer Philosophie nicht einzuordnen ist: Es selber schwebt.

Pathologie der Selbstentfremdung

Keiner Erläuterung bedarf wohl, daß sich Jaspers zugunsten der Eigentlichkeit gegen die Normativität entscheidet. Die Entfremdung mit ihren pathologischen Folgen ist ein Hauptproblem der Psychologie und Psychotherapie. Sie tritt schon ein, sobald ein Selbst sich einer fremden Autorität unterwirft und von ihr sich bestimmen, sich verändern, sich umwandeln läßt, daß es keine *eigentliche Existenz* mehr hat, sondern nur noch *uneigentlich existiert.* — Unter diesem Gesichtspunkt ist besonders aufschlußreich, wie Jaspers die *Weltgeschichte* periodisiert vom Standpunkt der Subjektivität aus. *Hier vollendet sich der Widerspruch zu Hegel* nicht nur, wie etwa bei Kierkegaard, gegenüber dem objektiven Geist, sondern an ihm selbst. Die Kulturwelt ist für Jaspers das Produkt der Subjektivität, wobei die eigentümlich strukturierte Zeitexistenz harmoniert mit Leistungen großer Individuen. Eine bestimmte Geschichtsperiode bezeichnet er empiristisch als „Achsenzeit", die von 800 v. Chr. bis 200 v. Chr. dauerte und deren Mittelachse auf 500 v. Chr. festzulegen ist; damals erreichte die alte Hochkultur ihren Gipfel, die großen Religionen wurden ausgebildet. Seitdem hat es eine zweite Achsenzeit nicht gegeben. Aber sie könnte bevorstehen: Aus dem Sozialismus, aus der zur Welteinheit drängenden Geistesbewegung und aus der modernen Glaubenstendenz formiert sich ein neues Weltzeitalter, meint Jaspers.

„Achsenzeit"

ABSCHIED VON DER SPEKULATIVEN PHILOSOPHIE

Dilthey, Spranger, Uexküll

Rückblick auf den Idealismus

Wie war es zur Zeit Hegels gewesen? — „Unter Wissenschaft verstand man damals die umfassende Fähigkeit, den großen Gedanken der Schöpfung noch einmal zu denken. Bis zu diesen Höhen wollte sich die deutsche idealistische Philosophie erheben. Drei Leitmotive kennzeichnen ihren kühnen Schwung: die Überzeugung, daß alles echte Wissen ein organisches Ganzes ist; daß es in immer neuer geistiger Selbsttätigkeit aus dem schöpferischen Innern des Menschen erzeugt wird; daß es dem Gesetz der Wahrheit unterliegt, das nicht im Dienste des politischen Machtwillens oder anderer begrenzter Zwecke umgebogen werden darf. Dieser Rahmen ist den philosophischen Systemen Fichtes und Schleiermachers, der beiden Mitbegründer der Berliner Universität [neben Wilhelm v. Humboldt], gemeinsam trotz aller Eigentümlichkeiten ihrer persönlichen Grundrichtung. Hegel hat die gewaltige Architektur des philosophischen Gebäudes vollendet, und auch die Kulturtheorie von Marx bewahrt den gleichen großartigen Einheitszug. Fichte, Schleiermacher, Hegel waren von dem Glauben erfüllt, in ihrer Philosophie den ewigen Kern des Christentums nur reiner und sinngemäßer herauszuarbeiten. Auch die andere geistige Großmacht des Abendlandes, der Humanismus, wurde in die Fundamente der neuen Hochschule [der Berliner Universität] mit eingemauert." — „Zunächst fügte es für Berlin der Weltgeist so günstig, daß der größte philosophische Genius, den Deutschland seit Nicolaus Cusanus und Leibniz gehabt hat, jene philosophische Mitte bestimmte, aus der heraus die Universität leben wollte. Es war Georg Friedrich Wilhelm Hegel, der Sohn Schwabens. Er erst verwirklichte, was Fichte angestrebt hatte: den gewaltigen Bau einer spekulativen Philosophie, in der jedem Grundmotiv des Lebenszusammenhangs sein Recht, jeder Wissenschaft ihr Ort bereitet war.

Dieses System war zugleich ein Werk der Restauration und der Zukunftserwartung.

Es wollte bewußt Vollendung der Reformation sein und erhob doch zugleich den Staat zum Statthalter Gottes auf Erden.

Die Volksgeister — Nationen — stellte es um den Thron des Weltgeistes als Zeugen und Zierate seiner Herrlichkeit. Die Monarchie baute es in konstitutionellem Sinne aus.

Die Unruhe der ungeheuren Dialektik aller Kräfte fand ihre Synthese doch in der ewigen Ruhe des absoluten göttlichen Geistes" (Eduard Spranger).

Zeitalter der Naturwissenschaft

Jedoch, gegen Ende des 19. Jahrhunderts, im August 1893, hielt beim Stiftungsfest der Universität Berlin deren damaliger Rektor, nämlich kein Geringerer als *Rudolf Virchow,* jene große Rede, in welcher er mit Hegel nicht nur rechtete, sondern auch abrechnete. Das Thema lautete: „Die Gründung der Berliner Universität und *der Übergang aus dem philosophischen in das naturwissenschaftliche Zeitalter.*"

Rückblickend auf Hegel sagte er: „Bald war sein Einfluß auf die Zeitgenossen so groß geworden, daß in jeder Fakultät Hegelianer zu finden waren. Die ganze Wissenschaft wurde von ihnen neu umgearbeitet und die Terminologie des Meisters bis in die letzten Tiefen jeder Spezialdisziplin getragen. Als ihn am 14. November 1831 die Cholera bei ihrem ersten Gang durch unser Vaterland hinwegraffte, hinterließ er einen förmlichen Generalstab geschulter Jünger, die es übernahmen, in seinem Sinne weiterzuwirken und die Tradition seiner Lehre auf die kommenden Geschlechter zu übertragen. Nichts schien fester gefügt zu sein als diese in sich geschlossene Schule. Theologie und Jurisprudenz, Staatswissenschaft und Ästhetik waren in Hegelsche Sprache und Anschauung übertragen; nur in der Medizin und den Naturwissenschaften beschränkte sich die Invasion auf einzelne Vertreter. Obwohl der Meister fehlte, erhielt sich der Nimbus noch ein volles Jahrzehnt ... Aber in keinem der Schüler fand sich die schöpferische Initiative, auch nicht die schwärmerische Begeisterung, welche große Kreise von Menschen bewegt; das oft pedantische und gedankenleere Phrasenwerk, welches als Rückstand der einstigen Bewegung übrigblieb, wurde schließlich ein Gegenstand des Spottes, wie es früher ein Gegenstand des Staunens oder gar der Bewunderung gewesen war ... Das ist jedenfalls sicher, daß mit dem Tode Hegels auch die Universität dauernd aus dem Bann der philosophischen Systeme erlöst worden ist. Kein Philosoph hat seitdem eine ähnliche beherrschende Stellung eingenommen und, wir dürfen es mit Anerkennung sagen, auch nicht beansprucht."

Vormacht und Zusammenbruch der Spekulation

Den Schlußteil des letzten Satzes würden wir gern etwas anders formulieren: Kein Philosoph hat seitdem eine ähnliche beherrschende Stellung auch nur beanspruchen *können!* Denn darüber wird man ja im klaren sein, daß einzig das spekulative Denken und dessen Tradition derartig umfassende Systeme ermöglicht, fordert und bedingt. Aber zugleich mit Hegel und zuletzt durch Schelling hatte das altertümlich-spekulative Logosdenken seine einst die Weltanschauung beherrschende Führungsrolle geradezu schlagartig verloren. Wenn Rudolf Virchow, damals weltberühmt, als ein Oberhaupt medizinisch-biologischer Naturwissenschaft in seiner Rede von „Hegel" und von „Schelling" und vom Ende des philosophischen Zeitalters sprach, dann meinte er speziell die Spekulation im Gegensatz zum Empirismus.

Triumph de: Empirismus

Der *Empirismus,* dessen Tradition über die scholastischen „Nominalisten" bis auf Demokrit, Epikur und auf die Aristotelische Physik zurückgeht, hatte sich mit einem welthistorischen Riesensprung in die *Führungsposition* gebracht, und er zerbrach sofort die „Einheit der Idee", indem er das logisch-abstrakte Denken scharf vom magisch-mythischen Denken trennte. Jedoch, nicht er allein und keineswegs nur die wahrhaft staunenswerte Leistung aller Naturwissenschaften einschließlich ihrer technischen Nutzanwendung hatte die große Wendung vollbracht. Vielmehr hatte auch die Spekulation sich selber ad absurdum geführt.

Was war die Folge? Nicht mehr von Philosophen erwartete man nunmehr, daß „Welträtsel" endgültig festgestellt, erkannt, gelöst würden, sondern von Naturforschern. So zählt Emil Du Bois-Reymond, seinerzeit ein führender Physiologe, 1880 sieben *Welträtsel* auf, an denen soeben die spekulative Philosophie offenkundig gescheitert war: 1. das Wesen von Materie und Kraft, 2. den Ursprung der Bewegung, 3. die erste Entstehung des Lebens, 4. die zweckmäßige Einrichtung der Natur, 5. das Werden der Sinnesempfindung und des Bewußtseins, 6. das vernünftige Denken und den Ursprung der damit verbundenen Sprache, 7. die Frage nach der Willensfreiheit. Dieses Beispiel genügt, um zu zeigen, daß *die Naturwissenschaft mit der Welterklärung nochmals von vorn anfing.*

Neubeginn der Welterforschung

Bereits 1871 hatte Rudolf Virchow in einem Vortrag über die „Aufgabe der Naturwissenschaften" gefordert, daß der *Empirismus* allgemeingültig und jedermann selbstverständlich werde. Er verlangte auch von den Schulbehörden die Anerkennung des neuen, im Zug der freien Forschung andauernd erweiterten, korrigierten Weltbildes. „Unsere Aufgabe muß es sein, dafür zu sorgen, daß das Wissen wieder ein gleichartiges, ein homogenes, ein aus gleicher Quelle fließendes werde. Dazu gehört eben eine allgemein geübte Methode des Denkens und gewisse gleichmäßige Formen der Auffassung und Deutung der Naturerscheinungen. — Wenn die Wissenschaft noch etwas leisten soll, speziell für das innere Leben unserer Nation, so muß sie den Versuch machen, das Volk mit gemeinsamem Wissen zu durchdringen, ihm in demselben eine allgemein anerkannte Grundlage des Denkens zu geben, damit wir auch innerlich einmütig werden und damit nicht bei vielen unserer Mitbürger schon bei dem ersten Anfange des Denkens, bei den ersten Voraussetzungen, ja in den Methoden des Denkens die größten Widersprüche mit uns und unserem Denken bestehenbleiben. — Wir müssen uns daran gewöhnen, überall methodisch zu denken, und methodisches Denken ist nun einmal nicht anders möglich, als indem wir jeden einzelnen Vorgang auch an demjenigen Material studieren, an dem er sich vollzieht. — Es ist meiner Meinung nach unmöglich, daß sich die Menschheit auf die Dauer der Überzeugung entzieht, daß die Gesetze, welche an allem dem zu erkennen sind, was uns umgibt, und deren Gültigkeit sich bewahrheitet bis in die weiteste Ferne hinaus, eben auch geltend sein müssen für alles Urteilen und für jedes erreichbare Ding. Ob es jenseits dieser erreichbaren Dinge, die wir mit unseren Sinnen und Methoden erfassen können, noch weitere Dinge gibt, das läßt sich erst entscheiden, wenn durch neue Methoden der Forschung unsern Sinnen neue Hilfsmittel geboten werden. — Probleme lösen zu wollen, bevor man an ihre korrekte Aufstellung gehen kann, das halte ich in der Tat für eine absolute Unmöglichkeit, und doch ist das die Art, wie viele Menschen das Weltganze konstruieren. Man möge sich doch nicht täuschen. Jede Aufstellung eines Weltplans ist eine voreilige Travestie unserer Erde, unseres Seins oder unseres Denkens."

Entmythisierung Hegelscher Kulturlehre

Jedoch, obwohl die Spekulation sich erledigt und die Wissenschaft gesiegt hatte, blieb von Hegels Welterklärung manches erhalten, nachdem man sie *entmythisiert* hatte. Danach zeigte sich, daß in seinem Weltsystem dessen logisch-abstrakte Komponente, für sich allein betrachtet, großenteils mit dem Empirismus zu vereinbaren war. Das galt speziell für seine Auffassung von der objektiven Kulturwelt. Empiristisch können wir die entmythisierte Kulturwelt betrachten als eine in sich zusammenhängende Leistung, die jedem Individuum fertig gegenübersteht und auf jeden lebendigen Menschen zurückwirkt. Generationen haben an ihr mitgearbeitet. Jedermann findet sie von Kindheit an vor; er wächst in sie hinein, *er wird wesentlich von ihr geprägt.* Aber wenn sie auch jeweils „fertig" ist, nämlich in jedem Augenblick abgeschlossen und somit Vergangenheit, so ist sie anderseits doch auch stets *unfertig,* nämlich im Werden begriffen.

Also geht in unserer Kulturgeschichte und menschlichen Eigenwelt die Subjekt-Objekt-Subjekt-Beziehung unbegrenzt weiter, ohne daß man noch von „Entfremdung" reden müßte. Vielmehr wäre eher von einem andauernden Nehmen-Geben-Nehmen zu sprechen. Indem der Einzelmensch anteilig die Kulturwelt *leistet,* verwirklicht er dank und mittels seiner eigentümlichen Fähigkeiten in ihr sich selbst und empfängt von ihr mehr, als er zu ihr beigesteuert hat. Erst die Kulturwelt, und somit die historische Leistung aller früheren Generationen, *macht ihn zu dem, was er ist.* Jeder Akt, den er nach seinem eigenen Lebensgesetz vollbringt, bedeutet ihm eine *Selbstbestätigung.* Sie liegt in der Tätigkeit selber, im Vollzug dessen, was er sich vorgesetzt hat, und folglich *bereits in seiner Intention.* Eine „Entfremdung" erfolgt nur dann, wenn es sich um Zwangstätigkeit handelt, wenn also die Intention nicht im Einzelsubjekt selbst, sondern in einem anderen Subjekt liegt, so daß die subjektive Eigengesetzlichkeit überwältigt, verdrängt und ersetzt wird durch eine fremde. Das war bekanntlich der sozialpsychologische Ansatz von Karl Marx. Eben durch Marx gewarnt, hat man sich seit etwa 1900 in fortschrittlichen Kulturstaaten — unter dem Druck des Sozialismus und der Selbständigkeit fordernden Volksmehrheit — immer mehr an die zunächst theoretische, dann praktische Anerkennung *jeder* individuellen Subjektivität gewöhnt. Das früher gültige Verhältnis zwischen „Herrschaft" und „Knechtschaft" wurde allmählich aufgelöst. Weder wollte der „Knecht" sich vom „Herrn" noch die Kulturmenschheit vom Weltgeist ausschließlich zu dessen Selbstzweck erst benutzen, dann wegwerfen, also mißbrauchen, lassen. Vielmehr wollte man in der fertigen Leistung, auch wenn sie überindividuell-objektiv sich dem einzelnen gegenüberstellt, die eigene Intention und ihr gemäß sich selbst wiedererkennen.

Fruchtbare Auseinandersetzung mit Hegel

Für das Verhältnis zwischen Kultur und Individuum ergibt sich folgendes Schema: Historische Objektivität wird gegenwärtige Subjektivität, und gegenwärtige Subjektivität wird historische Objektivität. Also muß der Mensch im großen ganzen *sich selbst historisch verstehen,* nämlich als Produkt der Menschheitsentwicklung und der aus ihr heraus gewachsenen Kulturwelt, und die Objektivität versteht er als Gemeinschaftsleistung einschließlich seines eigenen Beitrags. *Der Angelpunkt liegt demzufolge im Menschen selbst,* und zwar im Menschen als *Gattungswesen.* Dessen Eigenart muß sich in seiner Leistung, der Kulturwelt, ausdrücken; und es muß sich um stets dieselbe allgemeinmenschliche Eigenart handeln, sonst wären frühere Kulturbeiträge den später Lebenden *ganz* unverständlich, während man doch jedes dem Kulturzusammenhang irgendwann eingeflochtene Muster nach einiger geistigen Anstrengung immer noch gemäß der ursprünglichen Intention verstehen kann.

Darüber braucht man sich nicht zu wundern. Der menschliche Körper ist anatomisch-physiologisch stets gleichförmig gebaut, die Körperfunktionen stimmen für die ganze menschliche Gattung seit alters überein. Sinngemäß dasselbe gilt — wie die historische Erfahrung lehrt und bestätigt — für unsere geistig-seelischen Lebensgesetze, die aufs engste mit den biologischen Gesetzen und den Naturgesetzen überhaupt zusammenhängen und sie ergänzen müssen. Da wir, um diese *Lebensgesetze* zu untersuchen, zunächst *Erfahrung* brauchen, so finden wir diejenige Erfahrung, die unserer Kultur vorangeht und zugrunde liegt, gar nicht im Bereich der Objektivität, sondern *in uns selbst.* Denn hier, in unserem Innern, beobachten wir ja den *Ursprung* der Kulturleistung.

Kulturverständnis aus historischer Erfahrung

Da zeigt sich nun, daß dem Menschen — als Gattungswesen wie als Einzelsubjekt — nur eine relativ geringe Anzahl von Möglichkeiten vorgegeben ist, die er verwirklichen kann. Diese Möglichkeiten wiederholen sich, und sie werden stets aufs neue realisiert, wenn auch jeweils im Kleide der Zeit, so daß sie an und in der Kulturgeschichte doch immer etwas anders aussehen. Man muß die Gleichförmigkeit aus dem historischen Tatbestand heraus erkennen und sie ihm als durchgängigen Sachverhalt zugrunde legen; denn in der Gleichförmigkeit stecken die uns Menschen eigentümlichen *Lebensgesetze,* die *zugleich Leistungsgesetze* sind. Hat man erst die Lebensgesetze erfaßt, dann läßt sich aus ihnen die nunmehr neu, nämlich *empiristisch* festgestellte Subjekt-Objekt-Einheit angeben, und zwar als Strukturzusammenhang mit relativ wenigen, jeweils gleichen Strukturzentren. *Unser Leben selbst kann gar nicht anders sein und sich entwickeln als gemäß der ihm eigenen Gesetzlichkeit unserer menschlichen Gattung; und diese Lebensgesetzlichkeit entspricht den Naturgesetzen, denen sich die Naturwissenschaft widmet.* Folglich treten die Geisteswissenschaften neben die Naturwissenschaften als deren notwendige Ergänzung. Als Bindeglied hat sich inzwischen die biologische Umwelttheorie und Verhaltensforschung erwiesen.

Dilthey

Derjenige, der geisteswissenschaftlich eine Umkehrung der Hegelschen Weltsystematik vornahm und aus dessen idealistischer Objektivität eine empiristische Objektivität machte, war *Wilhelm Dilthey,* der am 19. November 1833 in Biebrich am Rhein geboren wurde, während seiner Universitätsstudien sich zunächst der Geschichte widmete, dann zur Philosophie überging, seine Lehrtätigkeit in Berlin als Privatdozent begann, bevor er über Basel, Kiel, Breslau als Ordinarius für Philosophie 1882 nach Berlin zurückkehrte, wo er Mitglied der Akademie wurde und am 3. Oktober 1911 starb. Wir halten fest: *Große* Leistungen, die man noch der Philosophie zurechnet, wurden neuerdings auf der Grundlage *anderer* Fachwissenschaften vollbracht. Dilthey und auch Spranger brachten immense Geschichtskenntnisse mit, und die Philosophie erlaubte und gebot Dilthey, die historische Kulturwelt nach übergreifenden Zusammenhängen zu durchforschen, während er das methodische Handwerkszeug sich zum nicht geringen Teil von den Naturwissenschaften holte.

Werdegang

Dilthey ließ Hegel auch insofern hinter sich, als er die gesamte Kulturwelt einschließlich des Idealismus, der Religionsgeschichte, des Künstlertums als Reihenfolge historischer Leistungen ansah, die man im ganzen wie im einzelnen versteht, wenn man das ihnen jeweils zugrunde liegende Strukturzentrum erfaßt hat. Das heißt: Zunächst muß man die Rezepte feststellen und formulieren, dann kann man die historischen Leistungen im privaten wie im allgemeinen Bewußtsein wiederholen. Daraus folgt: Die Geschichte wird dem Geisteswissenschafter zum Experimentierfeld, ähnlich wie die Natur das Experimentierfeld des Naturwissenschaftlers ist, nur kann der Geisteswissenschafter seine Experimente nicht mehr selbst besorgen, sondern sieht sie bereits von unzähligen Einzelmenschen vollzogen. So bietet sich ihm die Geschichte dar als riesiger, niemals voll auszuschöpfender *Erfahrungsbericht menschlicher Selbstexperimente, menschlicher Möglichkeiten.* Die Fülle zusammenhängender Einzelberichte reicht auch aus, um wissenschaftliche Hypothesen und Theorien an der Praxis zu überprüfen. So wird die geisteswissenschaftliche Psychologie zu einer ebenfalls *empiristischen Wissenschaft.* Das ist sozusagen Diltheys kopernikanische Tat.

Geisteswissenschaft als Erfahrungswissenschaft

Sein Grundsatz war: „Alle Wissenschaft ist Erfahrungswissenschaft", und zur Aufgabe stellte er sich, eine „Kritik der historischen Vernunft" vorzunehmen. Metaphysische Spekulationen lehnte er ab: „Was der Mensch ist, erfährt er erst durch die Geschichte." Diese allerdings muß man als geisteswissenschaftlicher Psychologe kennen. Dann — so lehrt Dilthey — gibt man anstatt hypothetischer „Erklärungen", weil man ja Erfahrungswissenschaft treibt, zunächst eine „Beschreibung" der Tatsachen und geht danach erst an die „Zergliederung", bis man vom lebendig gegebenen Zusammenhang des Ganzen aus die einzelnen Vorgänge zu „verstehen" vermag. Denn: „Die Natur erklären wir, das Seelenleben *verstehen* wir." In den Naturwissenschaften erweist sich das erarbeitete Bild der Natur als „ein bloßer Schatten", den eine uns verborgene Wirklichkeit wirft (wir erinnern uns an Kants „Ding an sich"!). Dagegen besitzen wir an den *Tatsachen der inneren Erfahrung eine unmittelbare Realität.* Deren Analyse ist eben den Geisteswissenschaften zur Aufgabe gemacht, wobei der *lebendige Zusammenhang,* der uns in der Psychologie ursprünglich und beständig im Erleben gegeben ist, und die volle Wirklichkeit des Seelenlebens so zu beschreiben und zu zergliedern sind, daß man ein Ergebnis mit höchsterreichbarem Sicherheitsgrad erhält. Dafür entscheidend ist das richtige Verstehen durch nacherlebendes Zusammenwirken aller Gemütskräfte. Das Auffassen des Ganzen ermöglicht und bestimmt die Interpretation des einzelnen.

Diltheys „kopernikanische Tat"

Die Aufeinanderfolge psychischer Vorgänge wird durch zwei Arten von Regelmäßigkeiten bestimmt: (1) die *äußerlichen Gleichförmigkeiten* werden analog den Gesetzen der äußeren Natur an einzelnen ausgesonderten Prozessen erschlossen (Assoziation, Reproduktion, Apperzeption u. a.), und zwar *induktiv;* (2) die *Struktur* ist eine Anordnung, in der psychische Tatsachen durch eine innere erlebbare Beziehung miteinander verknüpft sind; die Beziehung kann zeitlich auseinanderliegende Erlebnisse oder in solchen enthaltene Verhaltensweisen als Teile des psychischen Zusammenhangs miteinander verbinden; der *Typus* hat für die Geisteswissenschaften ähnliche Bedeutung wie das Gesetz für die Naturwissenschaften.

Zur Methodik

„Seit der zweiten Hälfte des [vorigen] Jahrhunderts wurde im Bereich der Geisteswissenschaften der Einfluß der historischen Denkweise so stark, daß sie auch auf die Weltanschauung der Epoche prägend einwirkte ... Uberschreiten wir die Schwelle zum 20. Jahrhundert, so bemerken wir einen auffallenden Wandel der Terminologie. Wilhelm Dilthey spricht nicht einfach von ‚der' Geschichte, sondern vom ‚historischen Bewußtsein'. Der Schwerpunkt scheint also von der Seite des Seins auf die Seite des Wissens, des ‚Im-Bewußtsein-Habens' verlegt. Wenn er den Plan faßt, eine Grundlegung der Geisteswissenschaften zu schreiben, so deutet der Pluralis ‚Geisteswissenschaften' auf eine Wendung zum Positivismus hin. Die Philosophie ist Wissenschaftslehre geworden ... Diltheys gelegentliche Äußerung, es gehe ihm um eine ‚Kritik der historischen Vernunft', ist kaum noch in Hegels Art als das Suchen nach der Vernunft in der Geschichte zu verstehen, sondern — in Analogie zu Kants Transzendentalphilosophie — als eine Kritik des historischen Bewußtseins. Aus dieser Gedankenrichtung allein ist auch die auffallende Fassung des Titels in dem Hauptwerk von 1911 zu verstehen: ‚Der Aufbau der geschichtlichen Welt in den Geisteswissenschaften'. Darin kommt wohl zum Ausdruck, daß wir die geschichtliche Welt nicht einfach ‚haben', nicht so abbilden, wie sie ‚gegeben' ist, sondern daß wir sie im Wissen erst *aufbauen*. Oder, etwas vorsichtiger gesagt: *Im* historischen Bewußtsein bekommt die geistige Welt erst ihre Gestalt für uns ... Es war der unendliche Zauber in Diltheys Natur, der die Gemüter einer impressionistisch erregbaren Studentengeneration anzog, daß er alle fest gewordenen Gebilde der historischen Welt bis in die Tiefe subjektiven metaphysischen Erlebens zurückverfolgte. Er machte sie durch eine Kunst des Verstehens wieder lebendig, bei der alle Gemütskräfte aufgeboten wurden ... Er gab sich der Fülle der historischen Erscheinungen mit einer Andacht hin, die schon durch seine Stimme hindurchzitterte. Aber eben diese Reduktion der Objektivitäten auf den lebendigen Ursprung sollte zugleich doch auch eine wissenschaftliche Methode werden. Noch klingt in meinem Ohr Diltheys emphatischer Ausruf im Seminar (1901): ‚Analyse und Deskription! Analyse und Deskription!' " (Eduard Spranger.)

Einfluß auf unsere Epoche

Spranger

Methodisches Handwerkszeug hat *Eduard Spranger* (geb. 1882 in Berlin, gest. 1963 in Tübingen) nachgeliefert. Wir zitieren aus einem seiner Hauptwerke, den „Lebensformen", Stellen, die wichtige Definitionen enthalten und innerlich zusammenhängen. Vorangestellt sei eine Wendung, die zeigt, wo Spranger sich entschieden von Hegel absetzt: „Das Schauspiel der großen Welt. Wo liegt sein letzter Schlüssel? Wir dürfen ihn nicht suchen in einer völlig jenseitigen Geisteswelt, die *ihre* Zwecke hätte, losgelöst von den Einzelseelen, und die die Seligkeit und die Verzweiflung der lebendigen Menschen listig ins Spiel setzte,

„Lebensformen"

um *sich* zu befreien und *sich* zu vollenden ... Ranke hat gegenüber dem oberflächlichen Glauben, daß erst am Ende der Welt sich das Höchste offenbare, den Satz geprägt: ‚Jede Epoche ist unmittelbar zu Gott.' Er hätte mit noch tieferem Recht sagen können: ‚*Jeder Mensch ist unmittelbar zu Gott*.'"
Dieser Satz enthält ein Stück von Sprangers Glaubensbekenntnis. Nun die Zitate zur Methodologie in bestimmter Reihenfolge:

„Sowenig uns die ganze Natur immer sinnlich gegenwärtig ist, sowenig ist die geistig-geschichtliche Welt uns in ihrem ganzen Umfange gegeben; sondern diese wie jene müssen immer wieder im individuellen Erleben ‚aktualisiert' werden. Aber auch umgekehrt: sowenig sich der ‚für uns' bestehende Naturzusammenhang in dem erschöpft, was gerade jetzt in unsere begrenzte Sinnesempfindung hineinfällt, sowenig erschöpft sich die geistige Welt in dem, was dieses oder jenes Einzelsubjekt gerade jetzt erlebt oder gestaltet. Vielmehr: wie die Natur als ein geordnetes Ganzes sich in unserem Geiste aufbaut vermöge einer Gesetzlichkeit von Erkenntnisakten — deren strukturelle Verzweigung den Grundriß der objektiven Welt schon a priori vorwegnimmt —, so muß auch unser Wissen von und unser Teilhaben an der geistigen Welt auf einer Gesetzlichkeit des geistigen Verhaltens beruhen, die dem Einzelsubjekt als ideale Richtungskonstante innewohnt und die Akte seiner produktiven Einbildungskraft ebenso beherrscht wie die Akte des realen geistigen Verhaltens. Vermöge dieser im Ich lebendigen geistig-gesetzlichen Struktur verstehen wir geistige Schöpfungen, auch wenn sie unter ganz anderen geschichtlichen Bedingungen und aus geschichtlich abweichend organisierten Seelen entstanden sind. Wohlgemerkt: nur das Grundgerät des Geistes ist so a priori vorgebildet; die mannigfachen historischen Einkleidungen und Entwicklungsstufen müssen vom Verstehen ebenso mühsam erarbeitet werden wie die besonderen Naturgesetze. Wären jene aber völlig strukturlos — gesetzlos —, so würden wir sie niemals verstehen. Sie wären uns so unzugänglich wie die krankhaften Entartungen des Geistes."

Gesetzlichkeit des geistigen Verhaltens

„Um also diesen überindividuellen geistigen Strukturzusammenhang, in den wir lebenden Individuen eingegliedert sind, zu verstehen und seine eigentümliche Lebensbewegung zu erfassen, bedarf es ... des *historischen Bewußtseins*, das die Besonderheit der jeweils gegenwärtigen Kultur *genetisch versteht* und als ein Kollektivgebilde von überlegenem Wertgehalt strukturell durchleuchtet. In dieser Erweiterung des geschichtlichen und gesellschaftlichen Horizontes versteht das Einzelwesen erst sich selbst mit all seinen geistigen Wurzeln und Verzweigungen. ‚Was der Mensch sei, sagt ihm nur die Geschichte' (Dilthey). Die bloße Analyse dessen, was im unmittelbaren Gegenwartsbewußtsein des einzelnen enthalten ist, führt niemals zum vollen Verstehen. Vielmehr liegen darin die schwersten Täuschungen über Recht und Umfang einer Lebensbewegung, über ihre Möglichkeiten und ihren letzten verborgenen Sinn. Wer den russischen Bolschewismus nur aus seiner theoretischen Selbstrechtfertigung, dem aus der Pariser Kommune interpretierten Marxismus, verstehen wollte, würde sein wichtigstes Fundament übersehen, nämlich das russische Agrarproblem und die russische Volksseele. Mit einem Wort: Lebensbewegungen geistiger Art nehmen ihren Ursprung nicht im abstrakten Einzelgeist, sondern aus dem großen Meer des schon historisch gewordenen Geistes, in dem das Individuum nur eine Welle ist."

Das historische Bewußtsein

„Viele stellen sich die Seele tatsächlich so vor als eine nur auf Selbst- und Gattungserhaltung angelegte Struktur. Nun ist aber die menschliche *Seele* — dieser abkürzende Ausdruck für den *Inbegriff der in einem Ich gebundenen Aktionen, Erlebnisse und Reaktionen* sei uns durchgängig gestattet — in einen weit größeren Wertzusammenhang verwoben als den der bloßen Selbstbefriedigung. — Die individuelle Seele muß gedacht werden als ein sinnvoller Zusammenhang von Funktionen, in dem verschiedene Wertrichtungen durch die Einheit des Ichbewußtseins aufeinander bezogen sind. — Ich nenne diejenige Verflechtung subjektiver seelischer Funktionen, wodurch ein überindividuell Sinnvolles, ein objektives Sinngebilde erzeugt wird, eine *geistige Leistung.* — Diese *im historischen Prozeß entstandene Verwirklichung von Werten, die in Sinn und Geltung über das individuelle Leben hinausgreifen, nannten wir den Geist,* das geistige Leben oder die objektive Kultur."

Geisteswissenschaftl. Psychologie

„Die geisteswissenschaftliche Psychologie geht von dem Ganzen der seelischen Struktur aus. Wir verstehen unter Struktur einen Leistungszusammenhang; unter Leistung die Verwirklichung von objektiv Wertgemäßem. Nun sind aber in die Totalstruktur der Seele wieder Teilstrukturen sinnvoll eingelagert, z. B. die Struktur des Erkennens, die Struktur der technischen Arbeit, die Struktur des spezifisch religiösen Bewußtseins. Sofern die Leistungen dieser Gesamt- oder Totalstrukturen verschiedener Subjekte zusammenwirken und einen objektiven ... Niederschlag finden, entsteht der kollektive Geist. Sind sie überdies gesetzlich, d. h. normgemäß, so begründen sie *den objektiven Geist im kritischen Sinne:* einen Inbegriff überindividueller Gebilde, deren geistiger ‚Gehalt' jedem Bewußtsein zugänglich ist, das sich in die zugrunde liegende konkrete Situation hineinzusetzen vermag. Es erhebt sich also über den begrenzten und zufälligen Ichen eine Geisteswelt von überindividuellem Sinn, die in historischer Entwicklung wächst, umgestaltet wird und unter Umständen auch wieder zerfällt."

Strukturbegriff

„Was man landläufig unter *Ich* versteht, ist das an einen Körper auf rätselhafte Weise gebundene, daher in Raum und Zeit bestimmt lokalisierbare *Erlebniszentrum.* Insofern alle Akte und Erlebnisse Vorgänge in einem einheitlichen Ich sind, gehören jene Akte und Erlebnisse zu einer geschlossenen *Struktur.* — Ich verstehe unter einem geistigen *Akt* die aus verschiedenen seelischen Funktionen strukturell zusammengewobene Tätigkeit des Ich, wodurch es eine geistige Leistung von überindividuellem Sinn hervorbringt. — Eine spezifische Klasse geistiger Akte schafft also einen spezifischen Sinn. Eine zugehörige Klasse von Erlebnissen erfaßt und versteht diesen spezifischen Sinn. — Folglich müßte es möglich sein, von den Wertklassen aus die Aktklassen aufzufinden. — Akte und Erlebnisse sind, wie der Name schon andeutet, zeitliche Vorgänge, d. h. sie verlaufen in der Zeit als reale Geschehnisse. Aber es ist damit nicht gesagt, daß auch ihr Inhalt nur zeitlicher Natur sei. — Vermöge seiner Gesetzlichkeit hat das geistige Reich am Zeitlosen teil, genau wie die Natur als gesetzliches Gebilde zeitlos begriffen werden kann, mag auch die Mannigfaltigkeit ihrer ‚Erscheinungen' immer unter zeitlichen Bedingungen stehen und nie ganz a priori begriffen werden können. Geistige Erscheinungen sind *zeitlich* bedingt oder eingehüllt; der geistige Gehalt, ihre gesetzliche Struktur ist *zeitlos. Geistiges Verstehen heißt also eigentlich: die zeitlichen Erscheinungen des Geistes auf ihren zeitlosen, gesetzlichen Sinngehalt zurückführen.*"

„Man muß sich gewöhnen, aus der rauschenden Symphonie des Lebens die begrenzte Anzahl von Leitmotiven herauszuhören, aus denen sie zusammengewoben ist. Manches Motiv drängt sich auf und kann nicht überhört werden. Andere aber sind vom Tondichter so mit den übrigen kompliziert, und ihre einfache Gestalt ist so unendlich variiert, daß sie nur dann herauszufinden sind, wenn man sie erst einmal in ihrer nackten Einfachheit gehört hat. Das Leben ist nun aber für uns immer schon ein verwickelter Prozeß, und seine einfachen Sinnkomponenten treten für uns fast nirgends mehr so isoliert auf, daß sie unmittelbar auf einen abstrakten Gedankenausdruck gebracht werden können.

Plötzlich aber [1920] tat sich mir die Einsicht auf, daß eben diese Verwebung gerade zum methodischen Ausgangspunkt genommen werden müsse. Vielleicht unter der dunklen Einwirkung neuplatonischer Ansichten formte sich mir die Gewißheit, daß *in allem alles* enthalten sei. In jedem Ausschnitt des geistigen Lebens sind, wennschon in ungleicher Stärke, *sämtliche* geistigen Grundrichtungen enthalten. Jeder geistige Totalakt zeigt dem analysierenden Blick *alle* Seiten, in die sich der Geist überhaupt differenzieren kann. — Es bleibt nichts anderes übrig, als eine Hypothese einzuführen, deren Sinn ich vorweg durch ein Bild verdeutlichen will. Im weißen Sonnenlicht sind alle Grundfarben des Spektrums enthalten. Überall also, wo das Licht ist, ist auch Rot, Grün, Blau usw., ohne daß uns diese Farben gesondert sichtbar würden. Wohl aber ist es möglich, sie herauszusondern, wenn man künstlich eine Brechung des Lichtes erzeugt ... Es ist auch denkbar, den Anteil einer einzelnen Farbe so zu verstärken, daß sie schließlich im Gesamtergebnis vorherrscht; trotzdem bleiben alle anderen Farben an der Mischung beteiligt. Wenden wir dies an: Die mannigfaltigen und scheinbar unbegrenzten Einstellungen zur sogenannten *‚gegebenen' Welt, die aber selbst nur eine methodische Fiktion ist,* lassen sich auf eine Anzahl von Grundeinstellungen zurückführen, die *nicht* etwa *nebeneinander* liegen, so daß wir *einen Teil* des Gegebenen *erkennend* bestimmen, den *nächsten utilitaristisch bewertend,* den dritten *ästhetisch* oder religiös beschauend; sondern in *jedem* geistigen Augenaufschlag sind *alle denkbaren Grundeinstellungen* enthalten, aber in verschiedener Stärke, vorwaltend oder zurücktretend, und bei komplizierten Akten in mannigfachen Verhältnissen des Fundierens oder Fundiertseins ... In jedem geistigen Akt waltet die *Totalität des Geistes.*"

Grundeinstellungen

Spranger führt *sechs* solcher Grundeinstellungen oder *Idealtypen* vor: den *Machtmenschen,* den *ökonomischen Menschen,* den *sozialen Menschen,* den *ästhetischen Menschen,* den *religiösen Menschen,* den *theoretischen Menschen;* hinzu kommt der von ihm nicht näher behandelte *biologische Mensch.* „Ich sehe voraus, daß man auch den hier entwickelten Typen gegenüber, die durch ein Verfahren der Isolierung und Idealisierung entworfen werden mußten, mit dem Einwand kommen wird: Das Leben enthalte solche Einseitigkeiten nicht. Die Antwort hierauf bitte ich mir im voraus zu erlassen. Denn wer nicht den Mut hat, rationale Linien durch den Zusammenhang des Lebens zu ziehen, dem fehlt der Mut zur Wissenschaft und zum Denken."

Objektive Lebenserfahrung

Alle diese Typen einschließlich des biologischen sind aus der *Erfahrung* abstrahiert, insbesondere aus der *historischen* Erfahrung, und zwar aus dem *objektiven Erfahrungsgut,* das uns ja in der Kulturwelt vor Augen liegt — nicht nur vor den inneren Augen, sondern zunächst vor den äußeren Augen, und sei es in Form literarischer Überlieferung. *Das Verfahren ist also streng empiristisch.* Wenn Spranger in diesem Zusammenhang vom Aprioridenken spricht, so weist er gleichzeitig darauf hin, daß „a priori" ursprünglich heißt: „*an* der Erfahrung", nicht aber „der Erfahrung vorweg", obwohl man es längst im zweiten Sinne zu benutzen pflegt. Auch die „Idealität" ist hier keineswegs so aufzufassen, als ob wir noch mitten im spekulativen Idealismus steckten. Ebensowenig ist bei dieser „Idealität" an ein „Ideal" zu denken, das uns vorschwebt und dem wir nachstreben sollen. Vielmehr meint Spranger folgendes:
Der Mensch als Gattungswesen ist hinsichtlich seiner geistig-seelischen Vermögen nicht ebenso einheitlich beschaffen wie im Hinblick auf seine physische Konstitution. Anatomisch-physiologisch weist der Körper jedes Einzelmenschen im Vergleich zu demjenigen seines Mitmenschen *von Natur aus* keine nennenswerten Unterschiede auf. Die Naturwissenschaft, insbesondere die Biologie und Medizin, kann darauf vertrauen, daß wir alle im wesentlichen denselben Kör-

perbau, dieselben Organe, dieselben Körperfunktionen besitzen, weshalb sämtliche Lehrbücher, man denke an anatomische Atlanten, immer nur „den Menschen" vorführen und zergliedern. *Ein* Mustermensch steht für *alle*. Man könnte auch sagen: Dieser eine Mensch ist hier das *Modell*, dem wir alle gleichen, das wir in unseren Körpern individuell abwandeln. Es handelt sich um einen anatomisch-physiologisch *vollkommenen* Menschen — so beispielhaft vollkommen, wie er „in praxi" als lebendiges Individuum höchst selten oder niemals vorkommt. Seinen inneren und äußeren Proportionen liegt eine *statistisch errechnete Norm* zugrunde. Der angehende Arzt muß sich während der vorklinischen Semester *dieses Modell fest einprägen*, bevor er, nach dem Physikum, sich während der klinischen Semester den Patienten widmen darf, die nun jenes Modell individuell variieren und oft infolge der Krankheit beträchtlich davon abweichen. Ihnen gegenüber stellt das Modell für den werdenden oder fertigen Arzt insofern den *Idealtypus* des „normalen" Menschen dar.

Modellverfahren

Nicht anders sind auch die Idealtypen geisteswissenschaftlicher Psychologie zu verstehen. Auch sie sind jeweils als „Normalfall", als „Modell" gleichsam statistisch aus beobachteten Tatsachen in der dabei entdeckten *Gleichförmigkeit* herausgeholt worden. Streiten könnte man sich, ob sechs bzw. sieben Typen genügen; immerhin wollte Dilthey mit nur drei auskommen. Ein sehr triftiges Argument für Sprangers Idealtypen ist, daß man mit ihnen und ihrer sorgfältigen Charakterisierung die menschliche Eigenwelt als komplexe Subjekt-Objekt-Einheit bis in Einzelzüge hinein *zutreffend* beschreiben und analysieren kann.

Sprangers Strukturtypologie

Nun dürfte der Grundgedanke dieser Typologie klargeworden sein: Die geistig-seelische Natur unserer menschlichen Gattung wird ebenso wie ihre anatomisch-physiologische Natur auf spezifische Gesetzlichkeiten zurückgeführt, die unserem *Leben* eigentümlich sind, die es bereits mitbringt, die sich zu *überindividuellen Modellen* abstrahieren und so vorführen lassen, die im übrigen aber, in der Lebenspraxis, stets *individuell abgewandelt* und zugleich *ineinandergreifend* zu beobachten sind. Kurz gesagt: Die *Kulturgeschichte* unserer Menschheit wird zur *geistigen Naturgeschichte.*

Anwendung auf geistige Naturgeschichte

Denn offenbar ist dem Menschen, der während der Urzeit körperlich den meisten hochspezialisierten Gattungen anderer Lebewesen, also den meisten Tieren, hoffnungslos unterlegen schien, zum Ausgleich seiner relativen Schwäche eine relative Stärke mitgegeben worden, um seine Gattung zu erhalten und zu behaupten: die schöpferische Intelligenz, die es ihm ermöglicht und ihn dazu befähigt, sich seine Eigenwelt aufzubauen, in welcher er vor äußeren Gefahren, auch solchen des Klimas, der geographischen Umwelt, geschützt ist. Zwar ist der Mensch keineswegs das einzige Lebewesen, das sich von Natur technischer Eigenleistungen bedienen muß, um als Gattung zu überleben; aber er hat es in dieser Hinsicht bekanntlich am weitesten gebracht. Insofern, als die biologische Aufgabe, unsere Existenz zu erhalten und zu behaupten, jederzeit von jedem menschlichen Individuum zu erfüllen ist, steckt in uns allen die darauf eingerichtete *biologische Struktur;* sie stellt das Bindeglied dar zwischen dem körperlichen Organismus, der mit sich selber beschäftigt ist, und der zweckvoll schöpferischen Intelligenz, welche für den Körper verantwortlich ist.

Jedoch, die unserem Körper zugeordneten geistig-seelischen Vermögen sind eben zu mehr imstande, als die biologische Aufgabe von ihnen verlangt. In unserer

Kulturleistung erweist sich ein Überschuß an schöpferischen Fähigkeiten, dem wir alles, was uns unsere Eigenwelt ökonomisch nützlich, ästhetisch schön, ethisch-sozial erträglich, religiös sinnvoll macht, gewissermaßen als Luxus verdanken. Dem Urmenschen genügten noch Faustkeil und Feuer. Fassen wir aber die Leistungen der Kultur genau ins Auge, dann ergibt sich, daß sie unverkennbar von Spezialisten geleistet wurden. Jeder von uns ist ein solcher Spezialist. Nur selten taucht ein Genie auf, das fähig wäre, nahezu auf allen *großen* Fachgebieten Hervorragendes — oder nur Anerkennenswertes — zu vollbringen. Die *großen Fachgebiete* sind im einzelnen mit den Schlagworten zu benennen: Machtpolitik, Ökonomie, Sozialordnung, Kunst, Religion, Wissenschaft.

Geschichte als Erfahrungsbericht der Kulturmenschheit

Da die Menschheit ihre Kulturwelt kraft der ihr eigentümlichen Lebensgesetze selbst geschaffen hat, muß ihren Leistungen eine bestimmte Fähigkeit, sie ins Werk zu setzen, vorangegangen sein. Erinnert sei an Aristoteles und dessen Entelechieformel: die Weltkraft oder das Leben selbst bringe gesetzlich seine Möglichkeiten mit und entwickelte sie zur Aktualität. Erst sind uns die individuell mitgebrachten Anlagen und Fähigkeiten vonnöten, die zu unseren Existenzgesetzen gehören, aber dann müssen wir sie ausbilden, ehe uns als Möglichkeit vorschwebt, was wir kulturell verwirklichen. Folglich muß jenen großen Leistungsgebieten unserer Kulturwelt eine Leistungsgesetzlichkeit entsprechen. Und wenn wir uns vorstellen, jede solche Gesetzlichkeit sei auf einen Menschen konzentriert, dann erhalten wir die vorhin aufgezählten Idealtypen. Praktisch hat selbstverständlich jeder Einzelmensch einen größeren oder geringeren Anteil an diesen großen Gesetzlichkeiten. Aber stets pflegt eine Gesetzlichkeit — die wir jetzt *Struktur* nennen wollen — zu dominieren. Allerdings kann es vorkommen, daß ein Einzelsubjekt in sich jede andere Struktur unterdrückt, verkümmern läßt oder daß man solche Einseitigkeit von außen her erzwingt: dann wirkt ein solcher Mensch auf seine Mitmenschen einseitig.

Worauf Spranger nun nachdrücklich hinweist, das ist die „Totalität des Geistes in jedem geistigen Akt", also auch in jeder fertigen, uns objektiv vorgeführten Leistung. Das heißt: Der Urheber hat zwar, aus seinem vorherrschenden Strukturzentrum heraus, einen relativ einseitigen Zweck intendiert, etwa einen politischen, ökonomischen oder ästhetischen. Aber wenn dies den Mitmenschen oder einer späteren Generation vor Augen kommt, dann faßt jeder sie nach Maßgabe *seiner* in ihm vorwaltenden Struktur auf: z. B. angesichts eines Kunstwerks stellen politisch, ökonomisch, ethisch-sozial, ästhetisch, theoretisch, religiös strukturierte Menschen zunächst jeweils andere Überlegungen an, und jeder ist auf seine Weise im Recht. Ob er freilich dabei die Intention traf, welche der Urheber mit seiner Leistung verband, das ist eine andere Frage. Weil wir „normalerweise" jedoch in uns noch mehr Strukturen besitzen und mobilisieren können als die scheinbar stärkste, so können wir — mehr oder minder — den verschiedensten Leistungen gerecht werden: Wir vermögen sie aus derjenigen Struktur heraus zu verstehen, aus der sie selber entstanden ist.

Wer in sich nun möglichst viele Strukturen vorgefunden und sorgfältig entwickelt hat, wozu man Lebenserfahrung und vor allem innere und äußere Unabhängigkeit benötigt, der gewinnt ein neues und exaktes Geschichtsverständnis — „exakt" im Hinblick auf die durchgängig-übergreifenden Lebensgesetze analog den Naturgesetzen. Er beurteilt die historischen Leistungen *nicht* nach seinem Dafürhalten, denn er ist Herr über seine Strukturzentren, sondern er erforscht als erstes die Vorgeschichte jeder Leistung. Er fragt 1. nach ihrem Urheber und dessen Intention und 2. nach den allgemeinen Voraussetzungen in der Umwelt jenes Urhebers. Daraus gewinnt er den Überblick über die besondere (individuelle) und allgemeine (überindividuelle) Struktur, in welche *damals* die bestimmte Leistung gehörte. Ist demgemäß gesichert, wie unter solchen Bedingungen *damals* 1. vom Urheber, 2. von der Umwelt die betreffende Leistung 1. gemeint war, 2. aufgefaßt wurde, dann hat man ein geistesgeschichtlich exaktes Resultat gewonnen, mit dem man weiterarbeiten kann. Deshalb sind sämtliche Leistungen unserer objektiven Kulturwelt kritisch zu untersuchen — diejenigen der politischen Geschichte bis zu denjenigen der Religionsgeschichte, wobei nicht zu vergessen ist, daß jeweils mehrere Strukturen beteiligt waren.

Das Selbst und seine Iche als Funktionszusammenhang

Den höchsten Standpunkt erreicht man dann, wenn man in sich alle Strukturen individuell entwickelt hat. Dann stellen die einzelnen Strukturzentren sich als ebenso viele „Ich" dar, von denen man sich innerlich nicht zerreißen lassen darf. Man muß sie fest zusammenhalten, sie sozusagen kommandieren; und das geschieht von dem ihnen übergeordneten Wesenszentrum aus, das wir als das „Selbst" bezeichnen. Dieses *Selbst* ist keinem seiner Iche verpflichtet; aber wenn es in die Kulturwelt hinausblicken will, muß es sich einem Ich — oder nacheinander allen Ichen — hinzugesellen. Denn jedes Ich sieht die Welt gemäß seiner Struktur, jedes Ich betrachtet oder wertet also die Objektivität durchaus einseitig. Man könnte auch sagen: Jedes Ich hält dem Selbst eine anders gefärbte Brille hin. Durch die eine Brille werden nur die roten Farben aus der Totalwirklichkeit herausgefiltert, durch die nächste Brille nur die blauen und so fort. Aus diesen verschiedenen Aspekten setzt das Selbst ein vielfarbig-komplexes Bild von der Gesamtwirklichkeit jener Kulturleistung zusammen, über die es Aufschluß erhalten möchte, mag es sich bei seinen Gegenständen im einzelnen um eine Kulturperiode, um eine Monographie oder Biographie, um eine genau umschriebene Sonderleistung handeln. Das Selbst mit seinen Ichen veranstaltet insofern also in seinem Bereich einen Erkenntnisvorgang, den rein empirisch-physiologisch unser optisches Sinnesorgan in Verbindung mit den ihm zugeordneten Hirnzellen auf eine andere Weise zu vermitteln hat.

Ein Hauptproblem der Geistesgeschichte gelöst

Somit ist durch Dilthey-Spranger ein Hauptproblem unserer Geistesgeschichte grundsätzlich gelöst worden, woran die spekulativen Welterklärungsversuche immer gescheitert sind und auch infolge ihrer Voraussetzung scheitern mußten. *Das Zustandekommen unserer menschlichen Eigenwelt ist empiristisch enträtselt, adäquat beschrieben, exakt analysiert und wissenschaftlich korrekt auf Lebensgesetze zurückgeführt worden, die für uns ebensolche Geltung haben wie für die reine Naturwissenschaften die Naturgesetze.* Diese Lebensgesetze sind erkannt und dargelegt. Jedoch, mehr als sie zu konstatieren vermögen wir nicht. Die Frage nach dem Woher und Warum ist wissenschaftlich überhaupt nicht erlaubt; sie ist nur einem naiven Menschen gestattet, der meint, etwas Unerforschliches, das jenseits unserer Eigenwelt liegt, dürfe es gar nicht geben. Aber erwiesenermaßen kommen wir über die Grenzen unseres Gattungsbewußtseins nicht hinaus. Was wir kraft unserer geistig-seelischen Vermögen irgendwie denkend erfassen, bewegen, erleben und untersuchen, das *müssen* wir uns nach Maßgabe jener Grundgesetze vorstellen, die für uns *übereinstimmend* und *zwingend* gelten.

Jakob von Uexküll

Was Dilthey-Spranger im Hinblick auf unsere Kulturwelt leisteten, nämlich die Feststellung ihrer Eigengesetzlichkeit, das unternahm *Jakob von Uexküll* als Biologe für Gattungswelten anderer Lebewesen. Nur ist sein Arbeitsfeld praktisch grenzenlos: kein Forscher, keine Forschungsgemeinschaft werden hier jemals ans Ende kommen. Dilthey war 1833 geboren, Spranger 1882, Uexkülls Geburtsjahr 1864 liegt dazwischen genau in der Mitte (er stammte aus Estland, aus dem baltischen Adel, und starb 1944 auf Capri).

Ein Gleichnis, das er auf die unzähligen Gattungswelten anwandte, ist uns von Schopenhauer wie von Spranger bekannt: Die Welt ist ein Orchester, in dem jedes Lebewesen sein Instrument spielt, und zwar nicht nach eigener Lust und Laune, sondern so, wie die Komposition es vorschreibt. Den Komponisten und zugleich Dirigenten bezeichnen wir, so sagte Uexküll, als Gott, womit wieder der Inbegriff *aller* kosmischen Gesetzlichkeit gemeint ist. Die Komposition dürfen wir als jenen Weltplan auffassen, wovon uns nur einige Takte der Partitur einsehbar sind. Jedes Einzelsubjekt als Gattungswesen besitzt einen „Leistungston" und, darauf abgestimmt, einen „Gegenleistungston", und beide Töne ergeben in harmonischem Zusammenklang eine Subjekt-Objekt-Einheit — die spezifische „Umwelt". Uexküll ist Schöpfer der „*Umwelttheorie*".

Umwelttheorie

Jedes Gattungswesen nimmt von der Gesamtwelt, in die es hineinversetzt ist, nur das in sein Bewußtsein auf, was es unmittelbar für seine eigene Existenz nötig hat oder gebrauchen kann. So ist von der schier unendlichen Vielfalt der Natur nur dieser winzige Ausschnitt, nur diese spezifische „Merkseite" in seinem Bewußtsein enthalten. Auf sie richtet sich das Gattungswesen ein, indem es einerseits von ihr zu bestimmter Tätigkeit angereizt wird, andererseits in sie hineinwirkt. Objektive „Merkseite" und subjektive „Wirkseite" sind ein untrennbares Ganzes. Im Bewußtsein vereinigen sie sich zu jeweils der eigenartigen Vorstellungswelt, in der jedes Gattungswesen lebt und aus der heraus es handelt. Das alles fassen wir zusammen unter dem Begriff „Umwelt". So hat die menschliche Gattung ihre allgemeine Umwelt, und innerhalb ihrer jedes Einzelsubjekt seine besondere, typische Umwelt, z. B. „die soziale" oder „die religiöse Umwelt", die sich jeweils noch individuell-singulär darstellt.

Uns interessiert hier am meisten die Erweiterung dieses Grundgedankens auf Umwelten anderer Lebewesen; denn was Uexküll über den Menschen ausführt, das haben wir im wesentlichen bereits bei Dilthey-Spranger dargelegt. Dazu gehört die Lehre, wonach die Gegenstände empirischer Realität stets nur *relative* Wirklichkeit haben, relativ zu dem sie auffassenden, zu ihnen seine eigenartige Beziehung herstellenden Subjekt. Jeweils derselbe Gegenstand hat in jeder Vorstellungswelt eine andere „Wirklichkeit", Bedeutung und Funktion und insofern auch ein ganz anderes „Aussehen", so daß man — wie schon Kant entgültig erwies — niemals angeben kann, wie „das Ding an sich" beschaffen ist, unabhängig von jeder subjektiven Wirklichkeit.

„Wer sich nur ein wenig mit den Umwelten der Tiere beschäftigt hat", so führt Uexküll aus (in: „Niegeschaute Welten"), „der wird nie auf den Gedanken kommen, den Gegenständen eine Eigengesetzlichkeit zuzuschreiben, die sie unabhängig von den Subjekten macht. Denn hier ist die Wandelbarkeit der Objekte das oberste Gesetz. Ein jeder Gegenstand ändert sich von Grund aus, wenn er in eine andere Umwelt versetzt wird. Ein Blütenstengel, der in unserer Umwelt der Träger der Blume ist, wird in der Umwelt der Schaumzikade zu einer mit Flüssigkeit gefüllten Röhre, aus der die Zikade die Flüssigkeit, die sie zur Erbauung ihres aus Schaumbläschen bestehenden Hauses benötigt, herauspumpt. Der gleiche Blütenstengel wird für die Ameise zu einem aufstrebenden Steg, der ihr Heimatnest mit ihrem Jagdgebiet in der Blume verbindet. Für die weidende Kuh wird der Blütenstengel zu einem kleinen Teil ihrer wohlschmeckenden Nahrung, die sie kauend in ihr breites Maul schiebt."

„Kein Tier wird je in Gedanken den Umweltraum seiner Sinne verlassen, dessen Mittelpunkt er bildet. Es mag noch so weit wandern, stets wird es vom Umweltraum, der von seinen Sinnessphären erfüllt ist, umgeben bleiben, mögen die Gegenstände noch so häufig wechseln." — „Es ist nichts als eine Denkbequemlichkeit, von der Existenz einer einzigen objektiven Welt auszugehen, die man möglichst seiner eigenen Umwelt angleicht und die man nach allen Seiten räumlich und zeitlich erweitert hat." Wir erinnern uns dabei sogleich der spekulativen Philosophie und ihrer Gleichsetzung des menschlichen Allgemeinbewußtseins mit dem Weltbewußtsein oder Gottesbewußtsein, also der menschlichen Eigenwelt mit der Gesamtwelt, und der Physik mit der Metaphysik. Im übrigen sei dahingestellt, ob nicht Tiere so, wie wir uns in ihre Umwelten hineinzudenken *versuchen*, sich fremden Umwelten dermaßen *anzupassen* vermögen, daß sie gleichsam in zwei Umwelten leben, beispielsweise Hunde in ihrer eigenen und in einer menschlichen Umwelt. Wir bezeichnen solche Angliederung einer lebensgesetzlich gegebenen Umwelt an eine ursprünglich ganz fremde als „Symbiose". Worüber wir uns aber auch bei der Umwelttheorie stets Rechenschaft geben müssen, sei nicht verschwiegen: Was immer wir von fremden Umwelten auf Grund der Beobachtung aussagen, das haben wir vorher nach Maßgabe *unserer* menschlichen Lebensgesetze festgestellt und in *unsere Begriffe* übertragen. *Unmittelbar* vermögen wir niemals eine fremde Umwelt und deren Wirklichkeit zu erkennen.

Die menschliche Eigenwelt nur ein Sonderfall unter zahllosen Lebenswelten

So weit gelangt, wollen wir den Haupttext unserer Geschichte großer Philosophen und philosophischen Denkens abschließen mit einem Sprangers „Lebensformen" (Vorwort zur 2. Auflage) entnommenen Zitat:
„Sollte es mir gelungen sein, dem Bewußtsein der suchenden Gegenwart einige Ariadnefäden durch die Labyrinthik des Daseins zu geben, so würde ich es nicht beklagen, wenn jeder den Mittelpunkt seiner Orientierung doch auf seine ganz besondere Art wählen sollte. Die Altersweisheit der ‚Wanderjahre' [Wilhelm Meisters, von Goethe], daß man auf der Reise des Lebens nichts suchen und finden solle als sein höheres Selbst, kann für unsere Zeit wieder zu einer jugendlichen Wahrheit werden. Es wird ihr gelingen, die ewigen Materialien des Lebens zu einem neuen schöpferischen Hochbild zu formen. Aber nur dann, wenn das Fundament, auf dem sie baut, das alte, ewige der Menschheit ist, bei dem auch Goethes Andacht zuletzt verweilte: Ehrfurcht. Es gibt keine höhere Religion als *Ehrfurcht vor dem Leben.*"

SCHLUSSBETRACHTUNG

Die Gretchenfrage europäischer Philosophengeschichte

Wenn man das Hauptproblem europäischer Philosophengeschichte durch ein historisches Schlagwort kennzeichnen wollte, welches Schlagwort könnte man dann nennen? Vorgeschlagen sei:* „Universalienstreit." Er durchzieht unsere Geistesgeschichte seit alters und ist in der Sache noch immer ganz aktuell, so daß man aus ihm heraus auch Ansätze heutiger Philosophie verstehen kann.
„Universalien" sind ja nichts weiter als „Allgemeinbegriffe" (z. B. Rose, Blume, Pflanze; Tier, Mensch, Lebewesen; Raum, Zeit, Bewußtsein; Schema, Struktur, Bezugsystem), nämlich Artbegriffe, Gattungsbegriffe, Sammelbegriffe, Inbegriffe, Ordnungsbegriffe, im Unterschied zu „Individualbegriffen", die freilich (z. B. Goethe, Berlin, Europa, Welt) gegenüber den wechselnden Zuständen, Schicksalen der in ihnen gefaßten Individuen ebenfalls zu Allgemeinbegriffen (Inbegriffen) werden können (z. B. Goethe als begriffliche Zusammenfassung alles dessen, was zu seinem Wesen gehört). Aus Allgemeinbegriffen, die wir kurzweg nur als Begriffe bezeichnen, besteht unsere geistige Welt.
Nun standen sich im Universalienstreit bekanntlich zwei Parteien gegenüber, deren neulateinisches Feldgeschrei lautete: „universalia sunt *nomina* rerum" — „universalia sunt *realia*". Die Gegnerschaft wurde gelegentlich mit Gewalt ausgetragen; und das erste Tübinger Universitätsgebäude, die alte Bursa, hatte aus diesem Grunde zwei Haupteingänge: einen für die Nominalisten, den andern für die sogenannten (Begriffs-)Realisten.
Der Gegensatz lag also tiefer, als jene beiden Formeln zunächst vermuten lassen, und er betraf keineswegs nur zwei Lehrmeinungen, zwischen denen man etwa mit der „coincidentia oppositorum" des Nikolaus von Kues hätte vermitteln können. Die Geister schieden sich in Beantwortung der Frage, *woher* wir die Begriffe haben; es ist die Gretchenfrage der Philosophie.

Begriffsbildung

In Konsequenz des *nominalistisch-empiristischen* Denkansatzes ist jeder Begriff das Ergebnis eines elementaren Abstraktionsprozesses. Er sei hier am Beispiel visuell bedingter *Erfahrung* vorgeführt:

Abstraktionsprozeß

Man muß 1. optisch erfaßte Gegenstände der Außenwelt nach Ähnlichkeit im Bewußtsein sortieren, 2. sie jeweils miteinander vergleichen, 3. von ihrer individuell verschiedenen Erscheinung die gemeinsamen Merkmale „abziehen" (abstrahieren), 4. diese Merkmale isolieren, 5. dann zusammenfassen, wodurch man 6. ein eigenartig neues Gebilde erhält, das 7. einen bestimmten Typus und somit 8: dasjenige repräsentiert, was wir im Sinne von Kant (Log. I, 1 § 1) einen „Begriff" nennen und was man sich nur *geistig* vorstellen kann.
Desselben *induktiven* Verfahrens, ohne das es keine Wissenschaft gäbe, bedienen wir uns auf allen Gebieten menschlicher Erfahrung, also auch auf denen der Naturerfahrung, Leistungserfahrung, Lebenserfahrung, Selbsterfahrung.
Hierzu ein Beispiel. Es betrifft den induktiven Gottesbegriff, wie er bereits vor mindestens 6000 Jahren in Altägypten (zur Thinitenzeit) gebildet war. Man

hatte ihn dadurch gewonnen, daß man die Einzelgötter, deren es ja eine Unmenge (jeweils mit Eigennamen und jeweils andersgestaltig) gab, konsequent hinsichtlich dessen verglich, was ihnen allen wesentlich gemein war; und das Ergebnis wurde als „netjer" bezeichnet, als „das Göttliche" bzw. „die Gottheit" oder schlechthin „Gott". Wir haben es bei netjer also mit einem *Inbegriff* des Göttlichen zu tun. Definiert wurde dieser Begriff offenbar als unbegrenzte, unpersönliche Kraft, aus der zwar alle Einzelgötter schöpfen, die aber weit über jedes göttliche Individuum hinausgeht (es übersteigt), weil sie in jedem vorhanden ist, sich im Einzelgott jeweils individuiert. Verstehen wir die Einzelgötter richtig als personifizierte Lebensmächte oder Naturgewalten, deren Existenz und Verhalten durch jene ihnen sowohl übergeordnete als auch immanente Urkraft funktionsgesetzlich bestimmt wird, dann können wir sofort weiterdenken zum Nous des Anaxogaras als Weltkraft oder zur aristotelischen Dýnamis bzw. Entelechie überhaupt.

Außenwelt — Innenwelt

Nun zur nächsten Überlegung! Abermals knüpfen wir beispielhaft an visuell bedingte Erfahrung an. Die Sinnesempfindung bringt uns konkrete Einzelheiten der Außenwelt ins Bewußtsein, aber niemals die Außenwelt selber, sondern nur deren Erscheinungsformen, so daß wir „Außenwelt" stets als *unsere* — nämlich als eine unserer menschlichen Gattung eigentümliche — „Innenwelt" anschauen. Das „Vorbild" (und die sogenannte Materie) ist draußen, das „Abbild" drinnen. Zu einem solchen Abbild hinzu rufen wir aus dem Gedächtnis weitere Abbilder, die ihm ähneln, vor die inneren Augen, vergleichen sie alle, stellen dabei fest, worin sie übereinstimmen, isolieren diese Merkmale aus ihrem von uns vorgefundenen Zusammenhang und kombinieren sie zu einem Gebilde eigener Art, das jetzt als Begriff für uns ein Denkgegenstand ist.

Also ist dieses reflektierte Begriffsgebilde eine allgemein-menschliche Eigenleistung. Denn wir haben es nicht in der Außenwelt vorgefunden, sondern mittels des Abstraktionsprozesses selbst erzeugt. Es ist eine Spezialität unserer Innenwelt. Folglich darf man sagen: Durch Begriffsbildung unterscheidet sich *für uns* die Innenwelt von der Außenwelt.

Begriffsdenken

Seit alters ist die menschliche Eigenwelt (= Innenwelt) immer mehr aufgebaut und ausgebaut (und teilweise nach außen hin konkretisiert) worden. Dem kunstvollen, aber keineswegs einheitlichen Gebäude zugrunde liegen Artbegriffe (vom lateinischen species = Art). Mit ihnen hat die historische Entwicklung angefangen, aus ihnen sind gleichsam Schicht um Schicht jeweils „höhere" Begriffe hervorgegangen, indem man den Abstraktionsprozeß unablässig „nach oben hin" fortsetzte und nicht nur „Abbilder" verglich und typisierte, sondern die Begriffe selber: zuerst die unzähligen Artbegriffe, dann die schon nicht mehr so zahlreichen Gattungsbegriffe, die ihrerseits zu „Unterbegriffen" nächsthöherer „Oberbegriffe" wurden, und so immer weiter hinauf, bis jeweils „höchste" Begriffe erreicht waren. Diejenigen Schichten oder Stufen, auf denen (oder: über die hinweg) solche Abstraktionsprozesse vollzogen wurden, bezeichnen wir als Abstraktionsebenen (oder Begriffsebenen).

Begriffspyramide

Sofort leuchtet ein, daß sich Stufe um Stufe beim Hinaufdenken die Anzahl der Begriffe verringern muß. Je höher die Begriffsebene, desto weniger Begriffe; denn von jeweils mehreren (oder vielen) Begriffen auf einer Ebene wird ja nur *ein* Begriff auf nächsthöherer Ebene abstrahiert. So läßt sich das Verhältnis „unterer" Begriffe zu ihren „oberen" Begriffen stets durch eine schematische Figur in Pyramidenform darstellen, die sogenannte Begriffspyramide.

Das „Hinaufdenken" mittels fortgesetzter Abstraktionsprozesse geht leicht vonstatten; man kann es als Denksport betreiben. Aber vermag man sich ebenso leicht auch „hinabzudenken" mittels *Deduktion*? Methodologisch korrekt muß man diese Frage verneinen. Ein deduktives Hinabdenken auf demselben Wege, auf dem man sich induktiv hinaufgedacht hat, ist strenggenommen unmöglich. Warum?

Zur Kritik der reinen Deduktion

Weil jeder Begriff aus den Gegenständen, von denen er abstrahiert worden ist, nur das ihnen Gemeinsame in sich zusammenfaßt, hingegen alle ihre Besonderheiten wegläßt (eliminiert oder negiert), also *nicht* enthält. Es wäre deshalb falsch, zu sagen, daß zum Beispiel ein Oberbegriff seine Unterbegriffe in sich einschlösse; sonst müßte man sie mitsamt ihren Besonderheiten aus ihm ja herausfördern können wie in jenem mythischen Märchen die sieben kleinen Geißlein aus dem Bauche des Wolfs. Richtig vielmehr ist das Gegenteil: In jedem Begriff ist etwas enthalten, was aus ihm zugunsten eines *Ober*-Begriffs herauszuholen ist. Blickt man ganz genau hin, dann sieht man, daß ein Begriff sogar viele Oberbegriffe haben kann, je nachdem, in welche Vergleichsgruppe man ihn einbezieht.

Folglich kann man jeweils denselben Begriff in verschiedenen Begriffspyramiden (und somit in jeweils anderem Zusammenhang) antreffen, aber dann eben nicht total („als solchen"), sondern nur partiell im Umfange einer Teilvorstellung. die ihrerseits mit Teilvorstellungen anderer Begriffe übereinstimmt. Aus *solcher* Kongruenz ergibt sich dann der betreffende Oberbegriff.

Dafür ein simples Beispiel. Den (empirischen) Begriff des Wolfs (als Artbegriff) kann man unter wechselnden Gesichtspunkten relativ zahlreichen Begriffspyramiden einordnen, deren Spitzenbegriffe lauten: Vierfüßer, Wirbeltier, Säugetier, Raubtier und dergleichen mehr. Jedesmal ist die abstrakte Vorstellung „des" Wolfs in Teilvorstellungen zerlegt und eine dieser Teilvorstellungen festgehalten worden, die Begriffsvorstellung vom Wolf also untergegangen. Aus der im Spitzenbegriff enthaltenen und totalisierten Teilvorstellung läßt sich unmöglich derjenige Zusammenhang herausfolgern oder herauskonstruieren, in dem sie sich ursprünglich befand und aus dem sie herausgelöst worden ist.

Will man trotzdem innerhalb einer Begriffspyramide zum Beispiel vom Spitzenbegriff „Säugetier" zum Basisbegriff „Wolf" kommen, dann gelingt dieses Vorhaben nur, *wenn* und *weil* man den vorausgegangenen Abstraktionsprozeß noch im Gedächtnis hat und daher „weiß", von welchen Basisbegriffen man induktiv ausgegangen war.

„Unterhalb" der Basisbegriffe gibt es gar keine Begriffe mehr, sondern nur unzählige Einzelheiten innerer und äußerer Erfahrung, die wir beobachten und von denen wir jene Basisbegriffe abstrahieren. Solche Einzelheiten rufen wir aus dem Gedächtnis *beispielhaft* ins Bewußtsein, um mittels ihrer einen (allgemeinen) Begriff am (besonderen) Paradigma anschaulich beziehungsweise sinnfällig zu machen: Zum abstrakten „Wolf" imaginieren wir die Erscheinung eines konkreten Wolfsindividuums.

Zur Wahrnehmung

Andererseits „erkennen" wir nur das, wovon wir schon einen Begriff haben; so zum Beispiel besteht jede „Wahrnehmung" (Apperzeption) aus Sinnesempfindung *und* Begriff: Die Kombination beider ist eben *die Wahrnehmung.* (Bei Sinnesempfindungen ohne Begriff fragen wir: Was ist das?, und eine Wahrnehmung per definitionem kommt dann eben nicht zustande.) Demgemäß fordert Kant, es sei „ebenso notwendig, seine Begriffe sinnlich zu machen (d. i. ihnen den Gegenstand in der Anschauung beizufügen) als seine Anschauungen sich verständlich zu machen (d. i. sie unter Begriffe zu bringen)" (Kr. d. r. V. S. 106 ff.). Offenbar hat das alles aber nichts mit *Deduktion* zu tun.

Vielmehr muß man, wenn man anschließend an die *Induktion* (ans „Hinaufdenken") *deduzieren* („hinabdenken") will, grundsätzlich anders verfahren als vorher beim Abstraktionsprozeß. Zu diesem Zweck machen wir uns vollends klar, daß jeder induktiv gebildete Begriff (auf welcher Abstraktionsebene auch immer) hinsichtlich der in ihm total (oder absolut) gesetzten Teilvorstellung einer bestimmten *Intention* entspricht (worauf schon Ockham bestanden hat; lat. intentio = das Hingerichtetsein auf etwas, die Absicht, Aufmerksamkeit). Diese Intention, derzufolge wir von Stufe zu Stufe „aufwärts" jeweils bestimmte Merkmale einer bestimmten Gegenstandsgruppe fortschreitend soweit *reduzieren*, bis schließlich (im Spitzenbegriff) nur noch *ein* ganz allgemeines Merkmal übrigbleibt — diese Intention wird nun *deduktiv* zum *„Prinzip"*, unter welchem wir, uns Stufe um Stufe „hinabdenkend", auf jeder Abstraktionsebene eben dasjenige zusammenfassen, was seiner Definition entspricht!

Intention

Prinzipiendenken

Dafür möge hier ein Beispiel genügen, nämlich das vorhin aus Altägypten zitierte. Nachdem man sich dort zum *Gottesbegriff* (als dem höchstmöglichen überhaupt) induktiv emporgedacht hatte, machte man aus der jenem Begriff immanenten Intention deduktiv das Prinzip der Welterklärung. Gott („netjer") als der „Einzig-Eine" (wie er ausdrücklich bezeichnet wurde) schafft und durchwirkt mit seiner Kraft unablässig das Weltall: „Nicht die Pläne der Menschen sind es, die sich verwirklichen, sondern der Wille Gottes" (so schon Ptahotep im Alten Reich). Netjer wird zum Universalgott ohne Eigennamen, unvorstellbar und unerforschlich, Inbegriff der Weltgeschichtlichkeit einschließlich aller Naturgesetze, Lebensgesetze, Leistungsgesetze, Gewissensgebote; induktiv-deduktiver Pantheismus!

Begriffswort und Begriffsvorstellung

Nachdem wir somit vom Begriffsdenken zum Prinzipiendenken gelangt sind, sei nur noch eine Frage gestellt und beantwortet: Was ist, vom *nominalistisch-empiristischen* Denkansatz her, ein *Begriff* im Verhältnis zum *Wort?*

Im Sinne von Ockham sind die Begriffe nur „signa mentalia", nur geistige Zeichen für Klassen jeweils gleichartiger Dinge; jeder Begriff vertritt (supponit) seine Klasse; und die Wörter (nomina) sind ihrerseits nur abgrenzende Bezeichnungen (termini) der Begriffe. (Daher die inhaltlich abkürzende Version: „universalia sunt nomina".) Als geistige Gebilde sind die Begriffe zwar „Fiktionen" (= erdichtete Annahmen), aber sie stehen zur Realität in Wechselbeziehung (sie haben in ihr ein „Korrelat") entsprechend dem Abstraktionsprozeß. Obwohl die nomina nur termini sind, werden sie doch universal dadurch, daß sie jeweils eine Mehrheit von Gegenständen aussagen. — Wir folgern: Begriffsvorstellungen und Begriffswörter sind *nicht* identisch, sondern werden nur gebrauchsweise und in Kenntnis ihrer grundsätzlichen Unterschiedenheit mittelbar identifiziert.

Nominalismus

Demgemäß Kant: Der Begriff ist (logisch) „eine Vorstellung dessen, was mehreren Objekten gemein ist"; und er ist (anthropologisch) das „Bewußtsein der Tätigkeit in Zusammenstellung des Mannigfaltigen der Vorstellung nach einer Regel der Einheit desselben" (Anthropol. I. § 7). Eine Begriffsvorstellung kann man wortlos haben. Ausdrücklich betont Goethe im „Faust I" den Unterschied zwischen Begriff und Wort: „Denn eben wo Begriffe fehlen, da stellt ein Wort zur rechten Zeit sich ein. Mit Worten läßt sich trefflich streiten . . ."

Kurz, das Wort kommt zum Begriff erst hinzu; es ist insofern ein Kennwort, an das eine bestimmte Vorstellung fixiert wird. Wenn wir das Kennwort hören, lesen oder schreiben, dann ruft es uns sofort die ihm fest verbundene Allgemeinvorstellung — den Begriff (als Vorstellung!) — ins Bewußtsein. Da

Das Wort als Begriffsträger

freilich erweist sich nun, daß wir über unvergleichlich mehr Begriffe verfügen als über Wörter! Viele Wörter sind mit zwei, drei oder noch mehr Begriffen überladen, manche mit unzähligen Begriffen (und z. B. das Wort „Gott“ mit sogar zahllosen Gottesbegriffen bzw. Gottesvorstellungen nebst Definitionen, Beschreibungen, Inhaltsangaben). Demzufolge geschieht es alltäglich, daß Gesprächspartner aneinander vorbeireden, weil sie zwar dieselben Wörter benutzen, aber jeweils andere Begriffe haben.

Definition

Darum muß man sich von Fall zu Fall einigen, welchen Begriff man übereinstimmend meint. Diesem Zweck dient die Definition (= Bestimmung, Abgrenzung) eines Begriffs, nämlich dessen vorschriftsmäßig präzise Beschreibung mittels anderer Wörter. Es liegt ja auf der Hand, daß Wort und Begriff tatsächlich nicht identisch sind. Andernfalls könnten wir nicht aus einer Sprache in die andere übersetzen. Wenn wir sagen „der Baum, the tree, l'arbre“, dann *wechselt nur der Wortlaut* vom Deutschen ins Englische und Französische, jedoch *der Begriff bleibt derselbe.* Demgemäß ist eine Definition keine *Wort*erklärung, sondern eine *Begriffs*bestimmung.

Induktion

In ursächlichem Zusammenhang mit induktiven Abstraktionsprozessen und dem durch sie ermöglichten Prinzipiendenken hat sich ebendiese Unterscheidung von Begriff (= Begriffsvorstellung) und Begriffsträger (= dem Wort) als unermeßlich folgenreich und erfolgreich erwiesen. Denn dank ihr kann man zuerst Begriffe haben und diese dann nachträglich bezeichnen; man kann zuerst Erfahrungen sammeln, Experimente anstellen, Neues in sich aufnehmen, um sich dann nachträglich zu überlegen, wie sich das alles „in Worte kleiden“ läßt. Nur mittels dieses Verfahrens konnten sich die neuzeitlichen Wissenschaften, vor allem die Naturwissenschaften, überhaupt entwickeln; und so erklärt es sich auch, daß im Zuge dieser Entwicklung unser Wortschatz unablässig erweitert wurde (und wird) durch immer mehr Terminologien und Nomenklaturen.

Empirismus

Hinzu gehört die *nominalistisch-empiristische* Auffassung von der Wirklichkeit. Man legt aus der Erfahrung heraus aller Erkenntnis die Sache selber zugrunde, und man überprüft jedes Denkresultat an der empirischen Realität etwa nach dem Motto: von der Praxis zur Theorie und von der Theorie zurück zur Praxis. Insofern hat mit dem *Nominalismus-Empirismus* überall dort, wo er durchgedrungen ist, das Denken der Neuzeit eingesetzt und die Geschichte moderner Natur- und Geisteswissenschaften. Denn empirische Erfahrung ist ja, wie gesagt, nicht auf Erfahrungen mit der Außenwelt beschränkt, sondern umfaßt auch alle menschliche Selbsterfahrung, somit auch unsere gesamte Geschichte als den großen Leistungszusammenhang und Selbsterfahrungsbericht der Kulturmenschheit.

Nachdem einerseits der *nominalistisch-empiristische* (und damit auch der *historisch-kritische)* Denkansatz unsere modernen Einzelwissenschaften ermöglicht hatte, sind andererseits sie zu Heimstätten *modern-wissenschaftlicher Philosophie* geworden. So zum Beispiel heißt ein Hauptwerk des britischen Astronomen und Physikers Sir Arthur Stanley Eddington, „The Nature of the Physical World“, in deutscher Ausgabe (Braunschweig 1931) mit Recht: „Das Weltbild der Physik und ein Versuch seiner philosophischen Deutung“; und ein Hauptwerk des Verhaltensphysiologen Karl Lorenz über „das sogenannte Böse“ (Wien 1963 u. ö.) zeigt schon durch den Titel an, daß auch die metaphysische Grundstruktur der Welt nominalistisch-empiristisch aufgelöst wird: Das Böse ist bei Lorenz die Aggression. Allerdings hatte zum Beispiel bereits Kant (in seiner Schrift „Über die Religion ...“, 2. Aufl. 1794) das von ihm so bezeichnete „radikale Böse“ als einen „natürlichen Hang“ aufgefaßt, der „in dem Menschen als frei handelndem Wesen angetroffen wird“ und deshalb

zu überwinden wäre. Dahingestellt sei, ob ein solcher Hang allein mit dem Aggressionstrieb zusammenfällt. Sozialethisch läßt sich jedenfalls auch der uneingeschränkte Egoismus (eines Einzelmenschen oder einer Gruppe oder eines Standes) als Ursache bestimmter Verhaltensweisen erkennen, die man „böse" nennt (oder genannt hat).
Mehr braucht hier über den *nominalistisch-empiristischen* Denkansatz nebst Konsequenzen nicht gesagt zu werden. Wir leiten nun über zur *Gegenposition*, welche der *Begriffsrealismus* einnimmt, und beginnen mit dessen allgemeiner Voraussetzung, der *Begriffstradition.*

Begriffstradition

Jeder von uns wächst seit Geburt in eine Kulturwelt hinein, die sich ihm geistig als Summe unzähliger Begriffe und Begriffskombinationen darstellt. Insofern hat jeder sie fertig vorgefunden, nämlich als eine Überfülle höchst komplizierter und widerspruchsvoller, aktueller und historischer „Gegebenheiten", die er in seinem Bewußtsein nicht unkritisch anhäufen, sondern kritisch ordnen soll.

Begriffsrealismus als Folge spezifischer Bildungserlebnisse

Diese Begriffswelt ist durch Jahrtausende von der Kulturmenschheit entwickelt worden. So haben sich in ihr Begriffe aus allen Entwicklungsperioden angesammelt, auch aus den frühesten, zu denen wir sonst gar keine Beziehung mehr hätten. Viele dieser Begriffe sind unserer empirischen Realität fremd und insofern für uns irreal; sie werden als Bildungsgut tradiert mittels der Schriftsprache, deren Wörter ja Begriffsträger sind.
Ebenso tradiert und von uns im Kindesalter erlernt werden aber auch diejenigen täglich benutzten Begriffe, die es uns ermöglichen, Außenwelt wahrzunehmen (zu apperzipieren). Fast alle diese Begriffe sind mehr oder minder alt und erprobt. Wir haben sie übernommen und brauchen nur in Sonderfällen zu überlegen, wie sie einstmals gebildet wurden oder wie wir sie noch einmal bilden könnten. *Deshalb sind sie üblicherweise für uns eine scheinbar rein geistige, ohne Mitwirkung der Sinnesorgane erbrachte Leistung.*
Kurz, sämtliche tradierten Begriffe sind unserer eigenen Erfahrung „vorweg", uns „vorgegeben". Wer ihren Werdegang nicht kennt, der kann sich darüber wundern, daß sie da sind, und ihre Herkunft nach seinem Ermessen erklären. So hat schon Platon als Erbe einer großen, sehr alten Begriffswelt geglaubt, alle Begriffe wären sozusagen vom Himmel gefallen; sie wären objektivierte Gottesgedanken, Gottesideen; und die Begriffspyramide hielt er für eine göttliche Rangordnung und Wertordnung, für eine Hierarchie (= heilige Herrschaft) von Ideen, so daß er meinte, er könne sich über ihre Stufen hinweg mittels der Begriffe bis zu Gott empordenken.
Hinzu kam zu solchem Begriffsverständnis diejenige Begriffslehre, die davon ausgeht, daß jedes überlieferte Kennwort (als Begriffsträger) seine Begriffsvorstellung notwendig mitbringe und insofern bedinge. Anders ausgedrückt: Erst der Begriff mache die Realität, er trage sie herbei, sie sei abhängig von ihm, mittels seiner werde sie gesetzt. Diesem extremen Begriffsrealismus (der noch im deutschen Idealismus triumphiert hat) liegt ursprünglich die ganz naiv aufgefaßte Erfahrung zugrunde, daß in jeder Sprache seit alters an bestimmte Wörter (Begriffsträger) bestimmte Vorstellungen (Begriffe) fixiert sind, weshalb jedes Wort bestimmte Bewußtseinsinhalte hervorruft.
Insofern ist der extreme Begriffsrealismus die Folge eines spezifischen Bildungserlebnisses, wie es selbstverständlich jeder Erbe einer reichen, reifen Kultursprache hat. Dieses Bildungserlebnis wird uns besonders dann zuteil, wenn wir

uns eines relativ schwierigen, uns vorher unbekannten Bildungsgutes mittels der Sprache in der Weise bemächtigen, daß wir zuerst „Vokabeln lernen", uns also „Wort für Wort" einprägen, ehe wir „erklärt" erhalten oder selber feststellen (z. B. durch Nachschlagen in Lexika), was alles das betreffende Kennwort „bedeutet". Ein solches Verfahren ist auch üblich, wenn man eine Fremdsprache erlernt, speziell eine „tote" Sprache wie das Lateinische oder gar die lateinisch-neulateinische Fachsprache der Scholastik, in welcher viele Ausdrücke eigentümliche Bedeutungen haben.

Christlicher Begriffsrealismus

Was *die Scholastik* betrifft (auf deren *begriffsrealistische* Richtung wir hier abzielen), so war deren Geistesgut historisch festgelegt durch den Bibeltext, durch Schriften bestimmter Kirchenväter und durch das Latein. Vor allem den Bibeltext las und duldete sie nur in lateinischer Übersetzung. In diesem Zusammenhang sei an folgendes erinnert:

Logos oder Verbum?

1. Im Hinblick auf die Bibel galt (bzw. gilt noch) als heilsnotwendige Glaubensüberzeugung die Verbalinspiration, also die Überzeugung, daß der Bibeltext dessen Verfassern von Gott selbst (direkt oder mittels des Heiligen Geistes) wörtlich eingegeben (bzw. diktiert) worden sei. Für verbalinspiriert erachtete man aber nicht nur den originalen (hebräischen, aramäischen, griechischen) Wortlaut, sondern auch den interpretativ-lateinischen der Vulgata, auf den allein sich die Scholastik berief.

2. Das griechische Wort „lógos" mit seinen vielen ihm nach und nach zugewiesenen Begriffen ist anscheinend schon frühzeitig, als es erst (das gesprochene, nicht das geschriebene) „Wort" bedeutete (und nicht schon, wie später, auch „Vernunft, Weltgeist"), ins Lateinische als Fremdwort aufgenommen worden, wo es gelegentlich als *ein* Ausdruck für „Wort" steht und insofern als Synonym für das übliche „verbum".

Nun ist ja, wie im Haupttext unseres Buches mehrfach erwähnt, für die Geschichte abendländischer Philosophie geradezu entscheidend wichtig der Anfang des Vierten Evangeliums geworden. Dort heißt es bekanntlich: „Im Anfang war der Logos ... Alles ward durch denselben ... In ihm war Leben." Versteht man diese Stelle aus dem griechischen Urtext (wie z. B. die Logosdenker des deutschen Idealismus es taten), dann ist „der Logos" hier als Gottweltvernunft oder Gottweltgeist aufzufassen. Versteht man sie aber aus dem lateinischen Sprachgebrauch heraus, dann bedeutet Logos nur „Wort" im Sinne von Verbum, und zwar, entsprechend dem Kontext, an dieser Stelle das schöpferische Gotteswort, so daß die Übersetzung lautet: „In principio erat Verbum, et Verbum erat apud Deum, et Deus erat Verbum ... Omnium per ipsum facta sunt ... in ipso vita erat ...", „Im Anfang war das Wort, und das Wort war bei Gott, und Gott war das Wort ... Alles ward durch dasselbe ... In ihm (nämlich im Wort) war Leben ...". (Allerdings hat diese Übersetzung auch dogmengeschichtliche bzw. konfessionsgeschichtliche Ursachen, auf die wir hier nicht einzugehen brauchen.)

Das „Wort" als metaphysische Wesenheit

Folglich ist, von *diesem* Ansatz her, „das Wort" notwendig eine metaphysische Wesenheit; es bedingt und enthält die Weltwirklichkeit, identifiziert sie mit der Gotteswirklichkeit und ist selber eine Ausdrucksform göttlichen Schöpfergeistes. Die radikale Trennung von „Wort" (als Bezeichnung) und „Begriff" (als abstrakte Vorstellung) ist laut Voraussetzung undenkbar oder muß als Sakrileg abgewehrt werden; allenfalls kann man sich (wie neuerdings noch Husserl) erlauben, „Ausdruck" und „Bedeutung" zu differenzieren. Also sind hier die Universalien stets als (gottbewirkte) Einheit von Wort und Begriff und als Realität aufzufassen: „universalia sunt realia", — wobei *sunt*, konjugiert von *esse*, nicht etwa als Beugeform eines Hilfszeitwortes, sondern ontologisch zu verstehen ist: lateinisch esse = dasein, am Leben sein (daher lat. essentia für gr. ousia = die Wesenheit, das Wesen einer Sache). Anders ausgedrückt: Das Dasein alles Realen ereignet sich kraft göttlicher Universalien (entsprechend den platonischen Ideen), und dieses Ereignis vollzieht sich oder wird vollzogen im menschlichen Bewußtsein kraft göttlichen Universaldenkens.

Das Sein als ideales Ereignis

Näheres Verständnis mittels philosophischer Interpretation jener Begrifflichkeit holte sich die Scholastik zunächst aus Platons Ideenlehre, später auch aus der aristotelischen Entelechielehre. Von Platon übernahm man mit der „Idee" den Grundsatz, daß sie (da sie ja als Begriffsvorstellung von jeweils einer Gegenstandsgruppe deren Gemeinsames, „Allgemeines", und insofern „Wesentliches" enthält) uns von Gott her zukomme; der uns innewohnende Geist erfaßt (wie Augustin lehrte) die idealen Wesenheiten kraft göttlicher *Erleuchtung* (Wesensschau!). — Von Aristoteles übernahm man mit der (inzwischen neuplatonisch interpretierten) Entelechie den Grundsatz, daß das Wesentliche den Dingen (Denkgegenständen, Bewußtseinsinhalten) *innewohne* (und ihnen nicht, wie bei Platon die Idee, nur *„beiwohne"*); darum kann man aus den Erscheinungsformen, welche die Realität dem Bewußtsein liefert, begrifflich deren Wesen herausschauen, womit man wiederum bei der (noch von Husserl so genannten und propagierten) „Wesensschau" angelangt wäre.

Idee und Entelechie

Am besten hat Thomas von Aquino als „gemäßigter" Begriffsrealist die Ideenlehre mit der Entelechielehre zusammengefaßt: Der Begriff (als metaphysische Einheit) ist „ante res" die Idee Gottes, „in rebus" das Wesen, das dem Individuellen innewohnt, und „post res" in unserem Bewußtsein. Diesen Gedankengang hat später Nikolaus von Kues nicht nur fortgesetzt, sondern auch durch eine feine Pointe umgebogen: Die im Geist *potentiell* angelegten Begriffe werden *bei Gelegenheit* der Wahrnehmung auf die Dinge angewandt, deren Ideen in Gott bestehen. (Einen weiteren Schritt in der hier von Cusanus angegebenen Richtung tat dann Leibniz, auf dessen Monadologie sich wieder Husserl bezog.)

Präexistenz der Begriffe

Kurz, vom Nominalismus-Empirismus unterscheidet sich der Begriffsrealismus vor allem dadurch, daß er die Begriffe nicht erst aus fortgesetzten Abstraktionsprozessen neu hervorgehen läßt, sondern sie schon fertig von Gott bezieht. So kommt es zu einer Art Kreislaufdenken: Bei Thomas sind die Universalien zuerst in Gott, dann von Gott her in den Dingen, dann von den Dingen her im menschlichen Bewußtsein, und vom Bewußtsein her führen sie *rein reduktiv* über die Stufen einer allumfassenden Ideenhierarchie zurück zu Gott (und mystisch bis zu dessen „Wesensschau"). Aber man kann dank der hier vorausgesetzten Identität von Wort und Begriff auch in umgekehrter Richtung *rein deduktiv* denken (so z. B. als Logosdenker wie Fichte, Hegel); dann wird der Begriff „hypostasiert" (verdinglicht, verlebendigt) und die Weltwirklichkeit allein als Begriffsrealität vorgeführt: Jeder Begriff ist, „wenn er nur ein der Vernunft notwendiger ist, selbst das Ding, und das Ding nichts anderes als der notwendige Begriff von ihm" (sagt Fichte im Syst. d. Sittenl., S. 82), denn der Begriff ist (laut Hegel) „nicht bloß eine subjektive Vorstellung, sondern das Wesen des Dinges selbst, dessen Ansich" (Phänomenologie des Geistes, S. 68).

Vorbereitung auf Phänomenologie

Dem Begriffsrealismus beziehungsweise dem transzendentalen Idealismus verdanken wir als Abendländer geistesgeschichtlich die Erkenntnis, daß diejenige Welt, in der wir *denkend* leben, ausschließlich unsere Innenwelt ist. Allerdings ist diese Innenwelt, wie schon gesagt, vielschichtig und heterogen. Sie besteht aus Bewußtseinsinhalten verschiedenster Art und Herkunft, die wir unter wechselnden, oft unvereinbaren Gesichtspunkten jeweils anderen Bezugsystemen einordnen.

Dabei betrachten wir die Bewußtseinsinhalte mit inneren oder geistigen Augen. Kein Reflexionsprozeß wäre möglich, könnten wir sie nicht folgerichtig im Bewußtsein erscheinen lassen. Mit ihnen als „Erscheinungen" befaßt sich in bestimmter Hinsicht und unter bestimmten Voraussetzungen die begriffsrealistisch-idealistische (spekulative) „Phänomenologie".

Bevor wir näher auf sie eingehen, wollen wir kurz untersuchen, worum es sich im Falle solcher Phänomene überhaupt handeln kann; wir wollen noch nicht das Verfahren, sondern erst das Arbeitsmaterial der Phänomenologie andeutungsweise kennenlernen. Zu diesem Zweck beginnen wir gewissermaßen von vorn, und zwar zunächst mit einer *nominalistisch-empiristischen* Differenzierung von Bewußtseinsinhalten.

Der Nominalismus-Empirismus geht davon aus, daß zuerst die Erfahrung da sei, aus der heraus man mittels fortgesetzter Abstraktionsprozesse selbst typologisch die Begriffe bildet, die man an Kennwörter fixiert. Setzt man zum Beispiel bei optischen Sinnesempfindungen ein, aus denen ja ein großer Teil unserer Empirie besteht, dann hat man es mit *Abbildern* außenweltlicher Vorbilder und insofern mit *Erscheinungen* konkreter Individuen zu tun, die man aus dem Gedächtnis heraus im Bewußtsein *reproduzieren* und hier den inneren Augen *imaginativ* vorführen kann. In solchem Falle ist also die „Anschaulichkeit" gleichbedeutend mit Imagination.

Auf eben *diese* Anschaulichkeit muß man verzichten, sobald man mehrere Imaginationen, zum Beispiel mehrere konkret angeschaute Katzen-Individuen, vergleicht und jeweils dasjenige, was den betreffenden Abbildern gemein ist, typologisch zusammengefaßt zum Katzenbegriff, also zur „Katze an sich", zur „Katze als solcher", zum Artbegriff. Die „Katze an sich" kann man sich nur *abstrakt* „vorstellen". Will man sie sich aber anschaulich (sinnfällig) machen, dann muß man wieder ein besonderes Katzen-Individuum, ein konkretes Paradigma imaginieren.

Dabei wird man sich hüten, ein solches Paradigma etwa an Stelle einer Definition zu benutzen. Der *Begriff* („als solcher") ist niemals sinnfällig. Hinsichtlich seiner wird die Imagination *ersetzt* durch eine vorschriftsmäßig präzise Beschreibung, eben durch die Definition; denn der definitorische *Satz* gibt an, *was* wir uns begrifflich vorzustellen haben. Anders ausgedrückt: Die Definition beschreibt den Typus. Wenn dieser auch nicht unmittelbar „anschaulich" ist, so kann man ihn doch *als Denkgegenstand* „betrachten", und insofern ist er eine *abstrakte* „Erscheinung" eigener Art.

Je „höher hinauf" wir abstrahieren, desto schwieriger wird es, sich die Denkgegenstände per definitionem vorzustellen. Jeder Abstraktionsgrad bedingt seinen Vorstellungsgrad (wobei „Vorstellung" den Nebensinn von „Vorstellbarkeit" hat). Denkt man innerhalb einer Begriffspyramide hinauf und herunter, so hat man es auf jeder Stufe (jeder Abstraktionsebene) mit einem anderen Vorstellungsgrad zu tun. Daran muß man sich gewöhnen. Aber weil im Nominalismus-Empirismus das *Begriffsdenken* übereinstimmt mit der *Begriffsbildung* (man also weiß, was man tut, wenn man Begriffe abstrahiert), deshalb dürfte

die Gewöhnung nicht schwerfallen. Man braucht nur den betreffenden Abstraktionsprozeß *reflektorisch* zu wiederholen, indem man in der betreffenden Begriffspyramide mit Musterbeispielen und unterhalb der Basisbegriffe (der Artbegriffe) mit Einzelerfahrungen beginnt.
Zu beachten ist nun, daß wir (als Kulturerben, als Nutznießer der Sprachtradition) mit einem Kennwort, zum Beispiel „Katze", sowohl ein konkretes Individuum (das Besondere) als auch dessen Art (das Allgemeine) bezeichnen. Folglich rufen uns Kennwörter sowohl Imaginationen als auch abstrakte Vorstellungen *gleichzeitig* ins Bewußtsein! Wir haben also gleichzeitig zwei verschiedenartige „Erscheinungen" zu betrachten, von denen die eine, die abstrakte, gleichsam über der anderen, der konkreten, *schwebt.*
Eben diese *Doppelfunktion* eines Kennworts als Konkretum und Abstraktum zugleich und diese offenbare Inkongruenz beider gleichzeitig erscheinenden Bewußtseinsinhalte war es ja, welche einst Platon so verblüfft hat, daß er mit ihr auch in seiner Ideenlehre nicht fertig geworden ist. (Historisch ist das Rätsel leicht zu lösen. Aus der altorientalischen Geschichte unserer Schriftsprache und Sprachlogik läßt sich erschließen, daß Kennwörter ursprünglich nur als Konkreta im Sinne von Eigennamen zur Bezeichnung jeweils gleichartiger Individuen dienten und erst später, bei fortschreitender Kulturentwicklung, auch zu Abstrakta wurden, indem man sie auf die betreffende Art übertrug. Noch später gingen viele dieser Kennwörter außerdem auch auf Gattungsbegriffe über.)

Transzendentale Phänomenologie

Dieselbe Doppelfunktion ermöglicht in gewissem Umfang nun die *transzendentale Phänomenologie,* gleichgültig, ob man reduktiv oder deduktiv vorgeht. Vorausgesetzt ist, daß man begriffsrealistisch die Universalien oder Ideen als metaphysische Wesenheiten auffaßt, als *transzendentale Einheiten von Wort und Wirklichkeit: Das schöpfungsmächtige Wort bringt im Bewußtsein seine Wirklichkeit zur Erscheinung.*
Rein reduktiv setzen solche Einheiten an der Basis einer Ideenhierarchie kraft jener Doppelfunktion sowohl die abstrakte Begriffsvorstellung (der Artbegriffe) als auch die Imagination realer Besonderheiten. *Rein deduktiv* wird mittels derselben Basiseinheit die Imagination typisiert im Artbegriff, über den sich die höheren Ränge der Ideenhierarchie erheben. Alles Denken konzentriert sich auf diese Innenweltwirklichkeit; „die Monade hat keine Fenster".
Lambert
Eine „Phänomenologie" hat (ausdrücklich) zuerst Joh. Heinrich Lambert (1728 bis 1777) als Mathematiker und Philosoph entworfen, nämlich eine „transzendente Optik" oder Theorie der (von uns im Bewußtsein betrachteten) Erscheinungen, welche die Grundlage aller Erfahrungskenntnis bilden soll, wobei sein theoretisches Interesse vor allem dem Begriffsdenken galt: Die Wirklichkeit kommt für uns erst durch das Begriffsdenken zustande, und ebenso wie alle Erkenntnis muß es apriorische (metaphysische) Voraussetzungen haben. Nicht nur zeitgeschichtlich, sondern auch geistesgeschichtlich stand Lambert etwa in der Mitte zwischen einerseits Leibniz und andererseits Kant. Um das wahrhaft Seiende zu fixieren, entwarf er wie Leibniz ein „Reich der Wahrheiten" durch Worte und Zeichen.
Hegel
Später hat Hegel als radikaler Logosdenker alle derartigen Phänomene für Erscheinungsformen des Gottgeistes (oder „der Idee") erklärt und den Grundgedanken seiner „Phänomenologie des Geistes" folgendermaßen dargelegt (in der Selbstanzeige im Intelligenzblatt der Jenaischen Allg. Lit. Ztg., 28. Oktober 1807): „Sie faßt die verschiedenen Gestalten des Geistes als Stationen des

Weges in sich, durch welchen er reines Wissen als absoluter Geist wird. Es wird daher in den Hauptabteilungen dieser Wissenschaft, die wieder in mehrere zerfallen, das Bewußtsein, das Selbstbewußtsein, die beobachtende und handelnde Vernunft, der Geist selbst, als sittlicher, gebildeter und moralischer Geist und endlich als religiöser in seinen unterschiedenen Formen betrachtet. Der dem ersten Blick sich als Chaos darbietende Reichtum der Erscheinungen des Geistes ist in eine wissenschaftliche Ordnung gebracht, welche sie nach ihrer Notwendigkeit darstellt, in der die unvollkommenen sich auflösen und in höhere übergehen, welche ihre nächste Wahrheit sind. Die letzte Wahrheit finden sie zunächst in der Religion und dann in der Wissenschaft, als dem Resultat des Ganzen."

Spekulatives Weltsystem

Tatsächlich unternahm Hegel in seiner Phänomenologie den Versuch, *sämtliche* Begriffe (im Umfang *seines* Wissens) *einer* riesenhaften, alles umfassenden Begriffspyramide einzuordnen und sich über deren Stufen hinweg bis dorthin emporzudenken, wo er (an der obersten Spitze dieser Pyramide) nur noch sich selbst als denjenigen, der denkt, ins Bewußtsein hineinzuspiegeln hatte. Da er sein Denken für dasjenige des Gottgeistes selbst hielt, so sprach er auf dem obersten Punkt seiner aufwärts gerichteten Gedankenbewegung nicht (wie ehedem Descartes gemäß dessen anderer Intention) davon, daß er, Hegel, seine ontische Selbstbestätigung als denkendes Ego vollbracht habe, sondern er meinte, daß der Gottgeist es sei, der sich (Hegel als Inkarnation benutzend) zu sich selbst emporgedacht habe und aus seiner Entfremdung (= aus den Phänomenen) heraus zu sich selbst gekommen sei.

Will man den Aufwand vermeiden, den Hegel in seiner Phänomenologie betrieb, und deren Inhalt, aufs Prinzip reduziert, mit zwei Sätzen angeben, dann kann man Fichte zitieren: „Das Ich setzt sich selbst. Das Ich setzt sein Nicht-Ich", wobei dieses „Ich" ja mehrdeutig ist und bereits vor Hegel dessen subjektiven, objektiven, absoluten Geist in sich zusammenfaßte.

Scheler und Husserl

Stellen wir uns auf den Standpunkt der spekulativen Ontologie, dann können wir erklären, daß Gott selbst (unmittelbar oder mittelbar) in uns denke, so daß die von uns im Bewußtsein „geschaute" Begriffswelt (= Idealität) eine Objektivation des Gottgeistes wäre (daher bei Hegel die Begriffsrealität als Entfremdung, nämlich Objektivation des Geistes bzw. Gottes); sie wird uns (wie bei Leibniz) von Gott ins Bewußtsein gespiegelt oder uns von der (göttlichen) Weltvernunft vorgedacht. Daraus folgt:

1. Der Ursprung alles Begriffsdenkens ist „transzendent" (im Sinn der Scholastik) oder „transzendental" (im Sinne Kants).

Scheler

2. Diese Begriffswelt ist uns absolut gültig vorgestellt, besonders dann, wenn man die Begriffe als Werte (Idealwerte) deutet wie *Max Scheler* (geb. 22. August 1874 in München, gest. 15. Mai 1928 in Frankfurt am Main). In der Schelerschen *Wertphänomenologie* wird das Wesen des Wertes (Wesensschau!) in dessen objektiv-normativer Geltung erblickt, da jeder solcher Werte ein Sollen in sich enthält, aus dem das Subjekt, das den Wert erfaßt, die Aufgabe entnimmt, den an sich geltenden Wert zu verwirklichen, das heißt, ihm entsprechend zu denken, zu urteilen, zu wollen und zu handeln. (Da Werte sich ans Gewissen richten und da jeder Wert durch sein Sollen bzw. Gebot zugleich ein Nicht-Sollen bzw. Verbot oder insofern einen Unwert bedingt, so ist das Gewissen seitens eines objektiv-normativen Wertes nicht nur angerufen, sondern auch zur Entscheidung aufgerufen.) Alle Werte zusammen bilden das ideale, hierarchisch

gegliederte, unendlich große „Wertreich", das unablässig von uns ein allgemeingültig-absolutes Sein hat und für jedes geistige Wesen verbindlich ist.

3. Eingeschaltet in diese ursprünglich transzendente Subjekt-Objekt-Beziehung ist nun der Einzelmensch, und zwar nicht nur (passiv) mit seinem Bewußtsein, wo sich das Begriffsdenken aktuell objektiviert, sondern auch (aktiv) insofern als das Begriffsdenken ja durch ihn — durch seine immanente Subjektivität — hindurch muß, um sich in seinem Bewußtsein zu objektivieren beziehungsweise zur Erscheinung zu bringen. Hier liegt ein Ansatz der Phänomenologie von *Edmund Husserl* (geb. 8. April 1859 in Proßnitz in Mähren, gest. 27. April 1938 in Günterstal bei Freiburg i. Br.).

Husserl

Als entschiedener *Gegner* des Nominalismus-Empirismus konzediert Husserl zwar, daß sich in unserem Bewußtsein auch diejenigen empirisch aufgefaßten Einzelheiten befinden, die wir jeweils logisch-abstrakten Begriffen subsumieren, aber er trennt derartige Bewußtseinsinhalte nicht angemessen von Phantasiegebilden unseres magisch-mythischen Denkens, dergleichen wir unzählige im überlieferten Bildungsgut besitzen. Solche namentlich bezeichneten Erscheinungen, die wir beliebig imaginieren, sind uns nicht nur aus Mythen, Märchen, Sagen, sondern aus der Weltliteratur überhaupt geläufig. Husserl läßt sie (wie z. B. den eigens von ihm angeführten „Kentauren" in den Ideen zu einer reinen Phänomenologie und phänomenolog. Philosophie, I § 23) als einen Beweis für die apriorische Herkunft aller Begrifflichkeit gelten. Daher: Das „Eidos" (= die Art, lat. species, die Begriffsvorstellung) erschließe sich uns *intuitiv* ebenso in bloßen Phantasiegebilden wie in Erfahrungsgegebenheiten.

Da Husserl nicht induktiv verfährt, sondern grundsätzlich reduktiv-deduktiv (im Hinblick auf „gegebene", nämlich überlieferte Begriffe), so konstatiert er jede Begriffsvorstellung („Eidos" statt „Idee"!) als metaphysische Wesenheit. Deren Wesen will er „intuitiv" erkennen durch „Wesensschau" („Ideation"), wobei die jeweilige „Bedeutung" interpretiert wird als „Intention".

Kriterium dessen, ob die Wesensschau richtig zutrifft, ist „die Wahrheit"; und diese Wahrheit ist „offenbar das Korrelat des vollkommenen Vernunftcharakters der Urdoxa, der Glaubensgewißheit" (Ideen . . ., 1. Aufl. 1913, § 139). Die „Bedeutungen" gehören bei Husserl zur Idealsphäre als „ideale Einheit der Mannigfaltigkeit möglicher Akte". (Ein „Akt" ist hier das Bedeuten im einzelnen; vgl. Dilthey und Spranger.) „Es schwanken die subjektiven Akte, welche den Ausdrücken [nämlich den Worten als Begriffsträgern] Bedeutung verleihen . . ., nicht aber verändern sich die Bedeutungen [= Begriffsvorstellungen] selbst" (Log. Unters. 2. Aufl. 1913—1922, II, 1). Da nun das Reich der Ideen seit Platon hierarchisch gegliedert ist, so anerkennt Husserl auch eine „Hierarchie der Evidenzen" (also eine heilige Rangordnung der Einsichtigkeit, Bewußtseinsüberzeugung, Wesensdeutlichkeit).

Kurz, Husserl denkt sich mittels interpretativer Wesensschau von der Begriffs*vorstellung* hinüber zur Begriffs*bedeutung*; dabei verfährt er zunächst reduktiv, um dann deduzieren zu können, und den „Reduktionsvorgang" nennt er „Einklammerung" der subsumierten Bewußtseinsrealitäten (analog dem Abstraktionsprozeß). Was die Bedeutungen im Sinne von Intentionen betrifft, so kann man sie auch für Prinzipien halten: Begriffsdenken als Prinzipiendenken.

Wenn nun die Begriffswirklichkeit (phänomenal wie intentional) vom denkenden Subjekt (dem Ich oder Ego) in dessen Bewußtsein hineinprojiziert wird, dann muß aus einer *phänomenologischen Reduktion* wieder dieses Ich oder Ego resultieren (wie z. B. schon bei Descartes). Jedoch bleibt Husserl nicht an diesem Punkt stehen. Anders als Descartes (den er ablehnt) bringt er mittels fortgesetzter Reduktion auch das subjektive Ego zum Verschwinden, indem er es im *transzendenten Ego* (des göttlichen Urschöpfers oder des Allgemein-

priorische Denklehre

bewußtseins) aufgehen läßt, das in sich die Grundlage und konstitutiven Elemente aller uns möglichen Erfahrungen und jeder Wesensschau enthält. (Diesen Prozeß kann man auch mystisch deuten als „Entwerdung", nämlich als selbstvollzogene Aufhebung der neuplatonisch ursündigen Individuation und zugleich als zurückkehrendes Aufgehen im „Urgrund aller Dinge" wie z. B. bei Meister Eckhart.)
Anders ausgedrückt, wird die „transzendentale Phänomenologie" zum transzendentalen (spekulativen) Idealismus. Für Husserl ist „jede Art Seiendes selbst, reales und ideales, verständlich als eben in dieser Leistung [= den „Bewußtseinserlebnissen"] konstituiertes *Gebilde* der transzendentalen Subjektivität" (Ideen ... I, 118). Folglich ist Husserls Phänomenologie auf keinen Fall eine empirische, sondern eine apriorische Denklehre. Sie „hat sich reine Bewußtseinsvorkommnisse exemplarisch vor Augen zu stellen, sie zu vollkommener Klarheit zu bringen, an ihnen innerhalb dieser Klarheit Analyse und Wesenserfassung zu üben, den einsichtigen Zusammenhängen nachzugehen, das jeweils Geschaute in getreu begriffliche Ausdrücke zu fassen, die sich in ihrem Sinn rein durch das Geschaute beziehungsweise generell Eingesehene vorschreiben lassen" (Ideen ... I, S. 123).

Sartre

Denkansatz

Merkwürdigerweise ist durch Husserls Phänomenologie (insbesondere deshalb, weil Husserl auch die dichterische Wirklichkeit in sie einbezogen hat) *Jean-Paul Sartre* (geb. 21. Juni 1905 in Paris) zu seiner Wirklichkeitsdeutung angeregt worden (anstatt, was näher gelegen hätte, durch Schopenhauers „Welt als Wille und Vorstellung"). Sartres Denkansatz liegt in der Überzeugung, daß dank der Einbildungskraft unsere (der menschlichen Gattung eigentümliche) Welt nur als Vorstellung beziehungsweise Imagination in unserem Bewußtsein besteht, insofern also bloßer Schein und darum *nichtig* ist.
In diesem Zusammenhang sei beiläufig an die cartesianische Methode erinnert: Descartes hatte alle Bewußtseinsphänomene systematisch zum Verschwinden gebracht, bis nur noch er selbst (als denkendes Subjekt) übriggeblieben war; um trotzdem am Realitätswert jener Phänomene festhalten zu können, hatte er sich ihn durch Gott als Glaubenstatsache garantieren lassen. Sobald man aber — wie Sartre — auf diese Glaubensrückversicherung ausdrücklich verzichtet, wird die phänomenale Begriffsrealität gleichsam (wie bei Schopenhauer) zum Schleier der Mayā.
Gegenüber dem „Nichts" der Phänomene muß das „Sein" wenn nicht Gott, dann wenigstens demjenigen zukommen, welcher die Phänomene ins Bewußtsein projiziert: entweder dem Subjekt oder, dem Subjekt vorweg, eben „dem Sein an sich", entsprechend Schopenhauers Weltwillen (dem „Willen zum Leben") oder entsprechend Fichtes „Ich" (als Willenszentrum) oder entsprechend Husserls transzendentalem Ego oder auch entsprechend der aristotelischen Dýnamis oder „dem Stoff der Dinge selbst" (wie Sartre in dem Roman „La nausé", Das Ekel, Paris 1938) bemerkt.
Ebenfalls auf dem Umweg über Husserl hat Sartre die Lehre von der Intentionalität unserer die Bewußtseinswirklichkeit konstituierenden psychischen Akte kennengelernt. Indem er die Intentionalität für transzendent hält, ihren Ursprung also außerhalb des Bewußtseins vermutet, transzendiert er nicht nur jedes Bewußtseins-Phänomen (da nunmehr sich das Bewußtsein ja auf ein transzendental intendiertes Objekt bezieht), sondern auch das Ego jedes Einzelsubjekts. Folglich kann er behaupten, daß der Mensch andauernd außerhalb

seiner selbst sei, also wesenhaft in Entfremdung lebe (vgl. Goethe in „Faust I": „Du glaubst zu schieben, und du wirst geschoben."). Das private Ich geht auf (bzw. unter), zum Beispiel in Sozialrollen.
Andererseits eignet dem Menschen die Wahlfreiheit unter unzähligen intentionalen Möglichkeiten. Indem er sich dieser (relativen) Freiheit bedient, negiert er das Sein (weil ja die Bewußtseinsrealität laut Voraussetzung bei Sartre nichtig ist). Sofern der Mensch „da ist", existiert er im Vollzuge seiner Tathandlungen (wie Fichte sagte), in diesem Übergang vom Sein zum Nichts; und nur in dieser beliebigen Aktivität schafft oder zerstört er Werte.

Zur christlichen Ontologie

Ein Hauptproblem begriffsrealistisch-idealistischer, insbesondere thomistisch formulierter Philosophie liegt in der *Ontologie,* nämlich in der Lehre vom Sein als solchem. Insofern, als modern-christliche Denker (wie z. B. bereits Fichte) nach einer ihrem Grundansatz adäquaten Herleitung und Rechtfertigung humaner Individualexistenz suchten oder suchen, pflegt man sie heutzutage „Existenzphilosophen" zu nennen, so auch Husserl und Heidegger (trotz dessen Protests).
Ausführlich haben wir den sogenannten Existenzialismus bereits anschließend an unsere Erörterung des hegelschen Begriffs von der Entfremdung besprochen (u. a. in den Kapiteln über Kierkegaard und Jaspers). Wir erinnern uns, daß man „Entfremdung" verschiedenartig interpretieren kann, je nachdem, welches Vorverständnis man mitbringt und welcher Intention man folgt. Nur eine (christlich motivierten Existenzphilosophen dogmatisch unerläßliche) Interpretationsreihe sei hier kurz wiederholt. Sie läßt sich aus dem Neuen Testament folgendermaßen herleiten:

Das Sein zwischen „Welt" und Gott

Der Mensch ist „in die Welt" geworfen, die im NT noch vom Satan beherrscht und deshalb böse ist. Wer sich jedoch gegen Satan für Jesus den Gottessohn (als künftigen Weltkönig = Christus) entscheidet, der erkennt, daß seine bisherige Selbsthingabe an „die Welt" relativ zu seinem neuen Zustand des Aus-der-Welt-Errettet-Seins eine Entfremdung von Gott und somit vom Sein war, da das Sein identifiziert wird mit Gott, und dementsprechend das Nicht-Sein mit Nicht-Gott beziehungsweise mit der im NT heilsgeschichtlich zum baldigen Untergang vorherbestimmten Welt.
Folglich ist hier das Sein (als solches) eine Selbstdarstellung Gottes, und der Mensch „ist" (= existiert) „in Wahrheit" (= in Glaubenswirklichkeit) nur, insofern er am göttlich-absoluten Sein teilhat. Die christlichen Denkern besonders aus dem Neuplatonismus heraus gestellten Fragen lauteten nun, ob 1. bereits die Individuation als singuläre Entfremdung von Gott und somit als geistiger Sündenfall gelten müsse oder ob 2. Gott dem Einzelmenschen zum Beispiel als „deus absconditus" etwa „innewohne".
Im ersten Fall wäre jeder Einzelmensch zunächst „der Welt" gleichzusetzen, stünde also Gott gegenüber und hätte sich aus diesem Zustande des (heilsgeschichtlichen) Nicht-Seins hinüberzuretten ins Sein, indem er (z. B. durch einen Bekehrungsprozeß) sich selbst als Gottes Gegenüber geistig vernichtet, um sofort „wiedergeboren" zu werden „in Gott", also im Sein als nunmehr Seiender.

Existenzangst als Angelpunkt

Der Hebel, welcher diese innere Umkehr bewirkt, ist die (heilsgeschichtlich zu definierende) *Angst,* nämlich die Angst vor dem Nicht-Sein (= der totalen Gottesferne) relativ zur Existenz im Sein (= in Gott). Sofern *diese* Angst als „Angst vor dem Tode" bezeichnet wird, ist nicht „der leibliche Tod" gemeint

(= das Sterben), sondern der „geistliche Tod" (= die ewige Gottesferne im Jenseits; im Hinblick auf die Qualen der Hölle freilich muß man doch ein ewig-individuelles Dasein voraussetzen, das gequält werden und Qual empfinden kann, es wäre dann ein Nicht-Sein im übertragenen Sinne, nämlich ein Nicht-bei-Gott-Sein).

Kierkegaard und Heidegger

Das alles finden wir wieder zum Beispiel bei Kierkegaard, dessen Werk im Grunde nur durch die entmythisierte Ausdrucksweise seinerzeit neu war (u. a. durch die eigentümliche Hereinnahme hegelscher Ausdrücke und Begriffe, insbesondere des Entfremdungsbegriffs, in die Erweckungsontologie und Evangelisationsdialektik). Man muß fragen, inwiefern denn Kierkegaards lutherisch-neupietistisch orientierte Existenzphilosophie zusammenhänge mit derjenigen modern-katholischer Denker und ob man Kierkegaard tatsächlich mit Husserl, Heidegger in einem Atemzug nennen dürfe. Wer auf Feinheiten achtet, erkennt einen tiefgreifenden Unterschied.

Kierkegaard

Lutherisch weiß der Mensch, auch wenn er getauft ist, bis zum letzten diesseitigen Augenblick nicht, ob er ein (ewig-göttliches) Dasein hat, da es allein von Gottes Willkür (der Gnadenwahl gemäß paulinischer Prädestinationslehre) abhängt. Pietistisch und noch mehr neupietistisch erhält der Mensch dieses Dasein und dessen Gewißheit bereits im Diesseits kraft des Bekehrungsaktes (unabhängig von der Taufe, auf die man insofern auch verzichten kann) Jedoch katholisch wird dieses Dasein grundsätzlich bewirkt durch die Taufe, auch wenn sie notwendigerweise durch weitere Sakramente zu bestätigen ist. Folglich wird ein katholischer Christ von dem lutherischen oder dem pietistischen Existenzproblem nicht gleicherweise betroffen; und auch die katholische Angst vor dem (zeitlich begrenzten) Purgatorium ist nicht zu vergleichen mit der lutherischen oder mit der pietistisch überwundenen Angst vor dem (ewigen) Tode.

Heidegger

Der strenggläubige Katholik *weiß* (als Glaubensgewißheit) schon kraft der Sakramente (nebst Beichte), daß ihm solche Existenz garantiert ist. Dasselbe weiß zwar auch evangelischerseits der „Bekehrte", nämlich der im Bekehrungsakt „Gestorbene und Wiedergeborene", aber er weiß es unter gänzlich anderen Voraussetzungen. Neupietistische Evangelisatoren könnten heutzutage Kierkegaards Werke empfehlen an Stelle von Schleiermachers „Über die Religion. Reden an die Gebildeten unter ihren Verächtern". Hingegen dem Katholiken dürfte Kierkegaards konfessionell bedingte Fragestellung einigermaßen fremd bleiben, und gar noch einem katholischen Denker, der auf den thomistischen Begriffsrealismus verpflichtet oder mindestens durch ihn geistig geprägt worden ist.

Denkansatz

Daher läßt sich bei Heidegger, entsprechend seinem dogmatischen Vorverständnis, ein deutlich anderer Ansatz der Denkarbeit feststellen. Nicht das *Ob* der Existenz steht zur Diskussion, sondern das *Wie*.

Einübung in Existenzdenken

Im NT heißt es im Hinblick auf die Gläubigen, die ihrer (ewigen) Existenz bereits sicher sind: „In der Welt habt ihr Angst" (Joh. 16,38). Aber *diese* Angst ist eben nicht dieselbe wie bei Kierkegaard die Existenzangst vor dem Nicht-Sein, sondern eher das Gegenteil, nämlich eine Bestätigung der Existenz an deren Widerspruch zur Welt (wie ebenfalls bei Kierkegaard *nach* dem Bekehrungsakt, also nach dem Gewinn der Seinsgewißheit).

Heidegger

Hier setzt *Martin Heidegger* (geb. 26. 9. 1889 in Meßkirch) an, sozusagen im zweiten Teil der kierkegaardschen Erlösungsphilosophie, wo die (lutherisch-neupietistische) Angst vor der Nicht-Existenz bereits ersetzt worden ist durch die Existenzgewißheit und das „In-der-Welt-Sein" nur noch bedroht oder in Mitleidenschaft gezogen wird durch jene oben zitierte Weltangst. *Jetzt* gefährdet (bei Kierkegaard wie bei Heidegger, darin stimmen beide überein) „die Welt" dieses seines Seins gewisse Sein dadurch, daß es sich an die Welt verlieren, ihr „verfallen" könnte. Genau gesagt, besteht also die Gefahr darin, daß die Welt und deren Nicht-Sein (das nur scheinbar Sein ist) eine ihres Seins gewisse Existenz in sich aufzunehmen und aufzulösen vermag. Insofern ist „die Welt" der „Entfremdung" synonym und identisch (wobei in diesem Zusammenhang „die Entfremdung" auch gewissermaßen die Stelle einnimmt, die früher von heilsgeschichtlich verstandenen Begriffen des Bösen besetzt war).

Entfremdungsfrage

Wie erklärt nun Heidegger von seinem Ansatz aus „die Welt" als „Entfremdung"? Am leichtesten verstehen wir seine interpretative Argumentation wohl dann, wenn wir (unabhängig von ihm) vorübergehend mit dem Begriff von der „Person" experimentieren.

Person als Sosein

1. Wir beginnen mit dem scholastischen Personbegriff, den schon Boethius folgendermaßen definiert hat: „Die Person ist die unteilbare Substanz eines vernünftigen Wesens (Persona est naturae rationalis individua substantia)". Hier können wir „substantia" (ebenso wie „essentia" = Sosein) als lateinische Übersetzung des griechischen Worts „ousia" gelten lassen. Ausdrücklich identifiziert Heidegger die „Substanz" des Menschen mit der Existenz (Sein und Zeit, § 25), meint also, in diesem Sinne, mit „Existenz" die scholastische Person oder „das Selbst" als metaphysischen Wesenskern der Person.

Person als objektive Existenz

2. Bei Hegel, vor allem in dessen Rechtsphilosophie, hat „Person" eine andere Bedeutung: „Insofern jeder als freies Wesen anerkannt wird, ist er eine Person" (Nürnb. Schr. 157). Der Akzent liegt auf „anerkannt"! Im Reich des objektiven Geistes wird die Person zum Träger von Rechtsbeziehungen beziehungsweise zur moralischen Existenz, insofern also abhängig von übergreifenden Gesellschaftsnormen und deren Wandel.

Persona als Sozialrolle

3. Ursprünglich bedeutete „persona" wohl die holzgeschnitzte Charaktermaske, welche im antiken Theater vom Schauspieler auf der Bühne getragen wurde, in erweitertem Sinn also „die Rolle" und in übertragenem Sinn „die Weltrolle" (wie zum Beispiel Goethe sagte) oder „Sozialrolle" (wir wir sagen würden). Eine Rolle „spielt" man, sie wird vorgefunden oder aufgegeben; falls man sich mit ihr identifiziert, dann zeitlich und meistens nach außen hin (zum Beispiel „als" Vater, Staatsmann, Handwerksmeister, Autofahrer, Chef, Schüler, Lehrer usw.); sie ist nicht „eigentlich", nicht substantiell, sondern „uneigentlich" und insofern akzidentiell. Darum muß hier „die Persona" (als Inhaber von Sozialrollen beziehungsweise als Beziehungspunkt sozietärer Rollenfunktionen) ergänzt werden durch den Individualitätsbegriff, wobei „Individualität" (abgeleitet von „Individuum" = das Unteilbare) entgegen der scholastischen Tradition zu beschreiben wäre als *singuläre* Substanz oder auch als privates Subjekt, das nun positiv zu bestimmen wäre: Man könnte (im Sinne von C. G. Jung) sagen, „Persona" bezeichne die äußere Form und „Individualität" bezeichne die innere Form, wobei Individualität dasjenige ist, dem Rollen aufgegeben werden und das sich in die Rollen hinein „entfremdet".

Persona und Individualität

Persona als Entfremdung

4. Die Gefahren seitens „der Welt" bedrohen also den Einzelmenschen vor allem in dessen Zustand des Andersseins beziehungsweise der Entfremdung. So gesehen, wäre die „Persona" das Unwesentliche, Zufällige, Zeitbedingte, Ver-

gängliche, hingegen die „Individualität" das Wesentliche; und wenn der Einzelmensch zu sich selbst kommen will, dann muß er sich aus einer Entfremdung (ins Unwesentliche) zurückziehen auf seinen Wesenskern, also seiner Individualität innewerden. (Hierzu sei Angelus Silesius zitiert: „Mensch, werde wesentlich; denn wann die Welt vergeht, so fällt der Zufall weg, das Wesen, das besteht.") Statt Persona können wir „existentia" sagen, und statt Individualität „essentia". Man pflegt existentia mit „Dasein" zu übersetzen und essentia mit „Sosein". Unter Dasein versteht man dasjenige Sein, das einem „hic et nunc" (in Raum und Zeit) angetroffenen Gegenstand zukommt, also das „Vorhandensein". (Bei Kant allerdings ist das Dasein, als Kategorie der Modalitäten, der Gegensatz zum Nichtsein.) Hingegen unter Sosein versteht man das Beschaffensein, das Bleibende, Beharrliche, die Wesenheit und Eigenart.

Persona als „existentia"

Heidegger

Folglich kann einen Menschen dessen innerer Entwicklungsprozeß von der Reflexion auf sein „Dasein" zur Erkenntis seines „Soseins" führen. Im Grunde dasselbe beschreibt Heidegger, Schüler und Nachfolger Husserls auf dessen Freiburger Lehrstuhl, in seinem Hauptwerk „Sein und Zeit", das zuerst (als Abhandlung) 1927 in dem von Husserl herausgegebenen „Jahrbuch für Phänomenologie und phänomenologische Forschung" (Bd. VIII) erschienen ist.

Aber Heidegger erschwert uns das Verständnis, indem er nicht die übliche Unterscheidung von Existenz und Essenz aufgreift, sondern statt dessen einerseits von „existentia", andererseits von „Existenz" spricht, wobei er mit „existentia" mehr die herkömmliche Existenz, dagegen mit „Existenz" mehr die herkömmliche Essenz (und gelegentlich die Substanz) meint. „Eine Verwirrung wird dadurch vermieden" — so sagt er —, „daß wir für den Titel existentia immer den interpretierenden Ausdruck *Vorhandenheit* gebrauchen und Existenz als Seinsbestimmung allein dem Dasein zuweisen. *Das ‚Wesen' des Daseins liegt in seiner Existenz*" (Sein und Zeit § 9).

„existentia" und „Existenz" = Essenz

Übersichtsformel

Der Einfachheit halber könnten wir von Existenz A und Existenz B sprechen. Die Existenz A wäre das Sein im Zustand der Entfremdung (des In-der-Welt-Seins) und des weltlichen Rollenbetriebes; diese Entfremdungswelt bezeichnet Heidegger unter anderem als „das Man, das Gerede, die Befindlichkeit, Neugier, Zweideutigkeit, Geworfenheit, das Verfallen, das Verfängnis, den Absturz". Die Existenz B wäre das Bei-sich-selbst-Sein. Die Frage ist nun, wie man von der Existenz A zur Existenz B kommt.

Heidegger

„Sorge" und „Gewissen"

Zum In-der-Welt-Sein gehört laut NT (zum Beispiel Matth. 13,22) die „Sorge", mit deren Spielarten sich Heidegger ausführlich befaßt. Er setzt sie in Beziehung zum „Gewissen", und mit dem Gewissen wird die Schuldfrage gestellt: „Das Gewissen ist der Ruf der Sorge aus der Unheimlichkeit des In-der-Welt-Seins, der das Dasein zum eigensten Schuldigseinkönnen aufruft ... Die existentiale Interpretation des Gewissens soll eine im Dasein selbst *seiende* Bezeugung seines eigenen Seinkönnens herausstellen ... Die im Verstehen mitenthüllte Unheimlichkeit wird genuin erschlossen durch die ihm zugehörige Befindlichkeit der Angst. Das Faktum der *Gewissensangst* ist eine phänomenale Bewährung dafür, daß das Dasein im Rufverstehen vor die Unheimlichkeit seiner selbst gebracht ist. Das Gewissen-haben-Wollen wird Bereitschaft zur Angst" (§§ 59, 60).

„Gewissensangst"

Mit anderen Worten: Heidegger (wie schon Husserl) verwirft den „rationalen" Ich-Beweis des Descartes und ersetzt ihn durch eine ontologische, christlich motivierte Selbstbesinnung. Indem der Einzelmensch „besorgt" ist, wird ihm der Unterschied bewußt zwischen dem, was wir vorhin Existenz A und Existenz B genannt haben. Aus seinem Verhalten heraus erkennt er, daß er sorgt; aus der Sorge heraus fragt er nach seiner privaten Intention, nämlich danach, warum und woraufhin er besorgt ist („Sorge" ist hier, bei Heidegger, ein Ausdruck für spezifische Verhaltensformen). Diese Frage ist aber eine Gewissensfrage, und durch das Gewissen wird ihm nicht nur bewußt, daß *er selbst* sich von seiner Welthaftigkeit distanzieren, sondern auch, daß er sich jeweils verschieden verhalten kann. Indem der Einzelmensch den Anruf des Gewissens vernimmt und „Gewissen haben will", erkennt er sich selbst als denjenigen, der entscheidet. Dieser Willensakt bringt ihn aus der Entfremdung heraus zu sich selbst, allerdings nicht zu sich selbst als zu einem Subjekt im Sinne des Descartes, sondern zur Identifikation mit demjenigen Sein, das wir „Gewissen" nennen (und das laut Glaubenslehre von der Kirche geleitet werden muß, da es sonst irren kann).

Das Zu-sich-selbst-Kommen im Gewissen

Vorher waren wir, wie Heidegger sich ausdrückt, in die Welt „geworfen" und ihr „verfallen". Nun aber sind wir durch unsere „Entschlossenheit" zum Gewissen-haben-Wollen aus der „Geworfenheit" und Verfallenheit heraus und können, unseres „eigentlichen" Seins gewiß, in die Welt, sie „vorentwerfend", hineinhandeln. „Die Entschlossenheit löst *als eigentliches Selbstsein* das Dasein nicht von seiner Welt ab, isoliert es nicht auf ein freischwebendes Ich ... Die Entschlossenheit bringt das Selbst gerade in das jeweilige besorgende Sein bei Zuhandenem und stößt es in das fürsorgende Mitsein mit den anderen ... Die Entschlossenheit ist ihrem ontologischen Wesen nach je die eines jeweiligen faktischen Daseins. Das Wesen dieses Seienden ist seine Existenz" (§ 60).

„Eigentliches Selbstsein des Daseins"

Noch in zweiter Hinsicht ist „die Sorge" bei Heidegger ein Schlüsselwort. Identifiziert man sie mit dem In-der-Welt-Sein, dann versteht man den Satz: „Das Sein zum Tode gründet in der Sorge" (§ 52). Jedoch anders als bei Kierkegaard, welcher das Sein zum Tode metaphysisch verstand, ist es bei Heidegger aufs Diesseits beschränkt, also eher ein Sein zum Sterben. Er unterscheidet „das Sein zum Ende" vom „Sein zum Tode". Zwar ist in jedem Fall das irdische Dasein beziehungsweise das Sein in der Zeit gemeint, aber das „Sein zum Tode" hat „ontologisch" einen besonderen Wert: Spätestens der Tod löst den Menschen aus dessen Entfremdung und verweist ihn auf sich selbst. Freilich wäre es für den Einzelmenschen zu spät, wenn dieser Effekt erst im Todesaugenblick einträte; vielmehr muß derselbe Effekt eine Frucht vorausschauender Todeserwartung sein. (Erinnert sei in diesem Zusammenhang an die Todesmystik von Rainer Maria Rilke zum Beispiel im „Stundenbuch", wo es heißt, daß der Tod im Menschen heranreifen solle, und zwar der jeweils „eigene" Tod: „O Herr, gib jedem seinen eigenen Tod, das Sterben, das aus jenem Leben geht ..." und: „Der große Tod, den jeder in sich hat, das ist die Frucht, um die sich alles dreht.")

Ontologie der Todeserwartung

Heidegger drückt es so aus: „*Der Tod als Ende des Daseins ist die eigenste, unbezügliche, gewisse und als solche unbestimmte, unüberholbare Möglichkeit des Daseins.* Der Tod *ist* als Ende des *Daseins* im Sein dieses Seienden *zu* seinem Ende ... Solches Sein zur Möglichkeit fassen wir terminologisch als *Vorlaufen in die Möglichkeit* ... Der Tod als Möglichkeit gibt dem Dasein nichts zu ‚Verwirklichendes' und nichts, was es als Wirkliches selbst *sein* könnte ... Der Tod ist eigenste Möglichkeit des Daseins. Das Sein zu ihr erschließt dem Dasein sein *eigenstes* Seinkönnen, darin es um das Sein des Daseins schlechthin geht ... Die im Vorlaufen verstandene Unbezüglichkeit des Todes vereinzelt das Dasein auf es selbst ... Weil das Vorlaufen das Dasein schlechthin vereinzelt und es in dieser Vereinzelung seiner selbst der Ganzheit seines Seinkönnens gewiß werden läßt, gehört zu diesem Sichverstehen des Daseins aus seinem Grunde die Grundbefindlichkeit der Angst. Das Sein zum Tode ist wesenhaft Angst ... Die Charakteristik des existential entworfenen eigentlichen Seins zum Tode läßt sich dergestalt zusammenfassen: Das Vorlaufen enthüllt dem Dasein die Verlorenheit des Man-Selbst und bringt es vor die Möglichkeit, auf die besorgende Fürsorge primär ungestützt, es selbst zu sein, selbst aber in der leidenschaftlichen, von den Illusionen des Man gelösten, faktischen, ihrer selbst gewissen und sich ängstenden *Freiheit zum Tode*" (§§ 52, 53).

Glaubenslehre

Abschließend sei festgehalten, daß Heidegger mit seinen Überlegungen (jedenfalls in „Sein und Zeit") auf die (vorauszusetzende) Glaubenslehre hinzuarbeiten scheint. Mindestens zwei ihrer Ansätze hat er als entscheidend herausgestellt: das Gewissen (offen bleibt bei Heidegger die Frage, woher es in uns hineinruft) und den Tod (offen bleibt die Frage, was nach ihm kommt). Heidegger hält sich an die Grenzen seiner Ontologie: „Die Verfallenheit des Daseins darf ... nicht als ‚Fall' aus einem reinen und höheren ‚Urstand' aufgefaßt werden. Davon haben wir ontisch nicht nur keine Erfahrung, sondern auch ontologisch keine Möglichkeiten und Leitfäden der Interpretation." — „Das Verfallen ist ein ontologischer Bewegungsbegriff. Ontisch wird nicht entschieden, ob der Mensch ‚in der Sünde ersoffen', in status corruptionis ist, ob er im status integritatis wandelt oder sich in einem Zwischenstadium, dem status gratiae, befindet. Glaube und ‚Weltanschauung' werden aber, sofern sie so oder so aussagen, auf die herausgestellten existenzialen Strukturen zurückkommen müssen, vorausgesetzt, daß ihre Aussagen zugleich auf *begriffliches* Verständnis einen Anspruch erheben" (§ 38). — Credo ut intelligam!

Kritische Äußerungen

Nicht verschweigen wollen wir aber auch zwei distanzierende Äußerungen über Heidegger (statt vielen möglichen), beide von Fritz Heinemann zitiert (in; „Existenzphilosophie lebendig oder tot?", 3. Aufl., Stuttgart 1963, S. 88 ff.), die eine von Nicolai Berdjajew, die andere von Peter Wust: „Obwohl Heidegger von Kierkegaard ausgeht, so hat er dennoch, was wie eine Ironie wirkt, Kierkegaards Thema in einem festgefügten und geradezu scholastischen System rationalisiert. Eine echt existentielle Erfahrung spannt er in die Zwangsjacke rationaler Kategorien, die dafür wirklich ganz ungeeignet sind. Dabei beschwört er eine Heerschar beinahe unerträglicher und unverständlicher Wortbildungen herauf, deren einziges Verdienst ihre unbezweifelbare Originalität ist. Jedoch ist die Terminologie origineller als der Gedanke." — „Wenn ich auch Heideggers Ansatz und d. h. seinen *Willen*, zu einer echten Lehre vom Sein vorzustoßen, anerkenne, so will mir doch scheinen (diesen Gedanken werde ich nicht los), als wäre das ganze Philosophieren Heideggers nur eine einzige große *Schaumschlägerei*, aus der kein Mensch klug werden *könnte*, weil schließlich er selbst nicht weiß, was er nun eigentlich will."

STICHWORTVERZEICHNIS

H

I

J

K

L

M

N

O

P

R

S

T

U

V

W

X

Z

LITERATURVERZEICHNIS

(Bei Sekundärliteratur, aus der zitiert worden ist, sind Verfassernamen und Titel des betr. Werkes kursiv gedruckt)

Echnaton

Bonnet, H.: Reallexikon der ägyptischen Religionsgeschichte. Berlin 1952

Breasted, James Henry: Ancient Records of Egypt, Chicago 1906/7, Bd. II *Die Geburt des Gewissens.* Übers. B. O. Stempell. Zürich 1950

Erman, Adolf: Ägypten und ägyptisches Leben im Altertum. Neu bearb. v. H. Ranke. Tübingen 1923

– Die Religion der Ägypter. Berlin/Lpz. 1934 (Neudruck Berlin 1969)

Frankfort, H.: Ancient Egyptian Religion. New York 1948

Gardiner, Sir Alan: Egypt of the Pharaos. Oxford 1961

Helck, W., und Otto, E.: Kleines Wörterbuch der Ägyptologie. Wiesbaden 1956

Lange, Kurt: König Echnaton und die Amarna-Zeit. München 1951

Meyer, Eduard: Geschichte des Altertums. Bd. I–III. Stuttgart/Berlin 1925–37

Posener, Georges: Lexikon der ägyptischen Kultur. München 1960 (Knaur)

Schäfer, Heinrich: Amarna in Religion und Kunst. Lpz. 1931 (7. Sendschrift der Deutschen Orient-Gesellschaft)

Weigall, A. E. P. B.: Echnaton. König von Ägypten und seine Zeit. Übers. H. Kees. Basel 1923

– A history of the Pharaos. Bd. 1. 2. London 1925/1927

Chinesische Denker

Eberhard, Wolfram: Chinas Geschichte. Bern 1948

Forke, Alfred: Geschichte der alten chinesischen Philosophie. 2. Aufl. Berlin 1964

– Geschichte der mittelalterlichen chinesischen Philosophie. 2. Aufl. Berlin 1964

– Geschichte der neueren chinesischen Philosophie. 2. Aufl. Berlin 1964

I Ging. Das Buch der Wandlungen. Aus dem Chinesischen verdeutscht und erläutert von Richard Wilhelm. Düsseldorf-Köln 1960

Lao-Tse: Tao-te-king. Das heilige Buch vom Weg und von der Tugend. Übersetzung, Einleitung und Anmerkungen v. Günther Debron. Stuttgart 1961

Laudse: Daudedsching. Übers. u. hersg. v. Ernst Schwarz. Leipzig 1970

Wilhelm, Richard: Die chinesische Literatur. Wildpark-Potsdam 1926 (Handbuch der Literaturwissenschaft)

Indische Denker

Buddha: Reden des Buddha. Übers. und eingel. von H. Oldenberg. München 1922

Benz, R.: Indische Einflüsse auf die frühchristliche Theologie. Abhandlungen der Bayr. Akad. d. Wissensch. – AAM 2. 1951. Nr. 3

Clemen, C.: Buddhistische Einflüsse im NT. In: Zs. f. d. neutestamentl. Wissensch. u. d. Kunde d. älteren Kirche 17 (1916) 128–138

Conze, Edward: Der Buddhismus. Wesen und Entwicklung. Stuttgart 1953

Foucher, A.: La vie de Buddha. Paris 1949

Franke, R. O.: Die Buddhalehre in ihrer erreichbar ältesten Gestalt. In: Zs. d. Dt. Morgenld. Ges. 69 (1915), 71 (1917)

Glasenapp, Helmuth v.: Die Literaturen Indiens von ihren Anfängen bis zur Gegenwart. Wildpark-Potsdam 1929 (Handbuch der Literaturwissenschaft)

– Der Buddhismus in Indien und im Fernen Osten. Schicksal und Formen einer Erlösungsreligion. Berlin/Zürich 1936

– Entwicklungsstufen des indischen Denkens. Untersuchungen über die Philosophie der Brahmanen und Buddhisten. Halle 1940

– Die Weisheit des Buddha. Baden-Baden 1946

– Die Religionen der Menschheit. Ihre Gegensätze und Übereinstimmungen. Wien 1954 (Schriftenreihe der Österreichischen UNESCO-Kommission)

Grimm, G.: Die Lehre des Buddha. Die Religion der Vernunft. 2. Aufl. München 1917

Grousset, R.: Les philosophies indiennes. Les systèmes. 2 Bde. Paris 1931

Haas, H.: Bibliographie zur Frage nach den Wechselbeziehungen zwischen Buddhismus und Christentum. Leipzig 1922

Oldenberg, H.: Buddha. Sein Leben, seine Lehre, seine Gemeinde. Stuttgart/Berlin 1923

Regamey, C.: Buddhistische Philosophie. Bern 1950 (Bibliographische Einführungen in das Studium der Philosophie Nr. 20/21)

Schmidt, Kurt: Einführung in den Buddhismus. Leipzig 1924

Schumacher, K.: Buddhistische Versenkung und jesuitische Exerzitien. Stuttgart 1928

Schumann, Hans Wolfgang: Buddhismus. Philosophie zur Erlösung. Bern/München 1963

Silacara, Bhikku: Das Ichproblem im Buddhismus. Übers. v. Alfred Eichelberger. Breslau 1913

Stcherbatsky, Th.: Erkenntnistheorie und Logik nach der Lehre der späteren Buddhisten. Übers. v. O. Strauß. München 1924

Thomas, F.-J.: The life of Buddha. London 1927

Winternitz, M.: Die buddhistische Literatur. Leipzig 1913 (Die Literaturen des Ostens in Einzeldarstellungen. Bd. 9)

Witte, J.: Die Einwirkungen des Buddha auf das älteste Christentum. In: Zs. f. Missionskunde u. Religionswissensch. 29 (1914) 289–301, 353–378

Yura, T.: Bewußtseinslehre im Buddhismus. In: Mitt. d. Ges. f. Natur- u. Völkerkde. Asiens 25. Tokio 1932

Zarathustra

Altheim, Franz: Zarathustra und Alexander. Frankfurt/M. 1960

Autran, Charles: Mithra, Zoroastre et la préhistoire du christianisme. Paris 1935

Bartholomae, Christian: Die Gatha's des Awesta. Zarathustras Verspredigten übersetzt. Straßburg 1905

– Zarathustras Leben und Lehre. In: Reden bei der Jahresfeier der Universität Heidelberg am 22. Nov. 1919. Heidelberg 1919

Bittel, Kurt: Ein persischer Feueraltar aus Kappadokien. In: Satura – Festschrift O. Weinreich. Baden-Baden 1952

Erdmann, Kurt: Das Iranische Feuerheiligtum. Leipzig 1941

Gontert, Hermann: Der arische Weltkönig und Heiland. Halle 1923
Herzfeld, Ernst: Zoroaster and his world. 2 Tle. Princeton 1947
Hinz, Walther: Zarathustra. Stuttgart 1961
Humbach, Helmut: Die Gathas des Zarathustra. Bd. 1 (mit Text), Bd. 2 (mit Kommentar). Heidelberg 1959
Lentz, Wolfgang: Yasna 28. Kommentierte Übersetzung und Kompositions-Analyse. (Akademie der Wiss. u. Lit. in Mainz. Abhandlungen der geistes- und sozialwiss. Klasse. Jg. 1954, Nr. 16.) Wiesbaden 1955
Lommel, Herman: Die Religion Zarathustras nach dem Awesta dargestellt. Tübingen 1930
Menasce, Jean-Pierre de: Les religions de l'Iran et l'Ancien Testament. In: Sacra Pagina (Miscellanea Biblica Congressus Internationalis Catholici de Re Biblica I). Paris/Gembloux 1959
Nyberg, H. S.: Die Religionen des alten Iran. Übers. H. H. Schaeder. Leipzig 1938
Reitzenstein, R., und Schaeder, H. H.: Studien zum antiken Synkretismus aus Iran und Griechenland. Leipzig/Berlin 1927
Schaeder, H. H.: Gott und Mensch in der Verkündigung Zarathustras. In: Corolla – Ludwig Curtius zum 60. Geburtstag dargebracht. Stuttgart 1937
– Zarathustras Botschaft von der rechten Ordnung. In: Corona, 9. Jahr, 6. Heft. Zürich 1939/40
Scheftelowitz, J.: Die altpersische Religion und das Judentum. Gießen 1920
Schweizer, E.: Gegenwart des Geistes und eschatologische Hoffnung bei Zarathustra, spätjüdischen Gruppen, Gnostikern und den Zeugen des Neuen Testamentes. In: Festschrift Ch. H. Dodd. Cambridge 1956
Tavadia, Jehangier C.: Zur Interpretation der Gatha des Zarathustra. In: Zs. der Dt. Morgenld. Ges. 1950, S. 205 ff.
Wesendonk, O. G. von: Das Weltbild der Iranier. München 1933
Whitley, C. F.: The date and teaching of Zarathustra. In: Numen IV. Leiden 1957
Widengren, Geo: Hochgottglaube im alten Iran. Eine religionsphänomenologische Untersuchung. Uppsala/Leipzig 1938
– The great Vohu Manah and the Apostle of God. Studies in Iranian and Manichaean religion. Uppsala/Leipzig 1945
– Iranische Geisteswelt von den Anfängen bis zum Islam. Baden-Baden 1961

Frühhellenische Denker (allgemein)

Becker, O.: Das mathematische Denken der Antike. Göttingen 1957
Diels, Hermann: Die Fragmente der Vorsokratiker. Nach der von Walter Kranz herausgegebenen achten Auflage. Mit Einführungen und Bibliographien von Gert Plamböck. Hamburg 1957 (Rowohlts Klassiker)
Jaeger, Werner: Paideia. Die Formung des griechischen Menschen. 3. Bde. 3./4. Aufl. Berlin 1959
Lorenzen, Paul: Die Entstehung der exakten Wissenschaften. Berlin/Göttingen/Heidelberg 1960
Nestle, Wilhelm: Die Vorsokratiker. 3. Aufl. Jena 1929
– Der Orient und die griechische Philosophie bis auf Aristoteles. In: Griechische Weltanschauung in ihrer Bedeutung für die Gegenwart. Vorträge und Abhandlungen. Stuttgart 1946
Schumacher, Joseph: Antike Medizin. Die naturphilosophischen Grundlagen der Medizin in der griechischen Antike. 2. Aufl. Berlin 1964

Heraklit

Aall, A.: Der Logos. Geschichte seiner Entwicklung in der griechischen Philosophie und der christlichen Literatur. Teil 1, 2. Leipzig 1896, 1899
Heinze, M.: Die Lehre vom Logos in der griechischen Philosophie. Oldenburg 1872
Nestle, Wilhelm: War Heraklit ein Empiriker? In: Archiv f. Gesch. d. Philos. 25 (1912) 275–304
– Heraklit und die Orphiker. In: Griechische Studien. Stuttgart 1948
Wundt, Max: Die Philosophie des Heraklit von Ephesus im Zusammenhang mit der Kultur Joniens. In: Archiv f. Gesch. d. Philos. 20 (1907) 431–455

Pythagoras

Bauer, W.: Der ältere Pythagoreismus. Bern 1897
Elbern, B.: Die pythagoreischen Erziehungs- und Lebensvorschriften im Verhältnis zu ägyptischen Sitten und Ideen. Fulda 1916. Bonner Diss.
Fimmen, D.: Die Entstehung der Seelenwanderungslehre des Pythagoras. In: Archiv f. Religionswiss. 17 (1914) 513 ff.
Frank, E.: Plato und die sogenannten Pythagoreer. Halle 1923
Gilbert, O.: Aristoteles' Urteile über die pythagoreische Lehre. In: Archiv f. Gesch. d. Philos. 22 (1909) 28–48, 145–165
Lusche, K.: Plato, Paulus und die Pythagoreer. In: Philologus 70 (1911) 511 ff.
Schultz: Rätsel aus dem hellen. Kulturkreise. Leipzig 1909 (u. a. die pyth. Symbole)

Xenophanes

Kern, F.: Xenophanes. In: Kl. Schriften II. Berlin 1899
Ziegler, K.: Die Persönlichkeit des Xenophanes. In: Satura Viadrina altera. Breslau 1921

Parmenides, Zenon

Gilbert, O.: Jonier und Eleaten. In: Rhein. Museum 64 (1909) 185 ff.
Wellmann, E.: Artikel „Eleat. Philosophie" bei Pauly-Wissowa

Baeumker, Chr.: Die Einheit des Parmenideischen Seienden. In: Jahrbb. f. Philos. 133 (1886) 541–561
Gilbert, O.: Die daimon des Parmenides. In: Archiv f. Gesch. d. Philos. 20 (1907) 24–45
Patin, A.: Parmenides im Kampfe gegen Heraklit. In: Jahrbb. f. klass. Philol. Suppl. 25 (1899) 491 ff.
Reinhardt, K.: Parmenides und die Geschichte der griechischen Philosophie. Bonn 1916

Salinger, R.: Kants Antinomien und Zenons Beweise gegen die Bewegung. In: Archiv f. Gesch. d. Philos. 19 (1906) 99–122
Schneider, F.: Zenon aus Elea. In: Philolog. 35 (1876) 602–642
Schneidewin, M.: Von griechischen Trugschlüssen. In: Sokrates 4 (1916) 193 ff.
Wellmann, E.: Zenons Beweise gegen die Bewegung und ihre Widerlegungen. Frankfurt a. d. Oder 1870

Empedokles

Arnim, H. von: Weltperioden bei Empedokles. In: Festschrift Th. Gomperz. Wien 1902

Grabowski: Empedokles und Leukipp-Demokrit mit besonderer Berücksichtigung des Anaxagoras. Breslau 1923. Diss.

Kern, O.: Empedokles und die Orphiker. In: Archiv f. Gesch. d. Philos. 1 (1888) 498 f.

Nestle, Wilhelm: Der Dualismus des Empedokles. In: Griechische Studien. Stuttgart 1948

Unger, G. F.: Die Zeitverhältnisse des Anaxagoras und Empedokles. In: Philologus Suppl. 1883. S. 511–550

Wellmann, E.: Artikel „Empedokles" bei Pauly-Wissowa

Anaxagoras

Arleth, E.: Die Lehren des Anaxagoras vom Geist und der Seele. In: Archiv f. Gesch. d. Philos. 8 (1895) 59–85, 190–205

Geffcken, J.: Die asebeia des Anaxagoras. In: Hermes 42 (1907) 127 ff.

Heinze, M.: Über den nous des Anaxagoras. Ber. d. Ges. d. Wissenschaften. Phil.-hist. Klasse. 1890. S. 1–45. Leipzig 1890

Krohn, F.: Der nous bei Anaxagoras. Münster 1907

Wellmann, E.: Artikel „Anaxagoras" bei Pauly-Wissowa

Sophisten

Menzel, A.: Protagoras als Gesetzgeber von Thurii. Verh. Sächs. Ges. d. Wissensch. phil.-hist. Kl. 62 (1910) 189–229

Nestle, Wilhelm: Politik und Aufklärung in Griechenland im Ausgang des 5. Jahrhunderts v. Chr. In: Neue Jahrbb. f. d. klass. Altert. 23 (1909) 1–23

– Die Entwicklung der griechischen Aufklärung bis auf Sokrates. In: Neue Jahrbb. f. d. klass. Altert. 1899, S. 177 ff.

– Thukydides und die Sophistik. In: Neue Jahrbb. 33 (1914) 649–685

– *Protagoras.* In: Philologus 67 (1908) 552 ff.

– Sophokles und die Sophistik. – Die Schrift des Gorgias „Über die Natur oder über das Nichtseiende". – *Kritias.* – Thukydides und die Sophistik. – Xenophon und die Sophistik. – Spuren der Sophistik bei Isokrates. – In: Griechische Studien. Stuttgart 1948

Thukydides: Geschichte des Peloponnesischen Krieges. Übersetzt und mit einem Essay . . . herausg. v. Georg Peter Landsmann. Hamburg 1962 (Rowohlts Klassiker)

Thiele, G.: Ionisch-attische Studien (Gorgias!). In: Hermes 36 (1901) 218 ff.

Platon, Sokrates

Platon: Werke. Ausgabe von Henricus Stephanus. 3 Bde. Paris 1578 (Die „klassische" Ausgabe, nach deren Seitenzahlen man zu zitieren pflegt)

– Oxford-Ausgabe (von Joannes Burnet). 5 Bde. Oxford (1899–1906) 1955–1957

– Sämtl. Werke, nach der Übers. von (Friedr. Schleiermacher und) Hieronymus Müller mit der Stephanus-Numerierung hsg. v. Walter F. Otto, Ernesto Grassi und Gert Plamböck. 6 Bde. Reinbek 1958–59 (Rowohlts Klassiker)

Adam, J.: The Republic of Plato. 2 Bde. 2. Aufl. Cambridge 1963

Baer, E.: Die historischen Angaben der Platonbriefe 7 und 8 im Urteil der modernen Forschung seit Ed. Meyer. Berlin 1957 Diss.

Breitenbach, H.: Platon und Dion. Zürich 1960

Busse, Ad.: Zur Quellenkunde von Platons Leben. In: Rhein. Mus. 49 (1894) 72 ff.

Cornford, F. M.: The Republic of Plato. 9. Aufl. Oxford 1961

Crombie, I. M.: An Examination of Plato's Doctrines. 2 Bde. London 1962/63

Diels, H.: Gorgias und Empedokles. Sitzungsber. Berl. Akad. 1884, 343–368

Dupréel, E.: La légende socratique et les sources de Platon. Brüssel 1922

England, E. B.: The Laws of Plato. 2 Bde. Manchester 1921

Friedländer, P.: Platon. 3 Bde. 2. Aufl. Berlin 1954, 1957, 1960

Fritz, Kurt von: Platon in Sizilien und das Problem der Philosophenherrschaft. Berlin 1968

Gomperz, H.: Isokrates und die Sokratik. In: Wiener Studien 27 (1905) 163 ff.

– Die sokratische Frage als geschichtliches Problem. In: Histor. Zs. 129 (3. Folge 33) 377 ff.

– Die Anklage gegen Sokrates in ihrer Bedeutung für die Sokratesforschung. In: Neue Jahrbb. f. d. klass. Altert. 53 (1924) 129–173

Gronau, K.: Platos Ideenlehre im Wandel der Zeit. Braunschweig 1929

Heintz, G.: Das Bild des Tyrannen bei Platon. Stuttgart 1927

Herter, H.: Platons Akademie. 2. Aufl. Bonn 1952

Herzberg, A.: Zur Psychologie der Philosophie und der Philosophen. Leipzig 1926 (ad Platon S. 153 f.)

Howald, E.: Die platonische Akademie und die moderne universitas litterarum. Bern 1921

– Platons Leben. Zürich 1923

Hubert, K.: Leben und Unterricht in der Akademie. In: Sokrates 2 (1914) 256 ff.

Jaeger, Werner. Platons Stellung im Aufbau der griechischen Bildung. Berlin/Leipzig 1928

Jezienicki: Über die platonische Akademie, ihre Organisation und wissenschaftl. Wirksamkeit. In: Eos 6 (1900) 140–162

Joël, K.: Der echte und der xenophontische Sokrates. 2 Bde. Berlin 1893, 1901

Kafka, G.: Sokrates, Platon und der sokratische Kreis. München 1921 (Geschichte der Philosophie in Einzeldarstellungen. 7)

Keller, L.: Die Akademien der Platoniker im Altertum. In: Monatshefte d. Comeniusges. Berlin 1899

Kohler, Jos.: Der Tod des Sokrates in juristischer Beurteilung. In: Archiv f. Strafr. u. Strafproz. 63 (1917) 209 ff.

Kralik, R.: Sokrates, nach der Überlieferung seiner Schüler dargestellt. Wien 1899

Kreis, Fr.: Die Lehre des Protagoras und ihre Darstellung in Platons Theätet. In: Archiv f. Gesch. d. Philos. 35 (1923) 43 ff.

Leisegang, Hans: Artikel „Platon" bei Pauly-Wissowa

Lincke, K.: Sokrates und seine Apologeten. In: Zs. f. d. Gymnasialwesen 52 (1898) 417–441

Maier, Heinrich: Sokrates, sein Werk und seine geschichtliche Stellung. Tübingen 1913

Marx, Rudolf: Nachwort zu: J. Burckhardt, Weltgeschichtliche Betrachtungen. Leipzig 1935

Pfleiderer: Sokrates, Platon und ihre Schüler. Tübingen 1896

Nestle, Wilhelm: Sokrates und Delphi. In: Griechische Studien. Stuttgart 1948

Praechter, K.: Die Zeit der Hinrichtung des Sokrates. In: Hermes 39 (1904) 473 ff.

Raeder, H.: Platons philosophische Entwicklung. Leipzig 1905

Ritter, Const.: Platon. Sein Leben, seine Schriften, seine Lehre. 2 Bde. München 1910, 1923

Röck, H.: Der aristophanische und der geschichtliche Sokrates. In: Archiv f. Gesch. d. Philos. 25 (1912) 175–195, 251–274

Ruppersberg: Der Tod des Sokrates in juristischer Beurteilung. In: Human. Gymnasium 29 (1918) 20 ff.

Stein, H. von: Geschichte des Platonismus. Göttingen 1962
Stenzel, J.: Artikel „Sokrates" bei Pauly-Wissowa
Stroheker, Karl Friedrich: Dionysios I. Gestalt und Geschichte des Tyrannen von Syrakus. Wiesbaden 1958. S. 86 ff.
Wilamowitz-Moellendorff, Ulrich von: Platon. 2 Bde. Berlin 1919 – 5. Aufl. Bearbeitet und mit Nachwort von Bruno Snell. Berlin 1959
Willmann, Otto: Geschichte des Idealismus. 3 Bde. 2. Aufl. Braunschweig 1907
Windelband, W.: Platon. 6. Aufl. Stuttgart 1921 (Frommans Klassiker der Philosophie Bd. 9)
Wundt, Max: Platons Leben und Werk. Jena 1914
Ziebarth, E.: Das griechische Vereinswesen. Leipzig 1896

Aristoteles

Aristoteles: Werke. Ausgabe der Preußischen Akademie der Wissenschaften. 5 Bde. Berlin 1831–1870. (Aristotelis Opera. Edidit Academia regia borussica. – T. 1 u. 2 Aristoteles graece. 1831. T. 3 Aristoteles latine. T. 4 Scholia in Ar. 1836. T. 5 Fragmenta. 1870.) Maßgebliche Ausgabe, nach der zitiert wird.
– Werke (griech. und deutsch). Hsg. von C. Prantl, H. Aubert, Fr. Wimmer, F. Susemihl, A. v. Frantzius. 7 Bde. Leipzig 1854–1879
– Philosophische Werke (deutsch). Hsg. von Eugen Rolfes. 13 Bde. Leipzig 1920–24 (Philosophische Bibliothek Bd. 1–13) – Neudruck Hamburg 1948 u. ö.
– Hauptwerke. Ausgewählt, übersetzt und eingeleitet von Wilhelm Nestle. 5. Aufl. Stuttgart 1958
– Sämtliche Werke in deutscher Übersetzung. Im Auftrage der Deutschen Akademie der Wissenschaften zu Berlin hsg. von Ernst Grumach. Berlin/Darmstadt 1956 ff.
Antweiler, A.: Der Begriff der Wissenschaft bei Aristoteles. Bonn 1936 (Grenzfragen zwischen Theologie und Philosophie. 1)
Barker, E.: The political thought of Plato and Aristotle. New York 1959
Bornemann, E.: Aristoteles' Urteil über Platons politische Theorie. In: Philologus 79 (1923) 70–111, 113–158, 234–257
Braun, E.: Die Kritik der lakedaimonischen Verfassung in den Politika des Aristoteles. Klagenfurt 1956 (Kärntner Museumsschrr. 12)
Bröcker, Walter: Aristoteles. 3. Aufl. Frankfurt/M. 1965
Brzoska, K.: Die Formen des aristotelischen Denkens. Frankfurt/Main 1943
Cassirer, Heinr.: Aristoteles' Schrift „Von der Seele". Tübingen 1932. (Heidelberger Abhandlungen zur Philos. und ihrer Gesch. 24)
Cherniss, H. E.: Aristotle's Criticism of Plato and the Academy. 2. Aufl. New York 1962
Czaja, P.: Welche Bedeutung hat bei Aristoteles die sinnliche Wahrnehmung und das innere Anschauungsbild für die Bildung des Begriffes? In: Philos. Jahrbb. 17 (1904) 404–415, 18 (1905) 45–60
Deninger, J. G.: „Wahres Sein" in der Philosophie des Aristoteles. Meisenheim am Glan 1961. (Monographien z. philos. Forschg. 25)
Dreschler, Julius: Die erkenntnistheoretischen Grundlagen und Prinzipien der aristotelischen Dialektik. Berlin 1935 (Neue deutsche Forschungen. 4)
Düring, Ingmar: Von Aristoteles bis Leibniz. In: Antike und Abendland 4 (1954) 118–154
Eucken, R.: Die Methode der aristotelischen Forschung. Berlin 1872
Gercke, Alfred: Artikel „Aristoteles" bei Pauly-Wissowa
Gomperz, Th.: Griechische Denker. Bd. 3. Leipzig 1909
Görland, A.: Aristoteles und Kant bezüglich der Idee der theoretischen Erkenntnis. Gießen 1909 (Philos. Arbeiten, hsg. v. Cohen u. Natorp II 2)
Grabmann, M.: Geschichte der scholastischen Methode I. Freiburg i. Br. 1909 (u. a.: Ar. in der christl. und oriental. Lit.)
Hartmann, Nicolai: Aristoteles und Hegel. 2. Aufl. Erfurt 1933
– Aristoteles und das Problem des Begriffs. Berlin 1939
Heman, C. F.: Zur Geschichte der Lehre von der Freiheit des Willens I. Leipzig 1887
Hertz, W.: Gesammelte Abhandlungen, hsg. von Friedrich von der Leyen. Stuttgart/Berlin 1905 (Vorarbeiten zu: Aristoteles und das Mittelalter)
Horovitz, S.: Die Stellung des Aristoteles bei den Juden des Mittelalters. Leipzig 1911
Ivanka, E. von: Die Polemik gegen Platon im Aufbau der aristotelischen Metaphysik. In: Scholastik 9 (1934) 520–540
Kapp, E.: Theorie und Praxis bei Aristoteles und Platon. In: Ausgewählte Schriften. Berlin 1968
Jaeger, Werner: Aristoteles. Grundlegung einer Geschichte seiner Entwicklung. 2. Aufl. Berlin 1955
– Die Theologie der frühen griechischen Denker. Stuttgart 1953
Keller, L.: Aristoteles und die moderne Psychologie. Freiburg i. Br. 1927
Kommerell, Max: Lessing und Aristoteles. 2. Aufl. Frankfurt/M. 1957
Mager, A.: Der Begriff des Unstofflichen bei Aristoteles. In: Archiv f. Gesch. d. Philos. 27 (1914) 385–400
Maier, Heinz.: Die Syllogistik des Aristoteles. Teil 1. 2. Tübingen 1896, 1900
Meyer, Hans: Der Entwicklungsgedanke bei Aristoteles. Bonn 1909
Moraux, P. (Hsg.): Aristoteles in der neueren Forschung. Darmstadt 1968 (Wege der Forschung. 61)
Neumark, D.: Materie und Form bei Aristoteles. In: Archiv f. Gesch. d. Philos. 24 (1911) 271 ff., 381 ff., 26 (1913) 195 ff.
Oncken, W.: Die Staatslehre des Aristoteles in historisch-politischen Umrissen. 2 Bde. Leipzig 1870, 1875
Philippe, M.-D.: Aristoteles. Bern 1948 (Bibliographische Einführungen in das Studium der Philosophie 8)
Ritter, J.: „Naturrecht" bei Aristoteles. Zum Problem einer Erneuerung des Naturrechts. Stuttgart 1961 (Res publica. 6)
Rolfes, Eugen: Die Philosophie des Aristoteles als Naturerklärung und Weltanschauung. Leipzig 1923
Schneid, M.: Aristoteles in der Scholastik. Eichstädt 1875
Shellens, M. S.: Das sittliche Verhalten zum Mitmenschen im Anschluß an Aristoteles. Hamburg 1958
Solmsen, Friedr.: Aristotle's system of the physical world. A comparison with his predecessors. New York (Cornell Univ. Pr.) 1960. (Cornell studies in classical philology. 33)
Stenzel, J.: Zahl und Gestalt bei Platon und Aristoteles. Leipzig/Berlin 1924
Watson, J. M.: Aristotle's criticism of Plato. Oxford 1909
Werner, Ch.: Aristote et l'idéalisme Platonicien. Paris 1910
Wieland, W.: Die aristotelische Physik. Untersuchungen über die Grundlegung der Naturwissenschaft und die sprachlichen Bedingungen der Prinzipienforschung bei Aristoteles. Göttingen 1962
Wilamowitz-Moellendorff, U. von: Aristoteles und Athen. 2 Bde. Berlin 1893
Witten, R.: Die Kategorien des Aristoteles. In: Archiv f. Gesch. d. Philos. 17 (1904) 52 ff.
Wundt, Max: Untersuchungen zur Metaphysik des Aristoteles. Tübingen/Stuttgart 1953 (Tüb. Beiträge z. Altertumswiss. 38)
Zeller, E.: Über den Zusammenhang der platonischen und aristotelischen Schriften mit der persönlichen Lehrtätigkeit ihrer Verfasser. In: Hermes 11 (1867) 84–96

Zur Gnosis

Drews, Arthur: Die Entstehung des Christentums aus dem Gnostizismus. Jena 1924
– Die Christusmythe. 3. Aufl. Jena 1924
– Geschichte des Monismus im Altertum. 1913 (Synthesis. Sammlung histor. Monographien philos. Begriffe. 5)
Leisegang, Hans: Die Gnosis. Stuttgart 1955
Jonas, Hans: Gnosis und spätantiker Geist. Teil 1 und 2, 1. Göttingen 1954 (Forschung zur Religion und Literatur des Alten und Neuen Testamentes. NF 33.45)

Zum Logos

Aall, A.: Geschichte der Logosidee in der griechischen Philosophie. Teil 1, 2. Leipzig 1896, 1899
Drews, A.: Geschichte des Monismus im Altertum. Heidelberg 1913
Eisler, Rud.: Geschichte des Monismus I. Leipzig 1910
Heinze, M.: Die Lehre vom Logos in der griechischen Philosophie. Oldenburg 1872
Müller, H. F.: Die Lehre vom Logos bei Plotin. In: Arch. f. Gesch. d. Philos. 30 (1917) 38–65
Sachsse, E.: Die Logoslehre bei Philon und bei Johannes. In: Neue Kirche. Zs. 15 (1904) 747–767
Simons, Th.: Der Logos. Leipzig 1902
Walton, F. E.: Development of the Logos-doctrine in Greek and Hebrew thought. London 1911
Zielinski, Th.: Der antike Logos in der modernen Welt. In: Neue Jahrbb. 18 (1906) 529–544

Stoa

Barth, P.: Die stoische Theodicee bei Philo. In: Philosophische Abhandlungen M. Heinze zum 70. Geburtstag gewidmet. Berlin 1906
– Die Stoa. 4. Aufl. Stuttgart 1922 (Frommanns Klassiker der Philosophie Bd. 16)
Kaerst, J.: Studien zur Entwicklung und theoretischen Begründung der Monarchie im Altertum. München/Leipzig 1898
Kargl, J.: Die Lehre der Stoiker vom Staat. Erlangen 1913 Diss.
Pöhlmann, R.: Geschichte des antiken Kommunismus und Socialismus. 2 Bde. München 1893, 1901 (2. Aufl. unter dem Titel: Geschichte der sozialen Frage und des Sozialismus in der antiken Welt. 2 Bde. München 1912)
Schmekel, A.: Die Philosophie der mittleren Stoa in ihrem geschichtlichen Zusammenhang. Berlin 1892
Stein, L.: Die Psychologie der Stoa. 2 Bde. Berlin 1886, 1888
Susemihl, Fr.: Geschichte der griechischen Literatur in der Alexandrinerzeit. 2 Bde. Leipzig 1891, 1892

Philon

Philon. Die Werke in deutscher Übersetzung. Hsg. von Leopold Cohn, Isaak Heinemann, Max Adler und Willy Theiler. 7 Bde. Bd. 1–6. 1909–1938. Nachdruck Berlin 1962. Bd. 7 Berlin 1964
Barth, P.: Die stoische Theodicee bei Philon. In: Philos. Abh. M. Heinze z. 70. Geburtstag gewidmet. Berlin 1906
Cohn, L.: Zur Lehre vom Logos bei Philon. In: Judaica, Festschrift zu H. Cohens 70. Geburtstag. Berlin 1912
Falter, Gustav: Beiträge zur Geschichte der Idee. Teil 1. Philon und Platon. Berlin 1906 (Philosophische Arbeiten Bd. 1, 2)
Heinisch, P.: Der Einfluß Philons auf die älteste christliche Exegese. Münster i. W. 1908 (Alttest. Abh. H. 1, 2.)
Krüger, P.: Hellenismus und Judentum im neutestamentlichen Zeitalter. Leipzig 1908
Neumark, D.: Geschichte der jüdischen Philosophie des Mittelalters. 2 Bde. 1. Teil. Berlin 1910
Réville, J.: La doctrine du Logos dans le quatrième Evangile et dans les oeuvres de Philon. Paris 1881
Sachsse, E.: Die Logoslehre bei Philon und bei Johannes. In: Neue kirchl. Zs. 15 (1904) 747–767
Wendland: Die hellenistisch-römische Kultur in ihren Beziehungen zu Judentum und Christentum. 3. Aufl. Tübingen 1912 (Handbuch zum Neuen Testament 1. 2.)
– Die Essäer bei Philon. In: Jahrbb. f. protest. Theol. 14 (1888) 100 ff.
– Philons Schrift über die Vorsehung. Ein Beitrag zur Geschichte der nacharistotelischen Philosophie. Berlin 1892
Wundt, Max: Plotin. Leipzig 1919 (Studien z. Gesch. d. Neuplatonismus. 1)

Plotin, Neuplatonismus

Drews, A.: Plotin und der Untergang der antiken Weltanschauung. Jena 1907
Guthrie, K. S.: Plotin, his life, times and philosophy. Chicago 1919
Heinemann, F.: Plotin. Forschung über die plotinische Frage. Leipzig 1921
Jaeger, Werner: Nemesios von Emesa. Quellenforschung zum Neuplatonismus und seinen Anfängen bei Poseidonios. Berlin 1914
Leisegang, H.: Die Begriffe der Zeit und Ewigkeit im späteren Platonismus. Münster 1913 (Beitrr. z. Gesch. d. Philos. d. MA Bd. 13 H 4)
Lösche, G.: Plotin und Augustin. In: Zs. f. kirchl. Wiss. 5 (1884) 337–346
Müller, H. F.: Plotin. Ein Charakterbild. In: Sokrates 2 (1914) 94–110
– Ist die Metaphysik des Plotin ein Emanationssystem? In: Hermes 48 (1913) 408–425
– Zur Geschichte des Begriffs „Schöne Seele". In: Germ.-roman. Monatsschr. 1915, 236–249
– Die Lehre vom Logos bei Plotin. In: Arch. f. Gesch. d. Philos. 30 (1917) 38–65
– Plotin über die Unsterblichkeit. In Sokrates 7 (1919) 177–187
Sauter, C.: Der Neuplatonismus, seine Bedeutung für die antike und mittelalterliche Philosophie. In: Philos. Jahrbb. 32 (1910) 183–195, 367–380, 469–486
Söhngen, O.: Das mystische Erlebnis in Plotins Weltanschauung. Leipzig 1923
Steinhart, K.: Artikel „Plotin" bei Pauly-Wissowa
– Artikel „Neuplatonische Philosophie" bei Pauly-Wissowa
Wundt, Max: Plotin. Studien zur Geschichte des Neuplatonismus. Leipzig 1919
Zeller, Ed.: Ammonios Sakkas und Plotinos. In: Archiv f. Gesch. d. Philos. 7 (1894) 295–312
Ziegler, K.: Zur neuplatonischen Theologie. In: Archiv f. Religionswiss. 13 (1910) 247–269

Demokrit

Brieger, A.: Die Urbewegung der Atome und die Weltentstehung bei Leukipp und Demokrit. Halle 1884
Diels, H.: Über Demokrits Dämonenglauben. In: Archiv f. Gesch. d. Philos. 7 (1894) 230–268

Eisler, R.: Babylonische Astrologenausdrücke bei Demokrit. In: Archiv f. Gesch. d. Philos. 31 (1918) 52 ff.
Ferber, J.: Über die wissenschaftliche Bedeutung der Ethik Demokrits. In: Zs. f. Philosophie u. philos. Kritik 132 (1908) 82–114
Hammer Jensen, J.: Demokrit und Platon. In: Archiv f. Gesch. d. Philos. 23 (1910) 92–105, 211–229
Nestle, Wilhelm: Bemerkungen zu den Vorsokratikern und Sophisten. In: Philologus 67 (1908) 531–587
Schneider, S.: Die Ethik des Demokrit und der Redner Antiphon. In: Eos 8, 54 ff.
Wellmann, E.: Artikel „Demokrit" bei Pauly-Wissowa

Epikur

Goedeckemeyer, A.: Epikurs Verhältnis zu Demokrit in der Naturphilosophie. Straßburg 1897. Diss.
Haas, A.: Über den Einfluß der epikureischen Staats- und Rechtsphilosophie auf die Philosophie des 16. und 17. Jahrhunderts. Berlin 1896 Diss.
Natorp, P.: Forschungen zur Geschichte des Erkenntnisproblems im Altertum. Protagoras, Demokrit, Epikur und die Skepsis. Berlin 1884
Philippon, R.: Die Rechtsphilosophie der Epikureer. In: Archiv f. Gesch. d. Philos. 23 (1910) 289–337, 433–446
Susemihl, Fr.: Geschichte der griechischen Literatur in der Alexandrinerzeit. 2 Bde. Leipzig 1891, 1892
Usener, H.: Epicurea, Leipzig 1887

Spätantike / Abendland

Bernhart, Joseph: Die philosophische Mystik des Mittelalters von ihren antiken Ursprüngen bis zur Renaissance. München 1922 (Geschichte der Philosophie in Einzeldarstellungen. Abt. III. Die christliche Philosophie Band 14)
Cullman, Oscar: Die Christologie des Neuen Testaments. 2. Aufl. Tübingen 1958
Dannenbauer, Heinrich: Das Römische Reich und der Westen vom Tode Justinians bis zum Tode Karls des Großen. In: Grundlagen der mittelalterlichen Welt. Stuttgart 1958
Denifle, H.: Die Universitäten des Mittelalters. Berlin 1885
Hussey, Joan M.: Die byzantinische Welt. Stuttgart 1958
Lietzmann, Hans: Geschichte der alten Kirche. 4 Bde. 3./4. Aufl. Berlin 1961
Rust, Hans: Das Zungenreden. Eine Studie zur kritischen Religionspsychologie. München 1924 (Grenzfragen des Nerven- und Seelenlebens. 118)
Schmidt, Kurt: Grundriß der Kirchengeschichte. 3. Aufl. Göttingen 1960
Werner, Martin: Die Entstehung des christlichen Dogmas problemgeschichtlich dargestellt. Stuttgart 1959

Augustinus

Herding, Otto: Augustin. In: Große Geschichtsdenker. Ein Zyklus Tübinger Vorlesungen. Tübingen/Stuttgart 1949
Leisegang, Hans: Der Ursprung der Lehre von der Civitas Dei. In: Archiv f. Kulturgesch. 16 (1925) 127–158
Stakemeier, Ed.: Civitas Dei. Die Geschichtstheologie des hl. Augustinus als Apologie der Kirche. Paderborn 1955

Arabisch-jüdisch-hellenistische Philosophie

Asad, M., und Zbinden, H. (Hsg.): Islam und Abendland. Begegnung zweier Welten. Eine Vortragsfolge. Olten/Freiburg i. Br. 1960
Goichon, A. M.: La philosophie d'Avicenne et son influence en Europe médiévale. 2. Aufl. Paris 1951
Horten, M.: Die philosophischen Probleme der spekulativen Theologie im Islam. Bonn 1910
– Die philosophischen Systeme der spekulativen Theologen im Islam. Bonn 1912
– Die Metaphysik Avicennas. Übers. u. erl. v. M. Horten. Bonn 1907
– Die Metaphysik des Averroes. Übers. u. erl. v. M. Horten. 1912. (Abhandlungen zur Philos. u. ihrer Geschichte. 36)
Hunke, Sigrid: Allahs Sonne über dem Abendland. Unser arabisches Erbe. Stuttgart 1960
Neumark, David: Geschichte der jüdischen Philosophie des Mittelalters nach Problemen dargestellt. 2 Bde. mit 1 Anhang. Berlin 1907–13
Müller, August: Die griech. Philosophen in der arab. Überlieferung. Halle 1873
Schneider, A.: Die abendländische Spekulation des 12. Jahrhunderts in ihrem Verhältnis zur aristotelischen und jüdisch-arabischen Philosophie. Münster i. W. 1915 (Beiträge z. Gesch. d. Philos. d. MA, hsg. v. Clemens Baeumker. 17, 4)
Suter, H.: Die Araber als Vermittler der Wissenschaften in dem Übergang vom Orient in den Occident. Aarau 1897

Thomas von Aquino

Thomas von Aquino: Summa Theologiae (lat.-dt.). Salzburg (ab 1941: Heidelberg/Graz) 1933 ff. („Die Deutsche Thomas-Ausgabe")
Chenu, M.-D.: Introduction à l'étude de saint Thomas d'Aquin. 2. Aufl. Paris 1954. – Dt. v. Otto Pesch: Das Werk des heiligen Thomas von Aquin. Heidelberg/Graz 1960 (Deutsche Thomas-Ausgabe. Erg. Bd. 2)
Gilson, E.: Le thomisme. Introduction à la philosophie de saint Thomas d'Aquin. 6. Aufl. Paris 1948
Grabmann, M.: Thomas von Aquin. Persönlichkeit und Gedankenwelt. 8. Aufl. München 1949
Jaeger, W.: Humanismus und Theologie. Heidelberg 1950. (Thomas im Gespräch. 3)
Meyer, H.: Thomas von Aquin. Sein System und seine geistesgeschichtliche Problematik. Bonn 1938
Pieper, J.: Hinführung zu Thomas von Aquin. München 1958
Schilling, O.: Die Staats- und Soziallehre des hl. Thomas von Aquin. 2. Aufl. München 1930

Ockham und Marsilius von Padua

Copleston, F. SJ: A History of Philosophy. 2. Aufl. Westminster/Maryland 1959. (S. 431 ff.)
Hochstetter, Erich: Studien zur Metaphysik und Erkenntnislehre Wilhelms von Ockham. Berlin 1927
Hoffmann, F.: Der Anteil der Minoriten am Kampf Ludwigs d. Bayern gegen Johann XXII. unter bes. Berücksichtigung des Wilhelm von Ockham. Münster 1959. Diss.
Martin, Gottfried: Wilhelm von Ockham. Untersuchung zur Ontologie der Ordnungen. Berlin 1949
Schmidt, M. A.: Kirche und Staat bei Wilhelm von Ockham. In: Theol. Zs. 1 (1951) 265–284

Haller, Joh.: Zur Lebensgeschichte des Marsilius von Padua. In: Zs. f. Kirchengeschichte 48 (1929) 166–199
Scholz, R.: Marsilius von Padua und die Genesis des modernen Staatsbewußtseins. In: Hist. Zs. 156 (1937) 88–103

Kaiser Friedrich II.

Heupel, W.: Der sizilische Großhof unter Kaiser Friedrich II. Leipzig 1940
Kantorowicz, Ernst: Kaiser Friedrich der Zweite. Berlin 1928. Ergbd. Berlin 1931
Steinen, Wolfram v. d.: Staatsbriefe Kaiser Friedrichs II. Breslau 1923

Zur Lehre vom Hexenwerk

Diefenbach, J.: Der Hexenwahn vor und nach der Glaubensspaltung in Deutschland. Mainz 1886
Hansen, J.: Quellen und Untersuchungen zur Geschichte des Hexenwahns und der Hexenverfolgungen im Mittelalter. Bonn 1901
Krämer, W.: Kurtrierische Hexenprozesse im 16. und 17. Jahrhundert vornehmlich an der unteren Mosel. München 1959
Merzbacher, F.: Die Hexenprozesse in Franken. München 1957 (Schriftenreihe z. bayer. Landesgeschichte 56)
Paulus, N.: Hexenwahn und Hexenprozeß, vornehmlich im 16. Jahrhundert. Freiburg i. Br. 1910
Riezler, S.: Geschichte der Hexenprozesse in Bayern. Stuttgart 1896
Soldan, W. G. und Heppe, H.: Geschichte der Hexenprozesse. Bearb. v. M. Bauer. 2 Bde. München 1911
Spielmann, F. v.: Die Hexenprozesse in Kurhessen. 2. Aufl. Marburg 1932
Sprenger, J., und Institoris, H.: Der Hexenhammer. Dt. v. J. W. R. Schmidt. 3 Bde. Berlin 1906
Zwetsloot, H.: Friedrich Spee und die Hexenprozesse. Die Stellung und Bedeutung der Cautio criminalis in der Geschichte der Hexenverfolgungen. Trier 1954

Hobbes

Hobbes: The English Works. By Thomas Hobbes of Malmesbury. Now first collected and edited by Sir William Molesworth, vols. 1–11. London 1839–45 (Bd. 1: Elements of Philosophy. Bd. 3: Leviathan)
– Vom Körper. (Elemente der Philosophie I.) Ausgewählt und übersetzt von Max Frischeisen-Köhler. 2. Auflage Hamburg 1967 (Philosophische Bibliothek 157)
– Vom Menschen – Vom Bürger. (Elemente der Philosophie II u. III.) Eingeleitet . . . und herausgegeben von Günther Gawlick. 2. verbesserte Aufl. Hamburg 1966 (Philosophische Bibliothek 158)
– Leviathan oder von Materia, Form und Gewalt des kirchlichen und bürgerlichen Staates. Herausgegeben und eingeleitet von J. P. Mayer. Bd. 1. Zürich/Leipzig 1936
– Leviathan oder Stoff, Form und Gewalt eines bürgerlichen und kirchlichen Staates. Herausgegeben und eingeleitet von Iring Fetscher. Übers. W. Euchner. Neuwied/Berlin 1966 (Politica 22)
– Leviathan oder Wesen, Form und Gewalt des kirchlichen und bürgerlichen Staates. I. Der Mensch. II. Der Staat. In der Übersetzung von Dorothee Tidow . . . herausgegeben von Peter Cornelius Mayer-Tasch. Hamburg 1965
– Siebzehn Briefe des Thomas Hobbes an Samuel Sorbière, nebst Briefen Sorbières, Mersennes u. a., hsg. u. erl. von Ferdinand Tönnies. In: Archiv für Geschichte der Philosophie III (1890) 58 ff., 192 ff.
Beckkötter, Oskar: Hobbes und Spinoza. München 1920. Diss.
Bowle, John: Hobbes and his Critics. Oxford 1951
Braun, Dietrich: Der sterbliche Gott oder Leviathan gegen Behemoth. Teil I. Zürich 1963 (Basler Studien zur historischen und systematischen Theologie. 2)
Brockdorff, Cay von: Hobbes im Lichte seiner didaktischen und pädagogischen Bedeutung. Kiel 1919
Capitant, René: Hobbes et l'Etat totalitaire. In: Archives de Philosophie du droit et de sociologie juridique, 1936, S. 46 ff.
Dazey, G.: Thomas Hobbes et J. J. Rousseau. Oxford 1953 (Oxford Lectures. 141)
Dennewitz, B.: Machiavelli. Bodin. Hobbes. Drei Essays zum modernen Staatsbegriff. Hamburg 1948
Dilthey, Wilhelm: Hobbes. In: Archiv für Geschichte der Philosophie 13 (1900) 307 ff., 445 ff.
Hirsch, Emanuel: Geschichte der neuern evangelischen Theologie im Zusammenhang mit den allgemeinen Bewegungen des europäischen Denkens. 5 Bde. 2. Aufl. Gütersloh 1960. (Bd. 1)
Hönigswald, R.: Hobbes und die Staatsphilosophie. München 1922 (Geschichte der Philosophie in Einzeldarstellungen. 21)
Lips, J.: Die Stellung des Thomas Hobbes zu den politischen Parteien der großen englischen Revolution. Leipzig 1924
Lubienski, Z.: Die Grundlagen des ethisch-politischen Systems von Hobbes. München 1934
Mintz, Samuel J.: The Hunting of Leviathan. Seventeenth Century Reactions to the Materialism and Moral Philosophy of Thomas Hobbes. Cambridge 1962
Moser, H.: Thomas Hobbes. Berlin 1923
Polin, R.: Politique et philosophie chez Thomas Hobbes. Paris 1953 (Bibl. de philos. contemporaine. 52)
Robertson, C. G.: Hobbes. London 1886
Schelsky, Helmut: Totalität des Staates bei Hobbes. In: Archiv für Rechts- und Sozialphilosophie 31 (1938) 176 ff.
Schmitt, Carl: Der Leviathan in der Staatslehre des Thomas Hobbes. Hamburg 1938
Stephen, Leslie: Hobbes. London 1904
Tönnies, Ferdinand: Thomas Hobbes, Leben und Lehre. 3. Auflage Stuttgart 1925
Warrender, Howard: The political philosophy of Hobbes. Oxford 1957
Weinreich, H.: Über die Bedeutung des Hobbes für das naturwissenschaftliche und mathematische Denken. Erlangen 1911 Diss.
Vialatoux, J.: La Cité de Hobbes, Theorie de l'Etat Totalitaire. Lyon 1933

Gassendi, Mersenne

Brett, G. S.: The philosophy of Gassendi. London 1908
Frischeisen-Köhler, M.: Mersenne. In: Archiv f. Gesch. d. Philos. 15 (1902) 394 ff.
Schneider, H.: Die Stellung Gassendis zu Descartes. Leipzig 1904

Galilei

Bieberbach, L.: Galilei und die Inquisition. München 1938
Brockdorff, Cay v.: Galileis philosophische Mission. In: Vjs. f. wiss. Philos. 26 (1902) 217–318
Caspar, G. G.: Zusammenstellung der Forschungen und Entdeckungen Galileis auf dem Gebiet der Naturwissenschaften. Stuttgart 1854

Löwenheim: Der Einfluß Demokrits auf Galilei. In: Archiv f. Gesch. d. Philos. 7 (1894) 230–268
Müller, G.: Die Bedeutung Galileis für die Philosophie. Wien 1894
Olschki, Leonardo: Galilei und seine Zeit. Halle 1927
Willems, C.: Die Galileifrage. Trier 1919

Descartes

Descartes: Oeuvres. Publiées par Charles Adam et Paul Tannéry. 13 Bde. Paris 1897–1913. Neuausgabe Paris 1964 (Bibliothéque des textes philosophiques)
– Correspondance. Publié avec une introduction et des notes par Charles Adam et Gérard Milhaud. 8 Bde. Paris 1936–1963
– Philosophische Werke. Übers. und erl. von Arthur Buchenau. 4 Bde. Leipzig 1902–1911 (Philosophische Bibliothek 26–29) – Neudrucke Hamburg 1964 ff.
– Briefe. 1629–1650. Hsg., eingel. und mit Anmerkungen versehen von Max Bense. Übers. v. Fritz Baumgart. Köln 1949
Adam, Charles: Vie et oeuvre de Descartes. Paris 1912 (Bd. 12 der von Adam und Tannéry besorgten Gesamtausgabe der Werke des Descartes)
Bense, Max: Descartes und die Folgen. 2 Bde. Baden-Baden 1955, 1960
Bergmann, A.: Zur Grundlegung des Erkenntnisproblems in der neueren Philosophie. Die Bedeutung der Zweiweltenlehre des Descartes für das Transzendenzproblem der Erkenntnis. Berlin 1937 (Neue deutsche Forschungen. Abt. Philosophie. 22)
Brockdorff, Cay v.: Descartes und die Fortbildung der cartesianischen Lehre. München 1923 (Gesch. d. Philos. in Einzeldarstellungen, hsg. v. G. Kafka. 16/17
Callot, Emile: Problèmes du Cartésianisme. Descartes, Malebranche, Spinoza. Annecy 1956
Cassirer, Ernst: Descartes. Lehre, Persönlichkeit, Wirkung. Stockholm 1939
Chevalier, J.: Descartes. Paris 1921. – Neuausgabe Paris 1949
Cohen, Gust.: Ecrivains français en Hollande dans la premier moitié du XVIIème siècle. Paris 1920
Feldmann, H.: Der Aufbau des Ich-Bewußtseins nach Descartes. Beiträge zu einem Grundproblem der allg. Psychopathologie. Diss. Göttingen 1955 (Masch.)
Fouillé, A.: Descartes. Paris 1893
Frischeisen-Köhler, M.: René Descartes. 2. Aufl. Leipzig 1925 (Große Denker, hsg. v. E. v. Aster. 1)
Heimsoeth, Heinz: Die Methode der Erkenntnis bei Descartes und Leibniz. Gießen 1912. Diss. Marburg
Jaspers, Karl: Descartes und die Philosophie. 4. Aufl. Berlin 1966
Levèvre, R.: Le criticisme de Descartes. Paris 1958.(Bibliothèque de philosophie contemporaine. 73)
– La mètaphysique de Descartes. Paris 1959
Leroy, M.: Descartes, le philosophe au masque. 2 Bd. Paris 1929
Natorp, P.: Descartes' Erkenntnistheorie. Eine Studie zur Vorgeschichte des Kritizismus. Marburg 1882
Pfeffer, W.: Die Entstehung der Philosophie Descartes' nach seiner Korrespondenz. In: Arch. f. Gesch. d. Philos. 16 (1903) 1–26 – Dazu: Paul Tannéry: Un mot sur Descartes, ebda 301–306
Weizsäcker, C. F. v.: Descartes und die neuzeitliche Naturwissenschaft. Hamburg 1958 (Hamburger Universitätsreden. 23)

Spinoza

Spinoza: Opera. Im Auftrag der Heidelberger Akademie der Wissenschaften hsg. von Carl Gebhardt. 4 Bde. Heidelberg 1924
– Sämtliche Werke. Deutsch v. O. Baensch, A. Buchenau, Carl Gebhardt. 3 Bde. Hamburg 1914–1922
Aron, M.: Histoire de l'excommunication juive. Nîmes 1882
Balet, Leo: Rembrandt und Spinoza. New York 1962
Beckkoetter, O.: Hobbes und Spinoza. Münster i. W. 1920
Bolin, W.: Spinoza. Ein Kultur- und Lebensbild. 2. Aufl. bearb. v. Carl Gebhardt. Darmstadt 1927
Dunin-Borkowski, S. v.: Spinoza. 4 Bde. Münster i. W. 1933–36
Feuer, S. L.: Spinoza and the rise of liberalism. Boston 1958
Freudenthal, J., und Gebhardt, C.: Spinoza. Leben und Lehre. 2 Bde. Heidelberg 1927
Friedmann, G.: Leibniz et Spinoza. Paris 1946
Gebhardt, C.: Spinoza. Lebensbeschreibungen und Gespräche. Leipzig 1914
MacShea, R. J.: The political philosophy of Spinoza. New York 1968
Meinsma, K. O.: Spinoza und sein Kreis. Berlin 1909
Robinson, L: Kommentar zu Spinozas Ethik. Leipzig 1928
Strauß, L.: Die Religionskritik Spinozas. Leipzig 1930
Wenzel, A.: Die Weltanschauung Spinozas. Berlin 1907
Wolff, H. M.: Spinozas Ethik. Eine kritische Einführung. München 1958

Leibniz

Leibniz: Werke. Akademieausgabe (begonnen von der Preußischen Akademie der Wissenschaften). Berlin ab 1923
– Die Hauptwerke. Zusammengefaßt und übertragen v. Gerhard Krüger. Stuttgart 1933
– Die philosophischen Schriften (Teils.) Hsg. v. C. J. Gerhardt. 4 Bde. Berlin 1875–80. Neudruck Hildesheim 1956
– Monadologie. (frz. u. dt.) Neu übersetzt und kommentiert v. J. Chr. Horn. Frankfurt/M. 1962
Brunswig, Alfred: Leibniz. Wien/Leipzig 1925
Caspari, O.: Leibniz' Philosophie beleuchtet vom Gesichtspunkt der physikalischen Grundbegriffe von Kraft und Stoff. Leipzig 1870
Frohschammer, J.: Monaden und Weltphantasie. München 1879
Ganz, H.: Das Unbewußte bei Leibniz in Beziehung zu modernen Theorien. Zürich 1917
Gerhardt, C.: Leibniz über den Begriff der Bewegung. In: Archive f. Gesch. d. Philos. 1 (1888) 211 ff. – Ders.: Leibniz' Dynamik. ebda. 566 ff.
Harzer, P.: Leibniz' dynamische Anschauungen mit bes. Rücksicht auf d. Reform d. Kräftemaßes u. d. Entwickl. d. Prinzips d. Erhaltung der Energie. In: Vjs. f. wiss. Philos. 5 (1881) 265 ff.
Holz, H. H.: Leibniz. Stuttgart 1958
Jalabert, J.: Le Dieu de Leibniz. Paris 1960. (Université de Grenoble. Publications de la Faculté des lettres et sciences humaines. 23)
Kabitz, W.: Die Bildungsgeschichte des jungen Leibniz. In: Zs. f. Gesch. d. Erziehg. u. d. Unterr. 2 (1912) 164 ff.
Moreau, Jos.: L'univers Leibnizien. Paris Lyon 1956
Schmalenbach, H.: Leibniz. München 1921
Stein, L.: Leibniz und Spinoza. Berlin 1890
Sticker, A.: Die Leibniz'schen Begriffe der Perzeption und Apperzeption. Bonn 1900
Tönnies, F.: Leibniz und Hobbes. In: Philos. Monatshefte 23 (1887) 557 ff.
Volp, W.: Die Phänomenalität der Materie bei Leibniz. Gießen 1903 Diss.

Hume

Hume: The philosophical works of David Hume. Ed. by T. H. Green and T. H. Grose. 2 Bde. London 1874, 1875
– Traktat über die menschliche Natur. 1. 2. Hamburg/Leipzig 1895, 1906 (Bd. 1. Über den menschl. Verstand. Übers. v. E. Köttgen und Th. Lipps. – Bd. 2. Über die Affekte. Über die Moral. Übers. v. J. B. Meyer)
– Eine Untersuchung über den menschl. Verstand. Übers., eingel. u. mit Anmerkungen vers. v. Rud. Eisler. Leipzig 1924
Hönigswald, R.: Über die Lehre Hume's von der Realität der Außendinge. Berlin 1904
Meinong, A.: Hume-Studien. 2 Bde. Wien 1877, 1882
Orr: David Hume and his influence in philosophy and theology. London 1903
Walz, E.: David Hume's Beurteilung in der Geschichte der Philosophie. In: Philos. Jahrbb. 22 (1909) 20 ff.

Kant

Kant: Gesammelte Schriften. Akademieausgabe (Hsg. von der Preußischen Akademie der Wissenschaften resp. von der Deutschen Akademie der Wissenschaften zu Berlin) 23 Bde. Berlin resp. Berlin/Leipzig 1900–1955
Vorlesungen. Hsg. von der Deutschen Akademie der Wissenschaften zu Berlin. Berlin 1961 ff.
Eisler, Rud.: Kant-Lexikon. Nachschlagewerk zu Kants sämtlichen Schriften, Briefen und handschriftlichem Nachlaß. Berlin 1930. Neudruck Hildesheim 1964
Adickes, E.: Kant als Naturforscher. Bd. 1, 2. Berlin 1924, 1925
Amrhein, H.: Kants Lehre vom „Bewußtsein überhaupt" und ihre Weiterbildung bis auf die Gegenwart. Berlin 1909 (Kantstudien. Erg. H. 10)
Arnoldt, E.: Gesammelte Schriften III, 2. Berlin 1908. VI. Berlin 1909. (Über Kants Jugend und über Kants Konflikt mit Wöllner)
Ballauff, Th.: Über den Vorstellungsbegriff bei Kant. Berlin 1938 (Philosophische Untersuchungen. 5)
Borries, K.: Kant als Politiker. Zur Staats- und Gesellschaftslehre des Kritizismus. Leipzig 1928
Brunswig, A.: Das Grundproblem Kants. Leipzig/Berlin 1914
Buchenau, A.: Grundprobleme der Kritik der reinen Vernunft. Zugleich eine Einführung in den kritischen Idealismus. Leipzig 1914 (Wissen und Forschen 3)
Cassirer, Ernst: Kants Leben und Lehre. Berlin 1918 (Bd. 11, Ergänzungsband, der von Ernst Cassirer 1912–1922 in 11 Bden. hsg. Werke Kants)
Cohen, Hermann: Kommentar zu Immanuel Kants Kritik der reinen Vernunft. Leipzig 1907 (Philosophische Bibliothek. 113)
– Kants Theorie der Erfahrung. 4. Aufl. Berlin 1925
Delekat, F.: Immanuel Kant. Historisch-kritische Interpretation der Hauptschriften. Heidelberg 1963
Dilthey, W.: Der Streit Kants mit der Zensur über das Recht freier Religionsforschung. In: Archiv f. Gesch. d. Philos. 3. 418–445
Garbeis, F. G.: Das Problem des Bewußtseins in der Philosophie Kants. Wien/Leipzig 1924
Gerresheim, E.: Die Bedeutung des Terminus transzendental in Immanuel Kants Kritik der reinen Vernunft. Teil 1. Mainz 1959. Diss.
Goedeckemeyer, A.: Kants Lebensanschauung in ihren Grundzügen. In: Kantstudien. Ergänzungsheft 54. Berlin 1921
Görland, A.: Aristoteles und Kant bezüglich der Idee der theoretischen Erkenntnis untersucht. Gießen 1909
Guttmann, J.: Kants Begriff der objektiven Erkenntnis. Breslau 1911
Hagelstein, O.: Der Gegenstand in der Kantischen Philosophie. Berlin 1944 (Neue deutsche Forschungen. 332)
Heidegger, M.: Kant und das Problem der Metaphysik. Bonn 1929
Heimsoeth, Heinz: Transzendentale Dialektik. Ein Kommentar zu Kants Kritik der reinen Vernunft. 3 Teile. Berlin 1966–69
Heinemann, Fritz: Der Aufbau von Kants Kritik der reinen Vernunft und das Problem der Zeit. Gießen 1913 (Philos. Arbeiten, hsg. v. Cohen und Natorp, VII, 2)
Hoffmann, A. (Hsg.): Immanuel Kant. Ein Lebensbild nach Darstellungen der Zeitgenossen Jachmann, Borowski, Wasianskis. 2. Aufl. Halle 1907
Kayser, Rudolf: Kant. Wien 1935
Kölln, F.: Der Immanenzgedanke in der Kantischen Erfahrungslehre. Hamburg 1929 (Hamburger Beitrr. z. Philos. d. krit. Idealismus. 2)
König, E.: Kant und die Naturwissenschaft. Braunschweig 1907 (Die Wissenschaft. 22)
Kreß, R.: Die soziologischen Gedanken Kants im Zusammenhang seiner Philosophie. Berlin 1929 (Philosophische Forschungen. 8)
Kries, Joh. v.: Immanuel Kant und seine Bedeutung für die Naturforschung der Gegenwart. Berlin 1924
Kroner, R.: Kants Weltanschauung. Tübingen 1914
Krüger, G.: Philosophie und Moral in der Kantischen Kritik. Tübingen 1931
Kühnemann, Eugen: Kant. 2 Bde. München 1923, 1924
Litt, Th.: Kant und Herder als Deuter der geistigen Welt. Leipzig 1930
Medicus, F.: Kants Philosophie der Geschichte. Berlin 1902
Menzer, Paul: Kants Lehre von der Entwicklung in Natur und Geschichte. Berlin 1911
Messer, A.: Immanuel Kants Leben und Philosophie. Stuttgart 1924
– Kommentar zu Kants ethischen und religionsphilosophischen Hauptschriften. Leipzig 1929 (Wissen und Forschen. 22)
Monzel, A.: Die Lehre vom inneren Sinn bei Kant. Bonn 1913
Müller, Johannes: Kantisches Staatsdenken und der preußische Staat. Kitzingen 1954 (Jahrbuch der Albertus-Universität Königsberg/Pr. Beihefte 8)
Natorp, P.: Kant und die Marburger Schule. Berlin 1912
Noll, B.: Kants und Fichtes Frage nach dem Ding. Frankfurt a. M. 1936 (Philos. Abhandlungen. 5)
Paulsen, F.: Kant. Sein Leben und seine Lehre. 8. Aufl. Stuttgart 1924 (Frommanns Klassiker der Philos. 7)
Redmann, H.-G.: Gott und Welt. Die Schöpfungstheologie der vorkritischen Periode Kants. Göttingen 1962 (Forschungen zur systematischen und ökumenischen Theologie. 11)
Reininger, R.: Kant. Seine Anhänger und seine Gegner. München 1932. (Gesch. d. Philos. in Einzeldarstellungen. 27/28)
Rickert, Heinr.: Kant als Philosoph der modernen Kultur. Ein geschichtsphilos. Versuch. Tübingen 1924
Riehl, Alois: Die kritische Philosophie Kants. In: Riehl. Der philosophische Kritizismus. Geschichte und System. 1. Bd. 2. Aufl. Leipzig 1908
Schweitzer, Albert: Die Religionsphilosophie Kant's von der Kritik der reinen Vernunft bis zur Religion innerhalb der Grenzen der bloßen Vernunft. Freiburg i. Br. 1899
Sigl, R.: Kants Kulturbegriff. Ein Beitrag zur Lösung der Natur- und Freiheitsproblematik. Bern 1954. Diss.
Simmel, Georg: Kant. Sechzehn Vorlesungen. 4. erw. Aufl. München/Leipzig 1918
Uphues, G.: Kant und seine Vorgänger. Berlin 1906
Vorländer, Karl: Immanuel Kant und sein Einfluß auf das deutsche Denken. Bielefeld 1921. (Die Bücherei der Volkshochschule. 9)
– Immanuel Kant. Der Mann und das Werk. 2 Bde. Leipzig 1924
– Kant und Marx. Ein Beitrag zur Philosophie des Sozialismus. Tübingen 1911

Weyand, K.: Kants Geschichtsphilosophie. Köln 1963 (Kantstudien. Erg. H. 85)
Wundt, Max: Kant als Metaphysiker. Stuttgart 1924

Deutscher Idealismus

Hasse, K. P.: Von Plotin zu Goethe. Die Entwicklung des neuplatonischen Einheitsgedankens zur Weltanschauung der Neuzeit. Leipzig 1909. Jena 1912
Kröger, Otto: Die Philosophie des reinen Idealismus. Eine Weltanschauungslehre. Berlin 1921
Kronenberg, M.: Geschichte des deutschen Idealismus. 2 Bde. (Von Kant bis Hegel.) München 1912
Nohl, H.: Die deutsche Bewegung und die idealistischen Systeme. In: Logos 1 (1911–1912) 350 ff.
Spranger, E.: Die geistigen Paten. In: Der Tagesspiegel I (1945) Nr. 6 (9. 10. 1945)
– *Die Friedrich Wilhelms-Universität in Berlin.* Gedenkrede zur 150-Jahr-Feier der Gründung der Fr.-Ws.-Univ. in Berlin. Tübingen 1960
Willmann, O.: Geschichte des Idealismus. 3 Bde. 2 Aufl. Braunschweig 1907

Lessing

Lessing: Werke. Auf Grund der von Julius Petersen und Waldemar v. Olshausen besorgten Ausgabe neu besorgt von Fritz Fischer. 6 Bde. Zürich 1965. – Bd. 6: Philosophie, Theologie
Dilthey, W.: Zu Lessings Seelenwanderungslehre. In: Neue Lessing-Studien 20 (1867) 439 ff.
Fittbogen, G.: Der Streit um Lessings Erziehung des Menschengeschlechts. In: Preuß. Jahrbb. 154 (1913) 218 ff.
Hartmann, A. v.: Zwischen Dichtung und Philosophie. Bd. 1. Lessing, Herder, Schiller. Berlin 1912
Schrempf, Chr.: Lessing als Philosoph. 2. Aufl. Stuttgart 1921 (Frommanns Klassiker der Philosophie 19)
Thielicke, H.: Offenbarung, Vernunft und Existenz. Studien zur Religionsphilosophie Lessings. 3. Aufl. Gütersloh 1957
Vorländer, Karl: Philosophie unserer Klassiker. Berlin/Stuttgart 1923
Werule, P.: Lessing und das Christentum. Tübingen 1912

Herder

Herder: Sämtliche Werke. 33 Bde. Hsg. v. Bernhard Suphan. Berlin 1877–1913. Neudruck Hildesheim 1967–68
Bd. 4 Reisejournal
Bd. 6/7 Älteste Urkunde des Menschengeschlechts
Bd. 13/14 Ideen zur Philosophie der Geschichte der Menschheit
Bd. 17/18 Briefe über Humanität
Bd. 29 Gedichte
Bd. 32 Aus Herders Frühzeit
Bäte, L.: Johann Gottfried Herder. Der Weg – Das Werk – Die Zeit. Stuttgart 1948
Barnard, F. M.: Herder's social and political thought. From enlightenment to nationalism. Oxford 1965.-Dt.: Zwischen Aufklärung und politischer Romantik. Eine Studie über Herders soziologisch-politisches Denken. Berlin 1964 (Philolog. Studien und Quellen. 17)
Baur, Ernst: J. G. Herder. Leben und Werk. Stuttgart 1960
Haym, Rud.: Herder nach seinem Leben und seinen Werken. 2 Bde. Berlin 1880
Kühnemann, Eug.: Herders Persönlichkeit in seiner Weltanschauung. Berlin 1893
– Herders Leben. 2. Aufl. München 1912 (3. Aufl. München 1927 u. d. T. „Herder")
Litt, Th.: Kant und Herder als Deuter der geistigen Welt. 2. Aufl. Heidelberg 1949
Ninck, Joh: Die Begründung der Religion bei Herder. 2. Aufl. Leipzig 1912
Salmony, H. A.: Die Philosophie des jungen Herder. Zürich 1949
Siegel, Carl: Herder als Philosoph. Stuttgart 1907
Spranger, Eduard: J. G. Herder: Ahnung und Erfüllung. In: Vom Geist der Dichtung. Gedächtnisschrift für Robert Petsch. Hamburg 1949
Vorländer, Karl: Philosophie unserer Klassiker. Berlin/Stuttgart 1923

Fichte

Fichte, J. G.: Sämtliche Werke. 8 Bde. Berlin 1845–46. – Nachgelassene Werke. 3 Bde. Bonn 1834–35 (Diese von I. H. Fichte besorgten Ausgaben gelten weiterhin als Hauptausgaben.)
Böckelmann, F. (Hsg.): Die Schriften zu J. G. Fichtes Atheismus-Streit. München 1969
Burmann, E. O.: Die Transzendenzphilosophie Fichtes und Schellings. Uppsala 1892
Hielscher, H.: Das Denksystem Fichtes. Berlin 1913
Lasson, A.: J. G. Fichte im Verhältnis zu Kirche und Staat. Berlin 1863
Lehmann, Max: Fichtes Reden an die deutsche Nation vor der preußischen Zensur. In: Historische Aufsätze und Reden. Leipzig 1911
Löwe, J. H.: Die Philosophie Fichtes nach dem Gesamtergebnis ihrer Entwicklung und ihrem Verhältnis zu Kant und Spinoza. Stuttgart 1862
Medicus, F.: Fichtes Lehre. 2. umgearb. Aufl. Leipzig 1922
Noack, L.: J. G. Fichte nach seinem Leben, Lehren und Wirken. Leipzig 1962
Reitzenstein, A. Frhr. v.: Fichtes philosophischer Werdegang. In: Vorträge und Aufsätze der Comenius-Ges. Jg. 17, H. 3
Rickert, H.: Fichtes Atheismusstreit und die Kantische Philosophie. Berlin 1899
Ritzel, W.: Fichtes Religionsphilosophie. Stuttgart 1956 (Forschungen z. Kirchen- und Geistesgesch. NF 5)
Schmid, F. A.: Die Philosophie Fichtes mit Rücksicht auf die Frage nach der veränderten Lehre. Freiburg 1904. Diss.
Wallner, Nico: Fichte als politischer Denker. Halle 1926
Weischedel, W.: Der Zwiespalt im Denken Fichtes. Rede zum 220. Geburtstag Fichtes in der FU Berlin. Berlin 1962
Wundt, Max: Joh. G. Fichte. 1927 (Frommanns Klassiker der Philosophie. 28)
– Fichte-Forschungen. Stuttgart 1929 (Frommanns Klassiker d. Philos. 28. d.)

Hegel

Hegel: Gesamtausgabe. „G. W. F. Hegels Werke. Vollständige Ausgabe durch einen Verein von Freunden des Verewigten." Bd. 1–18 Berlin 1832–45, Bd. 19 (Briefe) Leipzig 1887
– Sämtliche Werke. Hsg. v. Georg Lasson. Leipzig 1911 ff. (Philosophische Bibliothek)
– Sämtliche Werke. Jubiläumsausgabe in zwanzig Bänden, einer Hegel-Monographie und einem Hegel-Lexikon . . . hsg. v. Hermann Glockner. 26 Bde. Stuttgart 1927–1940.
– Sämtliche Werke. Neue kritische Ausgabe. Hsg. v. Johannes Hoffmeister. Hamburg 1952 ff. (Philosophische Bibliothek)

– Gesammelte Werke. Herausgegeben im Auftrag der Deutschen Forschungsgemeinschaft. Hamburg 1968 ff.
– Hegels theologische Jugendschriften. Hsg. v. Hermann Nohl. Tübingen 1907
Adorno, Th.: Aspekte der Hegelschen Philosophie. Berlin/Frankfurt/M. 1957
Barion, J.: Hegel und die marxistische Staatslehre. Bonn 1963
Bloch, Ernst: Subjekt-Objekt. Erläuterungen zu Hegel. Frankfurt/M. 1962 (Bloch: Gesamtausgabe Bd. 8)
Brunswig, A.: Hegel. München 1841
Bülow, Fr.: Die Entwicklung der Hegelschaften Sozialphilosophie. Leipzig 1920
Dilthey, Wilh.: Die Jugendgeschichte Hegels. Abh. d. Berl. Akad. d. Wiss. 1905. – Dilthey: Ges. Schrr. Bd. 4. 2. Aufl. Stuttgart 1959
Gebhardt, J.: Politik und Eschatologie. Studien zur Geschichte der Hegelschen Schule in den Jahren 1830–1840. München 1963 (Münchener Studien z. Politik. 1)
Gerdes, Hayo: Das Christusbild S. Kierkegaards verglichen mit der Christologie Hegels und Schleiermachers. Düsseldorf/Köln 1960
Haering, Th.: Hegel. Sein Wollen und sein Werk. Eine chronologische Entwicklungsgeschichte der Gedanken und der Sprache Hegels. 2 Bde. Leipzig/Berlin 1929–1938. Neudruck Aalen 1963
Haym, Rud.: Hegel und seine Zeit. Berlin 1857. 2. verm. Aufl. hsg. v. Hans Rosenberg. Leipzig 1927. Neudruck der 1. Aufl. Hildesheim 1962
Heiß, R.: Die großen Dialektiker des 19. Jahrhunderts. Hegel, Kierkegaard, Marx. Köln 1963
Kojève, Alexandre: Hegel. Eine Vergegenwärtigung seines Denkens. Kommentar zur Phänomenologie des Geistes. Übers. v. Iring Fetscher u. G. Lehmbruch. Hsg. v. Iring Fetscher. Stuttgart 1958
Lasson, G.: Hegel als Geschichtsphilosoph. Leipzig 1920
Leese, K.: Die Geschichtsphilosophie Hegels auf Grund der neuerschlossenen Quellen untersucht und dargestellt. Berlin 1922
Litt, Th.: Hegel. Versuch einer kritischen Erneuerung. Heidelberg 1953
Löwenstein, Julius: Hegels Staatsidee. Ihr Doppelgesicht und ihr Einfluß im 19. Jahrhundert. Berlin 1927 (Philosophische Forschungen. 4)
Marck, S.: Kant und Hegel. Eine Gegenüberstellung ihrer Grundbegriffe. Tübingen 1917
Marcuse, Herbert: Vernunft und Revolution. Hegel und die Entstehung der Gesellschaftstheorie. Übers. v. Alfred Schmidt. Neuwied 1962 (Soziolog. Texte. 13)
Mayer-Moreau, Karl: Hegels Sozialphilosophie. Die Lehre vom objektiven Geist. Tübingen 1910
Moog, Willy: Hegel und die Hegelsche Schule. München 1930 (Geschichte der Philosophie in Einzeldarstellungen. 32/33)
Müller, G. E.: Hegel. Denkgeschichte eines Lebendigen. Bern 1959
Rubinstein, M.: Die logischen Grundlagen des Hegelschen Systems und das Ende der Geschichte. In: Kantstudien 11 (1906)
Schmidt, Erik: Hegels Lehre von Gott. Eine kritische Darstellung. Gütersloh 1952 (Beiträge z. Förderung christl. Theologie. Reihe 2. 52)
Schwarz, Justus: Hegels philosophische Entwicklung. Frankfurt/M. 1938
Seeberger: Hegel oder die Entwicklung des Geistes zur Freiheit. Stuttgart 1961
Steinbüchel, Theodor: Ranke und Hegel. In: Große Geschichtsdenker. Ein Zyklus Tübinger Vorlesungen. Tübingen/Stuttgart 1949
Ulrici, H.: Über Prinzip und Methode der Hegelschen Philosophie. Halle 1841
Wetter, G. A.: Die Umkehrung Hegels. Grundzüge und Ursprünge der Sowjetphilosophie. Köln 1963 (Beiträge zur Sowjetideologie. 1)

Schopenhauer

Schopenhauer: Sämtliche Werke. 5 Bde. Hsg. v. Ed. Grisebach. Leipzig 1916 (Großherz. Wilh. Ernst Ausg.)
– Sämtliche Werke. 8 Bde. Mit biogr. Einleitung von M. Frischeisen-Köhler. Berlin 1913
– Sämtliche Werke. Nach der ersten, von Julius Frauenstädt besorgten Gesamtausgabe neu bearb. u. hsg. von Arthur Hübscher. 7 Bde. 2. Aufl. Wiesbaden 1948–1950
– Sämtliche Werke. Textkrit. bearb. u. hsg. v. Wolfgang Frhr. von Löhneysen. 5 Bde. Darmstadt/Stuttgart/Frankfurt/M. 1961–65
Flink, C. O.: Schopenhauers Seelenwanderungslehre und ihre Quellen. Bern 1906
Wapler, P.: Die geschichtlichen Grundlagen der Weltanschauung Schopenhauers. Berlin 1905. Diss.
Wolff, Hans M.: Arthur Schopenhauer. Hundert Jahre später. Bern/München 1960
Wundt, Max: Schopenhauer. Sein Kreis und sein Werk. In: Beiträge zur Philosophie des deutschen Idealismus. Bd 1. 1921

Schelling

Schelling: Werke (Gesamtausgabe), veranstaltet von Schellings Sohn K. F. A. Schelling. 1. Abt. 10 Bde. 2. Abt. 4 Bde. Stuttgart/Augsburg 1856 ff.
Frantz, Konst.: Schellings positive Philosophie. 3 Tle. Köthen 1879–80
Groos, Karl: Die reine Vernunftswissenschaft. Systematische Darstellung von Schellings rationaler oder negativer Philosophie. Heidelberg 1889
Hoffmann, K.: Die Umbildung der Kantischen Lehre vom Genie in Schellings System des transzendentalen Idealismus. Bern 1907. Diss.
Schwegler, Albert: Geschichte der Philosophie im Umriß. 6. Aufl. Stuttgart 1868
Tillich, P.: Mystik und Schuldbewußtsein in Schellings philosophischer Entwicklung. Gütersloh 1912 (Beiträge zur Förderung christlicher Theologie. 16, 1)

Marx

Marx: Der Historische Materialismus. Die Frühschriften. Hsg. v. S. Landshut u. J. P. Mayer. 2 Bde. Leipzig 1932
– Die Frühschriften. Hsg. v. Siegfried Landshut. Stuttgart 1953
Adler, Max: Lehrbuch der materialistischen Geschichtsauffassung. 2 Bde. Berlin 1930
– Marx als Denker. 3. Aufl. Berlin 1925
Bekker, K.: Marx' philosophische Entwicklung. Sein Verhältnis zu Hegel. Zürich 1940
Cunow, H.: Die Marxsche Geschichts-, Gesellschafts- und Staatstheorie. 2 Bde. Berlin 1920
Fetscher, Iring: Von Marx zur Sowjetideologie. 10. Aufl. Frankfurt/M./Berlin/Bonn 1963 (Staat und Gesellschaft/Historisch-politische Bücherei. 4)
Habermas, J.: Zur philosophischen Diskussion um Marx und den Marxismus. In: Philos. Rundschau 5 (1957) 165–235
Heider, W.: Die Geschichtslehre von Karl Marx. Stuttgart/Berlin 1931
Korsch, K.: Karl Marx. London 1938

Landgrebe, L.: Hegel und Marx. In: Marxismusstudien. Erste Folge. Tübingen 1953
Lenz, F.: Staat und Marxismus. Grundlegung und Kritik der marxistischen Gesellschaftslehre. Berlin 1922
Löwith, K.: Von Hegel bis Nietzsche. Der revolutionäre Bruch im Denken des 19. Jahrhunderts. Marx und Kierkegaard. 4. Aufl. Stuttgart 1958
Lukácz, G.: Geschichte und Klassenbewußtsein. Berlin 1923
Marcuse, H.: Reason and Revolution. Hegel and the rise of social theory. 2. Aufl. London 1955
Marx-Engels-Lenin-Institut, Moskau: Karl Marx. Chronik seines Lebens in Einzeldaten. Moskau 1934
Popitz, H.: Der entfremdete Mensch. Zeitkritik und Gesellschaftsphilosophie des jungen Marx. Basel 1953
Rawidowicz, Simon: Ludwig Feuerbachs Philosophie. Ursprung und Schicksal. 2. Aufl. Berlin 1964
Schiel, H.: Die Umwelt des jungen Marx. Trier 1954
Schwarzschild, L.: The Red Prussian. The Life and Legend of Karl Marx. New York 1947
Thalheimer, A.: Einführung in den dialektischen Materialismus. Wien/Berlin 1928
Thier, E.: Das Menschenbild des jungen Marx. Göttingen 1957
Vorländer, Karl: Karl Marx. Sein Leben und sein Werk. Leipzig 1929

Kierkegaard

Kierkegaard: Gesammelte Werke. Übers. v. Hermann Gottsched u. Christoph Schrempf. 12 Bde. Jena 1909–1936
– Gesammelte Werke. Übers. u. mit Anmerkungen vers. von Emanuel Hirsch. Düsseldorf 1950 ff.
– Werke. Übers. und mit Glossar, Bibliographie . . . hsg. von Liselotte Richter. Hamburg-Reinbek 1960 ff. (Rowohlts Klassiker)
– Die Tagebücher. In 2 Bden. ausgew. u. übers. von Theodor Haecker. Innsbruck 1923. – 4. Aufl. (in 1 Bd.) München 1953
– Briefe. Ausgew., übers. und mit einem Nachwort vers. von Walter Boehlich. Köln/Olten 1955
– Existenz im Glauben. Aus Dokumenten, Briefen und Tagebüchern. Nach neuen dänischen Quellen übers., ausgew. und eingel. von Liselotte Richter. Berlin 1956
Anz, W.: Kierkegaard und der deutsche Idealismus. Tübingen 1956 (Sammlung gemeinverständl. Vorträge aus dem Gebiet d. Theologie. 220/211)
Bense, Max: Hegel und Kierkegaard. Eine prinzipielle Untersuchung. Köln 1948
Dempf, Alois: Kierkegaards Folgen. Leipzig 1935
Diem, Hermann: Philosophie und Christentum bei Sören Kierkegaard. München 1929 (Forschungen z. Gesch. u. Lehre des Protestantismus. Reihe 2. 1)
– Die Existenzdialektik von Sören Kierkegaard. Zollikon/Zürich 1950
Geismar, Ed.: Sören Kierkegaard. Gütersloh 1925
Heinemann, Fritz: Existenzphilosophie lebendig oder tot? 3., erw. Aufl. Stuttgart 1963
Jörgensen, A.: Kierkegaard und das biblische Christentum. Berlin 1914 (Bibl. Zeit- u. Streitfragen. 9, 9)
Jolivet, R.: Kierkegaard. Bern 1948
Künneth, W.: Die Lehre von der Sünde. Dargestellt an dem Verhältnis der Lehre Kierkegaards zur neuesten Theologie. Gütersloh 1927
Künzli, A.: Die Angst als abendländische Krankheit. Dargestellt am Leben und Denken Sören Kierkegaards. Zürich 1948
Lehmann Ed.: Sören Kierkegaard. Berlin 1913 (Klassiker der Religion. 8/9)
Lowrie, W.: Kierkegaard. Oxford 1936
Monrad, O. P.: Sören Kierkegaard. Sein Leben und seine Werke. Jena 1909
Münch, Ph.: Die Haupt- und Grundgedanken der Philosophie Sören Kierkegaards in kritischer Beleuchtung. Dresden 1902
Nielsen, Chr.: Der Standpunkt Kierkegaards innerhalb der Religionspsychologie. Erlangen 1911
Reuter, H.: Kierkegaards religionsphilosophische Gedanken im Verhältnis zu Hegels religionsphilosophischem System. Leipzig 1914 (Abhandl. z. Philos. u. ihrer Gesch. 23)
Richter, Liselotte: Begriff der Subjektivität bei Kierkegaard. Beitrag zur christl. Existenzdarstellung. Würzburg 1934
Ruttenbeck, W.: Kierkegaard, der christliche Denker und sein Werk. Berlin 1929 (Neue Studien zur Gesch. d. Theologie. 25)
Schrempf, Chr.: Sören Kierkegaard. Eine Biographie. 2 Bände. Jena 1927, 1928

Jaspers

Jaspers: Allgemeine Psychopathologie. Berlin 1913. 7. Aufl. 1956
– Psychologie der Weltanschauungen. Berlin 1919. 5. Aufl. 1960
– Die geistige Situation der Zeit. Berlin 1931. 7. Aufl. 1950
– Philosophie. 3 Bde. Berlin 1932 (Bd. 2: Existenzerhellung)
– Vernunft und Existenz. Groningen 1935. 2. Aufl. Bremen 1947
– Descartes und die Philosophie. Berlin 1937. 2. Aufl. 1956
– Existenzphilosophie. Drei Vorlesungen. Berlin 1938. 2. Aufl. 1956
– Philosophische Logik. Bd. 1: Von der Wahrheit. München 1947
– Vom Ursprung und Ziel der Geschichte. München 1949
– Rechenschaft und Ausblick. München 1951
– Einführung in die Philosophie. München 1953
– Der philosophische Glaube. München 1955
– Drei Gründer des Philosophierens: Platon, Augustin, Kant. München 1961
– Gesammelte Schriften zur Psychopathologie. Berlin 1963
Offener Horizont. Festschrift für Karl Jaspers. München 1953

Dilthey

Dilthey (Werke): Gesammelte Schriften. 14 Bde. Leipzig/Berlin 1914–66
Bd. 1 Einleitung in die Geisteswissenschaften
Bd. 2 Weltanschauung und Analyse des Menschen seit Renaissance und Reformation
Bd. 3 Studien zur Geschichte des deutschen Geistes
Bd. 4 Die Jugendgeschichte Hegels u. a. Abh. z. Gesch. d. Dtsch. Idealismus
Bd. 5, 6 Die geistige Welt. Einleitung in die Philosophie des Lebens
Bd. 7 Der Aufbau der geschichtlichen Welt in den Geisteswissenschaften
Bd. 8 Weltanschauungslehre. Abh. zur Philos. d. Philos.
– Grundriß der allgemeinen Geschichte der Philosophie. Herausgegeben und ergänzt von H.-G. Gadamer. Frankfurt/M. 1949
Spranger, E.: Das Historismusproblem an der Universität Berlin seit 1900: Wilhelm Dilthey, Ernst Troeltsch, Friedrich Meinecke. In: Studium Berolinense. Hsg. v. Hans Leussink, Eduard Neumann und Georg Kotowski. Berlin 1960

Spranger

Spranger: Gesammelte Schriften. Hsg. von Walter Bähr, Otto Fr. Bollnow, Otto Dürr, Walter Eisermann. Ludwig Englert, Andreas Flitner, Hermann Jos.-Meyer, Hans Wenke. 11 Bde. Tübingen und Heidelberg 1969 ff.
Bd. 1 Geist der Erziehung
Bd. 2 Pädagogik
Bd. 3 Schule und Lehrerschaft
Bd. 4 Geist und Seele
Bd. 5 Kulturphilosophie und Kulturkritik
Bd. 6 Grundlagen und Methoden der Geisteswissenschaften
Bd. 7 Die Wirklichkeit des Geistes und die Geisteswiss. Forschung
Bd. 8 Staat, Politik und politische Bildung
Bd. 9 Der Glaube und der moderne Mensch
Bd. 10 Universität und Hochschulreform
Bd. 11 Geistige Gestalten – Erzieher zur Humanität
– Wilhelm von Humboldt und die Reform des Bildungswesens. 3. Aufl. Tübingen 1965
– Lebensformen. Geisteswissenschaftliche Psychologie und Ethik der Persönlichkeit. 5. vielfach verbesserte Aufl. Halle 1930. Neudruck Tübingen 1950

Uexküll

Uexküll, Jacob Baron v.: Umwelt und Innenwelt der Tiere. Berlin 1909
– Bausteine zu einer biologischen Weltanschauung. Hsg. v. Felix Groß. München 1913
– Theoretische Biologie. Berlin 1928
– Staatsbiologie. Hamburg 1933
– Streifzüge durch die Umwelten von Menschen und Tieren. Berlin 1934 (Verständliche Wissenschaft 21) – (Rowohlts deutsche Enzyklopädie 13)
– Der unsterbliche Geist in der Natur. Hamburg 1938
– Das allmächtige Leben. Hamburg 1950

Husserl

Husserl: Philosophie der Arithmetik. Halle 1891
– Logische Untersuchungen. Bd. 1. 2. Halle 1900, 1901. 4. Aufl. 1928
– Philosophie als strenge Wissenschaft. In: Logos 1 (1911–1912)
– Ideen zu einer reinen Phänomenologie und phänomenologischen Philosophie. Erstes Buch Halle 1913. Erw. vollst. Ausgabe von Walter u. Marly Biemel. 3 Bde. Haag 1950, 1952
– Vorlesungen zur Phänomenologie des inneren Zeitbewußtseins. Hsg. von Martin Heidegger. In: Jahrb. f. Phänomenologie u. phänomenolog. Forschung. 9 (1928)
– Formale und transzendentale Logik. Halle 1929
– Die Krisis der europäischen Wissenschaften und die transzendentale Phänomenologie. Eine Einleitung in die phänomenologische Philosophie. In: Philosophia. 1 (1936)
– Grundlegende Untersuchungen zum phänomenologischen Ursprung der Räumlichkeit der Natur. In: Philosophical essays in memory of Husserl, edited by M. Farber. Cambridge/Mass. 1940
– Gesammelte Werke. Haag 1950 ff.
Bd. 2 Die Idee der Phänomenologie
Bd. 3–5 Ideen zu einer reinen Phänomenologie und phänomenologischen Philosophie
Bd. 7 Erste Philosophie (Kritische Ideengeschichte. Theorie der phänomenologischen Reduktion)

Scheler

Scheler: Die transzendentale und die psychologische Methode. Leipzig 1900
– Der Formalismus in der Ethik und die materiale Wertethik. 2 Tle. Halle 1913–1916. 4. Aufl. Bern 1954
– Vom Umsturz der Werte. 2 Bde. Leipzig 1919. 4. Aufl. Bern 1955
– Vom Ewigen im Menschen. Leipzig 1921. 4. Aufl. Bern 1954
– Schriften zur Soziologie und Weltanschauungslehre. 3 Bde. Leipzig 1924
– Die Stellung des Menschen im Kosmos. Darmstadt 1928
– Mensch und Geschichte. Zürich 1929
– Philosophische Weltanschauung. Bonn 1929
– Gesammelte Werke. Hsg. von Maria Scheler. Bern 1954 ff.

Sartre

Sartre: La transcendance de l'ego. Esquisse d'une description phénoménologique. In: Recherches Philosophiques. 6 (1936/7)
– L'imagination. Paris 1936
– La nausée. Paris 1938
– Une idée fondamentale de la phénoménologie de Husserl, l'intentionalité. In: Nouvelle Revue Française. Bd. 52. Jan. 1939
– L'imaginaire. Psychologie phénoménologique de l'imagination. Paris 1940
– L'être et le néant. Essai d'ontologie phénoménologique. Paris 1943. – Dt.: Das Sein und das Nichts. Übers. von Justus Streller, Karl August Ott und Alexa Wagner. Reinbek 1962
– Les chemins de la liberté. 3 Bde. Paris 1945–49
– L'existentialisme est un humanisme. Paris 1946
– Situations. 7 Bde. Paris 1947–1965
– Réflexions sur la question juive. Paris 1946
– Question de méthode. In: Les temps modernes 13 (1957/58) 338–417, 658–697. – Dt.: Marxismus und Existentialismus. Versuch einer Methodik. Übers. von Herbert Schmitt. Reinbek 1964 (rowohlts deutsche enzyklopädie. 196)
– Critique de la raison dialectique. Bd. 1: Théorie des ensembles pratiques. Paris 1960. – Dt.: Kritik der dialektischen Vernunft. 1. Bd. Theorie der gesellschaftlichen Praxis. Übers. von Traugott König. Reinbek 1967

Heidegger

Heidegger: Die Kategorien- und Bedeutungslehre des Duns Scotus. Tübingen 1916
– Sein und Zeit. In: Jahrbuch f. Phänomenologie u. phänomenologische Forschung 8 (1927) und als Sonderdruck. – 9. Aufl. Tübingen 1963
– Was ist Metaphysik? Bonn 1929 (Antrittsvorlesung, Freiburg i. Br., vom 24. 7. 1929) – 8. Aufl. Frankfurt/M. 1960
– Vom Wesen der Wahrheit. Frankfurt/M. 1943. 2. Aufl. 1949
– Einführung in die Metaphysik. Tübingen 1953
– Aus der Erfahrung des Denkens. Pfullingen 1954
– Nietzsche. 2 Bde. Pfullingen 1961
– Die Frage nach dem Ding. Tübingen 1962